Kohlhammer

Wirtschaftsstrafrecht

von

Dr. Dr. h.c. Uwe Hellmann
Universitätsprofessor a.D. an der
Universität Potsdam

6., überarbeitete Auflage

Verlag W. Kohlhammer

6. Auflage 2023

Alle Rechte vorbehalten
© W. Kohlhammer GmbH, Stuttgart
Gesamtherstellung: W. Kohlhammer GmbH, Stuttgart

Print:
ISBN 978-3-17-040890-6

E-Book-Formate:
pdf: ISBN 978-3-17-040891-3

Dieses Werk einschließlich aller seiner Teile ist urheberrechtlich geschützt. Jede Verwendung außerhalb der engen Grenzen des Urheberrechts ist ohne Zustimmung des Verlags unzulässig und strafbar. Das gilt insbesondere für Vervielfältigungen, Übersetzungen, Mikroverfilmungen und für die Einspeicherung und Verarbeitung in elektronischen Systemen.
Für den Inhalt abgedruckter oder verlinkter Websites ist ausschließlich der jeweilige Betreiber verantwortlich. Die W. Kohlhammer GmbH hat keinen Einfluss auf die verknüpften Seiten und übernimmt hierfür keinerlei Haftung.

Vorwort zur 6. Auflage

Der Gesetzgeber hat seit dem Erscheinen der fünften Auflage im Bereich des Wirtschaftsstrafrechts rege Aktivitäten entfaltet, sodass zahlreiche Passagen dieses Buches neu zu bearbeiten waren. Das Vorhaben, mit der „Verbandsgeldsanktion" eine kriminalstrafrechtliche Sanktion gegen Unternehmen einzuführen, konnte jedoch nicht umgesetzt werden.

Das Lehrbuch richtet sich zum einen an Studierende, die sich gründlich in das Wirtschaftsstrafrecht einarbeiten wollen, und zum anderen an Fortgeschrittene, Referendare – und zudem an Praktiker –, denen es bei der Wiederholung, Ergänzung und Vertiefung ihres Wissens gute Dienste leisten möge.

Das Wirtschaftsstrafrecht ist kein fest umrissener Begriff, sodass die zu behandelnden Gegenstände weitgehend selbst zu bestimmen und zu systematisieren waren. Orientiert habe ich mich auch an dem Katalog des § 74c Abs. 1 GVG, der die Zuständigkeit der Wirtschaftsstrafkammern festlegt. Mancher Leser wird dennoch vielleicht bestimmte Vorschriften oder dogmatische Fragen vermissen. Andere mögen hier erörterte Gesichtspunkte nicht dem Wirtschaftsstrafrecht zurechnen. Für Anregungen und Kritik bin ich deshalb sehr dankbar. Die Straftatbestände des StGB, die in den Lehrbüchern zum Besonderen Teil dargestellt werden, werden nur behandelt, soweit wirtschaftsstrafrechtliche Besonderheiten zu berücksichtigen sind. Das Ordnungswidrigkeitenrecht war einzubeziehen, weil es wichtige Funktionen bei der Bewältigung der Wirtschaftsdelinquenz erfüllt.

Die fallorientierte Darstellung erscheint mir aus mehreren Gründen als der beste Weg, wirtschaftsstrafrechtliche Probleme und Zusammenhänge zu erörtern. Sie erschließen sich erfahrungsgemäß leichter, wenn sie anhand eines konkreten Sachverhalts behandelt werden, zumal dem Leser häufig die eigene praktische Anschauung fehlt. Hinzu kommt, dass nicht selten die Schwierigkeiten der Lösung eines wirtschaftsstrafrechtlichen Falles aus dem Zusammenspiel des Straf- bzw. Bußgeldtatbestandes mit der – in der Regel – zivilrechtlichen Bezugsmaterie resultieren, die einschlägigen außerstrafrechtlichen Vorschriften also einbezogen werden müssen. Grundkenntnisse des Lesers insbesondere im Handels- und Gesellschaftsrechts werden zwar vorausgesetzt, aber dort, wo es für das Verständnis der strafrechtlichen Regelungen erforderlich war, werden die relevanten zivilrechtlichen Begriffe kurz erläutert. Die Besprechungen typischer praktischer Fälle, die bisweilen am Ende eines Paragrafen stehen, zeigen zudem, in welcher Weise die wirtschaftsstrafrechtlichen Tatbestände, die nicht selten in verschiedenen Gesetzen zu finden sind, miteinander verknüpft sind. Der Vertiefung und Erweiterung des wirtschaftsstrafrechtlichen Wissens dienen die – zeitgleich mit diesem Buch – in 5. Auflage veröffentlichten „Fälle zum Wirtschaftsstrafrecht", auf die an den einschlägigen Stellen hingewiesen wird.

Der „Allgemeine Teil" des Wirtschaftsstrafrechts (strafrechtliche Verantwortlichkeit der Unternehmensleitung und Unternehmenssanktionen) steht nicht – wie mancher es möglicherweise erwartet hätte – am Anfang des Buches, sondern an dessen Ende. Dieser Aufbau wurde gewählt, weil die eigentliche Bedeutung dieser Regelungen erst vor dem Hintergrund der Gesamtheit der Straf- und Bußgeldtatbestände deutlich wird.

Angefügt sind einige Aufbauschemata, die Vorschläge für die Einordnung der einschlägigen Merkmale in den Deliktsaufbau enthalten.

Meinen – ehemaligen – Mitarbeiterinnen und Mitarbeitern, Frau Sandra Neubauer, Frau Dr. Diana Stage und Herrn Tristan Berthold, danke ich für ihre Unterstützung auch an dieser Stelle ganz herzlich.

Potsdam, im Februar 2023   Uwe Hellmann

Inhalt

Abkürzungsverzeichnis XI
Verzeichnis der abgekürzt zitierten Literatur XIX

Erster Abschnitt: Kapitalmarkt- und Finanzmarktstrafrecht

§ 1   Anlegerschutz 1
      I. Kapitalanlagebetrug (§ 264a StGB) 1
     II. Verbotenes Insiderhandeln 12
    III. Verbotene Marktmanipulation 30
    IV. Verleitung zu Börsenspekulationsgeschäften (§§ 49, 26 BörsG) ... 44
     V. Strafbare Bankgeschäfte 49
        1. Betreiben verbotener Geschäfte
          (§ 54 Abs. 1 Nr. 1, Abs. 2 KWG) 49
        2. Handeln ohne Erlaubnis (§ 54 Abs. 1 Nr. 2, Abs. 2 KWG) 50
    VI. Verstöße gegen das Depotgesetz 52
        1. Depotunterschlagung (§ 34 DepotG) 52
        2. Unwahre Angaben über das Eigentum (§ 35 DepotG) 55
   VII. Warenterminoptionsbetrug 56

§ 2   Schutz der Kreditinstitute 64
      I. Kreditbetrug (§ 265b StGB) 64
     II. Scheck- und Kreditkartenmissbrauch (§ 266b StGB) 73
    III. Untreue durch Kreditgewährung 78
    IV. Barauszahlung per Kreditkartenbeleg 83

Zweiter Abschnitt: Insolvenz- und Bilanzstrafrecht

§ 3   Insolvenzstraftaten 85
      I. Bankrott (§ 283 StGB) 85
     II. Besonders schwerer Fall des Bankrotts (§ 283a StGB) 106
    III. Verletzung der Buchführungspflicht (§ 283b StGB) 109
    IV. Gläubigerbegünstigung (§ 283c StGB) 116
     V. Schuldnerbegünstigung (§ 283d StGB) 119
    VI. Insolvenzverschleppung 120
   VII. Geschäftsführeruntreue 127

Inhalt

§ 4	Bilanzdelikte des Handels- und Gesellschaftsrechts	135
	I. Unrichtige Darstellung und Verschleierung der Unternehmensverhältnisse	135
	II. Verletzung der Berichtspflicht, falsche Angaben gegenüber Prüfern und Verstöße gegen prüfungsbezogene Pflichten	144
	III. Falsche Angaben bei Gründung und Anmeldung der Gesellschaft	148

Dritter Abschnitt: Wettbewerbs- und Geheimnisverletzungen

§ 5	Werbungsstraftatbestände	155
	I. Strafbare Werbung (§ 16 Abs. 1 UWG)	155
	II. Progressive Kundenwerbung (§ 16 Abs. 2 UWG)	170
§ 6	Geheimnisverletzungen	177
	I. Verletzungen von Geschäftsgeheimnissen (§ 23 GeschGehG)	177
	1. Geheimnisverrat (§ 23 Abs. 1 Nr. 3 GeschGehG) und Geheimnishehlerei (§ 23 Abs. 2 i.V.m. Abs. 1 Nr. 3 GeschGehG)	178
	2. Betriebsspionage (§ 23 Abs. 1 Nr. 1 GeschGehG)	188
	3. Vorlagenfreibeuterei (§ 23 Abs. 3 GeschGehG)	189
	4. Verleiten und Erbieten zum Verrat (§ 23 Abs. 7 S. 2 GeschGehG)	190
	II. Geheimnisverrat nach dem KWG	191
	1. Unbefugte Verwertung von Angaben über Millionenkredite (§ 55a KWG)	192
	2. Unbefugte Offenbarung von Angaben über Millionenkredite (§ 55b KWG)	193
§ 7	Kartellstraf- und Kartellordnungswidrigkeitenrecht	194
	I. Europäisches und deutsches Kartellbußgeldrecht	194
	II. Wettbewerbsbeschränkende Absprachen bei Ausschreibungen (§ 298 StGB)	196
	III. Verbotene Vereinbarungen nach deutschem und europäischem Recht	197
	IV. Missbrauchs- und Diskriminierungsverbote	205
	V. Boykottverbot	209
	VI. Fusionskontrolle	209
	VII. Submissionsbetrug	210

Vierter Abschnitt: Verletzung des geistigen Eigentums

§ 8	Verletzung von Patenten, Gebrauchs- und Geschmacksmustern	219
	I. Patentverletzung (§ 142 PatG)	219
	II. Gebrauchsmusterverletzung (§ 25 GebrMG)	225
	III. Designverletzung (§ 51 i.V.m. § 38 Abs. 1 S. 1 DesignG)	226

§ 9	Markenstrafrecht	228
	I. Kennzeichenverletzung (§§ 143, 143a MarkenG)	228
	II. Verletzung geographischer Herkunftsangaben (§ 144 MarkenG)	237

§ 10 Urheberstrafrecht 241
     I. Unerlaubte Verwertung urheberrechtlich geschützter Werke
        (§ 106 UrhG) 241
     II. Unerlaubte Eingriffe in technische Schutzmaßnahmen und zur
        Rechtewahrnehmung erforderliche Informationen (§ 108b UrhG) 251
     III. Unerlaubte Eingriffe in verwandte Schutzrechte (§ 108 UrhG) ... 255
     IV. Unzulässiges Anbringen der Urheberbezeichnung (§ 107 UrhG) 256

Fünfter Abschnitt: Verbraucherschutzstrafrecht

§ 11 Arzneimittelstrafrecht 258

§ 12 Lebensmittelstrafrecht 265
     I. Täuschungsschutz 265
     II. Gesundheitsschutz 269

Sechster Abschnitt: Korruption

§ 13 Bestechlichkeit und Bestechung im geschäftlichen Verkehr 272

§ 14 Bestechlichkeit und Bestechung im Gesundheitswesen 282

§ 15 Korruption im Sport 292
     I. Sportwettbetrug (§ 265c StGB) 292
     II. Manipulation von berufssportlichen Wettbewerben (§ 265d StGB) 302

§ 16 Amtsträgerbestechung 306
     I. Vorteilsannahme und -gewährung (§§ 331, 333 StGB) 306
     II. Bestechlichkeit und Bestechung (§§ 332, 334, 335, 335a StGB) 315

Siebter Abschnitt: Strafrecht der Wirtschaftslenkung

§ 17 Subventionsbetrug 318

Inhalt

§ 18	Arbeitsstrafrecht	331
	I. Vorenthalten und Veruntreuen von Arbeitsentgelt (§ 266a StGB)	332
	II. Schutz der sozialstaatlichen Arbeitsmarktordnung	350
	1. Illegale Beschäftigung ausländischer Arbeitnehmer	350
	2. Illegale Arbeitnehmerüberlassung	354
§ 19	Außenwirtschafts- und Kriegswaffenkontrollstrafrecht	358
	I. Verbotene Ausfuhr (§ 18 Abs. 2, 3, 4, 5 AWG)	358
	II. Embargoverstöße (§ 17, 18 Abs. 1 AWG)	360
	III. Verbotener Umgang mit ABC-Waffen, Antipersonenminen, Streumunition und Kriegswaffen (§§ 19-20a, 22a KrWaffKontrG)	361

Achter Abschnitt: Unternehmensstrafrecht

§ 20	Strafrechtliche Verantwortlichkeit der Unternehmensleitung	364
	I. Pflichtverletzung durch Aufsichtsgremien	364
	II. Organ- und Vertreterhaftung (§ 14 StGB, § 9 OWiG)	368
	III. Verantwortlichkeit der Leitungspersonen	378
	1. Organisationsherrschaft (§ 25 Abs. 1, 2. Alt. StGB)	378
	2. Garantenstellung des Geschäftsherrn (§ 13 StGB)	382
	3. Verletzung der Aufsichtspflicht in Betrieben und Unternehmen (§ 130 OWiG)	389
§ 21	Sanktionen gegen das Unternehmen als solches	396
	I. Einziehung von Tatprodukten. Tatmitteln und Tatobjekten (§§ 74 ff. StGB, §§ 22 ff. OWiG)	397
	II. Gewinnabschöpfung	400
	1. Einziehung von Taterträgen (§§ 73 ff. StGB, § 29a OWiG)	400
	2. Abführung des Mehrerlöses (§§ 8 ff. WiStG)	409
	3. Gewinnabschöpfung im Kartellordnungswidrigkeitenrecht	411
	III. Verbandsgeldbuße	412
	1. Geldbuße gegen juristische Personen und Personenvereinigungen (§ 30 OWiG)	413
	2. Geldbuße nach Artt. 101, 102, 103 Abs. 2 lit. a) AEUV, Art. 23 Abs. 2 lit a) VO (EG) Nr. 1/2003	420

Aufbaumuster ... 423

Stichwortverzeichnis ... 433

Kombiniertes Gesetzes- und Sachregister ... 443

Abkürzungsverzeichnis

a.A.	anderer Ansicht
aaO.	am angegebenen Ort
abl.	ablehnend
ABl.	Amtsblatt
Abs.	Absatz
abw.	abweichende(n)
A/B	Adick/Bülte, Fiskalstrafrecht
a.d.H.	an der Havel
AEntG	Arbeitnehmerentsendegesetz
AEUV	Vertrag über die Arbeitsweise der Europäischen Union
a.F.	alte Fassung
AFG	Arbeitsförderungsgesetz
AfP	Archiv für Presserecht
AG	Amtsgericht oder Aktiengesellschaft oder Die Aktiengesellschaft (Zeitschrift)
AktG	Aktiengesetz
AL	Ausfuhrliste
AMG	Arzneimittelgesetz
AnfG	Anfechtungsgesetz
Anm.	Anmerkung
AnSVG	Anlegerschutzverbesserungsgesetz
AnwK	Leipold/Tsambikakis/Zöller, AnwaltKommentar StGB
Art.	Artikel
AO	Abgabenordnung
AO-StB	Der AO-Steuer-Berater
ArchKrim	Archiv für Kriminologie
A/S/B	Handbuch des Kapitalanlagerechts
A/S/M	Assmann/Schneider/Mülbert, Wertpapierhandelsrecht
AT	Allgemeiner Teil
AufenthG	Aufenthaltsgesetz
Aufl.	Auflage
AÜG	Arbeitnehmerüberlassungsgesetz
AVG	Angestelltenversicherungsgesetz
AWG	Außenwirtschaftsgesetz
AWGuaÄndG	Gesetz zur Änderung des Außenwirtschaftsgesetzes und der Außenwirtschaftsverordnung
AW-Prax	Außenwirtschaftliche Praxis
AWRModG	Gesetz zur Modernisierung des Außenwirtschaftsrechts
AWV	Außenwirtschaftsverordnung
BAFA	Bundesamt für Wirtschaft und Ausfuhrkontrolle
BaFin	Bundesanstalt für Finanzdienstleistungsaufsicht
BAKred	Bundesaufsichtsamt für das Kreditwesen
BAnz	Bundesanzeiger
BasisVO	Verordnung (EG) Nr. 178/2002
BayObLG	Bayerisches Oberstes Landesgericht
BB	Der Betriebs-Berater

Abkürzungsverzeichnis

Bd.	Band
Beck Bil-Komm	Beck'scher Bilanz-Kommentar
BeckOK-GeschGehG	Beck'scher Online Kommentar GeschGehG
BeckOK-InsR	Beck'scher Online Kommentar Insolvenzrecht
BeckOK-MarkenR	Beck'scher Online Kommentar Markenrecht
BeckOK-OWiG	Beck'scher Online Kommentar OWiG
BeckOK-PatR	Beck'scher Online Kommentar Patentrecht
BeckOK-StGB	Beck'scher Online-Kommentar StGB
BeckOK-StPO	Beck'scher Online-Kommentar StPO mit RiStBV und MiStra
BeckOK-UrhR	Beck'scher Online Kommentar Urheberrecht
BeckOK-UWG	Beck'scher Online Kommentar UWG
BeckOK-WpHR	Beck'scher Online-Kommentar Wertpapierhandelsrecht
BeckRS	Beck online Rechtsprechung
Bespr.	Besprechung
BGB	Bürgerliches Gesetzbuch
BGBl.	Bundesgesetzblatt (Teil, Seite)
BGH	Bundesgerichtshof
BGHR	BGH-Rechtsprechung
BGHSt	Entscheidungen des Bundesgerichtshofes in Strafsachen
BGHZ	Entscheidungen des Bundesgerichtshofes in Zivilsachen
BierVO	Bierverordnung
BiRiLiG	Bilanzrichtliniengesetz
BKR	Bank- und Kapitalmarktrecht
BörsG	Börsengesetz
BPatG	Bundespatentgericht
BT	Besonderer Teil
BT-Drs.	Drucksachen des Deutschen Bundestages
BtMG	Betäubungsmittelgesetz
BuB	Bankrecht und Bankpraxis
BVerfG	Bundesverfassungsgericht
BVerfGE	Entscheidungen des Bundesverfassungsgerichts
bzw.	beziehungsweise
CCZ	Corporate Compliance Zeitschrift
COVuR	COVID-19 und Recht
CR	Computer und Recht
CRIM-MAD	zweite Marktmissbrauchsrichtlinie (Richtlinie 2014/57/EU)
DAV	Deutscher Anwaltverein
DB	Der Betrieb
DepotG	Depotgesetz
ders.	derselbe
d.h.	das heißt
dies.	dieselbe, dieselben
diff.	differenzierend
Diss.	Dissertation
D/K/B	Derleder/Knops/Bamberger, Handbuch zum deutschen und europäischen Bankrecht
DPA	Deutsches Patentamt
DStR	Deutsches Steuerrecht

DZSM	Deutsche Zeitschrift für Sportmedizin
DZWiR	Deutsche Zeitschrift für Wirtschaftsrecht
E/B	Ellenberger/Bunte, Bankrechts-Handbuch
EEX	European Energy Exchange
EG	Vertrag zur Gründung der Europäischen Gemeinschaft vom 02.10.1997 (Vertrag von Amsterdam)
EGeschGehG	Entwurf des Gesetzes zum Schutz von Geschäftsgeheimnissen
EGStGB	Einführungsgesetz zum Strafgesetzbuch
EGV	Vertrag zur Gründung der Europäischen Gemeinschaft vom 07.02.1992 (Vertrag von Maastricht)
EG-VO	Verordnung der Europäischen Gemeinschaft
E/K	Erbs/Kohlhaas, Strafrechtliche Nebengesetze
EnWG	Gesetz über die Elektrizitäts- und Gasversorgung (Energiewirtschaftsgesetz)
EPÜ	Europäisches Patentübereinkommen
Erg.	Ergänzung, Ergebnis
E/R/S/T	Esser/Rübenstahl/Saliger/Tsambikakis, Wirtschaftsstrafrecht
ESMA	European Securities and Markets Authority (Europäische Wertpapier- und Marktaufsichtbehörde)
ESMA-VO	Verordnung (EU) Nr. 1095/2010
EStG	Einkommensteuergesetz
EU	Europäische Union
EuR	Europarecht
EuGH	Gerichtshof der Europäischen Union
EuZW	Europäische Zeitschrift für Wirtschaftsrecht
EWG	Europäische Wirtschaftsgemeinschaft
EWGV	Vertrag zur Gründung der Europäischen Wirtschaftsgemeinschaft vom 25.03.1957
EWiR	Entscheidungen zum Wirtschaftsrecht
EWIV	Europäische Wirtschaftliche Interessenvereinigung
EWIV-AG	Europäische Wirtschaftliche Interessenvereinigung – Ausführungsgesetz
f.	folgende (Seite bzw. Randnummer)
FAQs	Frequently Asked Questions
F/B/O	Fezer/Büscher/Obergfell, Lauterkeitsrecht: UWG Kommentar
ff.	folgende (Seiten bzw. Randnummern)
FFG	Finanzmarktförderungsgesetz
FiMaNoG	Finanzmarktnovellierungsgesetz, erstes oder zweites
FK	Frankfurter Kommentar zum Kartellrecht
FMStG	Finanzmarktstabilisierungsgesetz vom 17.10.2008
Fn.	Fußnote
F/N	Fromm/Nordemann, Urheberrecht
FRUG	Finanzmarktrichtlinie-Umsetzungsgesetz
GA	Goltdammer´s Archiv für Strafrecht
GbR	Gesellschaft bürgerlichen Rechts
GebrMG	Gebrauchsmustergesetz
gem.	gemäß
GMVO	Gemeinschaftsmarkenverordnung

Abkürzungsverzeichnis

GenG	Genossenschaftsgesetz
GeschGehG	Gesetz zum Schutz von Geschäftsgeheimnissen
GeschmMG	Geschmacksmustergesetz
GG	Grundgesetz
ggf.	gegebenenfalls
G/J/W	Graf/Jäger/Wittig, Wirtschafts- und Steuerstrafrecht
GK-UWG	Großkommentar zum Gesetz gegen den unlauteren Wettbewerb
GmbH	Gesellschaft mit beschränkter Haftung
GmbHG	Gesetz betreffend die Gesellschaften mit beschränkter Haftung
GmbHR	GmbH-Rundschau
GPÜ	Gemeinschaftspatentübereinkommen
GRUR	Gewerblicher Rechtsschutz und Urheberrecht
GRUR-Int.	Gewerblicher Rechtsschutz und Urheberrecht, Internationaler Teil
GRUR-RS	Gewerblicher Rechtsschutz und Urheberrecht, digitale Rechtsprechungssammlung
GWB	Gesetz gegen Wettbewerbsbeschränkungen
GWR	Gesellschafts- und Wirtschaftsrecht
H-B/H-B	Harte-Bavendamm/Henning-Bodewig, Gesetz gegen den unlauteren Wettbewerb
H-B/O/K	Harte-Bavendamm/Ohly/Kalbfus, Gesetz zum Schutz von Geschäftsgeheimnissen, 2020
HdB	Schröder, Handbuch Kapitalmarktstrafrecht
HGB	Handelsgesetzbuch
H/H/Sp	Hübschmann/Hepp/Spitaler, Kommentar zur Abgabenordnung und Finanzgerichtsordnung
HK-HGB	Heidelberger Kommentar zum Handelsgesetzbuch
HK-MarkenR	Heidelberger Kommentar zum Markenrecht
HK-UrhG	Heidelberger Kommentar zum Urheberrechtsgesetz
HK-UWG	Heidelberger Kommentar zum Wettbewerbsrecht
h.L.	herrschende Lehre
h.M.	herrschende Meinung
HonigV	Honigverordnung
HRRS	Höchstrichterliche Rechtsprechung
HS	Halbsatz
HWSt	Achenbach/Ransiek/Rönnau, Handbuch Wirtschaftsstrafrecht
i.d.F.	in der Fassung
I/M	Ignor/Mosbacher, Arbeitsstrafrecht
InsO	Insolvenzordnung
i.S.d.	im Sinne des
i.V.m.	in Verbindung mit
JA	Juristische Arbeitsblätter
JR	Juristische Rundschau
Jura	Juristische Ausbildung
jurisPK-UWG	Seichter, jurisPK-UWG
JuS	Juristische Schulung
JW	Juristische Wochenschrift
JZ	Juristenzeitung

Abkürzungsverzeichnis

KakaoV	Kakaoverordnung
Kap.	Kapitel
K/B/F	Köhler/Bornkamm/Feddersen, Gesetz gegen den unlauteren Wettbewerb
KG	Kammergericht oder Kommanditgesellschaft
KK-OWiG	Karlsruher Kommentar zum Gesetz über Ordnungswidrigkeiten
KK-WpHG	Kölner Kommentar zum WpHG
K/M/F/S	Bankrecht und Kapitalmarktrecht
K/M/H	Kügel/Müller/Hofmann, Arzneimittelgesetz
KMRK	Schwark/Zimmer, Kapitalmarktsrechts-Kommentar
KnappschG	Knappschaftsgesetz
KO	Konkursordnung
K/P/V	Körner/Patzak/Volkmer, Betäubungsmittelgesetz
KriPoZ	Kriminalpolitische Zeitschrift
krit.	kritisch
KrWaffKontrG	Gesetz über die Kontrolle von Kriegswaffen
KTS	Konkurs-, Treuhand- und Schiedsgerichtswesen
KuMaKV	Verordnung zur Konkretisierung des Verbotes der Kurs- und Marktpreismanipulation
KWG	Kreditwesengesetz
L/B	Langen/Bunte, Kommentar zum deutschen und europäischen Kartellrecht
LFGB	Lebensmittel-, Bedarfsgegenstände- und Futtermittelgesetzbuch
LFGBuaÄndG	Gesetz zur Änderung des Lebensmittel- und Futtermittelgesetzbuches sowie anderer Vorschriften
LG	Landgericht
LK	Leipziger Kommentar zum StGB
L/K/H	Lackner/Kühl/Heger, Strafgesetzbuch
lit.	littera
LMBG	Lebensmittel- und Bedarfsgegenständegesetz
LMuR	Lebensmittel & Recht
LPK	Kindhäuser/Hilgendorf, Lehr- und Praxiskommentar zum Strafgesetzbuch
LRE	Sammlung lebensmittelrechtlicher Entscheidungen
MAD	erste Marktmissbrauchsrichtlinie, Richtlinie 2003/6/EG
MaKonV	Marktmanipulations-Konkretisierungsverordnung
MAR	Marktmissbrauchsverordnung, Verordnung (EU) Nr. 596/2014
MarkenG	Markengesetz
MBO-Ä	(Muster-) Berufsordnung für die deutschen Ärztinnen und Ärzte
MDR	Monatsschrift für Deutsches Recht
M/G	Momsen/Grützner, Wirtschaftsstrafrecht
M-G	Müller-Gugenberger, Wirtschaftsstrafrecht
Mio.	Millionen
MMR	MultiMedia und Recht
M/N	Möhring/Nicolini, Urheberrechtsgesetz
m.N.	mit Nachweis
MoMiG	Gesetz zur Modernisierung des GmbH-Rechts und zur Bekämpfung von Missbräuchen

Abkürzungsverzeichnis

MPG	Medizinproduktegesetz
M/R	Matt/Renzikowski, Strafgesetzbuch
MRM	Menschenrechtsmagazin
M/S	Meyer/Streinz, Lebensmittel- und Futtermittelgesetzbuch
MüKo	Münchener Kommentar zum Strafgesetzbuch
MüKo-BGB	Münchener Kommentar zum Bürgerlichen Gesetzbuch
MüKo-HGB	Münchener Kommentar zum Handelsgesetzbuch
MüKo-InsO	Münchener Kommentar zur Insolvenzordnung
MüKo-UWG	Münchener Kommentar zum Lauterkeitsrecht
m.w.N.	mit weiteren Nachweisen
n.F.	neue Fassung
NJOZ	Neue Juristische Online-Zeitschrift
NJW	Neue Juristische Wochenschrift
NJW-CoR	Computerreport der Neuen Juristischen Wochenschrift
NJW-RR	Neue Juristische Wochenschrift – Rechtsprechungs-Report
NK	Nomos Kommentar zum StGB
NK-UWG	Nomos Kommentar zum UWG
NK-WSS	Leitner/Rosenau, Wirtschafts- und Steuerstrafrecht
NPS	Neue Psychoaktive Stoffe
NpSG	Neue-psychoaktive-Stoffe-Gesetz
Nr.	Nummer
NStZ	Neue Zeitschrift für Strafrecht
NStZ-RR	Neue Zeitschrift für Strafrecht – Rechtsprechungs-Report
NWB	Neue Wirtschafts-Briefe für Steuer- und Wirtschaftsrecht
NZA	Neue Zeitschrift für Arbeitsrecht
NZG	Neue Zeitschrift für Gesellschaftsrecht
NZKart	Neue Zeitschrift für Kartellrecht
NZWiSt	Neue Zeitschrift für Wirtschafts-, Steuer- und Unternehmensstrafrecht
ÖkoVO	Verordnung über den ökologischen Landbau und die entsprechende Kennzeichnung landwirtschaftlicher Erzeugnisse und Lebensmittel
OLG	Oberlandesgericht
OWiG	Gesetz über Ordnungswidrigkeiten
PatG	Patentgesetz
P/O/S	Piper/Ohly/Sosnitza, Gesetz gegen den unlauteren Wettbewerb
PStR	Praxis Steuerstrafrecht
PublG	Gesetz über die Rechnungslegung von bestimmten Unternehmen und Konzernen
RDG	Rechtsdepesche für das Gesundheitswesen
REMIT	Verordnung (EU) Nr. 1227/2011
Rn.	Randnummer(n)
RG	Reichsgericht
RGSt	Entscheidungen des RG in Strafsachen
RiStBV	Richtlinien für das Straf- und Bußgeldverfahren
RStGB	Reichsstrafgesetzbuch
RVO	Reichsversicherungsordnung

Abkürzungsverzeichnis

S.	Seite
SanInsFoG	Sanierungs- und Insolvenzrechtsfortentwicklungsgesetz
SanInsKG	Sanierungs- und insolvenzrechtliches Krisenfolgenabmilderungsgesetz
SCE	Societas Cooperativa Europaea
SCEAG	SCE-Ausführungsgesetz
Sch/Sch	Schönke/Schröder, Strafgesetzbuch
SchwarzArbG	Gesetz zur Bekämpfung der Schwarzarbeit und der illegalen Beschäftigung
SE	Societas Europaea
SEAG	SE-Ausführungsgesetz
SGB	Sozialgesetzbuch
SK	Systematischer Kommentar zum StGB
S/L	Schricker/Loewenheim, Urheberrecht
Slg.	Sammlung (der Rechtsprechung des EuGH)
sog.	so genannt
S/S/W	Satzger/Schluckebier/Widmaier, Strafgesetzbuch
StGB	Strafgesetzbuch
StK	Joecks/Jäger, Studienkommentar StGB
StPO	Strafprozessordnung
str.	streitig
StV	Strafverteidiger
SubvG	Subventionsgesetz
TMAG	Tierarneimittelgesetz
Teils.	Teilsatz
UA	Unterabsatz
u.a.	unter anderem
u.ä.	und ähnliche
u.E.	unseres Erachtens
UmwG	Umwandlungsgesetz
UrhG	Urheberrechtsgesetz
UrhWissG	Urheberrechts-Wissensgesellschafts-Gesetz
usw.	und so weiter
u.U.	unter Umständen
UWG	Gesetz gegen den unlauteren Wettbewerb
VAG	Versicherungsaufsichtsgesetz
Var.	Variante
VermBG	Vermögensbildungsgesetz
vgl.	vergleiche
VO	Verordnung
VorlBierG	Vorläufiges Biergesetz
VuR	Verbraucher und Recht
W/B	Wandtke/Bullinger, Praxiskommentar zum Urheberrecht
WeinG	Weingesetz
WiJ	Journal der Wirtschaftsstrafrechtlichen Vereinigung e.V.
WiKG	Gesetz zur Bekämpfung der Wirtschaftskriminalität

Abkürzungsverzeichnis

WiPra	Wirtschaftsrecht und Praxis
wistra	Zeitschrift für Wirtschafts- und Steuerstrafrecht
W/J/S	Wabnitz/Janovsky/Schmitt, Handbuch des Wirtschafts- und Steuerstrafrechts
WM	Wertpapier-Mitteilungen
WpAIV	Wertpapierhandelsanzeige- und Insiderverzeichnisverordnung
WpHG	Wertpapierhandelsgesetz
WpÜG	Wertpapiererwerbs- und Übernahmegesetz
WRP	Wettbewerb in Recht und Praxis
WuB	Entscheidungssammlung zum Wirtschafts- und Bankrecht
WuW	Wirtschaft und Wettbewerb
WuW/E	Wirtschaft und Wettbewerb/Entscheidungssammlung zum Kartellrecht
z.B.	zum Beispiel
ZBB	Zeitschrift für Bankrecht und Bankwirtschaft
ZGR	Zeitschrift für das gesamte Schuldrecht
ZHR	Zeitschrift für das gesamte Handelsrecht
ZInsO	Zeitschrift für das gesamte Insolvenzrecht
ZIP	Zeitschrift für Wirtschaftsrecht
ZIS	Zeitschrift für internationale Strafrechtsdogmatik
zit.	zitiert
ZKDSG	Zugangskontrolldienstschutzgesetz
ZLR	Zeitschrift für das gesamte Lebensmittelrecht
ZPO	Zivilprozessordnung
Z/R	Zipfel/Rathke, Lebensmittelrecht
ZStR	Schweizerische Zeitschrift für Strafrecht
ZStW	Zeitschrift für die gesamte Strafrechtswissenschaft
z.T.	zum Teil
ZUM	Zeitschrift für Urheber- und Medienrecht
zust.	zustimmend
ZWeR	Zeitschrift für Wettbewerbsrecht
ZWH	Zeitschrift für Wirtschaftsstrafrecht und Haftung im Unternehmen

Verzeichnis der abgekürzt zitierten Literatur

Achenbach/Ransiek/Rönnau, Handbuch Wirtschaftsstrafrecht, 5. Aufl. 2019 (HWSt)
Adick/Bülte, Fiskalstrafrecht, 2. Aufl. 2019 (A/B)
Arzt/Weber/Heinrich/Hilgendorf, Strafrecht, Besonderer Teil, 4. Aufl. 2021
Assmann/Schneider/Mülbert, Wertpapierhandelsrecht, 7. Aufl. 2019 (A/S/M)
Assmann/Schütze/Buck-Heeb, Handbuch des Kapitalanlagerechts, 5. Aufl. 2020 (A/S/B)
Bahner, Gesetz zur Bekämpfung von Korruption im Gesundheitswesen, 2017
Baumann/Weber/Mitsch/Eisele, Strafrecht, Allgemeiner Teil, 13. Aufl. 2021
Baumbach/Hopt, Handelsgesetzbuch, 40. Aufl. 2021 (B/H)
Bechtold/Bosch, Kartellgesetz, Gesetz gegen Wettbewerbsbeschränkungen, 9. Aufl. 2018 (B/B)
Beck'scher Bilanz-Kommentar, 13. Aufl. 2022 (Beck Bil-Komm)
Beck'scher Online Kommentar GeschGehG, 14. Edition, 2022 (BeckOK-GeschGehG)
Beck'scher Online Kommentar Insolvenzrecht, 29. Edition, 2022 (BeckOK-InsR)
Beck'scher Online Kommentar Markenrecht, 32. Edition, 2023 (BeckOK-MarkenR)
Beck'scher Online Kommentar OWiG, 37. Edition 2023, (BeckOK-OWiG)
Beck'scher Online Kommentar Patentrecht, 26. Edition, 2022 (BeckOK-PatR)
Beck'scher Online-Kommentar StGB, 55. Edition, 2022 (BeckOK-StGB)
Beck'scher Online-Kommentar StPO mit RiStBV und MiStra, 46. Edition, 2023 (BeckOK-StPO)
Beck'scher Online Kommentar Urheberrecht, 36. Edition, 2022 (BeckOK-UrhR)
Beck'scher Online Kommentar UWG, 19. Edition 2023 (BeckOK-UWG)
Beck'scher Online-Kommentar Wertpapierhandelsrecht, 6. Edition, 2022 (BeckOK-WpHR)
Benkard, Patentgesetz und Gebrauchsmustergesetz, 11. Aufl. 2015
Bieneck, Handbuch des Außenwirtschaftsrechts, 2. Aufl. 2005
Böttger, Wirtschaftsstrafrecht in der Praxis, 2. Aufl. 2015 (WiPra)
Brettel/Schneider, Wirtschaftsstrafrecht, 3. Aufl. 2020
Buck-Heep, Kapitalmarktrecht, 12. Aufl. 2022
Bunte, Kartellrecht, Band 1 und 2, 14. Aufl. 2021
Bunte/Stancke, Kartellrecht, 4. Aufl. 2022
Claus, Gewinnabschöpfung und Steuer, 2010
Claussen, Bank- und Börsenrecht, 5. Aufl. 2014

Literatur

Deutscher, Die Kompetenzen der Europäischen Gemeinschaften zur originären Strafgesetzgebung, 2000

Dreher/Kulka, Wettbewerbsrecht und Kartellrecht, 11. Aufl. 2021

Dreier/Schulze, Urheberrechtsgesetz, 7. Auflage 2022 (D/S)

Ebenroth/Boujong/Joost/Strohn, Handelsgesetzbuch, Band 2, 4. Aufl. 2020 (E/B/J/S)

Ellenberger/Bunte, Bankrechts-Handbuch, 6. Aufl. 2022 (E/B)

Emmerich/Lange, Kartellrecht, 14. Aufl. 2018

Erbs/Kohlhaas, Strafrechtliche Nebengesetze, Stand August 2022 (E/K)

Esser/Rübenstahl/Saliger/Tsambikakis, Wirtschaftsstrafrecht, 2017 (E/R/S/T)

Fezer/Büscher/Obergfell, Lauterkeitsrecht, UWG Kommentar, Band 2, 3. Aufl. 2016 (F/B/O)

Fezer, Markenrecht, 4. Aufl. 2009

Fischer, Kommentar zum Strafgesetzbuch, 69. Aufl. 2022

Frankfurter Kommentar zum Kartellrecht, Stand September 2022 (FK)

Fromm/Nordemann, Urheberrecht, 12. Aufl. 2018 (F/N)

Fuchs, Wertpapierhandelsgesetz, 2. Aufl. 2016

Göhler, Gesetz über Ordnungswidrigkeiten, 18. Aufl. 2021

Golovnenkov, Das transnationale Insolvenzstrafrecht im Verhältnis zu Russland, 2012

Gössel, Strafrecht, Besonderer Teil, Band 2, 1996

Graf/Jäger/Wittig, Wirtschafts- und Steuerstrafrecht, 2. Aufl. 2017 (G/J/W)

Große Vorholt, Wirtschaftsstrafrecht, 3. Aufl. 2013

Großkommentar zum Gesetz gegen den unlauteren Wettbewerb, 2. Aufl. 2013 (GK-UWG)

Heidelberger Kommentar zum Handelsgesetzbuch, 8. Aufl. 2022 (HK-HGB)

Heidelberger Kommentar zum Urheberrecht, 4. Aufl. 2018 (HK-UrhG)

Heidelberger Kommentar zum Wettbewerbsrecht, 2. Aufl. 2005 (HK-UWG)

Hellmann, Fälle zum Wirtschaftsstrafrecht, 5. Aufl. 2023

Hentschke, Der Untreueschutz der Vor-GmbH vor einverständlichen Schädigungen, 2002

Heymann, Handelsgesetzbuch, Bd. 3, 3. Aufl. 2020

Hilgendorf/Kudlich/Valerius, Handbuch des Strafrechts, Band 5, Strafrecht Besonderer Teil II, 2020 (HdS 5)

Hilgendorf/Kudlich/Valerius, Handbuch des Strafrechts, Band 6, Teildisziplinen des Strafrechts, 2022 (HdS 6)

Hübschmann/Hepp/Spitaler, Kommentar zur Abgabenordnung und Finanzgerichtsordnung, Stand Januar 2023 (H/H/Sp)

Ignor/Mosbacher, Arbeitsstrafrecht, 3. Aufl. 2016 (I/M)
Immenga/Mestmäcker, Wettbewerbsrecht, Band 2, 6. Aufl. 2020
Ingerl/Rohnke, Markengesetz, 4. Aufl. 2022
Jaleesi, Die Kriminalisierung von Manipulationen im Sport, 2020
Janssen, Gewinnabschöpfung im Strafverfahren, 2. Aufl. 2016
Jescheck/Weigend, Lehrbuch des Strafrechts, Allgemeiner Teil, 5. Aufl. 1996
Joecks/Jäger, Studienkommentar StGB, 13. Aufl. 2021 (StK)
Karlsruher Kommentar zum Gesetz über Ordnungswidrigkeiten, 5. Aufl. 2018 (KK-OWiG)
Kindhäuser/Hilgendorf, Lehr- und Praxiskommentar, Strafgesetzbuch, 9. Aufl. 2022 (LPK)
Kindler, Das Unternehmen als haftender Täter, 2008
Klöhn, Marktmissbrauchsverordnung: MAR, 2018
Köhler/Bornkamm/Feddersen, Gesetz gegen den unlauteren Wettbewerb, 40. Aufl. 2022 (K/B/F)
Kölner Kommentar zum WpHG, 2. Aufl. 2014 (KK-WpHG)
Kraatz, Arztstrafrecht, 2. Aufl. 2018
Krekeler/Werner, Unternehmer und Strafrecht, 2006
Krey/Esser, Deutsches Strafrecht, Allgemeiner Teil, 7. Aufl. 2022
Krey/Hellmann/Heinrich, Strafrecht, Besonderer Teil, Band 2, 18. Aufl. 2021
Kudlich/Oğlakcıoğlu, Wirtschaftsstrafrecht, 3. Aufl. 2020
Kügel/Müller/Hofmann, Arzneimittelgesetz, 3. Aufl. 2022 (K/M/H)
Kühl, Strafrecht, Allgemeiner Teil, 8. Aufl. 2017
Kümpel/Mülbert/Früh/Seyfried, Bankrecht und Kapitalmarktrecht, 6. Aufl. 2022 (K/M/F/S)
Küper/Zopfs, Strafrecht Besonderer Teil, 10. Aufl. 2018
Lackner/Kühl/Heger, Strafgesetzbuch, 30. Aufl. 2023 (L/K/H)
Lange, Handbuch zum deutschen und europäischen Kartellrecht, 2. Aufl. 2006
Leipold/Tsambikakis/Zöller, AnwaltKommentar StGB, 3. Aufl. 2020 (AnwK)
Leipziger Kommentar zum StGB, 11. Aufl. 1992 ff. (LK^{11})
Leipziger Kommentar zum StGB, 12. Aufl. 2007 ff. (LK^{12})
Leipziger Kommentar zum StGB, 13. Aufl. 2019 ff. (LK^{13})
Leitner/Rosenau, Wirtschafts- und Steuerstrafrecht, 2. Aufl. 2022 (NK-WSS)
Lemke/Mosbacher, Ordnungswidrigkeitengesetz, 2. Aufl. 2005
Matt/Renzikowski, Strafgesetzbuch, 2. Aufl. 2020 (M/R)

Literatur

Maurach/Schroeder/Maiwald/Hoyer/Momsen, Strafrecht, Besonderer Teil, Teilband 1, 11. Aufl. 2019 (BT 1)

Maurach/Schroeder/Maiwald, Strafrecht, Besonderer Teil, Teilband 2, 10. Aufl. 2012 (BT 2)

Mes, Patentgesetz, Gebrauchsmustergesetz, 5. Aufl. 2020

Meyer/Streinz, Lebensmittel- und Futtermittelgesetzbuch, 2. Aufl. 2012 (M/S)

Meyer/Veil/Rönnau, Handbuch zum Marktmissbrauchsrecht, 2018 (M/V/R)

Mitsch, Strafrecht, Besonderer Teil 2, 3. Aufl. 2015 (BT 2)

Möhring/Nicolini, Urheberrechtsgesetz, 4. Aufl. 2018 (M/N)

Momsen/Grützner, Wirtschafts- und Steuerstrafrecht, 2. Aufl. 2020 (M/G)

Müller-Gugenberger, Wirtschaftsstrafrecht, 7. Aufl. 2021 (M-G)

Münchener Kommentar zum Handelsgesetzbuch, 4. Aufl. 2020 (MüKo-HGB)

Münchener Kommentar zur Insolvenzordnung, Band 1, 4. Aufl. 2019 (MüKo-InsO)

Münchener Kommentar zum Lauterkeitsrecht, Band 2, 3. Aufl. 2020 (MüKo-UWG)

Münchener Kommentar zum Strafgesetzbuch, 2. Aufl. 2011 ff. (MüKo^2)

Münchener Kommentar zum Strafgesetzbuch, 3. Aufl. 2016 ff. (MüKo^3)

Münchener Kommentar zum Strafgesetzbuch, 4. Aufl. 2020 ff. (MüKo^4)

Münchener Kommentar zum Gesetz gegen Wettbewerbsbeschränkungen, 3. Aufl. 2020 (MüKo-GWB)

Nomos-Kommentar zum Strafgesetzbuch, 6. Aufl. 2023 (NK)

Nomos-Kommentar zum UWG 3. Aufl. 2016 (NK-UWG)

Otto, Grundkurs Strafrecht, Allgemeine Strafrechtslehre, 7. Aufl. 2004 (AT)

Otto, Grundkurs Strafrecht, Die einzelnen Delikte, 7. Aufl. 2005 (BT)

Park, Kapitalmarktstrafrecht, Handkommentar, 5. Aufl. 2020

Patzak/Volkmer/Fabricius, Betäubungsmittelgesetz, 10. Auflage 2022 (P/V/F)

Piper/Ohly/Sosnitza, Gesetz gegen den unlauteren Wettbewerb, 7. Aufl. 2016

Rehbinder/Peukert, Urheberrecht, 18. Aufl. 2018

Rengier, Strafrecht Besonderer Teil I, 24. Aufl. 2022 (BT I)

Rengier, Strafrecht Besonderer Teil II, 23. Aufl. 2022 (BT II)

Roxin/Greco, Strafrecht Allgemeiner Teil, Band 1, 5. Aufl. 2020 (AT 1)

Roxin, Strafrecht Allgemeiner Teil, Band 2, 2003 (AT 2)

Satzger/Schluckebier/Widmaier, Strafgesetzbuch, 5. Aufl. 2021 (S/S/W)

Schönke/Schröder, Strafgesetzbuch, 30. Aufl. 2019 (Sch/Sch)

Schricker/Loewenheim, Urheberrecht, 6. Aufl. 2020 (S/L)

Schröder, Aktienhandel und Strafrecht, 1994

Schröder, Handbuch Kapitalmarktstrafrecht, 4. Aufl. 2020 (HdB)

Schwark/Zimmer, Kapitalmarktrechts-Kommentar, 5. Aufl. 2020 (KMRK)

Spindler/Stilz, Aktiengesetz, 4.Aufl. 2019 (Sp/St)

Seichter, jurisPK-UWG, 5. Aufl. 2021

Stage, Strafbare Marktmanipulation während der Aktienemission im engeren Sinne, 2016

Stage, in: Grimm/Ladler (Hrsg.), EU-Recht im Spannungsverhältnis zu den Herausforderungen im Internationalen Wirtschaftsrecht, 2012, S. 69 (G/L)

Staub, Handelsgesetzbuch, Bd. 7/2, 5. Aufl. 2012

Stratenwerth/Kuhlen, Strafrecht, Allgemeiner Teil, 6. Aufl. 2011

Systematischer Kommentar zum StGB, 9. Aufl. 2017 (SK)

Tetzlaff, Im Spannungsverhältnis zwischen Kooperation und Korruption im Gesundheitswesen, 2020

Thieß, Ordnungswidrigkeitenrecht, 2002

Tiedemann, GmbH-Strafrecht, 5. Aufl. 2010

Tiedemann, Wirtschaftsstrafrecht, 5. Aufl. 2017

Trüg, Konzeption und Struktur des Insiderstrafrechts, 2014

Wabnitz/Janovsky/Schmitt, Handbuch Wirtschafts- und Steuerstrafrecht, 5. Aufl. 2020 (W/J/S)

v. Wallenberg, Kartellrecht, 3. Aufl. 2010

Wandtke/Bullinger, Praxiskommentar zum Urheberrecht, 6. Aufl. 2022 (W/B)

Wessels/Beulke/Satzger, Strafrecht, Allgemeiner Teil, 52. Aufl. 2022 (W/Beulke/Satzger)

Wessels/Hettinger/Engländer, Strafrecht, Besonderer Teil 1, 46. Aufl. 2022 (W/Hettinger/Engländer)

Wessels/Hillenkamp/Schuhr, Strafrecht, Besonderer Teil 2, 45. Aufl. 2022 (W/Hillenkamp/Schuhr)

Weyand/Diversy, Insolvenzdelikte, 10. Aufl. 2016

Wiedemann, Handbuch des Kartellrechts, 4. Aufl. 2020

Wittig, Wirtschaftsstrafrecht, 5. Aufl. 2020

Zipfel/Rathke, Lebensmittelrecht, Stand März 2021 (Z/R)

ERSTER ABSCHNITT:

Kapitalmarkt- und Finanzmarktstrafrecht

§ 1 Anlegerschutz

I. Kapitalanlagebetrug (§ 264a StGB)

Der Kapitalanlagebetrug wurde durch das **Zweite Gesetz zur Bekämpfung der Wirtschaftskriminalität – 2. WiKG –** vom 15.5.1986 in das StGB eingefügt und hat unverändert in der ursprünglichen Fassung Bestand. Da § 264a StGB bereits bestimmte Betrugshandlungen mit Strafe bedroht, ohne dass ein Vermögensschaden eingetreten sein muss, ist der Kapitalanlagebetrug nach zutreffender h.M. ein **abstraktes Gefährdungsdelikt** im *Vorfeld des Betruges*[1].

Fall 1: *– Geschützte Anlageobjekte; Machen unrichtiger Angaben –*
Karl Kupfer (K) war Vorstandsvorsitzender der Gesellschaft Potsdamer Banken AG (GPB) und für das Immobiliengeschäft der Gesellschaft verantwortlich. Die GPB legte einen geschlossenen Immobilienfonds auf, d.h., sie errichtete eine KG, deren Geschäftszweck die Errichtung und Unterhaltung von Immobilien war. Komplementärin der KG wurde die für diesen Zweck gegründete GPB GmbH; einziger Kommanditist war K. Anna Kupfer (A), die Ehefrau des K, die selbst keine Gesellschaftsanteile hielt, wurde zur Geschäftsführerin der GmbH bestellt. K wusste, dass die meisten Anleger nicht an Gewinnmöglichkeiten, sondern an steuermindernden Verlustzuschreibungen interessiert waren. In den auf seine Veranlassung erstellten Prospekten wurde er als Geschäftsführer genannt. Sie enthielten zudem den Hinweis, dass in den ersten Jahren mit Verlusten zu rechnen sei, die von den Kommanditisten steuerlich geltend gemacht werden könnten. Tatsächlich würden die Verluste jedoch – wie K wusste – nach § 15b Abs. 1 S. 1 EStG nicht steuermindernd wirken, da es sich bei dem Konzept um ein Steuerstundungsmodell im Sinne des § 15b Abs. 2 EStG handelte. Die Prospekte legte K in den Verkaufsräumen der GPB aus. Zu einem Verkauf von Kommanditanteilen kam es nicht mehr, weil die GPB sich wegen der Verschlechterung der Marktlage aus dem Immobilienbereich zurückzog.

Wie hat sich K strafbar gemacht?

a) § 264a Abs. 1 Nr. 1 StGB

Der Kapitalanlagebetrug ist ein **kein Sonderdelikt**[2]. Täter kann jeder sein, der im Zusammenhang mit dem Vertrieb der genannten Kapitalanlagen oder dem Angebot der Kapitalerhöhung in einem Werbeträger unrichtige vorteilhafte Angaben macht bzw. nachteilige Angaben verschweigt, sodass auch derjenige, der sich den Inhalt

---

[1] *Achenbach*, NJW 1986, 1835, 1839; *Hellmann*, in: NK, § 264a StGB Rn. 11; *Krey/Hellmann/Heinrich*, BT 2, Rn. 813; *Hüls*, in: HWSt, 10. Teil 1. Kap. Rn. 4; *Kindhäuser/Schumann*, in: HdS 5, § 34 Rn. 97; *Mitsch*, BT 2, S. 418 f. **A.A.** *Hoyer*, in: SK, § 264a StGB Rn. 11 (abstrakt-konkretes Gefährdungsdelikt).

[2] Vgl. BGH (Z), ZWH 2015, 347, 349 Rn. 27; *Fischer*, § 264a StGB Rn. 22; *Hellmann*, in: NK, § 264a StGB Rn. 68; *Schröder/Bergmann*, in: M/R, § 264a StGB Rn. 38.

Erster Abschnitt: Kapitalmarkt- und Finanzmarktstrafrecht

des von einem anderen erstellten Werbeträgers im Zusammenhang mit dem Vertrieb oder dem Kapitalerhöhungsangebot zu eigen macht, als Täter in Betracht kommt[3].
K ist somit tauglicher Täter.

2a Die von K in dem Prospekt gemachten Angaben könnten ein von § 264a StGB **geschütztes Kapitalanlageobjekt** (Wertpapier, Bezugsrecht oder Anteil, der eine Beteiligung an dem Ergebnis eines Unternehmens gewähren soll) betreffen.
Strittig ist, welcher **Wertpapierbegriff** § 264a StGB zugrunde liegt. Die h.M. versteht darunter – in Anlehnung an den klassischen Wertpapierbegriff – Urkunden, die ein privates Recht in der Weise verbriefen, dass zur Geltendmachung des Rechts die Innehabung der Urkunde erforderlich ist[4]. Andere greifen auf den Wertpapierbegriff des § 2 Abs. 1 WpHG zurück[5]. Diese Begriffe haben jedoch andere Regelungszwecke als der Kapitalanlagebetrug[6], sodass dessen Wertpapierbegriff unter Berücksichtigung des *Ziels des Anlegerschutzes* eigenständig zu beschreiben ist. Als „Kapitalmarktpapiere" kommen deshalb nur solche Urkunden über Rechte in Betracht, die der Kapitalschöpfung bzw. der Kapitalanlage dienen, massenhaft ausgegeben werden und auf einen schnellen Umsatz angelegt sind[7]. Urkunden, die im Zahlungs- oder kurzfristigen Kreditverkehr verwendet werden, z.B. Schecks und Wechsel, sind deshalb keine Wertpapiere im Sinne des § 264a StGB[8].
Dem Wertpapierbegriff des § 264a StGB unterfallen insbesondere mitgliedschaftliche Papiere (Aktien und Zwischenscheine), Nebenpapiere (Gewinnanteil-, Zins- und Erneuerungsscheine, Investmentanteile), Schuldverschreibungen (öffentliche Anleihen, Pfandbriefe und Kommunalobligationen). Es kann sich um Inhaber- oder Orderpapiere handeln. *Rektapapiere*, deren Übertragung nur durch Abtretung der Forderung möglich ist, sind dagegen *keine* Kapitalmarktpapiere und damit keine Wertpapiere im Sinne des § 264a StGB[9], weil sie nicht massenhaft gehandelt werden.

3 Es wird zwar diskutiert, ob Anteile an geschlossenen Immobilienfonds § 2 Abs. 1 S. 1 Nr. 2 WpHG unterfallen[10]. Die Voraussetzungen des eigenständigen Wertpapierbegriffs des § 264a StGB erfüllen sie aber jedenfalls nicht, da der Vertrag über die Beteiligung an der KG lediglich die zugrunde liegende Rechtsbeziehung dokumentiert, also nur der Beweiserleichterung dient, ohne das Recht zu „verbriefen"[11]. Die Anteile sind zudem nicht auf schnellen Umsatz angelegt.

---

[3] OLG Stuttgart, NJW-RR 2019, 557 Rn. 26.
[4] *Bock*, in: G/J/W, § 264a StGB Rn. 46; *Bosch*, in: S/S/W, § 264a Rn. 5; *Ceffinato*, in: MüKo⁴, § 264a StGB Rn. 18 ff.; *Hüls*, in: HWSt, 10. Teil 1. Kap. Rn. 13; *Wittig*, § 18 Rn. 11, 13.
[5] Für dessen Anwendung *Schröder*, HdB, 8. Kap. Rn. 21, „allerdings nicht streng akzessorisch im Sinne einer Bezugnahme auf einen abschließenden Katalog"; siehe auch *Mehler*, Die erheblichen Umstände der Kapitalanlageentscheidung, 2009, S. 46 f.
[6] *Hellmann*, in: NK, § 264a StGB Rn. 14.
[7] *Tiedemann/Vogel*, in: LK¹², § 264a StGB Rn. 40; in der Sache ebenso *Momsen/Laudien*, in: BeckOK-StGB, § 264a Rn. 6.
[8] *Gercke/Hembach*, in: AnwK, § 264a StGB Rn. 8.
[9] A.A. *Ceffinato*, in: MüKo⁴, § 264a StGB Rn. 21, dem eine Restriktion des Wertpapierbegriffs „entbehrlich" erscheint (Rn. 23); *Wittig*, § 18 Rn. 13.
[10] Näher dazu *Voß*, BKR 2007, 45 ff., der dies ablehnt.
[11] *Hagemann*, „Grauer Kapitalmarkt" und Strafrecht, 2005, S. 231 f.

Streit besteht darüber, ob der Begriff des **Bezugsrechts** in § 264a StGB ebenfalls **4**
eigenständig oder in Anlehnung an den gesellschaftsrechtlichen Terminus zu deuten
ist. Nach zutreffender Ansicht bedarf es auch hier einer am Schutzzweck des Kapitalanlagebetruges orientierten Auslegung (Rn. 17). Danach unterfallen dem Begriff
unverbriefte Rechte auf Bezug von Leistungen, die sich aus einem Stammrecht ableiten, das durch Leistung von Kapital erworben wurde[12]. Auch Wertpapieroptions-
und -termingeschäfte sind Bezugsrechte im Sinne des § 264a StGB[13]. Warentermin-(options-)geschäfte betreffen dagegen weder Wertpapiere, noch gewähren sie eine
Beteiligung an dem Ergebnis eines Unternehmens, sodass sie den anderen Anlageobjekten nicht gleichzustellen sind.[14]

Anteile, die eine Beteiligung an dem Ergebnis des Unternehmens gewähren sol- **5**
len, sind Kapitalanlageformen, bei denen der Anleger entweder selbst einen Geschäftsanteil an dem Unternehmen erwirbt oder in eine sonstige Rechtsbeziehung
zum Unternehmen tritt, die ihm eine Beteiligung am Ergebnis des Unternehmens
verschafft[15]. Erfasst sind alle Formen gewerblicher Beteiligungen an in- und ausländischen Unternehmen, also Geschäfts- und Gesellschaftsanteile[16].
Hauptanwendungsfall ist der Erwerb von Kommanditanteilen an sog. *Abschreibungsgesellschaften*, bei denen die Anleger als Kommanditisten Gesellschaftsanteile
halten. Es reicht aber auch eine sonstige Beteiligung an dem Unternehmensergebnis,
wie bei sog. *partiarischen Darlehen*[17] oder der *stillen Gesellschaft*[18].

Anteile an einem geschlossenen Immobilienfonds gewähren eine Beteiligung an **6**
dem Ergebnis eines Unternehmens[19], sodass sich das Verhalten des K auf ein von
§ 264a StGB geschütztes Kapitalanlageobjekt bezog.
Die Anteile würden im Übrigen auch dann § 264a StGB unterfallen, wenn K sich
nicht der für Publikumsgesellschaften typischen Rechtsform der GmbH & Co. KG[20],
sondern der ebenfalls häufig benutzten Gesellschaftsform der GbR bedient hätte.
Dagegen erfasst § 264a StGB Bauherren- Bauträger- und Erwerbermodelle nicht,
weil reine Innengesellschaften gegründet werden, die kein Ergebnis auf dem Markt
erzielen[21].

---

[12] *Bock*, in: G/JW, § 264a StGB Rn. 49; *Gercke/Hembach*, in: AnwK, § 264a StGB Rn. 9; *Mitsch*, BT 2, S. 421.
[13] *Hellmann*, in: NK, § 264a StGB Rn. 19. **A.A.** *Schröder*, HdB, 8.Kap. Rn. 26.
[14] *Fischer*, § 264a StGB Rn. 9; *Kindhäuser/Schumann*, in: HdS 5, § 34 Rn. 106.
[15] BT-Drs. 10/318, 22.
[16] BGH (Z), ZWH 2015, 347, Rn. 28; OLG Stuttgart, NJW-RR 2019, 557, Rn. 28.
[17] *Heger*, in: L/K/H, § 264a StGB Rn. 3; Kindhäuser/*Hilgendorf*, LPK, § 264a StGB Rn. 4; *Joecks*, wistra 1986, 142, 146; *Wittig*, § 18 Rn. 18. **A.A.** *Cerny*, MDR 1987, 271, 274.
[18] *Heger*, in: L/K/H, § 264a StGB Rn. 3; *Joecks*, wistra 1986, 142, 146; *Perron*, in: Sch/Sch, § 264a StGB Rn. 10; *Wittig*, § 18 Rn. 18.
[19] *Cerny*, MDR 1987, 271, 273; *Hellmann*, in: NK, § 264a StGB Rn. 22. Eingehend zu geschlossenen Immobilienfonds *Hagemann*, „Grauer Kapitalmarkt" und Strafrecht, 2005, S. 156 ff.; zur Entwicklung der Regulierung des Marktes für geschlossene Fonds *Schroder*, HdB, 8. Kap. Rn. 7 ff.
[20] *Knauth*, NJW 1987, 28, 29.
[21] *Bock*, in: G/JW, § 264a StGB Rn. 51; *Bosch*, in: S/S/W, § 264a Rn. 7; *Cerny*, MDR 1987, 271, 273; *Joecks*, wistra 1987, 142, 144; *Perron*, in: Sch/Sch, § 264a StGB Rn. 12. **A.A.** *Richter*, wistra 1987, 117, 118; diff. *Tiedemann/Vogel*, in: LK[12], § 264a StGB Rn. 49.

7 K hat zudem ein **Tatmittel** des Kapitalanlagebetruges verwendet, nämlich einen **Prospekt**, d.h. ein Schriftstück, das zumindest den Eindruck erwecken soll, sämtliche für die Beurteilung der Kapitalanlage erforderlichen – tatsächlichen und rechtlichen – Angaben zu enthalten, und geeignet und bestimmt ist, Beteiligungsbeschlüsse herbeizuführen[22].
Weitere Tatmittel des § 264a StGB sind **Übersichten über den Vermögensstand**, worunter förmliche Bilanzen, Inventare sowie Gewinn- und Verlustrechnungen und sonstige Übersichten mit Bezug zum Vermögensstand der betreffenden Kapitalanlage zu verstehen sind[23], und **Darstellungen über den Vermögensstand**. Die h.M. befürwortet einen weiten Darstellungsbegriff, der auch mündliche Erklärungen umfasse[24]. Bei diesem Verständnis wäre die Nennung der anderen Tatmittel jedoch überflüssig, da sie einem solchen Darstellungsbegriff unterfallen würden. Nach zutreffender Auffassung meint Darstellung deshalb einen – sonstigen – *Werbeträger*, z.B. einen Bild- oder Tonträger[25] bzw. eine Internetseite oder per Internet verbreitete Dateien oder Streaming-Videos[26], zumal die Übersichten und Darstellungen den Eindruck der vollständigen Wiedergabe erwecken müssen, was bei mündlichen Erklärungen in der Regel nicht der Fall oder jedenfalls schwer nachweisbar sein wird. Da die Erklärung gegenüber einem größeren Kreis von Personen erfolgen muss (Rn. 14), scheidet jedenfalls der Telefonhandel aus dem Anwendungsbereich des § 264a StGB aus[27].

8 Mit dem Terminus „Machen unrichtiger Angaben" beschreibt § 264a Abs. 1 Nr. 1 StGB nach zutreffender Auffassung eine **Täuschung über Tatsachen**[28]. Diese Tathandlung entspricht also der des allgemeinen Betrugstatbestandes. Die h.M. nimmt dagegen an, das Merkmal der Angaben würde nicht nur Tatsachen, sondern auch Bewertungen und Prognosen erfassen[29].
Gegen diese Sicht sprechen jedoch die Bezeichnung des § 264a StGB als Kapitalanlage„betrug" und seine Funktion als „Vorfeldtatbestand" des Betruges, sodass jener schwerlich weiter reichen kann als dieser. Außerdem vermag die h.M. nicht überzeugend zu erklären, weshalb diese Tathandlung auch andere Gegenstände der Täuschung betreffen sollte als die Verschweigensalternative, die nur für *nachteilige Tatsachen* gilt[30].

---

[22] BGHSt 40, 385, 388; *Ceffinato*, in: MüKo⁴, § 264a StGB Rn. 62; *Heger*, in: L/K/H, § 264a StGB Rn. 10; *Momsen/Laudien*, in: BeckOK-StGB, § 264a Rn. 10; *Park*, in: Park, Teil 3 Kap. 4.2 Rn. 31.
[23] Näher dazu *Hellmann*, in: NK, § 264a StGB Rn. 28.
[24] *Bosch*, in: S/S/W, § 264a Rn. 10; *Ceffinato*, in: MüKo⁴, § 264a StGB Rn. 63; *Fischer*, § 264a StGB Rn. 12; *Hagemann*, „Grauer Kapitalmarkt" und Strafrecht, 2005, S. 241; *Mitsch*, BT 2, S. 423 f.
[25] *Hellmann*, in: NK, § 264a StGB Rn. 29; *Szesny*, in: WiPra, Kap. 6 Rn. 32.
[26] *Schröder*, HdB, 8.Kap. Rn. 44.
[27] *Heger*, in: L/K/H, § 264a StGB Rn. 10; *Martin*, wistra 1994, 127, 128 f.
[28] *Hellmann*, in: NK, § 264a StGB Rn. 32 ff.; *Mitsch*, BT 2, S. 422.
[29] *Fichtner*, Die Börsen- und depotrechtlichen Strafvorschriften und ihr Verhältnis zu den Eigentums- und Vermögensdelikten des StGB, 1993, S. 63 ff.; *Joecks/Jäger*, StK, § 264a StGB Rn. 4 f.; *Perron*, in: Sch/Sch, § 264a StGB Rn. 24; *Schröder*, HdB, 8.Kap. Rn. 49.
[30] *Hellmann*, in: NK, § 264a StGB Rn. 32; *Mitsch*, BT 2, S. 423; *Wittig*, § 18 Rn. 25.

Im Ergebnis unterscheiden sich die Auffassungen – bei einem zutreffenden Verständnis der Termini Prognose und Bewertung – allerdings nicht. Prognosen sind – nur – zukunftsgerichtete Aussagen, die auf einer Tatsachengrundlage basieren[31], ohne diesen Tatsachenbezug handelt es sich um eine bloße „Prophezeiung"[32]. Das gilt ebenso für Bewertungen, da sich diese nicht in einem Werturteil erschöpfen, sondern ebenfalls eine Tatsachengrundlage erfordern. Die hier vertretene Sicht erfasst unrichtige Bewertungen und Prognosen zwar nicht unmittelbar, eine Täuschung über Tatsachen liegt aber dennoch vor, da Bewertungen und Prognosen auf äußeren oder inneren Tatsachen beruhen, die der Täter – konkludent – miterklärt.

Die Täuschungshandlung ist **vollendet**, wenn die Angaben den Adressaten des Werbeträgers zugegangen sind[33]; eine tatsächliche Kenntnisnahme ist nicht erforderlich[34]. Da § 264a StGB lediglich unrichtige Angaben gegenüber einem größeren Kreis von Personen erfasst (Rn. 14), liegt keine Vollendung vor, wenn erst vereinzelt potentielle Anleger angesprochen worden sind[35]. 9

Die – in einem der genannten Werbeträger über eines der geschützten Kapitalanlageobjekte gemachten – Tatsachenangaben müssen **unrichtig** sein. Das ist der Fall, wenn sie *nicht mit der Wahrheit übereinstimmen*, also nicht vorhandene Umstände als gegeben oder vorhandene Umstände als nicht gegeben bezeichnen[36]. Bei Prognosen und Werturteilen ist das anzunehmen, wenn der Täter ihnen unrichtige Tatsachen zugrunde gelegt hat, eine ausreichende Tatsachengrundlage fehlt, die Schlussfolgerung gegen Denkgesetze verstößt oder die bei Prognosen gebotene Zurückhaltung außer Acht gelassen wird[37]. 10

Die Angaben müssen zudem **vorteilhaft** sein. Die Vorteilhaftigkeit wird zum Teil aus der Sicht des Anlegers bestimmt und angenommen, wenn die Angaben geeignet sind, ihn zu einer positiven Anlageentscheidung zu bewegen[38]. Die zutreffende Auffassung stellt dagegen auf den objektiven Erklärungsinhalt des Werbeträgers ab. Eine Tatsachenangabe ist danach vorteilhaft, wenn sie das Anlageobjekt in einem *besseren wirtschaftlichen Licht* erscheinen lässt, als dies auf der Grundlage der tatsächlichen Umstände der Fall wäre[39]. 11

Weiter eingeschränkt wird der Tatbestand durch das Merkmal der **Erheblichkeit**. Die unrichtigen vorteilhaften Angaben sind für die Entscheidung über den Erwerb 12

---

[31] Vgl. *Herberger/Simon*, Wissenschaftstheorie für Juristen, 1980, S. 367; *Stage*, Rn. 331.
[32] Vgl. *Radde*, Gestaltung und Prüfung der Prognosepublizität in Börsenzulassungsprospekten, 2006, S. 113, Fn. 601; *Stage*, Rn. 336.
[33] BGH (Z), ZWH 2015, 347, Rn. 31; *Hellmann*, in: NK, § 264a StGB Rn. 37; *Tiedemann/Vogel*, in: LK[12], § 264a StGB Rn. 82, 84, 90.
[34] *Kindhäuser/Schumann*, in: HdS 5, § 34 Rn. 112.
[35] BGH (Z), ZWH 2014, 479, Rn. 35, mit insoweit zust. Anm. *Bosch*, ZWH 2014, 483; BGH (Z), ZWH 2015, 347, Rn. 33 m.w.N.; *Perron*, in: Sch/Sch, § 264a StGB Rn. 37.
[36] BT-Drs. 10/318, 24; *Bosch*, in: S/S/W, § 264a Rn. 15; *Fischer*, § 264a StGB Rn. 14; *Joecks/Jäger*, StK, § 264a StGB Rn. 6.
[37] *Hellmann*, in: NK, § 264a StGB Rn. 39.
[38] *Heger*, in: L/K/H, § 264a StGB Rn. 12; *Rössner/Worms*, BB 1988, 93, 94.
[39] *Bock*, in: G/J/W, § 264a StGB Rn. 19; *Hellmann*, in: NK, § 264a StGB Rn. 44; *Hoyer*, in: SK, § 264a StGB Rn. 36; *Schröder/Bergmann*, in: M/R, § 264a StGB Rn. 27.

oder die Erhöhung der Anlage nach einhelliger Meinung[40] nicht erheblich, wenn der Täter über belanglose Umstände täuscht. Darüber hinaus bereitet die Auslegung des Merkmals der Erheblichkeit jedoch Schwierigkeiten.

Uneinigkeit herrscht schon über den anzulegenden *Maßstab*. Während die Rechtsprechung[41] und ein Teil der Literatur[42] zutreffend auf einen verständigen, durchschnittlich vorsichtigen Kapitalanleger abstellen, halten andere[43] die Erwartungen des Kapitalmarktes im Hinblick auf den jeweils angebotenen Anlagewert für ausschlaggebend, ohne allerdings darzulegen, welchen Fortschritt eine an den Erwartungen des Kapitalmarktes statt an der Sicht eines – gedachten – durchschnittlichen Anlegers orientierte Auslegung der Entscheidungserheblichkeit bringen soll, zumal der Kapitalmarkt selbst keine Anlageentscheidungen trifft, sondern den potenziellen Anlegern lediglich ein Angebot zur Verfügung stellt.

Bei der Bestimmung des Erheblichkeitsmerkmals sind die Interessen des Anlegers, aber auch der Umstand, dass das Strafrecht ihm nicht jedes Risiko abnehmen kann, zu berücksichtigen. Eine übermäßige Ausweitung des Merkmals läuft den Interessen der Anleger sogar zuwider, da der Warncharakter wichtiger Informationen verloren gehen kann, wenn den Anlegern zu viele Tatsachen mitgeteilt werden[44].

Erheblich sind danach nur solche Angaben, die den **Wert der Anlage tangieren**[45]; den Anbieter einer Kapitalanlage trifft somit keine strafbewehrte Pflicht, den Anleger mit Informationen zu versehen, die nicht für die Werthaltigkeit der Anlage relevant sind[46].

Das Merkmal der Erheblichkeit scheidet also zum einen Bagatellunrichtigkeiten[47] und zum anderen unrichtige Angaben, die zwar vorteilhaft sind, aber nicht den Wert der Anlage betreffen[48], aus dem Tatbestand aus.

13 Die Täuschung muss **im Zusammenhang mit dem Vertrieb** (§ 264a Abs. 1 Nr. 1 StGB) **oder dem Angebot einer Kapitalerhöhung** (§ 264a Abs. 1 Nr. 2 StGB) stehen.

Vertrieb ist jede Tätigkeit im eigenen oder fremden Namen, die auf die Veräußerung einer Vielzahl der in § 264a Abs. 1 Nr. 1 StGB genannten Anlageobjekte gerichtet ist[49]. Im Zusammenhang mit dem Vertrieb steht diese Tätigkeit in dem Zeitraum von

---

[40] *Cerny*, MDR 1987, 271, 277; *Hellmann*, in: NK, § 264a StGB Rn. 59; *Park*, ZWH 2022, 233, 236; *Perron*, in: Sch/Sch, § 264a StGB Rn. 30.
[41] BGH, NJW 2005, 2242, 2244 f., m. zust. Anm. *Ziemann*, JR 2006, 251 f.; BGH (Z), ZWH 2022, 254, Rn. 22 ff.; KG, wistra 2011, 358, 360; OLG Stuttgart, NJW-RR 2019, 557, Rn. 32.
[42] *Joecks*, wistra 1986, 142, 146; Kindhäuser/*Hilgendorf*, LPK, § 264a StGB Rn. 3; *Wittig*, § 18 Rn. 32.
[43] *Perron*, in: Sch/Sch, § 264a StGB Rn. 32.
[44] BGH, NJW 2005, 2242 ff.; *Schröder*, HdB, 8. Kap. Rn. 63.
[45] Weitergehend *Mehler*, Die erheblichen Umstände der Kapitalanlageentscheidung, 2009, S. 194 ff., insbesondere S. 221 ff., die unter Zugrundelegung der Funktionsfähigkeit des Kapitalmarktes als geschütztes Rechtsgut auch objektiv erkennbare, rechtskonforme Ziele als erheblich betrachtet.
[46] BGH, NJW 2005, 2242, 2244; *Joecks*, wistra 1986, 142, 147.
[47] *Worms*, Anlegerschutz durch Strafrecht, 1987, S. 332.
[48] *Schröder*, HdB, 8. Kap. Rn. 63.
[49] *Ceffinato*, in: MüKo⁴, § 264a StGB Rn. 73; *Perron*, in: Sch/Sch, § 264a StGB Rn. 14; *Schröder*, HdB, 8. Kap. Rn. 37; *Wittig*, § 18 Rn. 35.

der Aufnahme der Verhandlungen über den Erwerb des Kapitalanlageobjekts bis zum endgültigen Abschluss des Vertriebsverfahrens[50].

§ 264a Abs. 1 Nr. 2 StGB ist nur auf das *Angebot zur Erhöhung einer Unternehmensbeteiligung* anwendbar[51]. Das Angebot – auch im Sinne einer invitatio ad offerendum – kann sich also nur an Personen richten, die bereits Anteile im Sinne des § 264a Abs. 1 Nr. 1 StGB erworben haben[52].

Im Gegensatz zu § 263 StGB erfasst der Kapitalanlagebetrug nicht die Individualtäuschung, sondern nur unrichtige Angaben gegenüber einem **größeren Kreis von Personen**. Dieses Merkmal liegt vor, wenn eine so große Zahl von potenziellen Anlegern angesprochen wird, dass deren Individualität hinter das sie zu einem Kreis verbindende, potenziell gleiche Interesse an der Kapitalanlage zurücktritt[53]. Das ist insbesondere der Fall bei systematischen Werbeaktionen mittels der genannten Werbeträger, z.B. deren Auslage in öffentlich zugänglichen Räumen oder Übersendung an Interessenten, die nach allgemeinen Kriterien (z.B. Beruf, akademischer Grad, Wohnlage usw.) aus Adress- oder Telefonbüchern herausgesucht wurden, aber auch dann, wenn ein Steuerberater mit einem größeren Mandantenstamm allen seinen Mandanten den Werbeträger zukommen lässt[54]. 14

Ergebnis für unseren Fall 1:

K hat durch die Auslage des Prospekts in den Geschäftsräumen der GPB gegenüber einem größeren Kreis von Personen im Zusammenhang mit dem Vertrieb einer Unternehmensbeteiligung Tatsachenangaben gemacht. Zwar ist der Verwender des Prospekts die GPB, also eine AG. Da die **Benutzung des Werbeträgers kein besonderes persönliches Merkmal im Sinne des § 14 StGB ist**, bedarf es zur Begründung der Strafbarkeit der verantwortlichen natürlichen Personen aber keines Rückgriffs auf diese Vorschrift[55]. Die Angaben waren unrichtig, weil nicht K als Gesellschafter, sondern eine Nicht-Gesellschafterin zur Geschäftsführung bestellt war, und die Anleger wegen § 15b EStG steuerlich keinen Verlustabzug geltend machen können. Bei der Behauptung, die Verluste seien abziehbar, handelt es sich nicht um die Äußerung einer bloßen Rechtsmeinung, sondern um eine Täuschung über eine innere Tatsache, nämlich die Überzeugung, dass die Verlustabzugsmöglichkeit bestehe. Beide Tatsachen waren für die potenziellen Anleger vorteilhaft und für ihre Entscheidung erheblich. Für die vorgetäuschte steuerliche Abzugsmöglichkeit liegt dies auf der Hand, weil die steuerlichen Konsequenzen den Wert der Beteiligung an dem Unternehmen für den Anleger maßgeblich mitbestimmen. Aber auch der Umstand, dass ein Gesellschafter als Geschäftsführer bestellt ist, ist für die Werthaltigkeit der Anlage relevant, da von einem Geschäftsführer, der eigene finanzielle Inte- 15

---

[50] *Tiedemann/Vogel,* in: LK[12], § 264a StGB Rn. 31.
[51] Krit. *Knauth,* NJW 1987, 28, 30.
[52] *Fischer,* § 264a StGB Rn. 10; *Park,* in: Park, Teil 3 Kap. 4.2. Rn. 26.
[53] BT-Drs. 10/318, 23; 600; BGH (Z), ZWH 2015, 347, Rn. 31; *Fischer,* § 264a StGB Rn. 17; *Kindhäuser/Hilgendorf,* LPK, § 264a Rn. 10; *Hoyer,* in: SK, § 264a StGB Rn. 22. Krit. *Zieschang,* GA 2012, 607, 614.
[54] *Tiedemann/Vogel,* in: LK[12], § 264a StGB Rn. 66; *Wittig,* § 18 Rn. 38; *Worms,* wistra 1987, 271, 274.
[55] *Bock,* in: G/J/W, § 264a StGB Rn. 69; *Hellmann,* in: NK, § 264a StGB Rn. 70.

ressen an dem Anlageobjekt besitzt, besondere Sorgfalt zu erwarten ist. K hat somit den objektiven Tatbestand des § 264a Abs. 1 Nr. 1 StGB erfüllt.

Da er vorsätzlich, rechtswidrig und schuldhaft handelte, hat er sich eines Kapitalanlagebetruges schuldig gemacht.

b) §§ 263, 22 StGB

16 K hat zudem einen versuchten Betrug begangen.

Der Tatentschluss, durch die Täuschung über Tatsachen – die Person des Geschäftsführers und die steuerliche Möglichkeit des Verlustabzugs – bei den Anlegern einen entsprechenden Irrtum hervorzurufen und dadurch eine Vermögensverfügung – Erwerb der Beteiligung – und einen Schaden zu bewirken, um sich als Kommanditist zu bereichern, liegt vor. Durch die Auslage der Prospekte setzte K zur Verwirklichung des Betruges unmittelbar an.

c) Konkurrenzen

17 In welchem Konkurrenzverhältnis der Kapitalanlagebetrug zum – vollendeten oder versuchten – Betrug steht, richtet sich nach dem Schutzgut des § 264a StGB.
Die h.M.[56] weist § 264a StGB eine **doppelte Schutzrichtung** zu. Die Vorschrift schütze zum einen das *Vermögen* der Anleger und zum anderen das Allgemeininteresse an der *Funktionsfähigkeit des Kapitalmarktes*. Konsequenterweise stünden der Kapitalanlagebetrug und der allgemeine Betrugstatbestand in Tateinheit.
Zum gleichen Ergebnis gelangen auch die Auffassungen, nach denen – nur – das Vertrauen in die Lauterkeit des Kapitalmarktes als Voraussetzung für dessen Funktionieren[57] bzw. die Funktionsfähigkeit des Kapitalanlagemarktes geschützt werden soll[58].

18 Nach zutreffender Ansicht[59] schützt § 264a StGB jedoch **ausschließlich das Vermögen** der Anleger. Der Schutz des Kapitalmarktes ist danach ein bloßer Reflex des Anlegerschutzes. Zwar ist jedes massenhafte betrügerische Verhalten geeignet, das Vertrauen in den betroffenen Bereich des Wirtschaftslebens zu erschüttern, sodass ein Straftatbestand, der solchem betrügerischen Verhalten entgegenwirken soll, faktisch zugleich dieses überindividuelle Vertrauen schützt. Der Zweck des § 264a StGB belegt jedoch, dass es sich dabei nur um einen Schutzreflex handelt, die Vorschrift also nicht den Kapitalmarkt selbst schützen soll. Die Einfügung des Kapitalanlagebetruges sollte Beweisschwierigkeiten bei dem Nachweis der Voraussetzungen des allgemeinen Betrugstatbestandes beseitigen, indem der Tatbestand auf bestimmte Täuschungshandlungen beschränkt und die weiteren Merkmale des Betru-

---

[56] BT-Drs. 10/318, 22; BGH (Z), ZWH 2015, 347, Rn. 31 (Schutz potentieller Kapitalanleger vor möglichen Schädigungen und Sicherung der Funktion des Kapitalmarktes); OLG Köln, NJW 2000, 598, 600; *Momsen/Laudien*, in: BeckOK-StGB, § 264a Rn. 2; *Park*, ZWH 2022, 233, 235; *Perron*, in: Sch/Sch, § 264a StGB Rn. 1.

[57] *Bosch*, in: S/S/W, § 264a Rn. 1; *Knauth*, NJW 1987, 28; *Otto*, BT, § 61 Rn. 38.

[58] *Bottke*, wistra 1991, 1, 8; *Mehler*, Die erheblichen Umstände der Kapitalanlageentscheidung, 2009, S. 27 ff., 43; *Wohlers/Mühlbauer*, in: MüKo², § 264a StGB Rn. 6 ff.; überzeugend gegen diese Sicht *Beckemper*, ZIS 2011, 318 ff.

[59] *Krey/Hellmann/Heinrich*, BT 2, Rn. 813; *Hüls.*, in: HWSt, 10. Teil 1. Kap. Rn. 8; *Jacobi*, Der Straftatbestand des Kapitalanlagebetrugs, 2000, S. 51; *Joecks*, wistra 1986, 142, 143; *Kindhäuser/Schumann*, in: HdS 5, § 34 Rn. 100.

ges (Irrtum, Vermögensverfügung, Schaden, Bereicherungsabsicht) gekappt wurden. Der Gesetzgeber wollte also mit den Mitteln des materiellen Rechts ein – vermeintliches – strafprozessuales Problem lösen; der Anerkennung eines über das Vermögen der – potenziellen – Anleger hinausgehenden weiteren überindividuellen Rechtsguts, das der einzelne Täter ohnehin in aller Regel durch seine Tat gar nicht verletzen kann[60], bedarf es dazu nicht[61]. Die Erwartungen, die mit der Schaffung des § 264a StGB verbunden waren, haben sich im Übrigen in der Strafrechtspraxis nicht erfüllt[62]; in der Rechtsprechung der Zivilgerichte[63] hat § 264a StGB dagegen aufgrund der Einordnung als Schutzgesetz i.S.d. § 823 Abs. 2 BGB eine größere Bedeutung erlangt[64].

Wegen der gleichen Schutzrichtung verdrängt § 263 StGB den Kapitalanlagebetrug (*Subsidiarität* des abstrakten Gefährdungs- im Verhältnis zum Verletzungsdelikt). Das gilt sowohl für den vollendeten als auch für den versuchten Betrug, weil es der Klarstellung, dass der Betrugsversuch durch eine Täuschungshandlung des § 264a StGB begangen wurde, nicht bedarf[65]. **19**

Fall 2: – *Kapitalanlagebetrug durch Verschweigen nachteiliger Tatsachen* –
Ronald Bergheimer (B) war leitender Bankangestellter der Classen Privat Bank, die zu einem Emissionskonsortium gehörte, das die Aktien der OmegatechX AG an der Frankfurter Börse platzieren sollte. Für die Erstellung des Wertpapierprospekts war B zuständig. B übernahm aus der Bilanz die Angabe, dass die OmegatechX AG über Immobilieneigentum im Wert von 23.000.000 € verfüge. Nach Drucklegung des Prospekts ging ihm ein Gutachten zu, in dem der Wert der Grundstücke wegen einer zuvor nicht bekannten Schadstoffbelastung nur noch mit 15.000.000 € beziffert wurde. B verbreitete den Prospekt jedoch, ohne den Wertberichtigungsbedarf in Höhe von 8.000.000 € zu erwähnen.
Strafbarkeit des B? **20**

a) § 264a StGB durch Unterlassen?

Der Wert des Immobilieneigentums der AG ist ein für die Werthaltigkeit der Kapitalanlage maßgeblicher und deshalb für die Anlageentscheidung erheblicher Umstand. **Nachteilig** sind Tatsachen, wenn ihre Offenbarung die Werthaltigkeit des Anlageobjekts negativer erscheinen lassen würde und geeignet wäre, den Interessenten von dem Erwerb oder der Erhöhung der Anlage abzuhalten. Nach zutreffender Ansicht ist – wie bei der Vorteilhaftigkeit (Rn. 11) – die objektive Sicht maßgeblich[66].

---

[60] Zum Teil (*Wohlers/Mühlbauer*, in: MüKo², § 264a StGB Rn. 10) wird § 264a StGB deshalb als „Kumulationsdelikt" bezeichnet, wobei allerdings offen bleibt, worin der – über die Beschreibung hinausgehende – Erkenntnisgewinn dieses Terminus bestehen soll.
[61] Eingehend dazu *Hellmann*, in: NK, § 264a StGB Rn. 3, 8 ff.
[62] *Hellmann*, in: NK, § 264a StGB Rn. 4; *Martin*, wistra 1994, 127, 128. Krit. zu § 264a StGB *Zieschang*, GA 2012, 607 ff.
[63] BGHZ 116, 7, 13 f.; BGH (Z), NZG 2013, 436, 437; ZWH 2015, 347, Rn. 24; OLG Düsseldorf, BeckRS 2020, 16214, Rn. 37; KG, wistra 2011, 358, 359 f.; OLG Saarbrücken, NJOZ 2006, 2088, 2098; OLG Stuttgart, NJW-RR 2019, 557 Rn. 22.
[64] *Brettel*/Schneider, § 3 Rn. 244; *Hellmann*, in: NK, § 264a StGB Rn. 5.
[65] *Hellmann*, in: NK, § 264a StGB Rn. 82. **A.A.** *Kindhäuser*/Hilgendorf, LPK, § 264a StGB Rn. 14; *Knauth*, NJW 1987, 28, 32.
[66] *Bock*, in: G/J/W, § 264a StGB Rn. 22; *Hoyer*, in: SK, § 264a StGB Rn. 42.

B hat durch die Verbreitung des Prospekts, der den im Zeitpunkt der Veröffentlichung bereits bekannten Wertberichtigungsbedarf nicht berücksichtigte, einen Kapitalanlagebetrug durch Verschweigen einer nachteiligen Tatsache begangen.
Strittig ist allerdings die dogmatische Begründung dieses Ergebnisses.

21 Nach h.M.[67] ist die Verschweigensalternative ein *echtes Unterlassungsdelikt*, dessen Strafbarkeit sich – unabhängig von außerstrafrechtlichen Offenbarungs- und Mitwirkungspflichten – aus Pflichten, die sich aus dem Tatbestand des Kapitalanlagebetruges selbst herleiten lassen, ergebe[68]. Das Verschweigen des Wertberichtigungsbedarfs durch B wäre danach ein tatbestandsmäßiges Unterlassen, da er als für die Erstellung des Prospekts zuständige Person dessen Inhalt zu verantworten hat.

22 Nach zutreffender Ansicht[69] handelt es sich jedoch auch bei der Verschweigensalternative um ein **Begehungsdelikt**. § 264a StGB erfordert nämlich immer eine Erklärung des Täters gegenüber potenziellen Anlegern, denn er muss die nachteiligen Tatsachen in dem Werbeträger verschweigen. Taugliche Tatmittel sind aber nur solche Werbeträger, die den Eindruck der Vollständigkeit erwecken (Rn. 7), sodass der Täter durch das Verschweigen nachteiliger Tatsachen *unvollständige Angaben* macht. § 264a StGB verwendet somit nur eine andere Formulierung als z.B. § 265b Abs. 1 Nr. 1b StGB, ohne dass dies etwas an dem Charakter dieser Alternative als Begehungsdelikt ändert. Es bedarf deshalb auch keiner besonderen Offenbarungs- oder Aufklärungspflicht. Um ein Verschweigen handelt es sich im Übrigen nur, wenn die Informationen in dem Werbeträger gar nicht enthalten sind, also nicht schon dann, wenn sie an versteckter Stelle genannt werden[70].

23 Für das Ergebnis ist diese Meinungsdivergenz über den Deliktscharakter somit irrelevant, sodass der Streit in einer Klausur nicht entschieden werden darf. Lediglich die Begründungen unterscheiden sich: Die h.M. würde eine Verletzung der Pflicht des B zur vollständigen Mitteilung der für die Anlageentscheidung erheblichen Umstände annehmen; nach zutreffender Auffassung hat B einen Kapitalanlagebetrug wegen konkludenter Täuschung durch unvollständige Tatsachenangaben verwirklicht. Das gilt im Übrigen ebenfalls, wenn der Täter einen nachträglich unrichtig gewordenen Werbeträger, den er bereits zuvor benutzt hatte, gegenüber einem größeren Kreis anderer bislang noch nicht angesprochener Anleger weiter verwendet[71].

---

[67] *Heger*, in: L/K/H, § 264a StGB Rn. 12; *Momsen/Laudien*, in: BeckOK-StGB, § 264a Rn. 13; *Schröder*, HdB, 8. Kap. Rn. 60; *Wittig*, § 18 Rn. 28. Offengelassen von OLG Köln, NJW 2000, 598, 600.

[68] BT-Drs. 10/318, 24; *Perron*, in: Sch/Sch, § 264a StGB Rn. 28/29; *Tiedemann/Vogel*, in: LK[12], § 264a StGB Rn. 85.

[69] *Ceffinato*, in: MüKo[4], § 264a StGB Rn. 47; *Hellmann*, in: NK, § 264a StGB Rn. 34; *Hoyer*, in: SK, § 264a StGB Rn. 14; *Kindhäuser/Schumann*, in: HdS 5, § 34 Rn. 112; *Mehler*, Die erheblichen Umstände der Kapitalanlageentscheidung, 2009, S. 86 ff.; *Mitsch*, BT 2, S. 422.

[70] BVerfG, NJW 2008, 1726, 1727; *Schröder*, HdB, 8. Kap. Rn. 59, der allerdings eine Ausnahme bejaht, wenn die Emissionsvorschriften die Angabe an einer bestimmten Stelle vorschreiben; *Szesny*, in: WiPra, Kap. 6 Rn. 25.

[71] BGH (Z), ZWH 2014, 479, Rn. 39, mit Anm. *Bosch*; BGH (Z), ZWH 2015, 347, Rn. 35; *Hellmann*, in: NK, § 264a StGB Rn. 41.

b) §§ 263, 22 StGB

B hat zudem durch die Verbreitung des Prospekts einen versuchten Betrug begangen, der nach zutreffender Auffassung den Kapitalanlagebetrug verdrängt (siehe Rn. 17). **24**

Ergänzender Hinweis:

§ 264a Abs. 3 StGB enthält einen **persönlichen Strafaufhebungsgrund**, der dem **25** Täter, der durch Vornahme der Täuschungshandlung den Kapitalanlagebetrug vollendet hat, sich aber oft noch im Stadium des versuchten Betruges befindet, von dem er gemäß § 24 StGB strafbefreiend zurücktreten kann, einen Anreiz bieten soll, durch eine Verhinderung des Schadenseintritts **Straffreiheit** auch wegen des Kapitalanlagebetruges zu erlangen[72]. Der Täter muss nach § 264a Abs. 3 S. 1 StGB *freiwillig verhindern*, dass aufgrund der Tat die durch den Erwerb oder die Erhöhung bedingte Leistung erbracht wird. Wird die Leistung ohne Zutun des Täters nicht erbracht, so soll er nach § 264a Abs. 3 S. 2 StGB straffrei werden, wenn er sich *freiwillig und ernsthaft bemüht*, das Erbringen der Leistung zu verhindern.

Die Entwurfsbegründung betrachtete die tätige Reue in § 264 Abs. 6 (damals Abs. 3) **25a** StGB (Rn. 909) und § 265b Abs. 2 StGB (Rn. 210) als „Vorbild", ohne zu bedenken, dass der Subventions- und der Kreditbetrug Individualtäuschungen mit Strafe bedrohen, der Kapitalanlagebetrug dagegen Täuschungshandlungen „gegenüber einem größeren Kreis von Personen" erfordert[73]. Da die Voraussetzungen des § 264a Abs. 1, 2 StGB bereits erfüllt sind, wenn die Angaben den Adressaten des Werbeträgers zugegangen sind, ohne dass es darauf ankommt, ob sie ihn zur Kenntnis genommen haben (Rn. 9) oder es zu einem Vertragsschluss gekommen ist, genügt es nicht, dass der Täter die Leistungserbringung in einem einzelnen Fall verhindert bzw. er sich darum bemüht. Die abstrakte Gefährlichkeit des „noch im Umlauf befindlichen" Werbeträgers wird dadurch nämlich nicht beseitigt. Zu fordern ist deshalb, dass der Täter „den gesamten Personenkreis, an den sich die Täuschung richtete, vor Vermögensverlusten bewahren muss"[74]. Dies kann durch die Rücknahme des Werbeträgers, die Berichtigung der unrichtigen Angaben oder die Bekanntgabe der nachteiligen Angaben geschehen, und zwar bis zu dem Zeitpunkt der Tatentdeckung. Mit Erbringung der Leistung durch einen einzigen Kaptalanleger scheidet Straffreiheit ohnehin aus,[75] zumal der allgemeine Betrugstatbestand erfüllt sein wird.

Eine Auffassung in der Literatur[76] will die strafbefreiende Wirkung des § 264a **26** Abs. 3 StGB auf den **vollendeten Eingehungsbetrug** nach § 263 StGB erstrecken.

---

[72] BT-Drs. 10/318, 25; *Möhrenschlager*, wistra 1982, 201, 207; *Schröder/Bergmann*, in: M/R, § 264a StGB Rn 40.
[73] *Mitsch*, BT 2 S. 425, bemängelt deshalb zu Recht, dass die Verwendung des Singulars („die Leistung") gesetzestechnisch „unsauber" ist, da § 264a StGB „die Gefahr einer Vielzahl von möglicherweise vermögensschädigenden Leistungen begründet".
[74] *Mitsch*, BT 2 S. 425. Ähnlich *Ceffinato*, in: MüKo⁴, § 264a StGB Rn. 89: „Der Täter muss vielmehr verhindern, dass sich die von ihm begründete Gefahr in irgendeiner Weise realisieren kann, was mit absoluter Sicherheit nur dadurch gewährleistet werden kann, dass keine einzige Leistung erbracht wird."
[75] *Mitsch*, BT 2 S. 425.
[76] *Schröder*, HdB. 8. Kap. Rn. 101; *Szesny*, in: WiPra, Kap. 6 Rn. 37; *Tiedemann/Vogel*, in: LK[12], § 264a Rn. 97 ff., 100.

Die h.M.[77] lehnt dies jedoch ab. Liege zum Zeitpunkt des Rücktritts bereits ein vollendeter Eingehungsbetrug vor, greife § 24 StGB nicht mehr ein, selbst wenn der Täter durch die Aufklärung des Anlegers oder die Berichtigung der unrichtigen bzw. unvollständigen Angaben die Leistungserbringung verhindert. Derjenige, der Kapitalanleger massenhaft durch die Verwendung unrichtiger Werbeträger schädigt, dürfe nicht besser gestellt werden als derjenige, der Anlegern durch individuelle Täuschungen einen Vermögensschaden zufügt[78].

II. Verbotenes Insiderhandeln

27 Das Insiderrecht wurde in Deutschland erstmals 1994 durch das 2. Finanzmarktförderungsgesetz (2. FFG) gesetzlich geregelt[79]. Zuvor existierten nur Verhaltensempfehlungen der Börsensachverständigenkommission, die lediglich eine – gewisse – Verbindlichkeit erlangten, wenn der Betroffene sie rechtsgeschäftlich anerkannte[80]. Das 2. FFG setzte die EG-Insiderrichtlinie vom 13.11.1989[81] um und schuf Straftatbestände gegen verbotenes Insiderhandeln im WpHG. Zur Umsetzung der Richtlinie 2003/6/EG (erste Marktmissbrauchsrichtlinie, sog. MAD)[82] änderte das Anlegerschutzverbesserungsgesetz (AnSVG)[83] 2004 – auch – das Insiderstraf- und -bußgeldrecht. Obwohl die MAD keine strafrechtlichen Maßnahmen im Falle des Insiderhandels verlangte, entschied sich der deutsche Gesetzgeber für straf- und bußgeldrechtliche Sanktionen. Andere EU-Mitgliedstaaten ahndeten hingegen den Insiderhandel lediglich mit verwaltungsrechtlichen Sanktionen. Da sich dies nicht als ausreichend erwies, um Insiderhandel zu verhindern und zu bekämpfen (Erwägungsgrund 5 der zweiten Marktmissbrauchsrichtlinie, sog. CRIM-MAD[84]), verpflichtete die CRIM-MAD die EU-Mitgliedstaaten – mit Ausnahme Dänemarks und Großbritanniens –, bis zum 3. Juli 2016 (Art. 13) bestimmte Handlungen als Insider-Geschäfte (Artt. 3, 4), die Anstiftung und Beihilfe dazu sowie den Versuch (Art. 6) unter Kriminalstrafandrohung zu stellen (Art. 7). Korrespondierend zur CRIM-MAD trifft die Marktmissbrauchsverordnung (MAR)[85] die verwaltungsrechtlichen Regelungen gegen In-

---

[77] BGHSt 16, 220, 221; 21, 384, 385 f; 23, 300, 302; *Hellmann*, in: NK, § 264a StGB Rn. 74; *Mitsch*, BT 2, S. 318 f.
[78] *Hellmann*, in: NK, § 264a StGB Rn. 74.
[79] Zur Entwicklung des deutschen Insiderstrafrechts *Schröder*, HdB, 2. Kap. Rn. 1 ff.; *Trüg*, 8 ff.
[80] *Peltzer*, ZIP 1994, 746.
[81] ABl. Nr. L 334, 30, 89/592/EWG; abgedr. auch in WM 1989, 1829.
[82] ABl. L 96 vom 12.04.2003, 16; die übliche Abkürzung **MAD** beruht auf der englischen Bezeichnung „**m**arket **a**buse **d**irective". Die MAD wurde aufgehoben mit Wirkung zum 03.07.2016 durch Art. 37 der VO (EU) Nr. 596/2014 (Marktmissbrauchsverordnung), ABl. L 173 vom 12.06.2014, 1.
[83] BGBl. I 2004, 2630.
[84] Richtlinie 2014/57/EU vom 16.04.2014 über strafrechtliche Sanktionen bei Marktmanipulation (Marktmissbrauchsrichtlinie), ABl. L 173 vom 12.06.2014, 179. **CRIM-MAD** ist die Abkürzung der englischen Fassung „**crim**inal sanctions for market abuse (**m**arket **a**buse **d**irective)".
[85] Verordnung (EU) Nr. 596/2014, ABl. L 173, 1; berichtigt 2016 durch ABl. L 287, 320 und ABl. L 348, 83; geändert durch Verordnung (EU) 2016/1011, ABl. L 171, 1 und Verordnung (EU) 2016/1033, ABl. L 175, 1; ergänzt durch Delegierte Verordnung (EU) Nr. 2016/1052, ABl. 173, 34. Wegen der englischen Bezeichnung „**m**arket **a**buse **r**egulation" wird die VO üblicherweise **MAR** abgekürzt.

siderhandel[86]; sie gelten seit dem 3. Juli 2016 in allen Mitgliedstaaten unmittelbar. Am 2. Juli 2016 setzte der deutsche Gesetzgeber die Vorgaben der CRIM-MAD durch das Erste Finanzmarktnovellierungsgesetz (1. FiMaNoG)[87] in deutsches Recht um und regelte die Insiderhandelsstraftatbestände neu. Art. 1 des Zweiten Finanzmarktnovellierungsgesetzes (2. FiMaNoG)[88] modifizierte das Insiderstrafrecht am 25. Juni 2017 leicht. Seit dem 3. Januar 2018 sind die bis dahin in § 38 Abs. 3 WpHG a.F. geregelten Insiderstraftatbestände in § 119 Abs. 3 WpHG zu finden (Art. 3 des 2. FiMaNoG).

Die mehrfachen Änderungen der gesetzlichen Regelungen, die eher geringfügige inhaltliche Modifizierungen herbeiführten, erschweren insbesondere die Auswertung der zu den jeweiligen Fassungen ergangenen Rechtsprechung und veröffentlichten Literatur. **28**
§ 119 Abs. 3 WpHG i.V.m. Art. 14 MAR entsprechen
– vom 02.07.2016 bis 02.01.2018: § 38 Abs. 3 WpHG i.V.m. Art. 14 MAR,
– bis zum Ablauf des 01.07.2016: § 38 Abs. 1 Nr. 1 i.V.m. § 14 Abs. 1 Nr. 1 WpHG, §§ 38 Abs. 1 Nr. 2, 39 Abs. 2 Nrn. 3, 4 i.V.m. § 14 Abs. 1 Nrn. 2, 3 WpHG[89].

Die Insiderstraftatbestände des § 119 Abs. 3 WpHG sind als **Blankettatbestände** **29** konstruiert. Die eigentlichen Verbotsnormen (Ausfüllungsnormen) finden sich in Art. 14 MAR. § 119 WpHG enthält in Absatz 3 Nr. 1 bis 3 vier Verbotstatbestände: Nr. 1 regelt das **Verbot des Tätigens von Insidergeschäften** (§ 119 Abs. 3 Nr. 1 WpHG i.V.m. Art. 14 lit. a MAR), Nr. 2 enthält sowohl ein **Empfehlungs-** als auch ein **Verleitungsverbot** zum Tätigen von Insidergeschäften (§ 119 Abs. 3 Nr. 2 Var. 1 und Var. 2 WpHG i.V.m. Art. 14 lit. b MAR) und Nr. 3 ein **Offenlegungsverbot** hinsichtlich Insiderinformationen (§ 119 Abs. 3 Nr. 3 WpHG i.V.m. Art. 14 lit. c MAR). Artt. 7, 8 und 10 MAR definieren die in Art. 14 MAR verwendeten Begriffe *Insiderinformation, Insidergeschäfte* und *unrechtmäßige Offenlegung von Insiderinformationen*. Der Versuch des strafbaren Insiderhandels ist gem. § 119 Abs. 4 WpHG strafbar.

Die in Modul C des „Emittentenleitfadens" zu den Regelungen aufgrund der MAR[90] **30** enthaltene Auffassung der der BaFin entfaltet zwar keine Rechtswirkungen, kann aber als norminterpretierende Verwaltungsvorschrift zur Auslegung der Insiderhandelsregelungen des WpHG herangezogen werden[91]. Das gilt auch für weitere Veröffentlichungen der BaFin[92], z.B. die FAQs zu Art. 17 MAR – Veröffentlichung von Insiderinformationen[93]. Zudem darf die ESMA (Rn. 76) gemäß Art. 16 ESMA-VO

---

[86] Zur Neuregelung des Marktmissbrauchsrecht etwa *Poelzig*, NZG 2016, 528 ff.; *Renz/Leibold*, CCZ 2016, 157 ff.; *Teigelack/Dolff*, BB 2016, 387 ff.
[87] BGBl. I 2016, 1514.
[88] BGBl. I 2017, 1693; geändert durch das Gesetz zur Umsetzung der Zweiten Zahlungsdiensterichtlinie, BGBl. I 2017, 2446, 2492 f.
[89] Näher zur Regelung des verbotenen Insiderhandels in der Fassung vor dem 1. FiMaNoG siehe Rn. 29 ff. der 4. Auflage dieses Lehrbuchs.
[90] www.bafin.de (Stand des Emittentenleitfadens: 2020); siehe dazu die Stellungnahme des DAV zum Entwurf des Moduls, NZG 2019, 1138 ff.
[91] Siehe dazu *Mennicke*, in: Fuchs, Vor § 12 WpHG Rn. 37 ff.; *Merkner/Sustmann*, NZG 2009, 813 ff.
[92] Näher dazu *Fuchs*, in: Fuchs, Einl., Rn. 110 ff.
[93] Abrufbar im Internet unter www.bafin.de.

Leitlinien und Empfehlungen erlassen; diese haben zwar keinen Gesetzescharakter, entfalten aber eine faktische Bindungswirkung[94] und dienen als Interpretationshilfe[95]. Die ESMA macht hiervon Gebrauch[96].

31 Umstritten ist, ob durch das 1. FiMaNoG (Rn. 27) eine **Strafbarkeits- bzw. Ahndungslücke** entstanden ist. Die Diskussion beruht darauf, dass die durch das 1. FiMaNoG neu gefassten Straf- und Bußgeldtatbestände des Insiderhandels und der Marktmanipulation im WpHG nach Art. 17 Abs. 1 des 1. FiMaNoG am 2. Juli 2016 – also einen Tag vor dem Geltungsbeginn der durch die Blanketttatbestände im WpHG in Bezug genommenen Artt. 14 und 15 MAR (vgl. Art. 39 Abs. 2 MAR) – in Kraft getreten sind. Dies könne zu einer Sanktionslücke am 2. Juli 2016 geführt haben mit der Folge, dass in Verbindung mit dem Meistbegünstigungsprinzip gem. § 2 Abs. 3 StGB bzw. § 4 Abs. 3 OWiG eine „Generalamnestie im Kapitalmarktstrafrecht" entstanden sein könnte[97]. Der 5. Strafsenat des BGH lehnte zwar in seinem Beschluss vom 10. Januar 2017[98] das Bestehen einer solchen Sanktionslücke ab, das 2. FiMaNoG fügte aber dennoch – zur Herstellung der „Rechtssicherheit" – eine Übergangsvorschrift (bis 02.01.2018 in § 52 WpHG, danach in § 137 WpHG) ein, die für die Alttaten ausdrücklich das Recht zum Zeitpunkt der Tat für anwendbar erklärt und das Prinzip der Meistbegünstigung in § 2 Abs. 3 StGB und § 4 Abs. 3 OWiG ausschließt. Die Literatur bejaht – mit überzeugenden Gründen – eine Sanktionslücke[99] und betrachtet auch den „Reparaturversuch" des Gesetzgebers durch die Einfügung einer Übergangsregelung kritisch[100]. Im Mai 2018 verneinte das BVerfG[101] jedoch das Bestehen einer Strafbarkeitslücke.

32 Das Insiderstrafrecht schützt nach h.M. in erster Linie die **Funktionsfähigkeit des Kapitalmarktes** und das **Vertrauen der Anleger in die Preisbildung**; dem Anlegerschutz soll es nur mittelbar dienen[102]. Das ordnungsgemäße Funktionieren des Kapitalmarktes wird jedoch nicht um seiner selbst willen geschützt, sondern um zu

---

[94] *Hitzer/Hauser*, BKR 2015, 52, 54 ff. m.w.N.
[95] *Weiß*, EuR 2016, 631, 635.
[96] ESMA70-145-111 Version 17.
[97] Diese Problematik zuerst aufwerfend *Rothenfußer*, Börsenzeitung vom 07.07.2016, 13. Die BaFin widersprach dem umgehend in einer Pressemitteilung vom 08.07.2016, siehe unter www.bafin.de.
[98] BGHSt 62, 13 ff.
[99] Z.B. *Bülte/Müller*, NZG 2017, 205, 206 ff.; *Gaede*, wistra 2017, 41, 42, 44 ff., 50; *Lorenz/Zierden*, HRRS 2016, 443, 444 ff.; *Rossi*, ZIP 2016, 2437, 2438 ff.; *Rothenfußer/Jäger*, NJW 2016, 2689 ff.; *Szesny*, BB 2017, 515, 516 ff. Diff. *Bergmann/Voigt*, wistra 2016, 347 ff. **A.A.** *Klöhn/Büttner*, ZIP 2016, 1801, 1805 ff. Zu einer möglichen zweiten Sanktionslücke *Stage*, jurisPR-StrafR 3/2018 Anm. 1. Eine – weitere – Sanktionslücke bei Insiderhandel (und Marktmanipulation) im Freiverkehr vom 02.07.2016 bis zum 02.02.2018 infolge des 1. FiMaNoG bejaht *Richter*, NZG 2020, 210 ff.
[100] *Gaede*, wistra 2017, 41, 46 ff.; *Hohn*, in: M/G, § 21 Rn. 24; *Pananis*, NStZ 2017, 236, 238; *Rossi*, ZIP 2016, 2437, 2444 ff.; *Rothenfußer/Jäger*, NJW 2016, 2689, 2693 ff. **A.A.** *Bülte/Müller*, NZG 2017, 205, 212 ff.
[101] BVerfG, wistra 2018, 336 ff., mit krit. Anm. *Köpferl*, StV 2019, 727 ff.; siehe auch *Hammen*, WM 2019, 341, 343 ff.
[102] EuGH, NJW 2006, 133; *Baedorff*, Das Merkmal der Verwendung von Insiderinformationen, 2011, S. 39 ff.; *Klöhn*, in: KK-WpHG, § 14 Rn. 5; *Oulds*, in: K/M/F/S, 11. Teil Rn. 52; *Waßmer*, in: Fuchs, § 38 WpHG Rn. 5. Überzeugend gegen das Vertrauen in die Funktionsfähigkeit der Märkte als Schutzgut des strafbaren Insiderhandels *Beckemper*, ZIS 2011, 318 ff.

verhindern, dass der Anleger im Glauben an die gleichen Informationszugangschancen aller Akteure nachteilige Dispositionen für sein Vermögen trifft. Schutzgut der Insiderdelikte ist folglich das Vermögen der Anleger[103]. Deshalb ist § 119 Abs. 3 WpHG i.V.m. Art. 14 MAR ein Schutzgesetz i.S.d. § 823 Abs. 2 BGB.

Fall 3: – *Primär- und Sekundärinsider; strafbares „Tipping"* –

Victor Vietz (V) war Vorstandsmitglied der börsennotierten Immo Potsdam AG (IP). Der Vorstand beschloss, mit der Immo Hamburg AG (IH) einen Beherrschungs- und Gewinnabführungsvertrag zu schließen, nach dem die IH verpflichtet sein sollte, ihren Gewinn an die IP abzuführen. Bevor dies der Öffentlichkeit bekannt gemacht wurde, riet V seiner Freundin Peggy Fraunhofer (F), in ihrem Namen Aktien zu kaufen. F, die V in finanziellen Angelegenheiten vertraute, fragte nicht nach dem Grund und gab eine Kauforder auf eigene Rechnung über Aktien der IP ab.

Strafbarkeit von V und F?

a) Strafbarkeit des V nach § 119 Abs. 3 Nr. 2 WpHG i.V.m. Art. 14 lit. b Var. 2 MAR

V könnte F verbotenerweise zum Tätigen eines Insidergeschäfts verleitet haben.

aa) Objektiver Tatbestand

(1) V ist tauglicher Täter des § 119 Abs. 3 WpHG.

Täter der Tatbestände des Insiderhandels nach § 119 Abs. 3 WpHG können **Primär- und Sekundärinsider** sein. Diese Unterscheidung findet sich weder in § 119 Abs. 3 WpHG noch in Art. 14 MAR; nach Art. 8 Abs. 4 MAR, auf den Art. 10 Abs. 1 UA 2 MAR für das Offenlegungsverbot verweist, gelten die Regelungen über Insidergeschäfte jedoch ausdrücklich sowohl für Primärinsider (UA 1) als auch für Sekundärinsider (UA 2), ohne allerdings diese Termini zu verwenden. Nach Art. 8 Abs. 4 UA 1 MAR lassen sich die Primärinsider in vier Gruppen einteilen, und zwar in statusbedingte (lit. a), beteiligungsbedingte (lit. b), beschäftigungsbedingte (lit. c) und deliktische (lit. d) Primärinsider[104]. Sekundärinsider ist nach Art. 8 Abs. 4 UA 2 MAR jede Person, die – auf welche Weise auch immer – über eine Insiderinformation verfügt. Diese Differenzierung ist – anders als für die frühere Rechtslage, nach der Verstöße gegen die Mitteilungs- und Empfehlungsverbote für Primärinsider Straftatbestände darstellten, für Sekundärinsider dagegen lediglich Bußgeldtatbestände, Sekundärinsider sich also nur bei dem Tätigen von Insidergeschäften strafbar machten[105] – für die Strafbarkeit des Insiderhandels im Zusammenhang mit Finanzinstrumenten nicht mehr relevant, sondern nur noch für die Strafzumessung[106].

Die Unterscheidung von Primär- und Sekundärinsidern greifen allerdings § 119 Abs. 2 Nr. 2, b WpHG und § 95a EnWG auf. Diese Insidertatbestände sind – wie § 119 Abs. 3 WpHG – als Blanketttatbestände ausgestaltet.

§ 119 Abs. 2 WpHG betrifft Insiderverstöße im Zusammenhang mit Treibhausgasemissionszertifikaten. § 119 Abs. 2 Nr. 1 WpHG bedroht Primär- und Sekundär-

---

[103] *Ziouvas*, Das neue Kapitalmarktstrafrecht, 2005, S. 206.
[104] Zur früheren Rechtslage *Momsen*, in: Festschrift für Maiwald, 2010, S. 561, 569; *Trüg*, 126 ff.
[105] Siehe dazu die 4. Aufl. dieses Lehrbuchs, Rn. 33.
[106] *Wittig*, § 30 Rn. 84.

insider, die entgegen Art. 38 Abs. 1 UA 1, auch i.V.m. Abs. 2 oder Art. 40 VO (EU) Nr. 1031/2010[107], ein Gebot einstellen, ändern oder zurückziehen, mit Strafe. § 119 Abs. 2 Nr. 2a, b WpHG beschränkt die Strafbarkeit der Weitergabe von Insiderinformationen und der Empfehlung eines Insidergeschäfts bzw. des Verleitens zu einem Insidergeschäft (Art. 39 der VO in der ursprünglichen Fassung) auf die Art. 38 Abs. 1 UA 2 der VO bezeichneten Primärinsider. Einen eigenständigen Anwendungsbereich besaß § 119 Abs. 2 WpHG allerdings nur bis zum vollständigen Inkrafttreten der MAR am 3. Januar 2018, da seitdem die Zertifikate Finanzinstrumente sind und Insidergeschäfte deshalb § 119 Abs. 3 WpHG unterfallen[108]. Selbst wenn es zuträfe, dass § 119 Abs. 2 WpHG danach noch einen eingeschränkten Anwendungsbereich hinsichtlich Primärversteigerungen auf einer Auktionsplattform, die nicht als geregelter Markt zugelassen ist, hatte[109], so geht die Regelung wegen der Streichung der Art. 37 – 43 durch die Delegierte Verordnung (EU) 2019/1868[110] heute ins Leere.

36   Relevant ist die Unterscheidung jedoch gemäß § 95a Abs. 2 EnWG für den verbotenen Insiderhandel im Zusammenhang mit Energiegroßhandelsmärkten. Der Blanketttatbestand verweist auf die sog. REMIT[111]. Nach § 95a Abs. 2 **Nr. 1** EnWG i.V.m. Art. 3 Abs. 1 lit. a REMIT ist es strafbar, wenn Personen, die über Insiderinformationen hinsichtlich eines Energiegroßhandelsprodukts (Strom und Erdgas) verfügen, diese Informationen bei dem Erwerb oder der Veräußerung dieser Produkte für eigene oder fremde Rechnung direkt oder indirekt nutzen. Täter kann jedermann sein, der über eine Insiderinformation verfügt, also sowohl der Primär- als auch der Sekundärinsider (vgl. Art. 3 Abs. 2 REMIT). Verstöße gegen das Verbot der Weitergabe von Insiderinformationen (Art. 3 Abs. 1 lit. b REMIT) sowie die Empfehlungs- und Verleitungsverbote (Art. 3 Abs. 1 lit. c REMIT) sind gem. § 95a Abs. 2 **Nr. 2** EnWG dagegen nur strafbar, wenn sie von einem Primärinsider i.S.d. Art. 3 Abs. 2 lit. a bis d REMIT begangen werden[112]. Sekundärinsider (Art. 3 Abs. 2 lit. e REMIT), die gegen Weitergabe-, Empfehlungs- oder Verleitungsverbote verstoßen, begehen eine Ordnungswidrigkeit (§ 95 Abs. 1c Nr. 1 EnWG).

37   Die Umschreibung der Primärinsider in Art. 3 Abs. 2 REMIT entspricht im Wesentlichen der in Art. 8 Abs. 4 MAR verwendeten; danach sind die folgenden vier Typen von Primärinsidern zu unterscheiden:

---

[107] ABl. L 302 vom 18.11.2011, 1.
[108] Eingehend dazu *Spoerr*, in: A/S/M, § 119 WpHG Rn. 136.
[109] *Spoerr*, in: A/S/M, § 119 WpHG Rn. 136. **A.A.** *Rönnau/Wegner* in: Meyer/Veil/Rönnau, Handbuch zum Marktmissbrauchsrecht, 2018, § 28 Rn. 94 (kein Anwendungsbereich). Unklar *Trüg*, in: HWSt, 10. Teil 2. Kap. Rn. 104 („nahezu" kein eigener Anwendungsbereich).
[110] ABl. L 289 vom 8.11.2019, 9.
[111] Verordnung (EU) 1227/2011 vom 25.10.2011 über die Integrität und Transparenz des Energiegroßhandelsmarkts, ABl. L 326 vom 08.12.2011, 1; üblicherweise abgekürzt als REMIT, also nach der Bezeichnung der Verordnung in der englischen Fassung „**R**egulation on wholesale **E**nergy **M**arket **I**ntegrity and **T**ransparency".
[112] Zum Primär- und Sekundärinsider i.S.d. § 95a Abs. 2 Nr. 2 EnWG *Theobald/Werk*, in: Theobald/Kühling, Energierecht, Stand: Mai 2022, § 95a EnWG Rn. 46 f.

Statusbedingte Primärinsider sind gemäß Art. 8 Abs. 4 UA 1 lit. a MAR Personen, die über die Insiderinformation aufgrund ihrer Organstellung verfügen, also z.B. Vorstände, Aufsichtsräte oder Geschäftsführer des Emittenten.

Nach Art. 8 Abs. 4 UA 1 lit. b MAR sind **beteiligungsbedingte Primärinsider** Personen, die wegen ihrer Beteiligung am Kapital des Emittenten oder des Teilnehmers am Markt für Emissionszertifikate eine Insiderinformation erhalten haben. Einer Beschränkung des Art. 8 Abs. 4 S. 1 lit. b MAR auf eine bestimmte Höhe der Beteiligung bedarf es nicht[113]. Nach dem Wortlaut der Vorschrift genügt zwar jede Kapitalbeteiligung, sodass Primärinsider auch ein Aktionär sein kann, der nur eine Aktie hält. Das Erfordernis der Kausalität zwischen der Beteiligung und der Kenntnis der Insiderinformation verhindert aber eine ungerechtfertigte Ausweitung des Tatbestandes auf den typischen Kleinaktionär[114], da dieser über die Insiderinformation im Regelfall nicht deshalb verfügt, *weil* er am Kapital beteiligt ist.

38

Zu den **beschäftigungsbedingten Primärinsidern** gehören nach Art. 8 Abs. 4 S. 1 lit. c MAR Personen, die aufgrund der Ausübung einer Arbeit oder eines Berufes oder der Erfüllung von Aufgaben Zugang zu den betreffenden Insiderinformationen haben. Voraussetzung ist zwar nicht mehr das „bestimmungsgemäße" Verfügen über die Insiderinformation, erforderlich ist aber ein „gewisser innerer Zusammen" zwischen der Tätigkeit und der Informationserlangung[115]. Bloße Kausalität zwischen Berufsausübung und Kenntnis der Insiderinformation genügt also nicht, sodass Personen, die nur zufällig oder bei Gelegenheit ihrer beruflichen Tätigkeit Kenntnis von einer Insiderinformation erlangen, keine Primärinsider sind. Durch die Kenntniserlangung werden sie aber zum Sekundärinsider, vgl. Art. 8 Abs. 4 S. 2 MAR. Deshalb ist z.B. der Taxifahrer, der bei der Beförderung eines Vorstandsmitglieds ein Gespräch mithört und dadurch Informationen über eine Gesellschaftsverschmelzung erlangt, kein Primärinsider[116]. Er erfährt die Insiderinformation zwar aufgrund seiner Tätigkeit, es fehlt aber der innere Zusammenhang zwischen seiner Tätigkeit und der Kenntniserlangung. Das gilt auch für den im Unternehmen angestellten Boten, der von ihm zu befördernde Unterlagen liest[117]. Adressaten des Art. 8 Abs. 4 UA 1 lit. c MAR können sowohl Angestellte des Unternehmens als auch Unternehmensexterne sein, z.B. Anwälte, Wirtschaftsprüfer, Unternehmensberater[118]. Wirtschaftsjournalisten und Anlageberater sind Primärinsider, wenn ihr Wissen nicht aus der Auswertung öffentlich zugänglicher Informationen, sondern z.B. aus vertraulichen Mitteilungen des Unternehmens herrührt[119].

39

---

[113] Vgl. *Altenhain*, in: KK-WpHG, § 38 Rn. 58; *Schröder*, HdB, 2. Kap. Rn. 227; *Waßmer*, in: Fuchs, § 38 WpHG Rn. 34. **A.A.** *Claussen*, ZBB 1992, 270; *Hopt*, ZGR 1991, 17, 36.
[114] Vgl. *Buck-Heep*, in: A/S/B, § 8 Rn. 141; *Hilgendorf/Kusche*, in: Park, Teil 3 Kap. 7.5 Rn. 41.
[115] *Schröder*, HdB, 2. Kap. Rn. 251.
[116] *Altenhain*, in: KK-WpHG, § 38 Rn. 69; *Claussen*, DB 1994, 27, 28. **A.A.** *Ernst*, WM 1990, 461.
[117] *Weber*, BB 1995, 157, 160.
[118] *Schröder*, HdB, 2. Kap. Rn. 239.
[119] *Caspari*, ZGR 1994, 530, 537; *Dierlamm*, NStZ 1996, 519, 521; *Schröder*, S. 132.

40 Primärinsider sind zudem nach Art. 8 Abs. 4 UA 1 lit. d MAR Personen, die über Insiderinformationen verfügen, weil sie an kriminellen Handlungen beteiligt sind (**deliktische Primärinsider**). Erfasst sind **zwei Fallgruppen**, nämlich zum einen die Konstellation, in der die Vorbereitung bzw. geplante Begehung der Straftat selbst die Insiderinformation darstellt[120] (z.B. bevorstehende Terroranschläge), und zum anderen die Fälle, in denen die Straftat als Mittel zur Erlangung der Insiderinformation dient. Wie bei den beschäftigungsbedingten Primärinsidern genügt es nicht, dass der Straftäter die Insiderinformation zufällig bei der Vorbereitung oder Begehung der Straftat erlangt hat, sondern sie muss zumindest auch die Erlangung der Insiderinformation bezwecken[121], wie es z.B. bei einem Diebstahl der die Information verkörperten Schriftstücke oder bei der durch Nötigung, Verletzung des persönlichen Lebens- oder Geheimbereichs oder Bestechung erlangten Information der Fall ist[122].

In casu ist V als Mitglied des Vorstandes der IP ein statusbedingter Primärinsider (Rn. 37).

41 (2) Der Erwerb der Aktien der IP durch F müsste ein Insidergeschäft sein.
Nach der Legaldefinition des Art. 8 Abs. 1 S. 1 MAR liegt ein **Insidergeschäft** vor, wenn eine Person über eine Insiderinformation verfügt und unter Nutzung derselben für eigene oder fremde Rechnung direkt oder indirekt Finanzinstrumente, auf die sich die Informationen beziehen, erwirbt oder veräußert.

42 (a) **Finanzinstrumente** (Art. 3 Abs. 1 Nr. 1 MAR) sind u.a. übertragbare Wertpapiere (Aktien, Genuss- und Optionsscheine, Anleihen usw.), Anteile an Investmentvermögen, Geldmarktinstrumente, Derivate und Emissionszertifikate[123].
Bei den börsennotierten Aktien der IP handelt es sich somit um Finanzinstrumente, die an einem geregelten Markt gehandelt werden (Art. 2 Abs. 1 lit. a MAR).

43 (b) **Insiderinformationen** sind nach Art. 7 Abs. 1 lit. a MAR nicht öffentlich bekannte präzise Informationen, die direkt oder indirekt einen oder mehrere Emittenten oder ein oder mehrere Finanzinstrumente betreffen und die, wenn sie öffentlich bekannt würden, geeignet wären, den Kurs dieser Finanzinstrumente oder den Kurs damit verbundener derivativer Finanzinstrumente erheblich zu beeinflussen.
Legaldefinitionen der Insiderinformation in Bezug auf Warenderivate und hinsichtlich Emissionszertifikate oder darauf beruhende Auktionsobjekte enthält Art. 7 Abs. 1 lit. b, c MAR.
Nach Auffassung des BGH[124] setzt der Terminus Information einen Drittbezug voraus; dieser fehle einer selbst geschaffenen inneren Tatsache, insbesondere der Absicht, ein Wertpapier zu empfehlen (näher dazu Rn. 96 ff.).

---

[120] *Altenhain*, in: KK-WpHG, § 38 Rn. 75; *Schröder*, HdB, 2. Kap. Rn. 253 f.
[121] Vgl. *Schröder*, HdB, Kap. 2 Rn. 253; *Waßmer*, in: Fuchs, § 38 WpHG Rn. 43 ff. **A.A.** *Wehowsky*, in: E/K, W 57a, § 38 WpHG Rn. 20, der bloße Kausalität genügen lässt.
[122] Vgl. *Waßmer*, in: Fuchs, § 38 WpHG Rn. 46.
[123] Näher zum Begriff Finanzinstrumente Anhang I Abschnitt C der Richtlinie 2014/65/EU (ABl. L 173 vom 12.6.2014, 349); *Saliger*, in: Park, Teil 3 Kap. 6.1 Rn. 53 ff.
[124] BGHSt 48, 373, 378 (zum Scalping). Dagegen *Klöhn*, Beilage zu ZIP 22/2016, 44 ff.; *Pananis*, NStZ 2004, 287; *Stage*, Rn. 314 ff.; krit. auch *Gaede/Mühlbauer*, wistra 2005, 9, 10 f.; *Schröder*, HdB, 2. Kap. Rn. 65 ff.

Nach Art. 7 Abs. 2 S. 1 MAR sind **„präzise"** Informationen Umstände oder Ereignisse, die bereits eingetreten sind oder deren Eintritt in Zukunft „vernünftigerweise" zu erwarten ist und die „spezifisch genug" sind, um einen Schluss auf die mögliche Auswirkung dieser Umstände oder dieser Ereignisse auf den Kurs der Finanzinstrumente zuzulassen (sog. **Kursspezifität**[125]). **44**

Der zukunftsbezogene Umstand muss nicht – wie nach § 13 Abs. 1 S. 3 WpHG i.d.F. vor dem 1. FiMaNoG – mit „hinreichender Wahrscheinlichkeit" eintreten, sondern **„vernünftigerweise erwartet"** werden können (Art. 7 Abs. 2 S. 1 MAR). Diese Neuformulierung führt allerdings nicht zu einer inhaltlichen Änderung des Merkmals, sondern stellt nur eine redaktionelle Anpassung an die anderen Sprachfassungen der MAR dar[126]. Um das Vorliegen einer präzisen Information bei zukunftsbezogenen Umständen und Ereignissen bestimmen zu können, ist also weiterhin eine Wahrscheinlichkeitsbetrachtung erforderlich[127]. Offengelassen hat der europäische Gesetzgeber jedoch, wann „vernünftigerweise erwartet" werden kann, dass der Umstand oder das Ereignis in Zukunft eintreten wird. In Erwägungsgrund 16 S. 2 MAR findet sich lediglich der Anhaltspunkt, dass eine „realistische Wahrscheinlichkeit" – aufgrund einer Gesamtbewertung der zum relevanten Zeitpunkt vorhandenen Faktoren[128] – hinsichtlich des Eintritts eines künftigen Umstandes oder Ereignisses bestehe; zudem lehnt Erwägungsgrund 16 S. 3 MAR – wie auch die EuGH-Rechtsprechung[129] – die Anwendung des Probability/Magnitute-Tests[130] (im Zusammenhang mit künftigen Zwischenschritten) ab. Nach Auffassung des EuGH[131] ist zwar keine hohe Wahrscheinlichkeit des Eintritts des zukünftigen Ereignisses oder Umstandes erforderlich, es genüge aber auch nicht, wenn dieser Eintritt unwahrscheinlich erscheint; innerhalb dieser Ober- und Untergrenze sei das Vorliegen einer hinreichenden Wahrscheinlichkeit also möglich. Offengelassen hat der EuGH allerdings, welche Kriterien im Einzelfall maßgeblich sind, sodass eine klare Bestimmung des Merkmals „vernünftigerweise erwartet werden kann" aufgrund dieser Entscheidung nicht möglich ist[132]. Der BGH[133] folgte dem EuGH und bejahte das Vorliegen einer hinreichenden Wahrscheinlichkeit, wenn nach den Regeln der allgemeinen Erfahrung eher mit dem Eintritt des künftigen Umstands als mit dem Ausbleiben zu rechnen ist; eine hohe Wahrscheinlichkeit sei nicht zu fordern. **45**

---

[125] BGH, NJW 2013, 2114, Rn. 21; *Klöhn*, NZG 2015, 809, 810; *Trüg*, in: HWSt, 10. Teil 2. Kap. Rn. 74; *Wegner/Ladwig*, JuS 2020, 1016, 1019.
[126] *Poelzig*, NZG 2016, 528, 532; zu der Divergenz der Fassungen EuGH, NJW 2012, 2787 Rn. 42.
[127] Ebenso *Poelzig*, NZG 2016, 528, 532.
[128] Vgl. auch EuGH, NJW 2012, 2787 Leitsatz 2 S. 1, Rn. 49, 56.
[129] EuGH, NJW 2012, 2787, Leitsatz 2 S. 2 und Rn. 50 ff. („Geltl/Daimler"); dazu etwa *Möllers/Seidenschwann*, NJW 2012, 2762, 2764 f.
[130] Nach der Probability/Magnitute-Formel ist das Maß der hinreichenden Eintrittswahrscheinlichkeit von den zu erwartenden Kursauswirkungen abhängig, d.h. „je höher das Kursbeeinflussungspotential ist, desto weniger wahrscheinlich muss der Eintritt des zukünftigen Ereignisses sein und umgekehrt" (dazu *Möllers/Seidenschwann*, NJW 2012, 2762, 2764).
[131] EuGH, NJW 2012, 2787 Rn. 41 ff. („Geltl/Daimler").
[132] Vorschläge für eine mögliche Konkretisierung bei *Möllers/Seidenschwann*, NJW 2012, 2762, 2763 f.
[133] BGH, NJW 2013, 2114, Rn. 29.

46 Besondere Probleme bereitet das Merkmal bei **mehrstufigen, zeitlich gestreckten Verfahren** (z.B. Übernahmen, Verschmelzungen und Eingliederungen[134]). Art. 7 Abs. 2 S. 2, Abs. 3 MAR regelt diese Konstellation – durch Kodifizierung der EuGH-Rechtsprechung im Fall „Geltl/Daimler"[135] – näher. Danach können Zwischenschritte in einem gestreckten Verfahren eine präzise Information, mithin eine Insiderinformation sein. Erwägungsgrund 17 MAR nennt beispielhaft solche Informationen, die im Zusammenhang mit einem Zwischenschritt in einem zeitlich gestreckten Verfahren gemacht werden können, etwa Informationen zum Stand der Vertragsverhandlungen, zu vorläufig in Vertragsverhandlungen vereinbarten Bedingungen und zu der Möglichkeit der Platzierung von Finanzinstrumenten[136].

47 Die **Kursspezifität** ist nicht nur für zukunftsbezogene, sondern für alle Insiderinformationen erforderlich[137]. Nach Auffassung des EuGH im „Lafonta"-Urteil[138] setzt die Präzision der Informationen im Übrigen nicht voraus, dass sie bei dem Bekanntwerden mit einem hinreichenden Maß an Wahrscheinlichkeit einen potenziellen Einfluss auf die Kurse der betreffenden Finanzinstrumente *in eine bestimmte Richtung* haben können. Unerheblich ist somit, ob sich eine Vorhersage über das Steigen oder Fallen des Kurses eines Finanzinstruments treffen lässt[139].

48 Werturteile, Einschätzungen, Empfehlungen oder Ratschläge sind Insiderinformationen, wenn sie auf inneren oder äußeren Tatsachen beruhen, die konkludent miterklärt werden[140] (zu der entsprechenden Situation bei § 264a StGB siehe Rn. 8). Keine Insiderinformationen sind mangels präzisen Informationsgehalts dagegen Meinungen und – bloße – Gerüchte ohne Tatsachenkern[141] sowie Rechtsauffassungen. Analysen und Bewertungen, die (ausschließlich) aufgrund öffentlich bekannter Umstände erstellt werden, gehören nach Erwägungsgrund 28 S. 1 MAR ebenfalls grundsätzlich nicht zu den Insiderinformationen (siehe auch Rn. 97).

49 Nicht öffentlich bekannt ist eine Information, solange sie nicht einer „möglichst breiten Öffentlichkeit" zugänglich ist, vgl. Art. 2 Abs. 1 lit. a i DurchführungsVO (EU) 2016/1055[142]. Zumeist wird die Herstellung der „Publikumsöffentlichkeit"[143] durch ein elektronisches Informationsverbreitungssystem erfolgen; ob die Information tatsächlich wahrgenommen wird, ist nicht maßgeblich[144]. Die Verbreitung einer

---

[134] *Poelzig*, NZG 2016, 528, 531 f.; *Trüg*, in: NK-WSS, § 38 WpHG Rn. 120; *Wittig*, § 30 Rn. 63.
[135] EuGH, NJW 2012, 2787 ff. (Leitsatz 1 und 2, Rn. 31, 38 bis 40); eingehend zu dem Fall die 4. Aufl. dieses Lehrbuchs, Rn. 38a.
[136] Näher zu Zwischenschritten als Insiderinformation Modul C des Emittentenleitfadens, I.2.1.4.3.
[137] *Klöhn*, NZG 2015, 809, 810.
[138] EuGH, NZG 2015, 432 ff., mit Anm. *Klöhn*, NZG 2015, 809 ff.
[139] *Klöhn*, NZG 2015, 809, 813.
[140] *Kämpfer/Travers*, in: BeckOK-WpHG, § 199 Rn. 134; *Pananis*, in: MüKo³, § 119 WpHG Rn. 165.
[141] *Tiedemann*, Rn. 1067. Vertiefend zu Gerüchten: *Fleischer/Schmolke*, AG 2007, 841 ff.; *Neumann*, Gerüchte als Kapitalmarktinformationen, 2011, S. 1 ff.; *Stage*, Rn. 355 ff.
[142] ABl. L 173 vom 30.06.2016, 47.
[143] *Wittig*, § 30 Rn. 65.
[144] *Pananis*, in: MüKo³, § 119 WpHG Rn. 179; *Schröder*, HdB, 2. Kap. Rn. 116; *Trüg*, in: HWSt, 10. Teil 2. Kap. Rn. 80.

§ 1: Anlegerschutz

Information in den „sozialen Medien" führt in der Regel nicht dazu, dass sie öffentlich bekannt ist, weil sie nur einen beschränkten Adressatenkreis erreicht[145].

Den erforderlichen **Bezug zu dem Emittenten oder dem Finanzinstrument** weisen betriebswirtschaftliche Daten wie Umsatz, Ertrag, Dividendenveränderungen oder eine konkret beabsichtigte Kapitalerhöhung auf[146], aber auch gesellschaftsexterne Umstände, z.B. ein Fusionsangebot eines anderen Unternehmens oder die Einleitung eines Strafverfahrens gegen Vorstandsmitglieder wegen unternehmensbezogener Straftaten[147]. 50

Marktinformationen mit Bezug zu dem konkreten Emittenten, z.B. das Vorliegen einer Kauf- oder Verkaufsorder, die wegen ihres Umfangs den Kurs beeinflussen kann, sind ebenfalls Insiderinformationen. Nach überwiegender Auffassung[148] erfasst Art. 7 Abs. 1 lit. a MAR darüber hinaus sonstige Marktdaten, d.h. Informationen über die Rahmenbedingungen von Märkten oder über die Märkte selbst, die nur mittelbar die Verhältnisse des Emittenten berühren, z.B. die geldpolitischen Entscheidungen der Europäischen Zentralbank[149] oder die Steuergesetzgebung[150]. Der differenzierenden Sicht, die nur branchenspezifische Informationen zu einem abgegrenzten Kreis von Emittenten (z.B. Automobil- oder Tabakindustrie) als Insiderinformationen betrachtet[151], ist entgegenzuhalten, dass auch allgemeine Marktdaten ein erhebliches Kursbeeinflussungspotential besitzen können[152]. Zweifelhaft ist, ob der bloße Umstand, dass in Zukunft eine Empfehlung erfolgen wird, ein relevantes Marktdatum ist (dazu Rn. 96 ff.). 51

Die **Eignung zur erheblichen Kursbeeinflussung** (sog. Kursrelevanz[153]) ist durch eine ex-ante Betrachtung[154] aus der Sicht eines verständigen Anlegers zu bestimmen, vgl. Art. 7 Abs. 4 UA 1 MAR und Erwägungsgrund 14 MAR. Der verständige Anleger ist ein Marktteilnehmer, der sich an den Kapitalmärkten konkret in dem Bereich engagiert, in dem das betroffene Finanzprodukt gehandelt wird[155]. 52

Nach Art. 7 Abs. 4 MAR liegt eine **erhebliche**[156] **Preisbeeinflussungseignung** vor, wenn ein verständiger Anleger die Information wahrscheinlich als Teil der Grund- 53

---

[145] Näher dazu *Buck-Heep*, AG 2021, 42 ff. Zweifelnd *Wegner/Ladwig*, JuS 2020, 1016, 1018.
[146] *Hopt*, ZGR 1991, 31; *Pananis*, in: MüKo³, § 119 WpHG Rn. 175.
[147] *Dierlamm*, NStZ 1996, 519, 521.
[148] Modul C des Emittentenleitfadens, I.2.1.3; *Diversy/Köpferl*, in: G/J/W, § 38 WpHG Rn. 133; *Kämpfer/Travers*, in: BeckOK-WpHG, § 199 Rn. 139.
[149] *Hopt*, ZGR 1991, 17, 31; *Schröder*, HdB, 2. Kap. Rn. 108 f
[150] *Kümpel*, WM 1994, 2137, 213; *Schröder*, HdB, 2. Kap. Rn. 110 f.
[151] *Pananis*, in: MüKo³, § 119 WpHG Rn. 178. Siehe auch *Dierlamm*, NStZ 1996, 519, 521.
[152] *Schröder*, HdB, 2. Kap. Rn. 108.
[153] *Trüg*, in: HWSt, 10. Teil 2. Kap. Rn. 83.
[154] BGH, NStZ 2010, 339, 340; NJW 2013, 2114, 2117 Rn. 22.
[155] Modul C des Emittentenleitfadens, I.2.1.4.1; *Schröder*, HdB, 2. Kap Rn. 133 f. Näher zum Maßstab „verständiger Anleger" *Stage*, Rn. 399 ff
[156] Art. 7 Abs. 4 MAR spricht zwar nicht wie Art. 7 Abs. 1 MAR von einer „erheblichen", sondern von einer „spürbaren" Kursbeeinflussung. Es handelt sich lediglich um ein Redaktionsversehen inhaltliche Bedeutung; *Langenbucher*, NZG 2013, 1401, 1405; *Poelzig*, NZG 2016, 528, 532 in Fn. 48.

lage seiner Anlageentscheidungen nutzen würde[157]. Auf bestimmte – unterschiedlich bezifferte – Kursveränderungen ist nicht abzustellen[158]. Ein verständiger Anleger würde die Information bei seiner Anlageentscheidung berücksichtigen, wenn eine *Kursschwankung zu erwarten wäre, auf die Anleger erfahrungsgemäß durch Kauf oder Verkauf des betreffenden Wertpapiers reagieren würden*. Das ist der Fall, wenn der Anleger durch eine solche Reaktion einen Gewinn erwartet[159]. Die Schwelle zur Erheblichkeit wird somit überschritten, wenn es für den Insider lohnend wäre, unter Berücksichtigung der Marktrisiken die Finanzinstrumente zu kaufen oder zu verkaufen[160].

54 Nach diesem Maßstab ist in unserem Fall 3 die Information, dass die IH ihren Gewinn an die IP abführen wird, geeignet, den Kurs der IP erheblich zu beeinflussen, denn dieser Umstand lässt eine nicht unerhebliche Gewinnsteigerung der IP erwarten. Der Erwerb der Aktien ist für einen Insider deshalb lohnend. Der Beschluss des Vorstands der IP, mit der IH einen Beherrschungs- und Gewinnabführungsvertrag abzuschließen, ist somit eine Insiderinformation.
Der Erwerb der Aktien der IP *wäre* also für F ein Insidergeschäft.

55 (3) Indem V der F riet, Aktien der IP zu kaufen – und F das Finanzgeschäft auch tätigte –, könnte V die Tathandlung der § 119 Abs. 3 Nr. 2 WpHG i.V.m. Art. 14 lit. b Var. 2 MAR, nämlich das Verleiten zum Tätigen eines Insidergeschäfts, und damit den objektiven Tatbestand verwirklicht haben.
Art. 8 Abs. 2 MAR beschreibt näher, wann eine Empfehlung zum Tätigen von Insidergeschäften oder das Verleiten Dritter hierzu vorliegt

56 Empfehlung ist jede einseitige, rechtlich unverbindliche Erklärung, mit der jemand die Absicht verfolgt, den Willen des Adressaten zu beeinflussen, indem ein Verhalten als für den Empfänger der Erklärung vorteilhaft dargestellt wird und ihm dieses anrät[161]. Der Begriff des **Verleitens** meint jedes Verhalten, das den Adressaten zum Tätigen eines Insidergeschäfts bewegt. Nach zutreffender Auffassung setzt das Verleiten – im Gegensatz zur Empfehlung – somit einen „Erfolg" voraus, nämlich den Erwerb oder die Veräußerung des Finanzinstrumentes durch den Dritten, für den sich das Geschäft mangels Kenntnis der Insiderinformation als „reguläres" Finanzgeschäft darstellt[162].

Das Verbot der Empfehlung oder des Verleitens zum Tätigen von Insidergeschäften („Tipping") nach § 119 Abs. 3 Nr. 2 WpHG i.V.m. Art. 14 lit. b MAR soll verhin-

---

[157] Die BaFin stellt auf einen „durchschnittlich börsenkundigen" Anleger ab, der seine Entscheidungen „auf objektiv nachvollziehbarer Informationsgrundlage" unter Berücksichtigung aller Besonderheiten des Einzelfalles „in einer Gesamtschau" trifft, Modul C des Emittentenleitfadens, I.2.1.4.1. Näher dazu *Bekritzky*, WM 2020, 1959, 1960 ff.
[158] *Pananis*, in: MüKo³, § 119 WpHG Rn. 190; *Schröder*, HdB, 2. Kap Rn. 138 ff.
[159] *Cahn*, ZHR 162 (1998), 1, 16; *Süßmann*, AG 1997, 63, 64.
[160] *Fürhoff/Wölk*, WM 1997, 449, 455; *Kümpel*, WM 1996, 653, 656.
[161] *Diversy/Köpferl*, in: G/J/W, § 38 WpHG Rn. 186; *Pananis*, in: MüKo³, § 119 WpHG Rn. 219; *Trüg*, in: HWSt, 10. Teil 2. Kap. Rn. 101.
[162] *Göhler*, ZIS 2016, 266, 273 ff. *Schröder*, HdB, 2. Kap Rn. 286, *Trüg*, in: HWSt, 10. Teil 2. Kap. Rn. 101, und *Wegner/Ladwig*, JuS 2020, 1016, 1021, lassen den Entschluss zur Tätigung eines Geschäfts genügen. Auf einen Tätererfolg verzichten *Buck-Heep*, in: A/S/B, § 8 Rn. 211; *Pananis*, in: MüKo³, § 119 WpHG Rn. 220 f.

dern, dass ein Dritter Gewinn in den Fällen aus der Nutzung der Insiderinformation zieht, in denen der Insider die Insiderinformation selbst nicht offenbart, der Dritte also nicht weiß und auch nicht wissen sollte bzw. müsste, dass die Empfehlung oder das Verleiten auf einer Insiderinformation beruht und somit nicht zum Sekundärinsider wird[163] (vgl. Art. 8 Abs. 3, 4 UA 2 MAR).

Auf diese Konstellation, also die Empfehlung ohne die Preisgabe der Insiderinformation, ist der Anwendungsbereich dieser Alternative beschränkt, denn die Offenlegung einer Insiderinformation stellt schon § 119 Abs. 3 Nr. 3 WpHG i.V.m. Art. 14 lit. c MAR unter Strafe (dazu Rn. 64 ff.). 57

Bei der strafbaren Empfehlung handelt es sich um eine zur Täterschaft hochgestufte Anstifterhandlung, die ansonsten nicht strafbar wäre, weil es an der vorsätzlichen rechtswidrigen Haupttat fehlt. Das Verleiten stellt dagegen – wegen des erforderlichen Erfolges (Rn. 56) – eine der mittelbaren Täterschaft ähnliche (das „Werkzeug" ist mangels Kenntnis der Insiderinformation kein tauglicher Täter) Konstellation dar[164]. Der Straftatbestand des § 119 Abs. 3 Nr. 2 WpHG i.V.m. Art. 14 lit. b MAR kann zwar von jedermann begangen werden, d.h. von Primär- und Sekundärinsidern (Rn. 34 ff.). Da der Empfänger der Empfehlung oder der Verleitete die Insiderinformation selbst aber nicht kennt und grundsätzlich auch nicht kennen müsste, ist er kein Sekundärinsider, damit kein tauglicher Täter des § 119 Abs. 3 Nr. 2 WpHG und verletzt deshalb § 119 Abs. 3 Nr. 2 WpHG i.V.m. Art. 14 lit. b MAR nicht.

Der bloße Rat oder die Warnung, **von einer geplanten Transaktion Abstand zu nehmen**, unterfällt der Empfehlung zum Tätigen von Insidergeschäften dagegen grundsätzlich nicht, da der Wortlaut die Einbeziehung des Abratens von einer lediglich geplanten Transaktion **nicht** deckt[165]. Etwas anderes gilt jedoch bei **der Empfehlung zur Stornierung oder Änderung eines Auftrags** in Bezug auf ein Finanzinstrument, auf das sich die Insiderinformation bezieht, wenn der Auftrag vor Erlangen der Insiderinformation erteilt wurde (Art. 8 Abs. 1 S. 2, Abs. 2 lit. b MAR; Erwägungsgrund 23 MAR).

Da F die Aktien auf den Rat des V hin kaufte, ohne dass sie Kenntnis von der Insiderinformation hatte, verleitete V sie zum Tätigen eines Insidergeschäfts. 58

bb) Subjektiver Tatbestand

Die Insiderstraftatbestände nach § 119 Abs. 3 WpHG erfordern in subjektiver Hinsicht **Vorsatz** (Art. 1 Abs. 1 EGStGB, § 15 StGB). Es genügt jede Vorsatzform, also auch dolus eventualis. 59

Da V alle Tatumstände kannte, handelte er bei der Empfehlung vorsätzlich.

Leichtfertige Verstöße gegen § 119 Abs. 3 WpHG sind lediglich als Ordnungswidrigkeiten ahndbar (§§ 120 Abs. 14, 119 Abs. 3 Nr. 1 bis 3 WpHG i.V.m. Art. 14 MAR)[166]. 60

---

[163] Vgl. *Assmann*, ZGR 1994, 492, 520.
[164] Zutreffend *Göhler*, ZIS 2016, 266, 274.
[165] A.A. wohl *Schröder*, HdB, 2. Kap Rn. 289.
[166] BT-Drs. 18/7482, 65.

Leichtfertige Verletzungen des § 119 Abs. 2 Nr. 1 WpHG (Nutzung von Insiderinformationen für das Einstellen, Ändern oder Zurückziehen von Geboten bei Versteigerungen von **Emissionszertifikaten**) bedroht § 119 Abs. 7 WpHG für Primär- und Sekundärinsider zwar mit Strafe, wegen der Streichung der Art. 37 – 43 VO (EU) 1031/2010 (Rn. 35) ist der Tatbestand aber unwirksam. Es bleibt somit bei der Ahndbarkeit als Ordnungswidrigkeit. Nach § 95a Abs. 4 EnWG sind leichtfertige Verstöße gegen § 95a Abs. 2 Nr. 1 EnWG (Nutzung einer Insiderinformation „im Wege des Erwerbs oder der Veräußerung von Energiegroßhandelsprodukten, auf die sich die Information bezieht", Art. 3 Abs. 1 lit. a REMIT) durch Primär- und Sekundärinsider strafbar (Rn. 36). Leichtfertige Verletzungen der Weitergabe-, Empfehlungs- und Verleitungsverbote nach Art. 3 Abs. 1 lit. b, c REMIT stellen nach § 95 Abs. 1c Nr. 1 EnWG eine Ordnungswidrigkeit dar.

61 V handelte rechtswidrig und schuldhaft. Er hat sich deshalb nach § 119 Abs. 3 Nr. 2 WpHG i.V.m. Art. 14 lit. b Var. 2 MAR strafbar gemacht.

b) Strafbarkeit der F gem. § 119 Abs. 3 Nr. 1 WpHG i.V.m. Art. 14 lit. a MAR

62 F ist dagegen straflos, weil sie mangels Kenntniserlangung von der Insiderinformation kein Sekundärinsider ist (Rn. 34, 57).

Das Tätigen eines Insidergeschäfts setzt nach Art. 14 lit. a MAR zwar nicht ausdrücklich die Kenntnis der Insiderinformation voraus, nach Art. 8 Abs. 1 S. 1 MAR ist aber ein Handeln **„unter Nutzung"** der Insiderinformation erforderlich. Nutzt die Person die Empfehlung oder wird sie – wie hier – zum Tätigen des Insidergeschäfts verleitet, so ist sie nach Art. 8 Abs. 3 MAR zudem nur strafbar, wenn sie „weiß oder wissen sollte", dass ihr Verhalten auf einer Insiderinformation beruht (Rn. 63). Die Durchführung des Insidergeschäfts muss sich also auf die Insiderinformation zurückführen lassen[167], das Insiderwissen somit (mit-)ursächlich für die Transaktion gewesen sein[168]. Dafür ist jedoch nicht erforderlich, dass das Geschäft ohne Kenntnis der Insiderinformation unterblieben wäre, sondern es genügt, dass sie in den Entscheidungsprozess eingeflossen ist[169]. Nach Auffassung des EuGH[170] ist die **Mitursächlichkeit** – ohne dass das Gericht[171] diesen Begriff verwendet – zu vermuten, allerdings „vorbehaltlich der Wahrung der Verteidigungsrechte und insbesondere des Rechts, diese Vermutung widerlegen zu können", wenn der Insider in Kenntnis der Insiderinformation ein Kauf- oder Verkaufsgeschäft tätigt bzw. dies versucht. In Erwägungsgrund 24 S. 1 und 2 MAR findet sich diese These wieder. Eine solche Vermutung zu Lasten des Täters lässt sich in das deutsche Straf- und Strafprozessrecht zwar nicht übertragen, die Vornahme eines Geschäfts in Kenntnis der Insider-

---

[167] *Trüg*, in: HWSt, 10. Teil 2. Kap. Rn. 85; *Wehowsky*, in: E/K, W 57a, § 14 WpHG Rn. 4.
[168] Vgl. *Baedorff*, Das Merkmal der Verwendung von Insiderinformationen, 2011, S. 69 f.; *Schröder*, HdB, 2. Kap Rn. 160; *Wegner/Ladwig*, JuS 2020, 1016, 1020.
[169] BT-Drs. 15/3174, 34; *Pananis*, in: MüKo³, § 119 WpHG Rn. 198; *Ransiek*, in: Festschrift für Otto, 2007, S. 715, 719 ff.; *Schröder*, HdB, 2. Kap Rn. 161.
[170] EuGH, NZG 2010, 107, 111 („Spector Photo Group"), mit Anm. *Ransiek*, wistra 2011, 1 ff., und Besprechung *Schulz*, ZIP 2010, 609 ff.; dazu auch *Baedorff*, Das Merkmal der Verwendung von Insiderinformationen, 2011, S. 149 ff.
[171] *Cascante/Bingel*, NZG 2010, 161, 162.

information stellt aber ein – starkes – Indiz für die Mitursächlichkeit dar[172], ohne dass dadurch eine unzulässige Beweislastumkehr etabliert würde[173]. Die Indizwirkung der Kenntnis für die Nutzung der Insiderinformation kann jedoch entfallen, wenn eine **legitime Handlung** nach dem nicht abschließenden Katalog[174] des Art. 9 Abs. 1 bis 5 MAR vorliegt. Anders als bei der zulässigen Marktpraxis i.S.d. Art. 13 MAR handelt es sich hierbei nicht um ein den Tatbestand ausschließendes Merkmal[175], sondern um einen bei der (straf-)richterlichen Beweiswürdigung zu beachtenden Erfahrungssatz[176]. Dieser kann allerdings nach Art. 9 Abs. 6 MAR widerlegt werden, wenn sich hinter den Geschäften oder Handlungen ein rechtswidriger Grund verbirgt (etwa beim Frontrunning eines Market Maker[177]).

Beruht das Geschäft auf einem „Tipp" ohne Offenbarung der Insiderinformation, fehlt grundsätzlich deren Mitursächlichkeit. Weiß die Person, die dem „Tipp" folgt, dass dieser auf eine Insiderinformation zurückgeht, wird diese dagegen zumindest mitursächlich für das Tätigen des Insidergeschäfts (vgl. Art. 8 Abs. 3 MAR), obwohl der Täter von der Information selbst keine Kenntnis hat[178]. 63

Da § 119 Abs. 3 Nr. 1 WpHG i.V.m. Art. 14 lit. a MAR ein Vorsatzdelikt ist, genügt die fahrlässige Nichtkenntnis des Beruhens der Empfehlung auf der Insiderinformation nicht. Ist dem Täter insofern Leichtfertigkeit anzulasten, kommt eine Ordnungswidrigkeit nach §§ 120 Abs. 14, 119 Abs. 3 Nr. 1 WpHG i.V.m. Art. 14 lit. a MAR in Betracht.

Fall 4: – *Weitergabe von Insiderinformationen* –

Wie Fall 3. V informiert F jedoch über den Beherrschungs- und Gewinnabführungsvertrag und bittet sie, die Aktien auf ihren Namen zu kaufen. F tut dies, weil auch sie mit einer Kurssteigerung rechnet. 64

Strafbarkeit von V und F?

a) Strafbarkeit des V nach § 119 Abs. 3 Nr. 3 WpHG i.V.m. Art. 14 lit. c MAR

Art. 14 lit. c MAR verbietet jedermann, eine Insiderinformation einem anderen unrechtmäßig **offenzulegen**. Gegen das Offenlegungsverbot kann also sowohl der Primär- als auch der Sekundärinsider verstoßen (Artt. 10 Abs. 1 UA 2 i.V.m. 8 Abs. 4 MAR; Rn. 32). *Offenlegung* meint jedes Verhalten, das die (erstmalige) Kenntnisnahme der Insiderinformation durch eine andere Person ermöglicht[179]; unerheblich ist, ob die andere Person die Insiderinformation tatsächlich zur Kenntnis nimmt und

---

[172] Ähnlich *Pananis*, in: MüKo³, § 119 WpHG Rn. 199; *Widder/Bedkowski*, GWR 2010, 296622 (Erfahrungssatz).
[173] Vgl. *Ransiek*, wistra 2011, 1, 3 f.; *Trüg*, in: HWSt, 10. Teil 2. Kap. Rn. 85. A.A. *Gehrmann*, ZBB 2010, 48, 50 f.
[174] Näher dazu *Diversy/Köpferl*, in: G/J/W, § 38 WpHG Rn. 173 ff.
[175] So aber *Poelzig*, NZG 2016, 528, 532; *Veil*, ZBB 2014, 85, 91.
[176] Ebenso *Diversy/Köpferl*, in: G/J/W, § 38 WpHG Rn. 170 ff., mit ausführlicher Begründung.
[177] *Wittig*, § 30 Rn. 61, 78. A.A. *Bayram/Meier*, WM 2018, 1295, 1298 ff., die elektronisches Front-Running nicht als verbotenes Insidergeschäft betrachten.
[178] *Diversy/Köpferl*, in: G/J/W, § 38 WpHG Rn. 165.
[179] *Diversy/Köpferl*, in: G/J/W, § 38 WpHG Rn. 197; *Kämpfer/Travers*, in: BeckOKWpHR, § 199 Rn. 166.

überhaupt als eine solche Information erkennt[180]. Die Offenlegung erfasst sowohl die *Mitteilung* einer Insiderinformation, d.h. die unmittelbare – mündliche, schriftliche oder elektronische – Weitergabe der Information an einen Dritten, als auch das *Zugänglichmachen* einer Insiderinformation, also die Schaffung der Voraussetzungen für eine Kenntniserlangung durch den Dritten, z.B. durch Weitergabe des Passwortes, die den Zugriff auf die Insiderinformation ermöglicht[181]. Die Offenlegung kann durch Unterlassen erfolgen, z.B. indem der Täter nicht verhindert, dass ein Dritter Unterlagen, aus denen sich die Insiderinformation ergibt, zur Kenntnis nehmen kann; einer Garantenstellung bedarf es nach zutreffender Meinung nicht[182].

Das Verbot der Offenlegung von Insiderinformationen nach Art. 14 lit. c MAR erstreckt damit das Insiderhandelsverbot auf Vorbereitungshandlungen, sodass bereits eine Bestrafung im Vorfeld des Insiderhandels möglich ist[183].

65 Art. 10 Abs. 2 MAR dehnt den Begriff der unrechtmäßigen Offenlegung auf die Fälle aus, in denen eine Person, die selbst verleitet („angestiftet") wurde, also keine Kenntnis von der Insiderinformation erlangte (Rn. 57), einem Dritten das Tätigen eines Insidergeschäfts empfiehlt oder diesen zur Vornahme eines solchen Geschäfts verleitet, wenn sie weiß oder wissen sollte, dass die eigene Verleitung auf einer Insiderinformation beruhte.

66 **Unrechtmäßig** ist in Art. 14 lit. c MAR kein Hinweis auf das allgemeine Verbrechensmerkmal der Rechtswidrigkeit, sondern Voraussetzung des Tatbestandes. Die Offenlegung von Insiderinformationen ist unrechtmäßig, wenn sie nicht bei der normalen Ausübung einer Beschäftigung oder eines Berufs oder der normalen Erfüllung von Aufgaben erfolgt (Art. 10 Abs. 1 UA 1 MAR). Rechtmäßig ist die Offenlegung somit jedenfalls, wenn sie *gesetzlich geboten*, z.B. zur Erfüllung von Meldepflichten gegenüber der BaFin (dazu Rn. 72) oder der Börse[184], oder *zum Wohl des Emittenten erforderlich* ist, z.B. weil die Information in einem Genehmigungsverfahren benötigt wird[185], oder der *Marktsondierung* dient (Art. 11 MAR)[186]. Erlaubt ist zudem die Weitergabe von Insiderinformationen an Wirtschaftsprüfer oder Anwälte[187], die dadurch allerdings selbst zu Primärinsidern werden (Rn. 39). Grundsätzlich sind die Ausnahmen nach der Rechtsprechung des EuGH eng auszulegen[188].

---

[180] *Diversy/Köpferl*, in: G/J/W, § 38 WpHG Rn. 197; *Pananis*, in: MüKo³, § 199 WpHG Rn. 225. **A.A.** *Buck-Heep*, in: A/S/B, § 8 Rn. 239.
[181] *Pananis*, in: MüKo³, § 199 WpHG Rn. 226.
[182] Modul C des Emittentenleitfadens, I.4.4.1. **A.A.** *Pananis*, in: MüKo³, § 199 WpHG Rn. 226; wohl auch *Trüg*, in: HWSt, 10. Teil 2. Kap. Rn. 91.
[183] *Schröder*, HdB, 2. Kap. Rn. 216.
[184] *Klöhn*, in: KK-WpHG, § 14 Rn. 286 ff.; *Pananis*, in: MüKo³, § 199 WpHG Rn. 233; *Schröder*, HdB, 2. Kap. Rn. 266.
[185] Modul C des Emittentenleitfadens, I.4.4.2.3.
[186] *Poelzig*, NZG 2016, 528, 534.
[187] *Buck-Heep*, in: A/S/B, § 8 Rn. 260; *Hilgendorf/Kusche*, in: Park, Teil 3 Kap. 7.4. Rn. 80; *Kumpan/Grütze*, in: KMRK, Kap. 2 Art. 10 Rn. 68.
[188] EuGH, NJW 2006, 133, 134 f. („Grøngaard and Bang"). Zum Streit, ob und inwieweit für Art. 10 Abs. 1 UA 1 HS 2 MAR die Auslegung des Ausnahmetatbestandes durch den EuGH in der „Grøngaard and Bang-Entscheidung" weitergilt *Poelzig*, NZG 2016, 528, 534 f.

Strittig ist, ob die Offenlegung der Information in den folgenden praktisch bedeutsamen Fällen von einer Befugnis gedeckt ist. **67**

(1) Ein Teil der Literatur[189] sieht eine Mitteilungsbefugnis in § 131 Abs. 1 AktG, der den Vorstand verpflichtet, jedem Aktionär auf Verlangen in der Hauptversammlung Auskunft über Angelegenheiten der Gesellschaft zu geben, soweit dies zur sachgemäßen Beurteilung des Gegenstandes der Tagesordnung erforderlich ist; das Insiderrecht dürfe nicht zur Aushöhlung des Auskunftsrechts der Aktionäre führen. Die zutreffende Gegenauffassung[190] räumt dagegen der Pflicht zur Geheimhaltung von Insiderinformationen den Vorrang ein, zumal dem Vorstand ein Auskunftsverweigerungsrecht nach § 131 Abs. 3 S. 1 Nr. 5 AktG zusteht, wenn er sich durch die Erteilung der Auskunft strafbar machen würde. Hinzu kommt, dass es sich bei den Informationen im Sinne des § 131 Abs. 1 AktG häufig um Tatsachen handeln wird, die der Ad-hoc-Publizität dienen, also unverzüglich zu veröffentlichen sind[191] und den Aktionären nicht vorenthalten werden dürfen.

(2) Kreditinstitute, die in der Anlageberatung tätig sind, dürfen ihr Insiderwissen auch dann nicht offenbaren, wenn dies an sich zur sachgemäßen Wahrnehmung der Aufklärungspflicht gegenüber ihren Kunden erforderlich wäre. Vor Einführung des WpHG nahm zwar ein Teil der Literatur[192] an, dass Kreditinstitute nicht nur berechtigt, sondern grundsätzlich sogar verpflichtet seien, ihr Insiderwissen in die Anlageberatung des Kunden einfließen zu lassen. Diese Auffassung widerspricht aber dem geltenden Recht[193].

(3) Art. 21 MAR trifft eine Regelung der Zulässigkeit der Weitergabe oder Verbreitung von Insiderinformationen für journalistische Zwecke oder andere Ausdrucksformen in den Medien. Der frühere Streit über die Strafbarkeit von Journalisten, die Insiderinformationen veröffentlichen[194], ist damit obsolet.

Da V als Primärinsider (Rn. 37) die Mitteilung der Insiderinformation nicht gestattet war, hat **68** er sich gem. § 119 Abs. 3 Nr. 3 WpHG i.V.m. Art. 14 lit. c MAR strafbar gemacht.

b) Strafbarkeit der F gem. § 119 Abs. 3 Nr. 1 WpHG i.V.m. Art. 14 lit. a MAR

F ist taugliche Täterin des § 119 Abs. 3 Nr. 1 WpHG i.V.m. Art. 14 lit. a MAR, weil dieser **69** Tatbestand jeden mit Strafe bedroht, der ein Insidergeschäft tätigt (Rn. 34).

Das **Tätigen** eines Insidergeschäfts kann gem. Art. 8 Abs. 1 S. 1 MAR durch direkten oder indirekten *Erwerb* oder *Veräußerung* von Finanzinstrumenten erfolgen (vgl. auch Erwägungsgrund 23 S. 2 MAR). Strittig ist, ob der Erwerb oder die Veräußerung erfordert, dass die Verfügungsmacht über das Finanzinstrument verschoben wird. Nicht notwendig ist jedenfalls, dass der Insider Eigentum erlangt bzw. verliert,

---

[189] *Benner-Heinacker*, DB 1995, 766.
[190] *Hopt/Kumpan*, in: E/B, § 86 Rn. 107; *Klöhn*, in: KK-WpHG, § 14 Rn. 359; *Kumpan/Grütze*, in: KMRK, Kap. 2 Art. 10 Rn. 77; *Trüg*, in: HWSt, 10. Teil 2. Kap. Rn. 93.
[191] *Kümpel*, WM 1994, 2137, 2138.
[192] *Dingeldey*, DB 1982, 685.
[193] *Hilgendorf/Kusche*, in: Park, Teil 3 Kap. 7.4. Rn. 87; *Kumpan/Grütze*, in: KMRK, Kap. 2 Art. 10 Rn. 96.
[194] *Schröder*, NJW 2009, 465 ff.; ders., HdB, 2. Kap. Rn. 273 ff.

da wertpapierrechtlich auch Rechtsgeschäfte relevant sind, die zivilrechtlich als Leihe, Darlehen oder Kauf mit Rückkaufverpflichtung einzuordnen sind[195]. Die h.M. sieht darüber hinaus zutreffend einen Erwerb bzw. eine Veräußerung in jeder Vertragsgestaltung, die sicherstellt, dass der Insider den erwarteten Gewinn realisieren kann, selbst wenn es zu einer Verschiebung der Verfügungsmacht nicht gekommen ist[196]. Es genügt danach die Ausführung einer Kauf- oder Verkaufsorder, da mit dieser schon ein möglicher Gewinn vertraglich abgesichert ist[197].

Unterlässt der Insider aufgrund der Insiderinformation lediglich die Vornahme eines Erwerbs- oder Veräußerungsgeschäfts, fehlt dagegen der erforderliche rechtsgeschäftliche Vorgang[198]. An sich müsste die Stornierung einer bereits erteilten, aber noch nicht durchgeführten Order gleich behandelt werden[199], da es ebenfalls nicht zum Abschluss des Rechtsgeschäfts kommt. Nach Art. 8 Abs. 1 S. 2 MAR gilt allerdings nunmehr auch die *Stornierung* oder *Änderung* eines Auftrags als Insidergeschäft, wenn der Auftrag *vor* Erlangen der Insiderinformationen erteilt wurde (vgl. auch Erwägungsgrund 23 S. 2 MAR)[200]. Damit unterliegt das Absehen vom Handel in diesem Fall dem Insiderhandelsverbot[201].

Da F vorsätzlich, rechtswidrig und schuldhaft Aktien der IP für eigene Rechnung erworben, also ein Insidergeschäft getätigt hat, ist sie gem. § 119 Abs. 3 Nr. 1 WpHG i.V.m. Art. 14 lit. a MAR strafbar.

c) Strafbarkeit des V gem. § 119 Abs. 3 Nr. 1 WpHG i.V.m. Art. 14 lit. a MAR, § 26 StGB

70 V hat in F den Tatentschluss zu dem verbotenen Insiderhandel hervorgerufen, die Voraussetzungen der Anstiftung zum unerlaubten Insiderhandel liegen somit vor.

d) Konkurrenzen

71 Fraglich ist, ob die Anstiftungsstrafbarkeit im Konkurrenzwege hinter das von V täterschaftlich begangene verbotene Insidergeschäft zurücktritt. Das wäre anzunehmen, wenn der Anstiftung neben der verbotenen Offenlegung der Insiderinformation kein eigenes Gewicht zukäme. § 119 Abs. 3 Nr. 3 WpHG i.V.m. Art. 14 lit. c MAR bedroht jedoch schon die „folgenlose" Offenlegung einer Insiderinformation mit Strafe. Eine Verurteilung nur aus diesen Vorschriften brächte deshalb nicht zum Ausdruck, dass V mit der Mitteilung der Insiderinformation die Aufforderung zum Erwerb eines Finanzinstruments verbunden hatte. Diese Empfehlung erfüllt zwar nicht die Voraussetzungen des § 119 Abs. 3 Nr. 2 WpHG i.V.m. Art. 14 lit. b MAR WpHG, weil dessen Anwendungsbereich auf die Empfehlung ohne Weitergabe der Insiderinformation beschränkt ist (Rn. 56 ff.). Um klarzustellen, dass V nicht nur die

---

[195] *Assmann*, AG 1994, 237, 246; *Claussen*, ZBB 1992, 281; *Hopt*, ZGR 1991, 17, 42.
[196] *Pananis*, in: MüKo³, § 199 WpHG Rn. 197; *Schröder*, HdB, 2. Kap. Rn. 195; *Wittig*, § 30 Rn. 72. **A.A.** *Casper*, WM 1999, 364 mit Fn. 10, 365 mit Fn. 16.
[197] Modul C des Emittentenleitfadens, 1.4.2.1; *Schröder*, HdB, 2. Kap. Rn. 195.
[198] *Klöhn*, in: KK-WpHG, § 14 Rn. 107; *Mennicke*, in: Fuchs, § 14 WpHG Rn. 34; *Meyer*, in: K/M/F/S, 12. Teil Rn. 232. **A.A.** *Claussen*, ZBB 1992, 281.
[199] Zur Rechtslage vor dem 1. FiMaNoG *Mennicke*, in: Fuchs, § 14 WpHG Rn. 35; *Schröder*, S. 139.
[200] Zur Strafbarkeitslücke vor dem 1. FiMaNoG siehe die 4. Aufl. dieses Lehrbuchs, Rn. 57 f. (Fall 6).
[201] *Klöhn*, AG 2016, 423, 432; *Wittig*, § 30 Rn. 74.

Insiderinformation offenbart, sondern mehr getan, nämlich die F zu dem verbotenen Insidergeschäft bestimmt hat, ist er aber wegen **tateinheitlicher Begehung (§ 52 StGB)** von § 119 Abs. 3 Nr. 3 WpHG i.V.m. Art. 14 lit. c MAR G und § 119 Abs. 3 Nr. 1 WpHG i.V.m. Art. 14 lit. a MAR, § 26 StGB zu verurteilen.

Ergänzende Hinweise:

Das Gesetz über die integrierte Finanzdienstleistungsaufsicht[202] hat die Bundesaufsichtsämter für das Kreditwesen, das Versicherungswesen und den Wertpapierhandel zur **Bundesanstalt für Finanzdienstleistungsaufsicht (BaFin)** zusammen. Sie überwacht auch das Verbot von Insidergeschäften (§ 6 Abs. 2 S. 1 WpHG). 72

Zu diesem Zweck geht die BaFin nicht nur Anhaltspunkten und Hinweisen nach, die sich z.B. aus abrupten Kurs- und Umsatzveränderungen vor einer öffentlichen Bekanntgabe wichtiger Unternehmensdaten ergeben können, sondern sie stützt ihre Überwachung etwa auf die **Auswertung der Mitteilungen nach Art. 26 Abs. 1 UA 1 Verordnung (EU) Nr. 600/2014**[203]. 73
Das Unterlassen dieser Mitteilung, das Machen unrichtiger oder unvollständiger Angaben sowie die vorschriftswidrige und nicht rechtzeitige Mitteilung bedroht § 120 Abs. 9 Nr. 18 WpHG mit Bußgeld[204].

Ergibt die Auswertung der Meldungen Anhaltspunkte für einen Verstoß gegen Insidervorschriften, kann die BaFin **weitere Nachforschungen** anstellen. Die Befugnisse gehen sehr weit[205]. So kann die BaFin nach § 6 Abs. 3 S. 1 WpHG von jedermann verlangen, Auskünfte zu erteilen, Unterlagen oder sonstige Daten vorzulegen sowie Kopien zu überlassen, und Personen laden und vernehmen. § 6 Abs. 3 S. 2 WpHG schränkt das Bankgeheimnis ein, da die BaFin Angaben über Bestandsveränderungen von Finanzinstrumenten (Depotbestände, An- und Verkäufe) und Auskünfte über die Identität weiterer Personen (insbesondere der Auftraggeber und der aus Geschäften berechtigten oder verpflichteten Personen) verlangen kann, z.B. um Strohmanngeschäfte aufdecken zu können[206]. § 6 Abs. 11 WpHG gewährt den Bediensteten der BaFin zudem das Recht zum Betreten von Grundstücken und Geschäftsräumen während der üblichen Arbeitszeit. 74

Die BaFin ist für die **Ahndung der Ordnungswidrigkeiten nach dem WpHG** zuständig (§ 121 WpHG). Ergeben die Untersuchungen einen Anfangsverdacht[207] im Sinne der §§ 152 Abs. 2, 160 Abs. 1 StPO wegen einer Straftat nach § 119 WpHG, so hat die BaFin dies der zuständigen Staatsanwaltschaft anzuzeigen (§ 11 S. 1 WpHG). Die BaFin macht zudem Entscheidungen über Maßnahmen und Sanktionen, die wegen Verstößen gegen das Insiderhandelsverbot erlassen wurden, auf ihrer Internetseite bekannt (sog. naming and shaming[208]; § 125 Abs. 1 S. 1 WpHG). 75

---

[202] BGBl. I 2002, 1310.
[203] ABl. L 173 vom 12.06.2014, 84.
[204] Deshalb nimmt *Müller*, wistra 2001, 167 einen Verstoß gegen den nemo-tenetur-Grundsatz an.
[205] Näher zur Erweiterung der Befugnisse durch das 1. FiMaNoG *Szesny*, DB 2016, 1420, 1424 f.
[206] Vgl. zu § 4 WpHG i.d.F. vor dem 1. FiMaNoG *Altenhain*, in: KK-WpHG, § 4 Rn. 119.
[207] *Altenhain*, in: KK-WpHG, § 4 Rn. 142.
[208] Näher dazu *Poelzig*, NZG 2016, 492, 500; *Szesny*, DB 2016, 1420, 1424.

76 Am 1. Januar 2011 wurde die **Europäische Wertpapier- und Marktaufsichtsbehörde (European Securities and Markets Authority, ESMA)** mit Sitz in Paris errichtet (Artt. 7, 82 UA 3 ESMA-VO)[209]. Die ESMA soll zur Stabilität und Effektivität des Finanzsystems beitragen, um das öffentliche Interesse zu schützen (Art. 1 Abs. 5 ESMA-VO). Wesentliche Aufgabe der ESMA ist die Stärkung der einheitlichen Rechtsanwendung in der EU[210], vgl. Art. 8 ESMA-VO. Die ESMA hat Befugnisse sowohl bei der Rechtsetzung als auch bei der Rechtdurchsetzung[211].

III. Verbotene Marktmanipulation

77 Der im Jahre 2002 durch das 4. Finanzmarktförderungsgesetz[212] (4. FFG) geschaffene – als verbotene Kurs- und Marktpreismanipulation überschriebene – Tatbestand des § 38 Abs. 1 Nr. 4 i.V.m. § 20a WpHG a.f. ersetzte die Vorgängervorschrift § 88 BörsG a.f. und gestaltete diese erheblich um. Ursprünglich enthielt § 88 BörsG a.f. zwei Straftatbestände, und zwar den sog. **Kursbetrug** und den sog. **Prospektbetrug**. Letzterer ging in dem durch das 2. WiKG neu geschaffenen § 264a StGB auf (vgl. Rn. 1), sodass der neu gefasste § 88 BörsG nur noch den Kursbetrug regelte, der allerdings in der Praxis weitgehend bedeutungslos blieb.

78 Die eigentliche Ursache für die Bedeutungslosigkeit des § 88 BörsG a.F war das lange Zeit weithin fehlende Bewusstsein, dass manipulative Eingriffe in die Preisbildung gravierende Folgen für die Anleger haben können und deshalb deren Schutz – auch mit den Mitteln des Strafrechts – der Verbesserung bedarf. Gerade diesem Zweck diente die – bereits mit Blick auf die noch umzusetzende MAD (vgl. Rn. 27) vorgenommene – Neuregelung in § 38 Abs. 1 Nr. 4 i.V.m. § 20a WpHG a.F. durch das 4. FFG[213] und die 2004 erfolgte Modifikation des nun als verbotene Marktmanipulation überschriebenen und – in Umsetzung der MAD – um eine weitere Tatalternative, nämlich das manipulative Marktverhalten (§ 20a Abs. 1 S. 1 Nr. 2 WpHG a.F.) ergänzten Tatbestandes durch das AnSVG in § 38 Abs. 2 i.V.m. § 20a WpHG a.F.[214]. Es handelt sich somit um unionsrechtlich angeglichenes nationales Recht[215].

79 Die Europäisierung des Tatbestandes der Marktmanipulation setzte sich mit dem 1. und dem 2. FiMaNoG fort (vgl. Rn. 27). Der deutsche Gesetzgeber regelte – in Umsetzung der Vorgaben der CRIM-MAD – am 2. Juli 2016 mit dem 1. FiMaNoG die Marktmanipulationstatbestände – durch Aufhebung u.a. des § 20a WpHG sowie Aufnahme der Verweise auf Art. 15 MAR – neu[216] und fügte Qualifikationen sowie die Versuchsstrafbarkeit ein. Durch Art. 1 des 2. FiMaNoG wurde am 25. Juni 2017

---

[209] Die ESMA ist die Nachfolgerin des Committee of European Securities Regulators (CESR), vgl. Art. 8 Abs. 1 lit. l ESMA-VO.
[210] *Hitzer/Hauser*, BKR 2015, 52, 53.
[211] Dazu *Hitzer/Hauser*, BKR 2015, 52, 53 ff.; vgl. auch *Weiß*, EuR 2016, 631 ff. (bzgl. Rechtsetzung).
[212] BGBl. I 2002, 2010.
[213] BT-Drs. 14/8017, 62.
[214] BT-Drs. 15/3174, 1, 26.
[215] *Stage*, Rn. 172.
[216] Zur Diskussion über – durch das 1. FiMaNoG entstandene – Strafbarkeits- bzw. Ahndbarkeitslücken siehe Rn. 31.

eine Regelung „minder schwerer Fällen" ins WpHG aufgenommen. Die (vorerst) letzte Änderung der Marktmanipulationstatbestände fand am 3. Januar 2018 statt, indem Art. 3 des 2. FiMaNoG u.a. die Nummerierung änderte und einheitliche Regelungen der Versuchsstrafbarkeit und der Qualifikationen für alle Tatobjekte, also nicht nur für Finanzinstrumente, sondern etwa auch für Waren schuf. Zudem hob Art. 25 Abs. 3 des 2. FiMaNoG die Verordnung zur Konkretisierung des Verbotes der Marktmanipulation (Marktmanipulations-Konkretisierungsverordnung – MaKonV)[217] auf, die ohnehin bereits durch das 1. FiMaNoG gegenstandslos geworden war[218].

Die Marktmanipulationstatbestände sind mehrstufige **Blaketttatbestände**. Für die 80 Manipulation von Finanzinstrumenten verweist die Strafvorschrift des § 119 Abs. 1 WpHG auf die Bußgeldvorschriften des § 120 Abs. 2 Nr. 3, Abs. 15 Nr. 2 WpHG und diese auf Art. 15 MAR, der die eigentliche Verbotsnorm zu sein scheint. Bei dieser Verweisungskette handelt es sich um eine „wahre gesetzgeberische Meisterleistung", denn im Klartext lautet der Tatbestand des § 119 Abs. 1 Nr. 1 WpHG: „Mit Freiheitsstrafe bis zu fünf Jahren oder Geldstrafe wird bestraft, wer eine vorsätzliche Marktmanipulationshandlung begeht und dadurch auf den inländischen Börsen- oder Marktpreis eines Finanzinstruments [...] einwirkt". Da der Verweis auf Art. 15 MAR an sich „inhaltslos" ist, weil dort nur das Verbot der Marktmanipulation und des Versuchs dazu ausgesprochen wird, bedarf es zur Umgrenzung des verbotenen Verhaltens der „Einbeziehung" des Art. 12 MAR, in dem der Begriff der Marktmanipulation definiert wird[219]. Ob sich diese „Gesetzgebungstechnik" mit dem verfassungsrechtlichen Bestimmtheitsgrundsatz vereinbaren lässt, ist zweifelhaft[220].

Im Allgemeinen lassen sich Manipulationshandlungen in drei Grundformen einteilen, 81 und zwar in informations-, handels- und handlungsgestützte Manipulationen (sog. Ökonomische Kategorisierung), die miteinander kombinierbar sind[221]. **Informationsgestützte Manipulationshandlungen** sind solche, bei denen der Täter auf den Börsen- oder Marktpreis einwirkt, „indem er falsche oder irreführende Informationen verbreitet und dadurch unmittelbar Anreize für Investitionsentscheidungen von Anlegern setzt"[222]. **Handelsgestützte Manipulationshandlungen** liegen vor, wenn der Täter durch den bloßen Handel auf den Preis eines Finanzinstruments einwirkt, ohne dass es weiterer Handlungen (etwa Verbreiten falscher Informationen) bedarf[223]. **Handlungsgestützte Manipulationshandlungen** erfolgen durch Beein-

---

[217] Vom 01.03.2005, BGBl. I 2005, 515, zuletzt geändert durch Art. 5 des Hochfrequenzhandelsgesetzes vom 07.05.2013, BGBl. I 2013, 1162.
[218] *Wittig*, § 30 Rn. 8.
[219] BGHSt 62, 13, Rn. 20. Zum „Prüfungsaufbau" siehe *Wegner/Ladwig*, JuS 2020, 1153, 1154.
[220] Keine Bedenken hat allerdings der BGH, der potenziellen Tätern „ohne eine fachspezifische Ausbildung" vorsorglich dazu rät, sich „fachlich fortzubilden und gegebenenfalls beraten zu lassen", BGHSt 62, 13, Rn. 20.
[221] Näher zu den drei Grundformen der Manipulationshandlungen *Stage*, Rn. 68 ff.
[222] *Stage*, Rn. 69 m.w.N.
[223] *Stage*, Rn. 69 m.w.N.

flussung des inneren Wertes eines Finanzinstruments[224]. Um eine solche Manipulation handelt es sich z.B., wenn der Täter einen Sprengstoffanschlag auf den Mannschaftsbus eines Fußballvereins, dessen Lizenzspielerabteilung eine börsennotierte GmbH & Co KG a.A. ist, begeht, nach Bekanntwerden der Tat der Preis der Aktien – wie vom Täter beabsichtigt – sinkt und er sodann den Kurzsturz nutzt, indem er zuvor erworbene Aktienverkaufsoptionen gewinnbringend ausübt.

82 Art. 12 Abs. 1 MAR umschreibt vier Marktmanipulationshandlungen, und zwar unter **lit. a** *handels*gestützte, unter **lit. b** *handels- und informations*gestützte sowie unter **lit. c und d** *informations*gestützte Manipulationshandlungen[225].

82a Strittig ist, ob *handlungs*gestützte Manipulationen von Art. 12 Abs. 1 lit. b MAR erfasst sind. Ein Teil der Literatur[226] hält es für möglich, das Verbot „jeglicher" sonstiger täuschender Tätigkeiten oder Handlungen auf *handlungs*gestützte Manipulationen anzuwenden. Dabei wird jedoch übersehen, dass die Tätigkeit oder Handlung „an Finanzmärkten" vorgenommen werden muss, sodass handlungsgestützte Manipulationen nicht vom Manipulationsbegriff des Art. 15 i.V.m. Art. 12 MAR erfasst sind[227] bzw. nur dann, wenn sie von einem Täuschungselement begleitet werden[228].

83 Art. 12 **Abs. 2** MAR enthält einen nicht abschließenden Katalog *verbindlicher Anwendungsfälle*[229], die allerdings nicht immer (Ausnahme Art. 12 Abs. 2 lit. c MAR) einer in Art. 12 Abs. 1 MAR abstrakt umschriebenen Manipulationsform zugeordnet sind. Fraglich ist, in welchem Verhältnis die „speziellen" Manipulationshandlungen des Art. 12 Abs. 2 MAR zu den „abstrakten" des Art. 12 Abs. 1 MAR stehen. Da die Manipulationshandlungen des Art. 12 Abs. 2 MAR – jedenfalls zum Teil – zusätzliche Voraussetzungen aufweisen (etwa das Nutzenziehen beim „Scalping"), erscheint es zutreffend, sie als eigenständige Verbotstatbestände anzusehen[230], also nicht als bloße Konkretisierungen des Art. 12 Abs. 1 MAR[231], die u.U. sogar eine „Sperrwirkung" hinsichtlich des Art. 12 Abs. 1 MAR entfalten können".

84 Art. 12 **Abs. 3** MAR verweist hinsichtlich der Manipulationshandlungen des Art. 12 **Abs. 1 lit. a und b** MAR auf eine nicht erschöpfende Aufzählung bloßer *Indikatoren* für Manipulationshandlungen in **Anhang I** der MAR. Es handelt sich nicht um Anwendungsfälle, sondern „nur" um Handlungen mit einer *Indizwirkung*, die eine Überprüfung veranlassen können. Zur Präzisierung der in Anhang I der MAR fest-

---

[224] *Stage*, Rn. 69 m.w.N.
[225] *Szesny*, DB 2016, 1420, 1422. **A.A.** *Schmolke*, AG 2016, 434, 441 f. („überkommene Kategorien").
[226] *Buck-Heeb*, Rn. 637; *Saliger*, in: Park, Teil 3 Kap. 6.1. Rn. 44, 175-178; *Theile*, in: E/R/S/T, § 38 WpHG Rn. 6, 28; *Wegner/Ladwig*, JuS 2020, 1153, 1158 f.; *Wittig*, § 30 Rn. 37.
[227] *Vogt*, Die Europäisierung des Tatbestandes der Marktmanipulation, 2022, S. 132 ff.; *Worms*, in: A/S/B, § 10 Rn. 66 mit Rn. 34. Zu § 20a Abs. 1 Nr. 3 WpHG eingehend *Stage*, Rn. 649 ff.
[228] *Schröder/Poller*, HdB, 3. Kap. Rn. 467 ff., 475.
[229] *Schmolke*, in: Klöhn, Art. 12 Rn. 305 („verbindliche oder zwingende Beispiele"); *Wittig*, § 30 Rn. 8. Missverständlich *Poelzig*, NZG 2016, 528, 536, und *Schröder/Poller*, HdB, 3. Kap. Rn. 14, die den Begriff „Regelbeispiele" verwenden, aber wohl in einem – strafrechtlich – untechnischen Sinn.
[230] *Szesny*, DB 2016, 1420, 1422; *Theile*, in: E/R/S/T, § 38 WpHG Rn. 66.
[231] So aber *Saliger*, in: Park, Teil 3 Kap. 6.1. Rn. 96; *Schmolke*, in: Klöhn, Art. 12 Rn. 306; *Worms*, in: A/S/B, § 10 Rn. 41.

gelegten Indikatoren wurde – auf Grundlage von Art. 12 **Abs. 5** MAR – die **Delegierte Verordnung (EU) 2016/522**[232] erlassen.
Auf Grundlage der MAR erlassene delegierte Verordnungen und Durchführungsverordnungen sind rechtsverbindlich[233] und daher bei der Auslegung zu berücksichtigen[234]. Der – rechtlich nicht bindende – „Emittentenleitfaden" (Rn. 30) und weitere Veröffentlichungen der BaFin (etwa FAQ zu Eigenschaften von Führungskräften nach Art. 19 MAR[235]) sowie Leitlinien und Empfehlungen der ESMA können als praktische Auslegungshilfe herangezogen werden (Rn. 75 f.).

Der **Versuch** der Marktmanipulation ist strafbar, **§ 119 Abs. 4 WpHG**. Versuch liegt z.B. vor, wenn die vom Vorsatz umfasste Preiseinwirkung nicht eintritt. 85

§ 119 Abs. 5 WpHG enthält **drei Qualifikationstatbestände**[236], die den Vergehenstatbestand der Marktmanipulation gem. § 119 Abs. 1 WpHG zu einem **Verbrechen** (§ 12 Abs. 1 StGB) hochstufen. Der Versuch ist deshalb auch ohne ausdrückliche Anordnung strafbar (§ 23 Abs. 1 StGB). Opportunitätsentscheidungen nach §§ 153, 153a StPO sind nicht möglich[237] und Verurteilungen im Wege eines Strafbefehls scheiden aus (vgl. § 407 Abs. 1 StPO)[238]. 86

§ 119 Abs. 5 **Nr. 1** WpHG knüpft an die organisierte Begehung an[239] und betrachtet – in Anlehnung an § 263 Abs. 3 S. 2 Nr. 1 StGB[240] – sowohl die gewerbsmäßige (Var. 1) als auch die bandenmäßige Begehung (Var. 2) als Qualifikationsmerkmal. **Gewerbsmäßig** handelt, „wer die Tat in der Absicht begeht, sich aus wiederholter Begehung eine fortlaufende Einnahmequelle von nicht unerheblicher Dauer und einigem Umfang zu verschaffen"[241]. Die Absicht kann sich nach zutreffender Auffassung bereits aus der ersten Tat ergeben[242]. Bei der Gewerbsmäßigkeit handelt es sich somit um ein **subjektives Merkmal**; **§ 28 Abs. 2 StGB analog** ist zu beachten[243]. 87

Eine **bandenmäßige** Begehung setzt voraus, dass sich mindestens drei Personen „mit dem Willen verbunden haben, künftig für eine gewisse Dauer mehrere selbst- 88

---

[232] ABl. Nr. L 88 vom 05.04.2016, 1.
[233] *Wittig*, § 30 Rn. 7.
[234] Nach Auffassung von *Vogt*, Die Europäisierung des Tatbestandes der Marktmanipulation, 2022, S. 276 ff., beschränkt sich die Wirkung der Del. VO 2016/522 jedoch auf die Auslegung des verwaltungsrechtlichen Tatbestandes der Marktmanipulation.
[235] Stand: 01.02.2018, abrufbar im Internet unter www.bafin.de.
[236] Näher dazu *Poller*, NZWiSt 2017, 430 ff.; *Szesny*, WiJ 2016, 215 ff. Krit. zu den Qualifikationstatbeständen *Eggers/Gehrmann/Szesny*, WiJ 2016, 123, 125 ff., 130; *Szesny*, DB 2016, 1420, 1423; *Theile*, in: E/R/S/T, § 38 WpHG Rn. 77 ff.; *Trüg*, in: NK-WSS, § 38 WpHG Rn. 29, 181 f.
[237] Zutreffend *Szesny*, DB 2016, 1420, 1423; *ders.*, WiJ 2016, 215, mit weiteren Ausführungen zu den strafprozessualen Folgen der Einordnung als Verbrechen; *Theile*, in: E/R/S/T, § 38 WpHG Rn. 79.
[238] Unzutreffend *Renz/Leibold*, CCZ 2016, 157, 168, nach denen es künftig vermehrt zu Verurteilungen im Wege des Strafbefehlsverfahrens kommen soll.
[239] Vgl. BT-Drs. 18/7482, 64 (bzgl. § 38 Abs. 5 WpHG i.d.F. 1. FiMaNoG).
[240] Vgl. BT-Drs. 18/7482, 64 (bzgl. § 38 Abs. 5 WpHG i.d.F. 1. FiMaNoG).
[241] *Kämpfer/Travers*, in: BeckOK-WpHR, § 119 WpHG Rn. 115; *Pananis*, in: MüKo³, § 119 WpHG Rn. 154; *Szesny*, WiJ 2016, 215, 216. Vgl. zu § 263 StGB: *Hefendehl*, in: MüKo⁴, § 263 StGB Rn. 1212 m.w.N.; *Krey/Hellmann/Heinrich*, BT 2, Rn. 762 i.V.m. 170.
[242] Vgl. *Krey/Hellmann/Heinrich*, BT 2, Rn. 762 i.V.m. 170 m.w.N.
[243] Vgl. *Krey/Hellmann/Heinrich*, BT 2, Rn. 762 i.V.m. 170 m.w.N.

ständige, im Einzelnen noch ungewisse Taten der Marktmanipulation zu begehen"[244]. § 119 Abs. 5 Var. 2 WpHG verzichtet – wie § 263 Abs. 3 S. 2 Nr. 1 StGB, jedoch im Gegensatz zu § 244 Abs. 1 Nr. 2 StGB – auf das Mitwirkungserfordernis, sodass die Qualifikation des § 119 Abs. 5 WpHG schon erfüllt ist, wenn ein Bandenmitglied als Einzeltäter die strafbare Marktmanipulation begeht[245]. Die Tat muss allerdings in einem inhaltlichen Zusammenhang mit der Bandenabrede stehen[246]. Die Bandenmitgliedschaft selbst ist nach zutreffender Auffassung ein besonderes persönliches Merkmal i.S.d. **§ 28 Abs. 2 StGB**[247].

Eine bandenmäßige Begehung nach § 119 Abs. 5 Nr. 1 Var. 2 WpHG kommt z.B. in Betracht, wenn A, B und C – wie abgesprochen – immer dann ein *circular trading* (Rn. 113) betreiben, wenn der Preis der Aktie X „sackt". Sie scheidet hingegen aus, wenn A, B und C ein circular trading als einmalige (unzulässige) Stabilisierungsmaßnahme vornehmen[248].

89 **§ 119 Abs. 5 Nr. 2 WpHG** setzt eine Tatbegehung **in Ausübung der Tätigkeit** für eine inländische Finanzaufsichtsbehörde, ein Wertpapierdienstleistungsunternehmen, eine Börse oder einen Betreiber eines Handelsplatzes voraus. Taugliche Täter können also nur „Kapitalmarktprofis" – z.B. Mitarbeiter der BaFin oder eines Kreditinstitutes – sein[249]. Es handelt sich deshalb um ein **Sonderdelikt**. „In Ausübung seiner Tätigkeit" ist eng zu verstehen und erfordert einen **funktionalen Zusammenhang** zwischen dem tatbestandsmäßigem Verhalten und der beruflichen Tätigkeit[250]; der Täter muss die mit seiner beruflichen Tätigkeit verbundenen besonderen Einwirkungsmöglichkeiten bei der Marktmanipulation nutzen[251]. Unerheblich ist, ob er seine Befugnisse eigenmächtig überschreitet oder missbraucht (z.B. Vollmachtsmissbrauch, Veröffentlichung fehlerhafter Unternehmenszahlen)[252]. Bloße Kausalität zwischen dem tatbestandsmäßigen Verhalten und der beruflichen Tätigkeit genügt dagegen nicht, sodass sich ein „Kapitalmarktprofi", der die Marktmanipulation lediglich bei Gelegenheit seiner beruflichen Tätigkeit vornimmt, nur wegen „einfacher" Marktmanipulation strafbar macht[253].

Deshalb liegt z.B. § 119 Abs. 5 Nr. 2 WpHG nicht vor, wenn ein Mitarbeiter der Eurex an seinem Arbeitsplatz-PC *wash sales* (Rn. 113) auf eigene Rechnung durchführt[254].

---

[244] *Kämpfer/Travers*, in: BeckOK-WpHR, § 119 WpHG Rn. 115; *Szesny*, WiJ 2016, 215, 216. Vgl. zu § 263 StGB: BGH, wistra 2010, 347; Krey/*Hellmann*/ Heinrich, BT 2, Rn. 762 i.V.m. 199.
[245] Vgl. zu § 263 Abs. 3 Nr. 1 StGB Krey/*Hellmann*/Heinrich, BT 2, Rn. 761 f.
[246] Vgl. zu § 263 Abs. 3 Nr. 1 StGB *Hefendehl*, in: MüKo⁴, § 263 StGB Rn. 1215; Krey/*Hellmann*/ Heinrich, BT 2, Rn. 762.
[247] Vgl. Krey/*Hellmann*/Heinrich, BT 2, Rn. 762 i.V.m. 201 m.w.N.
[248] Beide Beispiele angelehnt an *Szesny*, WiJ 2016, 215, 216.
[249] *Szesny*, WiJ 2016, 215, 217.
[250] *Diversy/Köpferl*, in: G/J/W, § 38 WpHG Rn. 124; ähnlich *Pananis*, in: MüKo³, § 119 WpHG Rn. 155, und *Szesny*, WiJ 2016, 215, 224 („sachlicher Zusammenhang").
[251] *Diversy/Köpferl*, in: G/J/W, § 38 WpHG Rn. 124.
[252] *Szesny*, WiJ 2016, 215, 224.
[253] In diesem Sinne auch *Diversy/Köpferl*, in: G/J/W, § 38 WpHG Rn. 124; *Szesny*, WiJ 2016, 215, 224.
[254] *Szesny*, WiJ 2016, 215, 224.

Das Qualifikationsmerkmal „in Ausübung seiner beruflichen Tätigkeit" stellt eine Beziehung zwischen dem Täter und seiner beruflichen Tätigkeit bzw. einer Institution her. Es umschreibt also ein besonderes Verhältnis und ist daher als besonderes persönliches Merkmal i.S.d. **§ 28 Abs. 2 StGB** einzuordnen.

§ 119 **Abs. 6** WpHG regelt **minder schwere Fälle** des § 119 Abs. 5 Nr. 2 WpHG. Da Milderungen, die für minder schwere Fälle vorgesehen sind, für die Einteilung der Delikte außer Betracht bleiben (§ 12 Abs. 3 StGB), liegt auch in minder schweren Fällen des §§ 119 Abs. 1, Abs. 5 Nr. 2, Abs. 6 WpHG ein Verbrechen mit den oben beschriebenen Konsequenzen (Rn. 86) vor.

90

> Die mehrfachen Änderungen der gesetzlichen Regelungen in den letzten Jahren erschweren insbesondere die Auswertung der zu den jeweiligen Fassungen ergangenen Rechtsprechung und veröffentlichten Literatur:
> §§ 119 Abs. 1, 120 Abs. 15 Nr. 2 WpHG i.V.m. Art. 15 MAR (insb. Finanzinstrumente)/ §§ 119 Abs. 1, 120 Abs. 2 Nr. 3, 25 WpHG i.V.m. Art. 15 MAR (Waren und ausländische Zahlungsmittel) entsprechen
> — vom 02.07.2016 bis 02.01.2018: §§ 38 Abs. 1 Nr. 2, 39 Abs. 3d Nr. 2 WpHG i.V.m. Art. 15 MAR (insb. Finanzinstrumente)/§§ 38 Abs. 1 Nr. 1, 39 Abs. 2 Nr. 3/ Abs. 3c, 12 WpHG i.V.m. Art. 15 MAR (Waren, Emissionsberechtigungen und ausländische Zahlungsmittel),
> — bis zum Ablauf des 01.07.2016: §§ 38 Abs. 2, 39 Abs. 1 Nrn. 1, 2/Abs. 2 Nr. 11 i.V.m. 20a Abs. 1 WpHG (insb. Finanzinstrumente)/§§ 38 Abs. 2, 39 Abs. 1 Nrn. 1, 2/Abs. 2 Nr. 11 i.V.m. 20a Abs. 1,4 WpHG (Waren, Emissionsberechtigungen und ausländische Zahlungsmittel).

91

Heftig umstritten ist, welches Rechtsgut § 119 Abs. 1 WpHG i.V.m. Art. 15 MAR schützt[255]. Die wohl h.M.[256] steht auf dem Standpunkt, Schutzgut des Tatbestandes sei ausschließlich das **öffentliche Interesse an der Sicherung der Funktionsfähigkeit des Kapitalmarkts,** geschützt werde deshalb nur das Anlegerpublikum als Gesamtheit der potenziellen Anleger, nicht dagegen das Individualinteresse des Anlegers. Der Schutz der einzelnen Anleger sei lediglich ein Reflex mit der Folge, dass der Tatbestand kein Schutzgesetz im Sinne des § 823 Abs. 2 BGB sei[257]. Andere betrachten das **Vertrauen** der Marktteilnehmer in die Zuverlässigkeit und Wahrheit der Preisbildung als alleiniges Schutzgut[258] oder als weiteres Schutzgut neben der Funktionsfähigkeit des Kapitalmarkts[259]. Nach einer weiteren Auffassung schützt das Marktmanipulationsverbot die **informationelle Chancengleichheit** der Marktteilnehmer[260].

92

---

[255] Vgl. Überblick zum Meinungsstreit in *Stage*, Rn. 195 ff. (zu § 38 Abs. 2 i.V.m. § 20a WpHG a.F.).
[256] *Kämpfer/Travers*, in: BeckOK-WpHG, § 119 Rn. 8. Zu §§ 38 Abs. 1 i.V.m. Art. 15 MAR i.d.F. 1. Fi MaNoG: *Theile*, in: E/R/S/T, § 38 WpHG Rn. 4.
[257] *Buck-Heeb*, Rn. 679 ff.; *Pananis*, in: MüKo³, § 119 WpHG Rn. 8. Zu §§ 38 Abs. 1 i.V.m. Art. 15 MAR i.d.F. 1. FiMaNoG: *Theile*, in: E/R/S/T, § 38 WpHG Rn. 4. Zu § 20a WpHG a.F.: BGHZ 192, 90, 95 Rn. 12; *Eichelberger*, Das Verbot der Marktmanipulation, 2006, S. 363 ff.
[258] *Schröder/Poller*, HdB, 3. Kap. Rn. 3.
[259] OLG München, NJW 2011, 3664, 3666; *Tiedemann*, Rn. 1050; überzeugend gegen das Vertrauen in die Funktionsfähigkeit der Märkte als strafbaren Schutzgut der Marktmanipulation *Beckemper*, ZIS 2011, 318 ff.
[260] *Hohn*, in: M/G, § 21 Rn. 27.

93 Geschütztes Rechtsgut des Straftatbestandes der verbotenen Marktmanipulation ist jedoch allein das **Vermögen der Anleger**[261] bzw. der **Marktteilnehmer**[262]. Dem steht nicht entgegen, dass die Ordnungsvorschriften des WpHG die von Manipulationen freie Preisbildung und die Funktionsfähigkeit von Märkten gewährleisten sollen. Der Straftatbestand soll den Anleger davor bewahren, aufgrund der Manipulationen nachteilige Vermögensdispositionen zu treffen.

Daraus folgt, dass § 119 Abs. 1 WpHG i.V.m. Art. 15 MAR an sich auch ein Schutzgesetz im Sinne des § 823 Abs. 2 BGB ist[263]. Die Geltendmachung des Anspruchs scheitert allerdings daran, dass bei einem Kauf oder Verkauf der Aktien zum Börsenkurs ein Schaden ausscheidet (dazu unten Rn. 105 ff.).

94 Weitere Straftatbestände wegen Marktmanipulation finden sich in § 95a Abs. 1 i.V.m. § 95 Absatz 1b oder Absatz 1c Nummer 6 EnWG i.V.m. Art. 2 Nr. 2a, 2b, Art. 5 REMIT.

Fall 5: – *Informationsgestützte Marktmanipulationshandlungen; „Scalping"* –

95 Sascha Prinz (P) war Chefredakteur der Zeitschrift „Anlegen an der Börse" und genoss in Anlegerkreisen hohes Ansehen als Börsenanalyst. Im Januar 2023 kaufte P für sich persönlich Aktien der Inter-Nett AG zum Kurs von 35 € pro Aktie. Danach empfahl er – wie von Anfang an geplant – in der Zeitschrift unter der Rubrik „Der heiße Tipp" den Erwerb der Aktien, da es sich bei der Inter-Nett AG um ein aufstrebendes Unternehmen mit hervorragendem Entwicklungspotenzial handele. Tatsächlich hielt P die Aktien nicht für eine gute Anlage. Die erhöhte Nachfrage nach Aktien der Inter-Nett AG bewirkte eine kurzfristige Kurssteigerung bis auf 64 €. Zu diesem Kurs veräußerte P im Februar 2023 seine privat gehaltenen Aktien.

Wie hat sich P strafbar gemacht?

a) § 119 Abs. 3 Nr. 1 WpHG i.V.m. Art. 14 lit. a MAR

P könnte sich durch den Kauf der Aktien wegen Insiderhandels gem. § 119 Abs. 3 Nr. 1 WpHG i.V.m. Art. 14 lit. a MAR strafbar gemacht haben.

Ob das sog. Scalping, also der **Kauf oder Verkauf von Wertpapieren in Kenntnis der bevorstehenden Abgabe einer sie betreffenden Empfehlung oder Bewertung,** ein strafbares Insiderhandeln darstellt, ist umstritten.

96 Voraussetzung für die Strafbarkeit des P ist, dass er ein Insidergeschäft (vgl. Art. 8 Abs. 1 S. 1 MAR; Rn. 41 ff.) getätigt hat.

Dann müsste die Absicht des P, den Erwerb der Aktie zu empfehlen, eine **Insiderinformation** im Sinne des Art. 7 Abs. 1 lit. a MAR sein.

Strittig ist, ob Insiderinformationen einen **Drittbezug** aufweisen müssen. Der BGH[264] bejahte dies – jedenfalls zur alten Regelung des Insiderhandels –, sodass selbst geschaffene innere Tatsachen keine Insiderinformationen sein können (Rn. 43). Hierfür spricht ebenfalls Erwägungsgrund 54 S. 3 MAR, nach dem Informationen über die eigenen Handelspläne und -strategien des Marktteilnehmers nicht

---

[261] *Hellmann*, in: Karsai/Nagy/Szomora (Hrsg.), Freiheit – Sicherheit – (Straf)Recht, 2011, S. 91, 98 f.
[262] *Altenhain*, BB 2002, 1874, 1875; ders., in: KK-WpHG, § 38 Rn. 3; *Stage*, Rn. 202 ff.
[263] *Altenhain*, BB 2002, 1874, 1875; *Mock*, in: KK-WpHG, § 20a Rn. 473 ff. m.w.N. in Fn. 561.
[264] BGHSt 48, 373, 378. Dagegen *Diversy/Köpferl*, in: G/J/W, § 38 WpHG Rn. 131; *Schröder*, HdB, 2. Kap. Rn. 60 ff.; *Stage*, Rn. 314 ff.

als Insiderinformationen betrachtet werden sollten[265]. Art. 9 Abs. 5 MAR liegt dagegen offensichtlich zugrunde, dass die eigene Handelsabsicht eine Insiderinformation sein kann[266], die bloße Tatsache, dass eine Person ihre eigenen Handelspläne bei einem Geschäft berücksichtigt, stelle aber „an sich" noch keine Nutzung dieser Insiderinformation dar. Zudem hat der EuGH[267] bestätigt, dass selbstgeschaffene innere Tatsachen Insiderinformationen sein können.

Das Fehlen des Drittbezugs steht der Annahme einer Insiderinformation somit nicht entgegen, die Anwendung des Insiderhandelsverbotes scheidet dennoch aus: Der Empfehlungsabsicht fehlt nämlich der erforderliche **Emittenten- bzw. Finanzinstrumentenbezug**. Überwiegend wurde er zwar bejaht, weil sich die Empfehlung auf ein bestimmtes Wertpapier beziehe[268]. Darauf kann es aber nicht ankommen, weil die Bewertung als solche, die ausschließlich aufgrund öffentlich bekannter Umstände erstellt wird, keine Insiderinformation ist (siehe auch Erwägungsgrund 28 MAR). Den erforderlichen Bezug zum Emittenten bzw. zum Finanzinstrument müsste also die Empfehlungs*absicht* aufweisen. Das ist jedoch nicht der Fall. Um eine betriebswirtschaftliche Information handelt es sich bei einer reinen Bewertung ohne einen Tatsachenkern jedenfalls nicht. Den erforderlichen Emittenten- bzw. Finanzinstrumentenbezug haben zwar – wie oben (Rn. 51) dargelegt – auch Marktdaten, die bloße Absicht, eine bestimmte Bewertung abzugeben, ist aber keine Information über die Rahmenbedingungen des Marktes oder über den Markt selbst. Hinzu kommt, dass nicht jede Empfehlung Kursrelevanz entfaltet, sondern nur eine solche, die von einer Person ausgesprochen wird, der die Marktteilnehmer – oder wenigstens ein erheblicher Teil der Öffentlichkeit – eine besondere Autorität zuerkennen. Maßgeblich ist somit nicht der Inhalt der Meinungsäußerung, also der sachliche Informationsgehalt, auf dem sie beruht, sondern die Person, die sie abgibt. Nur bei einer sehr pragmatischen Sicht des Börsenhandels, die akzeptiert, dass Börsenkurse nicht allein von sachlichen Informationen über das Unternehmen oder den Markt beeinflusst werden, sondern auch von marktfernen Umständen oder sogar von irrationalen Erwägungen, lässt sich die bloße Absicht einer bestimmten Person, eine Empfehlung abzugeben, den kursrelevanten Tatsachen zurechnen. Selbst dann handelt es sich bei der Empfehlungsabsicht jedoch nicht um eine Insiderinformation. Die Erfahrung zeigt zwar, dass Empfehlungen eines „Marktexperten" – kurzzeitig – einen erheblichen Einfluss auf den Aktienkurs entfalten können, die bloße Eignung zur erheblichen Kursbeeinflussung macht einen Umstand aber nicht schon zur Insiderinformation, sondern hinzukommen muss gerade der Emittenten- bzw. Finanzinstrumentenbezug. Die Person des Empfehlenden stellt diesen Bezug aber nicht her.

97

---

[265] *Klöhn*, Beilage zu ZIP 22/2016, 44, 46; *ders*, in: Klöhn, Einl. Rn. 59; *Kumpan/Misterek*, in: KMRK, VO (EU) 596/2014 Art. 7 Rn. 23; *Meyer*, in: K/M/F/S, 12.163 betrachten den Erwägungsgrund 54 jedoch als „redaktionelles Versehen".
[266] *Klöhn*, Beilage zu ZIP 22/2016, 44, 45 f., mit Begründung.
[267] EuGH, ZIP 2007, 1207, 1209 Rn. 33 („Georgakis-Entscheidung"), ohne nähere Begründung.
[268] LG Frankfurt a.M., NJW 2000, 301, 302; *Cahn*, ZHR 162 (1998), 1, 12; *Schneider/Burgard*, ZIP 1999, 381, 387.

Diese Sicht eröffnet bei interessengeleiteten Bewertungen keine Strafbarkeitslücke, da Scalping-Handlungen als Marktmanipulation strafbar sind. Einen wirksamen Schutz bieten § 119 Abs. 3 Nr. 1 WpHG i.V.m. Art. 14 lit. a MAR im Übrigen ohnehin nicht, weil der Nachweis, dass der Scalper die Empfehlungsabsicht schon bei dem Erwerb der Aktien hatte, in der Praxis kaum zu erbringen sein wird.

Die Strafbarkeit des P wegen Insiderhandels scheidet somit aus, weil es sich bei der Empfehlungsabsicht nicht um eine Insiderinformation handelt.

b) §§ 119 Abs. 1 Nr. 1, 120 Abs. 15 Nr. 2 WpHG i.V.m. Art. 15 MAR

98 P könnte aber durch die Empfehlung eine Marktmanipulation nach Art. 15 MAR begangen haben.
Die Aktien der Inter-Nett AG sind als übertragbare Wertpapiere **Finanzinstrumente** i.S.d. Art. 3 Abs. 1 Nr. 1 MAR (Rn. 42).

99 Das Scalping ist ein verbindlicher Anwendungsfall nach **Art. 12 Abs. 2 lit. d MAR** und gilt damit als Marktmanipulation. Auf den ersten Blick scheint P die Voraussetzungen der Vorschrift erfüllt zu haben. Er hatte regelmäßigen Zugang zu der Zeitschrift, einem traditionellen Medium, war vor seiner Empfehlung Positionen bei den Aktien der Inter-Nett AG eingegangen, gab eine Stellungnahme zu diesem Finanzinstrument ab, ohne der Öffentlichkeit gleichzeitig den Interessenkonflikt mitzuteilen und zog durch den Verkauf der Aktien nach der bewirkten Kurssteigerung Nutzen aus seiner Empfehlung. Fraglich ist allerdings, ob Art. 12 Abs. 2 lit. d MAR auch für eine „falsche", d.h. nicht auf Tatsachen gegründete Empfehlung gilt. Bei systematischer Auslegung kann Art. 12 Abs. 2 lit. d MAR nur vertretbare Empfehlungen erfassen[269], weil ein täuschendes Verhalten eine Manipulationshandlung nach Art. 12 Abs. 1 lit. b MAR darstellt, ohne dass der Täter einen Nutzen daraus ziehen muss, Art. 12 Abs. 2 lit. d MAR deshalb leer liefe.

P hat keine Marktmanipulationshandlung nach Art. 12 Abs. 2 lit. d MAR vorgenommen.

100 Sein Verhalten könnte allerdings die Voraussetzungen der – abstrakt beschriebenen – Marktmanipulationshandlung durch Vornahme einer *sonstigen Täuschungshandlung* gem. **Art. 12 Abs. 1 lit. b MAR** erfüllen. Danach nimmt eine Marktmanipulationshandlung vor, wer ein Geschäft abschließt, einen Handelsauftrag erteilt oder eine sonstige Tätigkeit oder Handlung vornimmt, die unter Vorspiegelung falscher Tatsachen oder unter Verwendung sonstiger Kunstgriffe oder Formen der Täuschung den Preis eines oder mehrerer Finanzinstrumente (oder anderer Tatobjekte) beeinflusst oder hierzu geeignet ist.

101 Eine **Vorspiegelung falscher Tatsachen**, also eine Täuschung über Tatsachen, scheint jedoch auszuscheiden, weil P lediglich ein Werturteil abgab. Zum allgemeinen Betrugstatbestand (§ 263 StGB) wird jedoch vertreten, dass ausnahmsweise auch Werturteile als Tatsachen zu behandeln sind, und zwar dann, wenn der Erklärende eine *besondere Fachkompetenz besitzt oder vortäuscht und der Erklärungs-*

---

[269] **A.A.** *Mülbert*, in: A/S/M, Art. 12 VO (EU) 596/2014 Rn. 247; ebenso *Kämpfer/Travers*, in: BeckOK-WpHG, § 119 Rn. 94, und *Vollmerhausen*, wistra 2020, 486, 490, die „auch" eine gerechtfertigte Empfehlung als tatbestandsmäßig betrachten.

empfänger keine Möglichkeit eigener Beurteilung hat[270]. Im Ergebnis trifft diese Sicht zu, allerdings nicht deshalb, weil ein solches Werturteil per se eine Tatsache wäre, sondern weil sie zum Ausdruck bringt, der die Meinung Äußernde sei von der Richtigkeit seiner Aussage überzeugt. Es handelt sich also um eine **innere Tatsache**[271]. Diese Sicht ist auf die Marktmanipulation übertragbar. Diese Auslegung stützt der gem. Art. 12 Abs. 3 MAR erlassene Indikator in Anhang I B. MAR und dessen Präzisierung nach Artt. 12 Abs. 5, 35 MAR i.V.m. Art. 4 Nr. 2, Anhang II Abschnitt 2 Nr. 2 lit. a Delegierte Verordnung (EU) 2016/522 (Rn. 84).

Indem P die Aktien der Inter-Nett AG gegen seine Überzeugung als gute Kapitalanlage empfahl, täuschte er somit über seine persönliche Einschätzung, handelte mithin unter Vorspiegelung falscher Tatsachen. Es liegt also eine sonstige Täuschungshandlung i.S.d. Art. 12 Abs. 1 lit. b MAR – in Form einer **informationsgestützten** Marktmanipulationshandlung – vor.

Die Abgabe der Kaufempfehlung ohne Offenlegung der eingegangenen Position an dem empfohlenen Finanzinstrument ließe sich zwar ebenfalls als sonstige Täuschungshandlung verstehen, weil die Empfehlung den mit der Wirklichkeit nicht übereinstimmenden Eindruck erweckt, nicht mit dem sachfremden Ziel der Beeinflussung des Kurses zu eigennützigen Zwecken bemakelt zu sein (Art. 20 Abs. 1 MAR)[272]. Die bloße Nichtoffenlegung dieses Interessenkonflikts erfüllt aber dennoch nicht die Voraussetzungen des Art. 12 Abs. 1 lit. b MAR, weil sonst Art. 12 Abs. 2 lit. d MAR, der eine Nutzenziehung erfordert, die Art. 12 Abs. 1 lit. b MAR nicht voraussetzt, überflüssig wäre. Art. 12 Abs. 2 lit. d MAR besitzt insofern eine „Sperrwirkung". Die Nichtoffenlegung des Interessenkonflikts ist deshalb nur – unselbstständiger – Bestandteil der Täuschung durch die unrichtige Bewertung.

102

§ 119 Abs. 1 Nr. 1 WpHG verlangt den Eintritt eines **Taterfolges**, und zwar die Einwirkung auf den Börsen- oder Marktpreis des Finanzinstrumentes. Bezugspunkt ist der kurz vor der Manipulation an der Börse notierte Preis, selbst wenn dieser selbst Ergebnis einer Manipulation war[273]. Die Manipulation muss **ursächlich** für den Preis werden[274]. In der Regel wird dies der Fall sein, wenn er aufgrund der Manipulation steigt oder fällt. Denkbar ist es aber auch, dass der Preis im Wesentlichen unverändert bleibt, er sich ohne die unrichtigen Angaben jedoch nach oben oder unten bewegt hätte. Der Nachweis der Einwirkung bereitet in der Praxis allerdings erhebliche Schwierigkeiten, da der Preis von zahlreichen Umständen abhängt, sodass es häufig nicht möglich sein wird, eine tatsächlich eingetretene Veränderung auf die Manipulation zurückzuführen[275].

103

P wirkte auf den Börsenpreis der Aktien ein, sodass der Taterfolg des § 119 Abs. 1 Nr. 1 WpHG vorliegt. Er handelte zudem vorsätzlich, rechtswidrig und schuldhaft.

---

[270] BGH, NJW 1981, 2132; *Graul*, JZ 1995, 595 ff.; *Hoyer*, in: SK, § 263 StGB Rn. 15.
[271] OLG Stuttgart, JZ 1979, 575 f.; *Mitsch*, BT 2, S. 261; *Momsen*, in: M/S/M/H/M, § 41 Rn. 29 ff.
[272] Vgl. BGHSt 48, 373, 383 ff.; BGH, NJW 2014, 1896, 1900; *Trüg*, in: NK-WSS, § 38 WpHG Rn. 90.
[273] BGH, NStZ 2021, 749 Rn. 6, m. zust. Anm. *Trüg*.
[274] BGHSt 59, 80, Rn. 18; BGH, wistra 2019, 152, Rn. 17.
[275] Nach Auffassung des BGH können jedoch Vergleiche von bisherigem Kursverlauf und Umsatz, die Kurs- und Umsatzentwicklung der betreffenden Aktie vor und nach der Manipulation sowie die vorgenommenen Ordergrößen Indizien für eine Kurseinwirkung darstellen, BGHSt 59, 105, Rn. 42; BGH, wistra 2019, 152, Rn. 17.

103a Hat der Täter – wie hier – durch die Manipulation eine Wertsteigerung der von ihm gehaltenen Aktien bewirkt, so unterliegt der Vermögenszufluss in Form des in Folge der Manipulation höheren Wertes der Aktien der **Einziehung** nach §§ 73 ff. StGB; auf den Erlös aus dem nachfolgenden Verkauf der Aktien kann nicht abgestellt werden, da es insofern an dem erforderlichen Kausalzusammenhang mit der rechtswidrigen Tat fehlt, weil dieser Vermögenszufluss erst durch den nicht tatbestandlichen Aktienverkauf vermittelt wird[276] (siehe auch Rn. 1115 f.).

c) § 263 StGB

104 P könnte zudem einen Betrug zum Nachteil der Anleger, die aufgrund seiner Empfehlung Aktien der Inter-Nett AG zu einem über dem „Ausgangspreis" von 35 € pro Aktie erwerben, begangen haben.
Die Täuschung über die innere Tatsache der Überzeugung von der Richtigkeit der Empfehlung der Aktien der Inter-Nett AG ist – wie dargelegt – zugleich eine **taugliche Tathandlung des allgemeinen Betrugstatbestandes**. Die Anleger, die im Vertrauen auf die Bewertung des P Aktien der Gesellschaft erwarben, nahmen eine irrtumsbedingte Vermögensverfügung vor.

105 Fraglich ist, ob die Anleger einen **Schaden** erlitten. Dieser ist durch einen Vergleich des Vermögens vor und – unmittelbar – nach der Vermögensverfügung zu ermitteln[277]. Ist ein Austauschgeschäft wirtschaftlich ausgeglichen, weil dem Getäuschten eine Gegenleistung zufließt, die dem Wert seiner Leistung entspricht, so scheidet ein Schaden aus. Bei dem Abschluss eines Kaufvertrages über Wertpapiere ist der Vermögensvergleich für den Zeitpunkt des Vertragsschlusses vorzunehmen. Bei an der Börse gehandelten Aktien ist – jedenfalls grundsätzlich – auf den Börsenkurs abzustellen. Da die Anleger die Aktien zu dem bei Vornahme des Geschäfts geltenden Börsenkurs erwarben, scheint der Wert der Gegenleistung, also des Anspruchs auf Übereignung der Aktien, dem Wert der Leistung, der Verpflichtung zur Zahlung des Kaufpreises zu entsprechen.

106 Nach Auffassung des BGH soll der Börsenpreis jedoch dann nicht maßgeblich sein, wenn er manipuliert ist, aufgrund einer Marktenge der einzelne außenstehende Aktionär nicht in der Lage ist, seine Aktien zum Börsenpreis zu veräußern oder über einen längeren Zeitraum mit Aktien der Gesellschaft praktisch kein Handel stattgefunden hat[278]. Dem ist entgegenzuhalten, dass auch der durch die Anlageempfehlung manipulierte Preis ein i.S.d. § 24 Abs. 2 S. 1 BörsG „ordnungsgemäß" zustande gekommener und der „wirklichen Marktlage des Börsenhandels" entsprechender Börsenkurs ist. Das ist der Fall, wenn der Kurs in dem vorgegebenen förmlichen Verfahren entstanden ist und das tatsächliche Marktgeschehen wiedergibt[279]. Nach § 11 Abs. 1 S. 1 BewG ist zudem für die steuerrechtliche Bewertung eines Wertpapiers

---

[276] BGH, NJW 2021, 1252, Rn. 5, m. Anm. *Boerger*, NStZ 2021, 360 f.
[277] BGHSt 16, 220, 221; BayObLG, NStZ 1994, 193; Krey/*Hellmann*/Heinrich, BT 2, Rn. 669 ff.; *Tiedemann*, in: LK[12], § 263 StGB Rn. 161 f.
[278] BGH, wistra 2019, 152, Rn. 12, unter Berufung auf BGH (Z) 147, 108, 116. Ebenso *Schröder/Poller*, HdB, 3. Kap. Rn. 610 ff.; *Zieschang*, in: Park, Teil 3 Kap. 4.1 Rn. 153.
[279] *Groß*, in: E/B/J/S, § 24 BörsG Rn. 7 f.

der niedrigste am Stichtag im regulierten Markt notierte Kurs maßgeblich. Bei der gebotenen wirtschaftlichen Betrachtung, die ansonsten vom BGH zu Recht befürwortet wird[280], besitzen an der Börse gehandelte Aktien den Wert, der in ihrem Kurs im Zeitpunkt der Transaktion entspricht. Es würde befremdlich anmuten, einen Schaden des Anlegers anzunehmen, wenn er die Aktie, die er zu einem durch die Manipulation beeinflussten Kurs erworben hat, kurz darauf zu einem höheren Preis wieder veräußert. Eine Ersetzung des Marktpreises durch den „wahren" Wert einer Aktie scheidet – jedenfalls faktisch – aus, da keine Kriterien für dessen Ermittlung vorhanden sind[281]. Bei welchem Kurs die Inter-Nett-Aktien „richtig" bewertet wären, lässt sich nicht feststellen. Gerade wegen der Unmöglichkeit, einen individuellen Schaden bei einer Manipulation des Börsen- bzw. Marktpreises festzustellen, bedarf es eines Tatbestandes – wie der verbotenen Marktmanipulation –, der schon die täuschende Manipulation des Preises unter Strafe stellt.

Dagegen sprechen die §§ 97, 98 WpHG, die einen Schadensersatzanspruch wegen unterlassener unverzüglicher Veröffentlichung von Insiderinformationen bzw. wegen Veröffentlichung unwahrer Insiderinformationen vorsehen, nur scheinbar. Ein Schaden des Anlegers soll danach vorliegen, wenn er in Unkenntnis der Insiderinformation bzw. wegen der unwahren Information ein Finanzinstrument „zu teuer" ge- oder „zu billig" verkauft hat[282]. Die Vorschriften bezwecken nicht, einen echten Schaden auszugleichen, sondern den „Anleger ... so zu stellen, als ob der Emittent seine Pflichten erfüllt hätte"[283]. Der Einfügung der §§ 97, 98 WpHG hätte es nicht bedurft, wenn bereits nach allgemeinen Kriterien ein Schaden vorliegen würde. **107**

Ein Betrug des P würde im Übrigen auch ausscheiden, wenn man einen Schaden der Anleger annehmen würde, denn es würde die „Stoffgleichheit" des Schadens der Anleger, die im Vertrauen auf die Empfehlung des P Aktien erwarben, und der von P angestrebten Bereicherung fehlen. Eine mittelbare Begünstigung des P durch den Anstieg des Aktienkurses reicht dafür nicht aus, da der Vorteil des P nicht die Kehrseite des Schadens der Anleger ist[284]. **108**

P hat sich deshalb nicht wegen Betruges strafbar gemacht.

Ergänzender Hinweis:

Umstritten ist, ob Marktmanipulation auch durch **Unterlassen** begangen werden kann[285], obwohl die Manipulationshandlungen als positives Tun formuliert sind. Ein Teil der Literatur[286] beschränkt die Marktmanipulation – unter Berufung auf **Art. 2** **109**

---

[280] Siehe nur BGHSt 2, 364; 8, 254, 256; BGH, NStZ-RR 1999, 184, 185 f.
[281] A.A. *Schröder/Poller*, HdB, 3. Kap. Rn. 616 ff., die es – mit großem Aufwand – für möglich halten, einen Schaden zu ermitteln, der in der Differenz zwischen dem manipulierten Preis und dem Preis, der sich ohne die Täuschung gebildet hätte, bestehe.
[282] So die Begründung zur Einfügung der Vorschriften durch das 4. FFG, BT-Drs. 14/8017, 93, 94.
[283] BT-Drs. 14/8017, 93, 94.
[284] Siehe auch *Zieschang*, in: Park, Teil 3 Kap. 4.1 Rn. 154 f.
[285] Zu § 20a Abs. 1 Nr. 1 Alt. 2 WpHG a.F. siehe die 4. Aufl. dieses Lehrbuchs, Rn. 80 ff.
[286] *Nietsch*, WM 2020, 717, 722 ff.; *Park/Wagner*, wistra 2019, 306, 307; *Sajnovits/Wagner*, WM 2017, 1189, 1191 ff., 1198 f.; *Saliger*, in: Park, Teil 3 Kap. 6.1. Rn. 277; *Schladitz*, wistra 2022, 133, 139 ff.

Abs. 4 MAR – auf aktives Tun. Die Gegenauffassung[287] stützt die Möglichkeit der Tatbegehung durch Unterlassen, ohne dass es eines Rückgriffs auf § 13 StGB bedürfte, ebenfalls auf diese Vorschrift. Nach zutreffender Meinung[288] ist eine Marktmanipulation durch Unterlassen unter Heranziehung des § 13 StGB möglich (**unechtes Unterlassungsdelikt**). Aus Art. 2 Abs. 4 MAR lässt sich eine Beschränkung der Marktmanipulation auf aktive Handlungen nicht mit der Begründung herleiten, Art. 12 MAR bezeichne nur „folgende Handlungen" als Marktmanipulationen und differenziere – anders als Art. 2 Abs. 4 MAR – gerade nicht zwischen Handlungen und Unterlassungen. Eine generelle Gleichstellung von aktivem Tun und Unterlassen lässt sich allerdings ebenfalls nicht aus Art. 2 Abs. 4 MAR herleiten, denn es handelt sich nicht um eine „Gleichstellungsklausel", sondern lediglich um eine Regelung des räumlichen Anwendungsbereichs[289].

110 Der Unterlassungstäter muss somit eine Garantenstellung innehaben. Eine solche kann sich etwa aus Informationspflichten (z.B. Ad-hoc-Publizität, Art. 17 MAR, Directors´ Dealing, Art. 19 MAR) ergeben. Bei der Bestimmung der Garantenstellung lassen sich drei Informationspflicht-Fallgruppen unterscheiden, und zwar die Berichtigungspflicht-, Aktualisierungspflicht- und Verhinderungspflicht-Fälle[290].

Fall 6: – *Handelsgestützte Marktmanipulationshandlungen; „Cornering"?* –

111 Kilian Lange (L) war Vorstandsmitglied der Transschnell AG, die Hochgeschwindigkeitszüge herstellt. Der Vorstand beschloss, die börsennotierte Stahlfix AG feindlich zu übernehmen, d.h. die Mehrheit der Aktien aufzukaufen. L bot im Januar 2023 eine größere Zahl Aktien der Stahlfix AG an, die er gar nicht besaß. Weil andere Anleger daraufhin ebenfalls ihre Aktien verkauften, sank – wie von L beabsichtigt – der Kurs. Claus Clever (C) durchschaute die Taktik des L und kaufte – ebenfalls in erheblichem Umfang – Aktien der Stahlfix AG. Dies trieb den Preis wieder in die Höhe. L, der seiner Verkaufsverpflichtung nach zwei Tagen nachkommen musste, war gezwungen, die von ihm veräußerte Anzahl von Aktien der Stahlfix-AG im Wesentlichen bei C zu dem von diesem festgesetzten höheren Preis einzukaufen.
Hat sich C wegen verbotener Marktmanipulation strafbar gemacht?

§§ 119 Abs. 1 Nr. 1, 120 Abs. 15 Nr. 2 WpHG i.V.m. Art. 15 MAR
Die von C betriebene Verengung des Marktes durch den Kauf aller am Markt leer angebotenen Wertpapiere (**cornering**) könnte eine Marktmanipulation i.S.d. Art. 15 MAR darstellen.

112 Die Aktien der Stahlfix AG sind als übertragbare Wertpapiere **Finanzinstrumente** i.S.d. Art. 3 Abs. 1 Nr. 1 MAR (Rn. 42).

113 Die Entfaltung einer bestimmten Markttätigkeit mit dem Ziel, auf den Börsen- oder Marktpreis einzuwirken, ist keineswegs generell unzulässig oder strafbar. Das erschwert die Abgrenzung – strafbarer – verbotener handelsgestützter Marktmanipu-

---

[287] *Kudlich*, AG 2016, 459, 462.
[288] *Böse*, wistra 2018, 22 ff.; *Buck-Heeb*, Rn. 668; *Hohn*, in: M/G, § 21 Rn. 124; *Richter*, WM 2017, 1636 ff.; *Rückert*, NStZ 2020, 391 f.; *Schmolke*, in: Klöhn, Art. 12 Rn. 40.
[289] Ebenso *Poelzig*, NZG 2016, 528, 530.
[290] Kategorisierung nach *Stage*, Rn. 429 ff., mit näheren Ausführungen.

lationen von zulässigem Marktverhalten. Üblicherweise werden nach den verschiedenen wirtschaftlichen Auswirkungen zwei Kategorien manipulativer Geschäftstätigkeit[291] unterschieden:

Als **fiktive Transaktionen** werden Geschäfte bezeichnet, die so gestaltet sind, dass es zu keinem Wechsel des wirtschaftlichen Eigentümers kommt, weil der oder die Beteiligten das Geschäft nicht effektiv durch Lieferung oder Abnahme des Finanzinstrumentes erfüllen müssen bzw. ein Ausgleich auf andere Weise erfolgt[292]. Der Manipulant trägt somit kein wirtschaftliches Risiko. Diese Geschäfte werden zwar an der Börse tatsächlich durchgeführt, weshalb die bisweilen verwendete Bezeichnung als „Scheingeschäfte" missverständlich ist[293]. „Fiktiv" sind diese Geschäfte aber wegen des Fehlens der wirtschaftlichen Konsequenzen. Zu dieser Kategorie gehören z.B. die **wash sales**, bei denen Käufer und Verkäufer des Finanzinstrumentes – zumindest wirtschaftlich – identisch sind[294], die sog. **matched orders,** an denen zwar wirtschaftlich verschiedene Eigentümer beteiligt sind, Käufer und Verkäufer aber bereits vorher korrespondierende gegenläufige Orders abgegeben haben, sodass es de facto nicht zu einem Eigentümerwechsel kommt, und das sog. **circular trading**, bei dem in einer Kette von Marktteilnehmern durch eine Aneinanderreihung von Transaktionen Finanzinstrumente zirkulär gehandelt werden. Es handelt sich also nicht um eine „reguläre" Marktteilnahme.

Effektive Transaktionen führen zwar zu einem Wechsel des wirtschaftlichen Eigentümers und dem Übergang des Anlagerisikos. Die Handelstätigkeit ist aber so gestaltet, dass sie besondere Auswirkungen auf den Börsenkurs bzw. den Preis entfaltet. Zudem vermitteln solche Geschäfte den übrigen Marktteilnehmern zumeist den Eindruck, dass eine erhöhte Marktaktivität besteht, die zur Grundlage der eigenen Anlageentscheidung gemacht wird[295]. Diese Folgen haben z.B. **abgesprochene Handelsaktionen** und **Rückkäufe eigener Aktien durch den Emittenten** zu einem Kaufpreis, der erheblich über dem gegenwärtigen Börsenpreis liegt.

Nach **Art. 12 Abs. 2 lit. a MAR** gilt das Cornering als Marktmanipulationshandlung.[296] C sicherte sich durch den Kauf der Aktien der Stahlfix AG in erheblichem Umfang eine marktbeherrschende Stellung. Dadurch war C in der Lage, den Verkaufspreis der Stahlfix-Aktien zu bestimmen. **114**

Der erforderliche Taterfolg – Einwirkung auf den Börsenpreis der Aktien – trat ein. C handelte vorsätzlich, rechtswidrig und schuldhaft, sodass er sich wegen Marktmanipulation strafbar gemacht hat. **115**

---

[291] Näher zu den „Manipulationstechniken" *Schmolke*, in: Klöhn, Vor Art. 12 Rn. 16 ff.; *Schröder/Poller*, HdB, 3. Kap. Rn. 374 ff.
[292] *Eichelberger*, WM 2007, 2046, 2047; *Schröder/Poller*, HdB, 3. Kap. Rn. 375.
[293] *Sorgenfrei*, wistra 2002, 321, 328.
[294] *Altendorfer*, in: Aicher/Kalss/Oppitz, Grundfragen des neuen Börsenrechts, 1998, S. 215; *Hohn*, in: M/G, § 21 Rn. 163.
[295] *Eichelberger*, WM 2007, 2046, 2047.
[296] *Buck-Heeb*, Rn. 650; *Hohn*, in: M/G, § 21 Rn. 174 ff.; *Schmolke*, in: Klöhn, Art. 12 Rn. 312 ff. Zur Rechtslage vor dem 1. FiMaNoG, siehe 4. Auflage dieses Lehrbuchs Rn. 98 ff.; *Theile*, in: E/R/S/T, § 38 WpHG a.F. Rn. 204.

IV. Verleitung zu Börsenspekulationsgeschäften (§§ 49, 26 BörsG)

116 Der Straftatbestand des Verleitens zur Börsenspekulation verwendet eine Verweisungstechnik. Das Strafblankett findet sich in § 49 BörsG, das Verbot in § 26 BörsG.

Fall 7: – *Begriff des Börsenspekulationsgeschäfts; Unerfahrenheit* –

117 Die Introtex AG hatte festverzinsliche Optionsanleihen zum Nennbetrag von 200 € ausgegeben und den Kapitalanlegern ein Optionsrecht auf Aktien zu 180 €, auszuüben am 01.02.2023, eingeräumt. Da der Aktienkurs auf 170 € gesunken war, wurden die von den Optionsschuldverschreibungen abtrennbaren Optionsscheine zu einem sehr geringen Preis gehandelt. Michael Klusmann (K), der bereits des Öfteren niedrig gehandelte Optionsscheine gewinnbringend an Privatpersonen veräußert hatte, kaufte 2000 Scheine. Er wendete sich an Walter Arndt (A), der bislang nur mit Aktien gehandelt, nicht aber an Börsenspekulationsgeschäften teilgenommen hatte. K schickte A eine Broschüre, in der vor den Risiken des Optionsscheinhandels gewarnt wurde. Dennoch kaufte A im Januar 2023 100 Optionsscheine zu einem Preis von 15 € pro Schein von K, weil dieser ihm in einem Telefonat versicherte, die Zeit für solche Geschäfte sei gerade günstig und deshalb ein überdurchschnittlich hoher Gewinn zu erwarten. Die Aktie stieg jedoch nicht wie von A erwartet auf 220 €, sondern der Kurs sank auf 150 €.

Hat sich K gem. § 49 i.V.m. § 26 BörsG strafbar gemacht?

a) Objektiver Tatbestand

Objektiv setzt der Tatbestand voraus, dass ein anderer unter Ausnutzung seiner Unerfahrenheit zu einem Börsenspekulationsgeschäft oder zur unmittelbaren oder mittelbaren Beteiligung an einem solchen Geschäft verleitet wird.

118 (1) § 26 Abs. 2 BörsG enthält zwar keine abschließende Definition des **Börsenspekulationsgeschäfts**[297], ein solches liegt aber „insbesondere" bei An- oder Verkaufsgeschäften mit aufgeschobener Lieferzeit vor, auch wenn sie außerhalb einer inländischen oder ausländischen Börse abgeschlossen werden (§ 26 Abs. 2 Nr. 1 BörsG), und bei Optionen auf solche Geschäfte (§ 26 Abs. 2 Nr. 2 BörsG). Da § 26 Abs. 1 BörsG die mittelbare Beteiligung an solchen Geschäften nennt, gilt die Vorschrift auch für den Erwerb von Anteilen an Investmentfonds, deren Anlageziel in der Teilnahme an Börsenspekulationsgeschäften besteht[298].

119 Unstreitig erfüllen **Finanztermingeschäfte** im Sinne des § 99 S. 2 WpHG[299], d.h. die in § 2 Abs. 3 WpHG aufgeführten derivativen Geschäfte und Optionsscheine, also Geschäfte, die darauf gerichtet sind, aus intertemporären Preisunterschieden Gewinn zu erzielen[300], die Voraussetzungen eines Börsenspekulationsgeschäfts.

Nach h.M. ist ein Finanztermingeschäft ein Geschäft mit hinausgeschobener Erfüllung, das zu standardisierten Vertragsbedingungen über Wertpapiere, Devisen oder

---

[297] *Ambrosio*, in: M-G, Kap. 68 Rn. 116; *Bröker*, in: MüKo³, § 49 BörsG Rn. 9; *Gehrmann/Zacharias*, WiJ 2012, 89, 90; *Kumpan*, in: KMRK, § 26 BörsG Rn. 2; *Waßmer*, in: G/J/W, § 26 BörsG Rn. 11. Zu Erscheinungsformen von Börsenspekulationsgeschäften *Park*, in: Park, Teil 3 Kap. 6.3. Rn. 11 ff.
[298] *Hagemann*, „Grauer Kapitalmarkt" und Strafrecht, 2005, 397 f.
[299] I.d.F. 2. FiMaNoG (03.01.2018).
[300] *Möhrenschlager*, wistra 1983, 17, 20; *Park*, in: Park, Kap. 6.3 Rn. 13; *Worms*, in: A/S/B, § 9 Rn. 12.

vertretbare Waren geschlossen wird und zu einem Terminmarkt in Beziehung steht, der es ermöglicht, ein Gegengeschäft abzuschließen[301].

Die Ausführung eines Gegengeschäfts wird als „*glattstellen*" bezeichnet. Da derjenige, der eine *Kauf*verpflichtung eingegangen ist, den Gegenstand in der Regel gar nicht erlangen, sondern ihn zu dem vereinbarten Liefertermin mit Gewinn weiterveräußern will, ist er bestrebt, seine Kaufverpflichtung durch Eingehen einer Verkaufsverpflichtung zu einem Preis, der über dem von ihm zu zahlenden Kaufpreis liegt, auszugleichen. Das spekulative Element besteht darin, dass die zukünftige Preisentwicklung ungewiss ist. Ist der Börsenkurs am Liefertermin höher als der bei Abschluss der Kaufverpflichtung vereinbarte Preis, kann der Käufer den Gegenstand mit Gewinn weiterverkaufen, liegt der Kurs unter jenem Preis, erleidet der „Terminkäufer" einen Verlust. Der Halter einer *Verkaufs*verpflichtung muss einen entsprechenden Deckungskauf tätigen, der ihm einen Gewinn bringt, wenn der Tageskurs unter dem in dem Termingeschäft vereinbarten Preis liegt. Ist der Kurs höher, kann er seine Verkaufsverpflichtung nur mit einem finanziellen Verlust erfüllen (zu Warentermingeschäften siehe auch Rn. 155).

Im Gegensatz zum Termingeschäft, das eine – zukünftige – Verpflichtung zum Kauf oder Verkauf eines Gegenstandes begründet, verschafft das **Optionsgeschäft** dem Inhaber der Option lediglich das Recht, einen Gegenstand von einem anderen, dem sog. Stillhalter, in einem bestimmten Zeitraum zu einem schon bei dem Erwerb der Option festgelegten Preis zu kaufen (sog. **Call-Option**) oder an ihn zu verkaufen (sog. **Put-Option**)[302]. Für dieses Recht zahlt der Inhaber der Option dem Stillhalter bei Abschluss des Optionsgeschäfts eine Prämie (z.B. in Höhe von 10 % des Betrages des Terminkontraktwertes). Diese ist auf jeden Fall „verloren", da sie nicht auf den Kauf- oder Verkaufspreis angerechnet wird. Einen Gewinn bringt das Optionsgeschäft dem Inhaber einer Call-Option deshalb erst, wenn er den Gegenstand im Zeitpunkt der Ausübung der Option zu einem Preis verkaufen kann, der mindestens um den Betrag der Prämie höher ist als der in dem Optionsgeschäft vereinbarte Preis. Eine Put-Option ist für den Inhaber der Option nur profitabel, wenn der Tageskurs mindestens um den Betrag der Prämie niedriger ist. Die Gewinnaussichten des Optionsgeschäfts sind somit geringer als bei einem Termingeschäft, da die Prämie durch entsprechende Kursveränderungen erst „erwirtschaftet" werden muss. Dafür ist das Verlustrisiko auf die geleistete Prämie beschränkt, da der Inhaber der Option auf deren Ausübung verzichten kann, wenn bei Vornahme des Termingeschäfts ein Verlust einträte, der über dem Betrag der Prämie liegt.

120

Zum Teil[303] wird behauptet, Optionsgeschäfte seien keine Finanztermingeschäfte, weil die beiderseitigen Leistungen, also Zahlung der Optionsprämie und Einräumung des Optionsrechts, nicht an einen späteren Termin gebunden, sondern sofort fällig seien. Dem ist jedoch mit der h.M.[304] entgegenzuhalten, dass die Hauptleis-

121

---

[301] BGHZ 160, 50; 54; 92, 317, 320; BGH, ZIP 1991, 714, 715; *Horn*, ZIP 1990, 2, 9; *Schröder*, HdB, 7. Kap. Rn. 38; *Schwintowski*, ZIP 1988, 1021, 1022.
[302] *Horn*, ZIP 1990, 2, 10; *Trüg*, in: HWSt, 10. Teil 2. Kap. Rn 170 ff.
[303] OLG Köln, ZIP 1983, 923, 924; *Ebenroth/Einsele*, ZIP 1988, 205, 210.
[304] BGHZ 92, 317, 321; *Schröder*, S. 84; *Schwark*, Jura 1985, 403, 406.

tungspflicht des Stillhalters erst zu einem späteren Zeitpunkt – nach Ausübung der Option – zu erfüllen ist, die Bedingungen des Vertrages aber bereits bei Abschluss des Optionsvertrages verbindlich festgelegt sind. Deshalb handelt es sich um ein Geschäft mit aufgeschobener Erfüllung und damit um ein Börsenspekulationsgeschäft im Sinne des § 26 Abs. 2 BörsG. Hinzu kommt, dass § 26 Abs. 2 Nr. 2 BörsG ausdrücklich Optionen auf Geschäfte, die nach § 26 Abs. 2 Nr. 1 BörsG Börsenspekulationsgeschäfte sind, in den Anwendungsbereich der Vorschrift einbezieht. Wenn das „Direktgeschäft" ein Börsenspekulationsgeschäft darstellt, gilt das somit auch für das darauf bezogene Optionsgeschäft.

122 Strittig ist zudem, ob der Handel mit **Optionsscheinen** unter §§ 49, 26 BörsG fällt. Die „klassische" Variante des Optionsscheins findet ihre Grundlage in § 221 AktG. Danach dürfen Aktiengesellschaften Wandelschuldverschreibungen ausgeben, die ein Umtausch- oder Bezugsrecht auf Aktien einräumen. Diese Schuldverschreibung wird mit einem Satz unterhalb des Marktzinses verzinst; als Ausgleich erhält der Kapitalanleger jedoch das Recht, in einem bestimmten Zeitraum Aktien der Gesellschaft zu einem festgelegten Preis zu beziehen[305]. Der spekulative Charakter ergibt sich daraus, dass der Zeichner der Schuldverschreibung nur dann den erstrebten Gewinn realisieren kann, wenn der Kurs der Aktie bei Ausübung des Bezugsrechts über dem vereinbarten Preis liegt. Der Inhaber einer Wandelschuldverschreibung kann den Optionsschein allerdings nicht gesondert, also nicht ohne die Darlehensforderung verkaufen. Bei Optionsschuldverschreibungen ist dies dagegen möglich, deshalb werden die Optionsscheine selbstständig an der Börse gehandelt.
Heute wird eine große Zahl weiterer Optionsscheinsvarianten angeboten[306], z.B. sog. *naked warrents*, das sind Optionsscheine, die nicht an eine Optionsanleihe gebunden sind, und sog. *turbo warrents*, die sich auf Devisen oder Aktienindizes bestimmter Börsen beziehen oder zum Bezug von Optionsscheinen berechtigen.
Nach Ansicht des BGH in Zivilsachen[307] und der wohl h.M. in der zivilrechtlichen Literatur[308] ist der Handel mit Optionsscheinen kein Finanztermin-, sondern ein *Kassageschäft*, da Leistung und Gegenleistung sogleich ausgetauscht werden. Im Verhältnis des Verkäufers zum Käufer des Optionsscheins sei es unerheblich, dass der Käufer des Optionsscheins zu einem späteren Zeitpunkt von der emittierenden Gesellschaft Aktien beziehen könne.

123 Für die strafrechtliche Beurteilung ist diese Sicht aber unerheblich, da entgegen einer in der Literatur[309] vertretenen Meinung § 26 BörsG nicht nur für Finanztermingeschäfte und darauf gerichtete Optionen gilt, denn § 26 Abs. 2 BörsG nennt diese nur beispielhaft („insbesondere"), sodass auch andere Geschäfte mit einem vergleichbaren Risiko für den Anleger der Vorschrift unterfallen[310]. Deshalb können auch Kassageschäfte, denen die Gefahr eines Totalverlustes innewohnt, Börsenspekulations-

---

[305] BGHZ 114, 177, 180; *Schwark*, WM 1988, 922; *Schwintowski*, ZIP 1988, 1021, 1024.
[306] Näher hierzu *Schröder*, HdB, 7. Kap. Rn. 58 ff.
[307] BGHZ 114, 177, 179; 133, 200, 206.
[308] *Schwark*, WM 1988, 923, 929; *Schwintowski*, ZIP 1988, 1021, 1025.
[309] *Joecks*, wistra 1986, 142, 149.
[310] Grundlegend *Schröder*, S. 90 ff.

geschäfte sein³¹¹. Das ist bei Geschäften mit Optionsscheinen dann der Fall, wenn der aktuelle Kurs der Aktie (bzw. Devise usw.) unter dem im Optionsschein verbrieften Bezugspreis des Gegenstandes notiert ist und die Restlaufzeit des Optionsscheins im Zeitpunkt des Kaufs die maximalen Laufzeiten von Optionen an der Terminbörse nicht überschreitet³¹².

Somit handelt es sich bei dem Verkauf der Optionsscheine der Introtex AG durch K um ein Börsenspekulationsgeschäft im Sinne des § 26 BörsG, da wegen der kurzen Restlaufzeit des Optionsscheins nicht zu erwarten war, dass der Börsenkurs der Aktien erheblich steigen würde und A die Option gewinnbringend ausüben könnte. **124**

Tatsächlich erlitt A dann auch einen Totalverlust, der nur dann nicht eingetreten wäre, wenn der Kurs der Aktie am 01.02.2023 über 180 € betragen hätte. Gewinn hätte A erst ab einen Kurs über 195 € gemacht (festgelegter Kaufpreis in Höhe von 180 € zuzüglich der gezahlten Prämie in Höhe von 15 €). Bei einem Kurs zwischen 180,01 € und 195 € wäre ein Teil der Prämie verloren (siehe auch Rn. 156).

(2) K müsste A zu diesem Geschäft **verleitet** haben. **125**
Die h.M.³¹³ versteht darunter das Bestimmen zu dem Geschäft durch Willensbeeinflussung im Sinne der Anstiftung (§ 26 StGB), also das Hervorrufen des Entschlusses zum Eingehen des Geschäfts. Danach wäre auch die Täuschung des Anlegers, die diesen zum Abschluss eines Börsenspekulationsgeschäfts bewegt, erfasst. Das Merkmal des Verleitens in §§ 49, 26 BörsG ist jedoch unter Berücksichtigung des **Schutzzwecks** dieser Vorschriften auszulegen. Sie wollen den Kapitalanleger vor den typischen, *wirklichen* Risiken des Börsenspekulationsgeschäfts schützen, die er *aufgrund seiner Unerfahrenheit* nicht einschätzen kann. Schutzgut ist also das Vermögen der Anleger³¹⁴. Der Entschluss des Anlegers, in diese Geschäfte zu investieren, muss folglich auf seiner Unerfahrenheit beruhen. Das ist zu verneinen, wenn der Täter die Anlageentscheidung durch eine Täuschung des Anlegers hervorruft. Dem Schutz des – erfahrenen und unerfahrenen – Kapitalanlegers bzw. des Kapitalmarkts vor Täuschungen bei Anlagegeschäften dienen andere Straftatbestände, insbesondere §§ 263, 264a StGB, §§ 119 Abs. 1, 120 Abs. 2 Nr. 3, Abs. 15 Nr. 2 WpHG i.V.m. Art. 15 MAR. Täuscht der Täter den Anleger, so nutzt er den von ihm hervorgerufenen Irrtum aus, nicht dagegen die Unerfahrenheit des Anlegers, er verleitet ihn folglich nicht.

Dem kann nicht überzeugend entgegengehalten werden, ein erfahrener Anleger hätte die Täuschung, z.B. über die Gefahren des Börsenspekulationsgeschäfts, – möglicherweise – durchschaut und deshalb sei gerade auch die Unerfahrenheit des Getäuschten für den Abschluss ursächlich geworden. Täuschungen führen häufig nur bei gutgläubigen oder unerfahrenen Personen zu dem vom Täter erstrebten Erfolg. Das än-

---

[311] *Ambrosio*, in: M-G, Kap. 68 Rn. 68.118; *Schröder*, HdB, 7. Kap. Rn. 53; *Wehowsky*, in: E/K, B 155 § 49 BörsG Rn. 5; *Worms*, in: A/S/B, § 9 Rn. 13.
[312] *Trüg*, in: HWSt, 10. Teil 2. Kap. Rn. 192.
[313] OLG Düsseldorf, ZIP 1989, 220, 225; *Gehrmann/Zacharias*, WiJ 2012, 89, 91; *Kumpan*, in: KMRK, § 26 BörsG Rn. 15; *Park*, in: Park, Teil 3 Kap. 6.3. Rn. 35; *Wittig*, § 31 Rn. 7. Im Allgemeinen zum Begriff Verleiten *Ohde*, Die einheitliche Auslegung des Tatbestandsmerkmals „verleiten" in geltenden deutschen Straftatbeständen, 2017, S. 17 ff.
[314] H.M., statt vieler *Waßmer*, in: G/J/W, § 49 BörsG Rn. 3 m.w.N.

dert jedoch nichts daran, dass in diesen Fällen die Strafbarkeit des Verhaltens – allein – an die Täuschung anknüpft, zumal die (Mit-)Ursächlichkeit des Defizits auf Seiten des Opfers in der Regel nicht nachweisbar sein wird.

126 K täuschte A nicht über die Risiken des Optionsscheingeschäfts. Die Broschüre klärte zutreffend über die Risiken auf. Die Anpreisungen in dem anschließenden Telefonat enthielten keine unrichtigen Tatsachenbehauptungen, sondern beschränkten sich auf Vorhersagen und Werturteile ohne Tatsachenkern. K hat A somit zu dem Börsenspekulationsgeschäft verleitet.

127 (3) K müsste zudem die Unerfahrenheit des A ausgenutzt haben.
Unerfahrenheit ist anzunehmen, wenn der zu einem Börsenspekulationsgeschäft Verleitete infolge fehlender Einsicht die geschäftstypischen Risiken nicht abzuschätzen und deshalb die Tragweite solcher Unternehmungen nicht genügend zu übersehen vermag[315]. Die Aufklärung über die typischen Risiken des Börsenspekulationsgeschäfts schließt die Unerfahrenheit nicht zwingend aus, denn das Merkmal der Unerfahrenheit beschreibt nicht das Fehlen der Kenntnis dieser Gefahren, sondern den *Mangel an eigenen Erlebnissen und Erfahrungen* mit einem solchen Geschäft[316]. Die bloße Aushändigung einer Informationsbroschüre verschafft dem Anleger ebenfalls keine Erfahrung[317].
Selbst der Umstand, dass der Anleger bereits vorher ein **ähnliches Geschäft** getätigt und dabei einen Kapitalverlust erlitten hat, spricht nicht generell für die Einsicht in die Funktionsweise des konkreten Geschäfts[318]. Es kann sogar ein Indiz für die Unerfahrenheit des Anlegers sein, wenn er trotz eines vorangegangenen Totalverlustes ein ähnliches Geschäft erneut abschließt. Entscheidend ist, ob der Anleger aus dem Verlust die Einsicht gewonnen hat, dass dies typisch für ein solches Geschäft ist. Unerfahrenheit wird allerdings ausscheiden, wenn der Anleger bereits mehrfach solche Geschäfte getätigt hatte[319].

128 Der Begriff des Ausnutzens legt ein zielgerichtetes Verhalten nahe. **Ausnutzen** der Unerfahrenheit liegt nach zutreffender Ansicht nicht schon immer dann vor, wenn der Täter für den Willensentschluss des – unerfahrenen – Anlegers ursächlich wird, sondern erforderlich ist ein unlauteres Verhalten[320], das die mangelnde Erfahrung des Anlegers ins Kalkül zieht und als Mittel für den Abschluss benutzt.

129 Da K gezielt Privatanleger ansprach, weil er bei ihnen keine einschlägige Erfahrung mit Optionsscheingeschäften erwartete, und er A in dem Telefongespräch suggerierte, dass ein hoher Gewinn zu erzielen sei, nutzte er dessen Unerfahrenheit unlauter aus. Die Übersendung der Informationsbroschüre, die über die typischen Gefahren des Geschäfts informierte, beseitigte die Unerfahrenheit des A nicht. K hat somit den objektiven Tatbestand der Verleitung zu Börsenspekulationsgeschäften verwirklicht.

---

[315] BGH, wistra 2002, 22; OLG Bremen, wistra 1990, 163; *Park*, wistra 2002, 107.
[316] *Park*, wistra 2002, 107. **A.A.** *Gehrmann/Zacharias*, WiJ 2012, 89, 101; *Waßmer*, in: G/J/W, § 49 BörsG Rn. 45.
[317] *Poepping*, in: NK-WSS, § 26 BörsG Rn. 16; *Trüg*, in: HWSt, 10. Teil 2. Kap. Rn. 201.
[318] BGH, wistra 2002, 22; *Ambrosio*, in: M-G, Kap. 68 Rn. 68.121; *Schröder*, in: M/G, § 18 Rn. 318.
[319] *Bröker*, in: MüKo³, § 49 BörsG Rn. 21.
[320] *Park*, wistra 2002, 107, 108; *Trüg*, in: HWSt, 10. Teil 2. Kap. Rn. 204. **A.A.** BGH, NStZ-RR 2002, 84; OLG Düsseldorf, WM 1989, 175, 180; *Waßmer*, in: G/J/W, § 49 BörsG Rn. 57 f.; *Wehowsky*, in: E/K, B 155, § 49 BörsG Rn. 11; *Worms*, in: A/S/B, § 9 Rn. 30.

b) Subjektiver Tatbestand

K handelte **vorsätzlich**, da er sämtliche Tatumstände kannte und verwirklichen wollte, und zudem gewerbsmäßig.

Die **Gewerbsmäßigkeit** des Verleitens ist ebenfalls ein Merkmal des subjektiven Tatbestandes[321] (Rn. 87). Sie setzt nämlich nicht voraus, dass der Täter aus seiner Tätigkeit bereits mehrfach Gewinne erzielt hat, sondern es genügt die Absicht, sich durch die wiederholte Begehung gleichartiger Taten eine fortlaufende Einnahmequelle von einigem Umfang und einiger Dauer zu verschaffen[322].

Rechtswidrigkeit und Schuld liegen ebenfalls vor, sodass K wegen Verleitens zu einem Börsenspekulationsgeschäft strafbar ist.

V. Strafbare Bankgeschäfte

§ 54 KWG enthält fünf Straftatbestände, die vorsätzlich und fahrlässig (Abs. 2) begangen werden können, und zwar das Betreiben verbotener Geschäfte (Abs. 1 Nr. 1), das Betreiben von Bankgeschäften und das Erbringen von Finanzdienstleistungen ohne die erforderliche Erlaubnis (Abs. 1 Nr. 2), das Erbringen einer Clearingdienstleistung ohne Zulassung (Abs. 1a), das Ausüben einer Zentralverwahrertätigkeit ohne Zulassung (Abs. 1b) sowie das Erbringen einer Schwarmfinanzierungsdienstleistung („Crowdfunding") ohne Zulassung (Abs. 1c). Die Vorschriften schützen die **staatliche Aufsicht über das Kreditwesen und die Funktionsfähigkeit des Finanzmarktes**[323]. Die Aufsicht übt die BaFin (Rn. 72) aus.

Das KWG enthält zudem in § 54a eine Strafvorschrift wegen der Verletzung gesetzlich geregelter Risikomanagementvorschriften (Rn. 1062), in § 55 eine Sonderregelung der strafbaren Insolvenzverschleppung (Rn. 384) und in §§ 55a, 55b Strafvorschriften wegen unbefugter Verwertung und Offenbarung von Angaben über Millionenkredite (Rn. 545 ff.).

1. Betreiben verbotener Geschäfte (§ 54 Abs. 1 Nr. 1, Abs. 2 KWG)

§ 3 KWG zählt die **generell** verbotenen Bankgeschäfte auf. Vorsätzliche und fahrlässige Zuwiderhandlungen gegen diese Verbote sind nach § 54 Abs. 1 Nr. 1 bzw. Abs. 2 KWG strafbar.

§ 3 Abs. 1 Nr. 1 KWG verbietet den Betrieb eines **Einlagengeschäfts**, wenn der Kreis der Einleger überwiegend aus Betriebsangehörigen des Unternehmens besteht und nicht sonstige Bankgeschäfte betrieben werden, die den Umfang des Einlagengeschäfts übersteigen (**Werksparkassen**).

Ein Einlagengeschäft (§ 1 Abs. 1 S. 2 Nr. 1 KWG) betreibt, wer von mehreren Geldgebern, die keine Kreditinstitute sind, fremde Gelder aufgrund typisierter Verträge als Darlehen oder zur unregelmäßigen Verwahrung ohne Bestellung banküblicher

---

[321] Ebenso *Park*, in: Park, Teil 3 Kap. 6.3. Rn. 41; *Schröder*, HdB, 7. Kap. Rn. 102; *Waßmer*, in. G/J/W, § 49 BörsG Rn. 66. **A.A.** wohl *Wittig*, § 31 Rn. 11 (objektiver Tatbestand).
[322] BGHSt 1, 383; *Bröker*, in: MüKo³, § 49 BörsG Rn. 16; *Kumpan*, in: KMRK, § 26 BörsG Rn. 16; *Schröder*, in: M/G, § 18 Rn. 323; *Worms*, in: A/S/B, § 9 Rn. 33.
[323] *Reichling*, in: MüKo³, § 54 KWG Rn. 9.

Sicherheiten und ohne schriftliche Vereinbarung im Einzelfall laufend annimmt und die Gelder nach Fälligkeit von den Gläubigern zurückverlangt werden können[324]. Das Verbot soll verhindern, dass Arbeitnehmer im Falle der Insolvenz des Arbeitgebers sowohl den Arbeitsplatz als auch ihre Ersparnisse verlieren.

134 § 3 Abs. 1 Nr. 2 KWG untersagt **Zwecksparunternehmen** die Annahme von Geldbeträgen, wenn der überwiegende Teil der Geldgeber einen Rechtsanspruch auf ein Darlehen aus den eingezahlten Geldern hat.
Da zur Befriedigung der Geldgeber immer neue Zwecksparer gefunden werden müssten, käme es zu einem *Schneeballeffekt*, den der Gesetzgeber vermeiden wollte. Die Vorschrift gilt nicht für Bausparkassen (§ 3 Abs. 1 Nr. 2, 2. HS KWG), weil die Gefahr der Kreditausfälle wegen der dinglichen Sicherung geringer ist[325].

135 § 3 Abs. 1 Nr. 3 KWG errichtet das Verbot, ein Kredit- oder Einlagengeschäft zu betreiben, wenn die Verfügungsmöglichkeiten durch **Barabhebung ausgeschlossen oder erheblich erschwert** sind.
Dadurch soll verhindert werden, dass zinspolitische Maßnahmen wirkungslos bleiben[326]. Auf Banken, die keine liquiden Mittel bereithalten müssen und deshalb einen niedrigen Refinanzierungsbedarf haben, können Maßnahmen der Europäischen Zentralbank oder der Bundesbank nämlich nur begrenzt wirken.

136 **Betreiben** meint eine Tätigkeit, die darauf gerichtet ist, die verbotenen Bankgeschäfte mit Wiederholungsabsicht auszuführen[327].

2. Handeln ohne Erlaubnis (§ 54 Abs. 1 Nr. 2, Abs. 2 KWG)

Fall 8: *– Kreditgeschäft ohne Erlaubnis –*

137 Rechtsreferendar Rudi Ratlos (R) hörte morgens im Radio die Werbung des Autohändlers Detlef Müller (M), er gewähre beim Kauf eines neuen Mitsukis einen Kredit mit 0,0 % effektivem Jahreszins. R, der gerade seine Station bei der Schwerpunktstaatsanwaltschaft für Wirtschaftsstrafsachen absolvierte, vertrat gegenüber seinem Ausbilder die Ansicht, M betreibe ein unerlaubtes Kreditgeschäft.

Hat R Recht?

Nach § 54 Abs. 1 Nr. 2 bzw. Abs. 2 KWG macht sich strafbar, wer vorsätzlich oder fahrlässig ohne die nach § 32 Abs. 1 S. 1 KWG erforderliche – schriftliche – Erlaubnis der BaFin[328] im Inland **Bankgeschäfte** betreibt oder **Finanzdienstleistungen** erbringt. Der Straftatbestand ist also *verwaltungsakzessorisch*, sodass bereits die unerlaubte Aufnahme der Tätigkeit strafbar ist[329].

---

[324] BGHZ 197, 1, 5 Rn. 15 ff.; BGH, NStZ 2011, 410, 411; wistra 2021, 74, Rn. 6; *Häberle*, in: E/K, K 183, § 1 KWG Rn. 7; *Schenkel*, VuR 2020, 330 f.
[325] *Theile*, in: E/R/S/T, § 54 KWG Rn. 12; *Trüg*, in: HWSt, 10. Teil 3. Kap. Rn. 17.
[326] *Häberle*, in: E/K, K 183, § 3 KWG Rn. 9.
[327] *Reichling*, in: MüKo³, § 54 KWG Rn. 45; *Schenkel*, VuR 2020, 330, 332; *Trüg*, in: HWSt, 10. Teil 3. Kap. Rn. 5; siehe auch – zu § 32 Abs. 1 S. 1 KWG – BVerwGE 133, 358, 362 ff.
[328] Die Verletzung der Erlaubnispflicht nach § 32 Abs. 1a S. 1 KWG ist nicht genannt und deshalb nicht mit Strafe bedroht, *Häberle*, in: E/K, K 183, § 54 KWG Rn.13.
[329] *Trüg*, in: HWSt, 10. Teil 3. Kap. Rn. 63 ff.

138 Um *Bankgeschäfte* handelt es sich nach § 1 Abs. 1 S. 2 KWG z.B. bei dem Einlagengeschäft, der Gewährung von Gelddarlehen und Akzeptkrediten (Kreditgeschäft), dem Ankauf von Wechseln und Schecks (Diskontgeschäft) und der Ausgabe und Verwaltung von elektronischem Geld (E-Geld-Geschäft).

139 Nach der Legaldefinition des § 1 Abs. 1a S. 2 KWG sind *Finanzdienstleistungen* u.a. die Vermittlung von Geschäften über die Anschaffung und Veräußerung von Finanzinstrumenten (Anlagevermittlung) sowie die Anschaffung und Veräußerung von Finanzinstrumenten im Wege des Eigenhandels für andere.

140 Das Betreiben von Bankgeschäften und das Erbringen von Finanzdienstleistungen bedürfen nach § 32 Abs. 1 S. 1 KWG der Erlaubnis, wenn sie **gewerbsmäßig** erfolgen soll oder der Geschäftsumfang einen in **kaufmännischer Weise eingerichteten Gewerbebetrieb** erfordert.

141 **Gewerbsmäßigkeit** liegt vor, wenn die Geschäftstätigkeit auf eine gewisse Dauer angelegt und auf Gewinnerzielung gerichtet ist[330]. Nach zutreffender Auffassung ist der Begriff also wie im Strafrecht zu verstehen (Rn. 87, 130). Zu beachten ist jedoch, dass der objektive Tatbestand das Betreiben von Bankgeschäften ohne die Erlaubnis nach § 32 Abs. 1 S. 1 KWG voraussetzt. Die Erlaubnispflichtigkeit liegt schon vor, wenn der Täter gewerbsmäßig handeln will, die Gewerbsmäßigkeit ist somit kein Merkmal des subjektiven, sondern des objektiven Tatbestandes[331]. Die Tathandlung des Erbringens von Bankgeschäften ohne diese Erlaubnis verwirklicht der Täter bereits mit der Vornahme des ersten Geschäfts[332].

142 Einen in **kaufmännischer Weise eingerichteten Geschäftsbetrieb** erfordern die Bank- bzw. Finanzdienstleistungsgeschäfte, wenn sie einen derartigen Umfang haben sollen, dass objektiv eine kaufmännische Organisation notwendig ist. Das ist bei Bankgeschäften unter geringeren Voraussetzungen anzunehmen als bei anderen Handelsgeschäften, weil das Führen verschiedener Konten mit der einhergehenden Überwachung von Zahlungseingängen, Zins- und Fälligkeitsterminen eher einen Geschäftsbetrieb mit ordnungsgemäßer Buchführung erfordert[333].

143 Ein Abzahlungsgeschäft – wie M es anbietet – ist zwar wirtschaftlich gesehen ein Darlehen. Rechtlich handelt es sich aber nicht um einen Kredit, wenn der Verkäufer seinen Gewinn mit dem Warenverkauf erzielt, die Kreditvergabe also nicht den Hauptzweck und -inhalt seines Unternehmens ausmacht[334]. Dient die Kreditvergabe dem eigenen Warenumsatz, gewährt der Verkäufer nur eine Kaufpreisstundung.
R hat also Unrecht.

---

[330] BT-Drs. 13/7142, 62; *Reichling*, in: MüKo³, § 54 KWG Rn. 56; *Tiedemann*, Rn. 975.
[331] Zutreffend BGH, wistra 2003, 65, 67, die Strafbarkeit nach § 54 Abs. 1 Nr. 2 KWG knüpft nicht an die Gewerbsmäßigkeit des Bankgeschäfts an, sondern an das Handeln ohne Genehmigung.
[332] *Otto*, WM 1988, 729, 736. A.A. *Schröder*, HdB, 9. Kap. Rn. 20, der fordert, dass der Täter „zumindest mehr als ein Geschäft auch tatsächlich vollzogen haben muss", ohne darzulegen, wie viele Geschäfte erforderlich sein sollen; so wohl auch *Bock*, in: G/J/W, § 54 KWG Rn. 64 f.
[333] *Trüg*, in: HWSt, 10 Teil 3. Kap. Rn. 21 f.
[334] BGHSt 4, 345, 350.

Ergänzender Hinweis:

143a Strittig ist, ob der **Irrtum über die Genehmigungspflicht** einen Tatumstandsirrtum (§ 16 Abs. 1 StGB) oder einen Verbotsirrtum (§ 17 StGB) darstellt. Ein Teil der Literatur rechnet die Erlaubnispflichtigkeit der Geschäfte zu den objektiven Tatbestandsmerkmalen des § 54 Abs. 1 Nr. 2 KWG, sodass der Handelnde, der diese Pflicht nicht kennt, einem Tatumstandsirrtum erliege[335]. Nach Auffassung des BGH handelt der Täter vorsätzlich, wenn er im Sinne einer Parallelwertung in der Laiensphäre erfasst, dass sein Verhalten die Voraussetzungen eines Bankgeschäftes erfüllt und er über keine Erlaubnis zur Tätigung eines solchen Geschäftes verfügt[336]. Diese Sicht trifft zu, weil der objektive Tatbestand des § 54 Abs. 1 Nr. 2 KWG lediglich voraussetzt, dass der Täter, ohne die nach § 32 Abs. 1 S. 1 KWG notwendige Genehmigung der BaFin – im Inland gewerbsmäßig oder in einem Umfang, der einen in kaufmännischer Weise eingerichteten Geschäftsbetrieb erfordert, – Bankgeschäfte betreibt oder Finanzdienstleistungen erbringt. Der Vorsatz muss deshalb auch nur diese Tatbestandsmerkmale umfassen. Kennt der Täter die Pflicht zur Einholung einer Erlaubnis für die Vornahme von Bankgeschäften oder Finanzdienstleistungen nicht, so fehlt ihm lediglich das Unrechtsbewusstsein, sodass es sich um einen Verbotsirrtum handelt. Die Besonderheiten des konkreten Falles, z.B. Unübersichtlichkeit der Rechtslage, Stellung des Täters innerhalb eines Unternehmens usw., sind bei der Vermeidbarkeit des Verbotsirrtums zu berücksichtigen.

VI. Verstöße gegen das Depotgesetz

1. Depotunterschlagung (§ 34 DepotG)

Fall 9: *– Umbuchung im Girosammelverwahrungsverfahren –*

144 Die Angestellte der Paderborner Bank 36 und leidenschaftliche Freizeitsportlerin Paula Patt (P) stellte bei einem Besuch der Ispo 2022 fest, dass eine große Nachfrage nach Sportartikeln der Firma Leopard bestand. P hielt daher Aktien der Leopard AG für eine gute Anlage. Leider fehlte ihr aber das Geld, um Anteile der Leopard AG zu erwerben. Um dennoch von den zu erwartenden Kurssteigerungen profitieren zu können, füllte sie an ihrem Arbeitsplatz ein als „Übertragungsformular" bezeichnetes Formblatt aus, mit dem Umbuchungsaufträge für Wertpapieranteile an die Clearstream Banking AG in Frankfurt erteilt werden. Die Clearstream sollte danach die im Depot der 82-jährigen Bankkundin Renate Groß (G) befindlichen Aktien der Leopard AG auf Emil Lokotov (L), den Lebensgefährten der P, übertragen. P gab die Depotnummer des L bei der Apobank Gelsenkirchen an und unterschrieb den Übertragungsauftrag mit dem Namen der G. Michael Hartmann (H), ein Mitarbeiter der Clearstream Banking AG, führte den Auftrag in dem Glauben an die Echtheit der Unterschrift der G aus. Strafbarkeit der P?

---

[335] Z.B. *Bock*, in: G/J/W, § 54 KWG Rn. 82 ff.; *Reichling*, in: MüKo³, § 54 KWG Rn. 72 ff.; *Tiedemann*, Rn. 970 mit Rn. 377.
[336] BGH, NJW 2018, 3467, Rn. 8 ff.; siehe dazu *Lenk*, ZWH 2020, 131 ff.; *Murmann*, WuB 2019, 107 ff.; *Neumann*, BKR 2019, 198 ff.; *Schröder*, HdB, 9. Kap. Rn. 148 f.; *Szesny*, StV 2019, 755 ff. Ebenso zuvor schon BGH, NJW 2018, 1486, Rn. 34.

a) § 34 Nr. 2 DepotG, § 25 Abs. 1, 2. Alt. StGB
P könnte sich wegen in mittelbarer Täterschaft begangener Depotunterschlagung nach § 34 Nr. 2 DepotG strafbar gemacht haben.
§ 34 DepotG schützt die ordnungsgemäße Verwahrung und Verbuchung von Wertpapieren. Der Tatbestand gilt für alle im DepotG genannten Verwahrarten.
Früher erfolgte die Verwahrung von Wertpapieren zumeist in Form der „Sonderverwahrung von Effekten" (§ 2 DepotG). Dabei hinterlegt die Bank die Wertpapiere des Kunden getrennt von eigenen Beständen sowie Wertpapieren Dritter und umgibt sie mit einem Streifband, auf dem der Name des Kunden vermerkt ist („Streifbandverwahrung").
Da diese Verwahrart kostenintensiv und aufwendig ist, wird heute in der Regel die **Sammelverwahrung** bevorzugt, d.h. die Verwahrung vertretbarer Wertpapiere ein und derselben Art für mehrere Hinterleger in einem einheitlichen Bestand. Eine seltene Form der Sammelverwahrung ist die Haussammelverwahrung, bei der das Kreditinstitut gleichartige Wertpapiere selbst in einem Sammelbestand verwahrt. Weitaus größere Bedeutung hat jedoch die **Girosammelverwahrung**. Die dafür geeigneten Wertpapiere werden von der Wertpapiersammelbank (§ 1 Abs. 3 DepotG) – in Deutschland der „Clearstream Banking AG" mit Sitz in Frankfurt/Main – verwahrt. Die Banken unterhalten bei der Clearstream Giroverwahrkonten, auf denen die jeweiligen Anteile an dem Sammelbestand gebucht werden. Die Übertragung der Wertpapiere vollzieht sich – vergleichbar dem bargeldlosen Zahlungsverkehr – durch die stückelose Umbuchung von Konto zu Konto[337]. Den Banken obliegt es, die Anteile ihrer Kunden buchungstechnisch zu erfassen. Der Aktionär erwirbt bei der Sammelverwahrung kein Eigentum an einzelnen nummerierten Stücken, sondern Bruchteilseigentum am Gesamtbestand aller Wertpapiere einer Gattung.
Die Verwahrung der Effekten wurde dadurch weiter rationalisiert, dass statt einzelner Anteilsscheine nur noch eine **Sammelurkunde** ausgegeben und verwahrt wird (§ 9a DepotG). Es reicht also die Ausstellung einer einzigen Urkunde, wenn der Anspruch auf Auslieferung von Einzelurkunden ausgeschlossen ist[338]. Dann ist auch die Globalurkunde girosammelfähig[339]. Die Aktionäre erhalten nach § 9a Abs. 2 i.V.m. § 6 Abs. 1 DepotG Bruchteilseigentum an der Globalurkunde.
Durch diesen Effektengiroverkehr lassen sich Eigentumsübertragungen im ganzen Bundesgebiet vollziehen[340]. Das der Verfügung zugrundeliegende Verpflichtungsgeschäft kann in dem Verkauf an der Börse, aber auch in jedem anderen zivilrechtlichen Geschäft bestehen. Die Clearstream Banking AG ist nur für die Durchführung des Verfügungsgeschäfts zuständig, das Verpflichtungsgeschäft nehmen die Banken oder z.B. die Deutsche Börse AG vor. Diese erteilen der Wertpapiersammelbank dann einen Umbuchungsauftrag.
Die Girosammelverwahrung ist heute die Grundform der Verwahrung. Bis 1997 hatte die Streifbandverwahrung noch eine geringe Bedeutung, weil vinkulierte Ak-

---

[337] *Ekkenga*, in: Claussen, § 7 Rn. 149.
[338] *Einsele*, Wertpapierrecht als Schuldrecht, 1995, S. 15.
[339] *Kümpel*, BuB, 8/97.
[340] Ausführlich zur Eigentumsverschaffung *Ekkenga*, in: Claussen, § 7 Rn. 149 ff.

tien (Aktien, die auf den Namen des Anteilseigners lauten und für deren Übertragung es der Zustimmung der Gesellschaft bedarf) nur von den Aktionären selbst oder im Streifbanddepot verwahrt werden konnten. Heute erfolgt auch die Umschreibung dieser Aktien auf elektronischem Weg zwischen der Clearstream Banking AG und der jeweiligen Gesellschaft.

146 Nach § 34 Nr. 1 DepotG macht sich strafbar, wer **als Verwahrer, Pfandgläubiger oder Kommissionär über ein ihm anvertrautes Wertpapier rechtswidrig verfügt**. Diese als Sonderdelikt ausgestaltete Alternative erfasst nur die Fälle der heute nicht mehr gebräuchlichen Verwahrung der einzelnen Effekten, weil der Täter die Verfügung über die einzelnen Wertpapiere vornehmen muss. Der Begriff der Verfügung ist weit auszulegen[341]. Er umfasst nicht nur Verfügungen im Sinne der §§ 929 ff. BGB, sondern auch sonstige Handlungen, die das Eigentum oder den Eigentumsverschaffungsanspruch des Kunden beeinträchtigen, z.B. die Bestellung als Sicherheit oder die Begebung von Call-Optionsscheinen.
In unserem Fall scheidet § 34 Nr. 1 DepotG aus, weil die Anteilsscheine der Leopard AG girosammelverwahrt wurden.

147 In Betracht kommt aber § 34 Nr. 2 DepotG. Strafbar ist danach, wer einen Wertpapiersammelbestand oder einen Anteil daran unter Verstoß gegen § 6 Abs. 3 S. 2 DepotG verringert oder darüber rechtswidrig verfügt. Im Gegensatz zu § 34 Nr. 1 DepotG enthält diese Alternative keine Beschränkung des Täterkreises[342]. Verfügen ist wie in § 34 Nr. 1 DepotG zu verstehen, verringern bedeutet Minderung des materiellen Miteigentumsbestandes[343].
Die Verringerungsalternative soll den Kunden davor schützen, dass einzelne Effekten aus dem Sammelbestand entwendet werden. Bei der heute gebräuchlichen Girosammelverwahrung spielt sie deshalb keine Rolle mehr. Jede Übertragung der Wertpapieranteile auf ein anderes Konto enthält nämlich eine Verfügung. Eine Verringerung durch Abbuchen ohne gleichzeitige Gutschrift würde den Täter nicht bereichern und dürfte deshalb wohl nicht vorkommen.

148 § 34 Nr. 2 DepotG schützt den **Sammelbestand von Wertpapieren** als solchen und die **Anteile** an einem solchen Bestand.
Bei der Girosammelverwahrung entstehen zwei Anteile, die dem Schutz des § 34 Nr. 2 DepotG unterfallen. Zum einen hält die jeweilige Bank durch ihr Girosammelverwahrkonto bei der Clearstream Banking AG Anteile an deren Sammelbestand, zum anderen hat aber auch der Bankkunde einen Anteil an diesem Girosammelverwahrkonto. § 34 Nr. 2 DepotG schützt sowohl die Anteile der Bank an dem Wertpapiersammelbestand als auch die des Kunden vor unrechtmäßiger Verfügung.

149 P hat den Anteil der G an den Wertpapieren der Leopard AG zwar nicht selbst auf L übertragen. Da H in dem Glauben handelte, die Verfügung beruhe auf einem wirksamen Verpflichtungsgeschäft (z.B. einem Verkauf oder einer Schenkung), übte P aber Irrtumsherrschaft aus, sodass sie über die Anteile – unter Benutzung des H als unvorsätzlich handelndes Werkzeug –

---

[341] RGSt 46, 144 ff.; *Bröker*, in: MüKo³, § 34 DepotG Rn. 10; *Waßmer*, in: G/J/W, § 34 DepotG Rn. 28.
[342] *Trüg*, in: HWSt, 10. Teil 3. Kap. Rn. 177; anders *Zieschang*, in: Park, Teil 3 Kap. 5.2. Rn. 4.
[343] *Heinsius/Horn/Than*, Depotgesetz, 1975, § 6 Rn. 58; *Trüg*, in: HWSt, 10. Teil 3. Kap. Rn. 177.

als mittelbare Täterin verfügte. P handelte vorsätzlich und „eigenen Vorteils wegen" (Absicht); P ist somit einer Depotunterschlagung in mittelbarer Täterschaft schuldig.

b) § 263 StGB

Des Weiteren hat sich P wegen (Dreiecks-)Betruges strafbar gemacht. Sie hat H darüber getäuscht, dass die Verfügung dem Willen der G entsprach. Aufgrund dieses Irrtums nahm H eine Verfügung über das Vermögen der G vor. Durch die Verfügung, zu der H rechtlich befugt war, entstand der G ein Schaden. P handelte vorsätzlich und mit (Dritt-)Bereicherungsabsicht. **150**

c) § 267 StGB

P hat zudem eine Urkundenfälschung begangen. **151**

Ergänzender Hinweis:

Die Depotunterschlagung wird „abgesehen von den Fällen der §§ 246 und 266 des Strafgesetzbuchs" nach § 34 DepotG bestraft. Diese Klausel wird als Subsidiaritätsregelung verstanden[344]. Gegen diese Sicht spricht jedoch bereits der Wortlaut. Üblicherweise kennzeichnet das Gesetz die formelle Subsidiarität nämlich mit der Formulierung „wenn die Tat nicht in ... mit Strafe bedroht ist". Ein weiterer Gesichtspunkt spricht zudem – m.E. zwingend – dafür, dass die Klausel die **tatbestandliche Exklusivität** von § 34 DepotG einerseits und §§ 246, 266 StGB andererseits anordnet. § 246 Abs. 1 StGB enthält nämlich ebenfalls eine Subsidiaritätsvorschrift, nach der die Unterschlagung hinter Tatbestände mit schwererer Strafandrohung zurücktritt, also auch hinter § 34 DepotG, der im Höchstmaß mit fünf Jahren Freiheitsstrafe bestraft werden kann, während § 246 Abs. 1 StGB eine maximale Freiheitsstrafe von drei Jahren androht. Wäre § 34 DepotG seinerseits subsidiär, so würden zwei Subsidiaritätsregelungen aufeinandertreffen und damit die Strafbarkeit insgesamt blockieren. Daraus folgt, dass bei Vorliegen der Voraussetzungen der Unterschlagung oder der Untreue schon der Tatbestand des § 34 DepotG ausscheidet. Das hat zwar die kuriose Konsequenz, dass der Täter, der körperliche Stücke unterschlägt, wegen des geringeren Strafrahmens des § 246 StGB besser steht als derjenige, der Wertpapiere durch stückelose Umbuchung von Konto zu Konto überträgt. Diese unterschiedliche Behandlung ist vom Gesetz aber gerade gewollt. **152**

2. Unwahre Angaben über das Eigentum (§ 35 DepotG)

§ 4 Abs. 1 DepotG schließt den gutgläubigen Erwerb von Rechten an fremden Wertpapieren, die der Verwahrer einem Dritten anvertraut, grundsätzlich aus. § 4 Abs. 1 S. 1 DepotG fingiert nämlich die Kenntnis des Dritten, dass dem Verwahrer die Wertpapiere nicht gehören. Das gilt jedoch nicht, wenn der Verwahrer dem Dritten schriftlich und ausdrücklich mitteilt, er sei Eigentümer der Papiere (§ 4 Abs. 2 DepotG), oder wenn der Verwahrer keine Bankgeschäfte betreibt (§ 4 Abs. 3 DepotG); dann muss der Verwahrer den Dritten aber über die Fremdheit der Papiere aufklären. Verstöße gegen § 4 Abs. 2, 3 DepotG stellt § 35 DepotG – zum Schutz des Eigentü- **153**

---

[344] *Bröker*, in: MüKo³, § 34 DepotG Rn. 1, 18; *Knierim*, in: W/J/S, 10. Kap. Rn. 229; *Poepping*, in: NK-WSS, § 34 DepotG Rn. 2; *Trüg*, in: HWSt, 10. Teil 3. Kap. Rn. 187; *Waßmer*, in: G/J/W, § 34 DepotG Rn. 1; *Zieschang*, in: Park, Teil 3 Kap. 5.2. Rn. 18.

mers vor einer Beeinträchtigung seines Eigentums durch einen gutgläubigen Erwerb – unter Strafe.

Ergänzender Hinweis:

154 § 37 DepotG bedroht weitere Pflichtverletzungen mit Strafe, allerdings nur unter der Voraussetzung, dass der Täter seine Zahlungen einstellt oder über sein Vermögen das Insolvenzverfahren eröffnet worden ist. Es handelt sich somit um ein Insolvenzdelikt, das unten (Rn. 386) erörtert wird.

VII. Warenterminoptionsbetrug

155 An Börsen werden nicht nur Aktien und Devisen gehandelt, sondern auch Waren. Warenterminhandel findet z.B. an der European Exchange (Eurex) in Frankfurt/Main und an der European Energy Exchange (EEX) in Leipzig (Strom, Erdgas und Emissionsberechtigungen sowie Fracht- und Agrarprodukte) statt.

Ein Warenterminkontrakt ist ein zwischen zwei Parteien durch Vermittlung eines an der Börse tätigen Brokers geschlossener Vertrag über die Lieferung einer standardisierten Warenmenge zu einem zukünftigen Zeitpunkt für einen bereits bei Vertragsschluss festgelegten Preis. Nur selten haben die Parteien allerdings Interesse an dem Erwerb der Ware, deshalb muss derjenige, der eine Kaufverpflichtung („long") eingegangen ist, versuchen, vor dem vereinbarten Liefertermin diese Position durch Eingehen einer entsprechenden Verkaufsverpflichtung („short") „glattzustellen" (vgl. Rn. 119). Mit Warenterminkontrakten lassen sich bei relativ geringem Kapitaleinsatz erhebliche Gewinne erzielen, weil der Käufer einer Terminposition nicht sofort den gesamten Preis bezahlen, sondern nur einen „Einschuss" von etwa 10 % hinterlegen muss. Gelingt es dem Käufer, die Waren zu einem höheren Preis zu veräußern, so kann er den Kaufpreis bei Fälligkeit entrichten und zusätzlich den überschießenden Betrag als Gewinn einstreichen. Das Verlustrisiko ist aber ebenfalls hoch. Entwickelt sich der Kurs gegen den Spekulanten, so kann er die Waren nur zu einem unter dem Kontraktwert liegenden Preis veräußern, muss aber den Kaufpreis in voller Höhe bezahlen.

156 Wie oben (Rn. 120) dargelegt, lässt sich das Verlustrisiko bei (Waren-)Terminoptionsgeschäften begrenzen, weil die Option lediglich das Recht zum späteren Kauf oder Verkauf eines Gegenstandes zu einem schon bei Erwerb der Option festgesetzten Preis verschafft. Da der Optionsnehmer für den Erwerb der Option dem „Stillhalter" eine „*Prämie*" und dem Broker, der das Geschäft vermittelt, eine „*comission*" zahlen muss, die nicht auf den Warenkontraktwert angerechnet wird, also auf jeden Fall „verloren" ist, macht der Anleger erst einen Gewinn, wenn er die Kosten für den Erwerb der Option durch entsprechend hohe Kursgewinne „hereinholt".

Beispiel: K erwirbt am 01.02.2022 für 5.000 € eine „call-option", die ihn berechtigt, bis zum 01.11.2022 50 Tonnen einer Ware zum Preis von 837 € pro Tonne zu kaufen. Die Gewinnzone beginnt erst, wenn die Kurssteigerung die Prämienzone durchlaufen hat („break-even-point"), also die Prämienhöhe pro Tonne übersteigt. Da K eine Prämie für die Option in Höhe von 100 € pro Tonne gezahlt hat, kann er die Option erst gewinnbringend ausüben, wenn der Kurs über 937 € steigt. Liegt er über 837 €, aber unter dem break-even-point, so macht K einen Teilverlust, fällt der Kurs auf 837 € oder darunter, so erleidet K sogar einen Totalverlust.

Fall 10: – *Überhöhter Prämienaufschlag* –

Michael Huber (H) verkaufte bzw. vermittelte als Geschäftsführer der X-GmbH Optionen auf Warentermingeschäfte. Aus seiner früheren Tätigkeit bei der Y-AG, die ebenfalls Warenterminoptionen vertrieb, kannte er Personen, die an spekulativen Anlagen interessiert waren und auch schon in solche Geschäfte investiert hatten. H nahm zu diesen Personen Kontakt auf und bot ihnen den Kauf von Warenterminoptionen an. Bei Interesse schickte er den Kunden einen Prospekt, in dem darauf hingewiesen wurde, dass es sich bei Warenterminoptionen um ein hochspekulatives Geschäft handele und ein Totalverlust der eingesetzten Mittel nicht selten sei. Die X-GmbH nehme deshalb nur Kapital an, dessen Verlust der Anleger verschmerzen könne. In einem späteren Telefonat spielte H die Risiken jedoch mit der Behauptung herab, der Markt sei im Moment gerade sehr vielversprechend, und riet zu einer sofortigen Investition. So vermittelte er 18 Kunden Warenterminoptionen, die er durch die Londoner Firma L Ltd. an der dortigen Rohstoffbörse unterbringen ließ, wobei er den Kunden eine Prämie berechnete, die im Durchschnitt um mehr als 100 % über der ihm von der L Ltd. in Rechnung gestellten Prämie lag. Der Kunde erfuhr von der Höhe dieses Prämienaufschlags allerdings nichts, da ihm die Prämie von der X-GmbH als einheitlicher Betrag in Rechnung gestellt wurde. Die Geschäftsbedingungen der X-GmbH enthielten hierzu nur den Hinweis, dass alle anfallenden Kosten und Brokerkommissionen durch die Bezahlung der im Auftrag genannten Prämie abgegolten seien. Die schriftliche Auftragsbestätigung bezeichnete Warenart, Warenmenge, Laufzeit der Option und den Börsenplatz. Die Anleger erlitten Totalverluste, weil die Optionen wegen der Höhe der Aufschläge nicht in die Gewinnzone kommen konnten.

Wie hat sich H strafbar gemacht?

a) § 263 (§ 13) StGB

Fraglich ist, ob H die Kunden durch **konkludentes Verhalten** oder durch **Unterlassen** getäuscht hat.

Der **BGH** zieht die von der h.M. anerkannte Konstruktion der Täuschung durch Unterlassen[345] in Betracht, wenn der Verkäufer einer Warenterminoption den Anleger nicht hinreichend über die Risiken des Geschäfts aufklärt. Die Garantenstellung folge aus dem *Vertrauensverhältnis* zwischen dem auf dem Gebiet des Optionshandels nicht versierten Kunden und dem als fachmännisch auftretenden Vermittler von Warenterminoptionen. Daraus ergebe sich eine Rechtspflicht zur Aufklärung über alle für die Kaufentscheidung maßgeblichen Umstände[346].

Diese Sicht überzeugt jedoch nicht. Bei dem Abschluss eines Warenterminoptionsgeschäfts mag der Kunde dem Anlagevermittler mit der Erwartung begegnen, nicht betrogen zu werden. Das ist aber auch bei dem Eingehen anderer Verträge der Fall, ohne dass sie deshalb eine Garantenstellung begründen. Indem der BGH das besondere Vertrauensverhältnis aus der fehlenden Versiertheit des Kunden in Warenterminoptionsgeschäften folgert, betrachtet er letztlich die Unerfahrenheit des Kunden in solchen Anlagegeschäften als maßgeblich. Die Risiken eines Geschäfts hat der Käufer jedoch grundsätzlich selbst abzuschätzen[347]. Vor der Ausnutzung der Uner-

---

[345] BGHSt 6, 198 f.; Krey/*Hellmann*/Heinrich, BT 2, Rn. 569 ff.; *Mitsch*, BT 2, S. 265 f.; *Perron*, in: Sch/Sch, § 263 StGB Rn. 18 ff.
[346] BGHSt 30, 177, 181.
[347] *Rochus*, NJW 1981, 736, 737; *Seelmann*, NJW 1981, 2132; *Sonnen*, NStZ 1981, 24.

fahrenheit des Anlegers bieten im Übrigen §§ 49, 26 BörsG einen hinreichenden strafrechtlichen Schutz (siehe auch Rn. 125).

159 Eine Täuschung über die Risiken des Warenterminoptionsgeschäfts durch Unterlassen würde in unserem Fall im Übrigen ohnehin ausscheiden, weil der von H übersandte Prospekt diese zutreffend beschrieb. In dem späteren Telefonat teilte H zwar seine – vermeintliche – persönliche Einschätzung des Risikos mit, er nahm die Aussagen des Prospektes aber nicht zurück. Der vom BGH propagierten Pflicht zur Aufklärung über die Gefahren des Geschäfts ist H deshalb nachgekommen.

160 Die Täuschung könnte aber in dem **Verschweigen des Aufschlags** auf die Originalprämie bestehen. Die Höhe der von H einbehaltenen Aufschläge hat nämlich erheblichen Einfluss auf die Prämienzone, die der Kurs durchlaufen muss, ehe er den „break-even-point" erreicht. Die Chancen, eine Warenterminoption gewinnbringend ausüben zu können, sind schon bei regulären Geschäften relativ gering; Aufschläge auf die Originalprämie erhöhen das Verlustrisiko erheblich.
Der BGH[348] sieht in dem Verschweigen eines Aufschlags auf die Originalprämie wohl eine Täuschung durch Unterlassen, weil die aus der Aufklärungspflicht folgende Garantenstellung den Täter zur Information des Kunden über die Höhe der Prämie verpflichte.

161 Nach zutreffender Ansicht[349] bedarf es dieser Konstruktion nicht, weil der Verkäufer durch das Verschweigen des Aufschlags auf die Originalprämie **konkludent** über die **Werthaltigkeit der Option** täuscht. Die Erklärung des Täters erweckt bei dem Anleger nämlich den Eindruck, dass er eine Warenterminoption mit dem üblichen Wert erhält. Dies entspricht aber wegen des Aufschlags nicht der Wahrheit.

162 Beide Auffassungen gelangen zu dem Ergebnis, dass H die Anleger getäuscht hat. Dadurch rief er einen Irrtum über die Werthaltigkeit der Warenterminoption hervor, der die Kunden zu einer Vermögensverfügung durch das Eingehen der Kaufverpflichtung veranlasste.

163 Den Anlegern muss dadurch ein **Vermögensschaden** entstanden sein.
Dieser besteht jedenfalls nicht in dem Totalverlust der gezahlten Prämie, denn beim Eingehungsbetrug ist festzustellen, ob bereits der Vertragsschluss das Vermögen des Opfers verminderte. Die – ungewisse – spätere Kursentwicklung ist deshalb nicht maßgeblich[350].
Einen Eingehungsschaden erleidet der Anleger jedoch, wenn der Prämienaufschlag den **Wert der Option vermindert oder diese sogar völlig wertlos macht**[351]. Ist der Aufschlag so hoch, dass keine realistische Gewinnchance mehr besteht, besitzt die Option keinen Wert, sodass ein Schaden in Höhe der gesamten Prämie eintritt, weil der Zahlungsverpflichtung des Anlegers keine nach Marktgesichtspunkten zu bewertende Gegenleistung gegenübersteht.

---

[348] BGHSt 30, 177, 181 f., zust. *Scheu*, MDR 1981, 467, 468; wohl auch *Dannecker*, in: G/J/W, § 263 StGB Rn. 7, es gehe „eher" um ein Unterlassen.
[349] *Rochus*, NJW 1981, 736, 737; *Schröder*, HdB, 7. Kap. Rn. 115; *Seelmann*, NJW 1981, 2132; *Sonnen*, NStZ 1981, 24.
[350] BGHSt 30, 388, 389; *Rochus*, JR 1993, 338; *Saliger*, in: E/R/S/T, § 263 StGB Rn. 231.
[351] BGHSt 30, 177, 181; 30, 388; BGH, wistra 1989, 19, 22; OLG München, NJW 1980, 794; *Koch*, JZ 1980, 704; *Sonnen*, wistra 1982, 123; diff. *Lackner/Imo*, MDR 1983, 969.

Uneinigkeit herrscht allerdings darüber, wann die Option ihren Wert vollständig verliert. Zum Teil[352] wird dies generell bei einem Aufschlag von 100 % angenommen. Es ist jedoch anhand der **konkreten Umstände** zu ermitteln, ob noch eine Gewinnchance besteht[353] bzw. ob die Option noch spekulationstauglich ist[354]. **164**

Hat die Option noch einen „Restwert", so beseitigt dies nicht etwa den Schaden, sondern dieser besteht in der Höhe des Unterschieds zwischen dem vereinbarten Optionspreis und dem wirklichen Wert der Option (Marktpreis)[355].

Bei einem Aufschlag von 100 % auf die Originalprämie wird der Schaden in aller Regel in der vollen Höhe der Gesamtprämie eintreten, da nur in äußerst seltenen Fällen noch eine Gewinnchance verbleiben wird.

H hat also den objektiven Betrugstatbestand verwirklicht, weil die von ihm verkauften Optionen infolge der Prämienaufschläge wertlos waren. **165**

Da er auch vorsätzlich und mit der Absicht handelte, die X-GmbH rechtswidrig zu bereichern, ist er eines Betruges in 18 Fällen schuldig.

b) § 264a StGB

Einen Kapitalanlagebetrug hat H dagegen nicht begangen, weil Warenterminoptionen **nicht zu den durch § 264a StGB geschützten Anlageobjekten gehören**. Warenterminoptionen sind keine Wertpapiere, Bezugsrechte oder Anteile, die eine Beteiligung an dem Ergebnis eines Unternehmens gewähren sollen[356]. **166**

c) §§ 119 Abs. 1 Nr. 1, 120 Abs. 15 Nr. 2 WpHG i.V.m. Art. 15 MAR

Die Warenterminoptionen sind von der strafbaren Marktmanipulation geschützte Finanzinstrumente (Rn. 42); die Marktmanipulation kann auch durch eine konkludente Täuschung begangen werden (Rn. 161). **167**

Die von H gegenüber den einzelnen Anlegern gemachten Angaben sind aber **nicht geeignet, den Kurs der Warenterminoptionen an der Londoner Börse zu beeinflussen**, weil es keine Auswirkungen auf den Börsenpreis hat, wenn einzelne Anleger die Optionen täuschungsbedingt zu teuer kaufen.

d) § 49 i.V.m. § 26 BörsG

Die Strafbarkeit wegen Verleitens zu Börsenspekulationsgeschäften scheidet aus, und zwar zum einen, weil die Anleger **nicht unerfahren** in Warenterminoptionsgeschäften waren, und zum anderen, weil der Tatbestand – nach zutreffender Auffassung – das **durch Täuschung veranlasste Eingehen eines solchen Geschäfts nicht erfasst** (Rn. 125). **168**

e) § 54 Abs. 1 Nr. 2 KWG

H könnte wegen verbotenen Erbringens von Finanzdienstleistungen strafbar sein. *Finanzdienstleistungsinstitute* sind nach § 1 Abs. 1a S. 1 KWG Unternehmen, die Finanzdienstleistungen für andere gewerbsmäßig oder in einem Umfang erbringen, der einen in kaufmännischer Weise eingerichteten Geschäftsbetrieb erfordert, und **169**

---

[352] OLG München, NJW 1980, 794.
[353] *Saliger*, in: E/R/S/T, § 263 StGB Rn. 231; *Sonnen*, wistra 1982, 123, 126.
[354] *Lackner/Imo*, MDR 1983, 969 ff.
[355] BGHSt 30, 388.
[356] *Hüls*, in: HWSt, 10. Teil 1. Kap. Rn. 18; *Knauth*, NJW 1987, 28, 30.

die keine Kreditinstitute sind. Zu den Finanzdienstleistungen zählen nach § 1 Abs. 1a S. 2 Nr. 2 KWG auch die Anschaffung und die Veräußerung von Finanzinstrumenten in fremdem Namen für fremde Rechnung (Abschlussvermittlung). Was unter Finanzinstrumenten zu verstehen ist, bestimmt § 1 Abs. 11 KWG. Dies sind Wertpapiere, (grundsätzlich) Vermögensanlagen, Geldmarktinstrumente, Devisen und Rechnungseinheiten sowie Derivate. Eine Warenterminoption fällt unter das Merkmal Derivat, unter dem das Gesetz u.a. als Fest- oder Optionsgeschäfte ausgestaltete Termingeschäfte mit Bezug auf Waren, die auf einem organisierten Markt gehandelt werden, versteht (§ 1 Abs. 11 S. 6 Nr. 2b KWG).

170 § 54 Abs. 1 Nr. 2 KWG kann somit häufig die Funktion eines Auffangtatbestandes erfüllen, wenn bei Warenterminoptionsgeschäften die Voraussetzungen des § 263 StGB nicht feststellbar sind. Unseriöse Anlagevermittler werden nämlich in der Regel die Kontrolle durch die BaFin scheuen und deshalb keine Erlaubnis beantragen.

171 Da H Finanzdienstleistungen gewerbsmäßig ohne die dafür nach § 32 Abs. 1 S. 1 KWG erforderliche Erlaubnis der BaFin erbrachte, liegt der objektive Tatbestand des § 54 Abs. 1 Nr. 2 KWG vor.

H handelte vorsätzlich, rechtswidrig und schuldhaft, er ist also auch der verbotenen Erbringung von Finanzdienstleistungen schuldig.

f) Gesamtergebnis

172 H ist wegen in Tateinheit (§ 52 StGB) begangenen Betruges, § 263 StGB, und unerlaubten Erbringens von Finanzdienstleistungen, § 54 Abs. 1 Nr. 2 KWG, strafbar.

Fall 11: – *Vorgetäuschte Platzierung an der Börse* –

173 Abwandlung von Fall 10: H verkaufte die Warenterminoptionen bewusst an Kunden, die noch nicht mit Warenterminoptionen gehandelt hatten, weil er hoffte, er könne sie besser von einer Investition überzeugen. Er klärte die Anleger zwar korrekt über die Höhe des Aufschlags von 100 % auf die Originalprämie auf. Wie von vornherein geplant, platzierte er die Optionen – entgegen den Angaben im Prospekt – aber nicht an der Londoner Börse. H war entschlossen, für den unwahrscheinlichen Fall einer so günstigen Entwicklung des Kurses, dass die Anleger einen Gewinn erzielen würden, diesen seinen Kunden auszuzahlen. Alle Anleger erlitten jedoch einen Totalverlust.
Wie hat sich H in dieser Konstellation strafbar gemacht?

a) § 263 StGB

H hat über eine innere Tatsache – seine Absicht, die Optionen an der Londoner Börse zu platzieren – getäuscht. Er rief dadurch einen Irrtum der Anleger hervor.

174 Der täuschungsbedingte Irrtum müsste jedoch für die Vermögensverfügung, den Erwerb der Warenterminoptionen, **kausal** geworden sein. Die Täuschung dürfte also nicht hinweggedacht werden können, ohne dass die Verfügung entfiele. In unserem Fall liegt die Annahme nahe, dass die unerfahrenen Kunden die Optionsgeschäfte auch ohne die Täuschung über die Platzierung der Option an der Londoner Börse abgeschlossen hätten, weil ihnen die Abwicklung des Warenterminoptionsgeschäfts im Einzelnen gar nicht bekannt war. Mangels entgegenstehender Anhaltspunkte ist deshalb davon auszugehen, dass die Kapitalanleger auch eine Option gekauft hätten, die ihnen im Falle der günstigen Kursveränderung einen Anspruch gegen H gegeben

hätte. Sie sind deshalb nicht durch die Täuschung, sondern unter Ausnutzung ihrer Unerfahrenheit zu der Anlage bewogen, also dazu im Sinne der §§ 49, 26 BörsG verleitet worden (Rn. 125 ff.).

Aber selbst wenn – was letztlich Tatfrage ist – eine täuschungsbedingte Vermögensverfügung anzunehmen wäre, würde die Strafbarkeit nach zutreffender Auffassung mangels **Vermögensschadens** ausscheiden[357]. Da der Zeitpunkt des Vertragsschlusses entscheidend ist, kommt es – wie dargelegt (Rn. 163) – nicht auf den Totalverlust der Prämie an. Wegen der fehlenden Werthaltigkeit der Option erlitten die Anleger zwar einen Schaden, dieser beruhte aber nicht auf einer Täuschung, da H – anders als im Fall 10 – die Kunden über die Höhe des Aufschlags informierte. 175

Eine mit der Täuschung über die Absicht, die Optionen an der Börse zu platzieren, verknüpfter Schaden würde jedoch vorliegen, wenn H nicht willens oder in der Lage gewesen wäre, Kunden, die mit der Warenterminoption einen Gewinn erzielen würden, diesen auszuzahlen. 176

Zum Teil[358] wird in einer solchen Konstellation der Schaden mit der Begründung bejaht, dass wegen der Möglichkeit erheblicher Kursschwankungen der Rohstoffpreise trotz extremer Aufschläge eine Gewinnchance durchaus noch gegeben sei. Deshalb liege ein Schaden grundsätzlich vor, wenn der Stillhalter kein Deckungsgeschäft getätigt habe. Der BGH entscheidet uneinheitlich. In einigen Beschlüssen[359] hat er einen Schaden in Höhe des gesamten gezahlten Betrages erwogen, in einer anderen Entscheidung[360] dagegen festgestellt, dass aufgrund der von dem Optionsvermittler verlangten hohen Prämien die Gewinnchance außerordentlich gering war. Deshalb reiche seine Bonität im Regelfall aus, um die entgegen den Erwartungen realisierten Gewinne auszahlen zu können. 177

Stellungnahme 178

Die Ablehnung eines Schadens ist für den Regelfall konsequent. Es wäre nämlich widersprüchlich, den Vermögensschaden im Fall der Täuschung über die Werthaltigkeit der Option mit deren Wertlosigkeit zu begründen, bei einer Täuschung über die Platzierung an der Börse aber gerade auf die – vermeintliche – Gewinnchance wegen der Möglichkeit erheblicher Kursschwankungen zu verweisen. Solange die realistische Gewinnchance so gering ist, dass der Täter – wie von vornherein geplant – zur Auszahlung des Gewinns aus seinem Vermögen in der Lage sein wird, scheidet ebenfalls ein Schaden aus.

H hat sich deshalb nicht wegen Betruges strafbar gemacht.

b) § 264a StGB

Die Strafbarkeit wegen Kapitalanlagebetruges entfällt aus oben (Rn. 166) genannten Gründen. 179

---

[357] A.A. BGH, StV 1986, 299; *Saliger*, in: E/R/S/T, § 263 StGB Rn. 230; *Satzger*, in: S/S/W, § 263 StGB Rn. 273 f.; *Zieschang*, in: Park, Teil 3 Kap. 4.1 Rn. 173.
[358] *Sonnen*, wistra 1982, 123, 125.
[359] BGH, StV 1986, 299; wistra 1992, 192, 195.
[360] BGHSt 30, 177, 178 f.

Erster Abschnitt: Kapitalmarkt- und Finanzmarktstrafrecht

c) §§ 119 Abs. 1 Nr. 1, 120 Abs. 15 Nr. 2 WpHG i.V.m. Art. 15 MAR

180 Die Angaben des H gegenüber den einzelnen Personen waren nicht geeignet, den Kurs der Warenterminoptionen an der Londoner Börse zu beeinflussen (Rn. 167). H hat sich nicht wegen Marktmanipulation strafbar gemacht.

d) § 49 i.V.m. § 26 BörsG

181 H hat die Anleger zu Börsenspekulationsgeschäften verleitet. Zu diesem Ergebnis gelangt nicht nur die h.M., die jedes Hervorrufen des Entschlusses zum Eingehen des Geschäfts genügen lässt, sondern auch die – u.E. zutreffende – engere Sicht (Rn. 125), da die Anleger nicht durch die Täuschung über die Platzierung der Warenterminoptionen an der Londoner Börse, sondern unter Ausnutzung ihrer Unerfahrenheit in diesen Geschäften zum Erwerb der Optionen bewegt wurden (Rn. 174).

Da H vorsätzlich und gewerbsmäßig handelte, hat er sich des Verleitens zu Börsenspekulationsgeschäften gem. § 49 i.V.m. § 26 BörsG schuldig gemacht.

e) § 54 Abs. 1 Nr. 2 KWG

182 Da der Begriff des Derivats nicht die Platzierung an der Börse voraussetzt, fällt auch die „nackte" Option in den Anwendungsbereich des § 54 KWG.

f) Gesamtergebnis

183 H hat sich wegen Verleitens zu Börsenspekulationsgeschäften, § 49 i.V.m. § 26 BörsG, und unerlaubten Erbringens von Finanzdienstleistungen, § 54 Abs. 1 Nr. 2 KWG, strafbar gemacht. Die Delikte stehen in Tateinheit (§ 52 StGB).

Ergänzender Hinweis:

184 Der 3. Strafsenat des BGH hat einen (Warenterminoptions-)Betrug angenommen, obwohl der schriftliche „Vermittlungs- und Verwaltungsvertrag" und die Aufklärungsbroschüren korrekte Angaben zu den Risiken enthielten, die Vermittlungsgebühr nicht überhöht war und das eingesetzte Kapital – abzüglich der vereinbarten Vermittlungsgebühr sowie der Kommissionen und Brokergebühren – tatsächlich zum Erwerb von Warenterminkontrakten bzw. -optionen eingesetzt wurde[361]. Die Täuschung sieht der BGH darin, dass die Telefonverkäufer und der Angeklagte F in den folgenden Beratungsgesprächen wahrheitswidrig behaupteten, aufgrund der verfolgten Anlagestrategie und der speziellen Kenntnisse der Mitarbeiter überwiege das Gewinn- das Verlustrisiko. Der Schaden sei in Höhe des Entgelts für die Beratung und Vermittlung eingetreten, weil dem keine gleichwertige Leistung des F und seiner Mitarbeiter gegenübergestanden habe. Vertragsgegenstand sei gewesen, „die Anlagegeschäfte mit herausragender Kompetenz durchzuführen" und „eine überwiegende Gewinnwahrscheinlichkeit zu vermitteln". Dazu sei F jedoch nicht in der Lage gewesen, sodass der Wert der Beratungsleistung „mit Null" anzusetzen sei.

185 Diese Entscheidung begegnet aus mehreren Gründen erheblichen Bedenken: Zweifelhaft ist schon die These des BGH, die Erklärungen, F habe eine besondere Anlagestrategie und die Mitarbeiter würden über spezielle Kenntnisse verfügen, sodass eine überwiegende Gewinnwahrscheinlichkeit bestehe, seien Täuschungen über Tatsachen und nicht bloße übertriebene Anpreisungen.

---

[361] BGH, NStZ 2008, 96 ff., mit zust. Anm. *Rose*, wistra 2009, 289 ff.

Ein Betrug scheidet im Übrigen selbst bei Annahme einer Täuschung aus. Dabei kann offen bleiben, ob – wie der BGH meint – ein Eingehungsbetrug in Betracht kommt oder ein unechter Erfüllungsbetrug[362], weil die Täuschung bei Vertragsschluss noch in der Erfüllungsphase fortwirkte mit der Folge, dass die Anleger das – vermeintlich – geschuldete Entgelt tatsächlich zahlten. Für das Vorliegen eines Vermögensschadens maßgeblich ist in jedem Fall, ob den von F und seinen Mitarbeitern im Rahmen des Möglichen erbrachten Leistungen zu dem dafür üblichen Entgelt objektiv jeder Wert abzusprechen ist. Der BGH gelangt zu diesem Ergebnis mit der Begründung, der Wert der Beratungs- und Vermittlungsleistung sei aus der Sicht eines fiktiven „homo oeconomicus", der nicht als Spekulant zu denken sei, sondern als Person, die „von allen persönlichen Vorlieben und Vorurteilen des Verfügenden abstrahiert und nur den nackten Kapitalwert der beim Verfügenden jeweils vorhandenen Mittel registriert und bilanziert", zu bestimmen[363]. Die Anleger waren jedoch „Spekulanten", denn ihnen waren die Risiken von Warenterminoptionsgeschäften aus den schriftlichen Unterlagen bekannt, und F bzw. seine Mitarbeiter hatten den Kunden auch keine sichere Kapitalanlage – ohne ein Verlustrisiko – versprochen, sondern lediglich behauptet, die Gewinnerwartungen seien höher als das Verlustrisiko. Wer sein Kapital in Kenntnis der Möglichkeit eines Totalverlustes zu Geschäften einsetzt, „spekuliert" auch dann, wenn er das Verlustrisiko unzutreffend einschätzt. Der BGH setzt sich zudem in Widerspruch zu einer früheren Entscheidung, in der das Gericht zutreffend festgestellt hatte, dass ein Schaden nicht allein deswegen eintrete, weil einer gekauften Sache eine vom Verkäufer betrügerisch zugesicherte Eigenschaft fehlt, sofern die Sache ohne die zugesicherte Eigenschaft einen Wert hat, der dem Kaufpreis entspricht[364]. Vergleichbar liegt es hier, denn die vereinbarte Vergütung entsprach dem Wert der von F erbrachten Beratungs- und Vermittlungsleistungen. Des Schutzes durch § 263 StGB bedürfen die Anleger im Übrigen nicht, zum einen, weil sie zivilrechtliche Schadensersatzansprüche hinsichtlich der ohne Rechtsgrund geleisteten Entgelte haben, und zum anderen, weil §§ 49, 26 BörsG die in diesen Geschäften unerfahrenen Anleger schützt[365].

F hat sich nämlich wegen Verleitens zu Börsenspekulationsgeschäften nach § 49 i.V.m. § 26 BörsG strafbar gemacht, weil er die Anleger nicht über die Werthaltigkeit der Optionsgeschäfte täuschte, sondern deren Entscheidung auf ihrer Unerfahrenheit in diesen Geschäften beruhte (vgl. Rn. 125 f.).

---

[362] Siehe dazu Krey/*Hellmann*/Heinrich, BT 2, Rn. 694 ff.
[363] *Schröder*, HdB, 7. Kap.Rn. 107 f., 112, sieht darin einen persönlichen Schadenseinschlag.
[364] BGHSt 16, 220, 223.
[365] Vgl. BGHSt 16, 220, 223.

§ 2 Schutz der Kreditinstitute

I. Kreditbetrug (§ 265b StGB)

186 § 265b StGB wurde durch das 1. WiKG[1] in das StGB eingefügt und soll – ähnlich wie § 264a StGB (dazu Rn. 1) – eine Bestrafung im „Vorfeld" des Betruges auch dann ermöglichen, wenn dem Täter zwar die Täuschung, nicht aber die übrigen Merkmale des Betruges nachgewiesen werden können.

187 Wie bei § 264a StGB (vgl. Rn. 17 f.) ist beim Kreditbetrug das **geschützte Rechtsgut** umstritten. Die wohl h.M.[2] nimmt an, § 265b StGB schütze sowohl das Vermögen des Kreditgebers als auch die Kreditwirtschaft insgesamt. Andere[3] betrachten die Funktionsfähigkeit der Kreditwirtschaft als vorrangiges Schutzgut. Nach zutreffender Sicht[4] schützt der Tatbestand jedoch – ausschließlich – das **Vermögen des – auch ausländischen**[5] **– Kreditgebers**. Wäre die Funktionsfähigkeit des Kreditwesens Schutzgut des § 265b StGB, müsste der Tatbestand auch das Fehlverhalten von Mitarbeitern der Kreditinstitute unter Strafe stellen, da es die Kreditwirtschaft ebenfalls gefährden kann[6]. Der Tatbestand müsste zudem einen Mindestkreditbetrag nennen, da nur erschlichene Kredite in erheblicher Höhe die Kreditwirtschaft als solche gefährden können. Der Sonderausschuss verzichtete darauf aber bewusst[7] (Rn. 190). Der Schutz des Kreditwesens ist deshalb ein bloßer Reflex.

188 Der Kreditbetrug fordert keine Verletzung oder konkrete Rechtsgutsgefährdung und ist deshalb ein **abstraktes Gefährdungsdelikt**[8].

Fall 12: *– Beschränkung auf Betriebskredite –*

189 Rita Boll (B) wollte ein Dienstleistungscenter eröffnen. Sie beantragte bei der Sparkasse P ein Darlehen über 100.000 € und reichte mit ihrem Kreditantrag einen Finanzierungsplan ein, in dem sie den Anteil des Eigenkapitals mit 35.000 € auswies. Tatsächlich hatte B kaum eigene Finanzmittel. Die Bank lehnte den Kreditantrag ab, weil sie der Vermögensaufstellung der B nicht glaubte und das Unternehmenskonzept für nicht tragfähig hielt.
Wie hat sich B strafbar gemacht?

---

[1] BGBl. I 1976, 2034.
[2] BT-Drs. 7/5291, 14; BGHSt 60, 15, Rn. 42; BGH, NStZ 2015, 342, Rn. 19; *Heger*, in: L/K/H, § 265b StGB Rn. 1; W/Hillenkamp/*Schuhr*, BT 2, Rn. 740; *Schröder/Bergmann*, in: M/R, § 265b StGB Rn. 1; *Tiedemann*, Rn. 323; *Wiedner*, in: G/J/W, § 265b StGB Rn. 2 f.
[3] OLG Celle, wistra 1991, 359; OLG Stuttgart, NStZ 1993, 545; *Otto*, Jura 1983, 16, 23.
[4] BGHSt 36, 130 ff.; *Hoyer*, in: SK, § 265b StGB Rn. 6 ff.; Kindhäuser/*Hilgendorf*, LPK, § 265b StGB Rn. 1; *Park*, in: Park, Teil 3 Kap. 4.3 Rn. 2.
[5] BGHSt 60, 15, Rn. 43 ff.; *Warnecke/Thienhaus*, WM 2015, 1929, 1930 f.; *Wittig*, § 19 Rn. 2a. **A.A.** OLG Stuttgart, NStZ 1993, 545; *Saliger*, in: S/S/W, § 265b StGB Rn. 2.
[6] BGHSt 36, 130, 131; *Hellmann*, in: NK, § 265b StGB Rn. 9; *Mitsch*, BT 2, S. 454.
[7] BT-Drs. 7/5291, 15.
[8] BGH, NStZ 2011, 279; BayObLG, NJW 1990, 1677, 1678; *Hadamitzky*, in: M-G, Kap. 50 Rn. 153; Kindhäuser/*Schumann*, in: HdS 5, § 34 Rn. 117; W/Hillenkamp/*Schuhr*, BT 2, Rn. 740; *Saliger*, in: S/S/W, § 265b StGB Rn. 2; *Wittig*, § 19 Rn. 3; *Wohlers/Mühlbauer*, in: MüKo², § 265b StGB Rn. 3, betrachten den Tatbestand – wie § 264a StGB – als „Kumulationsdelikt" (dazu § 1 Fn. 60).

a) § 265b StGB

B hätte einen Kreditbetrug begangen, wenn es sich bei dem von ihr beantragten Kredit um einen **Betriebskredit** handeln würde. § 265b StGB ist nämlich auf die Konstellationen beschränkt, in denen sowohl der Kreditgeber als auch der Kreditnehmer ein Betrieb oder ein Unternehmen ist[9].

Nach der Legaldefinition des **strafrechtlichen Kreditbegriffs** in § 265b Abs. 3 Nr. 2 StGB, die nicht völlig mit der des § 19 Abs. 1 KWG übereinstimmt, gilt die Vorschrift nicht nur für die üblichen Bankkredite, also Gelddarlehen aller Art, Akzeptkredite, d.h. das Recht, auf einen Dritten einen Wechsel zu ziehen, den entgeltlichen Erwerb und die Stundung von Geldforderungen, die Diskontierung von Wechseln und Schecks, Genussscheine[10] sowie die Übernahme von Bürgschaften, Garantien[11] und sonstigen Gewährleistungen[12], sondern auch für *Warenkredite von Lieferanten*[13]. (Finanzierungs-)Leasingverträge unterfallen – trotz der Darlehensähnlichkeit – dem Kreditbegriff des § 265c Abs. 3 Nr. 2 nicht[14]. Einen bestimmten **Mindestkreditbetrag** fordert § 265b StGB nicht, da nach Einschätzung des Sonderausschusses die Beschränkung auf Betriebskredite mittelbar zu einer „gewissen" Begrenzung des Kreditvolumens führen werde[15]. 190

Sowohl Kreditgeber als auch Kreditnehmer müssen **Betriebe oder Unternehmen** sein, – d.h. auf Dauer angelegte, räumliche und organisatorische Zusammenfassungen von Personen und Sachmitteln zur Erreichung eines bestimmten, nicht notwendig wirtschaftlichen Zwecks[16] –, die **nach Art und Umfang einen in kaufmännischer Weise eingerichteten Geschäftsbetrieb** erfordern. Diese Definition ist mit der im KWG verwendeten identisch[17] (siehe dazu Rn. 142). Ob und worin sich der Begriff des **Unternehmens** von dem des Betriebs unterscheidet, ist unklar. Gemeint ist vermutlich die Verbindung mehrerer Betriebe[18] (siehe auch Rn. 1030). 191

§ 265b StGB enthält somit keine Beschränkung auf – private – Banken oder Kreditinstitute, sodass alle – auch öffentliche – Betriebe und Unternehmen, welche einen kaufmännischen Geschäftsbetrieb erfordern, z.B. Sparkassen, öffentlich-rechtlich

---

[9] BGH, NStZ 2011, 279; *Hellmann*, in: HWSt, 9. Teil 1. Kap. Rn. 7, 10; *Momsen/Laudien*, in: BeckOK-StGB, § 265b Rn. 5; *Pelz*, in: W/J/S, 9. Kap. Rn. 344.
[10] OLG Hamm, wistra 2008, 195, 197.
[11] *Fischer*, § 265b StGB Rn. 16; *Kasiske*, in: MüKo⁴, § 265b StGB Rn. 23.
[12] Zu den Kreditarten *Fischer*, § 265b StGB Rn. 10 ff.; *Tiedemann*, in: LK¹², § 265b StGB Rn. 34 ff.
[13] BT-Drs. 7/5291, 14; *Gercke/Hembach*, in: AnwK, § 265b StGB Rn 11; *Heger*, in: L/K/H, § 265b StGB Rn. 3; *Heinz*, GA 1977, 193, 214; *Hellmann*, in: HWSt, 9. Teil 1. Kap. Rn. 17; *Kindhäuser/Schumann*, in: HdS 5, § 34 Rn. 14.
[14] *Hadamitzky*, in: M-G, § 50 Rn 161; *Schröder/Bergmann*, in: M/R, § 265b StGB Rn 10. **A.A.** *Bittmann/Peschen*, NStZ 2019, 241, 247. Der BGH, NStZ 2020, 157 f., hat § 265b StGB in einem einschlägigen Fall nicht in Erwägung gezogen.
[15] BT-Drs. 7/5291, 15; näher hierzu *Hellmann*, in: NK, § 265b StGB Rn. 14.
[16] Vgl. *Fischer*, § 14 StGB Rn. 8, § 264 StGB Rn. 11; *Heger*, in: L/K/H, § 11 StGB Rn. 15; *Tiedemann*, in: LK¹², § 265b StGB Rn. 28.
[17] *Hellmann*, in: HWSt, 9. Teil 1. Kap. Rn. 11; enger offensichtlich *Kasiske*, in: MüKo⁴, § 265b StGB Rn. 11, der aus dem Bestimmtheitsgebot folgert, dass die Notwendigkeit eines solchen Geschäftsbetriebs nach allen ernsthaft in Betracht kommenden Beurteilungsmaßstäben vorliegen müsse.
[18] *Hellmann*, in: NK, § 265b StGB Rn. 17; näher *Radtke*, in: MüKo⁴, § 14 StGB Rn. 93.

organisierte Verkehrsbetriebe usw., Kreditgeber sein können[19]. Behörden und andere Einrichtungen der öffentlichen Verwaltung, die lediglich Aufsichtsfunktionen wahrnehmen, z.B. die BaFin, sind dagegen keine Betriebe oder Unternehmen[20]. Zu weit dürfte es zudem gehen, sogar den Bund oder die Länder dem Unternehmensbegriff zu subsumieren,[21] zumal ein praktisches Bedürfnis für eine solch weite Auslegung fehlt, da der allgemeine Betrugstatbestand und – soweit es sich um Subventionen handelt – § 264 StGB diese Konstellationen erfassen. § 265b StGB ist auch auf – im Inland begangene – Kreditbetrügereien gegen ausländische Kreditgeber anwendbar (Rn. 187).

191a Bei „durchlaufenden" Krediten, die von einem Kreditinstitut aus öffentlichen Mitteln gewährt werden, betrachten einige[22] das Kreditinstitut als Kreditgeber, wenn es als Vertragspartner im rechtlichen Sinn auftritt. Maßgeblich ist jedoch, wer bei einer **wirtschaftlichen Betrachtung** der „wahre" Kreditgeber ist[23], da in solchen Fällen letztlich weder das Vermögen des Kreditinstituts noch die Kreditwirtschaft gefährdet und ein solches Verhalten von § 264 Abs. 1 Nr. 1 StGB erfasst wird. Diese wirtschaftliche Sicht ist zudem im Fall der Kreditvermittlung maßgeblich. Der Vermittler ist nur dann Kreditgeber, wenn er das Kreditrisiko selbst trägt[24].

191b § 265b Abs. 1 StGB bestimmt ausdrücklich, dass die Vorschrift auch eingreift, wenn *auf der Seite des Kreditnehmers* ein Betrieb oder Unternehmen nur vorgetäuscht wird. Das ist zum einen der Fall, wenn der Kreditnehmer zwar ein Betrieb oder Unternehmen ist, Art und Umfang der Tätigkeit aber keinen in kaufmännischer Weise eingerichteten Geschäftsbetrieb erfordern und der Täter die Voraussetzungen des § 265b Abs. 3 Nr. 1 StGB nur vorspiegelt, und zum anderen, wenn das Vorhandensein eines in Wirklichkeit nicht bestehenden Betriebes oder Unternehmens vorgetäuscht wird[25]. Die abredewidrige Verwendung eines Betriebskredites zu privaten Zwecken ändert nichts an der Einstufung als Betriebskredit i.S.d. § 265b StGB[26].

192 Beantragt eine Privatperson den **Kredit für die Gründung eines Betriebes oder Unternehmens**, so handelt es sich nicht um einen Betriebskredit[27]. Der Wortlaut des § 265b StGB schließt es zwar nicht aus, auch solche „Gründungskredite" dem Tatbestand zu subsumieren, er soll aber erkennbar nur eingreifen, wenn ein Betrieb oder Unternehmen – sei es auch nur scheinbar – als Kreditnehmer auftritt. Wenn der Be-

---

[19] BGH, NStZ-RR 2016, 245 f.; *Hellmann*, in: NK, § 265b StGB Rn. 15; *Perron*, in: Sch/Sch, § 265b StGB Rn. 8; *Saliger*, in: S/S/W, § 265b StGB Rn. 3; *Wittig*, § 19 Rn. 8.
[20] *Tiedemann*, in: LK[12], § 265b StGB Rn. 28.
[21] So aber *Kindhäuser/Schumann*, in: HdS 5, § 34 Rn 123.
[22] *Kindhäuser/Hilgendorf*, in: LPK, § 265b Rn. 7; *Schröder/Bergmann*, in: M/R, § 265b StGB Rn. 16; *Tiedemann*, in: LK[12], § 265b StGB Rn. 23, 26.
[23] BGH, NStZ 2003, 539, 540; NStZ 2011, 279; *Heger*, in: L/K/H, § 265b StGB Rn. 2; *Perron*, in: Sch/Sch, § 265b StGB Rn. 5; *Saliger*, in: S/S/W, § 265b StGB Rn. 4.
[24] Ebenso *Tiedemann* in: LK[12], § 265b Rn. 27, allerdings nur für die Fälle, in denen der Vermittler nicht im eigenen Namen auftritt.
[25] BT-Drs. 7/5291, 15; *Kasiske*, in: MüKo[4], § 265b StGB Rn. 12.
[26] *Schröder/Bergmann*, in: M/R, § 265b StGB Rn 14.
[27] BayObLG, NJW 1990, 1677, 1678; *Perron*, in: Sch/Sch, § 265b StGB Rn. 1, 5; *Saliger*, in: S/S/W, § 265b StGB Rn. 4.

trieb oder das Unternehmen noch nicht existiert – und der Kreditgeber dies weiß –, ist der Kreditnehmer eine Privatperson.

§ 265b StGB scheidet hier somit aus, da B den Kredit erkennbar als Privatperson beantragte.

b) §§ 263, 22 StGB

B hat sich aber wegen versuchten Betruges strafbar gemacht.

193

Ihr **Tatentschluss** war auf eine Täuschung des für die Kreditvergabe zuständigen Sparkassenmitarbeiters über die Höhe ihres Eigenkapitals gerichtet. B rechnete damit, dass der Angestellte ihren Angaben Glauben schenken, also einen Irrtum erleiden und durch die Darlehensvergabe eine Verfügung über das Vermögen der Sparkasse („Dreiecksbetrug") vornehmen würde. Der Tatentschluss der B umfasste zudem einen Vermögensschaden, da ihr zumindest laienhaft bewusst war, dass ihr das Darlehen wegen des größeren Kreditausfallrisikos nur zu einem höheren Zins gewährt worden wäre[28]. Die von ihr erstrebte Bereicherung um den Anspruch auf Gewährung der Darlehenssumme zu einem geringeren Zinssatz war die Kehrseite des Schadens der Sparkasse. B handelte also mit Bereicherungsabsicht.

Durch die Vornahme der Täuschungshandlung hatte sie bereits einen **Teil des Betrugstatbestandes verwirklicht** und damit die Grenze zum strafbaren Versuch überschritten.

Fall 13: *– Täter des Kreditbetruges; Entscheidungserheblichkeit der Angaben –*

Steuerberaterin Michaela Mommsen (M) war Kommanditistin und steuerliche Beraterin der Mineralölfirma Bertram KG. In den Handelsbilanzen für 2020 und 2021 wies M bewusst Forderungen der Firma zu hoch und Verbindlichkeiten zu niedrig aus, sodass die Bilanzen ein gegenüber der wahren Lage um etwa 500.000 € günstigeres Bild boten. Die Bilanzfälschung hatte den Zweck, die Verlängerung eines bereits gewährten Kredits der Mittelstands-Bank, dessen Rückzahlung inzwischen fällig war, zu erreichen. Der Geschäftsführer der KG Walter (W) erkannte die Unrichtigkeit nicht und beantragte deshalb unter Vorlage der Bilanzen die Verlängerung, die von der Bank auch gewährt wurde. Die Bilanzen waren dafür allerdings nicht ursächlich, da sich der Sachbearbeiter allein an Sicherheiten, die der Bank von dritter Seite zur Verfügung standen, orientierte. Als die Bertram KG insolvent wurde, fiel die Bank jedoch mit ihrer Forderung in voller Höhe aus. M hatte damit nicht gerechnet, weil sie die Sicherheiten der Bank für ausreichend hielt. Eine Befriedigung der Bank im Insolvenzverfahren scheiterte aus Gründen, die M nicht zu vertreten hatte.

194

Hat sich M wegen Kreditbetruges strafbar gemacht?

M könnte einen Kreditbetrug nach § 265b Abs. 1 Nr. 1 StGB in **mittelbarer Täterschaft** (§ 25 Abs. 1 Alt. 2 StGB) begangen haben, indem sie den gutgläubigen W zur Beantragung der Verlängerung des Darlehens, – eines Betriebskredits, da sowohl die Bertram KG als auch die Mittelstands-Bank einen in kaufmännischer Weise eingerichteten Geschäftsbetrieb erfordern –, und zur Vorlage der gefälschten Bilanzen veranlasste.

Täter des Kreditbetruges kann nicht nur der Antragsteller bzw. eine von ihm beauftragte Person sein, sondern auch ein Dritter, der im Zusammenhang mit dem Kre-

195

---

[28] Zur Schadensberechnung bei Kreditverträgen BGH, NStZ 2012, 698, 699; NStZ 2016, 343, 344, mit krit. Anm. *Becker*; BGH, NStZ 2019, 144, Rn. 23; wistra 2019, 150, Rn. 11; Krey/*Hellmann*/Heinrich, BT 2, Rn. 694. Zum Teil wird der Schaden in der Minderwertigkeit des Rückzahlungsanspruchs im Vergleich zu der ausgereichten Darlehensvaluta gesehen, vgl. BGHSt 47, 148, 157; BGH, wistra 2010, 21, 22; 65, 66; NStZ 2016, 286, 287; wistra 2022, 200 Rn. 4; *Ransiek*, ZStW 2004, 634, 669 f.

ditantrag tätig wird[29]. Erforderlich ist lediglich, dass die Angaben oder Unterlagen **im Zusammenhang mit einem Antrag auf Gewährung, Belassung oder Veränderung der Bedingungen** eines Betriebskredits berücksichtigt werden sollen. Dieser Zusammenhang besteht, wenn die Angaben oder Unterlagen für die Erbringung der beantragten Kreditleistung (Gewährung), den Verzicht auf die rechtlich mögliche sofortige Rückforderung (Belassung) oder die Verbesserung einzelner Konditionen (Veränderung der Bedingungen) relevant sind; unrichtige Angaben, die lediglich die Einhaltung eines gültigen Kreditvertrags bewirken sollen, erfüllen den Tatbestand dagegen nicht.

196 Fraglich ist, welche Alternative des § 265b Abs. 1 StGB M – durch W – verwirklichte.
Die Vorschrift beschreibt **drei Tathandlungen**, zwei Täuschungshandlungen durch **aktives Tun**, und zwar die Vorlage unrichtiger oder unvollständiger Unterlagen (Nr. 1a) sowie das Machen *schriftlicher* unrichtiger oder unvollständiger Angaben (Nr. 1b) über vorteilhafte, entscheidungserhebliche wirtschaftliche Verhältnisse, und eine Täuschung durch **Unterlassen**, nämlich das Verschweigen von Verschlechterungen der in den Unterlagen oder Angaben dargestellten Verhältnisse (Nr. 2).

197 Der Terminus „Machen unrichtiger oder unvollständiger Angaben" ist – wie in § 264 StGB (Rn. 8) auch in § 265b Abs. 1 Nr. 1b StGB als **Täuschung über Tatsachen** zu verstehen[30]. Nach h.M.[31] soll der Kreditbetrug jedoch nicht nur Tatsachenangaben, sondern zudem Bewertungen und Prognosen erfassen. Nach der hier vertretenen Auffassung (Rn. 8) sind dagegen die diesen zugrundeliegenden äußeren und/oder inneren Tatsachen Gegenstand der Täuschung.
§ 265b Abs. 1 Nr. 1b StGB bildet den Hauptanwendungsfall und lässt der Nr. 1a nur einen schmalen Anwendungsbereich, weil der Täter auch dann schriftlich Angaben macht, wenn er von ihm selbst erstellte Unterlagen vorlegt oder sich von einem Dritten stammende schriftliche – unrichtige oder unvollständige – Unterlagen, die er im Zusammenhang mit dem Kreditantrag einreicht, zu eigen macht, z.B. indem er die Angaben in seinen Kreditantrag übernimmt und die Unterlagen nur als Nachweis dienen. § 265b Abs. 1 Nr. 1a StGB ist dagegen anwendbar, wenn der Täter die von einem Dritten angefertigten Unterlagen seinem Antrag lediglich beifügt oder wenn die von ihm selbst erstellten Unterlagen nicht der Schriftform genügen.
– Zur Unterlassungsalternative des § 265b Abs. 1 Nr. 2 StGB näher Rn. 206 –

198 Der BGH[32] würde auf unseren Fall 13 § 265b Abs. 1 Nr. 1a StGB anwenden. Bilanzen sind in der Vorschrift ausdrücklich als Beispiel für „Unterlagen" genannt. Nach der hier vertretenen Sicht hat M dagegen durch die Vorlage der unrichtigen Bilanzen – schriftlich – unrichtige Angaben im Sinne des § 265b Abs. 1 Nr. 1b StGB ge-

---

[29] Vgl. BT-Drs. 7/5291, 15; *Hellmann*, in: NK, § 265b StGB Rn. 27, 58; Kindhäuser/*Hilgendorf*, in: LPK, § 265b StGB Rn. 8; *Mitsch*, BT 2, S. 455.
[30] *Hoyer*, in: SK, § 265b StGB Rn. 11 f.; *Park*, in: Park, Teil 3 Kap. 4.3 Rn. 30.
[31] *Heger*, in: L/K/H, § 265b StGB Rn. 5; *Perron*, in: Sch/Sch, § 265b StGB Rn. 39; *Tiedemann*, in: LK^{12}, § 265b StGB Rn. 64, 78.
[32] BGHSt 30, 285 ff.

macht, da die Darstellung der Forderungen und Verpflichtungen der KG nicht mit der Realität übereinstimmt.
Für die weitere Lösung ist es im Übrigen unerheblich, ob das Verhalten § 265b Abs. 1 Nr. 1a oder Nr. 1b StGB subsumiert wird.

Der Täter muss die Angaben **schriftlich** – wofür es reicht, dass der Täter ein Protokoll seiner mündlichen Erklärung unterschreibt[33] – und **gegenüber dem Kreditgeber** machen[34]. Falschangaben gegenüber einem Dritten, z.B. einer Auskunftei oder einer Person, die für den Kreditnehmer den Antrag stellt, sind nur tatbestandsmäßig, wenn der Täter den Dritten – wie hier – als gutgläubiges Werkzeug benutzt[35]. Bei der Auslegung, ob die schriftlichen Angaben unrichtig bzw. unvollständig sind, ist nach Auffassung des BGH nicht nur auf die schriftlich verkörperten Angaben abzustellen, sondern es ist auch der Kontext, in dem sie gemacht werden, zu berücksichtigen[36]. Diese Sicht trifft zu, da bei schriftlichen Erklärungen – wie bei mündlichen – eine konkludente Täuschung möglich ist.

199

Die Angaben bzw. Unterlagen müssen **wirtschaftliche Verhältnisse** betreffen. Das sind vor allem die tatsächlichen Umstände, die für die Sicherheit des Kredits relevant sind, rechtliche Verhältnisse nur, soweit sie wirtschaftliche Auswirkungen haben.
Eine Beschränkung auf wirtschaftliche Verhältnisse des **Kreditnehmers** enthält § 265b Abs. 1 StGB nicht. Zwar erlangen in erster Linie sein Vermögensstand, z.B. Art und Höhe von Sicherheiten, Forderungen usw., und künftige Entwicklungen in seinem Bereich, z.B. die Verwendung des Kredits[37] (näher dazu *Fälle zum Wirtschaftsstrafrecht* Rn. 316 ff.), Bedeutung für die Kreditentscheidung. Im konkreten Fall können aber auch **wirtschaftliche Verhältnisse eines Dritten** relevant sein, z.B., wenn die Beurteilung der Bonität einer Forderung oder der Werthaltigkeit einer Sicherheit von dessen wirtschaftlichen Verhältnissen abhängt[38].
Informationen, welche die gesamte Branche des Kreditnehmers betreffen, z.B. deren Umsatz- und Gewinnerwartungen, gehören – entgegen einer in der Literatur vertretenen Auffassung[39] – nicht zu den wirtschaftlichen Verhältnissen im Sinne des § 265b Abs. 1 StGB, da die Vorschrift den Kreditgeber vor unrichtigen Tatsachenangaben aus der Sphäre des Kreditnehmers – zu der auch die Verhältnisse Dritter gehören können – schützen soll, weil er diese Informationen nicht selbst verifizieren kann[40]. Es ist jedoch nicht Aufgabe des Kreditnehmers, den Kreditgeber über die wirtschaftlichen Rahmendaten aufzuklären.

200

---

[33] *Hellmann*, in: HWSt, 9. Teil 1. Kap. Rn. 37; *Hoyer*, in: SK, § 265b StGB Rn. 16; *Kasiske*, in: MüKo⁴, § 265b StGB Rn. 29.
[34] *Perron*, in: Sch/Sch, § 265b StGB Rn. 23. **A.A.** *Tiedemann*, in: LK¹², § 265b StGB Rn. 59 (Anwendung auf Täuschungen eines Dritten); dagegen *Hellmann*, in: NK, § 265b StGB Rn. 43.
[35] *Hellmann*, in: NK, § 265b StGB Rn. 42, 59; *Kindhäuser/Schumann*, in: HdS 5, § 34 Rn 126.
[36] BGH, NStZ 2015, 342, Rn. 19.
[37] *Heger*, in: L/K/H, § 265b StGB Rn. 5; *Tiedemann*, in: LK¹², § 265b StGB Rn. 78.
[38] *Fischer*, § 265b StGB Rn. 23; *Hoyer*, in: SK, § 265b StGB Rn. 13; *Mitsch*, BT 2, S. 457 f.
[39] *Mitsch*, BT 2, S. 457 f.
[40] *Hellmann*, in: NK, § 265b StGB Rn. 29; *Kasiske*, in: MüKo⁴, § 265b StGB Rn. 30; ähnlich *Perron*, in: Sch/Sch, § 265b StGB Rn. 30.

201 Die unrichtigen schriftlichen Angaben – bzw. Unterlagen – der M über wirtschaftliche Verhältnisse der KG, die Höhe der Forderungen und Verbindlichkeiten, waren für den Kreditnehmer, die Mineralölfirma, **vorteilhaft**.

Vorteilhaft sind Angaben oder Unterlagen, wenn sie geeignet sind, die **konkreten Aussichten des Kreditantrags zu verbessern**[41]; die wirtschaftlichen Verhältnisse müssen also günstiger wiedergegeben werden, als es der tatsächlichen Lage entspricht. Unrichtige Angaben, die für die Beurteilung der wirtschaftlichen Verhältnisse des Antragstellers irrelevant sind, z.B. über dessen Staatsangehörigkeit oder Religion, oder diese negativer darstellen, unterfallen § 265b Abs. 1 StGB nicht.

202 Fraglich ist, ob die unrichtigen Angaben **für die Entscheidung über den Antrag erheblich** waren.

Die Kausalität der Angaben für die – positive – Kreditentscheidung ist nicht maßgeblich, da § 265b StGB keine konkrete Gefährdung oder Verletzung des Vermögens des Kreditgebers voraussetzt[42]; die Kausalität kann allenfalls ein Indiz für die Entscheidungserheblichkeit sein. In unserem Fall scheidet der Kreditbetrug somit nicht aus, weil nicht die Angaben der M, sondern die vorhandenen Sicherheiten den Sachbearbeiter der Mittelstands-Bank zur Verlängerung des Darlehens veranlassten. Eine teleologische Reduktion des Anwendungsbereichs des § 265b StGB in Fällen, in denen ein Kreditausfallrisiko durch ausreichende Sicherheiten oder gar eine Übersicherung praktisch ausgeschlossen ist, lehnt der BGH deshalb zu Recht ab[43].

203 Nach zutreffender Auffassung ist auf die **generelle Eignung zur Beeinflussung der konkreten Kreditentscheidung** abzustellen. Diese ist ex ante und aus der Sicht eines verständigen, durchschnittlich vorsichtigen Dritten unter Berücksichtigung der **Umstände des Einzelfalls** (z.B. Art des kreditsuchenden Betriebs und dessen Situation im Zeitpunkt des Kreditantrags, insbesondere Umsatz, Gewinn, Anlage- und Umlaufvermögen, Außenstände, Verbindlichkeiten usw.) festzustellen[44].

Zum Teil[45] wird zwar auch die *Parteivereinbarung* als maßgeblich erachtet, § 265b StGB stellt aber nicht bloße Vertragsverletzungen unter Strafe und bringt die **gebotene objektive Auslegung** dadurch zum Ausdruck, dass die wirtschaftlichen Verhältnisse für einen „solchen" Antrag erheblich sein müssen. Die Berücksichtigung der Parteivereinbarung würde zudem eine erhebliche Unsicherheit in den Tatbestand hineintragen, da in der Praxis häufig nicht sicher feststellbar sein wird, von welchen wirtschaftlichen Verhältnissen der Kreditgeber seine Entscheidung tatsächlich abhängig machen wollte[46].

---

[41] *Brettel*/Schneider, § 3 Rn. 312; *Hadamitzky* in: M-G, Kap. 50 Rn. 178; *Hoyer*, in: SK, § 265b StGB Rn. 40 ff.; *Mitsch*, BT 2, S. 457; *Wiedner*, in: G/J/W, § 265b StGB Rn. 48; *Wittig*, § 19 Rn. 23.

[42] LG Mannheim, wistra 1985, 158; *Kasiske*, in: MüKo⁴, § 265b StGB Rn. 33; *Perron*, in: Sch/Sch, § 265b StGB Rn. 42; *Schröder/Bergmann*, in: M/R, § 265b StGB Rn. 32; *Wittig*, § 19 Rn. 26.

[43] BGH, NStZ 2015, 342 Rn. 21.

[44] BT-Drs. 7/5291, 16; BGHSt 30, 285, 291 ff.; *Heger*, in: L/K/H, § 265b StGB Rn. 5; *Kasiske*, in: MüKo⁴, § 265b StGB Rn. 33.

[45] *Perron*, in: Sch/Sch, § 265b StGB Rn. 42: Zu berücksichtigen seien auch Umstände, auf die es dem Kreditgeber erkennbar ankommt, sofern das Abstellen darauf „nach den konkreten Verhältnissen von einem objektiven Standpunkt aus sinnvoll und vernünftig erscheint".

[46] *Hellmann*, in: HWSt, 9. Teil 1. Kap. Rn. 28; ders., in: NK, § 265b StGB Rn. 33.

Zwar lässt sich dem Sachverhalt die wirtschaftliche Gesamtsituation der Bertram KG nicht entnehmen, die nicht unerhebliche Höhe des Betrages, um den M die finanzielle Lage der KG „schönte", spricht aber dafür, dass die unrichtige Darstellung der wirtschaftlichen Verhältnisse generell geeignet war, die Entscheidung über die Verlängerung des Kredits zu beeinflussen. **204**

M hat somit den objektiven Tatbestand des § 265b Abs. 1 Nr. 1b StGB – nach Auffassung der Rechtsprechung der Nr. 1a – durch W als gutgläubiges Werkzeug verwirklicht. Da sie vorsätzlich, rechtswidrig und schuldhaft handelte, ist sie wegen in mittelbarer Täterschaft begangenen Kreditbetruges strafbar.

Der Fall zeigt im Übrigen, dass nicht in allen Fällen des Kreditbetruges zugleich ein – vollendeter oder versuchter – Betrug vorliegt. Da § 265b StGB schon die Vornahme der näher beschriebenen Täuschungshandlungen mit Strafe bedroht, der Tatbestand also auf einen Taterfolg – den Eintritt eines Vermögensschadens – verzichtet, der Vorsatz des Täters folglich auf einen solchen nicht gerichtet sein muss, ändert es an der Strafbarkeit der M nach § 265b StGB nichts, dass sie wegen der Sicherheiten einen Schaden der Mittelstands-Bank ausschloss.

Fall 14: – *Unterlassene Mitteilung von Verschlechterungen* –

Claus Conrad (C), Vorstandsmitglied der Computech AG, hatte zur Vorbereitung eines Darlehensantrags für die AG Unterlagen zusammengestellt. Darunter befand sich ein Kooperationsvertrag mit einem niederländischen Unternehmen, aufgrund dessen die Computech AG Aufträge aus den Niederlanden zu erwarten hatte. Als C den Kreditantrag unter Berufung auf den beigefügten Vertrag bei seiner Bank einreichte, hatte die niederländische Firma den Vertrag bereits gekündigt. C erwähnte dies nicht. Noch vor der Entscheidung über den Kreditantrag erfuhr der zuständige Bankangestellte zufällig von der Kündigung und versagte der AG daraufhin das Darlehen. **205**

Wie hat sich C strafbar gemacht?

a) § 265b StGB

Fraglich ist, welche Alternative des § 265b Abs. 1 StGB hier einschlägig ist.
Auf den ersten Blick scheint § 265b Abs. 1 Nr. 2 StGB vorzuliegen. Danach macht sich strafbar, wer Verschlechterungen der wirtschaftlichen Verhältnisse, wie sie in den Angaben oder Unterlagen dargestellt sind, *bei der Vorlage* nicht mitteilt. Diese Alternative ist ein **echtes Unterlassungsdelikt**[47].

§ 265b Abs. 1 Nr. 2 StGB setzt voraus, dass der Täter die Verschlechterungen der in den Angaben oder Unterlagen dargestellten wirtschaftlichen Verhältnisse **„bei der Vorlage"** nicht mitteilt. Da für deren Richtigkeit und Vollständigkeit grundsätzlich der Zeitpunkt der Übermittlung an den Kreditgeber maßgeblich ist, erfüllt die Vorlage unrichtiger oder unvollständiger Angaben bzw. Unterlagen in der Regel bereits § 265b Abs. 1 Nr. 1a oder Nr. 1b StGB[48]. Die Unterlassensalternative greift dagegen ein, wenn aus der nachträglich unrichtig gewordenen Unterlage **nicht zugleich die** **206**

---

[47] *Hoyer*, in: SK, § 265b StGB Rn. 21; *Kindhäuser/Schumann*, in: HdS 5, § 34 Rn 129; *Mitsch*, BT 2, S. 458 f.; *Momsen/Laudien*, in: NK-WSS, § 265b StGB Rn. 6; *Saliger*, in: S/S/W, § 265b StGB Rn. 16.
[48] *Heger*, in: L/K/H, § 265b StGB Rn. 6; Arzt/Weber/*Heinrich*/Hilgendorf, § 21 Rn. 100; Kindhäuser/*Hilgendorf*, LPK, § 265b StGB Rn. 12; *Mitsch*, BT 2, S. 459.

schlüssige Erklärung folgt, die wirtschaftlichen Verhältnisse des Unternehmens träfen noch immer zu. So liegt es z.B., wenn der Täter die Unterlage nicht von sich aus, sondern auf Aufforderung des Kreditinstituts einreicht[49]. Dem Täter ist dann nicht vorzuwerfen, dass er die Unterlage dem Kreditgeber zur Kenntnis gebracht hat, sondern dass er *nicht* auf die inzwischen eingetretene, entscheidungserhebliche Änderung *hingewiesen* hat.

207 Da sich C in seinem Antrag auf den mittlerweile gekündigten Vertrag bezog, erklärte er schlüssig, dass die vertragliche Beziehung noch immer bestehe. Er täuschte somit im Zusammenhang mit dem Antrag auf Gewährung eines Betriebskredits schriftlich über – vorteilhafte und entscheidungserhebliche – wirtschaftliche Verhältnisse der Computech AG. Da er vorsätzlich, rechtswidrig und schuldhaft handelte, hat er sich eines Kreditbetruges durch aktives Tun nach § 265b Abs. 1 Nr. 1b StGB schuldig gemacht.

b) §§ 263, 22 StGB

208 C hat zudem einen versuchten Betrug begangen, da er den Tatentschluss zur Begehung eines Betruges fasste, mit der Vornahme der Täuschungshandlung die Grenze zur Versuchsstrafbarkeit überschritt, rechtswidrig und schuldhaft handelte.

c) Konkurrenzen

209 Über das Konkurrenzverhältnis des Kreditbetruges zum – vollendeten oder versuchten – Betrug besteht Streit. Diejenigen, die – auch – die Funktionsfähigkeit der Kreditwirtschaft als Schutzgut des § 265b StGB ansehen, gelangen wegen der unterschiedlichen Schutzrichtungen des Kreditbetruges und des Betruges konsequenterweise zur Annahme von Tateinheit[50]. Da nach zutreffender Auffassung § 265b StGB – wie § 263 StGB – ausschließlich das Vermögen schützt, tritt der Kreditbetrug als abstraktes Gefährdungsdelikt jedoch hinter das Verletzungsdelikt Betrug wegen materieller **Subsidiarität** zurück, und zwar – entgegen einer in der Literatur vertretenen Auffassung[51] – auch hinter den Betrugsversuch[52].

C hat sich somit wegen versuchten Betruges strafbar gemacht.

Ergänzender Hinweis:

210 § 265b Abs. 2 StGB enthält eine – § 264a Abs. 3 StGB entsprechende (Rn. 25) – Regelung der **„tätigen Reue"**, die dem Täter Straffreiheit verschafft, wenn er freiwillig verhindert, dass der Kreditgeber aufgrund der Tat die beantragte Kreditleistung erbringt, oder sich der Täter freiwillig und ernsthaft um die Verhinderung der Leistungserbringung bemüht, falls die Leistung ohne sein Zutun nicht erbracht wird.

---

[49] *Hellmann*, in: NK, § 265b StGB Rn. 51; *Perron*, in: Sch/Sch, § 265b StGB Rn. 44.
[50] *Otto*, Jura 1983, 24, 31; W/Hillenkamp/*Schuhr*, BT 2, Rn. 740; *Tiedemann*, in: LK[12], § 265b StGB Rn. 113.
[51] *Heger*, in: L/K/H, § 265b StGB Rn. 10; Kindhäuser/*Hilgendorf*, LPK, § 265b StGB Rn. 18; *Kindhäuser*, JR 1990, 520, 522.
[52] BGHSt 30, 130 ff.; OLG Celle, wistra 1991, 359; *Fischer*, § 265b Rn. 3, 41; Krey/*Hellmann*/Heinrich, BT 2, Rn. 811.

II. Scheck- und Kreditkartenmissbrauch (§ 266b StGB)

§ 266b StGB trägt zwar noch die Bezeichnung Scheck- *und* Kreditkartenmissbrauch, nach der Abschaffung des Euroschecksystems zum 31.12.2001 hat die Alternative des Scheckkartenmissbrauchs aber keinen tatsächlichen Anwendungsbereich mehr[53]. Der Tatbestand erfasst also nur noch den Kreditkartenmissbrauch. Schutzgut ist allein das **Vermögen** des Kartenherausgebers[54] und nicht auch – wie zum Teil[55] behauptet wird – die Sicherheit und Funktionsfähigkeit des bargeldlosen Zahlungsverkehrs. Deren Schutz ist ein bloßer Reflex[56].

211

Fall 15: – *Benutzung einer Kundenkarte –*

Tamara Irmscher (I) hatte vor längerer Zeit eine als „Familycard" bezeichnete Kundenkarte des Möbeldiscounters Ikarus erhalten, die es ermöglicht, Waren dieser Firma auf Kredit zu erwerben. Nach ihrem Umzug kaufte I Einrichtungsgegenstände für ihre neue Wohnung zum Preis von insgesamt 2.760 €. An der Kasse legte sie der Kassiererin ihre Familycard vor und unterschrieb einen Beleg, der die Firma Ikarus zur Abbuchung des Rechnungsbetrags von dem Girokonto der I bei der Sparkasse ermächtigte, obwohl I wusste, dass ihr Konto in näherer Zukunft keine Deckung aufweisen würde. Die Sparkasse verweigerte die Abbuchung, als die Firma Ikarus den Betrag einziehen wollte.

212

Strafbarkeit der I?

a) § 266b StGB

Ob die missbräuchliche Verwendung einer Kundenkarte die Voraussetzungen des „Kreditkartenmissbrauchs" erfüllt, ist strittig.

Das „klassische" Kreditkartenverfahren ist ein **„Drei-Partner-System"**. Der *Herausgeber der Kreditkarte* („Kartenemittent") verpflichtet sich gegenüber den *Vertragsunternehmen* (Kaufhäuser, Ladengeschäfte, Restaurants, Hotels, Tankstellen usw.), Umsätze, die der *Karteninhaber* bei den Vertragsunternehmen getätigt hat, abzüglich einer Kreditkartengebühr zu erstatten, wenn die Unterschriften des Kunden auf der Kreditkarte und dem Zahlungsbeleg übereinstimmen bzw. der Kunde die korrekte PIN eingibt. Das Kreditkartenunternehmen bucht die jeweiligen Beträge anschließend monatlich vom Girokonto des Karteninhabers ab. Die kontoführende Bank nimmt die Abbuchung allerdings nur vor, wenn das Konto des Kunden Deckung aufweist bzw. ein eingeräumter „Überziehungskredit" noch nicht ausgeschöpft ist. Das finanzielle Risiko des Kreditkartengeschäfts trägt somit nicht das Vertragsunternehmen, sondern der Kartenemittent. Die Bank ist in das eigentliche Kreditkartengeschäft nicht einbezogen.

– Zu den Voraussetzungen des § 266b StGB in dieser Konstellation siehe Krey/ *Hellmann*/Heinrich, BT 2, Rn. 947 ff. –

---

[53] Ebenso *Fest/Simon*, JuS 2009, 798, 801; *Radtke*, in: MüKo⁴, § 266b StGB Rn. 8, 12.
[54] *Fischer*, § 266b StGB Rn. 2; Krey/*Hellmann*/Heinrich, BT 2, Rn. 948; *Hilgendorf*, in: S/S/W, § 266b StGB Rn. 3; *Hoyer*, in: SK, § 266b StGB Rn. 3; *Kindhäuser/Hoven*, in: NK, § 266b StGB Rn. 1; *Mitsch*, BT 2, S. 478 f.; *Radtke*, in: MüKo⁴, § 266b StGB Rn. 1.
[55] BGHSt 47, 160, 168; NStZ 1993, 283; *Bär*, in: G/J/W, § 266b StGB Rn. 3; *Heger*, in: L/K/H, § 266b StGB Rn. 1; Arzt/Weber/*Heinrich*/Hilgendorf, § 23 Rn. 42; *Tiedemann*, Rn. 1114.
[56] *Kindhäuser/Hoven*, in: NK, § 266b StGB Rn. 1; *Saliger*, in: HdS 5, § 36 Rn. 36; W/Hillenkamp/ *Schuhr*, BT 2, Rn. 841.

Erfasst sind auch die Universalkreditkarten in **Vier-Personen-Verhältnissen**, bei denen ein „Acquirer" den Rahmenvertrag mit den Vertragsunternehmen schließt und diesem die Zahlung garantiert[57]. In diesen Fällen bestehen die vertraglichen Beziehungen des Vertragsunternehmens nicht zu dem Kartenemittenten, sondern zu dem Acquirer[58].

213 Kundenkarten, in der Praxis häufig ebenfalls als Kreditkarten bezeichnet, ermöglichen es dem *Karteninhaber*, bei dem Herausgeber der Karte bis zu einem bestimmten Betrag Waren zu kaufen oder Dienstleistungen in Anspruch zu nehmen, ohne den Preis sogleich entrichten zu müssen. Die Begleichung der Forderung erfolgt stattdessen in der Regel durch Einzug des Rechnungsbetrags vom Girokonto des Karteninhabers. Zwar ist auch hier die kontoführende Bank in den Vorgang einbezogen, sie ist aber zur Überweisung des Rechnungsbetrags wiederum nur bei entsprechender Kontodeckung verpflichtet. Kundenkarten werden deshalb im sog. **„Zwei-Partner-System"** (Kartenemittent – Karteninhaber) verwendet.

Den Materialien zum 2. WiKG, das § 266b in das StGB einfügte, ist nicht eindeutig zu entnehmen, ob die Vorschrift den Missbrauch von „Kreditkarten" im Zwei-Partner-System erfassen soll. Die „Zwei-Parteien-Kreditkarte" wird zwar bei der Darstellung der gebräuchlichen Kartensysteme erwähnt, die Erläuterung der tatbestandlichen Voraussetzungen stellt aber die mit der Überlassung der Karte verbundene Garantieerklärung in den Vordergrund[59]. Ein Teil der Literatur[60] wendet § 266b StGB auch auf diese Konstellationen an, wenn der Karteninhaber unter Verwendung der Kundenkarte Waren oder Dienstleistungen auf Kredit bezieht, obwohl er die Rechnungssumme nicht begleichen kann. Diese Sicht überdehnt jedoch den Wortlaut des § 266b StGB, da Kundenkarten dem Inhaber nicht die Möglichkeit einräumen, den Aussteller zu einer Zahlung zu verpflichten, denn der Aussteller ist zugleich Gläubiger der Forderung gegen den Kunden[61]. Die Kundenkarte ermöglicht lediglich, Waren oder Dienstleistungen auf Kredit zu erlangen, ohne dass die Bonitätsprüfung bei jedem Geschäft vorgenommen wird, da sie bei Ausstellung der Karte erfolgte. Nach zutreffender Auffassung[62] unterfällt die Benutzung einer Kundenkarte § 266b StGB somit nicht, zumal die Strafbarkeitslücke, welche die Vorschrift schließen sollte, im Zwei-Partner-System in der Regel nicht besteht (Rn. 214).

I hat sich nicht wegen Kreditkartenmissbrauchs strafbar gemacht.

b) § 263 StGB

214 I hat aber einen Betrug begangen. Mit Vorlage der Kundenkarte täuschte sie die Kassiererin konkludent über eine innere Tatsache, die Überzeugung, bei Fälligkeit zur Begleichung des Rechnungsbetrags in der Lage zu sein. Die Kassiererin erlag einem entsprechenden Irrtum.

---

[57] Näher dazu *Radtke*, in: MüKo⁴, § 266b Rn. 22, 43; *Saliger*, in: HdS 5, § 36 Rn. 41.
[58] *Radtke*, in: MüKo⁴, § 266b StGB Rn. 43.
[59] BT-Drs. 10/5058, 32.
[60] *Otto*, wistra 1986, 150, 152; ders., JZ 1992, 1139 f.; *Ranft*, JuS 1988, 673, 680 f.
[61] Krey/*Hellmann*/Heinrich, BT 2, Rn. 954.
[62] BGHSt 38, 281, 282 ff.; 47, 160, 165 ff.; *Brand*, JR 2008, 496, 497; *Fest/Simon*, JuS 2009, 798, 801; *Fischer*, § 266b StGB Rn. 10a; *Kindhäuser/Hoven*, in: NK, § 266b StGB Rn. 8; *Mitsch*, BT 2, S. 480; *Radtke*, in: MüKo⁴, § 266b StGB Rn. 25, 27; *Wittig*, § 21 Rn. 20.

Dem lässt sich nicht überzeugend entgegenhalten, der Mitarbeiter des Karteneimittenten irre nicht, weil er die Bonität nicht prüfe, sich also über die Zahlungsfähigkeit und -willigkeit keine Gedanken mache[63]. Nach h.M.[64] irrt der Getäuschte nämlich schon, wenn er eine an dem konkreten Sachverhalt orientierte Vorstellung der Ordnungsmäßigkeit hat. Die Kassiererin verfügte aufgrund des täuschungsbedingten Irrtums durch die Übereignung der Waren über das Vermögen der Firma Ikarus („Dreiecksbetrug"), die einen Schaden erlitt, weil der Anspruch gegen I wegen deren Zahlungsunfähigkeit nicht dem Wert der Waren entsprach.

Ein Betrug scheidet bei dem Missbrauch einer Kundenkarte – mangels Kausalität des Irrtums für die Vermögensverfügung – allenfalls aus, wenn eine Anweisung des Kartenherausgebers an seine Mitarbeiter vorliegt, die Karte zu akzeptieren, solange sie nicht ausdrücklich gesperrt ist[65].

Da I vorsätzlich und mit Bereicherungsabsicht handelte, hat sie sich eines Betruges schuldig gemacht. Trotz Vorliegens der Betrugsvoraussetzungen sollte jedoch der Strafrahmen des § 266b StGB angewendet werden, weil das Unrecht des „Kundenkartenmissbrauchs" mit dem des Kreditkartenmissbrauchs vergleichbar ist[66].

Fall 16: – *Unberechtigte Weitergabe einer Kreditkarte an einen Dritten* –
Irina Kramer (K) überließ ihre Visa-Kreditkarte ihrer Freundin Lisa Laumann (L), damit sich diese mittels Vorlage der Karte neu einkleiden könne. L kaufte bei „Rüther-Moden" ein todschickes Kostüm zum Preis von 980 € und versah den Kreditkartenbeleg mit der täuschend echt nachgeahmten Unterschrift der K. Die Kreditkartengesellschaft erstattete dem Modehaus den Rechnungsbetrag abzüglich der Kreditkartengebühr in Höhe von 78,40 €. Als K die monatliche Abrechnung erhielt, beanstandete sie – wie von Anfang an geplant – die Buchung der 980 € mit der Begründung, ihr sei die Kreditkarte entwendet worden und der Beleg trage nicht ihre Unterschrift. Das Kreditkarteninstitut verzichtete deshalb auf die Abbuchung des Betrags von ihrem Konto.

Wie haben sich K und L strafbar gemacht?

a) Strafbarkeit der L

aa) § 266b StGB

Der Kreditkartenmissbrauch ist ein **Sonderdelikt**, das nur derjenige als Täter begehen kann, dem durch die *Überlassung der Karte durch den Aussteller* die Möglichkeit eingeräumt wurde, diesen zu einer Zahlung zu veranlassen[67].

L ist deshalb nicht aus § 266b StGB strafbar.

---

[63] So aber *Ranft*, NStZ 1993, 185, 186.
[64] OLG Hamburg, NJW 1983, 768 f.; *Heger*, in: L/K/H, § 263 StGB Rn. 18a; Krey/*Hellmann*/Heinrich, BT 2, Rn. 611.
[65] Siehe dazu *Ranft*, NStZ 1993, 185, 186.
[66] *Hellmann*, in: HWSt, 9. Teil 2. Kap. Rn. 32, 95; für eine „Sperrwirkung" des Strafrahmens *Marxen*, BGH EWiR § 266b StGB 1/93, 395, 396; dagegen *Möhrenschlager*, in: LK[12], § 266b StGB Rn. 37; *Radtke*, in: MüKo[4], § 266b StGB Rn. 28.
[67] BT-Drs. 10/5058, 32; *Knierim*, in: W/J/S, 10. Kap. Rn. 78; *Lenk*, JuS 2020, 407, 410; *Oğlakcıoğlu*, JA 2018, 338, 339; *Trück/Gruhl*, in: M-G, § 49 Rn. 75.

bb) § 263 StGB

216 L hat jedoch einen **Dreiecksbetrug** durch Täuschung der Kassiererin des Modegeschäfts über ihre Identität zum Nachteil des Kreditkartenunternehmens begangen.

Der Vertrag zwischen dem Kartenherausgeber und dem Vertragsunternehmen begründet ein besonderes Näheverhältnis des Vertragsunternehmens zum Vermögen des Kartenemittenten und räumt dem Vertragsunternehmen sogar ausdrücklich die Befugnis ein, durch das Akzeptieren der Kreditkarte über das Vermögen des Kartenherausgebers zu verfügen. Der Kartenemittent erleidet auch einen Schaden. Er muss dem Vertragsunternehmen den Preis der Ware oder Dienstleistung – abzüglich der Kreditkartengebühr – erstatten, wenn das Vertragsunternehmen seiner Pflicht zur Prüfung der Unterschriften nachgekommen ist[68] (Rn. 212). Von dem Karteninhaber kann es – aufgrund des Kreditkartenvertrags – Zahlung jedoch nur verlangen, wenn der Beleg dessen echte Unterschrift trägt. Die wegen der unberechtigten Weitergabe der Karte bestehenden Ersatzansprüche gegen K können den Schaden lediglich nachträglich beseitigen („reparatio damni") und sind deshalb für den Tatbestand des § 263 StGB irrelevant[69].

cc) § 267 StGB

217 Zum Betrug tritt in Tateinheit eine Urkundenfälschung durch Herstellen und Gebrauchen einer unechten Urkunde, da L den Kreditkartenbeleg mit dem Namenszug der K unterschrieb[70].

b) Strafbarkeit der K

aa) § 266b StGB

218 K ist als Inhaberin der Kreditkarte zwar Adressatin des § 266b StGB. In der Weitergabe der Karte an L liegt aber kein Missbrauch im Sinne der Vorschrift. Dieser setzt nämlich voraus, dass der Karteninhaber **nach außen im Rahmen seines rechtlichen Könnens handelt**, indem er den Kartenherausgeber wirksam zur Zahlung an das Vertragsunternehmen verpflichtet, **im Innenverhältnis aber die Grenzen seines rechtlichen Dürfens durch die vertragswidrige Benutzung der Karte überschreitet**, indem er nicht zum Ausgleich der vom Kartenherausgeber geleisteten Zahlung in der Lage ist[71]. Die Überlassung der Karte an einen Dritten ist zwar vertragswidrig, die Weitergabe erfolgt im Außenverhältnis aber nicht im Rahmen des rechtlichen Könnens des Inhabers, weil die Überlassung der Karte an einen Dritten den Aussteller nicht rechtswirksam zu einer Zahlung verpflichtet[72].

bb) § 263 StGB

219 K hat sich jedoch ebenfalls eines täterschaftlich begangenen Betruges schuldig gemacht. Durch die Erklärung, die Kreditkarte sei ihr entwendet worden, täuschte sie das Kreditkartenunternehmen, das daraufhin auf die Geltendmachung der gegen K bestehenden Ersatzansprüche wegen der unberechtigten Weitergabe der Kreditkarte verzichtete.

---

[68] *Hellmann/Beckemper*, JuS 2001, 1095, 1098.
[69] Vgl. Krey/*Hellmann*/Heinrich, BT 2, Rn. 693; *Radtke*, in: MüKo⁴, § 266b StGB Rn. 71.
[70] Vgl. *Hellmann/Beckemper*, JuS 2001, 1095, 1098.
[71] BT-Drs. 10/5058, 32; BGH, NStZ 1992, 278, 279; *Hilgendorf*, in: S/S/W, § 266b StGB Rn. 16; *Kindhäuser/Hoven*, in: NK, § 266b Rn. 12; *Oğlakcıoğlu*, JA 2018, 338, 341 f.
[72] *Hellmann*, in: HWSt, 9. Teil 2. Kap. Rn. 75; siehe auch BGH, NStZ 1992, 278 f.

cc) §§ 267, 27 StGB

220 Die Beihilfe zu der von L begangenen Urkundenfälschung durch Überlassen der Kreditkarte tritt in Tatmehrheit (§ 53 StGB) hinzu.

dd) §§ 263, 27 StGB

221 Fraglich ist, in welchem Konkurrenzverhältnis dazu die Beihilfe zum Betrug der L steht. Für Konsumtion spricht, dass die Beihilfe den eigenen Betrug der K vorbereitete und dem Kreditkartenunternehmen kein weitergehender Schaden entstand.

Das muss konsequenterweise auch für die Beihilfe der L zu dem Betrug der K gelten.

Ergänzende Hinweise:

222 (1) Kreditkarten sind heute auf der Rückseite mit einem Magnetstreifen versehen, der eine Verwendung der Karte zur Vornahme von **Barabhebungen an Geldautomaten** ermöglicht. Die vertragswidrige Geldentnahme an Bankomaten durch den berechtigten Karteninhaber erfüllt nach zutreffender Auffassung weder die Voraussetzungen des § 266b StGB, da die Karte nicht in ihrer Funktion als Kreditkarte, sondern als **Codekarte** benutzt wird, noch mangels Täuschungsähnlichkeit des Verhaltens die des Computerbetruges (§ 263a StGB)[73].

– Eingehend dazu Krey/*Hellmann*/Heinrich, BT 2, Rn. 853 ff. –

223 (2) Der vertragswidrige Einsatz einer „ec-Karte" zur Bezahlung von Waren im **Point-of-Sale-Verfahren** („elektronisches Lastschriftverfahren"), auch als electronic cash (daher ec) bezeichnet, unterfällt § 266b StGB nicht, da es sich bei der Codekarte weder um eine Euroscheckkarte noch um eine Kreditkarte handelt[74].

223a (3) Kreditkarten können im **Fernabsatz** eingesetzt werden, indem der Karteninhaber eine Bestellung per Telefon, Telefax oder Internet vornimmt und dem Vertragsunternehmen des Kartenemittenten lediglich seine Kreditkartendaten – ggf. auch den Sicherheitscode (CVC bzw. CVV) – sowie seine Anschrift mitteilt. Der Kartenherausgeber bzw. der Acquirer ist dann gegenüber dem Vertragsunternehmen verpflichtet, die Forderung gegen den Kunden – abzüglich der Kreditkartengebühr – zu erstatten, wenn das Vertragsunternehmen die Kundendaten bei dem Kartenherausgeber abgefragt hat[75]. Die formularmäßige Überwälzung des Missbrauchsrisikos auf die Vertragsunternehmen ist wegen Verstoßes gegen § 9 AGBG unwirksam[76]. In dieser Konstellation liegt somit ein Kreditkartenmissbrauch vor, wenn der Karteninhaber unter Verwendung der Daten seiner Kreditkarte Waren oder Dienstleistungen erlangt, ohne zu einem Ausgleich der Forderung gegenüber dem Kreditkartenemittenten in der Lage zu sein. Damit entspricht der missbräuchliche Einsatz einer Kreditkarte durch den Karteninhaber im Fernabsatz der herkömmlichen Benutzung durch Vorlage bei dem Vertragsunternehmen.

---

[73] Siehe den Überblick über besondere Fallgestaltungen der missbräuchlichen Verwendung von Codekarten *Hellmann*, in: HWSt, 9. Teil 2. Kap. Rn. 74 ff.
[74] Näher dazu *Hellmann*, in: HWSt, 9. Teil 2. Kap. Rn. 84 ff.
[75] Siehe dazu BGH, NJW 2002, 2234 ff.; *Meder*, NJW 2002, 2215 f.
[76] BGH, NJW 2002, 2234 ff.; die gegen diese Entscheidung von dem Kreditkartenunternehmen eingelegte Verfassungsbeschwerde hat das BVerfG nicht zur Entscheidung angenommen.

III. Untreue durch Kreditgewährung

Fall 17: *– Pflichtwidrigkeit der Kreditvergabe –*

224 Rainer Klose (K) war Vorstandsmitglied der Hansa Investment und Kreditbank AG (HIK) und für den Geschäftskundenbereich zuständig. Im Januar 2021 wandte sich Joachim Schneider (S), der Geschäftsführer der Mall Bonn GmbH an die HIK und beantragte für die Mall Bonn GmbH & Co. KG, deren Komplementärin die GmbH war, einen Kredit in Höhe von 62 Mio. € für den Bau eines Einkaufszentrums. Die KG war eine Objektgesellschaft, ihr Unternehmenszweck beschränkte sich also auf die Errichtung und Unterhaltung des Einkaufszentrums. Mit dem Bau hatte die KG bereits 2018 mit Mitteln der Deutschen Bank und der Commerzbank begonnen. Die beiden Banken stellten jedoch ihre Kredite fällig. S legte K den Jahresabschluss 2019 vor, nach der die GmbH über ein Eigenkapital in Höhe von 17 Mio. € verfügte, tatsächlich waren es nur 2,8 Mio. €. Außerdem fügte er ein Sachverständigengutachten des Günter Großmann (G) bei, in dem der Wert des Objekts mit 81 Mio. € angegeben war. S hatte G bereits im August 2020 mit der Erstellung des Gutachtens beauftragt, wobei zwischen S und G stillschweigende Einigkeit darüber herrschte, dass G in dem Gutachten einen überhöhten Wert angeben sollte. G prognostizierte Mietzahlungen, die weit über den voraussichtlich zu realisierenden Einnahmen lagen. Die hohen Mieten rechtfertigte er mit der guten Lage und der exquisiten Ausstattung der Mall; bei der Beschreibung beider Umstände entsprach seine Einschätzung jedoch nicht der Wirklichkeit. G wusste zwar nicht, welchem Zweck dieses Gutachten dienen sollte, er erkannte aber, dass mit Hilfe der falschen Wertangabe entweder Kommanditanteile zu einem erhöhten Preis verkauft werden sollten oder S das Objekt zu hoch beleihen wollte.

K schenkte den Unterlagen Glauben, ohne sie im Einzelnen zu prüfen. Andere Unterlagen forderte er nicht an. Gegen die Bestellung von Grundschulden bewilligte K – nach einem Beschluss des Vorstandes – den Kredit. In der Folgezeit kam es zu Nachfinanzierungen; K gab noch – wieder nach Vorstandsbeschlüssen – zwei Kredite in Höhe von jeweils 18 Mio. € aus, die durch Grundschulden gesichert wurden.

Im April 2022 stellte S die Zinszahlungen ein; zu einer Tilgung der Kredite war es bis dahin nicht gekommen. Bei der Verwertung der Grundschulden konnte die Bank lediglich 21 Mio. € realisieren.

Wie haben sich die Beteiligten strafbar gemacht?

a) Strafbarkeit des K nach § 266 Abs. 1, 1. Alt. StGB

K ist tauglicher Täter der Untreue, da Vorstandsmitglieder zur **Wahrnehmung der Vermögensinteressen** der AG verpflichtet sind[77]. Er müsste die ihm eingeräumte Befugnis, durch die Vergabe der Kredite an die KG rechtswirksam über das Vermögen der HIK zu verfügen, missbraucht, d.h. die ihm im Innenverhältnis zur HIK eingeräumten Befugnisse überschritten haben[78].

225 Die Vergabe von Krediten ist in aller Regel ein **Risikogeschäft** (näher dazu Rn. 237), weil die Rückzahlung der Darlehenssumme – nebst Zinsen – erst in der Zukunft erfolgen wird und Umstände eintreten können, die eine vollständige Erfüllung der Forderung durch den Kreditnehmer verhindern. Dennoch ist die Vergabe von Krediten durch den zuständigen Mitarbeiter einer Bank wegen des beschriebe-

---

[77] Siehe nur BGH, NJW 1988, 2483, 2485; *Perron*, in: Sch/Sch, § 266 StGB Rn. 25; eingehend zur „Vorstandsuntreue" *Brammsen*, wistra 2009, 85 ff.
[78] Näher dazu Krey/*Hellmann*/Heinrich, BT 2, Rn. 903 ff.

nen Risikos für das betreute Vermögen selbstverständlich nicht generell pflichtwidrig, zumal die Kreditvergabe gerade einen wichtigen Geschäftsbereich der Banken bildet. Der bloße Umstand, dass der Kredit später notleidend wird, ändert daran nichts, da die Strafbarkeit wegen Untreue nach den Gegebenheiten im Zeitpunkt der Vornahme der Tathandlung zu beurteilen ist[79]. Der Missbrauch der Verfügungsbefugnis kann also nur aus einer Verletzung gesetzlicher[80] oder vertraglich vereinbarter Pflichten bei der Kreditvergabe folgen.

Anhaltspunkte dafür, dass K gegen die Vorschriften der Verordnung (EU) Nr. 575/2013[81] i.d.F. der Verordnung (EU) 2019/63[82] und des KWG zur **Vergabe von Großkrediten** verstieß, enthält der Sachverhalt nicht. **226**

Nach Maßgabe des Art. 392 Verordnung (EU) Nr. 575/2013 handelt es sich um einen Großkredit, wenn die Gesamtsumme der Kredite an einen Kreditnehmer oder eine Gruppe verbundener Kreditnehmer insgesamt 10 % des haftenden Eigenkapitals des Kreditinstituts erreicht oder überschreitet. Ob dies hier der Fall war, ist dem Sachverhalt nicht zu entnehmen.

K könnte aber seine im Innenverhältnis zu der HIK bestehende Pflicht, die **Risiken** gegen die Gewinnchancen des Kredits **abzuwägen**, verletzt haben. **227**

Der BGH[83] hat einige Anhaltspunkte aufgeführt, die für eine nicht ausreichende Risikoprüfung sprechen. Eine Pflichtverletzung liege insbesondere nahe, wenn

(1) Informationspflichten verletzt wurden,
(2) die Entscheidungsträger nicht die erforderliche Befugnis besaßen,
(3) im Zusammenhang mit der Kreditgewährung unrichtige oder unvollständige Angaben gegenüber Mitverantwortlichen oder zur Aufsicht befugten oder berechtigten Personen gemacht wurden,
(4) die vorgegebenen Zwecke nicht eingehalten wurden,
(5) die Höchstkreditgrenzen überschritten wurden oder
(6) die Entscheidungsträger eigennützig handelten.

Einige Merkmale sind nicht lediglich Indizien für eine Pflichtverletzung. Bei einer Kreditvergabe ohne die erforderliche Befugnis (2) und unter Überschreitung der Höchstkreditgrenzen (5) liegt ein Missbrauch der Verfügungsbefugnis sicher vor. **228**

Von besonderer praktischer Bedeutung ist die Verletzung von Informationspflichten bei der Kreditvergabe. Es entspricht banküblichen Grundsätzen, Kredite nur nach **umfassender Prüfung** zu gewähren[84]. **229**

---

[79] BGHSt 46, 30, 34; zust. *Dierlamm/Links*, NStZ 2000, 656; *Dierlamm/Becker*, in: MüKo⁴, § 266 StGB Rn. 267; *Hellmann*, ZIS 2007, 433, 438; *Knauer*, NStZ 2002, 399; *Schmitt*, BKR 2006, 125, 127.
[80] Eine generelle Grenze bezeichnet bei Aktiengesellschaften § 93 Abs. 1 S. 1 AktG, nach dem die Vorstandsmitglieder bei ihrer Geschäftsführung die „Sorgfalt eines ordentlichen und gewissenhaften Geschäftsleiters" anzuwenden haben; jedenfalls gravierende Verletzungen dieses Grundsatzes können den Untreuetatbestand erfüllen; näher dazu BGH, NStZ 2017, 227, 229 ff. (Fall HSH Nordbank).
[81] ABl. Nr. L 176 vom 27.06.2013, 1.
[82] ABl. Nr. L 111 vom 18.01.2019, 94.
[83] BGHSt 46, 30, 34.
[84] BGH, wistra 2010, 21, 23 f.

§ 18 S. 1 KWG schreibt zudem ausdrücklich vor, dass ein Kreditinstitut eine Kreditsumme von mehr als 750.000 € oder 10 % des Kernkapitals nach Art. 25 der Verordnung (EU) Nr. 575/2013 nur gewähren darf, wenn es sich von dem Kreditnehmer die wirtschaftlichen Verhältnisse, insbesondere durch Vorlage der Jahresabschlüsse, offenlegen lässt. Von dem Verlangen nach Offenlegung darf u.a. gemäß § 18 S. 2 KWG nur abgesehen werden, wenn es wegen vorhandener Sicherheiten offensichtlich unbegründet wäre. Der **Bußgeldtatbestand** des § 56 Abs. 2 Nr. 5 KWG soll die Einhaltung dieser – dem Schutz des einzelnen Kreditinstituts und seiner Einleger dienenden – Pflicht zur umfassenden und sorgfältigen Bonitätsprüfung und damit zu einem risikobewussten Kreditvergabeverhalten absichern. § 56 Abs. 2 Nr. 5 KWG verweist allerdings auf Abs. 1 S. 1 des § 18 KWG; da Abs. 2 dieser Vorschrift 2016 gestrichen wurde, geht der Verweis – derzeit – ins Leere, sodass kein wirksamer Bußgeldtatbestand existiert. Das Fehlen einer gültigen Verweisungsnorm kann nicht im Wege der Auslegung als „Redaktionsversehen" überwunden werden, weil der ausdrückliche Gesetzeswortlaut dem entgegensteht[85].

Die Konkretisierung des § 18 S. 1 KWG, die das Bundesaufsichtsamt für das Kreditwesen (BAKred, inzwischen in der BaFin aufgegangen; Rn. 72) 1998 in einem Rundschreiben an alle Kreditinstitute vorgenommen hatte, hob die BaFin 2005 auf. Die von der BaFin aufgestellten „Mindestanforderungen an das Risikomanagement" (MaRisk)[86] dienen zwar in erster Linie der Neugestaltung des bankaufsichtsrechtlichen Überwachungsprozesses, enthalten aber auch Anforderungen, die bei Kreditbewilligungen im Einzelfall zu beachten sind[87].

230 Das KWG regelt zwar an sich die Außenbeziehungen der Kredit- und Finanzdienstleistungsinstitute[88], in ihm kommen aber auch bankübliche Grundsätze zum Ausdruck, deren Beachtung die Bank – bei Fehlen einer abweichenden Willensäußerung – von ihren Mitarbeitern erwartet. Die Kreditvergabe unter Verletzung des § 18 S. 1 KWG wird **in der Regel auch pflichtwidrig im Sinne des § 266 StGB** sein[89]. Das ist allerdings keine zwingende Folge[90], denn der Täter kann der im Rahmen des § 266 StGB zu beachtenden Informationspflicht auch anders als durch Einsichtnahme in den Jahresabschluss nachkommen. Es muss sich jedoch um gleichwertige Informationsquellen handeln[91].

231 Die Anwendung dieser Grundsätze auf unseren Fall 17 ergibt, dass K bei der Vergabe der Kredite an die Mall Bonn GmbH & Co. KG die im Innenverhältnis zur HIK bestehenden Grenzen seiner Verfügungsbefugnis überschritten, diese somit missbraucht hat:

---

[85] Vgl. BVerfG, wistra 2003, 255, 257 f., zu dem ähnlichen Redaktionsversehen in § 370 Abs. 7 AO a.F. Eingehend dazu *Schröder*, Europäische Richtlinien und deutsches Strafrecht, 2002, S. 163 ff.
[86] Aktuelle Fassung Rundschreiben 10/2021 vom 16.8.2021; abrufbar unter www.bafin.de.
[87] *Schmitt*, BKR 2006, 125, 128 f.
[88] Krit. zur Herleitung von bankinternen Pflichten bei der Kreditvergabe aus dem KWG deshalb *Seier/Lindemann*, in: HWSt, 5. Teil 2. Kap. Rn. 284 ff.
[89] BGH, wistra 1985, 190; BGHSt 47, 148, 150 ff.; *Hellmann*, ZIS 2007, 433, 438.
[90] *Dierlamm/Links*, NStZ 2000, 656; *Knauer*, NStZ 2002, 399, 400.
[91] BGHSt 46, 30, 32; 47, 148, 152; *Hellmann*, ZIS 2007, 433, 438; *Klanten*, DStR 2002, 1190; *Schmitt*, BKR 2006, 125, 128.

Eine Verletzung der Informationspflicht des § 18 S. 1 KWG liegt vor, weil sich K nur den Jahresabschluss 2019 vorlegen ließ und keine nähere Prüfung der sonstigen relevanten Umstände vornahm. Mit der Vermietbarkeit des Objekts beschäftigte er sich nicht. Das Gutachten des G allein genügte zur Feststellung der Werthaltigkeit des Objekts nicht, zumal das Gutachten von dem Kreditnehmer in Auftrag gegeben worden war. K hätte zudem Erkundigungen zu den Gründen für die Fälligstellung der Kredite durch die Deutsche Bank und die Commerzbank einholen müssen.

Durch die missbräuchliche Kreditvergabe entstand der HIK auch ein **Nachteil** (= Vermögensschaden). Der Schaden – in Höhe des erschlichenen Zinsvorteils (Rn. 193) – besteht bereits im Zeitpunkt des Eingehens des Darlehensvertrages. 232

Der Nachweis des **Untreuevorsatzes**, insbesondere der Kenntnis der Pflichtwidrigkeit und des Schadens, begegnet in der Praxis nicht selten erheblichen Schwierigkeiten[92]. Bei einer gravierenden Verletzung der Informations- und Prüfungspflichten und einer erheblich über dem allgemeinen Rückzahlungsrisiko liegenden Gefährdung des Rückzahlungsanspruchs liegt jedoch die Annahme nahe, dass der Täter einen Schaden der Bank erkannt und gebilligt hat[93]. 233

Bei lebensnaher Betrachtung handelte K vorsätzlich. Er wusste, dass sich die KG offensichtlich in finanziellen Nöten befand und er trotz des großen Umfangs der Kredite die Vermögensverhältnisse der KG nur einer oberflächlichen Prüfung unterzog. Dies legt den Schluss nahe, dass er die Schädigung des Vermögens der HIK billigend in Kauf nahm.

Da K zudem rechtswidrig und schuldhaft handelte, hat er sich also wegen Untreue strafbar gemacht.

– Zur Untreue durch Bankmitarbeiter bei der Kreditvergabe siehe auch *Fälle zum Wirtschaftsstrafrecht* Rn. 327 ff. –

Der – mangels gültigen Verweises derzeit unwirksame (Rn. 229) – Bußgeldtatbestand des § 56 Abs. 2 Nr. 5 i.V.m. § 18 Abs. 1 S. 1 KWG würde hinter § 266 StGB zurücktreten (§ 21 Abs. 1 S. 1 OWiG), weil beide Tatbestände durch dieselbe Handlung verwirklicht wurden; die zum Teil unterschiedlichen Schutzrichtungen der Vorschriften ändern daran nichts[94]. 234

b) Strafbarkeit des S

Indem S im Zusammenhang mit einem Antrag auf Gewährung eines Betriebskredits den Kreditgeber vorsätzlich durch schriftliche unrichtige Angaben über vorteilhafte und entscheidungserhebliche wirtschaftliche Verhältnisse des Kreditnehmers täuschte, hat er sich des **Kreditbetruges** nach § 265b Abs. 1 Nr. 1b StGB schuldig gemacht (dazu Rn. 197 f.). 235

Da die – vorsätzlich und mit (Dritt-)Bereicherungsabsicht begangene – Täuschungshandlung des S „erfolgreich" war, K also den Angaben Glauben schenkte und daraufhin durch die Kreditbewilligung eine das Vermögen der HIK schädigende Verfügung vornahm, hat S zudem einen **Betrug** verwirklicht, hinter den der Kreditbetrug zurücktritt (Rn. 209).

c) Strafbarkeit des G

G hat durch die Anfertigung des sachlich unrichtigen Gutachtens die vorsätzliche, rechtswidrige Haupttat des S, den Betrug, gefördert, also im Sinne des § 27 StGB Hilfe geleistet. 236

---

[92] *Kühne*, StV 2002, 198.
[93] BGHSt 47, 148, 157; *Hellmann*, ZIS 2007, 433, 443; krit. *Kiethe*, BKR 2005, 177, 185; *Ransiek*, ZStW 2004, 634, 638 ff., 670 f.
[94] Vgl. OLG Köln, NJW 1982, 296; *Mitsch*, in: KK-OWiG, § 21 Rn. 1.

Fraglich ist, ob G **Beihilfevorsatz** hatte, da er den genauen Verwendungszweck des Gutachtens nicht kannte und deshalb nicht wusste, welche konkrete Haupttat er förderte.

Im Gegensatz zum Anstiftervorsatz, der nach Auffassung der Rechtsprechung[95] auf eine in ihren wesentlichen Merkmalen oder Grundzügen konkretisierte Tat gerichtet sein muss, liegt Beihilfevorsatz bereits vor, wenn der Gehilfe dem Täter ein entscheidendes Tatmittel in die Hand gibt und damit bewusst das Risiko erhöht, dass der Täter eine Haupttat verübt, die typischerweise unter Einsatz dieses Mittels begangen wird[96]. Da der Gehilfe häufig einen von der Haupttat losgelösten Beitrag erbringt, genügt es für den Vorsatz, dass er die Förderung einer fremden Haupttat billigend in Kauf nimmt.

G war bewusst, dass S das unrichtige Gutachten zur Täuschung potenzieller Anleger oder eines Kreditgebers über den Wert des geplanten Einkaufszentrums benutzen konnte. Indem er S das Gutachten dennoch aushändigte, nahm er die Verwendung zur Begehung eines Betruges billigend in Kauf. Er hat sich folglich wegen Beihilfe zum Betrug, §§ 263, 27 StGB, strafbar gemacht.

Die Beihilfe zum Kreditbetrug tritt im Wege der Gesetzeskonkurrenz hinter die Beihilfe zum Betrug zurück.

Ergänzender Hinweis:

237 Die Darlehensvergabe ist der „klassische" Fall eines **Risikogeschäfts**, weil sie in aller Regel Gefahren für das Vermögen des Kreditgebers birgt, indem bei Vertragsabschluss bzw. Ausreichung des Darlehens unsicher ist, ob der Darlehensnehmer in der Lage sein wird, die Kreditsumme nebst Zinsen bei Fälligkeit zu zahlen. Ähnliche Risiken treten bei anderen **Vorleistungsgeschäften** (insbesondere der Übereignung einer Sache unter Einräumung einer Zahlungsfrist) auf. Weitere Typen von Risikogeschäften sind **Spekulationsgeschäfte** (z.B. Börsen- und Termingeschäfte)[97], bei denen durch eine ungünstige Kursentwicklung nachträglich ein Verlust eintreten kann, **Sanktionsfälle** (etwa „Schmiergeldzahlungen" oder Vornahme strafbarer Geschäfte), die trotz ursprünglicher Vorteilhaftigkeit im Falle der Verhängung einer finanziellen Sanktion, z.B. der Anordnung der Einziehung von Taterträgen gem. §§ 73 ff. StGB, im Nachhinein zu einem Nachteil führen, und **Investitionsgeschäfte** (wie Ausgaben für Werbung, Forschung oder Lagerhaltung), bei denen unsicher ist, ob die erbrachten Aufwendungen vorteilhafte Folgegeschäfte bewirken werden. Die Anwendung des Untreuetatbestands wirft in den einzelnen Konstellationen unterschiedliche dogmatische Probleme auf[98].

---

[95] BGHSt 34, 63, 66 f. Die Literatur ist zum Teil weniger streng und lässt es genügen, dass der Täter die wesentlichen Dimensionen des Unrechts erkennt, *Roxin*, AT II, § 26 Rn. 136.
[96] BGHSt 42, 135, 138, mit Anm. *Roxin*, JZ 1997, 210, *Scheffler*, JuS 1997, 598, und *Schlehofer*, StV 1997, 412; BGH, wistra 2000, 382; NStZ-RR 2000, 326.
[97] Zur Untreue durch Vornahme von Spekulationsgeschäften mit Derivaten durch Kommunen BGH, ZWH 2019, 50 ff., mit Anm. *Strauß* und *Schneider*, NZWiSt 2019, 234 f.
[98] Eingehend dazu *Hellmann*, ZIS 2007, 433 ff.

IV. Barauszahlung per Kreditkartenbeleg

Fall 18: – *Erschleichen der Erstattung von Barauszahlungen* –

Edita Spar (S), Inhaberin eines kleinen Delikatessenladens, half ihrer treuen Kundin Andrea Alt (A) bei der Bewältigung eines „Liquiditätsengpasses", indem sie die „Euro-Express"-Kreditkarte der A an vier Tagen im März mit mehreren hundert Euro belastete und die Beträge – abzüglich der von dem Kreditkarteninstitut beanspruchten Gebühr – an A bar auszahlte. Die von S der Kreditkartengesellschaft vorgelegten Belege erweckten den Eindruck, sie beträfen Warenlieferungen, sodass die Gesellschaft die Beträge erstattete. Die Bank der A verweigerte jedoch die Abbuchung des Abrechnungsbetrages, da A den Dispositionskredit ihrer Bank bereits vollständig ausgeschöpft hatte.

Strafbarkeit von S und A?

238

a) Strafbarkeit der S

aa) § 54 Abs. 1 Nr. 2 i.V.m. § 32 Abs. 1 S. 1 KWG

S könnte ein Bankgeschäft ohne die erforderliche Erlaubnis betrieben haben.
Die Gewährung von Gelddarlehen ist zwar nach § 1 Abs. 1 S. 2 Nr. 2 KWG ein Bankgeschäft (Rn. 137 ff.). **Erlaubnispflichtig** ist das Betreiben von Bankgeschäften nach § 32 Abs. 1 S. 1 KWG aber nur, wenn es gewerbsmäßig geschieht oder das Geschäft einen Umfang hat, der einen kaufmännisch eingerichteten Geschäftsbetrieb erfordert.
Zwar handelt es sich bei dem Delikatessengeschäft um einen kaufmännisch eingerichteten Geschäftsbetrieb, der S zudem als Einnahmequelle dient, sodass sie es gewerbsmäßig führt (vgl. Rn. 141). Die Darlehensgewährung – auf diese kommt es in unserem Zusammenhang nur an – sollte S aber keine zusätzlichen Einnahmen verschaffen und erforderte wegen der geringen Zahl der Vorgänge auch keinen kaufmännisch eingerichteten Geschäftsbetrieb[99].
S ist also nicht wegen Betreibens erlaubnispflichtiger Bankgeschäfte strafbar.

bb) § 263 StGB

Sie hat aber einen Betrug begangen.
Durch die Vorlage der Kreditkartenbelege spiegelte sie dem Kreditkarteninstitut vor, Waren in dem angegebenen Wert an den Karteninhaber geleistet zu haben, und verursachte dadurch einen entsprechenden Irrtum, der den Sachbearbeiter zu einer Verfügung über das Vermögen der Kreditkartengesellschaft veranlasste. Der Kartenherausgeber erlitt einen Schaden, weil S keinen Zahlungsanspruch gegen ihn hatte. Die Verträge mit den Vertragsunternehmen sehen nämlich nur eine Erstattung des Rechnungsbetrages für Waren und Dienstleistungen vor, dagegen nicht den Ersatz einer Barauszahlung.
S hatte Vorsatz und (Eigen-)Bereicherungsabsicht, da sie eine Erstattung der an A ausgereichten Geldbeträge erreichen wollte.

239

b) Strafbarkeit der A

aa) § 266b StGB

Die Anwendbarkeit des § 266b StGB auf Fälle, in denen der Kreditkarteninhaber die **bloße faktische Möglichkeit, den Herausgeber zu einer Zahlung zu veranlassen**,

240

---

[99] Vgl. KG, WM 1992, 219 ff.: Kaufmännisch betriebenes Kreditgeschäft erst bei mehr als 100 Einzelkrediten oder einem Gesamtkreditvolumen von einer Mio. DM durch mehr als 20 Einzeldarlehen.

ausnutzt, ohne dass eine rechtswirksame Verpflichtung zur Erstattung des Betrags an das Vertragsunternehmen zustande kam, ist strittig. Zum Teil[100] wird unter Berufung auf den – vermeintlich eindeutigen – Wortlaut (*„Möglichkeit den Aussteller zu einer Zahlung zu veranlassen"*) ein Kreditkartenmissbrauch angenommen. Diese Ansicht übersieht jedoch, dass § 266b StGB ein untreueähnliches Delikt ist und die **den Missbrauch prägende Voraussetzung** nur vorliegt, wenn der Karteninhaber das Kreditkartenunternehmen (zivil-)rechtlich zur Zahlung verpflichten „kann" und es einen Schaden erleidet, weil es aufgrund dieser rechtlichen Verpflichtung dem Vertragsunternehmen den Rechnungsbetrag erstatten muss. Zahlt der Kartenemittent dagegen, weil er über das zugrunde liegende Geschäft getäuscht wird, so scheidet § 266b StGB aus[101].

Da das Vertragsunternehmen im Falle der Barauszahlung keinen Erstattungsanspruch gegen den Kartenherausgeber erwirbt, hat sich A nicht wegen Kreditkartenmissbrauchs strafbar gemacht.

bb) §§ 263, 25 Abs. 2 StGB

241 A ist jedoch aufgrund des kollusiven Zusammenwirkens mit S wegen eines mit dieser in Mittäterschaft begangenen Betruges strafbar[102]. Der erstrebte Vorteil – die Auszahlung des Geldbetrages durch S – stellt die Kehrseite des Schadens des Kreditkarteninstituts dar, ist mit jenem also **„stoffgleich"**.

Ergänzender Hinweis:

242 Nach der hier vertretenen Auffassung stellt sich kein Konkurrenzproblem, da nur Betrug vorliegt. Die Gegenauffassung, die sowohl § 266b StGB als auch § 263 StGB annimmt, beurteilt das Konkurrenzverhältnis nicht einheitlich. Zum Teil wird Tateinheit (§ 52 StGB) bejaht[103], nach anderer Meinung[104] tritt § 266b StGB als mitbestrafte Vortat zurück, da der Kreditkartenmissbrauch nur Durchgangsstadium für den späteren Betrug sei und das geschützte Rechtsgut weniger beeinträchtige als § 263 StGB. Die h.M. betrachtet § 266b StGB als lex specialis[105].

---

[100] *Küpper*, NStZ 1988, 60, 61.
[101] Vgl. *Hellmann*, in: HWSt, 9. Teil 2. Kap. Rn. 43; *Perron*, in: Sch/Sch, § 266b StGB Rn. 9; *Ranft*, JuS 1988, 673, 678.
[102] So in einem ähnlichen Fall BGHSt 33, 244, 247; *Hellmann*, in: HWSt, 9. Teil 2. Kap. Rn. 43; *Küpper*, NStZ 1988, 60, 61.
[103] *Schlüchter*, Zweites Gesetz zur Bekämpfung der Wirtschaftskriminalität, 1987, S. 116.
[104] *Küpper*, NStZ 1988, 60, 61.
[105] BGH, NStZ 1987, 120; KG, JR 1987, 257 f.; OLG Hamm, MDR 1987, 514 f.; *Perron*, in: Sch/Sch, § 266b StGB Rn. 14; *Radtke*, in: MüKo⁴, § 266b StGB Rn. 78.

ZWEITER ABSCHNITT:

Insolvenz- und Bilanzstrafrecht

§ 3 Insolvenzstraftaten

Die damals **Bankrotttatbestände** genannten Delikte waren ursprünglich im RStGB geregelt, wurden aber bereits 1879 der Konkursordnung zugewiesen (§§ 239 – 244 KO). Das 1. WiKG führte sie 1976 – unter der Bezeichnung „**Konkursstraftaten**" – an ihren alten Standort in den 24. Abschnitt des StGB zurück, fasste die Tathandlungen weiter, dehnte die Fahrlässigkeitstatbestände aus und ersetzte die Gläubigerbenachteiligungsabsicht durch das Merkmal der „Krise". Mit Inkrafttreten der Insolvenzordnung (InsO) im Jahr 1999, die das in Westdeutschland geltende Konkurs- und Vergleichsverfahren und das auf dem Gebiet der ehemaligen DDR anwendbare Gesamtvollstreckungsverfahren zu einem einheitlichen Insolvenzverfahren zusammenfasste, wurde auch die strafrechtliche Terminologie angepasst; nun trägt der 24. Abschnitt die Überschrift **Insolvenzstraftaten**. 243

I. Bankrott (§ 283 StGB)

§ 283 StGB enthält die zentrale Vorschrift der Insolvenzdelikte. Der Tatbestand dient dem Schutz der Gläubiger vor einer Beeinträchtigung ihrer Ansprüche auf Befriedigung[1]. Der Bankrott ist deshalb ein **Vermögensdelikt**[2]. Als weitere Schutzgüter werden in der Literatur zum Teil die Funktionsfähigkeit der Gesamtwirtschaft[3] und der sowie die Interessen der Arbeitnehmer an der Erhaltung ihres Arbeitsplatzes und die Funktionsfähigkeit der Kreditwirtschaft[4] genannt. Nach zutreffender Auffassung[5] handelt es sich dabei jedoch um bloße Schutzreflexe. 244

§ 283 StGB wird zum Teil als **abstraktes Gefährdungsdelikt** bezeichnet, wobei jedoch anerkannt ist, dass diese Kategorisierung den Charakter des Bankrotts nur unzureichend beschreibt[6], weil der Tatbestand weder eine Schädigung noch generell eine konkrete Gefährdung des Vermögens des einzelnen Gläubigers voraussetzt, die Bankrotthandlungen aber in einem Zusammenhang mit der wirtschaftlichen Krise stehen müssen. Anders als die schlichte Verletzung von Buchführungspflichten in § 283b StGB (Rn. 318) sind die Tathandlungen somit nicht schon 244a

---

[1] BGHSt 34, 309, 311; BGH, NJW 1980, 406, 407; OLG Frankfurt, NStZ 1997, 551.
[2] *Altenhain*, in: M/R, § 283 StGB Rn. 1; *Ceffinato*, in: HdS 5, § 40 Rn. 5 ff.; *Hoyer*, in: SK, Vor § 283 StGB Rn. 3 ff.; *Petermann/Sackreuther*, in: MüKo⁴, Vor § 283 StGB Rn. 19.
[3] *Fischer*, Vor § 283 StGB Rn. 3; *Heger*, in: L/K/H, § 283 StGB Rn. 1; *Heine/Schuster*, in: Sch/Sch, Vor §§ 283 ff. StGB Rn. 2; *Kindhäuser/Bülte*, in: NK, Vor §§ 283-283d StGB Rn. 33 f.
[4] *Himmelreich*, in: HWSt, 7. Teil 1. Kap. Rn. 3; *Richter*, in: M-G, Kap. 81 Rn. 1.
[5] *Ceffinato*, in: HdS 5, § 40 Rn. 17; *Krause*, Ordnungsgemäßes Wirtschaften und Erlaubtes Risiko, 1995, S. 171, 451; *Momsen*, in: M/S/M/H/M, § 48 Rn. 8.
[6] *Heine/Schuster*, in: Sch/Sch, § 283 StGB Rn. 1; *Momsen*, in: M/S/M/H/M, § 48 Rn. 9.

wegen ihrer abstrakten Gefährlichkeit für die Vermögensinteressen der Gläubiger unter Strafe gestellt. Am besten lässt sich der Bankrott deshalb als **„abstrakt-konkretes Vermögensdelikt"** charakterisieren[7].

Fall 19: – *Beiseiteschaffen von Vermögensbestandteilen –*

245 Elfriede Grossmann (G) war Alleingesellschafterin der Schöner Wohnen GmbH (SW), die einen Laden mit Einrichtungsgegenständen betrieb. Nach ihrem 60. Geburtstag zog sich G aus dem Geschäft zurück. Sie stellte die gelernte Einzelhandelskauffrau Angela Emser (E) als Geschäftsführerin ein und übertrug ihr die Alleinvertretungsbefugnis für die Firma. Nachdem E die GmbH einige Jahre geführt hatte, geriet die Gesellschaft in Zahlungsschwierigkeiten. Die Lieferanten Silberwaren AG und Tuchfein GmbH stellten Rechnungen in Höhe von insgesamt 23.875 €, die am 01.07.2022 zu zahlen waren. Die SW verfügte jedoch weder über Außenstände noch über liquide Mittel. G weigerte sich, Kapital „nachzuschießen". Bevor E am 24.06.2022 die Einleitung des Insolvenzverfahrens bei dem Amtsgericht beantragte, verkaufte sie am 21.06.2022 einige wertvolle Silberstücke aus dem Lagerbestand im Wert von 5.000 € an ihre Freundin Heike Hauptmann (H). Dabei war beiden bewusst, dass H, die bereits eine eidesstattliche Versicherung abgegeben hatte, die Rechnung in Höhe von 5.800 € nicht würde bezahlen können. Deshalb vereinbarten E und H die Rückgabe der Silberwaren für den Fall, dass es E – wie von ihr erhofft – doch noch gelingen würde, G dazu zu bewegen, der GmbH neues Kapital zur Verfügung zu stellen und die Gesellschaft dadurch zu retten. Dieses Vorhaben misslang jedoch. Das Amtsgericht lehnte die Eröffnung des Insolvenzverfahrens mangels Masse ab.

Wie hat sich E strafbar gemacht?

a) § 283 Abs. 1 Nr. 1 StGB

aa) Objektiver Tatbestand

Der Bankrott ist ein echtes **Sonderdelikt**[8], das – grundsätzlich – nur der Schuldner als Täter begehen kann, wie sich aus § 283 Abs. 6 StGB ergibt. Der „Täter" muss danach „seine" Zahlungen eingestellt haben bzw. das Insolvenzverfahren muss „sein" Vermögen betreffen. Schuldner ist hier die GmbH, die als juristische Person nach deutschem Strafrechtsverständnis jedoch nicht als Täter in Betracht kommt. § 14 StGB ermöglicht aber die „Überwälzung" der Schuldnereigenschaft, die ein **besonderes persönliches Merkmal** im Sinne dieser Vorschrift darstellt, auf die dort genannten natürlichen Personen.

– Eingehend zu dieser Problematik Rn. 1020 ff. –

Da E den Verkauf der Silberwaren im Interesse der GmbH vornahm, dabei in ihrer Funktion als Geschäftsführerin tätig wurde und die Rechtswirkungen bei der Gesellschaft eintraten, handelte sie – nach allen dazu vertretenen Theorien (Rn. 365 ff.) – als vertretungsberechtigtes Organ einer juristischen Person und ist somit nach § 14 Abs. 1 Nr. 1 StGB taugliche Täterin des Bankrotts.

---

[7] *Hoyer*, in: SK, § 283 StGB Rn. 5; *Schröder*, JZ 1967, 522 ff. **A.A.** (Konkretes Gefährdungsdelikt) *Trüg/Habetha*, wistra 2007, 365, 370.

[8] H.M.; siehe nur BGHSt 58, 115, Rn. 9; *Beukelmann*, in: BeckOK-StGB, § 283 StGB Rn. 86; *Bosch*, in: S/S/W, Vor §§ 283 ff. StGB Rn. 3; *Heger*, in: L/K/H, § 283 StGB Rn. 2; *Heinrich*, ZWH 2020, 346, 350; *Pelz*, in: W/J/S, 9. Kap. Rn. 109. **A.A.** *Ceffinato*, in: HdS 5, § 40 Rn. 20 f.

(1) § 283 Abs. 1 StGB setzt voraus, dass die Bankrotthandlung bei Überschuldung oder drohender oder eingetretener Zahlungsunfähigkeit des Schuldners begangen wird. Diese Situation wird üblicherweise als „**Krise**" bezeichnet[9]. 246

Bei juristischen Personen ist gem. § 19 Abs. 1 InsO – auch – die **Überschuldung** Insolvenzgrund. Nach § 19 Abs. 2 S. 1, 1. Teils. InsO liegt Überschuldung vor, wenn das Vermögen des Schuldners die bestehenden Verbindlichkeiten nicht mehr deckt, d.h. die Passiva die Aktiva übersteigen[10]. 247

Wann das der Fall ist, lässt sich nicht der Handelsbilanz entnehmen[11], da sie nach dem Grundsatz der kaufmännischen Vorsicht zu erstellen ist und deshalb die Aktiva niedrig ansetzt und keine stillen Reserven ausweist (dazu Rn. 396 ff.). Zur Feststellung der Überschuldung sind stattdessen Aktiva und Passiva zu einem bestimmten Stichtag in einem **Überschuldungsstatus** gegenüberzustellen[12].

Die Wertbemessung eines einzelnen Vermögensgegenstandes hängt maßgeblich davon ab, ob er in einem fortbestehenden Unternehmen weiterhin seine Aufgabe erfüllt („**Fortführungswert**") oder ob er – nach Liquidation des Unternehmens – einzeln veräußert wird („**Zerschlagungswert**"). Der Zerschlagungswert ist meistens erheblich geringer als der Fortführungswert, da der Verkauf einzelner gebrauchter Vermögensgegenstände erfahrungsgemäß zu geringen Erlösen führt 248

Gemäß § 19 Abs. 2 S. 1 InsO ist eine **zweistufige Prüfungsmethode** anzuwenden. Der Bewertung des Vermögens des Schuldners wird danach die Fortführung des Unternehmens nur dann zugrunde gelegt, wenn diese nach den Umständen überwiegend wahrscheinlich erscheint. Es muss also zunächst eine Fortbestehensprognose angestellt werden, deren Ergebnis darüber entscheidet, ob der Wertbemessung – bei günstiger Prognose – die Fortführungswerte oder – bei negativem Ergebnis – die Liquidationswerte zugrunde zu legen sind[13]. Diese Regelung gilt nach h.M.[14] auch im Strafrecht, jedoch soll die Wahrscheinlichkeit der Fortführung „schuldnerfreundlich" beurteilt werden[15]. Anders als im Insolvenzrecht sollen die Fortführungswerte nicht nur angesetzt werden, wenn das Fortbestehen des Unternehmens wahrscheinlich war, sondern bereits dann, wenn die Fortführung nicht ausge-

---

[9] *Fischer*, Vor § 283 StGB Rn. 4 ff.; *Heine/Schuster*, in: Sch/Sch, § 283 StGB Rn. 50; *Himmelreich*, in: HWSt, 7. Teil 1. Kap. Rn. 15; *Richter*, in: M-G, Kap. 81 Rn. 11.

[10] *Beckemper*, JZ 2003, 805; *Bosch*, in: S/S/W, Vor §§ 283 ff. StGB Rn. 9; *Wittig*, § 23 Rn. 50.

[11] *Kindhäuser/Bülte*, in: NK, Vor §§ 283-283d StGB Rn. 92; *Wagner*, in: Park, Teil 3 Kap. 10.3 Rn. 7. **A.A.** *Stypmann*, wistra 1985, 89 ff.

[12] BGHSt 15, 306, 309; BGH, wistra 1987, 28; wistra 2000, 18, 20 f.; ZIP 2001, 235; *Altenhain*, in: M/R, § 283 StGB Rn. 15. – Bestrittene – Verbindlichkeiten des Schuldners sind nach zutreffender Auffassung mit dem objektiven Wert anzusetzen, siehe dazu *Brand*, ZWH 2020, 358 ff.

[13] *Richter*, in: M-G, Kap. 79 Rn. 13; *Tiedemann*, in: LK[12], Vor § 283 StGB Rn. 155; *Wittig*, § 23 Rn. 48.

[14] *Bittmann*, wistra 1999, 10, 11; *Heger*, in: L/K/H, § 283 StGB Rn. 6; *Heine/Schuster*, in: Sch/Sch, § 283 StGB Rn. 51; *Moosmayer*, Einfluss der Insolvenzordnung 1999 auf das Insolvenzstrafrecht, 1997, S. 164; *Tiedemann*, in: LK[12], Vor § 283 StGB Rn. 155.

[15] Ausführlich zur Zivilrechtsakzessorietät der insolvenzrechtlichen Krisenmerkmale *Achenbach*, in: Gedächtnisschrift für Schlüchter, 2002, S. 257 ff.; für eine enge Auslegung im Strafrecht auch *Tiedemann*, Rn. 259.

schlossen erscheint[16]. Nach einer zwischenzeitlichen Änderung, die zur Bewältigung der Folgen der Finanzkrise eingeführt wurde[17], gilt diese Regelung – wieder – seit dem 01.01.2014[18].

Mit Geltung zum 01.01.2021 legt § 19 Abs. 2 S. 1, 2. Teils. InsO einen Zeitraum für die Fortbestehensprognose fest; danach muss die Fortführung des Unternehmens – grundsätzlich – **in den nächsten zwölf Monaten** nach den Umständen überwiegend wahrscheinlich sein. Diese zeitliche Beschränkung soll der stärkeren Abgrenzung bzw. Entschärfung der Konkurrenzproblematik zur drohenden Zahlungsunfähigkeit dienen[19]. Eine Verkürzung des Prognosezeitraums auf **vier Monate** sieht § 4 Abs. 1 S. 1 SanInsKG für die Zeit vom 01.01.2021 bis zum 31.12. 2021 vor, wenn die Überschuldung des Schuldners auf die COVID-19-Pandemie zurückzuführen ist; dies wird gemäß § 4 Abs. 1 S. 2 SanInsKG vermutet, wenn der Schuldner am 31.12.2019 nicht zahlungsunfähig war (Nr. 1), in dem letzten, vor dem 01.01.2020 abgeschlossenen Geschäftsjahr ein positives Ergebnis aus der gewöhnlichen Geschäftstätigkeit erwirtschaftet hatte (Nr. 2) und der Umsatz aus der gewöhnlichen Geschäftstätigkeit im Kalenderjahr 2020 im Vergleich zum Vorjahr um mehr als 30 % eingebrochen war (Nr. 3). Vom 09.11.2022 bis zum 31.12.2023 verkürzt § 4 Abs. 2 S. 1 Nr. 1, S. 2 SanInsKG wegen der Unsicherheiten auf den Energiemärkten den Prognosezeitraum ebenfalls auf vier Monate, wenn der für eine rechtzeitige Antragstellung maßgebliche Zeitpunkt nach § 15a Abs. 1 S. 1, 2 InsO am 09.11.2022 noch nicht verstrichen war.

249 Der Schuldner ist nach § 17 Abs. 2 S. 1 InsO **zahlungsunfähig**, wenn er nicht in der Lage ist, die fälligen Zahlungspflichten zu erfüllen. Entscheidend ist nicht allein der Fälligkeitszeitpunkt, sondern es kommt darauf an, dass die Gläubiger die Verbindlichkeiten ernstlich einfordern[20]. Zahlungsunfähigkeit ist gemäß § 17 Abs. 2 S. 2 InsO in der Regel anzunehmen, wenn der Schuldner seine Zahlungen eingestellt hat. Bloße – kurzfristige – „Zahlungsstockungen", die der Schuldner durch die Beschaffung von liquiden Mitteln, z.B. durch eine Kreditaufnahme, beseitigen kann, genügen nicht[21].

Der 9. Zivilsenat des BGH nimmt eine Zahlungsstockung an, wenn der Schuldner weniger als 10 % seiner fälligen Gesamtverbindlichkeiten nicht innerhalb einer Dreiwochenfrist erfüllen kann; Zahlungsunfähigkeit liege dagegen vor, wenn die Liquiditätslücke 10 % oder mehr beträgt bzw. absehbar ist, dass sie demnächst mehr als 10 % erreichen wird[22]. Der 5. Strafsenat des BGH hat diese Grenzen

---

[16] *Bieneck*, StV 1999, 43, 44; *Heger*, in: L/K/H, § 283 StGB Rn. 6; *Himmelreich*, in: HWSt, 7. Teil 1. Kap. Rn. 55. **A.A.** *Bittmann*, wistra 1999, 10, 11.
[17] Siehe dazu Rn. 255a der 4. Auflage dieses Lehrbuchs.
[18] *Beukelmann*, in: BeckOK-StGB, § 283 Rn. 6 ff.; *Böcker/Poertzgen*, GmbHR 2013, 17 ff.
[19] BT-Drs. 19/24181, 2, 97. Krit. dazu. *Bitter*, GmbHR 2021, R16, R17.
[20] BGH, NStZ 2019, 83, Rn. 6; *Baumert*, NJW 2019, 1486, 1487 f.; *Klose*, NZWiSt 2020, 59, 61. **A.A.** BGH, wistra 2007, 312, mit zust. Bespr. *Natale/Bader*, wistra 2008, 413 ff.
[21] BGH, NStZ 2014, 107, Rn. 14; NStZ 2019, 83 Rn. 3; wistra 2020, 295, Rn. 16; *Heine/Schuster*, in: Sch/Sch, § 283 StGB Rn. 52; *Richter*, in: M-G, Kap. 78 Rn. 11.
[22] BGHZ 163, 134, 145 f., mit Anm. *Flitsch*, BB 2005, 1928. Zum Meinungsstand *Petermann/Sackreuther*, in: MüKo⁴, Vor § 283 StGB Rn. 110 ff.

– allerdings in einer Entscheidung zur Insolvenzverschleppung nach §§ 84 Abs. 1 Nr. 2, 64 Abs. 1 S. 1 GmbHG *a.F.* – aufgegriffen[23]. Dem wird zwar zutreffend entgegengehalten, dass im Strafrecht ein unbestimmter Rechtsbegriff – wie Zahlungsunfähigkeit – nicht überzeugend anhand eines starren und letztlich willkürlich gesetzten Grenzwertes ausgelegt werden kann[24]. Als grobe Faustformel ist er aber durchaus brauchbar, ohne jedoch eine Bestimmung der Zahlungsunfähigkeit im konkreten Fall zu ersetzen.

Hat der Schuldner die Zahlungen nicht eingestellt, so ist die Zahlungsunfähigkeit an sich anhand eines Liquiditätsstatus[25] zu ermitteln, dessen Erstellung die sorgfältige Auswertung der unternehmerischen Daten erfordert[26], also einen ähnlich hohen Aufwand wie die Ermittlung des Überschuldungsstatus. Deshalb begnügt sich die Praxis – mit Billigung der Rechtsprechung[27] – zumeist mit wirtschaftskriminalistischen Beweisanzeichen für die Zahlungsunfähigkeit. Indizien sind z.B. Begebung vordatierter oder ungedeckter Schecks, verstärktes Eingehen von Wechselverpflichtungen, Überziehen von Kontokorrentlinien, Nichtabführen von Sozialversicherungsbeiträgen und Bestehen von Steuerschulden[28].

Die **drohende Zahlungsunfähigkeit** ist seit dem Inkrafttreten der InsO ein neuer Insolvenzgrund[29]. Die Zahlungsunfähigkeit droht, wenn der Schuldner voraussichtlich nicht in der Lage sein wird, die bestehenden Zahlungspflichten im Zeitpunkt der Fälligkeit zu erfüllen (§ 18 Abs. 2 S. 1 InsO). In der Regel ist gemäß § 18 Abs. 2 S. 2 InsO ein Prognosezeitraum von 24 Monaten zugrunde zu legen. **250**

Bei drohender Zahlungsunfähigkeit ist nach § 18 Abs. 1 InsO nur der Schuldner zur Stellung eines Insolvenzantrags berechtigt. Die Einführung dieses Insolvenzgrundes soll ihm eine möglichst frühe Einleitung des Verfahrens ermöglichen. Dadurch treten allerdings gewisse Friktionen mit dem Strafrecht auf[30]. Da die Strafbarkeit wegen Bankrotts nach § 283 Abs. 6 StGB entweder die Zahlungseinstellung oder die Eröffnung bzw. die Abweisung des Eröffnungsantrags voraussetzt, kann der Schuldner, der seine Zahlungen noch nicht eingestellt hat, den Eintritt der objektiven Strafbarkeitsbedingung (Rn. 265) verhindern, indem er auf die Stellung des Insolvenzantrags verzichtet, z.B. weil er hofft, die Finanzlage werde sich wieder verbessern[31]. **251**

---

[23] BGH, wistra 2007, 308.
[24] *Arens*, wistra 2007, 450, 452 ff.; *Bosch*, in: S/S/W, Vor §§ 283 ff. StGB Rn. 12.
[25] Ausführlich zu diesem Liquidationsstatus *Harz*, ZInsO 2001, 193, 194.
[26] *Himmelreich*, in: HWSt, 7. Teil 1. Kap. Rn. 65 ff.
[27] BGH, NStZ 2014, 107, Rn. 15, mit Anm. *Kudlich* und *Richter*, NZWiSt 2014, 34 f.; BGH, ZWH 2015, 388, 390 f., mit zust. Anm. *Bittmann*, ZWH 2015, 373, 374 (zu § 15a InsO); BGH, NZI 2018, 764, Rn. 4; NStZ-RR 2019, 381; NZI 2019, 247 Rn. 10; wistra 2019, 206, Rn. 10; ZWH 2020, 107 Rn. 6.
[28] *Franzheim*, NJW 1980, 2500, 2504.
[29] Krit. dazu *Uhlenbruck*, wistra 1991, 1, 3 f.
[30] *Achenbach*, in: Gedächtnisschrift für Schlüchter, 2002, S. 257, 270 f.; *Petermann/Sackreuther*, in: MüKo⁴, Vor § 283 StGB Rn. 123.
[31] Siehe dazu *Beck*, in: W/J/S, 8. Kap. Rn. 95 f.

252 Die Feststellung der drohenden Zahlungsunfähigkeit erfordert die prognostische Entscheidung, ob der Schuldner zu einem späteren Zeitpunkt genügend Mittel zur Verfügung haben wird, um seine Verbindlichkeiten zu erfüllen. Es sind also die vorhandene Liquidität und die Einnahmen, die bis zu dem genannten Zeitpunkt zu erwarten sind, den Verbindlichkeiten, die bereits fällig sind oder bis zu dem maßgeblichen Zeitpunkt voraussichtlich fällig werden, gegenüber zu stellen[32].

253 Die Anwendung dieser Grundsätze auf unseren Fall 19 ergibt, dass der SW die Zahlungsunfähigkeit drohte. Den am 01.07.2022 fälligen Verbindlichkeiten in Höhe von 23.875 € standen keine entsprechenden liquiden Mittel oder Außenstände gegenüber.

254 (2) **Taugliche Tatobjekte** des § 283 Abs. 1 Nr. 1 StGB sind Vermögensbestandteile, die im Falle der Insolvenzeröffnung zur Insolvenzmasse gehören.

255 Nach § 35 Abs. 1 InsO bildet das gesamte Vermögen, das dem Schuldner zur Zeit der Eröffnung des Verfahrens gehört und das er während des Verfahrens erlangt, die **Insolvenzmasse**. § 36 Abs. 1 InsO nimmt jedoch Gegenstände, die nicht der Zwangsvollstreckung unterliegen, aus. In die Insolvenzmasse fallen somit alle pfändbaren beweglichen und unbeweglichen Sachen, Anwartschaften, Rechte und Forderungen, nicht dagegen die nach §§ 811, 850 ff. ZPO unpfändbaren Sachen und nicht übertragbare Rechte (§ 399 BGB, § 851 ZPO)[33].

256 Zur Insolvenzmasse gehörende Bestandteile des Vermögens des Schuldners i.S.d. § 283 Abs. 1 Nr. 1 StGB sind z.B. die Geschäftseinrichtung, Patente, sein „Knowhow"[34] sowie die Kundenkartei. Der Vermögensbestandteil muss nicht rechtmäßig erworben sein, sodass z.B. eine durch Betrug erlangte Sache in die Insolvenzmasse fällt[35].

Sachen, die der Schuldner einem Dritten zur Sicherheit übertragen hat, sind ebenfalls erfasst[36]. In der Insolvenz werden Sicherungseigentümer nämlich wie Pfandgläubiger behandelt (§ 51 Nr. 1 InsO), sodass dem Dritten, obwohl er rechtlich Eigentümer der Sache ist, nur ein Recht auf *abgesonderte Befriedigung* zusteht (§ 50 Abs. 1 InsO). Gegenstände, an denen Absonderungsrechte bestehen, kann der Insolvenzverwalter unter den Voraussetzungen der §§ 165, 166 InsO verwerten und den absonderungsberechtigten Gläubiger aus dem Erlös befriedigen (§ 170 Abs. 1 S. 2 InsO). Der wirtschaftliche Wert sicherungsübereigneter Gegenstände bleibt dem Gläubiger somit in der Insolvenz erhalten[37].

257 Zum Schutz der Rechte des Sicherungsgebers fallen Gegenstände, die er dem Schuldner lediglich zur Sicherheit übertragen hat, nicht in die Insolvenzmasse, obwohl der Schuldner formaljuristisch Eigentümer geworden ist[38]. Das gilt grundsätzlich auch für Gegenstände, die unter Eigentumsvorbehalt geliefert worden sind;

---

[32] *Heine/Schuster*, in: Sch/Sch, § 283 StGB Rn. 53; *Wittig*, § 23 Rn. 62.
[33] *Bosch*, in: S/S/W, § 283 StGB Rn. 3; *Petermann/Sackreuther*, in: MüKo⁴, § 283 StGB Rn. 7; *Reinhart*, in: G/J/W, § 283 StGB Rn. 10 ff.; *Richter*, in: M-G, Kap. 83 Rn. 5.
[34] *Richter*, in: M-G, Kap. 83 Rn. 5.
[35] BGH bei *Herlan*, GA 1953, 74; *Bosch*, in: S/S/W, § 283 StGB Rn. 3.
[36] BGHSt 3, 32, 35; 5, 119, 120.
[37] *Richter*, in: M-G, Kap. 83 Rn. 10; *Weyand/Diversy*, Rn. 65.
[38] BGH, NJW 1959, 1224.

der Insolvenzverwalter kann allerdings nach §§ 107 Abs. 2, 103 Abs. 1 InsO die Erfüllung des Vertrages wählen und dadurch den Eigentumsübergang herbeiführen. Lehnt der Verwalter dies ab, so kann der Verkäufer die Sache nach § 47 InsO *aussondern*[39]. In die Insolvenzmasse fällt aber ein eventuell entstandenes Anwartschaftsrecht des Schuldners[40].

Gegenstände mit bloßem Affektionswert[41], wertlose Forderungen[42], Ansprüche auf Lieferung einer unpfändbaren Sache[43] und die Arbeitskraft des Schuldners[44] sind keine tauglichen Tatobjekte des § 283 Abs. 1 Nr. 1 StGB. Ob die kaufmännische Firma erfasst wird, ist dagegen umstritten[45]. Da der Insolvenzverwalter mit Zustimmung des Schuldners auch dann über die Firma verfügen darf, wenn der Firmenname den Namen des Schuldners enthält, kommt ihr nach zutreffender Auffassung ein wirtschaftlicher Wert in der Insolvenz zu[46]; die Firma gehört damit zu den durch § 283 StGB geschützten Vermögenswerten.

(3) **Tathandlungen** des § 283 Abs. 1 Nr. 1 StGB sind das *Beiseiteschaffen oder Verheimlichen* eines zur Insolvenzmasse gehörenden Vermögensgegenstandes sowie das *Zerstören, Beschädigen* oder *Unbrauchbarmachen* eines solchen Gegenstandes in einer den Anforderungen einer ordnungsgemäßen Wirtschaft widersprechenden Weise. 258

(a) **Beiseite geschafft** ist ein Vermögensbestandteil, wenn er durch räumliches Verschieben oder Veränderung der rechtlichen Lage dem baldigen Gläubigerzugriff entzogen ist oder dieser (erheblich[47]) erschwert wird[48]. Da diese Definition auch eine geschäftsübliche Veräußerung umfasst, ist nach zutreffender h.M.[49] das Merkmal der Verletzung der Anforderungen einer ordnungsgemäßen Wirtschaft auf das Beiseiteschaffen anwendbar. 259

Ein Beiseiteschaffen ist insbesondere die Veräußerung[50], Sicherungsübereignung[51] oder Belastung[52] eines Vermögenswertes ohne entsprechende Gegenleistung. Dagegen liegt die Erfüllung fälliger Verbindlichkeiten im Rahmen der ordnungsge-

---

[39] BGHSt 3, 32, 36; BGH, GA 1955, 149, 150; *Tiedemann*, in: LK[12], § 283 StGB Rn. 21.
[40] BGHSt 3, 32, 36; *Bosch*, in: S/S/W, § 283 StGB Rn. 3.
[41] *Tiedemann*, in: LK[12], § 283 StGB Rn. 17.
[42] *Heger*, in: L/K/H, § 283 StGB Rn. 9; *Petermann/Sackreuther*, in: MüKo[4], § 283 StGB Rn. 7.
[43] *Tiedemann*, in: LK[12], § 283 StGB Rn. 23.
[44] OLG Düsseldorf, NJW 1982, 1712, 1713; *Weyand/Diversy*, Rn. 64.
[45] Bejahend *Tiedemann*, in: LK[12], § 283 StGB Rn. 19; *Uhlenbruck*, wistra 1996, 1, 7; ablehnend BGH bei *Herlan*, GA 1953, 73; *Richter*, in: M-G, Kap. 83 Rn. 8; *Weyand/Diversy*, Rn. 64.
[46] Zur Verwertung der Personalfirma *Kern*, DB 1999, 1717.
[47] BGHSt 55, 107, 116; BGH, NZWiSt 2017, 190, 195.
[48] OLG Frankfurt, NStZ 1997, 551; LG Hamburg, ZIP 1997, 2091, 2092.
[49] RGSt 62, 277, 278; BGH, NJW 1952, 898; BGHSt 34, 309, 310; *Heine/Schuster*, in: Sch/Sch, § 283 StGB Rn. 4; *Kindhäuser/Bülte*, in: NK, § 283 StGB Rn. 15; *Radtke*, in: Festschrift für Achenbach, 2011, S. 341, 352 f.; krit. *Tiedemann*, in: LK[12], § 283 StGB Rn. 27 ff.; offen gelassen von BGHSt 55, 107, 114 f., mit zust. Anm. *Brockhaus*, NJW 2010, 2899.
[50] RGSt 61, 107.
[51] BGH bei *Holtz*, MDR 1979, 454, 457.
[52] RGSt 66, 130, 131.

mäßen Wirtschaft⁵³. Durch die Weggabe des Vermögenswertes gegen eine wirtschaftlich gleichwertige Gegenleistung, die den Gläubigern als Zugriffsobjekt zur Verfügung steht, schafft der Schuldner den Gegenstand ebenfalls nicht beiseite⁵⁴.

260 (b) Der Täter **verheimlicht** den Gegenstand, wenn er diesen oder dessen Zugehörigkeit zur Insolvenzmasse der Kenntnis des Gläubigers entzieht⁵⁵. Das Verheimlichen kann entweder durch aktives Tun oder pflichtwidriges Unterlassen begangen werden.

Verheimlichen durch aktives Tun liegt z.B. vor, wenn der Täter leugnet, den Gegenstand in Besitz zu haben⁵⁶, unrichtige Angaben über den Verbleib macht⁵⁷, falsche Erklärungen gegenüber dem Insolvenzgericht abgibt⁵⁸, ein unvollständiges Vermögensverzeichnis vorlegt, in dem ein zuvor beiseite geschafftes Vermögensstück nicht aufgeführt ist, und die Vollständigkeit des Verzeichnisses an Eides Statt versichert⁵⁹, ein Rechtsverhältnis vortäuscht, das den Gläubigerzugriff verhindert, oder eine Forderung einzieht⁶⁰.

Ein pflichtwidriges Unterlassen ist gegeben, wenn der Schuldner seine umfassenden Auskunftspflichten (§§ 20, 97, 153 InsO) verletzt⁶¹.

261 Umstritten ist, ob das Verheimlichen „erfolgreich" sein, d.h. zu einem **Irrtum des Gläubigers über die Existenz oder den Verbleib** des Vermögensgegenstandes führen muss. Ein Teil der Literatur⁶² verzichtet auf die Irreführung des Gläubigers, lässt also eine *auf Verheimlichung gerichtete* Handlung oder Unterlassung des Täters genügen. Dem Begriff des Verheimlichens ist jedoch – wie dem des Beiseiteschaffens – ein Erfolg, nämlich die mindestens vorübergehende Beseitigung der Möglichkeit des Zugriffs auf den Vermögensgegenstand, immanent. Im Falle des Verheimlichens beruht dieser Erfolg auf dem Fehlen der Kenntnis des Gläubigers von der Existenz oder dem Verbleib der Sache. Nach zutreffender Ansicht⁶³ setzt dieses Merkmal deshalb einen Irrtum des Gläubigers voraus.

---

⁵³ *Bosch*, in: S/S/W, § 283 StGB Rn. 5; *Krause*, Ordnungsgemäßes Wirtschaften und Erlaubtes Risiko, 1995, S. 286; *Tiedemann*, in: LK¹², § 283 StGB Rn. 29. Strittig ist, ob die Rückzahlung eines Gesellschafterdarlehens in der Krise auch nach der Streichung der Rückzahlungssperre durch das MoMiG die Voraussetzungen des Beiseiteschaffens erfüllt, zu Recht dafür BGH, wistra 2017, 351, 352 Rn. 16 ff., mit zust. Anm. *Bittmann*; *Brand/Brand*, GmbHR 2015, 1125, 1132. **A.A.** OLG Celle, wistra 2014, 363; *Tiedemann*, in: LK¹², § 283c StGB Rn. 10.

⁵⁴ RGSt 66, 88; BGHR § 283 Abs. 1 Zahlungsfähigkeit 3.

⁵⁵ RGSt 64, 138, 140; 67, 365; BGH, StV 2017, 107 f., zu § 283d StGB.

⁵⁶ *Altenhain*, in: M/R, § 283 StGB Rn. 22; *Bosch*, in: S/S/W, § 283 StGB Rn. 6; *Kindhäuser/Bülte*, in: NK, § 283 StGB Rn. 24; *Petermann/Sackreuther*, in: MüKo⁴, § 283 StGB Rn. 13.

⁵⁷ RGSt 66, 152, 153; BGHSt 8, 55, 58.

⁵⁸ BGH, wistra 2018, 257, Rn. 16; *Klose*, NZWiSt 2020, 59, 60.

⁵⁹ BGH, NZI 2016, 749, 750; NStZ-RR 2017, 250.

⁶⁰ BGHSt 11, 145, 146; *Heine/Schuster*, in: Sch/Sch, § 283 StGB Rn. 5.

⁶¹ BGH, GA 1956, 123; *Rotsch/Wagner*, in: M/G, § 28 Rn. 163; *Weyand/Diversy*, Rn. 67.

⁶² *Fischer*, § 283 StGB Rn. 5; *Richter*, in: M-G, Kap. 83 Rn. 32; *Weyand/Diversy*, Rn. 67.

⁶³ BGH, NZI 2016, 749, 750: „Eintritt eines zumindest vorübergehenden Täuschungserfolgs" (zu § 283d StGB); *Altenhain*, in: M/R, § 283 StGB Rn. 22; *Heine/Schuster*, in: Sch/Sch, § 283 StGB Rn. 5; *Reinhart*, in: G/J/W, § 283 StGB Rn. 19; *Tiedemann*, in: LK¹², § 283 StGB Rn. 38.

(c) Die Alternativen **Zerstören, Beschädigen** und **Unbrauchbarmachen in einer** **262**
den Anforderungen einer ordnungsgemäßen Wirtschaft widersprechenden
Weise sind Unterfälle des Beiseiteschaffens und erfassen mutwillige Handlungen,
die einem Schuldner in der unternehmerischen Krisensituation normalerweise fern
liegen[64]. Führt der Täter den Vermögensbestandteil einer anderen sinnvollen Nutzung zu oder ist der Gegenstand überflüssig geworden und nicht nutzbringend
verwertbar, so fehlt der Widerspruch zu einer ordnungsgemäßen Wirtschaft[65].

In unserem Fall 19 hat E die Silberwaren, die zur Insolvenzmasse gehören, beiseitegeschafft. Der Verkauf von Waren gehört zwar zum ordnungsgemäßen Wirtschaften der SW. Der Zahlungsanspruch gegen die Käuferin stellte aber wegen der Vermögenslosigkeit der H keinen wirtschaftlichen Gegenwert dar. E hat folglich in der Krise eine Bankrotthandlung i.S.d. § 283 Abs. 1 Nr. 1 StGB begangen. **263**

bb) Subjektiver Tatbestand, Rechtswidrigkeit und Schuld
E handelte auch vorsätzlich, rechtswidrig und schuldhaft. **264**

cc) Objektive Bedingung der Strafbarkeit
Nach § 283 Abs. 6 StGB ist die Tat nur strafbar, wenn der Schuldner seine Zahlungen eingestellt hat oder ein Insolvenzverfahren über sein Vermögen eröffnet oder der Eröffnungsantrag mangels Masse abgelehnt worden ist (sog. **Zusammenbruch**). Bei dieser Voraussetzung handelt es sich um eine außerhalb des Unrechts und der Schuld stehende objektive Bedingung der Strafbarkeit, auf die sich Vorsatz oder Fahrlässigkeit nicht erstrecken müssen[66]. Die Bankrotthandlung muss auch nicht für den „Zusammenbruch" ursächlich geworden sein, sondern es genügt ein gewisser tatsächlicher und zeitlicher Zusammenhang[67]. Steht fest, dass selbst dieser Zusammenhang fehlt, so scheidet die Bankrottstrafbarkeit aus[68]. **265**

(1) Die **Zahlungseinstellung** als objektive Strafbarkeitsbedingung ist nicht gleich zu setzen mit der Zahlungsunfähigkeit i.S.d. § 17 InsO, welche die Krise, also ein Merkmal des objektiven Tatbestandes, kennzeichnet[69] (Rn. 249); in § 283 Abs. 6 StGB beschreibt die Zahlungseinstellung ein rein tatsächliches Verhalten. Es liegt vor, wenn der Schuldner nach außen erkennbar und wegen eines wirklichen oder vermeintlichen dauernden Mangels an Mitteln aufhört, seine fälligen Geldverbindlichkeiten zu erfüllen[70]. Ob die Zahlungseinstellung auf der Zahlungsunfähigkeit **266**

---

[64] *Fischer*, § 283 StGB Rn. 6.
[65] Brettel/*Schneider*, § 3 Rn. 435; *Heger*, in: L/K/H, § 283 StGB Rn. 11.
[66] RGSt 41, 309, 312; BGH bei *Herlan*, GA 1953, 73; *Reukelmann*, in: BeckOK-StGB, § 283 Rn. 31; *Heine/Schuster* in: Sch/Sch, § 283 StGB Rn. 59.
[67] BGHSt 28, 233; BGH, NStZ 2008, 401, 402; NStZ 2019, 212, Rn. 5; *Fischer*, Vor § 283 StGB Rn. 17; *Kindhäuser/Bülte*, in: NK, Vor § 283 StGB Rn. 108 ff. **A.A.** *Bieneck*, wistra 1992, 91; *Schäfer*, wistra 1990, 87; *Trüg/Habetha*, wistra 2007, 365, 370.
[68] Näher dazu *Heine/Schuster*, in: Sch/Sch, § 283 StGB Rn. 59.
[69] *Altenhain*, in: M/R, § 283 StGB Rn. 52; *Beukelmann*, in: BeckOK-StGB, § 283 Rn. 32; *Ceffinato*, in: HdS 5, § 40 Rn. 70; *Heger*, in: L/K/H, § 283 StGB Rn. 27; *Wittig*, § 23 Rn. 119.
[70] *Bieneck*, StV 1999, 43, 45; *Heger*, in: L/K/H, § 283 StGB Rn. 27; *Heine/Schuster*, in: Sch/Sch, § 283 StGB Rn. 60; *Hoffmann*, MDR 1979, 713, 715.

oder auf anderen Gründen, z.B. dem Irrtum über die Liquidität oder dem bloßen Fehlen des Zahlungswillens beruht, ist deshalb unerheblich[71].

267 (2) Die **Eröffnung des Insolvenzverfahrens** und die **Abweisung des Eröffnungsantrags mangels Masse** sind dagegen formalrechtliche Akte, die sich nach der InsO richten.

Gründe für die Eröffnung des Insolvenzverfahrens sind gemäß § 17 Abs. 1 InsO die Zahlungsunfähigkeit des Schuldners und gemäß § 18 Abs. 1 InsO die ihm drohende Zahlungsunfähigkeit. Bei juristischen Personen (§ 19 Abs. 1 InsO) und im Fall der Nachlassinsolvenz (§ 320 InsO) ist zudem die Überschuldung ein Eröffnungsgrund. Das gilt nach § 130a Abs. 1 S. 1 HGB auch für die OHG, bei der kein Gesellschafter eine natürliche Person ist, sowie nach §§ 161 Abs. 2, 177a S. 1 HGB für die KG, wenn der Komplementär eine juristische Person ist.

Die Eröffnung des Insolvenzverfahrens setzt einen *Antrag* voraus, § 13 Abs. 1 S. 1 InsO. Antragsberechtigt sind nach § 13 Abs. 1 S. 2 InsO der Schuldner und – bei Glaubhaftmachung eines rechtlichen Interesses (§ 14 Abs. 1 InsO) – jeder Gläubiger. Ist der Schuldner eine juristische Person oder eine Gesellschaft ohne Rechtspersönlichkeit, steht gemäß § 15 Abs. 1 S. 1 InsO den Gläubigern, den Mitgliedern des Vertretungsorgans bzw. den persönlich haftenden Gesellschaftern das Antragsrecht zu (zu den Besonderheiten bei Kreditinstituten, Finanzdienstleistungs- und Versicherungsunternehmen siehe Rn. 384 f.); im Falle der Führungslosigkeit einer juristischen Person sind zudem die in § 15 Abs. 1 S. 2 InsO genannten Personen antragspflichtig (dazu Rn. 362). Den Antrag auf Eröffnung der Nachlassinsolvenz können gemäß § 317 Abs. 1 InsO neben den Gläubigern die Erben, der Nachlassverwalter und der Testamentsvollstrecker stellen. Bei der Ehegatteninsolvenz ist gem. § 333 InsO neben den Gläubigern jeder Ehegatte antragsbefugt.

Zuständig für die *Entscheidung über den Insolvenzantrag* ist das Amtsgericht, in dessen Bezirk der Schuldner seine gewerbliche Niederlassung oder seinen allgemeinen Gerichtsstand hat, §§ 2, 3 InsO[72]. Deckt das vorhandene Vermögen die Verfahrenskosten nicht, weist das Gericht den Antrag *mangels Masse* ab, § 26 Abs. 1 S. 1 InsO. Ansonsten *eröffnet* es das Insolvenzverfahren, § 27 InsO. Der Strafrichter ist an die Entscheidung des Insolvenzgerichts gebunden[73]. Die objektive Bedingung der Strafbarkeit ist also auch erfüllt, wenn der Zivilrichter die Eröffnung des Insolvenzverfahrens zu Unrecht beschlossen hat[74].

268 Da das Amtsgericht die von E beantragte Eröffnung des Insolvenzverfahrens über das Vermögen der SW mangels Masse abgelehnt hat, liegt die objektive Strafbarkeitsbedingung vor. E hat sich also des Bankrotts gemäß § 283 Abs. 1 Nr. 1 StGB schuldig gemacht.

---

[71] *Bieneck*, StV 1999, 43, 45; ders., wistra 1992, 89; *Heger*, in: L/K/H, § 283 StGB Rn. 27.
[72] Der Eröffnungsbeschluss eines örtlich nicht zuständigen Gerichts ist aber wirksam, BGH, ZIP 1998, 477.
[73] *Himmelreich*, in: HWSt, 7. Teil 1. Kap. Rn. 95.
[74] BGH bei *Herlan*, GA 1955, 364.

b) § 266 Abs. 1, 2. Alt. StGB

E hatte als Geschäftsführerin die Pflicht zur Betreuung des Vermögens der SW (siehe auch Rn. 372). Ein Missbrauch der Verpflichtungsbefugnis scheidet aus, da die Veräußerung der Waren als Bankrotthandlung wegen Verstoßes gegen ein gesetzliches Verbot gem. § 134 BGB im Außenverhältnis unwirksam war. Durch die Vornahme des erkennbar nachteiligen Verkaufs verletzte E aber ihre Pflicht zur Betreuung des Vermögens der SW. Die Vereinbarung einer eventuellen Rückgabe der Gegenstände ändert daran nichts, da es ungewiss war, ob die Bedingung eintreten und sich H daran halten würde. Die SW erlangte keine wirtschaftlich gleichwertige Gegenleistung und erlitt deshalb einen Schaden.

269

E handelte vorsätzlich, rechtswidrig und schuldhaft, sodass sie wegen Untreue in der **Treubruchsalternative** strafbar ist, die zu dem Bankrott in *Tateinheit* (§ 52 StGB) steht.

Fall 20: – *Herbeiführen der Krise* –

Wie Fall 19. Die GmbH hatte jedoch ein Kontoguthaben von 30.196 €. E hob am 21.06.2022 einen Betrag in Höhe von 30.000 € ab und transferierte das Geld auf ein nur ihr bekanntes Konto der GmbH in Luxemburg.

270

Wie hat sich E strafbar gemacht?

a) § 283 Abs. 2 i.V.m. § 283 Abs. 1 Nr. 1 StGB

Anders als im Ausgangsfall befand sich die SW bei Vornahme der Tathandlung nicht in der Krise, denn den Zahlungsverpflichtungen in Höhe von 23.875 € stand ein Guthaben in Höhe von 30.196 € gegenüber, sodass die SW am 01.07.2022 ihren Zahlungsverpflichtungen hätte nachkommen können. Die Zahlungsunfähigkeit trat erst durch die Handlung der E – das Beiseiteschaffen des Kontoguthabens – ein. § 283 Abs. 2 StGB stellt die Vornahme der Bankrotthandlungen auch für den Fall unter Strafe, dass sie die Überschuldung oder Zahlungsunfähigkeit herbeiführen. Drohende Zahlungsunfähigkeit genügt nicht[75].

Zwischen der Bankrotthandlung und der Krise muss also ein **Kausalzusammenhang** bestehen, wobei es ausreicht, dass die Tathandlung für den Eintritt der Krise mitursächlich war[76]. Das bloße Vertiefen der Krise fällt dagegen grundsätzlich nicht unter § 283 Abs. 2 StGB[77]; der Schuldner macht sich in diesen Fällen vielmehr nach § 283 Abs. 1 StGB strafbar. Das Verstärken der Krise ist allerdings von § 283 Abs. 2 StGB erfasst, wenn zugleich der Eintritt von Überschuldung oder Zahlungsunfähigkeit auf einen früheren Zeitpunkt verschoben wird[78].

271

Zu der objektiven Strafbarkeitsbedingung des Zusammenbruchs, die auch für die Strafbarkeit nach § 283 Abs. 2 StGB erforderlich ist, muss die Bankrotthandlung nur in einem tatsächlichen und zeitlichen Zusammenhang stehen (Rn. 265).

272

b) § 266 Abs. 1, 1. Alt. StGB

Die Untreuestrafbarkeit scheidet hier jedoch aus, da E durch die Übertragung des Guthabens von einem Konto der GmbH auf ein anderes ihre Verfügungsbefugnis nicht missbrauchte und der GmbH auch keinen Schaden zufügte.

273

---

[75] *Altenhain*, in: M/R, § 283 StGB Rn. 46; *Petermann/Sackreuther*, in: MüKo⁴, § 283 StGB Rn. 67.
[76] BGH, NStZ-RR 2017, 177, 178; ZInsO 2019, 677, 678.; *Heine/Schuster*, in: Sch/Sch, § 283 StGB Rn. 54; *Reinhart*, in: G/J/W, § 283 StGB Rn. 64; *Rotsch/Wagner*, in: M/G, § 28 Rn. 245.
[77] *Krause*, NStZ 2002, 42, 43; *Petermann/Sackreuther*, in: MüKo⁴, § 283 StGB Rn. 68.
[78] BGH, ZInsO 2019, 677, 678; *Tiedemann*, in: LK¹², § 283 Rn. 180 m.w.N.

Fall 21: – *Verbraucherinsolvenz* –

274 Der freiberuflich tätige Marcel Friedrich (F) hatte bei der Versandhändlerin Anna (A) zahlreiche Waren auf Ratenzahlungsbasis erworben. Der Gesamtbetrag der Forderungen betrug 12.676 €. Vereinbart war, dass bei einem Zahlungsrückstand von drei Raten der Gesamtbetrag fällig wird. Nachdem F – trotz mehrerer Mahnungen – drei Raten nicht bezahlt hatte, forderte A ihn am 10.10.2022 auf, den gesamten Betrag umgehend zu begleichen, sonst würde die A die Forderung einklagen. F, der seit einiger Zeit keine Einkünfte mehr erzielt und den Verfügungsrahmen seines Girokontos ausgeschöpft hatte, brachte am nächsten Tag die von einem Onkel geerbte Münzsammlung zu seinem Freund Michael Bollmann (B) und bat ihn, die Münzen im Wert von etwa 5.000 € für ihn aufzubewahren. B, der die prekäre finanzielle Lage des F kannte, erklärte sich dazu bereit und nahm die Sammlung entgegen. A fiel mit ihrer Forderung aus, weil die vorgenommenen Zwangsvollstreckungsmaßnahmen fruchtlos blieben. F gab die eidesstattliche Versicherung ab.

Wie haben sich die Beteiligten strafbar gemacht?

a) Strafbarkeit des F nach § 288 StGB

aa) Objektiver Tatbestand

Durch die Übergabe der Münzsammlung an B schaffte F sein Vermögen beiseite (vgl. Rn. 259). Er hätte sich dadurch wegen **Vereitelns der Zwangsvollstreckung** strafbar gemacht, wenn ihm die *Zwangsvollstreckung drohte*.

275 Der Tatbestand erfordert einen **entstandenen, durchsetzbaren Anspruch**. Diese Voraussetzung lag vor, denn der Anspruch der A war seit dem 10.10.2022 sogar – was § 288 StGB nicht verlangt – fällig.

276 Die **Zwangsvollstreckung droht**, wenn nach den Umständen des Falles anzunehmen ist, dass der Gläubiger den Willen hat, seinen Anspruch demnächst zwangsweise durchzusetzen[79]. Die Erhebung einer Klage ist dafür nicht erforderlich, sondern es genügt, dass der Gläubiger seinen Willen kundtut, die Forderung auch mit Hilfe der staatlichen Zwangsvollstreckungsorgane beizutreiben. Da die A erklärt hatte, sie werde den Anspruch mit gerichtlicher Hilfe durchsetzen, drohte F in casu die Zwangsvollstreckung.

bb) Subjektiver Tatbestand

277 F handelte vorsätzlich und in der Absicht, die Befriedigung der A zu vereiteln[80]. Er hat sich deshalb wegen Vereitelns der Zwangsvollstreckung gem. § 288 Abs. 1 StGB strafbar gemacht.

Nach § 288 Abs. 2 StGB wird diese Tat nur auf Antrag verfolgt.

b) Strafbarkeit des F nach § 283 Abs. 1 Nr. 1 StGB

278 F hätte sich durch das Beiseiteschaffen von Vermögensbestandteilen zudem wegen Bankrotts nach § 283 Abs. 1 Nr. 1 StGB strafbar gemacht, wenn der Tatbestand auch auf die Insolvenz einer Privatperson anwendbar wäre.

---

[79] RGSt 63, 341, 342; BGH bei *Holtz*, MDR 1977, 637, 638; *Gaede*, in: NK, § 288 StGB Rn. 7; *Heger*, in: L/K/H, § 288 StGB Rn. 2; *Heine/Hecker*, in: Sch/Sch, § 288 StGB Rn. 8.

[80] Nach h.M. genügen beide Formen des direkten Vorsatzes, die Gegenmeinung verlangt Absicht im technischen Sinne, dazu *Gaede*, in: NK, § 288 StGB Rn. 16.

§ 3: Insolvenzstraftaten

Die KO sah zwar die Durchführung des Konkursverfahrens über das Vermögen von Privatpersonen vor, in der Praxis hatte der sog. **Privatkonkurs** aber nur geringe Bedeutung[81], weil die Durchführung eines Konkurs- oder Vergleichsverfahrens für den – oft einzigen – Gläubiger umständlich und kostenintensiv war[82]. Wurde dennoch ein Konkursantrag gestellt, lehnte das Gericht die Eröffnung des Verfahrens in den meisten Fällen mangels Masse ab[83]. Die Gläubiger beschränkten sich deshalb im Regelfall auf das Betreiben der Zwangsvollstreckung[84].

Durch die Einführung der „**Verbraucherinsolvenz**" in die InsO hat sich die Praxis jedoch geändert. Dieses in §§ 304 ff. InsO geregelte Verfahren ist mehrstufig aufgebaut. Der Antrag durch den Schuldner setzt einen fehlgeschlagenen außergerichtlichen Einigungsversuch mit dem oder den Gläubiger(n) voraus. Das Eröffnungsverfahren ruht, bis die Gläubiger über den vom Schuldner vorzulegenden Schuldenbereinigungsplan entscheiden. Stimmen sie diesem Plan zu, wird das Verfahren nicht eröffnet. Das Insolvenzverfahren, das also nur nach der Ablehnung des Plans durch die Gläubiger eröffnet wird, ist stark vereinfacht, es besteht aber wie im Regelverfahren die Möglichkeit, dass der Schuldner durch Beantragung der Restschuldbefreiung entschuldet wird[85]. Diese Option soll dem Schuldner einen Anreiz geben, sich einem Insolvenzverfahren zu unterziehen[86]. Verbraucherinsolvenzverfahren werden heute in großer Zahl durchgeführt.

Mangels praktischer Relevanz der Privatkonkurse spielten auch die Konkursdelikte während der Geltung der KO in diesem Bereich kaum eine Rolle. Das Beiseiteschaffen von Vermögensgegenständen wurde stattdessen als Vereiteln der Zwangsvollstreckung nach § 288 StGB verfolgt. Die Anwendbarkeit des § 283 StGB wurde nur vereinzelt erwogen. Nach der Einführung des Verbraucherinsolvenzverfahrens hat diese Frage jedoch eine neue Bedeutung gewonnen. **279**

Ein Teil der Literatur[87] lehnt die Anwendbarkeit des § 283 StGB auf die Insolvenz einer Privatperson ab, weil der Gesetzgeber bei der Einführung der Verbraucherinsolvenz die strafrechtlichen Konsequenzen – die Ausweitung des Anwendungsbereichs des § 283 StGB – nicht erkannt und diese Folge auch nicht gewollt habe. Das ergebe sich schon daraus, dass einzelne Tatbestandsvarianten nicht geändert wurden, obwohl sie auf Privatleute nicht anwendbar sind. Außerdem habe die Einführung des Verbraucherinsolvenzverfahrens nicht den Zweck verfolgt, die **280**

---

[81] *Moosmayer*, Einfluss der Insolvenzordnung 1999 auf das Insolvenzstrafrecht, 1997, S. 28; *Tiedemann*, in: LK[12], Vor § 283 StGB Rn. 11.
[82] *Balz*, in: Hörmann, Verbraucherinsolvenz, 1986, S. 253.
[83] *Lutz*, Verbraucherüberschuldung, 1992, S. 37.
[84] *Balz*, in: Hörmann, Verbraucherinsolvenz, 1986, S. 254.
[85] Die Feststellung der Restschuldbefreiung ist für die Tatbeendigung im Falle des Verheimlichens von Vermögensbestandteilen i.S.d. § 283 Abs. 1 Nr. 1 StGB maßgeblich, BGHSt 61, 180, 183 f. Rn. 15 mit Anm. *Bosch*, ZWH 2016, 285 f.; *Brand*, NJW 2016, 1528; *Köllner/Cyrus*, NZI 2016, 528, 530 f.; *Steinbeck*, DZWIR 2016, 486 ff.
[86] *Smid*, DZWiR 1994, 278, 283.
[87] *Moosmayer*, Einfluss der Insolvenzordnung 1999 auf das Insolvenzstrafrecht, 1997, S. 64; *Schramm*, wistra 2002, 55. Diff. *Krüger*, wistra 2002, 52, der die Anwendbarkeit des Bankrotts auf den Privatkonkurs, nicht aber auf die Verbraucherinsolvenz, ablehnt.

Strafe für Private zu verschärfen, wenn sie sich für die Durchführung eines Insolvenzverfahrens entscheiden. Dies wäre aber die Konsequenz der Anwendung des § 283 StGB statt wie bisher des § 288 StGB[88], denn der Bankrott sieht eine Freiheitsstrafe bis zu fünf Jahren vor, die Vereitelung der Zwangsvollstreckung ist dagegen im Höchstmaß mit Freiheitsstrafe bis zu zwei Jahren bedroht.
Der Anwendungsbereich der Insolvenzstraftaten sei deshalb im Wege einer *„teleologischen Reduktion"* auf die Insolvenz von Unternehmen zu beschränken.

281 Die h.M.[89] in der Literatur befürwortet jedoch zu Recht die **Anwendbarkeit der Insolvenzdelikte auf private Schuldner**.
Für diese Sicht streitet bereits der *Wortlaut* des § 283 StGB, der keine Beschränkung auf bestimmte Schuldner vorsieht. Auch die *Gesetzesgenese* stützt diese Auffassung, denn die Reichskonkursordnung von 1879 beseitigte bewusst die ursprüngliche Beschränkung des Tatbestandes auf Kaufleute[90]. Vor allem spricht der *Schutzzweck* der Vorschrift gegen die von der Gegenmeinung propagierte Einschränkung. Die Gläubigerinteressen verdienen nämlich auch in der Verbraucherinsolvenz Schutz[91].

282 Der **BGH**[92] stimmt der zutreffenden h.M. zu. Da eine Privatperson die Schuldnereigenschaft erfüllen könne, hätten schon die Konkursdelikte die Privatkonkurse erfasst. Daran habe die Einführung der Verbraucherinsolvenz nichts geändert. Diese Regelung habe den Anwendungsbereich der Insolvenzdelikte nämlich nicht rechtlich, sondern nur *faktisch* – durch die Erhöhung der Praxisrelevanz des Verbraucherinsolvenzverfahrens – erweitert.

283 § 283 StGB ist deshalb auf F anwendbar. Fraglich ist nur, ob Abs. 1 oder Abs. 2 eingreift. Der fälligen Forderung der A in Höhe von 12.676 € standen am 11.10.2022 – dem Tag der Vermögensverschiebung – liquide Mittel in Höhe von 5.000 € gegenüber. F war damit schon zum Zeitpunkt der Vermögensverschiebung zahlungsunfähig. Er befand sich somit bereits in der Krise, sodass die Voraussetzungen des § 283 Abs. 1 Nr. 1 StGB vorlagen.
F ist aus diesem Tatbestand zu bestrafen, da auch die objektive Bedingung der Strafbarkeit (Abs. 6) erfüllt ist. §§ 283, 288 StGB stehen in Tateinheit (§ 52 StGB).

c) *Strafbarkeit des B nach § 283d StGB*

284 B könnte sich nach § 283d StGB strafbar gemacht haben, indem er die Münzsammlung des F entgegennahm und bei sich verwahrte. Das Merkmal Beiseiteschaffen ist wie in § 283 StGB zu verstehen[93]. B müsste also einen Vermögensbestandteil durch räumliches Verschieben oder Veränderung der rechtlichen Lage

---

[88] *Moosmayer*, Einfluss der Insolvenzordnung 1999 auf das Insolvenzstrafrecht, 1997, S. 64; *Schramm*, wistra 2002, 55.
[89] *Heger*, in: L/K/H, § 283 StGB Rn. 2; *Heine/Schuster*, in: Sch/Sch § 283 StGB Rn. 7a; *Krause*, NStZ 2002, 42; *Radtke*, in: Festschrift für Achenbach, 2011, S. 341, 349 ff.; eingehend hierzu *Schlüter*, NZI 2020, 928 ff.
[90] *Krause*, NStZ 2002, 42.
[91] *Krause*, NStZ 2002, 42; *Radtke*, in: Festschrift für Achenbach, 2011, S. 341, 356 f.
[92] BGH, NJW 2001, 1874, 1875; NStZ-RR 2017, 250.
[93] *Beukelmann*, in: BeckOK-StGB, § 283d Rn. 2; *Petermann/Hofmann*, in: MüKo⁴, § 283d StGB Rn. 9; *Rotsch/Wagner*, in: M/G, § 28 Rn. 294; *Wittig*, § 23 Rn. 173.

dem baldigen Gläubigerzugriff entzogen oder diesen erschwert haben (siehe dazu Rn. 259). Hier liegt ein räumliches Verschieben vor.

Zum Zeitpunkt der Verschiebung des Vermögenswertes hatte F bereits die Zahlungen eingestellt. Da auch die objektive Bedingung der Strafbarkeit nach § 283d Abs. 4 StGB erfüllt ist, hat sich B nach § 283d StGB strafbar gemacht. **285**

d) Strafbarkeit des B nach §§ 283 Abs. 1 Nr. 1, 288 Abs. 1, 27 StGB

B hat durch das Beiseiteschaffen zwar auch die Tathandlungen der §§ 283 und 288 StGB vorgenommen. Die Bestrafung wegen täterschaftlicher Begehung dieser Delikte scheitert aber daran, dass er nicht Schuldner und damit kein tauglicher Täter des Bankrotts und der Vereitelung der Zwangsvollstreckung ist. Dritte kommen jedoch als Teilnehmer in Betracht. **286**

Die Strafbarkeit wegen Beihilfe zum Bankrott wird in bestimmten Konstellationen mit dem Hinweis auf die Notwendigkeit der Teilnahme abgelehnt, nämlich für Beihilfe zu § 283 Abs. 1 Nr. 2 StGB, wenn der Geschäftspartner mit dem Schuldner Verlust-, Differenz- oder Spekulationsgeschäfte abschließt[94], und zu § 283 Abs. 1 Nr. 3 StGB durch die Abnahme der Waren oder Wertpapiere[95]. Ein Hilfeleisten zum Beiseiteschaffen nach § 283 Abs. 1 Nr. 1 StGB ist dagegen strafbare Beihilfe.

B hat deshalb eine Beihilfe zum Bankrott und zur Vereitelung der Zwangsvollstreckung begangen.

Die Strafbarkeit tritt aber hinter die Schuldnerbegünstigung zurück, wenn die Verwirklichung des § 283d StGB zugleich ein Hilfeleisten zu §§ 283, 288 StGB ist, weil das Unrecht der täterschaftlich begangenen Schuldnerbegünstigung das Unrecht der Beihilfe überschreitet[96].

Ergänzender Hinweis:

Strittig ist, ob die Strafe des Teilnehmers nach § 28 Abs. 1 StGB zu **mildern** ist, wenn er sich wegen Anstiftung oder Beihilfe zum Bankrott strafbar gemacht hat. **287**
Ein Teil der Literatur[97] lehnt das mit dem Argument ab, die Schuldnerstellung sei kein besonderes persönliches Merkmal, weil sie das Unrecht der Tat nicht erhöhe. Träfe diese Sicht zu, wäre allerdings auch § 14 StGB nicht anwendbar mit der Konsequenz, dass die Strafbarkeit wegen Bankrotts durch das Beiseiteschaffen von Vermögensbestandteilen einer juristischen Person generell ausscheiden würde (dazu Rn. 245). Die Anwendbarkeit des § 14 StGB z.B. auf den Geschäftsführer wird aber auch von den Vertretern dieser Auffassung nicht in Zweifel gezogen. Konsequenterweise sind auch §§ 28 Abs. 1, 49 Abs. 1 StGB anwendbar, sodass die Strafe für den Teilnehmer zu mildern ist[98].

---

[94] *Tiedemann*, in: LK[12], § 283 StGB Rn. 71.
[95] BGH, bei *Herlan*, GA 1956, 348; *Tiedemann*, in: LK[12], § 283 StGB Rn. 80.
[96] *Heger*, in: L/K/H, § 283d StGB Rn. 7; Arzt/Weber/*Heinrich*/Hilgendorf, BT, § 16 Rn. 64; *Tiedemann*, in: LK[12], § 283d StGB Rn. 26.
[97] *Heger*, in: L/K/H, § 283 StGB Rn. 25; Arzt/Weber/*Heinrich*/Hilgendorf, § 16 Rn. 67; *Roxin*, in: LK[11], § 28 StGB Rn. 56.
[98] BGH, wistra 2018, 437, Rn. 6; *Fischer*, § 283 StGB Rn. 38; *Himmelreich*, in: HWSt, 7. Teil 1. Kap. Rn. 188; *Hombrecher*, JA 2013, 541, 543; *Hoyer*, in: SK, § 283 StGB Rn. 116; *Kindhäuser/Bülte*, in: NK, § 283 StGB Rn. 111; *Renkl*, JuS 1973, 614; *Schünemann/Greco*, in: LK[13], § 28 Rn. 62.

Nach zutreffender Ansicht[99] scheidet jedoch eine doppelte Milderung nach § 27 Abs. 2 und § 28 Abs. 1 StGB aus, wenn Beihilfe nicht wegen der Art und Weise der Mitwirkung, sondern allein wegen des Fehlens des Schuldnermerkmals anzunehmen ist, weil dieselbe Tatsache, nämlich das Fehlen eines besonderen persönlichen Merkmals, nicht zur Anwendung beider Milderungsgründe führen darf.

Die weiteren Tathandlungen des § 283 Abs. 1:
Nr. 2:

288 § 283 Abs. 1 Nr. 2 StGB stellt bestimmte unwirtschaftliche, die Insolvenzmasse schmälernde Handlungen in der Krise unter Strafe, insbesondere solche, durch die der Schuldner wie ein Spieler „alles auf eine Karte setzt", um den Zusammenbruch doch noch zu vermeiden, und zwar **das Eingehen von Verlust- oder Spekulationsgeschäften oder Differenzgeschäften** mit Waren oder Wertpapieren in einer den Anforderungen einer ordnungsgemäßen Wirtschaft widersprechenden Weise sowie das Verbrauchen oder Schuldigwerden übermäßiger Beträge durch **unwirtschaftliche Ausgaben, Spiel oder Wette**.

289 *Verlustgeschäfte* müssen von vornherein auf eine Vermögensminderung angelegt sein[100]; das ist z.B. bei der Annahme eines Auftrages der Fall, wenn die geschuldete Gegenleistung der erbrachten Leistung nicht entspricht.

290 *Spekulationsgeschäfte* sind Geschäfte, bei denen in der Hoffnung auf einen überdurchschnittlich hohen Gewinn ein besonders großes Risiko eingegangen wird[101].
Beispiele sind die Beteiligung an einer im Aufbau befindlichen, hoch verschuldeten GmbH[102] sowie Spekulationen mit Waren auf ausländischen Märkten[103] oder die Gewährung eines Geld- oder Warenkredits an einen unbekannten Kreditnehmer ohne Prüfung der Kreditwürdigkeit[104].

291 *Differenzgeschäfte* sind Verträge auf Lieferung von Waren oder Wertpapieren, die in der Absicht geschlossen werden, nach Ablauf der Vertragslaufzeit einen Gewinn in Höhe der Differenz zwischen dem An- und dem Verkaufspreis zu erzielen[105].

292 Ein Verstoß des Schuldners gegen die Grundsätze *ordnungsgemäßen Wirtschaftens* liegt bei Spekulations- und Differenzgeschäften regelmäßig vor. Verlustgeschäfte können jedoch im Einzelfall durchaus dem normalen Geschäftsgebaren entsprechen, z.B. der Verkauf leicht verderblicher Waren unter Preis[106] oder der Abschluss wirtschaftlich nicht lohnender Verträge zum Erhalt von Folgeaufträgen[107].

---

[99] BGHSt 26, 53, 54 f.; BGH, wistra 2018, 437, 438 Rn. 8; grundsätzlich gegen eine doppelte Milderung *Tiedemann*, in: LK[12], § 283 StGB Rn. 228.
[100] BT-Drs. 7/5291, 18; *Petermann/Sackreuther*, in: MüKo[4], § 283 StGB Rn. 19; *Reinhart*, in: G/J/W, § 283 StGB Rn. 27; *Theiselmann/Verhoeven*, ZIP 2020, 797, 800.
[101] BT-Drs. 7/3441, 35; *Brettel/Schneider*, § 3 Rn. 436; *Wittig*, § 23 Rn. 79.
[102] *Tiedemann*, in: LK[12], § 283 StGB Rn. 57.
[103] RGSt 16, 238.
[104] *Kindhäuser/Bülte*, in: NK, § 283 StGB Rn. 30.
[105] *Richter*, in: M-G, Kap. 83 Rn. 57; *Rotsch/Wagner*, in: M/G, § 28 Rn. 172.
[106] *Weyand/Diversy*, Rn. 74.
[107] *Heine/Schuster*, in: Sch/Sch, § 283 StGB Rn. 12; *Kindhäuser/Bülte*, in: NK, § 283 StGB Rn. 34.

Die Strafbarkeit entfällt im Übrigen – nicht mangels Tatbestandsmäßigkeit, sondern wegen Fehlens des Zusammenhangs zwischen Tathandlung und wirtschaftlichem Zusammenbruch (Rn. 265) –, wenn das Geschäft einen Gewinn erbracht hat[108].

Unwirtschaftliche Ausgaben sind Aufwendungen, die das Notwendige und Übliche 293 überschreiten und zum Vermögen des Täters in keinem angemessenen Verhältnis stehen[109], z.B. überhöhte Aufwendungen für Repräsentation oder Geschäftsreisen.
Die Begriffe *Spiel* und *Wette* sind § 762 BGB entnommen[110].
Einen übermäßigen Betrag verbraucht der Schuldner, wenn der Mittelaufwand seiner Leistungsfähigkeit nicht angemessen ist und sie in unvertretbarer Weise übersteigt[111].

Nr. 3:

Nach § 283 Abs. 1 Nr. 3 StGB macht sich strafbar, wer **Waren oder Wertpapiere** 294 auf **Kredit** beschafft und sie oder die aus diesen Waren hergestellten Sachen **erheblich unter ihrem Wert** in einer den Anforderungen einer ordnungsgemäßen Wirtschaft widersprechenden Weise **veräußert** oder **sonst abgibt**. Es handelt sich also um eine zweiaktige Tathandlung[112].
Die „Waren- oder Wertpapierverschleuderung" ermöglicht es zwar, den Geschäftsbetrieb noch eine Weile aufrecht zu erhalten, sie führt aber in kurzer Zeit zu erheblichen Schäden bei den Kreditoren[113]. Deshalb stellt § 283 Abs. 1 Nr. 3 StGB sie ausdrücklich unter Strafe, obwohl sie als Verlustgeschäft in der Regel auch die Voraussetzungen der Nr. 2 erfüllt.

Der Schuldner *beschafft* sich die Waren oder Wertpapiere, wenn er sie rechtsgeschäftlich erwirbt. 295
Ein Eigentumserwerb ist nicht erforderlich, sodass es den Tatbestand erfüllt, wenn der Schuldner unter Eigentumsvorbehalt gelieferte Waren unter Wert abgibt[114].
Veräußern ist jedenfalls die Übertragung des Eigentums durch ein entgeltliches Rechtsgeschäft (z.B. Verkauf oder Tausch), nach zutreffender Auffassung aber auch die unentgeltliche Weitergabe[115]. *Sonst abgeben* bedeutet Überlassung des Besitzes ohne Übertragung des Eigentums[116], z.B. Verpfändung.

---

[108] *Fischer*, § 283 StGB Rn. 10; *Hoyer*, in: SK, § 283 StGB Rn. 47 f.; *Kindhäuser/Bülte*, in: NK, § 283 StGB Rn. 34; *Tiedemann*, in: LK¹², § 283 StGB Rn. 61.
[109] RGSt 70, 260, 261; 73, 229; BGHSt 3, 23, 26; *Himmelreich*, in: HWSt, 7. Teil 1. Kap. Rn. 120.
[110] *Heine/Schuster*, in: Sch/Sch, § 283 StGB Rn. 18; *Petermann/Sackreuther*, in: MüKo⁴, § 283 StGB Rn. 24; *Richter*, in: M-G, Kap. 83 Rn. 68.
[111] BGHSt 3, 23, 25; BGH, NJW 1953, 1480, 1481; BGH bei *Herlan*, GA 1956, 347, 348.
[112] *Kindhäuser/Bülte*, in: NK, § 283 StGB Rn. 45.
[113] *Heine/Schuster*, in: Sch/Sch, § 283 StGB Rn. 19.
[114] BGHSt 9, 84; *Heger*, in: L/K/H, § 283 StGB Rn. 14; *Heine/Schuster*, in: Sch/Sch, § 283 StGB Rn. 20; *Kindhäuser/Bülte*, in: NK, § 283 StGB Rn. 45.
[115] RGSt 48, 217, 218; *Heine/Schuster*, in: Sch/Sch, § 283 StGB Rn. 21; *Kindhäuser/Hilgendorf*, in: LPK, § 283 StGB Rn. 22. **A.A.** RGSt 66, 176; 72, 188; *Fischer*, § 283 StGB Rn. 14; *Richter*, in: M-G, Kap. 83 Rn. 71; *Weyand/Diversy*, Rn. 77.
[116] *Kindhäuser/Bülte*, in: NK, § 283 StGB Rn. 47; *Petermann/Sackreuther*, in: MüKo⁴, § 283 StGB Rn. 30; *Tiedemann*, in: LK¹², § 283 StGB Rn. 77.

296 Ob die Veräußerung oder die Abgabe *erheblich unter Wert* erfolgt, ist anhand eines Vergleichs des Erlöses mit dem Marktpreis zu beurteilen[117]. Liegt der Marktpreis erheblich über dem Einkaufspreis, so ist auch der Weiterverkauf zum Einkaufspreis tatbestandsmäßig.

297 Die Veräußerung erheblich unter Wert wird in der Regel den *Anforderungen einer ordnungsgemäßen Wirtschaft widersprechen*, sie kann aber u.U. kaufmännisch begründet sein, z.B. bei der Kalkulation von Sonder- und Lockvogelangeboten, bei Vornahme eines wirtschaftlich begründeten Räumungsverkaufs, dem Verschleudern leicht verderblicher Ware oder bei Bevorstehen erheblicher Preisstürze[118].

Nr. 4:

298 Bankrotthandlungen nach § 283 Abs. 1 Nr. 4 StGB sind das **Vortäuschen** von **Rechten** anderer und das **Anerkennen von fingierten** Rechten.
Diese Tathandlungen verringern – anders als die in Nr. 1 bis 3 genannten – nicht die noch vorhandenen Aktivposten, sondern sie erhöhen die Verbindlichkeiten und schmälern damit die Befriedigungsquote der einzelnen Gläubiger. Oftmals dienen diese Täuschungen jedoch der Vorbereitung einer Handlung nach Nr. 1[119].

299 Der Schuldner *täuscht ein Recht vor*, wenn er nach außen ein nicht oder nicht in dieser Form existierendes Recht als bestehend ausgibt[120]. Dies kann durch ausdrückliche Erklärung, z.B. gegenüber dem Insolvenzverwalter[121], oder durch schlüssiges Verhalten, z.B. durch eine entsprechende Buchung[122], geschehen.

300 Das *Anerkennen erdichteter Rechte* erfordert – anders als das Fingieren fremder Rechte – die Mitwirkung eines Dritten, der als Anspruchsinhaber auftreten und fiktive Forderungen geltend machen muss[123]. Erdichtet sind nur solche Rechte, die nie bestanden haben; die Anerkennung verjährter Forderungen oder unvollkommener Verbindlichkeiten aus Spiel und Wette fällt nicht unter den Tatbestand[124]. Der Schuldner erkennt ein erdichtetes Recht an, wenn er kundtut, dass er es akzeptiere, d.h., wenn er eine entsprechende *Erklärung* abgibt. Die bloße Zahlung genügt dagegen nicht; sie erfüllt aber die Voraussetzungen des § 283 Abs. 1 Nr. 1 StGB:

Beispiel: Gläubiger G macht gegenüber dem Schuldner S eine – wie S weiß – nicht existierende Forderung aus Werkvertrag geltend. S zahlt die geforderte Summe an G. S hat sich mangels Erklärung nicht nach § 283 Abs. 1 Nr. 4 StGB strafbar gemacht. Sein Verhalten fällt aber unter § 283 Abs. 1 Nr. 1 StGB, weil er Vermögensbestandteile beiseitegeschafft hat. Die konkludente Erklärung, die Forderung bestehe tatsächlich, liegt in der Zahlung nicht, da sie nicht besagt, dass der Schuldner die Forderung akzeptiert.

---

[117] RGSt 47, 61; 72, 187; BGH bei *Herlan*, GA 1955, 365; *Heine/Schuster*, in: Sch/Sch, § 283 StGB Rn. 22; *Kindhäuser/Bülte*, in: NK, § 283 StGB Rn. 48.
[118] *Heine/Schuster*, in: Sch/Sch, § 283 StGB Rn. 23.
[119] *Weyand/Diversy*, Rn. 79.
[120] BGH bei *Herlan*, GA 1953, 74; Brettel/*Schneider*, § 3 Rn. 437.
[121] RGSt 64, 42, 43.
[122] BGH bei *Herlan*, GA 1953, 74.
[123] BGH bei *Herlan*, GA 1953, 74; *Heine/Schuster*, in: Sch/Sch, § 283 StGB Rn. 26.
[124] *Fischer*, § 283 StGB Rn. 18; *Tiedemann*, in: LK[12], § 283 StGB Rn. 83.

Strittig ist, ob in dem Unterlassen prozessualer Verteidigungen gegen unberechtigte Forderungen eine Erklärung zu sehen ist.   301

Beispiel: Der Gläubiger G erwirkt gegen den Schuldner S einen Mahnbescheid über eine nicht existente Forderung. S widerspricht nicht, sodass ein Vollstreckungsbescheid (§ 699 ZPO) gegen ihn ergeht.

Ein Teil der Literatur[125] verneint die Strafbarkeit wegen Anerkennens erdichteter Rechte, weil allenfalls eine Erklärung durch Unterlassen vorliegen könne, der Schuldner aber keine Garantenstellung gegenüber seinen Gläubigern habe.

Diese Sicht lässt jedoch die zivilprozessuale Wirkung eines Verzichts auf die Geltendmachung prozessualer Rechte außer Acht. Im Zivilprozess macht es keinen Unterschied, ob der Beklagte den gegen ihn geltend gemachten Anspruch ausdrücklich anerkennt oder ob er auf die Erhebung eines Widerspruchs gegen einen Mahnbescheid bzw. eines Einspruchs gegen einen Vollstreckungsbescheid oder ein Versäumnisurteil verzichtet[126]. Der Verzicht auf diese Rechte enthält deshalb die konkludente Erklärung, dass der Schuldner die Forderung anerkennt.

Nr. 5 bis Nr. 7:

Die in § 283 Abs. 1 Nr. 5 bis Nr. 7 StGB aufgeführten Verletzungen der Buchführungs- und Bilanzierungspflichten stimmen weitgehend – wörtlich oder jedenfalls inhaltlich – mit den Tathandlungen des § 283b StGB überein. Zu Bankrotthandlungen werden diese Pflichtverletzungen nur, wenn der Täter sie in der Krise begeht (§ 283 Abs. 1 StGB) oder die Krise durch sie herbeiführt (§ 283 Abs. 2 StGB). Von den übrigen Bankrotthandlungen unterscheiden sie sich, weil sie die Insolvenzmasse nicht unmittelbar schmälern, sondern lediglich die Gefahr in sich bergen, dass der Schuldner den Überblick über seinen Vermögensstand verliert und dadurch die Krise verursacht oder in der Krise nicht angemessen reagiert. Systematisch gehört § 283 Abs. 1 Nr. 5 bis 7 StGB dennoch zu den Buchführungs- und Bilanzdelikten; deshalb werden die Einzelheiten dort behandelt (Rn. 318 ff.).   302

Nr. 8:

§ 283 Abs. 1 Nr. 8 StGB enthält eine **Generalklausel**, welche die Bankrottstrafbarkeit auch in den Fällen sicherstellt, in denen der Schuldner zwar keine der in Nr. 1 bis Nr. 7 beschriebenen Handlungen verwirklicht, aber in einer anderen, den Anforderungen einer ordnungsgemäßen Wirtschaft grob widersprechenden Weise seinen **Vermögensstand verringert** oder seine wirklichen **geschäftlichen Verhältnisse verheimlicht** oder **verschleiert**.   303

Ob für die Verringerung des Vermögensstandes auf andere Weise ein eigenständiger Anwendungsbereich verbleibt, ist angesichts der Weite der Merkmale „Beiseiteschaffen" in Nr. 1 und „unwirtschaftliche Ausgaben" in Nr. 2 zweifelhaft. Die in der Literatur genannten Beispiele erfüllen jedenfalls regelmäßig bereits die Voraussetzungen dieser Tatalternativen[127].   304

---

[125] *Altenhain*, in: M/R, § 283 StGB Rn. 29; *Kindhäuser/Bülte*, in: NK, § 283 StGB Rn. 53.
[126] *Heine/Schuster*, in: Sch/Sch, § 283 StGB Rn. 26; Zust. *Beukelmann*, in: BeckOK-StGB, § 283 Rn. 53.
[127] *Krause*, Ordnungsgemäßes Wirtschaften und Erlaubtes Risiko, 1995, S. 140.

So erfasst § 283 Abs. 1 Nr. 1 StGB das Verschleudern eigener Waren oder Patentrechte[128] bzw. § 283 Abs. 1 Nr. 2 StGB die Gewährung eines Geld- oder Warenkredits an völlig unbekannte Kreditnehmer ohne Prüfung der Kreditwürdigkeit[129] und die weitere Belieferung eines betrügerischen Kunden[130].

305 Der Begriff der *geschäftlichen Verhältnisse* erfasst vor allem die Umstände, die für die Beurteilung der Bonität des in der Krise befindlichen Schuldners erheblich sind[131]. Der Täter *verheimlicht* die wirklichen geschäftlichen Verhältnisse, wenn er die Gläubiger oder den Insolvenzverwalter über Zugriffsmöglichkeiten auf das Schuldnervermögen in Unkenntnis setzt oder hält[132]. Ein *Verschleiern* kommt vor allem bei unrichtigen Angaben insbesondere über die Vermögensverhältnisse[133] in geschäftlichen Mitteilungen, z.B. bei der Werbung für eine Kapitalanlage bzw. ein Warentermingeschäft oder der unzutreffenden oder irreführenden Darstellung von Sachverhalten, die für die Beurteilung der Bonität wesentlich sind[134], in Betracht[135].

306 Auch bei den sog. *„Firmenbestattungen"* liegt ein Verschleiern der geschäftlichen Verhältnisse i.S.d. § 283 Abs. 1 Nr. 8 StGB vor, wenn der Gesellschafter-Geschäftsführer die Anteile der Gesellschaft an einen Strohmann veräußert und dieser sich – ohne die Absicht, das Geschäft weiterzuführen – als Geschäftsführer einsetzt, um die Gesellschaft – ggf. ins Ausland – weiter zu veräußern[136]. Zu den geschäftlichen Verhältnissen zählt auch die (geplante) zukünftige Entwicklung des Unternehmens[137]. Sowohl der Alt- als auch der Neugesellschafter-Geschäftsführer kann in einer solchen Konstellation als Täter des Bankrotts bestraft werden. Nach zutreffender Auffassung sind alle auf die Absetzung des Geschäftsführers und die Veräußerung der Gesellschaft und somit auf die Firmenbestattung gerichteten Beschlüsse nach § 138 Abs. 1 BGB sittenwidrig und nichtig, sodass die Überwälzung der Schuldnereigenschaft auf den alten – vermeintlich abberufenen – Geschäftsführer nach § 14 Abs. 1 Nr. 1 StGB erfolgt[138]. Für den neuen Geschäftsfüh-

---

[128] *Weyand/Diversy*, Rn. 108.
[129] *Tiedemann*, in: LK¹², § 283 StGB Rn. 168; *Weyand/Diversy*, Rn. 108.
[130] *Tiedemann*, in: LK¹², § 283 StGB Rn. 168.
[131] BGH, wistra 2009, 273, 274, mit Anm. *Floeth*, EWiR 2010, 265 f.; BGH, NStZ 2013, 284; *Bosch*, in: S/S/W, § 283 StGB Rn. 32; *Fischer*, § 283 StGB Rn. 30.
[132] BGH, wistra 2009, 273, 274; *Petermann/Sackreuther*, in: MüKo³, § 283 StGB Rn. 67.
[133] BGH, wistra 2009, 273, 274; *Bosch*, in: S/S/W, § 283 StGB Rn. 32.
[134] *Beukelmann*, in: BeckOK-StGB, § 283 Rn. 75; *Klose*, NZWiSt 2020, 59, 60.
[135] Zu weiteren Beispielen *Petermann/Sackreuther*, in: MüKo⁴, § 283 StGB Rn. 63.
[136] BGH, ZIP 2010, 471 ff.; NStZ 2013, 284, 285; LG Potsdam wistra 2005, 193 ff. **A.A.** OLG Karlsruhe, NStZ-RR 2013, 247 ff.
[137] BGH, NStZ 2022, 686 Rn. 1.
[138] LG Frankfurt bei *Kümmel*, wistra 2012, 165, 167; LG Potsdam, wistra 2005, 193, 195 f.; *Kleindiek*, ZGR 2007, 276, 291; *Kilper*, Unternehmensabwicklung außerhalb des gesetzlichen Insolvenz- und Liquidationsverfahrens in der GmbH, 2009, S. 371 ff.; *Schütz*, wistra 2016, 53, 54 ff. Der BGH, NJW 2012, 2366, 2368 f.; NStZ 2013, 284, 285, gelangt ebenfalls zur Anwendung dieser Vorschrift, allerdings mit der Begründung, der Alt-Gesellschafter sei faktischer Geschäftsführer. **A.A.** *Brand/Reschke*, ZIP 2010, 2134, 2136, die die Abberufung des Altgesellschafter-Geschäftsführers für rechtlich wirksam und somit § 14 StGB für nicht einschlägig halten.

rer gilt ebenfalls § 14 Abs. 1 Nr. 1 StGB, obwohl er nicht wirksam bestellt wurde, weil § 14 Abs. 3 StGB einschlägig ist.

306a Der die Vorgänge beurkundende – bösgläubige – Notar kann wegen Beihilfe zum Bankrott strafbar sein[139]. Das gilt auch für den – späteren – Insolvenzverwalter, der den Täter in Kenntnis der von diesem bereits umgesetzten und geplanten gesellschaftsrechtlichen Maßnahmen zur Täuschung der Gläubiger und Geschäftspartner berät[140].

Fall 22: – *Leichtfertige Herbeiführung der Krise* –

307 Charlie (C) hatte die ehemalige Bahnhofsgaststätte in W übernommen und mit einem Darlehen der Brauerei renoviert. In den ersten Monaten nach Wiedereröffnung entwickelte sich die Gaststätte zu einem neuen Treffpunkt des Dorfes und warf einen erheblichen Gewinn ab. C, der schon immer gerne in der Spielbank „gezockt" hatte, sah nun die Chance, unter Einsatz des Ertrags seiner Kneipe das von ihm entwickelte „todsichere" Roulettesystem einer Bewährungsprobe zu unterziehen. Leider erwies sich das System als fehlerhaft. Um die erheblichen Anfangsverluste wieder hereinzuholen, suchte C die Spielbank immer häufiger auf und setzte zunehmend höhere Summen, die er der Kasse seiner Gaststätte entnahm. Am Ende verlor C zwar völlig den Überblick über seine wirtschaftlichen Verhältnisse, meinte aber, das Geschäft könne seine Entnahmen verkraften. Schließlich konnte er jedoch die Miete für die Gaststätte und die Rechnungen seiner Lieferanten nicht mehr bezahlen. Der Antrag eines Gläubigers auf Eröffnung des Insolvenzverfahrens wurde vom Amtsgericht mangels Masse abgelehnt.
Ist C wegen Bankrotts strafbar?

C könnte sich gemäß § 283 Abs. 4 Nr. 2 i.V.m. Abs. 1 Nr. 2, Abs. 2 StGB strafbar gemacht haben.

Er hat durch Spiel übermäßige Beträge verbraucht und dadurch seine Zahlungsunfähigkeit herbeigeführt, sodass die Tathandlung des § 283 Abs. 1 Nr. 2 und der „Erfolg" des § 283 Abs. 2 StGB vorliegen.

308 § 283 Abs. 1 und Abs. 2 StGB sind Vorsatzdelikte, sodass sich der – mindestens bedingte – Vorsatz des Täters auf sämtliche objektiven Tatbestandsmerkmale erstrecken muss. § 283 Abs. 4 und Abs. 5 StGB dehnen die Strafbarkeit jedoch auf Konstellationen aus, in denen der Täter bestimmte Merkmale **fahrlässig bzw. leichtfertig** verwirklicht hat. § 283 Abs. 4 StGB ist als *Vorsatz-Fahrlässigkeitskombination* ausgestaltet, da zwar die Bankrotthandlung vorsätzlich begangen sein muss, das fahrlässige Verkennen der bereits eingetretenen Krise bzw. das leichtfertige Verursachen der Krise aber genügt. Nach § 283 Abs. 5 StGB reicht sogar Fahrlässigkeit hinsichtlich bestimmter Tathandlungen und zwar solcher nach § 283 Abs. 1 Nr. 2, 5 oder 7 StGB.

309 Es hindert die Strafbarkeit des C somit nicht, dass er der Meinung war, sein Geschäft könne die Entnahmen verkraften. Er wusste jedenfalls, dass die Rouletteeinsätze seiner Leistungsfähigkeit nicht angemessen waren, nahm also die Tathandlung, den Verbrauch „übermäßiger" Beträge durch Spiel, vorsätzlich vor. Die Krise führte er zwar nicht vorsätzlich herbei.

---

[139] *Schröder*, DNotZ 2005, 596, 601 ff. Zu den Strafbarkeitsrisiken des anwaltlichen Sanierungsberaters *Cyrus/Köllner*, NZI 2016, 288 ff.
[140] BGH, NStZ 2022, 686, Rn. 2.

Ihm ist aber Leichtfertigkeit anzulasten, da es in einem **gesteigerten Maße fahrlässig** ist, einem kleinen Betrieb hohe Beträge zu entziehen, ohne die wirtschaftlichen Konsequenzen zu kontrollieren.

II. Besonders schwerer Fall des Bankrotts (§ 283a StGB)

310 § 283a StGB ist *kein eigener Straftatbestand*, sondern eine **Strafzumessungsvorschrift**, die unter Verwendung der – inzwischen üblich gewordenen – Regelbeispielstechnik zwei Fälle beschreibt, die „in der Regel" die Anwendung des erhöhten Strafrahmens zur Folge haben.

Denkbar sind jedoch zum einen „atypische einfache Fälle", in denen trotz Vorliegens eines Regelbeispiels besondere Umstände in der Tat oder der Persönlichkeit des Täters das Unrecht und die Schuld so wesentlich mindern, dass ein besonders schwerer Fall entfällt, und zum anderen „atypische besonders schwere Fälle", die zwar kein Regelbeispiel erfüllen, einem solchen aber nach dem Gewicht von Unrecht und Schuld gleichwertig sind.

– Näher dazu Krey/*Hellmann*/Heinrich, BT 2, Rn. 132 ff. –

Zu beachten ist, dass § 283a StGB den erhöhten Strafrahmen nur für die Bankrotthandlungen des § 283 **Abs. 1 bis 3** StGB androht.

Fall 23: *– Schädigung von Waren- oder Lieferantenkreditoren –*

311 Sascha (S) und Tina (T) gründeten im Juli 2022 die VIP Autohandel OHG (VIP). Nach dem Gesellschaftsvertrag waren beide vertretungsberechtigt. Gesellschaftszweck war das Betreiben eines Autohandels mit gebrauchten Luxus-Pkw. S und T kauften Autos bei insgesamt 18 Privatpersonen. Der Kaufpreis sollte jeweils vier Wochen nach dem Erwerb des jeweiligen Fahrzeugs entrichtet werden; ein Eigentumsvorbehalt wurde jedoch nicht vereinbart. Im Januar 2023 hatte die VIP noch keinen Wagen verkauft. Es waren aber – über die fälligen Ansprüche aus den Kaufverträgen hinaus – Verbindlichkeiten für Miete, Strom etc. in Höhe von 78.000 € entstanden, welche die Gesellschaft nicht erfüllen konnte, da sie über keine liquiden Mittel und – mit Ausnahme der 18 Fahrzeuge – über keine Sachwerte verfügte. Die Bank verweigerte weitere Kredite. Um die Pkw für eine Fortführung der Geschäftstätigkeit der VIP zu erhalten, verbrachten S und T die Luxuswagen in eine Scheune auf dem Land. Den von einem Gläubiger gestellten Antrag auf Eröffnung des Insolvenzverfahrens über das Vermögen der VIP lehnte das Amtsgericht D mangels Masse ab.

Wie haben sich S und T strafbar gemacht?

§§ 283 Abs. 1 Nr. 1, 283a, 25 Abs. 2 StGB

aa) Die VIP war zahlungsunfähig, da sie ihre Zahlungen eingestellt hatte (§ 17 Abs. 2 InsO). In dieser Krise schafften S und T Vermögenswerte der Gesellschaft beiseite, indem sie die Autos versteckten.

S und T sind taugliche Täter des § 283 StGB. Eine Meinung wendet den Bankrotttatbestand unmittelbar auf die Gesellschafter einer Personenhandelsgesellschaft mit der Begründung an, sie seien selbst Schuldner[141]. Es trifft zwar zu, dass die Gesellschafter einer OHG den Gläubigern gemäß § 128 HGB persönlich als Gesamtschuldner für die Verbindlichkeiten der Gesellschaft haften. Dadurch werden sie aber nicht zum Schuldner in einem Insolvenzver-

---

[141] *Perron/Eisele*, in: Sch/Sch, § 14 StGB Rn. 20/21; *Schulte*, NJW 1983, 1773, 1774; *Winkelbauer*, wistra 1986, 17, 18 f.; ders., JR 1988, 33, 34.

fahren der OHG. Diese ist nämlich gemäß § 11 Abs. 2 Nr. 1 InsO insolvenzfähig. Richtet sich das Insolvenzverfahren – wie hier – nur gegen die Gesellschaft, ist sie Schuldner i.S.d. § 283 StGB. Es bedarf dann der „Überwälzung" dieses besonderen persönlichen Merkmals auf die vertretungsberechtigten Gesellschafter nach Maßgabe des § 14 Abs. 1 Nr. 2 StGB[142].

– Näher dazu Rn. 1020 ff. –

Da S und T vorsätzlich handelten, ist der Tatbestand des § 283 Abs. 1 Nr. 1 StGB objektiv und subjektiv gegeben.

bb) Rechtswidrigkeit und Schuld liegen ebenfalls vor.

cc) Die objektive Bedingung der Strafbarkeit gemäß § 283 Abs. 6 StGB trat ein, da die Eröffnung des Insolvenzverfahrens mangels Masse abgelehnt wurde.

dd) Besonders schwerer Fall, § 283a StGB

Ein besonders schwerer Fall des Bankrotts liegt nach § 283a StGB in der Regel vor, wenn der Täter **aus Gewinnsucht handelt** (Satz 2 Nr. 1) oder wissentlich **viele Personen** in die **Gefahr des Verlustes ihrer ihm anvertrauten Vermögenswerte** oder in **wirtschaftliche Not** bringt (Satz 2 Nr. 2).

312

(1) Aus Gewinnsucht handelt der Täter, wenn sein **Erwerbsstreben ungewöhnlich und ungesund ist und ein sittlich anstößiges Maß aufweist**[143], oder **ein von besonderer Rücksichtslosigkeit geprägtes Gewinnstreben „um jeden Preis" vorliegt**, mit dem sich der Täter zum eigenen Vorteil über die Interessen der Gläubiger und über die Anforderungen einer ordnungsgemäßen Wirtschaft hinwegsetzt[144]. Da das Streben nach einem wirtschaftlichen Vorteil häufig der Beweggrund der Bankrotthandlung sein wird, ist für einen besonders schweren Fall eine über das „normale" Maß hinausgehende Gewinnabsicht erforderlich[145]. Sie liegt z.B. vor bei einer besonderen *Rücksichtslosigkeit*, mit der sich der Täter um seines eigenen Vorteils willen über die Interessen der Gläubiger und die Anforderungen einer ordnungsgemäßen Wirtschaft hinwegsetzt[146].

Ein besonders schwerer Fall ist z.B. anzunehmen, wenn der Täter von Beginn seiner Geschäftstätigkeit an den Unternehmenszusammenbruch plant und von vornherein die Insolvenz durch Bankrotthandlungen anstrebt, um sich selbst schnell zu bereichern[147].

Anhaltspunkte für ein solcher Art gesteigertes Gewinnstreben enthält der Sachverhalt nicht. Den Zusammenbruch des Unternehmens hatten S und T nicht von Anfang an geplant. Dass sie durch das Verbergen der Pkw die VIP – und mittelbar sich selbst – bereichern wollten, begründet die Annahme der Gewinnsucht nicht, denn die schlichte Bereicherungsabsicht ist dem Beiseiteschaffen häufig immanent.

313

---

[142] *Böse/Bülte*, in: NK, § 14 StGB Rn. 33; *Kindhäuser/Bülte*, in: NK, Vor § 283 StGB Rn. 47; *Richter*, in: M-G, Kap. 81 Rn. 37.
[143] BT-Drs. 7/3441, 41; BGHSt 1, 388, 389; 3, 30, 32; 17, 35, 37; *Heine/Schuster*, in: Sch/Sch, § 283a StGB Rn. 4; *Himmelreich*, in: HWSt, 7. Teil 1. Kap. Rn. 194; *Petermann/Hofmann*, in: MüKo⁴, § 283a StGB Rn. 5; *Tiedemann*, in: LK¹², § 283a StGB Rn. 3.
[144] BGH, wistra 2017, 407 mit krit. Anm. *Floeth*, EWiR 2018, 17.
[145] *Kindhäuser/Bülte*, in: NK, § 283a StGB Rn. 4; *Tiedemann*, in: LK¹², § 283a StGB Rn. 3; *Weyand/Diversy*, Rn. 118.
[146] *Fischer*, § 283a StGB Rn. 2; *Heine/Schuster*, in: Sch/Sch, § 283a StGB Rn. 4.
[147] *Beukelmann*, in: BeckOK-StGB, § 283a Rn. 5; *Weyand/Diversy*, Rn. 118.

Ein im Vergleich zu anderen Bankrotthandlungen gesteigertes rücksichtsloses Streben nach Gewinn ist hier nicht erkennbar.

314 (2) Es könnte aber ein besonders schwerer Fall nach § 283a S. 2 Nr. 2 StGB gegeben sein. Das von der Vorschrift geforderte **wissentliche** Handeln setzt voraus, dass der Täter die Herbeiführung der Gefahr – des Verlustes ihm anvertrauter Vermögensgegenstände oder der wirtschaftlichen Not der Gläubiger – als sichere Folge seines Tuns voraussieht[148].

315 Ob der Täter **viele Personen** in die Gefahr des Verlustes ihm anvertrauter Vermögenswerte oder in wirtschaftliche Not bringt, ist nicht in erster Linie nach einer bestimmten absoluten Zahl der geschädigten Gläubiger, sondern nach den *Gesamtumständen der Tat* zu bestimmen. Die in der Literatur zumeist genannte Zahl von mindestens 10 Personen[149] ist deshalb keineswegs so zu verstehen, dass es sich bei einer größeren Anzahl Geschädigter generell um „viele Personen" handelt. Maßgeblich ist auch der Anteil der Gläubiger, die dem Schuldner Vermögenswerte anvertraut haben, an der Gesamtzahl der von der Insolvenz betroffenen Gläubiger. Die gleiche Anzahl von Personen, denen der Verlust anvertrauter Vermögenswerte droht, kann im Fall der Insolvenz eines großen Unternehmens nur einen geringen, bei der Insolvenz eines kleinen Betriebs dagegen einen hohen Anteil an der Gesamtgläubigerzahl ausmachen.

In unserem Fall handelt es sich bei den betroffenen 18 Gläubigern um „viele Personen" i.S.d. § 283a S. 2 Nr. 2 StGB, zumal sie einen erheblichen Anteil an der gesamten Zahl der Gläubiger bedeuten.

316 Das Merkmal „anvertraut" ist grundsätzlich wie in § 246 Abs. 2 StGB zu verstehen[150]. Anvertraut sind danach Vermögenswerte, wenn sie **in dem Vertrauen hingegeben wurden, der Empfänger werde sie ausschließlich im Interesse seines Geschäftspartners einsetzen**[151]. Die zur veruntreuenden Unterschlagung entwickelten Grundsätze lassen sich jedoch nicht unbesehen auf § 283a S. 2 Nr. 2, 1. Alt. StGB übertragen. § 246 Abs. 2 StGB gilt z.B. auch für Sachen, die dem Täter unter Eigentumsvorbehalt verkauft wurden[152]. Das Beiseiteschaffen solcher Gegenstände ist jedoch nicht als Bankrott strafbar, weil sie gemäß § 47 InsO nicht zur Insolvenzmasse gehören und der Eigentümer kein Insolvenzgläubiger ist (Rn. 257).

§ 283a S. 2 Nr. 2, 1. Alt. StGB schützt zudem in der Regel auch nicht die Gläubiger, die Waren auf Kredit liefern[153], da das Vertrauen, der Schuldner werde sie nur im Interesse des Lieferanten einsetzen, zumeist fehlen wird. Der Hauptanwendungsbereich der Vorschrift betrifft stattdessen Unternehmen, die in größerem

---

[148] *Heger*, in: L/K/H, § 283a StGB Rn. 2; *Kindhäuser/Bülte*, in: NK, § 283a StGB Rn. 12.
[149] *Fischer*, § 283a StGB Rn. 3; *Kindhäuser/Hilgendorf*, in: LPK, § 283a StGB Rn. 3; *Petermann/Hofmann*, in: MüKo⁴, § 283a StGB Rn. 8.
[150] *Petermann/Hofmann*, in: MüKo⁴, § 283a StGB Rn. 9; *Tiedemann*, in: LK¹², § 283a StGB Rn. 7.
[151] *Bosch*, in: S/S/W, § 283a StGB Rn. 3; *ders.*, in: Sch/Sch, § 246 StGB Rn. 29; *Fischer*, § 246 StGB Rn. 16; *Weyand/Diversy*, Rn. 121.
[152] Krey/*Hellmann*/Heinrich, BT 2, Rn. 255; *Kühl*, in: L/K/H, § 246 StGB Rn. 13.
[153] *Bosch*, in: S/S/W, § 283a StGB Rn. 3; *Fischer*, § 283a StGB Rn. 3.

§ 3: Insolvenzstraftaten

Umfang fremdes Geld verwalten[154], z.B. Kreditinstitute und Kapitalanlagegesellschaften.
Dieser Straferschwerungsgrund scheidet in unserem Fall also ebenfalls aus.

Das gilt auch für § 283a S. 2 Nr. 2, 2. Alt. StGB. Wirtschaftliche Not bedeutet eine **nicht nur vorübergehende schwere wirtschaftliche Bedrängnis**, die nicht schon bei einer fühlbaren Beeinträchtigung der gewohnten Lebensführung gegeben ist, sondern erst bei einer wirtschaftlichen Mangellage, aufgrund derer dem Gläubiger die Mittel für lebenswichtige Dinge fehlen[155]. 317

Bei den Verkäufern der Luxusautos dürfte eine solche wirtschaftliche Notlage durch den Verlust ihrer Fahrzeuge auszuschließen sein.

Ein besonders schwerer Fall des Bankrotts liegt in unserem Fall somit nicht vor. S und T haben sich aber wegen „einfachen" Bankrotts strafbar gemacht.

III. Verletzung der Buchführungspflicht (§ 283b StGB)

Wie bereits dargelegt wurde (Rn. 302), stellt § 283b StGB schon die bloße Vornahme der Tathandlungen des § 283 Abs. 1 Nr. 5 bis 7 StGB unter Strafe, also unabhängig davon, ob die Krise bereits eingetreten war oder durch die Handlung herbeigeführt wurde. Der Grund für diese Vorverlagerung der Strafbarkeit besteht darin, dass eine nicht ordnungsgemäße Buchführung zu Fehlentscheidungen mit schweren wirtschaftlichen Auswirkungen führen kann[156]. § 283b StGB ist somit ein **abstraktes Vermögensgefährdungsdelikt**[157] und dient zugleich als **Auffangtatbestand** für die Fälle, in denen der Zusammenhang mit der Krise nicht nachzuweisen ist[158]. Ist § 283 StGB – nachweisbar – gegeben, so geht er als spezieller Tatbestand vor[159]. Der *Zusammenbruch* ist gemäß § 283b Abs. 3 StGB aber auch eine objektive Bedingung für die Strafbarkeit wegen Verletzung der Buchführungspflicht. 318

Fall 24: – *Zusammenhang von unterlassener Buchführung und Zahlungseinstellung* –

Alex (A), der schon immer ein besonderes Gespür für neue Trends hatte, eröffnete am 31.12.2021 in Berlin-Mitte die Szene-Bar „Alexej". In der ersten Zeit lief die Bar wie erwartet gut. A führte das Geschäft selbst und verbrachte deshalb dort jede Nacht, sodass er tagsüber nur noch Energie zum Ausgeben des verdienten Geldes fand. Er hatte zwar ein teures Buchführungsprogramm auf seinem Computer installieren lassen; für eine geordnete Rech- 319

---

[154] *Bosch*, in: S/S/W, § 283a StGB Rn. 3; *Heine/Schuster*, in: Sch/Sch, § 283a StGB Rn. 5; *Petermann/Hofmann*, in: MüKo⁴, § 283a StGB Rn. 9.
[155] *Heine/Schuster*, in: Sch/Sch, § 283a StGB Rn. 6, *Kindhäuser/Bülte*, in: NK, § 283a StGB Rn. 8; *Petermann/Hofmann*, in: MüKo⁴, § 283a StGB Rn. 11.
[156] BT-Drs. 7/3441, 38.
[157] BGH, HRRS 2014 Nr. 471, Rn. 63 (insoweit nicht abgedruckt in NStZ 2014, 469); OLG Hamburg, NJW 1987, 1342, 1343; Arzt/Weber/*Heinrich*/Hilgendorf, BT, § 16 Rn. 60.
[158] Kindhäuser/*Hilgendorf*, in: LPK, § 283b StGB Rn. 1; *Petermann/Hofmann*, in: MüKo⁴, § 283b StGB Rn. 4.
[159] *Altenhain*, in: M/R, § 283b StGB Rn. 7; Kindhäuser/*Hilgendorf*, in: LPK, § 283b StGB Rn. 1; für Gesetzeskonkurrenz mit Vorrang des Bankrotts auch BGH, NStZ 1998, 192, 193; Arzt/Weber/*Heinrich*/Hilgendorf, BT, § 16 Rn. 60, der allerdings Subsidiarität des § 283b StGB annimmt.

nungslegung verblieb ihm jedoch keine Zeit. Er sammelte die Belege in einer Schublade unter der Theke und nahm sich die Verbuchung als Winterbeschäftigung vor. Schon im August 2022 verebbte der Gästestrom etwas, sodass A die Zeit fand, endlich die Buchführung nachzuholen, was er auch ordnungsgemäß tat. Dabei stellte er fest, dass sein Geschäft zwar immer noch schwarze Zahlen schrieb, die Einnahmen seit Ende Juli aber drastisch zurückgegangen waren. Obwohl A die Buchführung unter Verwendung des Computerprogramms nun pünktlich und ordentlich erledigte, konnte er nicht verhindern, dass die Bar immer weiter in die roten Zahlen geriet, weil die Gäste ab Oktober fast ganz wegblieben, da sich längst ein neuer Trend etabliert hatte. Am 19.12.2022 stellte A Insolvenzantrag. Die Eröffnung des Insolvenzverfahrens wurde mangels Masse abgelehnt.

Wie hat sich A strafbar gemacht?

a) § 283 Abs. 1 Nr. 5 StGB

Die Strafbarkeit wegen Bankrotts scheitert, weil die später eingetretene **Krise in keinem Zusammenhang mit der Verletzung der Buchführungspflicht** stand. Als A im August 2022 damit begann, die Buchführung ordnungsgemäß zu erledigen, schrieb die Bar noch schwarze Zahlen, sie befand sich also nicht in der Krise. Für den Eintritt der Insolvenz Monate später waren andere Umstände ursächlich.

b) § 283b Abs. 1 Nr. 1 StGB

320 A könnte sich aber wegen Verletzung der Buchführungspflicht nach § 283b Abs. 1 Nr. 1 StGB strafbar gemacht haben.

aa) Die Vorschrift setzt – wie der wörtlich übereinstimmende § 283 Abs. 1 Nr. 5 StGB – eine gesetzliche Pflicht zum Führen von Handelsbüchern voraus. Gemeint sind damit handelsrechtliche Pflichten[160], sodass die Verletzung steuer- oder gewerberechtlicher Pflichten nicht erfasst ist.

Die handelsrechtlichen Buchführungspflichten ergeben sich aus §§ 238 ff. HGB und – abhängig von der jeweiligen Rechtsform des Unternehmens – aus den ergänzenden Bestimmungen der §§ 150 ff. AktG, §§ 41 ff. GmbHG, § 33 GenG.

A war als Kaufmann nach § 238 Abs. 1 S. 1 HGB gesetzlich dazu verpflichtet, Bücher zu führen und in diesen seine Handelsgeschäfte und die Lage seines Vermögens nach den Grundsätzen ordnungsgemäßer Buchführung ersichtlich zu machen. Dem ist A bis August 2017 nicht nachgekommen. Die nachträgliche Verbuchung der Geschäftsvorgänge beseitigt die bereits entstandene Strafbarkeit nicht[161]. Zwar ist dem Buchführungspflichtigen eine angemessene Buchungsfrist, die nach zutreffender Auffassung sechs Wochen beträgt[162], einzuräumen, sodass erst nach deren Ablauf eine Verletzung des § 283b Abs. 1 Nr. 1 StGB – bzw. § 283 Abs. 1 Nr. 5 StGB – vorliegt. Diese Frist war aber hinsichtlich der Vorgänge der ersten Geschäftsmonate verstrichen, sodass A den objektiven Tatbestand verwirklicht hat.

bb) Er handelte auch vorsätzlich, rechtswidrig und schuldhaft.

---

[160] *Heger*, in: L/K/H, § 283 StGB Rn. 16; *Wittig*, § 23 Rn. 92.
[161] RGSt 39, 217, 219; 49, 276, 277; *Petermann/Sackreuther*, in: MüKo⁴, § 283 StGB Rn. 42; *Weyand/Diversy*, Rn. 85.
[162] *Richter*, in: M-G, Kap. 85 Rn. 36a; *Schäfer*, wistra 1986, 200, 201 m.w.N.; lediglich zwei Wochen gestehen *Weyand/Diversy*, Rn. 90, dem Kaufmann zu.

cc) Der Verweis des § 283b Abs. 3 StGB auf die entsprechende Geltung des § 283 Abs. 6 StGB stellt klar, dass auch bei der Verletzung der Buchführungspflicht der Zusammenbruch als **objektive Strafbarkeitsbedingung** (Rn. 265) vorliegen muss. Da der Antrag des A auf Eröffnung des Insolvenzverfahrens mangels Masse abgelehnt wurde, scheint diese Bedingung in unserem Fall gegeben zu sein. **321**

Fraglich ist jedoch, ob zwischen der Verletzung der Buchführungspflicht und der Zahlungseinstellung bzw. dem Insolvenzantrag – wie beim Bankrott (Rn. 265) – ein äußerer **Zusammenhang** bestehen muss. Dagegen spricht auf den ersten Blick, dass § 283b StGB die Verletzung der Buchführungspflicht gerade wegen ihrer abstrakten Gefährlichkeit unter Strafe stellt und deshalb das Unrecht der Tat an sich unabhängig vom wirtschaftlichen Zusammenbruch des Täters ist[163].

Dennoch schränkt die h.M.[164] den Anwendungsbereich des § 283b StGB zutreffend auf die Fälle ein, in denen die Tathandlung mit der objektiven Bedingung der Strafbarkeit in einem Zusammenhang steht. Die Verknüpfung der Pflichtverletzung mit dem wirtschaftlichen Zusammenbruch legt es nämlich nahe, solche Handlungen, die nicht einmal in einem äußeren Zusammenhang mit dem Zusammenbruch stehen, auszuscheiden[165], denn sonst könnte der Tatbestand auf die Strafbarkeitsbedingung verzichten. **322**

Das bedeutet aber nicht etwa, dass die Verletzung der Buchführungspflicht für die Zahlungseinstellung bzw. den Insolvenzantrag kausal geworden sein muss, denn nicht einmal § 283 StGB setzt die Ursächlichkeit der Bankrotthandlungen für den Zusammenbruch voraus (Rn. 265). Die Strafbarkeit aus § 283b StGB ist jedoch abzulehnen, wenn sich ein tatsächlicher Zusammenhang zwischen der Verletzung der Buchführungspflicht und dem Zusammenbruch ausschließen lässt[166], z.B. weil die Pflichtverletzung längere Zeit vor dem Zusammenbruch lag und der Täter sein Versäumnis bereits nachgeholt hatte, bevor er in wirtschaftliche Schwierigkeiten geriet, sodass sich die fehlende Buchführung unzweifelhaft nicht auf den Unternehmenszusammenbruch ausgewirkt hat[167]. Dann fehlt der Pflichtverletzung sogar die abstrakte Gefährlichkeit für die Vermögensinteressen der Gläubiger. Entscheidend ist jedoch nicht das Verstreichen einer bestimmten Zeitspanne zwischen der Verletzung der Buchführungspflicht und dem Zusammenbruch, denn auch ein länger zurückliegendes Versäumnis kann das rechtzeitige Erkennen der bedrohlichen Geschäftslage verhindert haben[168]. Der Zusammenhang fehlt zudem, wenn die Bilanzierungspflicht erst nach dem „Zusammenbruch" versäumt wurde[169].

---

[163] *Heine/Schuster*, in: Sch/Sch, § 283b StGB Rn. 7.
[164] BGHSt 28, 231, 234; BGH, NStZ 2008, 401, 402; OLG Hamburg, NJW 1987, 1342, 1343; *Biletzki*, NStZ 1999, 540; *Fischer*, § 283b StGB Rn. 5; krit. *Schäfer*, wistra 1990, 87; offen gelassen von BGH, NJW 2009, 3383, 3384.
[165] BGHSt 28, 231, 234; BGH, NStZ 2008, 401, 402.
[166] BGH, NStZ 2008, 401, 402; *Deiters/Wagner*, in: Park, Teil 3 Kap. 10.2 Rn. 55; *Heine/Schuster*, in: Sch/Sch, § 283b StGB Rn. 7.
[167] *Petermann/Hofmann*, in: MüKo[4], § 283b StGB Rn. 23.
[168] OLG Hamburg, NJW 1987, 1343; *Tiedemann*, in: LK[12], § 283b StGB Rn. 14.
[169] BGH, NStZ 1992, 182; KG, NStZ 2008, 406 f.; *Himmelreich*, in: HWSt, 7. Teil 1. Kap. Rn. 209.

Bloße Zweifel am Vorliegen des tatsächlichen Zusammenhangs zwischen Pflichtverletzung und Zusammenbruch beseitigen die Strafbarkeit dagegen nicht. Darin ist kein Verstoß gegen den Grundsatz „*in dubio pro reo*" zu sehen[170], denn § 283b StGB fordert diesen Zusammenhang an sich nicht, sondern es handelt sich um eine „teleologische Reduktion", welche die Auffangfunktion des § 283b StGB für die Fälle, in denen der Bankrott mangels Nachweisbarkeit des Zusammenhangs von Tathandlung und Zusammenbruch ausscheidet (Rn. 318), nicht beseitigen darf.

323 In unserem Fall fehlt der Zusammenhang zwischen der Verletzung der Buchführungspflicht und dem Zusammenbruch nicht etwa deshalb, weil die Bar bei Aufnahme der Buchführung noch einen Gewinn erbrachte. Der Zusammenbruch trat nämlich schon wenige Monate später ein und A erkannte den drastischen Rückgang der Einnahmen erst, als er seine Bücher ordnungsgemäß führte. Es ist deshalb nicht auszuschließen, dass er bereits früher reagiert hätte, wenn er die wahre Geschäftsentwicklung zutreffend gesehen hätte.

Es liegt also die objektive Strafbarkeitsbedingung vor, sodass A wegen Verletzung der Buchführungspflicht gemäß § 283b Abs. 1 Nr. 1 StGB strafbar ist.

Fall 25: – *Nichterfüllung der Buchführungspflichten wegen Unvermögens* –

324 Gernod Götz (G) war alleiniger Geschäftsführer der Farben und Lacke Götz GmbH. Die Buchführung der Gesellschaft hatte seine Ehefrau Karin (K) übernommen. Sie legte diese Tätigkeit aber am 23.04.2022 nieder, nachdem sie wegen Zerrüttung der ehelichen Beziehung die gemeinsame Wohnung verlassen hatte. Zu diesem Zeitpunkt war die GmbH weder überschuldet noch drohte ihr die Zahlungsunfähigkeit. G konnte allerdings keine neue Fachkraft für die Buchführung einstellen, da der GmbH dazu die erforderlichen Mittel fehlten. Da er selbst nicht über die erforderlichen Kenntnisse verfügte, blieb die Buchführung in den folgenden Monaten unerledigt. Die GmbH musste schließlich am 16.10.2022 ihre Zahlungen einstellen, weil einer ihrer Hauptabnehmer insolvent wurde und die Forderungen der Gesellschaft deshalb uneinbringlich waren.

Wie hat sich G strafbar gemacht?

a) § 283 Abs. 2 i.V.m. § 283 Abs. 1 Nr. 5 StGB

Die Strafbarkeit wegen Bankrotts scheidet aus, da der Eintritt der Krise nicht im Zusammenhang mit der Verletzung der Buchführungspflicht stand. Als K ihre Buchführungstätigkeit für die GmbH beendete, befand sich die Gesellschaft noch nicht in der Krise. Für die spätere Zahlungseinstellung war nicht die Verletzung der Buchführungspflicht ursächlich, sondern die Uneinbringlichkeit der Ansprüche der GmbH gegen ihren insolventen Hauptabnehmer.

b) § 283b Abs. 1 Nr. 1, 1. Alt. StGB

325 Die Schuldnereigenschaft der GmbH wird nach § 14 Abs. 1 Nr. 1 StGB auf G als Geschäftsführer „überwälzt".

Er ist nicht etwa schon deshalb Täter, weil er als Geschäftsführer gemäß § 41 GmbHG für die Buchführung der Gesellschaft zu sorgen hatte, denn auch § 283b StGB ist ein Sonderdelikt, das an sich nur der Schuldner als Täter begehen kann.

326 Seine Strafbarkeit könnte aber scheitern, weil die GmbH nicht über die finanziellen Mittel verfügte, einen neuen Mitarbeiter für die Buchführung einzustellen. § 283b

---

[170] OLG Düsseldorf, NJW 1980, 1292 f.; OLG Hamburg, NJW 1987, 1343 f.

Abs. 1 Nr. 1, 1. Alt. StGB ist ein *echtes Unterlassungsdelikt*, sodass dem Täter die Vornahme der geforderten Handlung möglich sein muss.
Es entlastet den Täter nicht, wenn er wegen eigenen **Unvermögens**, z.B. wegen Fehlens der erforderlichen Fachkenntnisse oder wegen Krankheit, nicht in der Lage ist, die Buchführung selbst zu erledigen, denn er kann – und muss – dann eine Hilfsperson damit beauftragen.

Fraglich ist aber, ob sich G mit Erfolg darauf berufen kann, dass ihm die Erfüllung der Buchführungspflichten nicht möglich war, weil er aufgrund der wirtschaftlichen Situation der GmbH **nicht zur Bezahlung einer Hilfsperson in der Lage** war. Die Rechtsprechung[171] bejaht dies.
Die überwiegende Auffassung in der Literatur[172] hält dem entgegen, dass der Unternehmer seine Geschäftstätigkeit aus eigenem Entschluss wahrnehme und deshalb auch die Erfüllung der damit verbundenen Pflichten sicherstellen müsse. Führe er die Geschäftstätigkeit trotz knapper finanzieller Mittel fort, so bestehe der eigentliche Vorwurf nicht in dem Unterlassen – der ordnungsgemäßen Buchführung bzw. Bilanzierung –, sondern in einem aktiven Tun, nämlich in der Fortsetzung der Geschäftstätigkeit unter Verletzung der gesetzlichen Pflichten; der Täter müsse deshalb die Geschäfte einstellen, wenn er nicht für die Erfüllung der Buchführungspflichten sorgen könne.

327

Stellungnahme:
Die Literaturmeinung verdient Zustimmung. Die Existenz des § 283b StGB lässt erkennen, welche Bedeutung das Gesetz der Einhaltung der Buchführungs- und Bilanzierungspflichten im Interesse der Gläubiger – zu Recht – zumisst. Besonders wichtig ist es, dass der Schuldner den Überblick über seine wirtschaftliche Lage behält, wenn er sich ohnehin in finanziellen Schwierigkeiten befindet, mögen sie sich auch noch nicht zur Krise verdichtet haben. Zwar kann nicht jede kurzzeitige Hinderung der Pflichterfüllung, z.B. wegen Krankheit, Entlassung oder Kündigung des zuständigen Mitarbeiters, die Einstellung der Geschäftstätigkeit zur Folge haben, zumal dem Unternehmen eine angemessene Buchungsfrist einzuräumen ist (Rn. 320). Kann der Schuldner aber absehen, dass er – aus welchen Gründen auch immer – für eine längere Zeit nicht zur Einhaltung der Buchführungspflichten in der Lage sein wird, so muss er seine **Geschäftstätigkeit einstellen**. Der Verweis auf den Grundsatz, dass niemand für ein Unterlassen bestraft werden dürfe, wenn ihm eine Handlungsmöglichkeit fehlt, verfängt deshalb nicht, denn dem Schuldner steht mit der Einstellung der Geschäftstätigkeit ein zumutbares Verhalten zur Abwendung der Strafbarkeit zu Gebote.

328

– Siehe auch *Fälle zum Wirtschaftsstrafrecht*, Rn. 212 ff. –

---

[171] BGH, NStZ 1998, 192, 193, mit zust. Anm. *Schramm*, DStR 1998, 500; krit. *Doster*, wistra 1998, 326; BGH, JZ 2003, 804, mit abl. Anm. *Beckemper*; BGH, wistra 2007, 308, 309; NJW 2011, 3047; NStZ 2012, 511; OLG Braunschweig, GmbHR 2017, 776, Rn. 13 f., mit abl. Anm. *Brand*; KG, NJW 2007, 3449 f.; einschränkend *Pohl*, wistra 1996, 15.
[172] *Richter*, in: M-G, Kap. 82 Rn. 27 ff.; *ders.*, GmbHR 1984, 137, 147; *Schäfer*, wistra 1986, 200, 203; *Weyand/Diversy*, Rn. 86. Diff. *Hillenkamp*, in: Festschrift für Tiedemann, 2008, S. 949, 964 ff.

G hat somit zwar den Tatbestand des § 283b Abs. 1 Nr. 1, 1. Alt. StGB erfüllt. Es fehlt aber der erforderliche tatsächliche Zusammenhang der Verletzung der Buchführungspflicht mit dem Zusammenbruch (vgl. Rn. 265), da allein die unvorhersehbare Insolvenz eines Hauptabnehmers für die Zahlungseinstellung ursächlich war.

Die weiteren Tathandlungen des § 283b Abs. 1 StGB:

Nr. 1, 2. Alt:

329 Das *Führen oder Verändern von Handelsbüchern* in einer Weise, welche die *Übersicht über den Vermögensstand des Schuldners erschwert*, liegt vor, wenn die Aufzeichnungen nicht (mehr) den Erfordernissen einer ordnungsgemäßen Buchführung i.S.d. § 238 Abs. 1 HGB entsprechen. Nach § 283 Abs. 1 Nr. 5, 2. Alt. StGB ist dieses Verhalten auch eine Bankrotthandlung.

Nr. 2:

330 Diese Tathandlung weicht als einzige – jedenfalls im Wortlaut – von der entsprechenden Regelung in § 283 Abs. 1 Nr. 6 StGB ab. Der Unterschied ist nicht leicht zu erkennen. § 283b Abs. 1 Nr. 2 StGB richtet sich **nur an Kaufleute**, denn der Täter muss *nach Handelsrecht* zur Aufbewahrung der Handelsbücher oder sonstigen Unterlagen verpflichtet sein. Eine solche Pflicht trifft nach § 257 HGB allein Kaufleute. § 283 Abs. 1 Nr. 6 StGB soll dagegen alle Schuldner erfassen, die Handelsbücher oder sonstige Unterlagen führen, „zu deren Aufbewahrung *ein Kaufmann nach dem Handelsrecht* verpflichtet ist", also auch dann, wenn der Täter kein Kaufmann ist und dieser Verpflichtung an sich nicht unterliegt[173]. Daher soll § 283 Abs. 1 Nr. 6 StGB auch z.B. für Freiberufler und Private gelten, falls sie – ohne entsprechende gesetzliche Verpflichtung – die genannten Bücher führen.

Der dagegen erhobene Einwand, die Ausweitung sei sachlich kaum zu rechtfertigen, weil es keinen Unterschied machen könne, ob Privatleute oder Angehörige freier Berufe mangels Rechtspflicht erst gar keine Bücher führen und deshalb straflos blieben oder ob sie die Bücher, die sie nicht führen müssen, nachträglich wieder beseitigen[174], leuchtet zwar ein. Die Vorschrift verzichtet nach ihrem eindeutigen Wortlaut aber auf eine gesetzliche Aufbewahrungspflicht, sodass der h.M. zuzustimmen ist.

Der Anwendungsbereich des § 283 Abs. 1 Nr. 6 ist somit weiter als der des § 283b Abs. 1 Nr. 2 StGB.

331 Tathandlungen – beider Regelungen – sind das **Beiseiteschaffen**, **Verheimlichen**, **Zerstören** und **Beschädigen** der aufbewahrungspflichtigen Handelsbücher und Unterlagen.

§ 257 Abs. 1 HGB enthält einen Katalog der betroffenen Gegenstände. Der Strafrechtsschutz erstreckt sich auch auf Datenträger oder Mikrokopien, die nach § 257 Abs. 3 HGB an die Stelle der Originale getreten sind[175].

---

[173] BT-Drs. 7/3441, 36; *Hoyer*, in: SK, § 283 StGB Rn. 80. Ebenso schon BGHSt 2, 386; 4, 270, 275.

[174] *Kindhäuser/Bülte*, in: NK, § 283 StGB Rn. 67 f.; *Petermann/Sackreuther*, in: MüKo⁴, § 283 StGB Rn. 49.

[175] *Richter*, in: M-G, Kap. 85 Rn. 59; *Wittig*, § 23 Rn. 96.

Nr. 3:

Diese Alternative richtet sich – wie der *wörtlich* übereinstimmende § 283 Abs. 1 **332**
Nr. 7 StGB – *ausschließlich an Kaufleute*, weil nur sie nach Handelsrecht zur Bilanzerstellung verpflichtet sind.
§ 242 HGB schreibt dem Kaufmann vor, zu Beginn seiner Geschäftstätigkeit eine Eröffnungsbilanz und am Ende jedes Geschäftsjahres eine Bilanz und eine Gewinn- und Verlustrechnung zu erstellen. Die **Eröffnungsbilanz** verschafft – dem Unternehmer und Dritten – einen Überblick über die für die Geschäftstätigkeit zur Verfügung stehenden Vermögenswerte. Als Beginn eines Handelsgewerbes gelten die Geschäftsgründung, der Inhaberwechsel[176] und die Umwandlung in eine andere Rechtsform[177]. Die am Ende des Geschäftsjahres zu erstellende Bilanz und die Gewinn- und Verlustrechnung bezeichnet § 242 Abs. 3 HGB als **Jahresabschluss**. Dieser ist bei großen Kapitalgesellschaften um einen Anhang zu erweitern und um einen Lagebericht zu ergänzen (§ 264 Abs. 1 S. 1 HGB).
Ob § 283b Abs. 1 Nr. 3 StGB (und der wortgleiche § 283 Abs. 1 Nr. 7 StGB) neben der Bilanz i.S.d. § 242 Abs. 1 S. 1 HGB die anderen Elemente des Jahresabschlusses – die Gewinn- und Verlustrechnung sowie bei Kapitalgesellschaften zudem den Anhang und den Lagebericht – umfasst, ist umstritten[178], mit der wohl h.M.[179] aber zu verneinen, weil das StGB die handelsrechtliche Terminologie, also auch den Bilanzbegriff des § 242 Abs. 1 S. 1 HGB übernommen hat.

Tathandlungen sind das *mangelhafte Erstellen der Bilanz*, das die Übersicht über **333**
den Vermögenstand des Schuldners erschwert (§ 283 Abs. 1 Nr. 7a bzw. § 283b Abs. 1 Nr. 3a StGB), und das *verspätete Aufstellen der Bilanz oder des Inventars* (§ 283 Abs. 1 Nr. 7b bzw. § 283b Abs. 1 Nr. 3b StGB).
Die Bilanzierungsvorschriften finden sich in §§ 266 ff. HGB. Regelungen über den Zeitpunkt der Bilanzerstellung existieren nur für Kapitalgesellschaften. Nach § 264 Abs. 1 S. 3 HGB ist die Bilanz – außer für sog. kleine Kapitalgesellschaften (§ 267 HGB) – in den ersten drei Monaten des Geschäftsjahres für das vergangene Geschäftsjahr zu erstellen. Für Gesellschafter von Personenhandelsgesellschaften gilt die Generalklausel des § 243 Abs. 3 HGB; danach haben sie den Jahresabschluss innerhalb der einem ordnungsgemäßen Geschäftsgang entsprechenden Zeit aufzustellen. In Anlehnung an die für kleine Kapitalgesellschaften geltende Frist des § 264 Abs. 1 S. 4 HGB dürften sechs Monate angemessen sein.
Auf Verzögerungen in der Aufstellung des Jahresabschlusses, die auf einer *unverschuldet faktischen Unmöglichkeit* zur Einhaltung der gesetzlichen Fristen beruhen, wie dies z.B. im Zusammenhang mit der **COVID-19-Pandemie** der Fall sein konnte, sind §§ 283 Abs. 1 Nr. 7b, 283b Abs. 1 Nr. 3b StGB nicht anzuwenden[180].

---

[176] RGSt 28, 428, 429; *Fischer*, § 283 StGB Rn. 26.
[177] RGSt 26, 222, 225; *Weyand/Diversy*, Rn. 97.
[178] Siehe die Darstellung des Streitstandes bei *Tiedemann*, in: LK[12], § 283 StGB Rn. 130.
[179] *Heine/Schuster*, in: Sch/Sch, § 283 StGB Rn. 44; *Richter*, in: M-G, Kap. 85 Rn. 42; abl. wohl *Weyand/Diversy*, Rn. 97.
[180] So *Heinrich*, NZWiSt 2020, 346, 359; *Mader/Seitz*, DStR 2020, 996, 999 f. **A.A.** *Roggendorf*, NZWiSt 2020, 339, 341 f.

Zweiter Abschnitt: Insolvenz- und Bilanzstrafrecht

Ergänzender Hinweis:

334 Das Erschweren der Übersicht über den Vermögensstand in § 283b Abs. 1 Nr. 1 und Nr. 3a StGB entspricht in der Sache dem Verschleiern in § 331 Nr. 1 HGB, denn das Verschleiern wird gerade mit dem Erschweren der Übersicht über den Vermögensstand beschrieben (dazu Rn. 398). Greift § 283b StGB ein, weil die objektive Bedingung der Strafbarkeit erfüllt ist, wird § 331 HGB aber im Wege der Gesetzeskonkurrenz (Subsidiarität) verdrängt.

IV. Gläubigerbegünstigung (§ 283c StGB)

Fall 26: – *Gläubigerbegünstigung bei inkongruenter Deckung* –

335 Thomas Hess (H) war Geschäftsführer der Immobilienbau Venus GmbH, der geschäftsführenden Komplementärin der ImmobauFonds Venus II GmbH & Co. KG. Der Gesellschaftszweck der KG bestand in der Errichtung und Verwaltung eines Geschäftshauses in der Nähe von Bielefeld. Als das Gebäude im Januar 2023 zur Hälfte fertig gestellt war, forderten die Bauhandwerker Abschlagszahlungen ein. Die KG war jedoch zahlungsunfähig, sodass H die Zahlungen einstellte. Die Gesellschaft hatte allerdings noch eine Forderung gegen den Kommanditisten Pavel Petrov (P) in Höhe von 150.000 €. Diese trat H an Matthias Mossner (M), einen Freund seiner Tochter, ab, der einen fälligen Anspruch auf Zahlung von 240.000 € gegen die KG wegen geleisteter Maurerarbeiten hatte.

Strafbarkeit von H und M?

a) Strafbarkeit des H wegen Gläubigerbegünstigung gem. § 283c StGB

aa) Objektiver Tatbestand

Die Gläubigerbegünstigung ist – wie der Bankrott – ein **Sonderdelikt**, das grundsätzlich nur der Schuldner begehen kann[181]. Das folgt zum einen daraus, dass der Täter „in Kenntnis *seiner* Zahlungsunfähigkeit" handeln muss, und zum anderen aus § 283c Abs. 3 StGB, der die entsprechende Geltung der objektiven Strafbarkeitsbedingung des § 283 Abs. 6 StGB anordnet.

336 Schuldner ist in unserem Fall die KG, die als Personenhandelsgesellschaft aber nicht selbst Täter des § 283c StGB sein kann. Die Schuldnereigenschaft muss deshalb nach Maßgabe des § 14 StGB auf eine natürliche Person „überwälzt" werden. Bei einer GmbH & Co. KG bedarf es dazu einer **zweifachen Anwendung** der Vorschrift. In einem ersten Schritt führt der für die KG einschlägige § 14 Abs. 1 Nr. 2 StGB zu einer Übertragung der Schuldnereigenschaft auf den vertretungsberechtigten Gesellschafter. Dieser ist bei einer GmbH & Co. KG aber wiederum keine natürliche, sondern eine juristische Person, und zwar die GmbH. In einem zweiten Schritt wird das besondere persönliche Merkmal – nun unter Anwendung des § 14 Abs. 1 Nr. 1 StGB – auf den Geschäftsführer der GmbH überwälzt[182] (Rn. 1020 ff.).

H ist somit tauglicher Täter des § 283c StGB. Die KG war zudem zahlungsunfähig.

---

[181] *Altenhain*, in: M/R, § 283c StGB Rn. 2; *Kindhäuser/Bülte*, in: NK, § 283c StGB Rn. 2; *Petermann/Hofmann*, in: MüKo⁴, § 283c StGB Rn. 6.
[182] BGHSt 28, 371, 372.

Die Tathandlung des § 283c StGB besteht in der Gewährung einer Sicherheit oder **337**
Befriedigung, die der Gläubiger nicht bzw. nicht in der Art oder nicht zu der Zeit
zu beanspruchen hat (sog. **Inkongruenz von Anspruch und Leistung**). Rechtshandlungen bei „inkongruenter Deckung" sind zudem anfechtbar (§ 131 InsO).
Soweit in der Gläubigerbegünstigung zugleich ein Beiseiteschaffen i.S.d. § 283
Abs. 1 Nr. 1 StGB liegt, geht § 283c StGB dem Bankrott als lex specialis vor. Dies
gilt nicht, wenn die Leistung nicht nur inkongruent ist, sondern auch im Wertum-
fang über das hinausgeht, was der Gläubiger zu beanspruchen hat. In diesem Fall
stehen §§ 283, 283c StGB in Tateinheit[183].

Für die bis zum 30.09.2023 erfolgende Rückzahlung von Krediten, die in dem **337a**
Zeitraum der Aussetzung der Insolvenzantragspflicht nach § 1 Abs. 1 SanInsKG
(01.03. bis 30.09.2020) gewährt wurden, scheidet die Strafbarkeit wegen Gläubigerbegünstigung aus, da die Rückzahlung nach § 2 Abs. 1 Nr. 2 SanInsKG nicht
als „gläubigerbenachteiligend" gilt[184]. Bis zum 31.03.2022 erfolgte Zahlungen auf
Forderungen aufgrund von Stundungen, die bis zum 28.02.2021 gewährt wurden,
gelten nach § 2 Abs. 1 Nr. 5 SanInsKG ebenfalls nicht als gläubigerbenachteiligend, sofern über das Vermögen des Schuldners ein Insolvenzverfahren bis zum
Ablauf des 18.02.2021 noch nicht eröffnet worden war. § 283c StGB ist zudem
nicht auf die in § 2 Abs. 1 Nr. 4 SanInsKG genannten – inkongruenten – Rechtshandlungen, die in dem Zeitraum der Aussetzung der Insolvenzantragspflicht vorgenommen wurden, anwendbar, weil sie nicht in einem späteren Insolvenzverfahren angefochten werden können[185].

Gläubiger sind sowohl die nichtbevorrechtigten Insolvenzgläubiger nach §§ 38, 39 **338**
InsO als auch die Absonderungsberechtigten (§§ 50, 51 InsO) und Massegläubiger
(§ 53 InsO), nicht aber die Aussonderungsberechtigten (§ 47 InsO). Ist der Schuldner zugleich Gläubiger, wie dies z.B. bei der Gewährung eines Gesellschafterdarlehens der Fall ist, so scheidet § 283c StGB aus[186].

Befriedigung ist jede Erfüllung einer Verbindlichkeit, also nicht nur die Bewir- **339**
kung der geschuldeten Leistung (§ 362 BGB), sondern auch die einer anderen
Leistung, die der Gläubiger an Erfüllungs statt (§ 364 BGB) annimmt[187].

Sicherheit meint eine bevorzugte Rechtsstellung, die es dem Gläubiger ermög- **340**
licht, eher, leichter, besser oder sicherer seine Befriedigung herbeizuführen[188].

---

[183] *Kindhäuser/Bülte*, in: NK, § 283c StGB Rn. 25 m.w.N.
[184] *Tsambikakis/Gierok*, in: Esser/Tsambikakis, Pandemiestrafrecht, 2020, § 10 Rn. 25; *Petermann/ Hofmann*, in: MüKo⁴, § 283c StGB Rn. 31; für eine „jedenfalls" strafmildernde Berücksichtigung *Schäfer*, HRRS 2020, 216, 221 f.; zu der Vorgängerregelung des § 2 Abs. 1 Nr. 2 COVInsAG.
[185] *Tsambikakis/Gierok*, in: Esser/Tsambikakis, Pandemiestrafrecht, 2020, § 10 Rn. 26; zu § 2 Abs. 1 Nr. 4 COVInsAG.
[186] BGH, wistra 2017, 351, 352 f. Rn. 18, mit Anm. *Bittmann* und *Kudlich*, JA 2017, 553; *Kindhäuser/Bülte*, in: NK, § 283c StGB Rn. 3; diff. *Brand/Brand*, GmbHR 2015, 1125, 1132; *Brand*, NZI 2017, 518, 520 f. **A.A.** OLG Celle, wistra 2014, 363. Zur Anwendbarkeit des § 283 Abs. 1 Nr. 1 StGB oben Rn. 259, Fn. 53.
[187] *Heine/Schuster*, in: Sch/Sch, § 283c StGB Rn. 5; *Wittig*, § 23 Rn. 154.
[188] RGSt 34, 171, 174; *Beukelmann*, in: BeckOK-StGB, § 283c Rn. 3.

H hat M als nicht bevorrechtigtem Insolvenzgläubiger durch die Abtretung der Forderung der KG gegen P eine Befriedigung, nämlich eine Leistung gewährt, die M an Erfüllungs statt angenommen hat.

341 Ob Anspruch und Leistung inkongruent sind, richtet sich nach der zivilrechtlichen Rechtslage[189].

Leistungen sind *nicht geschuldet,* wenn der Gläubiger nach den Regeln des Zivilrechts keinen Anspruch auf sie hat.

Nicht in der Art geschuldet ist die erbrachte Leistung, wenn sie nicht der ursprünglichen Verpflichtung des Schuldners entspricht; das ist insbesondere bei Leistungen an Erfüllungs statt oder erfüllungshalber der Fall[190], z.B. indem für eine Geldforderung Waren geliefert oder Forderungen abgetreten werden[191]. Eine Barzahlung statt der vereinbarten Überweisung ist dagegen keine Artabweichung gegenüber der ursprünglichen Forderung.

Nicht zu der Zeit zu beanspruchen hat der Gläubiger die Leistung, wenn sie noch nicht fällig bzw. wenn bei einer aufschiebend bedingten Forderung die Bedingung noch nicht eingetreten ist[192].

Da der – fällige – Anspruch des M auf Geldzahlung gerichtet war, gewährte H ihm mit der Abtretung der Forderung eine Leistung, die M nicht in dieser Art zu beanspruchen hatte. Der objektive Tatbestand des § 283c Abs. 1 StGB liegt somit vor.

bb) Subjektiver Tatbestand

342 Der subjektive Tatbestand erfordert **Vorsatz** hinsichtlich der Tathandlung (dolus eventualis genügt) und der Zahlungsunfähigkeit (dolus directus 2. Grades erforderlich) sowie als zusätzliches **subjektives Unrechtsmerkmal** die Absicht (dolus directus 1. Grades) oder das Wissen (dolus directus 2. Grades) der Begünstigung des Gläubigers.

Diese Voraussetzungen sind bei H gegeben.

343 *cc)* Da er zudem rechtswidrig und schuldhaft handelte und mit der Zahlungseinstellung die nach § 283c Abs. 3 StGB erforderliche objektive Strafbarkeitsbedingung eingetreten war, hat sich H wegen Gläubigerbegünstigung strafbar gemacht.

b) Strafbarkeit des M gem. §§ 283c, 27 StGB

344 Nimmt der Gläubiger eine inkongruente Leistung entgegen, begeht keine Beihilfe zur Gläubigerbegünstigung. Da die Tat ohne seine Mitwirkung nicht verwirklicht werden kann, ist der er wegen *notwendiger Teilnahme* straflos[193].

Der Gläubiger macht sich allerdings wegen Anstiftung zur Gläubigerbegünstigung strafbar, wenn er den Tatentschluss des Schuldners hervorruft.

---

[189] BGHSt 8, 55, 56; BGH, NJW 1995, 1080.
[190] *Heger*, in: L/K/H, § 283c StGB Rn. 5; *Heine/Schuster*, in: Sch/Sch, § 283c StGB Rn. 10; *Richter*, in: M-G, Kap. 84 Rn. 46; *Weyand/Diversy*, Rn. 132.
[191] BGHSt 16, 279.
[192] RGSt 4, 61, 62 f.; *Heger*, in: L/K/H, § 283c StGB Rn. 5; *Kindhäuser/Bülte*, in: NK, § 283c StGB Rn. 15; *Petermann/Hofmann* in: MüKo⁴, § 283c StGB Rn. 26.
[193] *Fischer*, § 283c StGB Rn. 10; *Heine/Schuster*, in: Sch/Sch, § 283c StGB Rn. 21; *Tiedemann*, ZIP 1983, 513, 515. **A.A.** *Herzberg*, JuS 1975, 792, 795.

V. Schuldnerbegünstigung (§ 283d StGB)

Anders als die übrigen Insolvenzdelikte des StGB, die nur der Schuldner als Täter begehen kann, richtet sich § 283d StGB an jedermann mit Ausnahme des Schuldners selbst. Die Vorschrift ist also kein Sonder-, sondern ein **Allgemeindelikt**[194] und dient dem Schutz des Interesses der Gesamtheit der Gläubiger an einer gleichmäßigen Befriedigung. Der Tatbestand stellt die gleichen massemindernden Handlungen wie § 283 Abs. 1 Nr. 1 StGB unter Strafe und ist deshalb – wie diese Vorschrift – ein **abstrakt-konkretes Gefährdungsdelikt** (vgl. Rn. 244a). 345

Auch sonst ähnelt die Schuldnerbegünstigung dem Bankrott, denn sie setzt ebenfalls den Eintritt der **objektiven Bedingung der Strafbarkeit** voraus (§ 283d Abs. 4 StGB) und droht unter den gleichen Voraussetzungen einen erhöhten Strafrahmen für **besonders schwere Fälle** an (§ 283d Abs. 3 StGB).

Der Anwendungsbereich ist jedoch enger als der des Bankrotts, da die Schuldnerbegünstigung ein Handeln „*in Kenntnis der einem anderen drohenden Zahlungsunfähigkeit*" (sicheres Wissen) oder „*nach Zahlungseinstellung, in einem Insolvenzverfahren oder in einem Verfahren zur Herbeiführung der Entscheidung über die Eröffnung des Insolvenzverfahren*" erfordert. Der Tatbestand ist also im Wesentlichen erst nach dem Zusammenbruch einschlägig.

Das Beiseiteschaffen oder Verheimlichen bzw. Zerstören, Beschädigen oder Unbrauchbarmachen von Bestandteilen des Vermögens des Schuldners in einer den Anforderungen einer ordnungsgemäßen Wirtschaft widersprechenden Weise (Rn. 258 ff.) muss mit **Einwilligung** des Schuldners oder **zu dessen Gunsten** erfolgen. 346

Die *Einwilligung* des Schuldners setzt eine entsprechende Willenserklärung **vor Tatbegehung** voraus[195]. Eine nachträgliche Genehmigung reicht also nicht. Die Erklärung muss nicht ausdrücklich, sondern sie kann auch konkludent abgegeben werden[196]. Eine durch Nötigung oder Täuschung bewirkte Einwilligung kann wirksam sein, solange der freie Wille des Schuldners nicht völlig ausgeschlossen ist[197]. 347
– Die Einwilligung ist hier ein Merkmal des **objektiven Tatbestandes**. –

Zu Gunsten des Schuldners handelt der Täter, wenn die Tat dem Interesse des Schuldners dient. Zumeist wird es dem Täter darauf ankommen, dem Schuldner einen Vermögensvorteil auf Kosten der Gläubiger zukommen zu lassen[198]. Das muss nicht das einzige Ziel des Täters sein, sodass diese Voraussetzung auch vorliegt, wenn der Täter zusätzlich eigene Interessen verfolgt. Die Begünstigung des Schuldners muss nicht eintreten, sondern es genügt die darauf gerichtete Absicht. 348
– Es handelt sich um ein im **subjektiven Tatbestand** zu prüfendes Merkmal[199]. –

---

[194] *Brand*, NZI 2016, 751.
[195] *Bosch*, in: S/S/W, § 283d StGB Rn. 2; *Hoyer*, in: SK, § 283d StGB Rn. 3 ff.
[196] *Heine/Schuster*, in: Sch/Sch, § 283d StGB Rn. 3; *Kindhäuser/Bülte*, in: NK, § 283d StGB Rn. 4.
[197] *Bosch*, in: S/S/W, § 283d StGB Rn. 2; *Rotsch/Wagner*, in: M/G, § 28 Rn. 307; *Weyand/Diversy*, Rn. 138. **A.A.** *Tiedemann*, in: LK[12], § 283d StGB Rn. 14.
[198] *Fischer*, § 283d StGB Rn. 4; *Petermann/Hofmann*, in: MüKo[4], § 283d StGB Rn. 13.
[199] *Heine/Schuster*, in: Sch/Sch, § 283d StGB Rn. 9; *Wittig*, § 23 Rn. 175.

VI. Insolvenzverschleppung

349 Die Verantwortlichen von Unternehmen versuchen häufig, die Einleitung des Insolvenzverfahrens trotz wirtschaftlicher Krise möglichst lange hinauszuzögern. Oft geschieht dies in dem „guten Glauben", es handele sich um vorübergehende Schwierigkeiten und das Unternehmen sei (über-)lebensfähig. Mit der Krise gehen erfahrungsgemäß jedoch nicht selten Straftaten zu Lasten Dritter einher, nicht nur Insolvenzdelikte, sondern auch Betrügereien (§ 263 StGB), Untreue (§ 266 StGB), Vorenthalten und Veruntreuen von Arbeitsentgelt (§ 266a StGB) oder Steuerhinterziehung (§ 370 AO). Um diesen im Falle der Weiterführung des Unternehmens trotz Krise drohenden Gefahren vorzubeugen, enthielten zahlreiche Gesetze Insolvenzantragspflichten und bedrohten deren Verletzung mit Strafe. Dadurch entstand ein recht unübersichtliches Geflecht von Vorschriften in den für die jeweilige Rechtsform des Unternehmens einschlägigen Gesetzen[200].

350 Das Gesetz zur Modernisierung des GmbH-Rechts und zur Bekämpfung von Missbräuchen (MoMiG) vom 23.10.2008[201] ersetzte in § 15a InsO die Mehrzahl der bisher in den Einzelgesetzen enthaltenen Vorschriften zur Insolvenzverschleppung durch eine **einheitliche, rechtsformübergreifende Regelung der Insolvenzantragspflicht** und die an deren Verletzung anknüpfenden **Straftatbestände für juristische Personen und Gesellschaften ohne Rechtspersönlichkeit, bei denen kein persönlich haftender Gesellschafter eine natürliche Person ist**[202]. Die Einstellung dieser Regelungen in die InsO soll deutlich machen, dass die Pflicht nicht dem Gesellschafts-, sondern dem Insolvenzrecht zugehört[203]. § 15a Abs. 1, 2 InsO regelt die Insolvenzantragspflicht für die verschiedenen Gesellschaftsformen, § 15a Abs. 4, 5 InsO droht für die vorsätzliche und fahrlässige Verletzung dieser Pflicht die Strafrahmen der früheren Straftatbestände an. Die sachlichen Voraussetzungen der strafbaren Insolvenzverschleppung sind also unverändert geblieben, **wesentliche Erweiterungen** bestehen aber darin, dass § 15a Abs. 3 InsO die Insolvenzantragspflicht bei Führungslosigkeit auf die dort genannten Personen überträgt (dazu Rn. 362) und § 15a Abs. 4, 5 InsO als weitere Tathandlung das „nicht richtige" Stellen des Insolvenzantrags nennt[204].

350a Das Gesetz zur Fortentwicklung des Sanierungs- und Insolvenzrechts (SanInsFoG) vom 22.12.2020[205] verlängerte die **Frist zur Insolvenzantragsstellung** bei Überschuldung auf sechs Wochen; bei dem Insolvenzgrund der Zahlungsunfähigkeit bleibt es bei der bisherigen Drei-Wochen-Frist (§15a Abs. 1 S. 2 InsO). Eingefügt wurde zudem § 15b InsO, der die zuvor auf die gesellschaftsrechtlichen Kodifikationen verteilten **Regelungen zu den Zahlungsverboten im Fall der Insolvenzreife** von haftungsbeschränkten Rechtsträgern (§ 64 GmbHG, § 92 Abs. 2 AktG,

---

[200] Siehe dazu Rn. 349 der 4. Auflage dieses Lehrbuchs.
[201] BGBl. I 2008, 2026.
[202] Krit. zu den strafrechtlichen Regelungen *Bittmann*, wistra 2007, 321 ff.
[203] BT-Drs. 16/6140, 133.
[204] Krit. dazu *Richter*, wistra 2017, 329, 333 ff.; siehe auch *Bittmann*, wistra 2017, 88 ff.
[205] BGBl. I 2020, 3256.

§ 130a Abs. 1 HGB, § 99 GenG) zu einer allgemeinen und rechtsformneutralen Vorschrift zusammenfasst und durch die Integration in die InsO rechtssystematisch mit den Regelungen zur Insolvenzantragspflicht zusammenführt[206].

Zum Schutz der Unternehmen gegen die **existenzbedrohende Ausnahmesituation wegen der Folgen der Ausbreitung des SARS-CoV-2-Virus** modifizierte § 1 des Gesetzes zur Abmilderung der Folgen der COVID-19-Pandemie im Zivil-, Insolvenz- und Strafverfahrensrecht (COVInsAG) vom 27.03.2020[207] vorübergehend die Insolvenzantragspflichten[208]. Die Regelungen finden sich nun in § 1 SanInsKG. Vom 01.03.2020 bis zum 30.09.2020 war die Insolvenzantragspflicht generell ausgesetzt, wenn die Insolvenzreife auf den Folgen der Pandemie beruhte und Aussichten auf Beseitigung einer bestehenden Zahlungsunfähigkeit bestanden (Abs. 1 S. 1, 2), vom 01.10.2020 bis 31.12.2020 beschränkt auf den Insolvenzgrund Überschuldung. Vom 01.01.2021 bis zum 30.04.2021 war die Pflicht zur Stellung eines Insolvenzantrags nach Maßgabe des Abs. 1 für die Geschäftsleiter solcher Schuldner ausgesetzt, die im Zeitraum vom 01.11.2020 bis zum 28.02.2021 einen Antrag auf die Gewährung finanzieller Hilfeleistungen im Rahmen staatlicher Hilfsprogramme zur Abmilderung der Folgen der COVID-19-Pandemie gestellt hatten oder antragsberechtigt waren, den Antrag aber aus rechtlichen oder tatsächlichen Gründen nicht stellen konnten, wenn Aussicht auf Erlangung der Hilfeleistung bestand und die Hilfeleistung die Insolvenzreife beseitigen konnte (Abs. 3). **350b**

Spezialgesetzliche Regelungen der Insolvenzantragspflicht enthalten u.a. §§ 42 Abs. 2, 48 Abs. 2, 86, 89 Abs. 2 BGB für eingetragene Vereine, Stiftungen und Körperschaften des öffentlichen Rechts. Sie gehen der allgemeinen Antragspflicht des § 15a InsO vor[209]. Da sich die Antragspflicht also nicht aus § 15a Abs. 1 S. 1, 2 InsO ergibt (§ 15a Abs. 7 InsO), sind auch die Straftatbestände des § 15a Abs. 4, 5 InsO nicht anwendbar, die Insolvenzverschleppung ist in diesen Fällen somit nach wie vor straflos[210]. **351**

§ 11 S. 2 EWIV-AG enthält für die EWIV zwar ebenfalls eine eigene Regelung der Insolvenzantragspflicht, indem die Vorschrift auf § 15a Abs. 1 S. 2 InsO verweist, ist die Verletzung dieser Pflicht aber nach wie vor strafbar.

Fall 27: – *Insolvenzverschleppung durch den faktischen Geschäftsführer* –

Fritz Werner (W) wollte nach der Verbüßung mehrerer Freiheitsstrafen wegen Betrügereien, Körperverletzung und Diebstahls endlich ein ehrliches Leben führen. Deshalb pachtete er in unmittelbarer Nähe des Amtsgerichts die Gaststätte „Zur vorletzten Instanz". Um einer Haftung mit seinem Privatvermögen zu entgehen, gründete er eine Einmann-GmbH, deren Ge- **352**

---

[206] BT-Drs. 19/24181, 193.
[207] BGBl. I 2020, 569.
[208] Zu den Voraussetzungen des § 1 COVInsAG siehe *Ganter*, NZI 2020, 1017, 1019; *Klose*, NZWiSt 2020, 333; zu den praktischen Auswirkungen *Cappel/Hund*, Newsdienst Compliance 2020, 220004; *Thole*, ZIP 2020, 650, 651 f
[209] BT-Drs. 16/6140, 55; *Kleindiek*, in: Kayser/Thole, Heidelberger Kommentar zur Insolvenzordnung, 10. Aufl. 2020, § 15a Rn. 5.
[210] *Brand/Reschke*, NJW 2009, 2343 ff.; *Hirte*, in: Uhlenbruck, Insolvenzordnung, 15. Aufl. 2019, § 11 Rn. 220. **A.A.** *Hess*, in: Kölner Kommentar zur InsO, 2016, § 15a Rn. 7.

sellschaftszweck die Führung des Lokals war. Da W befürchtete, dass die Übernahme der Geschäftsführung wegen seiner zahlreichen Vorstrafen Probleme bereiten könnte, wurde seine Lebensgefährtin Sabrina Sondermann (S) im Gesellschaftsvertrag als Geschäftsführerin benannt und auch in das Handelsregister eingetragen. S befasste sich jedoch niemals mit der Führung der Geschäfte; dies erledigte ausschließlich W. Bis zum Winter 2021 lief die Gaststätte leidlich, dann machte sich die mangelnde Konsumlust der Deutschen auch in der Kneipe bemerkbar. Im Jahr 2022 warf das Lokal deshalb keinen Gewinn ab. Ab September 2022 hatte die GmbH keine liquiden Mittel mehr, um die laufenden Forderungen zu begleichen. Der Kreditrahmen war ebenfalls restlos ausgeschöpft. S wusste von alledem nichts, da W sie über die geschäftlichen Dinge nicht informierte. W gelang es zwar, die Gläubiger noch bis Januar 2023 zu vertrösten. Am 03.03.2023 stellte der Bierlieferant aber einen Insolvenzantrag.

Strafbarkeit von S und W?

a) Strafbarkeit der S wegen fahrlässiger Insolvenzverschleppung gemäß § 15a Abs. 5 i.V.m. § 15a Abs. 1 S. 1, Abs. 4 InsO

Die GmbH war ab September 2022 zahlungsunfähig, da sie weder über liquide Mittel noch über die Möglichkeit zur weiteren Kreditaufnahme verfügte. § 15a Abs. 1 S. 2, 1. Teils. InsO verpflichtet die Mitglieder des Vertretungsorgans, bei der GmbH also die Geschäftsführer (§ 35 GmbHG), in einer solchen Situation ohne schuldhaftes Zögern, spätestens aber drei Wochen nach Eintritt der Zahlungsunfähigkeit, den Insolvenzantrag zu stellen. Die Antragspflicht trifft jeden Geschäftsführer[211].

S hatte deshalb als formal bestellte Geschäftsführerin der GmbH diese gesellschaftsrechtliche Pflicht wahrzunehmen, obwohl sie die Geschäftsführertätigkeit tatsächlich niemals ausgeübt hatte[212].

353 Strittig ist jedoch, ob die Antragspflicht erst entsteht, wenn der Geschäftsführer **von der Zahlungsunfähigkeit oder Überschuldung positive Kenntnis** erlangt. Die wohl h.M.[213] bejahte dies jedenfalls unter Geltung des früheren Konkursrechts. Die Einräumung der Frist von drei Wochen habe dem Geschäftsführer nämlich die Möglichkeit geben sollen, eine Entscheidung zwischen Konkurs- und Vergleichsantrag zu treffen. Dem Gesetzeszweck sei folglich zu entnehmen, dass der Geschäftsführer erst bei positiver Kenntnis den Antrag stellen müsse.

Die Gegenauffassung[214] weist jedoch zutreffend darauf hin, dass diese Interpretation im Gesetz keine Stütze findet, zumal es schwerlich von der Aufmerksamkeit des Geschäftsführers abhängen kann, ob die Pflicht zum Schutz von Gläubigerinteressen entsteht. Hinzu kommt, dass der Geschäftsführer nach geltendem Insolvenzrecht ohnehin keine Wahlmöglichkeit mehr hat. Der Fahrlässigkeitstatbestand

---

[211] *Himmelreich*, in: HWSt, 7. Teil 2. Kap. Rn. 27; *Schork/Fingerle*, in: E/R/S/T, § 15a InsO Rn. 11.
[212] Zur Strafbarkeit des eingetragenen Geschäftsführers: *Richter*, GmbHR 1984, 113, 119.
[213] BGHSt 48, 307, 309; BGHZ 75, 96, 110 f.; *Schulze-Osterloh*, AG 1984, 141, 142; *Uhlenbruck*, ZIP 1980, 73, 82. Ebenso *Himmelreich*, in: HWSt, 7. Teil 2. Kap. Rn. 49, unter Geltung der InsO.
[214] *Klöhn*, in: MüKo-InsO, § 15a Rn. 119; *Wolfer*, in: BeckOK-InsR, § 15a InsO Rn. 20. *Kleindiek*, in: Kayser/Thole, Heidelberger Kommentar zur Insolvenzordnung, 10. Aufl. 2020, § 15a Rn. 13, fordert zudem ein „Kennenmüssen" im Sinne einer offensichtlichen Erkennbarkeit des Insolvenzgrundes.

des § 15a Abs. 5 InsO würde im Übrigen leerlaufen, wenn die Antragspflicht erst mit Erlangung der Kenntnis von den Insolvenzgründen entstehen würde, denn mangels Bestehens der Pflicht könnte dem Geschäftsführer dann nicht vorgeworfen werden, die Antragstellung sorgfaltswidrig versäumt zu haben.

S musste nach § 15a Abs. 1 S. 1 InsO die Eröffnung des Insolvenzverfahrens beantragen.

Auf die Beantwortung der Frage, ob die Insolvenzantragspflicht des Schuldners entfällt, wenn ein Gläubiger einen Insolvenzantrag gestellt hat, kommt es in casu nicht an, weil die GmbH bereits im September 2022 insolvent war, der Bierlieferant die Eröffnung des Insolvenzverfahrens aber erst im März 2023 beantragte. Der BGH[215] spricht sich in dieser Konstellation für eine strafbewehrte Pflicht des Schuldners aus, lässt dabei aber außer Betracht, dass selbst eine abstrakte Gefährdung der Gläubigerinteressen ausscheidet, wenn ein Gläubiger bereits einen Insolvenzantrag gestellt hat, und die Antragspflicht des Schuldners wieder auflebt, wenn der Gläubiger seinen Antrag zurückzieht[216].

Mangels Kenntnis der Zahlungsunfähigkeit handelte S zwar nicht vorsätzlich, § 15a Abs. 5 InsO bedroht aber auch **fahrlässiges** Handeln mit Strafe.

Sorgfaltswidrig handelt der – eingetragene – Geschäftsführer u.a. dann, wenn er sich nicht um die wirtschaftlichen Verhältnisse der GmbH kümmert. Seit der Streichung des Bilanzerfordernisses durch das 2. WiKG ist der Geschäftsführer zur fortlaufenden Kontrolle der Vermögenslage der GmbH verpflichtet[217].

Den eingetragenen Geschäftsführer entlastet es nicht, wenn er darauf vertraut, dass ein anderer den Pflichten ordnungsgemäß nachkommt, denn er kann seine Sorgfaltspflichten nicht auf einen faktischen Geschäftsführer delegieren[218]. Deshalb hindert die Unkenntnis der Zahlungsunfähigkeit die Strafbarkeit nicht, zumal dem Geschäftsführer zumindest ein Übernahmeverschulden vorzuwerfen ist.

S hat somit objektiv – und subjektiv – sorgfaltswidrig gehandelt und sich nach § 15a Abs. 5 i.V.m. § 15a Abs. 1 S. 1, Abs. 4 InsO strafbar gemacht.

b) Strafbarkeit des W wegen Insolvenzverschleppung gemäß § 15a Abs. 4 i.V.m. § 15a Abs. 1 S. 1 InsO

Die Strafbarkeit des W wegen Insolvenzverschleppung hängt davon ab, ob § 15a Abs. 1 S. 1 InsO auch den **faktischen Geschäftsführer** zur Beantragung des Insolvenzverfahrens verpflichtet.

Ein Teil der gesellschaftsrechtlichen Literatur lehnte die Geltung des § 64 Abs. 1 GmbHG *a.F.* für den faktischen Geschäftsführer zwar mit der Begründung ab, er sei nicht einmal zur Stellung des Insolvenzantrags berechtigt, sodass er erst recht nicht dazu verpflichtet sein könne[219]. Die Zivilgerichte[220] und die überwiegende

---

[215] BGHSt 53, 24, 26 ff.
[216] *Beckemper*, HRRS 2009, 64 ff.
[217] *Kohlmann*, Die strafrechtliche Verantwortlichkeit des GmbH-Geschäftsführers, 1990, S. 486.
[218] *Siegmann/Vogel*, ZIP 1994, 1821, 1823.
[219] *K. Schmidt*, in: Festschrift für Rebmann, 1989, S. 419, 435 ff., der im Ergebnis aber die Anwendung des § 64 Abs. 1 GmbHG auf den faktischen Geschäftsführer bejaht.
[220] BGHZ 104, 44, 46; 75, 96, 106; BGH, BB 1988, 1064; 2127, 2128.

Zweiter Abschnitt: Insolvenz- und Bilanzstrafrecht

Meinung in der zivilrechtlichen Literatur[221] wendeten § 64 Abs. 1 GmbHG a.F. dagegen auch auf den faktischen Geschäftsführer an. Diese Sicht vertritt die h.M. auch zu § 15a Abs. 1 S. 1 InsO[222].

W wäre danach zivilrechtlich zur Beantragung des Insolvenzverfahrens verpflichtet gewesen.

356 Dieses Ergebnis lässt sich nicht ohne weiteres auf § 15a Abs. 4 InsO übertragen. Das zivilrechtliche Verständnis des Geschäftsführerbegriffs bindet die Auslegung des Straftatbestandes nicht[223], weil im Strafrecht andere Grundsätze gelten können. § 15a Abs. 4 InsO ist ein **Sonderdelikt**, da Täter nur die in § 15a Abs. 1-3 InsO genannten Personen sein können. Bei juristischen Personen sind dies gem. § 15a Abs. 1 S. 1 InsO die „Mitglieder des Vertretungsorgans", bei der GmbH also der bzw. die Geschäftsführer. Die Subsumtion des faktischen Geschäftsführers unter diesen Terminus wird zum Teil verneint, weil dies mit dem Bestimmtheitsgrundsatz und dem Analogieverbot (Art. 103 Abs. 2 GG) unvereinbar sei[224].
Die Bedenken überzeugen jedoch nicht, sodass die Gegenmeinung[225], die den Tatbestand auf den faktischen Geschäftsführer anwendet, Zustimmung verdient:
Die Ausdehnung der Strafbarkeit auf den faktischen Geschäftsführer ist jedenfalls **kriminalpolitisch geboten**[226]. Wäre sie auf den formal bestellten Geschäftsführer beschränkt, hätten es die Gesellschafter in der Hand, die (Vorsatz-)Strafbarkeit der Person, die tatsächlich die Geschäfte der Gesellschaft führt, durch eine fehlerhafte Bestellung zu verhindern. In „Strohmannfällen" käme allenfalls die Bestrafung des eingetragenen Geschäftsführers wegen fahrlässiger Insolvenzverschleppung in Betracht, weil dieser die Vorgänge in der Gesellschaft nicht kennt[227]. Die wahre Verantwortlichkeit würde dadurch nicht erfasst. Daran ändert auch § 15a Abs. 3 InsO nichts, der im Falle der Führungslosigkeit eine Insolvenzantragspflicht der Gesellschafter eingeführt hat, zumal der enge Begriff der Führungslosigkeit die bloße Untätigkeit des eingetragenen Geschäftsführers nicht umfasst[228] (Rn. 362).

---

[221] *Rowedder*, in: Rowedder, GmbHG, 3. Aufl. 1997, § 64 Rn. 5; *Schulze-Osterloh*, in: Baumbach/Hueck, GmbH-Gesetz, 18. Aufl. 2006, § 64 Rn. 40.

[222] *Altmeppen*, GmbHG, 10. Aufl. 2021, Vorb § 64 Rn. 55 f.; *Klöhn*, in: MüKo-InsO, § 15a Rn. 75 ff. **A.A.** *Haas*, in: Noack/Servatius/Haas, GmbHG, 23. Aufl. 2022, § 64 Rn. 312 ff.

[223] *Hoyer*, NStZ 1988, 369, 370; *Tiedemann*, in: GmbH-Strafrecht, § 84 Rn. 16 ff. **A.A.** *K. Schmidt*, in: Festschrift für Rebmann, 1989, S. 419, 435.

[224] *Bergmann*, NZWiSt 2014, 81 ff.; *Ceffinato*, StV 2015, 442 f.; *Gotzens/Mayr*, wistra 2022, 72 f.; *Gräfin von Galen*, NStZ 2015, 471 f.; *Himmelreich*, in: HWSt, 7. Teil 2. Kap. Rn. 31; *Hohmann*, in: MüKo³, § 15a InsO Rn. 60; *Kleindiek*, BB 2015, 397; *Kudlich*, ZWH 2015, 64 f.; *Rotsch/Wagner*, in: M/G, § 28 Rn. 101 f.; *Schröder*, in: Festschrift für Beulke, 2015, S. 535, 538 ff.
Das **BVerfG** hat die Antwort auf diese Frage offengelassen, wistra 2022, 69, Rn. 26.

[225] BGH, NZWiSt 2015, 142 f.; GmbHR 2020, 93, 94, m. Anm. *Brand*; *Altmeppen*, GmbHG, 10. Aufl. 2021, Vorb § 64 Rn. 55 f.; *Floeth*, NZI 2015, 187; *Leppich*, wistra 2018, 361; *Priebe*, EWiR 2015, 337 f.; *Wolfer*, in: BeckOK-InsR, § 15a InsO Rn. 46.
Zu § 84 Abs. 1 Nr. 2 GmbHG a.F.: BGHSt 3, 32, 37; BGH, StV 1994, 461, mit Anm. *Otto*; OLG Karlsruhe, NJW 2006, 1364; *Dierlamm*, NStZ 1996, 153.

[226] BGHSt 21, 101, 105; 31, 118, 122; *K. Schmidt*, in: Festschrift für Rebmann, 1989, S. 419, 435.

[227] Zur Strafbarkeit des Strohmanns *Siegmann/Vogel*, ZIP 1994, 1821, 1823.

[228] *Berger*, ZInsO 2009, 1977, 1980.

Die kriminalpolitisch gebotene Bestrafung des faktischen Geschäftsführers ist im Übrigen **keine verbotene Analogie**. Der Wortlaut des § 15a Abs. 1 S. 1 InsO erfasst nicht nur das förmlich bestellte Organ. Wer Vertretungsorgan ist, bestimmt sich nach dem für die konkrete juristische Person geltenden Recht. Vertretungsorgan der GmbH ist der Geschäftsführer und diesem Terminus lässt sich der faktische Geschäftsführer subsumieren, denn auch der faktisch die Geschicke der Gesellschaft Lenkende führt deren Geschäfte.

Besondere Aufmerksamkeit verdient jedoch der **Bestimmtheitsgrundsatz**. Im Gegensatz zum eingetragenen Geschäftsführer, dessen Stellung sich aus dem Gesetz und dem Akt der Eintragung ergibt, sind die Voraussetzungen der faktischen Geschäftsführung nicht ohne weiteres erkennbar. Nicht jede Übernahme einer Tätigkeit für die GmbH begründet eine faktische Geschäftsführung und die strafbewehrte Insolvenzantragspflicht, sondern es sind **klare Kriterien** festzulegen: 357

Die Geschäftsführung muss – wie die des eingetragenen Geschäftsführers – auf dem Willen der Gesellschafter beruhen. Erforderlich ist deshalb ein *faktischer Bestellungsakt*, der auch in dem Einverständnis der Gesellschafter mit der Tätigkeit des Geschäftsführers bestehen kann[229], wobei eine Mehrheit der Gesellschafter ausreicht, wenn diese auch für die formelle Bestellung genügt[230]. 358

Darüber hinaus muss der faktische Geschäftsführer die Geschicke der Gesellschaft *entscheidend steuern*. Dafür genügt es nicht, dass er deren Tätigkeit lediglich mit dem formalen Geschäftsführer gleichrangig mitbestimmt, denn sonst unterläge auch der Prokurist der Strafdrohung des § 15a Abs. 4, 5 InsO[231].

Der BGH fordert zum Teil – zu Recht – eine *überragende Stellung* des faktischen Geschäftsführers[232], lässt allerdings bisweilen ein *Übergewicht* [233] genügen.

Die zu fordernde überragende Stellung hat der faktische Geschäftsführer, wenn er unabhängig die unternehmerischen Grundentscheidungen etwa über die Unternehmenspolitik und -organisation treffen kann[234].

– Die strafrechtliche Verantwortlichkeit des formellen Geschäftsführers bleibt jedoch neben der des faktischen Geschäftsführers in diesem Fall erhalten[235]. –

W handelte mit dem Einverständnis der Gesellschafter, nämlich seinem eigenen als Alleingesellschafter der Einmann-GmbH, und er leitete das Geschäft völlig unabhängig, da die eingetragene Geschäftsführerin keinerlei Einfluss auf die Geschäftstätigkeit nahm. Er ist somit wegen Insolvenzverschleppung nach § 15a Abs. 4 i.V.m. § 15a Abs. 1 S. 1 InsO strafbar. 359

---

[229] BGHSt 46, 62, 65; *Tiedemann*, Rn. 281; *Weimar*, GmbHR 1984, 538.
[230] OLG Karlsruhe, wistra 2006, 352, 353, mit abl. Anm. *Arens*, wistra 2006, 35 f.; *Richter*, in: Festschrift für Tiedemann, 2008, S. 1023, 1030. **A.A.** *Tiedemann*, in: GmbH-Strafrecht, § 84 Rn. 22.
[231] *Hildesheim*, wistra 1993, 166, 169, zu § 84 Abs. 1 Nr. 2 GmbHG *a.F.*
[232] BGHSt 31, 118, 121.
[233] BGH, StV 1994, 461.
[234] *Dierlamm*, NStZ 1996, 153, 157; *Otto*, StV 1984, 462; *Schünemann*, in: LK[13], § 14 StGB Rn. 80; *Tiedemann*, in: GmbH-Strafrecht, § 84 Rn. 22.
[235] *Richter*, in: M-G, Kap. 81 Rn. 51.

Ergänzende Hinweise:

360 (1) Das Problem der faktischen Geschäftsführung stellt sich nicht nur bei § 15a Abs. 4, 5 InsO, sondern auch bei anderen Straftatbeständen, die an die Eigenschaft des Täters als Geschäftsführer anknüpfen. Der BGH[236] steht zu Recht auf dem Standpunkt, dass unter den genannten Voraussetzungen § 82 Abs. 1 Nr. 1, Nr. 3 GmbHG für den faktischen Geschäftsführer gilt.

– Zur Anwendbarkeit von § 14 StGB, § 9 OWiG auf den faktischen Geschäftsführer Rn. 1027 ff. –

361 (2) Über die Anwendbarkeit der Insolvenzverschleppung nach §§ 84 Abs. 1 Nr. 2, 64 Abs. 1 GmbHG *a.F.* auf den **Geschäftsführer einer im Ausland gegründeten – einer deutschen GmbH vergleichbaren – Gesellschaft**, die durch eine Zweigniederlassung den Mittelpunkt ihrer hauptsächlichen Interessen in Deutschland hat, bestand Streit. Relevant war diese Frage insbesondere – aber nicht nur[237] – bei der Limited by shares (Ltd.) nach englischem Recht[238], die in großer Zahl in England zum Zwecke der wirtschaftlichen Betätigung in Deutschland gegründet wurden. Nach zutreffender Auffassung waren §§ 84 Abs. 1 Nr. 2, 64 Abs. 1 GmbHG *a.F.* auf den Director anwendbar[239]. Für § 15a InsO war dies unzweifelhaft, da diese rechtsformneutrale Regelung deutschen Gesellschaften vergleichbare Auslandsgesellschaften mit Verwaltungssitz und Betrieb in Deutschland erfasst[240]. Bei der Antragspflicht handelt es sich zudem um eine insolvenzrechtliche Vorschrift[241], die – bis zum Austritt Großbritanniens aus der EU – nach Art. 3 Abs. 1 S. 1, Art. 7 Abs. 1 EUInsVO[242] auf eine Ltd.[243] anwendbar war und auf eine andere der GmbH entsprechende ausländische Gesellschaft[244], die eine Zweigniederlassung in Deutschland und hier den Mittelpunkt ihrer hauptsächlichen Interessen hat, anwendbar ist.

– Siehe dazu auch *Fälle zum Wirtschaftsstrafrecht*, Rn. 468 ff. –

---

[236] BGHSt 46, 62.
[237] Zur Anwendbarkeit auf eine – durch eine internationalrechtliche Bestimmung oder supranationale vertragliche Vereinbarung – „privilegierte" Drittstaatsgesellschaft *Golovnenkov*, S. 115 ff.
[238] Eingehend dazu *Weiß*, Strafbare Insolvenzverschleppung durch den director einer Ltd., 2009, S. 145 ff.
[239] *Hellmann/Beckemper*, Fälle zum Wirtschaftsstrafrecht, 1. Aufl. 2008, Rn. 482 ff.; *Weiß*, Strafbare Insolvenzverschleppung durch den director einer Ltd., 2009, S. 157 ff.
[240] BT-Drs. 16/6140, 55; *Hohmann*, in: MüKo³, § 15a InsO Rn. 69.
[241] BT-Drs. 16/6140, 133; *Golovnenkov*, S. 125 ff.; *Ogiermann/Weber*, wistra 2011, 206, 209; *Wilk/Stewen*, wistra 2011, 161, 163 f. Zu § 64 Abs. 1 GmbHG *a.F.*: *Weiß*, Strafbare Insolvenzverschleppung durch den director einer Ltd., 2009, S. 67 ff. **A.A.** *Mock/Schild*, in: Hirte/Bücker, Grenzüberschreitende Gesellschaften, 2. Aufl. 2006, § 17 Rn. 32 (gesellschaftsrechtliche Regelung); LG Kiel, DB 2006, 1314, 1315 f. (deliktsrechtliche Vorschrift).
[242] Verordnung (EU) 2015/848 vom 20.05.2015, ABl. L 141 vom 05.06.2015, 19.
[243] Vgl. EuGH, ZWH 2016, 107, 108 ff., der auf Vorlagebeschluss des BGH (ZWH 2015, 76 f.) die Haftung für Zahlungen des Geschäftsführers nach Zahlungsunfähigkeit oder Überschuldung nach § 64 Abs. 2 S. 1 GmbHG a.F. (= § 64 S. 1 GmbHG) als mit dem Insolvenzverfahren „untrennbar verbunden" betrachtet, also diesem zuordnet; ebenso danach BGH, NZI 2016, 461 f., mit Anm. *Mock*. Diese Entscheidung ist auf die Insolvenzantragspflicht übertragbar.
[244] *Golovnenkov*, S. 130 ff.

(3) § 15a Abs. 3 InsO hat – um Missbräuchen bei der sog. „Firmenbestattung" **362**
entgegenzuwirken[245] – den Täterkreis der Insolvenzverschleppung auf die Gesellschafter einer GmbH sowie die Aufsichtsratsmitglieder einer AG oder Genossenschaft erweitert, wenn die Gesellschaft **führungslos** ist und sie positive Kenntnis von der Führungslosigkeit und des Insolvenzgrundes haben. Führungslosigkeit liegt nach der maßgeblichen Legaldefinition des § 10 Abs. 2 S. 2 InsO[246] vor, wenn eine juristische Person keinen organschaftlichen Vertreter hat. Das setzt nach zutreffender h.M. voraus, dass der juristischen Person das Vertretungsorgan aus Rechtsgründen fehlt[247]. Bei der GmbH ist dies z.B. der Fall, wenn ein Ausschlussgrund des § 6 Abs. 2 S. 2 GmbHG, insbesondere wegen einer strafgerichtlichen Verurteilung (Nr. 3)[248], vorliegt, die Bestellung zum Geschäftsführer widerrufen wurde (§ 38 GmbHG), dieser sein Amt – ausdrücklich oder konkludent[249] – niedergelegt hat oder der Geschäftsführer verstorben ist. Die bloße Unerreichbarkeit des Geschäftsführers („Abtauchen") und/oder seine Handlungsunwilligkeit machen die Gesellschaft dagegen nicht führungslos[250], es sei denn, dadurch kommt eine konkludente Amtsniederlegung zum Ausdruck. Das Vorhandensein eines faktischen Geschäftsführers ändert im Übrigen an der Führungslosigkeit nichts[251]. Da § 15a Abs. 3 InsO die positive Kenntnis der Führungslosigkeit und des Insolvenzgrundes voraussetzt, scheidet in diesen Fällen eine Strafbarkeit wegen fahrlässiger Insolvenzverschleppung nach § 15a Abs. 5 InsO aus.

VII. Geschäftsführeruntreue

Fall 28: – *Vermögensverschiebung mit Zustimmung der GmbH-Gesellschafter* –

Vera Vollmer (V) betrieb ein Computergeschäft in Vilshofen. Zu diesem Zweck hatte sie **363** mit ihrem Ehemann Wolfgang (W) eine GmbH mit einem Stammkapital in Höhe von 25.000 € gegründet. Der Anteil der V betrug 20.000 €, der des W 5.000 €. Alleinvertretungsberechtigte Geschäftsführerin der GmbH war V. Die GmbH hatte seit einiger Zeit Zahlungsschwierigkeiten. Zudem würde am 01.02.2023 die Rückzahlung eines Bankdarlehens in Höhe von 70.000 € fällig. Auf dem Geschäftskonto befanden sich aber nur noch 10.000 €. V überwies mit Zustimmung des W am 25.01.2023 diesen Betrag auf ihr Privatkonto, um das Geld für persönliche Zwecke zu retten. Sonstige nennenswerte Vermögenswerte hatte die GmbH nicht.

---

[245] Vgl. Begr. RegE MoMiG, BT-Drs. 16/6140, 26.
[246] *Berger*, ZInsO 2009, 1977, 1980; *Wälzholz*, DStR 2007, 1914, 1915 f. **A.A.** *Bittmann*, NStZ 2009, 113, 115; *Römermann*, NZI 2008, 641, 645, die für die GmbH die Definition des § 35 Abs. 1 S. 2 GmbHG anwenden. Beide Vorschriften heranziehend AG Hamburg, NJW 2009, 304; *Klöhn*, in: MüKo-InsO, § 15a Rn. 88.
[247] AG Hamburg, NJW 2009, 304; *Altmeppen*, GmbHG, 10. Aufl. 2021, Vorb § 64 Rn. 60, § 35 Rn. 8 ff., 30; *Horstkotte*, ZInsO 2009, 209, 210.
[248] Dazu *Weiß*, wistra 2009, 209 ff.
[249] *Berger*, ZInsO 2009, 1977, 1980 f.; *Gehrlein*, BB 2008, 846, 848.
[250] BT-Drs. 16/6140, 134; AG Hamburg, NJW 2009, 304; *Brand/Reschke*, ZIP 2010, 2134, 2137; *Römermann*, NZI 2008, 641, 645. **A.A.** *Mock*, EWiR 2009, 245, 246; *Wittig*, § 23 Rn. 189.
[251] *Berger*, ZInsO 2009, 1977, 1981. **A.A.** *Brand/Brand*, NZI 2010, 712, die eine Führungslosigkeit erst dann annehmen, wenn tatsächlich niemand vorhanden ist, der die Geschäfte z.B. faktisch leitet.

Durch diese Transaktion wurde die GmbH zahlungsunfähig. Am 04.04.2023 stellte die Bank den Insolvenzantrag. Das Amtsgericht lehnte die Einleitung des Verfahrens jedoch mangels Masse ab. Die Gläubiger fielen mit ihren Forderungen aus.

Wie hat sich V strafbar gemacht?

a) § 283 Abs. 1 Nr. 1 StGB

aa) Objektiver Tatbestand

(1) Die Forderung gegen die Bank in Höhe von 10.000 € gehörte zu dem pfändbaren Vermögen der GmbH, also zur Insolvenzmasse. Diesen Vermögensbestandteil schaffte V beiseite, weil durch die Überweisung von einem Geschäfts- auf ein Privatkonto den Gläubigern der Zugriff auf die Forderung entzogen wird[252].

364 (2) Fraglich ist, ob in unserem Fall § 283 Abs. 1 StGB – Handeln in der Krise – oder § 283 Abs. 2 StGB – Herbeiführung der Krise – einschlägig ist.

Für die Anwendbarkeit des § 283 Abs. 2 StGB scheint zu sprechen, dass die Zahlungsunfähigkeit erst durch die Überweisung des Kontoguthabens eintrat. Zu diesem Zeitpunkt drohte der GmbH jedoch bereits die Zahlungsunfähigkeit, da vorauszusehen war, dass die Gesellschaft nicht in der Lage sein würde, ihre Verbindlichkeiten bei Fälligkeit zu erfüllen (Rn. 250). V hat folglich in der Krise gehandelt.

Schafft der Schuldner bei drohender Zahlungsunfähigkeit Vermögenswerte beiseite, führt er zwar dadurch regelmäßig die Zahlungsunfähigkeit herbei. Diese Fälle erfasst § 283 Abs. 2 StGB aber dennoch nicht, denn sein Anwendungsbereich ist auf Handlungen außerhalb der Krise beschränkt. Einschlägig ist deshalb allein § 283 Abs. 1 StGB.

365 (3) V müsste allerdings taugliche Täterin des Bankrotts sein. Da die GmbH Schuldner ist, setzt dies die Übertragung der Schuldnereigenschaft auf V als vertretungsberechtigtes Organ der GmbH nach Maßgabe des § 14 Abs. 1 Nr. 1 StGB voraus (Rn. 245). Zweifel an der Anwendbarkeit dieser Regelung auf V ergeben sich daraus, dass V **nicht im Interesse der Gesellschaft**, sondern in ihrem persönlichen Interesse als Gesellschafterin gehandelt hat, denn der Zweck der Überweisung des Kontoguthabens bestand darin, den letzten nennenswerten Vermögensbestandteil der GmbH dem Privatvermögen der V einzuverleiben.

366 Die Geltung des § 14 Abs. 1 Nr. 1 StGB hängt davon ab, was unter einem Handeln „**als**" vertretungsberechtigtes Organ zu verstehen ist. Nach der früheren Rechtsprechung des BGH[253] und der Auffassung eines Teils der Literatur[254] ist dieser Terminus in einem subjektiven Sinn auszulegen. Erforderlich sei, dass der Geschäftsführer wenigstens auch im wirtschaftlichen Interesse der Gesellschaft tätig wird. Verfolgt er dagegen *ausschließlich eigene Interessen* (sog. **Interessentheorie**), so handele er nicht als Geschäftsführer, sondern nur gelegentlich seiner Stellung.

Die Interessenformel gelte auch bei rechtsgeschäftlichen Handlungen des Organs. Die zivilrechtlichen Grundsätze der Stellvertretung (§ 164 Abs. 1 S. 2 BGB, § 36 GmbHG *a.F.*), nach denen für die Abgrenzung der Tätigkeit als Organ von pri-

---

[252] *Fischer*, § 283 StGB Rn. 4.
[253] BGHSt 30, 127; 34, 222, 223; BGH, NJW 1969, 1494; GA 1979, 311, 313; NStZ 2000, 206, 207.
[254] *Pelz*, in: W/J/S, 9. Kap. Rn. 109 ff.; *Schünemann*, in: LK[13], § 14 StGB Rn. 51.

vatem Handeln das äußere Erscheinungsbild und das Auftreten als Geschäftsorgan maßgeblich ist, seien nicht anwendbar, zumal eine unterschiedliche Behandlung rechtsgeschäftlicher und sonstiger Handlungsweisen wegen des gleichen Unrechtsgehalts nicht angemessen sei. Zudem ergebe sich die Anwendung der Interessenformel auf rechtsgeschäftliche Handlungen aus dem Normzusammenhang[255]. § 14 Abs. 2 StGB setze nämlich ein Handeln des Beauftragten „aufgrund dieses Auftrags", also eine Tätigkeit im Interesse des Vertretenen voraus[256].

367 Eine Gegenauffassung in der Literatur[257] befürwortet die Anwendung der objektiven zivilrechtlichen Zurechnungskriterien. Als Organ handele der Täter, wenn er *in seiner besonderen Stellung* oder *in Ausübung seiner Funktion* tätig werde (sog. **Funktionstheorie**). Die Interessentheorie eröffne nicht hinnehmbare Strafbarkeitslücken[258]. Auch der Zweck des § 283 StGB erfordere die Anwendung des Tatbestandes auf die Fälle, in denen der Geschäftsführer die Insolvenzmasse im eigenen Interesse schmälert, da der Bankrott das Interesse der Massegläubiger an einer möglichst weitgehenden Befriedigung schütze, und zwar unabhängig davon, ob der Geschäftsführer das Schuldnervermögen im eigenen oder im Gesellschaftsinteresse vermindere. Dem weiteren Argument, dass der Ausschluss der Strafbarkeit wegen eines Insolvenzdelikts die wirtschaftspolitisch notwendige Verhängung eines Geschäftsführungsverbots nach § 6 Abs. 2 S. 3 GmbHG a.F. verhindere[259], ist durch die Erweiterung der Anknüpfungstaten für das Geschäftsführungsverbot in § 6 Abs. 2 S. 2 Nr. 3 GmbHG der Boden entzogen worden[260].

368 Eine weitere Literaturmeinung[261], der nach dem Anfragebeschluss des 3. Strafsenats[262] – unter Aufgabe der Interessentheorie – die übrigen Strafsenate des BGH folgten[263], vertritt eine differenzierende Sicht (sog. **Zurechnungsmodell**). Bei rechtsgeschäftlichem Handeln des Vertreters im Geschäftskreis des Vertretenen liege der Vertretungsbezug bei einem Handeln im Namen des Vertretenen oder Eintritt der Rechtswirkungen des Geschäfts bei diesem vor. Bei tatsächlichen Verhaltensweisen könne der Vertretungsbezug aus der Zustimmung[264] des Vertretenen resultieren[265]. Fehlt diese, scheide § 14 StGB aus und es komme nur eine Strafbar-

---

[255] BGHSt 30, 127, 130.
[256] OLG Karlsruhe, wistra 2006, 352, 353 f.
[257] *Bosch*, in: S/S/W, § 14 StGB Rn. 10; *Habetha/ Klatt*, NStZ 2015, 671, 675 ff.; ebenso AG Halle-Saalkreis, NJW 2002, 77.
[258] *Arloth*, NStZ 1990, 570, 572; *Tiedemann*, NJW 1986, 1844; *Winkelbauer*, JR 1988, 33, 34.
[259] *Arloth*, NStZ 1990, 570, 574; *Tiedemann*, in: LK[11], Vor § 283 Rn. 80.
[260] *Brand*, NStZ 2010, 9, 11.
[261] *Radtke*, in: MüKo[4], § 14 StGB Rn. 58 ff.
[262] BGH, NStZ 2012, 89, 90 f., mit zust. Anm. *Radtke*, NStZ 2012, 91 ff.
[263] BGH, wistra 2012, 113 (1. Strafsenat); BGH, HRRS 2012 Nr. 240 (2. Strafsenat); BGHSt 57, 229, 233 ff.; BGH, wistra 2012, 191 (4. Strafsenat); BGH, BeckRS 2012, 04844 (5. Strafsenat).
[264] Unklar ist, ob der BGH eine rechtswirksame Zustimmung voraussetzt oder ein nichtiges Einverständnis genügen lässt, dazu *Anders*, NZWiSt 2017, 13, 20.
[265] BGH, NStZ 2012, 89, 91; *Radtke*, in: MüKo[4], § 14 StGB Rn. 67 f.; *Valerius*, NZWiSt 2012, 65, 66. Der 4. Strafsenat des BGH (wistra 2012, 191; zust. *Habetha*, NZG 2012, 1134, 1137) „neigt" dazu, über die Fälle der Zustimmung des Vertretenen hinaus die Zurechnung der Schuldnereigenschaft auch anzunehmen, wenn der Vertreter Interessen des Vertretenen wahrgenommen hat.

keit aus allgemeinen Eigentums- und Vermögensdelikten in Betracht[266]. Bei Sonderdelikten, „bei denen das tatbestandsmäßige Verhalten als (fehlerhafte) Erfüllung einer strafbewehrten außerstrafrechtlichen Pflicht des Vertretenen statuiert ist" (z.B. Verletzung der Buchführungspflichten), beruhe der Vertretungsbezug auf der Übernahme der Erfüllung der Pflicht durch den Vertreter.

Stellungnahme:

369 Es ist nicht zu verkennen, dass die Interessentheorie die Anwendbarkeit der Insolvenzdelikte auf die in der Praxis wohl häufigsten Insolvenzfälle, nämlich solche der GmbH, weitgehend ausschließt, da es sich häufig um Gesellschaften handelt, bei denen der Geschäftsführer zugleich – oft alleiniger – Gesellschafter ist. Die Bankrotthandlung dient dann zumeist dem Zweck, die letzten der GmbH noch verbliebenen Vermögensbestandteile vor dem Zugriff der Gläubiger zu „retten", und zwar nicht, um sie der Gesellschaft zu erhalten, sondern um sie dem Privatvermögen der Gesellschafter einzuverleiben. Allerdings schließt die Funktionstheorie diese Strafbarkeitslücken nur um den Preis, andere aufzureißen, denn Minderungen des Schuldnervermögens durch rein tatsächliche Handlungen des Geschäftsführers, die er nicht in seiner Stellung bzw. Funktion vornimmt, z.B. den sprichwörtlichen „Griff in die Kasse", erfasst sie nicht. Insbesondere die Bankrotthandlungen des § 283 Abs. 1 Nr. 1 StGB (Beiseiteschaffen, Verheimlichen, Zerstören, Beschädigen und Unbrauchbarmachen) sind eher selten rechtsgeschäftlicher Art, sodass sie keine besondere Stellung oder Funktion des Täters voraussetzen. Damit hängt die Bankrottstrafbarkeit wegen masseschmälernder Handlungen letztlich von Zufälligkeiten ab. Diesem Einwand entgeht auch das Zurechnungsmodell – mit Ausnahme des Gesellschafter-Geschäftsführers einer Einmann-GmbH, auf die es ersichtlich „zugeschnitten" ist – nicht, weil die Gesellschafter mit der Verringerung des Gesellschaftsvermögens in der Regel nicht einverstanden sein werden. Die These des Zurechnungsmodells, das Erfordernis der Zustimmung des Vertretenen bzw. der „für diesen agierenden Personen" vermeide eine Ungleichbehandlung gleichartiger Verhaltensweisen[267], trifft in dieser Allgemeinheit nicht zu. Greifen die Gesellschafter selbst „in die Kasse" der insolventen GmbH, scheidet die Bankrottstrafbarkeit mangels Überwälzung der Schuldnereigenschaft aus, bedienen sie sich dazu des Geschäftsführers, wäre – nur – dieser aus § 283 StGB strafbar.

In jeder Hinsicht zu überzeugen vermag somit weder die Interessen- noch die Funktions- oder die Zurechnungstheorie. Letzterer ist jedoch zuzubilligen, dass sie in der praktisch häufigen Konstellation der „Verschiebung" von Vermögensbestandteilen der GmbH in das Vermögen des Gesellschafter-Geschäftsführers eine Anwendung des § 283 StGB ermöglicht. Den für § 14 Abs. 1 Nr. 1 StGB erforderlichen Vertretungsbezug – Handeln „als" Organ – stellt die Zurechnungstheorie – noch akzeptabel – her, obwohl die Interessentheorie dem Zweck der Vorschrift

---

[266] Vgl. aber *Brand*, NStZ 2010, 9 ff., der diese Folge auch bei einer rechtlich unwirksamen Zustimmung fordert; offen gelassen von BGH, NJW 2012, 2366, 2369.
[267] *Radtke*, in: MüKo⁴, § 14 StGB Rn. 67.

am ehesten entspricht, allerdings nur um den Preis, erhebliche Strafbarkeitslücken zu eröffnen. Zu empfehlen ist deshalb, bei einer Gesamtschau der Argumente pro und contra der Zurechnungstheorie zu folgen.
Das Schuldnermerkmal kann deshalb auf V nach § 14 Abs. 1 Nr. 1 StGB überwälzt werden.

bb) Subjektiver Tatbestand, Rechtswidrigkeit und Schuld
V handelte vorsätzlich, rechtswidrig und schuldhaft. **370**

cc) Objektive Bedingung der Strafbarkeit
Das Amtsgericht lehnte den Antrag auf Eröffnung des Insolvenzverfahrens mangels Masse ab; die objektive Bedingung der Strafbarkeit des § 283 Abs. 6 StGB (Rn. 265 ff.) trat ein. **371**

b) § 266 Abs. 1, 2. Alt. StGB
V könnte durch die Überweisung zudem eine Untreue zum Nachteil der GmbH begangen haben. § 266 StGB kommt in Betracht, weil die GmbH nach zutreffender h.M. aufgrund ihrer eigenen Rechtspersönlichkeit ein – von dem Vermögen ihrer Gesellschafter getrenntes – eigenes Vermögen besitzt (vgl. § 13 GmbHG)[268], sodass Untreue auch bei der Verschiebung von Vermögensbestandteilen der Gesellschaft in das Vermögen der Gesellschafter vorliegen kann. **372**

Der Missbrauchstatbestand (§ 266 Abs. 1, 1. Alt. StGB) ist in casu nicht einschlägig. Das Gesetz (§ 35 GmbHG) räumt dem Geschäftsführer zwar die Befugnis ein, über das Vermögen der GmbH zu verfügen, sodass er im Außenverhältnis mit Rechtswirksamkeit für die Gesellschaft tätig wird. Handelt er mit Einverständnis aller Gesellschafter, so missbraucht er diese Befugnis aber nicht, da ihm das Verhalten auch im Innenverhältnis erlaubt ist[269]. **373**

Um den Treubruchstatbestand (§ 266 Abs. 1, 2. Alt. StGB) zu verwirklichen, muss der Geschäftsführer durch die Vermögenstransaktion die gegenüber der GmbH bestehende Vermögensbetreuungspflicht verletzen. Unter welchen Voraussetzungen **im Einverständnis mit allen Gesellschaftern** vorgenommene Verschiebungen von Bestandteilen des Vermögens der GmbH in das Vermögen eines anderen eine Verletzung dieser Pflicht darstellen, wird unterschiedlich beurteilt. **374**

Nach einem Urteil des BGH[270] sind alle eigen- oder fremdnützigen Vermögensverschiebungen durch den Geschäftsführer trotz Zustimmung der Gesellschafter „in der Regel" missbräuchlich oder pflichtwidrig i.S.d. § 266 StGB, wenn die Vermögensverschiebung bei der GmbH **unter Missachtung der Buchführungspflicht des § 41 GmbHG verschleiert** und die **Zustimmung der Gesellschafter unter Missbrauch der Gesellschafterstellung erteilt** wurde. Eine Beeinträchtigung des durch § 30 GmbHG geschützten Stammkapitals oder der Liquidität der Gesellschaft sei nicht erforderlich. **375**

---

[268] Z.B. BGHSt 34, 379, 384; 35, 333, 335; BGH, wistra 2000, 18, 19; *Achenbach*, in: BGH-Festgabe, Bd. IV, 2000, S. 593, 598; *Fischer*, § 266 StGB Rn. 13; *Gehrlein*, NJW 2000, 1089, 1090; *Radtke*, GmbHR 1998, 361, 362. **A.A.** *Habenicht*, JR 2011, 17, 18 ff.; *Muhler*, wistra 1994, 283, 287. Ausführlich dazu *Hentschke*, S. 94 ff.
[269] *Hellmann*, wistra 1989, 214, 215; ders., ZIS 2007, 433, 437. Offengelassen in BGHSt 34, 379, 389: „... in der Regel ... missbräuchlich oder pflichtwidrig ...".
[270] BGHSt 34, 379, 382 ff.

376 In einer kurze Zeit später ergangenen Entscheidung schwenkte der BGH[271] – zwar ohne seinen zuvor eingenommenen unzutreffenden Standpunkt ausdrücklich aufzugeben, aber doch in der Sache[272] – auf die Linie der h.L.[273] um, nach der nur solche mit Einverständnis der Gesellschafter erfolgte Vermögensverschiebungen pflichtwidrig sind, die das **Stammkapital beeinträchtigen oder die Existenz oder die Liquidität der GmbH gefährden**[274]. Ob auch einverständliche existenz- oder liquiditätsgefährdende Vermögensverlagerungen treupflichtwidrig sind, ist allerdings zweifelhaft[275]. Eine Grenze der Dispositionsbefugnis der Gesellschafter über das Gesellschaftsvermögen enthält aber jedenfalls das Stammkapitalerhaltungsgebot des § 30 Abs. 1 S. 1 GmbHG[276]. Die Gesellschafter dürfen zwar grundsätzlich auf das gesamte Vermögen der GmbH Zugriff nehmen, unzulässig ist aber die Ausschüttung des Stammkapitals. Wollen sie dieses erlangen, müssen sie die Gesellschaft liquidieren. Das Stammkapital ist deshalb auch vor Einwirkungen der Gesellschafter und des Geschäftsführers geschützt.

377 Indem V der GmbH mit dem Kontoguthaben in Höhe von 10.000 € den letzten verbliebenen Vermögenswert entzog, brauchte sie das Stammkapital auf und verletzte damit ihre Vermögensbetreuungspflicht.

378 Die Pflichtverletzung führte auch zu einem **Vermögensnachteil** der GmbH.

Ein Vermögensnachteil (= Schaden) liegt vor, wenn der Vermögenssaldo infolge des inkriminierten Verhaltens geringer ist als davor[277]. Nicht jede Entnahme aus dem Gesellschaftsvermögen führt allerdings zu einem Schaden. Zwar verfügt die GmbH über ein eigenes Vermögen (Rn. 372), die Gesellschafter haben aber gemäß § 29 Abs. 1 S. 1 GmbHG einen Anspruch auf den Jahresüberschuss bzw. nach § 29 Abs. 1 S. 2 GmbHG auf den Bilanzgewinn. Bewegen sich die Entnahmen der Gesellschafter im Rahmen dieses Anspruchs, entsteht der Gesellschaft kein Nachteil, weil die Vermögensminderung durch die Befreiung von dem Gewinnbezugsrecht der Gesellschafter kompensiert wird[278]. Die verdeckte Ausschüttung bereits erzielter Gewinne ist deshalb auch dann nicht strafbar, wenn die Gesellschafter noch keinen Feststellungs- oder Gewinnverteilungsbeschluss gefasst haben (§ 46 Nr. 1 GmbHG)[279].

Die GmbH erleidet jedoch einen Schaden, wenn die Zahlung aus dem Stammkapital geleistet wird, denn das Gewinnbezugsrecht der Gesellschafter ist durch die

---

[271] BGHSt 35, 333, 335 ff.
[272] Vgl. *Hellmann*, wistra 1989, 214, 215 ff.
[273] *Gehrlein*, NJW 2000, 1089, 1090; *Hadamitzky*, in: M-G, Kap. 32 Rn. 84a.
[274] Vgl. BGHSt 54, 52, 57 f.; BGH, NStZ-RR 2012, 80 ff.; NStZ 2012, 630 ff., mit krit. Bespr. *Habetha*, NZG 2012, 1134, 1138 ff., der aus der Abkehr von der Interessentheorie bei dem Bankrott (Rn. 368) die Notwendigkeit des Verzichts auf den existenzgefährdenden Eingriff bei der Untreue folgert; BGH, NStZ-RR 2013, 345, 346.
[275] Dagegen *Hentschke*, S. 128 ff.
[276] BGH, wistra 2008, 379, 380, mit Anm. *Leplow*, wistra 2009, 351 ff.
[277] *Dierlamm/Becker*, in: MüKo⁴, § 266 StGB Rn. 223; *Perron*, in: Sch/Sch, § 266 StGB Rn. 40; *Wittig*, in: BeckOK-StGB, § 266 Rn. 54 f.
[278] *Lipps*, NJW 1989, 502, 504.
[279] *Hellmann*, wistra 1989, 214, 217.

Kapitalerhaltungsvorschrift des § 30 Abs. 1 S. 1 GmbHG beschränkt. Ein Anspruch gegen die Gesellschaft auf Zahlungen aus dem Stammkapital, der die Minderung des Vermögens durch die Entnahme kompensieren könnte, besteht folglich nicht[280]. Der Verstoß gegen das Kapitalerhaltungsgebot ist somit für die Feststellung sowohl der Treupflichtverletzung als auch des Schadens relevant.

Die Überweisung des Kontoguthabens beeinträchtigte – wie dargelegt – das Stammkapital der Gesellschaft und war nicht durch das Gewinnbezugsrecht gedeckt, sodass V die GmbH schädigte. Der objektive Tatbestand der Treubruchsalternative liegt daher vor. **379**

Da V vorsätzlich, rechtswidrig und schuldhaft handelte, hat sie sich wegen Untreue nach § 266 Abs. 1, 2. Alt. StGB strafbar gemacht.

c) *§ 15a Abs. 4 i.V.m. § 15a Abs. 1 S. 1 InsO*

Zudem hat V als Geschäftsführerin der Gesellschaft die Insolvenzantragspflicht des § 15a Abs. 1 S. 1 InsO verletzt und ist deshalb wegen Insolvenzverschleppung gemäß § 15a Abs. 4 InsO strafbar. **380**

d) *Konkurrenzen*

V verwirklichte durch dieselbe Handlung – die Überweisung – den Bankrott- und den Untreuetatbestand. Da beide Tatbestände unterschiedliche Rechtsgüter schützen, § 283 StGB dient dem Schutz der Interessen der Gläubiger, § 266 StGB dem des Vermögens der GmbH, stehen sie in Tateinheit (§ 52 StGB)[281]. § 15a Abs. 4 InsO tritt in Tatmehrheit (§ 53 StGB) hinzu. **381**

Ergänzende Hinweise:

(1) Auch die **Gesellschafter** einer GmbH können sich wegen Untreue in der Treubruchsalternative strafbar machen, wenn sie treuwidrig handeln, denn sie trifft ebenfalls eine Pflicht zur Betreuung des Vermögens der GmbH[282]. **382**

– Siehe dazu auch *Fälle zum Wirtschaftsstrafrecht*, Rn. 112 ff. –

Die treuwidrige Zustimmung zu Handlungen des Geschäftsführers, durch die er das Vermögen der GmbH schädigt, ist als Beteiligung – Mittäterschaft, Anstiftung oder Beihilfe – nach den allgemeinen Grundsätzen strafbar.

(2) Das Geschäftsführungsorgan einer im Ausland gegründeten – einer GmbH vergleichbaren – Gesellschaft, die durch eine Zweigniederlassung den Mittelpunkt ihrer hauptsächlichen Interessen in Deutschland hat (Rn. 361), kann wegen „Geschäftsführeruntreue" strafbar sein, wenn es eigene Vermögensinteressen der Gesellschaft beeinträchtigt. Maßgeblich ist das ausländische Gesellschaftsrecht. Das gilt – auch nach dem „Brexit" – für eine englische Ltd. Das – einschlägige – englische Gesellschaftsrecht enthält zwar kein § 30 Abs. 1 S. 1 GmbHG entsprechendes Stammkapitalerhaltungsgebot, aber andere Kapitalerhaltungsvorschriften; so dür- **383**

---

[280] Dazu *Hentschke*, S. 105 ff.
[281] BGH, NStZ 2012, 89, 91; wistra 2012, 346, 349 Rn. 28 ff. (nicht abgedruckt in BGHSt 57, 229); zust. *Pohl*, wistra 2013, 334.
[282] BGH, NJW 1997, 66, 67; BGHSt 49, 147, 157 ff.; 54, 52, 57 ff.; *Beckemper*, GmbHR 2005, 592, 593 ff.; *Hellmann*, ZIS 2007, 433, 437; *Radtke/Hoffmann*, GA 2008, 535, 550 f. **A.A.** *Livonius*, wistra 2009, 91, 93 ff.; *Wessing/Krawczyk*, NZG 2009, 1176, 1177.

fen nur tatsächlich realisierte Gewinne an die Gesellschafter ausgezahlt werden (sec. 830 [1] CA 2006). Die Verletzung der gesellschaftsrechtlichen Sorgfaltspflichten zur Vermögensfürsorge kann die Untreuestrafbarkeit des Director begründen[283]. Die Anwendbarkeit der Grundsätze der Geschäftsführeruntreue wird zwar zum Teil mit der Begründung bestritten, § 266 StGB besitze einen blankettartigen Charakter und die Ausfüllung durch ausländisches Recht missachte den Parlamentsvorbehalt[284]. § 266 StGB ist aber ein vollständiger Tatbestand, dessen Merkmale, auch das der Pflichtwidrigkeit, unter Berücksichtigung der maßgeblichen – hier ausländischen – Vorschriften auszulegen sind[285].

– Siehe dazu auch *Fälle zum Wirtschaftsstrafrecht*, Rn. 451 ff. –

384 (3) Zahlungsunfähige oder überschuldete **Kreditinstitute und Finanzdienstleistungsunternehmen** können nicht selbst den Insolvenzantrag stellen, sondern die BaFin (Rn. 72) hat gemäß § 46b Abs. 1 S. 4 KWG dies zu tun. Die Geschäftsleiter – und bei einem in der Rechtsform des Einzelkaufmanns betriebenen Institut der Inhaber – sind jedoch verpflichtet, den Insolvenzgrund unverzüglich der BaFin mitzuteilen (§ 46b Abs. 1 S. 1 KWG). Unterlässt der Verpflichtete die Anzeige, macht er sich nach § 55 KWG wegen Verstoßes gegen die Anzeigepflicht bei Zahlungsunfähigkeit oder Überschuldung strafbar.

385 Die BaFin stellt den Insolvenzantrag zudem für **Versicherungsunternehmen** (§ 312 Abs. 1 VAG) und **Pensionsfonds** (§ 312 Abs. 1 i.V.m. § 237 Abs. 1 VAG). Deshalb ist der Vorstand solcher Unternehmen gem. § 311 VAG bei Zahlungsunfähigkeit und Überschuldung verpflichtet, dies der Aufsichtsbehörde zu melden. Die Einhaltung dieser Pflicht sichert **§ 331 Abs. 2 Nr. 3 VAG** strafrechtlich ab.

386 (4) Ein **Insolvenzdelikt eigener Art** enthält § 37 DepotG, der strukturell § 283 StGB vergleichbar ist. Tathandlung ist die Nichterfüllung einzeln genannter Pflichten, z.B. der Pflicht zur getrennten Aufbewahrung nach § 2 DepotG, durch den Verwahrer. § 37 DepotG setzt zwar – wie § 283 StGB – voraus, dass der Täter seine Zahlungen eingestellt hat oder über sein Vermögen das Insolvenzverfahren eröffnet worden ist. Die Vorschrift weist aber darüber hinaus die weitere objektive Bedingung der Strafbarkeit auf, dass durch die Zuwiderhandlung entweder ein Anspruch des Berechtigten auf Aussonderung der Wertpapiere vereitelt oder die Durchführung eines solchen Anspruchs erschwert wird[286].

387 (5) § 266 StGB ist nach h.M.[287] auf **einverständliche Schädigungen der Vor-GmbH**, also der durch Abschluss des Gesellschaftsvertrages gegründeten, aber noch nicht in das Handelsregister eingetragenen Gesellschaft, mangels eigener Rechtspersönlichkeit nicht anwendbar.

---

[283] Vgl. *Schlösser*, wistra 2006, 81, 86; *Wilk/Stewen*, wistra 2011, 161, 169.
[284] *Rönnau/Hohn*, NStZ 2004, 113 f.; *Rönnau*, ZGR 2005, 832, 854 ff.
[285] BGH, wistra 2010, 268, 270, mit zust. Anm. *Beckemper*, ZJS 2010, 672, 675, und *Bittmann*, wistra 2010, 302 f.; *Radtke*, GmbHR 2008, 729, 734 ff.
[286] *Knierim*, in: W/J/S, 10. Kap. Rn. 233.
[287] BGHSt 3, 23, 25; BGH, wistra 1991, 24 f.; *Hadamitzky*, in: M-G, Kap. 32 Rn. 22, 92. **A.A.** *Hentschke*, S. 148 ff.; *Schäfer*, GmbHR 1993, 717, 720

§ 4 Bilanzdelikte des Handels- und Gesellschaftsrechts

I. Unrichtige Darstellung und Verschleierung der Unternehmensverhältnisse

Zu den *Bilanzdelikten im weiteren Sinne* gehören auch die bereits oben (Rn. 332 f.) erörterten §§ 283 Abs. 1 Nr. 7, 283b Abs. 1 Nr. 3 StGB, denn sie bedrohen bestimmte Verstöße gegen Bilanzierungsvorschriften mit Strafe[1]. Da diese Tatbestände einen Zusammenhang mit dem wirtschaftlichen Zusammenbruch des Schuldners voraussetzen, sind sie den Insolvenzdelikten zuzuordnen. Den durch sie bewirkten Schutz des Vermögens der Gläubiger (Rn. 244, 318) ergänzen die außerhalb des StGB geregelten Bilanzdelikte im eigentlichen Sinne. Darunter sind die Straf- und Bußgeldtatbestände zu verstehen, welche die **richtige Darstellung der Unternehmenslage und die Einhaltung der zivilrechtlich vorgesehenen Prüfungen** gewährleisten sollen. Sie richten sich zum einen an die *zuständigen Organe und Aufsichtsgremien des Unternehmens* und zum anderen an den *Abschlussprüfer*. Hinzukommen – quasi als Annex – Tatbestände, die eine Verletzung der dem Prüfer auferlegten Geheimhaltungspflicht unter Strafe stellen.

388

Das geltende Bilanzstraf- und -ordnungswidrigkeitenrecht in den §§ 331-335 HGB beruht im Wesentlichen auf dem Bilanzrichtliniengesetz (BiRiLiG) vom 19.05.1985[2], das die 4., 7. und 8. EG-Richtlinie zur Koordinierung des Gesellschaftsrechts in das nationale Recht umsetzte. Wesentliche Neuerungen gegenüber den bisherigen Regelungen in §§ 399 ff. AktG waren damit jedoch nicht verbunden. Das Bankbilanzrichtlinie-Gesetz[3] dehnte 1990 durch die Einfügung des § 340m HGB den Anwendungsbereich der §§ 331-333 HGB auf nicht in der Rechtsform einer Kapitalgesellschaft betriebene Kreditinstitute aus; 1994 ordnete das Versicherungsbilanzrichtlinie-Gesetz[4] durch die Einfügung des § 341m in das HGB die Geltung dieser Straftatbestände für nicht in der Rechtsform einer Kapitalgesellschaft betriebene Versicherungsunternehmen an. § 333a HGB wurde 2016 durch das Abschlussprüfungsreformgesetz (AReG)[5] geschaffen (Rn. 429).

Das Gesetz zur Stärkung der Finanzmarktintegrität (FISG) vom 03.06.2021[6] führte als Reaktion auf „jüngste Vorkommnisse" („Wirecard-Skandal") zu einer Änderung des bisherigen Systems der Bilanzkontrolle „zugunsten eines stärker staatlich-hoheitlich geprägten Verfahrens" und einer Ausstattung der BaFin „mit hoheitli-

---

[1] *Pelz*, in: W/J/S, 9. Kap. Rn. 176, 218.
[2] BGBl. I 1985, 2355; zu den Auswirkungen auf die strafrechtlichen Bestimmungen, *Sünner*, AG 1984, 16 ff.
[3] Vom 30.11.1990, BGBl. I 1990, 2570.
[4] Vom 24.06.1994, BGBl. I 1994, 1377.
[5] Gesetz zur Umsetzung der prüfungsbezogenen Regelungen der Richtlinie 2014/56/EU sowie zur Ausführung der entsprechenden Vorgaben der Verordnung (EU) Nr. 537/2014 im Hinblick auf die Abschlussprüfung bei Unternehmen von öffentlichem Interesse vom 10.05.2016, BGBl. I 2016, 1142.
[6] BGBl. I 2021, 1534.

chen Befugnissen gegenüber Kapitalmarktunternehmen"[7]. Im Bilanzstrafrecht wurden „erforderliche Anpassungen vorgenommen", u.a. indem die unrichtige Versicherung der gesetzlichen Vertreter eines Kapitalmarktunternehmens, dass der (Konzern-)Abschluss und der (Konzern-)Lagebericht ein zutreffendes Bild von der Lage des Unternehmens vermitteln (falscher „Bilanzeid"), zu einem eigenen Straftatbestand erhoben wurde[8]. Dieser Tatbestand findet sich in § 331a HGB; einen inhaltlich entsprechenden Tatbestand enthält § 119a WpHG für Mitglieder des vertretungsberechtigten Organs von Emittenten, die nicht nach handelsrechtlichen Vorschriften zur Offenlegung der nach § 114 Abs. 2 WpHG in den Jahresfinanzbericht aufzunehmenden Rechnungslegungsunterlagen verpflichtet sind.

Fall 29: – *Überbewertung eines Vermögensgegenstandes* –

389 Achim Alt (A) war Vorstandsvorsitzender der intersports.net AG, deren Geschäftszweck in dem Versand von Sportartikeln über das Internet bestand. Nach Gründung der AG erwarb A auf einer Zwangsversteigerung für die AG eine Immobilie in der Stadt Altruppin zum Preis von 300.000 €. Da der tatsächliche Wert des Grundstücks etwa 400.000 € betrug, stellte A es zu diesem Betrag in die Bilanz auf der Seite der Aktiva ein. A hielt dieses Vorgehen für zutreffend, weil er der Meinung war, der Wert der Immobilie sei von größerer Bedeutung als der Preis, den er dafür gezahlt habe. Zum Vorstand gehörte auch die Dipl.-Betriebswirtin Veronika Förster (F), die für das Marketing zuständig war. Sie unterzeichnete den von A angefertigten Jahresabschluss in Kenntnis der Anschaffungskosten und des tatsächlichen Wertes der Immobilie. Obwohl sie sich aus ihrer Ausbildung zu erinnern glaubte, dass Gegenstände mit den Anschaffungskosten zu bilanzieren seien, machte sie A darauf nicht aufmerksam, weil sie meinte, die Aufstellung der Bilanz gehöre nicht zu ihren Aufgaben.

Haben sich A und F strafbar gemacht?

a) Strafbarkeit des A

aa) § 331 Abs. 1 Nr. 1 HGB

(1) Objektiver Tatbestand

A hätte sich nach § 331 Abs. 1 Nr. 1 HGB strafbar gemacht, wenn er „als Mitglied des vertretungsberechtigten Organs einer Kapitalgesellschaft" durch die Bilanzierung der Immobilie mit ihrem tatsächlichen Wert die „Verhältnisse der Kapitalgesellschaft" unrichtig wiedergegeben hätte.

390 **Schutzgut** des § 331 HGB soll nach h.M.[9] das **Vertrauen** in die Richtigkeit und Vollständigkeit bestimmter Informationen über die Verhältnisse der Kapitalgesellschaft bzw. des Konzerns sein. Die Vorschrift schützt danach alle Personen, die mit der Gesellschaft in irgendeiner wirtschaftlichen oder rechtlichen Beziehung stehen oder in eine solche treten wollen, also die aktuellen und potentiellen Gläubiger sowie sonstige Vertragspartner, Gesellschafter und Arbeitnehmer[10].

---

[7] BT-Drs. 19/26966, 55. Krit. zu dem Entwurf des FISG *Schüppen*, DStR 2021, 246 ff.
[8] BT-Drs. 19/26966, 57.
[9] Vgl. nur BGH, NZWiSt 2018, 106, Rn. 38; OLG Braunschweig, wistra 1993, 31, 33; *Dannecker*, in: Staub, § 331 HGB Rn. 3; *Olbermann*, in: G/J/W, § 331 HGB Rn. 7; *Wittig*, § 29 Rn. 3.
[10] BGH, wistra 1996, 348; NZWiSt 2018, 106, Rn. 38; *Klose*, NZWiSt 2020, 59 f.; *Olbermann*, in: G/J/W, § 331 HGB Rn. 8; *Schaal*, in: E/K, A 116, § 400 AktG Rn. 2.

§ 4: Bilanzdelikte des Handels- und Gesellschaftsrechts

Diese Sicht greift jedoch zu kurz, denn die Vorschrift schützt nicht nur das Vertrauen der genannten Personen auf die Richtigkeit bestimmter Angaben über die Geschäftsverhältnisse als solches, sondern sie bezweckt auch den Schutz von Vermögensdispositionen, die ein anderer im Vertrauen auf die Richtigkeit der Angaben zu treffen gedenkt. Die Gefährlichkeit unrichtiger Darstellungen der Unternehmensverhältnisse besteht nämlich darin, dass der Getäuschte dadurch zu einer für ihn wirtschaftlich nachteiligen Entscheidung bewogen werden kann. Das spricht dafür, das **Vermögen** als Schutzgut des § 331 HGB anzusehen. In der Sache erkennt dies im Übrigen auch die Gegenansicht an, indem sie den Tatbestand als Schutzgesetz im Sinne des § 823 Abs. 2 BGB betrachtet[11], denn als Schutzgesetze kommen nur solche Straftatbestände in Betracht, die ein Individualrechtsgut schützen. Im Gegensatz zu dem Ersatzanspruch aus § 823 Abs. 2 BGB, der voraussetzt, dass der Betroffene im Vertrauen auf die Richtigkeit der Angaben einen Schaden erlitten hat[12], verzichtet § 331 HGB allerdings auf den Eintritt eines Vermögensschadens. Die Vorschrift ist deshalb ein **abstraktes (Vermögens-)Gefährdungsdelikt**[13].

Die fünf Tatbestandsalternativen des § 331 Abs. 1 HGB können nur durch die genannten Personen verwirklicht werden. Es handelt sich also um **Sonderdelikte**[14]. **Taugliche Täter** sind die *Mitglieder des vertretungsberechtigten Organs* und *des Aufsichtsrats einer Kapitalgesellschaft*. Wer Mitglied des vertretungsberechtigten Organs ist, bestimmt sich nach den Regeln des Gesellschaftsrechts.
Nach § 78 Abs. 1 S. 1 AktG vertritt der Vorstand, der aus mehreren Personen bestehen kann (§ 78 Abs. 2 S. 1 AktG), die Aktiengesellschaft.

A ist als Vorstandsvorsitzender somit tauglicher Täter des § 331 Abs. 1 Nr. 1 HGB.

Nach h.M.[15] kommen nicht nur rechtswirksam mit Vertretungsmacht ausgestattete Personen als Täter in Betracht, sondern auch diejenigen, die faktisch die Tätigkeit als Mitglied des vertretungsberechtigten Organs ausüben. Die strafrechtliche Verantwortlichkeit des „faktischen Organs" lässt die Strafbarkeit des formell bestellten, aber nicht tätigen Mitglieds des vertretungsberechtigten Organs (Strohmann) unberührt[16] (zur faktischen Geschäftsführung im Einzelnen oben Rn. 355 ff.).

Tathandlungen des § 331 Abs. 1 Nr. 1 HGB sind die *unrichtige Wiedergabe* und das *Verschleiern der Verhältnisse der Kapitalgesellschaft* in der Eröffnungsbilanz, dem Jahresabschluss, dem Lagebericht oder dem Zwischenabschluss nach § 340a Abs. 3 HGB.

---

[11] BGH, AG 1982, 278, 282; *Dannecker*, in: Staub, § 331 HGB Rn. 9; *Klinger*, in: MüKo-HGB, § 331 Rn. 2; *Mansdörfer*, in: Heymann, § 331 HGB Rn. 7.
[12] *Brandes*, WM 1992, 465, 477.
[13] *Lauterwein/Xylander*, in: E/R/S/T, § 331 HGB Rn. 9; *Leplow*, in: MüKo³, § 331 HGB Rn. 6; *Momsen/Laudien*, in M/G, Kap. 6 § 22 Rn. 32; *Ransiek*, in: HWSt, 8. Teil 1. Kap. Rn. 29.
[14] *Grottel/Hoffmann*, in: Beck Bil-Komm, § 331 HGB Rn. 18; *Müller-Gugenberger*, ZWH 2016, 181, 186; *Ransiek*, in: HWSt, 8. Teil 1. Kap. Rn. 25; *Wittig*, § 29 Rn. 6.
[15] BGHSt 46, 62; *Dannecker*, in: Staub, § 331 HGB Rn. 35 ff.; *Lauterwein/Xylander*, in: E/R/S/T, § 331 HGB Rn. 37 ff.; *Olbermann*, in: G/J/W, § 331 HGB Rn. 17.
[16] *Klinger*, in: MüKo-HGB, § 331 Rn. 24; *Siegmann/Vogel*, ZIP 1994, 1821 f.

Die Abgrenzung zwischen den beiden Alternativen ist fließend[17]. Grundsätzlich soll das Verbot der unrichtigen Wiedergabe die **„Bilanzwahrheit"**, das der Verschleierung die **„Bilanzklarheit"** schützen[18].

393 **Verhältnisse der Kapitalgesellschaft** sind alle Tatsachen, Umstände, Vorgänge und auch Schlussfolgerungen, die für die *wirtschaftliche Beurteilung der Gesellschaft* von Bedeutung sein können[19]. Die Beschränkung auf solche Umstände folgt zum einen daraus, dass die Verhältnisse in der Eröffnungsbilanz, dem Jahresabschluss, dem Lagebericht oder dem Zwischenabschluss dargestellt werden müssen. Informationen, die nicht das Unternehmen betreffen, unterfallen deshalb bereits aus diesem Grunde nicht dem Tatbestand. Zum anderen ergibt sich diese Beschränkung aus dem Zweck des § 331 HGB, andere davor zu schützen, im Vertrauen auf die Richtigkeit bzw. Klarheit der Darstellung eine – möglicherweise nachteilige – Vermögensdisposition zu treffen (Rn. 390). Umstände, die für die Einschätzung der wirtschaftlichen Lage der Gesellschaft unerheblich sind, erfasst der Anwendungsbereich der Vorschrift somit nicht[20].

394 **Tatmittel** der unrichtigen bzw. verschleiernden Darstellung sind die *Eröffnungsbilanz* (§ 242 Abs. 1 HGB), der *Jahresabschluss* (§ 242 Abs. 3 HGB), der *Lagebericht* (§ 264 Abs. 1 HGB) und – bei Kreditinstituten – der *Zwischenabschluss* (§ 340a Abs. 3 HGB). Der Jahresabschluss gliedert sich nach § 242 Abs. 3 HGB in die Bilanz und die Gewinn- und Verlustrechnung.

Die Bilanz stellt Vermögen und Schulden des Unternehmens einander gegenüber (die Gliederung der Bilanz ist in § 266 HGB im Einzelnen geregelt). Am Anfang des Jahres werden die einzelnen Posten in Konten aufgelöst. Da es sich um die Bestandsrechnung des Unternehmens handelt, nennt man diese Konten Bestandskonten. Die Gewinn- und Verlustrechnung (GuV) gibt dagegen den eigentlichen Unternehmenserfolg wieder. In ihr werden die sog. Erfolgskonten aufgelöst, in denen die Erträge und Aufwendungen des Unternehmens gebucht werden.

Auch der *Anhang* zum Jahresabschluss ist taugliches Tatmittel des § 331 Abs. 1 Nr. 1 HGB, weil er nach § 264 Abs. 1 HGB mit der Bilanz eine Einheit bildet[21].

395 Die Verhältnisse der Kapitalgesellschaft werden **unrichtig wiedergegeben**, wenn die Darstellung den objektiven Gegebenheiten nicht entspricht[22]. Das kann durch ausdrückliche unrichtige Angaben geschehen, aber auch durch das Verschweigen von Umständen, die für die Verhältnisse der Gesellschaft bedeutsam sind[23]. Der

---

[17] RGSt 37, 433, 434.
[18] *Dannecker*, in: Staub, § 331 HGB Rn. 51; *Klinger*, in: MüKo-HGB, § 331 Rn. 41; *Knierim/Kessler*, in: NK-WSS, § 331 HGB Rn. 9; *Wittig*, § 29 Rn. 19.
[19] *Gramich*, wistra 1987, 157; *Grottel/Hoffmann*, in: Beck Bil-Komm, § 331 HGB Rn. 17; *Olbermann*, in: G/J/W, § 331 HGB Rn. 19; *Wagenpfeil*, in: M-G, Kap. 40 Rn. 40.57.
[20] Für § 400 AktG OLG Frankfurt, NStZ-RR 2002, 275; *Otto*, in: Hopt/Wiedemann, Aktiengesetz, 4. Aufl. 1997, § 400 AktG Rn. 28 m.w.N.
[21] *Klinger*, in: MüKo-HGB, § 331 Rn. 60; *Lauterwein/Xylander*, in: E/R/S/T, § 331 HGB Rn. 113; *Olbermann*, in: G/J/W, § 331 HGB Rn. 18a; enger *Mansdörfer*, in: Heymann, § 331 HGB Rn. 30.
[22] BGH, wistra 2020, 29 Rn. 9, mit Anm. *Bittmann/Peschen*, ZWH 2020, 98 ff.; *Grottel/Hoffmann*, in: Beck Bil-Komm, § 331 HGB Rn. 11; *Maul*, DB 1989, 185; *Wagenpfeil*, in: M-G, Kap. 40 Rn. 58.
[23] *Ransiek*, in: HWSt, 8. Teil 1. Kap. Rn. 50.

Straftatbestand erfasst nur **erhebliche Verletzungen der Rechnungslegungsvorschriften**, zumal die Bußgeldtatbestände des § 334 Abs. 1 Nr. 1a-d HGB bestimmte Verstöße gegen die Rechnungslegungsvorschriften, die in der Sache eine unrichtige Wiedergabe von Verhältnissen darstellen, – nur – mit Geldbuße bedrohen[24]. Die Bilanzierungsmethode muss deshalb schlechthin unvertretbar sein[25].

Typische Fälle sind die falsche Bewertung von Außenständen[26], die Aufnahme fremder Vermögensgegenstände[27], die Nichtaufnahme der Gesellschaft gehörender Vermögensgegenstände[28] und die Aktivierung zu erwartender Gewinne[29].

Unerheblich ist, ob der Täter ein zu positives oder ein zu negatives Bild der Verhältnisse der Gesellschaft zeichnet. Der Regelfall ist zwar eine den Tatsachen nicht entsprechende günstige Darstellung der Gesellschaftsverhältnisse, der Tatbestand erfasst aber auch eine Unterbewertung[30].

Ob der Jahresabschluss die Verhältnisse der Gesellschaft zu positiv oder zu negativ beschreibt, kann für die strafrechtliche Bewertung von Handlungen, die der Täter unter Verwendung der unrichtigen Darstellung vornimmt, relevant werden. So ist z.B. die Strafbarkeit wegen Kreditbetrugs (§ 265b StGB) oder Betrugs (§ 263 StGB) nur zu bejahen, wenn der vorgelegte Jahresabschluss die wirtschaftlichen Verhältnisse der Gesellschaft positiver darstellt, als es der Wirklichkeit entspricht[31]. Führt ein unzutreffend günstiger Jahresabschluss zu „Gewinn"ausschüttungen, die das Stammkapital einer GmbH beeinträchtigen, so kommt eine Strafbarkeit des Geschäftsführers wegen Untreue in Betracht (näher dazu Rn. 372 ff.).

Unrichtige Bewertungen, Schätzungen oder Prognosen unterfallen dem Tatbestand jedenfalls dann, wenn sie auf einer unzutreffenden Tatsachengrundlage beruhen[32]. Problematisch ist die Feststellung der Unrichtigkeit jedoch, wenn es um Beurteilungen oder Bewertungen tatsächlich gegebener Umstände oder um Schlussfolgerungen aus Tatsachen geht. Maßstab für die Richtigkeit sind die Regeln des Bilanzrechts und die Grundsätze ordnungsgemäßer Buchführung[33]. Trotz der weit reichenden Änderungen, die das Gesetz zur Modernisierung des Bilanzrechts (BilMoG)[34] für den handelsrechtlichen Abschluss durch die Abschaffung von Ansatz-, Ausweis- und Bewertungswahlrechten eingeführt hat, um die handelsrechtlichen Rechnungslegungsvorschriften an internationale Standards maßvoll anzupassen, ist dem Ersteller der Bilanz eine – durch die Grundsätze ordnungsgemäßer

396

---

[24] *Leplow*, in: MüKo³, § 331 HGB, Rn. 50 f.; *Wittig*, § 29 Rn. 28.
[25] KG, wistra 2010, 235, 236; *Knierim/Kessler*, in: NK-WSS, § 331 HGB Rn. 11.
[26] RGSt 14, 80; 37, 433.
[27] RGSt 43, 407; 66, 425.
[28] RGSt 62, 357.
[29] RGSt 67, 349.
[30] *Grottel/Hoffmann*, in: Beck Bil-Komm, § 331 HGB Rn. 13; *Lauterwein/Xylander*, in: E/R/S/T, § 331 HGB Rn. 83; *Ransiek*, in: HWSt, 8. Teil 1. Kap. Rn. 51.
[31] *Wimmer*, DStR 1997, 1931, 1934.
[32] *Dannecker*, in: Staub, § 331 HGB Rn. 59; *Lauterwein/Xylander*, in: E/R/S/T, § 331 HGB Rn. 66.
[33] *Leplow*, in: MüKo³, § 331 HGB Rn. 49 f.; *Mansdörfer*, in: Heymann, § 331 HGB Rn. 38; *Ransiek*, in: HWSt, 8. Teil 1. Kap. Rn. 51; *Wittig*, § 29 Rn. 21.
[34] Vom 25.05.2009, BGBl. I 2009, 1102.

Buchführung und der Bewertungskontinuität (§§ 252 Abs. 1 Nr. 6, 297 Abs. 3 S. 2 HGB) begrenzte – Bewertungsfreiheit einzuräumen. Die **Bilanzwahrheit** ist deshalb **relativ**[35]. Unrichtig ist eine Bewertung erst dann, wenn sie nach dem Bilanzrecht nicht mehr vertretbar ist[36].

397 Eine ausdrückliche Obergrenze für die Bewertung eines Vermögensgegenstandes enthält jedoch § 253 Abs. 1 S. 1 HGB[37]. Danach dürfen Vermögensgegenstände höchstens mit den Anschaffungs- oder Herstellungskosten, vermindert um Abschreibungen nach den Absätzen 3 bis 5, angesetzt werden.
Ein Ansatz zu höheren Verkehrswerten oder Marktpreisen verstößt gegen das Verbot des Ausweises nicht realisierter Gewinne[38]. Liegt der Wert über den Anschaffungs- oder Herstellungskosten, hat die Gesellschaft sog. stille Reserven, die nur unter bestimmten Umständen aufgelöst werden dürfen[39].

398 Ein **Verschleiern** im Sinne des § 331 Abs. 1 Nr. 1 HGB liegt dagegen vor, wenn die Gesellschaftsverhältnisse zwar an sich zutreffend, einzelne Umstände aber so undeutlich wiedergegeben werden, dass der sachverständige Leser der Bilanz den tatsächlichen Sachverhalt nur schwer erkennt[40]. Diese Tatalternative dient also dem Schutz der Klarheit und Übersichtlichkeit der Darstellung der wirtschaftlichen Verhältnisse. Sie besitzt aber wohl vor allem die Funktion, dem Täter den Einwand abzuschneiden, er habe zwar irreführende, aber wahre Angaben gemacht[41].
Typische Verschleierungshandlungen sind die Saldierung von Forderungen und Verbindlichkeiten, das Zusammenbuchen verschiedener Posten entgegen dem allgemeinen Verrechnungsverbot des § 246 Abs. 2 HGB[42] sowie die verschleiernde Erläuterung des Jahresabschlusses im Anhang oder Lagebericht[43].

399 Indem A die Immobilie unter Missachtung der Wertobergrenze des § 253 Abs. 1 S. 1 HGB statt mit deren Anschaffungskosten mit ihrem wahren Wert in die Bilanz einstellte, hat er die für die wirtschaftliche Bewertung der Gesellschaft wesentliche Höhe der Aktivseite verändert und somit die Verhältnisse der Aktiengesellschaft unrichtig dargestellt. Da er die unrichtigen Angaben über den Wert des Grundstücks in der Bilanz und damit nach der Definition des § 242 Abs. 3 HGB im Jahresabschluss gemacht hat, liegt der objektive Tatbestand des § 331 Abs. 1 Nr. 1 HGB vor.

---

[35] *Dannecker*, in: Staub, § 331 HGB Rn. 51; *Mansdörfer*, in: Heymann, § 331 HGB Rn. 39; *Olbermann*, in: G/J/W, § 331 HGB Rn. 21.
[36] RGSt 49, 358, 363; *Ransiek*, in: HWSt, 8. Teil 1. Kap. Rn. 51; wohl strenger *Dannecker*, in: Staub, § 331 HGB Rn. 52.
[37] RGSt 36, 436.
[38] *Ballwieser*, in: MüKo-HGB, § 253 Rn. 1; *Schubert/Andrejewski*, in: Beck Bil-Komm, § 253 HGB Rn. 1.
[39] *Bücklers*, Bilanzfälschung nach § 331 Nr. 1 HGB, 2002, S. 131.
[40] *Mansdörfer*, in: Heymann, § 331 HGB Rn. 42; *Momsen/Laudien*, in: M/G, Kap. 6 § 22 Rn. 42; *Wagenpfeil*, in: M-G, Kap. 40 Rn. 40.37.
[41] *Grottel/Hoffmann*, in: Beck Bil-Komm, § 331 HGB Rn. 15; *Mansdörfer*, in: Heymann, § 331 HGB Rn. 43; *Wagenpfeil*, in: M-G, Kap. 40 Rn. 40.34.
[42] *Dannecker*, in: Staub, § 331 HGB Rn. 75; *Klinger*, in: MüKo-HGB, § 331 Rn. 48.
[43] Darauf beschränkt *Schüppen*, Systematik und Auslegung des Bilanzstrafrechts, 1993, S. 22 f., diese Alternative.

(2) Subjektiver Tatbestand

§ 331 Abs. 1 Nr. 1 HGB erfordert **Vorsatz**. Dolus eventualis genügt, sodass der subjektive Tatbestand schon gegeben ist, wenn der Täter die Unrichtigkeit der Wiedergabe zumindest für möglich hält. Ist er jedoch überzeugt, dass seine Darstellung zutrifft, weil er die Regeln des Bilanzrechts nicht kennt, befindet er sich in einem Tatumstandsirrtum gem. § 16 Abs. 1 StGB, handelt also unvorsätzlich[44]. 400

Da A meinte, die Immobilie sei mit ihrem tatsächlichen Wert zu bilanzieren, scheidet die Strafbarkeit nach § 331 Abs. 1 Nr. 1 HGB somit mangels Vorsatzes aus.

bb) § 400 Abs. 1 Nr. 1 AktG

§ 400 Abs. 1 Nr. 1 AktG geht über § 331 Abs. 1 Nr. 1 HGB hinaus, weil er nicht nur die unrichtige Wiedergabe bzw. Verschleierung der Verhältnisse der Gesellschaft einschließlich ihrer Beziehungen zu verbundenen Unternehmen in den Tatmitteln des § 331 Abs. 1 Nr. 1 HGB erfasst, sondern auch im Vergütungsbericht nach § 162 Abs. 1 oder 2 HGB und generell in Darstellungen oder Übersichten über den Vermögensstand und darüber hinaus in Vorträgen oder Auskünften in der Hauptversammlung. § 400 Abs. 1 Nr. 1 AktG soll gewährleisten, dass diese Erklärungen und Äußerungen der Normadressaten (Mitglieder des Vorstands und des Aufsichtsrats sowie Abwickler) ebenfalls der Wahrheit entsprechen[45]. § 400 Abs. 1 Nr. 1 AktG dient somit – wie § 331 Abs. 1 Nr. 1 HGB – dem Schutz dritter Personen, die mit der Gesellschaft in rechtlicher oder wirtschaftlicher Beziehung stehen oder in eine solche treten wollen. Das Schutzgut des § 400 Abs. 1 Nr. 1 AktG wird üblicherweise ebenfalls in dem Vertrauen dieser Personen in die Richtigkeit von Erklärungen und Äußerungen der genannten Organe gesehen[46], doch schützt die Vorschrift aus den oben (Rn. 390) genannten Gründen das Vermögen, zumal auch § 400 AktG ein Schutzgesetz im Sinne des § 823 Abs. 2 BGB ist[47]. 401

§ 400 Abs. 1 Nr. 1 AktG tritt kraft ausdrücklicher gesetzlicher Anordnung hinter § 331 Abs. 1 Nr. 1, 1a HGB zurück, wenn die Tat in jener Vorschrift mit Strafe bedroht ist (**formelle Subsidiarität**). 402

A hat den objektiven Tatbestand des § 400 Abs. 1 Nr. 1 AktG verwirklicht, da die Bilanz eine Darstellung über den Vermögensstand ist. Er wusste aber nicht, dass er die Gesellschaftsverhältnisse unrichtig darstellte (Rn. 400), er handelte folglich unvorsätzlich. Da § 400 Abs. 1 Nr. 1 AktG Vorsatz erfordert, bleibt A straflos. 403

b) Strafbarkeit der F

aa) § 331 Abs. 1 Nr. 1 HGB

F ist als Vorstandsmitglied der AG taugliche Täterin des § 331 Nr. 1 HGB. Normadressat ist nämlich **jedes Mitglied eines mehrköpfigen Organs**[48]. Ihre strafrecht- 404

---

[44] *Bücklers*, Bilanzfälschung nach § 331 Nr. 1 HGB, 2002, S. 104 ff.; *Dannecker*, in: Staub, § 331 HGB Rn. 84.
[45] *Gössweiner-Saiko*, ArchKrim 175 (1985), 168, 177.
[46] *Schaal*, in: E/K, A 116, § 400 AktG Rn. 2; *Weiß*, in: MüKo³, § 400 AktG Rn. 1.
[47] RGZ 81, 271; *Klussmann*, AG 1973, 221, 223; *Ransiek*, in: HWSt, 8. Teil 1. Kap. Rn. 87.
[48] *Dannecker*, in: Staub, § 331 HGB Rn. 21 ff.

liche Verantwortlichkeit entfällt nicht etwa deshalb, weil sie für das Marketing und nicht für die Buchhaltung zuständig war, denn grundsätzlich sind interne Kompetenzregelungen und Ressortaufteilungen für § 331 HGB ohne Belang[49]. Jedes Mitglied eines mehrköpfigen Vorstandes ist für die Richtigkeit und Klarheit der Bilanz verantwortlich. Der strafrechtliche Vorwurf knüpft nicht an das Unterlassen eines Protests oder der Richtigstellung, sondern an die Unterzeichnung des Jahresabschlusses an (§ 245 HGB)[50].

Da F – im Gegensatz zu A – wusste, dass der Wert der Immobilie mit den Anschaffungskosten zu bilanzieren war, handelte sie vorsätzlich. Die irrtümliche Annahme, für die Richtigkeit der Bilanz nicht verantwortlich zu sein, lässt den Vorsatz unberührt. Diese Fehlvorstellung ist ein – vermeidbarer – Verbotsirrtum, der gem. § 17 S. 2 StGB die Schuld nicht beseitigt.

F ist somit wegen unrichtiger Darstellung nach § 331 Abs. 1 Nr. 1 HGB strafbar.

bb) § 400 Abs. 1 Nr. 1 AktG

405 F hat zwar auch § 400 Abs. 1 Nr. 1 AktG vorsätzlich verwirklicht. Der Tatbestand tritt aber im Wege der Gesetzeskonkurrenz hinter § 331 Nr. 1 HGB zurück (Rn. 402).

Ergänzende Hinweise:

406 (1) § 331 Abs. 1 **Nr. 1a** HGB erfasst die unrichtige Wiedergabe und Verschleierung in einem IAS/IFRS-Abschluss (Jahresabschluss nach den internationalen Rechnungslegungsvorschriften), der zum Zwecke der Befreiung von der Offenlegung nach § 325 Abs. 2a S. 1 HGB abgegeben wird.
Der Tatbestand kann auch leichtfertig verwirklicht werden (Abs. 2).

407 (2) § 331 Abs. 1 **Nr. 2** HGB enthält einen § 331 Abs. 1 Nr. 1 HGB entsprechenden Straftatbestand für den Konzern. Strafbar sind danach die **unrichtige Wiedergabe** und die **Verschleierung der Verhältnisse des Konzerns** im Konzernabschluss, im Konzernlagebericht oder im Konzernzwischenabschluss nach § 340i Abs. 4 HGB durch Mitglieder des vertretungsberechtigten Organs oder des Aufsichtsrats einer Kapitalgesellschaft.
Nach der Legaldefinition des § 18 Abs. 1 S. 1 AktG bilden Unternehmen einen Konzern, wenn ein herrschendes und ein oder mehrere abhängige Unternehmen unter der einheitlichen Leitung des herrschenden Unternehmens zusammengefasst sind. Der Konzernabschluss ist in §§ 290 ff. HGB und der Konzernlagebericht in § 315 HGB geregelt. Der Konzernzwischenabschluss betrifft den Sonderfall bei Kreditinstituten (§ 340i Abs. 4 HGB).

408 (3) § 331 Abs. 1 **Nr. 3** HGB stellt die **Offenlegung** eines Konzernabschlusses oder Konzernlageberichts, in dem die Verhältnisse des Konzerns unrichtig wiedergegeben oder verschleiert worden sind, unter Strafe. Die Vorschrift ergänzt den Schutz des § 331 Abs. 1 Nr. 2 HGB für Fälle, in denen die Aufstellung eines Konzernabschlusses oder Konzernlageberichts durch die Offenlegung ersetzt werden darf.

---

[49] RGSt 13, 235; BGHSt 31, 264, 277; 36, 106, 123; BGH, wistra 1990, 97, 98; *Mansdörfer*, in: Heymann, § 331 HGB Rn. 16; *Ransiek*, in: HWSt, 8. Teil 1. Kap. Rn. 39.
[50] *Klinger*, in: MüKo-HGB, § 331 Rn. 30; *Ransiek*, in: HWSt, 8. Teil 1. Kap. Rn. 42.

Taugliche Täter dieses Tatbestandes sind sowohl die *Mitglieder des vertretungsberechtigten Organs der Muttergesellschaft als auch des Tochterunternehmens*[51], nicht dagegen – anders als bei § 331 Nr. 1 und 2 HGB – die Aufsichtsratsmitglieder.

Der Tatbestand kann nicht nur vorsätzlich, sondern gemäß § 331 Abs. 2 HGB auch **leichtfertig** (grob fahrlässig) begangen werden. Der Täter macht sich also strafbar, wenn er die Unrichtigkeit bzw. Unklarheit der Darstellung zwar nicht erkannt hat, diese aber so offensichtlich war, dass er sie ohne Weiteres hätte erkennen können. Weitere – im subjektiven Tatbestand zu prüfende – Voraussetzung ist, dass das Mitglied des vertretungsberechtigten Organs der Kapitalgesellschaft die Offenlegung zum Zwecke der Befreiung nach § 291 HGB oder einer nach § 292 HGB erlassenen Rechtsverordnung vorgenommen hat[52].

(4) § 331 Abs. 1 **Nr. 4** HGB steht im Zusammenhang mit der Abschlussprüfung und stellt die unrichtige Wiedergabe und die Verschleierung der Gesellschaftsverhältnisse in Aufklärungen und Nachweisen **gegenüber dem Abschlussprüfer** unter Strafe (siehe dazu Rn. 427).

409

(5) **§ 331a HGB** sanktioniert den zuvor in § 331 Nr. 3a HGB inhaltlich übereinstimmend geregelten sog. falschen „Bilanzeid"[53]. Danach machen sich die gesetzlichen Vertreter einer Kapitalgesellschaft bzw. eines Mutterunternehmens strafbar, wenn sie die Versicherung, dass der Jahresabschluss und der Lagebericht bzw. der Konzernabschluss und der Konzernlagebericht nach bestem Wissen ein den tatsächlichen Verhältnissen entsprechendes Bild darstellt, nicht richtig abgeben[54]. § 331 Nr. 3a HGB war 2007 als Reaktion auf einige Finanzskandale eingefügt worden[55] und wurde wohl auch von amerikanischen Sanktionsvorschriften beeinflusst.

410

Nach § 331a Abs. 2 HGB ist auch der leichtfertige falsche „Bilanzeid" strafbar.

(6) Gem. § 340m Abs. 1 S. 1 HGB gelten die §§ 331-333 HGB auch für **Kreditinstitute, die keine Kapitalgesellschaften sind**, sowie für **Finanzdienstleistungsinstitute** im Sinne des § 340 Abs. 4 S. 1 HGB.

411

(7) § 82 Abs. 2 Nr. 2 GmbHG, § 147 Abs. 2 Nr. 1 GenG, § 17 Abs. 1 Nr. 1 PublG, § 313 Abs. 1 Nr. 1 UmwG enthalten § 400 Abs. 1 Nr. 1 AktG entsprechende Strafvorschriften, die bestimmte unwahre Darstellungen und Verschleierungen der Vermögenslage der GmbH, der Genossenschaft bzw. des zur Rechnungslegung verpflichteten Unternehmens oder die unrichtige Wiedergabe und Verschleierung der Verhältnisse der Gesellschaft im Rahmen der Umwandlung mit Strafe bedrohen. Diese Tatbestände sind mit Ausnahme des § 17 Abs. 1 Nr. 1 PublG – wie § 400 Abs. 1 Nr. 1 AktG – gegenüber § 331 HGB formell subsidiär.

412

---

[51] *Dannecker*, in: Staub, § 331 HGB Rn. 141; *Grottel/Hoffmann*, in: Beck Bil-Komm, § 331 HGB Rn. 32; *Klinger*, in: MüKo-HGB, § 331 Rn. 75; *Mansdörfer*, in: Heymann, § 331 HGB Rn. 85.
[52] *Dannecker*, in: Staub, § 331 HGB Rn. 158.
[53] BT-Drs. 19/26966, 57. Krit. zum Begriff des Bilanzeides *Waßmer*, ZIS 2011, 648, 651.
[54] Näher dazu *Abendroth*, WM 2008, 1147 ff.; *Altenhain*, WM 2008, 1141 ff.; *Sorgenfrei*, wistra 2008, 329 ff.; *Ziemann*, wistra 2007, 292 ff.
[55] BT-Drs. 16/2498, 55.

II. Verletzung der Berichtspflicht, falsche Angaben gegenüber Prüfern und Verstöße gegen prüfungsbezogene Pflichten

413 Das Handels- und Gesellschaftsrecht sieht eine Reihe von Prüfungen durch externe Prüfer vor. Die **Verletzung der Berichtspflicht durch die Prüfer** ist in § 332 HGB, § 403 AktG, § 150 GenG, § 18 PublG und § 314 UmwG unter Strafe gestellt. Die größte praktische Bedeutung besitzt § 332 HGB. Täter können nur die genannten Prüfer und ihre Gehilfen sein, es handelt sich bei den genannten Tatbeständen also um **Sonderdelikte**[56].

414 Nach h.M.[57] schützen sie das Vertrauen auf die Richtigkeit des Prüfungsberichts und des Bestätigungsvermerks und damit auf die Richtigkeit und Vollständigkeit der gewissenhaft und unparteiisch durch ein unabhängiges Kontrollorgan geprüften Abschlüsse und Lageberichte. Zutreffend erscheint es jedoch auch hier, als Schutzgut dieser Tatbestände das Vermögen der zukünftigen oder gegenwärtigen Anteilseigner und Gläubiger sowie der Arbeitnehmer der Gesellschaft anzusehen. Sie sollen vor nachteiligen Vermögensdispositionen aufgrund unrichtiger Prüfungsberichte bewahrt werden. Dafür spricht wiederum, dass alle Tatbestände Schutzgesetze im Sinne des § 823 Abs. 2 BGB sind[58]. Einen Irrtum oder gar einen Vermögensschaden setzen die Tatbestände allerdings nicht voraus, sodass es sich um **abstrakte Vermögensgefährdungsdelikte** handelt (vgl. Rn. 390).

Fall 30: – Unrichtiger Bericht des Abschlussprüfers –

415 Andreas Prüfer (AP) ist zugelassener Wirtschaftsprüfer und Partner einer angesehenen Wirtschaftsprüfungsgesellschaft. Zu deren Kunden gehört auch die nicht börsennotierte Baugesellschaft Bruno Geyer AG (BG). Die BG beschäftigt etwa 120 Mitarbeiter und erzielte im Jahr 2022 einen Umsatz in Höhe von 39 Mio €. Bei der Prüfung der Bilanzen des Jahres 2022 der BG kam AP irrtümlich zu dem Schluss, dass die Außenstände viel zu hoch bewertet worden seien. Da eine nach seiner Meinung erforderliche Wertberichtigung einen Gewinneinbruch und einen damit verbundenen Imageverlust bedeutet hätte, den AP seinem Auftraggeber ersparen wollte, bestätigte er im Prüfungsbericht, dass der Jahresabschluss unter Beachtung der Grundsätze ordnungsgemäßer Buchführung ein den tatsächlichen Verhältnissen entsprechendes Bild der Vermögens-, Finanz- und Ertragslage der Kapitalgesellschaft vermittele, und erteilte den Bestätigungsvermerk. Entgegen der Einschätzung des AP traf die Bewertung der Außenstände in der Bilanz zu.

Strafbarkeit des AP?

a) § 332 Abs. 1 HGB

aa) Objektiver Tatbestand

AP könnte als Abschlussprüfer über das Ergebnis der Prüfung eines Jahresabschlusses unrichtig berichtet und einen inhaltlich unrichtigen Bestätigungsvermerk erteilt haben.

---

[56] *Gercke/Stirner*, in: Park, Teil 3 Kap. 11.1 Rn. 10; 11.2 Rn. 7; *Klinger*, in: MüKo-HGB, § 332 Rn. 1; *Olbermann*, in: G/J/W, § 332 HGB Rn. 6; *Temming*, in: G/J/W, § 403 AktG Rn. 5.
[57] *Klinger*, in: MüKo-HGB, § 332 Rn. 1; *Knierim/Kessler*, in: NK-WSS, § 332 HGB Rn 8.
[58] *Brandes*, WM 1992, 477.

AP müsste also ein **Abschlussprüfer** im Sinne des § 332 HGB sein. **416**
§ 316 HGB schreibt vor, dass der Jahresabschluss und der Lagebericht von Kapitalgesellschaften, die keine kleinen (§ 267 Abs. 1 HGB) sind, durch einen Abschlussprüfer zu prüfen sind. Den Gegenstand und den Umfang der Prüfung legt § 317 HGB fest. Über das Ergebnis der Prüfung ist nach § 321 HGB schriftlich zu berichten (*Prüfungsbericht*).
Abschlussprüfer können Wirtschaftsprüfer und Wirtschaftsprüfungsgesellschaften sein (§ 319 Abs. 1 S. 1 HGB), bei mittelgroßen GmbHs (§ 267 Abs. 2 HGB) oder mittelgroßen Personenhandelsgesellschaften im Sinne des § 264a Abs. 1 HGB auch vereidigte Buchprüfer und Buchprüfungsgesellschaften (§ 319 Abs. 1 S. 2 HGB). Der Abschlussprüfer wird grundsätzlich von den Gesellschaftern gewählt (§ 318 Abs. 1 S. 1 HGB).

Gehilfen des Abschlussprüfers sind die Personen, die den Abschlussprüfer bei **417**
seiner Prüfungstätigkeit unterstützen[59]. Prüfungsgehilfe kann nur sein, wer eine prüfungsspezifische Aufgabe wahrnimmt. Die Täterschaft setzt eine Mitwirkung an der Prüfung selbst voraus und nicht nur eine irgendwie geartete Unterstützung bei der technischen Erstellung des Berichts[60]. Bloße Hilfspersonen, die selbst keine Prüfungsaufgaben wahrnehmen, z.B. Bürokräfte, scheiden als Täter aus.

Die BG ist keine kleine Kapitalgesellschaft, unterlag somit der Abschlussprüfungspflicht. **418**
AP kann als Wirtschaftsprüfer Abschlussprüfer sein und war von den Gesellschaftern als solcher bestellt worden. Er ist somit tauglicher Täter des § 332 Abs. 1 HGB.

§ 332 Abs. 1 HGB scheint drei **Tathandlungen** zu beschreiben, nämlich die *un-* **419**
richtige Berichterstattung, das *Verschweigen erheblicher Umstände im Prüfungsbericht* und das *Erteilen eines unrichtigen Bestätigungsvermerks*.
Das Verschweigen erheblicher Umstände im Prüfungsbericht ist jedoch bereits in der unrichtigen Berichterstattung enthalten, da der Prüfungsbericht durch das Verschweigen erheblicher Umstände unrichtig wird[61]. § 332 HGB erfasst nämlich nur unrichtige Angaben, die im Prüfungsbericht nach § 321 HGB gemacht werden[62]. Das Verschweigen erheblicher Umstände im Prüfungsbericht besitzt deshalb keinen eigenständigen Anwendungsbereich.

Unrichtig ist der Bericht über das Ergebnis der Prüfung, wenn er **von den – sub-** **420**
jektiv-individuellen – Feststellungen des Prüfers abweicht[63]. Das ist der Fall, wenn dem Bericht keine bzw. nur vorgetäuschte Feststellungen zugrunde liegen oder wenn die Prüfungsergebnisse nicht den Feststellungen entsprechen. Entscheidend ist also nicht die Abweichung von den tatsächlich gegebenen wirtschaftlichen

---

[59] *Dannecker*, in: Staub, § 332 HGB Rn. 14, 22; *Grottel/Hoffmann*, in: Beck Bil-Komm, § 332 HGB Rn. 36; *Mansdörfer*, in: Heymann, § 332 HGB Rn. 8.
[60] *Dierlamm*, NStZ 2000, 130, 131; *Klinger*, in: MüKo-HGB, § 332 Rn. 10; *Ransiek*, in: HWSt, 8. Teil 1. Kap. Rn. 123; *Raum*, in: W/J/S, 12. Kap. Rn. 58.
[61] *Dannecker*, in: Staub, § 332 HGB Rn. 57; *Klinger*, in: MüKo-HGB, § 332 Rn. 27; *Mansdörfer*, in: Heymann, § 332 HGB Rn. 24.
[62] *Grottel/Hoffmann*, in: Beck Bil-Komm, § 332 HGB Rn. 9.
[63] *Grottel/Hoffmann*, in: Beck Bil-Komm, § 332 HGB Rn. 11; *Klinger*, in: MüKo-HGB, § 332 Rn. 19; *Olbermann*, in: G/J/W, § 332 HGB Rn. 16.

Umständen⁶⁴. Daraus folgt zum einen, dass die Erstellung eines zwar sachlich falschen, aber die – irrtümlich – fehlerhaften Feststellungen zutreffend wiedergebenden Berichts den Tatbestand nicht erfüllt, und zum anderen, dass der Bericht trotz Übereinstimmung mit den wirtschaftlichen Gegebenheiten unrichtig ist, wenn der Prüfer abweichende Feststellungen getroffen hat⁶⁵.

421 Der von AP erstellte Prüfungsbericht war folglich unrichtig. Zwar traf die Angabe, die Bewertungen in der Bilanz seien ordnungsgemäß vorgenommen worden, sachlich zu. AP hatte aber irrtümlich eine überhöhte Bewertung festgestellt. Der Bericht gab somit das Ergebnis der Prüfung des AP unrichtig wieder. AP hat dadurch den objektiven Tatbestand des § 332 Abs. 1, 1. Alt. HGB verwirklicht.

422 AP könnte darüber hinaus einen inhaltlich unrichtigen Bestätigungsvermerk erteilt und dadurch § 332 Abs. 1, 3. Alt. HGB erfüllt haben.
Der Abschlussprüfer hat nach Maßgabe des § 322 HGB das Ergebnis der Prüfung in einem Bestätigungsvermerk zum Jahres- oder Konzernabschluss zusammenzufassen. Sind Einwendungen zu erheben, muss der Abschlussprüfer den Bestätigungsvermerk einschränken oder versagen (§ 322 Abs. 4 HGB).
Der Bestätigungsvermerk ist **inhaltlich unrichtig**, wenn er nicht dem Ergebnis der Prüfung entspricht⁶⁶, also wenn er uneingeschränkt erteilt wird, obwohl Einwendungen gegen den Jahres- oder Konzernabschluss zu erheben sind, oder wenn der Vermerk Einschränkungen enthält, obwohl keine Einwendungen angebracht sind.
Die zu Unrecht erfolgte Versagung des Bestätigungsvermerks unterfällt § 332 Abs. 1, 3. Alt. HGB nicht, da der Tatbestand nur die Richtigkeit des Bestätigungsvermerks, nicht die des Versagungsvermerks nach § 322 Abs. 4 HGB schützt⁶⁷.
In casu erteilte AP einen uneingeschränkten Prüfungsvermerk, obwohl nach seinem Prüfungsergebnis Einwendungen zu erheben waren. Der Vermerk war somit inhaltlich unrichtig.

423 Mehrere Tathandlungen nach § 332 Abs. 1 HGB sind nur eine Verletzung der Berichtspflicht⁶⁸. Das gilt auch, wenn ein inhaltlich unrichtiger Bestätigungsvermerk erteilt wird, der sich auf einen unrichtigen Prüfungsbericht bezieht⁶⁹.

bb) Subjektiver Tatbestand

424 Da AP die Unrichtigkeit seines Berichts und des Bestätigungsvermerks kannte, handelte er mit dem erforderlichen Vorsatz und ist deshalb wegen – einer – Verletzung der Berichtspflicht nach § 332 Abs. 1, 1. und 3. Alt. HGB strafbar.
Anhaltspunkte für die Absicht des AP, sich oder einen anderen zu bereichern oder einen anderen zu schädigen (siehe dazu Rn. 426a), bestehen nicht, sodass der qualifizierte Tatbestand des § 332 Abs. 2 HGB nicht vorliegt.

---

⁶⁴ *Dierlamm*, NStZ 2000, 130, 131; *Grottel/Hoffmann* in: Beck Bil-Komm, § 332 HGB Rn. 11. Ähnlich *Waßmer*, ZIS 2011, 648, 653.
⁶⁵ **A.A.** *Dierlamm*, NStZ 2000, 131, 132.
⁶⁶ *Klinger*, in: MüKo-HGB, § 332 Rn. 29; *Mansdörfer*, in: Heymann, § 332 HGB Rn. 18.
⁶⁷ *Dierlamm*, NStZ 2000, 130, 131 f.; *Grottel/Hoffmann*, in: Beck Bil-Komm, § 332 HGB Rn. 28; *Lauterwein/Xylander*, in: E/R/S/T, § 332 HGB Rn. 27. **A.A.** *Mansdörfer*, in: Heymann, § 332 HGB Rn. 27.
⁶⁸ *Dannecker*, in: Staub, § 332 HGB Rn. 81; *Leplow*, in: MüKo, § 332 HGB Rn. 67.
⁶⁹ *Klinger*, in: MüKo-HGB, § 332 Rn. 55; *Mansdörfer*, in: Heymann, § 332 HGB Rn. 47.

b) § 403 Abs. 1 AktG

AP hat zudem eine Verletzung der Berichtspflicht nach § 403 Abs. 1 AktG begangen, die jedoch hinter § 332 Abs. 1 HGB, der für die Prüfungsberichte der Jahres- und Konzernabschlüsse eine spezielle Regelung enthält, im Wege der Gesetzeskonkurrenz zurücktritt[70]. **425**

c) §§ 263, 22 StGB

Da dem Sachverhalt nicht zu entnehmen ist, dass AP den Vorsatz hatte, andere, z.B. die Aktionäre, zu schädigen, scheidet die Strafbarkeit wegen versuchten Betruges mangels Tatentschlusses aus. **426**

Ergänzende Hinweise:

(1) § 332 Abs. 2 S. 1 HGB enthält drei Qualifikationstatbestände, die das **Handeln gegen Entgelt** (objektiver Tatbestand), **in Eigen- oder Drittbereicherungsabsicht** oder **Schädigungsabsicht** (subjektiver Tatbestand) mit erhöhter Strafe bedrohen. Das FISG (Rn. 388) fügte in § 332 Abs. 2 S. 2 HGB einen weiteren Qualifikationstatbestand für die Erteilung eines inhaltlich unrichtigen Bestätigungsvermerks zu dem Jahresabschluss, zu dem Einzelabschluss nach § 325 Abs. 2a HGB oder zu dem Konzernabschluss einer Kapitalgesellschaft, die ein **Unternehmen von öffentlichem Interesse** nach § 316a S. 2 HGB ist, ein. Dieser Qualifikationstatbestand kann gemäß § 332 Abs. 3 HGB kann auch leichtfertig verwirklicht werden. § 150 Abs. 2, 3 GenG, § 18 Abs. 2, 3 PublG enthalten § 332 Abs. 2, 3 HGB entsprechende Regelungen. Die Qualifikationstatbestände des § 403 Abs. 2 AktG und des § 314 Abs. 2 UmwG sind auf – vorsätzliches – Handeln gegen Entgelt oder in Bereicherungs- oder Schädigungsabsicht beschränkt. **426a**

(2) § 331 Abs. 1 Nr. 4 HGB, § 400 Abs. 1 Nr. 2 AktG, § 147 Abs. 2 Nr. 2 GenG, § 17 Abs. 1 Nr. 4 PublG und § 313 Abs. 1 Nr. 2 UmwG stellen es unter Strafe, **dem Prüfer** in Aufklärungen bzw. Nachweisen **unrichtige Angaben** zu machen oder die **Verhältnisse des Unternehmens unrichtig wiederzugeben bzw. zu verschleiern**. Diese Tatbestände gelten allerdings nur für unrichtige Angaben usw. des jeweiligen Normadressaten im Rahmen von *Pflichtprüfungen*. **427**

Die Straftatbestände schützen nach h.M. die Richtigkeit, Vollständigkeit und Klarheit der für die Prüfung erforderlichen Angaben und damit die Richtigkeit der Prüfung selbst[71]. Nach der hier vertretenen Ansicht sind jedoch auch diese Tatbestände **abstrakte Vermögensgefährdungsdelikte** (vgl. Rn. 390). Sie sind zudem Schutzgesetze im Sinne des § 823 Abs. 2 BGB[72]. **428**

(3) Der durch das AReG eingefügte § 333a HGB (Rn. 388) bedroht **besonders gravierende Verstöße gegen die prüfungsbezogenen Pflichten der Mitglieder eines Prüfungsausschusses** nach der Verordnung (EU) Nr. 537/2014[73] mit Strafe[74]. Es handelt sich um ein Sonderdelikt, dessen Adressaten die Mitglieder des **429**

---

[70] *Grottel/Hoffmann*, in: Beck Bil-Komm, § 332 HGB Rn. 50; *Leplow*, in: MüKo, § 332 HGB Rn. 68.
[71] Vgl. z.B. *Otto*, in: Hopt/Wiedemann, Aktiengesetz, 4. Aufl. 1997, § 400 Rn. 3.
[72] *Ransiek*, in: HWSt, 8. Teil 1. Kap. Rn. 101.
[73] ABl. L 158 vom 27.05.2014, 77.
[74] BT-Drs. 635/15, 54.

Prüfungsausschusses einer kapitalmarktorientierten, also am Kapitalmarkt tätigen Kapitalgesellschaft (§ 264d HGB) sind. Diese Unternehmen müssen grundsätzlich einen Prüfungsausschuss einrichten, wenn sie keinen Aufsichts- oder Verwaltungsrat haben (§ 324 Abs. 1 S. 1 HGB). Die nicht ordnungsgemäße Überwachung der Unabhängigkeit des Abschlussprüfers, die Empfehlung oder der Vorschlag eines Abschlussprüfers unter Verletzung der einschlägigen Vorschriften der VO (EU) Nr. 537/2014 ist in § 334 Abs. 2a HGB mit Geldbuße bedroht. Beruht die Handlung auf Korruption, weil das Mitglied des Prüfungsausschusses für die Zuwiderhandlung einen Vermögensvorteil erhalten hat oder sich hat versprechen lassen, oder handelt es sich um einen beharrlich wiederholten Verstoß, so stuft § 333a HGB das Verhalten zu einer Straftat herauf[75].

430 Entsprechende Straftatbestände enthalten §§ 340m Abs. 2, 341m Abs. 2 HGB, § 404a AktG, § 86 GmbHG, § 151a GenG, § 331 Abs. 2a VAG und § 19a PublG.

III. Falsche Angaben bei Gründung und Anmeldung der Gesellschaft

Fall 31[76]: – *Verdeckte Sacheinlage* –

431 Hugo Ingbert (I) plante, ein Unternehmen zur aktiven Verwaltung von Beteiligungen an Baumaschinenherstellern zu gründen. Unternehmenszweck der I-Holding AG (I-H) sollte es sein, marode Firmen zu übernehmen und zu sanieren, um sie nach einigen Jahren wieder mit Gewinn verkaufen zu können. I verhandelte mit der Maier Stahl Imperium AG (MSI) über den Ankauf der Tochterfirma Certus-AG (C), die schwere Baumaschinen herstellte und vertrieb. MSI wollte diese Firma abstoßen, hatte aber bislang keinen Interessenten gefunden. I konnte nicht genug Kapital aufbringen, um die C zu erwerben. Er schlug MSI deshalb ein Koppelungsgeschäft vor. MSI sollte sich an der Gründung der I-H beteiligen. Die Kapitalbeteiligung sollte mit dem Kaufpreis für die C verrechnet werden. Da MSI keinen anderen Käufer hatte, beteiligte sie sich an der I-H mit 38,4 Mio. € und verkaufte ihr die C für 39 Mio. €. I gab in dem Antrag auf Eintragung der I-H ins Handelsregister an, die Bareinlagen der Aktionäre seien eingezahlt worden, obwohl die I-H den Kaufpreis für die C, abzüglich eines Rabattes in Höhe von 600.000 €, sofort nach Eintragung in das Handelsregister an die MSI zahlte.
Bereits nach kurzer Zeit benötigte die I-H frisches Kapital, da I weitere marode Baumaschinenhersteller gekauft hatte. Er verhandelte deshalb mit dem saudi-arabischen Scheich Sachim (Sa). Sa war bereit, 75 Mio. € in die I-H zu investieren, aber nur unter der Bedingung, dass auch die MSI ihren Kapitalanteil erhöhe. Die MSI war zwar nicht daran interessiert, weiter in die I-H zu investieren, erklärte sich aber bereit, eine Kapitalerhöhung in Höhe von 40 Mio. € vorzunehmen, wenn eine Forderung der MSI gegen die C über diesen Betrag in eine Kapitalbeteiligung „umgewandelt" werde. I gab Sa gegenüber diese „Investition" als Bareinlage aus. Nur deshalb beteiligte sich Sa mit 75 Mio. € an der I-H. Daraufhin wurde die Kapitalerhöhung im Handelsregister eingetragen. Ein Jahr später musste I die Eröffnung des Insolvenzverfahrens über das Vermögen der I-H beantragen. Sa verlor seine Beteiligung in Höhe von 75 Mio. €.
Wie hat sich I strafbar gemacht?

---

[75] Näher dazu *Müller-Gugenberger*, ZWH 2016, 181, 186 ff.
[76] Der Sachverhalt ist an den Fall des LG Koblenz, WM 1988, 1630, angelehnt.

a) § 399 Abs. 1 Nr. 1 AktG

In Betracht kommen zwei Alternativen des Tatbestandes, nämlich das Machen falscher Angaben über die Verwendung eingezahlter Beiträge und über die Einzahlung auf Aktien.

§ 399 AktG soll die Richtigkeit der Angaben der für eine AG Verantwortlichen, die diese bei der Gründung der Gesellschaft, bei einer Kapitalerhöhung bzw. bei einer Fortsetzung der Gesellschaft gegenüber dem Registergericht oder in öffentlichen Ankündigungen machen, gewährleisten. Die h.M. betrachtet deshalb als **Schutzgut** der Vorschrift das Vertrauen der Allgemeinheit in die Wahrhaftigkeit der Handelsregistereintragungen sowie in die Angaben in den öffentlichen Ankündigungen[77]. Daneben bezweckt § 399 AktG aber auch den Schutz der Personen, die im Vertrauen auf die Handelsregistereintragungen rechtliche oder wirtschaftliche Beziehungen zu der AG aufnehmen oder aufrechterhalten[78]. Für diesen Personenkreis ist § 399 AktG Schutzgesetz im Sinne des § 823 Abs. 2 BGB[79]. Zutreffend erscheint es daher, das Vermögen als geschütztes Rechtsgut anzusehen (siehe Rn. 390). § 399 AktG ist folglich ebenfalls ein **abstraktes Vermögensgefährdungsdelikt**. 432

Tathandlungen des § 399 Abs. 1 AktG sind das *Machen falscher Angaben* und das *Verschweigen erheblicher Umstände* 433

– durch Gründer, Vorstands- oder Aufsichtsratsmitglieder zum Zweck der Eintragung in das Handelsregister (Nr. 1),
– durch Gründer, Vorstands- oder Aufsichtsratsmitglieder im Gründungs-, Nachgründungs- oder Prüfungsbericht (Nr. 2),

    beide Alternativen werden als **Gründungsschwindel** bezeichnet,

– in der öffentlichen Ankündigung nach § 47 Nr. 3 AktG bei der Einführung der Aktie (Nr. 3),
– durch Vorstands- oder Aufsichtsratsmitglieder bei der Erhöhung des Grundkapitals zum Zweck der Eintragung in das Handelsregister (Nr. 4), sog. **Kapitalerhöhungsschwindel**,
– durch Abwickler zum Zweck der Eintragung der Fortsetzung einer in Liquidation befindlichen Gesellschaft in dem nach § 274 Abs. 3 AktG erforderlichen Nachweis (Nr. 5) oder
– als Mitglied des Vorstands einer AG, des Leitungsorgans einer ausländischen juristischen Person oder als Abwickler bei der Abgabe bestimmter Versicherungen gegenüber dem Registergericht (Nr. 6).

§ 399 Abs. 2 AktG stellt zudem die Abgabe einer wahrheitswidrigen Erklärung nach § 210 Abs. 1 S. 2 AktG durch Vorstands- oder Aufsichtsratsmitglieder gegen- 434

---

[77] RGSt 38, 195, 198; 40, 285, 286; 41, 293, 301; 43, 407, 415; BGHZ 105, 121, 124; *Krause/Twele*, in: NK-WSS, § 399 AktG Rn. 1; *Schaal*, in: E/K, A 116, § 399 AktG Rn. 2.
[78] *Schaal*, in: E/K, A 116, § 399 AktG Rn. 3; *Temming*, in: G/J/W, § 399 AktG Rn. 2.
[79] BGHZ 105, 121, 124 f.

über dem Registergericht zum Zwecke der Eintragung einer *Erhöhung des Grundkapitals* in das Handelsregister unter Strafe.

435 § 399 Abs. 1 Nr. 1 AktG ist ein **Sonderdelikt**, das – als Täter – nur von den Gründern, Vorstands- und Aufsichtsratsmitgliedern begangen werden kann[80]. I müsste zu diesem Personenkreis gehören.

436 Nach § 28 AktG sind **Gründer** die Aktionäre, welche die Satzung festgestellt haben. Aktionär ist, wer wenigstens eine Aktie übernommen hat.
– Wird die AG, wie dies in der Praxis nicht selten der Fall ist, von juristischen Personen gegründet, so bedarf es zur Überwälzung des besonderen persönlichen Merkmals der Gründereigenschaft auf die für die juristischen Personen handelnden natürlichen Personen der Anwendung des § 14 StGB (Rn. 1020 ff.). –

437 Die **Mitglieder des Vorstandes** werden durch den Aufsichtsrat nach § 84 AktG – gegebenenfalls durch das Gericht nach § 85 AktG – bestellt.
– Auch bei diesem Tatbestand kann das Problem der Strafbarkeit des faktischen Organs auftreten. Nach zutreffender Auffassung kommt der „faktische Vorstand" als Täter des § 399 AktG in Betracht[81] (zu § 82 GmbHG, der vergleichbaren Vorschrift für den Geschäftsführer der GmbH, siehe Rn. 360). –

438 **Mitglied des Aufsichtsrats** ist, wer nach der Gründung der Aktiengesellschaft von den Gründern der Gesellschaft nach § 30 AktG bestellt, nach § 101 Abs. 1 AktG von der Hauptversammlung gewählt oder nach § 101 Abs. 2 AktG von ihr entsandt worden ist.

439 I war als Gründer tauglicher Täter des § 399 Abs. 1 Nr. 1 AktG und müsste in dieser Eigenschaft zum Zweck der Eintragung der Gesellschaft falsche Angaben gemacht oder erhebliche Umstände verschwiegen haben. Die maßgeblichen, vom Gericht zu prüfenden **Gründungsvorgänge** sind gem. § 38 Abs. 1 S. 1 AktG die *ordnungsgemäße Errichtung und Anmeldung* der Gesellschaft. § 399 Abs. 1 Nr. 1 AktG gilt darüber hinaus auch für *freiwillige Angaben* des Anmeldenden, wenn sie für die Eintragung erheblich sind[82].

440 Nach § 29 AktG ist die Gesellschaft mit der Übernahme aller Aktien durch die Gründer errichtet. Welchen **Inhalt die Anmeldung** haben muss, bestimmt § 37 AktG. Unter anderem ist gem. § 37 Abs. 1 S. 1 AktG zu erklären, dass die Einlagen nach Maßgabe der §§ 36 Abs. 2, 36a AktG eingezahlt bzw. geleistet worden sind.
Das Gesetz unterscheidet **Bar- und Sacheinlagen**. Die Anmeldung darf nach § 36 Abs. 2 AktG erst erfolgen, wenn die eingeforderten Bareinlagen ordnungsgemäß eingezahlt worden sind und – soweit sie nicht bereits zur Zahlung der bei der Gründung anfallenden Steuern und Gebühren verwandt wurden – zur endgültigen Verfügung des Vorstandes stehen (§ 54 Abs. 3 AktG). Bei Bareinlagen muss der

---

[80] *Temming*, in: G/J/W, § 399 AktG Rn. 3.
[81] *Bittmann*, ZRG 2009, 931, 940 f.; *Eidam*, in: Park, Teil 3 Kap. 9.1. Rn. 17 f.; *Krause/Twele*, in: NK-WSS, § 400 AktG Rn. 2. **A.A.** *Kiethe*, in: MüKo², § 399 AktG Rn. 25.
[82] RGSt 43, 323, 325; 49, 340, 341; BGH, NJW 1955, 678, 679; krit. deshalb *Kohlmann*, AG 1961, 309, 316.

eingeforderte Betrag mindestens ein Viertel des geringsten Ausgabebetrags der Aktien und bei einem höheren Ausgabebetrag auch den Mehrbetrag umfassen (§ 36a Abs. 1 AktG). Die Sacheinlagen sind vollständig zu leisten und müssen dem geringsten Ausgabewert und ggf. dem Mehrbetrag entsprechen (§ 36a Abs. 2 AktG). Zur Gewährleistung des wahren Ausgabewertes der Aktien (Kurswertes) ordnet das Gesetz die Überprüfung des wirtschaftlichen Wertes von Sacheinlagen an. Der Gründungsbericht hat zu der Frage der Angemessenheit der Leistungen der Gesellschaft Stellung zu nehmen (§ 32 Abs. 2 AktG). Die Mitglieder des Vorstands und des Aufsichtsrats haben zudem den Hergang der Gründung zu prüfen (§ 33 Abs. 1 AktG); der Gründungsprüfer muss den Wert der Sacheinlage oder Sachübernahme prüfen (§ 33 Abs. 2 Nr. 4 AktG). Der Gründungsbericht, die Berichte des Vorstands, des Aufsichtsrats und des Gründungsprüfers sowie die urkundlichen Grundlagen sind der Anmeldung gem. § 37 Abs. 4 Nr. 4 AktG beizufügen.

I könnte falsche Angaben über die Verwendung der eingezahlten Bareinlagen gemacht haben, weil die Einlage der MSI in Höhe von 38,4 Mio. € als Kaufpreis für die C an die MSI zurückfloss. Grundsätzlich sind Absprachen der Gründer mit dem Vorstand über die Verwendung der eingezahlten Beträge zulässig[83]. Zum Teil wird dies anders gesehen, wenn die alsbaldige Rückzahlung oder die Verrechnung mit Forderungen der Aktionäre vereinbart wird[84]. Da der Vorstand bei diesen rein schuldrechtlichen Absprachen jedoch anders als vereinbart verfahren kann, in der freien Verfügbarkeit also nicht eingeschränkt ist, betrachten Rechtsprechung[85] und h.L.[86] ein solches Vorgehen nicht als Problem der freien Verwendung, sondern der sog. **verdeckten Sacheinlage**. **441**

Das Verfahren zur Einbringung von Sacheinlagen ist relativ kompliziert und langwierig. Es besteht zudem die Gefahr, dass die Prüfer die von den Gründern vorgenommenen Bewertungen nicht bestätigen. Der wirtschaftliche Erfolg einer Sacheinlage ohne diese Schwierigkeiten und Unsicherheiten lässt sich jedoch mit einer sog. verschleierten oder verdeckten Sacheinlage lösen. Eine solche liegt vor, wenn zwar eine Bareinlage im Gesellschaftsvertrag vereinbart und auch einbezahlt, diese aber dafür verwendet wird, z.B. von dem Aktionär Gegenstände zu kaufen oder bereits früher entstandene Forderungen des Aktionärs gegen die Gesellschaft zu tilgen[87]. § 27 Abs. 3 S. 1 AktG, der durch das Gesetz zur Umsetzung der Aktionärsrechterichtlinie (ARUG)[88] eingeführt wurde, definiert die verdeckte Sacheinlage in diesem Sinne. Um eine solche handelt es sich, wenn „eine Geldeinlage eines Aktionärs bei wirtschaftlicher Betrachtung und auf Grund einer im Zusammenhang mit der Übernahme der Geldeinlage getroffenen Abrede vollständig oder teilweise als Sacheinlage zu bewerten" ist. **442**

---

[83] BGH, WM 1990, 1820, 1821; ZIP 1992, 1303, 1305; *Habetha*, ZGR 1998, 305, 315 f.
[84] *Mülbert*, ZHR 154 (1990), 145, 182; *Ulmer*, ZHR 154 (1990), 128, 138.
[85] BGHZ 110, 47, 52; 118, 83, 93.
[86] *Habetha*, ZGR 1998, 305, 316; *Hommelhoff/Kleindiek*, ZIP 1987, 477, 485; *K. Schmidt*, AG 1986, 106, 112.
[87] *K. Schmidt*, Gesellschaftsrecht, 4. Aufl. 2002, S. 887.
[88] Vom 30.07.2009, BGBl. I 2009, 2479.

443 In casu hatten sich I und die MSI geeinigt, mit der Einlage der MSI ihre Forderung gegen die I-H aus dem Kaufvertrag über die C zu begleichen. Nach § 27 Abs. 3 S. 1 AktG sowie der zivilrechtlichen Rechtsprechung[89] und der h.L.[90] lag somit eine verdeckte Sacheinlage vor. Die Angabe des I, MSI habe eine Bareinlage geleistet, könnte deshalb falsch sein.

444 Das LG Koblenz[91] hatte in einem dem Fall 31 vergleichbaren Sachverhalt eine falsche Angabe im Sinne des § 399 Abs. 1 Nr. 1 AktG mit der Begründung angenommen, Handlungen, mit denen das Gesetz umgangen werden solle, seien nicht anzuerkennen. Dieser Sicht wird allerdings zu Recht entgegen gehalten, sie verletze das Analogieverbot[92]. In einer späteren Entscheidung lehnte das Gericht in einem ähnlichen Fall daraufhin die Strafbarkeit nach § 399 Abs. 1 AktG ab[93]. Ein strafrechtlicher Vorwurf ergebe sich nicht daraus, dass ein im zeitlichen und sachlichen Zusammenhang mit der Bareinlage stehendes Verkehrsgeschäft nicht mitgeteilt werde. Die Angabe, der Aktionär habe seine Bareinzahlungspflicht erfüllt, sei nicht falsch, wenn die Bareinlage – wie in jenem Fall – tatsächlich auf das Konto der Gesellschaft überwiesen wurde. Falsch sei die Angabe deshalb nur, wenn in der Anmeldung zugleich die Behauptung gesehen werden könnte, die Bareinzahlung sei wirksam. Dabei handele es sich aber um eine Rechtsbehauptung, die nicht Gegenstand einer Täuschung sein könne.

445 Die strafrechtliche Literatur[94] wendet gegen diese Auffassung zutreffend ein, sie spalte die Einlage künstlich in zwei Geschäfte auf und die daraus resultierende isolierte Betrachtung der beiden Geschäfte werde dem wirtschaftlichen Vorgang insgesamt nicht gerecht. Wirtschaftlich läge bei einer **gewollten Verknüpfung** der – vermeintlichen – Bareinlage mit einem Verkehrsgeschäft eine – verdeckte – Sacheinlage vor. Maßgeblich ist somit nach dieser Sicht, die von der zivilrechtlichen Rechtsprechung[95] und Literatur geteilt wird[96], der Wille der Gründer, beide Geschäfte miteinander zu verknüpfen; deren zeitliche und sachliche Nähe ist dagegen ein bloßes Indiz für eine verdeckte Sacheinlage[97]. Kann dem Gründer der Wille zur Verknüpfung nachgewiesen werden, liegt bei der gebotenen wirtschaftlichen Betrachtung keine Bar-, sondern eine Sacheinlage vor[98]. Damit ist aber auch die Angabe, die Bareinlage sei erbracht worden, falsch[99].

---

[89] BGHZ 28, 314 ff.; 96, 231, 241; 110, 47, 60 ff.; 113, 335, 346 ff.; 118, 83, 91 ff.; 122, 180 ff.
[90] *Ebenroth/Neiß*, BB 1992, 2085, 2086; *Einsele*, NJW 1996, 2681, 2682; *v. Gerkan*, GmbHR 1992, 433 ff.; *Joost*, ZIP 1990, 549 ff.; *Mülbert*, ZHR 154 (1990), 145 ff.; *Priester*, ZIP 1991, 345 ff.; *Ulmer*, ZHR 154 (1990), 128 ff. Krit. *Knobbe-Keuck*, DB 1990, 2573, 2582 f.; *Meilicke*, DB 1989, 1067, 1068 ff.; ders., DB 1990, 1173 ff.
[91] WM 1988, 1630, 1634.
[92] *Kiethe*, in: MüKo², § 399 AktG Rn. 51; *Steinmetz*, Die verschleierte Sacheinlage im Aktienrecht aus zivilrechtlicher und strafrechtlicher Sicht, 1990, S. 110 ff., 121.
[93] LG Koblenz, AG 1992, 93; verkürzte Wiedergabe in ZIP 1991, 1284.
[94] *Kiethe*, in: MüKo², § 399 AktG Rn. 53; *Tiedemann*, in: Festschrift für Lackner, 1987, S. 737 ff.
[95] BGHZ 165, 113, 116.
[96] *Henze*, ZHR 154 (1990), 105, 114; *Müller*, ZGR 1995, 327, 331.
[97] BGHZ 125, 141, 144; 132, 133, 139; BGH, ZIP 2002, 2045, 2047.
[98] *Otto*, in: Festschrift für Gitter, 1995, S. 726 f.
[99] Näher dazu *Ceffinato*, wistra 2010, 171, 173 f., zu § 19 Abs. 4 und § 82 Abs. 1 Nr. 1 GmbHG, die inhaltlich mit § 27 Abs. 3 und § 399 Abs. 1 Nr. 1 AktG überstimmen.

§ 4: Bilanzdelikte des Handels- und Gesellschaftsrechts

I hat somit als Gründer zum Zwecke der Eintragung der Gesellschaft über die Einzahlung **446** auf Aktien falsche Angaben gemacht und damit den objektiven Tatbestand des § 399 Abs. 1 Nr. 1 AktG verwirklicht.

Da er vorsätzlich, rechtswidrig und schuldhaft handelte, ist er nach diesem Tatbestand strafbar.

b) § 399 Abs. 1 Nr. 4 AktG

I könnte zudem durch die Angaben gegenüber dem Handelsregister bei der Eintra- **447** gung der Kapitalerhöhung einen **„Kapitalerhöhungsschwindel"** gem. § 399 Abs. 1 Nr. 4 AktG begangen haben, da die Einlage der MSI wegen der Absprache der Forderungstilgung erneut nicht als Bar-, sondern als verdeckte Sacheinlage anzusehen ist.

Das setzt allerdings voraus, dass die Richtigkeit der Angaben über das Erbringen **448** einer Bareinlage im Rahmen der Kapitalerhöhung ebenso zu bewerten ist wie bei der Eintragung der Gesellschaft. Das LG Koblenz[100] verneinte dies mit der Begründung, § 38 AktG, der das (Handelsregister-)Gericht verpflichtet, die ordnungsgemäße Errichtung der Gesellschaft zu prüfen, gelte für die Kapitalerhöhung nicht, weil § 188 Abs. 2 AktG nicht auf diese Vorschrift verweist. Mangels Prüfungspflicht könne die Erklärung, die Bareinlage sei geleistet, nicht unrichtig sein, wenn ein im zeitlichen oder sachlichen Zusammenhang mit der Kapitalerhöhung stehendes Verkehrsgeschäft nicht erwähnt wird.

Das Gericht verkennt jedoch, dass die **Pflicht zur Prüfung der Entrichtung der Bareinlage unverändert fortbesteht**[101]. Handelt es sich in Wahrheit nicht um eine Bar-, sondern um eine Sacheinlage, ist die Erklärung, die Bareinlage sei erbracht, folglich falsch.

I hat also bei der Eintragung der Kapitalerhöhung falsche Angaben gemacht und ist auch wegen Kapitalerhöhungsschwindels nach § 399 Abs. 1 Nr. 4 AktG strafbar.

c) § 263 StGB

Durch die Erklärung, die MSI werde eine Bareinlage erbringen und dadurch das Kapital der **449** I-H tatsächlich erhöhen, **täuschte** I den Sa und bewegte ihn zu einer **irrtumsbedingten Vermögensverfügung** – Investition von 75 Mio. €. Sa erlitt einen **Schaden**, da der Wert seiner Beteiligung wegen der verdeckten Sacheinlage geringer war, als wenn die MSI die – vorgetäuschte – Bareinlage geleistet hätte.

I handelte **vorsätzlich** und mit **Drittbereicherungsabsicht**, weil er – unmittelbar – die Gesellschaft, die über ein eigenes Vermögen verfügt, bereichern wollte. Er ist somit auch wegen Betruges strafbar.

d) Konkurrenzen

Da die Delikte durch mehrere Handlungen begangen wurden, stehen der Gründungsschwin- **450** del (§ 399 Abs. 1 Nr. 1 AktG), der Kapitalerhöhungsschwindel (§ 399 Abs. 1 Nr. 4 AktG) und der Betrug (§ 263 StGB) in **Tatmehrheit** gem. § 53 StGB.

---

[100] AG 1992, 93, 97.
[101] OLG Düsseldorf, GmbHR 1986, 267; LG Koblenz, ZIP 1991, 1284, 1289.

Ergänzende Hinweise:

451 § 82 GmbHG enthält § 399 AktG vergleichbare Tatbestände wegen falscher Angaben bei der Gründung und bei Kapitalveränderungen der GmbH.

Nach § 82 Abs. 1 GmbHG strafbar ist das *Machen falscher Angaben*
- durch die Gesellschafter und Geschäftsführer zwecks Eintragung der Gesellschaft (Nr. 1; **„Gründungsschwindel"**),
  - Die Rechtslage entspricht, auch hinsichtlich der verdeckten Sacheinlage (§ 19 Abs. 4 S. 1 GmbHG), dem aktienrechtlichen Gründungsschwindel (dazu Rn. 440 ff.). –
- durch die Gesellschafter im Sachgründungsbericht (Nr. 2; **„Sachgründungsschwindel"**),
- durch Geschäftsführer zwecks Eintragung einer Kapitalerhöhung (Nr. 3 und Nr. 4; **„Kapitalerhöhungsschwindel"**),
- durch Geschäftsführer einer GmbH, Geschäftsleiter einer ausländischen juristischen Person und Liquidatoren in den von ihnen abzugebenden Versicherungen über ihre Eignung (Nr. 5; **„Eignungsschwindel"**).

§ 82 Abs. 2 Nr. 1 GmbHG bedroht die *unwahre Versicherung* zwecks Eintragung einer Kapitalherabsetzung durch den Geschäftsführer mit Strafe (**„Kapitalherabsetzungsschwindel"**).

Zu § 82 Abs. 2 Nr. 2 GmbHG – Falschangaben und Verschleierungen in öffentlichen Mitteilungen – siehe Rn. 412.

DRITTER ABSCHNITT:

Wettbewerbs- und Geheimnisverletzungen

Die im UWG 1909 noch über das ganze Gesetz verstreuten Strafvorschriften wurden 2004 im 4. Kapitel des UWG[1] zusammengefasst, blieben inhaltlich jedoch im Wesentlichen unverändert. Das Korruptionsbekämpfungsgesetz vom 13.08.1997[2] hatte bereits die zuvor in § 12 UWG *a.F.* geregelten Tatbestände Bestechlichkeit und Bestechung im geschäftlichen Verkehr in § 299 StGB (Rn. 785 ff.) überführt. Seit 2009[3] enthält § 20 UWG eine inzwischen mehrfach geänderte Bußgeldvorschrift, die vor unerwünschten Telefonanrufen schützen soll[4]. Die Neufassung des UWG vom 03.03.2010[5] hatte die Straf- und Bußgeldvorschriften, die in den §§ 16 bis 20 UWG geregelt waren, im Übrigen unberührt gelassen.

2019 wurden die zuvor in den §§ 17 bis 19 UWG geregelten Straftatbestände gegen Wirtschaftsspionage und Konkurrenzausspähung – mit einigen Änderungen – durch Art. 1 des Gesetzes zur Umsetzung der Richtlinie (EU) 2016/943 zum Schutz von Geschäftsgeheimnissen vor rechtswidrigem Erwerb sowie rechtswidriger Nutzung und Offenlegung[6] in das Gesetz zum Schutz von Geschäftsgeheimnissen (GeschGehG) überführt und finden sich dort in § 23 (dazu Rn. 517 ff.) Im UWG verblieben sind nur noch die Straftatbestände gegen strafbare Werbung (§ 16 Abs. 1) und progressive Kundenwerbung (§ 16 Abs. 2). 2021 fügte das Gesetz zur Stärkung des Verbraucherschutzes im Wettbewerbs- und Gewerberecht[7] einen weiteren – am 28.05. 2022 in Kraft getretenen – Bußgeldtatbestand gegen verbotene Verletzungen von Verbraucherinteressen durch unlautere geschäftliche Handlungen nach § 5c UWG in das UWG ein (§ 19).

452

§ 5 Werbungsstraftatbestände

I. Strafbare Werbung (§ 16 Abs. 1 UWG)

§ 16 Abs. 1 UWG stellt den umfassenden Tatbestand der strafbaren Werbung dar. Weitere Werbungsstraftatbestände finden sich u.a. in § 16 Abs. 2 UWG für die progressive Kundenwerbung (Rn. 502 ff.), § 59 Abs. 1 Nr. 7 i.V.m. § 11 Abs. 1 LFGB für Lebensmittel (Rn. 475 ff.), § 59 Abs. 1 Nr. 13 i.V.m. § 27 Abs. 1 S. 1 LFGB für Mittel zum Tätowieren, § 59 Abs. 1 Nr. 18 i.V.m. § 33 Abs. 1 LFGB für Bedarfsgegenstände und in § 14 i.V.m. § 3 Gesetz über die Werbung auf dem Gebiet des Heil-

453

---

[1] BGBl. I 2004, 1414.
[2] BGBl. I 1997, 2038.
[3] BGBl. I 2009, 2413.
[4] Zu der Entstehungsgeschichte und den Änderungen siehe *Fritzsche*, in: BeckOK-UWG, § 20 Rn. 3.
[5] BGBl. I 2010, 254.
[6] BGBl. I 2019, 466.
[7] BGBl. I 2021, 3504.

wesens (HWG)[8] für Arzneimittel, Medizinprodukte und Verfahren, Behandlungen, Gegenstände oder andere Mittel mit therapeutischer Wirksamkeit oder Wirkung.

454 Der strafrechtliche Schutz vor unlauterer Werbung korrespondiert weitgehend mit dem zivilrechtlichen Schutztatbestand, indem § 16 Abs. 1 UWG das Vorliegen einer irreführenden Werbung im Sinne des § 5 UWG voraussetzt[9]. Der Straftatbestand ist jedoch in zwei Punkten enger: Die strafbare Werbung muss sich an eine **Vielzahl von Adressaten** richten, während § 5 UWG auch die *Einzelwerbung* erfasst. § 16 Abs. 1 UWG erfordert zudem die **Absicht, den Anschein eines besonders günstigen Angebots zu erwecken**. Da § 16 Abs. 1 UWG – anders als § 4 UWG *a.F.* – nicht mehr das Erfordernis des „wissentlichen Handelns" enthält, hat sich mit der Neufassung der Streit erledigt, ob für eine strafbare Werbung das Handeln mit dolus eventualis ausreicht[10].

455 Strittig ist, welches **Rechtsgut** § 16 Abs. 1 UWG schützt. § 1 UWG beschreibt den Zweck des UWG mit einer Schutztrias, nämlich – gleichrangig – Mitbewerber, Verbraucher und das Interesse der Allgemeinheit an einem unverfälschten Wettbewerb. Ein Teil der Literatur[11] überträgt diese Schutzzweckbestimmung auf den Straftatbestand.

456 Die Hauptfunktion des § 16 Abs. 1 UWG besteht nach zutreffender Auffassung in dem Schutz der Verbraucher[12] vor schädigenden oder zweckverfehlten[13] Vermögensverfügungen[14]. Schutzgut des Straftatbestandes ist somit – jedenfalls auch – das **Vermögen der Verbraucher**[15]. § 16 Abs. 1 UWG ist deshalb nach allgemeiner Auffassung[16] ein **Schutzgesetz** im Sinne des § 823 Abs. 2 BGB. Der Schutz des Wettbewerbs bzw. der Wirtschaftsordnung ist dagegen ein bloßer Reflex dieses Schutzes des Verbrauchervermögens.

457 § 16 Abs. 1 UWG ist somit zwar ein **Tatbestand im Vorfeld des Betruges**[17]. Er erfasst aber nicht alle um die „Irrtumserregung und Schädigung gekürzten Betrugsfälle", sondern weist eingrenzende Merkmale (Eignung zur Irreführung und Erfordernis der Publikumswerbung) auf[18]. Wegen der weitergehenden Schutzrichtung tritt § 16 Abs. 1 UWG nicht hinter § 263 StGB zurück, wenn der Täter – in Berei-

---

[8] Vom 19.10.1994, BGBl. I 1994, 3068, zuletzt geändert durch Art. 2 des Gesetzes vom 11.07.2022 BGBl. I 2022, 1082.
[9] BT-Drs. 15/1487, 26; *Krell*, in: G/J/W, § 16 UWG Rn. 1; *Reinbacher*, in: NK-WSS, § 16 Rn. 9; *Tsambikakis*, in: E/R/S/T, § 16 UWG Rn. 5.
[10] *Brammsen*, in: MüKo-UWG, § 16 Rn. 59; *Rengier*, in: F/B/O, § 16 UWG Rn. 5.
[11] *Alexander*, WRP 2004, 407, 409; *Ebert-Weidenfeller*, in: HWSt, 3. Teil 4. Kap. Rn. 11; *Rengier*, in: F/B/O, § 16 UWG Rn. 9.
[12] BGH, GRUR 2008, 818, 822; *Ebert-Weidenfeller*, in: HWSt, 3. Teil 4. Kap. Rn. 11.
[13] *Bornkamm*, in: K/B/F, § 16 UWG Rn. 2.
[14] *Krell*, in: G/J/W, § 16 UWG Rn. 2; *Ohly/Sosnitzka*, § 16 UWG Rn. 4.
[15] BGHSt 52, 227, Rn. 52; *Bornkamm*, in: K/B/F, § 16 UWG Rn. 2; *Reinbacher*, in: HdS 6, § 57 Rn. 10.
[16] *Brand/Hotz*, NZG 2017, 976, 979; *Fritzsche/Knapp*, in: BeckOK-UWG, § 16 Rn. 12; *Ohly/Sosnitza*, § 16 UWG Rn. 4.
[17] *Ebert-Weidenfeller*, in: HWSt, 3. Teil 4. Kap. Rn. 11.
[18] *Soyka*, HRRS 2008, 418, 421 f.

cherungsabsicht – mit den Mitteln des § 16 Abs. 1 UWG einen Irrtum, eine Vermögensverfügung und einen Vermögensschaden des Verbrauchers herbeiführt, sondern beide Tatbestände stehen in Tateinheit[19]. Die eigenständige Bedeutung des § 16 Abs. 1 UWG resultiert in der Praxis daraus, dass er keinen Schaden erfordert[20]. Er ist deshalb nicht selten anwendbar, wenn einer Verurteilung wegen Betruges Beweisschwierigkeiten entgegenstehen.

Beispiel[21]: A war Geschäftsführer der S-GmbH, die in mehreren Tageszeitungen Anzeigen mit folgendem Wortlaut schaltete: „Monteure, keine Zeitarbeit, 6.000 DM möglich, selbst. Tel.: 0190/...". Die S-GmbH vermittelte die Monteure ausschließlich an die W-GmbH. Die Telefonate mit den Interessenten führten Mitarbeiter der S-GmbH, welche die Anrufer vor dem Gespräch darauf hinwiesen, dass eine Gebühr in Höhe von 3,63 DM pro Minute fällig würde.

Es liegt auf der Hand, dass die Wahrscheinlichkeit, tatsächlich 6.000 DM zu verdienen, in Fällen wie diesen damals gering war. A war aber nicht nachzuweisen, dass diese Möglichkeit faktisch nicht bestand. Ein Betrug schied deshalb aus. Der BGH verurteilte A jedoch wegen strafbarer Werbung, weil er durch das Verschweigen der Vermittlung an die W-GmbH unwahre Angaben über Eigenschaften eines Produkts – die Telefonvermittlung – gemacht habe.

Fall 32: *– Unwahre und zur Irreführung geeignete Angaben –*

Peter Zampell (Z) ist alleiniger Gesellschafter und Geschäftsführer der Fleisch- und Wurstwaren Zampell GmbH (FWZ). Die Gesellschaft stellt u.a. stark verarbeitete Wurstwaren, z.B. Leberwurst und Heißwürstchen her. Um den Produkten den Anstrich zu geben, zu einer leichten und gesunden Ernährung beizutragen, bringt die FWZ sie unter der Bezeichnung „Provitafit" auf den Markt. Tatsächlich sind die Wurstwaren der FWZ nicht fettreduziert und nicht gesünder als vergleichbare Produkte anderer Hersteller.

458

Um die Qualität der Waren hervorzuheben, ließ Z auf die Verpackung einzelner Produkte das Siegel der Stiftung Warentest aufdrucken. Auf der Teewurst prangte fortan das Siegel mit dem Testurteil „gut". Die Wurst war als „gut" bewertet worden, allerdings hatten von den 12 getesteten Teewürsten 9 die Bewertung „sehr gut" erhalten. Den Bauernschinken brachte Z mit dem Aufdruck „Stiftung Warentest" und der Bewertung „sehr gut" in den Handel. Die Bewertung als „sehr gut" hatte der Bauernschinken „Provitafit" in einem Test zusammen mit nur einem anderen getesteten Bauernschinken erhalten. Dieser Test war jedoch vor fünf Jahren durchgeführt worden, was auf dem aufgedruckten Siegel nicht erkennbar war. Die Stiftung Warentest hatte in der Zwischenzeit nicht erneut Bauernschinken getestet.

Hat sich Z strafbar gemacht?

1. Strafbarkeit durch Anbringen des Testsiegels auf der Teewurst

a) § 16 Abs. 1 UWG

Das Anbringen des Testsiegels auf der Teewurst könnte die Voraussetzungen der strafbaren Werbung erfüllen.

---

[19] BGHSt 27, 293, 295; *Ebert-Weidenfeller*, in: HWSt, 3. Teil 4. Kap. Rn. 35; *Kindhäuser/Hoven*, in: NK, § 263 StGB Rn. 411.
[20] BT-Drs. 15/1487, 26.
[21] BGH, wistra 2002, 272.

aa) Objektiver Tatbestand

459 **Tathandlung** des § 16 Abs. 1 UWG ist das irreführende Werben durch unwahre Angaben in öffentlichen Bekanntmachungen oder in Mitteilungen, die für einen größeren Personenkreis bestimmt sind. Damit beschreibt die Vorschrift eine näher konkretisierte **Täuschung**:

460 **Angaben** sind nachprüfbare Aussagen über *Tatsachen*[22]. Schätzungen, Werturteile, Bewertungen oder Prognosen unterfallen diesem Begriff, wenn sie eine dem Beweis zugängliche Tatsachenbehauptung enthalten (vgl. Rn. 8).
Nicht erfasst sind dagegen allgemeine Anpreisungen und offensichtlich reklamehafte Übertreibungen, die nicht auf eine Tatsachengrundlage verweisen.

461 **Unwahr** ist eine Angabe, wenn sie mit der objektiven Wirklichkeit nicht übereinstimmt[23]. Zunächst ist deshalb der Erklärungsinhalt der Angabe zu ermitteln. Maßgeblich sind dafür die Vorstellungen, die der angesprochene Verbraucherkreis von dem Inhalt der Erklärung hat[24]. Der so ermittelte Erklärungsinhalt ist danach auf seine Übereinstimmung mit der objektiven Wirklichkeit zu überprüfen.
Da es also nicht auf den wörtlichen Sinn der Erklärung ankommt, sondern auf das *Verständnis des Durchschnittsverbrauchers*, kann die Erklärung einer wahren Tatsache eine unwahre Angabe sein[25].

462 Die Teewurst hatte zwar tatsächlich das Urteil „gut" erhalten, die Angabe des Testergebnisses ist also *formal wahr*. Die Unwahrheit der Angabe könnte aber daraus folgen, dass sie für die angesprochenen Verkehrskreise einen **Erklärungswert** hat, der über den Wortlaut hinausgeht[26]. Der durchschnittliche Verbraucher wird der Angabe, das Produkt sei von der Stiftung Warentest als „gut" bewertet worden, entnehmen, das Produkt gehöre zu den Besten seiner Kategorie[27]. Diese über den Wortlaut der Angabe hinausgehende Erklärung ist unwahr, weil sie mit der Wirklichkeit nicht übereinstimmt[28].

463 Das Merkmal unwahr schließt also die Möglichkeit, durch formal wahre Angaben in strafbarer Weise zu werben, nicht aus[29]. Es handelt sich in der Sache um eine **konkludente Täuschung**, die nach allgemeinen Grundsätzen auch bei der Erklärung an sich der Wahrheit entsprechender Tatsachen, die unter den konkreten Umständen von dem Erklärungsempfänger aber anders zu verstehen sind, vorliegt. Dem kann nicht überzeugend entgegengehalten werden, die Maßstäbe, die für den Betrugstat-

---

[22] *Ernst*, in: jurisPK-UWG, § 16 Rn. 5; *Hohmann*, in: MüKo³, § 16 UWG Rn. 15; *Lettl*, Der lauterkeitsrechtliche Schutz vor irreführender Werbung in Europa, 2004, S. 172.
[23] *Diemer*, in: E/K, U 43, § 16 UWG Rn. 16; *Ohly/Sosnitza*, § 16 UWG Rn. 9; *Wittig*, § 33 Rn. 10.
[24] *Diemer*, in: E/K, U 43, § 16 UWG Rn. 18. **A.A.** *Wittig*, § 33 Rn. 10.
[25] *Alexander*, WRP 2004, 407, 415; *Rengier*, in: F/B/O, § 16 Rn. 61 ff. **A.A.** *Brammsen*, in: MüKo-UWG, § 16 Rn. 51; *Krell*, in: G/J/W, § 16 UWG Rn. 25 f.; *v. Godin*, NJW 1965, 1008.
[26] Grundsätzlich zur Irreführungsgefahr bei der Werbung mit Testergebnissen *Brinkmann*, BB 1978, 1285; *Franz*, WRP 2016, 439 ff.; siehe auch OLG Frankfurt a.M., NJOZ 2013, 358.
[27] BGH, NJW 1982, 1596; KG, GRUR 1980, 728, 730; OLG Koblenz, WRP 1982, 484; *Hart/Silberer*, GRUR 1983, 691, 698; *Keßler/Müller*, WRP 1981, 495, 497.
[28] *Diemer*, in: E/K, U 43, § 16 UWG Rn. 17.
[29] *Eisele*, NStZ 2010, 193, 197; *Rengier*, in: F/B/O, § 16 UWG Rn. 64.

bestand gelten, seien nicht ohne weiteres auf den Tatbestand des § 16 Abs. 1 UWG zu übertragen, weil bei diesem Tatbestand nicht das Opfer im Mittelpunkt der Betrachtung stehe, sondern das Verhalten des Täters[30]. Wie dargelegt (Rn. 456), besteht die Hauptfunktion des § 16 Abs. 1 UWG in dem Schutz des Vermögens der Verbraucher.

Die These eines Teils der Literatur, für die Beurteilung der Unwahrheit der Angaben sei nicht deren objektiver Gehalt maßgeblich sei, sondern die Vorstellung, die sich die mit der Werbung angesprochenen Verkehrskreise machen[31], ist zumindest missverständlich. Eines solchen „subjektivierenden" Wahrheitsbegriffs bedarf es nicht, da schon für den objektiven Erklärungsinhalt die Gesamtumstände maßgeblich sind. Es kommt also darauf an, wie die konkrete Erklärung von dem Adressatenkreis objektiv zu verstehen war.

Der Täter muss mit den unwahren Angaben **werben**. Das UWG definiert den Begriff Werbung nicht. Nach der Entwurfsbegründung umfasst Werbung alle Angaben geschäftlicher Art, die zu Wettbewerbszwecken im geschäftlichen Verkehr gemacht werden[32]. Im Regelfall werden diese Angaben das Produkt bzw. die Dienstleistung in einem positiven Licht darstellen, weil es Ziel der Werbung ist, den Absatz zu fördern[33]. Zwingend ist das aber nicht. Werbung enthält nämlich oftmals keinen Aussagegehalt bzw. soll nur ein bestimmtes Gefühl bei dem Verbraucher wecken oder auf das beworbene Produkt oder die Dienstleistung aufmerksam machen. Dieses Merkmal schränkt den Tatbestand deshalb nicht auf positive Äußerungen ein, sondern stellt lediglich klar, dass der Täter eine Wettbewerbshandlung vornehmen muss. Damit tritt der Terminus Werbung an die Stelle des in § 4 UWG a.F. enthaltenen Merkmals „im geschäftlichen Verkehr zu Zwecken des Wettbewerbs"[34]. 464

Unter welchen Voraussetzungen eine Werbung **irreführend** ist, bestimmt § 16 Abs. 1 UWG nicht. § 5 Abs. 2 UWG bezeichnet allerdings eine *geschäftliche Handlung* als irreführend, wenn sie „unwahre Angaben" oder „sonstige zur Täuschung geeignete Angaben" über die in Nr. 1 bis 7 genannten Umstände enthält. Nach § 5 Abs. 4 UWG sind auch Angaben im Rahmen vergleichender Werbung erfasst[35]. § 5a UWG äußert sich zudem zur „Irreführung durch Unterlassen". Bezieht sich der Werbende – wie in unserem Fall – auf einen Test oder dessen Ergebnis, indem er eine Aussage des Testes über die Qualität oder Güte des eigenen Testprodukts oder die eines Mitbewerberprodukts kommentiert oder zustimmend wiedergibt, handelt es sich um vergleichende Werbung i.S.d. § 6 Abs. 1 UWG[36], sodass die Unlauterkeit nach Maßgabe des § 6 Abs. 2 UWG zu beurteilen ist. 465

---

[30] So aber *Kühl*, WRP 2019, 573, 575.
[31] *Lampe*, in: Festschrift für Richard Lange, 1976, S. 461; *Otto*, GRUR 1982, 280.
[32] BT-Drs. 15/1487, 19.
[33] *Hohmann*, in: MüKo³, § 16 UWG Rn. 27; *Köhler/Bornkamm/Henning-Bodewig*, WRP 2002, 1317, 1318; *Reinbacher*, in: HdS 6, § 57 Rn. 17.
[34] *Engels/Salomon*, WRP 2004, 32, 34.
[35] Bei dem Verweis auf § 5 *Abs. 1 S. 2* UWG handelt es sich um ein Redaktionsversehen; gemeint ist § 5 *Abs. 2* UWG, *Weiler*, in: BeckOK-UWG, § 6 Rn. 14.
[36] *Müller-Bidinger*, in: jurisPK-UWG, § 6 Rn. 271.

Z.T. wird erwogen, das Merkmal der Irreführung nach Maßgabe des Katalogs des § 5 Abs. 2 UWG, und das müsste auch für den des § 6 Abs. 2 UWG gelten, auszulegen[37]. Es ist jedoch keineswegs zwingend, dass die zivil- und strafrechtlichen Vorschriften völlig übereinstimmen, zumal § 5 UWG allgemeine Regelungen für – alle – geschäftlichen Handlungen trifft und die Geltung der Beweisregel des § 5 Abs. 5 UWG im Strafrecht abzulehnen ist[38]. Rechtsprechung und Literatur nehmen deshalb eine strafrechtsspezifische Auslegung vor. Die Werbung ist danach irreführend, wenn sie geeignet ist, einen Teil des durch die Werbung angesprochenen Personenkreises dazu zu veranlassen, sie für wahr zu halten; diese Irreführungseignung sei bereits gegeben, wenn sich 10 bis 20 % des Personenkreises täuschen lassen[39]. Der BGH ging früher von einem Publikum aus, das die Anzeige schnell und arglos zur Kenntnis nimmt[40]; er differenziert aber heute nach der *Art des beworbenen Produkts* und *dem Kreis der Adressaten*[41], weil der Verbraucher beim Erwerb eines selten gekauften, teuren Produkts aufmerksamer sein wird als bei Alltagsprodukten[42]. Damit nähert sich das Gericht der Auffassung des EuGH[43] an, der prüft, wie ein *durchschnittlich informierter, aufmerksamer und verständiger Durchschnittsverbraucher* diese Angabe wahrscheinlich auffassen wird[44]. Auch der Entwurfsbegründung zu § 5 UWG liegt das gemeinschaftsrechtliche Verbraucherbild eines durchschnittlich informierten und verständigen Verbrauchers zugrunde[45].

466 Das Merkmal irreführend hat bei diesem Verständnis – neben den unwahren Angaben, mit denen geworben werden muss – scheinbar keine eigenständige Bedeutung[46], weil objektiv der Wirklichkeit widersprechende Tatsachenbehauptungen grundsätzlich geeignet sind, den angesprochenen Adressatenkreis zu täuschen[47]. Diesen Befund scheint § 5 Abs. 1 UWG, nach dem eine geschäftliche Handlung, also auch eine Werbemaßnahme, irreführend ist, wenn sie unwahr oder sonst zur Täuschung geeignet ist, zu bestätigen. Nach allgemeiner Auffassung müssen aller-

---

[37] *Janssen/Maluga*, in: MüKo², § 16 UWG Rn. 36 f.; *Tsambikakis*, in: E/R/S/T, § 16 UWG Rn. 11.
[38] *Ebert-Weidenfelder*, in HWSt, 3. Teil 4. Kap. Rn. 22.
[39] BGH, GRUR 1997, 473; NJW 2004, 439; OLG München, GRUR 1983, 339, 340; *Böhm*, GRUR 1986, 290, 292 ff.
[40] BGHSt 2, 139, 145; vgl. den Rechtsprechungsüberblick bei *Lettl*, Der lauterkeitsrechtliche Schutz vor irreführender Werbung in Europa, 2004, S. 173 ff.
[41] BGHSt 52, 227, 235 Rn. 48, BGH, GRUR 1996, 985, 987; JZ 2000, 1011; NJW 2002, 3415, 3416; *Beater*, JZ 2000, 973.
[42] Ausführlich dazu *Beater*, JZ 2000, 973, 978.
[43] EuGH, WRP 1998, 848, 850; GRUR Int. 2000, 756, 758.
[44] Zu den Verbraucherleitbildern der deutschen und europäischen Rechtsprechung *Ahrens*, WRP 2000, 812; *Cornelius*, NStZ 2015, 310 ff.; *Goerschke/Kiethe*, WRP 2001, 230. Krit. gegen die Einschränkung des Tatbestandes durch Abstellen auf den Durchschnittsverbraucher *Omsels*, GRUR 2005, 548; *Vergho*, wistra 2010, 86 ff.; für die Übertragung des „Verständnishorizonts eines verständigen, informierten und aufmerksamen Durchschnittsverbrauchers" auch auf § 263 StGB *Soyka*, wistra 2007, 27; ders., HRRS 2008, 418, 422.
[45] BT-Drs. 15/1487, 19.
[46] Siehe aber *Krell*, in: G/J/W, § 16 UWG Rn. 28; *Wiring*, NJW 2010, 580, 581, nach denen die unwahre Behauptung zwar im Regelfall irreführend ist, es aber im Einzelfall nicht ausgeschlossen ist, die Irreführungseignung zu verneinen.
[47] *Kudlich/Oğlakcıoğlu*, Rn. 410.

dings Konstellationen aus dem Anwendungsbereich des § 16 Abs. 1 UWG ausgeschieden werden, in denen der Werbende zwar unwahre Angaben über das Produkt macht, diese Angaben aber den Verbraucher *nicht dazu bewegen können, das Produkt zu kaufen* (Rn. 467).

Beispiel: Anton Brauns (B) ist Geschäftsführer der Braun Süßwaren GmbH mit Geschäftssitz in Lübeck. Besonders gut verkaufen sich die in Lübeck hergestellten „Kieler Erdbeer-Drops". Die hat B so benannt, weil ihm der Name „Lübecker Erdbeer-Drops" zu lang vorkam.
B hat mit unwahren Angaben geworben, weil sie geeignet sind, den angesprochenen Verkehrskreisen einen unrichtigen Eindruck vom Herkunftsort der Drops zu vermitteln. Die Werbung war aber nicht irreführend, weil die Fehlvorstellung für die Kaufentscheidung nicht relevant ist. Der Durchschnittsverbraucher verbindet mit der Herkunft von Drops aus Kiel keine besondere Qualitätsvorstellung, sodass es für ihn gleichgültig ist, ob die Drops aus Kiel oder Lübeck stammen.

Zur **Strafbarkeit der Benutzung geographischer Herkunftsangaben nach § 144 i.V.m. § 127 MarkenG** siehe Rn. 679 ff.

Da die strafbare Werbung somit auf Konstellationen zu beschränken ist, in denen die unwahren Angaben für die Entscheidung zum Vertragsschluss relevant sein können, bietet es sich an, das – ansonsten bedeutungslose bzw. überflüssige – Merkmal des irreführenden Werbens in diesem Sinne auszulegen, zumal diese Deutung mit dem Wortlaut vereinbar ist. Sie stimmt zudem mit § 5 Abs. 1 UWG überein, nach dem „unlauter handelt, wer eine irreführende geschäftliche Handlung vornimmt, die geeignet ist, den Verbraucher oder sonstigen Marktteilnehmer zu einer geschäftlichen Entscheidung zu veranlassen, die er andernfalls nicht getroffen hätte". Bei diesem Verständnis erhält das Tatbestandsmerkmal neben der Unwahrheit eine eigenständige Bedeutung[48]. Für das Verschweigen einer Tatsache bestimmt § 5a Abs. 1 UWG ebenfalls ausdrücklich, dass sie eine Bedeutung für die Entscheidung zum Vertragsschluss haben muss. 467

Nach unserer Auffassung sind Angaben somit **irreführend**, wenn ein Teil der Adressaten die werbende Aussage für wahr hält und deshalb dazu veranlasst werden kann, dem beworbenen vor anderen Produkten den Vorzug zu geben.

In unserem Fall 32 ist die Verwendung des Testergebnisses der Teewurst irreführend, weil die – unwahre – Angabe, es handele sich um ein Spitzenprodukt (Rn. 462), geeignet ist, einen Teil des angesprochenen Verbraucherkreises dazu zu veranlassen, die Wurst für ein besonders gutes Produkt zu halten und sie deshalb zu kaufen[49]. 468

Die Angaben müssen in **öffentlichen Bekanntmachungen** oder **Mitteilungen, die für einen größeren Personenkreis bestimmt sind,** gemacht werden. Täuschungen individueller Opfer sind damit aus dem Tatbestand ausgeschlossen. Sie sind allerdings als Betrug strafbar, wenn der Täter einen Vermögensschaden herbeiführt und die weiteren Voraussetzungen des § 263 StGB vorliegen. 469

---

[48] *Rengier*, in: F/B/O, § 16 UWG Rn. 79.
[49] Die zivilrechtliche Rechtsprechung bejaht eine Irreführung, wenn der Rang des Testergebnisses nicht offengelegt wird, falls mehrere Konkurrenzprodukte mit einem besseren Ergebnis abgeschnitten haben und dadurch der Eindruck entsteht, das als „gut" bewertete Produkt sei eines der besten Produkte; OLG Frankfurt a.M., K&R 2013, 129.

470 Öffentliche Bekanntmachungen sind **schriftliche oder mündliche Mitteilungen, die sich an einen unbegrenzten Personenkreis** richten[50], z.B. Werbeanzeigen in Zeitungen, Werbespots im Kino oder Fernsehen, Aufdrucke auf Waren[51].

471 Mitteilungen sind für einen größeren Personenkreis bestimmt, wenn sie sich nicht an die Allgemeinheit richten, sondern an einen **bestimmten Teil der Öffentlichkeit**, der kein fest umgrenzter engerer Personenkreis ist[52]. Erfasst sind auch Mitteilungen, die einem unbestimmten Personenkreis nach und nach zugehen, wenn sie inhaltlich gleichbleiben. Deshalb können Angaben eines Telefonverkäufers oder Provisionsvertreters Mitteilungen im Sinne des § 16 Abs. 1 UWG sein[53].

472 Z hat die unwahren, irreführenden Angaben über die Beschaffenheit der Wurst auf die öffentlich ausgestellte Verpackung drucken lassen und damit in einer öffentlichen Bekanntmachung gemacht.
Der objektive Tatbestand des § 16 Abs. 1 UWG liegt folglich vor.

bb) Subjektiver Tatbestand

473 Der subjektive Tatbestand erfordert Vorsatz und die Absicht, den Anschein eines besonders günstigen Angebots hervorzurufen.
Nach zutreffender Ansicht ist Absicht im technischen Sinn (dolus directus 1. Grades) gemeint[54]; es muss dem Täter also darauf ankommen, den Anschein eines besonders günstigen Angebots hervorzurufen.
Diesen Anschein erwecken die Angaben, wenn aufgrund der Behauptung des Täters der Erwerb der Ware oder Leistung vorteilhaft erscheint. Im Regelfall erreicht der Täter dies durch die Vorspiegelung eines guten Preis-Leistungsverhältnisses, indem entweder der Preis einer Ware bzw. gewerblichen Leistung als besonders niedrig oder deren Qualität als besonders hoch dargestellt wird. Die Rechtsprechung[55] bejaht den Anschein eines besonders günstigen Angebots zu Recht auch dann, wenn zwar nicht die Ware oder Leistung selbst günstig erscheint, aber dem Käufer scheinbar die Gelegenheit gegeben wird, caritative Zwecke zu unterstützen.

474 Da es Z darauf ankam, den Verbrauchern vorzuspiegeln, dass sie eine besonders gute Wurst erwerben, hatte er die Absicht, den Anschein eines besonders günstigen Angebots hervorzurufen. Da er zudem rechtswidrig und schuldhaft handelte, hat er sich durch die Werbung mit dem Testergebnis nach § 16 Abs. 1 UWG strafbar gemacht.

b) § 59 Abs. 1 Nr. 7 i.V.m. § 11 Abs. 1 Nr. 1 LFGB

475 § 11 Abs. 1 Nr. 1 LFGB verbietet dem nach Art. 8 Abs. 1 VO (EU) Nr. 1169/2011[56] verantwortlichen Lebensmittelunternehmer oder Importeur, Lebensmittel mit Infor-

---

[50] *Ebert-Weidenfelder*, in HWSt, 3. Teil 4. Kap. Rn. 23; *Reinbacher*, in: HdS 6, § 57 Rn. 21.
[51] Weitere Beispiele bei *Dreyer*, in: Harte/Henning, § 16 UWG Rn. 20 ff.
[52] RGSt. 40, 122, 129, 130; 63, 107, 110; *Wittig*, § 33 Rn. 19.
[53] RGSt 64, 247, 248; BGHSt 24, 272; *Grebing*, wistra 1982, 85; *Otto*, GRUR 1982, 274, 280; *Tiedemann*, Wettbewerb und Strafrecht, 1976, S. 37. **A.A.** *Fabricius*, GRUR 1965, 521, 529.
[54] *Edlinger*, Die Strafbarkeit von Werbung, 2002, S. 116; *Trepper*, in: NK-UWG, § 16 Rn. 15; *Wittig*, § 33 Rn. 21.
[55] BGHSt 4, 44; BayObLG, NStZ 1990, 132. **A.A.** OLG Köln, NJW 1979, 1419, 1420.
[56] ABl. L 304 vom 22.11.2011, 18.

§ 5: Werbungsstraftatbestände

mationen, die den Anforderungen des Art. 7 Abs. 1, auch in Verbindung mit Abs. 4, dieser Verordnung nicht entsprechen, **in den Verkehr zu bringen** oder **allgemein oder im Einzelfall dafür zu werben**. § 59 Abs. 1 Nr. 7 LFGB stellt dieses Verhalten unter Strafe.

aa) Objektiver Tatbestand

Z müsste **tauglicher Täter** dieses Tatbestandes sein. Für die Information über ein Lebensmittel verantwortlicher Lebensmittelunternehmer ist nach Art. 8 Abs. 1 VO (EU) Nr. 1169/2011 derjenige, unter dessen Namen oder Firma das Lebensmittel vermarktet wird. Die Teewurst wurde von der FWZ auf den Markt gebracht, die Firma ist deshalb Adressat des Straftatbestandes. Dieses Merkmal wird aber nach § 14 Abs. 1 Nr. 1 StGB auf Z als Geschäftsführer der GmbH „überwälzt". 476

Nach Art. 7 Abs. 1 VO (EU) Nr. 1169/2011 dürfen Informationen über Lebensmittel **nicht irreführend** sein. Nach dem nicht abschließenden Katalog der Vorschrift sind dies u.a. für Informationen über die Eigenschaften des Lebensmittels (lit. a) und das Vorhandensein besonderer Merkmale (lit. c). Das Verbot irreführender Informationen gilt gemäß Art. 7 Abs. 4 VO (EU) Nr. 1169/2011 auch für die Werbung für Lebensmittel und die Aufmachung von Lebensmitteln. 477

Irreführend ist nach einer Auffassung[57] jede Information, die bei einer Auslegung nach Sprachgebrauch, Lebenserfahrung und Verkehrsauffassung geeignet ist, bei dem in Frage kommenden Personenkreis eine falsche Vorstellung über die tatsächlichen Verhältnisse hervorzurufen. Nach der hier vertretenen Auffassung (Rn. 467) besitzt das Merkmal „irreführend" zudem die Funktion, den Tatbestand auf solche Angaben zu beschränken, die geeignet sind, die Kaufentscheidung positiv zu beeinflussen. Irreführend ist eine Angabe deshalb dann, wenn ein Teil des angesprochenen Verkehrskreises sie für wahr hält und deshalb dazu bewegt werden kann, das beworbene Produkt zu kaufen. 478

§§ 59 Abs. 1 Nr. 7, 11 Abs. 1 Nr. 1 LFGB, Art. 7 Abs. 1 VO (EU) Nr. 1169/2011 setzen die Unwahrheit der Information nicht voraus. Der Tatbestand ist somit weiter als § 16 Abs. 1 UWG, weil das Inverkehrbringen von Lebensmitteln bzw. die Werbung für Lebensmittel auch bei objektiv wahren Informationen strafbar sein kann[58].

Der objektive Tatbestand ist mit dem Inverkehrbringen unter irreführenden Angaben bzw. mit der irreführenden Werbung erfüllt. Unerheblich ist, ob tatsächlich ein Verbraucher getäuscht oder finanziell geschädigt wurde[59]. 479

§ 3 Abs. 1 Nr. 1 LFGB verweist auf Art. 3 Nr. 8 VO (EG) Nr. 178/2002[60], der eine Legaldefinition des **Inverkehrbringens** enthält. Inverkehrbringen ist danach das Bereithalten von Lebensmitteln oder Futtermitteln für Verkaufszwecke einschließlich des Anbietens zum Verkauf oder jeder anderen Form der Weitergabe, gleich- 480

---

[57] RGSt 52, 259, 260; 62, 247; BGH, LRE 1, 23 f. (zu § 11 Abs. 1 S. 2 Nr. 1 LFGB *a.F.*); ähnlich *Sackreuther*, in: G/J/W, § 59 LFGB Rn. 23.
[58] Vgl. z.B. zur Irreführungseignung der „Nährstoffampel" bei objektiv wahren Informationen *Wiemers*, ZLR 2009, 695. Weitere Beispiele bei *Eisenried*, LMuR 2008, 144.
[59] BGH, MDR 1969, 497 f.; BayObLG, LRE 30, 54, 57 (zu § 11 Abs. 1 S. 2 Nr. 1 LFGB *a.F.*).
[60] ABl. L 31 vom 01.02.2002, 1.

gültig ob unentgeltlich oder nicht, sowie der Verkauf, der Vertrieb oder andere Formen der Weitergabe selbst. Ein Lebensmittel wird somit nicht erst durch den Verkauf in Verkehr gebracht, sondern schon durch das Anbieten, z.B. in einem Supermarkt.

Das von Z auf der Wurstverpackung angebrachte Testsiegel vermittelte eine irreführende Information (Rn. 467 f.), sodass Z Lebensmittel unter Verwendung irreführender Informationen in den Verkehr gebracht hat.

Um ein Werben mit irreführenden Informationen handelt es sich nicht, da bereits das Anbieten als Unterfall des Inverkehrbringens jede Art der Anregung zum Erwerb eines Produkts – unabhängig von der Verfügbarkeit zum Zeitpunkt des Angebots – erfasst[61]. Das Anbieten bezieht sich also immer auf ein konkretes Produkt. Eine von dem einzelnen Erzeugnis losgelöste Werbung, z.B. für „Deutsche Butter" oder „Fleisch aus deutschen Landen", kann deshalb nicht dem Inverkehrbringen subsumiert werden, sondern fällt unter das Merkmal *allgemeine* Werbung in § 11 Abs. 1 LFGB. Werbung *im Einzelfall* nach dieser Vorschrift meint nicht die Werbung für ein bestimmtes Produkt, sondern das Anpreisen von Produkten einer bestimmten Firma oder Marke. Die Tatbestandsmerkmale Inverkehrbringen in der Form des Anbietens und Werbung sind also nicht deckungsgleich, sondern ergänzen sich[62].

bb) Subjektiver Tatbestand

481 Der subjektive Tatbestand beider Tatalternativen erfordert **Vorsatz**. Es genügt dolus eventualis.

Z wusste, dass die Anbringung des Testsiegels irreführend war, und er wollte die Wurst mit diesen Informationen in Verkehr bringen; er handelte also vorsätzlich. Rechtswidrigkeit und Schuld liegen vor, Z hat sich mithin wegen § 59 Abs. 1 Nr. 7 i.V.m. § 11 Abs. 1 Nr. 1 LFGB strafbar gemacht.

Handelt der Täter fahrlässig, droht § 60 Abs. 1 Nr. 2, Abs. 5 Nr. 2 LFGB ein Bußgeld bis zu 50.000 € an.

c) Konkurrenzen

482 Z hat durch dieselbe Handlung § 16 Abs. 1 UWG und § 59 Abs. 1 Nr. 7 i.V.m. § 11 Abs. 1 Nr. 1 LFGB verwirklicht, weil das Inverkehrbringen der Ware mit der verbotenen Werbung zusammenfällt.

Fraglich ist, in welchem Konkurrenzverhältnis die beiden Straftatbestände zueinander stehen. Einerseits ist das lebensmittelrechtliche Irreführungsverbot des § 11 Abs. 1 Nr. 1 LFGB im Verhältnis zu § 16 Abs. 1 UWG speziell[63], da es auf Lebensmittel beschränkt ist, andererseits erfordert § 16 Abs. 1 UWG im Gegensatz zu § 59 Abs. 1 Nr. 7 i.V.m. § 11 Abs. 1 Nr. 1 LFGB unwahre Angaben und weist damit eine engere Tathandlung auf, sodass kein Tatbestand den anderen im Wege der Spezialität verdrängt. Beide Delikte treffen deshalb in Tateinheit zusammen[64].

---

[61] BayObLG, LRE 7, 32, 33; KG, LRE 11, 53, 56 (zu § 11 Abs. 1 S. 2 Nr. 1 LFGB *a.F.*).
[62] *Eckert*, ZLR 1974, 427, 437; *Hecker*, Strafbare Produktwerbung im Lichte des Gemeinschaftsrechts, 2001, S. 22.
[63] Ohly/*Sosnitza*, § 5 UWG Rn. 17.
[64] *Bornkamm*, in: K/B/F, § 16 UWG Rn. 33; *Krell*, in: G/J/W, § 16 UWG Rn. 116.

2. Strafbarkeit wegen des Anbringens des Testsiegels auf dem Bauernschinken

a) § 16 Abs. 1 UWG

Durch das Anbringen des Testsiegels „sehr gut" auf dem Bauernschinken könnte Z eine weitere strafbare Werbung begangen haben.

483

Die Angabe ist allerdings insofern wahr, als der Bauernschinken tatsächlich zu den Besten des Tests gehörte. Sie könnte deshalb nur unwahr sein, wenn sie zugleich die Erklärung enthalten würde, dass der Test noch nicht lange zurückliegt. Die zivilrechtliche Rechtsprechung fordert zur Vermeidung des Vorwurfs der Irreführungseignung vereinzelt, dass der Hersteller eines Produkts das Alter des Tests kenntlich machen müsse, wenn er längere Zeit (fünf bzw. acht Jahre) zurückliegt[65]. Dem wird allerdings zutreffend entgegengehalten, dass eine Angabe über ein Testergebnis nur die Erklärung enthalte, es lägen keine aktuelleren Tests vor und die getesteten Produkte hätten sich nicht durch technische Entwicklungen maßgeblich geändert[66]. Da das Verschweigen des Alters des Testergebnisses noch nicht einmal irreführend ist, scheidet erst recht die Annahme aus, die Angabe sei unwahr.

Z hat sich durch die Verwendung des Testsiegels für den Bauerschinken folglich nicht nach § 16 Abs. 1 UWG strafbar gemacht.

b) § 59 Abs. 1 Nr. 7 i.V.m. § 11 Abs. 1 Nr. 1 LFGB

Mangels Irreführungseignung scheidet zudem die Strafbarkeit nach § 59 Abs. 1 Nr. 7 i.V.m. § 11 Abs. 1 Nr. 1 LFGB aus.

484

Hinweis:

Der Name Provitafit enthält nicht die Erklärung, dass es sich um besonders gesunde und fettarme Produkte handelt. Durch die Verwendung dieser Bezeichnung macht Z somit weder unwahre noch irreführende Angaben, da die Adressaten darin eine bloße Namensgebung ohne Erklärungswert erkennen.

485

Fall 33: *– Tatsachenbehauptung bei Wertungen –*

Andreas Bauer (B) ist Vorstandsvorsitzender der Babyfein Cottbus AG (BC), die Fertignahrung aus Gemüse und Fleisch für Babys und Kleinkinder herstellt. Gegen die bekannteren Konkurrenten kann sich die BC nur durchsetzen, weil sie ihre Nahrung preisgünstiger verkauft. Um das Preisniveau zu halten, verzichtete die BC – anders als andere Hersteller – auf die Verwendung von biologisch angebautem Gemüse und Fleisch von Biobauern, sondern kaufte stattdessen Restposten auf dem Großmarkt auf. Auch das Herstellungsverfahren war weniger aufwendig als bei der Konkurrenz, weil das Gemüse nicht mit Dampf gereinigt, sondern nur einmal maschinell gewaschen wurde.

486

Im Frühjahr 2023 startete B eine deutschlandweite Werbekampagne. Die Plakate zeigten ein strahlendes Kleinkind auf dem Schoß einer ebenfalls strahlenden Mutter. Das Bild war unterschrieben mit dem Slogan: „Mutti gibt mir immer nur das Beste!".

Hat sich B nach § 16 Abs. 1 UWG strafbar gemacht?

---

[65] So OLG Koblenz, 6 U 219/81, in der Vorentscheidung von BGH, NJW 1985, 2332.
[66] BGH, NJW 1985, 2332; OLG Düsseldorf, GRUR 1981, 750; *Brinkmann*, BB 1978, 1285.

Die strafbare Werbung setzt voraus, dass Angaben über **Tatsachen** gemacht werden (Rn. 460), die Anpreisung mittels bloßer Wertungen genügt somit nicht[67], zumal diese nicht unwahr sein können. Bisweilen ist der Werbung jedoch nicht unmittelbar zu entnehmen, ob sie eine Tatsachenbehauptung enthält oder sich in einer Anpreisung erschöpft. Maßgeblich für die Feststellung des Bedeutungsinhalts ist die *Durchschnittsauffassung des angesprochenen Personenkreises*[68]. Für eine Werbung, die sich an Fachkreise richtet, gilt deshalb ein anderer – strengerer – Maßstab als für eine an die Allgemeinheit gerichtete Anpreisung.

Beispiele: Mit dem Slogan „Schuhe von prima Qualität" verbindet der Durchschnittsverbraucher die Aussage, dass hochwertiges Leder, nicht Ersatzleder verarbeitet worden ist. Die Anpreisung „S hat den Preiskiller. Sonst keiner." enthält die Tatsachenbehauptung, S sei preisgünstiger als seine Mitbewerber[69]. Die Ankündigung „Radikale Preissenkung" basiert auf der Tatsachengrundlage, die zuvor geforderten Preise seien sehr viel höher gewesen, als die nun verlangten[70]. Der Bezeichnung eines Schaumbadzusatzes als „Hollywood Duftschaumbad" entnahm der BGH[71] eine nachprüfbare Angabe über den geografischen Herkunftsort des Produktes. Dem ist jedoch entgegenzuhalten, dass die angesprochenen Verkehrskreise mit diesem Namen keine Herkunftsangabe verbinden.

487 Der Durchschnittsverbraucher wird die Anpreisung, ein Produkt sei „das Beste", zwar nicht als Behauptung der Alleinstellung verstehen[72], er wird mit dem Slogan aber die Vorstellung verbinden, es handele sich um eine Ware, die zu den Spitzenprodukten auf dem Markt gehört oder die zumindest nicht minderwertig ist. Der von B verwendete Werbespruch „Mutti gibt mir nur das Beste!" enthält somit einen dem Beweis zugänglichen Tatsachenkern.

488 Diese Tatsachenangabe ist **unwahr**, denn sie stimmt mit der Wirklichkeit nicht überein, weil die Hersteller der Konkurrenzprodukte bessere Grundstoffe und ein überlegenes Herstellungsverfahren anwenden. Die Werbung ist zudem **irreführend**, da sich ein nicht unerheblicher Teil der Adressaten durch die Aussage täuschen und zum Kauf des beworbenen Produktes bewegen lassen wird, und der Slogan nimmt in einer **öffentlichen Bekanntmachung** konkludent auf die Art der verwendeten Grundstoffe und das Herstellungsverfahren, also auf **geschäftliche Verhältnisse** Bezug, sodass der objektive Tatbestand der strafbaren Werbung erfüllt ist.

B handelte vorsätzlich und in der Absicht, den Anschein eines besonders günstigen Angebots zu erwecken, sowie rechtswidrig und schuldhaft; er hat sich somit nach § 16 Abs. 1 UWG strafbar gemacht.

489 § 59 Abs. 1 Nr. 7 i.V.m. § 11 Abs. 1 Nr. 1 LFGB tritt im Übrigen in Tateinheit (§ 52 StGB) hinzu (Rn. 482).

---

[67] *Bornkamm*, in: K/B/F, § 16 UWG Rn. 8; *Ernst*, in: jurisPK-UWG, § 16 Rn. 5; *Fezer*, in: F/B/O, § 16 UWG Rn. 51 f.; *Tsambikakis*, in: E/R/S/T, § 16 UWG Rn. 6; *Wittig*, § 33 Rn. 8.
[68] OLG Hamm, WRP 2012, 1290, 1293; *Diemer*, in: E/K, U 43, § 16 UWG Rn. 18.
[69] OLG Düsseldorf, WRP 1971, 277.
[70] *Fezer*, in: F/B/O, § 16 UWG Rn. 53.
[71] BGH, GRUR 1963, 482, 484; krit. *Beater*, JZ 2000, 973, 974.
[72] BGH, GRUR 1965, 363, 364; GRUR 2002, 182, 183.

Fall 34[73]: – *Zusammenhang zwischen Täuschung und beworbener Leistung* –
Carsten Kohl (K) war in der Verkaufsfahrtenbranche selbstständig tätig. Er organisierte Tagesbusfahrten mit Verkaufsveranstaltungen, die meist in entlegenen Gaststätten stattfanden, sodass die Teilnehmer wenige Möglichkeiten hatten, die Zeit anderweitig zu verbringen. Seine – in der Regel älteren, nicht berufstätigen – Kunden warb K mit selbst verfassten Schreiben, von denen er pro Busreise mindestens 1.500 Stück versandte. Für die anstehende Verkaufsfahrt entwarf K Werbeschreiben mit der Überschrift „Jackpot geknackt – Voucher für Frau/Herrn...", wobei er den jeweiligen Namen des Empfängers einfügte. Im Text gab er wahrheitswidrig an, der Empfänger habe bei der Verlosung unter 99 Preisen einen Topgewinn erzielt und den Jackpot in Höhe von 250 € „geknackt". Der Gewinn werde bei der Fahrt ausgehändigt. Ein Gewinnspiel hatte jedoch tatsächlich nicht stattgefunden. Allen Teilnehmer an der Busfahrt versprach K zudem ein „leckeres, reichhaltiges Mittagsmenü, das man einfach einnehmen müsse". Für die Busfahrt zahlten die Teilnehmer 9,95 €, was dem Wert der Fahrt entsprach. Während der Verkaufsveranstaltung wurde ihnen – als vermeintlicher Gewinn – ein Reisegutschein im Wert von 250 € ausgehändigt, der aber nur bei der Buchung einer Auslandsreise bei der Firma des K eingelöst werden konnte. Außerdem erhielten die Teilnehmer das „leckere, reichhaltige Mittagsmenü" in Form einer verschlossenen Dose Erbsensuppe.
Wie hat sich K strafbar gemacht?

490

a) § 263 StGB
K hat die Teilnehmer der Kaffeefahrt jedenfalls darüber **getäuscht**, dass sie an einem Gewinnspiel teilgenommen hatten und der Reisegutschein den Gewinn darstellte.

Die Ankündigung, im Preis der Busfahrt sei ein leckeres, reichhaltiges Mittagsmenü eingeschlossen, könnte eine Täuschung über eine „innere" Tatsache sein, nämlich über die Absicht, ein solches Menü anzubieten. Der Begriff „reichhaltiges Mittagsmenü" eröffnet zwar einen gewissen Auslegungsspielraum, auf jeden Fall ist darunter aber ein mehrgängiges warmes Mittagessen zu verstehen. Eine verschlossene Dose Erbsensuppe verdient selbst bei einer weiten Auslegung des Wortes nicht die Bezeichnung als Mittagsmenü, sodass K die Teilnehmer zudem über die vorgesehene Verpflegung bei der Verkaufsfahrt getäuscht hat.

491

Der BGH[74] sieht auch in der Bezeichnung des Reisegutscheins als „Voucher" eine Täuschung, weil dieser Begriff in der Touristikbranche für Gutscheine stehe, die im Voraus bezahlte Leistungen, die der Inhaber direkt bei dem Leistungserbringer einlösen kann, verkörpern. Ein Voucher berechtige den Begünstigten also, touristische Dienstleistungen in Anspruch zu nehmen, ohne einen weiteren Aufpreis zu leisten. Da die Teilnehmer der Verkaufsfahrt in casu erst nach der Buchung einer Auslandsreise Nutzen aus dem Gutschein ziehen konnten, enthalte schon die Benennung des Gutscheins als Voucher unwahre Angaben. Ob das Schreiben objektiv diesen Erklärungsinhalt hatte, ist jedoch mindestens zweifelhaft, denn aus der Notwendigkeit, an der Verkaufsfahrt teilzunehmen, folgt, dass es zur Inanspruchnahme des Gutscheins weiterer Handlungen des Empfängers bedurfte, es sich also nicht um einen Voucher im herkömmlichen Sinn handelt[75].

492

---
[73] Angelehnt an BGH, NJW 2002, 3415; siehe auch *Dornis*, GRUR 2008, 742.
[74] BGH, NJW 2002, 3415, 3416.
[75] Vgl. zu ähnlichen Fallgestaltungen der „Kostenfallen im Internet" *Eisele*, NStZ 2010, 198 ff.

493 Die Täuschung führte bei den Empfängern des Schreibens zu einem **Irrtum**, weil sie glaubten, dass ihnen bei der Verkaufsfahrt ohne weitere Gegenleistung ein Gewinn in Höhe von 250 € ausgehändigt und ein warmes Mittagessen gereicht werden würde. Aufgrund dieses Irrtums **verfügten** sie über ihr **Vermögen**, indem sie die Fahrt zu einem Preis von 9,95 € buchten.

494 Fraglich ist aber der **Vermögensschaden**. Zur Feststellung des Vermögensschadens ist bekanntlich eine Saldierung des Vermögens vor und nach der Vermögensverfügung vorzunehmen[76]. Dabei ist zu prüfen, ob die durch die Vermögensverfügung eingetretenen Nachteile durch gleichzeitig erlangte Vorteile ausgeglichen wurden[77]. Der Verpflichtung zur Zahlung von 9,95 € steht ein Anspruch auf Teilnahme an einer Busfahrt, die diesen Wert hat, gegenüber. Die Teilnehmer haben also für ihr Vermögensopfer eine gleichwertige Leistung erhalten, sodass der Vermögensschaden und damit die Betrugsstrafbarkeit entfallen.

495 Der Vermögensschaden kann nicht darauf gestützt werden, die Teilnehmer hätten die Verkaufsfahrt nur zu einem bestimmten Zweck gebucht, diesen Zweck aber verfehlt. Die *„Zweckverfehlungslehre"* ist bei wirtschaftlich ausgeglichenen Geschäften nicht anwendbar[78], da sonst der bloße Motivirrtum in den Anwendungsbereich des § 263 StGB einbezogen und der Betrug damit seinen Charakter als Vermögensdelikt verlieren würde. Die Gleichwertigkeit der Vermögenspositionen bestimmt sich nämlich grundsätzlich nicht aus der Sicht des Verletzten, sondern aus der eines objektiven Beobachters[79].

Mit der von der h.M.[80] anerkannten Lehre vom *persönlichen Schadenseinschlag* kann ein Schaden in unserem Fall nicht begründet werden. Trotz wirtschaftlicher Ausgeglichenheit des Geschäfts liegt zwar ein Schaden vor, wenn die Gegenleistung speziell für den Getäuschten keine gleichwertige Leistung darstellt, weil er sie nicht zu dem vertraglich vorausgesetzten Zweck oder in anderer zumutbarer Weise verwenden kann. Die Teilnehmer an der Verkaufsfahrt konnten diese aber durchaus zu dem vertraglich vereinbarten Zweck nutzen.

b) § 16 Abs. 1 UWG

496 Die Ankündigung, die Teilnehmer würden einen Gewinn und ein reichhaltiges Mittagsmenü erhalten, könnte aber den Tatbestand der strafbaren Werbung erfüllen.

K hat mit diesen Erklärungen im Wettbewerb **unwahre Angaben** gemacht, die geeignet waren, einen nicht ganz unbeachtlichen Teil des angesprochenen Verkehrskreises zu täuschen und zur Teilnahme an der Busfahrt zu veranlassen, denn das Versprechen des Gewinns und des Mittagsmenüs war maßgeblich für die Einschätzung, ob sich die Reise lohnt oder nicht. K hat somit in **Mitteilungen, die für einen größeren Personenkreis bestimmt** waren, mit unwahren Angaben irreführend geworben.

---

[76] BGHSt 16, 220, 221; BayObLG, NStZ 1994, 193; Krey/*Hellmann*/Heinrich, BT 2, Rn. 705; *Satzger*, in: S/S/W, § 263 Rn. 206.
[77] Krey/*Hellmann*/Heinrich, BT 2, Rn. 705 m.w.N.
[78] Krey/*Hellmann*/Heinrich, BT 2, Rn. 718.
[79] BGHSt 16, 321, 326; BayObLG, NJW 1987, 2452.
[80] BGHSt 16, 321, 326; BGH, NStZ-RR 2001, 41; *Heger*, in: L/K/H, § 263 StGB Rn. 48 ff.; *Mitsch*, BT 2, S. 324; *Perron*, in: Sch/Sch, § 263 StGB Rn. 108, 121 f.

Die Rechtsprechung[81] lehnte die Strafbarkeit nach § 16 Abs. 1 UWG allerdings in **497**
den Fällen ab, in denen Passanten mit unwahren Angaben zu einer Teilnahme an einer Verkaufsveranstaltung gelockt werden, weil es an dem **erforderlichen Zusammenhang** zwischen der Werbung und dem verkauften Produkt fehle. Das Erfordernis dieses Zusammenhangs folgerte die Rechtsprechung aus dem subjektiven Tatbestandsmerkmal der Absicht, den Anschein eines besonders günstigen Angebots hervorzurufen[82], obwohl der Zusammenhang zwischen der werbenden Aussage und dem angebotenen Produkt schon im objektiven Tatbestand relevant ist, da irreführende Angaben nur solche sind, die den Adressaten zum Erwerb des beworbenen Produktes – statt eines anderen – veranlassen können. Zudem müssen die Angaben geschäftliche Verhältnisse betreffen, also Umstände, die eine gewerbliche Tätigkeit im Wettbewerb zu fördern vermögen und mit dem Geschäftsbetrieb unmittelbar oder mittelbar in Beziehung stehen.

Der 1. Strafsenat[83] hat sich gegen diese Rechtsprechung gewandt. Ein rechtlicher Zusammenhang sei nicht zwingend erforderlich. Der Gesetzeswortlaut lege es vielmehr nahe, dass jeder vermeintliche Vorteil, der das Angebot in einem besonders günstigen Licht erscheinen lässt, ausreiche. Es sei nicht ersichtlich, weshalb gerade die Fälle, in denen bewusst undurchsichtige Pakete aus Waren oder Dienstleistungen mit sonstigen nicht vorhandenen Vorteilen beworben würden, aus dem Anwendungsbereich des § 16 UWG herausgenommen werden sollten. Deshalb liege ein Zusammenhang auch dann vor, wenn Kunden mit unzutreffenden Gewinnversprechungen zu einer Warenbestellung veranlasst würden, die in keinem rechtlichen Zusammenhang mit der Aussicht auf den Gewinn stand.

In der Literatur[84] wird die Ersetzung des rechtlichen durch einen rein wirtschaftlichen Zusammenhang kritisiert. Der Kunde werde bei Werbungen, bei denen ein Geschenk mit einer Warenlieferung ersichtlich nicht im Zusammenhang stehe, durch Emotionen, nicht aber durch unzutreffende Produktinformation dazu veranlasst, die Waren zu bestellen.

Diese Kritik überzeugt nicht. § 16 Abs. 1 UWG verlangt seinem Wortlaut nach keinen rechtlichen Zusammenhang zwischen der unwahren Werbung und dem Produkt[85]. Ein rein tatsächlicher Zusammenhang – wie er etwa bei der Ankündigung einer vermeintlichen Gewinnaussicht und der Aufforderung zu einer Warenbestellung, die keinen Einfluss auf die Höhe der Gewinnchance hat – reicht deshalb aus. Die Erfahrung zeigt, dass viele Verbraucher die Teilnahme an einem Gewinnspiel mit der Warenbestellung verknüpfen, weil sie sich moralisch verpflichtet fühlen oder glauben, dass sie ihre Chancen durch die Bestellung erhöhen. Auch diese Verbraucher verdienen den Schutz des § 16 Abs. 1 UWG[86].

---

[81] OLG Köln, MDR 1964, 1028 (zu § 4 UWG *a.F.*).
[82] BGH, NJW 2002, 3415, 3416; OLG Köln, MDR 1964, 1028.
[83] BGHSt 52, 227, 236 f. Rn. 52, mit Anm. *Brammsen*, NStZ 2009, 279; *Claus*, Jura 2009, 439; *Dornis*, GRUR 2008, 742; *Lagodny*, JR 2009, 36.
[84] *Brammsen*, NStZ 2009, 279, 280; *Soyka*, HRRS 2008, 418, 426.
[85] *Dornis*, GRUR 2008, 742, 749; *Ebert-Weidenfeller*, in: HWSt, 3. Teil 4. Kap. Rn. 28.
[86] *Dornis*, GRUR 2008, 742, 749.

498 Unser Fall 34 liegt im Übrigen ohnehin anders, denn das – unwahre und irreführende – Angebot des K sollte die Adressaten zur Teilnahme an der Busfahrt bewegen, sodass zwischen der angebotenen Leistung und der unwahren Angabe der erforderliche Zusammenhang besteht[87].

An diesem Ergebnis ändert es nichts, dass K die Adressaten nur deshalb zur Teilnahme an der Fahrt veranlassen wollte, um den Teilnehmern im Rahmen der Verkaufsveranstaltung die angebotenen Produkte verkaufen zu können. Die unwahren Angaben beschreiben ausschließlich Eigenschaften der Fahrt, deshalb wirbt K in den Schreiben nur für diese Leistung. Die Rechtsprechung würde lediglich zur Straflosigkeit gelangen, wenn mit unwahren und irreführenden Angaben für *kostenlose* Verkaufsfahrten geworben wird.

499 Da K vorsätzlich, in der Absicht, den Anschein eines besonders günstigen Angebots zu erwecken, rechtswidrig und schuldhaft handelte, hat er sich nach § 16 Abs. 1 UWG strafbar gemacht.

Ergänzende Hinweise:

500 (1) Die dargelegten Voraussetzungen gelten auch für die Strafbarkeit vergleichender Werbung (Rn. 465). Die in § 6 Abs. 2 UWG als *unlauter* beschriebenen Werbemethoden sind deshalb nur strafbar, wenn sie unwahre Tatsachenangaben enthalten.

501 (2) § 16 Abs. 1 UWG wird zwar von Amts wegen verfolgt, es handelt sich aber um ein sog. **Privatklagedelikt**, d.h., die Staatsanwaltschaft darf nur Klage erheben, wenn sie ein öffentliches Interesse bejaht (§ 374 Abs. 1 Nr. 7 StPO)[88]. Nach Nr. 260 S. 1, 2 Nr. 1 der Richtlinien für das Straf- und Bußgeldverfahren (RiStBV) hat die Staatsanwaltschaft das öffentliche Interesse in der Regel anzunehmen, wenn eine nicht nur geringfügige Rechtsverletzung vorliegt, was bei Taten nach § 16 Abs. 1 UWG „vor allem" gegeben sei, wenn durch unrichtige Angaben ein erheblicher Teil der Verbraucher irregeführt werden kann, z.B. durch die strafbare Benutzung von Herkunftsangaben nach § 144 MarkenG.

II. Progressive Kundenwerbung (§ 16 Abs. 2 UWG)

Fall 35: – *Veranstalten eines Pyramidenspiels*[89] –

502 Vera Volk (V) warb in Tageszeitungen unter der Rubrik „Stellenanzeigen" für die Teilnahme an ihren Seminarveranstaltungen zu einem „Unkostenbeitrag" von 50 €. Auf den Veranstaltungen bot V den Interessenten gegen eine Zahlung von 6.500 € die Mitgliedschaft in ihrer Spielergemeinschaft an. Das System des Spiels wurde ausführlich beschrieben: Mit der Zahlung des „Einstandsgeldes" in Höhe von 6.500 € erlangte das Mitglied die Position eines „Einzelhändlers" und erwarb dadurch das Recht, selbst neue Mitglieder zu werben und an deren Einstandsgeldern zu partizipieren. Den Spielregeln zufolge bekam ein Einzelhändler für seine ersten drei Werbungen eine Provision in Höhe von 1.500 € ausgezahlt. Mit der vierten erfolgreichen Werbung rückte das Mitglied zum „Großhändler" auf, wodurch ihm dann nicht nur die Provisionen für direkt von ihm angeworbene Mitglieder zustanden, sondern auch sog.

---

[87] So auch BGH, NJW 2002, 3415, 3416; krit. dazu: *Kempf/Schilling*, wistra 2007, 41, 46.

[88] Vgl. zum Einfluss dieser Regelung auf die mangelnde praktische Bedeutung des § 16 UWG *Kunkel*, WRP 2008, 292.

[89] Zum begrifflichen Unterschied zwischen „Pyramidenspiel" und „Schneeballsystem" siehe: *Ebert-Weidenfeller*, in: HWSt, 3. Teil 4. Kap. Rn. 42 ff. Zur Abgrenzung zwischen Strukturvertrieb und progressiver Kundenwerbung OLG Frankfurt, GRUR-RR 2016, 202 ff.

Folgeprovisionen, d.h. eine Beteiligung an den Einstandsgeldern neu eingetretener Mitglieder, die von den Einzelhändlern in seinem „Stamm" geworben wurden. Die Organisation und Durchführung der Werbeveranstaltungen sowie die unmittelbare Betreuung der Mitglieder oblag dem Management, in das erfolgreiche Großhändler als „Gruppenmanager", „stellvertretende Organisationsdirektoren", „Organisationsdirektoren", „Regionaldirektoren" und „Landesdirektoren" aufsteigen konnten. Das gesamte System wurde von V gesteuert, welche die Abrechnungen für die einzelnen Mitglieder zentral erstellte. Sie war insbesondere für die Verwaltung der Einstandsgelder und die Auszahlung der Provisionen zuständig. Die Spieleinsätze gingen auf ein Konto der Spielergemeinschaft, aus dessen Guthaben V die Provisionen verteilte. Für diese Tätigkeit behielt sie eine „Bearbeitungsgebühr" in Höhe von 1.500 € ein. Martin Olsen (O) besuchte eine Veranstaltung, wurde Mitglied in der Spielergemeinschaft und zahlte den Mitgliedsbeitrag. Er bemühte sich einige Zeit vergebens, seinerseits Mitglieder zu werben. Nach mehreren Monaten brach das System zusammen.

Wie hat sich V strafbar gemacht?

a) § 263 StGB, § 291 StGB, § 16 Abs. 1 UWG

Zum Teil[90] wird diskutiert, ob das Veranstalten von sog. Schneeballsystemen Betrug oder Wucher ist. Für die Strafbarkeit nach § 263 StGB fehlt in der Regel schon die Täuschung und § 291 StGB scheidet aus, weil die Veranstalter zwar eine erhebliche motivierende Kraft aufbringen, aber keine Schwächesituation des Opfers ausnutzen. Ob die Anzeige unter § 16 Abs. 1 UWG fällt, hängt von deren Wortlaut ab. Die Veröffentlichung in der Rubrik Stellenanzeige ist noch keine unwahre Angabe.

b) § 16 Abs. 2 UWG

V könnte sich aber nach § 16 Abs. 2 UWG strafbar gemacht haben. **503**
Erforderlich ist ein Tätigwerden **im geschäftlichen Verkehr**. Darunter ist jede Tätigkeit zu verstehen, die wirtschaftliche Zwecke verfolgt und in der eine Teilnahme am Erwerbsleben zum Ausdruck kommt[91].

Die Steuerung des Spiels durch V entlohnen die Mitglieder mit einer Bearbeitungsgebühr und ist damit geeignet, V eine auf längere Zeit ausgerichtete Erwerbsquelle zu sichern[92].

Darin unterscheidet sich dieses System von **kommerziellen Kettenbriefen** ohne zentrale Steuerung[93], bei denen der BGH[94] ein Tätigwerden im geschäftlichen Verkehr abgelehnt hat. Das gilt auch für die über E-Mail-Verkehr verbreiteten Kettenbriefe[95].

Die **Tathandlung** begeht, wer es – durch das Versprechen bestimmter Vorteile **504**
(Rn. 511 ff.) – *unternimmt, Verbraucher zur Abnahme von Waren, Dienstleistungen und Rechten zu veranlassen.*

---

[90] *Arzt*, in: Festschrift für Miyazawa, 1995, S. 519 ff.
[91] BGHSt 43, 270, 274; BGH, wistra 1994, 24; OLG Frankfurt, WRP 1994, 849; OLG Rostock, wistra 1998, 234, 235; *Reinbacher*, in: HdS 6, § 57 Rn. 29.
[92] So auch OLG Bamberg, wistra 1997, 114.
[93] Zu Kettenbriefen mit zentraler Steuerung *Beckemper*, wistra 1999, 169; *Bornkamm*, in: K/B/F, § 16 UWG Rn. 40; *Reinbacher*, in: HdS 6, § 57 Rn. 29. Zur Abgrenzung der progressiven Kundenwerbung von ähnlichen Systemen *Ebert-Weidenfeller*, in: HWSt, 3. Teil 4. Kap. Rn. 54 ff.
[94] BGHSt 34, 171, 179; zust. *Bornkamm*, in: K/B/F, § 16 UWG Rn. 48.
[95] *Finger*, ZRP 2006, 159, 160; *Sosnitza*, in: W/J/S, 17. Kap. Rn. 73.

Einigkeit herrscht darüber, dass der Begriff des Veranlassens weit auszulegen ist[96] und alle Tätigkeiten umfasst, die darauf abzielen, dass der umworbene potenzielle Käufer im unmittelbaren räumlichen und zeitlichen Zusammenhang zur Abnahme der Ware oder Leistung bewogen wird.

Das Erfordernis des unmittelbaren Zusammenhangs ist ebenfalls nicht zu eng zu begreifen. So ist es nicht notwendig, dass der angestrebte Vertrag im direkten Anschluss an das verbale oder schriftliche Anerbieten – also hier die Seminarveranstaltung – zustande kommt, sondern er besteht noch, wenn sich der Kunde erst nach einer Bedenkzeit für die Abnahme der Leistung entschließt. Erforderlich ist allein die anhaltende Einflusswirkung, die vom Täter ausgeht.

Der Veranstalter eines Pyramidensystems veranlasst im Übrigen auch die Mitglieder, die durch die bereits im Spiel befindlichen Teilnehmer geworben werden, zum Eintritt in das Spiel. Allein durch seine Verantwortlichkeit für das System und seine Tätigkeit zur Aufrechterhaltung des Spielablaufs bewegt er mit der Aufnahme in das System Verbraucher zur Abnahme eines Rechtes[97]. Der fehlende unmittelbare Kontakt vor dem Eintritt zwischen dem Veranstalter und dem neu geworbenen Mitglied steht dem nicht entgegen, da der Veranstalter hier die werbenden Alt-Teilnehmer für sich arbeiten lässt.

505 Einige Oberlandesgerichte[98] lehnten aber in Fällen wie dem vorliegenden die Anwendbarkeit des § 16 Abs. 2 UWG ab, weil es sich bei den geworbenen Personen nicht um **Verbraucher** handele. Teilnehmer an einem Pyramidenspiel hätten den Willen, sich eine Einnahmequelle von gewisser Dauer zu beschaffen und damit den Status von Existenzgründern. Sie würden deshalb nicht dem engen Verbraucherbegriff unterfallen. Die Einschränkung wurde mit der Auslegung des Verbraucherbegriffs durch den EuGH begründet[99]. Der Verbraucherbegriff des § 13 BGB, der nach § 2 Abs. 2 UWG gilt, geht auf die Fernabsatzrichtlinie[100] zurück und ist deshalb richtlinienkonform auszulegen[101]. Der EuGH[102] will den Verbraucher nur schützen, wenn er gegenüber seinem gewerblich handelnden Kontrahenten weniger erfahren ist.

Diese Rechtsprechung missachtet aber, dass die Partner in aller Regel über keine Vorerfahrungen verfügen, sondern sich lediglich eine nebenberufliche Einnahmequelle sichern wollen. Der Mitgliedsbeitrag ist dabei der erste Schritt, der noch in der Position der Privatperson unternommen wird. Teilnehmer an einem Pyramidenspiel sind zudem üblicherweise besonders unerfahren, stehen deshalb einer Privatperson sehr viel näher als einem Unternehmer und bedürfen sogar des besonderen Schutzes. Auch unter Beachtung der europarechtlichen Rechtsprechung, die auf die

---

[96] *Dreyer*, in: Harte/Henning, § 16 UWG Rn. 61; *Otto*, wistra 1997, 81, 85; *Reinbacher*, in: HdS 6, § 57 Rn. 31.
[97] *Hohmann*, in: MüKo³, § 16 UWG Rn. 78; *Otto*, wistra 1997, 81, 85.
[98] OLG Hamm, NStZ-RR 2009, 155, mit Anm. *Tierel*, jursPR-StrafR 6/2010 Anm. 2; OLG Naumburg, BeckRS 2010, 1916; siehe auch *Mäsch/Hesse*, GRUR 2010, 10; *Olesch*, WRP 2007, 908.
[99] OLG Hamm, NStZ-RR 2009, 155.
[100] Richtlinie 97/7/EG vom 20.05.1997, ABl. EG L 144, 19.
[101] *Reinbacher*, in: HdS 6, § 57 Rn. 30.
[102] EuGH, WM 1997, 1549, 1555.

Schutzbedürftigkeit abstellt, überzeugt es daher mehr, sie als Existenzgründer wie Verbraucher zu behandeln und in den Schutzbereich des § 16 Abs. 2 UWG einzubeziehen[103].

Das lässt sich im Übrigen auch mit der Gesetzesgeschichte begründen. Der Gesetzgeber hat in § 16 Abs. 2 UWG ausdrücklich klargestellt, dass es ausreicht, wenn die Vorteile vom Mitglied selbst gewährt werden, *um* Pyramidenspiele zu erfassen (dazu Rn. 514). Die Ersetzung des Begriffs „Nichtkaufmann" in § 6c UWG *a.F.* durch „Verbraucher" in der Neufassung des § 16 Abs. 2 UWG ist der Schutztrias des neuen UWG geschuldet, sollte aber nicht das Veranstalten von Pyramidenspielen straflos stellen.

506 Der BGH sieht dies ebenso. Die Teilnehmer seien Verbraucher, weil auf den Zeitpunkt, in dem die Betroffenen angesprochen werden, abzustellen sei und nicht auf den des Vertragsschlusses. Deshalb sei allein entscheidend, ob die Adressaten in dem Zeitpunkt, in dem mit den Werbemaßnahmen auf sie eingewirkt wird, Verbraucher sind. In diesem Zeitpunkt bewege sich das Verhalten der Betroffenen noch im Vorfeld einer Existenzgründung, weil die Entscheidung, ob es zu einer Existenzgründung kommen soll, erst vorbereitet werde[104]. Die Einbeziehung dieser Phase in den Anwendungsbereich des § 16 Abs. 2 UWG ergebe sich aus dem Schutzzweck des § 16 Abs. 2 UWG und dessen Deliktscharakter. Verbraucher sollten vor einer Verstrickung in gefährliche Vertriebsmethoden geschützt werden. Da § 16 Abs. 2 UWG ein **abstraktes Gefährdungsdelikt** zum Schutz geschäftlich unerfahrener Personen vor der Verstrickung in Vertriebsmethoden, die schon ihrer Anlage nach für sie ein gefährliches, schadensträchtiges Risiko zum Inhalt haben, komme es nicht darauf an, ob ein Vertrag abgeschlossen wurde, sondern es genüge das Herbeiführen einer Situation, in der die Verbraucher sich auf ein schadensträchtiges Vertriebsgeschäft einlassen könnten[105].

507 Die Ausgestaltung als **Unternehmensdelikt** (§ 11 Abs. 1 Nr. 6 StGB) beruht auf dem Gefährdungscharakter der progressiven Kundenwerbung. Wegen der Gleichstellung des Versuchs mit der Vollendung erfasst § 16 Abs. 2 UWG sogar erfolglose Anwerbungsversuche. Der Täter muss lediglich darauf hingewirkt haben, dass ein Verbraucher die angebotene Ware abnimmt. Der Tatbestand ist also schon durch das Veranstalten einer Seminarveranstaltung erfüllt, selbst wenn ein Vertragsschluss nicht zustande kommt[106].

508 Die Werbetätigkeit muss darauf gerichtet sein, **Waren, Dienstleistungen oder Rechte** zu veräußern. Die Begriffe Ware oder gewerbliche Leistung werden auch sonst im Wettbewerbsrecht häufig verwendet. Rechte sind nicht nur Forderungen aller Art, sondern u.a. Mitgliedschaftsrechte[107].

---

[103] So zu § 13 BGB ebenso *Heghmanns*, in: M/G, Kap. 7 § 26 Rn. 107; *Micklitz*, in: MüKo-BGB, § 13 Rn. 68.
[104] BGHSt 56, 174, 177 f. Rn. 24 ff.; ebenso *SHomann*, in: MüKo, § 16 UWG Rn. 92 ff.; *Keller*, in: BeckOK-UWG, § 16 Rn. 102 ff.; *Reinbacher*, in: HdS 6, § 57 Rn. 30.
[105] BGHSt 56, 174, 179 Rn. 27; *Diemer*, in: E/K, U 43, § 16 UWG Rn. 123 f.
[106] BGHSt 56, 174, 179 f. Rn. 28.
[107] BGHSt 43, 270, 274; *Diemer*, in: E/K, U 43, § 16 UWG Rn. 132; *Reinbacher*, in: HdS 6, § 57 Rn. 31.

Durch die Zahlung des Einstandsgeldes für ein Pyramidenspiel erwirbt das Mitglied ein vermögenswertes Mitgliedschaftsrecht im Spielsystem, das es ihm ermöglicht, durch eigene Aktivitäten Provisionen zu verdienen[108]. Zudem ist mit dem Recht der Anspruch auf Dienstleistungen des Veranstalters organisatorischer Art – etwa die Rechnungslegung und die Überwachung der Spielstände – verbunden.
Damit hat V Verbraucher zur Abnahme von Rechten veranlasst.

509 Nach Ansicht des OLG Rostock[109] soll § 16 Abs. 2 UWG jedoch nicht jedes Recht und nicht jede gewerbliche Leistung schützen. Der Tatbestand bedrohe die Anwendung progressiver Methoden nur dann mit Strafe, wenn sie in einem wettbewerblichen Kontext stünden, weil das UWG den redlichen Wettbewerb schützen soll. An diesem Wettbewerbszusammenhang fehle es aber in den Fällen, in denen es sich für jeden Teilnehmer ersichtlich um ein Gewinnsystem handelt, bei dem kein wirtschaftlicher Bezugspunkt außerhalb des Gewinnsystems existiert. Die progressive Methode werde somit bei Systemen, die nicht auf einen Warenumsatz zielen, nicht zu wettbewerbswidrigen Zwecken eingesetzt. Zwar erkennt das OLG Rostock an, dass solche Systeme Ähnlichkeiten mit der progressiven Kundenwerbung aufweisen, dennoch handele es sich wegen des Fehlens eines Warenumsatzes aber gerade nicht um Kundenwerbungen.

510 Die These, es fehle die erforderliche Verbindung zwischen Werbung und Vertrieb, überzeugt jedoch nicht. Die progressive Methode wird im Pyramidensystem für die Anwerbung neuer Mitglieder eingesetzt, was der Anwerbung des Käufers einer Ware entspricht. Die aleatorische Wirkung eines progressiv wirkenden Systems wird ebenso bei den warenungebundenen Systemen zur Umsatzsteigerung ausgenutzt. Die Auffassung des OLG Rostock, die Interessen des Wettbewerbs würden durch diese „Gewinnspiele" nicht verletzt, weshalb § 16 Abs. 2 UWG nicht anwendbar sei, missachtet, dass das UWG nicht nur dem Schutz des redlichen Wettbewerbs, sondern auch des Verbrauchers dient[110]. Im Übrigen fehlt es den warengebundenen Systemen in der Regel am wettbewerblichen Bezug, da sie nicht auf den unmittelbaren Verkauf von Waren angelegt sind, sondern den Aufbau eines Vertriebssystems zum Ziel haben[111].
Deshalb ist das Mitgliedschaftsrecht in einem Pyramidensystem von § 16 Abs. 2 UWG geschützt.

511 V müsste den Teilnehmern an dem Pyramidenspiel versprochen haben, sie würden entweder von dem Veranstalter oder von einem Dritten **besondere Vorteile** erlangen, wenn sie ihrerseits andere zum Abschluss gleichartiger Geschäfte unter entsprechender Werbung mit derartigen Vorteilen veranlassen.

---

[108] Diese Provisionen können nach Auffassung des BFH (Beschluss vom 28.6.1996 – X B 148/96 n.v.) unter Umständen sogar die Voraussetzungen einer steuerbaren gewerblichen Tätigkeit erfüllen.
[109] wistra 1998, 234, 235.
[110] *Bornkamm*, in: K/B/F, § 16 UWG Rn. 41.
[111] Ausführlich zu den Funktionsweisen und den Zielen der warengebundenen Systeme: *Lampe*, GA 1977, 31 ff.

§ 5: Werbungsstraftatbestände

Besondere Vorteile sind alle Leistungen, denen ein Vermögenswert zukommt und die den Empfänger wirtschaftlich oder rechtlich besser stellen[112]. Der Vorteil muss geeignet sein, den Empfänger zur Anwerbung weiterer Teilnehmer zu veranlassen[113]. Wortlaut und Systematik der Vorschrift schließen es dabei aus, dass die verkaufte Ware bzw. das erworbene Recht und der versprochene Vorteil identisch sind[114]. Der Vorteil muss dem Kunden *zusätzlich* in Aussicht gestellt werden, da nur so die erforderliche aleatorische Wirkung des Versprechens zu erzielen ist.

Nach Ansicht des BGH[115] ist der besondere Vorteil die konkrete Provision oder Werbeprämie, die sich inhaltlich von der verkauften Ware bzw. dem verkauften Recht – der Mitgliedschaft im System – unterscheidet. 512

Ein Teil der Rechtsprechung[116] und Literatur[117] lehnt die Unterscheidbarkeit von Provision und verkauftem Recht allerdings ab. Die Provisionen seien nur die Verwirklichung der vom Veranstalter verkauften Gewinnchance, die deshalb bereits Teil des verkauften Rechts sei; die Realisierung der Chance sei davon ebenfalls erfasst und könne deshalb nicht zusätzlich den besonderen Vorteil darstellen[118]. Eine der Gewinnchance entkleidete Mitgliedschaft sei völlig wertlos, so wie etwa ein Lottoschein ohne die darin enthaltene Chance auf Gewinn nur ein wertloses Blatt Papier sei. 513

Stellungnahme:
Zustimmung verdient die Auffassung des BGH. Im Gegensatz zu einer Ausspielung erwirbt das Mitglied eines Pyramidensystems das Recht, sich durch eigene Aktivitäten einen Anspruch zu verdienen; es handelt sich somit eben nicht um eine bloße Gewinnchance, deren Realisierung das Mitglied in der Folge nur noch abzuwarten hat[119]. Ein Lottoschein ohne Gewinnchance verbrieft tatsächlich kein verkauftes Recht, bei dem Mitgliedschaftsrecht liegt es aber anders, weil es sich bei den konkreten Provisionen nicht um einen Gewinn im klassischen Sinne handelt, da es am Element des Zufalls fehlt[120]. Pyramidenspielsysteme unterscheiden sich im Grundsatz daher nicht von warengebundenen Systemen, deren vorrangiges Ziel nicht im Absatz der Ware, sondern im Aufbau eines Vertriebssystems liegt. 514

---

[112] *Brammsen*, in: MüKo-UWG, § 16 Rn. 123; *Ohly/Sosnitza*, § 16 UWG Rn. 46.
[113] *Ebert-Weidenfeller*, in: HWSt, 3. Teil 4. Kap. Rn. 49; *Krell*, in: G/J/W, § 16 UWG Rn. 166.
[114] OLG Karlsruhe, GRUR 1989, 615, 616; BayObLG, wistra 1990, 240, 241; OLG Stuttgart, wistra 1991, 234, 235; *Große/Weitemeyer*, Kriminalistik 1996, 789; *Otto*, wistra 1997, 81, 87.
[115] BGHSt 43, 270, 274 f.
[116] Begründung des LG Würzburg für die Ablehnung der Eröffnung des Hauptverfahrens gegen einen „stellvertretenden Organisationsdirektor" des Unternehmer-Spiels „Life", zit. in: OLG Bamberg, wistra 1997, 114. Für die ähnlich gelagerten kommerziellen Kettenbriefe: OLG Stuttgart, wistra 1990, 240, 241; wistra 1991, 234, 236.
[117] *Otto*, wistra 1997, 81, 87; ders., wistra 1998, 227.
[118] *Otto*, wistra 1997, 81, 87; ders., wistra 1998, 227; so auch für Kettenbriefaktionen: OLG Karlsruhe, GRUR 1989, 615, 616; BayObLG, wistra 1990, 240, 241.
[119] OLG Bamberg, wistra 1997, 114, 116.
[120] Zur Abgrenzung zulässiger Marketing-Systeme zum unerlaubten Pyramidenspiel auch *Wünsche*, BB 2012, 273 ff.

Dritter Abschnitt: Wettbewerbs- und Geheimnisverletzungen

Die Behauptung, das Mitgliedschaftsrecht sei ohne die Gewinnchance wertlos, belegt ebenfalls nicht, dass die Gewinnchance bereits Teil des verkauften Rechtes sei. Der Strafgrund der progressiven Kundenwerbung besteht gerade darin, dass ein (subjektiv oder objektiv) wertloses Recht durch das Versprechen der Entlohnung einer erfolgten Kundenwerbung verkauft wird[121]. Das Inaussichtstellen der Gewinnchance ist somit nicht die Gegenleistung für den Mitgliedsbeitrag, sondern der vom Veranstalter gewährte entscheidende Anreiz für den Eintritt in das System[122].

515 V hat daher einen besonderen Vorteil versprochen und den objektiven Tatbestand des § 16 Abs. 2 UWG erfüllt.

Da sie vorsätzlich, rechtswidrig und schuldhaft handelte, ist sie wegen progressiver Kundenwerbung strafbar.

Ergänzender Hinweis:

516 § 16 Abs. 2 UWG wird zwar von Amts wegen verfolgt, ist aber – wie § 16 Abs. 1 UWG – ein **Privatklagedelikt** (siehe Rn. 501). Nach Nr. 260 S. 2 Nr. 2 der Richtlinien für das Straf- und Bußgeldverfahren (RiStBV) ist das öffentliche Interesse von der Staatsanwaltschaft in der Regel zu bejahen, wenn insgesamt ein hoher Schaden droht, die Teilnehmer einen nicht unerheblichen Beitrag zu leisten haben oder besonders schutzwürdig sind.

---

[121] *Beckemper*, wistra 1999, 169, 171; *Wegner*, wistra 2001, 171, 172.
[122] OLG Bamberg, wistra 1997, 114, 116; *Hohmann*, in: MüKo³, § 16 UWG Rn. 83.

§ 6 Geheimnisverletzungen

Straftatbestände gegen Geheimnisverletzungen sind in zahlreichen Gesetzen zu finden. Das StGB schützt die „klassischen" Geheimnissphären, nämlich das Briefgeheimnis (§ 202), Privat-, Betriebs- und Geschäftsgeheimnisse (§§ 203, 204), das Post- und Fernmeldegeheimnis (§ 206), Dienstgeheimnisse (§ 353b) und das Steuergeheimnis (§ 355). Der Schutz von Geschäftsgeheimnissen ist zudem im Wirtschaftsstrafrecht geregelt. **516a**

I. Verletzungen von Geschäftsgeheimnissen (§ 23 GeschGehG)

Die – zuvor in §§ 17 bis 19 UWG enthaltenen – Straftatbestände gegen Wirtschaftsspionage und Konkurrenzausspähung wurden 2019 in § 23 GeschGehG überführt (Rn. 452). Zur Umsetzung der EU-Geschäftsgeheimnis-Richtlinie[1] war dies nicht erforderlich. Inhaltlich blieben die Tatbestände „im Wesentlichen" erhalten, sie wurden jedoch „anhand der geänderten Anforderungen an das Nebenstrafrecht modernisiert und an die Begriffe des GeschGehG angepasst"[2]. Die bisherige Unterscheidung von Betriebs- und Geschäftsgeheimnissen wurde zugunsten der einheitlichen Verwendung des Begriffs Geschäftsgeheimnis aufgegeben und die im UWG enthaltene Voraussetzung unbefugten Handelns wurde durch die Bezugnahme auf die einzelnen Handlungsverbote in § 4 GeschGehG ersetzt, um deutlich zu machen, dass nur eine auch zivilrechtlich rechtswidrige Handlung nach dem GeschGehG unter die Strafvorschriften fallen kann[3]. Anders als §§ 17-19 UWG beschreibt § 23 GeschGehG deshalb die inkriminierten Verhalten nicht mehr selbst, sondern verweist auf § 4 Abs. 1, 2 GeschGehG. Dadurch ist der zuvor klar strukturierte Regelungskomplex sehr unübersichtlich geworden. **516b**

Der „**Geheimnisverrat**" (§ 17 Abs. 1 UWG) ist nun in § 23 Abs. 1 Nr. 3 i.V.m. § 4 Abs. 2 Nr. 3 GeschGehG geregelt, die „**Betriebsspionage**" (§ 17 Abs. 2 Nr. 1 UWG) in § 23 Abs. 1 Nr. 1 i.V.m. § 4 Abs. 1 Nr. 1 GeschGehG. Die „**Geheimnishehlerei**" (§ 17 Abs. 2 Nr. 2 UWG) findet sich in § 23 Abs. 1 Nr. 2 i.V.m. § 4 Abs. 2 Nr. 1a, Abs. 1 Nr. 1 GeschGehG, in § 23 Abs. 2, Abs. 1 Nr. 2 i.V.m. § 4 Abs. 2 Nr. 1a, Abs. 1 Nr. 1 GeschGehG und in § 23 Abs. 2, Abs. 1 Nr. 3 i.V.m. § 4 Abs. 2 Nr. 3 GeschGehG. Die „**Vorlagenfreibeuterei**" (§ 18 Abs. 1 UWG) regelt § 23 Abs. 3 i.V.m. § 4 Abs. 2 Nr. 2 und Nr. 3 GeschGehG[4]. Die in § 19 Abs. 1, 2 UWG a.F. als „**Verleiten und Erbieten zum Verrat**" bezeichneten Beteiligungsformen im Vorbereitungsstadium der §§ 17, 18 UWG sind durch die Anordnung der entsprechenden Geltung der §§ 30, 31 StGB in § 23 Abs. 7 S. 2 GeschGehG erfasst.

---

[1] Richtlinie 2016/943/EU vom 08.06.2016 über den Schutz vertraulichen Know-hows und vertraulicher Geschäftsinformationen (Geschäftsgeheimnisse) vor rechtswidrigem Erwerb sowie rechtswidriger Nutzung und Offenlegung, ABl. L 157 vom 15.06.2016, 1. Zur Richtlinie etwa *Hoeren/Münker*, CCZ 2018, 85 ff.; *Reinbacher*, KriPoZ 2018, 115, 118 ff. (bzgl. Strafbarkeit des Whistleblowings).
[2] BT-Drs. 19/4724, 40.
[3] BT-Drs. 19/4724, 40.
[4] Siehe auch die Synopse bei *Stage*, jurisPR-StrafR 12/2019, Anm. 1, 1 f.

1. Geheimnisverrat (§ 23 Abs. 1 Nr. 3 GeschGehG) und Geheimnishehlerei (§ 23 Abs. 2 i.V.m. Abs. 1 Nr. 3 GeschGehG)

Fall 36: *– Geschäftsgeheimnis –*

517 Irene Große (G) hatte ein Personaldienstleistungsunternehmen gegründet. Da sich die Suche nach Kunden und zum „Verleih" geeigneter Arbeitnehmer schwieriger als erwartet erwies, überredete sie ihre Freundin Michaela Franke (F), die bei der Alt-GmbH, einem Konkurrenzunternehmen arbeitete, ihr die Namen und Adressen einiger Kunden und Arbeitnehmer der Alt-GmbH mitzuteilen. Obwohl der Arbeitsvertrag der F eine „Verschwiegenheitsklausel" enthielt, übergab sie der G eine Liste mit den Daten der von ihr betreuten Kunden und Arbeitnehmer. G trat mit den Kunden und Arbeitnehmern in Kontakt und es gelang ihr, einige „abzuwerben".

Wie haben sich F und G strafbar gemacht?

a) Strafbarkeit der F wegen Geheimnisverrats nach § 23 Abs. 1 Nr. 3 GeschGehG

aa) Objektiver Tatbestand

F könnte sich durch die Weitergabe der Anzeige wegen **Geheimnisverrats**, § 23 Abs. 1 Nr. 3 i.V.m. § 4 Abs. 2 Nr. 3 GeschGehG, strafbar gemacht haben.

517a (1) § 23 Abs. 1 Nr. 3 GeschGehG ist ein **Sonderdelikt**, das nur *eine bei einem Unternehmen beschäftigte Person* als **Täter** begehen kann[5].

Der Tatbestand erfasst alle Beschäftigten eines Unternehmens, unabhängig von der Art der Tätigkeit oder des Dienstverhältnisses, sodass auch Vorstandsmitglieder, Aufsichtsratsvorsitzende oder (Fremd-)Geschäftsführer taugliche Täter sind[6]. Personen, die weisungsungebunden und freiberuflich für ein Unternehmen tätig werden, z.B. Steuerberater und Rechtsanwälte, zählen dagegen nicht zum Täterkreis[7].

F weist als Angestellte der Alt-GmbH somit die Tätereigenschaft auf.

518 (2) **Tatobjekt** ist ein **Geschäftsgeheimnis**.

§ 2 Nr. 1 GeschGehG enthält eine Legaldefinition des Geschäftsgeheimnisses, die vier Kriterien aufweist. Ein Geschäftsgeheimnis ist danach eine Information, die den Personenkreisen, die üblicherweise mit dieser Information umgehen, nicht allgemein bekannt oder ohne weiteres zugänglich ist (**Nichtoffenkundigkeit**) und daher von wirtschaftlichem Wert ist (**Werthaltigkeit**), von dem rechtmäßigen Inhaber durch angemessene Geheimhaltungsmaßnahmen geschützt wird (**Geheimhaltungsschutz**) und bei der ein berechtigtes Interesse an der Geheimhaltung besteht (**Geheimhaltungsinteresse**)[8].

518a Der Geschäftsgeheimnisbegriff des GeschGehG unterscheidet sich nicht unerheblich von den in § 17 Abs. 1, 2 UWG verwendeten Termini Betriebs- und Geschäfts-

---

[5] *Heghmanns*, in: M/G, § 26 Rn. 9; *Hiéramente*, in: BeckOK-GeschGehG, § 23 Rn. 32; *Joecks/Miebach*, in: MüKo³, § 23 GeschGehG Rn. 72; *Reinbacher*, in: HdS 6, § 57 Rn. 68; zu § 17 Abs. 1 UWG a.F. *Ebert-Weidenfeller*, in: HWSt, 3. Teil 4. Kap. Rn. 76; *Kasiske*, ZJS 2016, 628, 632.

[6] *Joecks/Miebach*, in: MüKo³, § 23 GeschGehG Rn. 73 f.; *Krbetschek*, in: MüKo-UWG, § 23 GeschGehG Rn. 15.

[7] *Hiéramente*, in: BeckOK-GeschGehG, § 23 Rn. 32; zu § 17 Abs. 1 UWG BGH, VersR 2009, 1403.

[8] *Stage*, jurisPR-StrafR 12/2019, Anm. 1, 2.

geheimnis, die nach wie vor in §§ 203, 204 StGB und anderen Tatbeständen (Rn. 537) zu finden sind. *Betriebsgeheimnisse* sind Tatsachen und Kenntnisse technischer Art[9], *Geschäftsgeheimnisse* beziehen sich auf den kaufmännischen Bereich des Unternehmens[10]. Im Einzelfall kann die Zuordnung eines Geheimnisses zu einer der beiden Varianten zwar schwierig sein, das Ergebnis darf aber offen bleiben, da alle Unternehmensgeheimnisse denselben Schutz genießen[11].

Um ein Betriebs- bzw. Geschäftsgeheimnis im Sinne der §§ 203, 204 StGB – und des aufgehobenen § 17 UWG – handelt es sich, wenn die zu einem Geschäftsbetrieb in Beziehung stehenden Fakten und Umstände nach dem erkennbaren Willen des Betriebsinhabers geheim gehalten werden sollen und nur einem begrenzten Personenkreis bekannt, also nicht offenkundig sind. Der Betriebsinhaber muss zudem ein berechtigtes Geheimhaltungsinteresse haben, das vorliegt, wenn die Aufdeckung der Tatsache geeignet wäre, dem Geheimnisinhaber wirtschaftlichen Schaden zuzufügen[12]. Kriterien des Unternehmensgeheimnisses sind damit **Betriebsbezogenheit, Nichtoffenkundigkeit, Geheimhaltungswille** und **Geheimhaltungsinteresse**[13].

Der Geschäftsgeheimnisbegriff des § 2 Nr. 1 GeschGehG ist somit zum Teil weiter, zum Teil aber auch enger.

519

Es fehlt in dieser Definition jeder Bezug zu einem geschäftlichen Betrieb oder Unternehmen, sodass offen bleibt, weshalb der Terminus Geschäftsgeheimnis verwendet wird. Die notwendige Werthaltigkeit der Information stellt den Betriebsbezug nicht notwendig her, da auch Privatgeheimnisse einen wirtschaftlichen Wert besitzen können. Dadurch dürfte die Abgrenzung von §§ 203, 204 StGB, die ebenfalls Betriebs- und Geschäftsgeheimnisse schützen, erschwert werden. Nach § 1 Abs. 3 Nr. 1 GeschGehG soll der strafrechtliche Schutz von Geschäftsgeheimnissen, deren unbefugte Offenbarung von § 203 StGB erfasst wird, unberührt bleiben. Da § 23 GeschGehG zum Teil höhere Strafrahmen aufweist als §§ 203, 204 StGB, dürfte die Neuregelung für einige Konstellationen eine Strafverschärfung bewirken.

Der Geheimhaltungswille ist zwar unerheblich, der Verzicht auf einen solchen Willen erweitert den Geschäftsgeheimnisbegriff aber nicht bzw. nicht wesentlich, da dieser Wille nicht notwendig ausdrücklich erklärt werden muss, sondern es genügt, dass ihn der Dritte unter Berücksichtigung seines Verständnishorizonts erkennen kann[14]. Der Geheimhaltungswille kann sich aus der Natur der geheim zu haltenden Tatsache ergeben[15], aber auch daraus, dass der Geheimnisinhaber Maßnahmen zum Schutz vor Kenntnisnahme der Informationen durch Unbefugte vorgenommen hat.

---

[9] BAG, NJW 1988, 1686; OLG Karlsruhe, NStZ-RR 2016, 258, 259 (SIM-Lock-Code eines Mobiltelefons); *Ebert-Weidenfeller*, in: HWSt, 3. Teil 4. Kap. Rn. 66.
[10] OLG Hamm, WRP 1993, 118, 119.
[11] *Többens*, NStZ 2000, 505, 506.
[12] BGH, wistra 1995, 266; wistra 2014, 30, 32; BayObLGSt 1990, 88, 91; BayObLG, wistra 2001, 72; OLG Karlsruhe, NStZ-RR 2016, 258, 259.
[13] *Diemer*, in: E/K, U 43, § 17 UWG Rn. 8 ff.; *Ebert-Weidenfeller*, in: HWSt, 3. Teil 4. Kap. Rn. 66 ff.
[14] *Ebert-Weidenfeller*, in: HWSt, 3. Teil 4. Kap. Rn. 74.
[15] BGH, GRUR 1969, 341, 343; GRUR 1977, 539, 540; NJW 1995, 2301. In der Literatur ist jedoch umstritten, welche Anforderungen an die Manifestation des Geheimhaltungswillens zu stellen sind, vgl. dazu *Otto*, wistra 1988, 125 ff.

Indem § 2 Nr. 1b GeschGehG das Vorliegen eines Geschäftsgeheimnisses von dem Ergreifen den Umständen nach angemessener Geheimhaltungsmaßnahmen durch den rechtmäßigen Inhaber des Geheimnisses abhängig macht, wird der strafrechtliche Schutz nicht offenkundiger Informationen durch § 23 GeschGehG gegenüber dem früheren Rechtszustand in § 17 UWG, der keine Geheimnisschutzmaßnahmen verlangte[16], eingeschränkt[17] (Rn. 521b).

520 In unserem Fall 36 muss es sich bei den Namen und Adressen der Kunden und Arbeitnehmer der Alt-GmbH, die F an G weitergab, um nicht offenkundige, werthaltige Informationen, an der die GmbH ein berechtigtes Geheimhaltungsinteresse hatte und die durch angemessene Geheimhaltungsmaßnahmen geschützt waren, handeln.

521 **Nicht offenkundig** ist eine Information nach § 2 Nr. 1a GeschGehG, wenn sie „weder insgesamt noch in der genauen Anordnung und Zusammensetzung ihrer Bestandteile den Personen in den Kreisen, die üblicherweise mit dieser Art von Informationen umgehen, allgemein bekannt oder ohne Weiteres zugänglich ist". Die Kenntnis eines eng begrenzten Personenkreises, den der Geheimnisinhaber unter Kontrolle hat, genügt für die Annahme der Offenkundigkeit nicht[18]. Das gilt auch, wenn die Informationen einzelnen Kunden, deren Verschwiegenheit vereinbart wurde oder vorausgesetzt werden kann, mitgeteilt oder wenn geheimhaltungsbedürftige Unterlagen im Rahmen eines amtlichen Verfahrens auf Anforderung vorgelegt wurden[19].

521a Die Information muss zudem einen **wirtschaftlichen Wert** besitzen. Nicht dem Geschäftsgeheimnisbegriff unterfallen danach belanglose Informationen ohne einen wirtschaftlichen Wert[20]. Wissenschaftliche Erkenntnisse[21], ideelle oder persönliche Informationen, die nicht auf wirtschaftliche Verwertung gerichtet sind, sind ebenfalls nicht erfasst[22].
Unklar ist die Verknüpfung der Nichtoffenkundigkeit mit der Werthaltigkeit („daher"). Das legt die Vermutung nahe, die Werthaltigkeit müsse gerade aus der Nichtoffenkundigkeit folgen. Es genügt jedoch, dass der wirtschaftliche Wert zumindest auch aus der Nichtoffenkundigkeit resultiert[23], die Information also einen Wertzuwachs erfährt, weil sie der Allgemeinheit oder den einschlägigen Fachkreisen nicht bekannt oder für diese nicht ohne weiteres zugänglich ist[24].

---

[16] Näher *Fuhlrott*, in: BeckOK-GeschGehG, § 2 Rn. 19.
[17] *Ohly*, GRUR 2019, 441, 442; zweifelhaft ist jedoch, ob der Geschäftsgeheimnisbegriff auch hinsichtlich des Geheimhaltungsinteresses enger ist.
[18] *Hiéramente*, in: BeckOK-GeschGehG, § 2 Rn. 10; *Többens*, NStZ 2000, 505, 506; *Wittig*, § 33 Rn. 38.
[19] *Ebert-Weidenfeller*, in: HWSt, 3. Teil 4. Kap. Rn. 72.
[20] BT-Drs. 19/4724, 24; *Harte-Bavendamm*, in: H-B/O/K, § 2 GeschGehG Rn. 38; *Hiéramente*, in: BeckOK-GeschGehG, § 2 Rn. 14.
[21] Forschungsergebnisse von Universitäten mit wirtschaftlichem Potenzial sind jedoch erfasst; BT-Drs. 19/4724, 24; *Ohly*, GRUR 2019, 441, 443.
[22] OLG Schleswig, GRUR-RS 2022, 9007, Rn. 47.
[23] *Alexander*, in: K/B/F, § 23 GeschGehG Rn. 47; *Harte-Bavendamm*, in: H-B/O/K, § 2 GeschGehG Rn. 37.
[24] *Hiéramente*, in: BeckOK-GeschGehG, § 2 Rn. 17.

Welche Anforderungen an den **Geheimhaltungsschutz** durch „den Umständen nach angemessene Geheimhaltungsmaßnahmen" (§ 2 Nr. 1b GeschGehG) zu stellen sind, ist noch weitgehend ungeklärt[25]. Erforderlich sind jedenfalls aktive Maßnahmen des Geheimnisinhabers[26]. Einigkeit besteht darüber, dass die Anforderungen nicht überspannt werden dürfen und nicht die bestmöglichen Schutzmaßnahmen ergriffen werden müssen[27]. Zu berücksichtigen sind insbesondere der Wert des Geschäftsgeheimnisses und dessen Entwicklungskosten, die Natur der Informationen, die Bedeutung für das Unternehmen, die Größe des Unternehmens, die üblichen Geheimhaltungsmaßnahmen in dem Unternehmen, die Art der Kennzeichnung der Informationen und vereinbarte vertragliche Regelungen mit Arbeitnehmern und Geschäftspartnern[28]. In Betracht kommen organisatorische Maßnahmen (Einrichtung einer Compliance-Abteilung, Instruktion von Mitarbeitern sowie die Überwachung und Kontrolle der Einhaltung von Sicherungsmaßnahmen), personelle Maßnahmen (z.B. persönliche Zugangsbeschränkungen zu vertraulichen Informationen), vertragliche Vereinbarungen über Geheimhaltungspflichten und physische Zugangsbeschränkungen und Vorkehrungen (Passwörter, Verschlüsselungstechniken, sichere Verwahrung von Unterlagen usw.)[29].

521b

Das **berechtigte Interesse an der Geheimhaltung** (§ 2 Nr. 1c GeschGehG) ist nach objektiven Kriterien zu bestimmen; erfasst ist grundsätzlich jedes wirtschaftliche Interesse[30], mit Ausnahme von reinen Bagatellfällen[31]. Es liegt vor, wenn die Aufdeckung der Tatsache geeignet wäre, dem Geheimnisträger einen wirtschaftlichen Schaden zuzufügen[32] oder für die Wettbewerbsfähigkeit des Unternehmens von Bedeutung ist[33].

522

Strittig ist, ob sitten- oder gesetzwidrige Umstände, z.B. Preisabsprachen, ein Geschäftsgeheimnis darstellen können. Nach zutreffender Auffassung ist das zu bejahen, da sich das Geheimhaltungsinteresse des Unternehmers auch auf solche Geheimnisse erstreckt[34]. Es überzeugt nicht, sie aus dem Schutzbereich auszuklammern, denn das Unternehmen wird in der Regel ein schutzwürdiges Interesse an der Geheimhaltung einer solchen Tatsache haben. Für den grundsätzlichen Schutz „rechtswidriger" Geheimnisse spricht zudem, dass die Offenbarung durch einen Arbeitnehmer zum Schutz des „allgemeinen öffentlichen Interesses" („Whistleblo-

---

[25] OLG Schleswig, GRUR-RS 2022, 9007, Rn. 52 ff.
[26] *Alexander*, in: K/B/F, § 23 GeschGehG Rn. 49; *Hauck*, in: MüKo-UWG, § 2 GeschGehG Rn. 19.
[27] OLG Düsseldorf, GRUR-RS 2021, 17483, Rn. 38; *Fuhlrott*, in: BeckOK-GeschGehG, § 2 Rn. 19.
[28] BT-Drs. 19/4724, 24 f.; *Reinbacher*, in: HdS 6, § 57 Rn. 53.
[29] Näher z.B. *Alexander*, in: K/B/F, § 23 GeschGehG Rn. 58 ff.; *Fuhlrott*, in: BeckOK-GeschGehG, § 2 Rn. 35 ff.
[30] *Hohn-Hein/Barth*, in: BeckOK-UWG, § 2 GeschGehG Rn. 25.
[31] *Hiéramente*, in: BeckOK-GeschGehG, § 2 Rn. 70.
[32] BGH, wistra 2014, 30, 32, zu § 17 UWG.
[33] OLG Stuttgart, GRUR-RS 2020, 35613, Rn. 165; *Harte-Bavendamm*, in: H-B/O/K, § 2 GeschGehG Rn. 66; *Többens*, NStZ 2000, 505, 506 (zu § 17 UWG).
[34] Z.B. *Harte-Bavendamm*, in: H-B/O/K, § 2 GeschGehG Rn. 667; *Hiéramente*, in: BeckOK-GeschGehG, § 2 Rn. 73; *Schröder*, ZRP 2020, 212, 214; zu § 17 UWG *Azar*, JuS 2017, 930, 933; *Kasiske*, ZJS 2016, 628, 633; *Reinbacher*, in: HdS 6, § 57 Rn. 56. **A.A.** *Alexander*, in: K/B/F, § 23 GeschGehG Rn. 79; *Schreiber*, NZWiSt 2019, 332, 334 f.

wing") gemäß § 5 Nr. 2 GeschGehG nicht unter die Handlungsverbote des § 4 GeschGehG fällt (dazu Rn. 526a).

523 Die Daten der von der Alt-GmbH betreuten Kunden und der Mitarbeiter der Gesellschaft waren nicht allgemein bekannt oder zugänglich, also nicht offenkundig, und besaßen deshalb einen wirtschaftlichen Wert, weil die Alt-GmbH, nicht dagegen Konkurrenzunternehmen, anhand dieser Daten geeignete (Leih-)Arbeitnehmer an ihre Kunden vermitteln kann. Die Gesellschaft hatte eine angemessene Geheimhaltungsschutzmaßnahme ergriffen, indem sie mit F eine vertragliche Vereinbarung über die Geheimhaltung der ihr bekannt gewordenen betrieblichen Informationen geschlossen hatte. Ein berechtigtes Geheimhaltungsinteresse liegt vor, weil die Aufdeckung den Wettbewerbsvorteil der Alt-GmbH beeinträchtigt. Die Daten stellen somit ein Geschäftsgeheimnis der Gesellschaft dar.

524 Das Geschäftsgeheimnis muss dem Mitarbeiter **im Rahmen des Beschäftigungsverhältnisses** – d.h. in einem ursächlichen Zusammenhang mit dem Beschäftigungsverhältnis[35] – **anvertraut** worden oder **zugänglich** geworden sein.

Anvertraut worden ist das Geheimnis, wenn es dem Beschäftigten unter ausdrücklichem oder konkludentem Hinweis auf die Geheimhaltungspflicht zur Kenntnis gebracht wird[36].

Zugänglich geworden bedeutet nicht zugänglich „gemacht", sodass es genügt, wenn das Geheimnis dem Mitarbeiter auf irgendeine Weise bekannt wurde, falls die Kenntniserlangung in einer Beziehung zum Beschäftigungsverhältnis stand[37], was auch bei einer Verschaffung der Information durch Bestechung eines Kollegen der Fall ist[38]. Kannte der Beschäftigte das Geheimnis dagegen schon vorher oder brachte er es unabhängig von seinem Beschäftigungsverhältnis in Erfahrung, so scheidet § 23 Abs. 1 Nr. 3 GeschGehG aus.

Ob F das Geheimnis „anvertraut" wurde, ist dem Sachverhalt nicht zu entnehmen. Sie erfuhr es aber aufgrund des Beschäftigungsverhältnisses, sodass es ihr „zugänglich geworden" ist.

525 (3) Die **Tathandlung** besteht in der **Offenlegung** des Geheimnisses **entgegen einer Verpflichtung** zur Geheimhaltung (§ 4 Abs. 2 Nr. 3 GeschGehG) **während der Geltungsdauer des Beschäftigungsverhältnisses**.

Offenlegung meint „die Eröffnung des Geschäftsgeheimnisses gegenüber Dritten, nicht notwendigerweise der Öffentlichkeit"[39]. Dies kann schriftlich, z.B. per Brief, E-Mail, Bereitstellung im Internet oder Presseveröffentlichung, und mündlich erfolgen[40]. Liegt eine Garantenstellung (§ 13 Abs. 1 StGB) vor, so genügt ein Unterlassen, das zur Kenntniserlangung bei einem Dritten führt[41]. Der Dritte muss das Geheimnis nicht verstehen, wenn er in der Lage ist, es an andere Personen weiterzugeben[42].

---

[35] *Alexander*, in: K/B/F, § 23 GeschGehG Rn. 36.
[36] RGSt 13, 62; *Hiéramente*, in: BeckOK-GeschGehG, § 23 Rn. 33; *Otto*, wistra 1988, 125, 127; *Reinbacher*, in: HdS 6, § 57 Rn. 69.
[37] *Alexander*, in: K/B/F, § 23 GeschGehG Rn. 38.
[38] *Hiéramente*, in: BeckOK-GeschGehG, § 23 Rn. 33.
[39] BT-Drs. 19/4724, 27.
[40] *Ohly*, in: H-B/O/K, § 4 GeschGehG Rn. 28.
[41] *Hiéramente*, in: BeckOK-GeschGehG, § 23 Rn. 37; *Reinbacher*, in: HdS 6, § 57 Rn. 56.
[42] RGSt 51, 184, 189; *Heghmanns*, in: M/G, § 26 Rn. 28; *Otto*, wistra 1988, 125, 127.

525a Die *Verpflichtung zur Geheimhaltung* kann ausdrücklich vereinbart werden, aber auch durch eine konkludente Einigung zustande kommen, z.B. durch die Kennzeichnung ausgehändigter Unterlagen als vertraulich[43]. Die Pflicht zur Geheimhaltung im laufenden Beschäftigungsverhältnis ist in der Regel eine Nebenpflicht des Arbeitsvertrages[44]. Häufig wird sie ausdrücklich vereinbart.

526 Die Offenlegung muss *während der Geltungsdauer des Beschäftigungsverhältnisses* erfolgen. Diese Beschränkung stellt sicher, dass der Arbeitnehmer nach dem Ausscheiden aus dem Unternehmen nicht in seinem Fortkommen behindert wird[45]. Maßgeblich ist die rechtliche, nicht die tatsächliche Dauer des Beschäftigungsverhältnisses, sodass sich der Mitarbeiter der Bestrafung nicht durch bloßes Fortbleiben vom Arbeitsplatz entziehen kann[46]. War das Beschäftigungsverhältnis jedoch im Zeitpunkt der Offenbarung des Geheimnisses rechtlich beendet, so begründet es die Strafbarkeit nach § 23 Abs. 1 Nr. 3 GeschGehG nicht, wenn der – ehemalige – Beschäftigte zivilrechtlich weiterhin zur Geheimhaltung verpflichtet bleibt[47]. Das gilt – entgegen einer Auffassung in der Literatur[48] – nach dem eindeutigen Wortlaut des § 23 Abs. 1 Nr. 3 GeschGehG auch bei einer provozierten Auflösung des Arbeitsverhältnisses, um das Geschäftsgeheimnis ausnutzen zu können.

526a § 5 GeschGehG regelt **Ausnahmen** von den in § 4 GeschGehG geregelten Handlungsverboten. Die Erlangung, Nutzung oder Offenlegung eines Geschäftsgeheimnisses unterfällt diesen Verboten nicht, wenn dies **zum Schutz eines berechtigten Interesses** erfolgt. Das ist „insbesondere" der Fall, wenn das Verhalten zur Ausübung des Rechts der freien Meinungsäußerung und der Informationsfreiheit, einschließlich der Achtung der Freiheit und der Pluralität der Medien (Nr. 1), zur Aufdeckung einer rechtswidrigen Handlung oder eines beruflichen oder sonstigen Fehlverhaltens, wenn die Erlangung, Nutzung oder Offenlegung geeignet ist, das allgemeine öffentliche Interesse zu schützen (Nr. 2), oder im Rahmen der Offenlegung durch Arbeitnehmer gegenüber der Arbeitnehmervertretung, wenn dies erforderlich ist, damit die Arbeitnehmervertretung ihre Aufgaben erfüllen kann (Nr. 3), erfolgt. Dieser Katalog ist nicht abschließend, sodass weitere Gründe für das Vorliegen eines öffentlichen Interesses in Betracht kommen[49].

Nach dem eindeutigen Wortlaut nimmt § 5 GeschGehG Handlungen zum Schutz eines berechtigten Interesses aus den Verboten des § 4 GeschGehG aus, sodass solche Handlungen bereits die Tatbestände des § 23 GeschGehG nicht erfüllen, also nicht erst als Rechtfertigungsgründe wirken[50]. Da das „Whistleblowing" nicht

---

[43] *Alexander*, in: K/B/F, § 23 GeschGehG Rn. 46.
[44] *Fuhlrott/Fischer*, NZA 2022, 809 f.; *Hiéramente*, in: BeckOK-GeschGehG, § 4 Rn. 68; *Holthausen*, NZA 2019, 1377, 1379.
[45] *Többens*, NStZ 2000, 505, 507.
[46] *Harte-Bavendamm*, in: H-B/O/K, § 23 GeschGehG Rn. 23.
[47] *Hiéramente*, in: BeckOK-GeschGehG, § 23 Rn. 35; *Reinbacher*, in: HdS 6, § 57 Rn. 70.
[48] *Dittrich*, in: M-G, Kap. 33 Rn. 92, zu § 17 UWG a.F.
[49] *Alexander*, in: K/B/F, § 5 GeschGehG Rn. 3; *Hauck*, in: MüKo-UWG, § 5 GeschGehG Rn. 1.
[50] BT-Drs. 19/8300, 14; *Fuhlrott/Hiéramente*, in: BeckOK-GeschGehG, § 4 Rn. 68; *Gramlich/Lütke*, wistra 2019, 480, 481; *Hauck*, in: MüKo-UWG, § 5 GeschGehG Rn. 1; *Stage*, jurisPR-StrafR 12/2019, Anm. 1, 3. Krit. zu dieser Einordnung *Erlebach/Veljovic*, wistra 2020, 190, 191 f.

(mehr) den Handlungsverboten unterfällt, bedarf es der Anwendung des § 34 StGB zur Rechtfertigung nicht, wie dies zur alten Rechtslage der Fall war[51].

526b Ebenfalls **tatbestandsausschließend** wirken – trotz der missverständlichen Terminologie – die nach **§ 3 GeschGehG** „erlaubten" Handlungen[52]. Ein Geschäftsgeheimnis „darf" insbesondere erlangt werden durch eine eigenständige Entdeckung oder Schöpfung (§ 3 Abs. 1 Nr. 1 GeschGehG), ein Beobachten, Untersuchen, Rückbauen oder Testen eines öffentlich verfügbaren oder im rechtmäßigen Besitz des Beobachtenden usw. befindlichen Produkts oder Gegenstands, wenn keine Pflicht zur Beschränkung der Erlangung des Geschäftsgeheimnisses vorliegt, sog. „Reverse Engineering" (§ 3 Abs. 1 Nr. 2a, b GeschGehG), und ein Ausüben von Informations- und Anhörungsrechten der Arbeitnehmer oder Mitwirkungs- und Mitbestimmungsrechte der Arbeitnehmervertretung (§ 3 Abs. 1 Nr. 3 GeschGehG). Die Erlangung, Nutzung oder Offenlegung eines Geschäftsgeheimnisses erlaubt § 3 Abs. 2 GeschGehG zudem, wenn dies durch Gesetz, aufgrund eines Gesetzes oder durch Rechtsgeschäft gestattet ist.

527 F gab die Daten der Kunden und Arbeitnehmer während der Geltungsdauer ihres Beschäftigungsverhältnisses an G weiter, legte G also das Geschäftsgeheimnis offen. Dadurch verletzte F die in ihrem Arbeitsvertrag vereinbarte Verschwiegenheitspflicht. Ein den Tatbestand ausschließender Grund nach §§ 3, 5 GeschGehG lag nicht vor. Die Weitergabe der Daten erfüllt folglich den objektiven Tatbestand des § 23 Abs. 1 Nr. 3 i.V.m. § 4 Abs. 2 Nr. 3 GeschGehG.

bb) Subjektiver Tatbestand

528 Der subjektive Tatbestand des § 23 Abs. 1 Nr. 3 GeschGehG verlangt über den **Tatbestandsvorsatz** hinaus, dass der Geheimnisverrat entweder
– zur **Förderung des eigenen oder fremden Wettbewerbs**[53] oder
– aus **Eigennutz**, d.h. in dem Streben nach irgendeinem, nicht notwendig vermögenswertem persönlichen Vorteil[54], oder
– **zugunsten eines Dritten**, d.h. in dessen Interesse, oder
– in der **Absicht, dem Inhaber eines Unternehmens Schaden zuzufügen**, d.h. mit dem Willen, nachteilig auf das Vermögen oder ein sonstiges rechtlich anerkanntes Interesse, z.B. die Ehre des Geschäftsherrn einzuwirken[55], erfolgt.
Diese Handlungsmotive qualifizieren die zivilrechtswidrigen Verbotsverletzungen zu strafwürdigem Unrecht[56].
F handelte in casu vorsätzlich, zur Förderung des Wettbewerbs der G und zu deren Gunsten.

---

[51] Siehe dazu die 5. Aufl. dieses Lehrbuchs, Rn. 529.
[52] *Krbetschek*, in: MüKo-UWG, § 23 GeschGehG Rn. 24; *Ohly*, in: H-B/O/K, § 3 GeschGehG Rn. 1. **A.A.** *Joecks/Miebach*, in: MüKo³, § 23 GeschGehG Rn. 154 ff., die die Fallgruppen als Rechtfertigungsgründe bezeichnen.
[53] Der BGH forderte – zu § 17 UWG – zudem die objektive Eignung zur Förderung des Wettbewerbs, BGHZ 3, 270, 277. Ebenso für § 23 GeschGehG *Hiéramente*, in: BeckOK-GeschGehG, § 23 Rn. 9. **A.A.** *Reinbacher*, in: HdS 6, § 57 Rn. 93.
[54] *Dittrich*, in: M-G, Kap. 33 Rn. 99; *Harte-Bavendamm*, in: H-B/O/K, § 23 GeschGehG Rn. 43.
[55] *Krbetschek*, in: MüKo-UWG, § 23 GeschGehG Rn. 23; *Wittig*, § 33 Rn. 51.
[56] *Hiéramente*, in: BeckOK-GeschGehG, § 23 Rn. 8.

§ 6: Geheimnisverletzungen

cc) Rechtswidrigkeit

Die allgemeinen Rechtfertigungsgründe sind zwar anwendbar, wegen der Beschränkungen der Handlungsverbote in §§ 3, 5 GeschGehG werden sie aber nur selten einschlägig sein[57], weil die Strafbarkeit in zahlreichen Konstellationen, in denen nach altem Recht eine Rechtfertigung der Geheimnisverletzung in Betracht kam, bereits mangels Tatbestandsmäßigkeit ausscheidet. Das gilt etwa bei Vorliegen einer öffentlich-rechtlichen Offenbarungspflicht oder -befugnis, z.B. nach § 138 StGB[58], und einer Einwilligung des Betriebsinhabers[59], da nach § 3 Abs. 2 GeschGehG ein Geschäftsgeheimnis erlangt, genutzt oder offengelegt werden darf, wenn dies durch Gesetz, aufgrund eines Gesetzes oder durch Rechtsgeschäft gestattet ist. Die Erlangung, Nutzung oder Offenlegung eines Geschäftsgeheimnisses zum Schutz eines berechtigten Interesses, die nach altem Recht nach § 34 StGB gerechtfertigt sein konnte, unterfällt den Handlungsverboten nicht – mehr – (Rn. 526a). Die Geheimnisverletzung kann jedoch z.B. gerechtfertigt sein, wenn eine – nicht durch Rechtsgeschäft erteilte – Einwilligung oder mutmaßliche Einwilligung vorliegt.

529

Einen **speziellen Rechtfertigungsgrund** für Medienmitarbeiter, die mit einem „Whistleblower" zusammenarbeiten, enthält **§ 23 Abs. 6 GeschGehG**[60], der § 353b Abs. 3a StGB nachgebildet ist[61]. Die täterschaftliche Strafbarkeit des Medienmitarbeiters wegen Erlangung, Nutzung oder Offenlegung des Geschäftsgeheimnisses scheidet im Anwendungsbereich des § 5 Nr. 1 GeschGehG aus, die Teilnahmestrafbarkeit mangels Haupttat des Whistleblowers, wenn bei diesem die Voraussetzungen des § 5 Nr. 2 GeschGehG vorliegen. Ist der Ausschlusstatbestand für den das Geschäftsgeheimnis offenlegenden Täter nicht erfüllt, kann die Zusammenarbeit mit dem Whistleblower jedoch den objektiven und subjektiven Tatbestand der Beihilfe zum Geheimnisverrat erfüllen. Nach § 23 Abs. 6 GeschGehG sind Medienmitarbeiter im Sinne des § 53 Abs. 1 S. 1 Nr. 5 StPO gerechtfertigt, wenn sich ihr Verhalten auf die Entgegennahme, Auswertung oder Veröffentlichung des Geschäftsgeheimnisses beschränkt. Die Strafbarkeit wegen Beihilfehandlungen vor der Offenlegung des Geschäftsgeheimnisses, z.B. durch Bestärken des Tatentschlusses[62], sowie Anstiftung zum Geheimnisverrat bleiben davon allerdings unberührt[63].

529a

In Fall 36 sind keine Rechtfertigungsgründe ersichtlich, F handelte somit rechtswidrig.

dd) Schuld

Schuldausschließungsgründe liegen ebenfalls nicht vor.
F ist somit wegen Geheimnisverrats nach § 23 Abs. 1 Nr. 3 GeschGehG strafbar.

530

– Die Strafbarkeit der F nach § 203 Abs. 1, 2 StGB scheidet dagegen aus, da F nicht zum Kreis der dort genannten Berufsgeheimnisträger zählt.

---

[57] *Alexander*, in: K/B/F, § 23 GeschGehG Rn. 49.
[58] Zur Rechtfertigung von Geheimnisverletzungen *Eisele*, in: Sch/Sch, § 203 StGB Rn. 39 ff.
[59] Zur alten Rechtslage siehe *Rengier*, in: F/B/O, § 17 UWG Rn. 62.
[60] *Alexander*, in: K/B/F, § 23 GeschGehG Rn. 89; *Stage*, jurisPR-StrafR 12/2019, Anm. 1, 4.
[61] BT-Drs. 19/8300, 15; *Harte-Bavendamm*, in: H-B/O/K, § 23 GeschGehG Rn. 70.
[62] *Hiéramente*, in: BeckOK-GeschGehG, § 23 Rn. 60.
[63] *Joecks/Miebach*, in: MüKo³, § 23 GeschGehG Rn.162; *Reinbacher*, in: HdS 6, § 57 Rn. 99.

b) Strafbarkeit der G wegen Anstiftung zum Geheimnisverrat gemäß § 23 Abs. 1 Nr. 3 GeschGehG, § 26 StGB

531 G rief den Entschluss der F zur Begehung des Geheimnisverrats hervor, indem sie ihre Freundin zur Offenlegung der Daten überredete. G bestimmte die F somit vorsätzlich, rechtswidrig und schuldhaft zu deren vorsätzlicher, rechtswidriger Tat und hat sich deshalb wegen Anstiftung zum Geheimnisverrat strafbar gemacht.

c) Strafbarkeit der G wegen Geheimnishehlerei nach § 23 Abs. 2, Abs. 1 Nr. 3 i.V.m. § 4 Abs. 2 Nr. 3 GeschGehG

531a Im Gegensatz zu § 17 Abs. 2 UWG, der eine recht übersichtliche Regelung der Varianten der Geheimnishehlerei enthielt[64], sind die drei Alternativen der Geheimnishehlerei in § 23 GeschGehG (Rn. 516b) nicht leicht zu identifizieren.

– **§ 23 Abs. 2, Abs. 1 Nr. 2 i.V.m. § 4 Abs. 2 Nr. 1a, Abs. 1 Nr. 1 GeschGehG**: Geheimnishehlerei hinsichtlich eines Geschäftsgeheimnisses, das ein anderer durch Betriebsspionage erlangt hat;

– **§ 23 Abs. 1 Nr. 2 i.V.m. § 4 Abs. 2 Nr. 1a, Abs. 1 Nr. 1 GeschGehG**: Geheimnishehlerei hinsichtlich eines Geschäftsgeheimnisses, das der Täter selbst durch Betriebsspionage erlangt hat;

– **§ 23 Abs. 2, Abs. 1 Nr. 3 i.V.m. § 4 Abs. 2 Nr. 3 GeschGehG**: Geheimnishehlerei hinsichtlich eines Geschäftsgeheimnisses, das von einem Beschäftigten, der Geheimnisverrat begangen hat, erlangt wurde.

532 Die Geheimnishehlerei ist *kein Sonderdelikt*. **Täter** kann somit **jedermann** sein, also sowohl ein Betriebsangehöriger als auch ein Dritter[65].

533 **Tatobjekt** ist ein Geschäftsgeheimnis, das der Täter **auf die in der jeweiligen Tatalternative bestimmten Weise erlangt** hat. *Erlangt* hat der Täter das Geheimnis, wenn es sich in seiner Verfügungsgewalt befindet, sodass er es nutzen oder offenlegen kann; auf eine tatsächliche Kenntnisnahme kommt es nicht an[66].

534 Die **Tathandlung** besteht in der **Nutzung** oder **Offenlegung** des – solcherart erlangten – Geschäftsgeheimnisses. *Nutzen* meint jede über die bloße Innehabung hinausgehende wirtschaftliche Nutzung des Geheimnisses zur Gewinnerzielung oder Kostensenkung[67]. *Offenlegen* ist zu verstehen wie in § 23 Abs. 1 Nr. 3 GeschGehG (Rn. 525).

535 Der **subjektive Tatbestand** der Geheimnishehlerei erfordert – wie der des § 23 Abs. 1 Nr. 3 GeschGehG – Tatbestandsvorsatz und ein Handeln zur Förderung des eigenen oder fremden Wettbewerbs, aus Eigennutz, zugunsten eines Dritten oder in Schädigungsabsicht (Rn. 528).

536 Indem G die Daten, die sie von F erlangt hatte, bei der Kontaktaufnahme zu den Kunden und Arbeitnehmern der Alt-GmbH nutzte, vorsätzlich, zur Förderung ihres Wettbewerbs, rechts-

---

[64] Siehe dazu die 5. Aufl. dieses Lehrbuchs, Rn. 533 f.
[65] *Hiéramente*, in: BeckOK-GeschGehG, § 23 Rn. 40; *Krbetschek*, in: MüKo-UWG, § 23 GeschGehG Rn. 27.
[66] *Krbetschek*, in: MüKo-UWG, § 23 GeschGehG Rn. 27.
[67] *Hauck/Kamlah*, in: MüKo-UWG, § 4 GeschGehG Rn. 22; *Wittig*, § 33 Rn. 55.

widrig und schuldhaft handelte, hat sie sich wegen Geheimnishehlerei nach § 23 Abs. 2, Abs. 1 Nr. 3 i.V.m. § 4 Abs. 2 Nr. 3 GeschGehG strafbar gemacht.

Die Anstiftung zum Geheimnisverrat und die Geheimnishehlerei stehen in **Tatmehrheit**, § 53 StGB.

Ergänzende Hinweise:

(1) Der **Verrat von Betriebs- und Geschäftsgeheimnissen durch Organe** ist in § 404 AktG (gegebenenfalls i.V.m. § 53 Abs. 1 S. 1 SEAG), § 85 GmbHG, § 14 EWIV-AG, § 151 GenG (gegebenenfalls i.V.m. § 36 Abs. 1 S. 1 SCEAG) unter Strafe gestellt. Es handelt sich um *Sonderdelikte*, die als Täter nur von den in dem jeweiligen Tatbestand genannten Personen begangen werden können. Anders als bei § 23 Abs. 1 Nr. 3 GeschGehG endet die Geheimhaltungspflicht nicht mit dem Ausscheiden aus dem Beschäftigungverhältnis, sondern überdauert dieses[68]. 537

(2) Die **Verletzung der Geheimhaltungspflicht durch Abschlussprüfer und deren Gehilfen** ist nach § 333 HGB strafbar. 538

(3) Strittig ist, ob der **Ankauf von „Steuer-CDs"** mit Daten von deutschen Steuerpflichtigen, die bei einer ausländischen Bank Kapital angelegt und die Erträge – möglicherweise – in Deutschland nicht versteuert haben, strafbar ist. Die Strafbarkeit der Erlangung der Daten durch den Mitarbeiter der Bank nach dem Recht des ausländischen Staates soll hier außer Betracht bleiben[69]. Der – ehemalige – Mitarbeiter der Bank macht sich aber nach zutreffender Auffassung wegen Geheimnishehlerei nach § 23 Abs. 2, Abs. 1 Nr. 2 i.V.m. § 4 Abs. 2 Nr. 1a, Abs. 1 Nr. 1 GeschGehG strafbar, wenn er die Daten, ein Geschäftsgeheimnis der Bank, das er durch unbefugtes Kopieren erlangt hat, gegen Entgelt an die deutschen Steuerbehörden weitergibt, da er das Geheimnis zur Gewinnerzielung nutzt. Die These der Staatsanwaltschaft Berlin zu § 17 UWG, die Weitergabe der Daten erfolge nicht unbefugt, weil die Pflicht des Zeugen zur wahrheitsgemäßen Aussage sowie die Pflicht zur Herausgabe des Beweismittels auch in den Fällen eines strafbar erlangten Geheimnisses gelte und die Befugnis zur Mitteilung der Beweismittel an die Strafverfolgungsbehörden nicht dadurch entfalle, dass die Beweisperson für die Erbringung ihrer Pflichten eine Belohnung erhält[70], trifft nicht zu. Beide Argumente sind isoliert betrachtet zwar richtig, hier ist die Offenlegung und Nutzung der Geheimnisse aber gerade deshalb straftatbestandsmäßig, weil der „Zeuge" dazu nur gegen Entlohnung bereit war, also aus Eigennutz handelte, und die Finanzbeamten diese Motivation für die Mitteilung der auf rechtswidrige Weise erlangten Informationen erst herbeiführten. Es überzeugt nicht anzunehmen, die Mitteilung der Geheimnisse, die gerade deshalb den Straftatbestand erfüllt, weil das eigennützige Motiv durch das Zahlungsversprechen der Behörde herbeigeführt wird, sei befugt, weil der „Zeuge" die Informationen den Strafverfolgungsbehörden gegen Entgelt zur Verfügung stellt[71]. 539

---

[68] *Dittrich*, in: M-G, Kap. 33 Rn. 135.
[69] Zum liechtensteinischen Strafrecht siehe *Hellmann*, in: Festschrift für Samson, 2010, S. 661, 673 f.; *Ostendorf*, ZIS 2010, 301, 302 f.
[70] StA Berlin, 1 St Js 144/08, abgedruckt in Zeitschrift für Steuern & Recht 2008, 177 ff.
[71] *Hellmann*, in: Festschrift für Samson, 2010, S. 661, 676.

Die Finanzbeamten verwirklichen eine **Anstiftung des „Verkäufers" zu einer Geheimnishehlerei**, weil sie durch die Vereinbarung, für die Daten einen – hohen – Geldbetrag zu zahlen, in ihm den Tatentschluss hervorrufen, die Geheimnisse zu verwerten[72]. Dem steht nicht entgegen, dass die Initiative zum Verkauf der Daten von dem Verkäufer ausgeht, indem er sie den Strafverfolgungsbehörden anbietet. Er ist nicht etwa zur Tat bereits fest entschlossen[73], also kein „omnimodo facturus", der nicht angestiftet werden kann, sondern sein Entschluss zu der konkreten Verwertungshandlung – Verkauf an die Strafverfolgungsbehörden – wird erst hervorgerufen, indem die für diese Tat entscheidende Bedingung der Zusage der Zahlung eintritt. Da die Staatsanwaltschaften keine Anklagen gegen Finanzbeamte erhoben haben, fehlen strafgerichtliche Entscheidungen bzw. sie finden sich nur zu der Frage der Verwertbarkeit der erlangten Bankdaten in den Strafverfahren gegen die „Steuersünder". Das Landgericht Bochum unterstellte in einer Beschwerdeentscheidung über die Rechtmäßigkeit eines Durchsuchungs- und Beschlagnahmebeschlusses zwar die Unverwertbarkeit der illegal erlangten Bankdaten hinsichtlich der Schuld- und Straffrage in dem Steuerhinterziehungsverfahren, in der Sache kam es darauf aber nicht an, weil das Gericht ein Verwertungsverbot bei dem Erlass der angefochtenen Anordnung des Ermittlungsrichters – ungeachtet der Unverwertbarkeit im Urteil – verneinte[74]. Das Bundesverfassungsgericht hatte – auf die Verfassungsbeschwerde gegen den Beschluss des Landgerichts Bochum über die Rechtmäßigkeit des Durchsuchungs- und Beschlagnahmebeschlusses – lediglich zu entscheiden, ob die illegal erlangten Bankdaten zur Begründung eines Anfangsverdachts verwendet werden dürfen[75]. Das Gericht folgte – wie in früheren Entscheidungen[76] – der Auffassung, dass nicht jeder Verstoß gegen Beweiserhebungsvorschriften ein strafprozessuales Verwertungsverbot nach sich zieht; das gelte auch im Falle der Unzulässigkeit oder Rechtswidrigkeit einer Beweiserhebung[77].

2. Betriebsspionage (§ 23 Abs. 1 Nr. 1 GeschGehG)

540 § 23 Abs. 1 Nr. 1 i.V.m. § 4 Abs. 1 Nr. 1 GeschGehG stellt die Begehungsweisen der Betriebsspionage unter Strafe.
Der Tatbestand ist **kein Sonderdelikt**[78], sodass bei dem Geheimnisinhaber Beschäftigte und Dritte Täter sein können.

---

[72] *Hellmann*, in: Festschrift für Samson, 2010, S. 661, 675 f.; *Schünemann*, NStZ 2008, 305, 308; für Beihilfe zu § 17 Abs. 2 Nr. 2 UWG *Trüg/Habetha*, NJW 2008, 887, 889; dagegen *Hellmann*, a.a.O., S. 676.
[73] *Hellmann*, in: Festschrift für Samson, 2010, S. 661, 676; *Schünemann*, NStZ 2008, 305, 308. **A.A.** *Ostendorf*, ZIS 2010, 301, 304 f.
[74] LG Bochum, NStZ 2010, 351 f.
[75] BVerfG, NStZ 2011, 103, 104 f.
[76] Z.B. BVerfG, NJW 2008, 3053, 3054.
[77] BVerfG, NStZ 2011, 103, 104 f.
[78] *Alexander*, in: K/B/F, § 23 GeschGehG Rn. 25; *Krbetschek*, in: MüKo-UWG, § 23 GeschGehG Rn. 8; *Reinbacher*, in: HdS 6, § 57 Rn. 58.

Tatobjekt ist ebenfalls ein **Geschäftsgeheimnis** (dazu Rn. 518 ff.). Es muss gemäß § 4 Abs. 1 Nr. 1 GeschGehG in den genannten **Informationsträgern** – Dokumenten, Gegenständen, Materialien, Stoffen oder elektronischen Dateien –, die der rechtmäßigen Kontrolle des Inhabers des Geschäftsgeheimnisses unterliegen, enthalten sein oder es muss sich aus ihnen ableiten lassen. Der Tatbestand ist deshalb enger, als § 17 Abs. 2 Nr. 1 UWG, der auch das Sichverschaffen eines unverkörperten Geheimnisses, z.B. durch Benutzen einer Abhöreinrichtung, erfasste[79]. Die Erlangung unverkörperter Geschäftsgeheimnisse mag dem Auffangtatbestand des § 4 Abs. 1 Nr. 2 GeschGehG unterfallen, die Verletzung dieses Handlungsverbotes bedroht § 23 Abs. 1 Nr. 1 GeschGehG aber nicht mit Strafe.

540a

Tathandlung ist das **Erlangen** des Geheimnisses durch **Verschaffung eines unbefugten Zugangs** zu einem der genannten Informationsträger oder durch **unbefugte Aneignung** oder **unbefugtes Kopieren** eines solchen Informationsträgers.
Unbefugt handelt der Täter in allen Varianten, wenn weder eine rechtsgeschäftliche noch eine gesetzliche Gestattung vorliegt[80].
Der Täter *verschafft sich einen Zugang* zu dem Informationsträger, wenn er sich in die Lage versetzt, auf das Geschäftsgeheimnis zuzugreifen[81]. Strittig ist, ob die Überwindung einer physischen oder digitalen Zugangssicherung erforderlich ist[82]. Zwar wird der Geheimnisinhaber häufig solche Zugangsbarrieren errichten, der Geheimhaltungsschutz als Voraussetzung des Geschäftsgeheimnisbegriffs setzt sie aber nicht notwendig voraus (Rn. 521b). Deshalb besteht kein Grund, die Zugangsverschaffung von der Überwindung einer tatsächlichen Hürde abhängig zu machen[83].
Aneignen bedeutet Verschaffung des Gewahrsams an dem Informationsträger außerhalb der Einflusssphäre des Geheimnisinhabers, *Kopieren* jede Art der Vervielfältigung[84].

540b

Der **subjektive Tatbestand** erfordert ebenfalls über den Vorsatz hinaus eines der oben (Rn. 528) erörterten Handlungsmotive.

540c

3. Vorlagenfreibeuterei (§ 23 Abs. 3 GeschGehG)

§ 23 Abs. 3 i.V.m. § 4 Abs. 2 Nr. 2 bzw. Nr. 3 GeschGehG bezweckt die Verhinderung von Wettbewerbsvorteilen durch einen Vertrauensbruch[85], der durch **Nutzung**

541

---

[79] Vgl. *Krell*, in: G/J/W, § 17 UWG Rn. 39; *Ohly*, in: Ohly/Sosnitza, UWG, 7. Aufl. 2016, § 17 Rn. 18 f.
[80] *Ohly*, in: H-B/O/K, § 4 GeschGehG Rn. 15 ff.
[81] *Alexander*, in: K/B/F, § 4 GeschGehG Rn. 16. Für Kenntnisverschaffung *Ohly*, in: H-B/O/K, § 4 GeschGehG Rn. 12.
[82] So z.B. *Heinzke*, CCZ 2016, 179, 180; *Ohly*, in: H-B/O/K, § 4 GeschGehG Rn. 12
[83] *Barth*, in: BeckOK-UWG, § 4 GeschGehG Rn. 25; *Hiéramente*, in: BeckOK-GeschGehG, § 4 Rn. 15. Wohl auch *Hauck/Kamlah*, in: MüKo-UWG, § 4 GeschGchG Rn. 8, Überwinden einer nicht notwendig physischen, ggf. auch vertraglichen „Zugangssperre".
[84] *Barth*, in: BeckOK-UWG, § 4 GeschGehG Rn. 26, 27.
[85] Zu der Vorgängerregelung in § 18 UWG *Lampe*, BB 1977, 1477; *Wittig*, § 33 Rn. 76. Zum Rechtsgut *Brammsen/Apel*, WRP 2016, 18, 20 f.

(Rn. 534) oder **Offenlegung** (Rn. 525) dem Täter **im geschäftlichen Verkehr anvertrauter geheimer Vorlagen oder technischer Vorschriften**, z.B. Zeichnungen, Modelle, Schablonen, Schnitte und Rezepte, begangen wird.
Vorlagen sind Mittel, die als Grundlage oder Vorbild für die Herstellung von neuen Sachen dienen sollen[86]. Unerheblich ist, ob es sich um eine konkrete Verkörperung (z.B. Muster, Modell) oder eine abstrakte Darstellung (Skizze) handelt, solange die Vorlage körperlich fixiert ist. Bei den *Vorschriften technischer Art* ist eine Verkörperung dagegen nicht erforderlich, sodass nicht nur schriftliche, sondern auch mündliche Anweisungen über einen technischen Vorgang erfasst sind[87]. Die Vorlage bzw. technische Vorschrift muss ein Geschäftsgeheimnis darstellen, sodass das Attribut geheim überflüssig ist.
Da die Vorlagen bzw. Vorschriften dem Täter *im geschäftlichen Verkehr* anvertraut worden sein müssen, kann nur ein **unternehmensfremder Dritter**, nicht dagegen ein Angehöriger des an der Geheimhaltung interessierten Betriebes, die Vorlagenfreibeuterei als Täter begehen[88]. Das Merkmal „*anvertraut*" ist deshalb wie in § 246 Abs. 2 StGB zu verstehen. Anvertraut sind die Vorlagen und technischen Vorschriften somit, wenn sie dem Täter mit der ausdrücklichen oder konkludenten Verpflichtung übergeben worden sind, sie nur im Interesse des Anvertrauenden zu verwenden[89].
Subjektiv erfordert die Vorlagenfreibeuterei **Vorsatz** und ein Handeln **zur Förderung des eigenen oder fremden Wettbewerbs** oder **aus Eigennutz** (vgl. Rn. 528).

4. Verleiten und Erbieten zum Verrat (§ 23 Abs. 7 S. 2 GeschGehG)

542   Die in § 19 UWG *a.F.* enthaltene Sonderregelung über die Strafbarkeit bestimmter **Beteiligungsformen im Vorbereitungsstadium** der §§ 17, 18 UWG, die als Verleiten und Erbieten zum Verrat überschrieben war, ist nun in § 23 Abs. 7 S. 2 GeschGehG zu finden. Die Vorschrift ordnet die entsprechende Geltung der §§ 30, 31 StGB an, wenn der Täter zur Förderung des eigenen oder fremden Wettbewerbs oder aus Eigennutz handelt. Die Strafbarkeit wäre nach der allgemeinen Vorschrift des § 30 StGB nicht gegeben, weil diese nur eingreift, wenn die künftige Tat ein Verbrechen im technischen Sinne (§ 12 Abs. 1 StGB) darstellt.
Strafbar ist danach, wer einen anderen zu einem Geheimnisverrat, einer Betriebsspionage oder einer Geheimnishehlerei zu bestimmen versucht

– Aufbau des versuchten Delikts beachten! –

oder zu einer solchen Straftat anzustiften versucht (versuchte „Kettenanstiftung"), § 30 Abs. 1 StGB, oder wer sich bereit erklärt, wer das Erbieten eines anderen annimmt oder wer mit einem anderen verabredet, ein solches Delikt zu begehen oder zu ihm anzustiften (§ 30 Abs. 2 StGB).

---

[86] KG, GRUR 1988, 702, 703; *Ebert-Weidenfeller*, in: HWSt, 3. Teil 4. Kap. Rn. 100.
[87] *Ebert-Weidenfeller*, in: HWSt, 3. Teil 4. Kap. Rn. 100; *Reinbacher*, in: HdS 6, § 57 Rn. 75.
[88] *Hiéramente*, in: BeckOK-GeschGehG, § 23 Rn. 47; siehe auch *Többens*, NStZ 2000, 505, 510.
[89] KG, GRUR 1988, 702, 703, zu § 18 UWG; *Hiéramente*, in: BeckOK-GeschGehG, § 23 Rn. 52. Vertiefend zum Merkmal „Anvertrauen" *Brammsen/Apel*, WRP 2016, 18, 21.

Der **subjektive Tatbestand** erfordert *Vorsatz* und ein Handeln *zu Zwecken des Wettbewerbs* oder *aus Eigennutz* (dazu Rn. 528).

Ein **Rücktritt vom Versuch der Beteiligung** ist nach Maßgabe des § 31 StGB möglich.

Ergänzende Hinweise:

(1) Die in § 17 Abs. 4 S. 1 UWG als **besonders schwere Fälle des Geheimnisverrats, der Betriebsspionage und der Geheimnishehlerei** mit erhöhter Strafe bedrohten Konstellationen hat § 23 Abs. 4 GeschGehG als qualifizierte Tatbestände ausgestaltet. Qualifikationen sind die gewerbsmäßige Begehung von Geheimnisverrat, Betriebsspionage und Geheimnishehlerei (Nr. 1), die Geheimnishehlerei, wenn der Täter in dem Wissen handelt, dass das Geheimnis *im Ausland* genutzt werden soll (Nr. 2), oder wenn er es selbst im Ausland nutzt (Nr. 3). 543

(2) Geheimnisverrat, Betriebsspionage und Geheimnishehlerei sind „**relative**" **Antragsdelikte** (§ 23 Abs. 8 GeschGehG), d.h., sie werden nur auf Antrag des Verletzten verfolgt, falls nicht die Staatsanwaltschaft das besondere öffentliche Interesse an der Strafverfolgung von Amts wegen annimmt. 544

> Nach der noch nicht an das neue Recht angepassten Nr. 260a Abs. 1 RiStBV ist das öffentliche Interesse in der Regel zu bejahen, wenn der Täter wirtschaftsstrafrechtlich vorbestraft ist, ein erheblicher Schaden droht oder eingetreten ist, die Tat Teil eines gegen mehrere Unternehmen gerichteten Plans zur Ausspähung von Geschäfts- oder Betriebsgeheimnissen ist oder den Verletzten in seiner wirtschaftlichen Existenz bedroht. Bei einem besonders schweren Fall des § 17 UWG soll das öffentliche Interesse nach Nr. 260a Abs. 2 RiStBV nur ausnahmsweise verneint werden. Diese Anweisungen lassen sich auf die entsprechenden Regelungen des § 23 GeschGehG übertragen.

Lehnt die Staatsanwaltschaft das besondere öffentliche Interesse ab, so können die Taten im Wege der **Privatklage** verfolgt werden (§ 374 Abs. 1 Nr. 7 StPO).

(3) Die Geschäftsgeheimnisverletzungstatbestände des § 23 GeschGehG sind – **unabhängig vom Strafrecht des Tatortstaates** – auf **im Ausland begangene Taten** anwendbar, wenn es sich um ein Geschäftsgeheimnis eines deutschen Betriebes oder Unternehmens, eines ausländischen Tochterunternehmens eines deutschen Unternehmens oder eines ausländischen Unternehmens, das mit einem deutschen Unternehmen in einem Konzern verbunden ist, handelt, **§ 23 Abs. 7 S. 1 GeschGehG i.V.m. § 5 Nr. 7 StGB**. 544a

II. Geheimnisverrat nach dem KWG

Besonderen Schutz gewähren §§ 55a, 55b KWG den Angaben über Millionenkredite, welche die anzeigepflichtigen Unternehmen gemäß § 14 Abs. 2 KWG der Deutschen Bundesbank zu übermitteln haben. 545

§ 14 Abs. 1 S. 1 KWG verpflichtet die dort genannten „am Millionenkreditmeldeverfahren beteiligten Unternehmen", das sind Kreditinstitute, Finanzdienstleistungsinstitute, Finanzinstitute und die in § 2 Abs. 2 KWG genannten Unternehmen und Stellen (Kreditanstalt für Wiederaufbau, Sozialversicherungsträger, Bundesagentur für Arbeit, Versicherungsunternehmen und Unternehmensbeteiligungsgesellschaf- 546 ten), der bei der Deutschen Bundesbank geführten Evidenzzentrale vierteljährlich die Kreditnehmer anzuzeigen, deren Kreditvolumen eine Million € oder mehr beträgt. Haben mehrere Unternehmen einem Kreditnehmer Millionenkredite gewährt, so benachrichtigt die Deutsche Bundesbank die anzeigenden Unternehmen davon (§ 14 Abs. 2 S. 1 KWG). Inhalt und Umfang der Benachrichtigung regelt § 14 Abs. 2 KWG. So erhält ein anzeigendes Unternehmen Informationen über Kredite des Kreditnehmers bei anderen Unternehmen.

547 § 14 Abs. 2 S. 10 KWG untersagt den bei einem *anzeigepflichtigen Unternehmen* beschäftigten Personen, Angaben, die dem Unternehmen nach § 14 Abs. 2 KWG mitgeteilt worden sind, zu offenbaren oder zu verwerten. §§ 55a, 55b KWG schützen die Vertraulichkeit der von der Bundesbank übermittelten Angaben, also das Geheimhaltungsinteresse der Kreditnehmer[90].

1. Unbefugte Verwertung von Angaben über Millionenkredite (§ 55a KWG)

548 Der Begriff des **Verwertens** in § 55a Abs. 1 KWG stimmt nicht mit dem gleich lautenden Merkmal in § 204 StGB überein. Dort wird darunter jede über die bloße Innehabung hinausgehende wirtschaftliche Nutzung des Geheimnisses zur Gewinnerzielung oder Kostensenkung verstanden[91]. Eine Übertragung auf § 55a KWG scheidet aus[92], weil davon auch die Weitergabe der Information gegen Entgelt erfasst wäre, die aber § 55b Abs. 2 KWG gesondert unter Strafe stellt[93], und zudem die Heranziehung der Information bei der Entscheidung über eine weitere Kreditvergabe oder das Fälligstellen von Krediten von § 55a KWG verboten wäre, obwohl diese Nutzung gerade der ratio des § 14 KWG entspricht[94].

549 *Verwertung im Sinne des § 55a KWG* ist deshalb jede wirtschaftliche[95] Nutzung der Information, die keine Offenbarung ist und dem Zweck des § 14 KWG entgegenläuft[96].

Beispiel[97]: Die B-Bank ist an der Y-GmbH, die im Wettbewerb mit der X-GmbH steht, beteiligt. Ein Mitarbeiter der B-Bank erhält die Mitteilung über mehrere Millionenkredite der X-GmbH und gibt daraufhin die Order an die Geschäftsleitung der Y-GmbH, einen harten Preiskampf zu führen, um die X-GmbH aus dem Markt zu drängen.

---

[90] *Lindemann*, in: Boos/Fischer/Schulte-Mattler, KWG, CRR-VO, 5. Auflage 2016, § 55a Rn. 1, § 55b Rn. 1.
[91] *Eisele*, in: Sch/Sch, § 204 StGB Rn. 5/6 m.w.N.
[92] Anders BGH, ZIP 2006, 317, 325; *Lindemann*, in: Boos/Fischer/Schulte-Mattler, KWG, CRR-VO, 5. Auflage 2016, § 55a Rn. 6.
[93] *Trüg*, in: HWSt, 10. Teil 3. Kap. Rn. 140.
[94] Vgl. *Schröder*, HdB, 9. Kap. Rn. 184; *Trüg*, in: HWSt, 10. Teil 3. Kap. Rn. 138 f.
[95] Nicht ausreichend ist z.B. die Nutzung zu politischen Zwecken *Lindemann*, in: Boos/Fischer/Schulte-Mattler, KWG, CRR-VO, 5. Auflage 2016, § 55a Rn. 7.
[96] BGH, ZIP 2006, 317, 325; *Achenbach/Schröder*, ZBB 2005, 135, 140; *Gercke/Stirner*, in: Park, Teil 3 Kap. 15.20. Rn. 11; *Schröder*, HdB, 9. Kap. Rn. 184.
[97] Nach *Trüg*, in: HWSt, 10. Teil 3. Kap. Rn. 139.

Taugliche Täter des § 55a KWG sind nur die Beschäftigten der anzeigepflichtigen 550
Unternehmen. Mitarbeiter der Bundesbank können sich deshalb nicht nach § 55a
KWG, wohl aber nach § 353b StGB oder § 203 Abs. 2 StGB strafbar machen[98].

2. Unbefugte Offenbarung von Angaben über Millionenkredite (§ 55b KWG)

Tathandlung des § 55b Abs. 1 KWG ist das **Offenbaren** von Angaben über Millio- 551
nenkredite. Dafür genügt es, dass die Angaben in irgendeiner Weise an einen Dritten
gelangen[99].
Die Angaben über Millionenkredite werden nur offenbart, wenn der Täter konkreti-
sierende Angaben über die Höhe der Kredite macht. Ein allgemeiner Hinweis auf
eine „erhebliche Überschuldung" genügt daher nicht[100] (siehe dazu *Fälle zum Wirtschaftsstrafrecht* Rn. 202).
Der subjektive Tatbestand erfordert **Vorsatz**.
Die Offenbarung der Angaben **gegen Entgelt** oder in der **Absicht, sich oder einen
anderen zu bereichern** oder **einen anderen zu schädigen**, erfüllt den *Qualifikationstatbestand* des § 55b Abs. 2 KWG.
Gemäß §§ 55a Abs. 2, 55b Abs. 3 KWG handelt es sich um **Antragsdelikte**. 552

---

[98] *Lindemann*, in: Boos/Fischer/Schulte-Mattler, KWG, CRR-VO, 5. Auflage 2016, § 55a Rn. 1.
[99] *Achenbach/Schröder*, ZBB 2005, 135, 140; *Schröder*, HdB, 9. Kap. Rn. 188.
[100] Vgl. *Trüg*, in: HWSt, 10. Teil 3. Kap. Rn. 143. **A.A.** *Tiedemann*, Rn. 978.

§ 7 Kartellstraf- und Kartellordnungswidrigkeitenrecht

I. Europäisches und deutsches Kartellbußgeldrecht

553 Vorschriften, die wettbewerbsbeschränkende Verhaltensweisen sanktionieren, finden sich sowohl im deutschen als auch im europäischen Recht[1]. Bereits Art. 87 des am 01.01.1958 in Kraft getretenen EWG-Vertrages (EWGV) ermächtigte den Rat zum Erlass aller „zweckdienlichen Verordnungen oder Richtlinien zur Verwirklichung der in den Artikeln 85 und 86 niedergelegten Grundsätze", insbesondere zur „Einführung von Geldbußen und Zwangsgeldern" zur Gewährleistung der dort genannten Verbote wettbewerbsbehindernder Vereinbarungen oder Beschlüsse und des Missbrauchs einer marktbeherrschenden Stellung. Die Wettbewerbsregelungen des EWGV wurden 1992 in den EG-Vertrag von Maastricht (EGV) und 1997 in den EG-Vertrag von Amsterdam (EG) – nach neuer Zählung in Art. 81 bis 83 – übernommen. Seit 01.12.2009 sind sie durch den Vertrag von Lissabon in Art. 101 bis 103 des Vertrages über die Arbeitsweise der Europäischen Union (AEUV) geregelt.

554 Auf der primärrechtlichen Rechtsgrundlage des EWG-Vertrages wurde die **VO (EWG) Nr. 17/62** erlassen, die bis zum 30.04.2004 unverändert in Kraft blieb und deren Art. 15 die Kommission zur Verhängung von Geldbußen wegen Zuwiderhandlungen gegen die Art. 85, 86 EWGV ermächtigte. Am 01.05.2004 löste die **Verordnung (EG) Nr. 1/2003**[2] die VO (EWG) Nr. 17/62 ab. Diese sog. „Kartellverfahrensverordnung" regelt das EU-Kartellbußgeldrecht eingehender und überträgt auch den Mitgliedstaaten die Aufgabe, die ordnungsgemäße Anwendung des Wettbewerbsrechts der EU zu gewährleisten[3] (dazu Rn. 557).
Daneben soll die EG-Fusionskontrollverordnung (VO Nr. 139/2004)[4] die Sanktionierung verbotener Unternehmenszusammenschlüsse ermöglichen (siehe aber Rn. 605).

555 Das **deutsche Kartellbußgeldrecht** ist in §§ 81 ff. GWB geregelt. § 81 Abs. 1 bis 3 GWB enthält einen umfangreichen Katalog von Blankettordnungswidrigkeitentatbeständen, die an die europarechtlichen und zivilrechtlichen Verbote anknüpfen. Das Korruptionsbekämpfungsgesetz hatte 1997 einen Fall wettbewerbswidrigen Verhaltens, nämlich die **wettbewerbsbeschränkende Absprache bei Ausschreibungen**, zu einer Straftat „hoch gestuft" und als § 298 in den neuen Abschnitt des StGB „Straftaten gegen den Wettbewerb" eingestellt[5] (dazu II.).

---

[1] Siehe die Einführung bei *Büdenbender*, JA 2008, 481 ff.
[2] ABl. L 1 vom 04.01.2003, 1. Die Sekundärakte bleiben gemäß Art. 9 des Protokolls Nr. 36 über die Übergangsbestimmungen gültig. Danach behalten alle Rechtsakte, die vor Inkrafttreten des Vertrages von Lissabon angenommen wurden, Rechtswirkung.
[3] Erwägungsgrund 35 der VO.
[4] ABl. L 24 vom 29.01.2004, 1.
[5] Siehe dazu BT-Drs. 13/5584, 9, 13; *König*, JR 1997, 397, 402; *Korte*, NStZ 1997, 513, 516; *Wolters*, JuS 1998, 1100, 1101; krit. zur Strafwürdigkeit *Lüderssen*, BB 1996, 2525, 2528; ders., StV 1997, 318, 320.

§ 7: Kartellstraf- und Kartellordnungswidrigkeitenrecht

2021 ordnete das GWB-Digitalisierungsgesetz (GWBDigiG)⁶ das Kartellordnungswidrigkeitenrecht des GWB neu und ergänzte es durch zahlreiche Vorschriften. § 81 GWB beschränkt sich auf die Bußgeldtatbestände, in §§ 81a bis 81g GWB finden sich detaillierte Regelungen zur Geldbuße, §§ 81h bis 81n GWB verschaffen der Kronzeugenregelung (Rn. 1160 ff.) erstmals eine gesetzliche Grundlage und §§ 82 bis 86 GWB regeln das Bußgeldverfahren⁷. **555a**

Das europäische und das deutsche Kartellrecht beruhen auf einem **Drei-Säulen-Konzept**: **556**
– Den ersten Pfeiler bildet die **Kontrolle wettbewerbsbeschränkender Handlungen von Unternehmen** durch (horizontale und vertikale) Vereinbarungen (dazu II. und III.).
– Daneben stehen die **Kontrolle der marktmächtigen und marktbeherrschenden Unternehmen** (Missbrauchskontrolle und Diskriminierungsverbot, dazu IV., sowie Boykottverbot, siehe V.)
– und die **Fusionskontrolle** (unten VI.).

Das europäische Kartellrecht, einschließlich des Bußgeldrechts, **überlagert inzwischen weitgehend das Recht der Mitgliedstaaten**. Mitgliedstaatliches und europäisches Kartellrecht stehen zwar grundsätzlich nebeneinander, Art. 3 Abs. 1 EG-KartellverfahrensVO bestimmt aber, dass die nationalen Kartellbehörden und Gerichte bei der Anwendung des nationalen Rechts auf Kartellverstöße, abgestimmte Verhaltensweisen und Missbräuche einer marktbeherrschenden Stellung, *die den Handel zwischen den Mitgliedstaaten beeinträchtigen*, – auch – Artt. 101, 102 AEUV anwenden. Nach Art. 3 Abs. 2 der VO besteht in diesen Konstellationen ein Anwendungsvorrang des europäischen Kartellrechts. Nach Artt. 5, 6 EG-KartellverfahrensVO sind – auch – die Wettbewerbsbehörden und die Gerichte der Mitgliedstaaten für die Anwendung der Artt. 101, 102 AEUV zuständig. Deutschland setzte die Vorgaben der VO durch die 7. GWB-Novelle im Jahr 2005 um. Seither sind Zuwiderhandlungen gegen Artt. 101, 102 AEUV nach § 81 Abs. 1 GWB vom Bundeskartellamt als Ordnungswidrigkeiten ahndbar. **557**
Ausschließlich anwendbar sind die „deutschen" Kartellbußgeldtatbestände des § 81 Abs. 2, 3 GWB deshalb nur noch in den praktisch seltenen Fällen, in denen die *Auswirkungen des wettbewerbswidrigen Verhaltens auf Deutschland beschränkt bleiben*.

Auf die Einzelheiten des **Verfahrens zur Verfolgung und Sanktionierung von Kartellverstößen nach europäischem Recht** kann hier nicht eingegangen werden⁸, nur so viel sei angemerkt: **558**
Die Kommission ist nach Art. 4 EG-KartellverfahrensVO – neben den Wettbewerbsbehörden der Mitgliedstaaten (Rn. 557) – für die Verhängung von Geldbußen (Art. 23) und Zwangsgeldern (Art. 24) zuständig. Die nationale Behörde verliert

---

⁶ Vom 18.01.2021 BGBl. I 2021, 2.
⁷ Näher *Achenbach*, wistra 2021, 129 ff. Zu dem Regierungsentwurf *Giese/Heinichen/Janssen/Klumpp/Schelzke/Steinle*, NZKart 2020, 542 ff., 646 ff.
⁸ Ausführlich dazu *H.-J. Hellmann*, in: Wiedemann, § 46 Rn. 1 ff.

nach Art. 11 Abs. 6 ihre Zuständigkeit, wenn die Kommission ein Verfahren einleitet. Artt. 11 ff. verpflichten die nationalen Kartellbehörden zur Zusammenarbeit mit der Kommission und untereinander bei der Verfolgung von Zuwiderhandlungen, nach Art. 16 haben die mitgliedstaatlichen Gerichte und Kartellbehörden die Entscheidungen der Kommission zu beachten und Art. 18 ff. regeln die Ermittlungsbefugnisse der Kommission.

Zur Unternehmensgeldbuße nach Art. 23 EG-KartellverfahrensVO vgl. Rn. 1166 ff.

II. Wettbewerbsbeschränkende Absprachen bei Ausschreibungen (§ 298 StGB)

559 § 298 StGB schützt das **Allgemeininteresse an einem freien Wettbewerb** bei Ausschreibungen[9]. Zum Teil[10] wird das *Vermögen* des Ausschreibenden – und möglicher Mitwerber – als weiteres Schutzgut angesehen. Dabei handelt es sich jedoch um einen bloßen Schutzreflex des Tatbestandes[11]. Zwar geht § 298 StGB in der Praxis häufig mit einem – eventuell versuchten – Betrug einher, weil Absprachen in der Regel zu überhöhten Angeboten führen (Rn. 615), die Tathandlung beschreibt aber im Gegensatz zu §§ 264, 264a, 265b StGB keine Täuschung, denn der Täter muss nicht vorspiegeln, dass sein Angebot unter Wettbewerbsbedingungen zustande gekommen ist[12]. § 298 StGB setzt zudem gerade keine Vermögensgefährdung voraus, sodass der Tatbestand auch dann vorliegt, wenn sich im konkreten Fall die Überhöhung des Angebotes ausschließen lässt. Nach zutreffender Auffassung ist die Vorschrift deshalb *kein* „betrugsähnliches Vermögensdelikt"[13].

560 § 298 StGB wird überwiegend als *abstraktes Gefährdungsdelikt* bezeichnet, das mit Abgabe des abgesprochenen Angebotes vollendet sei[14]. Dabei wird jedoch übersehen, dass Schutzgut der freie Wettbewerb ist, der bereits durch die Absprache gefährdet und mit der Abgabe des abgesprochenen Angebotes beeinträchtigt wird. § 298 StGB ist deshalb ein **Verletzungsdelikt**[15].

– Die Voraussetzungen des Tatbestandes werden unten im Zusammenhang mit dem „Submissionsbetrug" erörtert (Rn. 617). –

---

[9] BT-Drs. 13/5584, 13; *Dannecker/Müller*, in: W/J/S, 19. Kap. Rn. 32; *Fischer*, Vor § 298 StGB Rn. 6; *Heine/Eisele*, in: Sch/Sch, § 298 StGB Rn. 1; Krey/*Hellmann*/Heinrich, BT 2, Rn. 868; *Hohmann*, NStZ 2001, 566, 571. **A.A.** Maurach/Schroeder/*Maiwald*, BT 2, § 68 Rn. 2 („abstraktes Vermögensgefährdungsdelikt"); *Otto*, wistra 1999, 41, 46; krit. auch *Oldiges*, wistra 1998, 291.
[10] BT-Drs. 13/5584, 13; BGH, NJW 2012, 3318, 3319; *Achenbach*, in: HWSt, 3. Teil 5. Kap. Rn. 11; W/Hillenkamp/*Schuhr*, Rn. 744; *Momsen-Laudien*, in: BeckOK-StGB, § 298 Rn. 7; *Rotsch*, ZIS 2014, 579, 581 f.
[11] Krey/*Hellmann*/Heinrich, BT 2, Rn. 868.
[12] Arzt/Weber/*Heinrich*/Hilgendorf, § 21 Rn. 109.
[13] *Heger*, in: L/K/H, § 298 StGB Rn. 1; *Heine/Eisele*, in: Sch/Sch, Vorbem §§ 298 ff. StGB Rn. 1; Krey/*Hellmann*/Heinrich, BT 2, Rn. 868; *Klusmann*, in: Wiedemann, § 56 Rn. 16; *Wittig*, § 25 Rn. 7.
[14] *Dannecker/Müller*, in: W/J/S, 19. Kap. Rn. 33; *Fischer*, § 298 StGB Rn. 3; *Heger*, in: L/K/H, § 298 StGB Rn. 1; *Heine/Eisele*, in: Sch/Sch, § 298 StGB Rn. 2; *Rotsch*, ZIS 2014, 579, 582 f.
[15] Krey/*Hellmann*/Heinrich, BT 2, Rn. 869; *Tiedemann*, in: LK[12], § 298 StGB Rn. 8, 9; *Walter*, GA 2001, 131, 140.

III. Verbotene Vereinbarungen nach deutschem und europäischem Recht

Fall 37: – *„Preis-, Mengen- und Gebietskartell"* –

Die sechs größten Zementhersteller Deutschlands hatten sich darauf geeinigt, die aktuellen Preise für Zement durch ein gemeinsames Handeln zu halten. Sie vereinbarten deshalb, dass jedes Unternehmen für bestimmte Gebiete eine festgelegte Lieferquote einzuhalten habe und den Zement nur zu einem bestimmten Preis weitergeben dürfe. Um den Einfluss Dritter auf die Preise gering zu halten, kauften die Beteiligten Zementmengen bei Konkurrenten oder die Konkurrenzunternehmen selbst gemeinsam auf.

Die Gebiets-, Mengen- und Preisabsprachen sowie Entscheidungen über aufgetretene Probleme – z.B. den Ausgleich sog. „Lügenmengen" (nicht gemeldete Überlieferungen) – wurden je nach Größenordnung auf verschiedenen Ebenen der Unternehmen getroffen. Für die ein- bis zweimal im Jahr stattfindenden Zusammenkünfte der Führungsebene (als „oberer Tisch" bzw. „Elefantenrunde" bezeichnet) wurden Verbandssitzungen sowie Messen als Tagungszeitpunkte und -orte genutzt. Daneben gab es den „operativen bzw. unteren Tisch", eine Zusammenkunft der verantwortlichen Vertriebsmitarbeiter.

Für die Mixit-AG beteiligte sich auf der oberen Ebene das Mitglied des Vorstandes Manfred Voigt (V) und auf der unteren Ebene der Leiter des Vertriebs Carsten Schrader (S) an den Sitzungen. Die Auswirkungen der Absprachen blieben auf Deutschland beschränkt.

Haben V und S eine Ordnungswidrigkeit begangen?

a) Ahndbarkeit des V nach § 81 Abs. 2 Nr. 1 i.V.m. § 1 GWB

aa) Objektiver Tatbestand

561 V könnte dem in § 1 GWB geregelten – deutschen – **Kartellverbot** zuwidergehandelt und dadurch den *Blankettbußgeldtatbestand* des § 81 Abs. 2 Nr. 1 GWB verwirklicht haben, indem er an den „Elefantenrunden" teilnahm.

562 § 1 GWB verbietet Unternehmen und Unternehmensvereinigungen, Vereinbarungen zu treffen, Beschlüsse zu verabschieden oder ihr Verhalten abzustimmen, um eine Verhinderung, Einschränkung oder Verfälschung des Wettbewerbs herbeizuführen. Da die Voraussetzung, dass die Unternehmen *miteinander im Wettbewerb stehen* müssen, durch die 6. GWB-Novelle gestrichen wurde, gilt § 1 GWB – wie Art. 101 Abs. 1 AEUV – nicht mehr nur für **horizontale Wettbewerbsbeschränkungen,** d.h. koordiniertes Verhalten von zwei oder mehreren Unternehmen, die auf demselben Markt tatsächlich oder potenziell Konkurrenten sind (sog. Kartelle[16]), sondern auch für **Vertikalvereinbarungen,** d.h. wettbewerbsbeschränkende Vereinbarungen zwischen Unternehmen, die auf verschiedenen Wirtschaftsstufen stehen (Rn. 589 ff.).

§ 1 GWB gilt gem. § 28 Abs. 1, 2 GWB nicht für bestimmte Vereinbarungen landwirtschaftlicher Erzeugerbetriebe und der dort genannten Vereinigungen.

563 Das Verbot des § 1 GWB richtet sich an **Unternehmen** und **Vereinigungen von Unternehmen**[17]. Die an den Vereinbarungen beteiligten Zementhersteller sind Unternehmen im Sinne dieser Vorschrift.

---

[16] *Greeve*, in: NK-WSS, § 81 GWB Rn. 42; *v. Wallenberg*, Rn. 74.
[17] Zur Auslegung *Lübbig*, in: Wiedemann, § 8 Rn. 1 ff.; *Roth/Ackermann*, in: FK, § 1 GWB Rn. 56 ff.

Nach dem *extensiven Unternehmensbegriff* des Kartellrechts führt jede Tätigkeit im geschäftlichen Verkehr zur Unternehmerschaft[18]. Unternehmen sind daher natürliche und juristische Personen sowie rechtsfähige Personengesellschaften, die sich – dauerhaft oder nur gelegentlich[19] – als Anbieter oder Nachfrager von Waren oder Leistungen gegen Entgelt am Wirtschaftsleben beteiligen[20]. Auch der Staat ist Unternehmer i.S.d. GWB, wenn er sich im geschäftlichen Verkehr betätigt, wobei es nicht darauf ankommt, ob sich der Staat privatrechtlicher oder öffentlich-rechtlicher Formen bedient. Entscheidend ist nur, dass die öffentliche Hand im Wettbewerb mit anderen Anbietern steht[21].

Vereinigungen von Unternehmen sind Verbände und Gesellschaften von Unternehmen, wenn mindestens zwei der Mitglieder Unternehmen sind[22], z.B. Wirtschafts-, Berufs- und Interessenverbände – auch der Deutsche Fußballbund[23] –, Apothekervereine[24] und die Handwerks- und Architektenkammern.

564 Der Blankettbußgeldtatbestand des § 81 Abs. 2 Nr. 1 GWB enthält zwar keine ausdrückliche Beschränkung des Kreises der tauglichen Täter. Da sich das Verbot der Ausfüllungsnorm des § 1 GWB aber nur an Unternehmen und Unternehmensvereinigungen richtet, sind diese auch Adressaten des Bußgeldtatbestandes[25]. Es handelt sich deshalb um ein **Sonderdelikt**[26]. Ist das Unternehmen eine juristische Person oder eine rechtsfähige Personengesellschaft, bedarf es der „Überwälzung" dieses besonderen persönlichen Merkmals auf die für das Unternehmen – bzw. die Vereinigung – handelnde natürliche Person nach Maßgabe des § 9 OWiG[27].

V ist als Vorstandsmitglied der Mixit-AG nach § 9 Abs. 1 Nr. 1 OWiG tauglicher Täter des Bußgeldtatbestandes.

565 Treffen Unternehmensmitarbeiter, die nicht zu dem Kreis der in § 9 OWiG genannten Personen gehören, die wettbewerbsbeschränkende Vereinbarung, ohne dass eine Leitungsperson daran beteiligt ist, so geht der Bußgeldtatbestand daher ins Leere. Da es dann an einer – mit Strafe oder Bußgeld bedrohten – Zuwiderhandlung fehlt, scheidet auch die Verhängung einer Geldbuße gegen den Unternehmensinhaber bzw. die Leitungspersonen nach § 130 Abs. 1 OWiG aus, selbst wenn diese ihre Aufsichtspflicht verletzt haben. Dadurch entsteht eine nicht unerhebliche Sanktionslücke, die auf der Grundlage des geltenden Rechts jedoch nicht geschlossen werden kann.

---

[18] *v. Wallenberg*, Rn. 53; *Wittig*, § 32 Rn. 12.
[19] BGH, WuW/E BGH 1725, 1726.
[20] BGH, NJW 1980, 1046; BGH, WuW/E BGH 1521; BGH, WuW/E BGH 1474, 1475; OLG Düsseldorf, WuW/E OLG 3613, 3614; *Lange*, in: Lange, Rn. 644.
[21] BGHZ 110, 371, 380 ff.; 119, 93, 101; *Wittig*, § 32 Rn. 12.
[22] BGHZ 137, 297, 303 ff.; BGH, WuW/E BGH 1725, 1727.
[23] BGH, WuW/E DE-R 17, 18.
[24] BGH, WuW/E BGH 2688, 2690.
[25] Ausführlich mit Auslegungshilfen zum Unternehmensbegriff *Heinichen*, NZWiSt 2013, 94 ff.
[26] *Achenbach*, in: FK, § 81 GWB Rn. 8; *ders.*, in: HWSt, 3. Teil 6. Kap. Rn. 19; *Böse*, in: G/J/W, § 81 GWB Rn. 6, 14.
[27] *Achenbach*, in: FK, § 81 GWB Rn. 8; *Böse*, in: G/J/W, § 81 GWB Rn. 14; *Dannecker/Müller*, in: W/J/S, 19. Kap. Rn. 148.

Der Begriff der **Vereinbarung** erfasst nicht nur Verträge i.S.d. BGB, sondern auch Übereinkommen, die nicht rechtlich, sondern nur durch gesellschaftlichen oder sozialen Druck durchsetzbar sind[28]. Es genügt somit, dass sich die Unternehmen mit Bindungswillen einigen. „Gentlemen's agreements" oder sog. „Frühstückskartelle" sind sogar die Regelform der Vereinbarungen. 566

Die Voraussetzung, dass die Vereinbarung eine **Verhinderung, Einschränkung oder Verfälschung des Wettbewerbs** bezweckt oder bewirkt, fasst mehrere Begriffe zusammen, die nicht streng voneinander zu trennen sind. Üblicherweise werden sie unter dem Terminus **Wettbewerbsbeschränkung** zusammengefasst[29]. Eine solche liegt vor, wenn die Beteiligten ihre *wirtschaftliche Handlungsfreiheit am Markt einschränken*[30]. Das ist der Fall, wenn das einzelne Unternehmen in seiner Entschließungsfreiheit, bestimmte unternehmerische Handlungen vorzunehmen, zwar im Rechtssinn frei ist, aber vertragliche und satzungsgemäße Bindungen bestehen, die den Gebrauch dieser Freiheit mit bestimmten wirtschaftlichen Nachteilen verknüpfen[31]. 567

Die Vereinbarung **bewirkt** die Wettbewerbsbeschränkung, wenn diese tatsächlich *eingetreten* ist. Die häufigste Erscheinungsform horizontaler Vereinbarungen besteht in der Absprache der Preise unter den beteiligten Unternehmen. Die faktische Bindung an die einheitliche Preisgestaltung schränkt den Wettbewerb zumindest ein. 568

§ 2 GWB stellt die dort genannten Vereinbarungen von dem Verbot des § 1 GWB frei[32]. Nach § 3 GWB gilt das auch für die sog. Mittelstandskartelle. 569

Da V durch die Mitwirkung an den Absprachen dem Verbot des § 1 GWB zuwiderhandelte, ohne dass die Vereinbarung freigestellt war, hat er den objektiven Tatbestand des § 81 Abs. 2 Nr. 1 i.V.m. § 1 GWB verwirklicht. 570

bb) Subjektiver Tatbestand

V handelte vorsätzlich. 571

§ 81 Abs. 2 Nr. 1 GWB bedroht auch die fahrlässige Zuwiderhandlung mit Geldbuße. Zu beachten ist allerdings, dass nach § 17 Abs. 2 OWiG bei fahrlässigem Handeln nur auf die Hälfte des in § 81c Abs. 1 S. 1 GWB angedrohten Höchstmaßes der Geldbuße (eine Million €) erkannt werden kann.

Zur Verhängung einer Unternehmensgeldbuße gegen die Mixit-AG siehe Rn. 1141 ff.

cc) Rechtswidrigkeit

Rechtfertigungsgründe sind nicht ersichtlich.

---

[28] OLG Frankfurt, WuW/E OLG 5020, 5024; *Lange*, in: Lange, Rn. 664; *v. Wallenberg*, Rn. 94; *Wittig*, § 32 Rn. 13.
[29] *Roth/Ackermann*, in: FK, § 1 GWB Rn. 82; *v. Wallenberg*, Rn. 100; für eine Eigenständigkeit der Wettbewerbsverfälschung jedoch *Emmerich/Lange*, § 4 Rn. 26 ff.
[30] BGH, BB 1997, 2391; WRP 1997, 768. Gegen eine „Aufladung" des Begriffs mit dem Erfordernis einer Beschränkung der Handlungsfreiheit der an der Vereinbarung oder sonstigen Koordinierung Beteiligten *Ackermann/Roth*, in: FK, § 1 GWB Rn. 83.
[31] BGH, NJW 1980, 2813.
[32] Zu den Gründen siehe *Heyers*, in: FK, § 2 GWB Rn. 1.

dd) Vorwerfbarkeit

572 Gründe, welche die Verantwortlichkeit des V ausschließen, liegen ebenfalls nicht vor. V hat also eine nach § 81 Abs. 2 Nr. 1 i.V.m. § 1 GWB ahndbare Zuwiderhandlung gegen das Kartellverbot begangen.

b) Ahndbarkeit des S nach § 81 Abs. 2 Nr. 1 i.V.m. § 1 GWB

573 Auch S hat durch seine Mitwirkung an dem „unteren Tisch" dem Kartellverbot des § 1 GWB zuwidergehandelt und dadurch eine Ordnungswidrigkeit nach § 81 Abs. 2 Nr. 1 GWB begangen. Ob S als Leiter des Vertriebs der Mixit-AG ausdrücklich beauftragt war, in eigener Verantwortung Aufgaben wahrzunehmen, die dem Inhaber des Betriebes bzw. Unternehmens obliegen, und das besondere persönliche Merkmal der Unternehmenseigenschaft deshalb nach § 9 Abs. 2 S. 1 Nr. 2 OWiG auch auf ihn überwälzt werden kann, lässt sich dem Sachverhalt zwar nicht eindeutig entnehmen. Wegen des dem Ordnungswidrigkeitenrecht zugrundeliegenden „Einheitstäterbegriffs" (§ 14 Abs. 1 S. 1 OWiG) kann das Verhalten des S aber selbst dann geahndet werden, wenn man seine Mitwirkung als Beihilfe im strafrechtlichen Sinne betrachtet. Nach § 14 Abs. 1 S. 2 OWiG genügt es, dass das die Ahndbarkeit begründende besondere persönliche Merkmal über die Zurechnungsnorm des § 9 Abs. 1 Nr. 1 OWiG bei dem Beteiligten V vorliegt[33].

Ergänzende Hinweise:

574 **(1)** Den Vereinbarungen zwischen Unternehmen stellt § 1 GWB **Beschlüsse von Unternehmensvereinigungen** gleich. Ein Beschluss ist ein korporativer Willensakt auf der Grundlage des Gesellschaftsvertrages, der Satzung oder der Geschäftsordnung, mit dem das zuständige Organ der Unternehmensvereinigung das zukünftige Verhalten der Mitglieder regelt[34].
Gegen § 1 GWB verstößt z.B. der Beschluss einer Architektenkammer über einheitliche Honorare[35] oder einer Taxivereinigung über den Einsatz weiterer Taxis[36].
Nicht erfasst sind dagegen Beschlüsse, die lediglich das Verhalten der Unternehmensvereinigung als solche regeln[37].

575 **(2)** § 1 GWB verbietet zudem **aufeinander abgestimmte Verhaltensweisen**. Diese Alternative ist ein Auffangtatbestand, der sicherstellen soll, dass § 1 GWB eingreift, wenn die Parteien keine Verständigung treffen, die dem Begriff der Vereinbarung – auch in seiner weiten Auslegung – zu subsumieren ist[38]. Nach der Rechtsprechung, ist ein abgestimmtes Verhalten eine koordinierte praktische Zusammenarbeit, die an die Stelle des mit Risiken verbundenen Wettbewerbs tritt[39]. Die Unternehmen müssen ihr Verhalten also aufeinander ausrichten und voneinander abhängig machen, ohne dem Partner dazu verpflichtet zu sein[40], z.B. indem sich Unternehmen gegen-

---

[33] *Achenbach*, in: FK, § 81 GWB Rn. 8.
[34] *Greeve*, in: NK-WSS, § 81 GWB Rn. 27; *Lange*, in: Lange, Rn. 668.
[35] BGH, WuW/E BGH 1474, 1475.
[36] BGH, WuW/E BGH 1707.
[37] *Bechtold/Bosch*, in: B/B, § 1 GWB Rn. 22; *Lange*, in: Lange, Rn. 671.
[38] *Greeve*, in: NK-WSS, § 81 GWB Rn. 28.
[39] EuGH, Slg. 1972, 619, 658; Slg. 1975, 1615, 1942; Slg. 1981, 2021, 2031; BGH, NZKart 2020, 602603 Rn. 21.
[40] BGHZ 125, 315, 320; BGH, WuW/E BGH 2182; KG, WuW/E OLG 2369, 2372.

seitig über Preise informieren oder ein Verband seinen Mitgliedern die Preise der anderen Mitglieder mitteilt. Nach Auffassung des EuGH setzen „Vereinbarung" und „abgestimmte Verhaltensweisen" keine wechselseitige Beschränkung der Handlungsfreiheit auf ein und demselben Markt, auf dem alle Marktteilnehmer vertreten wären, voraus[41].

Nicht um ein abgestimmtes Verhalten handelt es sich, wenn Marktteilnehmer sich gegenseitig nachahmen, weil ein Parallelverhalten für eine oligopolistische Marktstruktur typisch ist[42]. So beruht z.B. die fast gleichzeitige Erhöhung der Preise für ein bestimmtes Produkt nicht notwendigerweise auf einem abgestimmten Verhalten, sondern sie kann ihre Ursache auch in der Marktstruktur haben. Der Nachweis des abgestimmten Verhaltens ist deshalb im Regelfall nur schwer zu führen[43].

(3) Da § 1 GWB nicht nur Vereinbarungen verbietet, die eine Wettbewerbsbeschränkung bewirken (Rn. 568), sondern das Verbot bereits eingreift, wenn die Vereinbarung dies **bezweckt**, und § 81 Abs. 2 Nr. 1 GWB Zuwiderhandlungen in diesem Fall erfasst, handelt es sich bei dieser Alternative um ein *abstraktes Gefährdungsdelikt*, das schon das Treffen der Absprache – unabhängig von dem Eintritt einer Einschränkung des Wettbewerbs – mit einem Bußgeld bedroht[44]. 576

Indem § 1 GWB auf den Zweck der Vereinbarung Bezug nimmt, scheint diese Alternative ein subjektives Merkmal zu enthalten, nämlich den Willen der Beteiligten. Rechtsprechung[45] und Literatur[46] verstehen dieses Merkmal jedoch – ebenso wie die europäische Kommission[47] und das Bundeskartellamt[48] – in einem objektiven Sinn. Nicht der von den Parteien vorausgesetzte Vertragszweck, sondern die Erwartung kaufmännisch vernünftiger Beteiligter sei maßgeblich. Die Vereinbarung bezweckt eine Wettbewerbsbeschränkung danach bereits, wenn ein vernünftiger objektiver Dritter eine Beeinträchtigung des Wettbewerbs als Folge der Vereinbarung voraussieht, d.h., wenn sie zur Beschränkung des Wettbewerbs geeignet ist.

Der Übertragung dieser Auslegung auf § 81 Abs. 2 Nr. 1 GWB steht jedoch der *Bestimmtheitsgrundsatz* (Art. 103 Abs. 2 GG) entgegen, der auch im Ordnungswidrigkeitenrecht gilt[49]. Mit dem Wortlaut der Ausfüllungsnorm des § 1 GWB, dessen Voraussetzungen zu dem Bußgeldtatbestand gehören, ist es nicht vereinbar, das subjektive Merkmal der Zweckbestimmung in einem objektiven Sinn zu verstehen, zumal damit eine Ausdehnung des Tatbestandes verbunden wäre. Im Rahmen des Bußgeldtatbestandes ist der Zweck der Wettbewerbsbeschränkung daher als darauf gerichtete Absicht der Beteiligten zu verstehen[50]. Da der Zweck der Wettbewerbsbe-

---

[41] EuGH, ZWH 2016, 24, 27 Rn. 33.
[42] *Bechtold/Bosch*, in: B/B, § 1 GWB Rn. 25; *Zimmer*, in: Immenga/Mestmäcker, § 1 GWB Rn. 36.
[43] *Lange*, in: Lange, Rn. 672 ff.
[44] *Achenbach*, in: FK, § 81 GWB Rn. 30.
[45] EuGH, NZKart 2020, 246, 247 Rn. 35 ff.; BGHZ 65, 30, 36; BGH, WuW/E BGH 1871, 1874.
[46] *Böse*, in: G/J/W, § 81 GWB Rn. 15; *Greeve*, in: NK-WSS, § 81 GWB Rn. 32; *Lange*, in: Lange, Rn. 712; *Roth/Ackermann*, in: FK, § 1 GWB Rn. 85.
[47] ABl. L 228 vom 29.08.1975, 3; ABl. L 21 vom 26.01.1990, 71.
[48] WuW/E DE-V 209, 212.
[49] Ausführlich dazu *Mitsch*, Recht der Ordnungswidrigkeiten, 2. Aufl. 2005, Teil II § 5 Rn. 9.
[50] *Achenbach*, in: HWSt, 3. Teil 6. Kap. Rn. 16: Gesetzliche Anerkennung eines „Absichtsmerkmals".

schränkung eine Voraussetzung des Kartellverbots darstellt, ist er jedoch im objektiven Tatbestand zu prüfen.

Fall 38: *– Beeinträchtigung des Wettbewerbs zwischen den Mitgliedstaaten –*

577 Wie Fall 37. An der Vereinbarung der Zementhersteller unter Mitwirkung der Vertreter der Mixit-AG beteiligten sich auch Unternehmen aus den Niederlanden und Belgien.
Wie ist die Rechtslage nach europäischem und deutschem Kartellbußgeldrecht zu beurteilen?

a) Geldbuße der europäischen Kommission gegen die Mixit-AG nach Art. 23 Abs. 2 lit. a) EG-KartellverfahrensVO i.V.m. Art. 101 Abs. 1 lit. a) und c) AEUV

Nach **Art. 101 Abs. 1 AEUV** sind Vereinbarungen zwischen Unternehmen, Beschlüsse von Unternehmensvereinigungen und aufeinander abgestimmte Verhaltensweisen, welche den Handel zwischen Mitgliedstaaten zu beeinträchtigen geeignet sind und eine Verhinderung, Einschränkung oder Verfälschung des Wettbewerbs innerhalb des Gemeinsamen Marktes bezwecken oder bewirken, mit dem Gemeinsamen Markt unvereinbar. Die nicht abschließende Aufzählung in Art. 101 Abs. 1 lit. a) bis e) AEUV verbietet z.B. die Festsetzung der An- und Verkaufspreise, die Einschränkung oder Kontrolle der Erzeugung und die Aufteilung der Märkte.
Art. 101 AEUV stimmt also weitgehend mit § 1 GWB überein, setzt aber als weiteres Merkmal die **Eignung zur Beeinträchtigung des Handels zwischen den Mitgliedstaaten** voraus. § 81 Abs. 1 Nr. 1 GWB hat den Verstoß gegen Art. 101 Abs. 1 AEUV als eigenständigen deutschen Bußgeldtatbestand ausgestaltet (Rn. 557).

578 Ein gravierender Unterschied zwischen den deutschen Bußgeldtatbeständen des GWB und der europarechtlichen Regelung in Art. 23 Abs. 2 lit. a) EG-KartellverfahrensVO i.V.m. Art. 101 Abs. 1 AEUV besteht jedoch darin, dass nach europäischem Recht die Unternehmen bzw. Unternehmensvereinigungen nicht nur Adressaten der Verbotsvorschrift und der Bußgeldtatbestände sind, sondern das europäische Recht auch davon ausgeht, dass **Unternehmen bzw. Unternehmensvereinigungen selbst Täter des wettbewerbswidrigen Verhaltens** sein und vorsätzlich bzw. fahrlässig sowie vorwerfbar handeln können[51]. Als Handlung des Unternehmens genügt jedes Verhalten und sogar jede Kenntnis einer für das Unternehmen befugt handelnden Person[52] (Rn. 1168). Unternehmen bezeichnet nach europarechtlichem Verständnis nicht den Rechtsträger, sondern die **eine wirtschaftliche Tätigkeit ausübende Einheit**, selbst wenn diese wirtschaftliche Einheit rechtlich aus mehreren natürlichen oder juristischen Personen gebildet wird[53].

579 Da V und S befugt an den Absprachen der Mixit-AG mit den anderen Zementherstellern teilnahmen, hat *die AG selbst* die Horizontalvereinbarungen geschlossen. Erfüllt eine Absprache eines der in Art. 101 Abs. 1 lit. a) bis e) AEUV genannten Beispiele, liegt in der Regel ein Verstoß gegen das Kartellverbot vor, soweit die übrigen Voraussetzungen des Art. 101 Abs. 1 AEUV gegeben sind.

---

[51] Näher dazu *Brömmelmeyer*, WuW 2017, 174 ff.; *Kindhäuser/Meyer*, in: FK, Bußgeldrechtliche Folgen des Art. 101 AEUV Rn. 154 ff.
[52] *Roth/Ackermann*, in: FK, Grundfragen des Art. 101 Abs. 1 AEUV Rn. 212.
[53] EuGH, EuZW 2016, 737, 738 Rn. 22; *Roth/Ackermann*, in: FK, Grundfragen des Art. 101 Abs. 1 AEUV Rn. 116 ff.; *Zimmer*, in: Immenga/Mestmäcker, Art. 101 AEUV Rn. 14.

Die Absprache bewirkte eine Beeinträchtigung des „Wettbewerbs innerhalb des Gemeinsamen Marktes", weil Unternehmen aus den Niederlanden und Belgien daran teilnahmen.

Der EuGH hat klargestellt, dass nur eine der beiden Voraussetzungen „bezwecken" oder „bewirken", die Art. 101 Abs. 1 AEUV – wie § 1 GWB – enthält, vorliegen muss[54]. Art. 101 Abs. 1 AEUV in der Bezweckensalternative wird ebenfalls als *Gefährdungstatbestand* verstanden[55], der keine Beschränkung des Wettbewerbs voraussetzt. Der Eintritt dieses Erfolges hat allerdings Einfluss auf die Bußgeldhöhe.

Die wettbewerbsbeschränkende Vereinbarung muss zudem **geeignet sein, den Handel zwischen den Mitgliedstaaten zu beeinträchtigen**. Nach der Rechtsprechung des EuGH[56] ist die sog. Zwischenstaatlichkeitsklausel erfüllt, wenn die Gesamtheit der objektiven, rechtlichen oder tatsächlichen Umstände die Wahrscheinlichkeit voraussehen lässt, dass die Vereinbarung unmittelbar oder mittelbar, tatsächlich oder der Möglichkeit nach den Handel zwischen Mitgliedstaaten beeinflussen kann[57]. 580

Eine solche Eignung der Vereinbarungen ist in casu gegeben, da Lieferungen deutscher, niederländischer und belgischer Zementhersteller in die jeweiligen Nachbarländer beeinflusst wurden.

Art. 101 Abs. 1 AEUV enthält als **ungeschriebenes Tatbestandsmerkmal** die *Spürbarkeit der Einschränkung*[58]. Die Begrenzung der Vorschrift auf wettbewerbspolitisch bedeutsame Fälle hat die Kommission in der sog. de-minimis-Bekanntmachung festgelegt[59]. Nach Auffassung der Kommission scheidet eine spürbare Einschränkung des Wettbewerbs aus, wenn der Marktanteil der auf dem relevanten Markt konkurrierenden Unternehmen nicht mehr als 10 % oder bei nicht untereinander im Wettbewerb stehenden Unternehmen nicht mehr als 15 % beträgt (II. 8. der Bekanntmachung). Das gilt allerdings nicht für schwerwiegende Maßnahmen, zu denen Preisabsprachen, die Beschränkung der Produktion oder des Absatzes und die Aufteilung von Märkten und Kunden gehören, sodass auch diese Voraussetzung in unserem Fall erfüllt ist. 581

Art. 101 Abs. 3 AEUV enthält einen Katalog wettbewerbsbeschränkender Vereinbarungen, auf die Art. 101 Abs. 1 AEUV für nicht anwendbar erklärt werden kann. Art. 1 Abs. 2 EG-KartellverfahrensVO setzt diese Regelung um, indem die genannten Vereinbarungen – generell – erlaubt werden, ohne dass es der früher erforderlichen Freistellungsentscheidung der Kommission bedarf. Ob die Voraussetzungen gegeben sind, können nun – etwa auf eine Beschwerde oder eine Klage eines Wettbewerbers hin – auch die nationalen Wettbewerbsbehörden oder Gerichte prüfen. 582

---

[54] EuGH, Slg. 1966, 281, 303.
[55] *Schröter/Voet van Vormizeele*, in: von der Groeben/Schwarze/Hatje, Europäisches Unionsrecht, 7. Auflage 2015, Art. 101 AEUV (ex-Art. 81 EGV) Rn. 120.
[56] EuGH, Slg. 1966, 281, 303 Slg. 1979, 1869, 1899; Slg. 1980, 3775, 3791.
[57] Zu diesem Kriterium *Lange*, in: Lange, Rn. 127; vgl. auch *Achenbach*, in: FK, § 81 GWB Rn. 14.
[58] *Lange*, in: Lange, Rn. 134 ff.; *Kindhäuser/Meyer*, in: FK, Bußgeldrechtliche Folgen des Art. 101 AEUV Rn. 73 ff.; *Zimmer*, in: Immenga/Mestmäcker, Art. 101 AEUV Rn. 138.
[59] Bekanntmachung der Kommission über Vereinbarungen von geringer Bedeutung, die G Artikels 101 Absatz 1 des Vertrags über die Arbeitsweise der Europäischen Union den Wettbewerb nicht spürbar beschränken (De-minimis-Bekanntmachung), ABl. C 291 vom 30.08.2014, 1.

583 Da die Freistellungsvoraussetzungen des Art. 101 Abs. 3 AEUV nicht vorliegen, hat die Mixit-AG den objektiven Tatbestand des Art. 23 Abs. 2 lit. a) EG-KartellverfahrensVO i.V.m. Art. 101 Abs. 1 lit. a) und c) AEUV verwirklicht. Die Gesellschaft handelte vorsätzlich, weil V und S Vorsatz hatten, sowie rechtswidrig und vorwerfbar, sodass die Mixit-AG eine europäische Kartellordnungswidrigkeit begangen hat.

Die Verletzung des Art. 101 Abs. 1 lit. a) und c) AEUV hat Auswirkungen auf die Höhe des Bußgeldes, da die Kommission Preis- und Marktaufteilungsabsprachen als schwere Wettbewerbsverstöße qualifiziert.

– Im Einzelnen zur Geldbuße nach europäischem Recht Rn. 1166 ff. –

b) Rechtsfolgen nach deutschem Kartellbußgeldrecht

aa) Ahndbarkeit des V nach § 81 Abs. 1 Nr. 1 GWB i.V.m. Art. 101 Abs. 1 AEUV

584 Der Verstoß gegen Art. 101 Abs. 1 AEUV stellt zudem eine nach deutschem Kartellbußgeldrecht ahndbare Ordnungswidrigkeit dar. Die Mixit-AG kann die wettbewerbswidrige Handlung allerdings nicht selbst verwirklichen. V hat aber dem europäischen Kartellverbot des Art. 101 Abs. 1 AEUV vorsätzlich, rechtswidrig und vorwerfbar zuwidergehandelt. Die Unternehmereigenschaft wird nach § 9 Abs. 1 Nr. 1 OWiG auf V überwälzt (Rn. 564).

bb) Ahndbarkeit des V nach § 81 Abs. 2 Nr. 1 i.V.m. § 1 GWB

585 V hat zudem die Voraussetzungen des § 81 Abs. 2 Nr. 1 i.V.m. § 1 GWB erfüllt (Rn. 562 ff.)

cc) Konkurrenzen

586 § 81 Abs. 2 Nr. 1 tritt hinter § 81 Abs. 1 Nr. 1GWB zurück, sodass der Tatbestand nur Bedeutung für Fälle mit auf Deutschland beschränkten Wettbewerbsbeschränkungen hat[60]. Das Bundeskartellamt kann somit gegen V eine Geldbuße nach § 81 Abs. 1 Nr. 1 GWB i.V.m. Art. 101 Abs. 1 AEUV verhängen.

dd) Ahndbarkeit des S nach § 81 Abs. 1 Nr. 1 GWB i.V.m. Art. 101 Abs. 1 AEUV

587 S kann ebenfalls vom Bundeskartellamt nach § 81 Abs. 1 Nr. 1 GWB wegen seiner Zuwiderhandlung gegen Art. 101 Abs. 1 AEUV mit einer Geldbuße belegt werden.

ee) Unternehmensgeldbuße gegen die Mixit-AG nach § 30 OWiG

588 Das Bundeskartellamt kann zudem eine Geldbuße gegen die Mixit-AG verhängen (dazu eingehend Rn. 1141 ff.).

Wie dargelegt (Rn. 558) verliert das Bundeskartellamt seine Zuständigkeit, wenn die Kommission ein Bußgeldverfahren einleitet.

Fall 39: *– Unzulässige Preisbindung –*

589 Wolf Müller (M) stellt Mikrowellengeräte her. Händler, die seine Waren beziehen wollen, müssen sich an die von M vorgeschriebenen Verkaufspreise halten. Für die Mikrowellengeräte vereinbart er mit den Händlern einen Verkaufspreis in Höhe von 298 €. Florian Deister (D), der Betreiber der Kette „Weiße Waren", wollte die Geräte als Sonderangebot für 250 € verkaufen. M drohte ihm an, ihn nicht mehr zu beliefern, wenn sich D nicht an den vorgeschriebenen Preis halten sollte. D verkaufte die Mikrowellen deshalb zum Preis von 298 €. Haben M und D eine Ordnungswidrigkeit begangen?

---

[60] BT-Drs. 15/3640, 21; *Böse*, in: G/J/W, § 81 GWB Rn. 71. Diff. *Achenbach*, in: HWSt, 3. Teil 6. Kap. Rn. 20.

M und D hätten eine nach § 81 Abs. 2 Nr. 1 GWB ahndbare Ordnungswidrigkeit begangen, wenn die Vereinbarung über den Verkaufspreis der Mikrowellengeräte dem Verbot wettbewerbsbeschränkender Vereinbarungen des § 1 GWB unterfällt.

§ 1 GWB erfasst auch Vertikalvereinbarungen[61]. Sie beeinträchtigen den Wettbewerb, weil sie eine rechtliche oder wirtschaftliche Bindung der Inhaltsfreiheit für die Gestaltung von Zweitvereinbarungen des Vertragspartners enthalten[62], ein Vertragsbeteiligter also in der Gestaltung von Preisen und Geschäftsbedingungen bei Zweit- oder Folgevereinbarungen beschränkt wird[63].

§ 1 GWB gilt jedoch nicht für vertikale Preisbindungen bei Zeitungen und Zeitschriften (§ 30 Abs. 1 GWB) und die Sortierung, Kennzeichnung oder Verpackung von landwirtschaftlichen Erzeugnissen (§ 28 Abs. 2 GWB). Die Buchpreisbindung (§§ 3, 5 Buchpreisbindungsgesetz) verstößt ebenfalls nicht gegen § 1 GWB[64]. § 26 Tabaksteuergesetz erlaubt es zudem, den Händler an den vom Hersteller festgesetzten und auf dem Steuerzeichen angegebenen Packungspreis zu binden.

Die Vereinbarung, die Mikrowellengeräte nur zu dem festgelegten Preis zu verkaufen, beschränkte die Entscheidungsfreiheit des D über die Preisgestaltung in der Zweitvereinbarung. Die Abrede verstößt damit gegen § 1 GWB.

590

§ 1 GWB ist zudem einschlägig, wenn vereinbart wird, dass ein bestimmter Wiederverkaufspreis nicht überschritten werden darf oder eine sog. Meistbegünstigungsklausel festgelegt wird[65], die den Vertragspartner verpflichtet, den begünstigten Unternehmen keine ungünstigeren Preise oder Bedingungen einzuräumen als anderen Abnehmern[66].

591

Eine nach § 81 Abs. 2 Nr. 1 GWB ahndbare Zuwiderhandlung gegen das Verbot von Vertikalvereinbarungen begeht nicht nur der Bindende, sondern auch der Gebundene, wenn er die Bindung akzeptiert und/oder praktiziert[67].

592

M und D haben deshalb den objektiven Tatbestand verwirklicht. Da beide vorsätzlich, rechtswidrig und vorwerfbar handelten, haben sie eine Ordnungswidrigkeit nach § 81 Abs. 2 Nr. 1 i.V.m. § 1 GWB begangen.

IV. Missbrauchs- und Diskriminierungsverbote

(1) Weder das europäische noch das deutsche Kartellrecht kennt – anders als das amerikanische Recht – eine Begrenzung der Marktstärke eines Unternehmens. Untersagt ist aber die **missbräuchliche Ausnutzung dieser besonderen Machtposition.**

593

---

[61] *Achenbach*, in: FK, § 81 GWB Rn. 24.
[62] BGH, WuW/E BGH 2819 ff., 2821; BGH, WuW/E DE-R 264, 267, zu § 14 GWB a.F.
[63] *Bechtold/Bosch*, in: B/B, § 1 GWB Rn. 66.
[64] Nach Ansicht des EuGH, GRUR 2009, 792, 794, verstößt die Buchpreisbindung – in Österreich – nicht gegen europäisches Recht.
[65] Dazu *Bechtold/Bosch*, in: B/B, § 1 GWB Rn. 69.
[66] BGH, WuW/E BGH 1787, 1788; BGH WuW/E BGH 1168, 1171, zu § 14 GWB a.F.
[67] KG, WuW/E OLG 5121, 5129.

Das **europäische Recht** verbietet in **Art. 102 AEUV** die missbräuchliche Ausnutzung einer beherrschenden Stellung auf dem Gemeinsamen Markt oder auf einem wesentlichen Teil desselben durch ein oder mehrere Unternehmen, wenn dies zu einer Beeinträchtigung des Handels zwischen den Mitgliedstaaten führen kann. Nach Art. 23 Abs. 2 lit. a) VO (EG) Nr. 1/2003 kann die Kommission den Missbrauch einer marktbeherrschenden Stellung mit Geldbuße ahnden. § 81 Abs. 1 Nr. 2 GWB bedroht Verstöße gegen Art. 102 AEUV ebenfalls mit Geldbuße, sodass auch ein nach deutschem Recht und von deutschen Kartellbehörden ahndbarer Bußgeldtatbestand vorliegt. Er kann aber wiederum – im Gegensatz zum europäischen Recht – nur von natürlichen Personen verwirklicht werden (vgl. Rn. 584).

594 Die beherrschende Stellung muss auf einem sachlich *und* räumlich relevanten Markt bestehen[68]. Der *sachlich relevante Markt* umfasst sämtliche Erzeugnisse und/oder Dienstleistungen, die von den Verbrauchern hinsichtlich ihrer Eigenschaften, Preise und ihres vorgesehenen Verwendungszwecks als austauschbar angesehen werden können[69]. Der *räumlich relevante Markt* ist das Gebiet, in dem sich die objektiven Wettbewerbsbedingungen bei dem betreffenden Erzeugnis für alle Unternehmen gleichen[70], unabhängig davon, ob es sich um den Gemeinsamen Markt, das Gebiet eines oder mehrerer Mitgliedstaaten oder einen Teil eines Mitgliedstaats handelt.

595 Der Begriff der marktbeherrschenden Stellung ist im europäischen Recht – anders als im deutschen Recht (Rn. 597) – nicht definiert. Sie wird angenommen, wenn das Unternehmen eine solche wirtschaftliche Machtstellung hat, dass es die Aufrechterhaltung eines wirksamen Wettbewerbs auf einem Markt verhindern kann, weil es die Möglichkeit besitzt, sich von seinen Wettbewerbern, Abnehmern oder Verbrauchern in erheblicher Weise unabhängig zu verhalten[71].

596 Die in Art. 102 S. 2 AEUV genannten Formen des Missbrauchs sind nicht abschließend, sondern nennen lediglich beispielhaft die vier am meisten verbreiteten Missbrauchshandlungen, nämlich
– Erzwingung unangemessener Preise oder Bedingungen, lit. a),
– Einschränkung der Erzeugung, des Absatzes oder der technischen Entwicklung zum Schaden der Verbraucher, lit. b),
– Benachteiligung einzelner Handelspartner durch Anwendung unterschiedlicher Bedingungen bei gleichwertigen Leistungen, lit. c), und
– Verknüpfung eines Vertrages mit zusätzlichen Leistungen, die in keiner Beziehung zum Vertragsgegenstand stehen, lit. d).

597 (2) Im **deutschen Recht** finden sich die Regelungen gegen die Ausnutzung einer marktbeherrschenden Stellung in §§ 18 bis 20 GWB. § 18 GWB enthält die Markt-

---

[68] *Schröter/Bartl*, in: von der Groeben/Schwarze/Hatje, Europäisches Unionsrecht, 7. Auflage 2015, Art. 102 AEUV (ex-Art. 82 EGV) Rn. 127.
[69] EuGH, Slg. 1980, 3775, 3793; Bekanntmachung der Kommission über die Definition des relevanten Marktes, ABl. C 372 vom 09.12.1997, 5, II. 7.
[70] EuGH, Slg. 1978, 207, 284; Bekanntmachung der Kommission über die Definition des relevanten Marktes, ABl. C 372 vom 09.12.1997, 5, II. 8.
[71] EuGH, Slg. 1979, 461, 520.

beherrschungsdefinitionen und die Marktbeherrschungsvermutungen, § 19 GWB das Verbot der **missbräuchlichen Ausnutzung einer marktbeherrschenden Stellung** durch ein oder mehrere Unternehmen und § 20 GWB das Verbot des Missbrauchs für **Unternehmen mit relativer oder überlegener Marktmacht**.
Vorsätzliche oder fahrlässige Zuwiderhandlungen gegen §§ 19, 20 Abs. 1 bis 3 S. 1, Abs. 5 können nach § 81 Abs. 2 Nr. 1 GWB mit einem Bußgeld geahndet werden.

Ein Unternehmen ist nach § 18 Abs. 1 GWB **marktbeherrschend**, wenn es als Anbieter oder Nachfrager einer bestimmten Art von Waren oder gewerblichen Leistungen auf dem sachlich und räumlich relevanten Markt ohne Wettbewerber (Monopol, Nr. 1) oder keinem wesentlichen Wettbewerb ausgesetzt ist (Quasi-Monopol, Nr. 2) oder eine überragende Marktstellung hat (Nr. 3). Der Annahme eines Marktes steht die unentgeltliche Erbringung einer Leistung nicht entgegen (§ 18 Abs. 2a GWB). Zwei oder mehr Unternehmen sind marktbeherrschend, wenn im Innenverhältnis kein wesentlicher Wettbewerb besteht und diese Gruppe im Außenverhältnis keinem wesentlichen Wettbewerb ausgesetzt ist oder eine überragende Marktstellung hat (Oligopol, § 18 Abs. 5 GWB). 598

Die in § 18 Abs. 4, 6 GWB geregelten – zivilrechtlichen – **Monopol- bzw. Oligopolvermutungen** (Marktanteil eines einzelnen Unternehmens von mindestens 40 %; Marktanteil von 50 % bei drei oder weniger Unternehmen bzw. Marktanteil von zwei Dritteln bei fünf oder weniger Unternehmen) sind im Ordnungswidrigkeitenrecht zwar nicht unmittelbar anwendbar[72], da auch im Bußgeldverfahren der Grundsatz in dubio pro reo gilt[73]. Da die Vorschrift aber eine Vermutung enthält, die auf der allgemeinen Lebenserfahrung beruht, legt sie einen Erfahrungssatz dar, der im Rahmen des § 81 Abs. 2 Nr. 1 GWB eine brauchbare Beschreibung dieses Bußgeldtatbestandsmerkmals liefert[74]. 599

§ 19 Abs. 1 GWB verbietet allgemein den Missbrauch einer marktbeherrschenden Stellung.
§ 19 Abs. 2 GWB führt Beispiele für einen Missbrauch auf:
Ein *Behinderungsmissbrauch* (Nr. 1) liegt vor, wenn ein marktbeherrschendes Unternehmen als Anbieter oder Nachfrager einer bestimmten Art von Waren oder gewerblichen Leistungen die Wettbewerbsmöglichkeiten anderer Unternehmen in einer für den Wettbewerb auf dem Markt erheblichen Weise ohne sachlich gerechtfertigten Grund beeinträchtigt. Eine *Diskriminierung* liegt vor, wenn ein Unternehmen ohne sachlich gerechtfertigten Grund anders behandelt wird als gleichartige Unternehmen.
Verboten sind z.B. Koppelungsgeschäfte, bei denen die Abgabe eines begehrten Produkts von dem Erwerb einer weniger gefragten Ware abhängig gemacht wird[75]. 600

---

[72] Missverständlich zur Geltung von Beweisvermutungen im Ordnungswidrigkeitenrecht KG, NStZ 1986, 560.
[73] *Achenbach*, in: FK, § 81 GWB Rn. 17, 76.
[74] Zu der Wirkung der vergleichbaren Beweisvermutung des § 3 Abs. 3 S. 1 Nr. 2 KrW/AbfG [jetzt KrWG] *Beckemper/Wegner*, wistra 2003, 281.
[75] BGH, WuW/E BGH 2406, 2409; KG, WuW/E OLG 3124, 3129; KG, WuW/E OLG 1767, 1770.

Missbräuchlich nach Nr. 2 ist das Fordern von Entgelten oder sonstigen Geschäftsbedingungen, die von denjenigen abweichen, die sich bei wirksamem Wettbewerb mit hoher Wahrscheinlichkeit ergeben würden (*Preis- und Konditionenmissbrauch*). Um eine *Preis- und Konditionenspaltung* handelt es sich nach Nr. 3, wenn ein marktbeherrschendes Unternehmen unterschiedliche Preise oder Konditionen von gleichartigen Abnehmern auf vergleichbaren Märkten ohne sachliche Rechtfertigung verlangt.

Ein marktbeherrschendes Unternehmen nutzt seine Stellung nach Nr. 4 zudem aus, wenn es sich weigert, einem anderen Unternehmen gegen angemessenes Entgelt Zugang zu den eigenen Daten, Netzen oder Infrastruktureinrichtungen zu geben und die Belieferung oder die Gewährung des Zugangs objektiv notwendig ist, um auf einem vor- oder nachgelagerten Markt tätig zu sein und die Weigerung den wirksamen Wettbewerb auf diesem Markt auszuschalten droht, es sei denn, die Weigerung ist sachlich gerechtfertigt.

Eine missbräuchliche Ausnutzung der marktbeherrschenden Stellung besteht nach Nr. 5 in der Aufforderung anderer Unternehmen durch das marktbeherrschende Unternehmen, ihm ohne sachlich gerechtfertigten Grund Vorteile zu gewähren.

601 **§ 20 Abs. 1 GWB** ordnet die Geltung des Missbrauchsverbots auch für Unternehmen und Unternehmensvereinigungen mit *relativer Marktmacht* an. Diese liegt vor, wenn kleine oder mittlere Unternehmen als Anbieter oder Nachfrager einer bestimmten Art von Waren oder gewerblichen Leistungen von dem Unternehmen oder der Unternehmensvereinigung abhängig sind, weil es keine ausreichenden oder zumutbaren Möglichkeiten gibt, auf andere Unternehmen auszuweichen.

§ 20 Abs. 1a GWB dehnt das Verbot des Missbrauchs einer marktbeherrschenden Stellung auf die *Verweigerung des Zugangs zu Daten*, auf den ein anderes Unternehmen für die eigene Tätigkeit angewiesen ist, aus.

Nach **§ 20 Abs. 3 S. 1 GWB** dürfen Unternehmen und Unternehmensvereinigungen mit gegenüber kleinen und mittleren Wettbewerbern *überlegener Marktmacht* ihre Marktmacht nicht dazu ausnutzen, solche Wettbewerber unmittelbar oder mittelbar unbillig zu behindern. Beispiele für eine unbillige Behinderung nennt § 20 Abs. 3 S. 2 GWB.

Nach **§ 20 Abs. 3a GWB** liegt eine unbillige Behinderung auch vor, wenn ein Unternehmen mit überlegener Marktmacht bei mehrseitigen Märkten und Netzwerken (§ 18 Abs. 3a GWB) die eigenständige Erzielung von Netzwerkeffekten durch Wettbewerber behindert und hierdurch die ernstliche Gefahr begründet, dass der *Leistungswettbewerb in nicht unerheblichem Maße eingeschränkt* wird.

§ 20 Abs. 5 GWB verbietet *Wirtschafts- und Berufsvereinigungen sowie Gütezeichengemeinschaften* die Ablehnung der Aufnahme eines Unternehmens, wenn die Ablehnung eine sachlich nicht gerechtfertigte ungleiche Behandlung darstellen und zu einer unbilligen Benachteiligung des Unternehmens im Wettbewerb führen würde.

V. Boykottverbot

602 Eine Ordnungswidrigkeit nach § 81 Abs. 3 Nr. 1 GWB ist die *vorsätzliche* Zuwiderhandlung gegen das Boykott(aufforderungs)verbot des § 21 Abs. 1 GWB. Untersagt ist die Aufforderung zu Liefer- und Bezugssperren in der Absicht, bestimmte Unternehmen unbillig zu beeinträchtigen. Eine Boykottaufforderung liegt vor, wenn der „Verrufer", also derjenige, der zum Boykott aufruft, den Adressaten zu Liefer- oder Bezugssperren gegenüber dem „Verrufenen" auffordert[76]. Nach zutreffender Sicht[77] ist nicht Absicht der unbilligen Beeinträchtigung nicht im technischen Sinn zu verstehen, sondern es genügt der direkte Vorsatz der unbilligen Beeinträchtigung.

Vorsätzliche Zuwiderhandlungen gegen das Verbot der Anwendung von *Druck- und Lockmitteln* zur Veranlassung von Wettbewerbsbeschränkungen (§ 21 Abs. 2 GWB) sind nach § 81 Abs. 3 Nr. 2 GWB ahndbar.

Vorsätzliche oder *fahrlässige* Zuwiderhandlungen gegen die Verbote der *Anwendung von Zwang zu illegalem Wettbewerbsverhalten* (§ 21 Abs. 3 GWB) und der *Zufügung von Nachteilen als Vergeltung für ein legales Verhalten* (§ 21 Abs. 4 GWB) bedroht § 81 Abs. 2 Nr. 1 GWB mit Geldbuße.

VI. Fusionskontrolle

603 Nach § 37 GWB liegt ein Zusammenschluss vor, wenn mehrere bisher selbstständige Unternehmen fusionieren (*Fusion*) oder ein oder mehrere Unternehmen die Kontrolle über die Gesamtheit oder Teile eines oder mehrerer Unternehmen erhält bzw. erhalten (*Kontrollerwerb*). Grundsätzlich ist ein solcher Zusammenschluss vom Bundeskartellamt zu untersagen, wenn zu erwarten ist, dass er eine marktbeherrschende Stellung begründet oder verstärkt (§ 36 Abs. 1 S. 1 GWB). Um dem Bundeskartellamt diese Prüfung zu ermöglichen, sind Zusammenschlüsse vor dem Vollzug nach § 39 GWB *anzumelden*. Für nicht freigegebene Zusammenschlüsse konstituiert § 41 GWB ein Vollzugsverbot, dessen *vorsätzliche oder fahrlässige* Verletzung § 81 Abs. 2 Nr. 1 GWB mit Geldbuße bedroht.

604 Der **AEUV** enthält keine ausdrücklichen Regelungen für Unternehmenszusammenschlüsse[78], sondern Grundlage der Fusionskontrolle ist die Verordnung (EG) Nr. 139/2004 über die Kontrolle von Unternehmenszusammenschlüssen[79] (FKVO). Art. 4 Abs. 1 FKVO bestimmt, dass jeder Zusammenschluss von gemeinschaftsweiter Bedeutung innerhalb einer Woche nach Vertragsabschluss oder Kontrollerwerb bei der Kommission anzumelden ist. Die Anmeldung bewirkt nach Art. 7 Abs. 1 FKVO ein Vollzugsverbot des Zusammenschlusses. Nach der Anmeldung führt die Kommission ein Vorprüfungsverfahren durch (Art. 6 Abs. 1 FKVO), um über die Einleitung eines Verfahrens zu befinden.

Art. 14 FKVO enthält **Bußgeldtatbestände**, die das Fusionskontrollverfahren absichern. So kann die Kommission eine Geldbuße gegen natürliche Personen, Unter-

---

[76] *Achenbach*, in: HWSt, 3. Teil 6. Kap. Rn. 34.
[77] *Böse*, in: G/J/W, § 81 GWB Rn. 35; *Klusmann*, in: Wiedemann, § 55 Rn. 18.
[78] Zum EGV *Bechtold*, EuR 1992, 41.
[79] ABl. L 24 vom 29.01.2004, 1.

nehmen und Unternehmensvereinigungen festsetzen, die eine Anmeldung unterlassen oder in ihr unrichtige Angaben machen, von der Kommission verlangte Auskünfte unrichtig oder nicht fristgemäß erteilen bzw. bei Nachprüfungen falsche Unterlagen vorlegen oder gegen das Vollzugsverbot nach Art. 7 FKVO verstoßen.

605 Zweifelhaft ist allerdings die **Wirksamkeit** dieser Bußgeldregelung, weil der Rat nach zutreffender Auffassung[80] außerhalb des Art. 83 Abs. 2 lit a) EG bzw. heute des Art. 103 Abs. 2 lit a) AEUV *keine Kompetenz zum Erlass von Bußgeldnormen* hat[81]. Die FKVO beruhte nicht allein auf Art. 83 EG, weil Artt. 81, 82 EG nicht auf jede Fusion anwendbar waren, sondern vor allem auf Art. 308 EG[82]. Die Generalklausel des Art. 308 EG – heute Art. 352 Abs. 1 AEUV – stellte aber keine ausreichende Ermächtigungsgrundlage für gemeinschaftsrechtliche Bußgeldvorschriften dar, sodass Art. 14 FKVO unwirksam ist[83].

Ergänzende Hinweise:

606 (1) § 81 Abs. 2 Nr. 2, 5 GWB verweisen auf Regelungen des GWB, die **Zuwiderhandlungen gegen vollziehbare Anordnungen oder Auflagen** verbieten.

607 (2) Ordnungswidrige Handlungen nach § 81 Abs. 2 Nr. 3, 4, 5b GWB sind vorsätzliche oder fahrlässige **Verstöße gegen Anmelde- und Anzeigepflichten**.

607a (3) § 81 Abs. 2 Nr. 6 GWB bedroht vorsätzliche oder fahrlässige **unrichtige oder unvollständige Angaben auf Auskunftsverlangen** der Kartellbehörde mit Geldbuße.

VII. Submissionsbetrug

Fall 40: *– Schaden bei Submissionsabsprachen –*

608 Die Bundesrepublik Deutschland plante, den Main über eine Länge von 5 km ausbauen zu lassen, um auch größeren Schiffen die Durchfahrt zu ermöglichen. Das Wasser- und Schifffahrtsamt W schrieb die Arbeiten öffentlich aus. Sascha Ambos (A), der Geschäftsführer der A-GmbH schloss sich mit Mike Becker (B), dem Geschäftsführer der B-GmbH und Jerry Conradi (C), dem Geschäftsführer der C-GmbH & Co. KG, zu der Bietergemeinschaft Mainausbau zusammen. Vor der Einreichung der Angebote trafen sich A, B und C mit Vertretern der Bietergemeinschaften PH und Mainregulierung und vereinbarten die Abstimmung der Angebote. Um die Höhe der Angebote festzulegen, bestimmten die Mitglieder der Bietergemeinschaften eine sogenannte Nullbasis, die auf der Grundlage der von den einzelnen Firmen intern kalkulierten Preise unter Vernachlässigung des niedrigsten und des höchsten Gebots nach dem arithmetischen Mittel mit 15 Mio. € errechnet worden war. Der auf dieser Nullbasis bestimmte Preis wurde um die Beträge erhöht, die für die sogenannten Präferenzzahlungen an die anderen Kartellmitglieder und an „Außenseiter", die sogenannte Schutzangebote abgaben, benötigt wurden. Es wurde vereinbart, dass die Bietergemeinschaft PH den Auftrag erhalten sollte. Diese verpflichtete sich, 3,85 Mio. € Präferenzvergütung an die Kartellmitglieder und

---

[80] Eingehend zu den großzügigeren Ansichten *Deutscher*, S. 222 ff.
[81] Ausführlich dazu *Deutscher*, S. 267 ff.
[82] Nr. 7 der amtlichen Motive, ABl. L 24 vom 29.01.2004, 1.
[83] So zutreffend *Deutscher*, S. 279; *Vogel*, in: Dannecker, Die Bekämpfung des Subventionsbetrugs im EG-Bereich, S. 170, 184, Fn. 88, zu der Vorläuferregelung in Art. 14 VO (EWG) Nr. 4064/89.

etwa 1,3 Mio. € an die „Außenseiter" zu zahlen. Die Gebote der anderen Bietergemeinschaften sollten über der so ausgerechneten Angebotssumme der Bietergemeinschaft PH (20,15 Mio. €) liegen. A erstellte ein Angebot in Höhe von 20,5 Mio. € und reichte es für die Bietergemeinschaft Mainausbau ein. Er versicherte dabei, dass keine Preisabsprachen mit anderen Firmen getroffen worden seien. Den Zuschlag erhielt die Bietergemeinschaft Mainausbau, obwohl ihr Angebot höher lag als das der Bietergemeinschaften PH und Mainregulierung. Das Wasser- und Schifffahrtsamt erteilte der Bietergemeinschaft Mainausbau den Auftrag wegen der von den Mitbewerbern nicht berücksichtigten Vergünstigungen. Nach Abschluss der Arbeiten leistete die Bundesrepublik die Schlusszahlung.

Wie hat sich A strafbar gemacht?

a) § 263 StGB

A hat ausdrücklich darüber **getäuscht**, dass das Angebot ohne eine Absprache zu Stande gekommen sei, und dadurch in dem zuständigen Sachbearbeiter einen entsprechenden **Irrtum** erweckt. Da eine **Vermögensverfügung** bereits in der *Annahme eines Vertragsangebotes* liegen kann (Eingehungsbetrug), wenn dadurch das Vermögen mit einer Verbindlichkeit belastet wird, hat dieser Irrtum zu einer Vermögensverfügung in Form der Auftragserteilung geführt.

Fraglich ist aber, ob ein **Vermögensschaden** eingetreten ist. Das bei gegenseitigen Verträgen grundsätzlich erforderliche *Missverhältnis von Leistung und Gegenleistung*[84] ist gegeben, wenn die Gegenleistung, die der Getäuschte erhält, ihren Preis nicht wert ist. Auf der Grundlage des sog. wirtschaftlichen Vermögensbegriffs ist der Verkehrswert (**Marktwert**) der geschuldeten Leistungen maßgeblich[85]. Schwierigkeiten bereitet der Vergleich des Wertes der vertraglich geschuldeten Leistungen allerdings dann, wenn der Austausch von Gütern oder Leistungen geschuldet ist, die keinen Marktpreis haben. Dies ist insbesondere der Fall, wenn ihrer Art oder ihrem Umfang nach erstmalige oder unwiederholbare Werk- oder Dienstleistungen geschuldet werden. Der Marktpreis solcher Leistungen wird regelmäßig erst durch den Wettbewerb konkurrierender Unternehmen herausgebildet. Unterbleibt ein Wettbewerb, kann sich deshalb kein Marktpreis bilden.

609

Daraus resultieren **zwei Fragen**, nämlich zum einen, ob *materiellrechtlich* ein *Schaden gegeben sein kann*, wenn sich für die Gegenleistung kein Marktpreis gebildet hat, und zum anderen, ob der Schaden im *Prozess feststellbar* ist.

610

Die **Rechtsprechung**[86] hatte ursprünglich sowohl materiellrechtlich den Eintritt eines Schadens, der in der Ausschaltung der gegebenenfalls zu erzielenden Ersparnis liege, als auch prozessual dessen Nachweisbarkeit angenommen.

Der 1. Strafsenat des BGH[87] widersprach dem allerdings in einer Entscheidung aus dem Jahr 1961. Er setzte zwar die Möglichkeit eines Schadenseintritts stillschweigend voraus, lehnte aber die Nachweisbarkeit des Vermögensschadens ab. Betrug liege nicht schon vor, wenn jemand eine Leistung anbietet und dafür eine Gegenleis-

---

[84] Krey/*Hellmann*/Heinrich, BT 2, Rn. 688; *Momsen*, in: M/S/M/H/M, § 41 Rn. 116; *Rengier*, BT I, § 13 Rn. 186.
[85] RGSt 44, 230; BGHSt 2, 364; 8, 254, 256; Arzt/Weber/*Heinrich*/Hilgendorf, § 20 Rn. 90 f; vgl. zu den Vermögensbegriffen Krey/*Hellmann*/Heinrich, BT 2, Rn. 668 ff.; eingehend zum wirtschaftlichen Vermögensbegriff *Kühl*, JuS 1989, 505 ff.
[86] RGSt 63, 187; OLG Hamm, NJW 1958, 1151, 1152.
[87] BGHSt 16, 367.

tung fordert, nachdem er erreicht hat, dass kein anderer die Leistung für eine geringere Gegenleistung offeriert. Die Absprache von Angeboten sei für den Betrugstatbestand gleichgültig, denn sie besage nichts darüber, dass die angebotene Leistung der geforderten Gegenleistung nicht gleichwertig sei.
Das Urteil des 1. Senats wurde überwiegend so interpretiert, dass ein Submissionsbetrug nicht strafbar sei. Unter Bezugnahme auf diese Entscheidung lehnte das LG Frankfurt a.M. deshalb 1990 die Eröffnung des Hauptverfahrens in einem – unserem Sachverhalt vergleichbaren – Fall mangels hinreichenden Tatverdachts ab. Da sich kein Marktpreis gebildet hatte, könne der erzielbare Preis nur aufgrund von Hypothesen bestimmt werden. Bei der Feststellung des hypothetischen Preises dürften aber Indizien, wie die Höhe der vereinbarten Präferenzvergütungen, nicht berücksichtigt werden, da diese Zahlungen nur die Preisfindung des Anbieters beeinflussten, aber keine Aussage darüber zuließen, ob die vertraglich vereinbarte Leistung der geschuldeten entspreche. Die gegen den Nichteröffnungsbeschluss erhobene Beschwerde der Staatsanwaltschaft (§ 210 Abs. 2 StPO) hatte vor dem OLG Frankfurt zwar Erfolg[88]. Das LG sprach die Angeklagten aber vom Vorwurf des Betruges frei, weil ein Vermögensschaden nicht festgestellt sei[89].

611 Auf die Revision der Staatsanwaltschaft erhielt der BGH[90] erneut Gelegenheit, über die Strafbarkeit des Submissionsbetruges zu befinden. Der 2. Senat widersprach der Entscheidung des 1. Senats aus dem Jahr 1961.
Im Rahmen der Gesamtsaldierung des Vermögensstandes vor und nach der Verfügung sei die Leistung des Ausschreibenden nicht mit dem wirklichen, sondern mit dem **hypothetischen Marktpreis** zu vergleichen. Ein Vermögensschaden liege in der Differenz zwischen dem vereinbarten Entgelt und dem Preis, der sich bei funktionsfähigem Wettbewerb gebildet hätte, und zwar unabhängig davon, ob die Bauleistung objektiv die geschuldete Vergütung wert ist[91]. Das Problem bestehe darin festzustellen, ob der Angebotspreis über dem hypothetischen Marktpreis liegt.

612 Als Indizien für einen Vermögensschaden betrachtet der BGH
(1) die hohe Wahrscheinlichkeit dafür, dass Submissionskartelle nicht gebildet und am Leben gehalten werden, wenn sie ihren Kartellmitgliedern bei Submissionen keine höheren als die sonst erzielbaren Marktpreise bringen,
(2) die nahe liegende Annahme, dass unter dem Druck des Wettbewerbs und in Unkenntnis der Angebote anderer die am Auftrag interessierten Unternehmen schärfer kalkulieren und ihre Leistungen zu niedrigeren Preisen anbieten als Unternehmen, die mit keinen Konkurrenzangeboten zu rechnen haben, und
(3) vor allem die Leistung von Ausgleichszahlungen an andere Kartellmitglieder und sog. Außenseiter.
– Später übernahm der 1. Senat die Auffassung des 2. Senats[92]. –

---

[88] OLG Frankfurt, wistra 1990, 33.
[89] Zur Prozessgeschichte *Joecks*, wistra 1992, 247, 248.
[90] BGHSt 38, 186 ff.
[91] Ebenso *Broß/Thode*, NStZ 1993, 369, 371 f.
[92] BGH, wistra 2001, 103; NJW 2001, 3718.

Ein Teil der Literatur[93] verneint dagegen schon die Möglichkeit eines Schadenseintritts. Da die geschuldete Bauleistung keinen Verkehrswert habe, sei sie nicht weniger wert als die geschuldete Gegenleistung des Auftraggebers. Dass dieser die Bauleistung ohne die Absprache zu einem niedrigeren Preis hätte bekommen können, sei eine für den Vermögensschaden irrelevante Behauptung. **613**

Andere[94] halten dem BGH entgegen, er begründe den Schaden – freilich ohne dies deutlich auszusprechen – mit dem Verlust einer hypothetisch günstigeren Kontrahierungsmöglichkeit, also einer Erwerbsaussicht. Da sich diese aber regelmäßig noch nicht zu einer vermögenswerten Exspektanz verdichtet habe, könne der Entzug dieser Chance auch keinen Vermögensschaden begründen[95].

Daneben stößt die Bestimmung des hypothetischen Marktpreises anhand der vom BGH genannten Indizien auf Kritik[96]. Es sei unzulässig, von einer statistischen Wahrscheinlichkeit auf den Einzelfall zu schließen[97]. Der Zweck von Kartellen bestehe nicht notwendigerweise darin, die Preise zu erhöhen, sondern Absprachen könnten auch dazu dienen, das Überleben der einzelnen Anbieter zu sichern[98].

Überwiegend wird die Möglichkeit eines Vermögensschadens trotz Fehlens eines Marktpreises in der Literatur – mit unterschiedlichen Begründungen – bejaht. **614**

– Zum Teil wird vorgeschlagen, auf den *angemessenen* Preis abzustellen, der z.B. durch die Vorkalkulation des Ausschreibenden oder ein Sachverständigengutachten ermittelt werden könne[99]. Dem ist entgegenzuhalten, dass es in der Marktwirtschaft keinen angemessenen Preis gibt[100] und das Submissionsverfahren dazu dient, ein besonders günstiges – eventuell nicht angemessenes – Angebot zu erhalten[101].

– Andere[102] sehen den Vermögensschaden darin, dass dem Ausschreibenden die Chance genommen wird, die gewünschte Werk- oder Dienstleistung zu einem bei unverfälschtem Wettbewerb erzielbaren günstigeren Preis zu erhalten. Dieser Sicht wird entgegengehalten, dass Exspektanzen nur dann zum Vermögen des Getäuschten zählen, wenn ihre Verwirklichung mit hinreichender Wahrscheinlichkeit zu erwarten ist. Die Chance des Ausschreibenden auf ein Angebot unter dem Nullpreis war jedoch vor der Gründung des Kartells noch zu ungewiss, um als Vermögensbestandteil anerkannt zu werden, und nach der Absprache bestand die Aussicht auf einen durch den Wettbewerb gedrückten Preis nicht mehr[103].

---

[93] *Joecks*, wistra 1992, 251.
[94] *Cramer*, NStZ 1993, 42; *Hohmann*, NStZ 2001, 566, 570; *Mitsch*, JZ 1994, 877, 889; *Otto*, JZ 1993, 652, 656; *Rönnau*, JuS 2002, 545, 547.
[95] *Portner*, Strafbarkeit des Kick-back-Vorgangs in der öffentlichen Auftragsvergabe, 2019, S. 336 ff.
[96] *Cramer*, Zur Strafbarkeit von Preisabsprachen in der Bauwirtschaft, 1995, S. 31 ff.; *Portner*, Strafbarkeit des Kick-back-Vorgangs in der öffentlichen Auftragsvergabe, 2019, S. 340 ff.
[97] *Lüderssen*, wistra 1995, 243, 245; *Moosecker*, in: Festschrift für Lieberknecht, 1997, S. 407, 413; *Ranft*, wistra 1994, 41, 43; *Rutkowsky*, NJW 1995, 705.
[98] *Hohmann*, NStZ 2001, 566, 568; *Rutkowsky*, NJW 1995, 705; *Satzger*, S. 144 f.
[99] *Hefendehl*, JuS 1993, 805, 811.
[100] *Tiedemann*, in: LK[12], § 263 Rn. 165.
[101] *Otto*, wistra 1999, 41, 43; *Satzger*, S. 83 ff.
[102] OLG Frankfurt, NJW 1990, 1057, 1058; *Eichler*, BB 1972, 1347.
[103] *Otto*, ZRP 1996, 41, 43; *Satzger*, S. 111 f.

– Vertreter der personalen Vermögenslehre begründen den Vermögensschaden des Ausschreibenden mit der Zweckverfehlung der Vermögensverfügung. Zweck der Ausschreibung sei es, das aus dem Wettbewerb resultierende günstigste Angebot zu erhalten. Bereits die Verfehlung dieses Zwecks durch die Absprache begründe den Vermögensschaden. Ausgangspunkt dieser Argumentation ist ein Vermögensbegriff, nach dem ein Vermögensschaden vorliegt, wenn der mit der Leistung angestrebte Erfolg nicht erreicht wird[104]. Dieser Auffassung wird zutreffend entgegengehalten, dass sie nicht darlegen kann, was ein wirtschaftlicher Zweck und wie die Grenze zu unbeachtlichen Motivirrtümern zu ziehen ist[105].

Stellungnahme:

615 Zustimmung verdient der BGH jedenfalls in der Annahme, dass trotz Fehlens eines Marktpreises ein Vermögensschaden vorliegen kann. Zwar repräsentiert der Marktpreis in aller Regel den objektiven Wert der Leistung, das bedeutet aber nicht, dass eine Leistung, für die sich kein Marktpreis bilden konnte, keinen Wert besäße. Das eigentliche Problem besteht in der prozessualen Feststellung des Schadens zur persönlichen Überzeugung des Tatrichters (§ 261 StPO).
Die Indizien, deren Beachtung durch den Tatrichter der BGH bei der Feststellung des Vermögensschadens fordert, sprechen zwar grundsätzlich für einen durch die Ausschaltung des Wettbewerbs überhöhten Preis. Eine Kartellabsprache muss aber nicht notwendig eine Überschreitung des Marktpreises bewirken und die Unkenntnis von den Mitbewerbern führt nicht zwingend zu einer genaueren Kalkulation und zu niedrigeren Preisen[106]. Die beiden ersten vom BGH angeführten Indizien allein werden deshalb häufig einen Vermögensschaden nicht überzeugend begründen können. Das gewichtigste Indiz für einen Vermögensschaden ist jedoch die Verpflichtung zu Abstandszahlungen an Kartellmitglieder und Außenseiter. Ausgleichszahlungen sind betriebswirtschaftliche Ausgaben, die nur Sinn ergeben, wenn sie wieder erwirtschaftet werden. Sie müssen also in den Angebotspreis eingestellt werden, der sich dadurch nahezu zwangsläufig erhöht[107].

616 In unserem Fall spricht insbesondere die erhebliche Höhe der Präferenzzahlungen an die Mitbewerber und Außenseiter für das Vorliegen eines Vermögensschadens.
A handelte zudem vorsätzlich und in der Absicht, die Bietergemeinschaft Mainregulierung zu bereichern. Unerheblich ist, dass die Bereicherung tatsächlich bei der Bietergemeinschaft Mainausbau eintrat.
Da keine Rechtfertigungs- und Schuldausschließungsgründe vorliegen, hat sich A wegen Betruges strafbar gemacht.

b) § 298 StGB

617 A könnte zudem bei einer Ausschreibung über Dienstleistungen ein Angebot abgegeben haben, das auf einer rechtswidrigen Absprache beruht.

---

[104] *Otto*, BT, § 51 Rn. 54; ders., ZRP 1996, 300, 306.
[105] *Hefendehl*, JuS 1993, 805, 813; *Rönnau*, JuS 2002, 545, 548.
[106] So auch *Baumann*, NJW 1992, 1661, 1665; *Broß/Thode*, NStZ 1993, 369; *Kramm*, JZ 1993, 422 ff.
[107] BGHSt 47, 83, 88 f.; BGH, wistra 1997, 336, 340, insoweit nicht abgedruckt in BGHSt 43, 96.

Ausschreibungen sind nicht nur – wie in unserem Fall – Vergabeverfahren der öffentlichen Hand, sondern auch solche privater Veranstalter, wenn das Vergabeverfahren in Anlehnung an die Bestimmungen der VOB/A ausgestaltet ist[108]. § 298 StGB erfasst zudem die beschränkte Ausschreibung eines öffentlichen Anbieters, selbst wenn ihr kein öffentlicher Teilnahmewettbewerb vorausgegangen ist[109]. Strittig ist, ob die Abgabe eines abgesprochenen Angebots in einem fehlerhaften Ausschreibungsverfahren § 298 StGB erfüllt. Nach – zutreffender – Auffassung sind selbst schwere Rechtsfehler bei der Ausschreibung für die Strafbarkeit irrelevant, wenn ein Ausschreibungsverfahren überhaupt durchgeführt wurde[110].

Tathandlung ist die Abgabe eines auf einer rechtswidrigen Absprache beruhenden Angebots. Täter sind aber nur die Mitglieder des Kartells, die einen mitbestimmenden Einfluss auf das Angebot haben[111]. **617a**

Die Rechtswidrigkeit der Absprache bestimmt sich nach Kartellrecht[112]. Umstritten ist, ob § 298 Abs. 1 StGB nur horizontale oder auch **vertikale** Absprachen erfasst[113]. Nach Ansicht des BGH[114] ist die Abgabe eines Angebots, das auf einer Absprache zwischen dem Anbieter und dem Ausschreibenden beruht, ebenfalls nach § 298 StGB strafbar. Erforderlich sei lediglich, dass dem Angebot eine kartellrechtswidrige Absprache zugrunde liegt. Nach der seit dem 01.07.2005 geltenden Fassung des § 1 GWB komme es nicht mehr darauf an, dass die Unternehmen miteinander im Wettbewerb stehen. Die Abgabe eines auf einer vertikalen Absprache beruhenden Angebots sei deshalb strafbar. In der Literatur[115] wird dagegen zutreffend eingewandt, diese Auslegung lasse sich der Gesetzesbegründung nicht entnehmen. Der Gesetzgeber hatte bei der Einführung des § 298 StGB die vertikalen Absprachen nicht im Blick. Ein umfasender Schutz des Wettbewerbs war nicht intendiert[116]. Insofern geht der Hinweis des BGH auf die Kartellrechtsakzessorietät fehl. § 298 StGB stellt nicht jede Absprache unter Strafe, die das Kartellrecht verbietet, sondern nur solche, die darauf abzielen, dass ein bestimmtes Angebot vom Ausschreibenden angenommen wird[117].

---

[108] BGH, wistra 2003, 146, 147; *Bien,* ZWH 2016, 133, 135; *Dannecker,* in: NK, § 298 StGB Rn. 56; *Tiedemann,* in: LK[12], § 298 StGB Rn. 20. **A.A.** Joecks/*Jäger,* StK, § 298 StGB Rn. 2.
[109] BGHSt 59, 34, 35 Rn. 11 ff., mit Anm. *Bosch,* ZWH 2014, 275 f., und *Greeve,* NStZ 2014, 403 f.
[110] *Hohmann,* in: MüKo[4], § 298 StGB Rn. 49; *Tiedemann,* in: LK[12], § 298 StGB Rn. 19; zum Streitstand eingehend *Jansen,* wistra 2017, 214 ff.
[111] *Bosch,* in: S/S/W, § 298 StGB Rn. 18; *Böse,* in: G/J/W, § 298 StGB Rn. 4.; *Greeve,* in: NK-WSS, § 298 StGB Rn. 128 ff.
[112] *Krey/Hellmann/Heinrich,* BT 2, Rn. 870; *Heger,* in: L/K/H, § 298 StGB Rn. 3; *Otto,* BT, § 61 Rn. 145; *Wolters,* JuS 1998, 1100, 1102.
[113] Für die Erfassung vertikaler Absprachen *Fischer,* § 298 StGB Rn. 10; *Rübenstahl,* NZWiSt 2013, 71, 72. **A.A.** *Bosch,* JA 2008, 70, 72; *Greeve,* NZWiSt 2013, 140.
[114] BGH, NZWiSt 2013, 139. Ebenso *Hohmann,* in: MüKo[4], § 298 StGB Rn. 71; *Momsen/Laudin,* in: BeckOK-StGB, § 298 Rn. 24.
[115] *Dannecker,* in: NK, § 298 StGB Rn. 82 ff.; *Greeve,* NZWiSt 2013, 140.
[116] Anders *Rübenstahl,* NZWiSt 2013, 71, 73, der Gesetzgeber habe einen umfassenden Wettbewerbsschutz bezweckt, dies aber lediglich nicht zum Ausdruck gebracht.
[117] *Greeve,* NZWiSt 2013, 140.

Das Übereinkommen, das A mit potenziellen Anbietern über das Verhalten im Ausschreibungsverfahren getroffen hat, ist eine nach § 1 GWB verbotene Horizontalvereinbarung (siehe Rn. 562) und deshalb rechtswidrig. Das von A abgegebene Angebot *beruhte* auf der Absprache, weil ihm die vereinbarten Angebotspreise zugrunde lagen.
Damit hat sich A auch nach § 298 StGB strafbar gemacht.

c) Konkurrenzen

618 Da § 298 StGB nach zutreffender Auffassung das Allgemeininteresse am freien Wettbewerb schützt (Rn. 559), § 263 StGB dagegen das Vermögen, stehen beide Vorschriften in Tateinheit[118]. Die Ordnungswidrigkeiten nach § 81 Abs. 2 Nr. 1 i.V.m. § 1 GWB – bzw. § 81 Abs. 1 Nr. 1 GWB i.V.m. Art. 101 AEUV – werden nach § 21 Abs. 1 S. 1 OWiG verdrängt. Die rechtskräftige Aburteilung der Straftaten bewirkt ein Verfolgungshindernis hinsichtlich der Kartellordnungswidrigkeiten[119].

Ergänzende Hinweise:

619 (1) Für den Fall, dass ein Eingehungsbetrug – unter Berücksichtigung der genannten Indizien – nicht festgestellt werden kann, weist der BGH[120] auf die Möglichkeit der Verurteilung wegen eines *Erfüllungsbetruges* hin. Eine unzulässige Beschränkung des Wettbewerbs durch Preisabsprachen habe nämlich zur Folge, dass der vereinbarte Preis automatisch auf den Selbstkostenpreis reduziert werde.

Dieser Konstruktion wird es in der Regel zwar nicht bedürfen, da schon ein Eingehungsbetrug vorliegen wird. Sie ist aber möglich, da ein Betrug – entgegen einer verbreiteten Meinung[121] – auch dann gegeben ist, wenn eine bei Eingehen des Verpflichtungsgeschäfts begangene Täuschung in der Erfüllungsphase fortwirkt, der Täter also die Leistung tatsächlich erlangt, ohne eine neue Täuschung begehen zu müssen, und der Schaden gerade in der Überlassung der Leistung durch den Getäuschten besteht[122] (*sog. unechter Erfüllungsbetrug*).

620 (2) Die Grundsätze des Submissionsbetrugs gelten im Übrigen bei einer freihändigen Vergabe mit Angebotsanfragen durch öffentliche oder private Auftraggeber an zumindest zwei Unternehmen. Die Abgabe eines abgesprochenen Angebots enthält regelmäßig die konkludente Erklärung, dass dieses Angebot ohne eine vorherige Preisabsprache zwischen den Anbietern zustande gekommen ist. Bei absprachebedingten Ausgleichszahlungen an andere Unternehmen wird von einem Schaden auszugehen sein[123].

---

[118] *Achenbach*, WuW 1997, 959; *ders.*, in: FK, § 81 GWB Rn. 69; *Joecks/Jäger*, StK § 298 StGB Rn. 8; *Tiedemann*, in: LK¹², § 298 StGB Rn. 51.
[119] BGH, wistra 2004, 270, 271.
[120] NJW 1992, 921, 923; insoweit nicht abgedruckt in BGHSt 38, 186.
[121] So BGHSt 16, 220, 224; *Hoyer*, in: SK, § 263 StGB Rn. 247; *Tenckhoff*, in: Festschrift für Lackner, 1987, S. 677, 689.
[122] BayOLG, NJW 1999, 663 f.; *Cramer*, NStZ 1993, 42; *ders.*, Zur Strafbarkeit von Preisabsprachen in der Bauwirtschaft, 1995, S. 22 f.; *Heger*, in: L/K/H, § 263 StGB Rn. 53; Krey/*Hellmann*/Heinrich, BT 2, Rn. 695.
[123] BGHSt 47, 83 ff.

(3) § 298 Abs. 2 StGB bestimmt ausdrücklich, dass der Ausschreibung i.S.d. Abs. 1 die freihändige Vergabe nach vorausgegangenem Teilnahmewettbewerb gleichsteht.

621

(4) § 298 Abs. 3 StGB enthält eine §§ 264 Abs. 5, 264a Abs. 3, 265b Abs. 2 StGB entsprechende Regelung der **tätigen Reue** (Rn. 25, 210, 909).

621a

(5) Hinsichtlich des **Verjährungsbeginns** der Straftaten und Ordnungswidrigkeiten, die durch Submissionsabsprachen verwirklicht werden, ist zu differenzieren. In Betracht kommen drei Zeitpunkte, die Abgabe des Angebots durch den Bieter, der Abschluss des Vertrages bzw. die Erteilung des Zuschlags oder – erst – die vollständige Abwicklung des Vertrages, die u.U. Jahre später erfolgt. Maßgeblich ist – sowohl für das Strafrecht als auch für das Ordnungswidrigenkeitenrecht – die materielle Beendigung der Tat (§ 78a StGB, § 31 Abs. 3 OWiG).

621b

Bei dem Betrug nach **§ 263 StGB** tritt nach zutreffender Auffassung die Beendigung mit dem Eintritt der Bereicherung ein[124]. Der Subventionsbetrug ist somit erst mit vollständiger Erlangung der vereinbarten Leistung beendet, sodass die Verjährungsfrist in diesem Zeitpunkt beginnt.

Fraglich ist, ob dieses Ergebnis auf § 298 StGB und § 81 Abs. 1 Nr. 1 GWB i.V.m. Art. 101 AEUV bzw. § 81 Abs. 2 Nr. 1 i.V.m. § 1 GWB übertragbar ist. Nach Auffassung des BGH beginnt die Verjährung der Ordnungswidrigkeit nach **§ 81 Abs. 2 Nr. 1 i.V.m. § 1 GWB** im Falle einer Submissionsabsprache nicht schon mit dem Vertragsschluss, sondern erst mit der vollständigen Abwicklung[125]. Das Gericht betrachtet die Abwicklung des Vertrages offensichtlich als Perpetuierung und Intensivierung des Angriffs auf das Rechtsgut. Der EuGH stellt hinsichtlich eines Verstoßes gegen Art. 101 Abs. 1 AEUV dagegen auf den Zeitpunkt ab, in dem die wettbewerbsbeschränkenden Wirkungen des Kartells wegfallen; bei Submissionsabsprachen sei dies spätestens der Fall, wenn die wesentlichen Merkmale des Auftrags und der Gegenleistung durch den Abschluss des Vertrages zwischen dem erfolgreichen Bieter und dem Auftraggeber endgültig bestimmt wurden[126].

Diese – auch für die Auslegung des § 81 Abs. 2 Nr. 1 i.V.m. § 1 GWB bindende[127] – Entscheidung verdient Zustimmung. Schutzgut des europäischen und deutschen Kartellverbots ist der Wettbewerb. Wenn der Vertrag geschlossen wurde, hat der Auftraggeber keine Möglichkeit mehr, die Leistung unter Marktbedingungen zu erlangen[128]. Die vom BGH angenommene Perpetuierung oder gar Intensivierung des Angriffs auf das Rechtsgut Wettbewerb ist nach dem Vertragsschluss deshalb ausgeschlossen[129].

---

[124] H.M., z.B. BGHSt 32, 236, 243; *Mitsch*, BT 2, S. 333 f.; *Saliger*, in: M/R, § 263 StGB Rn. 298. Für Beendigung mit endgültigem Schadenseintritt, z.B. *Kindhäuser/Hoven*, in: NK, § 263 StGB Rn. 381. *Hefendehl*, in: MüKo⁴, § 263 StGB Rn. 1192, weist zutreffend darauf hin, dass dieser Streit „angesichts des engen Verhältnisses von Schaden und Vorteil deutlich überschätzt" wird.
[125] BGH, NZKart 2020, 532, Rn. 17.
[126] EuGH, BB 2021, 403, Rn. 35.
[127] *Kappel/Junkers*, BB 2021, 399, 401.
[128] EuGH, BB 2021, 403, Rn. 35.
[129] *Kappel/Junkers*, BB 2021, 399, 400.

Dritter Abschnitt: Wettbewerbs- und Geheimnisverletzungen

Dieser Befund gilt im Übrigen auch für den Verjährungsbeginn der wettbewerbsbeschränkenden Absprache nach **§ 298 StGB**[130]. Die bereits durch die Abgabe der abgesprochenen Angebote eingetretene Wettbewerbsverletzung (siehe Rn. 559) kann nach dem Vertragsschluss nicht weiter vertieft werden.

---

[130] Zum Streitstand sieh *Kappel/Junkers*, NZWiSt 2018, 274, 276 f.; *dies.*, BB 2021, 399, 401. Die Autoren stellen bei § 298 StGB auf die Abgabe des Angebotes ab.

VIERTER ABSCHNITT:

Verletzung des geistigen Eigentums

Die **Schutzrechtsverletzungsstraftatbestände** sind überwiegend als **Privatklagedelikte** ausgestaltet (siehe den Katalog in § 374 Abs. 1 Nr. 8 StPO), wegen derer die Staatsanwaltschaft gemäß § 376 StPO die öffentliche Klage nur erhebt, wenn dies im öffentlichen Interesse liegt[1]. Das ist nach Nr. 261 RiStBV zwar in der Regel bei nicht nur geringfügigen Schutzrechtsverletzungen der Fall, wobei insbesondere deren Ausmaß, der eingetretene oder drohende wirtschaftliche Schaden und die vom Täter erstrebte Bereicherung zu berücksichtigen sind. In der Praxis scheinen die Staatsanwaltschaften aber eher zurückhaltend bei der Verfolgung von Schutzrechtsverletzungen zu sein. Es finden sich nur wenige veröffentlichte Entscheidungen der Strafgerichte aus jüngerer Zeit[2]. Die privatklageberechtigten Verletzten verzichten ebenfalls zumeist auf die Anstrengung eines strafrechtlichen Verfahrens, weil es ihnen in erster Linie auf eine finanzielle Entschädigung ankommt und sie deshalb den Zivilrechtsweg vorziehen[3]. 622

§ 8 Verletzung von Patenten, Gebrauchs- und Geschmacksmustern

I. Patentverletzung (§ 142 PatG)

§ 142 Abs. 1 PatG bedroht die dort genannten Verletzungen eines Patents oder eines ergänzenden Schutzzertifikats mit Freiheitsstrafe bis zu drei Jahren oder mit Geldstrafe. Entgegen einer in der Literatur vertretenen Auffassung, die § 142 PatG als Blankettstraftatbestand versteht, weil er auf § 9 PatG verweise[4], handelt es sich um einen **vollständigen Tatbestand**[5]; das in Bezug genommene Patent ist lediglich ein Tatbestandsmerkmal des § 142 PatG, zu dessen *Auslegung* auf § 9 PatG zurückzugreifen ist. 623

Schutzgut des § 142 PatG ist das *Recht aus dem erteilten Patent bzw. dem ergänzenden Schutzzertifikat*[6]. Mit Wirkung für die Bundesrepublik Deutschland kann nicht nur das Deutsche Patent- und Markenamt, sondern nach dem Europäischen Patentübereinkommen (EPÜ)[7] auch das – ebenfalls in München ansässige – Europä- 624

---

[1] *Gruhl*, in: M-G, Kap. 55 Rn. 11.
[2] Siehe aber zu einer gewerbsmäßigen Patentverletzung OLG Celle, wistra 2010, 494 f.
[3] *Gruhl*, in: M-G, Kap. 55 Rn. 36; *Schmaltz/Kuczera*, GRUR 2007, 97. Für eine Stärkung des Strafrechtsschutzes durch häufigere Bejahung des öffentlichen Interesses an der Strafverfolgung (§ 376 StPO) schon *Schramm*, GRUR 1954, 384 f.
[4] *Witte*, GRUR 1958, 419.
[5] *Hesse*, GA 1968, 225, 230, 236.
[6] *Grabinski/Zülch*, in: Benkard, § 142 PatG Rn. 3; *Heinrich*, in: HdS 6, § 58 Rn. 244; *Nentwig*, in: HWSt, 11. Teil 2. Kap. Rn. 8 f.; *Reinbacher*, in: NK-WSS, § 142 PatG Rn. 5.
[7] Bekanntmachung vom 09.09.1977, BGBl. II 1977, 792, in der am 13.12.2007 in Kraft getretenen revidierten Fassung, BGBl. II 2007, 1082.

ische Patentamt (EPA) Patente erteilen. Ursprünglich handelte es sich bei dem „Europa-Patent" um ein sog. Bündel-Patent, das in Deutschland und 37 weiteren Vertragsstaaten sowie zwei „Erstreckungsstaaten" galt[8]. Die VO (EU) Nr. 1257/2012 über die Umsetzung der Verstärkten Zusammenarbeit im Bereich der Schaffung eines einheitlichen Patentschutzes vom 17.12.2012[9] hatte die Grundlage für ein „Europäisches Patent mit einheitlicher Wirkung" in den teilnehmenden Mitgliedstaaten geschaffen. Der Unterschied dieses „EU-Einheitspatentes" zu dem „Europa-Patent" besteht darin, dass es kein Bündel nationaler Patente, sondern ein einheitliches in allen teilnehmenden Mitgliedstaaten geltendes supranationales Schutzrecht darstellt[10]. Der Bundestag hatte mit Zustimmung des Bundesrats bereits 2017 das „Gesetz zur Anpassung patentrechtlicher Vorschriften auf Grund der europäischen Patentreform"[11] und das „Gesetz zu dem Übereinkommen vom 19. Februar 2013 über ein Einheitliches Patentgericht"[12] verabschiedet. Der Bundespräsident hatte diese Gesetze auf Wunsch des BVerfG, bei dem eine Verfassungsbeschwerde anhängig war, zunächst nicht ausgefertigt. Deshalb trat das Gesetz zur Anpassung patentrechtlicher Vorschriften auf Grund der europäischen Patentreform[13] erst 2021 in Kraft und fügte die Vorschriften über das „Europäische Patent mit einheitlicher Wirkung" als §§ 15 bis 20 in das Gesetz über internationale Patentübereinkommen ein. Im September 2022 hatten 17 EU-Mitgliedstaaten das Einheitspatent eingeführt[14]. In Deutschland ist ein Doppelschutz durch ein deutsches und europäisches Patent möglich. § 142 PatG gilt für deutsche Patente und europäische Patente, die mit Wirkung für Deutschland erteilt wurden[15].

625 Durch ein **ergänzendes Schutzzertifikat** kann nach Maßgabe der §§ 16a, 49a PatG die Schutzwirkung des Patentes über die Dauer von zwanzig Jahren (§ 16 PatG) hinaus um fünf Jahre verlängert werden. Die erforderlichen europäischen Verordnungen wurden für Arzneimittel[16] und Pflanzenschutzmittel[17] erlassen.

626 Patente werden nach § 1 Abs. 1 PatG bzw. nach der entsprechenden Vorschrift in Art. 52 Abs. 1 EPÜ für **Erfindungen** erteilt, die **neu** sind, auf einer **erfinderischen Tätigkeit** beruhen und **gewerblich anwendbar** sind[18]. *Keine Erfindungen* sind z.B. Entdeckungen, wissenschaftliche Theorien und mathematische Methoden (§ 1 Abs. 3 Nr. 1 PatG), ästhetische Formschöpfungen (§ 1 Abs. 3 Nr. 2 PatG), Pläne für Spiele oder geschäftliche Tätigkeiten (§ 1 Abs. 3 Nr. 3 PatG) sowie die Wiedergabe von Informationen (§ 1 Abs. 3 Nr. 4 PatG).

---

[8] *Zimmermann*, in: G/J/W, § 14 PatG Rn. 12.
[9] ABl. L 361 vom 31.12.2012, 1.
[10] *Zimmermann*, in: G/J/W, § 14 PatG Rn. 20-22.
[11] BT-Drs. 18/8827.
[12] BT-Drs. 18/11137.
[13] Vom 20.08.2021, BGBl. I 2021,3914.
[14] https://www.epo.org, Nationale Maßnahmen zum Einheitspatent, 1. Auflage September 2022, S. 6 ff.
[15] *Heinrich*, in: HdS 6, § 58 Rn. 241; *Nentwig*, in: HWSt, 11. Teil 2. Kap. Rn. 9.
[16] VO (EWG) Nr. 1768/92, ABl. L 182 vom 02.07.1992, 1.
[17] VO (EG) Nr. 1610/96, ABl. L 198 vom 08.08.1996, 30.
[18] *Bacher*, in: Benkard, § 1 PatG Rn. 42, 44 f.; *Mes*, § 1 PatG Rn. 3.

Grundlage für die Prüfung der Erfindung auf die Patentierungsvoraussetzungen ist die Patentanmeldung, die einen öffentlich-rechtlichen Anspruch auf Erteilung des Patents gewährt, wenn die gesetzlichen Vorschriften erfüllt sind. Die Patentanmeldung wird 18 Monate nach ihrer Einreichung offengelegt, d.h., sie wird in Form einer Offenlegungsschrift veröffentlicht. Die Einsicht in die Akte der Patentanmeldung steht von da an jedermann frei (§ 31 Abs. 2 Nr. 2, § 32 Abs. 1 Nr. 1, Abs. 2, 5, entsprechend Art. 93, 128 Abs. 4 EPÜ). Die Patentfähigkeit der Erfindung wird auf Antrag geprüft (§ 44 Abs. 1 PatG, Art. 94 Abs. 1 EPÜ). Bei Patentfähigkeit ergeht ein Erteilungsbeschluss (§ 49 Abs. 1, PatG, Art. 97 Abs. 2 EPÜ). Als erteilt gilt das Patent aber erst mit Veröffentlichung der Patenterteilung im Patentblatt (§ 58 PatG). Die Benutzung einer Erfindung vor der Veröffentlichung der Patenterteilung ist zwar straflos, aber gemäß § 33 PatG entschädigungspflichtig.

Der strafrechtliche Schutz beginnt also mit der Veröffentlichung der Patenterteilung **627** und endet mit Außerkrafttreten des Patents[19].
Das Patent erlischt grundsätzlich zwanzig Jahre nach der *Anmeldung* (§ 16 PatG), falls nicht anschließend ein ergänzendes Schutzzertifikat beantragt wird (Rn. 625). Weitere Erlöschensgründe enthält § 20 Abs. 1 PatG.
Ein Patent wird *rückwirkend vernichtet*, wenn es auf Einspruch eines Dritten widerrufen oder auf eine Nichtigkeitsklage für nichtig erklärt wird (§§ 21, 22 PatG). Verletzungen eines später widerrufen Patents werden nachträglich straflos[20].

Das Patent hat gemäß § 9 PatG die Wirkung, dass grundsätzlich allein der Patentin- **628** haber befugt ist, die patentierte Erfindung im Rahmen des geltenden Rechts zu nutzen und ein Dritter zur Benutzung grundsätzlich der Zustimmung des Patentinhabers bedarf (zu den Schranken des Patentrechts Rn. 630). Ob das Ausschließlichkeitsrecht des Inhabers verletzt worden ist, hängt vom **Schutzbereich des Patents** ab[21]. Dessen Bestimmung ist nicht nur für die Prüfung der zivilrechtlichen Anspruchsnormen, sondern auch für die Strafbarkeit nach § 142 PatG von zentraler Bedeutung. Maßgeblich ist nicht der Wortlaut des Patents, sondern der *Inhalt der Patentansprüche* (§ 14 S. 1 PatG), der durch Auslegung ermittelt wird[22]. Nach § 14 S. 2 PatG sind die Beschreibungen und Zeichnungen zur Auslegung hinzuzuziehen.
Eine entsprechende Vorschrift enthält Art. 69 EPÜ. Nach dem zu diesem Artikel existierenden Auslegungsprotokoll, das gemäß Art. 164 Abs. 1 EPÜ Bestandteil des Übereinkommens ist, ergibt sich der Schutzbereich des europäischen Patents einerseits ebenfalls nicht nur aus dem Wortlaut sowie den Beschreibungen und Zeichnungen. Die Patentansprüche fungieren danach andererseits allerdings auch nicht nur als Richtlinie, sodass der Schutzbereich nicht auf alles erstreckt werden darf, was ein Fachmann aus den Beschreibungen und Zeichnungen als Schutzbegehren folgert. Die Auslegung der Patentansprüche soll sich zwischen diesen Extremen bewegen.

---

[19] RGSt 7, 146, 148; *Nentwig*, in: HWSt, 11. Teil 2. Kap. Rn. 16; *Grabinski/Zülch*, in: Benkard, § 142 PatG Rn. 3.
[20] RGSt 14, 261, 262; 30, 187, 188; *Nentwig*, in: HWSt, 11. Teil 2. Kap. Rn. 20. **A.A.** *Heinrich*, in: HdS 6, § 58 Rn. 248.
[21] *Grabinski/Zülch*, in: Benkard, § 142 PatG Rn. 2; *Mes*, § 14 PatG Rn. 8.
[22] Siehe zum Bestimmtheitsgebot *Mes*, § 14 PatG Rn. 20 ff.; *Scharen*, in: Benkard, § 14 PatG Rn. 9.

629 Daraus folgt, dass der Anspruch nicht alle Ausführungsbeispiele der Erfindung nennen muss[23]. Nach der **Lehre von der Äquivalenz,** die sowohl im deutschen als auch im europäischen Patentrecht gilt[24], erstreckt sich der Schutzbereich des Patents deshalb auf solche Handlungen, die vom Sinn und Zweck der Erfindung durch gleichwertige Austauschmittel Gebrauch machen[25].

630 Handlungen innerhalb der in §§ 11 bis 13 PatG geregelten **Schranken des Patentrechts** verletzen das Patent nicht, sind folglich auch nicht strafbar[26]. Die Wirkung des Patents erstreckt sich *u.a.* nicht auf

– Handlungen, die im privaten Bereich zu nichtgewerblichen Zwecken vorgenommen werden (§ 11 Nr. 1 PatG),

– Handlungen zu Versuchszwecken, die sich auf den Gegenstand der patentierten Erfindung beziehen (§ 11 Nr. 2 PatG),

– Benutzungen, die vom Vorbenutzungsrecht des § 12 PatG gedeckt sind.

Fall 41: – *Verletzung eines Erzeugnispatents* –

631 Nach einem gescheiterten Jurastudium suchte Paul von Pullack (P) eine gewinnbringende unternehmerische Tätigkeit. Die Branche mit den besten Entwicklungsmöglichkeiten war nach seiner Meinung der Sportartikelmarkt. Er plante deshalb, mit einer neuen Marke für Sportschuhe auf dem Markt aufzutreten. Um sich die langwierige Entwicklung eigener Produkte zu ersparen, wandte er sich an seinen Freund René Rimmel (R), der bei einer Anwaltskanzlei angestellt war, die u.a. die Patentanmeldungen für einen großen deutschen Sportartikelhersteller vornahm. P überredete R, ihm die Unterlagen über die technischen Entwicklungen des inzwischen patentierten Dämpfungssystems eines neuen Laufschuhs aus den Akten der Rechtsanwaltskanzlei zu besorgen. R kam dieser Bitte nach, kopierte die Unterlagen und händigte P die Kopien aus, um P den Einstieg in die Unternehmertätigkeit zu erleichtern. P produzierte daraufhin Sportschuhe, deren Dämpfungssystem exakt dem des Sportartikelherstellers glich, und verkaufte die Schuhe exklusiv in einem neu eingerichteten Spezialgeschäft in München.

Wie haben sich die Beteiligten strafbar gemacht?

a) Strafbarkeit des R

§ 23 Abs. 1 Nr. 3 i.V.m. § 4 Abs. 2 Nr. 3 GeschGehG

Mangels Geheimnischarakters der Informationen über das patentierte Dämpfungssystem erfüllt deren Offenlegung nicht die Voraussetzungen des Geheimnisverrats nach § 23 Abs. 1 Nr. 3 i.V.m. § 4 Abs. 2 Nr. 3 GeschGehG.

632 Die Informationen über ein bereits patentiertes Erzeugnis (bzw. Verfahren) kann jedermann vom Patent- und Markenamt erlangen, weil die Patentunterlagen nach Offenlegung der Patentanmeldung dort eingesehen werden können (Rn. 626). Offenkundige Informationen sind keine Geschäftsgeheimnisse (Rn. 521).

---

[23] *Rinken,* in: Schulte, § 14 PatG Rn. 41.
[24] *Mes,* § 14 PatG Rn. 2 ff., 62 ff.; *Scharen,* in: Benkard, § 14 PatG Rn. 119.
[25] *Rinken,* in: Schulte, § 14 PatG Rn. 72. Zu den Kriterien für die Bestimmung einer – von der Schutzwirkung des Patents umfassten – äquivalenten Lösung, BGHZ 150, 149.
[26] *Gruhl,* in: M-G, Kap. 55 Rn. 46.

§ 8: Verletzung von Patenten, Gebrauchs- und Geschmacksmustern

b) Strafbarkeit des P gemäß § 142 Abs. 1 Nr. 1, Abs. 2 PatG

aa) Objektiver Tatbestand

P könnte durch die Herstellung und den Verkauf der Sportschuhe eine – gewerbsmäßige – **Erzeugnispatentverletzung** nach § 142 Abs. 1 Nr. 1, Abs. 2 PatG begangen haben.
Um ein Erzeugnispatent, auch als Sachpatent bezeichnet, handelt es sich, wenn ein Gegenstand, ein Erzeugnis, eine Vorrichtung oder ein Stoff mit bestimmten Eigenschaften oder Merkmalen patentiert wurde[27].
Ein **Verfahrenspatent** schützt dagegen ein bestimmtes technisches Handeln, und zwar den Ablauf eines Herstellungsverfahrens für ein bestimmtes Erzeugnis oder eines Arbeitsverfahrens, das nicht auf die Herstellung eines Objekts gerichtet ist, z.B. ein Untersuchungs- oder Analyseverfahren[28]. Verletzungen von Verfahrenspatenten durch Anwendung des Verfahrens oder Anbieten zur Anwendung im Geltungsbereich des PatG unterfallen grundsätzlich § 142 Abs. 1 Nr. 2 PatG (Rn. 639). Der Straftatbestand der Erzeugnispatentverletzung (§ 142 Abs. 1 Nr. 1 PatG) ist gemäß § 142 Abs. 1 S. 2 PatG jedoch auch anzuwenden, wenn es sich um ein Erzeugnis handelt, das **unmittelbar** durch ein patentiertes Verfahren hergestellt worden ist[29] (vgl. auch § 9 S. 2 Nr. 3 PatG).

633

Für das Dämpfungssystem des Sportschuhs besteht ein (Erzeugnis-)Patent, das dem Sportartikelhersteller ein Ausschließlichkeitsrecht gibt. Da P die Erfindung ohne Zustimmung des Patentinhabers exakt kopiert hat, sind die Patentansprüche des Patentinhabers betroffen. § 142 PatG knüpft allein an die Erteilung des Patents an, sodass ein Patentrechtsstreit über die Patentfähigkeit des Erzeugnisses – bzw. des Verfahrens – die Strafbarkeit nicht berührt[30], solange das Patent nicht widerrufen oder für nichtig erklärt worden ist.

634

Patentierte Erzeugnisse und unmittelbare Verfahrenserzeugnisse sind umfassend geschützt. Dementsprechend weit sind die **Tathandlungen** der Erzeugnispatentverletzung gefasst: Strafbar sind das Herstellen, Anbieten, in den Verkehr bringen und Gebrauchen sowie schon das Einführen und Besitzen, wenn es zu einem der genannten Zwecke dient.

635

Herstellen umfasst die gesamte Tätigkeit, durch die das Erzeugnis geschaffen wird, ist also nicht auf den letzten, die Vollendung des geschützten Erzeugnisses unmittelbar herbeiführenden Akt beschränkt[31].

Anbieten ist jede Handlung, die auf den Absatz von Gegenständen abzielt[32], also auch schon die Werbung z.B. in Zeitungsannoncen oder im Internet.

In den Verkehr gebracht wird eine Sache, wenn die Verfügungsgewalt tatsächlich auf eine andere Person übergeht[33].

---

[27] *Nentwig*, in: HWSt, 11. Teil 2. Kap. Rn. 29.
[28] *Reinbacher*, in: NK-WSS, § 142 PatG Rn. 9.
[29] *Reinbacher*, in: NK-WSS, § 142 PatG Rn. 11; *Zimmermann*, in: G/J/W, § 142 PatG Rn. 55 f.
[30] *Gruhl*, in: M-G, Kap. 55 Rn. 47.
[31] BGHZ 2, 387, 391; *Ensthaler/Gollrad*, in: BeckOK-PatR, § 9 PatG Rn. 27.
[32] *Heinrich*, in: HdS 6, § 58 Rn. 246; *Reinbacher*, in: NK-WSS, § 142 PatG Rn. 26.
[33] *Ensthaler/Gollrad*, in: BeckOK-PatR, § 9 PatG Rn. 44; *Esser*, in: E/R/S/T, § 142 PatG Rn. 15.

Gebrauchen ist die bestimmungsgemäße Anwendung oder Benutzung des patentierten Erzeugnisses[34]. Wegen der Privilegierung von Handlungen, die im privaten Bereich zu nicht gewerblichen Zwecken vorgenommen werden (§ 11 Nr. 1 PatG), ist der Straftatbestand auf die *gewerbliche* Anwendung oder Benutzung beschränkt[35].

636 P hat die Schuhe mit dem Dämpfungssystem, das Gegenstand eines Patents ist, nicht nur hergestellt, sondern auch angeboten und in den Verkehr gebracht. Die Verwirklichung mehrerer Alternativen des § 142 Abs. 1 Nr. 1 PatG stellt jedoch nur eine Tat dar (tatbestandliche Handlungseinheit), wenn der Vorsatz von vornherein darauf gerichtet war[36].

bb) Subjektiver Tatbestand

637 Der subjektive Tatbestand des § 142 Abs. 1 PatG erfordert **Vorsatz**, wobei dolus eventualis genügt[37].

P verletzte das Erzeugnispatent wissentlich und willentlich. Da er zudem plante, sich durch die Patentverletzung eine nicht nur vorübergehende Einnahmequelle von einigem Umfang zu verschaffen[38], handelte er **gewerbsmäßig** und verwirklichte dadurch den **Qualifikationstatbestand** des § 142 Abs. 2 PatG.

c) Strafbarkeit des R gemäß § 142 Abs. 1 Nr. 1, Abs. 2 PatG, § 27 StGB

638 Zu dieser vorsätzlichen rechtswidrigen Haupttat des P hat R vorsätzlich Hilfe geleistet, indem er P die Unterlagen über das Dämpfungssystem übergab und dadurch sogar ursächlich für die Haupttat wurde.

Die Beihilfestrafbarkeit kann nicht mit der Begründung abgelehnt werden, P hätte sich die notwendigen Informationen über das Dämpfungssystem auch ohne die Hilfe des R beim Patentamt verschaffen können, da darin eine unzulässige Berücksichtigung eines hypothetischen Kausalverlaufs läge.

Ergänzende Hinweise:

639 (1) Tathandlungen der **Verfahrenspatentverletzung** gemäß § 142 Abs. 1 Nr. 2 PatG sind die Anwendung des geschützten Verfahrens und das Anbieten zur Anwendung.
Anwenden heißt bestimmungsgemäßer Gebrauch des patentierten Verfahrens[39].
Das **Anbieten** eines Verfahrens entspricht dem Anbieten eines Erzeugnisses (Rn. 635).

640 (2) Die „einfache" Patentrechtsverletzung nach § 142 Abs. 1 PatG ist ein – relatives – **Antrags-** (§ 142 Abs. 4 PatG) und **Privatklagedelikt** (§ 374 Abs. 1 Nr. 8

---

[34] *Mes*, § 9 PatG Rn. 52; *Reinbacher*, in: NK-WSS, § 142 PatG Rn. 28.
[35] *Nentwig*, in: HWSt, 11. Teil 2. Kap. Rn. 44.
[36] Zust. *Reinbacher*, in: NK-WSS, § 142 PatG Rn. 49. **A.A.** *Zimmermann*, in G/J/W, § 142 PatG Rn. 64
[37] *Gruhl*, in: M-G, Kap. 55 Rn. 48; *Pitz*, in: BeckOK-PatR, § 142 PatG Rn. 14; *Rinken*, in: Schulte, § 142 PatG Rn. 72.
[38] Die Gewerbsmäßigkeit ist also ein Merkmal des subjektiven Tatbestandes; vgl. *Zimmermann*, in: G/J/W, § 142 PatG Rn. 60. Unklar *Mes*, § 142 PatG Rn. 8, der verlangt, dass sich der Täter „durch wiederholte Begehung einer Straftat aus deren Vorteilen eine fortlaufende Einnahmequelle von einigem Umfang und einiger Dauer verschafft".
[39] *Mes*, § 9 PatG Rn. 52; *Scharen*, in: Benkard, § 9 PatG Rn. 49.

StPO). Auf Antrag des Verletzten wird bei Darlegung eines berechtigten Interesses die **Verurteilung öffentlich bekannt gemacht** (§ 142 Abs. 6 PatG).

(3) Einen weiteren patentrechtlichen Straftatbestand enthält § 52 Abs. 2 PatG für den Fall der Patentanmeldung einer geheimhaltungsbedürftigen Erfindung **im Ausland ohne schriftliche Genehmigung** der zuständigen obersten Bundesbehörde. 641

(4) § 142 Abs. 7 PatG enthält einen **persönlichen Strafausschließungsgrund**[40], soweit der Unterlassungsanspruch gemäß § 139 Abs. 1 S. 3 PatG ausnahmsweise dem Täter gegenüber wegen Unverhältnismäßigkeit ausgeschlossen ist. 641a

II. Gebrauchsmusterverletzung (§ 25 GebrMG)

Der Straftatbestand der Gebrauchsmusterverletzung entspricht inhaltlich dem der Patentrechtsverletzung nach § 142 PatG. 642
Der Gebrauchsmusterschutz war ursprünglich für „Alltagserfindungen" gedacht[41]. In der Praxis wird er jedoch auch für große, bedeutsame Erfindungen in Anspruch genommen, weil ein Gebrauchsmuster einfacher und schneller zu erlangen ist und – im Vergleich zum Patent – niedrigere Gebühren anfallen[42]. Häufig beantragen Erfinder ein Patent und ein Gebrauchsmuster sogar nebeneinander[43]. Das hat den Vorteil, dass die Erfindung, die Patentschutz erst mit der Veröffentlichung der Patenterteilung genießt, durch das schneller zu erreichende Gebrauchsmuster schon in dem Zeitraum vor der Patenterteilung geschützt ist[44]. § 14 GebrMG schützt zudem den Inhaber des Gebrauchsmusters vor einem Eingriff durch ein später eingetragenes Patent, indem das Recht aus dem Patent nicht ohne Erlaubnis des Inhabers des Gebrauchsmusters ausgeübt werden darf.

Als Gebrauchsmuster werden nach § 1 Abs. 1 GebrMG Erfindungen geschützt, die **neu** sind, auf einem **erfinderischen Schritt** beruhen[45] und **gewerblich anwendbar** sind. Verfahren können allerdings gemäß § 2 Nr. 3 GebrMG nicht als Gebrauchsmuster geschützt werden. 643
Der wesentliche Unterschied zum Patent liegt darin, dass die Eintragung in die Gebrauchsmusterrolle erfolgt, wenn die Anmeldung den formellen Anforderungen der §§ 4, 4a, 4b GebrMG entspricht (§ 8 Abs. 1 S. 1 GebrMG). Eine Prüfung der materiellen Voraussetzungen (Neuheit, erfinderischer Schritt und gewerbliche Anwendbarkeit) findet gemäß § 8 Abs. 1 S. 2 GebrMG nicht statt.

Gemäß § 11 Abs. 1 GebrMG hat die Eintragung des Gebrauchsmusters entsprechend der Veröffentlichung der Erteilung des Patents die **Wirkung**, dass allein der Inhaber befugt ist, den Gegenstand des Gebrauchsmusters zu benutzen (*positives Benutzungsrecht*), und es Dritten verboten ist, ein entsprechendes Erzeugnis ohne Zustimmung des Gebrauchsmusterinhabers herzustellen, anzubieten, in Verkehr zu bringen 644

---

[40] BT-Drs. 19/25821, 31.
[41] BT-Drs. 10/3903, 16.
[42] *Goebel/Engel*, in: Benkard, Vorbem. GebrMG Rn. 3.
[43] *Einsele*, in: BeckOK-PatR, § 1 GebrMG Rn. 4; *Reinbacher*, in: NK-WSS, § 25 GebrMG Rn. 6.
[44] *Goebel/Engel*, in: Benkard, Vorbem. GebrMG Rn. 3.
[45] Dazu *Breuer*, GRUR 1997, 11 ff.

oder zu gebrauchen (*Verbietungs-*[46] bzw. *Ausschließungsrecht*[47]). Grundsätzlich entsteht dadurch auch der strafrechtliche Schutz des § 25 GebrMG.

645 Nach § 13 Abs. 1 GebrMG wird der Gebrauchsmusterschutz durch die Eintragung jedoch **nicht begründet**, wenn und soweit gegen den als Inhaber Eingetragenen für jedermann ein Anspruch auf Löschung besteht. Die Löschung des Schutzrechts tritt beim Gebrauchsmuster an die Stelle des Widerrufs des Patents im Einspruchsverfahren bzw. an die Stelle des Nichtigkeitsverfahrens. Der Löschungsanspruch ist nach § 15 Abs. 1 Nr. 1 GebrMG insbesondere dann gegeben, wenn der Gegenstand des Gebrauchsmusters nach den §§ 1 bis 3 GebrMG nicht schutzfähig ist. In diesem Verfahren wird also die Prüfung auf Neuheit und erfinderischen Schritt nachgeholt. Über den Löschungsantrag entscheidet in erster Instanz eine Gebrauchsmusterabteilung des Patentamts, in zweiter Instanz der Gebrauchsmustersenat des Bundespatentgerichts (§§ 17, 18 GebrMG). Außer im Löschungsverfahren kann die Schutzfähigkeit des Gebrauchsmusters zudem im Verletzungsverfahren geprüft werden.

Das gilt im Übrigen auch für das Strafverfahren, sodass der Strafrichter – anders als bei der Patentverletzung – u.U. darüber befinden muss, ob das Gebrauchsmuster schutzfähig ist.

III. Designverletzung (§ 51 i.V.m. § 38 Abs. 1 S. 1 DesignG)

646 Das Geschmacksmustergesetz wurde 2013 durch das Gesetz zur Modernisierung des Geschmacksmustergesetzes sowie zur Änderung der Regelungen über die Bekanntmachungen zum Ausstellungsschutz[48] – ohne wesentliche inhaltliche Änderungen – in Designgesetz umbenannt. Nach § 51 Abs. 1 i.V.m. § 38 Abs. 1 S. 1 DesignG macht sich strafbar, wer **ohne Zustimmung des Berechtigten ein – in Deutschland – eingetragenes Design benutzt.** Eine Benutzung schließt nach § 38 Abs. 1 S. 2 DesignG insbesondere die Herstellung, das Anbieten, das Inverkehrbringen, die Einfuhr, die Ausfuhr und den Gebrauch eines Erzeugnisses, in das das eingetragene Design aufgenommen oder bei dem es verwendet wird, und den Besitz eines solchen Erzeugnisses zu den genannten Zwecken ein. Als Rechtsinhaber gilt der in das Register eingetragene Inhaber des eingetragenen Designs (§ 1 Nr. 5 DesignG). Bei **gewerbsmäßiger Designverletzung** greift der Qualifikationstatbestand des § 51 Abs. 2 DesignG ein.

647 Das Designrecht weist eine gewisse Verwandtschaft mit dem Urheberrecht auf, weil es einen Gegenstand betrifft, dessen schutzbegründende Eigenarten auf **ästhetischem Gebiet** liegen[49]. Daher kann ein geschütztes Muster auch gleichzeitig urheberrechtsfähig sein. Das Design zählt dennoch zu den gewerblichen Schutzrechten[50].

---

[46] *Scharen*, in: Benkard, § 11 GebrMG Rn. 3.
[47] *Ensthaler*, in: BeckOK-PatR, § 11 GebrMG Rn. 2; *Mes*, § 11 GebrMG Rn. 2.
[48] Vom 10.10.2013, BGBl. I 2013, 3799.
[49] *Ernst*, in: G/J/W, § 51 DesignG Rn. 1; zu der Vorläuferregelung im Geschmacksmustergesetz *Tetzner*, NJW 1972, 2026, 2027; zu den Unterschieden zwischen DesignG und UrhG *Eichmann/Jestaedt*, in: Eichmann/Jestaedt/Fink/Meiser, DesignG GGV, 6. Auflage 2019, Allg. zum Designrecht, Rn. 57.
[50] *Ernst*, in: G/J/W, § 51 DesignG Rn. 1; *Esser*, in: E/R/S/T, § 51 DesignG Rn. 3.

Nach § 1 Nr. 1 DesignG ist ein Design die zweidimensionale oder dreidimensionale Erscheinungsform eines ganzen Erzeugnisses oder eines Teils davon, die sich insbesondere aus den Merkmalen der Linien, Konturen, Farben, der Gestalt, Oberflächenstruktur oder der Werkstoffe des Erzeugnisses selbst oder seiner Verzierung ergibt. Der BGH[51] definierte den Schutzgegenstand des insofern übereinstimmenden Geschmacksmusterrechts als *Farb- und Formgestaltungen*, die bestimmt und geeignet sind, das geschmackliche Empfinden des Betrachters, insbesondere seinen Formensinn anzusprechen, und die deshalb dem Geschmacksmusterschutz zugänglich sind, wenn sich in ihnen eine eigenpersönliche Leistung verkörpert, die über das Landläufige, Alltägliche, dem Durchschnittskönnen eines Mustergestalters Entsprechende hinausgeht und nicht den Rang eines Kunstwerkes zu erreichen braucht.

Die Reichweite des DesignG umfasst nicht nur Produkte der traditionellen Bereiche (Tapeten, Stoffe, Möbel), sondern gem. § 1 Nr. 2 DesignG sind alle industriellen oder handwerklichen Gegenstände, einschließlich Verpackung, Ausstattung, grafischer Symbole und typografischer Schriftzeichen sowie Einzelteilen, die zu einem komplexen Erzeugnis zusammengebaut werden sollen, Schutzgegenstände des DesignG.

Geschützt ist nur ein Design, das **neu** ist und **Eigenart** hat (§ 2 Abs. 1 DesignG). 648
Neu ist es gem. § 2 Abs. 2 DesignG, wenn kein identisches Design, d.h. keine andere vorbekannte gestaltete Form, die sämtliche das ästhetische Erscheinungsbild des geschützten Musters prägende Elemente aufweist[52], vor dem Anmeldetag offenbart worden ist. Das Design hat Eigenart, wenn sich für einen informierten Benutzer der Gesamteindruck von dem eines anderen Designs unterscheidet (§ 2 Abs. 3 DesignG). Der Schutz beschränkt sich dabei auf ein einziges Design, selbst wenn mehrere Darstellungen eingereicht worden sind. Ist nicht deutlich, welcher Gegenstand dem Schutz unterliegt, ist dieser durch Auslegung zu ermitteln[53]. Der Designschutz dauert – bei Entrichtung der Aufrechterhaltungsgebühren (§ 28 Abs. 1 DesignG) – 25 Jahre ab Eintragung in das Register (§ 27 Abs. 2 DesignG). Diese Voraussetzungen des Designschutzes sind auch im Strafverfahren wegen einer Designverletzung zu prüfen.

Die Regelungen des **Gemeinschaftsgeschmacksmusters**, eines in allen Mitglied- 649
staaten geltenden Geschmacksmusters, trifft die VO (EG) Nr. 6/2002[54]. Die VO unterscheidet „nicht eingetragene" und „eingetragene" Gemeinschaftsgeschmacksmuster (Art. 1 Abs. 2). **§ 65 Abs. 1 DesignG** bedroht die Benutzung eines – eingetragenen[55] – Gemeinschaftsgeschmacksmusters entgegen Art. 19 Abs. 1 VO (EG) Nr. 6/2002 mit Strafe.

---

[51] BGH, GRUR 1958, 510; 1962, 144.
[52] *Ernst*, in: G/J/W, § 51 DesignG Rn. 13 ff.; *Reinbacher*, in: NK-WSS, § 51 DesignG Rn. 8 f.
[53] BGH, BeckRS 2012, 18745, mit Anm. *Künzel*, GRUR-Prax 2012, 441.
[54] ABl. L 3 vom 05.01.2002, 1, geändert durch VO (EG) Nr. 1891/2006, ABl. L 386 vom 29.12.2006, 14.
[55] *Ebert-Weidenfeller*, in: HWSt, 11. Teil 3. Kap. Rn. 50; *Eichmann/Jestaedt*, in: Eichmann/Jestaedt/ Fink/Meiser, DesignG GGV, 6. Auflage 2019, § 65 Rn. 1; *Esser*, in: E/R/S/T, §§ 51, 65 DesignG Rn. 34; *Heinrich*, in: HdS 6, § 58 Rn. 259.

§ 9 Markenstrafrecht

650 Das Markengesetz als Teil des gewerblichen Rechtsschutzes[1] schützt – deutsche – Marken, geschäftliche Bezeichnungen und geografische Herkunftsangaben (§ 1 MarkenG) durch die Regelungen der zivilrechtlichen und strafrechtlichen Folgen von Kennzeichnungsverletzungen. § 107 Abs. 1 MarkenG dehnt den Anwendungsbereich des MarkenG auf den „deutschen Länderanteil" einer internationalen Registrierung von Marken nach dem Madrider Abkommen über die internationale Registrierung von Marken (IR-Marken) aus[2]. Bei dem System der IR-Marke handelt sich um ein Bündel nationaler Markenrechte auf der Grundlage einer international registrierten Marke[3]. Die Gemeinschaftsmarke[4] – seit 2016 Unionsmarke[5] – ist dagegen ein in allen EU-Mitgliedstaaten geltendes Schutzrecht. Verletzungen der – deutschen – Marken und geschäftlichen Zeichen sowie der IR-Marken bedroht § 143 MarkenG mit Strafe[6]. Die Unionsmarke versieht § 143a MarkenG mit vergleichbarem Strafrechtsschutz (dazu Rn. 678). § 144 MarkenG regelt die strafbare Benutzung geografischer Herkunftsangaben.

I. Kennzeichenverletzung (§§ 143, 143a MarkenG)

651 § 143 MarkenG enthält **Blankettstraftatbestände**, die durch die zivilrechtlichen Vorschriften zum Schutz der Marke in § 14 MarkenG und der geschäftlichen Bezeichnung in § 15 MarkenG ausgefüllt werden[7]. **Schutzgüter** sind die Marke und die geschäftliche Bezeichnung[8].

Fall 42: *– Verletzung einer Marke und eines Unternehmenskennzeichens –*

652 Der Chemiker Arno Clausnitzer (C) ist geschäftsführender Komplementär der Clausnitzer KG, die Wasch- und Reinigungsmittel herstellt. Um dem Unternehmen zum Durchbruch zu verhelfen, erstrebte er einen langfristigen Liefervertrag mit einer großen Einzelhandelskette. Der Leiter der Einkaufsabteilung des „Cent-Marktes" war an den Produkten der KG zwar interessiert, verlangte aber eine ansprechendere Verpackung und einen einprägsamen Namen. C benannte sein Waschmittel deshalb – in Anlehnung an ein bereits am Markt bekanntes Waschmittel – in „Arial" um. Diesen Namenszug ließ er in weißen Buchstaben auf ein blaues, auf der Spitze stehendes Quadrat drucken, weil er sich durch die Ähnlichkeit mit dem „Logo" einer bekannten Mineralölgesellschaft eine besondere Aufmerksamkeit für sein Produkt erhoffte.

Strafbarkeit des C?

---

[1] *Reinbacher*, in: NK-WSS, § 143 MarkenG Rn. 1.
[2] *Ebert-Weidenfeller*, in: HWSt, 11. Teil 4. Kap. Rn. 34.
[3] Näher dazu *Ebert-Weidenfeller*, in: HWSt, 11. Teil 4. Kap. Rn. 34.
[4] VO (EG) Nr. 207/2009 über die Gemeinschaftsmarke, ABl. L 78 vom 24.03.2009, 1.
[5] VO (EU) 2015/2424, ABl. L 341 vom 24.12.2015, 21.
[6] *Esser*, in: E/R/S/T, §§ 143-145 MarkenG Rn. 14.
[7] *Ebert-Weidenfeller*, in: HWSt, 11.Teil 4. Kap. Rn. 11; *Eckhartt*, in: BeckOK-MarkenR, § 143 MarkenG Rn. 5.
[8] *Kaiser*, in: E/K, M 40, § 143 MarkenG Rn. 6; *Reinbacher*, in: NK-WSS, § 143 MarkenG Rn. 6.

a) § 143 Abs. 1 Nr. 1, Abs. 2 i.V.m. § 14 Abs. 2 S. 1 Nr. 2 MarkenG
C könnte durch die Benutzung des Namens „Arial" das Ausschließlichkeitsrecht des Inhabers einer Marke in strafbarer Weise verletzt haben.

aa) Objektiver Tatbestand

§ 143 Abs. 1 Nr. 1 MarkenG verbietet die Benutzung eines mit der geschützten Marke **identischen Zeichens für identische Waren oder Dienstleistungen** (§ 14 Abs. 2 S. 1 Nr. 1 MarkenG) sowie die Benutzung eines **identischen oder ähnlichen Zeichens**, wenn aufgrund der Identität oder Ähnlichkeit der Waren oder Dienstleistungen eine **Verwechselung zu befürchten** ist (§ 14 Abs. 2 S. 1 Nr. 2 MarkenG). 653

Als **Marke** geschützt werden können alle Zeichen, insbesondere Wörter einschließlich Personennamen, Abbildungen, Buchstaben, Zahlen, Hörzeichen, dreidimensionale Gestaltungen einschließlich der Form einer Ware oder ihrer Verpackung sowie sonstige Aufmachungen einschließlich Farben und Farbzusammenstellungen, die geeignet sind, Waren oder Dienstleistungen eines Unternehmens von denjenigen anderer Unternehmen zu unterscheiden, § 3 Abs. 1 MarkenG. Nach § 4 MarkenG entsteht der **Schutz der – deutschen – Marke** entweder durch die **Eintragung** eines Zeichens als Marke in das vom Patentamt geführte Register (Nr. 1), durch die **Benutzung eines Zeichens** im geschäftlichen Verkehr, soweit das Zeichen innerhalb beteiligter Verkehrskreise als Marke **Verkehrsgeltung** erworben hat (Nr. 2), oder durch die **notorische Bekanntheit** einer Marke (Nr. 3). 654

Auf die **IR-Marke** (Rn. 650), deren internationale Registrierung durch Vermittlung des Deutschen Patent- und Markenamts vorgenommen wird oder deren Schutz sich auf das Gebiet der Bundesrepublik Deutschland erstreckt, sind die Vorschriften gemäß § 107 Abs. 1 MarkenG entsprechend anzuwenden, soweit nichts anderes bestimmt ist.

Das Eintragungsverfahren ist in §§ 32 ff. MarkenG geregelt. Von Amts wegen zu beachtende Ausschlussgründe für die *Eintragung* ergeben sich aus § 8 Abs. 2 MarkenG. Liegen diese Gründe nicht vor und ist die Marke schutzfähig, so wird sie in das Markenregister eingetragen und veröffentlicht (§ 41 Abs. 1, 2 MarkenG). 655
Der Schutz der Marke bei *Verkehrsgeltung* (§ 4 Nr. 2 MarkenG) ist eine Ausnahme vom Prinzip des förmlichen Markenschutzes. Verkehrsgeltung hat das betreffende Zeichen, wenn es aufgrund anhaltender tatsächlicher Benutzung einen hinreichenden Bekanntheitsgrad innerhalb der Verkehrskreise erworben hat, um sich als Kennzeichen und Marke des Inhabers durchzusetzen[9]. Wann dies der Fall ist, kann nur durch eine Einzelfallbetrachtung ermittelt werden.
Im Gegensatz zur Verkehrsgeltung wegen einer Benutzung im – inländischen – geschäftlichen Verkehr tritt gemäß § 4 Nr. 3 MarkenG der Schutz wegen *notorischer Bekanntheit* unabhängig von einer inländischen Benutzung ein, wenn die im Ausland verwendete Marke anderweitig, z.B. durch Pressepublikationen – auch – den deutschen Verkehrskreisen bekannt geworden ist[10].

---

[9] *Kaiser*, in: E/K, M 40, § 4 MarkenG Rn. 7, 9 ff.; *Weiler*, in: BeckOK-MarkenR, § 4 MarkenG Rn. 19.
[10] *Ebert-Weidenfeller*, in: HWSt, 11.Teil 4. Kap. Rn. 39.

656 Das MarkenG gewährt dem Inhaber einer Marke – bzw. geschäftlichen Bezeichnung – allerdings keinen uneingeschränkten Schutz. Handelt der Täter innerhalb der Schranken des Markenrechts, so entfällt ein Verstoß gegen §§ 14, 15 MarkenG und damit auch die Strafbarkeit nach § 143 MarkenG. Da § 14 Abs. 2 S. 1 MarkenG die Benutzung der Marke *ohne Zustimmung des Inhabers der Marke* untersagt, schließt die Zustimmung bereits den Tatbestand des § 143 MarkenG aus. Das gilt auch für Beschränkungen des Markenschutzes.

Nach § 21 MarkenG *verwirkt* der Inhaber einer Marke den Schutz, wenn er die Benutzung einer eingetragenen Marke mit jüngerem Zeitrang während eines Zeitraums von fünf Jahren in Kenntnis der Benutzung *geduldet* hat[11], es sei denn, dass die Anmeldung der Marke mit jüngerem Zeitrang bösgläubig vorgenommen worden ist. Die Verwirkung tritt nur bei Bestehen eines „prioritätsjüngeren Rechts" ein, nicht dagegen in anderen Fällen der Duldung[12].

Nach § 23 MarkenG darf der Inhaber der Marke einem Dritten die Benutzung der dort genannten Angaben (Name, Anschrift, beschreibende Angaben über Merkmale und Eigenschaften, Hinweis auf die Bestimmung der Ware oder Dienstleistung) im geschäftlichen Verkehr trotz Übereinstimmung mit der Marke oder dem geschäftlichen Zeichen nicht untersagen, wenn diese Benutzung nicht gegen die *guten Sitten* verstößt.

§ 24 MarkenG enthält den sog. *Erschöpfungsgrundsatz*, nach dem der Weitervertrieb von „Original-Waren", die entweder von dem Markeninhaber oder einem Lizenznehmer in den Verkehr gebracht worden sind, zulässig ist[13].

§§ 25, 26 MarkenG regelt den *Verfall* der Marke, wenn diese nicht benutzt wird[14].

657 Zum Teil wird vorgeschlagen, die Zustimmung des Markeninhabers und die genannten Beschränkungen des Markenschutzes im Rahmen der von § 143 Abs. 1 MarkenG geforderten Widerrechtlichkeit zu berücksichtigen[15] und die Widerrechtlichkeit als Tatbestandsmerkmal einzuordnen[16]. Es trifft zwar zu, dass die Zustimmung des Markeninhabers und Beschränkungen des Markenschutzes den Tatbestand des § 143 Abs. 1 MarkenG ausschließen. Das beruht aber auf dem Fehlen einer Verletzung des § 14 Abs. 2 S. 1 MarkenG, nicht auf der mangelnden Widerrechtlichkeit.

658 Ob es sich bei der Waschmittelmarke „Arial" um eine eingetragene Marke handelt, ist für die strafrechtliche Bewertung unerheblich, da der Markenschutz zumindest gemäß § 4 Nr. 2 MarkenG entstanden ist. Das Zeichen hat nämlich durch seine Benutzung im geschäftlichen Verkehr innerhalb der beteiligten Verkehrskreise Verkehrsgeltung erlangt. Dritten ist es deshalb nach § 14 Abs. 2 S. 1 Nr. 2 MarkenG

---

[11] Zur Duldung *Fezer*, § 21 MarkenG Rn. 1; *Kaiser*, in: E/K, M 40, § 21 MarkenG Rn. 1.
[12] *Ebert-Weidenfeller*, in: HWSt, 11.Teil 4. Kap. Rn. 89.
[13] Zur Erschöpfung bei Parfum-Testern *Kudlich/Kessler*, NStZ 2008, 62, 63.
[14] Dazu *Ebert-Weidenfeller*, in: HWSt, 11.Teil 4. Kap. Rn. 93 f.
[15] Z.B. *Böxler*, Markenstrafrecht, 2013, S. 198 f.; *Ebert-Weidenfeller*, in: HWSt, 11.Teil 4. Kap. Rn. 86 ff.; *Eckhartt*, in: BeckOK-MarkenR, § 143 MarkenG Rn. 12; *Maske-Reiche*, in: MüKo³, § 143 MarkenG Rn. 76; *Reinbacher*, in: NK-WSS, § 143 MarkenG Rn. 17.
[16] Z.B. *Böxler*, Markenstrafrecht, 2013, S. 199; *Kaiser*, in: E/K, M 40, § 143 MarkenG Rn. 18; *Reinbacher*, in: NK-WSS, § 143 MarkenG Rn. 17.

untersagt, ohne Zustimmung des Inhabers der Marke ein ähnliches Zeichen für identische oder ähnliche Waren zu verwenden, wenn die Gefahr von Verwechselungen besteht.

Da C nur einen Buchstaben des Namens ausgetauscht hat, ist eine solche Verwechselungsgefahr zu bejahen, sodass C die Marke verbotenerweise, nämlich ohne Zustimmung des Markeninhabers, benutzt hat.

§ 143 Abs. 1 Nr. 1 MarkenG fordert – wie auch die übrigen markenrechtlichen Straftatbestände – ein **Handeln im geschäftlichen Verkehr**. Der Begriff hat dieselbe Bedeutung wie in §§ 14, 15 MarkenG[17]. Er umfasst jede wirtschaftliche Betätigung des Täters, mit der er in Wahrnehmung oder Förderung eigener oder fremder Geschäftsinteressen am Erwerbsleben teilnimmt[18]. Nicht notwendig sind Gewinnabsicht, Entgeltlichkeit oder ein Wettbewerbsverhältnis[19]. 659

C hat die Marke danach im geschäftlichen Verkehr benutzt.

bb) Subjektiver Tatbestand

C handelte vorsätzlich, zumal er den Namen „Arial" bewusst wegen der Ähnlichkeit mit einer bekannten Marke wählte. 660

Gewerbsmäßigkeit liegt ebenfalls vor, da C sich durch den Vertrieb des Waschmittels eine Einnahmequelle verschaffen wollte, sodass auch der **Qualifikationstatbestand** des § 143 Abs. 2 MarkenG erfüllt ist.

cc) Rechtswidrigkeit

Wie dargelegt (Rn. 657) handelt es sich bei der von § 143 Abs. 1 MarkenG ausdrücklich vorausgesetzten **Widerrechtlichkeit** des Verhaltens nach zutreffender Auffassung nicht um ein Tatbestandsmerkmal, sondern um einen Hinweis auf das allgemeine Deliktsmerkmal der Rechtswidrigkeit[20]. 661

Rechtfertigungsgründe für die Benutzung der Marke ohne Zustimmung des Berechtigten sind nicht ersichtlich, sodass C rechtswidrig handelte.

dd) Schuld

Da auch die Schuld vorliegt, hat sich C einer qualifizierten Markenverletzung nach § 143 Abs. 1 Nr. 1, Abs. 2 i.V.m. § 14 Abs. 2 Nr. 2 MarkenG schuldig gemacht. 662

b) *§ 143 Abs. 1 Nr. 4, 5 Abs. 2 i.V.m. § 15 Abs. 2, 3 MarkenG*

C könnte zudem eine nach § 143 Abs. 1 Nr. 4 MarkenG strafbare **Verletzung einer geschäftlichen Bezeichnung** begangen haben, indem er die Produkte der Clausnitzer KG mit einem Schriftzug versah, der dem Zeichen „Aral" ähnelt. 663

Der Begriff „geschäftliche Bezeichnungen" umfasst nach § 5 Abs. 1 MarkenG **Unternehmenskennzeichen** und **Werktitel**.

---

[17] BayObLG, WRP 2002, 562, 563; *Fezer*, § 143 MarkenG Rn. 19; *Heinrich*, in: HdS 6, § 58 Rn. 229; *Kaiser*, in: E/K, M 40, § 143 MarkenG Rn. 8.
[18] BayObLGSt 2002, 9, 11; *Mielke*, in: BeckOK-MarkenR, § 14 MarkenG Rn. 57.
[19] *Müller*, in: Spindler/Schuster, Recht der elektronischen Medien, 4. Auflage 2019, § 14 MarkenG Rn. 61.
[20] **A.A.** *Kaiser*, in: E/K, M 40, § 143 MarkenG Rn. 18; *Reinbacher* in: NK-WSS, § 143 MarkenG Rn. 17.

Vierter Abschnitt: Verletzung des geistigen Eigentums

Unternehmenskennzeichen sind Zeichen, die im geschäftlichen Verkehr als Name, Firma oder Bezeichnung eines Geschäftsbetriebs benutzt werden, sowie Geschäftszeichen und sonstige zur Unterscheidung des Geschäftsbetriebs bestimmte Zeichen (§ 5 Abs. 2 MarkenG). Im Gegensatz zu den Marken weisen sie unmittelbar auf das Unternehmen und nur mittelbar auf die daraus stammenden Produkte oder Dienstleistungen hin. Der Schutz setzt keine förmliche registerrechtliche Eintragung voraus, sondern entsteht mit der Benutzung des Zeichens. Ungeschriebene Voraussetzung ist aber, dass das Unternehmenskennzeichen Unterscheidungskraft besitzt, was z.B. bei schlichten Tätigkeitsbezeichnungen (z.B. Hoch-Tiefbau) zu verneinen ist[21]. *Werktitel* sind Namen oder besondere Bezeichnungen von Druckschriften, Film-, Ton-, Bild- und sonstigen vergleichbaren Werken (§ 5 Abs. 3 MarkenG).

664 Zwar verstieß C nicht gegen § 15 Abs. 2 MarkenG, weil die Vorschrift eine Verwechselungsgefahr voraussetzt, die bei einer Verwendung des Kennzeichens für eine andere Ware nicht besteht. § 15 Abs. 3 MarkenG untersagt aber die Benutzung eines im Inland bekannten Unternehmenskennzeichens auch dann, wenn sie die Unterscheidungskraft oder Wertschätzung der geschäftlichen Bezeichnung in unlauterer Weise ausnutzt (näher dazu Rn. 668). Durch die Verwendung eines ähnlichen Schriftzugs und eines ähnlichen Namens machte sich C den Aufmerksamkeitseffekt und damit den Ruf des Unternehmenskennzeichens zunutze.

C handelte vorsätzlich, in der Absicht, die Unterscheidungskraft für den Absatz seines Produkts auszunutzen, und gewerbsmäßig, sodass auch § 143 Abs. 1 Nr. 5, Abs. 2 MarkenG erfüllt ist.

c) § 16 Abs. 1 UWG

665 Strafbare Werbung ist in der Benutzung des Namens und des Schriftzugs dagegen nicht zu sehen. C hat zwar im Sinne des § 3 UWG mit **irreführenden Angaben** geworben, weil sie geeignet waren, die Kaufentscheidung eines nicht unerheblichen Teils der angesprochenen Verbraucher dadurch positiv zu beeinflussen, dass bei oberflächlicher Wahrnehmung der Eindruck entstehen konnte, das Waschmittel sei ein eingeführtes Produkt bzw. es stamme von der bekannten Mineralölfirma.

Unwahr im Sinne des § 16 Abs. 1 UWG waren die Angaben aber nicht, da sie objektiv nicht diese Behauptungen enthielten.

d) Konkurrenzen

666 § 143 Abs. 1 Nr. 1, Abs. 2 und § 143 Abs. 1 Nr. 5, Abs. 2 MarkenG stehen in **Tateinheit**, da C durch dieselbe Handlung die Schutzrechte unterschiedlicher Inhaber – des Waschmittelherstellers und des Mineralölunternehmens – verletzte.

Anders (tatbestandliche Handlungseinheit) läge es, wenn die Marke und das Unternehmenskennzeichen demselben Berechtigten zustünden.

Fall 43[22]: – *„domain grabbing"* –

667 Inga Irrmscher (I) beschloss, mit dem Internet Geld zu verdienen. Sie gründete deshalb das Unternehmen e-commerce advertising KG (e-KG), deren geschäftsführende Komplementärin sie war. Sie ließ per E-Mail auf den Namen der KG in einer Vielzahl von Fällen bei den zuständigen Registrierungsstellen (Network Information Center, sog. NIC) Homepage-Na-

---

[21] *Ebert-Weidenfeller*, in: HWSt, 11. Teil 4. Kap. Rn. 46; *Fezer*, § 5 MarkenG Rn. 2.
[22] Angelehnt an OLG München, wistra 2001, 33; LG München, NWB Fach 1, S. 15.

232

men (sog. Domains) registrieren. Diese Domains enthielten in der Bundesrepublik Deutschland allgemein bekannte und durch das Markengesetz geschützte Markennamen, wie z.B. audi-lamborghini.org, Axa-Colonia.net, Bayernwerk.net, Colgate-Palmolive.com, Kia.cc und Opel.cc oder Sportschau.com. I hatte nicht die Absicht, unter einer der registrierten Domains eine Homepage zu errichten. Die Domainnamen wurden von ihr nicht aktiv genutzt, d.h., der Internetnutzer, der versucht hätte, durch Eingabe der Internetadresse Informationen der hinter den Markeninhabern stehenden Firmen zu erhalten, hätte mangels Einrichtung einer Homepage lediglich festgestellt, dass auf die Seite nicht zugegriffen werden kann. I hatte vor, die Domains an die Inhaber der benannten Marken zu „verkaufen". Internetnutzer können über bestimmte Programme feststellen, welche Domains vergeben und auf wen sie registriert sind, sodass die Markeninhaber die e-KG als Registranten ermitteln konnten. I musste die Domains deshalb nicht von sich aus zum Verkauf anbieten, sondern sie brauchte nur darauf zu warten, dass Interessenten an die e-KG herantraten. I war gewillt, die Domains – bei entsprechender Bezahlung – nicht nur an die Markenrechtsinhaber, sondern an jeden beliebigen, z.B. auch an ein Konkurrenzunternehmen, zu veräußern. Verhandlungen über die entgeltliche Übertragung der Domains gab es mit Jenapharm, der Tagesschau und Valensina. I kannte die einschlägigen Zivilurteile und war sich deshalb bewusst, dass sie keinen Anspruch auf die Domains hatte. Gleichwohl kündigte sie einigen Markeninhabern für den Fall der Nichtzahlung an, langwierige Zivilprozesse zu führen, wodurch die Domain noch längere Zeit gesperrt sein würde, oder die Domain anderen Interessenten zu überlassen.

Hat sich I strafbar gemacht?

a) § 143 Abs. 1 Nr. 2 i.V.m. § 14 Abs. 2 S. 1 Nr. 3 MarkenG

I könnte durch die Reservierung der Domains ein mit der Marke identisches oder ähnliches Zeichen benutzt und dadurch die Unterscheidungskraft und die Wertschätzung einer geschützten, im Inland bekannten Marke ausgenutzt oder beeinträchtigt haben.

§ 143 Abs. 1 Nr. 2 i.V.m. § 14 Abs. 2 S. 1 Nr. 3 MarkenG enthält die sog. **Rufausbeutungs-, Rufbeeinträchtigungs- und Verwässerungstatbestände**[23]. Von § 14 Abs. 2 S. 1 Nr. 1 und 2 MarkenG unterscheidet sich § 14 Abs. 2 S. 1 Nr. 3 MarkenG dadurch, dass er keine Waren- oder Dienstleistungsähnlichkeit voraussetzt, sondern die Benutzung des Zeichens für nichtähnliche Waren und Dienstleistungen untersagt, wenn die Unterscheidungskraft oder Wertschätzung einer bekannten Marke in unlauterer Weise ausgenutzt oder beeinträchtigt wird[24]. Strafbar nach § 143 Abs. 1 Nr. 2 MarkenG ist die Benutzung jedoch nur, wenn der Täter mit **Ausnutzungs- bzw. Beeinträchtigungsabsicht**, also zielgerichtet handelt[25].

668

Eine *Rufschädigung* liegt vor, wenn negative Vorstellungen auf die geschützte Marke übertragen werden. Dies kann durch qualitativ schlechtere Produkte[26] oder durch Unternehmen mit schlechterem Ansehen geschehen, eine Rufschädigung wird aber auch bei einem inkompatiblen Zweitgebrauch, d.h. einer Verwendung für nicht zu der geschützten Marke passende Produkte bejaht. Die Rechtsprechung hat eine Ruf-

---

[23] Näher dazu *Ebert-Weidenfeller*, in: HWSt, 11. Teil 4. Kap Rn 62 ff.
[24] Eine Rufausbeutung nahm das OLG Köln bei der Verwendung der Marke BOSS! für einen Energiedrink an, WRP 1998, 1104, 1107.
[25] *Ingerl/Rohnke*, § 143 MarkenG Rn. 4; *Kaiser*, in: E/K, M 40, § 143 MarkenG Rn. 22.
[26] *Mielke*, in: BeckOK-MarkenR, § 14 MarkenG Rn.549.1; *Sack*, GRUR 1995, 81, 83.

schädigung z.B. bei der Benutzung der Marke Mac Dog für ein Tierfutter[27], Dimple für ein Putzmittel[28], Nivea für Kondome[29] und Mars für Kondome[30] angenommen. Eine *Verwässerungsgefahr* liegt vor, wenn der Täter die einer bekannten Marke vom Verkehr entgegengebrachte Wertschätzung beeinträchtigt[31]. Erforderlich ist dafür, dass es sich bei dem kollidierenden Zeichen um ein identisches oder zumindest in charakteristischen Merkmalen mit der bekannten Marke übereinstimmendes Zeichen handelt[32] und die Zeichen sich „im Verkehr begegnen", also das kollidierende Zeichen von den Verkehrskreisen, in denen die ältere Marke Bekanntheit genießt, zumindest wahrgenommen wird.

669 Die von I reservierten Domains enthalten Markennamen, die Schutz genießen und im Inland bekannt sind. Eine Domain besteht aus wahrnehmbaren Zeichen, die sich zur Kennzeichnung und Identifizierung eignen[33]. Sie ist deshalb mit einem besonderen Geschäftszeichen im Sinne des § 5 Abs. 2 S. 2 MarkenG vergleichbar.

670 Fraglich ist allerdings, ob I die Marke schon durch die bloße Registrierung ohne die Einrichtung einer Homepage **benutzt** hat. Mit dem Wortlaut wäre es wohl noch vereinbar, darin eine Benutzung zu sehen, weil I den Markennamen zumindest einmal gebraucht hat, nämlich bei der Registrierung selbst.
Die im Markenrecht wohl herrschende Meinung[34] nimmt deshalb einen Verstoß gegen § 14 MarkenG an. Die bloße Registrierung könne ein Benutzen der geschützten Marke sein, weil das „Hamster-Verfahren" rechtsmissbräuchlich sei. Da die den Berechtigten ausschließende Wirkung mit der Registrierung eintrete, beginne die Markenrechtsverletzung bereits in diesem Zeitpunkt. Zum Teil wird auf die Rechtsprechung des BGH, nach der schon die Registrierung einen unbefugten Namensgebrauch darstellt[35], Bezug genommen und daraus ein Markenrechtsverstoß gefolgert[36].

671 Es liegt jedoch keine Benutzung „für Waren oder Dienstleistungen" vor[37]. Zu beachten ist nämlich, dass § 14 Abs. 2 S. 1 Nr. 3 MarkenG nicht den Gebrauch eines

---

[27] BGH, GRUR 1999, 161, 164.
[28] BGH, GRUR 1985, 550, 553.
[29] BGH, GRUR 1995, 57, 59.
[30] BGH, GRUR 1994, 808, 811.
[31] *Ebert-Weidenfeller*, in: HWSt, 11. Teil 4. Kap. Rn. 63.
[32] BGH, GRUR 1956, 172, 179; GRUR 1959, 182, 186; *Fezer*, § 14 MarkenG Rn. 831 ff.; *Sack*, GRUR 2017, 664, 669.
[33] OLG München, NJW-RR 1998, 984, 985; OLG Hamm, NJW-RR 1998, 909, 910; LG Düsseldorf, NJW-RR 1998, 979, 980 f.
[34] OLG Düsseldorf, NJW-RR 1999, 626, 627; OLG Dresden, CR 1999, 589, 591; OLG München, GRUR 2000, 519; OLG Frankfurt, MMR 2001, 532; diff. unter dem Gesichtspunkt der Erstbegehungsgefahr *Körner*, GRUR 2005, 33, 37; wohl auch *Volk*, NJW 1999, 3601, 3609. **A.A.** *Kaiser*, in: E/K, M 40, § 14 MarkenG Rn. 14a.
[35] BGH, NJW 2002, 2031; GRUR 2007, 259; zur Verwendung des Namens einer verstorbenen Persönlichkeit als Internetadresse BGH, GRUR 2007, 168 mit Anm. *Götting*.
[36] *Pütz/Poulalion*, in: Stöckel/Lüken, Handbuch zum Marken- und Designrecht, 2. Aufl. 2006, S. 255 f.
[37] BGH, GRUR 2009, 685, 689; 2016, 810, 812; LG Frankfurt/M., MMR 2019, 124 Rn. 10; *Kaiser*, in: E/K, M 40, § 14 MarkenG Rn. 14a m.w.N.; *Reinbacher*, in: NK-WSS, § 143 MarkenG Rn. 34. **A.A.** OLG München, wistra 2001, 33.

Zeichens als solches verbietet, sondern nur die Benutzung **für Waren oder Dienstleistungen**. Solange unter dem Domain-Namen keine Homepage eingerichtet und betrieben wird, bietet der Dritte, der den Domain-Namen rechtsmissbräuchlich für sich hat registrieren lassen, weder eine Ware noch eine Dienstleistung unter Verwendung des Zeichens an.

Eine Benutzung eines ähnlichen Zeichens für eine Ware oder Dienstleistung läge dagegen vor, wenn I eine Homepage unter einem fremden Domain-Namen betrieben hätte, weil das Zeichen dem Internetnutzer dazu dienen würde, die Site auf dem Server anzuwählen. Die Darbietung der Informationen auf der Homepage ist selbst dann eine Dienstleistung, wenn die Information für den konkreten Internetbenutzer wertlos ist, weil er an Informationen des Markeninhabers interessiert ist[38]. In diesen Fällen liegt auch ein Ausnutzen der Wertschätzung einer bekannten Marke vor, weil der Verbraucher die Site im Regelfall anwählen wird, weil er die Marke des berechtigten Markeninhabers kennt[39].

Das OLG München[40] hat die Strafbarkeit des „domain grabbing" wegen einer Markenrechtsverletzung dennoch bejaht. Das Gericht sieht in der Möglichkeit, den Rechner anzuwählen, eine **Dienstleistung gegenüber dem Internetbenutzer**, selbst wenn die aufgerufene Internetsite keine Informationen enthält. Dem ist jedoch entgegenzuhalten, dass durch die Registrierung eines Domain-Namens allein noch kein Platz auf einem Server zur Verfügung gestellt wird. Erst wenn ein entsprechender Vertrag mit einem Provider geschlossen wurde, ist eine Anwahl der Internetseite möglich.

Auch die weitere Begründung des OLG München, dem **Markeninhaber werde eine Ware angeboten**, nämlich die Domain, überzeugt nicht. Bei diesem Verständnis wären Ware und Zeichen nämlich nicht zu trennen. Dem Markeninhaber wird aber nicht eine mit dem Zeichen gekennzeichnete Ware angeboten, sondern die Benutzung des Zeichens selbst.

Im Zivilrecht mag es vertretbar sein, bereits die Registrierung als rechtsmissbräuchlich und deshalb als Markenverletzung anzusehen[41]. Im Strafrecht verstieße diese Auslegung jedoch gegen **Art. 103 Abs. 2 GG**. Die Voraussetzungen der Ausfüllungsnorm des § 14 Abs. 2 S. 1 Nr. 3 MarkenG sind Bestandteile des Blankettstraftatbestandes. Die Vorschrift verlangt ausdrücklich die Verwendung des Zeichens für eine Ware oder Dienstleistung. Eine Auslegung, die dieses Merkmal aus dem Straftatbestand eliminiert, wäre verfassungswidrig.

I ist nicht nach § 143 Abs. 1 Nr. 2 i.V.m. § 14 Abs. 2 S. 1 Nr. 3 MarkenG strafbar.

b) §§ 253, 22 StGB

I hat aber mehrere Erpressungsversuche begangen:

Ihr **Tatentschluss** war darauf gerichtet, den Markeninhabern mit einem empfindlichen Übel zu drohen, nämlich ihnen in Aussicht zu stellen, die Benutzung der Domains – zumindest für

---

[38] *Fezer*, 3. Aufl. 2001, § 3 MarkenG Rn. 305.
[39] OLG Karlsruhe, WRP 1998, 900, zust. *Volk*, NJW 1999, 3601, 3609.
[40] wistra 2001, 33.
[41] Vgl. dazu BVerfG, NJW 2005, 589.

eine gewisse Zeit – zu sperren oder die Domains an Konkurrenten zu verkaufen. Dadurch wollte sie eine Zahlung erzwingen, obwohl sie wusste, dass sie darauf keinen Anspruch hatte. In den Fällen, in denen sie den Markeninhabern ihr Vorhaben in den Verhandlungen ankündigte, ist auch der **objektive Versuchstatbestand** erfüllt, da I zur Verwirklichung des Tatbestandes nicht nur unmittelbar ansetzte, sondern bereits einen Teil des Tatbestandes, die Tathandlung, verwirklichte.

Die Androhung dieses Übels zu dem Zweck, eine Zahlung zu erwirken, war **verwerflich** (§ 253 Abs. 2 StGB), zumal die Registrierung der Markennamen mit dem Ziel, sich diese später von den Berechtigten abkaufen zu lassen, unlauter im Sinne des UWG ist[42].

675 Die hier vertretene Ansicht führt also nicht zu unerträglichen Strafbarkeitslücken. Da zivilrechtlich jedenfalls unumstritten ist, dass der Erstanmelder die Domain nicht behalten darf[43], besteht der eigentliche Vorwurf beim „domain grabbing" nicht in der bloßen Registrierung der Domains, sondern in der Ankündigung, die Domains nur gegen Bezahlung übertragen zu wollen. *Dieses* Verhalten erfasst § 253 StGB strafrechtlich. Die Registrierung selbst ist lediglich eine – straflose – Vorbereitungshandlung für die geplante Erpressung.

Ergänzende Hinweise:

676 (1) § 143 Abs. 1 Nr. 3 i.V.m. § 14 Abs. 4 MarkenG stellt bestimmte **Vorbereitungshandlungen** für die Benutzung von Zeichen unter Strafe.

677 (2) Die „einfache" Kennzeichenverletzung ist relatives **Antrags-** (§ 143 Abs. 4 MarkenG) und **Privatklagedelikt** (§ 374 Abs. 1 Nr. 8 StPO); die **Veröffentlichung der Verurteilung** auf Antrag des Verletzten sieht § 143 Abs. 6 MarkenG vor.

678 (3) § 143a MarkenG sichert den Schutz der **Unionsmarke** (Rn. 650) strafrechtlich ab. Die Marke kann gemäß Art. 6 VO (EG) Nr. 207/2009[44] durch Eintragung erworben werden. Zuständig für die Eintragung ist das Amt der Europäischen Union für geistiges Eigentum (EUIPO) in Alicante/Spanien. Eingetragen werden können alle Zeichen, die eine graphische Darstellbarkeit besitzen, soweit sie geeignet sind, Waren oder Dienstleistungen eines Unternehmens von denen anderer Unternehmen zu unterscheiden. § 143a Abs. 1 MarkenG nimmt auf Art. 9 Abs. 1 der „Markenverordnung"[45] Bezug. Die Änderungen des § 143a Abs. 1 MarkenG durch das Markenrechtsmodernisierungsgesetz[46] und das Zweite Gesetz zur Vereinfachung und Modernisierung des Patentrechts[47] beseitigten die zuvor nach zutreffender Auffassung bestehenden Bestimmtheitsmängel[48].

---

[42] OLG Düsseldorf, NJW-RR 1998, 979 ff.; *Köhler*, in: K/B/F, § 4 UWG Rn. 4.94. **A.A.** *Bettinger*, GRUR Int. 1997, 402, 414.

[43] Überwiegend wird eine Verpflichtung zum Verzicht angenommen, so BGH, GRUR 2002, 622, 626; GRUR 2012, 651, 652 f.; OLG Hamburg, GRUR 2002, 100, 103 f.; GRUR 2002, 393, 394; OLG Hamm, NJW-RR 1998, 909, 910; nach anderer Auffassung ist die domain sogar unentgeltlich auf den Markenrechtsinhaber zu übertragen, OLG München, CR 1999, 382, 383.

[44] ABl. L 78 vom 24.03.2009, 1.

[45] In der Fassung der VO (EU) 2015/2424 vom 16.12.2015, ABl. L 341 vom 24.12.2015, 21.

[46] Vom 11.12.2018 BGBl. I 2018, S. 2357.

[47] Vom 10.08.2021, BGBl. I 2021, S. 3490.

[48] Siehe dazu die 5. Auflage dieses Lehrbuchs, Rn. 678; *Heinrich*, in: HdS 6, § 58 Rn. 232 f. Der BGH, ZWH 2018, 215, 216 ff., mit Anm. *Hotz*, betrachtete die Vorgängervorschrift als verfassungsgemäß.

II. Verletzung geographischer Herkunftsangaben (§ 144 MarkenG)

Das Markengesetz schützt neben den Marken und geschäftlichen Bezeichnungen auch Angaben zur geographischen Herkunft von Waren und Dienstleistungen, §§ 126, 127 MarkenG. Die geographischen Herkunftsangaben gehören zum gewerblichen Eigentum der berechtigten Nutzer[49]. Schutzgut des § 144 MarkenG ist deshalb die Herkunftsangabe selbst[50].

679

Fall 44: – *Made in Italy* –

Der Designer Klaus Dolan (D) war bestrebt, seine eigene Damenoberbekleidungskollektion unter dem Namen „Claudio Dolani" in Deutschland zu etablieren. Eine Kaufhauskette hatte sich bereit erklärt, den Vertrieb zu übernehmen. D ließ Blusen und Blazer in China zuschneiden sowie Vorder- und Rückenteile miteinander vernähen. Die Teile wurden nach Italien transportiert, wo nur noch die Ärmel eingenäht, Umschläge angebracht sowie Knöpfe angesetzt wurden. Die Kleidungsstücke ließ D mit dem Etikett „Made in Italy" versehen.
Hat sich D strafbar gemacht?

680

a) § 144 Abs. 1 Nr. 1 i.V.m. § 127 MarkenG

Die Verwendung des Etiketts „Made in Italy" könnte eine nach § 144 Abs. 1 Nr. 1 i.V.m. § 127 Abs. 1 MarkenG strafbare Benutzung einer geographischen Herkunftsangabe darstellen.

Nach der Legaldefinition des § 126 Abs. 1 MarkenG gehören zu den geographischen Herkunftsangaben Namen von Orten, Gegenden, Gebieten oder Ländern (unmittelbare Herkunftsangaben) sowie sonstige Angaben oder Zeichen (mittelbare Herkunftsangaben), die im geschäftlichen Verkehr zur Kennzeichnung der geographischen Herkunft von Waren oder Dienstleistungen benutzt werden. Sonstige Angaben oder Zeichen können Flaggen bzw. Landesfarben[51], Landeswappen, aber auch Wahrzeichen, z.B. der Kölner Dom[52] oder typische Warenaufmachungen, z.B. die Bocksbeutelflasche[53], sein.
Gattungsbezeichnungen, d.h. Zeichen, die zwar eine geographische Herkunftsangabe enthalten, die aber ihre ursprüngliche Bedeutung verloren haben (z.B. Wiener Schnitzel, Pekingente, Schwarzwälder Kirschtorte), schützt das MarkenG dagegen nicht (§ 126 Abs. 2 MarkenG).
Die Bezeichnung „Made in Italy" ist eine geschützte geographische Herkunftsangabe.
Die Verwendung eines italienischen Namens für die Kollektion deutet dagegen nicht auf eine bestimmte geographische Herkunft der Kleidungsstücke hin.

681

Die **Tathandlung** der strafbaren Benutzung einer geographischen Herkunftsangabe besteht in der **irreführenden Verwendung im geschäftlichen Verkehr** (§ 127 Abs. 1 MarkenG; zum Handeln im geschäftlichen Verkehr Rn. 659).

682

---

[49] BGH, GRUR 2016, 741, 742; *Büscher*, in: Festschrift für Erdmann, 2002, S. 237, 246; *Heinrich*, in: HdS 6, § 58 Rn. 237.
[50] *Kaiser*, in: E/K, M 40 § 144 MarkenG Rn. 5; *Reinbacher*, in: NK-WSS, § 144 MarkenG Rn. 2.
[51] BGH, GRUR 1981, 666, 667; GRUR 1982, 685, 686.
[52] LG Köln, GRUR 1954, 210, 211.
[53] BGH, GRUR 1971, 313, 314.

Widerrechtlich ist wie in § 143 MarkenG (Rn. 657, 661) **kein Tatbestandsmerkmal**, sondern Hinweis auf die Rechtswidrigkeit als allgemeine Deliktsvoraussetzung. Die Zustimmung eines Berechtigten schließt im Übrigen weder den Tatbestand des § 144 MarkenG aus, weil die Ausfüllungsnorm des § 127 MarkenG im Gegensatz zu § 14 MarkenG dieses Merkmal nicht enthält, noch die Rechtswidrigkeit, da der einzelne Berechtigte nicht befugt ist, über die Verwendung geographischer Herkunftsangaben zu verfügen.

683 Eine **Irreführungsgefahr** nimmt der BGH[54] an, wenn bei einem nicht ganz unbeachtlichen Teil der beteiligten Verkehrskreise eine unrichtige Vorstellung über die geographische Herkunft der Ware oder Dienstleistung hervorgerufen werden kann. Fraglich ist, ob die Irreführungsgefahr darüber hinaus – wie bei § 16 Abs. 1 UWG (Rn. 467) – voraussetzt, dass die Angabe geeignet ist, die Kaufentscheidung des Adressaten positiv zu beeinflussen.

Bis zum Inkrafttreten des Markengesetzes im Jahre 1995 war die Zulässigkeit der Verwendung von geographischen Herkunftsangaben nach § 3 a.F. UWG zu beurteilen, sodass auch die dort für die Irreführungseignung erforderliche Voraussetzung der Eignung zur Beeinflussung der Kaufentscheidung gegeben sein musste[55]. Zunächst verzichtete der BGH[56] für § 127 MarkenG auf dieses Merkmal, später ließ er dies wieder offen[57] und verlangt nun besondere Gründe für die Annahme fehlender Relevanz für die Kaufentscheidung[58].

684 Die Antwort ergibt sich aus den unterschiedlichen Schutzrichtungen von § 16 Abs. 1 UWG und § 144 MarkenG. Da § 16 Abs. 1 UWG – auch – den Schutz des Vermögens der Verbraucher bezweckt (Rn. 456), müssen die irreführenden Angaben dort zur positiven Beeinflussung der Kaufentscheidung, durch die der Verbraucher auf sein Vermögen einwirkt, geeignet sein. § 144 MarkenG dient dagegen dem Schutz der geographischen Herkunftsangabe vor unberechtigter Inanspruchnahme und damit dem gewerblichen Eigentum des berechtigten Mitbewerbers. Das ausschließliche Nutzungsrecht der berechtigten Mitbewerber ist aber verletzt, selbst wenn die geographische Herkunftsangabe ohne besondere Relevanz für die Kaufentscheidung ist[59]. Die Gefahr der Irreführung liegt damit schon vor, wenn die Angabe geeignet ist, bei einem nicht unbeachtlichen Teil des angesprochenen Verkehrskreises eine falsche Vorstellung über die Herkunft der Ware oder Dienstleistung hervorzurufen (Rn. 683), auch wenn die scheinbare Herkunft die Kaufentscheidung nicht zu beeinflussen vermag.

685 Das hat zur Folge, dass unwahre Angaben über die Herkunft eines Produktes gegebenenfalls von § 144 i.V.m. § 127 MarkenG, nicht aber von § 16 Abs. 1 UWG erfasst werden.

---

[54] BGH, GRUR 1999, 252, 255; GRUR 2001, 420, 421.
[55] BGH, GRUR 1981, 71, 73; GRUR 1982, 564, 566.
[56] BGH, GRUR 1999, 252, 254; GRUR 2001, 420, 421; ebenso *Ullmann*, GRUR 1999, 666, 667.
[57] BGH, GRUR 2002, 160, 162; WRP 2002, 1286, 1288; vgl. auch OLG München, GRUR-RR 2002, 357, 358.
[58] BGHZ 209, 302 Rn. 34 („Himalaya Salz"); BGH, GRUR 2016, 406 Rn. 22 („Piadina-Rückruf").
[59] *Büscher*, in: Festschrift für Erdmann, 2002, S. 237, 245.

So hat sich B in dem Beispielsfall oben (Rn. 466) zwar nicht nach § 16 Abs. 1 UWG strafbar gemacht, weil die Angabe, dass die Erdbeer-Drops aus Kiel stammen, für die Kaufentscheidung nicht relevant ist. Es liegt aber eine strafbare Benutzung geographischer Herkunftsangaben vor, da B im geschäftlichen Verkehr eine solche Herkunftsangabe für eine Ware benutzt hat, die nicht aus dem Gebiet stammt und die Angabe geeignet war, bei einem nicht unbeachtlichen Teil des angesprochenen Verbraucherkreises eine falsche Vorstellung von der Herkunft der Drops zu wecken. Dass es den Verbrauchern gleichgültig sein wird, wo die Drops hergestellt werden, spielt für die Strafbarkeit nach § 144 MarkenG i.V.m. § 127 MarkenG keine Rolle.

Die Strafbarkeit des D in unserem Fall 44 hängt somit davon ab, ob die Kleidungsstücke aus Italien oder aus China stammen. Bei im Wesentlichen vorgefertigten Teilen ist die geographische Herkunft des Produkts mitunter schwer zu beurteilen und häufig eine Frage der Verkehrsauffassung. Bei Oberbekleidung ist es durchaus üblich, dass einzelne Arbeitsschritte in einem anderen Land vorgenommen werden und das Produkt in dem bezeichneten Land nur noch zusammengesetzt wird. Die Angabe „Made in Italy" enthält also nur die Aussage, dass die **wesentliche Endproduktion** in Italien erfolgte. 686

Da dies der Wahrheit entspricht, hat sich D nicht nach § 144 Abs. 1 Nr. 1 i.V.m. § 127 Abs. 1 MarkenG strafbar gemacht.

b) § 16 Abs. 1 UWG

§ 16 Abs. 1 UWG scheidet aus, weil die Angabe „Made in Italy" nicht unwahr ist. 687

Anders läge es, wenn D in Italien nur unwesentliche Arbeitsschritte hätte vornehmen lassen, z.B. das Annähen der Knöpfe. Die Kleidungsstücke wären dann nicht in Italien hergestellt worden, sodass D § 144 Abs. 1 Nr. 1 i.V.m. § 127 Abs. 1 MarkenG und § 16 Abs. 1 UWG verwirklicht hätte. Die unwahre Angabe wäre geeignet, in einem beachtlichen Teil des angesprochenen Verkehrskreises eine unrichtige Vorstellung über die Herkunft der Kleidungsstücke zu wecken und deren Kaufentscheidung positiv zu beeinflussen, da die Herstellung in Italien für Kleidungstücke als besonderer Qualitätsausweis gilt. Beide Tatbestände stünden dann in Tateinheit (§ 52 StGB). Das Verhältnis von Markenrecht und Wettbewerbsrecht ist im Zivilrecht zwar umstritten[60], dieser Streit spielt für die Bestimmung des Konkurrenzverhältnisses der Straftatbestände aber keine Rolle, da sie unterschiedliche Rechtsgüter schützen, § 16 Abs. 1 UWG – auch – das Vermögen der Verbraucher, § 144 Abs. 1 Nr. 1 i.V.m. § 127 Abs. 1 MarkenG die geographische Herkunftsangabe. 688

Ergänzende Hinweise:

(1) § 144 Abs. 1 Nr. 1 i.V.m. § 127 Abs. 2 MarkenG schützt **qualifizierte geographische Herkunftsangaben**[61], d.h. solche, mit denen im geschäftlichen Verkehr über den geographischen Herkunftsort hinaus besondere Eigenschaften oder Quali- 689

---

[60] Für einen Vorrang der §§ 126 ff. MarkenG vor §§ 1, 3 UWG BGH, GRUR 1999, 252, 253; NJW 2002, 600, 601; für eine Anspruchskonkurrenz *Fezer*, § 126 MarkenG Rn. 3; *Kahler*, Die geographischen Herkunftsangaben an der Schnittstelle zwischen Markenrecht und Wettbewerbsrecht, 2001, S. 169 ff.

[61] *Ingerl/Rohnke*, § 127 MarkenG Rn. 1.

tätsmerkmale verknüpft werden⁶². Der Tatbestand ist deshalb erfüllt, wenn die Ware oder Dienstleistung die mit dem Aussagegehalt der Angabe verbundene besondere Eigenschaft oder Qualität nicht besitzt, selbst wenn sie aus dem bezeichneten Gebiet stammt.

690 **(2)** § 144 Abs. 1 Nr. 2 i.V.m. § 127 Abs. 3 MarkenG stellt die **Verwässerung** der Unterscheidungskraft geographischer **Herkunftsangaben mit besonderem Ruf** (z.B. Cognac oder Champagner) sowie die unlautere **Ausnutzung oder Beeinträchtigung** des Rufs der geographischen Herkunftsangabe oder deren Unterscheidungskraft unter Strafe. Diese Alternative es deshalb auch erfüllt, wenn die Angabe nicht als Marke oder geographische Herkunftsangabe verwendet wird⁶³.

691 **(3)** § 127 Abs. 4 MarkenG erstreckt den Schutz geographischer Herkunftsangaben auf die **Verwendung ähnlicher Angaben**, wenn trotz der Unterschiedlichkeit die Irreführungsgefahr oder Verwässerungseignung bestehen bleibt.

691a **(4)** Nach Maßgabe der VO (EU) Nr. 1151/2012⁶⁴ können für Agrarerzeugnisse und Lebensmittel geschützte Ursprungsbezeichnungen (alle Produktionsschritte müssen in dem abgegrenzten geografischen Gebiet erfolgen, Art. 5 Abs. 1) und geschützte geografische Angaben (wenigstens einer der Produktionsschritte muss in dem abgegrenzten geografischen Gebiet vorgenommen werden, Art. 5 Abs. 2) in ein Register⁶⁵ eingetragen werden. § 144 Abs. 2 MarkenG bedroht die **Verwendung, Aneignung oder Nachahmung geschützter Ursprungsbezeichnungen oder geografischer Angaben** entgegen Art. 13 Abs. 1 lit. a oder b der VO **im geschäftlichen Verkehr** mit Strafe.

---

⁶² *Ebert-Weidenfeller*, in: HWSt, 11. Teil 4. Kap. Rn. 132; *Maske-Reiche*, in: MüKo³, § 144 MarkenG Rn. 3.
⁶³ BGH, GRUR 2005, 957, 958 (Champagner Bratbirne); *Ebert-Weidenfeller*, in: HWSt, 11. Teil 4. Kap. Rn. 133.
⁶⁴ Vom 21.11.2012, ABl. L 343 vom 14.12.2012, 1.
⁶⁵ https://ec.europa.eu/info/food-farming-fisheries/food-safety-and-quality/certification/quality-labels/geographical-indications-register/.

§ 10 Urheberstrafrecht

Das Urheberstrafrecht ist nicht mehr das „Aschenputtel" des Urheberrechts[1], sondern es hat erheblich an Bedeutung gewonnen[2], weil es aufgrund des technischen Fortschritts möglich ist, Videos, Tonträger oder Software ohne Qualitätsverluste in großer Zahl zu kopieren[3]. § 106 UrhG bedroht die **unerlaubte Verwertung urheberrechtlich geschützter Werke**, § 107 UrhG das **unzulässige Anbringen der Urheberbezeichnung** und § 108 UrhG **unerlaubte Eingriffe in verwandte Schutzrechte** mit Freiheitsstrafe bis zu drei Jahren oder Geldstrafe. § 108a UrhG enthält einen – mit Freiheitsstrafe bis zu fünf Jahren oder Geldstrafe bedrohten – **Qualifikationstatbestand für gewerbsmäßige Verletzungen** der §§ 106 bis 108 UrhG[4]. **Unerlaubte Eingriffe in technische Schutzmaßnahmen und zur Rechtewahrnehmung erforderliche Informationen** werden nach § 108b UrhG mit Freiheitsstrafe bis zu einem Jahr oder Geldstrafe bestraft. 692

I. Unerlaubte Verwertung urheberrechtlich geschützter Werke (§ 106 UrhG)

Fall 45: *– Schranken und Schrankenschranken des Urheberschutzes –*

Jurastudentin Julia (J) bereitete sich auf die Klausuren in den Übungen im Strafrecht für Fortgeschrittene vor. Um den Ladenpreis für das Lehrbuch „Strafrecht Besonderer Teil 2" von *Krey/Hellmann/Heinrich* zu sparen, kopierte sie das Buch mit Ausnahme der Inhalts- und Sachverzeichnisse. J hielt ihr Verhalten für erlaubt, weil Kommilitonen ebenso vorgehen.

Hat J eine strafbare Urheberrechtsverletzung begangen? 693

§ 106 Abs. 1 UrhG

J könnte ein urheberrechtlich geschütztes Werk unerlaubt verwertet haben.

a) Objektiver Tatbestand

§ 106 UrhG schützt das **Verwertungsrecht des Urhebers**[5]. Nach zutreffender Meinung[6] handelt es sich um einen vollständigen Straftatbestand, zu dessen Auslegung allerdings die Vorschriften des UrhG heranzuziehen sind. 694

Tatobjekte des § 106 UrhG sind das **Werk**, d.h. eine *persönliche geistige Schöpfung der Literatur, Wissenschaft oder Kunst*, die durch ihren Inhalt oder ihre Form bzw. die Verbindung von Inhalt und Form etwas Neues und Eigentümliches darstellt (§§ 1, 2 Abs. 2 UrhG), sowie **Übersetzungen** und *nicht nur unwesentliche* **Bearbeitungen** eines Werkes (§ 3 UrhG). § 4 UrhG unterstellt zudem **Sammelwerke und** 695

---

[1] *Nordemann*, in: HWSt, 11. Teil 1. Kap. Rn. 3.
[2] *Kudlich*, in: S/L, Vor § 106 ff. UrhG Rn. 1; *Rehbinder/Peukert*, Rn. 6 ff.; *Zabel*, JA 2010, 401.
[3] *Heinrich*, in: HdS 6, § 58 Rn. 65
[4] Zum Handel mit Produktschlüsseln für Computerprogramme BGH, CR 2019, 216 f.
[5] *Dreier*, in: D/S, § 106 UrhG Rn. 1; *Kotthoff*, in: HK-UrhG, § 106 Rn. 2; *Kudlich*, in: S/L, § 106 UrhG Rn. 1; *Reinbacher*, in: W/B, § 106 UrhG Rn. 6.
[6] *Beermann*, Jura 1995, 610. **A.A.** (Blankettstraftatbestand) *Franzheim*, NJW-CoR 1994, 160.

Datenbanken dem urheberrechtlichen Schutz, wenn sie aufgrund der Auswahl oder Anordnung der Elemente eine persönliche geistige Schöpfung darstellen.

§ 2 Abs. 1 UrhG enthält einen offenen Katalog der geschützten **Werkarten**. Der Urheberrechtsschutz gilt danach insbesondere für **Sprachwerke**, wie Schriftwerke (z.B. Gedichte, Romane, Filmdrehbücher, wissenschaftliche Bücher und Aufsätze oder Anwaltsschriftsätze[7]), Reden und Computerprogramme (näher dazu Rn. 723 ff.), **Werke der Musik** (Melodien, aber auch deren Verarbeitung, z.B. Aufbau der Tonfolge, Rhythmisierung oder Instrumentierung[8]), **pantomimische Werke** einschließlich der **Werke der Tanzkunst** (nicht dagegen althergebrachte Formen von Tanz und Volkstanz, die gemeinfrei bleiben[9]), **Werke der bildenden Künste** (Bildhauerei, Malerei, Grafik, alle Formen der modernen Kunst, der Baukunst und der angewandten Kunst[10]), **Lichtbildwerke** (Bilder, für deren Herstellung strahlungsempfindliche Schichten chemisch oder physikalisch in einer Weise verändert wurden, dass eine Abbildung entsteht[11], sowie digital am Rechner hergestellte Bilder[12]), **Filmwerke** (bewegte Bild- und Tonfolge, die durch die Aneinanderreihung fotografischer oder fotografieähnlicher Einzelbilder den Eindruck eines bewegten Bildes entstehen lässt[13], also nicht Einzelbilder, die aber als Lichtbildwerke schutzfähig sein können[14]), **wissenschaftliche und technische Darstellungen** (z.B. Stadtpläne, Darstellungen von Körperübungen, Modelle von Maschinen oder medizinische Abhandlungen).

696 Generell muss das Werk, um urheberrechtlichen Schutz zu genießen, **persönlich** und in **wahrnehmbarer Form** geschaffen worden sein, **Individualität** aufweisen und die notwendige **Gestaltungshöhe** erreichen[15].

Persönlich geschaffen ist jedes Werk, das von einem Menschen – eventuell unter Verwendung von Hilfsmitteln[16] – erstellt worden ist[17].

Die Schöpfung ist *wahrnehmbar*, wenn sie eine Form gefunden hat, die der menschlichen Wahrnehmung zugänglich ist[18]. Eine dauerhafte Verkörperung ist nicht erforderlich, sodass z.B. auch mündliche Mitteilungen oder Fernsehbilder erfasst sind[19].

---

[7] BGH, GRUR 1986, 739, 740; Anwaltsschriftsätze zu komplizierten Tat- oder Rechtsfragen, nicht dagegen einfache prozessuale Anträge, bieten genug Raum für schöpferische Individualität.

[8] *Loewenheim/Leistner*, in: S/L, § 2 UrhG Rn. 100, 144; *Nordemann*, in: HWSt, 11. Teil 1. Kap. Rn. 27; *Schulze*, in: D/S, § 2 UrhG Rn. 139.

[9] *Bullinger*, in: W/B, § 2 UrhG Rn. 80; *Kaiser*, in: E/K, U 180, § 2 Rn. 24.

[10] *Schulze*, in: D/S, § 2 UrhG Rn. 158 ff.

[11] *Ahlberg*, in: M/N, § 2 Rn. 32 f.; *Dreyer*, in: HK-UrhG, § 2 Rn. 264; *Schulze*, in: D/S, § 2 UrhG Rn. 189.

[12] *Nordemann*, in: F/N, § 2 UrhG Rn. 193; diff. *Loewenheim/Leistner*, in: S/L, § 2 UrhG Rn. 210.

[13] *Loewenheim/Leistner*, in: S/L, § 2 UrhG Rn. 215.

[14] *Bullinger*, in: W/B, § 2 UrhG Rn. 121; *Schulze*, in: D/S, § 2 UrhG Rn. 197.

[15] *Ernst*, in: G/J/W, § 106 UrhG Rn. 12. Eingehend zur „persönlichen geistigen Schöpfung des Urheberrechts" *Bisges*, ZUM 2022, 497, 499 ff.

[16] *Heinrich*, in: HdS 6, § 58 Rn. 76; *Loewenheim/Leistner*, in: S/L, § 2 UrhG Rn. 38 ff.

[17] *Nordemann*, in: F/N, § 2 UrhG Rn. 21.

[18] BGH, GRUR 1985, 1041, 1046; OLG Karlsruhe, GRUR 1983, 300, 305.

[19] BGHZ 37, 1, 7; BGH, GRUR 1962, 531, 532; LG München, GRUR Int. 1993, 82, 83.

Individualität besitzt die Schöpfung, wenn sich der individuelle Geist des Urhebers im Werk ausdrückt und es sich dadurch von der Masse des Alltäglichen und anderen individuellen Leistungen abhebt[20]. Aus dem Werk muss eine menschliche Gedankenäußerung hervorgehen, Zufallsprodukte unterfallen dem UrhG also nicht[21]. Aus dem Begriff der Individualität folgt das Erfordernis der Neuheit, die jedoch bereits anzunehmen ist, wenn das Werk für den Inhaber neu ist, sodass auch „Doppelschöpfungen" den Urheberrechtsschutz genießen[22].

Die *Gestaltungshöhe* erfordert im Urheberrecht ein Mindestmaß an Individualität[23]. Die Untergrenze kann bei den einzelnen Werkarten unterschiedlich hoch sein[24], weil der Gestaltungsfreiraum bisweilen eingeschränkt ist, z.B. im wissenschaftlich-technischen Bereich durch technische Zwänge[25]. Grundsätzlich sind die Anforderungen an die Gestaltungshöhe recht gering, sodass auch Schöpfungen, die keinen hohen Grad an Individualität aufweisen, geschützt sind[26].

697 Das UrhG gilt für Werke eines Deutschen oder EU-Bürgers unabhängig von dem Erscheinungsort (§ 120 UrhG), Werke eines (EU-)Ausländers schützt es grundsätzlich, wenn sie im Geltungsbereich des UrhG erschienen sind (§ 121 Abs. 1 UrhG). Der Urheberrechtsschutz eines Werkes erlischt grundsätzlich 70 Jahre nach dem Tod des Urhebers (§ 64, siehe aber auch §§ 65 bis 67 UrhG).

698 Das von J kopierte Strafrechtslehrbuch ist ein Sprachwerk im Sinne des § 2 Abs. 1 Nr. 1 UrhG. Zu den beispielhaft genannten Schriftwerken gehören auch Schul- und Lehrbücher[27]. Die erforderliche Gestaltungshöhe erreicht das Buch, weil es nicht nur einen vorgegebenen Stoff zusammenfasst, sondern eine eigene geistige Leistung darstellt. Da die Autoren Deutsche sind und der Urheberrechtsschutz noch nicht erloschen ist, handelt es sich bei dem Lehrbuch um ein taugliches Tatobjekt des § 106 Abs. 1 UrhG.

699 § 106 Abs. 1 UrhG beschreibt die **Tathandlung** mit einer positiven Voraussetzung, einer Verwertungshandlung – **Vervielfältigung, Verbreitung** oder **öffentliche Wiedergabe** –, und zwei negativen Voraussetzungen – Fehlen einer gesetzlichen Gestattung („**in anderen als den gesetzlich zugelassenen Fällen**") und der **Einwilligung des Berechtigten**. Strafbar ist also jede *unerlaubte Verwertung des Werkes*.

700 Ein Teil der Literatur betrachtet das Merkmal „**ohne Einwilligung des Berechtigten**" allerdings nicht als Voraussetzung des Tatbestandes, sondern als Rechtfertigungsgrund[28]. Dem ist jedoch zu widersprechen. § 106 UrhG gehört zu den Tatbeständen, die nur gegen den Willen des Rechtsgutsinhabers verwirklicht werden kön-

---

[20] *Nordemann*, in: HWSt, 11. Teil 1. Kap. Rn. 15; *Rehbinder/Peukert*, 220 ff.
[21] *Nordemann*, in: F/N, § 2 UrhG Rn. 25.
[22] BGH, GRUR 1982, 305, 307; *Ahlberg*, in: M/N, § 2 UrhG Rn. 65.
[23] BGH, GRUR 1983, 377, 378; GRUR 1985, 1041, 1048; *Loewenheim/Leistner*, in: S/L, § 2 UrhG Rn. 50 f.; *Nordemann*, in: HWSt, 11. Teil 1. Kap. Rn. 16.
[24] *Dreyer*, in: HK-UrhG, § 2 Rn. 64 ff.
[25] *Loewenheim/Leistner*, in: S/L, § 2 UrhG Rn. 57 m.w.N.
[26] BGH, GRUR 1981, 267, 268; insbesondere zur „Fanfiction" *Knopp*, GRUR 2010, 28.
[27] *Nordemann*, in: F/N, § 2 UrhG Rn. 86, 118.
[28] *Dreier*, in: D/S, § 106 UrhG Rn. 8; *Heinrich*, in: HdS 6, § 58 Rn. 158; *Kudlich*, in: S/L, § 106 UrhG Rn. 31; *Ruttke/Scharringhausen*, in: F/N, § 106 UrhG Rn. 25; *Sternberg-Lieben*, in: M/N, § 106 UrhG Rn. 33 ff.

nen, bei denen das Einverstandensein mit dem Verhalten des Täters deshalb bereits die Tatbestandsmäßigkeit, nicht erst die Rechtswidrigkeit ausschließt[29]. § 106 Abs. 1 UrhG bedroht den „Diebstahl geistigen Eigentums" mit Strafe, ergänzt also gewissermaßen den Schutz des Sacheigentums gegen Diebstahl in § 242 StGB[30], bei dem das Einverstandensein des Eigentümers mit der Zueignung ebenfalls den Tatbestand entfallen lässt[31]. Zum Teil macht das UrhG die Zulässigkeit der Verwertung sogar ausdrücklich von der Einwilligung des Berechtigten abhängig (vgl. § 53 Abs. 4; dazu Rn. 707). Wäre die Einwilligung des Berechtigten bei § 106 UrhG ein Rechtfertigungsgrund, so bedürfte es der ausdrücklichen Nennung dieser Voraussetzung nicht, da die Einwilligung des Berechtigten nach allgemeinen Grundsätzen im Rahmen des Deliktsmerkmals Rechtswidrigkeit zu berücksichtigen wäre.

701 *Vervielfältigung* ist die **Herstellung einzelner oder mehrerer – dauerhafter oder vorübergehender – Festlegungen**, die geeignet sind, ein Werk auf irgendeine Weise den menschlichen Sinnen unmittelbar oder mittelbar zugänglich zu machen[32] (vgl. § 16 Abs. 1 UrhG). Die Vervielfältigung setzt also eine körperliche Fixierung voraus, die aber nicht der des Werkes entsprechen muss[33]. Nach § 16 Abs. 2 UrhG ist jede Übertragung eines Werkes auf Bild- und/oder Tonträger eine Vervielfältigung, also die erstmalige Aufnahme einer Wiedergabe des Werkes, z.B. der Mitschnitt einer Aufführung[34], und die Übertragung von einem Bild- oder Tonträger auf einen anderen.

Eine Verletzung des Vervielfältigungsrechts kommt auch dann in Betracht, wenn die Verbreitung im Ausland vorgenommen werden soll und das Werk dort urheberrechtlich nicht geschützt ist[35] bzw. dort die Verbreitung durch den Rechteinhaber erfolgt[36] (dazu *Fälle zum Wirtschaftsstrafrecht,* Rn. 262 ff.).

702 *Verbreiten* bedeutet **öffentliches Anbieten** oder **Inverkehrbringen** des Originals oder eines Vervielfältigungsstückes des Werkes (vgl. § 17 Abs. 1 UrhG). *Öffentlich* ist das *Angebot* – ähnlich wie die Wiedergabe –, wenn es sich an eine Mehrzahl von Personen richtet, die nicht mit dem Anbietenden oder untereinander in einer persönlichen Beziehung stehen (vgl. § 15 Abs. 3 UrhG). *In den Verkehr gebracht* ist das Original bzw. Vervielfältigungsstück, wenn der Täter es aus der internen Betriebssphäre des Herstellers der Öffentlichkeit bzw. dem freien Handelsverkehr zugeführt hat; im Falle des Verkaufs muss dem Dritten nicht nur das Eigentum, sondern auch die tatsächliche Verfügungsgewalt an dem urheberrechtlich geschützten Werkstück übertragen werden[37].

---

[29] *Ernst,* in: G/J/W, § 106 UrhG Rn. 85; *Kaiser,* in: E/K, U 180, § 106 UrhG Rn. 25; *Nordemann,* in: HWSt, 11. Teil 1. Kap. Rn. 84.
[30] *Nordemann,* in: HWSt 11. Teil 1.Kap. Rn. 84.
[31] *Bosch,* in: Sch/Sch, § 242 StGB Rn. 59; *Kindhäuser/Hilgendorf,* in: LPK, § 242 StGB Rn. 119 ff.
[32] RGZ 107, 227, 279; BGHZ 17, 266, 270; BGH, GRUR 1983, 28, 29; GRUR 1991, 449, 453.
[33] *Loewenheim,* in: S/L, § 16 UrhG Rn. 5 m.w.N.
[34] BGHZ 17, 266, 270.
[35] BGH, GRUR 2007, 871.
[36] Vgl. BGHSt 49, 93, 102.
[37] BGH, GRUR-Int. 2011, 436, Rn. 22.

Die *öffentliche Wiedergabe* meint die Wiedergabe des Werkes **in unkörperlicher** **703**
Form gegenüber einer Mehrzahl von Personen, die nicht durch eine persönliche Beziehung mit dem Veranstalter oder untereinander verbunden sind (§ 15 Abs. 3 UrhG). Erfasst sind gemäß § 15 Abs. 2 S. 2 UrhG insbesondere Vortrag, Aufführung und Vorführung (§ 19 UrhG), öffentliche Zugänglichmachung (§ 19a UrhG)[38], Senden (§ 20 UrhG), Wiedergabe durch Bild- oder Tonträger (§ 21 UrhG) und Wiedergabe und öffentliche Zugänglichmachung von Funksendungen (§ 22 UrhG).

J hat zwar ein urheberrechtlich geschütztes Werk körperlich fixiert und damit den **704**
menschlichen Sinnen zugänglich gemacht, also vervielfältigt. Den objektiven Tatbestand des § 106 Abs. 1 UrhG würde die Vervielfältigung aber nicht erfüllen, wenn es sich um einen **gesetzlich zulässigen Fall der Verwertung** handeln würde. Das UrhG gewährt dem Berechtigten die Verwertungsrechte nämlich nicht absolut, sondern es enthält Schranken, welche den Interessen der Verbraucher, der Wirtschaft und des Staates Rechnung tragen. Der Berücksichtigung dieser Grenzen dient das Merkmal „in anderen als den gesetzlich zugelassenen Fällen"[39].

Die allgemeinen **Schranken des Urheberrechts,** geregelt in §§ 44a bis 63a UrhG, **705**
und die Sonderbestimmungen für Computerprogramme in §§ 69c und 69d UrhG (dazu Rn. 724 f.) können hier nicht im Einzelnen behandelt werden.
Das am 01.03.2018 in Kraft getretene Gesetz zur Angleichung des Urheberrechts an die aktuellen Erfordernisse der Wissensgesellschaft (UrhWissG)[40] regelt die Schranken im Bereich **Bildung und Wissenschaft** neu. Erstmals existiert etwa eine urheberrechtliche Regelung zum „Text und Data Mining", einer Forschungsmethode, bei der eine Vielzahl von Texten, Daten, Bildern und sonstige Materialien ausgewertet werden, um neue Erkenntnisse zu erlangen[41]. § 60d UrhG erlaubt insbesondere insoweit urheberrechtlich relevante Vervielfältigungen und die Aufbewahrung ausgewerteter Materialien.
Zulässig – bei dem Merkmal „in anderen als den gesetzlich zugelassenen Fällen" zu prüfen – ist die Weiterverbreitung gemäß §§ 17 Abs. 2, 69c Nr. 3 S. 2 UrhG.

Das Kopieren des Lehrbuches wäre nach § 53 Abs. 1 S. 1 UrhG gestattet, wenn es **706**
sich um die **Vervielfältigung zum privaten Gebrauch** handeln würde.
Einschlägig ist § 53 Abs. 1 S. 1 UrhG, *nicht* § 60c UrhG (§ 53 Abs. 2 Nr. 1 UrhG *a.F.*). Zwar können auch Studierende wissenschaftlich tätig sein, z.B. wenn sie eine Hausarbeit schreiben[42]. J kopiert das Buch aber nicht zu wissenschaftlichen, sondern zu Ausbildungszwecken.

§ 53 Abs. 1 S. 1 UrhG erlaubt im Übrigen nur die Vervielfältigung, nicht aber die Verbreitung oder öffentliche Wiedergabe der Vervielfältigungsstücke (§ 53 Abs. 6 UrhG). Keine Angaben enthält das Gesetz darüber, wie viele Vervielfältigungsstü-

---

[38] Siehe dazu OLG München, GRUR-RS 2020, 28646 Rn. 14 ff.
[39] *Heinrich,* in: HdS 6, § 58 Rn. 124; *Kudlich,* in: S/L, § 106 UrhG Rn. 26; *Ruttke/Scharringhausen,* in: F/N, § 106 UrhG Rn. 21.
[40] BGBl. I 2017, 3346.
[41] BT-Drs. 18/12329, 22, 40.
[42] BT-Drs. 18/12329, 39 („Studenten bei ihrer wissenschaftlichen Arbeit"); *Loewenheim/Stieper,* in: S/L, § 53 UrhG Rn. 34 ff.; *Wirtz,* in: F/N, § 53 UrhG Rn. 11, 13.

cke der private Verbraucher herstellen darf. Nach zutreffender Ansicht[43] kann diese Frage nicht mit einer konkreten Zahl beantwortet werden[44], sondern maßgeblich ist, wie viele Vervielfältigungsstücke für den privaten Gebrauch erforderlich sind[45]. Privat ist der Gebrauch, wenn die Vervielfältigungen persönliche Bedürfnisse des Vervielfältigers oder mit ihm durch ein persönliches Band verbundener Personen decken[46].

Da J die Kopien für ihr eigenes Studium verwenden will, ist der Gebrauch privat und damit scheinbar nach § 53 Abs. 1 S. 1 UrhG zulässig. Dass J nicht ein eigenes Werkstück, sondern ein geliehenes zur Vervielfältigung benutzt hat, ändert daran nichts. Das Werkstück muss nicht im Eigentum des Vervielfältigers stehen, er muss lediglich rechtmäßig in seinen Besitz gelangt sein[47]. Die Vervielfältigung darf auch ein Dritter vornehmen, sofern dies unentgeltlich geschieht oder es sich um Vervielfältigungen auf Papier oder einem ähnlichen Träger mittels photomechanischer Verfahren oder anderer Verfahren mit ähnlicher Wirkung handelt (§ 53 Abs. 1 S. 2 UrhG).

707 Das private Vervielfältigungsrecht ist jedoch seinerseits durch § 53 Abs. 4 UrhG beschränkt. § 53 Abs. 4 lit. b UrhG gestattet die **im Wesentlichen vollständige Vervielfältigung** eines Buches oder einer Zeitschrift **nur durch Abschreiben oder mit Einwilligung des Berechtigten**. Ab welchem Umfang eine im Wesentlichen vollständige Vervielfältigung vorliegt, ist zwar strittig[48], die Grenze sollte aber im Interesse des Berechtigten nicht zu hoch angesetzt werden.

Die Kopie des gesamten Inhalts erlaubt § 53 Abs. 1 S. 1 UrhG jedoch auf keinen Fall, sodass J den objektiven Tatbestand des § 106 Abs. 1 UrhG verwirklicht hat.

b) Subjektiver Tatbestand

708 Der **subjektive Tatbestand** erfordert Vorsatz; dolus eventualis genügt[49].

Kennt der Täter die tatsächlichen Umstände, die den urheberrechtlichen Schutz begründen, schließt ein Irrtum über das Urheberrecht den Vorsatz nicht aus, sondern es handelt sich um einen für den Vorsatz unbeachtlichen Subsumtionsirrtum, der allenfalls im Rahmen der Schuld relevant sein kann (§ 17 StGB). Unvorsätzlich handelt der Täter dagegen, wenn er Umstände, die den Urheberschutz begründen, nicht kennt, z.B. weil er glaubt, der Urheber sei vor mehr als 70 Jahren verstorben[50].

Der Irrtum der J, die Kopie eines ganzen Buches zum privaten Gebrauch sei erlaubt, lässt ihren Vorsatz somit nicht entfallen.

---

[43] *Loewenheim/Stieper*, in: S/L, § 53 UrhG Rn. 26; *Lüft*, in: W/B, § 53 UrhG Rn. 13.
[44] In der Praxis wird die Obergrenze oftmals bei sieben Vervielfältigungsstücken gezogen, *Kreile*, ZUM 1991, 101, 107; *Spindler*, JZ 2002, 60, 62. Diese Zahl entstammt einem Urteil des BGH, (GRUR 1978, 474, 476), eine allgemeingültige Grenze wollte der BGH hiermit aber nicht festlegen.
[45] *Bosak*, CR 2001, 176, 179; *Loewenheim/Stieper*, in: S/L, § 53 UrhG Rn. 26; *Wirtz*, in: F/N, § 53 UrhG Rn. 17.
[46] *Grübler*, in: BeckOK-UrhR, § 53 UrhG Rn. 9; *Heinrich*, in: HdS 6, § 58 Rn. 139.
[47] KG, GRUR 1992, 168, 169; *Bosak*, CR 2001, 176, 180; *Kreutzer*, GRUR 2001, 193, 200.
[48] Zum Wesentlichkeitskriterium *Loewenheim/Stieper*, in: S/L, § 53 UrhG Rn. 54 ff.
[49] *Esser*, in: E/R/S/T, § 106 UrhG Rn. 51; *Weber*, in: NK-WSS, § 106 UrhG Rn. 47.
[50] Zu sonstigen Irrtumskonstellationen *Zabel*, JA 2010, 401, 404.

c) Rechtswidrigkeit, Schuld

Da kein Rechtfertigungsgrund vorliegt und der Verbotsirrtum vermeidbar war, hat sich J wegen unerlaubter Verwertung urheberrechtlich geschützter Werke strafbar gemacht.

Fall 46: *– Kopie einer rechtswidrig hergestellten Vorlage –*

Daniel Damm (D) hatte auf dem Flohmarkt eine „Raubkopie" der neuesten CD der Musikgruppe „Die Zahnärzte" erstanden. D erkannte, dass die CD rechtswidrig hergestellt worden war, weil der Aufdruck „verwaschen" war und das „booklet" fehlte. Um die Musik auch im CD-Player seines Autoradios hören zu können, „brannte" D eine Kopie.

Hat sich D nach § 106 Abs. 1 UrhG strafbar gemacht?

§ 53 Abs. 1 S. 1 UrhG die Vervielfältigung *auf beliebigen Trägern*, also sowohl analoge als auch digitale Kopien.

§ 53 Abs. 1 S. 1 UrhG bestimmt zudem ausdrücklich, dass die Vervielfältigung zum privaten Gebrauch nicht erlaubt ist, wenn es sich um eine **„offensichtlich rechtswidrig hergestellte Vorlage"** handelt.

Die von D erworbene CD war ohne weiteres als Raubkopie zu erkennen. Es handelt sich somit bei der Vervielfältigung nicht um einen gesetzlich zugelassenen Fall. Da D dies erkannte, er also vorsätzlich – sowie rechtswidrig und schuldhaft – handelte, hat er sich nach § 106 Abs. 1 UrhG strafbar gemacht. Ein eventueller Irrtum des D über die Erlaubtheit der Vervielfältigung wäre ein – vermeidbarer – Verbotsirrtum, der die Strafbarkeit nicht ausschließt.

Fall 47: *– Beteiligung an einer „Musiktauschbörse" –*

D hatte sich bei der Online-Musiktauschbörse „orangefile" angemeldet, einem sog. file-sharing-System, bei dem die Benutzer den anderen Teilnehmern den direkten Zugriff auf einen Teil ihrer Festplatte erlauben. D kopierte die CD der Gruppe „Die Zahnärzte" in einen neu angelegten Ordner, den er den anderen Benutzern von „orange-file" zugänglich machte. Von einem anderen Benutzer lud D sich einige Songs der Gruppe „Bimmstein", die ihre Musik bei dem Label „hot and rotten" veröffentlichen, herunter.

Wie hat sich D strafbar gemacht?

a) § 106 Abs. 1 UrhG durch das Ablegen der Datei auf der Festplatte

Die Daten auf der CD sind Werke im Sinne des § 2 Abs. 1 Nr. 2 UrhG. Fraglich ist, ob D eine der in § 106 UrhG genannten Tathandlungen begangen hat.

Das Zugänglichmachen eines Teils der Festplatte könnte ein *Verbreiten* von Werken (Rn. 702) sein[51]. Dies setzt jedoch das Angebot bzw. das Inverkehrbringen *körperlicher* Werkstücke voraus[52]. Ein Verbreiten liegt somit nicht vor.

Die Ermöglichung des Zugriffs auf die gespeicherten Musikdaten ist aber eine *öffentliche Wiedergabe*[53], und zwar ein *öffentliches Zugänglichmachen* (§ 19a UrhG). Die Aufzählung in § 15 Abs. 2 UrhG ist im Übrigen nicht abschließend[54].

---

[51] *Hoeren*, CR 1996, 517, 520; *Koch*, GRUR 1997, 417, 425.
[52] BGHZ 11, 135, 144; 33, 38, 42; 38, 356, 362; OLG München, GRUR-RS 2020, 28646 Rn. 13; *Leupold/Demisch*, ZUM 2000, 379, 382. **A.A.** *Schwarz*, GRUR 1996, 836, 839.
[53] *Dietrich*, NJW 2006, 809, 810; *Gercke*, JA 2009, 90, 94; *Heghmanns*, MMR 2004, 14, 15; *Leupold/Demisch*, ZUM 2000, 379, 383.
[54] BGH, GRUR 2018, 1132, 1136 Rn. 38; GRUR 2022, 1308, 1316 Rn. 75.

716 Das Anbieten der Daten über die Online-Tauschbörse ist nicht nach § 52 Abs. 1 S. 1 UrhG als öffentliche Wiedergabe eines veröffentlichten Werkes, die **keinem Erwerbszweck** des Veranstalters dient[55] und zu dem die **Teilnehmer ohne Entgelt zugelassen** werden, gestattet. Nach § 52 Abs. 3 UrhG ist die *öffentliche Zugänglichmachung* eines Werkes stets nur **mit Einwilligung des Berechtigten** zulässig.

Eine solche Einwilligung des Rechtsinhabers fehlt hier, sodass sich D durch das Anbieten der Daten über die Online-Tauschbörse nach § 106 Abs. 1 UrhG strafbar gemacht hat[56].

b) § 106 Abs. 1 UrhG durch das Herunterladen der Musikstücke

717 D könnte zudem durch das Herunterladen der Musikstücke der Gruppe Bimmstein § 106 Abs. 1 UrhG verwirklicht haben. Das Speichern auf der Festplatte stellt eine Vervielfältigung dar[57]. Fraglich ist, ob diese gesetzlich zugelassen ist. Es handelt sich zwar um eine Vervielfältigung zum privaten Gebrauch[58], diese gestattet § 53 Abs. 1 UrhG aber nur, wenn **nicht eine offensichtlich rechtswidrig hergestellte oder öffentlich zugänglich gemachte** Vorlage verwendet wird.

718 Die Ergänzung des § 53 Abs. 1 S. 1 UrhG um das **öffentliche Zugänglichmachen** einer Vorlage durch das zweite Gesetz zur Regelung des Urheberrechts in der Informationsgesellschaft[59] stellt klar, dass es sich bei in File-Sharing-Netzwerken bereitgestellten Datensätzen – grundsätzlich – um rechtswidrige und damit nicht zur Herstellung einer nach § 53 Abs. 1 UrhG privilegierten Kopie handelt[60]. Da die öffentliche Zugänglichmachung eines Werkes nur mit Einwilligung des Berechtigten zulässig ist (Rn. 716), ist unerheblich, dass die Dateien aus einer „legalen" Quelle, nämlich der regulär erworbenen Bimmstein-CD stammten.

719 Das öffentliche Zugänglichmachen muss allerdings **offensichtlich rechtswidrig** sein. Das Merkmal der Offensichtlichkeit ist subjektiv, also nach dem Kenntnis- und Bildungsstand des jeweiligen Nutzers zu bestimmen[61]. Die Offensichtlichkeit der Rechtswidrigkeit der *Herstellung einer Vorlage* wird in der Praxis oft schwer zu erkennen sein; bei der *öffentlichen Zugänglichmachung* wird dies dagegen leichter fallen, da die Einwilligung des Berechtigten erforderlich ist[62].

Es ist allgemein bekannt, dass Plattenfirmen diese Zustimmung in aller Regel nicht erteilen, sodass die Rechtswidrigkeit des öffentlichen Zugänglichmachens offensichtlich war. D hat § 106 Abs. 1 UrhG somit erneut verwirklicht.

---

[55] *Spindler*, JZ 2002, 60, 68 bejaht bei Tauschbörsen einen Erwerbszweck, da es dem Nutzer auf das Herunterladen von Daten ankomme und er deshalb Kosten spare. Zur Mittäterschaft des Veranstalters der Tauschbörse OLG Köln, ZUM 2018, 54, 56 f.
[56] Vgl. auch *Reinbacher*, GRUR 2008, 394, 396.
[57] Vgl. *Gercke*, JA 2009, 90, 93; *Koch*, GRUR 1997, 417, 423; *Leupold/Demisch*, ZUM 2000, 379, 383; *Waldenberger*, ZUM 1997, 176, 178.
[58] **A.A.** *Spindler*, JZ 2002, 60, 64, da das Herunterladen erfolge, um diese Daten später selbst wieder zum Tausch anbieten zu können. Das ist aber nicht notwendig der Fall.
[59] Vom 26.10.2007, BGBl. I 2007, 2513.
[60] *Grübler*, in: BeckOK-UrhR, § 53 Rn. 12.
[61] BT-Drs 16/1828, 26; *Dreier*, in: D/S, § 53 UrhG Rn. 12b. **A.A.** *Heinrich*, in: HdS 6, Rn. 58 Rn. 143, der auf die „Sicht eines objektiven Beobachters" abstellt.
[62] Näher dazu *Dreier*, in: D/S, § 53 UrhG Rn. 12a, 12b.

c) Konkurrenzen

Die beiden Fälle der unerlaubten Verwertung urheberrechtlich geschützter Werke wurden durch mehrere Handlungen begangen und stehen deshalb in Tatmehrheit (§ 53 StGB). **720**

Ergänzender Hinweis:

Anders als beim *„Filesharing"*, bei dem eine Kopie auf der Festplatte des Nutzers dauerhaft gespeichert wird, findet beim **„echten Streaming"** [63] lediglich eine kurzzeitige Zwischenablage im Arbeitsspeicher des Computers statt. Für die Strafbarkeit des Uploaders, der die Musikstücke, Filme oder TV-Serien ohne Rechte im Netz verfügbar macht, ergeben sich keine Unterschiede, weil er die Werke ohne Einwilligung des Berechtigten öffentlich wiedergibt[64]. Strittig ist dagegen, ob sich der Nutzer strafbar macht. Das AG Leipzig hat dies in einem obiter dictum bejaht[65]. Eine Vervielfältigung eines Werkes liege nicht nur bei einer dauerhaften Speicherung auf der Festplatte des Computers des Nutzers vor, sondern § 16 UrhG erfasse auch die vorübergehende Speicherung im Arbeitsspeicher. § 44a Nr. 2 UrhG, nach dem vorübergehende flüchtige oder begleitende Vervielfältigungshandlungen, die einen integralen und wesentlichen Teil eines technischen Vorganges darstellen und den alleinigen Zweck haben, eine rechtmäßige Nutzung zu ermöglichen, zulässig sind, wenn sie keine eigenständige wirtschaftliche Bedeutung haben, greife nicht ein. Es handele sich nicht um eine rechtmäßige Nutzung, weil der Berechtigte die Nutzung des Werkes nicht gestattet habe, und die wirtschaftliche Bedeutung ergebe sich aus der Nutzung des Werkes, die auch bei einer vorübergehenden Speicherung gegeben sei. **721**

Andere Gerichte[66] und die überwiegende Meinung in der Literatur[67] folgen dieser Sicht zu Recht nicht. § 44a UrhG nimmt vorübergehende Vervielfältigungen unter den dort genannten Voraussetzungen von dem Vervielfältigungsrecht des Urhebers nach § 16 UrhG aus. Bei der Zwischenablage im Arbeitsspeicher handelt es sich jedenfalls um eine vorübergehende flüchtige oder begleitende Vervielfältigungshandlung, die einen integralen und wesentlichen Teil eines technischen Vorganges darstellt. Die bloße Wahrnehmung des Werkes, der „rein rezeptive Werkgenuss", stellt keine Verletzung des Urheberrechtsschutzes dar[68], sodass es sich um eine rechtmäßige Nutzung handelt. Die Wahrnehmung des Werkes besitzt zudem keine eigenständige wirtschaftliche Bedeutung, da die Verwertungsrechte des Urhebers dadurch nicht beeinträchtigt werden. Nur diese Auslegung dürfte im Übrigen europarechtskonform sein, da nach Auffassung des EuGH die beim „Browsing", also dem Betrachten einer Website, die auf dem Bildschirm seines Computers und im **722**

---

[63] Siehe dazu *Reinbacher*, in: W/B, § 106 UrhG Rn. 14a.
[64] BGH, GRUR 2017, 273, Rn. 12 ff.; LG Leipzig, ZUM 2013, 338, 345; *Esser*, in: E/R/S/T, § 106 UrhG Rn. 25.
[65] AG Leipzig („Kino.to"), NZWiSt 2012, 390, mit Anm. *Klein/Sens.*
[66] LG Köln, MMR 2014, 193, 194; AG Hannover, GRUR-RS 2014, 11946.
[67] *Brackmann/Oehme*, NZWiSt 2013, 170, 174 f.; *Esser*, in: E/R/S/T, § 106 UrhG Rn. 26 ff; *Marly*, EuZW 2014, 616, 617 f.; *Oğlakcıoğlu*, ZIS 2012, 431, 435 ff.; *Reinbacher*, NStZ 2014, 57, 61 f; *Stolz*, MMR 2013, 353, 354.
[68] *Esser*, in: E/R/S/T, § 106 UrhG Rn. 26.

"Cache" der Festplatte dieses Computers von dem Endnutzer erstellten Kopien den Voraussetzungen des Art. 5 Abs. 1 der Richtlinie 2001/29/EG[69] genügen und daher ohne die Zustimmung der Urheberrechtsinhaber erstellt werden können[70]. § 44a UrhG entspricht wörtlich dieser Regelung.

Fall 48: *– Vervielfältigung von Computer-Software –*

723 Jurastudent Sebastian John (J) erstand einen Computer mitsamt einem Softwarepaket. Nach der Installation des auf einer CD mitgelieferten Textverarbeitungsprogramms stellte J zum Schutz gegen Datenverlust eine Sicherungskopie des Programms auf CD-ROM her.
Hat J eine Urheberrechtsverletzung begangen?

§ 106 Abs. 1 UrhG

§§ 69a ff. UrhG enthalten besondere Bestimmungen für Computerprogramme. Die Zulässigkeit der Vervielfältigung richtet sich nicht nach §§ 44a bis 63a UrhG, sondern nach § 69c UrhG, der die **zustimmungsbedürftigen Handlungen** regelt, und § 69d UrhG, der die **Ausnahmen** bestimmt.

724 § 69c Abs. 1 Nr. 1 UrhG weist dem Rechtsinhaber das Recht der dauerhaften oder vorübergehenden, vollständigen oder teilweisen Vervielfältigung eines Computerprogramms mit jedem Mittel und in jeder Form zu. Die Herstellung einer Kopie des Textverarbeitungsprogramms auf einer CD-ROM stellt eine Vervielfältigung nach § 16 UrhG, der auch für Computerprogramme gilt[71], dar. § 69d Abs. 1 UrhG gestattet die Vervielfältigung ohne Zustimmung des Rechtsinhabers allerdings, wenn die **Vervielfältigung für eine bestimmungsgemäße Benutzung des Computerprogramms notwendig** ist[72]. Von § 69d Abs. 1 UrhG ist insbesondere die Installation des Programms auf der Festplatte gedeckt. Die Herstellung einer Kopie ist dagegen für die Sicherung künftiger Benutzung nicht notwendig, wenn – wie hier – eine Installations-CD vorhanden ist, sodass § 69d Abs. 2 S. 1 UrhG nicht eingreift.

725 Die Schranken des § 69d UrhG sind also sehr viel enger als die des § 53 UrhG, weil eine Kopie eines Computerprogramms auch für den privaten Gebrauch grundsätzlich nicht zulässig ist. Verboten ist z.B. die Herstellung einer Kopie eines Programms für einen weiteren Rechner bzw. ein Notebook. Die Nutzung auf mehreren Rechnern wird in der Regel nämlich vertraglich untersagt. Die Lizenzverträge erlauben aber zumeist die Nutzung auf einem tragbaren Computer, wenn die Software permanent auf der Festplatte eines stationären Rechners installiert ist und der Berechtigte diesen Rechner zu mehr als 80% nutzt[73].
Die Herstellung der Kopie ohne Zustimmung des Rechtsinhabers erfüllt somit den objektiven Tatbestand des § 106 Abs. 1 UrhG. Da J die tatsächlichen Umstände kannte, handelte er auch vorsätzlich. Rechtswidrigkeit und Schuld liegen ebenfalls vor. Ein eventueller Verbotsirrtum wäre vermeidbar, da die Lizenzbedingungen auf das Vervielfältigungsverbot hinweisen. J hat sich somit nach § 106 UrhG strafbar gemacht.

---

[69] ABl. L 167 vom 22.06.2001, 10.
[70] EuGH, EuZW 2014, 637, 639 f.
[71] *Haberstumpf*, CR 1991, 129, 135.
[72] Einen Überblick mit Beispielsfällen bietet *Beermann*, Jura 1995, 610.
[73] Ausführlich dazu *Franzheim*, NJW-CoR 1994, 160 ff.

II. Unerlaubte Eingriffe in technische Schutzmaßnahmen und zur Rechtewahrnehmung erforderliche Informationen (108b UrhG)

Fall 49: – *Umgehung des Kopierschutzes* –

Verena Klar (K) besorgte sich im Internet ein Programm, das es ermöglicht, mit einem Kopierschutz versehene Audio-CDs zu vervielfältigen, indem alle Daten – mitsamt dem Kopierschutz – auf die digitale Kopie übertragen werden. Die so auf der Festplatte ihres Computers erstellte Kopie brannte K auf einen CD-Rohling zum privaten Gebrauch.
Wie hat sich K strafbar gemacht?

a) § 23 Abs. 1 Nr. 1 GeschGehG

K könnte **„Betriebsspionage"** gemäß § 23 Abs. 1 Nr. 1 i.V.m. § 4 Abs. 1 Nr. 1 GeschGehG begangen haben, indem sie die Daten des Kopierschutzes von der CD auf die Festplatte ihres Computers übertrug.

Der Kopierschutz ist eine nicht offenkundige Information, die einen wirtschaftlichen Wert besitzt, durch Codierung mit einem angemessenen Geheimhaltungsschutz versehen ist und bei dem ein berechtigtes Geheimhaltungsinteresse besteht. Der Kopierschutz ist also ein **Geschäftsgeheimnis**.

Ein Kopierschutz verliert seinen Geheimnischarakter allerdings dann, wenn der „Hacker" die Funktionsweise im Internet oder in Fachzeitschriften veröffentlicht[74].

Dieses Geheimnis müsste K erlangt haben. Daran fehlt es bei einer exakten Kopie einer Audio-CD mitsamt dem Kopierschutz, weil der Täter sich das Geheimnis nicht verschafft. Die Funktionsweise ist dem Täter nach der Kopie genauso wenig bekannt wie vorher. Er erlangt das Geheimnis also nicht, sondern umgeht es lediglich.

K hat sich folglich nicht nach § 23 Abs. 1 Nr. 1 GeschGehG strafbar gemacht.

b) § 202a Abs. 1 StGB

Ob die Umgehung des Kopierschutzes durch die Herstellung einer exakten Kopie einschließlich des Kopierschutzes unter § 202a StGB fällt, ist umstritten.
Daten einer Audio-CD, und zwar auch die den Kopierschutz betreffenden, unterfallen allerdings dem **Datenbegriff** des § 202a Abs. 2 StGB[75]. Ein Teil der Literatur[76] behauptet unter Hinweis auf den Kopierschutz, dass diese Daten **nicht für den Täter bestimmt** seien. Dem ist jedoch entgegenzuhalten, dass der Erwerber diese Daten verwenden darf, er muss sie sogar benutzen, um die CD abspielen zu können. Nicht die Verwendung erfolgt somit unbefugt, sondern lediglich das Kopieren[77]. Die Daten werden durch den Kopierschutz zudem **nicht gegen unberechtigten Zugang gesichert**, weil die Schutzmaßnahme nicht den Zugriff auf die Daten verhindern oder erschweren soll, sondern nur deren Kopie.
Das Kopieren von Daten trotz Schutzmechanismen fällt deshalb nicht unter § 202a StGB[78].

---

[74] OLG Frankfurt, NJW 1996, 264; *Harte-Bavendamm*, GRUR 1990, 657, 661.
[75] *Hilgendorf*, in: LK[12], § 202a StGB Rn. 12.
[76] *Meier*, JZ 1992, 657, 662.
[77] *Fischer*, § 202a StGB Rn. 7; *Eisele*, in: Sch/Sch, § 202a StGB Rn. 11 f.; *Zabel*, JA 2010, 401, 405.
[78] *Fischer*, § 202a StGB Rn. 7; *Kuhlmann*, CR 1989, 177, 185.

Vierter Abschnitt: Verletzung des geistigen Eigentums

c) § 108b Abs. 1 Nr. 1 UrhG

730 K könnte aber nach § 108b Abs. 1 Nr. 1 UrhG unerlaubt in eine technische Schutzmaßnahme eingegriffen haben.
Die **technischen Maßnahmen** beschreibt § 95a Abs. 2 UrhG als Technologien, Vorrichtungen oder Bestandteile, die dazu bestimmt sind, Handlungen, die der Rechtsinhaber nicht genehmigt hat, zu verhindern oder einzuschränken. Eine technische Maßnahme ist danach auch ein digitaler Kopierschutzmechanismus.
Durch die Verwendung des Kopierprogramms umging K eine technische Maßnahme.

731 § 108b Abs. 1 UrhG bestimmt aber ausdrücklich, dass der Tatbestand nicht erfüllt ist, wenn die Tat **ausschließlich zum eigenen privaten Gebrauch** des Handelnden oder mit ihm persönlich verbundener Personen erfolgt oder wenn sich die Tat auf einen derartigen Gebrauch bezieht[79].
Da K die Vervielfältigungen auf der Festplatte und dem CD-Rohling ausschließlich für sich privat herstellte, scheidet § 108b Abs. 1 Nr. 1 UrhG aus.

d) Ergebnis

732 Das Kopieren von Audio-CDs ist also trotz Umgehung des Kopierschutzes straflos, wenn der „Täter" sich keine Kenntnis von dem Kopierschutz verschafft und lediglich eine Privatkopie herstellt.

Fall 50: *– Anbieten eines „Tools" zur Umgehung des Kopierschutzes –*

733 Inhalte von Video-DVDs werden zum Teil mittels des sog. „Content Scrambling Systems" geschützt, d.h., die Video-Daten sind verschlüsselt und können nur mit einem Entschlüsselungsprogramm abgespielt und kopiert werden. Die erforderlichen Informationen sind in sog. Stand-alone-DVD-Playern, die nur das Abspielen, nicht jedoch das Kopieren der Video-DVDs erlauben, implementiert. Der Informatikstudent Heino Heck (H) betrachtete es als fachliche Herausforderung, dieses Programm zu „knacken". Nachdem ihm dies gelungen war, entschloss er sich, ein Computerprogramm herzustellen, das es ermöglicht, kopiergeschützte Video-DVDs auf dem Computer zu lesen und zu kopieren. Dieses Programm stellte er auf einer Internetseite unter einem Codenamen jedem Besucher kostenlos zum Download zur Verfügung, um andere in die Lage zu versetzen, künftig kopiergeschützte DVDs zu vervielfältigen. Michael Dortus (D) lud das Programm herunter, stellte in großer Zahl Kopien verschiedener von ihm gekaufter DVDs her und verkaufte die Vervielfältigungen im Internet.
Wie haben sich H und D strafbar gemacht?

a) Strafbarkeit des H

aa) § 23 Abs. 1 Nr. 1 GeschGehG durch Aufdecken des Entschlüsselungsprogramms

Die Entschlüsselungsdaten stellen ein Geschäftsgeheimnis dar (Rn. 727). H versetzte sich durch die Anwendung seiner Fertigkeiten in die Lage, auf das Verschlüsselungsprogramm zuzugreifen, verschaffte sich also im Sinne des § 4 Abs. 1 Nr. 1 GeschGehG Zugang zu elektronischen Dateien, die der rechtmäßigen Kontrolle des Inhabers des Geschäftsgeheimnisses unterliegen und die das Geschäftsgeheimnis enthalten (siehe Rn. 540b). Dieses Verhalten erfüllt die Voraussetzungen des objektiven Tatbestandes der „Betriebsspionage" gemäß § 23 Abs. 1 Nr. 1 i.V.m. § 4 Abs. 1 Nr. 1 GeschGehG.

---

[79] Dazu *Kotthoff*, in: HK-UrhG, § 108b Rn. 7.

H handelte zwar vorsätzlich, aber ohne die nach § 23 Abs. 1 Nr. 1 GeschGehG erforderliche Zweckrichtung, da es ihm bei dem „Knacken" des Entschlüsselungsprogramms nur um die Bewältigung der „informationstechnologischen Herausforderung" ging.

bb) § 202a Abs. 1 StGB

H hat sich aber wegen **Ausspähens von Daten** nach § 202a Abs. 1 StGB strafbar gemacht, weil er sich Daten – die Entschlüsselungsinformationen –, die nicht für ihn bestimmt und in der Hardware gegen unberechtigten Zugang besonders gesichert waren, unter Überwindung dieser Zugangssicherung verschafft hat. **734**

cc) § 108b Abs. 2 i.V.m. § 95a Abs. 3 UrhG

Das Entschlüsselungsprogramm der DVD-Abspielgeräte ist eine **„wirksame technische Maßnahme"** zum Schutz urheberrechtlich geschützter Werke im Sinne des § 95a UrhG. Dies sind Technologien, Vorrichtungen und Bestandteile, die im normalen Betrieb Handlungen gegen geschützte Werke und andere durch das UrhG geschützte Gegenstände, die vom Rechtsinhaber nicht genehmigt sind, verhindern oder einschränken sollen[80]. § 108b Abs. 2 UrhG bedroht **Herstellung, Einfuhr, Verbreitung, Verkauf und Vermietung** von Vorrichtungen, Erzeugnissen oder Bestandteilen zur Umgehung einer solchen Schutzmaßnahme entgegen § 95a Abs. 3 UrhG mit Strafe, wenn dies zu gewerblichen Zwecken geschieht. **735**

H hat zwar ein Erzeugnis zur Umgehung des Kopierschutzes hergestellt – und verbreitet –, er handelte aber **nicht zu gewerblichen Zwecken**, da er das Programm unentgeltlich zur Verfügung stellte.

Durch die Verbreitung des Erzeugnisses über den Kreis der mit ihm persönlich verbundenen Personen hinaus hat H aber eine Ordnungswidrigkeit nach § 111a Abs. 1 Nr. 1a i.V.m. § 95a Abs. 3 UrhG begangen. **736**

dd) § 4 ZKDSG

§ 4 i.V.m. § 3 Gesetz über den Schutz von zugangskontrollierten Diensten und von Zugangskontrollen (Zugangskontrolldiensteschutz-Gesetz, ZKDSG)[81], der das Herstellen, Einführen und die Verbreitung einer Umgehungseinrichtung unter Strafe stellt, erfasst die Herstellung einer Software zur Umgehung des Kopierschutzes auf Datenträgern ebenfalls nicht. Nach § 2 Nr. 1 ZKDSG sind nur **Tele- und Mediendienste** „zugangskontrollierte Dienste" im Sinne dieses Gesetzes. **737**

ee) § 23 Abs. 1 Nr. 2 GeschGehG durch Zurverfügungstellung des Umgehungsprogramms

Eine **„Geheimnishehlerei"** nach § 23 Abs. 1 Nr. 2 i.V.m. § 4 Abs. 2 Nr. 1a, Abs. 1 Nr. 1 GeschGehG scheidet aus. H hatte sich das Geschäftsgeheimnis zwar im Sinne des § 4 Abs. 1 Nr. 1 GeschGehG verschafft (Rn. 733), die kostenlose Zurverfügungstellung des Umgehungsprogramms ist aber weder eine – wirtschaftliche – Nutzung (Rn. 534) noch eine Offenlegung, da H das Geschäftsgeheimnis selbst, also die Daten des Verschlüsselungsprogramms, den Nutzern des vom ihm entwickelten Umgehungsprogramms nicht eröffnete (vgl. Rn. 525). **738**

---

[80] *Esser*, in: E/R/S/T, § 108b UrhG Rn. 9.
[81] BGBl. I 2002, 1090, zuletzt geändert durch Art. 3 des Gesetzes vom 26.02.2007, BGBl. I 2007, 179.

Vierter Abschnitt: Verletzung des geistigen Eigentums

b) Strafbarkeit des D

aa) § 23 Abs. 2, Abs. 1 Nr. 2 GeschGehG

739 D hat ebenfalls keine **„Geheimnishehlerei"** nach § 23 Abs. 2, Abs. 1 Nr. 2 i.V.m. § 4 Abs. 2 Nr. 1a, Abs. 1 Nr. 1 GeschGehG begangen, obwohl H das Geschäftsgeheimnis durch eine in § 4 Abs. 1 Nr. 1 GeschGehG bezeichnete Handlung erlangt hatte (Rn. 733). D nutzte nicht das – ihm nach wie vor – unbekannte Verschlüsselungsprogramm, sondern das Umgehungsprogramm, das H in Kenntnis des Geschäftsgeheimnisses erstellt hatte.

bb) § 202a Abs. 1 StGB

740 Auch die Strafbarkeit wegen **Ausspähens von Daten** scheidet aus. Die auf der DVD elektronisch gespeicherten *Verschlüsselungs*daten fallen unter den Datenbegriff des § 202a Abs. 2 StGB, sie jedoch für den Eigentümer der DVD bestimmt, selbst wenn ihm das Kopieren untersagt ist (Rn. 729).

Die Daten der *Entschlüsselungs*software verschaffte sich D zwar, indem er das von H geschriebene Programm aus dem Internet herunterlud. Sie waren aber – nachdem H die Daten für jedermann abrufbar ins Internet gestellt hatte – für die Besucher der Internetseite – also auch für D – bestimmt und zudem nicht gegen unberechtigten Zugang besonders gesichert.

cc) § 106 Abs. 1 UrhG

741 Durch das Kopieren und Verkaufen der DVDs hat er jedoch urheberrechtlich geschützte Werke vervielfältigt und verbreitet (tatbestandliche Handlungseinheit) und sich damit gemäß § 106 Abs. 1 UrhG strafbar gemacht.

dd) § 108b Abs. 1 Nr. 1 UrhG

742 D hat zudem eine **wirksame technische Maßnahme ohne Zustimmung des Rechtsinhabers umgangen** und dadurch die Verletzung des Urheberrechts an Filmwerken (§ 2 Abs. 1 Nr. 6 UrhG) ermöglicht. Da die Schutzrechtsverletzung nicht ausschließlich zum privaten Gebrauch des D oder mit ihm persönlich verbundener Personen erfolgte, hat D den objektiven Tatbestand des § 108b Abs. 1 Nr. 1 UrhG verwirklicht.

Er handelte zudem vorsätzlich und in der Absicht, Dritten den Zugang zu den geschützten Werken zu ermöglichen, sodass er sich wegen unerlaubten Eingriffs in technische Schutzmaßnahmen nach § 108b Abs. 1 Nr. 1 UrhG strafbar gemacht hat.

Die Ordnungswidrigkeit nach § 111a Abs. 1 Nr. 1b i.V.m. § 95a Abs. 3 UrhG wegen des Besitzes eines Erzeugnisses zur Umgehung des Kopierschutzes zu gewerblichen Zwecken tritt nach § 21 Abs. 1 S. 1 OWiG hinter die Straftat zurück.

ee) § 263a Abs. 1, 3. Alt. StGB

743 Die Herstellung der Vervielfältigungen der DVDs könnte darüber hinaus einen **Computerbetrug** durch unbefugte Verwendung von Daten darstellen.

Das von H hergestellte Kopierprogramm ermöglichte es D, Entschlüsselungsdaten, die auf einem DVD-Player gespeichert waren, zu verwenden. Diese Verwendung erfolgte **unbefugt**. Nach zutreffender Auffassung ist dies der Fall, wenn das Verhalten täuschungsähnlich ist[82]. Ein vergleichbares Verhalten gegenüber einem Menschen hätte diesen in den Irrtum versetzt, die DVD würde mit einem zugelassenen „Entschlüsselungsschlüssel" abgespielt. Aber auch

---

[82] Dieses Kriterium verwendet die h.M., z.B. BGHSt 47, 160, 163; BGH, StV 2014, 684, 685; NStZ-RR 2019, 45, 46; *Fischer*, § 263a StGB Rn. 11; *Hefendehl/Noll*, in: MüKo⁴, § 263a StGB Rn. 85 ff.; *Perron*, in: Sch/Sch, § 263a StGB Rn. 9.

nach der Gegenmeinung, die einen Verstoß gegen den Willen des Rechtsinhabers – hier des Herstellers des DVD-Abspielgerätes – fordert[83], hätte D unbefugt gehandelt.

Durch diese Manipulation beeinflusste D das Ergebnis eines Datenverarbeitungsvorgangs, denn dieses Merkmal liegt auch vor, wenn das Zustandekommen des Datenverarbeitungsvorgangs von der unbefugten Datenverwendung abhängt[84]. **744**

Fraglich ist aber, ob D einen unmittelbaren **Vermögensschaden** verursacht hat. An der Unmittelbarkeit fehlt es, wenn der Vermögensschaden erst auf weiteren Handlungen des Täters beruht[85]. Die Umgehung des Kopierschutzes führt z.B. dann unmittelbar zu einem Schaden des Herstellers der DVD, wenn der Täter die Kosten für den Erwerb des Datenträgers einspart. D hatte die DVDs, von denen er Vervielfältigungen herstellte, jedoch gekauft. Der Vermögensschaden der Produzenten resultierte deshalb nicht unmittelbar aus der Tathandlung des § 263a StGB, sondern erst aus dem späteren Verkauf der unrechtmäßig kopierten DVDs. **745**

Die Herstellung der Vervielfältigungen ist somit nicht als Computerbetrugs strafbar.

c) Strafbarkeit des H nach § 108b Abs. 1 Nr. 1 UrhG, § 27 StGB

H hat D Beihilfe zur Umgehung einer technischen Schutzmaßnahme geleistet, weil die Kopien der DVDs nur mithilfe seiner Software hergestellt werden konnten. **746**

Die Strafbarkeit scheitert nicht etwa – mangels Beihilfevorsatzes –, weil H die Benutzer seiner Software nicht kannte. Der Beihilfevorsatz setzt nicht voraus, dass dem Gehilfen der Täter[86] oder die genauen Umstände der Tat bekannt sind, sondern es genügt, dass der Gehilfe den wesentlichen Unrechtsgehalt und die Angriffsrichtung der von ihm unterstützten Tat kennt[87].

d) Ergebnis

H ist wegen Ausspähens von Daten und Beihilfe zum unerlaubten Eingriff in technische Schutzmaßnahmen strafbar. § 202a Abs. 1 StGB und § 108b Abs. 1 Nr. 1 UrhG, § 27 StGB stehen in Tatmehrheit (§ 53 StGB). **747**

D hat eine unerlaubte Verwertung urheberrechtlich geschützter Werke (§ 106 Abs. 1 UrhG) und einen unerlaubten Eingriff in technische Schutzmaßnahmen (§ 108b Abs. 1 Nr. 1 UrhG) verwirklicht. Da beide Delikte in dem Akt des Herstellens zusammenfallen, stehen sie in Tateinheit (§ 52 StGB).

III. Unerlaubte Eingriffe in verwandte Schutzrechte (§ 108 UrhG)

§ 108 UrhG ergänzt den Schutz des § 106 UrhG, indem die unerlaubte („in anderen als den gesetzlich zugelassenen Fällen ohne Einwilligung des Berechtigten", dazu Rn. 699 f.) Vornahme der in § 108 Abs. 1 Nr. 1 bis 8 UrhG genannten Verwertungshandlungen mit Strafe bedroht ist. **Schutzgut** ist nicht das Verwertungsrecht des Urhebers, sondern das Leistungsschutzrecht des jeweils Berechtigten[88]. **748**

---

[83] Z.B. *Mitsch*, BT 2, S. 398; *Tiedemann/Valerius*, in: LK[12], § 263a StGB Rn. 42.
[84] BGHSt 38, 120, 121; BayObLG, NJW 1991, 438, 440; JR 1994, 476; *Cramer*, JZ 1992, 1032; *Schlüchter*, JR 1993, 493; anders *Ranft*, wistra 1987, 79; *ders.*, NJW 1994, 2574.
[85] *Tiedemann/Valerius*, in: LK[12], § 263a StGB Rn. 67.
[86] BGH, NStZ 2002, 145, 146; *Haas*, in: M/R, § 27 StGB Rn. 38; *Kühl*, § 20 Rn. 242.
[87] BGHSt 42, 135 ff.; BGH, NStZ 1990, 501; *Wild*, JuS 1992, 911.
[88] *Heinrich*, in: HdS 6, § 58 Rn. 184; *Sternberg-Lieben*, in: BeckOK-UrhR, § 108 UrhG Rn. 1.

Vierter Abschnitt: Verletzung des geistigen Eigentums

748a § 108 Abs. 1 Nr. 4 und Nr. 5 UrhG ist insbesondere einschlägig bei der Bekämpfung unzulässiger **Bootlegs** (Mitschnitte) und Raubkopien von Musikstücken. Die praktische Relevanz dieser Tatbestände ist stark gestiegen[89].
Eine neue Missbrauchsmöglichkeit besteht in der Verwertung sog. „**Deep Fakes**", bei denen selbstlernende Algorithmen z.B. die in einer im Internet verfügbaren Videoaufnahme erkennbaren Gesichter durch Gesichter beliebiger anderer Personen ersetzen; die Wiedergabe oder Verwertung solcher „Deep Fakes" kann nach § 108 Abs. 1 Nr. 3, 7 UrhG strafbar sein[90].
Überwiegend wird die Anwendung des § 108 Abs. 1 Nr. 7 UrhG auf das **Kopieren von Computerspielen** vorgeschlagen, da es sich um „Laufbilder" im Sinne des § 95 UrhG handle[91]. Im Urheberzivilrecht wird diese Auslegung vorgenommen[92]. Es verstößt aber gegen das Bestimmtheitsgebot, Art. 103 Abs. 2 GG, Computerspiele dem Begriff Laufbilder zu subsumieren, selbst wenn diese Klassifizierung im Urheberzivilrecht vorgenommen wird[93].

IV. Unzulässiges Anbringen der Urheberbezeichnung (§ 107 UrhG)

749 § 170 Abs. 1 Nr. 1 UrhG schützt nicht das Urheberrecht, sondern das **Persönlichkeitsrecht des Urhebers**[94]. § 107 Abs. 1 Nr. 1 UrhG stellt das **Anbringen der Urheberbezeichnung** auf dem *Original* eines Werkes der bildenden Künste ohne Einwilligung des Urhebers sowie die **Verbreitung** eines derart bezeichneten Werkes unter Strafe. Die Urheberbezeichnung muss auf dem Original selbst angebracht werden und zutreffend sein[95].

750 Nach § 107 Abs. 1 Nr. 2 UrhG strafbar ist das **Signieren und Verbreiten** von Vervielfältigungsstücken, Bearbeitungen oder Umgestaltungen von Werken der bildenden Künste, wenn dadurch der **Anschein eines Originals** erweckt wird. Das ist der Fall, wenn zumindest der „arglose Laie" die Kopie für ein Original hält[96]. Der Tatbestand schützt nicht nur das Urheberpersönlichkeitsrecht, sondern auch die Allgemeinheit[97]. Strafbar macht sich zum einen der „Fälscher", der eine von ihm hergestellte Bearbeitung oder Umgestaltung des Originals signiert[98], und zum anderen der Urheber selbst, der durch die Signierung eines Vervielfältigungsstücks eines seiner Originalwerke den Eindruck erweckt, es handle sich um ein weiteres Original[99].

---

[89] *Reinbacher*, in: W/B, § 108 UrhG Rn. 1.
[90] Siehe dazu *Lantwin*, MMR 2020, 78, 79 f.
[91] BayObLG, NJW 1992, 3049 f.; *Heinrich*, in: MüKo³, § 108 UrhG Rn. 33; *Kaiser*, in: E/K, U 180, § 108 UrhG Rn. 10b; *Sternberg-Lieben*, in: BeckOK-UrhR, § 108 UrhG Rn. 14.
[92] Z.B. *Vohwinkel*, in: BeckOK-UrhR, § 95 UrhG Rn. 10, der bei neueren Videospielen „häufig angesichts des gestalterischen Aufwands die Schwelle zum Filmwerk überschritten" sieht.
[93] *Nordemann*, in: HWSt, 11. Teil 1. Kap. Rn. 118.
[94] *Sternberg-Lieben*, in: M/N, § 107 UrhG Rn. 1; weiter: *Kudlich*, in: S/L, § 107 UrhG Rn. 1.
[95] *Kudlich*, in: S/L, § 107 UrhG Rn. 5; *Rehbinder/Peukert*, Rn. 558.
[96] *Nordemann*, in: HWSt, 11. Teil 1. Kap. Rn. 95. Enger *Dreier*, in: D/S, § 107 UrhG Rn. 12 („interessierter Laie").
[97] *Heinrich*, in: MüKo³, § 107 UrhG Rn. 13; *Kudlich*, in: S/L, § 107 UrhG Rn. 9.
[98] *Nordemann*, in: HWSt, 11. Teil 1. Kap. Rn. 95.
[99] *Dreier*, in: D/S, § 107 UrhG Rn. 1; *Nordemann*, in: HWSt, 11. Teil 1. Kap. Rn. 95.

Ergänzender Hinweis:

§ 33 Abs. 1 KunstUrhG bedroht die Verbreitung oder öffentliche Zurschaustellung eines Bildnisses ohne Einwilligung des Abgebildeten (§ 22 KunstUrhG), soweit keine der in § 23 KunstUrhG genannten Ausnahmen, z.B. für Bildnisse aus dem Bereich der Zeitgeschichte (Nr. 1), vorliegt, mit Freiheitsstrafe bis zu einem Jahr oder mit Geldstrafe.

751

FÜNFTER ABSCHNITT:

Verbraucherschutzstrafrecht

§ 11 Arzneimittelstrafrecht

752 Das Arzneimittelgesetz (AMG) enthält in §§ 95, 96 Straf- und in § 97 Bußgeldvorschriften, die sämtlich als *Blanketttatbestände* ausgestaltet sind[1]. § 95 Abs. 1, 4 AMG stellt **vorsätzliche und fahrlässige Handlungen mit besonders hohem Gesundheitsrisiko** und § 96 AMG **vorsätzliche Verstöße gegen Vorschriften, die Gesundheitsgefahren vorbeugen** sollen, unter Strafe[2]. Die Vergehen nach § 95 Abs. 1 AMG sind auch als Versuch strafbar (Abs. 2). § 95 Abs. 3 AMG droht – unter Verwendung der „Regelbeispielstechnik" – für besonders schwere Fälle eine erhöhte Strafe von einem Jahr bis zu zehn Jahren Freiheitsstrafe an.

Die Behandlung sämtlicher Tatbestände ist hier nicht möglich. Es können lediglich einige spezifische Probleme des Arzneimittelstrafrechts aufgegriffen werden.

Bis zum Inkrafttreten des Tierarzneimittelgesetzes (TAMG)[3] am 28.01.2022 enthielt das AMG auch die Vorschriften über Tierarzneimittel einschließlich der darauf bezogenen Straf- und Bußgeldtatbestände. Diese sind seither in §§ 87, 88 und § 89 TAMG geregelt.

Fall 51[4]: – *Arzneimittelbegriff* –

753 Chemiestudent Kai Müller (M) stellte 29,6 g Mecloqualon her und füllte kleine Portionen dieser Substanz in verkaufsfertige Gelatinekapseln. M wollte diese Kapseln zu 15 € das Stück in Diskotheken der Umgebung anbieten und so sein Studium finanzieren. Mecloqualon wirkt stark berauschend und wird in der Anlage I des BtMG als Betäubungsmittel im Sinne des BtMG klassifiziert. Ein Pharmaunternehmen hatte vor Jahren untersucht, ob sich der Stoff als Schlafmittel eignet, die Forschungen aber eingestellt, da er sich als wenig wirksam und mit hohen Nebenwirkungen belastet erwies. Staatsanwalt Schmidt (S) klagte M wegen unerlaubter Herstellung von Betäubungsmitteln nach § 29 Abs. 1 Nr. 1 BtMG sowie wegen Verstoßes gegen § 96 Nr. 4 AMG vor dem Schöffengericht an. Der Verteidiger des M, Dr. Klaus Vogel (V), beantragt, die Anklage wegen der AMG-Straftaten nicht zur Hauptverhandlung zuzulassen, da Mecloqualon ein Betäubungs-, aber kein Arzneimittel sei. M habe es als Droge hergestellt und kein Konsument sei davon ausgegangen, ein Arzneimittel zu sich zu nehmen, zumal Verpackung und Vertriebsform bei Designer-Drogen von den Vorgaben des AMG abweichen.

Hat V Recht?

---

[1] Zu den bisweilen abstrusen Konstruktionen der alten Fassung siehe *Hellmann*, in: Festschrift für Krey, 2010, S. 169 ff.
[2] *Hilgendorf*, in: W/J/S, 14. Kap. Rn. 139; *Pfohl*, in: M-G, Kap. 72 Rn. 72.113 ff.
[3] Gesetz über den Verkehr mit Tierarzneimitteln und zur Durchführung unionsrechtlicher Vorschriften betreffend Tierarzneimittel vom 27.09.2021, BGBl. I 2021, 4530.
[4] Angelehnt an BGHSt 43, 336.

a) § 29 Abs. 1 Nr. 1 BtMG

§ 1 Abs. 1 BtMG enthält keine eigene – abstrakte – Definition des Betäubungsmittels, sondern verweist auf die in den Anhängen I bis III aufgeführten Stoffe und Zubereitungen. Mecloqualon ist in die Anlage I aufgenommen worden und deshalb ein „nicht verkehrsfähiges" Betäubungsmittel.

M hat es unerlaubt hergestellt und sich nach § 29 Abs. 1 Nr. 1 BtMG strafbar gemacht.

b) § 96 Nr. 4 i.V.m. § 13 Abs. 1 AMG

M könnte zudem nach § 96 Nr. 4 AMG wegen **Herstellens eines Arzneimittels** ohne die nach § 13 Abs. 1 AMG erforderliche Erlaubnis strafbar sein. Der deutsche Arzneimittelbegriff wurde durch das Gesetz vom 17.07.2009[5] an die europäischen Vorgaben[6] angepasst. Das deutsche Arzneimittelrecht unterscheidet nunmehr in § 2 Abs. 1 AMG *Präsentationsarzneimittel* und *Funktionsarzneimittel*[7]. Erstere liegen vor, wenn ein Mittel zur Linderung oder Heilung **bestimmt** ist. Diese Bestimmung kann entweder vom Hersteller oder vom angesprochenen Verkehrskreis vorgenommen werden. Letztere sind gegeben, wenn das Mittel eine **pharmakologische Wirkung hat und damit physiologische Funktionen beeinflusst**.

754

Um ein **Präsentationsarzneimittel** handelt es sich somit, wenn der Stoff einen heilenden Zweck hat. Welchem Zweck ein Stoff dient, bestimmt nicht nur der Wille des Herstellers, sondern in erster Linie die **Verkehrsauffassung**, hinter die im Regelfall die Vorstellungen des Herstellers sogar zurücktreten[8]. Maßgeblich ist grundsätzlich das **Verständnis eines durchschnittlich informierten Verbrauchers**[9], subjektive Merkmale können relevant sein, wenn die innere Zweckbestimmung unzweifelhaft erkennbar ist[10]. Auf die Zweckbestimmung des Herstellers kommt es jedoch an, wenn sich für den Stoff (noch) keine Verkehrsanschauung gebildet hat.

755

Wegen der fehlenden Verwendung von Mecloqualon in der Medizin hat sich keine Verkehrsanschauung über den Zweck dieses Stoffes gebildet. Einem heilenden Zweck dient er grundsätzlich nicht. Selbst nach der Vorstellung des M handelte es sich nicht um ein Präsentationsarzneimittel, da M den Stoff nicht zur Heilung oder Linderung von Krankheiten einsetzte und das Mittel nach seiner Vorstellung nicht dazu bestimmt war. Der Stoff sollte einen rauschhaften Zustand herbeiführen.

In Betracht kommt deshalb nur ein **Funktionsarzneimittel**, das nach der Definition in § 2 Abs. 1 Nr. 2 AMG vorliegt, wenn das Mittel eine pharmakologische, immunologische oder metabolische Wirkung zur Wiederherstellung, Korrektur oder Beeinflussung von physiologischen Funktionen hat[11]. Eine pharmakologische Wirkung mit der Folge, physiologische Funktionen des Körpers zu beeinflussen, hat das

756

---

[5] BGBl. I 2009, 1990, 1991.
[6] Richtlinie 2001/83/EG, ABl. L 311 vom 28.11.2001, 67.
[7] *Dannecker/Bülte*, in: HWSt, 2. Teil 2. Kap. Rn. 10; *Müller*, in: K/M/H, § 2 AMG Rn. 18.
[8] BVerfG, NJW 2006, 2684, 2685; BGHSt 46, 380, 382 ff.; BGH, NStZ 2008, 530; *Müller*, in: K/M/H, § 2 AMG Rn. 112 f.
[9] EuGH, LMuR 2008, 28, Rn. 46; *Oğlakcıoğlu*, in: HdS 6, § 55 Rn. 18.
[10] *Dannecker/Bülte*, in: HWSt, 2. Teil 2. Kap. Rn. 11.
[11] BVerwG, NVwZ 2009, 1038, 1039; *Beckemper*, NZWiSt 2013, 121, 122.

Mecloqualon. M setzte den Stoff nämlich zur Herstellung einer „Designerdroge" ein, die – wie alle Drogen – physiologische Funktionen ändern soll. M gab dem Stoff damit den Zweck, seelische Zustände zu beeinflussen. Methylmethaqualon wäre danach ein Arzneimittel im Sinne des § 2 Abs. 1 Nr. 2a AMG.

757 Fraglich ist, ob ein durch das BtMG als Betäubungsmittel eingestufter Stoff zugleich ein Arzneimittel sein kann. Nach § 81 AMG bleiben die Vorschriften des BtMG unberührt; auf Arzneimittel, die Betäubungsmittel im Sinne des BtMG sind, findet also sowohl das AMG als auch das BtMG Anwendung[12].
Die von V vorgebrachten Argumente vermögen an diesem Ergebnis nichts zu ändern. Ein Stoff verliert seine Eigenschaft als Arzneimittel nicht dadurch, dass der Produzent meint, er stelle kein Arzneimittel, sondern ein Betäubungsmittel her, wenn er den Stoff zu einem der in § 2 Abs. 1 Nr. 2a AMG genannten Zwecke produziert. Auf das Vorstellungsbild des Konsumenten kommt es ebenfalls nicht an, weil sich der in § 2 Abs. 1 AMG definierte Arzneimittelbegriff von dem des allgemeinen Sprachgebrauchs entfernt hat. Der Hinweis des V auf die Vorschriften über die Verpackung und die Vertriebsform geht fehl, weil sie lediglich den Umgang mit Arzneimitteln regeln, für die Arzneimitteleigenschaft also nicht konstitutiv sind.
V hat somit Unrecht.

758 In dem BGH-Fall, dem unser Sachverhalt nachgebildet ist, lag es im Übrigen so, dass die Substanz zum Tatzeitpunkt noch nicht in der Anlage I zum BtMG aufgeführt, eine Verurteilung des Angeklagten somit allein nach dem AMG möglich war. Da AMG und BtMG aber – wie dargelegt – nebeneinander stehen, beseitigt die Aufnahme des Stoffes in die Anlage I dessen Arzneimitteleigenschaft nicht[13]. Die Konsequenz der Entscheidung des BGH besteht deshalb eigentlich darin, dass Betäubungsmitteldelikte regelmäßig mit Verstößen gegen das AMG zusammentreffen, also auch in den „klassischen" Fällen des verbotenen Umgangs mit Haschisch, Marihuana, Heroin oder Kokain, da diese Stoffe ebenfalls dem Zweck dienen, physiologische Funktionen zu beeinflussen. In der Praxis wird jedoch ausschließlich wegen BtMG-Straftaten verurteilt.

759 Nicht nur Betäubungsmittel, sondern zahlreiche andere Stoffe erfüllen die Definition des Arzneimittels in § 2 Abs. 1 Nr. 2a AMG, weil sie dazu bestimmt sind, Funktionen des Körpers zu beeinflussen. § 2 Abs. 3 AMG nimmt zwar viele Stoffe ausdrücklich aus dem Arzneimittelbegriff aus, dennoch ist § 2 Abs. 1 Nr. 2a AMG aber offensichtlich zu weit. Eine überzeugende Begründung für die Zurückweisung des Einwandes, die Vorschrift erfasse z.B. auch Tränengas und Rattengift, die schwerlich als Arzneimittel bezeichnet werden könnten, hat auch der BGH nicht gefunden. Der Begriff des Funktionsarzneimittels bedarf deshalb einer einschränkenden Auslegung, weil allein die pharmakologische Wirkung eines Stoffes nicht für die Beschreibung eines Arzneimittels ausreichen kann. Verbliebe es bei der weiten Definition, müssten viele im Einzelhandel zu erwerbende Stoffe, wie z.B. Brennspiritus Arzneimittel sein, weil sie geeignet sind, die physiologischen Funktionen des Kör-

---

[12] *Pfohl*, in: E/K, A 188, § 81 AMG Rn. 2.
[13] BGHSt 43, 336, 341 f.; siehe auch BGH, BeckRS 2019, 15629, Rn. 11.

pers zu beeinflussen. Es müssen also weitere Prüfelemente herangezogen werden; die erforderliche Einschränkung erfolgt, indem eine therapeutische Zweckbestimmung bzw. eine Veränderung zum Besseren des Körpers verlangt wird[14]. Der Einordnung als Arzneimittel steht es nicht entgegen, dass der Stoff auch negative Wirkungen hat bzw. haben kann, sodass z.B. Anabolika wegen des – von den „Verbrauchern" als positiv bewerteten – Zugewinns an Muskelmasse trotz der schädlichen Nebenwirkungen, die „im Ergebnis einen positiven Gesamtnutzen in Frage stellen können", als Arzneimittel einzuordnen sind[15].

Da sich die Wirkung des Mecloqualon nicht auf die schlichte Beeinflussung der physiologischen Funktionen beschränkt, sondern der Stoff – wenn auch nur in geringem Umfang – einen schlaffördernden Effekt hat, also der menschlichen Gesundheit förderlich sein kann, handelt es sich um ein Funktionsarzneimittel.

Nikotinhaltige Verbrauchsstoffe für elektronische Zigaretten sind keine Arzneimittel, es sei denn, sie dienen der Rauchentwöhnung[16]; es handelt sich weder um Präsentations- noch um Funktionsarzneimittel[17].

Nach § 13 Abs. 1 AMG ist für die *gewerbs- oder berufsmäßige Herstellung eines Arzneimittels zum Zwecke der Abgabe an andere* eine Erlaubnis erforderlich. Gewerbsmäßigkeit ist – wie im Strafrecht – zu verstehen als Absicht, sich aus wiederholter Begehung eine fortlaufende Einnahmequelle zu schaffen[18] (dazu Rn. 130). Die Gewerbsmäßigkeit als Merkmal eines Straftatbestandes ist an sich im subjektiven Tatbestand zu erörtern (Rn. 130). In unserem Fall ist aber zu beachten, dass die Gewerbsmäßigkeit des Handelns eine Voraussetzung der Erlaubnispflicht darstellt und deshalb im Rahmen des in der Ausfüllungsnorm niedergelegten Verbots, also schon im objektiven Tatbestand, zu prüfen ist (siehe auch Rn. 141).

M wollte die Kapseln verkaufen und sich dadurch eine dauerhafte Einnahmequelle sichern, er bedurfte also der Erlaubnis nach § 13 Abs. 1 AMG. Da er sie nicht besaß und vorsätzlich, rechtswidrig sowie schuldhaft handelte, hat er sich nach § 96 Nr. 4 AMG strafbar gemacht.

760

c) Konkurrenzen

§ 29 Abs. 1 Nr. 1 BtMG und § 96 Nr. 4 AMG stehen in Tateinheit (§ 52 StGB).

Ergänzender Hinweis:

Ein Erzeugnis kann *nicht gleichzeitig* Arznei- und Lebensmittel sein[19]. § 2 Abs. 3 Nr. 1 AMG enthält eine Negativabgrenzung, nach der Lebensmittel keine Arzneimittel sind. § 2 Abs. 1 Lebensmittel-, Bedarfsgegenstände- und Futtermittelgesetzbuch (LFGB) definiert den Lebensmittelbegriff nicht selbst, sondern maßgeblich ist Art. 2 Verordnung (EG) Nr. 178/2002 (BasisVO)[20]. Nach Art. 2 Abs. 1 BasisVO

761

---

[14] EuGH, NStZ 2014, 461 ff.; BGH, wistra 2016, 233, 234 Rn. 19 ff.; BVerwG, NVwZ 2015, 749, 750 Rn. 19; *Eschelbach*, in: G/J/W, Vor §§ 95-98a AMG Rn. 8; *Müller*, in: K/M/H, § 2 AMG Rn. 33.
[15] BGH, NStZ-RR 2020, 84, 85.
[16] BGH, wistra 2016, 233 ff.; siehe auch BVerwG, NVwZ 2015, 749 ff., mit zust. Anm. Müller.
[17] BGH, wistra 2016, 233, Rn. 17 ff.; BVerwG, NVwZ 2015, 749 Rn. 13 ff.
[18] *Volkmer*, in: K/P/V, § 95 AMG Rn. 206.
[19] BGHSt 46, 380, 383; *Beckemper*, NZWiSt 2013, 121, 122.
[20] ABl. L 31 vom 01.02.2002, 1.

sind Lebensmittel Stoffe oder Erzeugnisse, die dazu bestimmt oder von denen nach vernünftigem Ermessen erwartet werden kann, dass sie von Menschen aufgenommen werden. Arzneimittel würden diesem weiten Lebensmittelbegriff unterfallen, Art. 2 Abs. 3 lit. d) BasisVO bestimmt aber wiederum, dass Arzneimittel keine Lebensmittel sind. Diesen Regelungen lässt sich somit nicht entnehmen, was unter einem Lebens- oder einem Arzneimittel zu verstehen ist.

Abgrenzungsprobleme können insbesondere entstehen, wenn ein Erzeugnis eine Doppelfunktion aufweist, weil es sowohl als Arznei- als auch als Lebensmittel oder als kosmetisches Mittel verwendet werden kann. Die Abgrenzung ist dann nach der bereits erwähnten objektiven Zweckbestimmung – unter Berücksichtigung aller seiner Merkmale[21] – anhand der allgemeinen Verkehrsauffassung vorzunehmen (Rn. 755). Indizien sind z.B. die Bezeichnung des Erzeugnisses, die dafür vorgenommene Werbung oder die Gebrauchsanweisung (zur Einordnung von Nahrungsergänzungsmitteln, wie Vitaminen oder Vitaminpräparaten siehe *Fälle zum Wirtschaftsstrafrecht* Rn. 344 ff.). Erfüllt ein Erzeugnis die Voraussetzungen sowohl eines Arznei- als auch eines Lebensmittels, so ist es als Arzneimittel einzustufen[22].

Fall 52: – *Bestimmtheit des § 5 AMG* –

762 Die frei verkäuflichen Schlankheitskapseln „Turboline" bewirken einen Abnehmeffekt in erster Linie dadurch, dass sie Wasser aus dem Körper schwemmen. Der daraus resultierende Flüssigkeitsmangel führt zu einer Unterfunktion der Nieren, wodurch sich giftige Abfallprodukte im Körper ansammeln. Zudem dickt das Blut ein und die Organe werden nicht mehr ausreichend mit Sauerstoff versorgt. Im Ansatz dehydrierte Menschen sind anfälliger für einen Hitzeschlag, schlimmstenfalls kann es sogar zum Tode durch Kreislaufschock kommen. Obwohl die Apothekerin Michaela Arnett (A) wusste, dass Konsumenten von „Turboline" solche Beschwerden erlitten hatten, verkaufte sie das Mittel in ihrer Apotheke.
Hat sich A strafbar gemacht?

§ 95 Abs. 1 Nr. 1 i.V.m. § 5 Abs. 1 AMG

§ 5 Abs. 1 Abs. 1 AMG verbietet, bedenkliche Arzneimittel in den Verkehr zu bringen oder bei einem anderen Menschen anzuwenden, wenn ein begründeter Verdacht auf schädliche Wirkungen (Abs. 2) besteht.
Inverkehrbringen definiert § 4 Abs. 17 AMG – abweichend von Art. 3 Nr. 8 BasisVO (Rn. 773) – als Vorrätighalten zum Verkauf oder zu sonstiger Abgabe, Feilhalten, Feilbieten und Abgabe an andere. Nicht nur Hersteller, sondern Groß- und Einzelhändler bzw. Apotheker bringen Arzneimittel in Verkehr.

763 Fraglich ist, ob das Schlankheitsmittel *bedenklich* ist. Viele Arzneimittel haben sog. Nebenwirkungen, die wegen der therapeutischen Wirkung des Mittels hingenommen werden. Je schwerwiegender die zu behandelnde Krankheit ist, desto gravierendere Nebenfolgen werden dem Medikament zugebilligt, ohne dass es als bedenklich gilt[23]. Die vorzunehmende Abwägung ist auch in § 5 Abs. 2 AMG verankert; danach sind Arzneimittel bedenklich, wenn der begründete Verdacht besteht, dass sie bei

---

[21] EuGH, Slg. 2005, I-5141, Rn. 78 ff.
[22] EuGH, Slg. 2005, I-5141, Rn. 89 ff.; *Eschelbach*, in: G/J/W, § 95 AMG Rn. 12.
[23] *Hofmann*, in: K/M/H, § 5 AMG Rn. 12; *Pfohl*, in: E/K, A 188, § 5 AMG Rn. 13.

bestimmungsgemäßem Gebrauch schädliche Wirkungen haben, die über ein nach den Erkenntnissen der medizinischen Wissenschaft *vertretbares* Maß hinausgehen[24]. Der **bestimmungsgemäße Gebrauch** eines Arzneimittels richtet sich nach dem üblichen Gebrauch der Konsumenten[25], ggf. nach der Bestimmung des Herstellers bzw. desjenigen, der es in Verkehr gebracht hat[26] (vgl. Rn. 755).

Der **Verdacht schädlicher Wirkungen** ist begründet, wenn mehr als nur ein vager Verdacht in Form bloßer Vermutungen oder Besorgnisse besteht[27].

Bei dem Merkmal des **nach den Erkenntnissen der medizinischen Wissenschaft vertretbaren Maßes** handelt es sich um einen wertausfüllungsbedürftigen Begriff. Ein Verstoß gegen das Bestimmtheitsgebot liegt dennoch nicht vor, weil § 5 Abs. 2 AMG die Abwägung vom Stand der wissenschaftlichen Erkenntnis abhängig macht und so der Wandel der Verhältnisse berücksichtigt werden kann[28]. Die Adressaten der Norm – Arzneimittelhersteller und -händler sowie Ärzte und Apotheker – sind zudem in der Lage, die Bedenklichkeit eines Arzneimittels einzuschätzen und so den Anwendungsbereich des § 95 Abs. 1 Nr. 1 i.V.m. § 5 Abs. 1 AMG zu übersehen. Die Strafvorschrift ist deshalb mit Art. 103 Abs. 2 GG vereinbar und nicht verfassungswidrig[29].

Das Gewicht der Nebenwirkungen von Turboline steht in keinem vertretbaren Verhältnis zu dem therapeutischen Nutzen, zumal ein langfristiger Gewichtsverlust nicht eintritt. Wegen der möglichen gravierenden Folgen ist das Schlankheitspräparat nach dem heutigen Stand der Wissenschaft deshalb bedenklich und das Inverkehrbringen von § 95 Abs. 1 Nr. 1 i.V.m. § 5 Abs. 1 AMG erfasst, weil der begründete Verdacht auf schädliche Wirkungen besteht[30].

764

Da A den Verdacht auf schädliche Wirkungen kannte[31], handelt sie vorsätzlich. Rechtswidrigkeit und Schuld liegen ebenfalls vor, sodass sich A nach § 95 Abs. 1 Nr. 1 i.V.m. § 5 Abs. 1 AMG strafbar gemacht hat.

Ergänzende Hinweise:

(1) Das früher nach § 95 Nr. 2a i.V.m. § 6a AMG *a.F.*[32] strafbare Inverkehrbringen und Verschreiben von Mitteln zum **Doping von Menschen im Sport**[33] ist in § 4 Abs. 1 Nr. 1 des **Gesetzes gegen Doping im Sport** (AntiDopG)[34] überführt worden, weil sich die Regelung im AMG als zu eng erwiesen habe, da auch durch andere Tatbegehungsweisen vergleichbares Unrecht verwirklicht werden könne[35]. §§ 2, 3

765

---

[24] BGH, NStZ-RR 2020, 84 f.
[25] BGH, StV 2018, 300, 301; *Pfohl*, in: E/K, A 188, § 5 AMG Rn. 7 f.
[26] BGH, StV 2018, 300, 301; *Pfohl*, in: E/K, A 188, § 5 AMG Rn. 7 f.
[27] *Eschelbach*, in: G/J/W, § 95 AMG Rn. 6; *Laurinat*, in: E/R/S/T, § 95 AMG Rn. 8.
[28] BVerfG, NStZ 2000, 595 f.; BGH, NStZ 1999, 625.
[29] *Freund*, in: MüKo⁴, § 5 AMG Rn. 5.
[30] Vgl. auch *Volkmer*, in: K/P/V, § 95 AMG Rn. 25 ff.
[31] Zum Vorsatz hinsichtlich der Bedenklichkeit BGH, NJW 2019, 3392, 3394 Rn. 31.
[32] Dazu *Parzeller*, DZSM 2014; 279 ff.
[33] Zu den verfassungsrechtlichen Bedenken gegen diese Regelung, die gegen § 4 Abs 1 Nr. 1 AntiDopG nicht zu erheben sind, BGH, NStZ-RR 2019, 86, 87 f.
[34] Vom 10.12.2015, BGBl. I 2015, 2210, zuletzt geändert durch Art. 1 des Gesetzes vom 12.08.2021 BGBl. I 2021, 3542.
[35] BT-Drs. 18/4898, 23.

AntiDopG errichten umfassende Verbote des unerlaubten Umgangs mit Dopingmitteln, der unerlaubten Anwendung von Dopingmitteln und -methoden sowie des Selbstdopings, deren Verletzungen in § 4 AntiDopG mit Strafe bedroht sind. Nach § 1 bezweckt das AntiDopG die „Bekämpfung des Einsatzes von Dopingmitteln und Dopingmethoden im Sport, um die Gesundheit der Sportlerinnen und Sportler zu schützen, die Fairness und Chancengleichheit bei Sportwettbewerben zu sichern und damit zur Erhaltung der Integrität des Sports beizutragen"[36]. § 2 AntiDopG, der den unerlaubten Umgang mit Dopingmitteln und die unerlaubte Anwendung von Dopingmitteln und -methoden im Sport zum Schutz des Gesundheit generell verbietet, soll nach dem Willen des Gesetzgebers auch den „Bodybuilding- und Kraftsportbereich" erfassen[37], sodass es nicht darauf ankommen kann, ob die erstrebte Leistungssteigerung auf Aktivitäten im Wettkampf, im Training oder in der Freizeit gerichtet ist[38]. Das in § 3 AntiDopG verbotene und nach § 4 Abs. 1 Nr. 4, 5 AntiDopG strafbare „Selbstdoping", d.h. das Sichverschaffen, Anwenden oder Anwendenlassen von Dopingmitteln durch den Sportler sowie die Teilnahme des gedopten Sportlers an einem Wettkampf, setzt die Absicht, sich in einem *Wettbewerb des organisierten Sports* einen Vorteil zu verschaffen, voraus. Hier steht die Sicherung der Fairness und Chancengleichheit bei Sportwettbewerben im Vordergrund[39].

766 **(2)** Am 26.11.2016 trat das **Neue-psychoaktive-Stoffe-Gesetz (NpSG)** in Kraft[40]. Neue psychoaktive Stoffe (NPS; auch legal highs genannt) sind neue chemische Varianten bekannter Betäubungsmittel und psychoaktiver Stoffe[41]. Im Jahre 2014 entschied der EuGH[42], dass bestimmte NPS, nämlich solche, die sich auf die schlichte Beeinflussung der physiologischen Funktionen beschränken, nicht dem Arzneimittelbegriff i.S.d. AMG zu subsumieren sind (Rn. 759). Dadurch entstand eine Regelungs- und Strafbarkeitslücke für NPS, die noch nicht dem BtMG unterstellt sind[43]. Diese Lücke wurde durch das NpSG geschlossen. Das Gesetz enthält sowohl ein verwaltungsrechtliches als auch ein strafrechtliches Verbot, wobei das verwaltungsrechtliche Verbot weiter gefasst ist als das strafrechtliche[44]. Die **Strafvorschrift in § 4 NpSG** erfasst – anders als das verwaltungsrechtliche Verbot (§ 3 NpSG) – „nur" Tathandlungen, welche die Weitergabe von NPS betreffen.[45] Sowohl der Erwerb als auch der Besitz von NPS selbst sind nicht strafbar.

---

[36] Der „Integrität des Sports" wird allerdings überwiegend die Rechtsgutsqualität abgesprochen, z.B. *Heger*, in: L/K/H, § 265c StGB Rn. 1; *Satzger*, Jura 2016, 1142, 1152 f.; *Sinner*, in: M/R, § 265c StGB Rn. 3. **A.A.** z.B. *Jaleesi*, S. 90 ff.
[37] BT-Drs. 18/4898, 17.
[38] BGH, NStZ 2018, 475, m. krit. Anm. *Putzke*. Zu § 95 Nr. 2a i.V.m. § 6a AMG a.F. ebenso BGH, NStZ 2010, 170; BGHSt 59, 11, 14.
[39] Zur Strafbarkeit des gedopten Sportlers wegen Betrugs siehe *Cherkeh*, Betrug (§ 263 StGB), verübt durch Doping im Sport, 2000.
[40] BGBl. I 2016, 2615.
[41] BR-Drs. 231/16, 1.
[42] EuGH, NStZ 2014, 461 ff., mit Anm. *Patzak/Volkmer/Ewald*, und *Müller*, EuZW 2014, 742, 744 f.
[43] BR-Drs. 231/16, 1, 13.
[44] BR-Drs. 231/16, 16; *Patzak*, NStZ 2017, 263.
[45] BR-Drs. 231/16, 18; *Patzak*, NStZ 2017, 263.

§ 12 Lebensmittelstrafrecht

Das Lebensmittelstrafrecht ist in verschiedenen Gesetzen, die auf eine – selbst für Fachleute – kaum noch überschaubare Zahl von Verordnungen und EG/EU-Rechtsakten verweisen, geregelt[1]. Das **Lebensmittel-, Bedarfsgegenstände- und Futtermittelgesetzbuch (Lebens- und Futtermittelgesetzbuch – LFGB)**[2] enthält in **§§ 58 ff. LFGB** zahlreiche Straf- und Bußgeldvorschriften, die als Blanketttatbestände ausgestaltet sind und durch die Ge- und Verbotsnormen des Gesetzes ausgefüllt werden. Im Folgenden können lediglich einige Tatbestände behandelt werden, die exemplarisch zeigen, auf welche Weise das Lebensmittelstrafrecht den **Schutz der menschlichen Gesundheit** und den **Schutz vor lebensmittelrechtlichen Täuschungen** gewährleistet. Gesundheits- und Täuschungsschutz prägen das europäische und das deutsche Lebensmittelrecht maßgeblich. Art. 14 BasisVO (Rn. 761) verknüpft unter der Überschrift „Anforderungen an die Lebensmittelsicherheit" beide Gesichtspunkte, indem die Vorschrift das Inverkehrbringen „nicht sicherer" Lebensmittel verbietet, d.h. solcher, die gesundheitsschädlich (Gesundheitsschutz) oder für den Verzehr durch den Menschen ungeeignet sind (Täuschungsschutz). Die „Verbote zum Schutz der Gesundheit" finden sich im deutschen Lebensmittelrecht in § 5 LFGB, die „Vorschriften zum Schutz vor Täuschung" in §§ 11, 12 LFGB. Darüber hinaus enthält das LFGB weitere Ge- und Verbote, die sich keinem dieser beiden Bereiche zuordnen lassen. 767

– Die *strafbare Werbung* nach § 59 Abs. 1 Nr. 7 i.V.m. § 11 Abs. 1 Nr. 1 LFGB wird wegen des sachlichen Zusammenhangs mit § 16 Abs. 1 UWG in Rn. 475 ff. erörtert. –

I. Täuschungsschutz

Fall 53: – *Anbieten zum Verzehr nicht geeigneter Lebensmittel* –

Sabine Rudolfs (R) betreibt eine Imbissstube, in der sie unter anderem Döner Kebap anbietet. Die Fleischspieße lagert sie in einem Kühlraum. Dort befanden sich nicht nur die frischen einwandfreien Spieße, sondern unmittelbar neben diesen lag zuvor nicht verwendetes Fleisch, das inzwischen in Verwesung übergegangen war. R verkaufte aber nur das frische Fleisch. 768

Wie hat sich R strafbar gemacht?

§ 59 Abs. 1 Nr. 9 i.V.m. § 12 LFGB

R könnte wegen Inverkehrbringens eines nicht zum Verzehr geeigneten Lebensmittels strafbar sein.

§ 59 Abs. 1 Nr. 7, 8, 9 LFGB stellt die Verletzung zahlreicher Verbote der § 11, 12 LFGB, die dem Schutz vor Täuschung dienen[3], unter Strafe. § 12 LFGB verbietet das Inverkehrbringen anderer als dem Verbot des Art. 14 Abs. 1 i.V.m. Abs. 2 lit. b) 769

---

[1] *Dannecker*, JZ 1996, 869, 874; *Schafeld*, Grundsatzfragen lebensmittelstrafrechtlicher Verantwortlichkeit, 1992, S. 19.
[2] In der Bekanntmachung der Neufassung vom 15.09.2021 BGBl. I 2021, 4253; BGBl. I 2022 I, 28.
[3] *Knierim*, in: E/R/S/T, Vor §§ 58-61 LFGB Rn. 3; *Meyer*, in: M/S, § 11 LFGB Rn. 1; *Sackreuther*, in: G/J/W, § 59 LFGB Rn. 14.

Fünfter Abschnitt: Verbraucherschutzstrafrecht

BasisVO unterliegender Lebensmittel, die zum Verzehr durch den Menschen nicht geeignet sind[4].

770 § 2 Abs. 1 LFGB enthält keine eigene Bestimmung des **Lebensmittelbegriffs**, sondern maßgeblich ist Art. 2 BasisVO. Nach Art. 2 Abs. 1 BasisVO sind Lebensmittel alle Stoffe oder Erzeugnisse, die dazu bestimmt sind oder von denen nach vernünftigem Ermessen erwartet werden kann, dass sie in verarbeitetem, teilweise verarbeitetem oder unverarbeitetem Zustand von Menschen aufgenommen werden (siehe auch Rn. 761). Reine Genussmittel, deren Verzehr eine bestimmte Wirkung herbeiführen soll, unterfallen deshalb dem Lebensmittelbegriff. Gemäß Art. 2 Abs. 2 S. 1 BasisVO zählen zu Lebensmitteln auch Getränke, Kaugummi sowie alle Stoffe – einschließlich Wasser –, die dem Lebensmittel bei seiner Herstellung oder Ver- oder Bearbeitung absichtlich zugesetzt werden.

Keine Lebensmittel sind dagegen z.B. Schlankheitsmittel, die ein Sättigungsgefühl und damit gerade die Reduzierung der Nahrungsaufnahme bezwecken[5]. Art. 2 Abs. 3 BasisVO listet zudem Stoffe und Erzeugnisse auf, die keine Lebensmittel im Sinne dieser Definition darstellen, wie z.B. Pflanzen vor dem Ernten, Arzneimittel, kosmetische Mittel, Tabak und Tabakerzeugnisse oder Betäubungsmittel.

Die von R angebotenen Döner Kebap sind also Lebensmittel.

771 Die Fleischspieße müssten **für den Verzehr durch den Menschen ungeeignet** sein und sie dürften **nicht unter das Verbot des Art. 14 Abs. 2 lit. b) BasisVO** fallen. Auf den ersten Blick scheinen beide Voraussetzungen nicht kumulativ vorliegen zu können, weil auch Art. 14 Abs. 2 lit. b) BasisVO das Inverkehrbringen für den Verzehr durch den Menschen ungeeigneter Lebensmittel verbietet. Dennoch ist die BasisVO – trotz übereinstimmenden Wortlauts – enger. Die Ungeeignetheit zum Verzehr liegt nach deutschem Verständnis generell vor, wenn das Lebensmittel bei seiner Gewinnung, Herstellung oder späteren Behandlung durch natürliche oder willkürliche Einflüsse nachteilige Veränderungen erfahren hat, die den Verzehr nach allgemeiner Verkehrsauffassung ausschließen[6]. Art. 14 Abs. 5 BasisVO stellt dagegen einschränkend darauf ab, dass das Lebensmittel infolge einer durch Fremdstoffe oder auf andere Weise bewirkten Kontamination, durch Fäulnis, Verderb oder Zersetzung inakzeptabel geworden ist. Erforderlich ist somit eine Veränderung der **stofflichen** Zusammensetzung des Lebensmittels[7].

Das ist z.B. bei angebrüteten Eiern[8], mit Mäusekot verschmutzten[9], von Schimmel[10] oder mit Ungeziefer wie Raupen, Maden oder Käfern befallenen Lebensmitteln[11] der

---

[4] Zu dem absoluten Verkehrsverbot der Vorgängervorschrift in § 17 Abs. 1 Nr. 1 LMBG *Hecker*, Strafbare Produktwerbung im Lichte des Gemeinschaftsrechts, 2001, S. 15.
[5] KG, LRE 29, 38.
[6] Vgl. BVerwGE 60, 69; LRE 12, 255; ZLR 1980, 367; *Meyer*, in: M/S, Art. 14 BasisVO Rn. 37; § 11 LFGB Rn. 9.
[7] *Meyer*, in: M/S, Art. 14 BasisVO Rn. 38.
[8] LG München, WPR 2003, 1469.
[9] OLG Braunschweig, LRE 1, 131.
[10] OLG Karlsruhe, LRE 13, 123.
[11] OLG Düsseldorf, ZLR 1976, 448; OLG Koblenz, LRE 15, 199.

Fall. Die entstandene Verzehruntauglichkeit kann nachträglich beseitigt werden[12]. Maßgeblich ist der bestimmungsgemäße Endzustand, wenn das Lebensmittel einer bestimmten Behandlung oder Bearbeitung zu seiner Verzehrfertigkeit bedarf[13]. Art. 14 Abs. 2 lit. b) BasisVO ist somit nicht einschlägig, wenn ein Lebensmittel ohne äußerlich erkennbare Veränderung Ekel oder Widerwillen bei einem normal empfindenden Verbraucher auslösen würde, falls er von dem konkreten Herstellungs- oder Behandlungsverfahren Kenntnis hätte[14].

Da in casu keine stoffliche Veränderung des Fleisches eintrat, greift Art. 14 Abs. 2 lit. b) BasisVO nicht ein.

Die Fleischspieße könnten nach § 12 LFGB nicht zum Verzehr geeignet gewesen sein. Die ursprüngliche Regelung in § 17 Abs. 1 Nr. 1 Lebensmittel- und Bedarfsgegenständegesetz (LMBG) galt für die Ungeeignetheit sowohl wegen einer Veränderung der stofflichen Zusammensetzung des Lebensmittels als auch wegen der Eignung, Ekel oder Widerwillen auszulösen. Der Entstehungsgeschichte des § 11 Abs. 2 Nr. 1 LFGB *a.F.*, der Vorgängervorschrift des § 12 LFGB, lässt sich entnehmen, dass dieses weite Verständnis ebenfalls der Neuregelung zugrunde lag, obwohl dies dem Wortlaut nicht zu entnehmen war[15]. Da die Verzehrungeeignetheit wegen Änderung der stofflichen Zusammensetzung von Art. 14 Abs. 2 lit. b) BasisVO erfasst ist, verblieb für § 11 Abs. 2 Nr. 1 LFGB *a.F.*, und das gilt auch für § 12 LFGB[16], ein eigenständiger Anwendungsbereich nur für die Fälle, in denen das Lebensmittel zum Verzehr ungeeignet ist, weil es beim Verbraucher Ekel oder Widerwillen auszulösen vermag. Ein Lebensmittel ist im Sinne des § 12 LFGB somit **zum Verkehr nicht geeignet**, wenn ein durchschnittlich empfindlicher Verbraucher **beim Verzehr Ekel oder Widerwillen empfinden** würde, falls er von der Beschaffenheit oder der unhygienischen Herstellungs- bzw. Behandlungsart des Lebensmittels Kenntnis haben würde[17]. Auf eine tatsächliche Kenntnis des Verbrauchers kommt es nicht an, denn er soll gerade davor geschützt werden, nichtsahnend verdorbene Lebensmittel zu erwerben. Maßstab für die Beurteilung der fehlenden Eignung zum Verzehr ist die allgemeine Verkehrsauffassung[18], die nach dem Leitbild des durchschnittlich empfindsamen Verbrauchers zu ermitteln ist.

Der durchschnittliche Verbraucher hätte bei dem Verzehr des Fleisches Ekel oder Widerwillen empfunden, hätte er die Zustände gekannt, sodass es zum Verzehr nicht geeignet war.

Im Lebensmittelrecht ist unter **Inverkehrbringen** Art. 3 Nr. 8 BasisVO das Bereithalten von Lebensmitteln für Verkaufszwecke, das Anbieten zum Verkauf, der Verkauf selbst, der Vertrieb sowie jede andere Form der Weitergabe zu verstehen.

R hat das Fleisch in den Verkehr gebracht. Vorsatz, Rechtswidrigkeit und Schuld liegen vor, sodass sich R nach § 59 Abs. 1 Nr. 9 i.V.m. § 12 LFGB strafbar gemacht hat.

---

[12] *Meyer*, in: M/S, Art. 14 BasisVO Rn. 46.
[13] Bay ObLG, LRE 12, 358.
[14] *Meyer*, in: M/S, Art. 14 BasisVO Rn. 41; *Rathke*, in: Z/R, Art. 14 BasisVO Rn. 68.
[15] Krit. deshalb *Rathke*, ZLR 2004, 637, 640.
[16] BT-Drs. 19/25319, 50.
[17] BGHSt 29, 220, 223; zu § 11 Abs. 2 Nr. 1 LFGB *a.F.* **A.A.** *Wallau/Roffael*, LMuR 2018, 93, 97.
[18] BayObLG, DLR 1994, 156, 157; zu § 11 Abs. 2 Nr. 1 LFGB *a.F.*

Ergänzende Hinweise:

774 **(1)** Die *relativen Verkehrsverbote* waren in § 11 Abs. 2 Nr. 2 LFGB *a.F.* zu finden. Die Vorschrift untersagte es, **nachgemachte, wertgeminderte oder geschönte Lebensmittel ohne ausreichende Kenntlichmachung in den Verkehr zu bringen**. § 59 Abs. 1 Nr. 9 LFGB *a.F.* bedrohte Zuwiderhandlungen gegen diese Verbote mit Strafe. Die Aufhebung dieser Vorschriften durch das Vierte Gesetz zur Änderung des Lebensmittel- und Futtermittelgesetzbuches sowie anderer Vorschriften[19] führte nicht zu einer „Entkriminalisierung", sondern beruht darauf, dass Art. 7 Abs. 1 Lebensmittel-Informationsverordnung[20] diese Fallgestaltungen erfasst[21]. Einschlägig ist somit nun § 59 Abs. 1 Nr. 7 i.V.m. § 11 Abs. 1 Nr. 1 LFGB. Rechtsprechung und Literatur zu der Vorgängerregelung sind deshalb nach wie vor zu berücksichtigen.
Nachgemacht ist ein Lebensmittel, wenn es nach seinem Gesamteindruck nur den äußeren Schein, nicht aber den inneren Gehalt des kopierten Lebensmittels aufweist, weil es völlig oder zum Teil aus anderen Stoffen besteht[22].
Wertgeminderte Lebensmittel weichen hinsichtlich ihrer Beschaffenheit von der Verkehrsauffassung[23] ab und sind dadurch in ihrem Wert, insbesondere in ihrem Nähr- oder Genusswert oder in ihrer Brauchbarkeit nicht unerheblich gemindert[24]. Zu einer Wertminderung führt z.B. die Herstellung von Hackfleisch aus aufgetautem Fleisch[25], ein zu hoher Wassergehalt bei Wurstwaren[26] oder das Zusetzen von Wasser zu Milch oder Bier[27].
Lebensmittel sind geeignet, den *Anschein einer besseren als der tatsächlichen Beschaffenheit* zu erwecken, wenn sie eine Wertsteigerung aufgrund höherer Qualität durch Einwirkung auf die Substanz vorgeben, z.B. durch die Färbung von Wurst- und Fleischprodukten mit Rote-Beete-Saft[28].
Eine *ausreichende Kenntlichmachung* erfordert, dass der Hinweis an gut sichtbarer Stelle und deutlich lesbar angebracht wird und nicht mehrdeutig ist[29].

775 **(2)** Das Verbot der **Verwendung von Reinheitsangaben bei Erzeugnissen, welche die Anforderungen hierfür nicht erfüllen,** ist nicht ausdrücklich geregelt. Das Verbot irreführender Informationen nach Art. 7 Abs. 1 Lebensmittel-Informationsverordnung und § 59 Abs. 1 Nr. 7 i.V.m. § 11 Abs. 1 Nr. 1 LFGB umfassen allerdings auch Angaben, die auf die natürliche oder naturreine Beschaffenheit des Lebensmittels *hindeuten*. Angaben wie „naturrein", „naturmild", „naturfein", „Naturprodukt" oder „Naturgenuss" fallen nicht generell hierunter, weil oft naturbezogene

---

[19] Vom 27.07.2021 BGBl. I 2021, 3274.
[20] VO (EU) Nr. 1169/2011 vom 25.10.2011, ABl. L 304 vom 22.11.2011, 18.
[21] BT-Drs. 19/25319, 50.
[22] RGSt 41, 205, 207; 46, 256, 261; 48, 378, 382; BGH, GA 1955, 76.
[23] Dazu *Zipfel*, ZLR 1991, 300.
[24] *Knierim*, in: E/R/S/T, § 59 LFGB Rn. 5; *Tiedemann*, Rn. 1240 ff.
[25] KG, LRE 13, 359.
[26] OLG Köln, LRE 14, 309.
[27] BGH, LRE 1, 82.
[28] BayObLG, ZLR 1995, 335, mit Anm. *Wellhäuser*.
[29] Instruktiv BayObLG, ZLR 1995, 335, mit Anm. *Wellhäuser*.

§ 12: Lebensmittelstrafrecht

Werbeaussagen für Produkte, die der Verbraucher nicht als unbehandelte Lebensmittel betrachtet, verwendet werden[30].

Die Angabe „naturrein" für eine Erdbeerkonfitüre ist nach Auffassung des EuGH[31] zulässig, obwohl das Erzeugnis das Geliermittel Pektin und Spuren von Blei, Cadmium und Pestiziden enthält, wenn die Belastung des Produkts ein Ausmaß nicht überschreitet, das auch in der Natur vorkommt, weil die Bezeichnung nicht geeignet sei, einen durchschnittlich informierten, aufmerksamen und verständigen Verbraucher irrezuführen.

Nach Art. 23 der VO (EG) Nr. 834/2007 über den ökologischen Landbau und die entsprechende Kennzeichnung landwirtschaftlicher Erzeugnisse und Lebensmittel (EG-Öko-Basisverordnung)[32] dürfen Angaben, die den Eindruck vermitteln, dass das Erzeugnis oder seine Bestandteile nach Produktionsregeln der VO gewonnen wurden, namentlich durch Bezeichnungen wie „öko", „ökologisch" oder „bio" nur verwendet werden, wenn sie den Anforderungen der VO entsprechen. Eine Einschränkung ist den Mitgliedstaaten untersagt (Art. 23 Abs. 2), sodass eine Irreführungseignung auch vorliegt, wenn der Verbraucher gar nicht davon ausgeht, dass die Bezeichnung „öko" einen Hinweis auf die Einhaltung der Produktionsvorgaben der VO beinhaltet[33].

II. Gesundheitsschutz

§ 58 Abs. 1 Nr. 1-3, Abs. 2 Nr. 1 LFGB bedroht Zuwiderhandlungen gegen die in Art. 14 Abs. 2 lit. a) BasisVO und § 5 LFGB geregelten Verbote zum Schutz des Verbrauchers vor **gesundheitsschädlichen Lebensmitteln** mit Strafe. Geschütztes Rechtsgut ist die *menschliche Gesundheit*, d.h. nicht nur die Freiheit von Krankheiten, sondern auch das geistige und psychische Wohlbefinden[34]. In erster Linie bezwecken die Tatbestände den **Schutz der körperlichen Unversehrtheit und des Lebens der Verbraucher**.

776

Ein Lebensmittel ist gesundheitsschädlich, wenn es geeignet ist, die Gesundheit mehr als nur geringfügig zu beeinträchtigen; es genügt bereits, dass es Übelkeit, Brechreiz, Durchfall etc. verursachen kann[35]. Die Eignung zur Gesundheitsschädigung ist nach dem Maßstab eines gesunden, nicht überempfindlichen Verbrauchers festzustellen, wobei jedoch der angesprochene Verbraucherkreis zu berücksichtigen ist[36]. Zu einer tatsächlichen Beeinträchtigung muss es zwar nicht kommen, rein hypothetische Gefahren reichen aber nicht aus[37].

777

---

[30] BGH, WRP 1997, 302.
[31] EuGH, ZLR 2000, 317.
[32] Vom 28.07.2007, ABl. L 189 vom 20.07.2007, 1.
[33] OLG Karlsruhe, ZLR 1994, 391, 393, mit Anm. *Mrohs* zur Vorgängerverordnung VO (EWG) Nr. 2092/91.
[34] *Dannecker/Bülte*, in: HWSt, 2. Teil 2. Kap. Rn. 186.
[35] *Meyer*, in: M/S, Art. 14 BasisVO Rn. 23; *Sackreuther*, in: G/J/W, § 58 LFGB Rn. 5 ff.
[36] BGH, LRE 4, 21, 25.
[37] EuGH, Slg. 2003, I-8105.

778 Art. 14 Abs. 2 lit. a) BasisVO enthält nur das Verbot, gesundheitsschädliche Lebensmittel **in den Verkehr zu bringen**. Das LFGB erweitert den Gesundheitsschutz, indem § 5 Abs. 1 Nr. 1 LFGB schon verbietet, Lebensmittel **für einen anderen derart herzustellen oder zu behandeln, dass ihr Verzehr gesundheitsschädlich ist**.
Herstellen bedeutet nach der Legaldefinition des § 3 Abs. 1 Nr. 1 LFGB Gewinnen, einschließlich des Schlachtens oder Erlegens lebender Tiere, deren Fleisch als Lebensmittel zu dienen bestimmt ist, Herstellen, Zubereiten, Be- und Verarbeiten sowie Mischen.
Behandeln ist nach § 3 Abs. 1 Nr. 2 LFGB jeder Umgang mit dem Lebensmittel (z.B. Um- oder Abfüllen, Verpacken, Kühlen, Gefrieren, Auftauen, Lagern, Befördern usw.), der nicht als Herstellen oder Inverkehrbringen anzusehen ist.
Nicht erfüllt ist der Tatbestand deshalb z.B., wenn jemand für einen anderen giftige Pilze brät, weil er sie weder herstellt noch behandelt, sondern sie von Natur aus gesundheitsschädlich sind. Es kommt eine Strafbarkeit wegen Körperverletzung in Betracht[38].

779 In der Regel wird derjenige, der Lebensmittel für einen anderen herstellt oder behandelt, sie dem anderen übergeben und damit in den Verkehr bringen (zum Begriff des Inverkehrbringens Rn. 773), sodass sich die Frage nach dem **Konkurrenzverhältnis** des § 58 Abs. 2 Nr. 1 LFGB i.V.m. Art. 14 Abs. 2 lit. a) BasisVO (Inverkehrbringen) und des § 58 Abs. 1 Nr. 1 i.V.m. § 5 Abs. 1 Nr. 1 LFGB (Herstellen bzw. Behandeln) stellt. Die Annahme einer einheitlichen Tat – wie bei dem Herstellen einer unechten Urkunde und deren Gebrauch durch denselben Täter bei § 267 StGB[39] – scheidet aus, weil es sich hier um unterschiedliche Tatbestände handelt. Den Strafrahmen lässt sich kein Vorrang eines Tatbestandes entnehmen, weil beide Zuwiderhandlungen mit Freiheitsstrafe bis zu drei Jahren bedroht sind. Art. 14 BasisVO geht allerdings § 5 LFGB vor. Das gilt auch für die Strafvorschrift des § 58 Abs. 2 Nr. 1 LFGB, sodass das Herstellen eines gesundheitsschädlichen Lebensmittels für einen anderen eine mitbestrafte Vortat darstellt, wenn der Täter das Lebensmittel anschließend in den Verkehr bringt.

780 § 5 Abs. 2 Nr. 1 LFGB untersagt, **Stoffe, die keine Lebensmittel sind** und deren Verzehr gesundheitsschädlich ist, als Lebensmittel in den Verkehr zu bringen.
§ 5 Abs. 2 Nr. 2 LFGB enthält das Verbot, **mit Lebensmitteln verwechselbare Produkte** für andere herzustellen, zu behandeln oder in den Verkehr zu bringen. Nach § 3 Abs. 1 Nr. 5 LFGB sind dies Produkte, die zwar keine Lebensmittel sind, bei denen aber aufgrund ihres äußeren Erscheinungsbildes vorhersehbar ist, dass sie von Verbrauchern, insbesondere von Kindern, mit Lebensmitteln verwechselt und deshalb „zum Munde geführt, gelutscht oder geschluckt" werden können[40].

781 §§ 58 Abs. 1 Nr. 18, 59 Abs. 1 Nr. 21 LFGB stellen **Verstöße gegen Rechtsverordnungen** unter Strafe[41]. Diese Vorschriften verlangen jedoch, dass die jeweilige

---

[38] *Domeier*, in: Z/R, § 58 LFGB Rn. 14.
[39] *Fischer*, § 267 StGB Rn. 58.
[40] Beispiele bei *Pfohl*, in: M-G, Kap. 72 Rn. 20.
[41] Beispiele bei *Pfohl*, in: M-G, Kap. 72 Rn. 64.

§ 12: Lebensmittelstrafrecht

Rechtsverordnung ihrerseits auf den Straftatbestand verweist. Diese Rückverweisungen sind für die Strafbarkeit konstitutiv[42].

Ergänzende Hinweise:

(1) § 62 Abs. 1 LFGB ermächtigt „das Bundesministerium", d.h. das Bundesministerium für Ernährung und Landwirtschaft, soweit dies zur Durchsetzung Europäischer Rechtsakte erforderlich ist, durch Rechtsverordnung ohne Zustimmung des Bundesrates die Tatbestände zu bezeichnen, die als Straftat nach §§ 58 Abs. 3, 59 Abs. 3 Nr. 1 oder Nr. 2a LFGB oder als Ordnungswidrigkeit nach § 60 Abs. 4 Nr. 1 oder Nr. 2 LFGB geahndet werden können. Dies ist in der „Verordnung zur Durchsetzung lebensmittelrechtlicher Rechtsakte der Europäischen Gemeinschaft (Lebensmittelrechtliche Straf- und Bußgeldverordnung)" geschehen[43]. Eine entsprechende Ermächtigung des Bundesministeriums für Umwelt, Naturschutz und nukleare Sicherheit zur Bezeichnung der nach § 59 Abs. 3 Nr. 2b LFGB strafbaren Tatbestände enthält § 62 Abs. 2 LFGB.
Auf den ersten Blick scheint § 62 LFGB verfassungsrechtlich bedenklich zu sein[44], weil die Ministerien anscheinend selbst durch die Bezeichnung der straf- bzw. ahndbaren Tatbestände die Ausfüllungsnormen und damit den Inhalt der Straf- bzw. Bußgeldtatbestände festlegen können. Bei näherer Betrachtung ist das jedoch nicht der Fall. §§ 58 Abs. 3, 59 Abs. 3 Nr. 1, 2, 60 Abs. 4 Nr. 1, 2 LFGB bestimmen nämlich, dass nur die Verstöße gegen Europäische Rechtsakte diesen Tatbeständen unterfallen, die inhaltlich einem im LFGB geregelten – mit Strafe bzw. Geldbuße bedrohten – Gebot oder Verbot entsprechen. Das Gesetz bestimmt also, welche Zuwiderhandlungen gegen Europäische Rechtsakte sanktioniert werden können, die Bezeichnung der inhaltlich entsprechenden Rechtsakte durch Rechtsverordnung des jeweils zuständigen Ministeriums besitzt somit lediglich deklaratorische Wirkung. Würde die Rechtsverordnung einen Europäischen Rechtsakt nennen, der keine inhaltliche Entsprechung in einem Straf- oder Bußgeldtatbestand des LFGB hat, würde dadurch die Straf- bzw. Bußbarkeit nicht begründet. § 62 LFGB überträgt die Entscheidung, ob ein bestimmtes Verhalten als Straftat oder Ordnungswidrigkeit einzuordnen ist, folglich nicht auf die Exekutive, sondern das Gesetz hat sie selbst getroffen[45].

(2) **§§ 48, 49 WeinG** enthalten zahlreiche weitere Blankettstraftatbestände, die hier nicht näher dargestellt werden können[46].
Ein Katalog von Bußgeldtatbeständen findet sich in **§ 50 WeinG**.

---

[42] *Dannecker/Görtz-Leible*, Entsanktionierung der Straf- und Bußgeldvorschriften des Lebensmittelrechts, 1996, S. 33; *Freund*, in: MüKo⁴, Vor § 95 AMG Rn. 53 ff.
[43] Bekanntmachung der Neufassung der Lebensmittelrechtlichen Straf- und Bußgeldverordnung vom 09.05.2017, BGBl. I 2017, 1170. geändert durch Art. 1 der VO vom 13.12.2018, BGBl. I 2018, 2588.
[44] *Dannecker/Bülte*, in: HWSt, 2. Teil 2. Kap. Rn. 54, halten diese Rückverweisungsvorschriften für verfassungswidrig.
[45] Eingehend BVerfG, wistra 2020, 242, Rn. 84 ff., m. Bespr. *Herz*, NZWiSt 2020, 253 ff.; *Sackreuther*, in: G/J/W, § 58 LFGB Rn. 41.
[46] Siehe dazu die einschlägigen Kommentierungen von *Rathke* und *Boch*, in: Z/R, C. Nr. 400.

SECHSTER ABSCHNITT:

Korruption

784 Korruption ist **kein strafrechtlicher terminus technicus**, sondern der Begriff beschreibt ein kriminologisches Phänomen, nämlich den Missbrauch eines öffentlichen Amtes, einer Funktion in der Wirtschaft oder eines politischen Mandats zugunsten eines Anderen, um für sich oder einen Dritten einen Vorteil zu erlangen[1], bzw. – so die Begründung des Korruptionsbekämpfungsgesetzes[2] – das „kollusive, von verwerflichem Gewinnstreben bestimmte Zusammenwirken von Amtsträgern und Personen in der Wirtschaft". Bei einem solchen Verständnis gehören zu den Korruptionsdelikten nicht nur die Bestechungsdelikte, also Bestechlichkeit und Bestechung von Mandatsträgern, § 108e StGB, im geschäftlichen Verkehr, §§ 299, 300 StGB, im Gesundheitswesen, §§ 299a, b, 300 StGB, im Sport, §§ 265c, d, e StGB, und „Amtsträgerkorruption", §§ 331-336 StGB (zum Konkurrenzverhältnis Rn. 842), sondern auch die damit häufig einhergehenden Straftaten, insbesondere Betrug und Untreue. Im Folgenden wird der Begriff Korruption im „klassischen" – engen – Sinne verwendet, also als „Oberbegriff" für die Bestechungsdelikte.

§ 13 Bestechlichkeit und Bestechung im geschäftlichen Verkehr

785 Das Korruptionsbekämpfungsgesetz vom 13.08.1997[3] überführte den zuvor in § 12 UWG geregelten Tatbestand im Wesentlichen unverändert in § 299 StGB und fügte eine bis dahin nicht vorgesehene Strafschärfung für besonders schwere Fälle (§ 300 StGB) an. Durch Gesetz vom 22.08.2002[4] wurde der Anwendungsbereich der „Wirtschaftsbestechung" auf Handlungen im ausländischen Wettbewerb ausgedehnt. Das Gesetz zur Bekämpfung der Korruption vom 20.11.2015[5] erweiterte – zur Umsetzung des Art. 2 des Rahmenbeschlusses 2003/568/JI des Rates der EU zur Bekämpfung der Bestechung im privaten Sektor[6], der die Mitgliedstaaten zur Schaffung von Straftatbeständen gegen Pflichtverletzungen von Leitungspersonen im Unternehmen verpflichtet – § 299 Abs. 1, 2 StGB um eine weitere Alternative. § 299 Abs. 1 Nr. 1 StGB bedroht – wie zuvor – die Bestechlichkeit eines Angestellten oder Beauftragten eines Unternehmens mit dem Ziel der *unlauteren Bevorzugung* eines anderen bei dem Bezug von Waren oder Dienstleistungen *im in- oder ausländischen Wettbewerb* („Wettbewerbsvariante") mit Strafe. Die Unrechtsvereinbarung des § 299 Abs. 1 Nr. 2 StGB besteht dagegen in der *Verletzung von Pflichten gegenüber dem Unternehmen* bei dem Bezug von Waren oder Dienstleistungen („Geschäftsherrenvari-

---

[1] Z.B. *Bannenberg*, in: W/J/S, 13. Kap. Rn. 4.
[2] BT-Drs. 13/3353, 8.
[3] BGBl. I 1997, 2038.
[4] BGBl. I 2002, 3387.
[5] BGBl. I 2015, 2025.
[6] Vom 22.07.2003, ABl. L 192 vom 31.07.2003, 54.

ante"). § 299 Abs. 2 StGB stellt die Bestechung eines Angestellten oder Beauftragten eines Unternehmens in beiden Alternativen unter Strafandrohung. – Zum Verhältnis der beiden Varianten siehe Rn. 799. –

Welche Rechtsgüter § 299 Abs. 1 Nr. 1, Abs. 2 Nr. 1 StGB schützt, ist heftig umstritten[7]. Nach zutreffender Auffassung sind **Schutzgüter der Wettbewerbsvariante** – neben der Lauterkeit des Wettbewerbs – die Interessen der Mitbewerber und des Geschäftsherrn[8]. Kein Schutzgut ist dagegen die Gefahr sachwidriger Entscheidungen[9]. Die h.M. betrachtet die Vorschrift als *abstraktes Gefährdungsdelikt*, weil die Tathandlungen den Wettbewerb nicht zwingend beeinträchtigen würden, da auch Zuwendungen, die unabhängig von einem Wettbewerbsverhältnis gemacht werden, tatbestandsmäßig seien[10], und die Vereinbarung oder Zahlung eines „Schmiergeldes" unmittelbar keinen materiellen Schaden des Geschäftsherrn herbeiführe[11]. Es trifft zwar zu, dass die Interessen der Mitbewerber und des Geschäftsherrn nicht schon durch die Korruptionshandlungen, sondern erst durch die Bevorzugung im Wettbewerb geschädigt werden. Der lautere Wettbewerb wird dagegen – ähnlich wie bei § 298 StGB (Rn. 560) – bereits durch die Unrechtsvereinbarung beeinträchtigt. § 299 StGB ist deshalb *insofern* ein **Verletzungsdelikt**[12].

786

Schutzgut der Geschäftsherrenvariante (§ 299 Abs. 1 Nr. 2, Abs. 2 Nr. 2 StGB) soll nach den Gesetzesmaterialien das Interesse des Geschäftsherrn „an der loyalen und unbeeinflussten Erfüllung der Pflichten durch seine Angestellten und Beauftragten im Bereich des Austausches von Waren und Dienstleistungen" sein[13]. Diese Beschreibung ist jedoch unpräzise, da sie nicht hinreichend deutlich werden lässt, dass die Loyalität des Angestellten oder Beauftragten gegenüber den Geschäftsherren nicht als Selbstzweck geschützt wird und der Tatbestand nicht jede Pflichtverletzung erfassen soll[14]. Die Rechtsgutsdefinition muss den Bezug zum Wirtschaftsverkehr berücksichtigen[15]. Geschützt wird deshalb das *Interesse des Geschäftsherrn an der loyalen Wahrnehmung der Geschäfte durch die Angestellten und Beauftragten des Unternehmens im Wirtschaftsverkehr*[16]. Da die Interessen des Geschäftsherrn nicht

787

---

[7] Siehe die ausführliche Darstellung des Streitstandes bei *Dannecker*, in: NK, § 299 StGB Rn. 11 ff.
[8] BGH, NJW 2021, 3606, Rn. 14; *Dannecker*, in: HdS 6, § 56 Rn. 94 ff.; *Gercke/Wollschläger*, wistra 2008, 5; *Große Vorholt*, Rn. 694; *Krick*, in: MüKo⁴, § 299 StGB Rn. 18 ff.; *Rosenau*, in: S/S/W, § 299 StGB Rn. 5; *Rübenstahl/Teubner*, in: E/R/S/T, § 299 StGB Rn. 2. **A.A.** *Sahan*, in: G/J/W, § 299 StGB Rn. 4, der den Schutz der Interessen der Mitbewerber und des Geschäftsherrn jedoch als Reflex ansieht.
[9] *Rosenau*, in: S/S/W, § 299 StGB Rn. 5. **A.A.** BGH, NJW 2006, 3290, 3298; ZWH 2015, 269, 270.
[10] BGH, NJW 2021, 3606, Rn. 14; *Dannecker*, in: NK, § 299 StGB Rn. 28; *Heger*, in: L/K/H, § 299 StGB Rn. 1; *Sinner*, in: M/R, § 299 StGB Rn. 5.
[11] *Gaede*, in: NK-WSS, § 299 StGB Rn. 1; *Kindhäuser/Hilgendorf*, in: LPK, § 299 StGB Rn. 1; *Krack*, NStZ 2001, 505, 507; modifizierend *Tiedemann*, in: LK¹², § 299 StGB Rn. 9.
[12] *Sinner*, in: M/R, § 299 StGB Rn. 5; *Tiedemann*, in: LK¹², § 299 StGB Rn. 7; diff. *Dannecker*, in: HdS 6, § 56 Rn. 101; siehe auch *Gercke/Wollschläger*, wistra 2008, 5, 7 ff.
[13] BT-Drs. 18/4350, 21; BT-Drs 18/6389, 15.
[14] *Dannecker*, in: NK, § 299 StGB Rn. 23.
[15] *Gaede*, in: NK-WSS, § 299 StGB Rn. 13.
[16] *Dannecker*, in: NK, § 299 StGB Rn. 24. Enger *Jansen*, NZWiSt 2019, 41, 45, „Schutz des Unternehmens im Wettbewerb".

schon durch die Unrechtsvereinbarung beeinträchtigt werden, sondern erst durch deren Umsetzung, sind Bestechlichkeit und Bestechung in der Geschäftsherrnvariante **abstrakte Gefährdungsdelikte**[17].

Fall 54: *– Passive und aktive Bestechung –*

788 Wolfgang Pitzschke (P) leitete die Einkaufsabteilung der Lebensmittelkette „Müller und Huber GmbH" (M). Er entschied selbstständig, von welchen landwirtschaftlichen Betrieben die M ihre Produkte bezog. In Kenntnis dieses Umstandes wendete sich Erich Ammer (A), Geschäftsführer der in der Eier- und Broilerproduktion tätigen „Hühnerglück GmbH" (H), an P und stellte ihm eine fünfstellige Summe in Aussicht, wenn die M Eier und das Frischgeflügel in Zukunft von der H beziehe. P willigte ein, obwohl die Preise der H über denen der Konkurrenz lagen. Eine Richtlinie der M untersagte den Mitarbeitern solche Vereinbarungen. Zur Abwicklung der Vereinbarung kam es nicht mehr, weil die Betriebe der H von der Hühnerpest heimgesucht wurden und deshalb einige Zeit nicht liefern konnten.

Strafbarkeit von P und A?

a) Strafbarkeit des P

aa) § 299 Abs. 1 Nr. 1 StGB

P könnte sich durch die Vereinbarung mit A wegen Bestechlichkeit im geschäftlichen Verkehr nach § 299 Abs. 1 Nr. 1 StGB strafbar gemacht haben.

789 § 299 Abs. 1 Nr. 1 StGB ist ein **Sonderdelikt**, das nur Angestellte oder Beauftragte eines Unternehmens als Täter begehen können[18].

790 *Angestellter* ist, wer in einem Dienst- oder Auftragsverhältnis zum Unternehmen steht und dessen Weisungen unterworfen ist[19]. Der Angestelltenbegriff ist weder von der arbeitsrechtlichen Einordnung des Vertrags noch von dessen zivilrechtlicher Wirksamkeit abhängig[20]. Eine dauerhafte oder entgeltliche Beschäftigung ist nicht notwendig, wohl aber eine gewisse Entscheidungskompetenz des Angestellten[21]. Deshalb scheiden bloße Hilfskräfte als Täter aus. Der (Fremd-)Geschäftsführer einer GmbH ist tauglicher Täter[22]. Beamte können Angestellte im Sinne des § 299 StGB sein, wenn die Behörde erwerbswirtschaftlich tätig wird[23].

790a **Nicht erfasst** ist der Geschäftsherr selbst[24]. Als durch den Tatbestand geschützte Person (Rn. 786) kann er nicht zugleich Täter sein und „der Geschäftsinhaber darf innerhalb der Grenzen, die durch die Vertragsfreiheit gesetzt sind, Verträge nach

---

[17] *Momsen/Laudien*, in BeckOK-StGB, § 299 Rn. 10; *Sinner*, in: M/R, § 299 StGB Rn. 5.
[18] *Eisele*, in: Sch/Sch, § 299 StGB Rn 6; *Kieferle*, NZWiSt 2017, 391; *Rönnau*, in: HWSt, 3. Teil 2. Kap. Rn. 17; *Rübenstahl/Teubner*, in: E/R/S/T, § 299 StGB Rn. 5
[19] *Fischer*, § 299 StGB Rn. 14; *Sahan*, in: G/J/W, § 299 StGB Rn. 11; *Wittig*, § 26 Rn. 13.
[20] *Dannecker*, in: NK, § 299 StGB Rn. 38; *Sahan*, in: G/J/W, § 299 StGB Rn. 11.
[21] *Grützner/Behr*, in: M/G, § 30 Rn. 48; *Rosenau*, in: S/S/W, § 299 StGB Rn. 7; *Tiedemann*, in: LK[12], § 299 StGB Rn. 11; *Wittig*, § 26 Rn. 14.
[22] *Dannecker*, in: NK, § 299 StGB Rn. 38; *Sahan*, in: G/J/W § 299 StGB Rn. 11 m.w.N.
[23] *Dannecker*, in: HdS 6, § 56 Rn. 108; *Eisele*, in: Sch/Sch, § 299 StGB Rn 10.
[24] BGHSt 57, 202, 211; BGH, NZWiSt 2014, 346, 347, mit Anm. *Lindemann/Hehr*; LG Frankfurt a.M., ZWH 2015, 352; *Große Vorholt*, Rn. 702; *Krick*, in: MüKo⁴, § 299 StGB Rn. 36; *Pragal*, ZIS 2006, 63, 73; krit. *Bürger*, wistra 2003, 130, 132.

Belieben schließen sowie bestimmte Anbieter gegenüber anderen Mitbewerbern bevorzugen und sich dabei von unsachlichen Motiven leiten lassen"[25]. Nach zutreffender Auffassung[26] ist der Geschäftsinhaber mit dem Eigentümer des Unternehmens gleichzusetzen. Als Täter des § 299 Abs. 1 Nr. 1 und Nr. 2 StGB scheiden deshalb der Einzelkaufmann, der Geschäftsführer einer GmbH, der zugleich Alleingesellschafter ist[27], und die Aktionäre einer AG[28] aus.

Der BGH folgert daraus, dass sich der Angestellte, der mit dem **Einverständnis der Anteilseigner** einen Vorteil fordert, sich versprechen lässt oder annimmt, nicht wegen Bestechlichkeit im geschäftlichen Verkehr strafbar macht[29]. Auf den ersten Blick überrascht diese These, da § 299 StGB – auch – den Wettbewerb und die Mitbewerber schützt und dem Geschäftsherrn hinsichtlich dieser Rechtsgüter die Dispositionsbefugnis zu fehlen scheint. Dennoch trifft die Sicht des BGH zu, denn § 299 StGB schützt den Wettbewerb und die Mitbewerber nur vor einer „unlauteren" Bevorzugung eines anderen. Da der Geschäftsherr nicht unlauter handelt, wenn er im Rahmen der Vertragsfreiheit einen Anbieter nach Belieben bevorzugt, ist eine solche Bevorzugung durch den Angestellten mit Einverständnis des Geschäftsherrn oder in dessen Auftrag ebenfalls nicht unlauter.

Der Begriff des *Beauftragten* hat eine Auffangfunktion und ist deshalb weit zu verstehen[30]. Beauftragter ist jede Person, die aufgrund ihrer Stellung berechtigt und verpflichtet ist, für den Betrieb dauernd oder gelegentlich geschäftlich tätig zu werden und auf die den Waren- oder Leistungsaustausch betreffenden Entscheidungen Einfluss zu nehmen[31]. 791
Beauftragte sind z.B. Aufsichtsratsmitglieder oder Unternehmensberater[32]. Ob auch Vorstandsmitglieder Beauftragte sein können, ist zweifelhaft[33].

P stand als Leiter der Einkaufsabteilung in einem Dienstverhältnis zur M und unterlag damit den Weisungen des Geschäftsführers, er war also Angestellter. Da er die Entscheidungen über die Lieferverträge selbstständig treffen durfte, besaß er die erforderliche Entscheidungskompetenz. P ist folglich tauglicher Täter des § 299 Abs. 1 StGB.

M ist ein **Unternehmen**, da die GmbH auf Dauer angelegt ist und zum Austausch von Leistungen am Wirtschaftsleben teilnimmt[34]. Gewinnerzielungsabsicht ist nicht erforderlich[35]. 792

---

[25] BGH, NJW 2021, 3606, Rn. 17.
[26] BGH, NJW 2021, 3606, Rn. 15 f.; LG Frankfurt a.M., ZWH 2015, 352, 354 f.; *Grützner/Momsen/Behr*, NZWiSt 2013, 88, 90.
[27] LG Frankfurt a.M., ZWH 2015, 352, 353 ff.
[28] BGH, NJW 2021, 3606, Rn. 16.
[29] BGH, NJW 2021, 3606, Rn. 19, mit zust. Anm. *Costen/Reichling*; *Brand*, GmbHR 2021, 1337, 1340 ff.; *Gehm*, NZWiSt 2022, 16; *Oesterle*, NStZ 2022, 415, 416. Abl. *Pavlokos*, NStZ 2022, 457, 460 ff. Krit. *Krack*, wistra 2022, 165 ff.
[30] *Dannecker*, in: NK, § 299 StGB Rn. 45; *Wittig*, § 26 Rn. 20.
[31] BGHSt 2, 396, 401; BayObLG, NJW 1996, 268, 270; *Große Vorholt*, Rn. 700; *Sahan*, in: G/J/W, § 299 StGB Rn. 12; *Sinner*, in: M/R, § 299 StGB Rn. 13.
[32] *Dannecker*, in: NK, § 299 StGB Rn. 46.
[33] *Momsen/Laudin*, in: BeckOK-StGB, § 299 Rn. 28. Abl. *Brand/Wostry*, WRP 2008, 637, 643 ff.
[34] Vgl. BGHSt 2, 396, 403; 57, 202, 210; *Rübenstahl/Teubner*, in: E/R/S/T, § 299 StGB Rn. 18; *Tiedemann*, in: LK[12], § 299 StGB Rn. 19.
[35] *Dannecker*, in: NK, § 299 StGB Rn. 51; *Rosenau*, in: S/S/W, § 299 StGB Rn. 13.

Im Gegensatz zum Handelsrecht erfasst § 299 StGB auch die „Betriebe" von Freiberuflern, z.B. von Ärzten, Architekten oder Rechtsanwälten[36]. Da eine Gewinnerzielungsabsicht nicht erforderlich ist, kommen zudem gemeinnützige, kulturelle und soziale Einrichtungen (z.B. private Krankenhäuser[37]) sowie öffentliche Unternehmen als geschäftliche Betriebe in Betracht[38]. Kein geschützter Wettbewerb liegt jedoch bei einer ausschließlich illegalen oder sittenwidrigen Betätigung vor[39].

793 Die **Tathandlungen** sind Fordern, Sichversprechenlassen und Annehmen eines Vorteils für sich oder einen Dritten.
Fordern ist die – auch konkludente – Erklärung, dass der Täter einen Vorteil als Gegenleistung für eine unlautere Bevorzugung verlangt, *Sichversprechenlassen* bedeutet Annahme des Angebots eines zukünftig zu erbringenden Vorteils und *Annehmen* die tatsächliche Entgegennahme des Vorteils (zu den Konkurrenzen Rn. 841). *Vorteil* ist jede objektive Besserstellung der wirtschaftlichen, rechtlichen oder persönlichen Lage des Empfängers, auf die dieser keinen Anspruch hat.[40] Ein Vorteil kann auch aus einem gegenseitigem Vertrag, z.B. einem Beratervertrag resultieren[41]. Immaterielle Vorteile – z.B. das Fördern einer Bewerbung oder die Verleihung einer Auszeichnung – können Vorteile sein, wenn sie von gewisser Erheblichkeit sind[42].

794 Strittig ist, ob auch *Vorteile, die dem Unternehmen, für das der Täter handelt, gewährt werden sollen*, ausreichende **Drittvorteile** sind. Zum Teil[43] wird dies behauptet. Dem ist jedoch zu widersprechen. Erforderlich ist, dass der Leistungswettbewerb durch Zuwendungen an das Unternehmen beeinträchtigt wird[44]. Wird der Vorteil dem Unternehmen gewährt, so handelt es sich in der Sache um einen Rabatt; die Gewährung eines Preisnachlasses entspricht marktwirtschaftlichen Gepflogenheiten[45]. Wird also lediglich ein Rabatt vereinbart, so fehlt die Unrechtsvereinbarung[46].

795 Die Tathandlung muss im **geschäftlichen Verkehr** erfolgen. Das ist der Fall, wenn sie der Verfolgung eines wirtschaftlichen Zwecks dient und in ihr die Teilnahme am Wettbewerb zum Ausdruck kommt[47]. Privates oder amtliches Handeln in Ausübung von Hoheitsgewalt erfüllt den Tatbestand somit nicht[48].

---

[36] *Dannecker*, in: HdS 6, § 56 Rn. 112; *Fischer*, § 299 StGB Rn. 5; *Sahan*, in: G/J/W, § 299 StGB Rn. 7.
[37] *Dannecker*, in: NK, § 299 StGB Rn. 51.
[38] BGHSt 43, 96, 105.
[39] *Grützner/Behr*, in: M/G, § 30 Rn. 60; *Krick*, in: MüKo⁴, § 299 StGB Rn. 134.
[40] *Fischer*, § 299 StGB Rn. 8; *Tiedemann*, in: LK¹², § 299 StGB Rn. 25.
[41] *Krick*, in: MüKo⁴, § 299 StGB Rn. 149.
[42] Zum umstrittenen Merkmal der **Sozialadäquanz** bei § 299 StGB *Dannecker*, in: NK, § 299 StGB Rn. 68 ff.; *Grützner/Behr*, in: M/G, § 30 Rn. 61; *Rönnau*, in: HWSt 3. Teil 2. Kap. Rn. 36 ff.
[43] OLG Köln, NStZ 2002, 35; *Krick*, in: MüKo⁴, § 299 StGB Rn. 196. **A.A.** *Grützner/Momsen/Behr*, NZWiSt 2013, 88, 92.
[44] *Dannecker*, in: HdS 6, § 56 StGB Rn. 122.
[45] *Grützner/Momsen/Behr*, NZWiSt 2013, 88, 90.
[46] *Grützner/Behr*, in: M/G, § 30 Rn. 218; *Odenthal*, wistra 2005, 170 ff.; *Sahan*, in: G/J/W, § 299 StGB Rn. 24 m.w.N. Zur Tatbestandslosigkeit sog. „pay to play"-Zuwendungen bzw. „Quick Savings" *Ballo/Skoupil*, NJW 2019, 1174, 1177 f. und *Duesberg*, wistra 2020, 97, 100.
[47] *Große Vorholt*, Rn. 706; *Heger*, in: L/K/H, § 299 StGB Rn. 3; *Sahan*, in: G/J/W, § 299 StGB Rn. 17.
[48] BGHSt 2, 396, 402; 10, 358, 366; *Fischer*, § 299 StGB Rn. 7.

Bei Unternehmen der öffentlichen Hand hängt die Anwendbarkeit des § 299 StGB also davon ab, ob sie sich erwerbswirtschaftlich betätigen. Unerheblich ist, ob dies in einer privat- oder öffentlich-rechtlichen Unternehmensform geschieht[49].

P hat das Angebot des A über die Zahlung eines fünfstelligen Betrages – also eines wirtschaftlichen Vorteils – angenommen. Das geschah im geschäftlichen Verkehr, da P wirtschaftliche Zwecke der M verfolgte und am Wettbewerb teilnahm. Er hat sich also einen Vorteil im geschäftlichen Verkehr versprechen lassen.

Der Vorteil muss eine **Gegenleistung für eine künftige unlautere Bevorzugung bei dem Bezug von Waren oder Dienstleistungen im Wettbewerb** darstellen. Erforderlich ist also ein Zusammenhang zwischen der Tathandlung und der von den Beteiligten erwarteten Bevorzugung, d.h. eine sog. **Unrechtsvereinbarung**[50]. 796

Die Absicht der Bevorzugung kennzeichnet die Unrechtsvereinbarung, sodass es sich um ein **im objektiven Tatbestand zu erörterndes Merkmal** handelt[51].

Da sich die Unrechtsvereinbarung – anders als bei §§ 331 ff. StGB – auf eine zukünftige unlautere Bevorzugung beziehen muss, wird die Annahme eines Vorteils für eine in der Vergangenheit liegende Bevorzugung grundsätzlich nicht erfasst, es sei denn, diese Bevorzugung war bereits Gegenstand einer tatbestandsmäßigen Unrechtsvereinbarung[52].

Im Unterschied zu § 331 StGB hat das Korruptionsbekämpfungsgesetz das Erfordernis der Unrechtsvereinbarung in § 299 StGB nicht gelockert. Eine Zuwendung zur Herbeiführung des allgemeinen Wohlwollens („Anfüttern") erfüllt § 299 StGB also nicht[53].

Wettbewerb setzt mindestens zwei Bewerber voraus[54]. Das Wettbewerbsverhältnis muss bei der Vereinbarung des Vorteils jedoch noch nicht bestehen, sondern es reicht aus, wenn sich die Beteiligten vorstellen, dass zu einem späteren Zeitpunkt ein Wettbewerb existieren wird[55]. Der Vorstellung eines bestimmten Mitbewerbers bedarf es folglich nicht[56]. 797

Da sich die Bevorzugung eines Bewerbers auf Waren oder – nunmehr – Dienstleistungen (früher: gewerbliche Leistungen) beziehen muss, sind Leistungen der freien Berufe erfasst[57].

Das Merkmal Unlauterkeit hat keine eigene Bedeutung, da eine Bevorzugung, die auf einer Unrechtsvereinbarung beruht, immer sachwidrig und daher unlauter ist[58].

---

[49] *Dannecker*, in: NK, § 299 StGB Rn. 58.
[50] BGHSt 15, 88, 97; BGH, NJW 1991, 367, 370; wistra 2015, 435, 437; *Wittig*, § 26 Rn. 48, 51. Eingehend zur Unrechtsvereinbarung *Paffendorf*, NZWiSt 2016, 8 ff.
[51] *Gercke/Wollschläger*, wistra 2008, 5, 6 ff.; wohl auch *Bach*, wistra 2008, 47, 49.
[52] BGH, NZWiSt 2014, 346, 348, mit Anm. *Lindemann/Hehr*.
[53] *Fischer*, § 299 StGB Rn. 22; *Sahan*, in: G/J/W, § 299 StGB Rn. 39.
[54] BGH, ZWH 2015, 269, 270; *Sinner*, in: M/R, § 299 StGB Rn. 22.
[55] BGH, wistra 2018, 35, 37 Rn. 21; *Dannecker*, in: NK, § 299 StGB Rn. 87 f.; *Fomferek*, wistra 2017, 174 ff.; *Momsen/Laudien*, in: BeckOK-StGB, § 299 Rn. 70; *Sahan*, in: G/J/W, § 299 StGB Rn. 37.
[56] BGH, NStZ-RR 2020, 111.
[57] *Grützner/Behr*, in: M/G, § 30 Rn. 73. **A.A.** *Große Vorholt*, Rn. 708.
[58] *Tiedemann*, ZStW 86 (1974), 990, 1030; ders., in: LK[12], § 299 StGB Rn. 42. Eingehend zum Streit bzgl. einer eigenständigen Bedeutung des Begriffs Unlauterkeit *Fomferek*, wistra 2017, 174, 177 ff.

798 P hat mit A eine solche Unrechtsvereinbarung getroffen.
Da er vorsätzlich sowie rechtswidrig und schuldhaft handelte, ist er der Bestechlichkeit im geschäftlichen Verkehr in der Wettbewerbsvariante nach § 299 Abs. 1 Nr. 1 StGB schuldig.

bb) § 299 Abs. 1 Nr. 2 StGB

799 P könnte zudem die Geschäftsherrenvariante verwirklicht haben.
§ 299 Abs. 1 Nr. 2 StGB unterscheidet sich von der Wettbewerbsvariante zum einen in der Unrechtsvereinbarung, die auf die **Vornahme oder Unterlassung einer gegenüber dem Unternehmen pflichtwidrigen Handlung** gerichtet sein muss, und zum anderen in der Möglichkeit, dass der Angestellte oder Beauftragte die **Einwilligung des Unternehmens**[59] für das Fordern, Sichversprechenlassen oder Annehmen eines Vorteils erwirken kann. Da die Alternativen unterschiedliche Schutzrichtungen aufweisen (Rn. 786 f.), können beide erfüllt sein, wenn die Unrechtsvereinbarung auf eine Wettbewerbsbeeinträchtigung und auf eine Pflichtverletzung gerichtet ist[60]. Das wird nicht selten der Fall sein, da die unlautere Bevorzugung bei dem Bezug von Waren oder Dienstleistungen in der Vereinbarung eines überhöhten Preises bestehen wird, durch die der Täter zugleich seine Pflichten gegenüber dem Unternehmen verletzt. Nur § 299 Abs. 1 Nr. 1 StGB liegt somit vor, wenn die Bevorzugung im Wettbewerb keine Pflichtverletzung im Innenverhältnis darstellt; allein § 299 Abs. 1 Nr. 2 StGB ist gegeben, wenn die Bestechlichkeit außerhalb von Wettbewerbssituationen oder in internen Zulassungsverfahren und vor der Vergabeentscheidung erfolgt oder eine „Bevorzugung" nach Vertragsschluss stattfindet[61].

800 Die Pflichten des Angestellten oder Beauftragen gegenüber dem Unternehmen können sich aus gesetzlichen Regelungen, vertraglichen Vereinbarungen, für das ganze Unternehmen geltenden Richtlinien, für eine Abteilung oder einen Vorgang erlassenen innerbetrieblichen Regelungen oder mündlichen Einzelanweisungen des direkten Vorgesetzten ergeben[62]. Die Pflichten müssen im Zusammenhang mit dem Bezug von Waren oder Dienstleistungen stehen. Zum Teil wird darüber hinaus gefordert, nur die Verletzung der „teleologisch an den Wettbewerbsschutz gebundenen Pflichten" zu berücksichtigen[63]. Es trifft zwar zu, dass nicht jede nachrangige Pflichtverletzung des Angestellten oder Beauftragten den Tatbestand erfüllt[64], wenn sie die Untergrenze der Strafbarkeit („Bagatellgrenze") nicht überschreitet. Eine Begrenzung des Anwendungsbereichs des § 299 Abs. 1 Nr. 2 StGB auf die Verletzung wettbewerbsschützender Pflichten ist dem Tatbestand aber nicht zu entnehmen.

Die Absprache zwischen P und A war auf die Verletzung der Pflicht des P gerichtet, keine Gegenleistungen für den Einkauf der Waren zu vereinbaren.
Eine Einwilligung der M, die bereits die Tatbestandsmäßigkeit ausschließen würde, lag nicht vor. P verwirklichte somit auch § 299 Abs. 1 Nr. 2 StGB.

---

[59] Näher zum Merkmal „ohne Einwilligung des Unternehmens" *Kieferle*, NZWiSt 2017, 391, 397 f.
[60] *Dannecker*, in: HdS 6, § 56 Rn. 152; *Walther*, DB 2016, 95, 98.
[61] *Dannecker*, in: NK, § 299 StGB Rn. 161; *Walther*, DB 2016, 95, 98.
[62] *Heuking/von Coelln*, BB 2016, 323, 328.
[63] *Kubiciel*, NZWiSt 2014, 667, 672; *Rübenstahl/Teubner*, in: E/R/S/T, § 299 StGB Rn. 41, 46.
[64] *Dannecker/Schröder*, ZRP 2015, 48, 49.

§ 13: Bestechlichkeit und Bestechung im geschäftlichen Verkehr

cc) § 266 StGB

Führt die Schmiergeldzahlung zu einem für den Geschäftsherrn nachteiligen Geschäft, so begeht der Angestellte ggf. außerdem eine Untreue, die zu beiden Varianten des § 299 Abs. 1 StGB in Tatmehrheit steht, wenn die Schädigung des Vermögens des Geschäftsherrn erst durch die spätere Bevorzugung eintritt[65]. **801**

In unserem Fall scheidet die Untreuestrafbarkeit jedoch mangels Schadens aus, da es zu der Auftragsvergabe an die H nicht gekommen und die versuchte Untreue nicht strafbar ist.

dd) Konkurrenzen

Das Konkurrenzverhältnis der beiden Tatvarianten des § 299 Abs. 1 Nr. 1 und 2 StGB zueinander ist noch ungeklärt. Zutreffend ist, Tateinheit (§ 52 StGB) anzunehmen, wenn – wie hier – eine Wettbewerbsbeeinträchtigung und eine Pflichtverletzung vorliegen[66]. **802**

b) Strafbarkeit des A

aa) § 299 Abs. 2 Nr. 1 StGB

A wäre nach § 299 Abs. 2 Nr. 1 StGB strafbar, wenn er im geschäftlichen Verkehr einem Angestellten oder Beauftragten eines Unternehmens einen Vorteil als Gegenleistung dafür angeboten, versprochen oder gewährt hätte, dass er ihn bei dem Bezug von Waren oder Dienstleistungen in unlauterer Weise bevorzuge. **803**

Der Tatbestand der aktiven Bestechung entspricht im Wesentlichen spiegelbildlich dem der Bestechlichkeit nach § 299 Abs. 1 Nr. 1 StGB. Deshalb kann auf die Ausführungen oben verwiesen werden (Rn. 789 ff.).

§ 299 Abs. 2 Nr. 1 StGB enthält allerdings keine ausdrückliche Einschränkung des Täterkreises. Erforderlich ist ein Handeln im geschäftlichen Verkehr, sodass *faktisch* nur Mitbewerber oder Personen, die nach außen hin für diese auftreten, die Tathandlung verwirklichen können[67]. Dadurch wird § 299 Abs. 2 Nr. 1 StGB nicht zum Sonderdelikt[68], sondern es handelt sich um ein **Jedermannsdelikt**, das jedoch nur von demjenigen, der im geschäftlichen Verkehr und mit Bezug auf den Wettbewerb agiert, verwirklicht werden kann[69]. **804**

Da A im Interesse der Mitbewerberin H handelte, war er tauglicher Täter.

Die Tathandlungen sind Anbieten, Versprechen oder Gewähren eines Vorteils. Anbieten und Versprechen sind – u.U. konkludente – Erklärungen des Vorteilsgebers, das Gewähren verlangt dagegen eine tatsächliche Übergabe des Vorteils. **805**

A hat P – einem Angestellten im geschäftlichen Verkehr – mit dem Ziel einer Unrechtsvereinbarung (Rn. 796) eine Leistung angeboten und versprochen und damit den objektiven Tatbestand erfüllt.

---

[65] *Tiedemann*, in: LK[12], § 299 StGB Rn. 62. **A.A.** BGHSt 31, 207, 208; *Schünemann*, in: LK[11], § 266 StGB Rn. 125 d.
[66] *Dannecker*, in: HdS 6, § 56 Rn. 154.
[67] *Fischer*, § 299 StGB Rn. 31; *Rogall*, in: SK, § 299 StGB Rn. 92; *Tiedemann*, in: LK[12], § 299 StGB Rn. 20; *Wittig*, § 26 Rn. 57.
[68] *Sahan*, in: G/J/W, § 299 StGB Rn. 15; *Tiedemann*, in: LK[12], § 299 StGB Rn. 20.
[69] *Dannecker*, in: NK, § 299 StGB Rn. 128.

806 A handelte vorsätzlich. § 299 Abs. 2 Nr. 1 StGB weist nicht mehr das in § 299 Abs. 2 StGB *a.F.* geforderte Handeln zu *Zwecken des Wettbewerbs* auf. Der Streit über das Verständnis dieses Merkmals[70] ist damit obsolet.

Rechtswidrigkeit und Schuld liegen ebenfalls vor, sodass A eine Bestechung in der Wettbewerbsvariante begangen hat.

bb) § 299 Abs. 2 Nr. 2 StGB

807 A verwirklichte zudem die Geschäftsherrenvariante. Die Voraussetzungen des § 299 Abs. 2 Nr. 2 StGB entsprechen „spiegelbildlich" den Merkmalen des § 299 Abs. 1 Nr. 2 StGB.

cc) Konkurrenzen

808 Die beiden Bestechungen stehen in Tateinheit gemäß § 52 StGB (vgl. Rn. 802).

Ergänzende Hinweise:

809 (1) Bestechlichkeit und Bestechung im geschäftlichen Verkehr sind in der Wettbewerbsvariante von § 299 Abs. 1 Nr. 1, Abs. 2 Nr. 1 StGB auch erfasst, wenn die **Handlungen im ausländischen Wettbewerb** begangen wurden. Der Tatbestand ist weder auf deutsche Angestellte und Beauftragte noch auf deutsche Unternehmen beschränkt, sondern er ist auf ausländische Angestellte und Beauftragte ausländischer Unternehmen anwendbar[71]. Daraus folgt aber keine Geltung des „Weltrechtsprinzips"[72], sondern Voraussetzung ist die Anwendbarkeit des deutschen Strafrechts nach §§ 3-9 StGB[73]. Ausschließlich im Ausland begangene Taten sind deshalb nur strafbar, wenn sie dort von einem Deutschen oder gegen einen Deutschen vorgenommen werden, sofern die Tat am Tatort mit Strafe bedroht ist oder keiner Strafgewalt unterliegt[74]. Bei der Beurteilung der Strafbarkeit nach ausländischem Recht ist die mögliche Sozialadäquanz der Zuwendung am Tatort zu berücksichtigen. Die Maßstäbe einer sozialadäquaten Zuwendung richten sich nicht nach deutschen, sondern nach den in der ausländischen Rechtsprechung geltenden Maßstäben[75].

810 (2) Von dem Grundsatz, dass die Tat auch am Tatort mit Strafe bedroht sein muss, macht § 9 Abs. 2 S. 2 StGB eine Ausnahme. Danach ist die Teilnahmestrafbarkeit unabhängig von der Strafbarkeit nach der ausländischen Rechtsordnung. Deshalb macht sich der Manager eines Unternehmens wegen Anstiftung oder Beihilfe zur Bestechung strafbar, wenn er in Deutschland einen Mitarbeiter zur Zahlung von Schmiergeld für eine Auslandsbestechung veranlasst oder ihm das Geld zur Verfügung stellt, unabhängig davon, ob die Schmiergeldzahlung im Ausland strafbar ist[76].

811 (3) Die Tat endet nach der Rechtsprechung mit der Annahme des letzten Vorteils[77].

---

[70] Siehe dazu Rn. 773 der 4. Auflage dieses Lehrbuchs.
[71] BT-Drs. 18/4350, 22.
[72] So aber *Haft/Schwoerer*, in: Festschrift für U. Weber, 2004, S. 367, 382, zu § 299 Abs. 3 StGB *a.F.*
[73] *Dannecker*, in: NK, § 299 StGB Rn. 144; *Rönnau*, in: HWSt, 3. Teil 2. Kap. Rn. 107 ff.
[74] *Rönnau*, in: HWSt, 3. Teil 2. Kap. Rn. 109. Zur teleologischen Reduktion des § 299 StGB bei Fehlen einer dem deutschen Recht vergleichbaren Rechtsordnung *Wollschläger*, StV 2010, 385.
[75] *Grützner/Behr*, in: M/G, § 30 Rn. 321; *Rönnau*, in: HWSt, 3. Teil 2. Kap. Rn. 109; *Sahan*, in: G/J/W, § 299 StGB Rn. 53.
[76] *Rönnau*, JZ 2007, 1084, 1085.
[77] BGH, NStZ-RR 2008, 48.

(4) Die einzelnen **Begehungsweisen** des § 299 StGB – Fordern, Sichversprechenlassen und Annehmen bzw. Anbieten, Versprechen und Gewähren – bilden eine tatbestandliche Handlungseinheit, wenn der Vorteil in der Unrechtsvereinbarung bereits genau bestimmt wurde[78]. Hängt der Vorteil von der zukünftigen Entwicklung ab, stehen das Fordern oder Sichversprechenlassen und das Annehmen bzw. das Anbieten, Versprechen und Gewähren in **Tatmehrheit** (§ 53 StGB)[79]. 811a

(5) § 300 S. 1 StGB erhöht den Strafrahmen für die Bestechlichkeit und Bestechung im geschäftlichen Verkehr für besonders schwere Fälle auf Freiheitsstrafe von drei Monaten bis zu fünf Jahren. Regelbeispiele für das Vorliegen eines besonders schweren Falls sind nach § 300 S. 2 StGB das **große Ausmaß** des Vorteils (Nr. 1) sowie die **gewerbs- oder bandenmäßige Begehung** (Nr. 2). Die gewerbsmäßige und bandenmäßige Begehung sind zu verstehen, wie in anderen Regelungen, die diese Merkmale aufweisen (z.B. die Regelbeispiele für einen Betrug in einem besonders schweren Fall gem. § 263 Abs. 3 S. 2 Nr. 1 StGB[80]). 812

Hinsichtlich des großen Ausmaßes ist bereits strittig, ob der **Bezugspunkt** in der Höhe des Vorteils[81] oder – auch – der Beeinträchtigung des Wettbewerbs[82] besteht. Zutreffend erscheint es, mit der h.M. auf die Höhe des Vorteils abzustellen, zumal § 300 StGB für die Geschäftsherrnvariante gilt, das große Ausmaß nach der Neufassung des § 299 StGB konsequenterweise – ebenfalls – die Schwere der Pflichtverletzung berücksichtigen müsste. Dadurch würde dieses Regelbeispiel jede Kontur verlieren. 813

Keine Einigkeit besteht zudem über die **Höhe** des – geforderten, angebotenen oder erlangten – Vorteils[83]. Zwar lässt sich keine Parallele zu dem großen Ausmaß des Schadens z.B. in § 263 Abs. 3 S. 2 Nr. 2 StGB ziehen, die h.M. betrachtet aber dennoch ebenfalls *50.000 €* als Richtwert für das große Ausmaß des Vorteils, da Bestechungssummen oberhalb dieser Grenze – jedenfalls in Deutschland – deutlich über dem Durchschnittswert des „Üblichen" liegen dürften[84]. Bei Bestechungen im Ausland kann ein niedrigerer Betrag angemessen sein, wenn die Einkommen in der Wirtschaft geringer sind als in Deutschland[85].

(6) § 299 StGB ist gemäß § 301 Abs. 1 StGB ein **relatives Antragsdelikt**. Das Strafantragsrecht steht in den Fällen des § 299 Abs. 1 Nr. 1, Abs. 2 Nr. 1 StGB neben dem **Verletzten**, d.h. dem Mitbewerber und dem Geschäftsherrn, den in § 8 Abs. 3 Nr. 2 und Nr. 4 UWG genannten **Verbänden und Kammern** (rechtsfähige Verbände zur Förderung gewerblicher oder selbstständiger beruflicher Interessen, Industrie- und Handelskammern sowie Handwerkskammern) zu. 814

---

[78] *Krick*, in: MüKo⁴, § 299 StGB Rn. 502; *Momsen/Laudin*, in: BeckOK-StGB, § 299 StGB Rn. 79.
[79] *Krick*, in: MüKo⁴, § 299 StGB Rn. 501; *Sinner*, in: M/R, § 299 StGB Rn. 33.
[80] Siehe dazu *Satzger*, in: S/S/W, § 263 StGB Rn. 377 ff.
[81] So die h.M., z.B. BGH, wistra 2015, 435, 438; *Krick*, in: MüKo⁴, § 300 StGB Rn. 18 ff.; *Rosenau*, in: S/S/W, § 300 StGB Rn. 2.
[82] *Eisele*, in: Sch/Sch, § 300 StGB Rn. 3.
[83] Zu den unterschiedlichen Vorschlägen siehe BGH, wistra 2015, 435, 438.
[84] BGH, NJW 2006, 3290, 3298; wistra 2015, 435, 438; *Rosenau*, in: S/S/W, § 300 StGB Rn. 2.
[85] *Dannecker*, in: NK, § 300 StGB Rn. 11.

§ 14 Bestechlichkeit und Bestechung im Gesundheitswesen

815 Die Einfügung der §§ 299a, 299b StGB durch das **Gesetz zur Bekämpfung der Korruption im Gesundheitswesen**[1] schließt Lücken im Korruptionsstrafrecht, die dadurch entstanden waren, dass der Große Senat für Strafsachen des BGH 2012 entschieden hatte, der niedergelassene Vertragsarzt sei weder Amtsträger im Sinne der §§ 331 ff. StGB[2] noch Beauftragter der Krankenkassen im Sinne des § 299 StGB[3]. Die Feststellungen des Großen Senat für Strafsachen, er verkenne „nicht die grundsätzliche Berechtigung des Anliegens, Missständen, die – allem Anschein nach – gravierende finanzielle Belastungen des Gesundheitssystems zur Folge haben, mit den Mitteln des Strafrechts effektiv entgegenzutreten", allein dem Gesetzgeber sei es jedoch vorbehalten, die erforderlichen „Strafwürdigkeitserwägungen" anzustellen[4], war eine Aufforderung an den Gesetzgeber, entsprechende Straftatbestände zu schaffen. Nach kontroverser rechtspolitischer Diskussion[5] wurde eine Gesetzesfassung verabschiedet, die an die Wettbewerbsvariante des § 299 Abs. 1 Nr. 1, Abs. 2 Nr. 1 StGB (Rn. 785) angelehnt ist. Der Vorschlag, eine weitere Alternative, in der die Unrechtsvereinbarung nicht auf eine unlautere Bevorzugung im Wettbewerb, sondern auf eine Verletzung der Berufsausübungspflichten in sonstiger Weise gerichtet ist, wurde nicht in §§ 299a, 299b StGB übernommen. Es ist deshalb zweifelhaft, ob die Vorschriften dem Rahmenbeschluss 2003/568/JI des Rates der EU zur Bekämpfung der Bestechung im privaten Sektor (Rn. 785) genügen[6].

816 Nach dem Willen des Gesetzgebers schützen §§ 299a, 299b StGB sowohl den **fairen Wettbewerb im Gesundheitswesen** als auch das **Vertrauen der Patienten in die Integrität heilberuflicher Entscheidungen**[7]. Für den Entwurf des Gesetzes zur Bekämpfung der Korruption im Gesundheitswesen, der neben der Wettbewerbsvariante noch die „Pflichtverletzungsvariante" vorgesehen hatte, mag diese dualistische Rechtsgutkonzeption zutreffend gewesen sein, nach der Streichung der Alternative der Verletzung der Berufsausübungspflichten auf sonstige Weise findet sich dafür in den §§ 299a, 299b StGB jedoch keine Grundlage[8]. Dennoch wird das dualistische Rechtsgutkonzept zum Teil in der Literatur befürwortet[9]. Das Vertrauen der Patienten in die Integrität heilberuflicher Entscheidungen kann allerdings schon deshalb nicht Schutzgut der §§ 299a, 299b StGB sein, weil dieses Vertrauen nicht durch die

---

[1] Vom 04.06.2016, BGBl. I 2016, 1254.
[2] BGHSt 57, 202, 204 ff.
[3] BGHSt 57, 202, 206 ff.
[4] BGHSt 57, 202, 217 f.
[5] Zu der Entstehungsgeschichte eingehend *Dannecker/Schröder*, in: NK, § 299a StGB Rn. 1 ff., 26 ff.
[6] Eingehend dazu *Tetzlaff*, S. 252 ff., der das Fehlen eines „Geschäftsherrnmodells" in §§ 299a, b StGB als mit dem Rahmenbeschluss vereinbar betrachtet.
[7] BT-Drs. 18/6446, 12, 13, 16; 18/8106, 17. Dem folgend z.B. *Sahan*, in: G/J/W, § 299a StGB Rn. 3.
[8] *Gaede*, in: NK-WSS, § 299a StGB Rn. 13; *Rosenau*, in: S/S/W, § 299a StGB Rn. 2; *Sinner*, in: M/R, § 299a StGB Rn. 3 f.; *Tsambikakis*, medstra 2016, 131, 133; *Wittig*, § 26 Rn. 65.
[9] *Dannecker/Schröder*, in: NK, § 299a StGB Rn. 5 ff.; *Fischer*, § 299a StGB Rn. 3. Ähnlich *Tetzlaff*, der die „Nichtkäuflichkeit heilberuflicher Entscheidungen und das darauf gegründete Vertrauen Einzelner und der Allgemeinheit" als Schutzgut bezeichnet, S. 77 ff.

Korruptionstat verletzt werden kann, sondern erst durch das Bekanntwerden der Tat und das Fehlen einer (straf-)rechtlichen Reaktion[10]. **Schutzgüter der §§ 299a, 299b StGB** sind deshalb – neben der Lauterkeit des Wettbewerbs im Gesundheitswesen – die Vermögensinteressen der Mitbewerber und der Krankenkassen[11]. Kein Schutzgut ist dagegen das Interesse des Patienten an einer sachgemäßen Entscheidung (siehe auch Rn. 786 zur Wettbewerbsvariante des § 299 StGB).

§§ 299a, 299b StGB sind – wie §§ 299 Abs. 1 Nr. 1, Abs. 2 Nr. 1 StGB – keine *abstrakten Gefährdungsdelikte*, sondern wegen der Beeinträchtigung des lauteren Wettbewerbs bereits durch die Unrechtsvereinbarung **Verletzungsdelikte**[12] (vgl. Rn. 786). § 299a StGB regelt die Bestechlichkeit im Gesundheitswesen (sog. **passive Bestechung**), die dazu „spiegelbildliche" Norm der Bestechung im Gesundheitswesen enthält § 299b StGB (sog. **aktive Bestechung**). Da § 301 StGB nur auf § 299 StGB Bezug nimmt, handelt es sich bei §§ 299a, 299b StGB nicht um relative Antragsdelikte (vgl. Rn. 814), sondern um **Offizialdelikte**. 817

Fall 55: *– Überweisung von Patienten gegen Entgelt–*
Dr. med. Fabian Müller (M) ist niedergelassener Arzt und Facharzt für Orthopädie. Er arbeitet eng mit seinem alten Schulfreund, dem Radiologen Dr. med. Richard Robke (R), zusammen. So überwies M regelmäßig seine Patienten an R, im Gegenzug erhielt M von R 20 € pro Patient. Anfang April 2023 überwies M seine Patientin Paula Petersen (P) zur radiologischen Untersuchung an R, ohne diese zuvor darüber aufzuklären, dass sie sich auch von einem anderen Radiologen behandeln lassen könne. Nachdem P bei R vorstellig geworden war, erhielt M von R – wie „open end" vereinbart – 20 € für die Überweisung der P.
Strafbarkeit des M und des R nach §§ 299a, 299b StGB? 818

a) Strafbarkeit des M

§§ 299a, 300 StGB

M könnte sich durch die Überweisung der P an R wegen Bestechlichkeit im Gesundheitswesen in einem besonders schweren Fall nach §§ 299a Nr. 3, 300 S. 2 Nr. 2 Var. 1 StGB strafbar gemacht haben.

§ 299a StGB ist ein **Sonderdelikt**[13], dass nur ein „Angehöriger eines Heilberufs, der für die Berufsausübung oder die Führung der Berufsbezeichnung eine staatlich geregelte Ausbildung erfordert", als Täter begehen kann. 819

Solche *Heilberufsangehörige* sind – in Anlehnung an § 203 Abs. 1 Nr. 1 StGB (Verletzung von Privatgeheimnissen) – Personen mit **akademischen Heilberufen**, z.B. 820

---

[10] *Gaede*, in: NK-WSS, § 299a StGB Rn. 12 ff.; *Rübenstahl/Teubner*, in: E/R/S/T, § 299a StGB Rn. 4 ff.
[11] Nach anderer Auffassung schützen die Tatbestände die Vermögensinteressen der Wettbewerber im Gesundheitswesen, der Patienten und der Krankenversicherung lediglich mittelbar; so etwa BT-Drs. 18/6446, 13; *Heger*, in: L/K/H, § 299a StGB Rn. 1; *Momsen/Laudin*, in: BeckOK-StGB, § 299 Rn. 9; *Rosenau*, in: S/S/W, § 299a StGB Rn. 2; *Wittig*, § 26 Rn. 65.
[12] **A.A.** (Abstraktes Gefährdungsdelikt) BT-Drs. 18/6446, 21; *Eisele*, in: Sch/Sch, § 299a StGB Rn. 3; *Heger*, in: L/K/H, § 299a StGB Rn. 1; *Kraatz*, Rn. 320; *Rogall*, in: SK, § 299a StGB Rn. 6; diff. *Dannecker/Schröder*, in: NK, § 299a StGB Rn. 91.
[13] Statt vieler *Fischer*, § 299a StGB Rn. 5; *Gaede*, in: NK-WSS, § 299a StGB Rn. 32.

Ärzte, Zahnärzte, Tierärzte und Psychologische Psychotherapeuten[14]. Apotheker können zwar an sich auch taugliche Täter sein, faktisch dürften diese aber nach der Streichung der Abgabeentscheidungen[15] während des Gesetzgebungsverfahrens nicht mehr vom Anwendungsbereich der Norm erfasst sein[16]. Zudem gehören zum tauglichen Täterkreis Angehörige sog. **Gesundheitsfachberufe**, d.h. etwa Krankenpfleger, Ergo- und Physiotherapeuten, Logopäden, Hebammen, Kinderkrankenschwestern, medizinisch-technische Assistenten, Diät- und Rettungsassistenten sowie Masseure[17], nicht dagegen sog. Heilhilfsberufe wie Heilpraktiker, weil deren Berufsausbildung nicht staatlich geregelt ist[18]. Unerheblich ist, ob die erforderliche Ausbildung staatlich oder privat erfolgt[19]. Die Tätereigenschaft ist ein strafbegründendes besonderes persönliches Merkmal i.S.d. **§ 28 Abs. 1 StGB**[20].

M ist als Arzt Angehöriger eines Heilberufs, der für die Berufsausübung eine staatlich geregelte – akademische – Ausbildung erfordert, somit tauglicher Täter des § 299a Nr. 3 StGB.

821 Die **Tathandlungen** sind Fordern, Sichversprechenlassen und Annehmen eines Vorteils für sich oder einen Dritten (vgl. hierzu Rn. 793).

Die Tathandlung erfasst somit drei Stadien, und zwar zunächst die „Verhandlungsstufe" (fordern), sodann die „Vereinbarungsstufe" (Sichversprechenlassen) und die darauf folgende „Leistungsstufe" (Annehmen).[21] Die Tatvollendung ist weit ins Vorfeld verlagert, denn ein Fordern liegt auch dann vor, wenn das damit verbundene Ansinnen nicht zum Erfolg führt[22]; mithin werden bereits untaugliche Anbahnungsversuche vom Tatbestand erfasst[23].

§ 299a StGB ist mit dem Abschluss der Tathandlung, d.h. dem Zugang der Forderung, dem Abschluss der Vereinbarung oder der Annahme des Vorteils **vollendet**[24].

822 Der **Vorteil** kann sowohl materieller als auch immaterieller Art sein[25].

Materielle Vorteile sind z.B. Provisionen, Rabatte, Honorare für Produktempfehlungen, Geldzuwendungen, Darlehensgewährung (etwa zinsloses Darlehen), Zuwendung von Luxus- oder Gebrauchsgütern, Überlassung von Pkw oder Wohnraum, Einladungen zu Urlaubsreisen, Kongressen, Essen oder Sportveranstaltungen, Übernahme von Kosten für ein Mitarbeiterfest, eine Weihnachtsfeier, Fortbildungsveran-

---

[14] BT-Drs. 18/6446, 17.
[15] BT-Drs. 18/8106, 5, 14 ff.
[16] *Fischer*, § 299a StGB Rn. 5; *Kraatz*, Rn. 321; *Momsen/Niang*, medstra 2018, 12, 14; *Tsambikakis*, medstra 2016, 131, 132 f. Näher dazu *Dannecker/Schröder*, in: NK, § 299a StGB Rn. 107 ff.
[17] *Eisele*, in: Sch/Sch, § 299a StGB Rn. 9; *Gaede*, in: NK-WSS, § 299a StGB Rn. 33; *Tsambikakis*, medstra 2016, 131, 133 m.w.N.
[18] *Braun*, JA 2019, 115, 116; *Fischer*, § 299a StGB Rn. 5; *Hohmann*, in: MüKo⁴, § 299a StGB Rn. 16.
[19] *Graalmann-Scheerer*, MedR 2017, 601, 603.
[20] *Kraatz*, Rn. 321; *Tsambikakis*, medstra 2016, 131, 133.
[21] *Dannecker/Schroeder*, in: NK, § 299a StGB Rn. 125; *Gaede*, in: NK-WSS, § 299a StGB Rn. 50 ff.
[22] BT-Drs. 18/6446, 17.
[23] *Gaede*, in: NK-WSS, § 299a StGB Rn. 51.
[24] *Fischer*, § 299a StGB Rn. 26.
[25] BT-Drs. 18/6446, 17. Dem ärztlichen Berufsrecht liegt in den Zuweisungs- und Zuwendungsverboten der §§ 31, 32 (Muster-)Berufsordnung für die in Deutschland tätigen Ärztinnen und Ärzte – (MBO-Ä) – ein engerer Vorteilsbegriff zugrunde, siehe dazu *Tetzlaff*, S. 137.

staltungen, Teilnahme an einer Anwendungsbeobachtung oder einer Zulassungsstudie, Entgelt oder anderer materielle Vorteile für die Zuweisung von Patienten oder Untersuchungsmaterial, der Abschluss eines Vertrages, aus dem Leistungen an den Täter folgen, und die kostenlose Überlassung von technischen Geräten[26].
Zu den *immateriellen* Vorteilen gehören die Verschaffung einer Auszeichnung, Förderung des beruflichen Fortkommens, Verleihung eines Ehrenamtes, Steigerung des wissenschaftlichen Ansehens[27], Ehrendoktorwürden und Ehrenprofessuren[28].

Es besteht zwar keine ausdrücklich im Gesetz genannte Geringwertigkeits- oder Bagatellgrenze. *Sozialadäquate* Zuwendungen, ohne objektive Eignung zur Beeinflussung einer konkreten heilberuflichen Entscheidung, erfüllen aber – wie bei § 299 StGB (Rn. 793) und den §§ 331 ff. StGB (Rn. 851) – den Tatbestand nicht[29]. Dazu gehören z. B. Werbe-Kugelschreiber, Notizblöcke und sonstiges geringwertiges Büromaterial[30]. Nachträgliche Zuwendungen, z.B. ein Geschenk von einem Patienten, das dieser dem Arzt als Dank für eine bereits durchgeführte Behandlung zukommen lässt, sind ebenfalls nicht vom Tatbestand erfasst[31]. **823**

M erhielt von R – wie von Anfang an vereinbart – für die Überweisung der P ein Entgelt in Höhe von 20 €; er hat sich also einen Vorteil versprechen lassen und angenommen. Ob auch ein Fordern vorliegt, ergibt sich aus dem Sachverhalt nicht.

Die Tathandlung muss **im Zusammenhang mit der Ausübung des Heilberufs** erfolgen. Der Heilberufsangehörige hat also gerade in seiner beruflichen Funktion zu handeln[32]. Privates Handeln außerhalb der berufliches Tätigkeit erfüllt daher – wie bei § 299 StGB (Rn. 795) – nicht den Tatbestand[33]. **824**
Da betriebswirtschaftlich tätige Mitarbeiter und Geschäftsführungsorgane eines Krankenhauses nicht in Ausübung eines Heilberufs handeln, werden diese nicht von dem Tatbestand des § 299a StGB erfasst, selbst wenn sie an sich Heilberufsangehörige (etwa Ärzte) sind[34]. In diesen Fällen kommt allerdings – je nach Rechtsform und Eigentümer des Krankenhauses – eine Strafbarkeit wegen §§ 299 Abs. 1, 331, 332 StGB in Betracht[35].
Das Sichversprechenlassen und die Annahme der 20 € von R durch M geschah im Zusammenhang mit der Ausübung des Heilberufs, weil M bei der Überweisung der P gerade in seiner beruflichen Funktion als Arzt handelte.

Der Vorteil muss eine **Gegenleistung für eine künftige unlautere Bevorzugung im Wettbewerb bei einer der in § 299a Nr. 1 bis 3 StGB abschließend aufge-** **825**

---

[26] Die „Top-15-Korruptionsthemen" beschreibt *Corell*, RDG 2020, 214, 215 ff.
[27] *Graalmann-Scheerer*, MedR 2017, 601, 603, mit weiteren Beispielen.
[28] *Bahner*, S. 45, mit weiteren Beispielen.
[29] BT-Drs. 18/6446, 17 f.; *Hohmann*, in: MüKo⁴, § 299a StGB Rn. 25 f.; *Sinner*, in: M/R, § 299a StGB Rn. 7.
[30] *Fischer*, § 299a StGB Rn. 20.
[31] BT-Drs. 18/6446, 18; *Tsambikakis*, medstra 2016, 131, 134.
[32] *Kraatz*, Rn. 322; *Sahan*, in: G/J/W, § 299a StGB Rn. 17.
[33] BT-Drs. 18/6446, 20; *Grzesiek/Sauerwein*, NZWiSt 2016, 369, 370; *Kraatz*, Rn. 322.
[34] *Rübenstahl/Teubner*, in: E/R/S/T, § 299a StGB Rn. 17; dazu *Momsen/Niang*, medstra 2018, 12, 14 f.
[35] *Rübenstahl/Teubner*, in: E/R/S/T, § 299a StGB Rn. 17.

zählten heilberuflichen Entscheidungen darstellen. Das bloße Annehmen eines Vorteils genügt also nicht, um den Tatbestand zu verwirklichen[36]. Vielmehr muss – wie bei § 299 StGB (Rn. 796) – ein Zusammenhang zwischen der Tathandlung und der von den Beteiligten erwarteten Bevorzugung bestehen (sog. **Unrechtsvereinbarung**).

Da die Absicht der Bevorzugung die Unrechtsvereinbarung kennzeichnet, handelt es sich um ein **im objektiven Tatbestand zu erörterndes Merkmal** (Rn. 796). Die Bevorzugung selbst muss nicht objektiv eingetreten sein, sondern es genügt, dass sie Gegenstand der Unrechtsvereinbarung, also beabsichtigt ist.

Wie § 299 StGB enthält § 299a StGB die in §§ 331, 333 StGB vorgesehene Lockerung der Unrechtsvereinbarung nicht. Zur Erfüllung des Tatbestandes genügt daher nicht, mit der Zuwendung nur das „allgemeine Wohlwollen" des Nehmers erkaufen (sog. **„Klimapflege"** bzw. **„Anfüttern"**) oder diesen für eine bereits erfolgte Handlung belohnen zu wollen[37].

826 Die Unrechtsvereinbarung muss sich auf eine der in § 299a Nr. 1 bis 3 StGB abschließend aufgezählten **heilberuflichen Entscheidungen** beziehen.

Der Gesetzgeber hat die im enumerativen Katalog verwendeten Begriffe überwiegend den Berufsordnungen der betroffenen Berufsgruppen (z.B. § 31 MBO-Ä), dem Sozial – und dem Medizinrecht entnommen[38]. **Arzneimittel** sind in § 2 AMG, **Heil- und Hilfsmittel** in den §§ 32, 33 SGB V und **Medizinprodukte** in § 3 MPG definiert. *Heilmittel* umfassen ärztlich verordnete *Dienstleistungen*, die einem Heilzweck dienen oder auf einen Heilerfolg ausgerichtet sind und nur von entsprechend ausgebildeten Personal erbracht werden dürfen (z.B. physikalische Therapie, Stimm-, Sprech- und Sprachtherapie sowie Maßnahmen der Ergotherapie). *Hilfsmittel* sind *sächliche Mittel*, die eine ersetzende, unterstützende oder entlastende Wirkung entfalten und dadurch den Erfolg der Krankenbehandlung sichern, eine Behinderung ausgleichen oder ihr vorbeugen (z.B. Gehschienen, Hörgeräte, Orthesen, Prothesen, Rollstühle und Sehhilfen[39]). Nahrungsergänzungsmittel sind keine Arznei-, Heil- oder Hilfsmittel[40].

827 § 299a **Nr. 1** StGB erfasst die Verordnung von Arznei-, Heil- oder Hilfsmitteln oder von Medizinprodukten (Rn. 826).

Verordnung bedeutet Verschreiben von Arznei-, Heil- oder Hilfsmitteln oder von Medizinprodukten zugunsten von Patienten, wobei unerheblich ist, ob das verschriebene Mittel oder Produkt verschreibungspflichtig ist[41]. Der Begriff Verordnung ist weit zu verstehen, sodass alle Tätigkeiten, die mit dem Verordnen im engen Zusammenhang stehen, erfasst sind (z.B. die Versendung der Verordnung an einen anderen Leistungserbringer)[42].

---

[36] BT-Drs. 18/6446, 18.
[37] BT-Drs. 18/6446, 18.
[38] BT-Drs. 18/6446, 20 m.w.N; dort sind auch die folgenden Erläuterungen zu den Begriffen zu finden.
[39] *Dannecker/Schröder*, in: NK, § 299a StGB Rn. 183 m.w.N.
[40] LG Hildesheim, NZWiSt 2020, 452, 453, mit zust. Anm. *Lorenz/Vogel*.
[41] BT-Drs. 18/6446, 20; *Hohmann*, in: MüKo⁴, § 299a StGB Rn. 44.
[42] BT-Drs. 18/6446, 20; 18/8106, 15.

§ 299a **Nr. 2** StGB regelt die Tatsituation des Bezugs von Arznei- oder Hilfsmitteln **828**
oder von Medizinprodukten, erfasst also – anders als die Nr. 1 – keine Heilmittel,
denn diese können als persönlich zu erbringende Leistung nicht bezogen, sondern
nur verordnet werden[43]. **Bezug** meint jede Form des Sicherverschaffens, einschließlich Teilhandlungen wie das Bestellen, die Abnahme und die Bezahlung[44]. Einschränkend müssen die Arznei- und Hilfsmittel sowie die Medizinprodukte „zur **unmittelbaren Anwendung** durch den Heilberufsangehörigen oder einen seiner Berufshelfer bestimmt sein"; erfasst sind damit z.B. Implantate, Prothesen und unmittelbar vom Heilberufsangehörigen anzuwendende Arzneimittel[45]. Sind die Mittel
und Produkte nicht zur Weitergabe an den Patienten bestimmt, liegt § 299a Nr. 2
StGB nicht vor[46]. So scheidet § 299a Nr. 2 StGB etwa aus, wenn der Arzt einen Be-
handlungsstuhl oder sonstige Medizinprodukte zur Ausstattung seiner Behandlungs-
räume erwirbt[47].

Unklar ist, ob **Verbrauchsmaterialien** für den Praxisbedarf, die entweder an den
Patienten abgegeben oder zu dessen Behandlung verwendet werden (z.B. Hand-
schuhe, Desinfektionsmittel), § 299a Nr. 2 zu subsumieren sind[48].

Fraglich ist das **Konkurrenzverhältnis** der Verordnungs- (Nr. 1) und der Bezugs- **829**
variante (Nr. 2). Es liegt jedenfalls nur *eine* Bestechlichkeit nach § 299a StGB vor,
wenn die Verordnung mit dem Vorsatz des Bezuges erfolgt und dieser Vorsatz dann
umgesetzt wird. Ähnlich wie bei § 267 StGB[49] lässt sich freilich darüber streiten, ob
dieses Ergebnis durch eine tatbestandliche Handlungseinheit, eine Subsidiarität der
Nr. 1 gegenüber der Nr. 2 als mitbestrafte Vorbereitungstat oder der Konsumtion der
Bezugsvariante als mitbestrafte Nachtat des Verordnens dargestellt wird. Aus der
Gesetzesbegründung ergibt sich, dass die Nr. 2 die Fälle erfassen soll, in denen der
unmittelbaren Anwendung keine Verordnung zugrunde liegt[50]; erfolge der Bezug
aufgrund einer Verordnung, knüpfe die Unrechtsvereinbarung und damit die Strafbarkeit regelmäßig bereits an die vorherige Verordnung an (z.B. in Fällen der ambu-
lanten Krebs- und Substitutionstherapie)[51]. Daraus lässt sich schließen, dass Nr. 2
hinter Nr. 1 zurücktritt; ein eigener Anwendungsbereich der Bezugsvariante besteht,
wenn dem Bezug keine Verordnung Bezug vorangegangen ist.

§ 299a **Nr. 3** StGB umfasst die Zuführungsvariante, und zwar von Patienten und **830**
Untersuchungsmaterial. Ein **Patient** i.S.d. § 299a StGB ist eine Person, die eine
Leistung eines Heilberufsangehörigen in Anspruch nimmt.[52] Unklar ist, ob sich die

---

[43] *Bahner*, S. 59.
[44] *Kraatz*, Rn. 323; *Momsen/Laudien*, in: BeckOK, § 299a StGB Rn. 25; *Tsambikakis*, medstra 2016, 131, 135.
[45] BT-Drs. 18/8106, 14.
[46] BT-Drs. 18/6446, 22.
[47] BT-Drs. 18/6446, 22.
[48] Dafür *Fischer*, § 299a StGB Rn. 15; *Tetzlaff*, S. 197 ff. Dagegen *Gaede*, in: NK-WSS, § 299a StGB Rn. 72; *Rübenstahl/Teubner*, in: E/R/S/T, § 299a StGB Rn. 36; *Tsambikakis*, medstra 2016, 131, 135.
[49] Dazu *Puppe/Schumann*, in: NK, § 267 StGB Rn. 108.
[50] BT-Drs. 18/8106, 14.
[51] BT-Drs. 18/8106, 14 f.
[52] *Schneider/Ebermann*, medstra 2018, 67, 72.

Zuführungsvariante auf Fallkonstellationen beschränkt, in denen sowohl Vorteilsnehmer als auch Vorteilsgeber Angehörige eines Heilberufs sind.

Beispiel für **Heilberufsangehörige auf Nehmer- und Geberseite**: Ein Patient wird von seinem Hausarzt an einen niedergelassenen Internisten überwiesen. Der Internist überweist dem Hausarzt hierfür einen bestimmten Betrag.

Beispiel für **Heilberufsangehörigen nur auf Nehmerseite**: Der Orthopäde informiert seinen Patienten über ein Nahrungsergänzungspräparat, das er individuell empfiehlt, und gibt dem Patienten einen Bestellbogen der Herstellerfirma mit, auf dem u.a. eine Nummer aufgedruckt ist, aufgrund derer die Firma später – nach Bestellung des Präparats durch den Patienten – zurückverfolgen kann, dass der Bogen aus der Praxis des Orthopäden stammt. Die Firma überweist daraufhin einen bestimmten Betrag an den Orthopäden[53].

Nach zutreffender Auffassung ist es ausreichend, wenn allein auf der Nehmerseite ein Heilberufsangehöriger handelt[54]. Dies ergibt sich bereits daraus, dass § 299b StGB von jedermann begangen werden kann und gerade nicht wie § 299a StGB ein Sonderdelikt darstellt (Rn. 836).

Damit ist in beiden genannten Beispielen der Patientenstatus i.S.d. § 299a StGB gegeben.

831 Zuführung von **Untersuchungsmaterialien** meint etwa die Weiterleitung von Proben an Labore (wie Blut-, Stuhl- und Urinproben) und von sämtlichen Untersuchungsmaterialien für die Pathologie (z.B. Haut-, Gewebe- und Haarproben)[55].

832 Umstritten ist, was unter dem Begriff **Zuführung** zu verstehen ist. Der Auslegung dieses Begriffs kommt eine nicht unerhebliche Bedeutung zu. Fehlt eine Zuführungssituation, so scheidet eine Strafbarkeit nach § 299a Nr. 3 StGB aus, und zwar unerheblich davon, ob eine unlautere Bevorzugung vorliegt oder nicht.

Eine Legaldefinition des Begriffs Zuführung existiert nicht. Eine Auffassung[56] versteht unter Zuführung von Patienten jede Einwirkung auf einen Patienten, die mit dem Ziel erfolgt, dessen Auswahlentscheidung in Bezug auf einen Arzt oder anderen Leistungserbringer zu beeinflussen (vgl. Zuweisungsbegriff des Sozial- und Berufsrechts in § 73 Abs. 7 SGB V sowie § 31 MBO-Ä). Die Form der Einflussnahme sei hierbei unerheblich, sodass auch mündliche Empfehlungen erfasst seien. Jedoch beeinflusst nicht jede Information seitens eines Heilberufsangehörigen die Entscheidung eines Patienten[57]. Nach zutreffender restriktiver Auffassung[58] liegt daher eine Zuführung i.S.d. § 299a StGB nur vor, wenn die gegebene Informationsasymmetrie zwischen Heilberufsangehörigen und Patienten dazu missbraucht wird, den Patien-

---

[53] Beispiel nach *Schneider/Ebermann*, medstra 2018, 67, 72 Fn. 24.
[54] *Schneider/Ebermann*, medstra 2018, 67, 72; *Wegner*, medstra 2020, 380, 383 f. **A.A.** LG Hildesheim, NZWiSt 2020, 452, 453, das ein Zuführen nur bejaht, wenn die Einwirkung in der Absicht erfolgt, die Auswahl eines Arztes oder anderen heilberuflichen Leistungserbringers zu beeinflussen; ebenso *Dannecker/Schröder*, in: NK, § 299a StGB Rn. 189.
[55] *Bahner*, S. 59 m.w.N.
[56] BT-Drucks. 18/6446, 20; *Fischer*, § 299a StGB Rn. 16; *Rönnau/Wegner*, NZWiSt 2019, 81, 82 ff.; eingehend *Tetzlaff*, S. 204 ff.
[57] *Schneider/Ebermann*, medstra 2018, 67, 68.
[58] *Schneider/Ebermann*, medstra 2018, 67, 68 f., mit vertiefenden Ausführungen dazu *Bahner*, S. 63 ff. **A.A.** *Dannecker/Schröder*, in: NK, § 299a StGB Rn. 191 ff., *Rönnau/Wegner*, NZWiSt 2019, 81, 82 ff.

ten gezielt in Richtung eines Dritten (z.B. einer Klinik) zu lenken. Schließlich leite sich der Begriff Zuführen vom dem Verb „führen" (dirigieren, lenken, steuern) ab. Eine Zuführung sei etwa abzulehnen, wenn der Patient sich eigenverantwortlich entscheide, also persönlich die Führung bzw. das Steuern übernommen habe. Abgrenzungskriterium zwischen tatbestandlicher Zuführung und strafloser Beeinflussung des Patienten sei die Privatautonomie des Patienten (Art. 2 Abs. 1, 2 i.V.m. Art. 1 Abs. 1 GG). Kläre der Arzt den Patienten also ordnungsgemäß auf, sodass dieser selbstbestimmt entscheiden kann, scheide eine Zuführung aus.

Beispiel für eine Zuführung[59]: Orthopäde O legt Patient P nahe, sich in einer bestimmten Physiotherapie-Praxis behandeln zu lassen, ohne offenzulegen, dass ihm – O – die Firma gehört.

Eine **Bevorzugung** liegt bei einer sachfremden Entscheidung zwischen mindestens zwei Konkurrenten vor[60]. Zur Bestimmung der Sachfremdheit kann insbesondere auf die wettbewerbsschützenden Vorschriften des Berufs- und Vertragsarztrechtes (z.B. MBO-Ä) zurückgegriffen werden[61]. Ein Indiz für Sachfremdheit kann auch ein Verstoß gegen einen Branchenkodex sein[62]. Erfasst sind nur *künftige* Bevorzugungen, es sei denn, die vergangenen Handlungen beruhen auf vorangegangene Unrechtsvereinbarungen und der Täter hat sich den Vorteil bereits vorab versprechen lassen[63]. Die Bevorzugung hat sich auf einen **Wettbewerb** zu beziehen (vgl. Rn. 797), der sowohl auf Anbieter- als auch auf Nachfragerseite bestehen kann[64]. Ein Wettbewerb setzt zumindest zwei Konkurrenten und eine Entscheidung zwischen diesen voraus[65]. **833**

Umstritten ist, ob bei **Monopolstellungen** eine Wettbewerbslage besteht. Nach zutreffender Auffassung ist dies zu bejahen[66], etwa wenn die Vorteilsgewährung durch einen Monopolisten dazu dient, langfristig dessen Marktstellung abzusichern und künftige Wettbewerber auszuschalten oder schlechter zu stellen[67]. Der Wettbewerbsbegriff ist weit zu verstehen, es ist ausreichend, dass Wettbewerb möglich und nach den Umständen zu erwarten ist[68].

Das Merkmal Unlauterkeit hat – wie bei § 299 StGB – keine eigenständige Bedeutung, da eine Bevorzugung, die auf einer Unrechtsvereinbarung beruht, immer sachwidrig und daher unlauter ist[69].

---

[59] Beispiel nach *Schneider/Ebermann*, medstra 2018, 67, 68, mit näherer Begründung.
[60] BT-Drs. 18/6446, 21.
[61] Vgl. *Dann/Scholz*, NJW 2016, 2077, 2078 (bzgl. Unlauterkeit).
[62] Vgl. *Dann/Scholz*, NJW 2016, 2077, 2078 (bzgl. Unlauterkeit).
[63] BT-Drs. 18/6446, 20; *Dannecker/Schröder*, in: NK, § 299a StGB Rn. 143; *Fischer*, § 299a StGB Rn. 9.
[64] *Fischer*, § 299a StGB Rn. 10.
[65] BGH, wistra 2003, 385, 386; NStZ-RR 2015, 278, 279; *Kraatz*, Rn. 323; *Tsambikakis*, medstra 2016, 131, 136; *Wissing/Cierniak*, NZWiSt 2016, 41, 45.
[66] BT-Drs. 18/8106, 15; *Fischer*, § 299a StGB Rn. 11; *Wissing/Cierniak*, NZWiSt 2016, 41, 44.
[67] BT-Drs. 18/8106, 15.
[68] BGHSt 49, 214, 228; *Rosenau*, in: S/S/W, § 299a StGB Rn. 15. Krit. *Kraatz*, Rn. 323. **A.A.** *Gaede*, in: NK-WSS, § 299a StGB Rn. 57; *Tsambikakis*, medstra 2016, 131, 136 f.
[69] Ähnlich *Fischer*, § 299a StGB Rn. 12, nach dem das Merkmal nur selten eigenständige Bedeutung habe. **A.A.** *Schroth/Hofmann*, medstra 2017, 259, 260 ff.; *Wittig*, § 26 Rn. 78.

834 M hatte mit R eine solche Unrechtsvereinbarung in Bezug auf die Zuführungsvariante i.S.d. § 299a Nr. 3 StGB getroffen. Da M die P nicht ordnungsgemäß aufklärte, liegt eine Zuführung vor. R gewährte M die 20 € gerade für die Überweisung der P an ihn. Vorsatz, Rechtswidrigkeit und Schuld sind gegeben.

835 M handelte auch gewerbsmäßig, denn er hatte eine „Open-end Vereinbarung" mit R hinsichtlich der Honorierung der Überweisung von Patienten an R getroffen, sodass ein **besonders schwerer Fall** nach § 300 S. 2 Nr. 2 Alt. 1 StGB vorliegt (näher zu § 300 StGB Rn. 812 f.).

M hat sich daher wegen Bestechlichkeit im Gesundheitswesen in einem besonders schweren Fall strafbar gemacht. Das Sichversprechenlassen und das Annehmen stellen nur *eine* Tat dar, weil die Annahme des Geldes von Anfang an geplant war (Rn. 811a).

b) Strafbarkeit des R

aa) §§ 299b, 300 StGB

836 R wäre nach §§ 299b Nr. 3, 300 S. 2 Nr. 2 Var. 1 StGB strafbar, wenn er gewerbsmäßig einem Heilberufsangehörigen i.S.d. § 299a StGB im Zusammenhang mit dessen Berufsausübung einen Vorteil für diesen oder einen Dritten als Gegenleistung dafür angeboten, versprochen oder gewährt hätte, dass der Heilberufsangehörige bei einer in § 299b Nr. 1 bis 3 StGB genannten Tatsituation ihn oder einen anderen im inländischen Wettbewerb in unlauterer Weise bevorzuge.

Der Tatbestand der aktiven Bestechung im Gesundheitswesen entspricht im Wesentlichen „spiegelbildlich" dem der Bestechlichkeit im Gesundheitswesen nach § 299a StGB. Deshalb kann auf die dortigen Ausführungen verwiesen werden (Rn. 819 ff.). Anders als § 299a StGB ist § 299b StGB kein Sonder-, sondern ein **Allgemeindelikt**, sodass tauglicher Täter jedermann sein kann[70].

837 Tathandlungen sind Anbieten, Versprechen oder Gewähren eines Vorteils (vgl. Rn. 805).

R hat M, einem Heilberufsangehörigen i.S.d. § 299a StGB, im Zusammenhang mit dessen Berufsausübung einen Vorteil – 20 € pro überwiesenen Patienten, hier für P – versprochen und gewährt. M hat R – wie oben festgestellt – bei der Zuführung von Patienten im inländischen Wettbewerb (unlauter) bevorzugt.

R handelte vorsätzlich, rechtswidrig und schuldhaft. Zudem liegt gewerbsmäßiges Handeln vor (Rn. 835), sodass das Regelbeispiel nach § 300 S. 2 Nr. 2 Var. 1 StGB erfüllt ist.

R hat somit den Tatbestand der Bestechung im Gesundheitswesen in einem besonders schweren Fall verwirklicht.

bb) §§ 299a, 300, 26 (oder ggf. 27) StGB

838 R hat sich nicht zugleich wegen einer Teilnahme an §§ 299a Nr. 3, 300 S. 2 Nr. 2 Var. 1 StGB strafbar gemacht, denn das Versprechen und Gewähren des Vorteils (20 € pro überwiesenen Patienten) ist speziell in § 299b StGB geregelt[71].

In der Fallbearbeitung ist es – wegen des Teilnahmecharakters des § 299b StGB – vorzugswürdig, mit der Prüfung der Strafbarkeit der Person zu beginnen, bei der § 299a StGB in Betracht kommt.

---

[70] *Braun*, JA 2019, 115, 116; *Hohmann*, in: MüKo⁴, § 299b StGB Rn. 2; *Sinner*, in: M/R, § 299b StGB Rn. 2.

[71] Vgl. *Gaede*, in: NK-WSS, § 299b StGB Rn. 1, § 299 StGB Rn. 97.

§ 14: Bestechlichkeit und Bestechung im Gesundheitswesen

Ergänzende Hinweise:

(1) Nach dem Wortlaut der §§ 299a, 299b StGB ist es unerheblich, ob die **Handlung im in- oder ausländischen Wettbewerb** begangen wurde (vgl. Rn. 809 f.). 839

(2) In der Praxis gibt es zahlreiche **Fallgruppen**, die nicht unproblematisch hinsichtlich §§ 299a, 299b StGB sind. Dazu gehören etwa die Teilnahme an vergüteten Anwendungsbeobachtungen, Fortbildungsveranstaltungen, Referenten- und Beraterverträge, Zuweisungspauschalen, Beteiligung an Unternehmen, Musterabgaben, Werbegaben, kostenlose Weitergabe von Blutzuckermessgeräten[72], Geschenke, Spenden und Sponsoring, Drittmitteleinwerbung, kostenlose Überlassung von Geräten, finanzielle Unterstützung von Feiern, Entlassmanagement, Bonuszahlungen, Rabatte und Homecare[73]. 840

(3) Zwischen den Tathandlungen (§ 299a StGB: Fordern, Sichversprechenlassen, Annehmen; § 299b StGB: Anbieten, Versprechen, Gewähren) liegt **tatbestandliche Handlungseinheit** vor, **sofern** sich die Unrechtsvereinbarung auf den betroffenen Vorteil bezog[74] (vgl. Rn. 811a). Bei einer bestehenden „Open end-Vereinbarung" zwischen Vorteilsgeber und -nehmer kommt **gleichartige Tatmehrheit** in Betracht[75]. 841

(4) Umstritten ist das **Konkurrenzverhältnis** der §§ 299a, 299b StGB zu § 299 StGB und §§ 331 ff. StGB. Das Meinungsspektrum reicht von der Auffassung, §§ 299a, 299b StGB seien lex specialis für das Gesundheitswesen und würden somit §§ 299, 331 ff. StGB verdrängen[76], über die These, §§ 299a, 299b StGB würden eine Sperrwirkung gegenüber § 299 StGB entfalten, stünden jedoch in Tateinheit mit §§ 331 ff. StGB[77], bis hin zur Annahme jeweiliger Tateinheit[78]. Da die Tatbestände unterschiedliche Rechtsgüter schützen, ist zutreffenderweise jeweils von Tateinheit (§ 52 StGB) auszugehen. 842

---

[72] Dazu auch *Rönnau/Wegner*, MedR 2017, 206 ff.
[73] Eingehend dazu *Sartorius*, Bestechung und Bestechlichkeit im Gesundheitswesen, 2018, 115 ff.; siehe zu praktisch relevanten Konstellationen auch *Graalmann-Scheerer*, MedR 2017, 601, 607 ff.
[74] *Dannecker/Schröder*, in: NK, § 299a StGB Rn. 232; *Gaede*, in: NK-WSS, § 299a StGB Rn. 98.
[75] *Gaede*, in: NK-WSS, § 299a StGB Rn. 98.
[76] *Tsambikakis*, medstra 2016, 131, 139 f. m.w.N.
[77] *Eisele*, in: Sch/Sch, § 299a StGB Rn. 44; *Seifert*, medstra 2017, 280 ff.
[78] *Dannecker/Schröder*, in: NK, § 299a StGB Rn. 235 ff.; *Fischer*, § 299a StGB Rn. 28; *Kraatz*, Rn. 324b; *Rübenstahl/Teubner*, in: E/R/S/T, § 299a StGB Rn. 56 ff.

§ 15 Korruption im Sport

842a Das 51. Gesetz zur Änderung des Strafgesetzbuches vom 11.4.2017[1] fügte die Straftatbestände Sportwettbetrug (§ 265c) und Manipulation von berufssportlichen Wettbewerben (§ 265d) sowie für beide Tatbestände geltende besonders schwere Fälle (§ 265e) in das StGB ein. Auf im Ausland begangene Manipulationen in Deutschland stattfindender Wettbewerbe finden die Straftatbestände aufgrund der Ergänzung des § 5 StGB um eine Nr. 10a unabhängig vom Recht des Tatortes Anwendung.

Die Entwurfsbegründung versteht § 265c StGB als an den Kreditbetrug (§ 265b StGB) „angelehnte" Vorschrift im „Vorfeld des Betrugstatbestandes"[2] und § 265d StGB als Ergänzung des § 265c StGB und des § 299 StGB[3]. Die Einfügung der §§ 265c-e in das StGB setzt die Bestrebungen des Gesetzgebers, Manipulationen im Sport – auch – mit strafrechtlichen Mitteln zu „bekämpfen", fort. Als Begründung für die Straftatbestände in § 4 des am 1.1.2016 in Kraft getretenen Anti-Doping-Gesetzes wurde bereits – neben dem Schutz der Gesundheit von Sportlerinnen und Sportlern sowie den wirtschaftlichen Interessen der „ehrlichen Konkurrenten", Veranstalter, Sportvereine, Sponsoren, berichtenden Medien und „nicht zuletzt" der Zuschauer – die „Integrität des organisierten Sports" angeführt[4]. Die Verfasser des Entwurfs des 51. StGBÄndG stützten die Einfügung des § 265c StGB ebenfalls auf die These, der Sportwettbetrug beeinträchtige die „Integrität des Sports", indem er „die Glaubwürdigkeit und Authentizität des sportlichen Kräftemessens" untergrabe, und „in betrügerischer Weise das Vermögen anderer" schädige[5]; § 265d StGB ziele „außer auf den Schutz der Integrität des Sports und insbesondere seiner Bedeutung als wichtiger Wirtschaftsfaktor" auf den Schutz „der mit berufssportlichen Wettbewerben verbundenen Vermögensinteressen"[6].

I. Sportwettbetrug (§ 265c StGB)

842b Die Bezeichnung als „Sportwettbetrug" ist eher irreführend, denn in der Sache handelt es sich um ein **Bestechungsdelikt**[7]. An den Kreditbetrug ist der Tatbestand keineswegs „angelehnt", denn § 265b StGB bedroht – wie die vergleichbar gestalteten §§ 264, 264a StGB – bestimmte näher beschriebene Täuschungshandlungen, also Betrugsversuche, mit Strafe (Rn. 1, 186, 879), § 265c StGB verlagert dagegen die Strafbarkeit deutlich weiter in das Vorfeld des Betruges vor[8], indem die Manipula-

---

[1] BGBl. I 2017, 815.
[2] BT-Drs. 18/8831, 15.
[3] BT-Drs. 18/8831, 20.
[4] BT-Drs. 18/4898, 22 f.
[5] BT-Drs. 18/8831, 10.
[6] BT-Drs. 18/8831, 20.
[7] *Nuzinger/Rübenstahl/Bittmann*, WiJ 2016, 34, halten deshalb die Bezeichnung als „Sportwettkorruption" für sachgerecht. *Kubiciel*, jurisPR-StrafR 3/2016, Anm. 1 (III.), weist zutreffend darauf hin, dass die §§ 265c, 265d StGB „besser in das Umfeld" der §§ 299, 299a StGB passen würden
[8] *Kindhäuser/Schumann*, in: HdS 5, § 34 Rn. 172; *Krack*, ZIS 2016, 540, 550.

tion eines sportlichen Wettbewerbs mit dem Ziel, das Eingehen einer betrügerischen Sportwette zu ermöglichen, unter Strafandrohung gestellt ist. Ob es zur Wettsetzung kommt, ist für § 265c StGB unerheblich.

Wie dargelegt (Rn. 842a), soll § 265c StGB nach der Gesetzesbegründung die **Integrität des Sports** und das **Vermögen** der Anbieter von Sportwetten, der Wettteilnehmer und der in sonstiger Weise durch die Manipulation sportlicher Wettbewerbe Betroffenen schützen. Der Integrität des Sports wird überwiegend die Rechtsgutsqualität abgesprochen[9], andere akzeptieren den Willen des Gesetzgebers und betrachten die Integrität des Sports wegen dessen gesellschaftlicher Bedeutung als taugliches Schutzgut[10]. Die Berufung auf die Integrität des Sports als Rechtsgut des § 265c StGB verschleiert allerdings das eigentliche Ziel des Tatbestandes, nämlich den Schutz des Vermögens der Anbieter von Sportwetten und der Wettteilnehmer[11]. 842c

Sieht man allein das Vermögen der Sportwettenanbieter und -teilnehmer als Schutzgut des § 265c StGB, so handelt es sich bei dem Tatbestand um ein **abstraktes Gefährdungsdelikt**, da keine konkrete Gefährdung oder Verletzung des Vermögens erforderlich ist[12]. Nach überwiegender Auffassung soll dies auch hinsichtlich der Integrität des Sports gelten[13]. Dem wird jedoch zu Recht entgegengehalten, dass die Integrität des Sports, erkennt man sie als Schutzgut des § 265c StGB an, schon durch die Annahme eines Bestechungsgeldes durch einen Sportler, Trainer oder Schiedsrichter, nicht erst durch die Vornahme der versprochenen Manipulation verletzt wird[14]. 842d

Fall 55a: – *Intendierte Wettkampfmanipulation* –

Der SV Piepenbüttel war unangefochtener Tabellenführer in der Fußball-Oberliga, Marc Müller (M) der Stammtorwart der Mannschaft. Eine Woche vor dem Meisterschaftsspiel gegen den Tabellenletzten Germania Ahlebeck sprach Elisabeth Roth (R) M, mit dem sie zur Schule gegangen war, an und teilte ihm mit, dass sie Zugang zu einem illegalen Wettanbieter, bei dem auch auf den Ausgang von Oberliga-Spielen Wetten abgeschlossen werden, hätte. Wenn M gegen Zahlung von 1.000 € einige „Bälle passieren" lassen und so für einen Sieg von Germania sorgen würde, würde sie eine Wette auf deren Sieg platzieren. M erklärte sich dazu bereit und nahm eine „Vorauszahlung" in Höhe von 500 € entgegen. Da sich M zwei Tage vor dem Spiel im Training einen Kreuzbandriss zuzog, verzichtete R auf die Wettsetzung. Strafbarkeit des M und der R nach §§ 265c StGB? 842e

---

[9] Z.B. *Bittmann/Großmann/Rübenstahl*, in: BeckOK-StGB, § 265c Rn. 11 f.; *Heger*, in: L/K/H, § 265c StGB Rn. 1; *Satzger*, Jura 2016, 1142, 1152 f.; *Schreiner*, in: MüKo⁴, § 265c StGB Rn. 2; *Sinner*, in: M/R, § 265c StGB Rn. 3. *Krack*, ZIS 2016, 540, 545, bezeichnet die Integrität des Sports zu Recht als „vages Allgemeininteresse".

[10] Z.B. *Jaleesi*, S. 90 ff.; *Kubiciel*, in: Hoven/Kubiciel, Korruption im Sport, 2018, S. 61, 67 ff.; *Perron*, in: Sch/Sch, § 265c StGB Rn. 2.

[11] *Swoboda/Bohn*, JuS 2016, 686, 689. Näher zur Schutzrichtung des § 265c StGB Hellmann, in: NK, § 265c StGB Rn. 8 f.

[12] *Bittmann/Großmann/Rübenstahl*, in: BeckOK-StGB, § 265c Rn. 3; *Fischer*, § 265c StGB Rn. 2; *Perron*, in: Sch/Sch, § 265c StGB Rn. 2; *Sinner*, in: M/R, § 265c StGB Rn. 5.

[13] *Bittmann/Großmann/Rübenstahl*, in: BeckOK-StGB, § 265c Rn. 3; *Sinner*, in: M/R, § 265c StGB Rn. 5.

[14] *Heger*, in: L/K/H, § 265c StGB Rn. 2.

a) Strafbarkeit des M

§ 265c Abs. 1 StGB

M könnte sich durch die Zusage der Wettkampfmanipulation und die Entgegennahme der 500 € wegen Sportwettbetruges nach § 265c Abs. 1 StGB strafbar gemacht haben.

842f **§ 265c Abs. 1 StGB** ist ein **Sonderdelikt**[15], dass nur von Sportlern, Trainern und Trainern gleichgestellten Personen (Abs. 6 S. 2), also den Akteuren, die unmittelbar Einfluss auf Verlauf und Ergebnis eines sportlichen Wettbewerbs nehmen können[16], als Täter begangen werden kann. Die Tätereigenschaft ist ein **strafbegründendes besonderes persönliches Merkmal** i.S.d. § 28 Abs. 1 StGB.

Sportler i.S.d. Tatbestandes ist jeder an einem berufs- oder amateursportlichen Wettbewerb teilnehmende „Athlet", unabhängig von der Zugehörigkeit zu einer bestimmten Leistungsklasse.

Nach der Legaldefinition des § 265c Abs. 6 S. 1 StGB ist **Trainer** ist, „wer bei dem sportlichen Wettbewerb über den Einsatz und die Anleitung von Sportlern entscheidet". Maßgeblich ist nicht die Lizensierung oder die Bezeichnung als Trainer, Teamchef, Coach usw., sondern die tatsächliche Leitungsfunktion, durch die auf den Einsatz bzw. die Einwechselung von Spielern oder die Erteilung von Anweisungen an den Sportler auf den Verlauf und das Ergebnis des Wettbewerbs unmittelbar einwirkt werden kann[17].

§ 265c Abs. 6 S. 2 StGB stellt **Personen, die aufgrund ihrer beruflichen oder wirtschaftlichen Stellung wesentlichen Einfluss auf den Einsatz oder die Anleitung von Sportlern nehmen können**, einem Trainer gleich. Dies sind zum einen Personen, die aufgrund ihres arbeitgeberähnlichen Weisungsrechts, etwa als Sportdirektor, ihrer sonstigen Entscheidungsbefugnisse, insbesondere als Leiter eines Sportvereins oder -verbandes, z.B. über Vertragsverlängerungen zu befinden, unmittelbar auf den Sportler oder Trainer einwirken können, sowie ggf. mit Entscheidungsbefugnissen hinsichtlich des Einsatzes eines Sportlers ausgestattete Mannschafts- oder Sportärzte[18]. Zum anderen sind Personen erfasst, die aufgrund ihrer wirtschaftlichen Stellung, z.B. als (Mit-)Eigentümer eines Vereins, oder als Sponsoren eines Sportlers oder eines Vereins bzw. Verbandes, wesentlichen Einfluss auf sportliche Entscheidungen nehmen können[19]. Die Beschränkung auf Personen, deren Einflussmöglichkeiten aus ihrer beruflichen oder wirtschaftlichen Stellung resultieren, schließt **ehrenamtlich tätige Personen**, z.B. Vereinsvorstände im Amateursportbereich, als Täter des § 265c Abs. 1 StGB aus, selbst wenn sie faktisch in vergleichbarer Weise auf Sportler oder Trainer einwirken können[20].

---

[15] *Schreiner*, in: MüKo⁴, § 265c StGB Rn. 9.
[16] BT-Drs. 18/8831, 15.
[17] *Fischer*, § 265c StGB Rn. 12; *Sinner*, in: M/R, § 265c StGB Rn. 8.
[18] BT-Drs. 18/8831, 20.
[19] BT-Drs. 18/8831, 20; *Perron*, JuS 2020, 809, 812; *Satzger*, in: S/S/W, § 265c StGB Rn. 18.
[20] Eingehend *Jaleesi*, S. 133 ff.

Täter des **§ 265c Abs. 3 StGB** können nur **Schieds-, Wertungs- oder Kampfrichter** sein. Die Bezeichnung durch die jeweilige Sportorganisation ist nicht maßgeblich[21], sondern die Funktion dieser Personen in einem Wettkampf. Sie müssen unmittelbar am Wettbewerb beteiligt sein und durch ihre Entscheidungen Einfluss auf dessen Verlauf und das Ergebnis nehmen können[22].

842g

M ist als Spieler der Oberligamannschaft Sportler und deshalb tauglicher Täter des § 265c Abs. 1 StGB.

Hinsichtlich der **Tathandlungen** – Fordern, Sichversprechenlassen und Annehmen eines Vorteils für sich oder einen Dritten –, den Anforderungen an den – materiellen oder immateriellen – Vorteil sowie des Ausschlusses *sozialadäquater* Zuwendungen ohne objektive Eignung zur Beeinflussung des Verlaufs oder des Ergebnisses eines sportlichen Wettbewerbs gelten sinngemäß die gleichen Voraussetzungen wie bei anderen Bestechlichkeitsdelikten (vgl. hierzu Rn. 793, 821 ff., 851).

842h

M hat einen nicht sozial adäquaten Vorteil angenommen.

Als Gegenleistung für den – geforderten, vereinbarten und/oder angenommenen – Vorteil muss der Täter des § 265c Abs. 1, 3 StGB die **Beeinflussung des Verlaufs oder des Ergebnisses eines Wettbewerbs des organisierten Sports**, durch die die **Erlangung eines rechtswidrigen Vermögensvorteils** durch eine auf diesen Wettbewerb bezogene **öffentliche Sportwette** ermöglicht werden soll, in Aussicht stellen; Manipulationen durch Sportler, Trainer und Trainern gleichgestellte Personen müssen gemäß § 265c Abs. 1 StGB zudem auf eine Beeinflussung **zugunsten des Wettbewerbsgegners** gerichtet sein. Die von § 265c StGB geforderte **Unrechtsvereinbarung** unterscheidet sich von den Unrechtsvereinbarungen der §§ 299, 299a, 299b, 331 ff. StGB dadurch, dass § 265c StGB das – intendierte bzw. vereinbarte – Gegenleistungsverhältnis des vom Bestechenden zu erbringenden Vorteils und der vom Bestochenen vorzunehmenden Handlung (Manipulation des Sportwettbewerbs) nicht genügen lässt, sondern das – dem Einfluss des Bestochenen entzogene, weil von der Platzierung der Wette abhängige – Ziel der Manipulation, Erlangung eines rechtswidrigen Vermögensvorteils durch eine auf den zu manipulierenden Wettbewerb bezogenen Sportwette, aufgenommen hat[23]. Die These, die intendierte Erlangung eines rechtswidrigen Vermögensvorteils durch eine Sportwette sei deshalb kein Element des objektiven Tatbestandes, sondern ein „zusätzliches subjektives Tatbestandsmerkmal (Wettvorsatz)"[24], trifft dennoch nicht zu. Erst die intendierte Ermöglichung eines rechtswidrigen Vermögensvorteils durch eine auf den zu manipulierenden Wettkampf bezogenen Sportwette verleiht der – im objektiven Tatbestand zu prüfenden – Unrechtsvereinbarung des § 265c StGB ihr spezifisches Gepräge[25].

842i

---

[21] *Kindhäuser/Schumann*, in: HdS 5, § 34 Rn. 181.
[22] BT-Drs. 18/8831, 18. Zu den Kategorien näher *Hellmann*, in: NK, § 265c StGB Rn. 25 ff.
[23] *Tsambikakis*, StV 2018, 319, 325, sieht darin eine „bislang einzigartige Kombination aus den Elementen eines Korruptions- und eines Vermögensdelikts".
[24] *Jaleesi*, S. 180; ebenso *Krack*, ZIS 2016, 540, 547 ff.
[25] *Bittmann/Großmann/Rübenstahl*, in: BeckOK-StGB, § 265c Rn. 44; *Perron*, in: Sch/Sch, § 265c StGB Rn. 16; *Schreiner*, in: MüKo⁴, § 265c StGB Rn. 19; *Sinner*, in: M/R, § 265c StGB Rn. 15.

842j Die **Unrechtsvereinbarung** muss auf die **Beeinflussung des Verlaufs oder des Ergebnisses eines Wettbewerbs des organisierten Sports** abzielen.
Der Terminus „Sport" ist unklar[26] und gesetzlich nicht definiert. Nach der Gesetzesbegründung handelt es sich „um einen umgangssprachlichen, weltweit gebrauchten Begriff, der keine eindeutige begriffliche Abgrenzung zulässt" und von den veränderlichen „jeweils herrschenden Anschauungen innerhalb der Gesellschaft zum Verständnis des Sportbegriffs" bestimmt werde; als – einzigen – „Anhaltspunkt für die Reichweite des aktuellen Sportverständnisses" nennt die Gesetzesbegründung, dass „z.B. mindestens die vom Deutschen Olympischen Sportbund (DOSB) anerkannten Sportverbände eine Sportart vertreten, die jeweils unter das im Inland aktuell herrschende gesellschaftliche Verständnis von Sport fällt"[27]. Danach würden jedenfalls die von den derzeit dem DSOB angeschlossenen 66 Spitzenverbänden repräsentierten Sportarten[28] vom Anwendungsbereich des § 265c StGB erfasst. Da § 265c StGB auch für im Ausland durchgeführte Sportveranstaltungen gilt, müsste der in dem betroffenen Staat geltende Sportbegriff in entsprechender Anwendung dieses Kriteriums ermittelt werden. Zudem können ggf. die durch die Mitgliedsverbände des Internationalen Olympischen Komitees (IOC)[29] und der Global Association of International Sports Federations (GAISF)[30] vertretenen Sportarten einbezogen werden. Pferderennen und andere Leistungsprüfungen für Pferde, die von diesem Sportbegriff an sich nicht umfasst wären, sollen ebenfalls dem Anwendungsbereich des § 265c StGB unterfallen[31].
Da der Sportbegriff ein normatives Merkmal ist, überzeugt es nicht, ihn allein nach formalen Kriterien, wie dem Vorliegen einer Verbandsstruktur und der Aufnahme in einen „Dachverband", zu bestimmen. Deshalb wird zu Recht eine „weitere Konkretisierung" durch **materielle Kriterien**, wie die „Dominanz des Leistungswettbewerbs über die Mächte des Zufalls" und „einen nicht unerheblichen motorischen Einsatz des Körpers"[32] oder die „Qualität", mit der die „wettbewerbsimmanenten menschlichen oder tierischen Körperbewegungen durchgeführt werden"[33], vorgeschlagen. Zutreffend erscheint, als „Grundelement" des Sports eine eigene, sportartbestimmende motorische Aktivität zu verlangen. § 265c Abs. 5 StGB verweist auf weitere Merkmale, die im Rahmen des Sportwettbetruges relevant sind, nämlich den Wettbewerbscharakter, einen gewissen Organisationsgrad und die Verpflichtung zur

---

[26] Die Unschärfe des Sportbegriffs wird z.T. kritisiert, z.B. *Bittmann/Großmann/Rübenstahl*, in: BeckOK-StGB, § 265c Rn. 54; *Schreiner*, in: MüKo⁴, § 265c StGB Rn. 22; eingehend zur fehlenden Konkretisierung des Sportbegriffs *Jaleesi*, S. 144 ff. Andere betrachten einen „weiten, d.h. entwicklungsoffenen Sportbegriff" dagegen als „sachgerecht", so *Kubiciel*, in: Hoven/Kubiciel, Korruption im Sport, 2018, 61, 76.
[27] BT-Drs. 18/8831, 19.
[28] https://www.dosb.de/ueber-uns/mitgliedsorganisationen/spitzenverbaende.
[29] https://www.olympic.org/sports.
[30] https://www.gaisf.sport/members.
[31] BT-Drs. 18/8831, 17.
[32] So *Kubiciel*, in: Hoven/Kubiciel, Korruption im Sport, 2018, S. 61, 76; s. auch die „Kennzeichen" des „modernen Sports" bei *Fischer*, § 265c StGB Rn. 3b; ihm zust. *Bittmann/Großmann/Rübenstahl*, in: BeckOK-StGB, § 265c Rn. 55.
[33] So *Hoyer*, in: SK, § 265c StGB Rn. 12.

Einhaltung verbindlicher Regeln³⁴ . Das Vorhandensein eines „Marktes" für Wetten auf den Verlauf oder das Ergebnis eines Wettbewerbs ist ein weiteres Indiz dafür, dass es sich um Sport i.S.d. § 265c StGB handelt.
Bei einem solchen materiellen Verständnis ist z.B. auch der **„eSport"** erfasst³⁵.

Die Unschärfe des Sportbegriffs wirkt sich auf den Terminus **„organisierter Sport"** aus³⁶. Die in der Gesetzesbegründung bezeichnete Beschränkung auf „anerkannte" Sportorganisationen³⁷ findet sich im Gesetzestext nicht. Der Anschluss an einen nationalen oder internationalen „Dachverband" kann ein Indiz darstellen, in Ermangelung eines gesetzlich geregelten Anerkennungsverfahrens sollte es aber genügen, dass die typischen Elemente einer „Sportorganisation" – nach außen erkennbarer Zusammenschluss von Mitgliedern zur Förderung des eigenen Sports nach festgelegten Regeln – erfüllt sind. Darunter fallen jedenfalls die auf einzelne Sportarten bezogenen Weltfachverbände (z.B. FIFA, FIBA, ITF), internationalen Fachsportverbände (z.B. UEFA), nationalen und inländischen regionalen Fachsportverbände (DFB, DHB, DBB/BBL, DTB) sowie die nationalen (z.B. DSOB) und internationalen sportartübergreifenden Verbände (z.B. IOC)³⁸. Die Beschränkung auf Wettbewerbe des organisierten Sports dient in erster Linie dazu, rein privat organisierte Sportveranstaltungen, bei denen eine Sportorganisation nicht eingebunden wurde, wie Firmenläufe, privat veranstaltete Turniere und Sportfeste, sowie Schulsportwettbewerbe auszuschließen³⁹.

842k

Nach der in § 265c Abs. 5 StGB getroffenen Legaldefinition umfasst der Begriff **„Wettbewerb"** alle Sportveranstaltungen im In- und Ausland, die von, im Auftrag oder mit Anerkennung eines Sportbundesverbandes oder einer internationalen Sportorganisation (Nr. 1) nach von dieser Organisation für ihre Mitgliedsorganisationen mit verpflichtender Wirkung festgelegten Regeln organisiert werden (Nr. 2). Der Begriff Wettbewerb erfasst sowohl **einzelne Wettkämpfe**, wie Meisterschafts- und Vorrundenspiele oder Endläufe, als auch **miteinander verbundene bzw. aufeinander bezogene Veranstaltungen**, z.B. Meisterschaftsturniere einschließlich der Qualifikationsrunden, und Pokalwettbewerbe⁴⁰. Aufgrund der Weite des Wettbewerbsbegriffs ist ein bestimmtes Leistungsniveau oder ein besonderer Grad der Professionalisierung der Teilnehmer nicht erforderlich, sodass nicht nur der – professionelle – Spitzen- und Leistungssport, sondern auch der Amateursport erfasst ist. Die Weite des Wettbewerbsbegriffs „trägt dem Umstand Rechnung, dass auf eine große Bandbreite von Sportwettbewerben unabhängig von der Sportart und unabhängig von dem Leistungsniveau der Wettbewerbsteilnehmer gewettet wird"⁴¹.

842l

---

³⁴ *Satzger*, Jura 2016, 1142, 1148; *Schörner*, HRRS 2017, 407.
³⁵ Näher dazu *Hellmann*, in: NK, § 265c StGB Rn. 15.
³⁶ *Schreiner*, in: MüKo⁴, § 265c StGB Rn. 22.
³⁷ BT-Drs. 18/8831, 19.
³⁸ BT-Drs. 18/8831, 19; *Perron*, in: Sch/Sch, § 265c StGB Rn. 5; *Schreiner*, in: MüKo⁴, § 265c StGB Rn. 23.
³⁹ BT-Drs. 18/8831, 19; *Sinner*, in: M/R, § 265c StGB Rn. 20.
⁴⁰ BT-Drs. 18/8831, 19.; krit.: *Fischer*, § 265c StGB Rn. 6; *Krack*, wistra 2017, 289, 293.
⁴¹ BT-Drs. 18/8831, 19.

842m Der Begriff „**Beeinflussung des Verlaufs oder des Ergebnisses eines Wettbewerbs des organisierten Sports**" ist nach zutreffender Auffassung weit zu verstehen[42] und umfasst alle Entscheidungen vor[43] und während des Wettkampfs, die auf eine Manipulation durch die Aufhebung oder Einschränkung der Unvorhersehbarkeit des Wettbewerbsgeschehens zielen[44]. Intendierte Einwirkungen von Sportlern und Trainern auf das Wettkampfgeschehen müssen nicht regelwidrig sein, sodass bei einem Sportler z.B. „ein bewusstes Zurückbleiben hinter seinen Leistungsgrenzen" oder „ein bewusstes Vergeben von Gewinnchancen" und bei einem Trainer der bewusste Einsatz „schwächerer Sportler im Wettbewerb" oder die Erteilung von Anweisungen im Spielverlauf, „die die eigene Mannschaft schwächen", erfasst seien[45]. Die zur Eingrenzung z.T. vorgeschlagene Beschränkung auf „evidente bzw. objektiv unvertretbare Entscheidungen"[46] dürfte in der Wettkampfsituation untauglich sein und würde zusätzliche Unklarheiten bei der Anwendung des Tatbestandes bewirken. Es bedarf einer solchen Einschränkung im Übrigen nicht, da die Unrechtsvereinbarung i.d.R. nicht auf ein konkretes Verhalten im Wettkampf gerichtet sein wird, sondern darauf, dass durch sich aus dem jeweiligen Wettkampfgeschehen ergebende Handlungen die für den „Erfolg" der Sportwette erforderlichen Umstände herbeigeführt werden[47]. Es genügt deshalb die Abrede, das Verhalten – vor oder während des Wettkampfs – so zu gestalten, dass aufgrund des manipulierten Verlaufs oder Ergebnisses der intendierte Wettgewinn realisiert werden kann.[48]

Da Sportwetten nicht nur auf End- oder Zwischenergebnisse („Halbzeitstand") eines Wettkampfs, sondern auch auf einzelne Ereignisse – erstes Tor, Anzahl der Tore im gesamten Spiel, vor oder nach der Halbzeit usw.[49] – oder Abläufe – z.B. Abfolge der gewonnenen Spiele innerhalb eines Satzes bei einem Tennisspiel – platziert werden können, kann die Unrechtsvereinbarung auf die **Beeinflussung des Verlaufs oder des Ergebnisses** eines Wettkampfs gerichtet sein. Erforderlich, aber hinreichend für eine „sportspezifische" Beeinflussung ist, dass das zu manipulierende Ereignis einen unmittelbaren Zusammenhang mit dem sportlichen Wettbewerb aufweist[50]. Tritt das Ereignis, auf das eine Wette abgeschlossen werden kann, nur bei Gelegenheit eines Wettkampfs ein,[51] so erfüllt eine darauf gerichtete Vereinbarung den Tatbestand nicht.

---

[42] *Jaleesi*, S. 180; ebenso *Krack*, ZIS 2016, 540, 547 ff.
[43] Zu Manipulationen vor Wettkampfbeginn vgl. *Jaleesi*, S. 184.
[44] BT-Drs. 18/8831, 16; *Schreiner*, in: MüKo⁴, § 265c StGB Rn. 25.
[45] BT-Drs. 18/8831, 16.
[46] So *Kubiciel*, WiJ 2016, 256, 266.
[47] *Kindhäuser/Schumann*, in: HdS 5, § 34 Rn. 185: Die Art und Weise der Manipulation muss nur „in groben Umrissen" bekannt sein.
[48] Vgl. *Jaleesi*, S. 182.
[49] Vgl. *Valerius*, Jura 2018, 777, 783; eingehend zu den zahlreichen Arten von Sportwetten *A. Fischer*, Die Legitimität des Sportwettbetrugs (§ 265c StGB), 2020, S. 10 ff.
[50] BT-Drs. 18/8831, 16.
[51] S. den von *Valerius*, Jura 2018, 777, 784, geschilderten – skurrilen – Fall der Wette darauf, dass der Ersatztorwart „auf der Bank" während des Spiels etwas essen wird.

Die intendierte Manipulation des Sportwettbewerbs stellt lediglich das „Zwischenziel" dar, den Vorteilsgeber oder einen Dritten in die Lage zu versetzen, durch die Platzierung einer auf den manipulierten Wettbewerb bezogenen **öffentlichen Sportwette** einen **rechtswidrigen Vermögensvorteil** zu erlangen (Rn. 842i). Nicht maßgeblich ist, ob es zur Wettsetzung tatsächlich kommt[52]. Die Sportwette kann legal, d.h. genehmigt oder jedenfalls genehmigungsfähig, oder illegal sein, der Wettkampf kann im Inland oder im Ausland stattfinden und der Sportwettanbieter kann seinen Sitz im Inland oder im Ausland haben.

842n

Es muss sich um eine **„öffentliche"** Sportwette handeln. Das ist zumindest der Fall, wenn die Teilnahme einem größeren, nicht geschlossenen Personenkreis offensteht[53]. Nach der Gesetzesbegründung sollen zudem „gewohnheitsmäßig veranstaltete Sportwetten in Vereinen oder sonstigen geschlossenen Gesellschaften" dem Begriff der öffentlichen Sportwette unterfallen[54]. Mit dem Wortlaut ist diese These jedoch nicht vereinbar und die Berufung auf § 284 Abs. 2 StGB trägt sie nicht, denn die Regelung fingiert die für § 284 Abs. 1 StGB erforderliche öffentliche Veranstaltung eines Glücksspiels[55]. Wenn § 265c StGB – wie § 284 StGB – auch auf Sportwetten, die nur einem geschlossenen Personenkreis zugänglich sind, anwendbar sein soll, bedarf es einer entsprechenden Vorschrift.

Auf die Erlangung eines **rechtswidrigen Vermögensvorteils** ist die Unrechtsvereinbarung gerichtet, wenn der intendierte Vermögensvorteil auf einem Eingriff in die Manipulationsfreiheit des Wettgegenstandes, die ihrerseits Grundlage der Wette ist, beruht[56]. Das ist der Fall, wenn die Platzierung der Wette in Kenntnis der Manipulation des Sportwettbewerbs die – objektiven – Voraussetzungen eines vollendeten oder versuchten Betruges[57] bzw. bei einer Online-Wette eines vollendeten oder versuchten Computerbetruges[58] erfüllen würde. Eigen- oder Drittbereicherungsabsicht ist nicht erforderlich[59]. Die Rechtswidrigkeit des intendierten Vermögensvorteils ist nicht – wie z.T. behauptet wird – Merkmal des subjektives Tatbestandes[60], sondern kennzeichnet die Unrechtsvereinbarung.

Indem M in Aussicht stellte, Torschüsse der gegnerischen Mannschaft nicht zu parieren und der Germania dadurch zum Sieg zu verhelfen, um R einen rechtswidrigen Vermögensvorteil aus einer betrügerischen Sportwette zu ermöglichen, schloss er mit M eine Unrechtsvereinbarung i.S.d. § 265c Abs. 1 StGB. Die Meisterschaft in der Fußballoberliga ist ein Wettbewerb des jeweiligen Landesverbandes des DFB, sie zählt somit zum organisierten Sport.

Da M vorsätzlich, rechtswidrig und schuldhaft handelte, hat er sich wegen Sportwettbetruges strafbar gemacht.

---

[52] *Kindhäuser/Schumann*, in: HdS 5, § 34 Rn. 191.
[53] BT-Drs. 18/8831, 17; ebenso *Kindhäuser/Schumann*, in: HdS 5, § 34 Rn. 190; *Perron*, in; Sch/Sch, § 265c StGB Rn. 18; *Schweiner*, in: MüKo⁴, § 265c StGB Rn. 28.
[54] Zust. z.B. *Heger*, in: L/K/H, § 265c StGB Rn. 11; *Sinner*, in: M/R, § 265c StGB Rn. 24.
[55] *Wietz/Matt*, in: M/R, § 284 StGB Rn. 8. Die Rechtswidrigkeit folgt nicht aus der Illegalität der Sportwette, *Satzger*, in: S/S/W, § 265c StGB Rn. 38.
[56] *Sinner*, in: M/R, § 265c StGB Rn. 25.
[57] BGHSt 51, 165, 169 ff.; 58, 102, Rn. 19 ff.
[58] BGH, NJW 2013, 1017, Rn. 58 ff.; NJW 2016, 1336, Rn. 9 ff.
[59] *Kindhäuser/Schumann*, in: HdS 5, § 34 Rn. 192.
[60] So *Fischer*, § 265c StGB Rn. 27.

b) Strafbarkeit der R

§ 265c Abs. 2 StGB

842o Der Tatbestand des Sportwettbetruges durch Bestechung eines Sportlers, Trainers oder einer einem Trainer gleichgestellten Person nach § 265c Abs. 2 StGB entspricht „spiegelbildlich" dem des Sportwettbetruges dieser Personen gemäß § 265c Abs. 1 StGB. Das gilt entsprechend für die Bestechung von Schieds-, Wertungs- und Kampfrichtern (§ 265c Abs. 4 StGB) gemäß § 265c Abs. 4 StGB).
Es handelt sich um **Allgemeindelikte**, Täter der Bestechung von Sportlern, Trainern und diesen gleichgestellten Personen sowie von Schieds-, Wertungs- und Kampfrichtern kann jedermann sein[61], auch ein anderer an dem betreffenden Wettkampf beteiligter Sportler oder Trainer[62].

842p Tathandlungen sind Anbieten, Versprechen oder Gewähren eines Vorteils (vgl. Rn. 805).
R hat M, einem Sportler i.S.d. § 265c Abs. 1 StGB, einen Vorteil – 1.000 € – versprochen und in Höhe von 500 € als Gegenleistung für die intendierte Manipulation eines Wettbewerbs des organisierten Sports zur Ermöglichung einer betrügerischen Sportwette gewährt.
R handelte vorsätzlich, rechtswidrig und schuldhaft, sodass sie sich wegen Sportwettbetruges nach § 265c Abs. 2 StGB strafbar gemacht hat.

Ergänzende Hinweise:

842q **(1)** Bei der Bestimmung des **Konkurrenzverhältnisses zu §§ 263, 263a StGB** für den Fall, dass es zu der intendierten Wettsetzung kommt, ist eine differenzierte Betrachtung vorzunehmen. Ist der Vorteilsgeber zugleich der Wettsetzer, so steht § 265c Abs. 2, 4 StGB zu einem – ggf. versuchten – Betrug oder Computerbetrug in Tatmehrheit[63]. Die intendierte Wettsetzung kennzeichnet zwar die Unrechtsvereinbarung, deren tatsächliche Vornahme ist aber keine Voraussetzung der Tatbestände und sie muss nicht von dem Vorteilsgeber vorgenommen werden. Der Umstand, dass der Sportwettbetrug in einem solchen Fall noch nicht materiell beendet ist, begründet keine Tateinheit.
Nimmt ein Dritter den Sportwettbetrug vor, so leistet er dadurch Beihilfe zu dem – versuchten oder vollendeten – Betrug bzw. Computerbetrug des Wettenden. Das gilt ebenso für den Vorteilsnehmer. Die Beteiligung an §§ 263, 263a StGB steht deshalb zu § 265c in Tateinheit[64].
Das **Konkurrenzverhältnis zu anderen Tatbeständen** ist nach allgemeinen Grundsätzen zu beurteilen. Erfüllt die Tathandlung des Sportwettbetrugs zugleich die Voraussetzungen des § 266 StGB, was etwa bei einem Sportdirektor der Fall sein kann, oder der §§ 240, 253 StGB, weil die Bestechungshandlung mit einer Drohung

---

[61] *Perron*, in: Sch/Sch, § 265c StGB Rn. 20.
[62] *Bittmann/Großmann/Rübenstahl*, in: BeckOK-StGB, § 265c Rn. 15; *Perron* JuS 2020, 809 (812).
[63] BT-Drs. 18/8831, 15; *Satzger*, in: S/S/W, § 265c StGB Rn. 42. **A.A.** (Tateinheit) *Schreiner*, in: MüKo⁴, § 265c StGB Rn. 67, unter der Bedingung, dass auch die Integrität des Sports als Schutzgut des § 265c StGB befürwortet wird. Für ein Zurücktreten des § 265c StGB hinter Betrug und Beihilfe zum Betrug *Hoyer*, in: SK, § 265c StGB Rn. 36.
[64] *Fischer*, § 265c StGB Rn. 30.

verbunden ist, so kommt Tateinheit in Betracht⁶⁵. §§ 284, 285 StGB stehen im Falle einer illegalen Sportwette zu § 265c Abs. 2, 4 StGB ggf. in Tatmehrheit⁶⁶. Das **Konkurrenzverhältnis zu § 265d StGB** ist strittig (dazu Rn. 842x).

(2) § 265c Abs. 5 StGB stellt klar, dass der Tatbestand auch eingreift, wenn die intendierte Manipulation eines Wettbewerbs des organisierten Sports eine **Sportveranstaltung im Ausland** betrifft. Da die Unrechtsvereinbarung auf die Ermöglichung der Erlangung eines rechtswidrigen Vermögensvorteils durch eine auf den – ggf. ausländischen – Wettbewerb bezogene Sportwette gerichtet sein muss, sind im Ausland durchgeführte öffentliche Sportwetten ebenfalls erfasst. Für die Anwendbarkeit des § 265c StGB auf Auslandssachverhalte sind diese Umstände jedoch nur mittelbar relevant, da die Manipulation und die Wettsetzung keine Voraussetzungen der Tatalternativen des § 265c StGB, sondern lediglich Bezugspunkte der Unrechtsvereinbarung sind. § 265c StGB ist ein abstraktes Gefährdungsdelikt, das keinen Erfolg voraussetzt. Das deutsche Strafrecht ist daher grundsätzlich nur anwendbar, wenn eine **Tathandlung des § 265c StGB im Inland vorgenommen** (§ 3 StGB) oder die – auch im Ausland strafbare – Tat **von einem Deutschen im Ausland begangen** wurde (§ 7 Abs. 2 StGB)⁶⁷. Die allgemeinen Grundsätze des Territorialitäts- und des Personalitätsprinzips ergänzt § 5 Nr. 10a StGB um den Fall, dass sich eine „reine" Auslandstat nach § 265c StGB **auf einen Wettbewerb bezieht, der im Inland stattfindet**. Erfasst sind dadurch Konstellationen, in denen Ausländer die Bestechungshandlung im Ausland zur Manipulation eines in Deutschland stattfindenden Wettbewerbs vornehmen. Den Inlandsbezug stützt die Gesetzesbegründung auf die aus der Unrechtsvereinbarung resultierenden „Gefahr, dass es tatsächlich zu einer Beeinflussung des inländischen Wettbewerbs kommt"⁶⁸.

(3) § 265e StGB enthält eine Strafzumessungsvorschrift, die unter Verwendung der **Regelbeispielstechnik** den Strafrahmen dieser Straftatbestände auf Freiheitsstrafe von drei Monaten bis zu fünf Jahren erhöht, wenn das Strafgericht einen **besonders schweren Fall** annimmt. Regelbeispiele für das Vorliegen eines besonders schweren Falls sind nach § 265e S. 2 StGB das **große Ausmaß** des Vorteils (Nr. 1) sowie die **gewerbs- oder bandenmäßige Begehung** (Nr. 2). Der Wortlaut des § 265e StGB entspricht dem des § 300 StGB für besonders schwere Fälle der Bestechlichkeit und Bestechung im geschäftlichen Verkehr (§ 299 StGB) und im Gesundheitswesen (§§ 299a, 299b StGB). Dadurch wird die Nähe der §§ 265c, 265d zu diesen Korruptionsdelikten erneut deutlich. Auf die zu § 300 entwickelten Auslegungsmaßstäbe kann zurückgegriffen werden⁶⁹ (Rn. 812 f.).

---

⁶⁵ *Perron*, in: Sch/Sch, § 265c StGB Rn. 28.
⁶⁶ *Heger*, in: L/K/H, § 265c StGB Rn. 15.
⁶⁷ *Perron*, JuS 2020, 809, 814.
⁶⁸ BT-Drs. 18/8831, 14.
⁶⁹ BT-Drs. 18/8831, 22.

II. Manipulation von berufssportlichen Wettbewerben (§ 265d StGB)

842t Die Struktur des § 265d StGB entspricht der des § 265c StGB, indem in Abs. 1 die **Bestechlichkeit von Sportlern, Trainern und Trainern gleichgestellten Personen** (Abs. 6) und in Abs. 3 die Bestechlichkeit **von Schieds-, Wertungs- oder Kampfrichtern** mit Strafe bedroht ist und § 265d Abs. 2, 4 StGB die „spiegelbildlichen" Tatbestände der **Bestechung dieser Personen** enthält. Die Bestechlichkeitsalternativen sind somit ebenfalls **Sonderdelikte**, die als Täter nur von Angehörigen der genannten Personenkreise begangen werden können (Rn. 842f), Täter der Bestechungsvarianten kann jedermann sein[70]. Lediglich die Unrechtsvereinbarung des § 265d StGB unterscheidet sich von der des § 265c StGB darin, dass der Sportwettbezug fehlt und nur – intendierte – Manipulationen von *berufssportlichem* Wettbewerb erfasst sind.

842u Nach der Gesetzesbegründung weist § 265d StGB eine **dreifache Schutzrichtung** auf. Er schütze – als überindividuelle Rechtsgüter – die Integrität und Glaubwürdigkeit des Sports und den berufssportlichen Wettbewerb sowie „vor allem bei hochklassigen Wettbewerben mit berufssportlichem Charakter" auch das Vermögen der „am Wettbewerb beteiligten ehrlichen Sportler sowie Sportvereine, Veranstalter und Sponsoren"[71]. In der Literatur besteht Streit über die Schutzgüter des Tatbestandes. Z.T. wird die Schutzguttrias akzeptiert[72], andere betrachten die Sportintegrität und das Vermögen als gleichrangige Schutzgüter des § 265d StGB[73] oder – vornehmlich – das Vermögen der an dem sportlichen Wettbewerb Beteiligten (Veranstalter, Konkurrenten) als Schutzgut des Tatbestandes[74].

Zutreffend erscheint es, die Bestimmung des geschützten Rechtsguts nach der Ausgestaltung des § 265d StGB als Korruptionsdelikt vorzunehmen und den **wirtschaftlichen Wettbewerb im Sport als Schutzgut** anzusehen[75]. Die Nähe des Tatbestandes zu den Wettbewerbsvarianten des § 299 Abs. 1 Nr. 1, Abs. 2 Nr. 1 StGB ist jedenfalls unverkennbar[76]. Dass der Berufssport eine dem – sonstigen – wirtschaftlichen Wettbewerb vergleichbare Bedeutung und Struktur besitzt, dürfte nicht zweifelhaft sein[77]. Ein Unterschied besteht zwar darin, dass der sportliche Wettbewerb – anders als der „reguläre" Wettbewerb – nicht dazu dient, den Marktpreis für Waren oder Dienstleistungen herauszubilden, sondern die „beste Leistung" – quasi unmit-

---

[70] *Kindhäuser/Schumann*, in: HdS 5, § 34 Rn. 205, 206.
[71] BT-Drs. 18/8831, 10.
[72] *Waßmer*, ZWH 2019, 6, 7 ff.
[73] *Jaleesi*, S. 254 f.
[74] *Hoyer*, in: SK, § 265d StGB Rn. 3 ff.; nach Auff. von *Heger*, in: L/K/H, § 265d StGB Rn. 1, treten „die wirtschaftlichen Interessen der an einem sportlichen Wettbewerb Beteiligten in den Vordergrund"; ähnlich Joecks/*Jäger*, StK, § 265d StGB Rn. 1, 7. **A.A.** *Fischer*, § 265d StGB Rn. 3; *Kindhäuser/Schumann*, in: HdS 5, § 34 Rn. 200 ff.
[75] *Kindhäuser/Schumann*, in: HdS 5, § 34 Rn. 203.
[76] Treffend *Fischer*, § 265d StGB Rn. 3: „Ausweitung des § 299 auf Selbständige (Berufssportler)"; ähnlich *Vaudlet*, in: Cherkeh/Momsen/Orth, Handbuch Sportstrafrecht, 2021, 4. Kapitel, Rn. 226: „Versuch einer Angleichung an § 299 StGB in Form der (heutigen) Nr. 1, des sog. Wettbewerbsmodells".
[77] Dazu *Jansen*, GA 2017, 600, 606 ff.

telbar – durch den sportlichen Wettbewerb zu ermitteln. Der Wettbewerb kann aber auf ähnliche Weise, nämlich durch Absprachen, ausgeschlossen[78] oder durch „unlauteres" Verhalten beeinträchtigt werden, u.a. durch Manipulationen des Verlaufs oder des Ergebnisses des sportlichen Wettbewerbs.

Das Ziel, Manipulationen „vor allem bei hochklassigen Wettbewerben mit berufssportlichem Charakter" entgegenzuwirken, versucht das Gesetz durch die Beschränkung auf „berufssportliche Wettbewerbe" zu erreichen. Die in § 265d Abs. 5 StGB getroffene **Legaldefinition** dieses Begriffs umfasst alle Sportveranstaltungen im In- und Ausland, die von, im Auftrag oder mit Anerkennung eines **Sportbundesverbandes oder einer internationalen Sportorganisation** (Nr. 1) nach von dieser Organisation **für ihre Mitgliedsorganisationen mit verpflichtender Wirkung festgelegten Regeln** organisiert werden (Nr. 2) und an denen überwiegend Sportler teilnehmen, die durch ihre sportliche Betätigung **unmittelbar oder mittelbar Einnahmen von erheblichem Umfang erzielen** (Nr. 3). Der Eingrenzung soll also zum einen durch die „organisatorische Höhe" (Anbindung der Sportveranstaltung an einen Sportbundesverband oder eine internationale Sportorganisation, Nr. 1)[79] und zum andern durch die Beschreibung der Professionalität der Sportausübung (Nr. 3) erfolgen; die Regelbindung (Nr. 2) ist eher eine Selbstverständlichkeit. Die beiden maßgeblichen Elemente müssen kumulativ vorliegen. Nicht erfasst sind somit Sportveranstaltungen mit professionellem Charakter unterhalb der Bundes- oder internationalen Ebene[80] und nationale oder internationale Sportveranstaltungen, die nicht die Kriterien der berufssportlichen Betätigung erfüllen.

842v

„Überwiegend" i.S.d. § 265d Abs. 5 Nr. 3 StGB bedeutet, dass die „Mehrzahl" der an der konkreten Sportveranstaltung Teilnehmenden nach den weiteren Kriterien als Berufssportler einzustufen ist[81]. Es müssen also mehr Berufs- als Amateursportler teilnehmen, was zu Ungereimtheiten führt, wenn z.B. in einem DFB-Pokalspiel eine Profi- gegen eine Amateurmannschaft antritt[82].
Durch die Verwendung des Begriffs Erzielung von **„Einnahmen"** wird deutlich, dass die einmalige Erlangung eines wirtschaftlichen Vorteils nicht genügt, sondern dem Sportler durch die sportliche Betätigung wiederholt Einnahmen zufließen müssen[83]. Erfasst sind **unmittelbar und mittelbar „durch" die sportliche Betätigung** erzielte Einnahmen, also solche, die einen Bezug zu einer sportlichen Betätigung aufweisen; eine Beschränkung auf Einnahmen aus der Sportart oder dem konkreten Wettbewerb, zu dem die zu manipulierende Sportveranstaltung gehört, ist dem Wortlaut des Gesetzes nicht zu entnehmen[84]. Relevante Einnahmen sind unproblematisch Start- und Preisgelder, Leistungen aus Sportfördermitteln, Sponsorengelder,

842w

---

[78] *Fischer*, § 265d StGB Rn. 3, betont zu Recht die systematische Nähe zu § 298 StGB.
[79] Dazu *Hellmann*, in: NK, § 265d StGB Rn. 11 ff.
[80] BT-Drs. 18/8831, 22.
[81] BT-Drs. 18/8831, 22.
[82] Zutr. *Waßmer*, ZWH 2019, 6, 10 f.: „Überzeugender wäre es gewesen, auf die Hälfte der Sportler abzustellen."
[83] BT-Drs. 18/8831, 22; *Sinner*, in: M/R, § 265d Rn. 12.
[84] *Bittmann/Großmann/Rübenstahl*, in: BeckOK-StGB, § 265d Rn. 35.

Vergütungen aus Arbeitsverträgen von Berufssportlern, Dienstbezüge, die unter – vollständiger oder teilweiser – Freistellung von der eigentlichen Tätigkeit ohne Lohn- oder Gehaltskürzung für die sportliche Betätigung gezahlt werden[85], und Hochschulstipendien für Leistungssportler[86]. Einnahmen aus Werbung nennt die Gesetzesbegründung nicht, doch handelt es sich um mittelbare Einnahmen durch die sportliche Betätigung, wenn der Vertrag auf der Bekanntheit als Sportler beruht[87].

Der erforderliche **erhebliche Umfang** der Einnahmen soll nach der Gesetzesbegründung vorliegen, wenn die maßgeblichen Leistungen „deutlich über eine bloße Kostenerstattung hinausgehen"[88]. Ein wirklicher Erkenntnisgewinn ist damit zwar nicht verbunden, das Merkmal bezeichnet aber jedenfalls mehr als eine bloße Unerheblichkeitsgrenze. Diskutiert wird, ob die Erheblichkeit relativ nach dem Anteil der Einnahmen der beteiligten Sportler durch die sportliche Betätigung an deren Gesamteinnahmen oder absolut nach einem – ggf. für alle Sportler geltenden – festen Betrag zu bestimmen ist[89].

Die Auslegung dieses Merkmals muss sich an dem Zweck des § 265d StGB (Schutz hochklassiger Wettbewerbe mit berufssportlichem Charakter) und den Schutzgütern des Tatbestandes (wirtschaftlicher Wettbewerb im Sport und Vermögen der Beteiligten) orientieren[90]. Für die Beeinträchtigung dieser Rechtsgüter ist der Anteil der Einnahmen aus der sportlichen Betätigung an den Gesamteinnahmen ohne Belang[91]. Da die Sportveranstaltung von einem Bundessportverband oder einer internationalen Sportorganisation veranstaltet oder in deren Auftrag oder mit deren Anerkennung organisiert werden muss, ist der erhebliche Umfang der Einnahmen bezogen auf den konkreten Wettbewerb zu bestimmen. Nicht außer Betracht bleiben dürfen die Festlegungen, die von den Sportverbänden hinsichtlich der professionellen Ausübung der ihnen angeschlossenen Sportler getroffen werden[92]. Die Einnahmen der Sportler werden zudem maßgeblich von der wirtschaftlichen Bedeutung des Wettbewerbs abhängen. Die Entscheidung, ob es sich um einen berufssportlichen Wettbewerb i.S.d. § 265d StGB handelt, sollten die Strafgerichte unter Abwägung aller einschlägigen Gesichtspunkte treffen und „auf klare Fälle des unstreitigen Berufssports" beschränken[93].

---

[85] BT-Drs. 18/8831, 22.
[86] *Fischer*, § 265d StGB Rn. 8.
[87] *Bittmann/Großmann/Rübenstahl*, in: BeckOK-StGB, § 265d Rn. 36.2.
[88] BT-Drs. 18/8831, 22.
[89] *Bittmann/Großmann/Rübenstahl*, in: BeckOK-StGB, § 265d Rn. 38 ff., befürworten die Berücksichtigung beider Kriterien und fordern, dass „die Gesamteinnahmen eines betroffenen Sportlers mindestens zu einem Viertel sportbedingt" sein und mindestens 25.000 Euro pro Jahr ausmachen müssen.
[90] Näher dazu *Hellmann*, in: NK, § 265d StGB Rn. 17.
[91] So auch die zutreffende Feststellung in der Gesetzesbegründung, der Begriff Einnahmen stelle „nicht auf die gesamtwirtschaftliche Situation des Sportlers ab", BT-Drs. 18/8831, 22; ebenso *Jaleesi*, S. 261; *Perron*, in: Sch/Sch, § 265d StGB Rn. 7.
[92] Die Mindestjahresgehälter der Lizenzspieler in der Fußball-Bundesliga betragen derzeit 42.300 Euro im Westen und 40.500 Euro im Osten Deutschlands, in der 2. Bundesliga 25.380 bzw. 24.300 Euro; https://media.dfl.de/sites/2/2021/07/Lizenzordnung-Spieler-LOS-2021-07-15-Stand.pdf.
[93] *Perron*, in: Sch/Sch, § 265d StGB Rn. 7, sieht diese Beschränkung als Konsequenz der unklaren Regelung.

Das **Konkurrenzverhältnis zu § 265c StGB** ist strittig. Die Gesetzesbegründung **842x** geht von einem Zurücktreten des § 265d StGB hinter § 265c StGB aus, weil der Unrechtsgehalt einer Manipulationsabsprache, die einen Wettbewerb i.S.d. § 265d StGB betrifft und gleichzeitig einen Sportwettbezug aufweist, von § 265c StGB „miterfasst" werde[94]. Dem wird jedoch überzeugend entgegengehalten, dass beide Tatbestände unterschiedliche Vermögensinteressen schützen und die – vermeintliche – Beeinträchtigung der Integrität des Sports mit unterschiedlichen Zielsetzungen erfolgt[95]. Die Tatbestände stehen deshalb in Tateinheit[96].

---

[94] BT-Drs. 18/8831, 20; ebenso *Sinner*, in: M/R, § 265d Rn. 18.
[95] *Bittmann/Großmann/Rübenstahl*, in: BeckOK-StGB, § 265d Rn. 60; *Krack*, ZIS 2016, 540, 550; *Perron*, in: Sch/Sch, § 265d StGB Rn. 12.
[96] *Hoyer*, in: SK, § 265c StGB Rn. 36; *Satzger*, in: S/S/W, § 265d StGB Rn. 27.

§ 16 Amtsträgerbestechung

843 Die geltende Fassung der in den §§ 331-337 StGB geregelten Amtsträgerbestechungsdelikten beruht im Wesentlichen auf den Gesetzen zur Bekämpfung der Korruption aus den Jahren 1997 und 2015 (Rn. 785). 1997 wurden insbesondere das Erfordernis der sog. Unrechtsvereinbarung in §§ 331, 333 StGB gelockert, sodass eine Vorteilsannahme bzw. -gewährung seitdem schon dann zu bejahen ist, wenn der Vorteil *für die Dienstausübung* gefordert, vereinbart oder angenommen bzw. versprochen oder gewährt wird, und Drittvorteile in den Anwendungsbereich der §§ 331-334 StGB einbezogen. 2015 wurden die zuvor im EUBestG geregelte Anwendung der Bestechungstatbestände auf **Europäische Amtsträger** durch Ergänzungen der §§ 331-334 StGB sowie die Aufnahme der Definition des Europäischen Amtsträgers in § 11 Abs. 1 Nr. 2a StGB ersetzt sowie die im IntBestG enthaltenen Vorschriften über Bestechlichkeit und Bestechung **ausländischer und internationaler Bediensteter** – mit gewissen Modifikationen[1] – in § 335a StGB überführt.

844 Schwierig ist die Bestimmung des **Schutzguts** der Amtsträgerbestechungsdelikte. Grundsätzlich Zustimmung verdient die h.M., die den Zweck der §§ 331 ff. StGB in dem Schutz der **Integrität von Trägern staatlicher Funktionen** und damit zugleich der **Sachlichkeit staatlicher Entscheidungen** sieht[2]. Andere betrachten allgemein die Funktionsfähigkeit des öffentlichen Dienstes[3], eine vom Anschein regelwidriger Beeinflussbarkeit freie Amtsführung[4] oder die Unkäuflichkeit von Amtshandlungen[5] als Rechtsgut der §§ 331 ff. StGB, wobei es sich dabei lediglich um gewisse „Nuancierungen" der h.M. handelt[6]. Der Schutz der Integrität der Amtsträger ist dabei kein Selbstzweck, sondern es geht letztlich um den Schutz des betroffenen Bürgers, der Allgemeinheit und des Staates[7]. Das gilt im Übrigen entsprechend für die Regelungen gegen Bestechung europäischer Amtsträger sowie ausländischer und internationaler Bediensteter[8].

I. Vorteilsannahme und -gewährung (§§ 331, 333 StGB)

Fall 56[9]: – *Bestechung kommunaler Amtsträger* –

845 Marie Paul (P) war Vorstandsvorsitzende der InnoBau-AG. Zur Förderung der Großprojekte der AG im Raum Brandenburg a.d.H. wollte sich P die Unterstützung der für Baufragen wichtigen Personen sichern. Zu den maßgeblichen Ansprechpartnern gehörte der Ingenieur Ludger

---

[1] Näher *Kuhlen*, in: NK, § 335a StGB Rn. 8 f.
[2] BGHSt 14, 123, 131; 15, 88, 96; 43, 370, 377; *Hellmann*, wistra 2007, 281, 283; *Rengier*, BT II, § 60 Rn. 7; ähnlich *von Häfen*, in: G/J/W, Vor §§ 331ff. StGB Rn. 9. Dazu *Hoven*, StV 2019, 64, 67.
[3] *Heine/Eisele*, in: Sch/Sch, § 331 StGB Rn. 7.
[4] *Roxin*, in: Festschrift für Kargl, 2015, S. 459, 463.
[5] *Baumann*, BB 1961, 1057; *Henkel*, JZ 1960, 507, 508.
[6] *Kuhlen*, in: NK, § 331 StGB Rn. 9. Zum Rechtsgut der Auslandsbestechung s. auch *Böse*, ZIS 2018, 119 ff.
[7] Ähnlich Arzt/Weber/*Heinrich*/Hilgendorf, § 49 Rn. 2, 18.
[8] *Kuhlen*, in: NK, § 335a StGB Rn. 10.
[9] Angelehnt an BGHSt 51, 44.

Alt (A), der Mitglied der Stadtverordnetenversammlung der Stadt Brandenburg war. P gelang es, sich mit A locker zu befreunden. Um sich sein Wohlwollen bei Abstimmungen zu sichern, vermittelte P ihm Ende 2021 die Mitgliedschaft in dem angesehenen Golfclub der Stadt und übernahm seine vierteljährlich fällig werdenden Mitgliedsbeiträge. P erwarb im Jahre 2022 ein Grundstück in der Innenstadt Brandenburgs, das sie mit einem Einkaufszentrum bebauen wollte. A befürwortete dieses Projekt aus eigener Überzeugung, weil er darin eine Steigerung der Attraktivität der Stadt sah. Er setzte sich in der Folgezeit in mehreren Sitzungen der Stadtverordnetenversammlung für das Projekt ein. Seine Bemühungen waren erfolgreich. Das Gemeindeparlament stimmte im Februar 2023 der Bebauung in der von P beantragten Form zu. Strafbarkeit von A und P?

a) Strafbarkeit des A

aa) § 331 Abs. 1 StGB

A könnte sich wegen Vorteilsannahme strafbar gemacht haben, indem er die Zahlung der Mitgliedsbeiträge für den Golfclub durch P akzeptierte.

Die **Tathandlungen** *Fordern, Sichversprechenlassen und Annehmen* eines Vorteils sind wie in § 299 StGB zu verstehen (Rn. 793).

Vorteil ist nach zutreffender h.M. jede – dem Amtsträger oder einem Dritten gewährte – Leistung, auf die der Empfänger keinen Rechtsanspruch hat und die seine wirtschaftliche, rechtliche oder auch nur persönliche Lage objektiv verbessert[10]. Erfasst sind deshalb nicht nur *materielle Zuwendungen* (insbesondere Geldzahlungen, Übereignung von Gegenständen, Bezahlung von Restaurantbesuchen, Reisen usw.)[11], sondern auch *immaterielle Vorteile*[12], z.B. die unentgeltliche Gewährung von Sexualkontakten[13] oder die Steigerung der Reputation eines Wissenschaftlers[14].

Auf den Wert des Vorteils kommt es nicht an, sodass selbst **geringfügige Besserstellungen** – grundsätzlich – erfasst sind[15]. Die Annahme eines geringwertigen Vorteils kann allerdings im Einzelfall unterhalb der Grenze der Strafbarkeit bleiben, wenn die Zuwendung sozialadäquat ist (dazu Rn. 851).

Der Annahme eines tatbestandsmäßigen Vorteils steht im Übrigen nicht entgegen, dass er die Gegenleistung eines – wirksamen – Vertrages darstellt. Der 3. Strafsenat des BGH[16] entschied dies in einem Fall, in dem ein Schulfotograf mit der Schule u.a.

---

[10] BGHSt 29, 300, 302 ff.; *Fischer*, § 331 StGB Rn. 11; *Rosenau*, in: S/S/W, § 331 StGB Rn. 15; *Sowada*, in: LK[12], § 331 StGB Rn. 31; *Stein/Deiters*, in: SK, § 331 StGB Rn. 41.
[11] Eingehend *Kuhlen*, in: NK, § 331 StGB Rn. 23 ff., m.w.N.
[12] Z.B. BGHSt 31, 264, 279; 33, 336, 339; 35, 128, 133 f.; *Heger*, in: L/K/H, § 331 StGB Rn. 6; *Heine/Eisele*, in: Sch/Sch, § 331 StGB Rn. 18 f.; *Kuhlen*, in: NK, § 331 StGB Rn. 27. **A.A.** *Geerds*, JR 1986, 253, 256; *Klug*, JZ 1960, 724, 725 f.
[13] BGH, StV 1994, 527. Werden diese „Leistungen", wie es regelmäßig der Fall sein wird, gegen Entgelt erbracht, handelt es sich um einen materiellen Vorteil, vgl. *Sowada*, in: LK[12], § 331 StGB Rn. 37.
[14] OLG Hamburg, StV 2001, 284, 285; OLG Karlsruhe, StV 2001, 288, 289.
[15] BGH, NStZ 1998, 194; *Heine/Eisele*, in: Sch/Sch, § 331 StGB Rn. 14; *Korte* in: MüKo[4], § 331 StGB Rn. 84; *Sinner*, in: M/R, § 331 StGB Rn. 20. **A.A.** *Kaiser*, NJW 1981, 321, 322; *Rosenau*, in: S/S/W, § 331 StGB Rn. 16.
[16] BGH, wistra 2011, 391, mit Anm. *Hecker*, JuS 2012, 655; *Schlösser*, NZWiSt 2013, 1; *Zöller*, ZJS 2011, 550. Eingehend zur Problematik Bestechungsdelikte und Schulfotografie *Kuhlen*, in: Festschrift für Frisch, 2013, S. 949 ff.

die Lieferung eines Druckers als Gegenleistung für den Aufwand der Abrechnung durch die Lehrkräfte vereinbart hatte. Die Vorinstanz hatte Bestechlichkeit unter Berufung auf ein Urteil des I. Zivilsenats des BGH, in dem das Gericht ein solches Verhalten nicht als wettbewerbswidrig, sondern als zulässig erachtet hatte[17], abgelehnt. Zu Recht stellt der 3. Strafsenat darauf ab, ob der Vertragsschluss verwaltungsrechtlich rechtmäßig ist und insbesondere die Diensthandlung auch in rechtlich zulässiger Weise von einer Vergütung abhängig gemacht werden darf. In dem konkreten Fall habe erkennbar eine verwaltungsrechtliche Rechtsgrundlage für eine Vergütung der Tätigkeit der Lehrer gefehlt[18].

849 Die Übernahme der Beiträge für die Golfclub-Mitgliedschaft durch P stellten A wirtschaftlich besser, ohne dass er darauf einen Anspruch hatte. A nahm somit einen Vorteil an.

850 Im Gegensatz zur Bestechlichkeit im geschäftlichen Verkehr setzt die Vorteilsannahme nicht voraus, dass der Vorteil für eine unlautere Bevorzugung angenommen wird. Die Tathandlungen müssen zwar auf eine **Unrechtsvereinbarung** bezogen sein, § 331 StGB lässt es aber genügen, dass die Annahme des Vorteils **für die Dienstausübung** erfolgt. Es muss also zwar eine Beziehung zwischen dem Vorteil und einer Diensthandlung bestehen, der Nachweis, dass der Vorteil für eine konkrete Diensthandlung gewährt wird, muss aber nicht erbracht werden[19].
Ziel dieser Änderung der §§ 331, 333 StGB durch das Korruptionsbekämpfungsgesetz 1997 war es, auch Zuwendungen zu erfassen, die keiner konkreten Diensthandlung zugeordnet werden können, weil sie ein allgemeines „Dankeschön" darstellen oder der „Klimapflege" bzw. des „Anfütterns" dienen[20].

851 Wegen dieser „Lockerung" der Unrechtsvereinbarung würde selbst die Gewährung oder Annahme eines geringwertigen Vorteils, z.B. einer Tasse Kaffee oder eines Werbekalenders, von §§ 331 Abs. 1, 333 Abs. 1 StGB erfasst werden, wenn die Zuwendung in einem Zusammenhang mit der Dienstausübung erfolgt. Zu beachten ist jedoch, dass eine Unrechtsvereinbarung nur vorliegt, wenn die Gewährung oder Annahme eines Vorteils als Gegenleistung für die Dienstausübung gegen einschlägige Regeln verstößt[21]. Ein solcher Regelverstoß fehlt nach zutreffender Auffassung bei **sozialadäquaten Zuwendungen**, also solchen, die sozial üblich und von der Allgemeinheit gebilligt sind[22]. Das ist jedenfalls bei geringfügigen Vorteilen im Wert weniger Euro der Fall[23], ohne dass sich allerdings ein generell gültiger Betrag beziffern lässt. Entscheidend ist immer die Betrachtung der konkreten Umstände[24].

---

[17] BGH, NJW 2006, 225, 226 ff.
[18] BGH, wistra 2011, 391, 393 f. **A.A.** *Kuhlen*, in: Festschrift für Frisch, S. 949, 956 ff.
[19] BGHSt 49, 275, 280.
[20] BT-Drs. 13/8079, 15; *Kudlich/Oğlakcıoğlu*, Rn. 386.
[21] BGHSt 47, 295, 307 („unrechtes" Beziehungsverhältnis); *Heine/Eisele*, in: Sch/Sch, § 331 StGB Rn. 39; *Kuhlen*, in: NK, § 331 StGB Rn. 70; *Rosenau*, in: S/S/W, § 331 StGB Rn. 35.
[22] Näher dazu *von Heintschel-Heinegg*, in: BeckOK-StGB, § 331 Rn. 35 ff.; *Korte*, in: MüKo⁴, § 331 StGB Rn. 134 ff.
[23] Zum Teil, z.B. *Rosenau*, in: S/S/W, § 331 StGB Rn. 16, wird bereits das Vorliegen eines Vorteils verneint.
[24] *Kudlich/Oğlakcıoğlu*, Rn. 388 ff.

§ 16: Amtsträgerbestechung

Die Weite der §§ 331 Abs. 1, 333 Abs. 1 StGB wird zudem dadurch begrenzt, dass **852** zwischen dem Vorteil und der Dienstausübung ein **„Gegenseitigkeitsverhältnis"** bestehen muss, der Vorteil also nach dem angestrebten oder vorhandenen Einverständnis der Beteiligten seinen Grund gerade in der Dienstausübung hat[25]. Das ist der Fall, wenn der Vorteilsgeber mit dem Ziel handelt, auf die Entscheidung des Amtsträgers Einfluss zu nehmen; Indizien dafür sind z.B. die Plausibilität einer anderen Zielsetzung, die Stellung des Amtsträgers und seine Berührungspunkte zum Vorteilsgeber und die Vorgehensweise bei der Zuwendung[26]. Dass das Merkmal der Unrechtsvereinbarung „im Randbereich kaum trennscharfe Konturen aufweist" und dem Tatrichter eine „beträchtliche Entscheidungsmacht" eingeräumt wird, nimmt der BGH bewusst in Kauf[27].

Überschreitet der angebotene oder gewährte Vorteil die Grenzen des Erlaubten, so **853** führt dies nicht zwingend zur Strafbarkeit nach § 331 Abs. 1 StGB, denn § 331 Abs. 3 StGB ermöglicht die Einholung einer **Genehmigung** für die Annahme eines **von dem Amtsträger nicht geforderten Vorteils**. Holt der Amtsträger die Genehmigung der „zuständigen Behörde" – bei Beamten der vorgesetzten Dienstbehörde, bei Angestellten und Arbeitern des öffentlichen oder privaten Arbeitgebers[28] – vor der Annahme des Vorteils ein, so wirkt die Genehmigung **rechtfertigend**, wenn die „Behörde" sie im Rahmen ihrer Befugnisse erteilt[29]. Die nachträgliche Genehmigung aufgrund einer unverzüglichen Anzeige der bereits vollzogenen Annahme eines Vorteils stellt dagegen – grundsätzlich – einen der tätigen Reue ähnlichen **Strafaufhebungsgrund** dar[30]. Es handelt sich nicht um einen persönlichen Strafaufhebungsgrund, sodass auch der Vorteilsgeber straflos wird[31]. Rechtfertigend bzw. strafaufhebend wirkt eine Genehmigung nur, wenn die Dienstausübung von der Zuwendung unbeeinflusst bleibt, also nicht in den Fällen des § 332 StGB.

Viele Behörden haben antizipierte, allgemein geltende Genehmigungen in Form von Dienstanweisungen erlassen[32]. Verwaltungsvorschriften oder Richtlinien der Bundesländer gestatten die Annahme geringwertiger Vorteile, zumeist bis zu einem Wert von 25 Euro.

Die Gewährung oder Annahme eines Vorteils ist im Übrigen nur strafbar, wenn der **854** Vorteilsnehmer dienstlich handelt. Dienstausübung ist jede Tätigkeit, die zu den

---

[25] BGHSt 53, 6, 16; siehe auch *Trüg*, NJW 2009, 196. Zum Urteil der Vorinstanz *Deiters*, ZJS 2008, 465; *Paster/Sättele*, NStZ 2008, 366.
[26] BGHSt 53, 6, 16 f.
[27] BGHSt 53, 6, 17. Warnend deshalb *Pelz*, LMuR 2009, 50, 54. Siehe zur schwierigen Abgrenzung auch KG, NStZ-RR 2008, 373.
[28] *Heger*, in: L/K/H, § 331 StGB Rn. 17.
[29] *Eidam*, in: HdS 5, § 50 Rn. 45; *Kuhlen*, in: NK, § 331 StGB Rn. 122; *Sinner*, in: M/R, § 331 StGB Rn. 46; für Tatbestandsausschluss *Stein/Deiters*, in: SK, § 331 StGB Rn. 66.
[30] *Eidam*, in: HdS 5, § 50 Rn. 45. Z.T. wird in Fällen, in denen eine vorherige Genehmigung nicht in zumutbarer Weise eingeholt werden konnte bzw. die Annahme unter Vorbehalt erklärt wurde, eine Rechtfertigung nach den Grundsätzen der *rechtfertigenden mutmaßlichen Einwilligung* befürwortet, *Heine/Eisele*, in: Sch/Sch, § 331 StGB Rn. 61
[31] *Kuhlen*, in: NK, § 331 StGB Rn. 122.
[32] Näher zu institutionalisierten Vorabbewilligungen *Bott/Hiéramente*, NStZ 2015, 121 ff.

dienstlichen Obliegenheiten gehört und in amtlicher Eigenschaft vorgenommen wird[33]. Erfasst sind nicht nur nach außen wirksame Akte, sondern auch vorbereitende oder unterstützende Maßnahmen zur Dienstausübung. Der Täter muss nicht innerhalb seiner örtlichen oder sachlichen Zuständigkeit handeln[34] und die Pflichtwidrigkeit einer Handlung schließt den dienstlichen Charakter nicht aus[35]. Nicht erfasst sind also rein private Handlungen, selbst wenn der Täter sie in seiner Dienstzeit vornimmt[36].

855 A wurden die Mitgliedschaft im Golfclub sowie die Zahlung der Beiträge für seine Tätigkeit im Stadtrat gewährt, weil sich P sein Wohlwollen bei zukünftigen Beratungen und Entscheidungen sichern wollte. Unerheblich ist, dass P zu dem Zeitpunkt der Zuwendung das konkrete Grundstück noch gar nicht gekauft und das Projekt noch nicht entwickelt hatte, weil eine konkrete Diensthandlung nicht – noch nicht einmal in groben Umrissen – feststehen muss[37].

856 Fraglich ist, ob A tauglicher Täter des § 331 Abs. 1, Abs. 2 StGB ist. Der Tatbestand ist ein **Sonderdelikt**, dass nur ein – deutscher oder europäischer – Amtsträger oder ein – nach deutschem Recht[38] – für den öffentlichen Dienst besonders Verpflichteter als Täter begehen kann.
Für den öffentlichen Dienst besonders verpflichtet ist nach § 11 Abs. 1 Nr. 4 StGB, wer als für die Verwaltung Tätiger auf die gewissenhafte Erfüllung seiner Obliegenheiten aufgrund des Verpflichtungsgesetzes förmlich verpflichtet worden ist[39].

857 Nach der Legaldefinition des § 11 Abs. 1 Nr. 2 StGB ist – **deutscher** – **Amtsträger**, wer nach deutschem Recht Beamter oder Richter ist (lit. a), in einem sonstigen öffentlich-rechtlichen Amtsverhältnis steht (lit. b) oder sonst dazu bestellt ist, bei einer Behörde oder einer sonstigen Stelle oder in deren Auftrag Aufgaben der öffentlichen Verwaltung unbeschadet der zur Aufgabenerfüllung gewählten Organisationsform wahrzunehmen (lit. c).

858 **Europäische Amtsträger** sind nach § 11 Abs. 1 Nr. 2a StGB die Mitglieder der Europäischen Kommission, der europäischen Zentralbank, des Rechnungshofs oder eines Gerichts der EU (Nr. 1), Beamte oder sonstige Bedienstete der EU oder einer auf der Grundlage des EU-Rechts geschaffenen Einrichtung (Nr. 2) sowie Personen, die mit der Wahrnehmung von Aufgaben der EU oder von Aufgaben einer auf der Grundlage des EU-Rechts geschaffenen Einrichtung beauftragt sind (Nr. 3).

859 Da Mitglieder eines (Bundes-, Landes- oder Gemeinde-)Parlaments nicht Beamte im staatsrechtlichen Sinne des § 11 Abs. 1 Nr. 2a StGB sind[40], können sie nur nach § 11 Abs. 1 Nr. 2b oder c StGB Amtsträger sein.

---

[33] *Von Häfen,* in: G/J/W, § 331 StGB Rn. 49; *Stein/Deiters,* in: SK, § 331 StGB Rn. 23.
[34] BGH, NStZ 2000, 596, 598.
[35] *Ludwig,* in: M-G, Kap. 53 Rn. 53.46 f.
[36] BGH, wistra 2001, 388.
[37] BGHSt 53, 6, 16.
[38] BGH, NStZ 2019, 652, Rn. 10.
[39] *Satzger,* in: S/S/W, § 11 StGB Rn. 43.
[40] Maßgeblich ist für § 11 Abs. 1 Nr. 2a StGB nicht der Beamtenstatus als solcher, sondern die Übertragung der konkreten Verrichtung auf den Beamten im staatsrechtlichen Sinn als amtliche Aufgabe, BGHSt 49, 214, 218 f.

Der Wortlaut des § 11 Abs. 1 Nr. 2b StGB ließe es zwar zu, kommunale Mandatsträger in der Ausübung ihrer ehrenamtlichen Tätigkeit eigener Art als Träger eines öffentlich-rechtlichen Amtes zu bezeichnen, das Rechtsverhältnis zum Staat ähnelt aber einem Beamtenverhältnis hinsichtlich der Dienst- und Treuepflichten nicht[41]. In einem sonstigen Amtsverhältnis i.S.d. § 11 Abs. 1 Nr. 2b StGB stehen z.B. Bundes- und Landesminister, der Bundeskanzler, Notare[42] und Notarassessoren, Rechtsreferendare, die keine Beamte sind, Wehrbeauftragte oder der Parlamentspräsident[43]. Ein solches Dienst- und Treueverhältnis gegenüber dem Staat besteht für einen Mandatsträger nicht. Amtsausübung ist etwas anderes als Mandatsausübung, weil zwischen dem typischen Verwaltungshandeln und dem politischen Handeln ein struktureller Unterschied besteht. Der Abgeordnete trifft seine Entscheidungen aufgrund seines freien Mandats. Das Amt ist personengebunden, sodass er seine Stimmabgabe nicht auf einen Vertreter übertragen kann. Verwaltungshandeln ist dagegen typischerweise nicht personengebunden[44].

Kommunale Mandatsträger sind nach – zutreffender – Rechtsprechung[45] auch keine Amtsträger nach § 11 Abs. 1 Nr. 2c StGB. Die Bestimmung der Amtsträgereigenschaft i.S. dieser Vorschrift ist allerdings im Einzelnen unklar. Das Gesetz fordert zwei Elemente, die Tätigkeit **bei oder im Auftrag einer Behörde oder sonstigen Stelle** und die **Wahrnehmung von Aufgaben der öffentlichen Verwaltung**. 860

Der **Behördenbegriff** des § 11 Abs. 1 Nr. 2c StGB entspricht nicht dem des § 1 Abs. 4 VwVfG, nach dem *Behörde i.S. des VwVfG* jede Stelle ist, die Aufgaben der öffentlichen Verwaltung wahrnimmt, denn bei einem solchen Verständnis wäre die Nennung der „sonstigen Stelle" in § 11 Abs. 1 Nr. 2c StGB überflüssig[46]. Es gilt stattdessen der *organisationsrechtliche Behördenbegriff*; Behörde ist danach ein Organ eines Verwaltungsträgers, das in Bezug auf andere Organe desselben Verwaltungsträgers in einem Hierarchieverhältnis steht[47] (z.B. Ministerium, Regierungspräsidium, Landratsamt). Nimmt eine Gemeinde Selbstverwaltungsaufgaben wahr, ist sie – mangels Eingliederung in eine hierarchische Organisation – keine Behörde[48]. 861

Gemeinden sind aber **„sonstige Stellen"** i.S. des § 11 Abs. 1 Nr. 2c StGB. Dies sind Einrichtungen, die Behörden gleichgestellt sind, d.h. Merkmale aufweisen, die diese Gleichstellung rechtfertigen[49], wobei es – wie das Gesetz ausdrücklich bestimmt – nicht auf die zur Aufgabenerfüllung gewählte Organisationsform ankommt. Deshalb können privatrechtlich organisierte, aber staatlich gesteuerte Unternehmen „sonstige 862

---

[41] BT-Drs. 7/550, 209; BGHSt 51, 44, 49 ff.; *Radtke*, in: MüKo⁴, § 11 StGB Rn. 43. **A.A.** *Niehaus*, ZIS 2008, 49, 51 ff.
[42] BGHSt 63, 107, Rn. 8, m. Bespr. *Hoven*, NJW 2018, 1768, und StV 2019, 64 ff
[43] *Hecker*, in: Sch/Sch, § 11 StGB Rn. 18.
[44] BGHSt 51, 44, 51.
[45] BGHSt 51, 52 ff.
[46] *Hellmann*, wistra 2007, 281, 282; anders *Bock*, in: G/J/W, § 11 StGB Rn. 15, nach dem sich der strafrechtliche Behördenbegriff an § 1 Abs. 4 VwVfG orientiert.
[47] Vgl. BT-Drs. 7/550, 209; BGHSt 43, 370, 376 f.; BGH, NJW 2004, 693.
[48] **A.A.** offensichtlich BGHSt 51, 44, 53.
[49] BGHSt 43, 370, 376 f.

Stellen" sein, wenn sie als „verlängerter Arm" des Staates erscheinen[50]. Der bloße rechtliche Status, z.B. der einer Anstalt oder Körperschaft des öffentlichen Rechts, macht die Einrichtung jedoch nicht ohne weiteres zu einer sonstigen Stelle, sondern es ist eine tatsächliche und rechtliche Eingliederung in die Staatsverwaltung erforderlich, die im konkreten Fall fehlen kann[51]. Nimmt eine Gemeinde durch Bauplanungsentscheidungen staatliche Aufgaben wahr, so ist sie eine sonstige Stelle.

863 Zu den **Aufgaben der öffentlichen Verwaltung** gehören sowohl hoheitliche Tätigkeiten als auch solche im Rahmen der Daseins- und Leistungsfürsorge[52]. Strittig ist, ob die erwerbswirtschaftlich-fiskalische Tätigkeit der Verwaltung zu deren Aufgaben i. S.d. § 11 Abs. 1 Nr. 2c StGB gehören (dazu Rn. 870). Tätigkeiten im Rahmen der Rechtsprechung oder der Gesetzgebung gehören jedenfalls nicht zu den Aufgaben der öffentlichen Verwaltung.
Kommunale Mandatsträger üben eine doppelte Funktion aus. Zum einen werden sie bei dem Erlass von Satzungen rechtsetzend tätig, zum anderen sind sie ein Teil der Selbstverwaltung und nehmen Verwaltungsaufgaben wahr. Ein Teil der Literatur macht deshalb die Amtsträgereigenschaft vom Einzelfall abhängig und differenziert danach, ob die konkrete Tätigkeit der Verwaltung oder der Legislative zuzuordnen ist[53]. Andere[54] lehnen die Amtsträgereigenschaft kommunaler Mandatsträger generell ab, weil selbst Entscheidungen in einem konkreten Einzelfall keine Verwaltungs-, sondern Gesetzgebungstätigkeit seien.
Dem hält der BGH[55] jedoch zutreffend entgegen, dass kommunale Volksvertretungen keine Parlamente im eigentlichen Sinn, sondern Selbstverwaltungskörperschaften sind. Die Rechtsetzungstätigkeit gehört – trotz eines gewissen legislatorischen Charakters – im System der grundgesetzlichen Gewaltenteilung zum Bereich der Verwaltung und nicht zum Bereich der Gesetzgebung.
A hat durch die Mitwirkung an der Bauplanung deshalb Aufgaben der öffentlichen Verwaltung wahrgenommen.

864 Dennoch gehören kommunale Mandatsträger nicht zu den Amtsträgern i.S. des § 11 Abs. 1 Nr. 2c StGB[56], weil sie nicht dazu bestellt sind, Aufgaben der öffentlichen Verwaltung wahrzunehmen. Mandatsträger handeln nicht bei oder im Auftrag einer Behörde bzw. sonstigen Stelle, denn sie sind nicht in eine Behördenstruktur organisatorisch eingegliedert und erfüllen ihre Aufgaben nicht im Rahmen eines Dienst- oder Auftragsverhältnisses, sondern in freier Ausübung ihres Mandats. Sie sind somit nicht mit Beamten zu vergleichen[57].
A ist daher nicht wegen Vorteilsannahme strafbar.

---

[50] BGHSt 43, 370, 377; 45, 16, 19; 46, 310, 312 f.; 49, 214, 219.
[51] Z.B. BGHSt 46, 310, 313 f., für das Bayerische Rote Kreuz; *Große Vorholt*, Rn. 654 ff.; *Hellmann*, wistra 2007, 281, 283, für die öffentlich-rechtlichen Rundfunkanstalten.
[52] *Heger*, in: L/K/H, § 11 StGB Rn. 9; *Radtke*, in: MüKo⁴, § 11 StGB Rn. 50 ff.; *Wittig*, § 27 Rn. 22.
[53] *Hecker*, in: Sch/Sch, § 11 StGB Rn. 21; *Radtke*, in: MüKo⁴, § 11 StGB Rn. 82.
[54] *Deiters*, NStZ 2003, 453; *Stein/Deiters*, in: SK, § 11 StGB Rn. 44.
[55] BGHSt 51, 44, 52 f.
[56] *Dahs/Müssig*, NStZ 2006, 191, 193; *Nolte*, DVBl. 2005, 870, 871; *Wittig*, § 27 Rn. 25.
[57] BGHSt 51, 44, 53 f.

Wird der Mandatsträger über seine Mitwirkung an der kommunalen Selbstverwal- **865**
tung hinaus mit konkreten Verwaltungsfunktionen auf Gemeindeebene betraut, z.B.
mit der Tätigkeit als Aufsichtsrat eines kommunalen Versorgungsunternehmens, so
ist er Amtsträger i. S. des § 11 Abs. 1 Nr. 2c StGB[58].

bb) § 108e Abs. 1, Abs. 3 Nr. 1 StGB

A könnte sich aber wegen Bestechlichkeit von Mandatsträgern nach § 108e Abs. 1 **866**
StGB strafbar gemacht haben, indem er die Beitragszahlungen annahm.
§ 108e StGB wurde 2014 erheblich umgestaltet[59]. Der Vorgängertatbestand bedrohte das Unternehmen des Kaufs oder Verkaufs einer Stimme für eine Wahl oder Abstimmung im Europäischen Parlament oder in einer Volksvertretung des Bundes, der Länder, Gemeinden oder Gemeindeverbände mit Strafe. Die Unrechtsvereinbarung des neuen Straftatbestandes muss dagegen auf eine Handlung oder Unterlassung bei der Wahrnehmung des Mandats „im Auftrag" oder „auf Weisung" gerichtet sein[60].
§ 108e StGB enthält eine **abschließende Sonderregelung** für die **Bestechlichkeit und Bestechung von Mandatsträgern**. Den in Abs. 1 und 2 genannten Mitgliedern einer *Volksvertretung des Bundes oder Länder* stellt Abs. 3 Mitglieder einer *Volksvertretung einer kommunalen Gebietskörperschaft* (Nr. 1), eines in unmittelbarer und allgemeiner Wahl gewählten *Gremiums einer für ein Teilgebiet eines Landes oder einer kommunalen Gebietskörperschaft gebildeten Verwaltungseinheit* (Nr. 2), der *Bundesversammlung* (Nr. 3), des *Europäischen Parlaments* (Nr. 4), einer *parlamentarischen Versammlung einer internationalen Organisation* (Nr. 5) und eines *Gesetzgebungsorgans eines ausländischen Staates* (Nr. 6) gleich.
A ist als Mitglied der Stadtverordnetenversammlung, einer Volksvertretung einer kommunalen Gebietskörperschaft, gem. § 108e Abs. 3 Nr. 1 StGB tauglicher Täter der Bestechlichkeit von Amtsträgern.

Die Bestechlichkeit von Mandatsträgern umfasst – anders als § 331 StGB – jedoch **867**
nicht das „Anfüttern", hier eines Mandatsträgers, ohne Bezug zu einem Handeln oder Unterlassen bei Wahrnehmung des Mandates[61], sondern § 108e Abs. 1 StGB weist in zweifacher Hinsicht strengere Anforderungen auf: Zum einen muss die **Unrechtsvereinbarung** auf eine – konkrete – Handlung oder Unterlassung bei Wahrnehmung des Mandates gerichtet sein, zum anderen muss diese Handlung oder Unterlassung **„im Auftrag"** oder **„auf Weisung"** des Bestechenden vorgenommen werden. Der Mandatsträger muss sich also in gewisser Weise unterordnen[62]. Der bloße innere Vorbehalt, sich nicht durch die Zuwendung beeinflussen zu lassen, steht der Anwendung des § 108e StGB zwar nicht entgegen[63], der Tatbestand scheidet

---

[58] BGHSt 51, 44, 58; *Radtke*, in: MüKo⁴, § 11 StGB Rn. 82; *Wittig*, § 27 Rn. 25.
[59] Zur Neufassung z.B. *Heinrich*, ZIS 2016, 382 ff.; *Hoven*, NStZ 2015, 553 ff.
[60] Eingehend dazu BGH, NJW 2022, 2856, Rn. 23 ff.
[61] Vgl. *Kargl*, in: NK, § 108e StGB Rn. 23; *Rosenau*, in: S/S/W, § 108e StGB Rn. 10.
[62] BT-Drs. 18/476, 7 (wenn der Mandatsträger sich „kaufen lässt"); *Rosenau*, in: S/S/W, § 108e StGB Rn. 10; krit. *Hoven*, NStZ 2015, 553, 554.
[63] BGH, wistra 2015, 351, 355, nicht „innere Vorbehalte, sondern der vom Vorsatz umfasste äußere Erklärungswert des Verhaltens" sei entscheidend.

aber aus, wenn der Mandatsträger sein Verhalten ohne Beeinflussung durch die Vorteilsgewährung aus innerer Überzeugung vornimmt[64].
Der Einsatz des A für die Genehmigung des Einkaufszentrums entsprach der inneren Überzeugung des A und beruhte nicht auf der Vorteilgewährung, sodass der objektive Tatbestand des § 108e Abs. 1, Abs. 3 Nr. 1 StGB nicht erfüllt ist.

b) Strafbarkeit der P

aa) § 333 Abs. 1 StGB

868 § 333 Abs. 1 StGB ist „spiegelbildlich" zu § 331 Abs. 1 StGB ausgestaltet und bedroht das Anbieten, Versprechen oder Gewähren eines Vorteils mit Strafe.
Mangels Amtsträgereigenschaft des A ist P jedoch nicht wegen Vorteilsgewährung strafbar.

bb) § 108e Abs. 2 StGB

869 Da die erforderliche Unrechtsvereinbarung zwischen A und P – wie dargelegt – nicht zustande kam, scheidet auch die Strafbarkeit der P nach § 108e Abs. 2 StGB aus.

Ergänzender Hinweis:

870 Nach ganz h.M. handelt es sich bei der **Bedarfs- und Beschaffungsverwaltung** grundsätzlich um Aufgaben der öffentlichen Verwaltung[65]. **Personen, die für die Verwaltung Dienstmaterial beschaffen**, seien deshalb Amtsträger i.S.d. § 11 Abs. 1 Nr. 2c StGB. Somit mache sich z.B. der Angestellte einer Beschaffungsstelle der Polizei wegen Vorteilsannahme strafbar, wenn er Geschenke eines Lieferanten von Schutzwesten annimmt, selbst wenn die Entscheidung für ein bestimmtes Produkt davon unbeeinflusst bleibt. Aufgabe der Beschaffungsverwaltung sei die Gewährleistung der sachlichen Voraussetzungen für die Ausübung der Eingriffs- und Leistungsverwaltung und der Bürger habe ein Interesse daran, dass dieser Bereich ordnungsgemäß funktioniere. Diese Begründung trägt die Annahme der Strafbarkeit wegen Vorteilsannahme bzw. -gewährung jedoch nicht; das ordnungsgemäße Funktionieren der Eingriffs- bzw. Leistungsverwaltung wird gerade nicht bei einer Beschaffung ohne sachwidrige Beeinflussung durch die Zuwendung beeinträchtigt.
Eine sachwidrige, nämlich durch eine Zuwendung beeinflusste Entscheidung mag mittelbare Auswirkungen auf die Erfüllung der Aufgaben der öffentlichen Verwaltung besitzen[66], überzeugend lässt sich darauf die Strafbarkeit aus §§ 332, 334 StGB jedoch nicht stützen. Die ordnungswidrige, nämlich durch die Zuwendung eines Mitbewerbers beeinflusste Beschaffung ist nach § 299 StGB strafbar. Dessen Strafrahmen ist zwar geringer, das ist aber angemessen, da das Funktionieren der öffentlichen Verwaltung eben nicht unmittelbar beeinträchtigt wird[67].
Handelt die Verwaltung rein fiskalisch, ist deshalb kein Grund ersichtlich, den Einkäufer schlechter zu stellen als einen in der Privatwirtschaft Tätigen.

---

[64] BT-Drs. 18/476, 7 f.; *Rosenau*, in: S/S/W, § 108e StGB Rn. 10.
[65] *Radtke*, in: MüKo⁴, § 11 StGB Rn. 75 f.; *Ransiek*, NStZ 1997, 519, 522; *Weiser*, NJW 1995, 968, 970. Der BGH, wistra 2019, 22, Rn. 15, betrachtet auch die Generierung von Einnahmen für den ÖPNV durch Verkehrsflächenwerbung als Aufgabe der öffentlichen Verwaltung.
[66] *Radtke*, in: MüKo⁴, § 11 StGB Rn. 76.
[67] *Heinrich*, Der Amtsträgerbegriff im Strafrecht, 2001, S. 491.

II. Bestechlichkeit und Bestechung (§§ 332, 334, 335, 335a StGB)

§ 332 StGB verbietet das Fordern, Sichversprechenlassen oder Annehmen eines **871** Vorteils als Gegenleistung für eine vorgenommene oder zukünftige pflichtwidrige Diensthandlung. Eine **Diensthandlung** liegt auch vor, wenn der Täter eine mit Strafe bedrohte Handlung vornimmt, die ihm seine amtliche Stellung ermöglicht[68]. § 336 StGB stellt das Unterlassen einer Diensthandlung oder einer richterlichen Handlung der Vornahme einer solchen Handlung gleich. Die – für alle Amtsträgerkorruptionsdelikte geltende – deklaratorische Vorschrift[69] erfasst die Fälle, in denen die unterlassene Handlung eine Diensthandlung gewesen wäre[70].

Die Diensthandlung ist **pflichtwidrig**, wenn sie gegen ein Gesetz, eine Dienstvor- **872** schrift oder ein Verbot verstößt[71]. Diensthandlungen, bei denen dem Amtsträger kein Ermessen eingeräumt ist, sind pflichtwidrig, wenn der Vorteilsnehmer einer Rechts- oder Dienstvorschrift oder einer verbindlichen dienstlichen Einzelanweisung zuwiderhandelt[72]. Ermessensentscheidungen sind pflichtwidrig, wenn entweder die Ermessensgrenzen überschritten wurden oder sie aufgrund von sachfremden Erwägungen zustande gekommen sind[73].
Deshalb ist eine pflichtwidrige Diensthandlung z.B. gegeben, wenn der Täter seine Schweigepflicht verletzt[74], Insassen einer Entziehungsanstalt alkoholische Getränke besorgt[75] oder die Förderung der beruflichen Karriere einer Bediensteten gegen „sexuelle Gunstgewährung" in Aussicht stellt[76].

Nach § 332 Abs. 3 StGB genügt für eine strafbare **Unrechtsvereinbarung** über eine **873** pflichtwidrige Diensthandlung, dass sich der Amtsträger dem Zuwendenden gegenüber äußerlich bereit erklärt, seine Dienstpflichten zu verletzen. Mit dem Eingehen der Unrechtsvereinbarung ist die Tat vollendet[77]. Die Ausführung der zukünftigen pflichtwidrigen Handlung gehört somit nicht zum Tatbestand, sodass es nicht darauf ankommt, ob der Amtsträger die Diensthandlung überhaupt vornehmen kann oder sich innerlich vorbehält, sie nicht vorzunehmen[78].

§§ 331 Abs. 1, 332 Abs. 1, 333 Abs. 1, 334 Abs. 1 StGB gelten uneingeschränkt, **874** also sowohl für Taten, die sich auf zukünftige Diensthandlungen beziehen, als auch für solche, die bereits vollzogene Diensthandlungen betreffen (sog. „Belohnungskorruption"), für – die seit 2015 ausdrücklich genannten – **Europäischen Amtsträger** (dazu Rn. 858).

---

[68] W/Hettinger/*Engländer*, BT 1, Rn. 1095.
[69] *Heger*, in: L/K/H, § 336 StGB Rn. 1.
[70] *Rosenau*, in: S/S/W, § 336 StGB Rn. 2.
[71] BGHSt 48, 44, 46; BGH, NStZ-RR 2008, 13.
[72] *Fischer*, § 332 StGB Rn. 8; *von Häfen*, in: G/J/W, § 332 StGB Rn. 19; *Rosenau*, in: S/S/W, § 332 StGB Rn. 8.
[73] *Rosenau*, in: S/S/W § 332 StGB Rn. 9; *Stein/Deiters*, in: SK, § 332 StGB Rn. 14.
[74] BGHSt 4, 293, 294 ff.; 14, 123, 126 f.
[75] BGH, NJW 1983, 462.
[76] BGHSt 64, 301, Rn. 10 ff., m. Bespr. *Bock*, NStZ 2020, 671 ff.
[77] BGHSt 15, 239, 249.
[78] BGH, NStZ-RR 2008, 13, 14; *Heger*, in: L/K/H, § 331 StGB Rn. 11.

Sechster Abschnitt: Korruption

§ 335a StGB enthält differenzierte – unübersichtliche – Regelungen der Anwendbarkeit der §§ 331 ff. StGB auf Bestechungsdelikte **ausländischer und internationaler Bediensteter**. Die Strafbarkeit erfasst ausschließlich Taten, die sich auf *künftige* richterliche Handlungen bzw. Diensthandlungen beziehen. Nach § 335a **Abs. 1 Nr. 1** StGB gelten die §§ 331 Abs. 2, 332, 333 Abs. 2, 334, 335 StGB für *Mitglieder ausländischer und internationaler Gerichte*; für *Richter und Bedienstete des Internationalen Strafgerichtshofs* ordnet § 335a **Abs. 2** StGB zusätzlich die Geltung der §§ 331 Abs. 1, Abs. 3, 333 Abs. 1, Abs. 3 StGB an. Da §§ 331 Abs. 2, 333 Abs. 2 StGB für den in § 335a Abs. 1 Nr. 2 StGB genannten Personenkreis – *Bedienstete eines ausländischen Staates und mit der Wahrnehmung öffentlicher Aufgaben für einen ausländischen Staat beauftragte Personen* (Nr. 2a), *Bedienstete einer internationalen Organisation und Personen, die beauftragt sind, Aufgaben einer internationalen Organisation wahrzunehmen* (Nr. 2b), sowie *Soldaten eines ausländischen Staates und Soldaten, die beauftragt sind, Aufgaben einer internationalen Organisation wahrzunehmen* (Nr. 2c) – nicht relevant sind, sind auf deren Taten nur die §§ 332, 334, 335 StGB anwendbar. Die Strafbarkeit der Vorteilsgewährung nach § 333 Abs. 1, Abs. 3 StGB an in *Deutschland stationierte ausländische NATO-Soldaten, Bedienstete dieser Truppen und förmlich zur gewissenhaften Erfüllung ihrer Obliegenheiten verpflichteten Mitarbeiter dieser Truppen* ergibt sich aus § 335a **Abs. 3** StGB.

875 Umstritten ist, nach welchem Recht der Begriff des Europäischen Amtsträgers bzw. Ausländischen oder Internationalen Bediensteten zu bestimmen ist. Der BGH hatte für die Bestimmung des Begriffs des Europäischen Amtsträgers in Art. 2 § 1 Nr. 2 lit. a EUBestG unter Bezugnahme auf den Wortlaut der Vorschrift („…, soweit seine Stellung einem Amtsträger im Sinne des § 11 Abs. 1 Nr. 2 des Strafgesetzbuches entspricht") die Auffassung vertreten, dass durch eine „zweistufige" Prüfung festzustellen sei, ob der Funktionsträger eines Mitgliedstaats sowohl nach dem Recht des betroffenen akkreditierenden Mitgliedstaats als auch in Ansehung des deutschen Rechts Amtsträger sei[79]. Da § 11 Abs. 1 Nr. 2a StGB diese „Entsprechungsklausel" nicht mehr enthält, erscheint die Übertragung dieser Sicht auf die neue Rechtslage zweifelhaft. Der Terminus – Ausländischer bzw. Internationaler – *Bediensteter* stimmt nicht mit dem Begriff Amtsträger überein, sodass eine Auslegung nach deutschem Recht jedenfalls nicht möglich ist. Zutreffend ist deshalb, auf die Definition des Amtsträgerbegriffs in Art. 1 Abs. 4 lit. a des OECD-Übereinkommens über die Bekämpfung der Bestechung ausländischer Amtsträger im internationalen Geschäftsverkehr[80] und Art. 2 lit. b des Übereinkommens der Vereinten Nationen gegen Korruption[81], die durch § 335a StGB in das deutsche Recht umgesetzt wurden, zurückzugreifen[82] und eine „autonome" Auslegung nach Maßgabe der völkerrecht-

---

[79] BGHSt 60, 266, 270 ff., mit Anm. *Klötzer-Assion*, ZWH 2015, 311 f. und *Rathgeber*, NZWiSt 2015, 359 f.
[80] BGBl. II 1998, 2329. Dazu *Burkhart/Busch*, wistra 2022, 189 ff.; *Burkhart/Fratzky*, wistra 2019, 41 ff.
[81] BGBl. II 2014, 762.
[82] BT-Drs. 18/4350, 25; *Brodowski*, HRRS 2016, 14, 16.

lichen Regelungen vorzunehmen[83]. Amtsträger ist danach eine Person, die in einem anderen Staat durch Ernennung oder Wahl ein Amt u.a. im Bereich der Verwaltung innehat.

– Siehe dazu auch *Fälle zum Wirtschaftsstrafrecht* Rn. 12. –

Die vorstehenden Ausführungen gelten „spiegelbildlich" für die Strafbarkeit des Bestechenden nach § 334 StGB. 876

Ergänzende Hinweise:

(1) § 335 Abs. 1 Nr. 1 StGB erhöht den Strafrahmen für besonders schwere Fälle der § 332 Abs. 1 S. 1, Abs. 3 StGB und § 334 Abs. 1 S. 1, Abs. 2, 3 StGB auf Freiheitsstrafe von einem Jahr bis zu zehn Jahren (§ 335 Abs. 1 Nr. 1 StGB). § 335 Abs. 1 Nr. 2 StGB sieht für besonders schwere Fälle des § 332 Abs. 2, 3 StGB Freiheitsstrafe nicht unter zwei Jahren (§ 335 Abs. 1 Nr. 2 StGB) vor. **Regelbeispiele** für das Vorliegen eines besonders schweren Falls sind nach § 335 Abs. 2 StGB das **große Ausmaß** des Vorteils (Nr. 1), die **fortgesetzte Vorteilsannahme** (Nr. 2) sowie die **gewerbs- oder bandenmäßige Begehung** (Nr. 3)[84]. Nach Auffassung des BGH[85] ist das große Ausmaß „objektiv pauschalierend zu bestimmen"; die Wertgrenze liege bei 50.000 €. 877

(2) – Materiell – beendet sind Bestechung und Bestechlichkeit mit der Vornahme der unrechtmäßigen Diensthandlungen[86] oder der letzten Handlung zur Erfüllung der Unrechtsvereinbarung[87], d.h. mit der vollständigen Zuwendung des gesamten vereinbarten Vorteils. Unterbleibt die Diensthandlung, tritt Beendigung mit dem endgültigen Fehlschlagen der Unrechtsvereinbarung ein. 878

---

[83] BGH, ZWH 2019, 123, Rn. 95, m. Bespr. *Papathanasiou*, ZWH 2019, 112 ff. Näher dazu *Kuhlen*, in: NK, § 335a StGB Rn. 19 ff.; *Meißner*, StV 2017, 128, 129 ff.
[84] Näher zu den einzelnen Regelbeispielen etwa *Gaede*, in: NK-WSS, § 335 StGB Rn. 3 ff.
[85] BGH, NZWiSt 2016, 359 ff., mit Anm. *Houben*.
[86] BGHSt 52, 300; diff. *Helmrich*, wistra 2009, 10.
[87] BGH, NZWiSt 2012, 229; wistra 2018, 472, Rn. 16. Krit. dazu *Neiseke*, NZWiSt 2012, 233; *Rübenstahl*, wistra 2012, 117.

SIEBTER ABSCHNITT:

Strafrecht der Wirtschaftslenkung

§ 17 Subventionsbetrug

879 Vor Einfügung des § 264 in das StGB durch das 1. WiKG vom 29.07.1976[1] erfolgte die strafrechtliche Sanktionierung der Erschleichung **direkter Subventionen**, d.h. offen gewährter Zuwendungen zur Förderung der Wirtschaft, nach § 263 StGB. Der neue Tatbestand sollte vermeintliche Lücken in der Betrugsstrafbarkeit schließen[2], die jedoch bei genauer Betrachtung allenfalls geringfügig sind[3]. Der eigentliche Grund für die Schaffung der Vorschrift bestand in der **Verminderung von Problemen bei dem Nachweis des Schadens und insbesondere der subjektiven Tatseite des Betruges** im Falle der Erschleichung von Subventionen[4]. Durch die Beschränkung des Tatbestandes auf – näher beschriebene – zumeist leicht beweisbare Täuschungshandlungen und die „Kappung" der weiteren Betrugsmerkmale brauchen weder der Schädigungsvorsatz noch die Bereicherungsabsicht nachgewiesen zu werden, und der Leichtfertigkeitstatbestand in § 264 Abs. 5 StGB verbaut dem Täter zudem den Ausweg, sich darauf zu berufen, er habe die Angaben in seinem Subventionsantrag irrtümlich für richtig und vollständig gehalten.

Das 6. StrRG fügte 1998 einen Abs. 3 ein, der die entsprechende Geltung des § 263 Abs. 5 StGB anordnet, sodass die banden- und gewerbsmäßige Begehung des Subventionsbetruges einen Verbrechenstatbestand im technischen Sinne darstellt. Das EG-Finanzschutzgesetz[5] ergänzte § 264 Abs. 1 StGB um eine weitere Tathandlung, die Verwendung eines Gegenstandes oder einer Geldleistung entgegen einer Subventionsbeschränkung (Rn. 900), und änderte die Legaldefinition der Subvention in § 264 Abs. 7 (heute Abs. 8) StGB; nach EU-Recht gewährte Zuwendungen unterfallen danach dem Subventionsbegriff, wenn sie einer Privatperson zufließen und nicht der Förderung der Wirtschaft dienen. Das Gesetz zur Bekämpfung der Korruption (KorrBekG)[6] ergänzte die Regelbeispiele des Abs. 2 Nr. 2 und 3 um den Europäischen Amtsträger, dessen Begriff in der – durch dieses Gesetz ebenfalls eingefügten – Nr. 2a des § 11 Abs. 1 StGB definiert ist. Die Versuchsvorschrift in § 264 Abs. 4 StGB für die Alternative der Verwendung eines subventionierten Gegenstandes oder Geldbetrages entgegen einer Verwendungsbeschränkung (§ 264 Abs. 1 Nr. 2 StGB) wurde 2019 durch Art. 2 des Gesetzes zur Umsetzung der EU-Richtlinie 2017/1371 über die strafrechtliche Bekämpfung von gegen

---

[1] BGBl. I 1976, 2034.
[2] BT-Drs. 7/5291, 3.
[3] Näher dazu *Hellmann*, in: NK, § 264 StGB Rn. 3.
[4] *Ceffinato*, in: MüKo[4], § 264 StGB Rn. 3 ff.; *Hellmann*, in: NK, § 264 StGB Rn. 5; *Hillenkamp*, in: Recht und Wirtschaft, 1985, S. 221, 228 f.
[5] Vom 10.09.1998, BGBl. II 1998, 2322.
[6] Vom 20.11.2015, BGBl. I 2015, 2025.

die finanziellen Interessen der Union gerichtetem Betrug[7] eingefügt (dazu Rn. 900a). Dieses Gesetz nahm zudem die Anpassung an den Rechtszustand seit dem Vertrag von Lissabon durch die Ersetzung „Europäische Gemeinschaften" durch „Europäische Union" in der Definition des europarechtlichen Subventionsbegriffs in Abs. 8 Nr. 2 vor und ergänzte Abs. 9 Nr. 2 um die Möglichkeit, dass sich die Subventionserheblichkeit aus einem Subventionsvertrag ergeben kann.

§ 264 StGB schützt nach zutreffender Auffassung ausschließlich das **staatliche Vermögen**[8]. Die h.M.[9] behauptet dagegen eine doppelte Schutzrichtung. Schutzgut der Vorschrift sei zum einen das *allgemeine Interesse an einer effektiven Förderung der Wirtschaft* und zum anderen das staatliche Vermögen. Andere[10] betrachten – unter Berufung auf den Willen des Gesetzgebers[11] – das Interesse der Allgemeinheit an einer wirksamen staatlichen Wirtschaftsförderung und damit die Planungs- und Dispositionsfreiheit des Subventionsgebers[12] sogar als alleiniges Schutzgut des § 264 StGB. 880

Schwerlich zu bezweifeln ist, dass der Subventionsbetrug jedenfalls auch das Vermögen des Subventionsgebers schützt, da die Vorschrift die Bestrafung in an sich typischen – aber möglicherweise nicht nachweisbaren – Fällen des Betruges, dessen vermögensschützender Charakter unzweifelhaft ist, sicherstellen soll. Die Effizienz der Wirtschaftsförderung insgesamt kann im Übrigen nicht Schutzgut des § 264 StGB sein, weil ein einzelner Subventionsbetrug in der Regel gar nicht zu einer messbaren Beeinträchtigung dieses Allgemeininteresses führt, sondern erst die Fehlleitung von Fördermitteln in vielen Fällen. Wäre es dem Gesetzgeber tatsächlich um den Schutz der Wirtschaftsförderung gegangen, so hätte es zudem nahegelegen, auch die zweckwidrige „Verschwendung" öffentlicher Mittel durch den Subventionsgeber unter Strafe zu stellen.

§ 264 StGB ist ein **abstraktes Gefährdungsdelikt**, da die Vorschrift – anders als § 263 StGB – auf den Eintritt eines Schadens verzichtet und nicht einmal einen „Zwischenerfolg" im Sinne eines Irrtums des Subventionsgebers fordert[13]. 881

---

[7] Vom 19.06.2019, BGBl. I 2019, 844.
[8] *Hellmann*, in: NK, § 264 StGB Rn. 10; *Momsen*, in: M/S/M/H/M, § 41 Rn. 22; *Wattenberg*, in: HWSt, 4. Teil 2. Kap. Rn. 11; wohl auch *Kindhäuser/Schumann*, in: HdS 5, § 34 Rn. 67 („geschütztes Rechtsgut parallel zum Betrug"
[9] BGHZ 106, 204, 206 ff.; 198, 50, 57 Rn. 19; *Heger*, in: L/K/H, § 264 StGB Rn. 1; W/Hillenkamp/*Schuhr*, BT 2, Rn. 725; Joecks/*Jäger*, StK, § 264 StGB Rn. 1; *Mitsch*, BT 2, S. 404; *Perron*, in: Sch/Sch, § 264 StGB Rn. 4; *Rengier*, BT I, § 17 Rn. 7; *Saliger*, in: S/S/W, § 264 StGB Rn. 1.
[10] OLG Hamburg, NStZ 1984, 218; OLG Karlsruhe, NJW 1981, 1383; *Schmidt-Hieber*, NJW 1980, 322, 323 f.; *Tiedemann*, in: LK[12], § 264 StGB Rn. 23.
[11] BT-Drs. 7/5291, 5.
[12] Ähnlich *Ceffinato*, in: MüKo[4], § 264 StGB Rn. 9 ff., der das „gesamthänderische Interesse an der Funktionsfähigkeit des für das Subventionswesen relevanten Funktionszusammenhangs" als Schutzgut des Tatbestandes bezeichnet.
[13] Eingehend dazu *Hellmann*, in: NK, § 264 StGB Rn. 11; im Ergebnis ebenso die h.M. BGHSt 34, 265, 267; BGH, NStZ 2007, 578, 579; *Ceffinato*, in: MüKo[4], § 264 StGB Rn. 14; *Dannecker/Bülte*, in: W/J/S, 2. Kap. Rn. 309; *Mitsch*, BT 2, S. 403. **A.A.** BT-Drs. 7/5291, 5 (konkretes Gefährdungsdelikt); *Saliger*, in: E/R/S/T, § 264 StGB Rn. 2 (abstrakt-konkretes Gefährdungsdelikt); *Walter*, GA 2001, 131, 140 (Erfolgsdelikt).

Siebter Abschnitt: Strafrecht der Wirtschaftslenkung

Fall 57: – *Fehlgeleitete Wirtschaftsförderung* –

882 Der Ingenieur Mike Albers (A) gründete die AlkoMoto-GmbH, deren Gesellschaftszweck in der Entwicklung und Herstellung eines extrem sparsamen Motors, der mit Alkohol betrieben werden sollte, bestand. A trat mit diesem Projekt an das Amt für Wirtschaftsförderung der in einem besonders strukturschwachen Gebiet gelegenen Gemeinde Herzogenfelde heran und beantragte die Zuweisung öffentlicher Fördermittel des Landes B in Form eines verlorenen Zuschusses aufgrund des Gebietsförderungsgesetzes (GfG). Er legte dabei von ihm angefertigte Konstruktionsunterlagen über den Motor vor, in denen er nach dem heutigen Stand der Technik geltende Regeln bewusst falsch dargestellt hatte. Er hoffte, dass es ihm gelingen würde, diese technischen Probleme zu bewältigen und einen funktionsfähigen Motor zu entwickeln. Das GfG bezeichnet als subventionserheblich, dass die Produktion innerhalb eines Jahres nach Bewilligung der Förderung beginnen kann und mindestens 30 neue Arbeitsplätze geschaffen werden. A stellte die Schaffung von 50 neuen Arbeitsplätzen in Aussicht. Die zuständige Gemeindebeamtin Constanze Berthold (B) prüfte die Unterlagen und lehnte den Antrag ab, weil sie erhebliche Zweifel an der technischen Machbarkeit des Vorhabens hatte.

Strafbarkeit des A?

a) § 264 Abs. 1 Nr. 1 StGB

Grundvoraussetzung für die Anwendung des Tatbestandes ist, dass es sich bei der von A beantragten Förderung um eine **Subvention** handelt. § 264 Abs. 8 S. 1 Nr. 1 StGB beschreibt, was unter einer nach *Bundes- oder Landesrecht gewährten Subvention* zu verstehen ist, § 264 Abs. 8 S. 1 Nr. 2 StGB enthält eine Legaldefinition der *europarechtlichen Subvention*. Diese Definitionen stellen klar, dass dem Gesetz ein **materieller Subventionsbegriff** zugrunde liegt[14].

883 Eine Subvention nach *Bundes- oder Landesrecht* setzt *drei* Merkmale voraus. Erforderlich ist, dass die Leistung einem **Betrieb oder Unternehmen** gewährt wird. Leistungen an Privathaushalte und Einzelpersonen, insbesondere „Sozialsubventionen", fallen deshalb nicht unter den strafrechtlichen Subventionsbegriff[15]. Nach zutreffender Auffassung setzt § 264 Abs. 8 S. 1 Nr. 1 StGB allerdings nicht voraus, dass ausschließlich Betriebe oder Unternehmen die konkrete Förderung in Anspruch nehmen können[16], sondern die Regelung erfasst auch die Konstellationen, in denen die – wirtschaftsfördernde – Zuwendung dem Grunde nach ebenfalls Privatpersonen gewährt werden kann[17].
Nach § 265b Abs. 3 Nr. 1 StGB liegt ein Betrieb oder Unternehmen vor, wenn nach Art und Umfang ein in kaufmännischer Weise eingerichteter Geschäftsbetrieb erforderlich ist. Diese Definition kann auf § 264 StGB übertragen werden[18].
§ 264 Abs. 8 S. 2 StGB stellt öffentliche Unternehmen den privaten Betrieben und Unternehmen gleich.

---

[14] *Hoyer*, in: SK, § 264 StGB Rn. 20; *Wattenberg*, in: HWSt, 4. Teil 2. Kap. Rn. 13; *Wittig*, § 17 Rn. 9.
[15] BT-Drs. 7/5291, 12; *Mitsch*, BT 2, S. 405.
[16] So aber *Asholt*, ZWH 2014, 467, 468; *Kretschmer*, JR 2015, 276, 278; *Perron*, in: Sch/Sch, § 264 StGB Rn. 21; *Straßer*, in: G/J/W, § 264 StGB Rn. 29.
[17] BGHSt 59, 244, Rn. 12, m. Anm. *Hellmann*, JZ 2015, 724, 725 f.; *Hoyer*, in: SK, § 264 StGB Rn. 32; *Retemeyer*, in: A/B, Kap. 21 Rn 2. Eingehend dazu *Hellmann*, in: NK, § 264 StGB Rn. 43.
[18] *Hellmann*, in: NK, § 264 StGB Rn. 44; *Saliger*, in: S/S/W, § 264 StGB Rn. 14.

Es genügt, dass die Existenz eines Betriebes oder Unternehmens nur vorgetäuscht wird. Zwar fehlt eine § 265b Abs. 1 StGB entsprechende Regelung, es herrscht aber weitgehende Einigkeit darüber, dass ein Subventionsbetrug auch in diesen Konstellationen vorliegen kann[19].

Die Subvention muss wenigstens zum Teil der **Förderung der Wirtschaft**, d.h. der Steigerung der Leistungsfähigkeit[20], dienen. Wenn mehrere Zwecke mit der Vergabe von Fördermitteln verfolgt werden, ist durch Auslegung der maßgeblichen Rechtsgrundlagen zu ermitteln, ob zumindest auch ein Wirtschaftsförderungszweck gegeben ist[21]. Wirtschaft ist dabei die in unternehmerischer Form bewirkte Erzeugung, Herstellung und Verteilung von Gütern sowie das Erbringen sonstiger Leistungen, die der Erfüllung materieller menschlicher Bedürfnisse dienen[22]. Unter den Begriff fallen deshalb z.B. nicht Wissenschaft und Forschung, Technologie, Kunst und Literatur sowie soziale Leistungen[23]. Daher ist z.B. das Kurzarbeitergeld als „traditionelle Sozialsubvention des Arbeitnehmers" nicht von dem Subventionsbegriff erfasst[24]. 884

Die Zuwendung dient der Wirtschaftsförderung, wenn die teleologische Auslegung ergibt, dass darin der Endzweck der Subvention besteht[25]. Der Endzweck ist aus der Summe der Primärziele zu folgern[26].

Das eigentliche Kennzeichen des Subventionsbegriffs besteht in dem – völligen oder teilweisen – **Fehlen einer marktmäßigen Gegenleistung**. Diese fehlt in der Regel, wenn die Leistung aufgrund eines einseitigen subjektiv öffentlichen Rechts gewährt wird. Das ist insbesondere bei *verlorenen Zuschüssen* der Fall[27] (dazu *Fälle zum Wirtschaftsstrafrecht* Rn. 174 ff.). Keine Gegenleistung ist der mit der Subventionierung verfolgte Förderungszweck, weil er lediglich die Voraussetzung für die Bewilligung der Subvention ist[28]. Deshalb sind auch Leistungen, die den Empfänger zu eigenen Investitionen veranlassen sollen, Subventionen[29]. 885

Wird eine Gegenleistung vereinbart, muss geprüft werden, ob diese einen Marktpreis besitzt. Problematisch ist dies in den Fällen, in denen nur der Subventionsgeber als Anbieter der in Anspruch genommenen Leistung auftritt, z.B. bei bestimm-

---

[19] BT-Drs. 7/5291, 12; BGH, NStZ 2003, 541, 542; *Ceffinato*, in: MüKo⁴, § 264 StGB Rn. 51; *Fischer*, § 264 StGB Rn. 11; *Momsen/Laudien*, in: BeckOK-StGB, § 264 Rn. 18. **A.A.** *Eberle*, Der Subventionsbetrug nach § 264 StGB – ausgewählte Probleme einer verfehlten Reform, 1983, S. 71 ff.
[20] *Hellmann*, in: NK, § 264 StGB Rn. 37; *Saliger*, in: S/S/W, § 264 StGB Rn. 13.
[21] BGHSt 59, 244, 247 Rn. 11.
[22] *Isfen*, in: NK-WSS, § 264 StGB Rn. 16; *Perron*, in: Sch/Sch, § 264 StGB Rn. 14; *Tiedemann*, GA 1969, 71, 80.
[23] *Retemeyer*, in: M-G, Kap. 52 Rn. 8; *Straßer*, in: G/J/W, § 264 StGB Rn. 26.
[24] *Gaede/Leydecker*, NJW 2009, 3542, 3545 f.
[25] *Wattenberg*, in: HWSt, 4. Teil 2. Kap. Rn. 22.
[26] *Hellmann*, in: NK, § 264 StGB Rn. 39; *Saliger*, in: S/S/W, § 264 StGB Rn. 13.
[27] *Ceffinato*, in: MüKo⁴, § 264 StGB Rn. 38; *Fischer*, § 264 StGB Rn. 9; *Isfen*, in: NK-WSS, § 264 StGB Rn. 10 ff.; *Saliger*, in: E/R/S/T, § 264 StGB Rn. 9; *Wittig*, § 17 Rn. 21.
[28] Eingehend dazu *Hellmann*, in: NK, § 264 StGB Rn. 23, 25. **A.A.** *Rübenstahl/Wasserburg*, NStZ 2004, 521, 526.
[29] *Hellmann*, in: NK, § 264 StGB Rn. 23, 25.

ten Bürgschaften oder Garantien. Nach zutreffender Auffassung ist hier – ähnlich wie beim Submissionsbetrug (dazu Rn. 608 ff.) – auf den *hypothetischen Marktpreis* abzustellen[30].

886 Der Begriff der nach dem Recht der Europäischen Union gewährten Subvention ist erheblich weiter.
§ 264 Abs. 8 S. 1 Nr. 2 StGB setzt weder einen Wirtschaftsförderungszweck noch eine Leistung an einen Betrieb oder ein Unternehmen voraus. **Jede Leistung** aus öffentlichen Mitteln nach EU-Recht, die **wenigstens zum Teil ohne marktmäßige Gegenleistung gewährt** wird, ist danach eine Subvention. Nach h.M. haben Ausfuhrerstattungen für Drittlandexporte von landwirtschaftlichen Erzeugnisse nach den Marktordnungsvorschriften der EU Subventionscharakter[31].

887 Da in casu die Zuwendung der AlkoMoto-GmbH, einem Unternehmen, aufgrund des GfG als verlorener Zuschuss, also ohne marktmäßige Gegenleistung, zur Förderung der Wirtschaft in einem strukturschwachen Gebiet gewährt werden sollte, handelt es sich um eine Subvention im Sinne des § 264 Abs. 8 S. 1 Nr. 1 StGB.

888 § 264 Abs. 1 Nr. 1 StGB ist **kein Sonderdelikt**. Täter kann nicht nur der Subventionsnehmer bzw. dessen gesetzlicher Vertreter (§ 14 Abs. 1 StGB), sondern jedermann sein[32], denn der Tatbestand setzt lediglich voraus, dass der Täter *für sich oder einen anderen* Angaben macht. Deshalb kommt z.B. auch ein Amtsträger, der die falschen Angaben bestätigt, als Täter in Betracht[33]. Der Amtsträger, der die abschließende Entscheidung trifft, macht allerdings niemandem gegenüber unrichtige Angaben, sodass er als Täter des Subventionsbetruges ausscheidet[34]. Das gilt auch für den Fall des kollusiven Zusammenwirkens mit dem Antragsteller (vgl. dazu *Fälle zum Wirtschaftsstrafrecht* Rn. 176).

889 **Tathandlung** des § 264 Abs. 1 Nr. 1 StGB ist das **Machen unrichtiger Angaben**, was nichts anderes bedeutet als die Vornahme einer Täuschungshandlung[35] (dazu Rn. 8).
Nach zutreffender Sicht setzt der Täuschungsbegriff nicht voraus, dass der Täter bewusst falsche Tatsachenbehauptungen aufstellt, sondern eine Täuschung liegt vor, wenn die Behauptung objektiv falsch ist[36]. Für diese Sicht streitet § 264 Abs. 5

---

[30] BT-Drs. 7/5291, 10; *Göhler/Wilts*, DB 1976, 1609, 1612; *Perron*, in: Sch/Sch, § 264 StGB Rn. 11; *Saliger*, in: E/R/S/T, § 264 StGB Rn. 10; *Wattenberg*, in: HWSt, 4. Teil 2. Kap. Rn. 20.
[31] BGH, wistra 1990, 24, 25; *Saliger*, in: S/S/W, § 264 StGB Rn. 16. **A.A.** *Schrömbges*, wistra 2009, 249, 253 f.
[32] BGHSt 59, 244, 250 f. Rn. 16.
[33] OLG Hamburg, NStZ 1984, 218; *Isfen*, in: NK-WSS, § 264 StGB Rn. 48; *Momsen/Laudien*, in: BeckOK-StGB, § 264 Rn. 27; *Saliger*, in: S/S/W, § 264 StGB Rn. 27.
[34] *Hellmann*, in: NK, § 264 StGB Rn. 89; *Isfen*, in: NK-WSS, § 264 StGB Rn. 48; *Perron*, in: Sch/Sch, § 264 StGB Rn. 77; *Tiedemann*, in: LK[12], § 264 StGB Rn. 37; krit. *Lührs*, wistra 1999, 89, 92.
[35] *Hellmann*, in: NK, § 264 StGB Rn. 74; *Isfen*, in: NK-WSS, § 264 StGB Rn. 48; *Mitsch*, BT 2, S. 407 f.
[36] *Hellmann*, in: NK, § 264 StGB Rn. 74; *Mitsch*, BT 2, S. 263 f.; *Wittig*, § 17 Rn. 39; wohl auch BGHSt 48, 373, 384; unklar BGHSt 47, 1, 3 (objektiv irreführendes Verhalten und bewusst unwahre Behauptungen). **A.A.** RGSt 30, 333, 336; BGHSt 15, 235, 237; *Küper/Zopfs*, BT, Rn. 494; *Rengier*, BT 1, § 13 Rn. 9.

StGB, der Leichtfertigkeit hinsichtlich der Unrichtigkeit der Tatsachenangaben genügen lässt; die Vorschrift bringt dadurch zum Ausdruck, dass eine Täuschung ohne das Bewusstsein der Unrichtigkeit der Angaben möglich ist.

Angaben macht nicht nur, wer eine subventionserhebliche Tatsache *schriftlich oder mündlich bekundet*, sondern auch derjenige, der sie konkludent erklärt, z.B. indem er verfälschte Augenscheinsobjekte vorlegt[37]. 890
Nach zutreffender Auffassung[38] erfasst § 264 Abs. 1 Nr. 1 StGB zudem die schlichte Beeinflussung der Außenwelt, z.B. durch Manipulation eines für die Subventionsbewilligung relevanten Augenscheinsobjekts, das der Täter nicht vorlegt (dann konkludente Täuschung), sondern das vom Subventionsgeber ohne Mitwirkung des Täters lediglich wahrgenommen und zur Grundlage der Entscheidung gemacht wird. § 264 Abs. 1 Nr. 1 StGB ist also kein Äußerungsdelikt. Es genügt, dass der Täter die unrichtige subventionserhebliche Tatsache zur Kenntnis des Subventionsgebers gelangen lässt[39].
Die Angaben sind somit gemacht, wenn sie dem Subventionsgeber im Rahmen des Subventionsbetrugs *zugegangen* sind[40]. Bei mündlichen Angaben setzt dies voraus, dass der Erklärungsempfänger die Erklärung tatsächlich verstanden hat[41]. In einem mehrstufigen Verfahren ist die Tathandlung erst verwirklicht, wenn die Angaben an die zuständige Stelle weitergeleitet worden sind[42].

Unrichtig sind die Angaben, wenn die Tatsachen objektiv nicht der Wahrheit entsprechen[43]. 891
Legen die Angaben einen einheitlichen Lebenssachverhalt nur zum Teil richtig dar, sodass ein falscher Gesamteindruck entsteht, so sind sie **unvollständig**[44]. Die Einheitlichkeit des Lebenssachverhalts ist mittels einer normativ-sozialen Betrachtungsweise zu bestimmen, die vor allem den Subventionszweck berücksichtigt[45].
A hat in seinem Antrag technische Standards objektiv unrichtig dargestellt und dadurch unrichtige Angaben gemacht.

Die Angaben müssten für A oder einen anderen **vorteilhaft** sein. Das wäre der 892
Fall, wenn sie die Aussichten auf Bewilligung oder Belassung der Subvention verbessert hätten.

---

[37] BGH, NJW 2003, 2179, 2181; *Saliger*, in: E/R/S/T, § 264 StGB Rn. 23; *Tiedemann*, in: LK[12], § 264 StGB Rn. 95.
[38] Krey/*Hellmann*/Heinrich, BT 2, Rn. 559. **A.A.** BGH, NJW 1981, 1744, mit zust. Anm. *Tiedemann*, JR 1981, 470; *Ceffinato*, in: MüKo[4], § 264 StGB Rn. 78; *Gaede*, in: M/R, § 264 StGB Rn. 31.
[39] Eingehend dazu *Hellmann*, in: NK, § 264 StGB Rn. 77.
[40] BGHSt 34, 265, 267; *Gössel*, BT 2, § 23 Rn. 23; *Perron*, in: Sch/Sch, § 264 StGB Rn. 48.
[41] *Saliger*, in: S/S/W, § 264 StGB Rn. 23; *Straßer*, in: G/J/W, § 264 StGB Rn. 58.
[42] *Hellmann*, in: NK, § 264 StGB Rn. 78; *Perron*, in: Sch/Sch, § 264 StGB Rn. 48; *Saliger*, in: S/S/W, § 264 StGB Rn. 23.
[43] BGHSt 34, 111, 115; BGH, NStZ 2010, 327, 328; BayObLG, MDR 1989, 1014; *Heger*, in: L/K/H, § 264 StGB Rn. 17; *Straßer*, in: G/J/W, § 264 StGB Rn. 62.
[44] BGH, NStZ 2006, 625, 627 f.; Kindhäuser/*Hilgendorf*, LPK, § 264 StGB Rn. 12; *Wittig*, § 17 Rn. 40; nach BGH, NStZ 2010, 327, 328 handelt es sich ebenfalls um unrichtige Tatsachenangaben.
[45] *Heger*, in: L/K/H, § 264 StGB Rn. 17; *Hellmann*, in: NK, § 264 StGB Rn. 82; *Tiedemann*, in: LK[12], § 264 StGB Rn. 97.

Die Vorteilhaftigkeit liegt jedenfalls vor, wenn die Gewährung der Subvention oder deren Höhe von den Tatsachen abhängt. Vorteilhaft sind zudem Angaben, welche die Chance auf Gewährung der Subvention nicht unerheblich erhöhen. Unrichtige Angaben, die zu einer Verringerung der Chancen von Mitbewerbern im Subventionsverfahren führen, sind nur dann vorteilhaft, wenn die Wahrscheinlichkeit der Subventionsgewährung an den Täter oder einen Dritten dadurch steigt[46].

Umstritten ist, ob die unrichtigen Angaben vorteilhaft sind, wenn die **Subvention aus anderen Gründen hätte gewährt werden müssen**. Die Rechtsprechung[47] bejaht dies mit teilweiser Billigung der Literatur[48] unter Berufung auf den angeblichen Gesetzeszweck, der auch in der Vermeidung von Schwierigkeiten bei dem Beweis des Betrugsschadens bestehe. Nach h.L.[49] sind dagegen nur solche Angaben vorteilhaft, die sich auf die Bewilligung der Subvention bzw. die Subventionshöhe auswirken. Dieser Sicht ist zuzustimmen, weil in den Fällen, in denen die Subvention aus anderen Gründen hätte gewährt werden müssen, keines der geschützten Rechtsgüter beeinträchtigt wird, die Täuschung also nicht einmal abstrakt gefährlich ist[50].

Da in casu die Subventionsvergabe davon abhing, dass Konstruktion und Produktion des Motors möglich sind, hat A für die GmbH vorteilhafte Angaben gemacht.

893 Die Tatsachen müssen **subventionserheblich** sein[51]. Nach der Legaldefinition des § 264 Abs. 9 StGB ist das der Fall, wenn die Tatsachen *durch Gesetz oder aufgrund eines Gesetzes von dem Subventionsgeber als subventionserheblich bezeichnet* sind (Nr. 1) oder wenn die *Bewilligung, Gewährung, Rückforderung, Weitergewährung oder das Belassen der Subvention oder eines Subventionsvorteils von der Tatsache gesetzlich oder nach dem Subventionsvertrag abhängig* ist (Nr. 2).

894 Die Bezeichnung der subventionserheblichen Tatsachen „durch Gesetz" gemäß § 264 Abs. 9 Nr. 1 StGB muss in einem Gesetz im formellen oder materiellen Sinne erfolgen; Verwaltungsvorschriften, Richtlinien, ministerielle Erlasse usw. sind also keine Gesetze im Sinne des § 264 StGB. Bezeichnet der Subventionsgeber die subventionserheblichen Tatsachen „aufgrund eines Gesetzes", muss er sie klar, unmissverständlich und auf den konkreten Fall bezogen bestimmen. Eine ausdrückliche Benennung als „subventionserheblich" ist zwar nicht notwendig, es genügt aber nicht, dass die Subventionserheblichkeit lediglich aus dem Zusammenhang folgt[52]. Nach § 264 Abs. 9 Nr. 2 StGB sind zudem Tatsachen subventionserheblich, die zwar nicht als solche bezeichnet sind, von denen aber die Be-

---

[46] *Hellmann*, in: NK, § 264 StGB Rn. 86; *Perron*, in: Sch/Sch, § 264 StGB Rn. 47; *Straßer*, in: G/J/W, § 264 StGB Rn. 66.
[47] BGHSt 34, 265, 267 ff.; 36, 373, 374 ff.
[48] *Achenbach*, JR 1988, 251, 254; *Meine*, wistra 1988, 13, 16; *Otto*, BT, § 61 Rn. 19.
[49] *Heger*, in: L/K/H, § 264 StGB Rn. 18; *Hoyer*, in: SK, § 264 StGB Rn. 58; *Mitsch*, BT 2, S. 408; *Retemeyer*, in: M-G, Kap. 52 Rn. 25; *Saliger*, in: E/R/S/T, § 264 StGB Rn. 26.
[50] *Hellmann*, in: NK, § 264 StGB Rn. 87; *Wittig*, § 17 Rn. 45.
[51] Ausführlich zu subventionserheblichen Tatsachen, vgl. *Hellmann*, in: NK, § 264 StGB Rn. 50 ff.
[52] BGHSt 44, 233, 237 f.; *Ceffinato*, in: MüKo⁴, § 264 StGB Rn. 58 ff.; *Saliger*, in: E/R/S/T, § 264 StGB Rn. 18.

willigung, Gewährung, Rückforderung, Weitergewährung oder das Belassen einer Subvention oder eines Subventionsvorteils gesetzlich oder nach dem Subventionsvertrag abhängig ist. Die Subventionierung hängt gesetzlich nicht nur dann von einer bestimmten Tatsache ab, wenn ihr Vorliegen allein die Bewilligung usw. zur Folge hat, sondern auch, wenn die Tatsache erst im Zusammenwirken mit anderen Umständen für die Subventionierung relevant wird[53]. § 264 Abs. 9 Nr. 2 StGB erfasst damit die Konstellationen, in denen trotz Fehlens einer ausdrücklichen Bezeichnung dem Gesetz mittels Auslegung entnommen werden kann, dass die Subventionierung das Vorliegen bestimmter Tatsachen voraussetzt[54]. Die zur alten Rechtslage bestehende Auffassung, an der hinreichenden Deutlichkeit der gesetzlichen Regelung werde es regelmäßig fehlen, wenn sie der Verwaltungsbehörde einen Ermessensspielraum einräumt, da dann nicht das Gesetz, sondern die Behörde bestimmt, von welchen Tatsachen die Subventionierung in dem konkreten Fall abhängt[55], hat an Bedeutung verloren, weil § 264 Abs. 9 Nr. 2 StGB es nunmehr zulässt, die subventionserheblichen Tatsachen dem Subventionsvertrag zu entnehmen.

Bei der Beantragung von „**Corona-Soforthilfen**", die dem Subventionsbegriff des § 264 Abs. 8 Nr. 1 StGB unterfallen[56], ist im Einzelfall festzustellen, ob die für die Gewährung der Beihilfe materiell maßgeblichen Umstände (z.B. Sitz und Größe des Unternehmens, unmittelbar infolge der Corona-Virus-Pandemie eingetretener Liquiditätsengpass oder Umsatzeinbruch, erhaltene oder beantragte vergleichbare staatliche Hilfe) subventionserhebliche Tatsachen i.S.d. § 264 Abs. 9 StGB sind. Die – mehrfach geänderte – „Bundesregelung Kleinbeihilfen 2020" ist zwar ein Gesetz im formellen und materiellen Sinn, die Regelung bezeichnet die subventionserheblichen Tatsachen aber nicht[57]. Die Umsetzung in den Bundesländern erfolgte durch Verwaltungsvorschriften oder Richtlinien, die keine Gesetze sind (Rn. 894). Eine Bezeichnung der subventionserheblichen Tatsachen ist somit nicht „durch Gesetz" i.S.d. § 264 Abs. 9 Nr. 1 Alt. 1 StGB erfolgt[58]. Soweit einige Bundesländer in ihren Verwaltungsvorschriften bzw. Richtlinien bestimmte Tatsachen ausdrücklich unter Bezugnahme auf § 264 StGB und die bundes- und landesrechtlichen Subventionsgesetze nennen, handelt es sich um eine Bezeichnung der subventionserheblichen Tatsachen „aufgrund eines Gesetzes" gemäß § 264 Abs. 9

894a

---

[53] *Ceffinato*, in: MüKo⁴, § 264 StGB Rn. 64; *Hoyer*, in: SK, § 264 StGB Rn. 45; *Perron*, in: Sch/Sch, § 264 StGB Rn. 36.
[54] BGHSt 44, 233, 241; *Hellmann*, in: NK, § 264 StGB Rn. 61; *Isfen*, in: NK-WSS, § 264 StGB Rn. 33; *Tiedemann*, in: LK¹², § 264 StGB Rn. 82.
[55] BGHSt 44, 233, 241; BGH, NStZ RR 2011, 81, mit Bespr. *Adick*, HRRS 2011, 408 ff.; LG Magdeburg, wistra 2005, 155, 157.
[56] BGHSt 66, 115, Rn. 5, mit Anm. *Dihlmann*, NJW 2021, 2056 f., und *Peukert/Püschel*, NZWiSt 2021, 474 ff.; KG, NZWiSt 2022, 446, Rn. 12, mit Anm. *Hänle*; LG Hamburg, NJW 2021, 707, Rn. 2 ff., mit Anm. *Habetha*; *Höpfner/Bednarz*, ZWH 2021, 91, 93; *Rau/Sleimann*, NZWiSt 2020, 373, 374; *Tolksdorf/Schellhaas*, NZWiSt 2021, 344, 345 f.; *Trompke/Wortmann*, COVuR 2020, 401, 402.
[57] *Schmuck/Hecken/Tümmler*, NJOZ 2020, 673, 675.
[58] *Rau/Sleimann*, NZWiSt 2020, 373, 374.

Nr. 1 Alt. 2 StGB[59]. Im Übrigen können die subventionserheblichen Tatsachen nach Maßgabe des § 264 Abs. 9 Nr. 2 StGB durch den Subventionsgeber bestimmt werden, indem z.B. die Bewilligung, Gewährung, Rückforderung, Weitergewährung oder das Belassen der Subvention in den Antragsunterlagen von ausdrücklich genannten Umständen abhängig gemacht wird[60].

895 In unserem Fall legte das GfG die subventionserheblichen Tatsachen ausdrücklich fest. Da die technische Umsetzbarkeit seines Vorhabens für die Aufnahme der Produktion und die Beschäftigung einer bestimmten Zahl von Arbeitnehmern maßgeblich ist, machte A über eine subventionserhebliche Tatsache unrichtige Angaben.

896 Dies müsste gegenüber einer **für die Bewilligung der Subvention zuständigen Behörde** oder einer anderen **in das Subventionsverfahren eingeschalteten Stelle oder Person** geschehen sein. Die für die Bewilligung zuständige Behörde ist die organisatorisch verselbstständigte Handlungseinheit des Staates, eines anderen Trägers öffentlicher Verwaltung oder der EU, welche die Endentscheidung über die Gewährung der Subvention trifft. In das Subventionsverfahren eingeschaltet sind alle Stellen, die in irgendeiner Weise an dem Subventionsverfahren beteiligt sind, auch wenn sie lediglich Vorprüfungen vornehmen.

897 Für die Gewährung der Zuwendung nach dem GfG ist eine Behörde, nämlich die Gemeinde, zuständig. Ihr gegenüber hat A die unrichtigen Angaben gemacht. Er handelte zudem vorsätzlich, rechtswidrig und schuldhaft, sodass er eines Subventionsbetrugs nach § 264 Abs. 1 Nr. 1 StGB schuldig ist.

Die Vorlage der unrichtigen Konstruktionsunterlagen erfüllt nicht das Regelbeispiel des § 264 Abs. 2 S. 2 Nr. 1, 2. Alt. StGB für einen **besonders schweren Fall**. Ein Beleg ist verfälscht, wenn ein ursprünglich echter Beleg in seiner Beweisrichtung verändert wurde. Der Begriff des Verfälschens ist also wie in §§ 267 Abs. 1, 2. Alt., 268 Abs. 1 Nr. 1, 2. Alt. StGB zu verstehen. Nachmachen meint das Herstellen einer unechten Urkunde bzw. einer unechten technischen Aufzeichnung im Sinne der §§ 267 Abs. 1, 1. Alt., 268 Abs. 1 Nr. 1, 1. Alt. StGB. Die Konstruktionsunterlagen stammten von A und er erschien auch als ihr Aussteller, sodass er weder eine unechte Urkunde hergestellt noch eine echte verfälscht hat.

§ 264 Abs. 2 S. 2 Nr. 1 StGB setzt im Übrigen nicht nur die Unechtheit der Belege, sondern auch deren inhaltliche Unrichtigkeit voraus. Deshalb liegt kein besonders schwerer Fall vor, wenn der Täter verloren gegangene Belege nachmacht, die inhaltlich zutreffend sind.

– Zu den weiteren Regelbeispielen siehe Rn. 906. –

b) §§ 263, 22 StGB

898 Der Tatentschluss des A war darauf gerichtet, die B über die Produktionsreife des Motors zu täuschen, in B einen Irrtum hervorzurufen und sie dadurch zu einer schädigenden Verfügung über das Vermögen des Landes, über das sie verfügen durfte, zu veranlassen. Schädigungsvorsatz fehlt nicht etwa deshalb, weil A sich eine bewusste Selbstschädigung des Landes vorgestellt hätte. Das Land erwartete zwar keine äquivalente Gegenleistung für die Subven-

---

[59] Zu dem Vorgehen in Niedersachsen und Nordrhein-Westfalen BGHSt 66, 115, Rn. 9 ff.; zu den – zeitweisen – Mängeln in Berlin KG, NZWiSt 2022, 446, Rn. 15, mit Anm. *Hänle*; siehe zudem die Beispiele bei *Schmuck/Hecken/Tümmler*, NJOZ 2020, 673 ff.

[60] Zu weit *Rau/Sleimann*, NZWiSt 2020, 373, 375, die generell eine Erheblichkeit der Tatsachen, die „materiell eindeutig für die Vergabe relevant sind", mit der Begründung annehmen, es könne „auf das Subventionsgesetz des Bundes zurückgegriffen werden".

tion. Es ist aber allgemein anerkannt, dass auch die *Fehlleitung zweckgebundener öffentlicher Mittel*, die der Förderung bestimmter sozial- oder wirtschaftspolitischer Ziele dienen, einen Vermögensschaden im Sinne des § 263 StGB begründet[61]. Der Vermögensschaden folgt in diesen Fällen aus der **Zweckverfehlung**. Der verlorene Zuschuss des Landes sollte nach dem Tatentschluss des A seinen Zweck verfehlen, weil die Schaffung von Arbeitsplätzen innerhalb eines Jahres nicht bewirkt worden wäre.

Der Tatentschluss des A umfasste also die Verwirklichung sämtlicher objektiver Betrugsmerkmale und die Absicht, die AlcoMoto-GmbH rechtswidrig zu bereichern. Durch die Vornahme der Täuschungshandlung hatte A – nach seiner Vorstellung von der Tat – den Betrugstatbestand bereits zum Teil verwirklicht, sodass er auch die Grenze zur Versuchsstrafbarkeit überschritten hatte. Er ist daher eines versuchten Betruges schuldig.

c) Konkurrenzen

Das Konkurrenzverhältnis des allgemeinen Betrugstatbestandes und des Subventionsbetruges ist heftig umstritten. Vereinzelt[62] wird sogar *tatbestandliche Exklusivität* angenommen mit der Folge, dass § 263 StGB auf den Subventionsbetrug nicht anwendbar wäre. Die h.M.[63] bejaht dagegen *Gesetzeskonkurrenz* mit Vorrang des § 264 StGB[64]. Nach anderer Auffassung[65] stehen beide Tatbestände in *Tateinheit*. Zutreffend ist eine differenzierende Lösung. Da § 264 StGB nach hier vertretener Auffassung – wie § 263 StGB – ausschließlich das Vermögen schützt, tritt der Subventionsbetrug als Gefährdungsdelikt im Wege der Subsidiarität nach allgemeinen Grundsätzen[66] hinter das Verletzungsdelikt des *vollendeten* Betruges zurück[67]. Bleibt der Betrug im Versuchsstadium stecken, so stehen § 264 und §§ 263, 22 StGB in Tateinheit. Dadurch wird klargestellt, dass der Betrugsversuch im Anwendungsbereich des § 264 StGB nicht milder bestraft wird als die vollendete Tat[68]. 899

Ergänzende Hinweise:

(1) Der durch das EG-Finanzschutzgesetz eingefügten Tathandlung der **zweckwidrigen Verwendung eines subventionierten Gegenstandes** (§ 264 Abs. 1 Nr. 2 StGB) bedürfte es im Anwendungsbereich des SubvG an sich nicht, da § 3 Abs. 2 SubvG den Subventionsempfänger bereits zur Mitteilung an den Subventionsgeber verpflichtet, wenn eine zweckwidrige Verwendung *beabsichtigt* ist. § 264 Abs. 1 Nr. 3 StGB erfasst schon das Unterbleiben dieser Mitteilung. Bei EU-Subventionen sind die Mitteilungspflichten dagegen bisweilen nur fragmentarisch geregelt, so- 900

---

[61] BGHSt 19, 37, 44; 31, 93, 95; 59, 205, 215; *Heger/Petzsche*, in: NK-WSS, § 263 StGB Rn. 123; *Kindhäuser/Hoven*, in: NK, § 263 StGB Rn. 313; W/Hillenkamp/*Schuhr*, BT 2, Rn. 554.
[62] *Biener*, Gesetz zur Bekämpfung der Wirtschaftskriminalität, Steuerberaterkongreß-Report 1977, 367, 371.
[63] BGHSt 32, 203, 206 f.; BGH, NStZ 2007, 578, 579; *Heger*, in: L/K/H, § 264 StGB Rn. 30; *Mitsch*, BT 2, S. 404; *Perron*, in: Sch/Sch, § 264 StGB Rn. 87.
[64] Für Subsidiarität des § 263 StGB *Tiedemann*, Rn. 712. Für Spezialität dagegen *Mitsch*, BT 2, S. 404 f.; *Straßer*, in: G/J/W, § 264 StGB Rn. 154.
[65] *Achenbach*, JR 1988, 251, 254; *Berz*, BB 1976, 1435, 1438; *Ceffinato*, in: MüKo⁴, § 264 StGB Rn. 136; *Momsen*, in: M/S/M/H/M, § 41 Rn. 183.
[66] Vgl. BGHSt 8, 243, 244; W/*Beulke/Satzger*, AT, Rn. 1268.
[67] Krey/*Hellmann*/Heinrich, BT 2, Rn. 803.
[68] *Hellmann*, in: NK, § 264 StGB Rn. 174.

dass § 264 Abs. 1 Nr. 2 StGB Strafbarkeitslücken schließt[69]. Die Verwendung des Gegenstandes oder der Geldleistung muss durch Rechtsvorschrift oder durch den Subventionsgeber im Hinblick auf eine Subvention beschränkt sein. Eine ausdrückliche Bezeichnung der Verwendungsbeschränkung setzt § 264 Abs. 1 Nr. 2 StGB aber nicht voraus, es genügt, dass sie sich hinreichend deutlich durch Auslegung ermitteln lässt.

900a (2) Eine allgemeine Regelung der **Versuchsstrafbarkeit** enthält § 264 StGB zu Recht nicht, da der Subventionsbetrug i.d.R. die Voraussetzung eines versuchten Betruges[70] erfüllt und eine noch weitergehende Verlagerung der Strafbarkeit in das „Vorfeld" des § 263 StGB nicht notwendig erscheint[71]. Die Einfügung der Versuchsstrafbarkeit in § 264 Abs. 4 StGB für die Alternative zweckwidrige Verwendung eines subventionierten Gegenstandes oder einer subventionierten Geldleistung (Abs. 1 Nr. 2) erfolgte in Umsetzung der RL (EU) 2017/1371 über die strafrechtliche Bekämpfung von gegen die finanziellen Interessen der Union gerichtetem Betrug (Rn. 879), die in Art. 5 Abs. 2 die Mitgliedstaaten zur Sicherstellung der Versuchsstrafbarkeit bei Betrug zum Nachteil der EU verpflichtet[72]. Die Verwendung eines nach EU-Recht subventionierten Gegenstandes oder eines Geldbetrages unter Verstoß gegen eine Verwendungsbeschränkung (Art. 3 Abs. 1 lit. a Ziff. iii der RL) erfüllt nicht notwendig den allgemeinen Betrugstatbestand, sodass eine Anordnung der Versuchsstrafbarkeit für diese Alternative notwendig war.

901 (3) Nach § 264 Abs. 1 Nr. 3 StGB macht sich strafbar, wer den **Subventionsgeber entgegen den Rechtsvorschriften über die Subventionsvergabe über subventionserhebliche Tatsachen in Unkenntnis lässt**. Es handelt sich um ein *echtes Unterlassungsdelikt*[73]. Da nur den Subventionsnehmer gem. § 3 Abs. 1 SubvG die Aufklärungspflicht trifft, ist die Vorschrift ein *echtes Sonderdelikt*[74]. Diese Tathandlung ist eigentlich überflüssig, da § 264 Abs. 1 Nr. 1 StGB auch durch Unterlassen verwirklicht werden kann. Die unterlassene Aufklärung ist nämlich nichts anderes als eine Täuschung durch Unterlassen und die Rechtspflicht begründet eine Garantenstellung nach § 13 Abs. 1 StGB. § 264 Abs. 1 Nr. 3 StGB hat folglich nur klarstellende Funktion.

902 (4) Der **Gebrauch unrechtmäßig erworbener Subventionsbescheinigungen im Subventionsverfahren** nach § 264 Abs. 1 Nr. 4 StGB erfüllt – jedenfalls in aller Regel – bereits als konkludente Täuschung die Voraussetzungen des § 264 Abs. 1 Nr. 1 StGB[75] (Rn. 889). Die Behauptung, die Vorschrift erlange eigenständige Be-

---

[69] *Tiedemann*, in: LK[12], § 264 StGB Rn. 106; *Zieschang*, EuZW 1997, 78, 82.
[70] *Fischer*, § 264 StGB Rn. 4: „Verselbstständigtes Versuchsdelikt im Vorfeld des Betrugs"; *Gaede*, in: M/R, § 264 StGB Rn. 60: Der Gesetzgeber habe „bereits mit dem Tatbestand materiell Versuchsunrecht pönalisiert".
[71] Ob es zutrifft, dass „zumindest ein Teil der sonst vom Versuch umfassten Vorbereitungshandlungen mit umfasst ist" (so *Straßer*, in: G/J/W, § 264 StGB Rn. 142), ist allerdings zweifelhaft.
[72] BT-Drs. 19/7886, 30.
[73] *Ceffinato*, in: MüKo[1], § 264 StGB Rn. 101; *Isfen*, in: NK-WSS, § 264 StGB Rn. 54; *Momsen/Laudien*, in: BeckOK-StGB, § 264 Rn. 35; *Retemeyer*, in: M-G, Kap. 52 Rn. 15.
[74] *Straßer*, in: G/J/W, § 264 StGB Rn. 82; *Wattenberg*, in: HWSt, 4. Teil 2. Kap. Rn. 60.
[75] *Retemeyer*, in: M-G, Kap. 52 Rn. 17.

deutung, wenn der Täter die Bescheinigung erst auf ausdrückliches Verlangen einer Behörde oder einer anderen in das Subventionsverfahren eingeschalteten Stelle vorlegt, weil die Vorlage dann nicht notwendig eine eigene Erklärung des Verwenders beinhalte[76], trifft nicht zu, da der Täter sich die Erklärung mit der Vorlage auch in diesem Fall zu eigen macht. Die eigentliche Bedeutung des § 264 Abs. 1 Nr. 4 StGB besteht deshalb nicht darin, die Strafbarkeit auszudehnen, sondern sie gerade zu beschränken, da diese Alternative nicht leichtfertig begangen werden kann[77]. Die Vorschrift gewährt also einen gewissen Vertrauensschutz hinsichtlich der Richtigkeit von Subventionsbescheinigungen.

(5) Erlangt der Täter die Subvention durch eine Täuschung und unterlässt er in der Folgezeit die ihm obliegende Aufklärung, so verwirklicht er zwar tatmehrheitlich § 264 Abs. 1 Nr. 1 und Nr. 3 StGB; der Subventionsbetrug durch Unterlassen (Nr. 3) tritt aber als mitbestrafte Nachtat hinter das aktive Tun (Nr. 1) zurück[78]. 903

(6) Mehrere Subventionsbetrügereien – auch gegenüber einem Subventionsgeber – stehen grundsätzlich in Tatmehrheit (§ 53 StGB). Werden mehrere Subventionsanträge mit denselben unrichtigen Angaben von unterschiedlichen Subventionsempfängern durch ein und denselben äußeren Vorgang (z.B. Posteinsendung) eingereicht, so liegt jedoch Tateinheit (§ 52 StGB) im Sinne einer natürlichen Handlungseinheit vor[79]. 904

(7) § 264 Abs. 5 StGB stellt auch die **leichtfertige** Verwirklichung der Tathandlungen des § 264 Abs. 1 *Nr. 1 bis 3* StGB unter Strafe. Leichtfertig handelt, wer die erforderliche Sorgfalt in besonders hohem Maße außer Acht lässt[80], wobei auf die individuellen Fähigkeiten und Kenntnisse des Täters abzustellen ist[81]. Die Strafwürdigkeit des Leichtfertigkeitstatbestandes, der die Strafbarkeit auch dann sicherstellen soll, wenn der Nachweis des Täuschungsvorsatzes misslingt (Rn. 879), ist zweifelhaft[82]. Solche Beweisschwierigkeiten dürfen jedenfalls nicht dazu verleiten, ohne genaue Prüfung einen groben Sorgfaltsverstoß anzunehmen. 905
Der leichtfertige Subventionsbetrug besitzt einen eigenständigen Anwendungsbereich, weil § 263 StGB keine Leichtfertigkeitsvariante enthält. § 264 StGB erfüllt aus diesem Grund die ihm zugeschriebenen Zwecke, und zwar zum einen die aus tatsächlichen oder rechtlichen Gründen eröffneten Strafbarkeitslücken zu schließen und zum anderen die Strafe für Subventionsbetrügereien zu verschärfen[83].

(8) § 264 Abs. 2 S. 2 StGB enthält Regelbeispiele für **besonders schwere Fälle**. 906
§ 264 Abs. 2 S. 2 Nr. 1 StGB droht eine erhöhte Strafe an, wenn der Täter für sich oder einen anderen eine nicht gerechtfertigte Subvention *großen Ausmaßes* erlangt, falls dies aus *groben Eigennutz* oder unter *Verwendung nachgemachter oder ver-*

---

[76] *Perron*, in: Sch/Sch, § 264 StGB Rn. 58; *Wattenberg*, in: HWSt, 4. Teil 2. Kap. Rn. 64.
[77] *Hellmann*, in: NK, § 264 StGB Rn. 111.
[78] BGH, NStZ-RR 2016, 140 f.
[79] BGHSt 59, 244, Rn. 18, mit zust. Anm. *Hellmann*, JZ 2015, 724 ff.
[80] BGHSt 33, 66, 67; OLG Hamburg, NStZ 1984, 218, 219.
[81] BGH, ZWH 2013, 228 ff., mit Anm. *Bittmann*; *Hellmann*, in: NK, § 264 StGB Rn. 153.
[82] *Hellmann*, in: NK, § 264 StGB Rn. 151.
[83] *Hellmann*, in: NK, § 264 StGB Rn. 174.

fälschter Belege (Rn. 897) geschieht. Zum Teil wird eine erhebliche Überschreitung des Durchschnittswerts der üblichen Subventionen gefordert[84]. Vorzugswürdig erscheint jedoch, als Anhaltspunkt für das große Ausmaß einen Richtwert anzunehmen, der bei 50.000 € anzusetzen ist[85]. Die Annahme eines besonders schweren Falles ist aber immer das Ergebnis einer Abwägung der Gesamtumstände, sodass schon unterhalb dieser Grenze, aber auch erst oberhalb dieses Betrages ein großes Ausmaß vorliegen kann[86]. Grober Eigennutz liegt vor, wenn der Täter sich von seinem Streben nach eigenem Vorteil in einem besonders anstößigen Maße hat leiten lassen[87]. Nicht ausreichend ist ein allgemeines Gewinnstreben, da dieses den Täter regelmäßig zur Täuschung bewegt[88].

907 Ein erhöhter Strafrahmen gilt nach § 264 Abs. 2 S. 2 Nr. 2 StGB für den *Amtsträger oder Europäischen Amtsträger, der seine Befugnisse oder Stellung missbraucht*, und nach § 264 Abs. 2 S. 2 Nr. 3 StGB für den Täter, der die *Mithilfe eines seine Befugnisse oder Stellung missbrauchenden Amtsträgers oder Europäischen Amtsträgers ausnutzt*.

908 (9) Die *gewerbs- und bandenmäßige* Begehung des Subventionsbetruges sind nach § 264 Abs. 3 i.V.m. § 263 Abs. 5 StGB **Qualifikationstatbestände**.

909 (10) § 264 Abs. 6 StGB enthält den persönlichen Strafaufhebungsgrund der **tätigen Reue**. Bei wirksamer tätiger Reue wird der Täter wegen des Grundtatbestandes straffrei. Damit fehlt zugleich der Anknüpfungspunkt für die Strafbarkeit aus dem qualifizierten Tatbestand, sodass nach zutreffender Auffassung[89] § 264 Abs. 6 StGB auch auf § 264 Abs. 3 i.V.m. § 263 Abs. 5 StGB anzuwenden ist.

910 (11) § 264 Abs. 1 Nr. 1 StGB ist bereits mit Zugang der unrichtigen oder unvollständigen Angaben bei der zuständigen Stelle formell vollendet[90], materielle Beendigung – und damit **Beginn der Verjährung** – tritt jedoch bei einem „erfolgreichen" Subventionsbetrug erst mit der Ausreichung der Subvention ein[91]. Erfolgen auf der Grundlage eines Zuwendungsbescheids mehrere (Teil-)Zahlungen, ist dies mit der letzten Zahlung der Fall[92]. § 264 StGB erfordert zwar keinen Taterfolg, abgeschlossen, d.h. im Sinne des § 78a StGB beendet, ist die Tat aber erst, wenn der Schaden des Subventionsgebers eingetreten ist[93].

---

[84] Z.B. *Stam*, NStZ 2013, 144, 145 ff.
[85] BGH, wistra 1991, 106; NJW 2001, 2485, 2486; siehe auch BGHSt 61, 28, 32 ff. Rn. 32 ff. (zu § 370 Abs. 3 S. 2 Nr. 1 AO); *Ceffinato*, in: MüKo⁴, § 264 StGB Rn. 142
[86] BGH, NJW 2001, 2485, 2486; *Hellmann*, in: NK, § 264 StGB Rn. 134.
[87] BGH, StV 1992, 117; wistra 1991, 106; *Saliger*, in: S/S/W, § 264 StGB Rn. 36.
[88] BGH, wistra 1984, 227 (zu § 370 AO).
[89] *Hellmann*, in: NK, § 264 StGB Rn. 160. **A.A.** *Fischer*, § 264 StGB Rn. 40; *Mitsch*, BT 2, S. 416 f.
[90] BGHSt 34, 266, 267; OLG München, NStZ 2006, 630, 631; *Wattenberg*, in: HWSt, 4. Teil 2. Kap. Rn. 68.
[91] BGH, NStZ 2007, 578, 579. **A.A.** OLG München, NStZ 2006, 630, 631 f.
[92] BGH, JZ 2015, 722 (insoweit nicht abgedruckt in BGHSt 59, 244), mit zust. Anm. *Hellmann*, JZ 2015, 724, 725; BGH, wistra 2016, 110, Rn. 4; OLG Rostock, NZWiSt 2012, 386; Rn. 9; *Straßer*, in: G/J/W, § 264 StGB Rn. 144.
[93] Zur Situation bei § 264a StGB siehe *Hellmann*, in: NK, § 264a StGB Rn. 73, 87.

§ 18 Arbeitsstrafrecht

Das Arbeitsstrafrecht besitzt keine festen Konturen, zumal es sich nicht um einen gesetzlich definierten Begriff handelt. Die zum Teil propagierte Beschreibung des – materiellen – Arbeitsstrafrechts als „Gesamtheit aller Vorschriften, die Verstöße gegen die Grundnormen des sozial geordneten Arbeitslebens sanktionieren"[1], ermöglicht keine trennscharfe Abgrenzung. Da der Begriff des Arbeitsstrafrechts an das Arbeitsverhältnis anknüpft, umfasst er die **Zuwiderhandlungen der Vertragspartner eines Arbeitsverhältnisses**, also des Arbeitgebers und des Arbeitnehmers, die diese gerade in ihrer Eigenschaft als Arbeitgeber oder Arbeitnehmer begehen. Das Arbeitsstrafrecht ist damit in erster Linie „Arbeitgeberstrafrecht", da die überwiegende Mehrzahl der einschlägigen Straf- und Bußgeldtatbestände den Arbeitgeber als Adressaten treffen.

911

Das Gesetz verwendet den **Begriff des Arbeitgebers** zwar an vielen Stellen im Zivil-, Sozial-, Steuer- und Strafrecht, eine Legaldefinition findet sich aber nicht[2]. Allerdings lässt sich § 611a BGB, der 2017 in das BGB eingefügt wurde und die Voraussetzungen des Arbeitsvertrages regelt, entnehmen, wer Arbeitgeber ist. § 611a BGB bestimmt die Pflichten der Vertragsparteien. § 611a Abs. 2 BGB äußert sich zum Arbeitgeber nur, indem er zur Zahlung der vereinbarten Vergütung verpflichtet wird. Nach § 611a Abs. 1 S. 1 BGB wird der Arbeitnehmer durch den Arbeitsvertrag „im Dienste eines anderen zur Leistung weisungsgebundener, fremdbestimmter Arbeit in persönlicher Abhängigkeit verpflichtet". Bei dieser Regelung und den weiteren Bestimmungen des Arbeitsvertrages in § 611a Abs. 1 S. 2-6 BGB handelt es sich um eine „1:1-Kodifizierung einer gefestigten höchstrichterlichen Rechtsprechung"[3]. Ob eine Person Arbeitgeber ist, richtet sich nach dieser „gefestigten höchstrichterlichen Rechtsprechung" nach dem Sozialrecht, das auf das Arbeitsrecht Bezug nimmt[4]. Arbeitgeber ist danach derjenige, dem der Arbeitnehmer nicht selbstständige Dienste gegen Entgelt leistet und zu dem er in einem Verhältnis persönlicher Abhängigkeit steht, wobei besondere Bedeutung dem Weisungsrecht sowie der Eingliederung in den Betrieb des Arbeitgebers zukommt.[5] Nach diesen Kriterien ist die Arbeitgebereigenschaft auch in den Fällen, in denen die tatsächlichen Verhältnisse verschleiernde rechtliche Konstruktionen (z.B. Scheinwerkverträge oder Scheinselbstständigkeit) verwendet werden, zu bestimmen[6].

912

Den Arbeitgeber treffen zahlreiche straf- oder bußgeldrechtlich bewehrte Ge- und Verbote. Er kann Zuwiderhandlungen bei dem Abschluss des Arbeitsvertrages und bei der Ausgestaltung der Arbeitsbedingungen sowie im Zusammenhang mit der Er-

913

---

[1] *Ignor/Mosbacher*, in: I/M, § 1 Rn. 1.
[2] *Bürger*, wistra 2016, 169, 170 f.
[3] BT-Drs. 18/9232, 18.
[4] Z.B. BGH, NStZ 2015, 648, 649; NStZ 2017, 354, 355.
[5] Z.B. BGH, NStZ-RR 2014, 246, 247 f.; NStZ 2015, 648, 649; NStZ 2017, 354, 355.
[6] Vgl. *Krumm*, NZWiSt 2015, 102 ff.; *Lange*, NZWiSt 2015, 248 ff.; *Reiserer*, DStR 2016, 1613 ff.; *Schulz*, ZIS 2014, 572 ff.

Siebter Abschnitt: Strafrecht der Wirtschaftslenkung

füllung von Pflichten zur Abführung von Sozialversicherungsabgaben und Steuern begehen. Die Tatbestände schützen entweder die Rechtsgüter des Arbeitnehmers, die sozialstaatliche Arbeitsmarktordnung oder das Beitragsaufkommen der Sozialversicherungsträger bzw. das staatliche Vermögen. Dagegen existieren nur wenige Tatbestände, die den Arbeitnehmer mit Geldbuße bedrohen, z.B. wegen der unerlaubten Aufnahme einer Beschäftigung.

I. Vorenthalten und Veruntreuen von Arbeitsentgelt (§ 266a StGB)

914 § 266a StGB fasst – wie bereits der gesetzlichen Bezeichnung zu entnehmen ist – unterschiedliche Tatbestände zusammen. Das Vorenthalten von Arbeitsentgelt nach § 266a Abs. 1 und 2 StGB betrifft Handlungen des Arbeitgebers zum Nachteil der Sozialversicherungsträger (Rn. 941), § 266a Abs. 3 StGB stellt als Veruntreuen von Arbeitsentgelt dagegen bestimmte untreueähnliche Handlungen des Arbeitgebers zum Nachteil des Arbeitnehmers (Rn. 959) unter Strafe.

Fall 58: – *Nichtanmelden der Arbeitnehmer bei der Einzugsstelle* –

915 Maurermeister Wilfried Ullmann (U) gründete zum 01.01.2023 die Firma Ullmann-Bau und stellte Norbert Albrecht (A), Klaus Bechthold (B) und Michael Claas (C) ein. Um Kosten zu sparen, meldete U seine Mitarbeiter nicht bei der zuständigen AOK X an und entrichtete auch keine Beiträge zur Sozialversicherung für den Monat Januar 2023. Zudem beschäftigte U privat Angela Dorfmann (D), die im Rahmen einer geringfügigen Beschäftigung Haushaltstätigkeiten (Putzen des Wohnhauses, Waschen und Bügeln der Kleidung des U) erledigte und dafür ein Entgelt in Höhe von 450 € erhielt. U meldete D nicht bei der AOK Y an.
Wie hat sich U strafbar gemacht?

1. Strafbarkeit wegen der Nichtanmeldung von A, B und C

a) § 266a Abs. 1 StGB (AOK X)

Durch das Nichtabführen der **Arbeitnehmerbeiträge** von A, B und C zur Sozialversicherung einschließlich der Arbeitsförderung an die AOK X könnte sich U wegen Vorenthaltens von Arbeitsentgelt strafbar gemacht haben.

916 § 266a Abs. 1 StGB ist ein **Sonderdelikt**, das als Täter grundsätzlich nur der *Arbeitgeber* oder eine diesem nach Abs. 5 *gleichgestellte Person* begehen kann[7]. Da die Arbeitsverträge zwischen U und A, B sowie C geschlossen wurden, ist U Arbeitgeber und damit tauglicher Täter des § 266a Abs. 1 StGB.

917 Die **Tathandlung** besteht in dem Vorenthalten der Arbeitnehmerbeiträge zur Sozialversicherung. Die h.M. versteht darunter die Nichtzahlung an die Einzugsstelle bei Fälligkeit[8]. § 266a Abs. 1 StGB wäre danach ein echtes Unterlassungsdelikt[9], das keinen Erfolg voraussetzt. Die – zutreffende – Gegenmeinung betrachtet den Tatbestand als Erfolgsdelikt; Vorenthalten bedeute „Verkürzung fälliger Beitragsansprü-

---

[7] Zur Strafbarkeit wegen Beihilfe eingehend *Wittig*, ZIS 2016, 70 ff.
[8] BGHZ 134, 304, 307; 114, 311, 317; *Fischer*, § 266a StGB Rn. 11; *Perron*, in: Sch/Sch, § 266a StGB Rn. 9.
[9] BGHSt 47, 318, 320; 53, 71, 79; BGH, NJW 2012, 2051, 2053; *Saliger*, in: S/S/W, § 266a StGB Rn. 3; *Wittig*, § 22 Rn. 29.

che"[10] bzw. nicht rechtzeitiger Eingang der Beiträge bei der Einzugsstelle[11]. In der Praxis führt das Vorenthalten der Sozialversicherungsbeiträge sogar zu einer konkreten Gefährdung des Vermögens der Einzugsstellen oder zu einem Vermögensschaden (näher dazu Rn. 926). Bei § 266a Abs. 1 StGB wirkt sich dieser Meinungsstreit im Ergebnis nicht aus, weil durch die Nichtzahlung bei Fälligkeit die Beiträge verkürzt werden bzw. nicht rechtzeitig bei der Einzugsstelle eingehen. Auswirkungen haben die unterschiedlichen Sichtweisen jedoch für die Verjährung (Rn. 940) und bei § 266a Abs. 2 StGB können sie ebenfalls Konsequenzen haben (Rn. 925 f.).

918 Der Gesamtsozialversicherungsbetrag umfasst nach § 28d SGB IV die Beiträge zur gesetzlichen Kranken- und Pflegeversicherung, zur Rentenversicherung und zur Arbeitsförderung. Er wird grundsätzlich vom Arbeitnehmer und Arbeitgeber jeweils zur Hälfte getragen (§ 20 Abs. 1 SGB IV i.V.m. § 249 Abs. 1 S. 1 SGB V [Krankenversicherung], i.V.m. § 58 Abs. 1 S. 1 SGB XI [Pflegeversicherung], § 168 Abs. 1 Nr. 1 SGB VI [Rentenversicherung], § 356 Abs. 1 SGB III [Arbeitsförderung]). Die Arbeitnehmerbeiträge gelten zwar gem. § 28e Abs. 1 S. 2 SGB IV als aus dessen Vermögen erbracht, der Arbeitgeber ist aber – ungeachtet der genannten Verteilung der Beitragslasten – gem. § 28e Abs. 1 S. 1 SGB IV alleiniger Schuldner des Gesamtsozialversicherungsbeitrags[12]. Der Arbeitgeber – oder ein anderer Meldepflichtiger[13] – hat gem. § 28a SGB IV die dort genannten Meldepflichten zu erfüllen, gem. § 28f Abs. 3 S. 1 SGB IV den Einzugsstellen, d.h. den Krankenkassen, die die Krankenversicherung der Arbeitnehmer durchführen[14], zwei Tage vor Fälligkeit einen Beitragsnachweis für seine Arbeitnehmer zu übermitteln und gem. § 28h Abs. 1 S. 1 SGB IV den Gesamtsozialversicherungsbeitrag zum Fälligkeitszeitpunkt – drittletzter Bankarbeitstag vor Ende des Monats, in dem die beitragspflichtige Tätigkeit ausgeübt wurde (§ 23 Abs. 1 S. 2 SGB IV) – an die Krankenkassen (Einzugsstellen) zu zahlen. Die Verletzung der Melde- und Abführungspflichten ist in § 266a Abs. 1 und 2 StGB mit Strafe bedroht, wobei hinsichtlich der Arbeitnehmer- und Arbeitgeberanteile unterschiedliche Tatbestandsvoraussetzungen gelten.

919 In einigen Konstellationen trägt nur der Arbeitgeber die Beiträge. Das ist bei einer geringfügigen Beschäftigung (§§ 8, 8a SGB IV) hinsichtlich der Beiträge zur Krankenversicherung (§ 249b SGB V) und zur Rechtversicherung (§ 172 Abs. 3, 3a SGB VI) der Fall sowie bei Auszubildenden, deren monatliches Arbeitsentgelt weniger als 325 Euro beträgt (§ 20 Abs. 3 S. 1 Nr. 1 SGB IV), und Beschäftigten, die ein freiwilliges soziales oder ökologisches Jahr ableisten (§ 20 Abs. 3 S. 1 Nr. 2 SGB IV). Erfasst sind auch die Beiträge zur gesetzlichen Unfallversicherung, die von dem „Unternehmer", für dessen Unternehmen Versicherte tätig sind (§ 150 Abs. 1 SGB VII), getragen wird, wenn es sich bei dem Beschäftigten um einen Arbeitnehmer handelt[15].

---

[10] *Möhrenschlager*, in: LK[12], § 266a StGB Rn. 3.
[11] *Rönnau/Kirch-Heim*, wistra 2005, 321, 324 f.
[12] BGH, NJW 2012, 2051, 2053; *Saliger*, in: S/S/W, § 266a StGB Rn. 14.
[13] Siehe dazu *Wehrhahn*, in: Kasseler Kommentar Sozialversicherungsrecht, SGB IV, § 28a Rn. 2.
[14] *Hellmann*, in: HdS 6, § 60 Rn. 16; *Saliger*, in: S/S/W, § 266a StGB Rn. 17.
[15] *Tag*, in: NK, § 266a StGB Rn. 87.

920 U hätte den Gesamtsozialversicherungsbeitrag somit am 27.01.2023 entrichten müssen. Anhaltspunkte dafür, dass U nicht zur Zahlung in der Lage gewesen wäre, enthält der Sachverhalt nicht. U war die Erfüllung der Handlungspflicht des als Unterlassungsdelikt ausgestalteten § 266a Abs. 1 StGB somit physisch-real möglich (näher dazu Rn. 944 ff.).

920a § 266a Abs. 1 StGB erfordert subjektiv **Vorsatz**; es genügt jede Vorsatzform[16]. Der Arbeitgeber bzw. sein Vertreter (§ 14 StGB) muss die normativen Tatbestandsmerkmale – Arbeitgeber bzw. dessen Vertreter zu sein und für einen Arbeitnehmer die gesetzlich geschuldeten Arbeitnehmerbeiträge abführen zu müssen – deshalb zumindest mit dolus eventualis verwirklichen. Dafür genügt es nicht, dass der Arbeitgeber die Tatsachen kennt, aus denen sich die sozialversicherungsrechtlichen Pflichten ergeben[17], sondern er muss das Bestehen eines sozialversicherungspflichtigen Arbeitsverhältnisses zumindest laienhaft („Parallelwertung in der Laiensphäre") erfassen[18]. Die These, bei Kenntnis sämtlicher die Arbeitgeberstellung begründenden tatsächlichen Umstände liege lediglich ein – als Subsumtionsirrtum regelmäßig vermeidbarer – Verbotsirrtum (§ 17 StGB) vor, wenn der Täter meine, nicht Arbeitgeber zu sein[19], trifft deshalb nicht zu, sondern es handelt sich um einen vorsatzausschließenden Tatumstandsirrtum (§ 16 Abs. 1 StGB)[20].
Der Vorsatz muss zudem die Voraussetzungen der „Überwälzung" der Arbeitgeberstellung nach § 14 StGB umfassen, sodass ein Tatumstandsirrtum gegeben ist, wenn der Geschäftsführer einer GmbH in Verkennung der Rechtslage von einer wirksamen Abberufung ausgeht[21].
U handelte vorsätzlich, rechtswidrig und schuldhaft.

921 Das **Konkurrenzverhältnis** bei Vorenthalten von Beiträgen mehrerer Arbeitnehmer gegenüber einer Einzugsstelle ist strittig. Zum Teil wird Tateinheit bejaht[22], nach zutreffender Ansicht liegt jedoch eine einheitliche Tat vor[23]. Da A, B und C bei der AOK X versichert waren, hat U § 266a Abs. 1 StGB einmal verwirklicht.
Das Vorenthalten der Beiträge für mehrere Arbeitnehmer gegenüber unterschiedlichen Einzugsstellen der Sozialversicherungsträger stellt dagegen rechtlich selbstständige Unterlassungen dar, die zueinander in Tatmehrheit stehen[24].

---

[16] BGHSt 47, 318, 323; OLG Düsseldorf, StV 2009, 193, 194; *Tag*, in: NK, § 266a StGB Rn. 80.
[17] *A.A. Schulz*, NJW 2006, 183, 186.
[18] BGHSt 64, 195, Rn. 18 ff., mit Anm. *Grötsch*, wistra 2020, 74 f., *Hinderer*, NStZ 2020, 92 f. und *Funken/Weitzell*, NZWiSt 2020, 164 ff.; BGH, NZWiSt 2021, 60, 62 f. mit Komm. *Gehm*; *Saliger*, in: S/S/W, § 266a StGB Rn. 28. Krit. *Ceffinato*, wistra 2020, 230 ff. Abl. *Bollacher*, NZWiSt 2019, 59 ff.
[19] BGH, NStZ 2010, 337 f.
[20] BGHSt 64, 195, Rn. 20 ff.; OLG Frankfurt, ZWH 2020, 260, 261; *Heger*, in: L/K/H, § 266a StGB Rn. 16; Sch/Sch-*Perron*, § 266a StGB Rn. 17.
[21] BGH NJW 2003, 3787, 3789 f.
[22] OLG Frankfurt, NStZ-RR 1999, 104; *Heger*, in: L/K/H, § 266a StGB Rn. 20; *Hoyer*, in: SK, § 266a StGB Rn. 111; *Wittig*, in: BeckOK-StGB, § 266a Rn. 51.
[23] BGH, NStZ 2014, 321, 323; NStZ-RR 2016, 244, 245; *Saliger*, in: S/S/W, § 266a StGB Rn. 27.
[24] BGHSt 48, 307, 314; OLG Frankfurt, NStZ-RR 1999, 104; *Bittmann/Ganz*, wistra 2002, 130; *Tag*, in: NK, § 266a StGB Rn. 141.

b) § 266a Abs. 2 Nr. 2 StGB (AOK X)

U könnte sich zudem wegen Vorenthaltens der Arbeitgeberbeiträge strafbar gemacht haben. 922

§ 266a Abs. 2 StGB ist ebenfalls ein **Sonderdelikt** des Arbeitgebers zum Schutz der **Arbeitgeberbeiträge**. Einschlägig ist in unserem Fall die *Unterlassungsalternative* des § 266a Abs. 2 Nr. 2 StGB, da U keine Angaben gegenüber der Einzugsstelle gemacht hat.

§ 266a Abs. 2 Nr. 1 StGB erfasst dagegen die Fälle, in denen der Arbeitgeber zwar Angaben über sozialversicherungsrechtlich erhebliche Tatsachen macht, diese aber unrichtig oder unvollständig sind. Es handelt sich also um eine *Täuschung der Einzugsstelle durch positives Tun*[25]. 923

§ 28a SGB IV bezeichnet die Tatsachen, die der Meldepflicht des Arbeitgebers unterliegen; die Verordnung über die Erfassung und Übermittlung von Daten für die Träger der Sozialversicherung (DEÜV)[26] konkretisiert die Pflicht. Der Beitragsnachweis nach § 28f Abs. 3 SGB IV ist grundsätzlich monatlich zu erbringen, und zwar zwei Arbeitstage vor Fälligkeit (Rn. 918), bei festem Arbeitsentgelt kann er als Dauernachweis erfolgen[27].

§ 266a Abs. 2 Nr. 1 StGB ist insbesondere einschlägig, wenn der Arbeitgeber nur einen Teil der Arbeitnehmer anmeldet oder die Sozialversicherungsbeiträge für die – vollständig angemeldeten – Arbeitnehmer zu niedrig angibt.

Da U entgegen den Verpflichtungen der §§ 28a, 28f Abs. 3 SGB IV die Arbeitnehmer weder bei der AOK X anmeldete noch die Beitragsnachweise erbrachte, ließ er die Einzugsstelle **pflichtwidrig über sozialversicherungsrechtlich erhebliche Tatsachen in Unkenntnis**. 924

Anders als § 266a Abs. 1 StGB, der – jedenfalls ausdrücklich – keinen Taterfolg voraussetzt (siehe aber Rn. 917), fordert § 266a Abs. 2 StGB, dass der Arbeitgeber „dadurch", d.h. durch eine der Tathandlungen, der Einzugsstelle die Arbeitgeberbeiträge vorenthält. Nach zutreffender Auffassung bedeutet dies, dass die unrichtigen oder unvollständigen Angaben bzw. das pflichtwidrige Inunkenntnislassen für das Vorenthalten **kausal** geworden sein müssen[28] und der Erfolg objektiv zurechenbar ist.[29] Der BGH verzichtet dagegen auf eine „strikte äquivalente Kausalität" und lässt stattdessen einen funktionalen Zusammenhang genügen[30], ohne darzulegen, worin der Unterschied zur Kausalität bestehen soll. 925

---

[25] BGH, NJW 2011, 3047, mit Anm. *Bittmann*. Dennoch wird § 266a Abs. 2 Nr. 1 StGB zum Teil – gegen den Wortlaut – als Gebotsnorm bezeichnet, weil vom Adressaten richtige und vollständige Angaben gefordert werden, *Rönnau/Kirch-Heim*, wistra 2005, 321, 322, Fn. 17. Mit entsprechender Begründung ließe sich jedoch jede Verbots- in eine Gebotsnorm „uminterpretieren", z.B. das Täuschungsverbot des § 263 StGB in das Gebot, nicht zu täuschen. *Thum/Selzer*, wistra 2011, 290, 293, verstehen § 266a Abs. 2 Nr. 1 StGB ebenfalls – zu Unrecht – als echtes Unterlassungsdelikt.

[26] In der Fassung der Bekanntmachung vom 23.01.2006, BGBl. I 2006, 152, zuletzt geändert durch Art. 28 des Gesetzes vom 20.12.2022, BGBl. I 2022, 2759.

[27] Siehe *Pananis*, in: I/M, § 6 Rn. 6; *Rönnau/Kirch-Heim*, wistra 2005, 321, 322.

[28] Bt-Drucks. 15/2573, 28 („Vorenthalten als Folge eines Verstoßes gegen eine Pflicht"); *Saliger*, in: S/S/W, § 266a StGB Rn. 25.

[29] *Tag*, in: NK, § 266a StGB Rn. 94.

[30] BGH, NJW 2011, 2047. Zu den Gegenargumenten *Radtke*, in: MüKo⁴, § 266a StGB Rn. 83.

926 Wäre Vorenthalten der Arbeitgeberbeiträge als Nichtzahlung bei Fälligkeit zu verstehen[31] (Rn. 917), so dürfte der Nachweis der Kausalität in der Praxis nicht selten scheitern, nämlich insbesondere dann, wenn der Arbeitgeber nicht mehr über die erforderlichen finanziellen Mittel verfügte, um die Sozialversicherungsbeiträge zu zahlen[32]. In der Regel werden nicht die unrichtigen oder unvollständigen Angaben bzw. das Verschweigen der sozialversicherungsrechtlich erheblichen Tatsachen kausal für die Nichtzahlung sein, sondern das Vorhaben des Arbeitgebers, die Beiträge nicht zu zahlen, wird die Ursache für die falschen Angaben bzw. das Inunkenntnislassen der Einzugsstelle sein. Die Probleme folgen daraus, dass der Gesetzgeber bei der Orientierung des § 266a Abs. 2 StGB an der Steuerhinterziehung[33] die Unterschiede nicht bedacht hat. Der Steuerverkürzungserfolg besteht nämlich nicht in der Nichtzahlung bzw. zu geringen Zahlung der Steuer, sondern in der Nichtfestsetzung, verspäteten Festsetzung oder Festsetzung nicht in voller Höhe, § 370 Abs. 4 S. 1 AO. Im Gegensatz zum Sozialrecht erfordert das Steuerrecht mit dem Verwaltungsakt der Steuerfestsetzung also eine Tätigkeit der Finanzbehörde, durch die der gesetzliche Steueranspruch konkretisiert wird. Bei Fälligkeitssteuern – wie der Umsatz- oder Lohnsteuer – ist zwar in der Regel keine Steuerfestsetzung durch einen Steuerbescheid erforderlich, gem. § 168 S. 1 AO steht die Steueranmeldung aber einer Steuerfestsetzung unter dem Vorbehalt der Nachprüfung gleich. Mit der unrichtigen – zu niedrigen – Steueranmeldung tritt deshalb der Steuerverkürzungserfolg, und zwar Festsetzung nicht in voller Höhe ein, unterbleibt die Anmeldung im Fälligkeitszeitpunkt, so wird die Steuer nicht rechtzeitig festgesetzt. Bei der Steuerhinterziehung werden die Tathandlungen somit für den jeweiligen Steuerverkürzungserfolg ursächlich. Da der Gesetzgeber § 266a Abs. 2 StGB an den Steuerhinterziehungstatbestand „anlehnen" wollte[34], liegt es nahe, den Taterfolg ebenfalls in Anlehnung an § 370 AO zu bestimmen[35], also nicht auf die zu geringe Zahlung bzw. die unterbliebene Zahlung im Fälligkeitszeitpunkt abzustellen, sondern auf die – faktische – „Festsetzung" der Sozialversicherungsbeiträge durch den Arbeitgeber nicht in voller Höhe im Falle unrichtiger oder unvollständiger Angaben über die sozialrechtlich erheblichen Tatsachen bzw. in der „Nichtfestsetzung" im Fälligkeitszeitpunkt bei Inunkenntnislassen der Einzugsstelle über diese Tatsachen. Für diese Erfolge sind die Tathandlungen kausal, sodass dem Gesetzestext Genüge getan wird. Zudem wird ein „Gleichlauf" mit der Lohnsteuerhinterziehung herbeigeführt, die häufig mit dem Vorenthalten des Arbeitsentgelts einhergeht, weil der Arbeitgeber

---

[31] So anscheinend BGH, NStZ 2020, 159, Rn. 15, mit Anm. *Bachmann*, JZ 2020, 370 ff.; *Gercke/Heimbach*, wistra 2020, 113 f.; *Lange/Borgel*, ZWH 2020, 216 ff.; *Schäuble*, ZWH 2020, 224 ff.; BGH, wistra 2020, 261, Rn. 3, mit Anm. *Matt* und *Rieks*, NZWiSt 2020, 290 f.; BGH, NZWiSt 2021, 16, 18, mit Komm. *Gehm*. Die Entscheidungen beziehen sich zwar ausdrücklich nur auf den Beginn der Verjährung, also die Beendigung (dazu Rn. 940), damit aber auch auf die Vollendung, somit den Eintritt des Taterfolges. Der BGH geht davon aus, die Rechtsgutsverletzung sei „mit Nichtzahlung im Zeitpunkt der Fälligkeit irreversibel eingetreten".
[32] *Rönnau/Kirch-Heim*, wistra 2005, 321, 325 f.
[33] BT-Drs. 15/2573, 28.
[34] BT-Drs. 15/2573, 28.
[35] Ähnlich *Krug/Skoupil*, wistra 2016, 137, 141, Fn. 55, beide Tatbestände enthalten jeweils eine „Erfolgskomponente".

– insbesondere bei einer „Schwarzlohnvereinbarung" – Sozialabgaben und Lohnsteuern in gleicher Weise verkürzt. Diese Lösung vermeidet im Übrigen Strafbarkeitslücken, die auftreten können, wenn für den Erfolgseintritt auf den Zeitpunkt abgestellt würde, in dem die Einzugsstelle bei fristgemäßer Vorlage des zutreffenden Beitragsnachweises die Beiträge im Vollstreckungsverfahren (§ 28f Abs. 3 S. 3 SGB IV) beigetrieben hätte[36]. Es bedarf deshalb auch nicht, wie zum Teil vorgeschlagen wird, eines verfügungsähnlichen Verhaltens der Einzugsstelle[37]. Ist der Einzugsstelle die Existenz des Arbeitgebers und der Arbeitnehmer unbekannt, so lässt sich der Verzicht auf die Geltendmachung der Sozialversicherungsbeiträge schwerlich als „verfügungsähnlich" bezeichnen.

Da U der AOK X keine Angaben zu den bei ihm beschäftigten Arbeitnehmern machte und die Einzugsstelle auch nicht auf andere Weise Kenntnis von den sozialversicherungsrechtlich erheblichen Tatsachen erlangte, unterblieb die „faktische Festsetzung", sodass der Taterfolg des § 266a Abs. 2 StGB eintrat. 927

Da U vorsätzlich, rechtswidrig und schuldhaft handelte, hat er sich nach § 266a Abs. 2 Nr. 2 StGB strafbar gemacht. Es liegt wiederum eine einheitliche Tat vor (vgl. Rn. 921).

c) §§ 263, 13 StGB zum Nachteil der AOK X

Betrug durch Unterlassen scheidet aus, weil der zuständige Sachbearbeiter des AOK X keine Kenntnis von den sozialversicherungsrechtlich relevanten Tatsachen hatte, sich also nicht in einem Irrtum befand[38]. 928

d) Konkurrenzen

Da die Gesamtsozialversicherungsbeiträge (§ 28d SGB IV), die an eine Einzugsstelle abzuführen sind, durch eine Zahlung des Arbeitgebers zu leisten sind, bilden das Vorenthalten der Arbeitnehmerbeiträge nach § 266a Abs. 1 StGB und das Vorenthalten der Arbeitgeberbeiträge gem. § 266a Abs. 2 StGB nach zutreffender Meinung eine einheitliche Tat[39]. 929

2. Strafbarkeit wegen der Nichtanmeldung der D

a) § 266a Abs. 1 StGB (AOK Y)

Die Strafbarkeit nach § 266a Abs. 1 StGB entfällt, weil bei geringfügigen Beschäftigungsverhältnissen nach §§ 8, 8a SGB IV nur Arbeitgeberbeiträge fällig sind (§ 249b SGB V, § 172 Abs. 3 SGB VI). 930

b) § 266a Abs. 2 Nr. 2 StGB (AOK Y)

Wegen des pflichtwidrigen Inunkenntnislassens der Einzugsstelle über die Beschäftigung der D und das Vorenthalten der Arbeitgeberbeiträge zur Sozialversicherung scheint sich U aber nach § 266a Abs. 2 Nr. 2 StGB strafbar gemacht zu haben. Die Formulierung *„vom Arbeitgeber zu tragende Beiträge zur Sozialversicherung"* bringt zum Ausdruck, dass die Vorschrift 931

---

[36] So *Rönnau/Kirch-Heim*, wistra 2005, 321, 325 f. (auch zu den dadurch entstehenden Strafbarkeitslücken); *Krack*, wistra 2015, 121, 122. Krit. *Wittig*, HRRS 2012, 63, 65.
[37] So *Perron*, in: Sch/Sch, § 266a StGB Rn. 11h; *Radtke*, in: MüKo⁴, § 266a StGB Rn. 83; *Saliger*, in: S/S/W, § 266a StGB Rn. 25.
[38] Vgl. auch BGH, wistra 2010, 408 f.
[39] BGH, NStZ 2014, 321, 323; NStZ-RR 2016, 244, 245; *Fischer* § 266a StGB Rn. 36; *Saliger*, in: S/S/W, § 266a StGB Rn. 31; *Tag*, in: NK, § 266a StGB Rn. 141. **A.A.** (Tateinheit) z.B. *Heger*, in: L/K/H, § 266a StGB Rn. 20.

nicht nur auf die Arbeitgeberanteile zum Gesamtsozialversicherungsbeitrag anwendbar ist, sondern auch dann, wenn – wie bei einer geringfügigen Beschäftigung – die Beiträge insgesamt vom Arbeitgeber zu tragen sind[40] (siehe Rn. 919). Gem. § 111 Abs. 1 S. 2 SGB IV findet § 266a Abs. 2 StGB jedoch keine Anwendung auf das Vorenthalten von Sozialversicherungsbeiträgen im Falle der geringfügigen Beschäftigung in Privathaushalten nach § 8a SGB IV (sog. „Putzfrauenklausel").

U hat aber eine **Ordnungswidrigkeit** nach § 111 Abs. 1 S. 1 Nr. 2a SGB IV verwirklicht, indem er die nach § 28a Abs. 7 SGB IV vorgeschriebene vereinfachte Meldung für einen im privaten Haushalt Beschäftigten (Haushaltsscheck) nicht bei der Einzugsstelle erstattete.

Ergänzende Hinweise:

932 (1) Die Rechtsprechung[41] vertrat zur alten Fassung des § 266a StGB die Meinung, dass bei Vorliegen eines Beitragsbetruges § 266a Abs. 1 StGB im Wege der Gesetzeskonkurrenz hinter § 263 StGB zurücktrete; andere nahmen Tateinheit an. Der neu gefasste § 266a StGB regelt alle Fälle der Beitragsverkürzung abschließend und geht deshalb § 263 StGB als *lex specialis* vor[42].

933 (2) Die § 111 Abs. 1 S. 2 SGB IV entsprechende Vorschrift des § 50e Abs. 6 EStG schließt bei Verkürzungen der vom Arbeitgeber gem. § 40a Abs. 2 EStG zu entrichtenden pauschalen Lohnsteuer für einen im Privathaushalt geringfügig Beschäftigten die Strafbarkeit wegen Steuerhinterziehung aus, obwohl die vorsätzliche Nichtanmeldung der Lohnsteuer an sich die Voraussetzungen des § 370 Abs. 1 Nr. 2 AO erfüllt[43]. Einschlägig ist jedoch gem. § 50e Abs. 6 S. 3 EStG der Bußgeldtatbestand des § 378 AO, und zwar – gegen dessen Wortlaut, der Leichtfertigkeit voraussetzt – auch bei vorsätzlichem Handeln.

934 (3) § 266a Abs. 4 StGB erhöht – unter Verwendung der Regelbeispieltechnik – für **besonders schwere Fälle des Vorenthaltens von Arbeitsentgelt** sowohl nach Abs. 1 als auch nach Abs. 2 den Strafrahmen auf Freiheitsstrafe von sechs Monaten bis zu zehn Jahren. § 266a Abs. 4 S. 2 StGB nennt fünf Regelbeispiele, die zum Teil in ähnlicher Form auch bei anderen Straftatbeständen verwendet werden, z.B. bei Betrug (§ 263 Abs. 3 StGB), Subventionsbetrug (§ 264 Abs. 2 StGB) oder Steuerhinterziehung (§ 370 Abs. 3 AO).

935 (a) Das Regelbeispiel des § 266a Abs. 4 S. 2 Nr. 1 StGB verwirklicht der Arbeitgeber, wenn er Arbeitnehmerbeiträge **aus grobem Eigennutz in großem Ausmaß** vorenthält, beide Merkmale müssen also kumulativ vorliegen. Es gelten die zu § 264 Abs. 2 S. 2 Nr. 1 StGB (Rn. 906) dargelegten Grundsätze.

936 (b) Eine **fortgesetzte Beitragsvorenthaltung unter Verwendung nachgemachter oder verfälschter Belege** im Sinne des § 266a Abs. 4 S. 2 Nr. 2 StGB liegt bereits vor, wenn der Arbeitgeber durch zwei rechtlich selbstständige Taten Sozialversicherungsbeiträge vorenthalten und dabei nachgemachte oder verfälschte Belege ver-

---

[40] *Saliger*, in: S/S/W, § 266a StGB Rn. 24; *Tag*, in: NK, § 266a StGB Rn. 87 ff.
[41] BGH, NJW 2003, 1821, 1823.
[42] BT-Drs. 15/2573, 28; BGH, wistra 2007, 307; BGH, NZWiSt 2013, 64, mit Anm. *Steinberg; Fischer*, § 266a StGB Rn. 21a; *Gercke*, in: HWSt, 12. Teil 2. Kap. Rn. 87.
[43] Siehe dazu *Spatschek/Wulf/Fraedrich*, DStR 2005, 129, 133.

wendet hat⁴⁴. Das ist schon der Fall, wenn er in einem Monat mehreren Einzugsstellen Beiträge vorenthält, da es sich um selbstständige Taten, die zueinander in Tatmehrheit stehen⁴⁵, handelt. Ein Verwenden setzt voraus, dass der Täter die Belege der Einzugsstelle zugänglich macht, ein Einführen in die Buchhaltung genügt nicht, sondern ist eine bloße Vorbereitungshandlung⁴⁶. Die Belege müssen sozialversicherungsrechtlich relevante Umstände betreffen, sodass insbesondere Lohnbescheinigungen, Arbeitsverträge, Abrechnungsunterlagen usw. erfasst sind⁴⁷. In der Regel werden die Belege die Voraussetzungen einer Urkunde aufweisen, es sind aber nicht nur menschliche Gedankenerklärungen erfasst, sondern auch technische Aufzeichnungen im Sinne des § 268 StGB⁴⁸. Nachgemacht oder verfälscht sind die Belege, wenn sie durch Urkundenfälschung (§ 267 StGB) oder Fälschung technischer Aufzeichnungen (§ 268 StGB) entstanden sind⁴⁹ und die sozialversicherungsrechtlich relevanten Tatsachen unrichtig darstellen⁵⁰. Die Vorlage bloßer „schriftlicher Lügen", also inhaltlich unrichtiger Erklärungen, die aber von dem stammen, von dem sie zu stammen scheinen, erfüllen das Regelbeispiel nicht⁵¹, doch kann der Richter einen atypischen besonders schweren Fall annehmen, wenn das Geschehen einen vergleichbaren Unrechts- und Schuldgehalt aufweist⁵².

(c) Das durch das Gesetz zur effektiveren und praxistauglicheren Ausgestaltung des Strafverfahrens⁵³ mit Wirkung zum 24.08.2017 eingefügte Regelbeispiel des § 266a Abs. 4 S. 2 Nr. 3 StGB der **fortgesetzten Beitragsvorenthaltung und Verschaffung gewerbsmäßig angebotener verschleiernder Belege** ermöglicht die Anwendung des erhöhten Strafrahmens, wenn der Täter fortgesetzt Beiträge vorenthält und sich zur Verschleierung der tatsächlichen Beschäftigungsverhältnisse unrichtige, nachgemachte oder verfälschte Belege von einem Dritten verschafft, der diese gewerbsmäßig anbietet. Dieses Regelbeispiel erfordert also – anders als § 266a Abs. 4 S. 2 Nr. 2 StGB – nicht die Verwendung der Belege, sondern es genügt, dass der Täter sie zum Zweck der Verschleierung der tatsächlichen Beschäftigungsverhältnisse, d.h., um sie ggf. im Rahmen von Prüfungen vorzulegen, in seinen Besitz oder seine Verfügungsgewalt bringt⁵⁴. Die Belege müssen nicht durch Urkundenfälschung oder Fälschung technischer Aufzeichnungen entstanden sein. Erfasst sind auch inhaltlich unrichtige Nachweise, insbesondere „Abdeckrechnungen", die vorspiegeln, dass Leistungen nicht von Arbeitnehmern, sondern einem anderen Unternehmen erbracht worden sind, und sonstige irreführende Belege, selbst wenn sie nur mittelbar eine Zuordnung von Leistungen und Zahlungen zu einem tatsächlich be-

937

---

⁴⁴ *Saliger*, in: S/S/W, § 266a StGB Rn. 33.
⁴⁵ BGHSt 48, 307, 314.
⁴⁶ *Tag*, in: NK, § 266a StGB Rn. 101.
⁴⁷ *Tag*, in: NK, § 266a StGB Rn. 101.
⁴⁸ *Tag*, in: NK, § 266a StGB Rn. 101; offen gelassen von BGH, NStZ 1989, 272, 273.
⁴⁹ *Tag*, in: NK, § 266a StGB Rn. 101.
⁵⁰ *Perron*, in: Sch/Sch, § 266a StGB Rn. 29c; *Saliger*, in: S/S/W, § 266a StGB Rn. 33.
⁵¹ *Radtke*, in: MüKo⁴, § 266a StGB Rn. 112; *Wittig*, in: BeckOK, § 266a StGB Rn. 58.
⁵² *Tag*, in: NK, § 266a StGB Rn. 101.
⁵³ Vom 17.08.2017, BGBl. I 2017, 3202.
⁵⁴ BT-Drucks. 18/11272, 32; *Hellmann*, in: HdS 6, § 60 Rn. 55.

stehenden Beschäftigungsverhältnis erschweren[55]. Von dem Täter angefertigte Belege genügen nicht, sondern sie müssen von einem Dritten stammen, der sie gewerbsmäßig anbietet, also in der Absicht, sich auf diese Weise eine Einnahmequelle von einigem Gewicht und einiger Dauer zu verschaffen[56].

938 **(d)** Das ebenfalls durch das Gesetz zur effektiveren und praxistauglicheren Ausgestaltung des Strafverfahrens eingefügte Regelbeispiel des § 266a Abs. 4 S. 2 Nr. 4 StGB ist erfüllt, wenn der Arbeitgeber als **Mitglied einer Bande** handelt, die sich zum fortgesetzten Vorenthalten von Beiträgen zusammengeschlossen hat und die **zur Verschleierung der tatsächlichen Beschäftigungsverhältnisse unrichtige, nachgemachte oder verfälschte Belege vorhält**. Die Bande hält die Belege vor, wenn sie über mindestens zwei Belege verfügt, die sich auf den Vorenthaltungszeitraum beziehen; die Verschleierung der tatsächlichen Beschäftigungsverhältnisse durch unrichtige, nachgemachte oder verfälschte Belege muss nicht bereits beim Zusammenschluss zur Bande vereinbart worden sein[57].

939 **(e)** Das **Ausnutzen der Mithilfe eines seine Befugnisse oder Stellung missbrauchenden Amtsträgers** stellt nach § 266a Abs. 4 S. 2 Nr. 5 StGB ein weiteres Regelbeispiel dar. Da die Vorschrift – anders als § 264 Abs. 2 S. 2 Nr. 3 StGB – nicht um den Europäischen Amtsträger ergänzt worden ist, gilt das Regelbeispiel nur für das Ausnutzen der Mithilfe eines deutschen Amtsträgers im Sinne des § 11 Abs. 1 Nr. 2 StGB. Der Amtsträger missbraucht seine Befugnisse, wenn die Mithilfe zum Vorenthalten im Rahmen der Ausübung der Amtstätigkeit erfolgt[58]. Mithilfe bedeutet Beihilfe im Sinne des § 27 StGB[59]. Der Täter nutzt die Mithilfe des Amtsträgers aus, wenn er vorsätzlich die durch dessen missbräuchliche Hilfsbereitschaft geschaffene Gelegenheit zum Vorenthalten ergreift[60].

940 **(4)** Die Einordnung des Vorenthaltens von Arbeitsentgelt als „schlichtes" Unterlassungsdelikt oder als Erfolgsdelikt entscheidet über den **Verjährungsbeginn**. Die h.M. betrachtet jedenfalls § 266a Abs. 1 StGB als echtes Unterlassungsdelikt, das keinen Erfolg voraussetzt (Rn. 917). Die Beitragsvorenthaltung sei zwar mit dem Vorenthalten, also der Nichtzahlung im Fälligkeitszeitpunkt, vollendet[61], die gem. § 78a S. 1 StGB für den Beginn der fünfjährigen Verjährungsfrist (§ 78 Abs. 3 Nr. 4 StGB) maßgebliche Beendigung trete aber erst mit dem Entfallen der Handlungspflicht ein[62]. Sie entfalle mit dem Erlöschen der Beitragspflicht, z.B. durch Zahlung der vorenthaltenen Beiträge oder Wegfall des Beitragsschuldners[63], durch Auflösung des Unternehmens oder Ausscheiden des Vertreters des Arbeitgebers aus seiner Stel-

---

[55] BT-Drucks. 18/11272, 32.
[56] *Fischer*, vor § 52 StGB Rn. 61.
[57] BT-Drucks. 18/11272, 33. Dazu *Radtke*, in: MüKo⁴, § 266a StGB Rn. 112c.
[58] *Tag*, in: NK, § 266a StGB Rn. 102.
[59] *Fischer*, § 266a StGB Rn. 29d; *Hoyer*, in: SK, § 266a StGB Rn. 96; weiter *Radtke*, in: MüKo⁴, § 266a StGB Rn. 113, der auch die Anstiftung einbezieht.
[60] *Tag*, in: NK, § 266a StGB Rn. 102.
[61] OLG Jena, NStZ-RR 2006, 170.
[62] *Saliger*, in: S/S/W, § 266a StGB Rn. 30; *Wiedner*, in G/J/W, § 266a StGB Rn. 84
[63] BGH, NStZ 2012, 510, 511; *Wiedner*, in: G/J/W, § 266a StGB Rn. 84.

lung gem. § 14 StGB⁶⁴. Ohne einen solchen Erlöschensgrund beginne die Verjährungsfrist mit der sozialrechtlichen Verjährung der Ansprüche⁶⁵, die gem. § 25 Abs. 1 S. 2 SGB IV bei einer vorsätzlichen Beitragsvorenthaltung 30 Jahre nach Ablauf des Kalenderjahrs, indem sie fällig geworden sind, eintritt. Das Vorenthalten von Sozialversicherungsbeiträgen würde danach u.U. erst mehr als 35 Jahre nach der Fälligkeit der Beiträge verjähren. Trifft die Beitragsvorenthaltung – wie in der Praxis nicht selten – mit einer Lohnsteuerhinterziehung gem. § 370 AO zusammen, verjährt die Steuerhinterziehung fünf Jahre nach Ablauf der Anmeldungsfrist (zehn Tage nach Ablauf des Anmeldungszeitraums, also in der Regel des zehnten Tages des Monats, der auf den Monat folgt, in dem die Lohnsteuer entstanden ist), die Beitragsvorenthaltung dagegen erst mehr als 30 Jahre später. Dieses befremdliche Ergebnis wird vermieden, wenn das Vorenthalten des Arbeitsentgelts nach § 266a Abs. 1, 2 StGB in beiden Alternativen als Erfolgsdelikt verstanden wird, dessen Erfolg in einer konkreten Gefährdung des Vermögens der Einzugsstellen durch die Nichtzahlung bei Fälligkeit (Rn. 917) bzw. die faktische zu niedrige „Festsetzung" besteht, wenn der Arbeitgeber unrichtige oder unvollständige Angaben über sozialversicherungsrechtlich erhebliche Tatsachen macht, oder in der faktischen „Nichtfestsetzung" im Falle des Inunkenntnislassens der Einzugsstelle über die relevanten Tatsachen (Rn. 926). Formelle Vollendung und materielle Beendigung fallen dann – wie bei der Steuerhinterziehung – zusammen, sodass die fünfjährige strafrechtliche Verjährungsfrist mit dem Zeitpunkt der Fälligkeit beginnt. Der BGH vertritt nunmehr, ohne sich ausdrücklich zum Erfordernis eines Taterfolges bei § 266a Abs. 1, Abs. 2 Nr. 2 StGB zu äußern, die Auffassung, dass „Vorenthalten" der Sozialversicherungsbeiträge „Nichtzahlung bei Fälligkeit" bedeute, und betrachtet diesen Zeitpunkt als Beginn der Verjährungsfrist⁶⁶. Im Ergebnis trifft diese Sicht zu.

Fall 59: – *Vorenthalten der Arbeitnehmerbeiträge bei Zahlungsunfähigkeit* –

Adele Reinders (R) war Alleingesellschafterin und Geschäftsführerin der „Hausfrau-Reinigungs-GmbH" (H-GmbH), deren einzige angestellten Reinigungskräfte Elisabeth Ahldorf (A) und Reinhild Bartog (B) waren; mit beiden war ein fester Monatslohn vereinbart. Am 26.01.2023 stellte R fest, dass die Zahlungsverpflichtungen der GmbH die liquiden Mittel überstiegen. Die auf dem Geschäftskonto verbliebenen 1.800 € verwendete R am 06.02.2023 zur Begleichung der fälligen Miete für die von der H-GmbH genutzten Geschäftsräume und der Leasingraten für den Firmenwagen, um eine Fortsetzung der Geschäftstätigkeit zu gewährleisten und die Arbeitsplätze von A und B zu sichern. R konnte deshalb weder die Löhne für Januar zahlen noch die Beiträge zur Kranken-, Renten-, Pflege- und Arbeitslosenversicherung an die AOK X (für A) und die AOK Y (für B) abführen. Am 12.02.2023 stellte ein Gläubiger den Antrag auf Eröffnung des Insolvenzverfahrens, der später mangels Masse abgelehnt wurde.

Wie hat sich R strafbar gemacht?

941

---

⁶⁴ OLG Dresden, NStZ 2011, 163.
⁶⁵ OLG Jena, NStZ-RR 2006, 170.
⁶⁶ Siehe die Nachweise in Fn. 31.

a) § 266a Abs. 1 StGB (AOK X)

R ist taugliche Täterin des § 266a Abs. 1 StGB. Arbeitgeber der A ist zwar nicht R, sondern die – strafrechtlich nicht handlungs- und schuldfähige – H-GmbH. § 14 Abs. 1 Nr. 1 StGB ermöglicht aber die „Überwälzung" des besonderen persönlichen Merkmals der Arbeitgebereigenschaft auf das vertretungsberechtigte Organ der juristischen Person[67], also auf R als Geschäftsführerin der H-GmbH (Rn. 1020 ff.).

942 § 266a Abs. 1 StGB hat eine erhebliche zivilrechtliche Bedeutung für den GmbH-Geschäftsführer. Die Vorschrift ist nämlich ein **Schutzgesetz** im Sinne des § 823 Abs. 2 BGB. Schutzgut ist nicht etwa das Vermögen des Arbeitnehmers, sondern das **Interesse der Solidargemeinschaft an der Sicherstellung des Aufkommens der Mittel für die Sozialversicherung**[68], sodass die Sozialversicherungsträger einen Schadensersatzanspruch gegen den Arbeitgeber und – da § 14 StGB auch im Zivilrecht angewendet wird – gegen die dort genannten Vertreter haben[69]. Der Schadensersatzanspruch gegen den Vertreter ist relevant, weil die Zahlung der Sozialversicherungsbeiträge zumeist wegen der Insolvenz des Unternehmens unterbleibt und den Sozialversicherungsträgern dann mit dem Vertreter, z.B. dem GmbH-Geschäftsführer, ein weiterer Schuldner zur Verfügung steht. Die Aussicht, persönlich in Anspruch genommen zu werden, ist zudem geeignet, den Vertreter zur Einhaltung der Zahlungspflicht anzuhalten, um eine persönliche Haftung zu vermeiden. Die zivilrechtliche Relevanz des § 266a Abs. 1 StGB hat im Übrigen dazu geführt, dass die Auslegung dieses Straftatbestandes auch durch die Zivilgerichte erfolgt. So hat der 5. Strafsenat die vom 6. Zivilsenat des BGH entwickelte Vorrangrechtsprechung (Rn. 944 ff.) übernommen.

943 § 266a Abs. 1 StGB wird bisweilen als *untreueähnliches Delikt* bezeichnet[70]. Daraus folgerte ein Teil der Literatur[71] vor der Änderung der Vorschrift durch Art. 8 des Gesetzes zur Bekämpfung von illegaler Beschäftigung und Schwarzarbeit[72], dass die Strafbarkeit von der Auszahlung des um die Arbeitnehmerbeiträge gekürzten Arbeitsentgeltes abhänge. Die h.M.[73] lehnte diese Einschränkung jedoch zutreffend ab. Die Neufassung des § 266a Abs. 1 StGB stellt dies ausdrücklich klar. § 266a Abs. 1 – und ggf. auch Abs. 2 – StGB ist zudem erfüllt, wenn der Arbeitgeber nicht den gesetzlich geschuldeten Lohn, z.B. den gesetzlichen Mindestlohn, sondern ein niedrigeres Entgelt zahlt und den Sozialversicherungsbeitrag danach bemisst, da für die Höhe der geschuldeten Beiträge der gesetzlich geschuldete Lohn maßgeblich ist[74].

Der Umstand, dass die H-GmbH der A den Lohn für den Monat Januar nicht zahlte, steht der Anwendung des § 266a Abs. 1 StGB somit nicht entgegen.

---

[67] OLG Düsseldorf, GmbHR 1997, 900; OLG Rostock, GmbHR 1997, 845, 896.
[68] *Fischer*, § 266a StGB Rn. 2; Joecks/*Jäger*, StK, § 266a StGB Rn. 1; Kindhäuser/*Hilgendorf*, LPK, § 266a StGB Rn. 1; *Martens*, wistra 1986, 154, 155.
[69] BGH (Z), NJW 1997, 133, 134; NJW 2005, 2546, 2547; ZWH 2016, 320 ff.; OLG Celle, wistra 1996, 114; OLG Düsseldorf, NJW-RR 1993, 1448; siehe dazu *Hellmann*, JZ 1997, 1005.
[70] *Perron*, in: Sch/Sch, § 266a StGB Rn. 2.
[71] *Bente*, wistra 1996, 115; *Bittmann*, wistra 1999, 441; *Gribbohm*, JR 1997, 479.
[72] BGBl. I 2002, 2787; vgl. zu den Änderungen *Ignor/Rixen*, NStZ 2002, 510, 512 f.
[73] BGHSt 47, 318; *Mitsch*, JZ 1994, 877, 888; *Rönnau*, wistra 1997, 13, 16; *Tag*, BB 1997, 1115, 1118.
[74] *Ast/Klocke*, wistra 2014, 206, 208.

§ 266a Abs. 1 StGB ist – unabhängig von der Frage, ob der Tatbestand einen Tater- 944
folg voraussetzt (siehe oben Rn. 917) – jedenfalls ein **Unterlassungsdelikt**, wenn
der Arbeitgeber bzw. dessen Vertreter die Beitragsverkürzung durch Nichtabführen
begeht. Nach allgemeinen Grundsätzen ist dann erforderlich, dass dem Täter die Erfüllung der Handlungspflicht **physisch-real möglich** war[75]. Die Zahlungsunfähigkeit kann deshalb zwar die Strafbarkeit nach § 266a Abs. 1 StGB ausschließen[76],
nach h.M.[77] ist das aber so lange nicht der Fall, wie dem Arbeitgeber noch finanzielle
Mittel zur Verfügung stehen. Den Arbeitnehmerbeiträgen gebühre ein **Vorrang** vor
anderen Verbindlichkeiten, da die Existenz des § 266a Abs. 1 StGB den besonderen
strafrechtlichen Schutz dieser Verbindlichkeiten belege.

Dieser Vorrang stehe einer Bestrafung aus § 266a Abs. 1 StGB insbesondere dann 945
nicht entgegen, wenn der Täter die Arbeitnehmerbeiträge bei Fälligkeit nicht abführen kann, weil er die erforderlichen Mittel *zur Tilgung anderer Verbindlichkeiten
eingesetzt* hat. Dieses Ergebnis wird zumeist mit der Rechtsfigur der omissio libera
in causa begründet, nach der die Unterlassungsstrafbarkeit nicht entfällt, wenn sich
der Täter durch ein vorwerfbares Vorverhalten selbst außer Stande setzt, später das
Erforderliche tun zu können[78].

Strittig ist, ob diese Grundsätze zur Unmöglichkeit der Beitragsentrichtung auch gel- 946
ten, wenn der Arbeitgeber unrichtige oder unvollständige Angaben hinsichtlich der
Arbeitnehmerbeiträge gemacht, also eine § 266a Abs. 2 Nr. 1 StGB entsprechende
Täuschung der Einzugsstelle begangen hat. Der BGH vertritt die Auffassung, dass
in diesem Fall die allgemeinen Grundsätze des echten Unterlassungsdelikts keine
Anwendung fänden[79], die Unmöglichkeit der Beitragsentrichtung den Arbeitgeber
also nicht entlasten würde. Dem wird zu Recht entgegengehalten, dass der Wortlaut
des § 266a Abs. 1 StGB dieser Sicht entgegensteht[80].

Der Vorrang der Arbeitnehmerbeiträge wird bestritten[81]. Er lasse sich aus keiner zi- 947
vil- oder sozialrechtlichen Norm herleiten[82], verlagere die Strafbarkeit im Vergleich
mit den §§ 283, 283c, 288 StGB, die nur inkongruente Zahlungen des Schuldners
unter Strafe stellen, unangemessen vor und zerstöre das „allgemeine Gläubigerschutzsystem"[83], zumal die insolvenzrechtliche Behandlung der Beitragsforderungen als Masseschulden dem Vorrang der Beitragspflichten entgegenstünden.

---

[75] BGH (Z), NJW 1997, 133, 134; OLG Celle, NJW 2001, 2985; OLG Hamm, wistra 2003, 73; *Heger*, in: L/K/H, § 266a StGB Rn. 10; *Weber*, NStZ 1986, 481, 488.
[76] BGHZ 144, 311, 321; BGH (Z), NStZ 2001, 91; *Tag*, in: NK, § 266a StGB Rn. 68.
[77] OLG Düsseldorf, NJW-RR 1993, 1128; OLG Köln, wistra 1998, 231; *Hoyer*, in: SK, § 266a StGB Rn. 46; *Rönnau*, wistra 1997, 13; *Wiedner*, in: G/J/W, § 266a StGB Rn. 47.
[78] BGHSt 47, 318, 320, zust. *Jacobi/Reufels*, BB 2000, 771, 772; *Perron*, in: Sch/Sch, § 266a StGB Rn. 10; *Radtke*, NStZ 2003, 154, 156; *Wittig*, § 22 Rn. 31.
[79] BGH, NJW 2011, 3047, 3048.
[80] *Bittmann*, NJW 2011, 3049 f.; *Kudlich*, ZWH 2012, 80; *Wittig*, HRRS 2012, 63, 66 f.
[81] OLG Celle, wistra 1996, 114, 115; OLG Düsseldorf, NJW-RR 1993, 1448, 1449; *Kutzner*, NJW 2006, 413 f.; *Rönnau*, wistra 2007, 81 ff.
[82] *Frister*, JR 1998, 63; *Radtke*, NStZ 2003, 154, 156; *Tag*, BB 1997, 1115, 1117.
[83] *Rönnau*, wistra 1997, 13, 14.

Stellungnahme:

948 Der Vorrang der Arbeitnehmerbeitragsansprüche ist zwar weder im Zivil- noch im Sozialrecht ausdrücklich geregelt, er ergibt sich aber aus der Existenz und der Ausgestaltung des § 266a Abs. 1 StGB[84]. Die Aufnahme des Tatbestandes in das StGB wurde gerade mit der besonderen Schutzbedürftigkeit der Sozialversicherungsbeiträge begründet[85]. § 266a Abs. 6 StGB wäre zudem überflüssig, wenn die Unmöglichkeit der fristgemäßen Zahlung bereits die Tatbestandsmäßigkeit ausschließen würde. Die insolvenzrechtlichen Konsequenzen der Nichtzahlung von Sozialversicherungsbeiträgen sprechen im Übrigen nicht gegen dieses Ergebnis, weil sie nichts über die Behandlung der Zahlungspflicht vor der Insolvenz besagen[86].

949 Es trifft deshalb zu, dass die Unfähigkeit zur Abführung der Arbeitnehmerbeiträge § 266a Abs. 1 StGB nicht ausschließt, wenn sie dem Täter vorzuwerfen ist. Bedenken bestehen aber gegen die Begründung dieses Ergebnisses durch eine Vorverlagerung der Strafbarkeit nach den Grundsätzen der omissio libera in causa, weil der Täter, der seine Zahlungsfähigkeit durch eine Handlung vor dem Fälligkeitstag herbeigeführt hat, danach auch dann zu bestrafen wäre, wenn er durch einen unerwarteten Mittelzufluss doch noch in die Lage versetzt wird, die Arbeitnehmerbeiträge bei Fälligkeit zu zahlen. Dieser zweifelhaften dogmatischen Konstruktion bedarf es aber gar nicht, wenn berücksichtigt wird, dass für die Feststellung der Handlungsmöglichkeit nicht nur die Gegebenheiten in dem Zeitpunkt, in dem der Täter handeln muss, maßgeblich sind, sondern er dazu verpflichtet sein kann, seine Handlungsfähigkeit zu erhalten oder herzustellen[87]. Die Erfüllung der Beitragspflicht setzt generell notwendig voraus, dass der Arbeitgeber die erforderlichen Mittel im Fälligkeitszeitpunkt bereithält. Konnte er die notwendigen Anstalten treffen, so ist es ihm möglich, die Arbeitnehmerbeiträge pünktlich abzuführen[88].
Die konkreten Pflichten hängen von den Umständen des Einzelfalls ab. Der Täter kann verpflichtet sein, Rücklagen zu bilden oder die Löhne zu kürzen. Aus dem Vorrang der Arbeitnehmerbeiträge folgt zudem, dass der Arbeitgeber andere Gläubiger nicht befriedigen darf, wenn er sich dadurch der Zahlungsmöglichkeit zum Fälligkeitsdatum beraubt[89]. Zu weit geht die Forderung, der Arbeitgeber müsse sich auch dann Kreditmittel beschaffen, wenn er sie nicht zurückzahlen kann[90].

950 Die Zahlungsunfähigkeit der H-GmbH entlastet R somit in unserem Fall nicht ohne weiteres, weil sie vor dem Fälligkeitstag noch vorhandene Mittel für die Begleichung der Miete und der Leasingraten verwendet hat.

951 Der Strafbarkeit der R könnte aber das **Zahlungsverbot** des § 15b Abs. 1 S. 1 InsO für die Fälle des Eintritts der Zahlungsunfähigkeit und der Feststellung der Überschuldung entgegenstehen, von dem § 15b Abs. 1 S. 2 InsO allerdings Zahlungen

---

[84] BGHSt 47, 318, 321; 48, 307, 311; BGH, NJW 2005, 3650, 3651; *Hellmann*, JZ 1997, 1005, 1006.
[85] BT-Drs. 10/5058, 23.
[86] BGHZ 134, 304.
[87] *Bosch*, in: Sch/Sch, Vorbem. §§ 13 ff. StGB Rn. 144; *Kühl*, AT, § 18 Rn. 22.
[88] *Hellmann*, JZ 1997, 1005, 1006.
[89] *Hellmann*, JZ 1997, 1005, 1006.
[90] So aber offenbar BGH (Z), NJW 1997, 133, 134.

ausnimmt, die mit der Sorgfalt eines ordentlichen Kaufmanns vereinbar sind. Die Zivilgerichte[91] vertraten zu § 64 GmbHG, den das Sanierungs- und Insolvenzrechtsfortentwicklungsgesetz (SanInsFoG)[92] mit Geltung vom 01.01.2021 durch die einheitliche, rechtsformübergreifende Regelung für alle juristischen Personen in § 15b InsO ersetzte, ursprünglich den Standpunkt, die Abführung der Arbeitnehmerbeiträge durch den Geschäftsführer sei in diesem Sinne sorgfaltswidrig[93]. Er gerate dadurch während der Unternehmenskrise in eine Kollisionslage, die durch die Aufhebung der strafbewehrten Zahlungspflicht des § 266a Abs. 1 StGB zu beseitigen sei. Der 5. Strafsenat des BGH[94] schloss sich dieser Sicht grundsätzlich an, beschränkte die Straflosigkeit aber auf die Dauer der Insolvenzantragspflicht. Das Zusammentreffen der Handlungspflicht des § 266a Abs. 1 StGB mit dem Zahlungsverbot des § 64 S. 1 GmbHG *a. F.* führe zu einer Rechtfertigung des Nichtabführens der Arbeitnehmerbeiträge während des Laufs der Drei-Wochen-Frist des § 15a Abs. 1 S. 1 InsO, während derer eine Sanierung der Gesellschaft ermöglicht werden solle. Mit Ablauf dieser Frist entfalle jedoch der Grund des Zahlungsverbots, sodass die Nichtabführung der Beiträge – wieder – nach § 266a Abs. 1 StGB strafbar sei[95]. Der 2. Zivilsenat des BGH betrachtete – unter Aufgabe der früheren Rechtsprechung – später das Abführen der **Arbeitnehmer**anteile zur Sozialversicherung als mit der Sorgfalt eines ordentlichen und gewissenhaften Geschäftsleiters i.S.d. § 64 S. 2 GmbHG *a. F.* vereinbar, sodass er der Gesellschaft gegenüber insoweit nicht erstattungspflichtig sei[96].

Die Zahlung der **Arbeitgeber**anteile durch den Geschäftsführer in der Insolvenz ist dagegen nicht mit der Sorgfalt eines ordentlichen Kaufmanns vereinbar, da § 266a Abs. 1 StGB nur das Nichtabführen der Arbeitnehmeranteile mit Strafe bedroht[97].

Ein Teil der strafrechtlichen Literatur[98] geht über die Auffassung des 5. Strafsenats hinaus, indem der Vorrang des Zahlungsverbots vor der Pflicht zur Abführung der Arbeitnehmerbeiträge unabhängig vom Lauf der Insolvenzantragspflicht angenommen und nicht erst die Rechtmäßigkeit der Nichtzahlung, sondern bereits die Tatbestandslosigkeit behauptet wird, wenn sich die GmbH in der Krise befindet.

Stellungnahme:

Es trifft zwar zu, dass die gleichzeitige Geltung der strafbewehrten Pflicht zur Zahlung der Arbeitnehmerbeiträge nach § 266a Abs. 1 StGB und der zivilrechtlichen Pflicht zum Ersatz im Falle der Zahlung den Geschäftsführer in eine Konfliktlage bringen würde, aus der er befreit werden müsste. Diese Zwangslage durch eine Aussetzung der Abführungspflicht während des Laufs der Insolvenzantragsfrist zu be-

952

---

[91] BGHZ 146, 264, 275, BGH (Z), NJW 2005, 2546 ff.; LG Hagen, ZIP 1997, 324, 325.
[92] Vom 22.12.2020, BGBl. I 2020, 3256.
[93] So auch *Rönnau*, wistra 1997, 13, 14 ff.; *Wegner*, wistra 1998, 283, 290.
[94] BGHSt 48, 307 ff.
[95] BGH, NJW 2005, 3650, 3652; zur zivil- und strafrechtlichen Haftung nach Ablauf der Drei-Wochen-Frist *Schröder*, GmbHR 2005, 736 ff.
[96] BGH (Z), NJW 2007, 2118, 2120; NZG 2008, 628, 629; NJW 2009, 295 f.
[97] BGH (Z), NJW 2009, 2599, mit Bespr. *Esser/Keuten*, wistra 2010, 161 ff.
[98] *Rönnau*, wistra 2004, 976; siehe auch ders., wistra 1997, 13.

seitigen, überzeugt aber nicht. Die Lösung des 5. Strafsenats des BGH wirft mehr Fragen auf, als sie beantwortet. So bleibt unklar, ob es den Geschäftsführer strafrechtlich entlastet, wenn er schon vor Eintritt der Insolvenzantragspflicht die Maßnahmen unterlassen hat, die zur Sicherstellung der Zahlungsfähigkeit bei Fälligkeit der Arbeitnehmerbeiträge erforderlich gewesen wären, und weshalb „die noch aussichtsreichen Sanierungsversuche" den Täter nur während der drei- bzw. sechswöchigen Insolvenzantragsfrist gem. § 15a Abs. 1 S. 2 InsO privilegieren, nicht dagegen davor und danach. Die Herleitung der Tatbestandslosigkeit bzw. Rechtfertigung aus § 64 S. 1 GmbHG a. F., und das gilt entsprechend für § 15b InsO, führt zudem zu einem „Sonderrecht" der juristischen Personen, weil die Aussetzung der Zahlungspflicht nur für deren Vertretungsorgane, nicht aber für Einzelkaufleute und Gesellschafter oder Geschäftsführer einer Personengesellschaft gelten würde[99], selbst wenn sie die der Einzugsstelle vorenthaltenen Arbeitnehmerbeiträge für die Sanierung des Unternehmens benötigen. Der Schutz der Arbeitnehmerbeiträge wäre also von der Rechtsform des Unternehmens, bei dem der Arbeitnehmer beschäftigt ist, abhängig. Diese Ungereimtheit lässt sich vermeiden, wenn bei der Auslegung des § 15b Abs. 1 S. 2 InsO die in § 266a Abs. 1 StGB zum Ausdruck gebrachte Entscheidung des Gesetzgebers berücksichtigt wird. Da die Zahlung der Arbeitnehmerbeiträge das strafrechtliche Gebot erfüllt, ist sie mit der Sorgfalt eines ordentlichen Geschäftsmanns vereinbar[100]. Die Gelegenheit, eine wünschenswerte ausdrückliche Klarstellung in § 15b InsO vorzunehmen, hat der Gesetzgeber leider nicht ergriffen.

953 Nach hier vertretener Auffassung entfällt somit die Tatbestandsmäßigkeit der Nichtzahlung der Arbeitnehmerbeiträge nicht deshalb, weil die Insolvenzantragspflicht noch nicht abgelaufen war. Da R vorsätzlich, rechtswidrig und schuldhaft handelte, hat sie sich wegen Vorenthaltens von Arbeitsentgelt nach § 266a Abs. 1 StGB strafbar gemacht (siehe auch *Fälle zum Wirtschaftsstrafrecht* Rn. 222 ff.).

Eine Rechtfertigung wegen Notstands gem. § 34 StGB scheidet aus, weil das Nichtabführen der Arbeitnehmerbeiträge kein angemessenes Mittel darstellt, die Arbeitsplätze der A und B zu retten, zumal § 266a Abs. 6 StGB die Straflosigkeit an die Information der Einzugsstelle über den Grund für das Ausbleiben der Zahlung knüpft[101].

b) § 266a Abs. 1 StGB (AOK Y)

954 R ist zudem wegen Vorenthaltens von Arbeitsentgelt zum Nachteil der AOK Y strafbar.

c) § 266a Abs. 2 Nr. 2 StGB

955 Da mit A und B ein fester Monatslohn vereinbart war, ist davon auszugehen, dass R für beide Mitarbeiterinnen einen Dauernachweis (Rn. 923) gegenüber den Einzugsstellen erbracht hatte, sodass sie diese nicht in Unkenntnis über die sozialversicherungsrechtlich erheblichen Tatsachen ließ. § 266a Abs. 2 Nr. 2 StGB scheidet deshalb aus.

---

[99] *Hellmann*, JZ 1997, 1005, 1007.
[100] BGH (Z), NJW 2007, 2118, 2120, mit krit. Anm. *Rönnau*, JZ 2008, 46 ff.; BGH (Z), NZG 2008, 628, 629; NJW 2009, 295 f.; *Bittmann*, wistra 2004, 327 f.; *Bollacher*, Das Vorenthalten von Sozialversicherungsbeiträgen, 2006, S. 168 ff.; *Brand*, GmbHR 2010, 237, 240 f.; *Hellmann*, JZ 1997, 1005, 1006. **A.A.** *Ischebeck*, Vorenthalten von Sozialversicherungsbeiträgen i.S.v. § 266a Abs. 1 StGB während der materiellen Insolvenz der GmbH, 2009, S. 55 ff.; ders., wistra 2009, 95, 100.
[101] *Perron*, in: Sch/Sch, § 266a StGB Rn. 18; diff. *Brand*, GmbHR 2010, 237, 243.

d) § 15a Abs. 4 i.V.m. § 15a Abs. 1 S. 1 InsO

R ist dagegen nicht wegen Insolvenzverschleppung strafbar, da ein Gläubiger vor Ablauf der Drei-Wochen-Frist zur Insolvenzanmeldung am 12.02.2023 den Antrag auf Eröffnung des Insolvenzverfahrens gestellt hatte.

e) § 283 Abs. 1 Nr. 1 StGB

Wie oben (Rn. 259) dargelegt, unterfallen Leistungen an Gläubiger, die den Grundsätzen kongruenter Deckung entsprechen, nicht dem Begriff des Beiseiteschaffens von Vermögensbestandteilen. Da der Vermieter der Geschäftsräume und die Leasingfirma die Befriedigung ihrer Ansprüche in der von R gewährten Art verlangen konnten, scheidet auch die Bankrottstrafbarkeit aus.

f) Konkurrenzen

Beschäftigt der Arbeitgeber mehrere Arbeitnehmer, die bei verschiedenen Sozialversicherungsträgern versichert sind, so handelt es sich bei der Beitragsvorenthaltung gegenüber mehreren Einzugsstellen jeweils um selbstständige Taten im Sinne des § 53 StGB[102] (Rn. 921).

Fall 60: *– Veruntreuen von Arbeitsentgelt –*

Lisa Rand (R) war als Rechtsanwaltsgehilfin bei Rechtsanwalt Müller (M) angestellt und bezog einen Bruttolohn in Höhe von 2.500 € monatlich. Nach Abzug der Lohnsteuer und des Gesamtversicherungsbeitrages verblieben 1.260 €. R legte zudem vermögenswirksame Leistungen in Höhe von 39,88 € bei ihrer Bausparkasse an, die M ebenfalls einbehielt, sodass er der R nur 1.220,22 € auszahlte. Diesen Betrag überwies M auch für die Monate Januar und Februar 2023, die vermögenswirksamen Leistungen führte er aber – ohne dies der R mitzuteilen – nicht an die Bausparkasse ab.

Hat sich M strafbar gemacht?

§ 266a Abs. 3 StGB

§ 266a Abs. 3 StGB dient dem Schutz des **Vermögens** des Arbeitnehmers gegen heimliche, zweckwidrige Verfügungen des Arbeitgebers[103]. Es handelt sich um ein untreueähnliches Delikt, welches das Element der Heimlichkeit aufweist[104].

M ist als Arbeitgeber der R *tauglicher Täter* des Veruntreuens von Arbeitsentgelt. Die Pflicht des Arbeitgebers zur Abführung von Teilen des Arbeitsentgelts kann privat- oder öffentlich-rechtlich begründet sein.
– Außer den sog. vermögenswirksamen Leistungen nach dem 5. Vermögensbildungsgesetz[105] erfasst der Tatbestand Abtretungen, Pfändungen und freiwillige Zahlungen an Versicherungs-, Renten- oder Pensionskassen, nicht dagegen die Nichtzahlung der einbehaltenen Lohnsteuer (§ 266a Abs. 3 S. 2 StGB), die als Steuerhinterziehung nach § 370 AO strafbar ist. Die Nichtabführung der Arbeitnehmerbei-

---

[102] BGHSt 48, 307, 314; *Bittmann*, wistra 2004, 130, 131; *Thum/Selzer*, wistra 2011, 290, 294; *Wittig*, in: BeckOK-StGB, § 266a Rn. 47.
[103] BAG, NJW 2005, 3739, 3740; *Achenbach*, NJW 1986, 1835, 1839; *Fischer*, § 266a StGB Rn. 2; *Heger*, in: L/K/H, § 266a StGB Rn. 1; *Saliger*, in: S/S/W, § 266a StGB Rn. 2.
[104] *Perron*, in: Sch/Sch, § 266a StGB Rn. 2.
[105] BGH, NStZ-RR 2011, 276, 277.

träge zur Sozialversicherung unterfällt ausschließlich § 266a Abs. 1 StGB (... *sonst* Teile des Arbeitsentgelts ...). –

961 *Einbehalten* sind Teile des Arbeitsentgelts, wenn dem Arbeitnehmer ein um die Leistung gekürzter Lohn ausbezahlt wird. § 266a Abs. 3 StGB setzt also eine Lohnzahlung voraus[106].

M hat durch die Auszahlung des um die vermögenswirksamen Leistungen verminderten Lohns somit einen sonstigen Teil des Arbeitsentgelts einbehalten.

962 Hinzukommen muss, dass der Arbeitgeber es **unterlässt**, den Arbeitnehmer über die Nichtabführung *zu unterrichten*, weil der Arbeitnehmer sich bei Kenntnis der Nichtzahlung selbst gegen die Schädigung schützen kann[107].

Es gelten die allgemeinen Grundsätze der Unterlassungsdogmatik. Die Möglichkeit und Zumutbarkeit der Handlung bezieht sich aber nicht auf die Zahlung, sondern nur auf die Fähigkeit zur Unterrichtung des Arbeitnehmers[108]. Die Mitteilung, die auch in der Lohnabrechnung enthalten sein kann, muss spätestens bei Fälligkeit erfolgen, sie kann also auch schon im Voraus für die kommenden Monate gemacht werden[109]. Bei Handlungsunfähigkeit zum Fälligkeitszeitpunkt ist die Mitteilung unverzüglich nachzuholen[110].

963 Da M die R nicht über die Nichtzahlung unterrichtete, vorsätzlich, rechtswidrig und schuldhaft handelte, ist er nach § 266a Abs. 3 StGB in zwei Fällen (§ 53 StGB) strafbar.

Ergänzender Hinweis

964 § 266a Abs. 6 StGB enthält eine – an die strafbefreiende **Selbstanzeige** nach § 371 AO angelehnte[111] – Regelung des Absehens von Strafe. § 266a Abs. 6 S. 1 StGB eröffnet dem Richter die Möglichkeit eines fakultativen Absehens von Strafe wegen des Vorenthaltens von Arbeitsentgelt nach § 266a Abs. 1, 2 StGB, wenn der Arbeitgeber spätestens im Zeitpunkt der Fälligkeit oder unverzüglich danach der Einzugsstelle die Höhe der vorenthaltenen Beiträge und die Gründe für die Unmöglichkeit der fristgemäßen Zahlung trotz ernsthaften Bemühens um Zahlung schriftlich darlegt. Zahlt der Arbeitgeber nachträglich innerhalb der ihm von der Einzugsstelle gesetzten – angemessenen – Frist die Beiträge, so tritt die Strafbefreiung obligatorisch ein, § 266a Abs. 6 S. 2 StGB. Es handelt sich um einen **persönlichen Strafaufhebungsgrund**[112]. § 266a Abs. 6 S. 3 StGB ordnet die entsprechende Geltung für das Veruntreuen von Arbeitsentgelt nach § 266a Abs. 3 StGB an. Diese Regelung dürfte überflüssig sein, da dieser Tatbestand nur eingreift, wenn der Arbeitgeber den Arbeitnehmer nicht spätestens im Zeitpunkt der Fälligkeit oder unverzüglich danach über das Unterlassen der Zahlung an den anderen unterrichtet.

---

[106] *Perron*, in: Sch/Sch, § 266a StGB Rn. 13; *Radtke*, in: MüKo⁴, § 266a StGB Rn. 85 f.; *Saliger*, in: S/S/W, § 266a StGB Rn. 27; *Wittig*, § 22 Rn. 50. **A.A.** *Wiedner*, in: G/J/W, § 266a StGB Rn. 73.
[107] *Tiedemann*, JZ 1986, 866, 874.
[108] *Heger*, in: L/K/H, § 266a StGB Rn. 15.
[109] *Perron*, in: Sch/Sch, § 266a StGB Rn. 14.
[110] *Perron*, in: Sch/Sch, § 266a StGB Rn. 14.
[111] Vgl. BT-Drs. 10/318, 31. **A.A.** *Rüping*, wistra 2001, 121.
[112] *Saliger*, in: S/S/W, § 266a StGB Rn. 34.

§ 266a Abs. 6 S. 1 StGB nennt zwar nur den Arbeitgeber, die Selbstanzeige ist aber **965** auch auf dessen Vertreter (§ 14 StGB) und – analog – auf den Teilnehmer an der Tat anwendbar[113]. Fraglich ist allerdings, ob der Vertreter, z.B. der Geschäftsführer des Arbeitgeberunternehmens, oder der Teilnehmer, z.B. ein Mitarbeiter, die Beiträge nachzahlen muss, um nach § 266a Abs. 6 S. 2 Straffreiheit zu erlangen. Das Fehlen einer § 371 Abs. 3 S. 1 AO entsprechenden Regelung, nach der ein an der Tat Beteiligter nur die „zu seinen Gunsten hinterzogenen Steuern" nachzahlen muss, spricht dafür, dass die Zahlung der vorenthaltenen Beiträge in jedem Fall notwendig ist. Dies erscheint auch angemessen, da ohnehin eine – aus § 823 Abs. 2 BGB i.V.m. § 266a StGB folgende – zivilrechtliche Schadensersatzpflicht besteht (Rn. 942).

Anders als die steuerstrafrechtliche Selbstanzeige, für die keine Form vorgeschrieben **966** ist, muss die Mitteilung der Höhe der vorenthaltenen Beiträge **schriftlich** gegenüber der zuständigen Einzugsstelle erfolgen. Sie muss spätestens im Zeitpunkt der Fälligkeit oder unverzüglich, d.h. ohne schuldhaftes Zögern, danach informiert werden. Die Beiträge müssen **vollständig erklärt** werden, eine „Teilselbstanzeige" genügt also ebenso wenig wie die bloße Zahlung der Beiträge – ohne Mitteilung der Höhe. Zudem ist eine Darlegung der Gründe für die Unmöglichkeit der rechtzeitigen Zahlung trotz ernsthaften Bemühens darum erforderlich. Zu Recht wird diese Formulierung als missverständlich betrachtet, weil die Unmöglichkeit der Erfüllung der Handlungspflicht bereits den Tatbestand des Unterlassungsdelikts ausschließt (siehe oben Rn. 944). Ob der Regelung deshalb ein Anwendungsbereich verbleibt, ist zweifelhaft. Die These, sie solle die Fälle „vorverschuldeter Zahlungsunfähigkeit" erfassen[114], löst das Problem nur, wenn die Anforderungen an das **ernsthafte Bemühen um fristgemäße Zahlung** nicht zu streng gesehen werden. Hat der Arbeitgeber z.B. in der Erwartung, die Geschäfte des Unternehmens aufrecht zu erhalten, die für die Beitragszahlung an sich erforderlichen Mittel zur Begleichung von Rechnungen verwendet, um weitere Materiallieferungen zu erlangen, so sollte dies die Anwendbarkeit des § 266a Abs. 6 StGB nicht ausschließen[115]. Der Arbeitgeber darf sich aber nicht nur zum Schein um fristgemäße Zahlung bemüht haben[116]. Hat der Arbeitgeber die Voraussetzungen des § 266a Abs. 6 S. 1 StGB erfüllt, so entscheidet der Richter nach pflichtgemäßem Ermessen über das Absehen von Strafe[117].

Zahlt der Arbeitgeber die vorenthaltenen Beiträge innerhalb der ihm von der Einzugsstelle gesetzten Frist, so tritt der dann obligatorische Strafaufhebungsgrund ein. **967** Die Frist muss nach den konkreten Umständen angemessen sein und der Strafrichter muss die Angemessenheit einer eigenen Bewertung unterziehen[118].

---

[113] *Tag*, in: NK, § 266a StGB Rn. 138.
[114] *Saliger*, in: S/S/W, § 266a StGB Rn. 34; in der Sache ebenso *Tag*, in: NK, § 266a StGB Rn. 129.
[115] S. auch *Tag*, in: NK, § 266a StGB Rn. 131, den „redlichen Beitragsschuldner, der sich bis zum gesetzlich festgelegten Stichtag mit voller Kraft bemüht, das Unvermeidliche abzuwenden, dann aber die Erfolglosigkeit seines Tuns erkennt und die Einzugsstelle über das Vorenthalten informiert, um so Schaden von der Solidargemeinschaft abzuwenden", in den „Genuss des Absehens von Strafe kommen" lassen will.
[116] *Tag*, in: NK, § 266a StGB Rn. 131.
[117] *Radtke*, in: MüKo⁴, § 266a StGB Rn. 124.
[118] *Tag*, in: NK, § 266a StGB Rn. 134.

II. Schutz der sozialstaatlichen Arbeitsmarktordnung

968 Die – im Vergleich mit vielen Staaten in Osteuropa, Afrika und Asien – hohen Arbeitsentgelte und Arbeitsstandards in Deutschland haben einen **illegalen Arbeitsmarkt** entstehen lassen, der zu erheblichen Störungen des legalen Arbeitsmarkts führt. So fördert die illegale Beschäftigung die Arbeitslosigkeit auf dem legalen Arbeitsmarkt und schädigt dadurch das Steueraufkommen des Staates und das Beitragsaufkommen der Sozialversicherungssysteme; sie ermöglicht zudem das Unterlaufen arbeitsrechtlicher Standards und die Ausbeutung der illegalen Arbeitnehmer[119]. Das Gesetz zur Bekämpfung der Schwarzarbeit und der illegalen Beschäftigung (SchwarzArbG), das SGB III und das Arbeitnehmerüberlassungsgesetz (AÜG) enthalten deshalb zahlreiche Straf- und Bußgeldvorschriften zur Eindämmung der illegalen Beschäftigung. Der Regelungskomplex wurde 2004 nicht unerheblich umgestaltet, allerdings nicht vereinfacht, sondern eher noch unübersichtlicher gestaltet[120]. Das Fachkräfteeinwanderungsgesetz (FachKrEG)[121] nahm 2019 zahlreiche – auch für das Arbeitsstrafrecht relevante – Änderungen des „Gesetzes über den Aufenthalt, die Erwerbstätigkeit und die Integration von Ausländern im Bundesgebiet (AufEnthG)[122] und anderer Gesetze vor.

Das Arbeitnehmer-Entsendegesetz (AEntG) bezweckt dagegen die Einhaltung bestimmter Arbeitsbedingungen. Die gesetzlichen Regelungen unterscheiden zumeist danach, ob es sich um deutsche Arbeitnehmer und ihnen gleichgestellte EU-Bürger nebst Angehörigen, für die volle Freizügigkeit gilt, handelt oder um Bürger der Beitrittsstaaten, die in Deutschland noch gewissen Beschränkungen auf dem Arbeitsmarkt unterliegen, oder um „Drittstaatler".

1. Illegale Beschäftigung ausländischer Arbeitnehmer

969 Für die **Beschäftigung von ausländischen Arbeitnehmern, die keine volle Freizügigkeit genießen,** gelten strenge Bedingungen, die straf- und bußgeldrechtlich abgesichert sind:

„Drittstaatler" bedürfen nach § 4a Abs. 1 S. 1 AufenthG eines **Aufenthaltstitels, der die Ausübung einer Beschäftigung erlaubt**. § 4a Abs. 5 S. 1 AufEnthG untersagt grundsätzlich die Beschäftigung eines Ausländers ohne Aufenthaltstitels sowie dessen Beauftragung mit Dienst- oder Werkleistungen. Eine Saisonbeschäftigung bedarf gem. § 4a Abs. 5 S. 2 AufEnthG einer Arbeitserlaubnis zum Zweck der Saisonbeschäftigung nach § 4a Abs. 4 AufEnthG. Die „Arbeitsgenehmigung-EU" der Bundesagentur für Arbeit gem. § 284 SGB III für EU-Bürger und deren Angehörige, die noch keine volle Freizügigkeit in Deutschland genießen, läuft derzeit leer, weil am 30.06.2015 die letzte Übergangsregelung zur Beschränkung der Arbeitnehmer-

---

[119] Eingehend zum wirtschaftlichen und sozialen Hintergrund der illegalen Beschäftigung und Vermittlung sowie zu den Schutzzwecken der Straf- und Bußgeldvorschriften *Henzler*, in: M-G, Kap. 37 Rn. 37.1 ff.
[120] Zu weiteren Änderungen *Hellmann*, in: HdS 6, § 60 Rn. 109.
[121] Vom 15.08.2019, BGBl. I 2019, 1307.
[122] In der Neufassung der Bekanntmachung vom 25.02.2008, BGBl. I 2008, 162; zuletzt geändert durch Art. 5 des Gesetzes vom 21.12.2022, BGBl. I 2022, 284.

freizügigkeit und der Dienstleistungsfreiheit für kroatische Staatsangehörige endete. Die Regelung ist deshalb nur noch für „Altfälle" relevant[123]. Beide Formen werden üblicherweise als **„Arbeitsgenehmigung"** bezeichnet[124].

Arbeitgeber, die eine Ausländerin oder einen Ausländer **ohne die nach § 4a Abs. 5 S. 1 AufenthG oder § 284 SGB III erforderliche Genehmigung beschäftigen**, und ausländische **Arbeitnehmer**, die **unerlaubt einer Beschäftigung nachgehen**, begehen eine Ordnungswidrigkeit nach § 404 Abs. 2 Nr. 3 bzw. Nr. 4 SGB III. Die Bußgeldtatbestände gelten für vorsätzliches und fahrlässiges Verhalten des Arbeitgebers und Arbeitnehmers. Beschäftigung meint ein tatsächliches Verhalten, das von der erlaubten selbständigen Tätigkeit und der unentgeltlichen Gefälligkeit abzugrenzen ist[125]. Da der Einheitstäterbegriff des Ordnungswidrigkeitenrechts (§ 14 Abs. 1 OWiG) gilt, kann jeder, der als Täter, Anstifter oder Gehilfe an der Beschäftigung mitwirkt, mit einer Geldbuße belegt werden.

Die – vorsätzliche oder fahrlässige – **mittelbare illegale Beschäftigung** durch Unternehmerinnen oder Unternehmer bedroht § 404 Abs. 1 Nr. 1 SGB III mit Geldbuße, wenn sie Dienst- oder Werkleistungen in erheblichem Umfang von einem anderen Unternehmen ausführen lassen, das zur Erfüllung dieses Auftrags eine Ausländerin oder einen Ausländer ohne Aufenthaltstitel beschäftigt. Vergleichbare Bußgeldtatbestände enthalten § 98 Abs. 2a Nr. 1 AufenthG für die – vorsätzliche oder leichtfertige – Beauftragung eines Ausländers ohne Arbeitsgenehmigung mit nachhaltigen entgeltlichen Dienst- oder Werkleistungen und § 98 Abs. 3 Nr. 1 AufenthG für die Ausübung einer selbständigen Tätigkeit durch einen Ausländer ohne Arbeitsgenehmigung (zur Strafbarkeit der nichtselbständigen und selbständigen Tätigkeit des Inhabers eines Schengen-Visums Rn. 978).

§ 404 SGB III und § 98 AufenthG bedrohen zahlreiche Verstöße gegen Ordnungsvorschriften im Zusammenhang mit der Beschäftigung von Ausländern mit Bußgeld.

§§ 10, 10a, 11 SchwarzArbG enthalten Straftatbestände wegen **illegaler Beschäftigung unter erschwerten Bedingungen**:

§ 10 Abs. 1 SchwarzArbG bedroht die Beschäftigung eines Ausländers, der nicht die erforderliche Genehmigung besitzt, mit Freiheitsstrafe bis zu drei Jahren oder Geldstrafe, wenn ihn der Arbeitgeber zu *Arbeitsbedingungen* beschäftigt, *die in einem auffälligen Missverhältnis* zu den Arbeitsbedingungen deutscher Arbeitnehmer mit vergleichbarer Tätigkeit stehen.

Das **auffällige Missverhältnis** ist durch eine **Gesamtbetrachtung** zu ermitteln[126]. Grundsätzlich ist es zu bejahen, wenn vergleichbare deutsche Arbeitnehmer mit den ungünstigsten Arbeitsbedingungen immer noch bessergestellt sind als die ausländischen Arbeitnehmer oder kein deutscher Arbeitnehmer zu diesen Bedingungen arbeiten würde. Ein auffälliges Missverhältnis liegt z.B. bei einem Lohnunterschied

---

[123] Dazu *Mosbacher*, in: I/M, § 4 Rn. 34.
[124] *Mosbacher*, in: I/M, § 4 Rn. 24.
[125] *Mosbacher*, in: I/M, § 4 Rn. 59; *Riedinger/Schilling*, in: W/J/S, Kap. 20 Rn. 28.
[126] BGH, NStZ 2018, 546, 547, mit Anm. *Mosbacher*; OLG Frankfurt, NStZ-RR 2005, 184; *Mosbacher*, in: I/M, § 4 Rn. 140; *Wittig*, § 34 Rn. 14.

von mindestens 20 %[127] oder bei einer Beschäftigung ohne Anmeldung zur Sozialversicherung vor. Die Nichtanmeldung zur Sozialversicherung allein belegt das auffällige Missverhältnis nicht[128]. Der Tatbestand schützt neben dem deutschen Arbeitsmarkt auch den ausländischen Arbeitnehmer, der sich wegen der illegalen Beschäftigung nicht zur Wahrung seiner Rechte an die zuständigen Institutionen und Behörden wenden kann

§ 10 Abs. 2 SchwarzArbG enthält **strafschärfende Regelbeispiele** für besonders schwere Fälle bei gewerbsmäßigem oder grob eigennützigem Handeln. Das bloße Nichtabführen von Sozialversicherungsbeiträgen begründet das für den groben Eigennutz erforderliche „Streben nach eigenem Vorteil in einem besonders anstößigen Maß" nicht[129]. Der Strafrahmen beträgt Freiheitsstrafe von sechs Monaten bis zu fünf Jahren.

972 § 10a SchwarzArbG stellt die Beschäftigung von Ausländern ohne Aufenthaltstitel, die durch die Tat eines Dritten **Opfer von Menschenhandel** nach § 232a StGB (Zwangsprostitution) oder § 232b StGB (Zwangsarbeit) geworden sind, unter Strafe, wenn der Arbeitgeber die dadurch geschaffene Lage ausnutzt. Der Schutzbereich der Strafvorschrift erfasst **Opfer jeglicher Art von Menschenhandel**, unabhängig davon, ob der Menschenhandel ursprünglich der sexuellen Ausbeutung oder der Ausbeutung der Arbeitskraft diente[130]. Wegen der Bezugnahme auf § 4a Abs. 5 S. 1 AufEnthG schützt der Tatbestand Bürger von EU-Staaten nicht[131]. Die Strafe ist Freiheitsstrafe bis zu drei Jahren oder Geldstrafe. Erforderlich ist die Vollendung der Menschenhandelsvortat des Dritten, es genügt aber, dass die Vollendung mit der Arbeitsaufnahme zusammenfällt[132]. Ist der Arbeitgeber selbst Täter oder Teilnehmer des Menschenhandels, so wird er allein aus §§ 232a, 232b StGB bestraft[133].

973 Nach § 11 Abs. 1 Nr. 1 SchwarzArbG macht sich der Arbeitgeber strafbar, der gleichzeitig **mehr als fünf EU-Ausländern ohne Genehmigung beschäftigt oder mit Dienst- oder Werkleistungen beauftragt**[134]. Der Strafrahmen beträgt Freiheitsstrafe bis zu einem Jahr oder Geldstrafe. Bei einem Handeln aus grobem Eigennutz erhöht sich gem. § 11 Abs. 2 SchwarzArbG der Strafrahmen auf Freiheitsstrafe bis zu drei Jahren oder Geldstrafe

974 Mit den gleichen Strafrahmen ist die **beharrliche Wiederholung** der illegalen Beschäftigung bzw. der Beauftragung nach § 11 Abs. 1 Nr. 2a bzw. Nr. 2c SchwarzArbG bedroht. Beharrlichkeit bezeichnet eine in der Tatbegehung zum Ausdruck

---

[127] *Ambs/Lutz*, in: E/K, S 34, § 10 SchwarzArbG Rn. 8. Für 30 % *Henzler*, in: M-G, § 37 Rn. 201; *Mosbacher*, in: HWSt, 12. Teil 5. Kap. Rn. 55.
[128] BGH, NStZ 2018, 546, 547; *Henzler*, in: M-G, § 37 Rn. 203; *Horrer*, in: Bross, Handbuch Arbeitsstrafrecht, 2017, Kap. 6 Rn. 52.
[129] BGH, NStZ 2020, 170, Rn. 10.
[130] BT-Drs. 17/5470, 32.
[131] Zu Recht krit. *Riedinger/Schilling*, in: W/J/S, Kap. 20 Rn. 36a.
[132] *Mosbacher*, in: I/M, § 4 Rn. 158.
[133] BT-Drs. 17/5470, 32 (bzgl. § 233 StGB); *Ambs/Lutz*, in: E/K, S 34, § 10a SchwarzArbG Rn. 3.
[134] Zu den Strafbarkeitslücken durch die verspätete Anpassung des § 11 SchwarzArbG an den durch das FachKrEG (s. Rn. 968) geschaffenen § 4a AufEnthG *Reckmann*, NZWiSt 2020, 293 ff.

kommende **besondere Hartnäckigkeit und damit die gesteigerte Gleichgültigkeit des Täters gegenüber dem gesetzlichen Verbot**,[135] z.B. indem er trotz Abmahnung, Ahndung oder sonst hemmend wirkenden Erfahrungen und Erkenntnissen die Verstöße gegen das Verbot der illegalen Beschäftigung fortsetzt.[136] Eine bestimmte Zahl vorangegangener Gesetzesverstöße ist zwar nicht erforderlich, sodass bereits ein früherer Vorfall genügen kann, der die Beharrlichkeit zum Ausdruck bringt. Es ist aber ein gewisser zeitlicher Zusammenhang zwischen der früheren und der neuen Tat zu fordern.[137] Die Qualifikation des § 11 Abs. 2 SchwarzArbG (Rn. 973) gilt für diesen Tatbestand.

§ 11 Abs. 1 Nr. 2b und Nr. 2d SchwarzArbG bedroht auch den **ausländischen Arbeitnehmer, der beharrlich wiederholt einer Beschäftigung ohne Genehmigung nachgeht**, mit Strafe. 975

§ 11 Abs. 1 Nr. 3 SchwarzArbG stellt die **illegale Beschäftigung von minderjährigen Ausländern**, welche nicht über die nach § 4a Abs. 5 S. 1 AufenthG erforderliche Berechtigung zur Erwerbstätigkeit verfügen, unter Strafe[138]. 976

Eine **Qualifikation** stellt die Tatbegehung durch den Arbeitgeber aus grobem Eigennutz dar, § 11 Abs. 2 SchwarzArbG. 977

§ 95 Abs. 1a AufenthG stuft die an sich als Ordnungswidrigkeit ahndbare nichtselbständige (§ 404 Abs. 2 Nr. 4 SGB III) oder selbständige Tätigkeit (§ 98 Abs. 3 Nr. 1 AufenthG) eines Ausländers ohne Arbeitsgenehmigung (Rn. 969, 970) zu einer Straftat mit Androhung von Freiheitsstrafe bis zu einem Jahr oder Geldstrafe hoch, wenn ein **Ausländer, der als Aufenthaltstitel nur ein Schengen-Visum** (§ 6 Abs. 1 Nr. 1 AufenthG) besitzt, eine nichtselbständige oder selbständige Tätigkeit in Deutschland aufnimmt. Der Tatbestand schließt eine Strafbarkeitslücke, die dadurch entstanden war, dass sich nach Auffassung des BGH ein Ausländer, der mit einem Touristenvisum nach Deutschland kommt, um einer von diesem nicht gedeckten Erwerbstätigkeit nachzugehen, nicht wegen unerlaubter Einreise bzw. unerlaubten Aufenthalts nach § 95 Abs. 1 Nr. 2, Nr. 3 AufenthG strafbar macht, weil jede wirksame Aufenthaltsgenehmigung den Tatbestand entfallen lasse, selbst wenn sie für den konkreten Aufenthalt nicht hinreichend sei oder durch Täuschung oder auf andere rechtsmissbräuchliche Art und Weise erschlichen wurde; maßgeblich sei die formelle Wirksamkeit des Aufenthaltstitels, nicht dessen materielle Richtigkeit.[139] 978

Wegen „**Einschleusens von Ausländern**" macht sich nach § 96 Abs. 1 Nr. 2 AufenthG strafbar, wer den Inhaber eines Schengen-Visums anstiftet oder ihm dazu Hilfe leistet, eine nichtselbständige oder selbständige Tätigkeit in Deutschland aufzunehmen, und dafür einen Vermögensvorteil erhält oder sich versprechen lässt; der Strafrahmen beträgt drei Monate bis fünf Jahre Freiheitsstrafe. In der Regel wird 979

---

[135] *Ambs/Lutz*, in: E/K, S 34, § 11 SchwarzArbG Rn. 12; *Horrer*, in: Bross, Handbuch Arbeitsstrafrecht, 2017, Kap. 8 Rn. 19.
[136] BT-Drs. 10/2102, S. 32.
[137] *Mosbacher*, in: I/M, § 4 Rn. 169.
[138] BT-Drs. 17/5470, 32.
[139] BGH NJW 2005, 2095, 2097 f. m. krit. Bespr. *Schnabel*, wistra 2005, 446 ff.

der Arbeitgeber Täter dieses Tatbestandes sein[140]. Bei Vorliegen der **qualifizierenden Merkmale des § 96 Abs. 2 S. 1 Nr. 1, 2, 5 AufenthG** (gewerbs- oder bandenmäßige Begehung, Aussetzen des Geschleusten einer das Leben gefährdenden, unmenschlichen oder erniedrigenden Behandlung oder der Gefahr einer schweren Gesundheitsschädigung) erhöht sich der Strafrahmen auf Freiheitsstrafe von sechs Monaten bis zehn Jahre. Wird durch die Einschleusung der **Tod des Geschleusten** verursacht, ist eine Freiheitsstrafe nicht unter drei Jahren zu verhängen (§ 97 Abs. 1 AufenthG), bei einer **gewerbs- und bandenmäßigen Begehung** eine Freiheitsstrafe von einem Jahr bis zu zehn Jahren (§ 97 Abs. 2 AufenthG).

2. Illegale Arbeitnehmerüberlassung

980 Betriebe mit kurzfristigem Personalbedarf können Arbeitnehmer bei einem Dritten „entleihen", d.h. gegen Entgelt von dem „Verleiher" vorübergehend zur Verfügung gestellt erhalten. Eine **Arbeitnehmerüberlassung** liegt vor, wenn ein bei dem Verleiher angestellter Arbeitnehmer aufgrund eines entsprechenden Vertrages zwischen Ver- und Entleiher[141] im Betrieb des Entleihers nach dessen Vorstellungen tätig wird[142]. Das Arbeitnehmerüberlassungsgesetz (AÜG) regelt die Zulässigkeit der *vorübergehenden*[143], *im Rahmen einer wirtschaftlichen Tätigkeit* ausgeübten Arbeitnehmerüberlassung und sichert diese Vorschriften durch Straf- und Bußgeldtatbestände.

Nach *§ 1 Abs. 1 S. 1 AÜG* benötigen die im Rahmen ihrer wirtschaftlichen Tätigkeit handelnde Verleiher von Arbeitnehmern grundsätzlich[144] eine **Erlaubnis der Bundesagentur für Arbeit**. Gewerbsmäßigkeit der Arbeitnehmerüberlassung ist für das Vorliegen der Erlaubnispflicht nicht mehr erforderlich[145].

Die **Überlassung eines Arbeitnehmers ohne diese Erlaubnis** bedroht § 16 Abs. 1 Nr. 1 AÜG mit einer Geldbuße bis zu 30 000 Euro (§ 16 Abs. 2 Teils. 1 AÜG). Ein Bußgeld bis zu dieser Höhe kann zudem gem. § 16 Abs. 1 Nr. 1b AÜG gegen einen Verleiher, der diese Erlaubnis besitzt, verhängt werden, wenn er einen **Arbeitnehmer überlässt, ohne dass er einen Arbeitsvertrag mit diesem abgeschlossen** hat (§ 1 Abs. 1 S. 3 AÜG), gem. § 16 Abs. 1 Nr. 1e AÜG, wenn er einen Leiharbeitnehmer für **mehr als achtzehn Monate demselben Entleiher überlässt** (§ 1 Abs. 1b S. 1 Teils. 1 AÜG) sowie gem. § 16 Abs. 1 Nr. 1f AÜG, wenn er einen Leiharbeitnehmer unter **Verstoß gegen die Beschränkungen im Baugewerbe** (§ 1b AÜG) überlässt.

---

[140] *Mosbacher*, in: I/M, § 4 Rn. 56.
[141] Zur Abgrenzung zum Dienst- und Werkvertrag *Paetzold*, in: I/M, § 3 Rn. 17 ff.
[142] BAG, NJW 2001, 1516 m.w.N; *Henzler*, in: M-G, Kap. 37 Rn. 37.221; *Kaul*, in: HWSt, 12. Teil 4. Kap. Rn. 6 ff. In der Sache ebenso Art. 3 Abs. 1 lit. e Richtlinie 2008/104/EG (Leiharbeitsrichtlinie), ABl. L 327 vom 05.12.2008, 9. Zur Abgrenzung von Arbeitnehmerüberlassungs- und Werkverträgen BGH, NStZ 2003, 552 f.
[143] Bis zu 18 Monaten, § 1 Abs. 1 S. 4, Abs. 1b S. 1 AÜG. Dazu *Ambs*, in: E/K, A 184, § 1 AÜG Rn. 1; *Koller-van Delden/Gallini*, DStR 2017, 206 ff.; *Schüren*, NZA 2013, 176 m.w.N.
[144] Zu den Ausnahmen *Paetzold*, in: I/M, § 3 Rn. 50 ff.; *Kaul*, in: HWSt, 12. Teil 4. Kap. Rn. 36 ff.; *Mosbacher*, in: G/J/W, § 15 AÜG, Rn. 4.
[145] BT-Drs. 17/4804, 8, 14; *Ambs*, in: E/K, A 184, § 1 AÜG Rn. 1.

Eine Geldbuße bis zu 500.000 Euro (§ 16 Abs. 2 Teils. 2 AÜG) kann gem. § 16 Abs. 1 Nr. 7a AÜG gegen den Verleiher verhängt werden, der einem Leiharbeitnehmer **nicht die gleichen wesentlichen Arbeitsbedingungen**, einschließlich des Arbeitsentgelts, gewährt, die in der Zeit der Überlassung an den Entleiher im Betrieb des Entleihers für einen vergleichbaren Arbeitnehmer des Entleihers gelten (Verstöße gegen den Gleichstellungsgrundsatz des § 8 Abs. 1 S. 1, Abs. 2 S. 2, S. 4 AÜG), sowie gem. § 16 Abs. 1 Nr. 7b AÜG bei einem **Verstoß gegen die Lohnuntergrenze nach dem Mindestlohngesetz**.
Alle Bußgeldtatbestände können vorsätzlich oder fahrlässig begangen werden.

§ 15 Abs. 1 AÜG stuft den **– vorsätzlichen – unerlaubten Verleih** zu einer **Straftat** hoch, wenn der verliehene Arbeitnehmer *Ausländer ist, der keinen Aufenthaltstitel nach § 4a Abs. 5 S. 1 AufentG, keine Arbeitserlaubnis zum Zweck der Saisonbeschäftigung nach § 4a Abs. 5 S. 2 i.V.m. Abs. 4 AufEnthG, keine Aufenthaltsgestattung oder Duldung, die zur Ausübung der Beschäftigung berechtigen*, oder *keine Genehmigung nach § 284 Abs. 1 SGB III hat.* Der Strafrahmen beträgt Freiheitsstrafe bis zu drei Jahren oder Geldstrafe, in einem besonders schweren Fall, der in der Regel bei gewerbsmäßigem oder grob eigennützigem Handeln vorliegt, Freiheitsstrafe von sechs Monaten bis zu fünf Jahren (§ 15 Abs. 2 AÜG).

980a

Im Wesentlichen **entsprechende Bußgeldtatbestände** enthält § 16 Abs. 1 AÜG für den **Entleiher**. Mit einer Geldbuße bis zu 30.000 Euro bedroht § 16 Abs. 1 Nr. 1a AÜG den Entleiher, der – vorsätzlich oder fahrlässig – einen **Leiharbeitnehmer, der ihm von einem Verleiher, der nicht über die erforderliche Erlaubnis verfügt, überlassen wird, tätig werden lässt**. Dieser Bußgeldrahmen gilt zudem, wenn der Entleiher den Leiharbeitnehmer, mit dem der Verleiher **keinen Arbeitsvertrag abgeschlossen** hat, tätig werden lässt (§ 16 Abs. 1 Nr. 1b AÜG) oder im Baugewerbe beschäftigt (§ 16 Abs. 1 Nr. 1f AÜG). Das Tätigwerdenlassen eines ausländischen Leiharbeitnehmers, der **nicht über eine Arbeitserlaubnis verfügt**, ist eine Ordnungswidrigkeit nach § 16 Abs. 1 Nr. 2 AÜG, es stellt also – anders als die Überlassung eines solchen Arbeitnehmers (Rn. 980a) – keine Straftat dar; der Bußgeldrahmen reicht bis 500.000 Euro. Den **Einsatz eines Leiharbeitnehmers als „Streikbrecher"**, d.h. die Beschäftigung, wenn der Betrieb von einem Arbeitskampf betroffen ist, entgegen § 11 Abs. 5 AÜG, bedroht § 16 Abs. 1 Nr. 8a AÜG ebenfalls mit einem Bußgeld bis 500.000 Euro.

980b

Der **Entleiher** macht sich nach § 15a AÜG, der Parallelvorschrift zu §§ 10, 11 SchwarzArbG, **strafbar**, wenn er den ihm überlassenen Ausländer, der nicht über eine Arbeitsgenehmigung verfügt, zu Bedingungen arbeiten lässt, die in einem **auffälligen Missverhältnis** zu den Arbeitsbedingungen deutscher Leiharbeitnehmer stehen (§ 15a Abs. 1 AÜG), wenn er **gleichzeitig mehr als fünf Ausländer** ohne Arbeitsgenehmigung (§ 15a Abs. 2 Nr. 1 AÜG) beschäftigt oder wenn er dem Beschäftigungsverbot **beharrlich wiederholt** zuwiderhandelt (§ 15a Abs. 2 Nr. 2 AÜG). Es gelten die gleichen Strafrahmen wie bei §§ 10, 11 SchwarzArbG.

980c

Das **AEntG** (Rn. 968) sichert die Beachtung tarifvertraglich geregelter Arbeitsbedingungen für die in § 4 AEntG genannten Branchen (Bauhaupt- und -nebengewerbe, Gebäudereinigung, Briefdienstleistungen, Sicherheitsdienstleistungen, Berg-

981

bauspezialarbeiten auf Steinkohlebergwerken, Wäschereidienstleistungen im Objektkundengeschäft, Abfallwirtschaft einschließlich Straßenreinigung und Winterdienst, Aus- und Weiterbildungsdienstleistungen nach SGB II und III, Schlachten und Fleischverarbeitung). Das AEntG gilt also nicht nur für grenzüberschreitende Dienstleistungen, sondern **auch für Arbeitgeber im Inland**[146].

Nach § 23 Abs. 1 Nr. 1 AEntG handelt ordnungswidrig, wer als **Arbeitgeber** vorsätzlich oder fahrlässig entgegen § 8 Abs. 1 S. 1 AEntG oder als **Verleiher** entgegen § 8 Abs. 3 AEntG **Arbeitsbedingungen, deren Einhaltung nach § 16 AEntG von den Behörden der Zollverwaltung geprüft wird** (Arbeitsbedingungen eines für allgemeinverbindlich erklärten Tarifvertrags, § 8 AEntG, sowie die in § 5 S 1 Nr. 1 bis 4 AEntG aufgeführten Arbeitsbedingungen, u.a. gesetzlich vorgeschriebener Mindestarbeitslohn, tariflich Vereinbarungen über die Dauer des Erholungsurlaubs, das Urlaubsentgelt oder ein zusätzliches Urlaubsgeld, Einziehung bestimmter Beiträge und Anforderungen an Unterkünfte) **nicht gewährt**[147].

§ 23 Abs. 2 AEntG bedroht zudem denjenigen mit Bußgeld, der **Werk- oder Dienstleistungen in erheblichem Umfang ausführen lässt**, indem er als Unternehmer einen anderen Unternehmer beauftragt, von dem er weiß oder fahrlässig nicht weiß, dass dieser bei der Erfüllung dieses Auftrags die genannten Arbeitsbedingungen nicht oder nicht rechtzeitig gewährt oder einen Beitrag nicht oder nicht rechtzeitig leistet (Nr. 1), oder einen Nachunternehmer einsetzt oder zulässt, dass ein Nachunternehmer tätig wird, der diese Arbeitsbedingungen nicht oder nicht rechtzeitig gewährt oder einen Beitrag nicht oder nicht rechtzeitig leistet (Nr. 2).

Der Bußgeldrahmen beträgt bis 500.000 Euro (§ 23 Abs. 3 AEntG).

Ergänzender Hinweis:

982 Mit dem illegalen Verleih von Arbeitnehmern gehen nicht selten Straftaten nach § 266a StGB, § 370 AO einher, weil den Beteiligten an einer „Kostenminimierung" gelegen ist. Das Leiharbeitsverhältnis ist zwar nach § 9 Abs. 1 Nr. 1 Teils. 1 AÜG unwirksam, wenn der Verleiher die erforderliche Erlaubnis nach § 1 AÜG nicht besitzt, es sei denn, der Leiharbeitnehmer erklärt schriftlich bis zum Ablauf eines Monats nach dem zwischen Verleiher und Entleiher für den Beginn der Überlassung vorgesehenen Zeitpunkt gegenüber dem Verleiher oder dem Entleiher, dass er an dem Arbeitsvertrag mit dem Verleiher festhält (§ 9 Abs. 1 Nr. 1 Teils. 2 AÜG)[148]. Entsprechende Regelungen gelten für die Unwirksamkeit des Arbeitsvertrages bei der Arbeitnehmerüberlassung aufgrund von Scheindienst- oder -werkverträgen und wegen Überschreitung der Höchstdauer der Überlassung (§ 9 Abs. 1 Nr. 1a, b AÜG). § 10 Abs. 1 AÜG **fingiert** für den Fall eines unwirksamen Vertrages aber **ein Arbeitsverhältnis zwischen Entleiher und Leiharbeitnehmer** mit der Folge, dass der Entleiher Arbeitgeber im Sinne des § 266a StGB ist. Nach § 10 Abs. 3 AÜG bleibt

---

[146] *Andorfer/Rothenhöfer*, in: I/M, § 7 Rn. 2; *Sittard*, in: Bross, Handbuch Arbeitsstrafrecht, 2017, Kap. 14 Rn. 3.

[147] *Kudlich*, in: Thüsing, Mindestlohngesetz und Arbeitnehmer-Entsendegesetz, 2. Aufl. 2016, § 23 AEntG Rn. 28.

[148] Zu dem Widerspruchsrecht des Leiharbeitnehmers gegen die gesetzliche Fiktion des Arbeitsverhältnisses mit dem Entleiher *Brors*, NZA 2016, 672 ff.; *Zimmermann*, BB 2016, 53, 55 f.

jedoch auch der Verleiher gegenüber den Sozialversicherungsträgern beitragspflichtig, wenn er dem Leiharbeitnehmer das vereinbarte Entgelt entrichtet hat. Sowohl Entleiher als auch Verleiher können sich deshalb wegen **Vorenthaltens von Arbeitsentgelt** nach § 266a Abs. 1, 2 StGB strafbar machen.

Die sozialrechtliche Regelung der Arbeitgeberstellung gilt im Steuerrecht allerdings nicht, wie sich aus § 42d EStG ergibt. In der Regel wird der Verleiher als Arbeitgeber zur Lohnsteueranmeldung nach § 41a EStG verpflichtet sein (vgl. § 42d Abs. 6 EStG, siehe aber auch Abs. 7). Gibt der Arbeitgeber eine unvollständige Lohnsteueranmeldung ab, so begeht er eine **Steuerhinterziehung** nach § 370 Abs. 1 Nr. 1 AO[149], unterlässt er die Lohnsteueranmeldung völlig, so handelt es sich um eine Steuerhinterziehung durch Unterlassen gem. § 370 Abs. 1 Nr. 2 AO).

Beispiel: Verleiher X, der die gem. § 1 Abs. 1 S. 1 AÜG erforderliche Erlaubnis nicht besitzt, überlässt der Reinigungsfirma Y auf deren Anfrage zehn Arbeitnehmer. Bei der AOK hat er nur die Arbeitnehmer A, B und C angemeldet, für die er auch Lohnsteuer abführt. Die übrigen sieben Arbeitnehmer verschweigt er sowohl der Einzugsstelle als auch dem Finanzamt. Y kennt die Praktiken des X, will sich aber die „billigen" Arbeitskräfte verschaffen. Er zahlt für alle zehn Arbeitnehmer „Entleihgebühren", die erheblich unter den Löhnen der fest eingestellten Arbeitnehmer liegen.

X hat der Einzugsstelle die Arbeitnehmerbeiträge zur Sozialversicherung der sieben verschwiegenen Arbeitnehmer vorenthalten (§ 266a Abs. 1 StGB) und unvollständige Angaben über sozialversicherungsrechtlich erhebliche Tatsachen gemacht und dadurch die Arbeitgeberbeiträge für diese Mitarbeiter vorenthalten (§ 266a Abs. 2 Nr. 1 StGB). (Beitrags-)Betrug nach § 263 StGB durch Täuschung der Einzugsstelle über die Anzahl der Arbeitnehmer und deren sozialversicherungspflichtige Einkünfte tritt nach zutreffender Auffassung hinter § 266a Abs. 1, 2 StGB zurück (Rn. 932). Außerdem begeht X eine Lohnsteuerhinterziehung gem. § 370 AO, da er trotz Unwirksamkeit des Vertrages zwischen ihm und den Arbeitnehmern steuerrechtlich Arbeitgeber ist und nach § 41a EStG die Lohnsteuer anzumelden hat. Das Vorenthalten der Arbeitnehmer- und der Arbeitgeberbeiträge nach § 266a Abs. 1 und Abs. 2 StGB für einen Anmeldezeitraum ist eine Tat (Rn. 929), § 370 AO kommt in Tatmehrheit hinzu. Die Beitragsvorenthaltung und die Steuerhinterziehung bilden nach zutreffender Auffassung auch mehrere prozessuale Taten[150], sodass die Aburteilung der Beitragsvorenthaltung die Verfolgung wegen Steuerhinterziehung und umgekehrt nicht hindert[151].

Y ist wegen der sozialrechtlichen Fiktion eines Arbeitsverhältnisses ebenfalls nach § 266a Abs. 1 und Abs. 2 StGB strafbar; er verwirklicht allerdings hinsichtlich der Arbeitgeberbeiträge § 266a Abs. 2 Nr. 2 StGB. Da die Wirkung dieser Fiktion auf § 266a StGB beschränkt ist, scheidet eine Strafbarkeit nach § 370 AO aus. Selbst eine Anstiftung des X zu der Lohnsteuerhinterziehung kommt nicht in Betracht, weil Y den X zwar zur Überlassung der Arbeitnehmer veranlasst, aber nicht zur Begehung dieser Straftaten bestimmt hat.

---

[149] Dazu *Hellmann*, in: HdS 6, § 60 Rn. 77 ff.
[150] BGHSt 35, 14, 19 f.
[151] **A.A.** *Bülte*, NZWiSt 2017, 49, 52 ff.

§ 19 Außenwirtschafts- und Kriegswaffenkontrollstrafrecht

983 In Deutschland gilt gem. § 1 Abs. 1 S. 1 AWG der Grundsatz der **Freiheit des Waren-, Dienstleistungs-, Kapital-, Zahlungs- und sonstigen Wirtschaftsverkehrs mit dem Ausland**[1]. Das Außenwirtschaftsrecht unterliegt allerdings Beschränkungen durch das AWG selbst, Rechtsverordnungen, die aufgrund des AWG erlassen wurden, insbesondere die Außenwirtschaftsverordnung (AWV), sowie europäische Regelungen. Die Regel ist also der freie Export, ausnahmsweise können aber **Beschränkungen und Handlungspflichten** gem. §§ 4, 5, 5a AWG im Außenwirtschaftsverkehr zum Schutz der öffentlichen Sicherheit und der auswärtigen Interessen der Bundesrepublik Deutschland sowie zur Umsetzung von europarechtlichen Rechtsakten, Resolutionen der UN und zwischenstaatlichen Vereinbarungen auferlegt werden. Zudem kann der Export im Einzelfall gem. §§ 6, 7 AWG durch Verwaltungsakt beschränkt werden.

984 Die **Blankettstraftatbestände** in §§ 17, 18 AWG – und die Bußgeldtatbestände in § 19 AWG –, die auf die Vorschriften des AWG, der AWV oder Rechtsakte der EU verweisen, sichern die Beschränkungen und Handlungspflichten strafrechtlich ab.

I. Verbotene Ausfuhr (§ 18 Abs. 2, 3, 4, 5 AWG)

Fall 61: *– Ausfuhr von Dual-Use-Gütern –*

985 Hugo Waltersdorf (W) stellt in seinem Unternehmen Wärmetauscher her. Er verkaufte drei Wärmetauscher von 0,17 m², deren medienberührende Flächen aus Titan sind, an einen Betrieb in Pakistan und versendete die Waren ohne Genehmigung des Bundesamtes für Wirtschaft und Ausfuhrkontrolle (BAFA) dorthin.
Hat sich W strafbar gemacht?

§ 18 Abs. 5 S. 1 Nr. 1 AWG

W könnte sich durch Versenden der Wärmetauscher nach Pakistan nach § 18 Abs. 5 S. 1 Nr. 1 AWG wegen **verbotener Ausfuhr** von Gütern strafbar gemacht haben.

986 *Ausfuhr* ist nach § 2 Abs. 3 AWG die Lieferung von Waren aus dem Inland in ein Drittland (Nr. 1) und die Übertragung von Software und Technologie aus dem Inland in ein Drittland einschließlich ihrer Bereitstellung auf elektronischem Weg für natürliche und juristische Personen in Drittländern (Nr. 2).
Durch die Lieferung der Wärmetauscher nach Pakistan hat W sie somit ausgeführt.

987 Bei den Wärmetauschern müsste es sich um Güter mit doppeltem Verwendungszweck (**Dual-Use-Güter**) handeln, d.h. solche Güter, die sowohl zivilen als auch militärischen Zwecken zugeführt werden können, Art. 2 Nr. 1 Verordnung (EU) 2021/821[2]. Die Ausfuhr bestimmter Dual-Use-Güter bedarf der Genehmigung nach Art. 3 Abs. 1 dieser Verordnung. Welche Güter das sind, regelt deren Anhang I.

---

[1] Näher dazu *Hoffmann*, in: W/J/S, 24. Kap. Rn. 2; *Mätzke*, NStZ 1999, 541.
[2] Vom 20.05.2021, ABl. L 206 vom 11.06.2021, 1.

Die von W verkauften Wärmetauscher gehören zu den in Anhang I Kategorie 2B350 lit. d Nr. 7 der Verordnung aufgeführten Gütern mit doppeltem Verwendungszweck. Die Ausfuhr bedurfte also einer Genehmigung, selbst wenn die Wärmetauscher tatsächlich nur für zivile Zwecke benutzt werden. W hätte für die Ausfuhr also eine solche Genehmigung benötigt. **988**

Ohne Genehmigung erfolgt die Ausfuhr, wenn die Lieferung bzw. Übertragung der Güter in das Empfängerland genehmigungspflichtig ist und eine Genehmigung nicht beantragt oder auf Antrag nicht erteilt worden ist[3]. § 18 Abs. 9 AWG stellt ausdrücklich klar, dass auch eine Ausfuhr aufgrund einer durch unrichtige oder unvollständige Angaben erschlichenen Genehmigung tatbestandsmäßig ist. **989**

Die ungenehmigte Ausfuhr von Dual-Use-Gütern erfüllt die objektiven Voraussetzungen des § 18 Abs. 5 S. 1 Nr. 1 AWG. Dem Sachverhalt lässt sich jedoch nicht entnehmen, dass W die Genehmigungspflichtigkeit kannte. Mangels Vorsatzes hat er sich deshalb nicht nach § 18 Abs. 5 S. 1 Nr. 1 AWG strafbar gemacht. **990**

W handelte aber objektiv und subjektiv fahrlässig, da er sich als Exporteur solcher Waren darüber hätte informieren können und müssen, dass die Ausfuhr der Genehmigung bedarf. Er hat deshalb eine Ordnungswidrigkeit nach § 19 Abs. 1 AWG begangen. **991**

Ergänzende Hinweise:

(1) § 18 AWG ist **kein Sonderdelikt**[4], sodass jedermann den Tatbestand als Täter verwirklichen kann, z.B. auch ein Beamter, der durch die Erteilung einer materiell fehlerhaften Genehmigung die Tat mit dem Exporteur gemeinschaftlich begeht[5]. **992**

(2) Die **Vergehenstatbestände** des § 18 Abs. 1a, 2, 3, 4, 5 AWG bedrohen die dort genannten Tathandlungen mit Freiheitsstrafe bis zu fünf Jahren oder Geldstrafe, die des § 18 Abs. 5a, 5b AWG mit Freiheitsstrafe bis zu einem Jahr oder Geldstrafe. **993**

(3) Die Qualifikationstatbestände des § 18 Abs. 7 AWG stufen bestimmte Verstöße zu **Verbrechen** mit einer Strafdrohung von Freiheitsstrafe nicht unter einem Jahr hoch, wenn der Täter in den Fällen der Absätze 1 oder 1a für den **Geheimdienst einer fremden Macht handelt**[6] (Nr. 1) oder sich die Tat auf die **Entwicklung, Herstellung, Wartung oder Lagerung von Flugkörpern für chemische, biologische oder Atomwaffen** bezieht (Nr. 3) sowie in den Fällen der Absätze 1, 1a und 2 bis 4 oder des Abs. 5 wenn der Täter **gewerbsmäßig oder als Mitglied einer Bande** handelt (Nr. 2). Bei gewerbs- **und** bandenmäßiger Begehung ist die Strafe gem. § 18 Abs. 8 AWG Freiheitsstrafe nicht unter zwei Jahren. **994**

(4) **Fahrlässige Verstöße** gegen § 18 Abs. 1-5a AWG sind in § 19 Abs. 1 AWG lediglich mit Bußgeld bedroht. **995**

---

[3] *Cornelius*, in: G/J/W, § 18 AWG Rn. 7
[4] BGH, NStZ 2016, 733, 735 Rn. 19 ff.; *Nestler*, in: E/R/S/T, § 18 AWG Rn. 4. **A.A.** *Wagner*, in: MüKo³, § 18 AWG Rn. 127.
[5] Vgl. BGH, NJW 1994, 670 ff. (zu § 326 StGB); *Ritthaler*, wistra 1989, 173, 175; *Trouet*, in: Festschrift für Krause, 1990, S. 407, 408.
[6] Dafür ist keine geheimdienstliche Tätigkeit erforderlich, sondern es genügt ein „schlichtes Handeln für den fremden Geheimdienst", ohne dass das Tun des Täters „zu einer funktionellen Eingliederung in die Ausforschungsbemühungen des Geheimdienstes führt", BGH, wistra 2021, 31, Rn. 25.

II. Embargoverstöße (§§ 17, 18 Abs. 1 AWG)

996 Verstöße gegen ein **Waffenembargo** sind gem. § 17 Abs. 1 AWG mit einer Freiheitsstrafe von einem Jahr bis zu zehn Jahren bedroht, stellen also Verbrechen dar. Qualifikationstatbestände enthalten § 17 Abs. 2 AWG (Handeln für den Geheimdienst einer fremden Macht, gewerbsmäßige oder bandenmäßige Begehung) und § 17 Abs. 3 AWG (gewerbs- und bandenmäßige Begehung). Der leichtfertige Verstoß gegen ein Waffenembargo ist nach § 17 Abs. 5 AWG strafbar.

997 § 17 Abs. 1 AWG setzt eine Zuwiderhandlung gegen eine Rechtsverordnung, die der Durchführung eines vom Sicherheitsrat der Vereinten Nationen nach Kapitel VII der Charta der Vereinten Nationen (Nr. 1) oder vom Rat der EU (Nr. 2) beschlossenen Waffenembargos (Teil I Abschnitt A der Ausfuhrliste zur Außenwirtschaftsverordnung betrifft Waffen, Munition und Rüstungsmaterial[7]) dient, voraus; die Strafbarkeit knüpft also an die Umsetzungsregelung in der deutschen Rechtsverordnung an, die allerdings einen Rückverweis auf § 17 Abs. 1 AWG enthalten muss.

998 Verstöße gegen **sonstige Embargos**, die durch einen unmittelbar geltenden europäischen Rechtsakt zur Durchführung einer vom Rat der EU im Bereich der Gemeinsamen Außen- und Sicherheitspolitik beschlossenen wirtschaftlichen Sanktionsmaßnahme verhängt wurden, sind nach § 18 Abs. 1 AWG als Vergehen strafbar. Die qualifizierenden Voraussetzungen des § 18 Abs. 7, 8 AWG, die mit Ausnahme der dort nicht enthaltenen Alternative des Umgangs mit Flugkörpern für ABC-Waffen (§ 18 Abs. 7 Nr. 3 AWG) den Tatbeständen des § 17 Abs. 2, 3 AWG (Rn. 996) entsprechen, stufen diese Embargoverstöße zu Verbrechen herauf.

999 § 18 Abs. 11, 12 AWG enthalten *persönliche Strafausschließungsgründe* für die dort genannten Handlungen, der der Tatsache Rechnung tragen, dass die Rechtsakte der EU mit der Veröffentlichung im Amtsblatt wirksam werden, den betroffenen Unternehmen und Kreditinstituten aber eine – kurze – Zeitspanne (zwei Tage) zur unverzüglichen internen Umsetzung der erforderlichen Maßnahmen zur Einhaltung der Vorschriften einzuräumen ist[8]. § 18 Abs. 13 AWG regelt die „tätige Reue" bei einem Verstoß gegen § 18 Abs. 5a AWG.

Fall 62: – *„Auftauen" eingefrorener Gelder* –

1000 Der deutsche Staatsbürger Michael Davids (D) hatte in einem Ausbildungscamp in Afghanistan Ahmad Jan Akhundzada Shukoor Akhundzada (A) kennengelernt. Im September 2022 nahm A Kontakt zu D auf und bat ihn, von einem geheimen Konto 10.000 € abzuheben und ihm (A) zu überbringen. D verschaffte sich das Geld und händigte es A an einem unbekannten Ort aus.

Hat sich D nach dem AWG strafbar gemacht?

§ 18 Abs. 1 Nr. 1c AWG

D hätte sich nach § 18 Abs. 1 Nr. 1c AWG strafbar gemacht, wenn er einem durch unmittelbar geltenden Rechtsakt der EU geregelten Verfügungsverbot über einge-

---

[7] BAnz vom 23.12.2022, 5 ff., https://www.buzer.de/docs/2022/BAnzAT23122022V1.pdf.
[8] BT-Drs. 17/11127, 28 f.; *Alexander/Winkelbauer*, ZWH 2013, 341, 344. Krit. zur kurzen Umsetzungsfrist *Oehmichen*, NZWiSt 2013, 339, 345.

frorene Gelder und wirtschaftlichen Ressourcen, das der Durchführung einer vom Rat der EU im Bereich der Gemeinsamen Außen- und Sicherheitspolitik beschlossenen wirtschaftlichen Sanktionsmaßnahme dient[9], zuwidergehandelt hat.

Art. 3 Abs. 2 der VO (EU) Nr. 753/2011 über restriktive Maßnahmen gegen bestimmte Personen, Gruppen, Unternehmen und Einrichtungen angesichts der Lage in Afghanistan[10] verbietet, den in Anhang I aufgeführten Personen, Gruppen, Unternehmen und Einrichtungen unmittelbar oder mittelbar Gelder oder wirtschaftliche Ressourcen zur Verfügung zu stellen oder zugutekommen zu lassen. A ist unter Nr. 19 des Anhangs I aufgeführt, gehört also zu den Personen, die den Beschränkungen unterworfen sind. D hat durch die Aushändigung der 10.000 € das Geld i.S.d. Art. 3 Abs. 2 der VO zur Verfügung gestellt, da dieses Merkmal alle Handlungen erfasst, die erforderlich sind, damit eine Person die Verfügungsbefugnis über einen Vermögenswert erlangen kann[11]. 1001

D hat somit dem Verfügungsverbot i.S.d. § 18 Abs. 1 Nr. 1b AWG – vorsätzlich, rechtswidrig und schuldhaft – zuwidergehandelt. Da die Tat gem. § 18 Abs. 10 AWG unabhängig vom Recht des Tatorts für Auslandstaten eines Deutschen gilt, ist es für die Anwendbarkeit des deutschen Strafrechts unerheblich, dass der Übergabeort unbekannt geblieben ist.

Ergänzender Hinweis:

Ein Embargoverstoß, der während der Geltung des Embargos begangen wurde, ist auch nach dessen Aufhebung noch straf- und verfolgbar, weil es sich um ein Zeitgesetz im Sinne des § 2 Abs. 4 StGB handelt[12]. 1002

III. Verbotener Umgang mit ABC-Waffen, Antipersonenminen, Streumunition und Kriegswaffen (§§ 19-20a, 22a KrWaffKontrG)

Nach Art. 26 Abs. 1 GG sind Handlungen, die geeignet sind und in der Absicht vorgenommen werden, das friedliche Zusammenleben der Völker zu stören, insbesondere die Führung eines Angriffskriegs vorzubereiten, verfassungswidrig und unter Strafe zu stellen. Art. 26 Abs. 2 GG bestimmt, dass zur Kriegsführung bestimmte Waffen nur mit Genehmigung der Bundesregierung hergestellt, befördert und in den Verkehr gebracht werden dürfen. Die Einzelheiten regelt das Gesetz über die Kontrolle von Kriegswaffen (KrWaffKontrG)[13], das im Verhältnis zum AWG ein Spezialgesetz für den Umgang mit zur Kriegsführung bestimmten Waffen ist[14]. Der Außenwirtschaftsverkehr mit Kriegswaffen unterliegt dennoch den Regelungen des AWG. Eine nach dem KrWaffKontrG erlassene Genehmigung ersetzt deshalb die nach dem Außenwirtschaftsrecht erforderliche nicht[15], es existiert aber ein vereinfachtes Genehmigungsverfahren (sog. Komplementärgenehmigung). 1003

---

[9] Eingehend dazu *Nestler*, NZWiSt 2015, 81 ff.
[10] Vom 01.08.2011, ABl. L 199 vom 02.08.2011, 1, in der konsolidierten Fassung vom 13.04.2022.
[11] EuGH, ABl. Nr. C 252, 12 (Rechtssache C-72/11).
[12] BGH, NStZ 2007, 644; OLG München, wistra 2007, 34; *Heine*, NStZ 2009, 428, 431 f.
[13] BGBl. I 1990, 2506, zuletzt geändert durch das Gesetz vom 13.04.2017 (BGBl. I 2017, 872).
[14] *Diemer*, in: E/K, A 217, Vorbem. AWG Rn. 13. **A.A.** *Beckemper*, in: HWSt, 4. Teil 4. Kap. Rn. 14 (Tateinheit); *Cornelius*, in: G/J/W, Vor §§ 17-20 Rn. 14.
[15] BGHSt 41, 348, 357; *Beckemper*, in: HWSt, 4. Teil 4. Kap. Rn. 14.

Siebter Abschnitt: Strafrecht der Wirtschaftslenkung

1004 **Kriegswaffen** sind nach § 1 Abs. 1 KrWaffKontrG zur Kriegsführung bestimmte Gegenstände, Stoffe und Organismen, die in der Anlage zu § 1 Abs. 1 KrWaffKontrG aufgeführt sind. Die Kriegswaffenliste enthält in Teil A Atomwaffen, biologische und chemische Waffen (ABC-Waffen) und in Teil B sonstige Kriegswaffen. Es genügt, dass der Gegenstand gattungsmäßig unter die Kriegswaffenliste fällt und dessen Funktionstüchtigkeit nicht dauernd und endgültig aufgehoben ist, sondern die Funktionsstörung mit geringem Aufwand und verhältnismäßig einfachen Mitteln von jedermann behoben werden kann[16].

Für **ABC-Waffen, Antipersonenminen** und **Streumunition** besteht ein **umfassendes Umgangsverbot**. §§ 17, 18, 18a KrWaffKontrG untersagen das Herstellen, Inverkehrbringen, Handeltreiben, Erwerben, Überlassen, Ein-, Aus- und Durchführen, Entwickeln sowie das Verleiten zu diesen Handlungen[17]. Sonstige Kriegswaffen[18] unterliegen dagegen einem Herstellungs-, Inverkehrbringungs-, Beförderungs- und Auslandsgeschäftsverbot mit Genehmigungsvorbehalt (§§ 2-4a, 6 KrWaffKontrG).

1005 § 19 KrWaffKontrG bedroht den verbotenen Umgang mit *Atomwaffen* mit Strafe. Der vorsätzliche Umgang sowie das Verleiten dazu und die Förderung des Umgangs sind Verbrechen (§ 12 Abs. 1 StGB); der Tatbestand des Förderns ist eine zur Täterschaft erhobene selbstständige Form der Beihilfe[19].

Der Qualifikationstatbestand des § 19 Abs. 2 KrWaffKontrG ist bei gewerbs- oder bandenmäßiger Begehung (Nr. 1) sowie bei einer Gefährdung der äußeren und inneren Sicherheit der Bundesrepublik Deutschland, des friedlichen Zusammenlebens der Völker oder einer erheblichen Gefährdung der auswärtigen Beziehungen der Bundesrepublik Deutschland[20] (Nr. 2) einschlägig.

§ 19 Abs. 4, 5 KrWaffKontrG enthält mehrere Tatbestände für fahrlässiges Verhalten und eine Vorsatz-/Fahrlässigkeitskombination.

1005a § 20 KrWaffKontrG regelt den strafbaren Umgang mit *biologischen und chemischen Waffen* in ähnlicher Weise wie § 19 KrWaffKontrG.

1006 Der Umgang mit *Antipersonenminen und Streumunition* ist nach § 20a KrWaffKontrG strafbar.

Antipersonenminen nach § 18a Abs. 2 S. 1 KrWaffKontrG i.V.m. Art. 2 des Übereinkommens über das Verbot des Einsatzes, der Lagerung, der Herstellung und der Weitergabe von Antipersonenminen und über deren Vernichtung[21] sind Minen, die dazu bestimmt sind, durch die Gegenwart, Nähe oder Berührung einer Person zur Explosion gebracht zu werden und eine oder mehrere Personen kampfunfähig zu machen, zu verletzen oder zu töten.

---

[16] BGH, NZWiSt 2020, 444, 445, mit Bespr. *Bock*.
[17] Zu den Tathandlungen ausführlich *Heinrich*, in: MüKo³, § 19 KWKG Rn. 6 ff.; *Pathe/Wagner*, in: Bieneck, § 44 Rn. 116 ff.
[18] Vgl. dazu die Beispiele bei *Alexander/Winkelbauer*, in: M-G, Kap. 73 Rn. 91.
[19] BGHSt 53, 238, 247.
[20] Dazu BGHSt 53, 238, 248 ff.
[21] BGBl. II 1998, 778.

Streumunition nach § 18a Abs. 2 S. 2 KrWaffKontrG i.V.m. Art. 2 Abs. 2 des Übereinkommens über Streumunition[22] ist konventionelle Munition, die dazu bestimmt ist, explosive Submunition mit jeweils weniger als 20 kg Gewicht zu verstreuen oder freizugeben, und schließt diese explosive Submunition ein.

§ 20a Abs. 2 KrWaffKontrG erhöht das Höchstmaß der Freiheitsstrafe für besonders schwere Fälle. Regelbeispiele sind gewerbsmäßiges Handeln (Nr. 1) und der Umgang mit einer großen Zahl von Antipersonenminen und Streumunition (Nr. 2).

§ 22a KrWaffKontrG stellt den **verbotenen Umgang mit Kriegswaffen ohne Genehmigung** unter Strafe.[23]

1007

§ 22b KrWaffKontrG enthält **Bußgeldtatbestände**, die eine Ahndung von *Zuwiderhandlungen gegen Auflagen, Rechtsverordnungen, Aufzeichnungs-, Meldungs- Mitteilungs- und Mitwirkungspflichten* ermöglichen.[24]

1008

---

[22] BGBl. II 2009, 504.
[23] Dazu *Beckemper*, in: HWSt, 4. Teil 4. Kap. Rn. 26 ff.
[24] Dazu *Beckemper*, in: HWSt, 4. Teil 4. Kap. Rn. 69 ff.

ACHTER ABSCHNITT:

Unternehmensstrafrecht

1009 Die Mehrzahl der Wirtschaftsstraftaten und -ordnungswidrigkeiten wird im Zusammenhang mit einer **Tätigkeit des Beschuldigten in einem Unternehmen** begangen. Bisweilen werden Unternehmen selbst Opfer der eigenen Mitarbeiter, zumeist – und diese Konstellationen stellen besondere Anforderungen an das Straf- und Bußgeldrecht – begeht der Täter das Delikt für das Unternehmen, das u.U. sogar Adressat des Tatbestandes ist, oder in dessen (wirtschaftlichem) Interesse. Vornehmlich zwei Umstände, die nicht nur im Wirtschaftsstrafrecht, typischerweise aber gerade dort auftreten, sind zu bewältigen:

1010 – Das bürgerliche und auch das öffentliche Recht erkennen die **Existenz des Unternehmens** nach Maßgabe der für die jeweilige Organisationsform geltenden gesellschaftsrechtlichen Regelungen an, die Straf- bzw. Ahndbarkeit setzt nach geltendem Recht und – noch – herrschendem deutschen Verständnis[1] dagegen ein **schuldhaftes bzw. vorwerfbares Handeln einer natürlichen Person** voraus. Ist das Unternehmen selbst Adressat des Straf- oder Bußgeldtatbestandes, so muss eine „Zurechnung" zu den für das Unternehmen handelnden natürlichen Personen ermöglicht werden, um ein Leerlaufen des Tatbestandes zu verhindern. Wurde die Tat im Interesse oder zugunsten des Unternehmens begangen oder wurde es dadurch gar bereichert, so kann es geboten erscheinen, bestimmte strafrechtliche Rechtsfolgen, z.B. solche zur Gewinnabschöpfung, unmittelbar gegen das Unternehmen zu verhängen.

1011 – In Unternehmen herrscht typischerweise **Arbeitsteilung**, sodass die strafrechtlich relevante Handlung häufig nicht von einem nach dem Gesellschaftsrecht für das Unternehmen Verantwortlichen, sondern von einer Person begangen wird, die in der „Unternehmenshierarchie" auf einer niedrigeren Stufe steht. Einen wirksamen Rechtsgüterschutz gewährleistet das Strafrecht in solchen Fällen nur, wenn auch die Unternehmensleitung für eigenes Fehlverhalten im Zusammenhang mit der Tat eines Mitarbeiters strafrechtlich zur Verantwortung gezogen werden kann.

§ 20 Strafrechtliche Verantwortlichkeit der Unternehmensleitung

I. Pflichtverletzung durch Aufsichtsgremien

Fall 63: – *Gewährung einer kompensationslosen Prämie („Mannesmann")* –

1012 Das britische Mobilfunkunternehmen Vodafone Airtouch plc (V) plante die „feindliche Übernahme" des deutschen Konkurrenten Mannesmann AG (M). Der Vorstand der M widersetzte sich dem zunächst, um die wirtschaftliche Selbstständigkeit des Unternehmens zu erhalten. Am Ende eines „harten Übernahmekampfes" einigten sich die Vertreter beider Unternehmen Anfang Februar 2000 schließlich aber doch auf eine einvernehmliche Lösung, nachdem der

---

[1] Eingehend dazu *Roxin/Greco*, AT I, § 8 Rn. 59 ff.

Vorstand der M verbesserte Bedingungen für den Umtausch der Aktien der M in solche der V erzielt hatte. Kurz nach der Entscheidung über die Einigung gewährte das Präsidium der M, und zwar der für die Vergütung des Vorstandes zuständige Ausschuss des Aufsichtsrates, darunter dessen Vorsitzender Dr. A, den Vorstandsmitgliedern der M „freiwillige Anerkennungsprämien" für ihre Tätigkeit im Zusammenhang mit den Übernahmeverhandlungen. Allein dem Vorstandsvorsitzenden Dr. E wurden – auf Vorschlag eines Großaktionärs und mit Zustimmung der Geschäftsleitung der V, die zu diesem Zeitpunkt 9,8 % der Aktien der M hielt – 16 Mio. € zuerkannt. Dr. A war bei der Beschlussfassung bekannt, dass Dr. E wenige Monate später das Unternehmen verlassen würde. Bis Ende März 2000 tauschten die Aktionäre der M 98,66 % des Grundkapitals der M in Aktien der V um.

Hat sich Dr. A dadurch strafbar gemacht?

§ 266 Abs. 1, 1. Alt. StGB
Durch die Beteiligung an dem Beschluss über die Zubilligung der freiwilligen Anerkennungsprämie könnte Dr. A eine Untreue in der Missbrauchsalternative begangen haben.

Die Mitglieder des Aufsichtsrates einer AG sind taugliche Täter des § 266 StGB, da sie eine **Pflicht zur Wahrnehmung der Vermögensinteressen der AG** jedenfalls im Zusammenhang mit Entscheidungen zur Vergütung des Vorstandes der AG haben (§§ 84 Abs. 1, 87 Abs. 1, 2, 107 Abs. 3 S. 7, 112, 116 S. 1 AktG)[2].

§ 87 AktG regelt die Grundsätze für die Vorstandsvergütung erheblich detaillierter als die zum Tatzeitpunkt geltende Vorgängervorschrift[3]. § 107 Abs. 3 S. 7 AktG schreibt vor, dass nur das Aufsichtsratsplenum, also kein Ausschuss, die Gesamtvergütung der einzelnen Vorstandsmitglieder festsetzen darf. Im Fall einer unangemessenen Vorstandsvergütung verpflichtet § 116 S. 3 AktG die Aufsichtsratsmitglieder zum Schadensersatz. Nach Maßgabe des § 120a AktG beschließt heute die Hauptversammlung einer börsennotierten AG über die Billigung des Systems zur Vergütung der Vorstandsmitglieder; der zum Zeitpunkt der Entscheidung unseres Falles geltende § 120 Abs. 4 AktG *a.F.* schrieb dies nicht zwingend vor.

Aus diesen Vorschriften resultiert auch die Befugnis, die AG durch Vergütungsvereinbarungen mit dem Vorstand zu verpflichten. Fraglich ist, ob Dr. A diese Befugnis missbraucht hat, die M also im „Außenverhältnis" zu Dr. E zwar wirksam zur Zahlung der Vergütung verpflichtet wurde, die Beschlussfassung aber die Grenzen dieser Befugnis im Innenverhältnis zur AG überschritt. Das LG Düsseldorf folgerte aus der – angenommenen – aktienrechtlichen Pflichtverletzung offensichtlich, dass die Zuerkennung der „Anerkennungsprämie" nicht rechtswirksam war, denn das Gericht nahm, allerdings ohne ausdrückliche Stellungnahme, den Treubruchstatbestand des § 266 Abs. 1, 2. Alt. StGB an, obwohl der Beschluss des Präsidiums formell wirksam gewesen sei[4]. Der BGH ließ offen, welche der beiden Tatbestandsvarianten einschlägig sei[5]. Anwendbar ist die Missbrauchsalternative, da die Gewährung einer

---

[2] BGHSt 50, 331, 335 f.; LG Düsseldorf, NJW 2004, 3275; *Hiéramente*, NZWiSt 2014, 291 f.; *Krause*, NStZ 2011, 57, 61 ff.
[3] Näher *Knapp*, DStR 2010, 56 ff.; *Peltzer*, NZG 2009, 1041, 1044 f.
[4] LG Düsseldorf, NJW 2004, 3275 f.
[5] BGHSt 50, 331, 341 f.

unangemessenen Vergütung durch den Aufsichtsrat unter Verstoß gegen § 87 Abs. 1 AktG nicht ohne weiteres die Unwirksamkeit der Vereinbarung zur Folge hat[6].

1015 Für das Ergebnis ist die Einordnung im Übrigen nicht maßgeblich. Wäre die Vereinbarung der „Anerkennungsprämie" aktienrechtlich unzulässig gewesen, so hätte Dr. A dadurch die Grenzen seiner Befugnisse im Innenverhältnis zur AG überschritten, aber auch seine Treuepflicht ihr gegenüber verletzt. Ob eine sog. „kompensationslose Anerkennungsprämie", d.h. eine Sonderzahlung, die der Gesellschaft keinen zukunftsbezogenen Nutzen bringen kann, z.B. weil die begünstigten Vorstandsmitglieder demnächst ausscheiden und die Prämie deshalb keine Anreizwirkung für die zukünftige Erbringung außergewöhnlicher Leistungen haben kann, zulässig ist, diskutierte die Literatur zu § 87 Abs. 1 S. 1 AktG *a.F.* kontrovers. Ein Teil der aktienrechtlichen Literatur verstand die Vorschrift wörtlich und beurteilte die Zulässigkeit – unabhängig von der Vorteilhaftigkeit für die AG – nur danach, ob die Vergütung in einem angemessenen Verhältnis zu den Aufgaben des Vorstandsmitgliedes und zur Lage der Gesellschaft steht[7]. Träfe diese Sicht zu, so wäre die Unzulässigkeit der Vereinbarung jedenfalls zweifelhaft. Die wirtschaftlichen Verhältnisse der M standen der Zahlung einer Anerkennungsprämie selbst in dieser erheblichen Höhe wohl nicht entgegen, da der Börsenwert der M im Zeitpunkt der Beschlussfassung etwa 180 Milliarden € betrug. Ob die Prämie in einem angemessenen Verhältnis zu den Aufgaben des Dr. E stand, ist schwer zu beurteilen[8], weil dafür keine gesicherten Maßstäbe bestehen[9]. Der BGH[10] schloss sich jedoch der strengeren Gegenauffassung[11] an, nach der die Gewährung einer kompensationslosen Anerkennungsprämie durch den Aufsichtsrat grundsätzlich unzulässig ist. Erforderlich sei die Zustimmung entweder des Alleinaktionärs oder der Gesamtheit der Aktionäre[12] durch einen Beschluss der Hauptversammlung über die Verwendung des Bilanzgewinns. Da die V im Zeitpunkt der Gewährung der Anerkennungsprämie durch den Aufsichtsrat erst 9,8 % der Aktien der M hielt, sei die Zustimmung der Geschäftsleitung der V irrelevant gewesen. Dr. A habe somit pflichtwidrig gehandelt. Den Freispruch des LG Düsseldorf, den die Strafkammer auf die Annahme gestützt hatte, die Pflichtverletzung sei nicht gravierend gewesen[13], hob der BGH mit der Begründung auf, § 266 StGB verlange keine gravierende Pflichtverletzung[14], jedenfalls hätten die in BGHSt 47, 148 und 187 genannten Voraussetzungen nicht vorgelegen.

1016 Die Sicht des BGH zu § 87 Abs. 1 S. 1 AktG *a.F.* erscheint zweifelhaft, selbst wenn man die strenge Auslegung der Vorschrift teilt, weil der Senat eine sehr formale

---

[6] *Körner*, NJW 2004, 2697, 2699.
[7] *Fonk*, NZG 2005, 248 ff.; *Hoffmann-Becking*, ZHR 169 (2005), 155, 161 ff.; *Kort*, NJW 2005, 333 ff.; *Liebers/Hoefs*, ZIP 2004, 97 ff.
[8] *Götz*, NJW 2007, 419, 421, betrachtet die „Sonderzahlung" als unangemessen hoch.
[9] Vgl. *Körner*, NJW 2004, 2697, 2698 f.
[10] BGHSt 50, 331, 337 ff.; krit. dazu *Hoffmann*, Untreue und Unternehmensinteresse, 2010, S. 269 ff.
[11] *Fastrich*, in: Heldrich-FS, S. 143, 157 ff.; *Rönnau/Hohn*, NStZ 2004, 113, 120 f.
[12] Zur Relevanz der Zustimmung aller Aktionäre für die Untreuestrafbarkeit näher *Brand*, AG 2007, 681 ff.
[13] LG Düsseldorf, NJW 2004, 3275, 3281 ff., unter Berufung auf BGHSt 47, 148 und 187.
[14] Ablehnend auch *Ransiek*, NJW 2006, 814.

Betrachtung vornimmt, welche die Besonderheiten des konkreten Falles außer Acht lässt. Im Zeitpunkt der Beschlussfassung des Aufsichtsrats besaß die V zwar erst einen Aktienanteil von 9,8 %, die Übernahme der Aktienmehrheit und ein „Squeeze-Out" der Minderheitsaktionäre gem. § 327a AktG (siehe dazu *Fälle zum Wirtschaftsstrafrecht* Rn. 332 ff.) stand aber unmittelbar bevor. In dieser Situation die Gewährung der Sonderzahlung von der Zustimmung der „Altaktionäre" ohne Berücksichtigung des Willens des zukünftigen Mehrheitsaktionärs abhängig zu machen, überzeugt nicht[15], zumal der Wert der Aktien durch die Zuwendung nicht gemindert wurde – die Abfindungen an alle Vorstandsmitglieder betrugen insgesamt lediglich etwa ein Drittel Promille des Börsenwertes der Aktien der M – und die V im Zeitpunkt der Auszahlung der Anerkennungsprämie bereits 98,66 % der Aktien der M hielt. Auf das Fehlen eines ordnungsgemäßen Beschlusses der Hauptversammlung kommt es für die Untreuestrafbarkeit im Übrigen nicht an, wenn die Zuwendung materiell ordnungsgemäß ist[16].

Nach zutreffender Auffassung scheidet eine Strafbarkeit des Dr. A wegen Untreue deshalb jedenfalls auf der Grundlage des im Tatzeitpunkt geltenden § 87 Abs. 1 S. 1 AktG *a.F.* aus. Nach § 87 Abs. 1 S. 2 AktG *n.F.*, der bei börsennotierten Gesellschaften die Ausrichtung der Vergütungsstruktur auf eine „nachhaltige und langfristige Entwicklung der Gesellschaft" vorschreibt, würde im Übrigen nichts anderes gelten. Die Orientierung der Vorstandsvergütung an der nachhaltigen Unternehmensentwicklung will fehlkonzipierte Regelungen, die den Vorstand zur Eingehung unverhältnismäßiger Risiken, die lediglich die kurzfristige Erhöhung der Vorstandsvergütung bewirken, jedoch nicht im langfristigen Unternehmensinteresse liegen, verhindern[17]. Zwar fehlte der Zuwendung in casu diese Nachhaltigkeit, ihren Zweck, den Vorstand von riskanten Geschäftspraktiken, die dieser zur Steigerung der „Boni" einsetzen könnte, abzuhalten, hätte die Regelung aber nicht erreichen können. Der zukünftige Mehrheitsaktionär hatte nämlich bereits die Aufspaltung der M beschlossen, sodass die Aktien der AG ohnehin nach kurzer Zeit nicht mehr an der Börse gehandelt wurden, und mit Dr. E das Ausscheiden aus dem Unternehmen vereinbart[18].

Ergänzende Hinweise:

(1) Nach Auffassung des BGH genügt für den **Vorsatz**, dass den Aufsichtsratsmitgliedern die „Nutzlosigkeit" der Anerkennungsprämie bewusst war; die irrige Annahme zur Bewilligung berechtigt gewesen zu sein, sei deshalb ein Verbotsirrtum[19]. Dem wird jedoch zu Recht entgegengehalten, dass der Untreuevorsatz die Kenntnis voraussetzt, die Befugnisse im Innenverhältnis zu überschreiten[20]. Es genügt zwar

1017

---

[15] *Krause*, StV 2006, 307, 310 f.; *Ransiek*, NJW 2006, 814, 815 f. **A.A.** *Hoffmann*, Untreue und Unternehmensinteresse, 2010, S. 60 ff.
[16] *Ransiek*, NJW 2006, 814, 816.
[17] *Fleischer*, NZG 2009, 801, 802 f.; *Hohenstatt/Kuhnke*, ZIP 2009, 1981, 1982 f.; *Thüsing*, AG 2009, 517, 519 f., zu der Vorgängervorschrift in § 87 Abs. 1 S. 2 AktG.
[18] Zur eingeschränkten Anwendbarkeit des § 87 AktG in einem solchen Fall *siehe Nießen/Stöwe*, DB 2010, 885, 887 f.
[19] BGH, NJW 2006, 522, 531, insoweit nicht abgedruckt in BGHSt 50, 331.
[20] *Ransiek*, NJW 2006, 814, 816 f.

dolus eventualis hinsichtlich des normativen Tatbestandsmerkmals des Missbrauchs, die Aufsichtsratsmitglieder müssen eine Verletzung ihrer Befugnisse aber zumindest für möglich halten.

1018 **(2)** Die **Annahme der Sonderzahlungen durch die Vorstandsmitglieder** wäre – die Strafbarkeit der Aufsichtsratsmitglieder entgegen der hier vertretenen Meinung unterstellt – nicht als täterschaftliche Untreue, sondern als **Beihilfe** strafbar[21]. Zwar hat der Vorstand einer AG grundsätzlich die Pflicht, deren Vermögensinteressen wahrzunehmen. Entscheidungen zur Vergütung der Vorstandsmitglieder stehen aber in der ausschließlichen Zuständigkeit des Aufsichtsrats, sodass der Vorstand insoweit keine Vermögensbetreuungspflicht besitzt und damit eine täterschaftliche Untreue ausscheidet.

1019 **(3)** Eine – durch § 266 StGB strafbewehrte – Vermögensbetreuungspflicht trifft den Aufsichtsrat auch in anderen Fällen, in denen das Gesetz ihm originäre Entscheidungskompetenzen zuweist, z.B. bei Bestellung und Abberufung des Vorstands (§§ 84, 112 AktG) sowie Kreditgewährung an (§§ 89 Abs. 1, 112 AktG) und Geltendmachung von Schadensersatzansprüchen gegen Vorstandsmitglieder (§ 111 Abs. 1, 112 AktG)[22]. In eigenen Vergütungsangelegenheiten hat ein Aufsichtsratsmitglied jedenfalls dann eine Vermögensbetreuungspflicht gegenüber der AG, wenn es Sitzungsgelder unter Verstoß gegen die Aufsichtsratssatzung abrechnet[23].

II. Organ- und Vertreterhaftung (§ 14 StGB, § 9 OWiG)

Fall 64: – *„Strafbarkeitsoase" GmbH & Co. KG?* –

1020 Die Zadex-GmbH & Co. KG (Z) stellt Autozubehör her. Persönlich haftender Gesellschafter der KG (Komplementär) ist die Zadex-GmbH. Vor einigen Wochen war Hans Grothe (G) als Geschäftsführer der GmbH in das Handelsregister eingetragen worden. Um seine Geschäftstüchtigkeit zu beweisen, wollte G die Produktion der Z erheblich ausweiten und gab deshalb eine große Bestellung bei dem Hauptlieferanten der Z auf. Dieser bestand jedoch darauf, dass die Z den Rechnungsbetrag vorab zahle, weil es in der Vergangenheit des Öfteren zu Zahlungsverzögerungen gekommen war. G verwendete das Bankguthaben der Z zur Begleichung der Rechnung, obwohl ihm bewusst war, dass die Z dadurch nicht in der Lage war, die Sozialversicherungsbeiträge für ihre 27 Arbeitnehmer abzuführen. Die Einzugsstelle erhielt deshalb die Sozialversicherungsbeiträge am Fälligkeitstag nicht.

Ist G wegen Vorenthaltens von Arbeitsentgelt nach § 266a Abs. 1 StGB strafbar?

a) Objektiver Tatbestand

§ 266a Abs. 1 StGB ist ein **Sonderdelikt**, das an sich nur der **Arbeitgeber als Täter** begehen kann (Rn. 916). Die privatrechtlichen Vertragsbeziehungen bestehen zwischen der Z und ihren Mitarbeitern, sodass die KG Arbeitgeber ist, und auch der sozialversicherungsrechtliche Anspruch auf Zahlung der Arbeitnehmerbeiträge besteht – soweit nicht bestimmte Ausnahmen vorliegen – gem. § 28e Abs. 1 S. 1

---

[21] BGH, NJW 2006, 522, 530 f., ebenfalls nicht abgedruckt in BGHSt 50, 331; zust. *Ransiek*, NJW 2006, 814, 816.
[22] Näher dazu *Krause*, NStZ 2011, 57, 61 ff.
[23] OLG Braunschweig, NJW 2012, 3798, 3800; *Hiéramente*, NZWiSt 2014, 291, 295 f.

SGB IV gegen den Arbeitgeber[24], hier also die KG. Diese scheidet jedoch als Täterin des § 266a Abs. 1 StGB aus, da die Gesellschaft im strafrechtlichen Sinn nicht schuldhaft handeln kann. G ist als Geschäftsführer der GmbH & Co. KG nicht Arbeitgeber, selbst wenn er für die KG die Arbeitsverträge mit den Arbeitnehmern abgeschlossen hatte. Er wäre dennoch nach § 266a Abs. 1 StGB strafbar, wenn die Arbeitgebereigenschaft ein besonderes persönliches Merkmal ist, das nach Maßgabe des § 14 StGB auf ihn „überwälzt" wird.

– § 9 OWiG enthält eine mit § 14 StGB übereinstimmende Regelung für das Ordnungswidrigkeitenrecht. –

1021 „Besondere persönliche Eigenschaften, Verhältnisse oder Umstände" im Sinne des § 14 StGB sind die mit der Person als solcher verbundenen Merkmale geistiger, körperlicher oder rechtlicher Art[25]. Es muss sich – dem Zweck des § 14 StGB entsprechend – allerdings um Merkmale handeln, die auf einen anderen übertragen werden können bzw. eine Vertretung zulassen. Auf subjektiv-täterschaftliche Voraussetzungen, z.B. Motive und Absichten, ist § 14 StGB deshalb nach zutreffender Auffassung ebenso wenig anwendbar wie auf objektiv-täterschaftliche Merkmale höchstpersönlicher Art wie die Beamteneigenschaft bei Amtsdelikten[26]. Die im Wirtschaftsstrafrecht vornehmlich anzutreffenden objektiv-täterschaftlichen Merkmale, die eine bestimmte **soziale Beziehung des Täters zu anderen Personen, Institutionen oder Sachen** beschreiben, sind dagegen unstreitig besondere persönliche Verhältnisse nach § 14 StGB[27]. Dazu gehören *Sonderpflichten*, die bestimmten Personen oder Personengruppen, auch juristischen Personen oder Personengesellschaften (z.B. Unternehmen, Arbeitgebern, Herstellern, Veranstaltern oder Anlagenbetreibern[28]) auferlegt sind, *besondere Beziehungen* einer Person oder Personengruppe zu dem geschützten Rechtsgut (z.B. Schuldner zu sein) und *Täterbeschreibungen*, die auch Personen oder Personengruppen einschließen, für die ein Organ, Vertreter oder Beauftragter handeln kann[29].

1022 Die **Arbeitgebereigenschaft** der KG stellt danach ein besonderes persönliches Merkmal i.S.d. § 14 Abs. 1 StGB dar[30], das nach Maßgabe dieser Vorschrift auf die dort genannten Organe und Vertreter überwälzt werden kann, wenn es zwar nicht bei dem Vertreter, aber bei dem Vertretenen vorliegt. Die Kommanditgesellschaft ist eine rechtsfähige Personengesellschaft, sodass § 14 Abs. 1 Nr. 2 StGB die Überwälzung der Arbeitgebereigenschaft auf den vertretungsberechtigten Gesellschafter ermöglicht. Da §§ 164, 170 HGB die Kommanditisten von der Geschäftsführung

---

[24] BGH (Z), NJW 2002, 1123, 1125.
[25] Kindhäuser/Hilgendorf, LPK, § 14 StGB Rn. 13; *Perron/Eisele*, in: Sch/Sch, § 14 StGB Rn. 9.
[26] Näher dazu *Perron/Eisele*, in: Sch/Sch, § 14 StGB Rn. 8.
[27] *Achenbach*, in: HWSt, 1. Teil 3. Kap. Rn. 7; *Bosch*, in: S/S/W, § 14 StGB Rn. 4 f.; *Wittig*, § 6 Rn. 81.
[28] Instruktiv zum Sonderdeliktscharakter der sog. Betreiberdelikte des Umweltstrafrechts *Rengier*, in: Festschrift für Kohlmann, 2003, S. 225 ff.
[29] *Böse/Bülte*, in: NK, § 14 StGB Rn. 13; *Heger*, in: L/K/H, § 14 StGB Rn. 13 ff.; *Radtke*, in: MüKo^4, § 14 StGB Rn. 56. Ebenso zu § 9 OWiG *Mitsch*, Recht der Ordnungswidrigkeiten, 2. Aufl. 2005, II § 3 Rn. 35; *Rogall*, in: KK-OWiG, § 9 Rn. 29.
[30] *Bosch*, in: S/S/W, § 14 StGB Rn. 5; *Hellmann*, JZ 1997, 1005; *Mitsch*, BT 2, S. 463; *Wittig*, § 6 Rn. 81.

und Vertretung der KG ausschließen, ist nur der persönlich haftende Gesellschafter zur Vertretung befugt. Dies ist in hier die Zadex-GmbH, die aber ebenfalls keine natürliche Person ist und deshalb als Täter des § 266a Abs. 1 StGB ausscheidet.
Rechtsfähige Personengesellschaften im Sinne des § 14 Abs. 1 Nr. 2 StGB sind – neben der KG – die **OHG**, die **Partnerschaftsgesellschaft** nach dem PartGG[31] und die **am Rechtsverkehr teilnehmende GbR**[32], bei denen – vorbehaltlich abweichender Regelungen in den Gesellschaftsverträgen – grundsätzlich alle Gesellschafter bzw. Partner vertretungsberechtigt sind (vgl. § 125 HGB für die OHG, § 7 Abs. 3 PartGG für die Partnerschaftsgesellschaft; § 714 BGB für die GbR), sowie die „**Europäische Wirtschaftliche Interessenvereinigung**" (EWIV), bei der auch Nichtgesellschafter zu vertretungsberechtigten Geschäftsführern bestellt werden können (Art. 19 EWIV-VO). Nicht erfasst sind dagegen die nicht am Rechtsverkehr teilnehmende GbR[33] sowie der nicht rechtsfähige Verein und nach zutreffender Auffassung auch nicht die Vor-GmbH, da diese ein Organisationsgebilde sui generis ist[34].

1023 Die GmbH & Co. KG stellt jedoch keine „Strafbarkeitsoase" dar, da § 14 Abs. 1 Nr. 1 StGB die – weitere – „Überwälzung" der Arbeitgebereigenschaft auf den Geschäftsführer der Komplementär-GmbH ermöglicht[35], sodass G Täter des § 266a StGB sein kann.
Juristische Personen sind Organisationen mit eigener Rechtspersönlichkeit nach *bürgerlichem* Recht, und zwar die GmbH, die Aktiengesellschaft, die Europäische Gesellschaft (Societas Europaea, SE), die Genossenschaft, die Europäische Genossenschaft (Societas Cooperativa Europaea, SCE), der rechtsfähige Verein, die rechtsfähige Stiftung, und nach *öffentlichem* Recht, nämlich die Körperschaft, die selbstständige Anstalt und die selbstständige Stiftung. § 14 Abs. 1 Nr. 1 StGB überwälzt besondere persönliche Merkmale auf die Organe und Organmitglieder der juristischen Person, also auf den oder die Geschäftsführer der GmbH (§ 35 GmbHG) bzw. den Vorstand oder die Vorstandsmitglieder der AG (§§ 76, 85 AktG), der Genossenschaft (§ 24 GenG), des rechtsfähigen Vereins (§§ 26, 29 BGB), der rechtsfähigen Stiftung (§ 86 BGB) und der juristischen Person des öffentlichen Rechts sowie die geschäftsführenden Direktoren der SE (§ 41 SEAG) und der SCE (§ 23 SCEAG).
§ 14 Abs. 1 Nr. 1 StGB gilt auch für die Organe juristischer Personen, die in einem **EU-Mitgliedstaat** gegründet worden und in Deutschland durch eine eingetragene Zweigniederlassung wirtschaftlich tätig sind, da nach der Rechtsprechung des EuGH[36] der Status der Gesellschaft nach dem Recht des Gründungsstaates in dem

---

[31] *Fischer*, § 14 StGB Rn. 3; *Kindhäuser/Hilgendorf*, LPK, § 14 StGB Rn. 26; *Perron/Eisele*, in: Sch/Sch, § 14 StGB Rn. 22; *Rogall*, in: KK-OWiG, § 9 Rn. 51.
[32] *Fischer*, § 14 StGB Rn. 3; *Heger*, in: L/K/H, § 14 StGB Rn. 2; *Perron/Eisele*, in: Sch/Sch, § 14 StGB Rn. 22. Zur Rechtsfähigkeit der (Außen-)GbR siehe BGHZ 146, 341 ff.
[33] BGH, NStZ-RR 2019, 184, 185.
[34] Eingehend dazu *Hentschke*, S. 64 ff.; ebenso *Radtke*, in: MüKo⁴, § 14 StGB Rn. 85.
[35] Allg. Meinung: BGHSt 28, 371, 372; BGH, wistra 1984, 71; *Richter*, in: M-G, Kap. 81 Rn. 38; *Wittig*, § 6 Rn. 90. Zu § 9 OWiG: *Lemke/Mosbacher*, § 9 OWiG Rn. 10; *Rogall*, in: KK-OWiG, § 9 Rn. 53.
[36] EuGH Slg. 1999, I-1459 „Centros"; EuGH Slg. 2002 I-9919 „Überseering"; EuGH Slg. 2003 I-10155 „Inspire Art".

„Zuzugsstaat" anwendbar ist. Deshalb wurde die Überwälzung eines besonderen persönlichen Merkmals nach Maßgabe des § 14 Abs. 1 Nr. 1 StGB z.B. auch auf den Director einer in England gegründeten Ltd. (private limited company by shares) befürwortet, da er nach englischem Recht zwar Beauftragter der Gesellschaft ist, in seiner Funktion aber einem Organ gleichstehe[37]. Nach dem Austritt Großbritanniens aus der EU dürfte sich diese Frage für eine englische Ltd. nicht mehr stellen. Sie ist aber z.B. für eine in Irland gegründete Ltd. mit einer deutschen Zweigniederlassung nach wie vor aktuell. Die Vereinbarkeit dieser Sicht mit dem Analogieverbot des Art. 103 Abs. 2 GG ist im Übrigen zweifelhaft, der Director ist aber jedenfalls mit der Unternehmensleitung beauftragt, sodass § 14 Abs. 2 S. 1 Nr. 1 StGB eingreift (siehe dazu *Fälle zum Wirtschaftsstrafrecht* Rn. 446).

Das gilt für eine – durch eine internationalrechtliche Bestimmung oder supranationale vertragliche Vereinbarung – „privilegierte" Drittstaatsgesellschaft, d.h. eine Gesellschaft aus dem „EU-Ausland", die durch eine Zweigniederlassung den Mittelpunkt ihrer hauptsächlichen Interessen in Deutschland hat (siehe auch Rn. 361), entsprechend. Sind ihre Leitungspersonen Organe i.S.d. § 14 Abs. 1 Nr. 1 StGB, so erfolgt die Überwälzung besonderer persönlicher Merkmale nach dieser Vorschrift, ansonsten nach § 14 Abs. 2 Nr. 1 StGB[38].

G müsste jedoch **„als"** Geschäftsführer der GmbH gehandelt haben. Dies ist nach h.M. der Fall, wenn der Gesellschaft sein Handeln oder – wegen der Übernahme der Pflicht – sein Unterlassen *zurechenbar* ist, nach den Gegenauffassungen, wenn das Organ – bzw. der Vertreter – *wenigstens auch im Interesse des Vertretenen* tätig geworden ist bzw. wenn die Tathandlung in einem *funktionellen Zusammenhang* mit der Sonderstellung des Täters steht (ausführlich dazu Rn. 366 ff.). In casu gelangen alle Auffassungen zu einem Handeln des G als Organ der GmbH, da das Vorenthalten der Arbeitnehmerbeiträge zur Sozialversicherung durch Nichtabführen der Beiträge an die Einzugsstelle bei Fälligkeit der KG zurechenbar war, es in deren Interesse der KG erfolgte und im Zusammenhang mit der Geschäftsführung des G stand. Damit ist der objektive Tatbestand erfüllt. 1024

b) Subjektiver Tatbestand, Rechtswidrigkeit und Schuld

G handelte vorsätzlich, rechtswidrig und schuldhaft, sodass er sich wegen Vorenthaltens von Arbeitsentgelt nach § 266a Abs. 1 StGB strafbar gemacht hat. 1025

Zivilrechtlicher Exkurs:

Da § 266a Abs. 1 StGB ein *Schutzgesetz im Sinne des § 823 Abs. 2 BGB zugunsten der Sozialversicherungsträger* ist und die Verschiebung der strafrechtlichen Verantwortlichkeit von der juristischen Person bzw. der rechtsfähigen Personengesellschaft zu der natürlichen Person durch § 14 StGB in das Haftungsrecht übertragen wird[39], können die Sozialversicherungsträger den Vertreter in Höhe der vorenthaltenen Arbeitnehmerbeiträge, also nicht auch hinsichtlich des Arbeitgeberanteils, der durch § 266a Abs. 1 StGB nicht geschützt wird, in Anspruch nehmen (Rn. 915 ff.). 1026

---

[37] *Rönnau*, ZGR 2005, 832, 842 f.
[38] Zu in Russland gegründeten Gesellschaften siehe *Golovnenkov*, S. 154 ff.
[39] Z.B. BGHZ 133, 370, 375; BGH (Z), JZ 1997, 1002 ff., mit Anm. *Hellmann*; BGH (Z), NJW 2002, 1122 f.; NJW 2002, 1123 ff.; NJW 2009, 295 f.

Fall 65: *– Faktischer Geschäftsführer –*

1027 Abwandlung von Fall 64. Nicht der eingetragene Geschäftsführer G der Zadex-GmbH enthält die Sozialversicherungsbeiträge der Arbeitnehmer der Zadex-GmbH & Co. KG den Einzugsstellen vor, sondern Walter Fock (F), der Leiter der Entwicklungsabteilung. G hatte ihn mit der Führung der Geschäfte der Z beauftragt, weil er – G – wegen einer schweren Erkrankung für mehrere Monate ins Krankenhaus musste. Während der Abwesenheit des G wollte F seine Geschäftstüchtigkeit durch die Ausweitung der Produktion der Z unter Beweis stellen und verwendete deshalb ohne Wissen des G die Mittel der Gesellschaft zur Begleichung der Rechnung statt zur Zahlung der Sozialversicherungsbeiträge.

Ist F nach § 266a Abs. 1 StGB strafbar?

Wie in Fall 64 wird die Arbeitgebereigenschaft der KG auf die Komplementär-GmbH nach § 14 Abs. 1 Nr. 2 StGB überwälzt. Fraglich ist, ob § 14 Abs. 1 Nr. 1 StGB die erneute Überwälzung dieses besonderen persönlichen Merkmals auf F ermöglicht. Das wäre nur dann der Fall, wenn diese Regelung auch den faktischen Geschäftsführer erfasst. Die wohl h.M.[40] bejaht dies, die Gegenmeinung[41] lehnt die Anwendbarkeit des § 14 Abs. 1 StGB auf faktische Organe und Vertreter – außerhalb des Regelungsbereichs des § 14 Abs. 3 StGB – jedoch ab.

Stellungnahme

1028 Die h.M. beruft sich auf § 14 Abs. 3 StGB, nach dem ein besonderes persönliches Merkmal auch dann nach Maßgabe des § 14 Abs. 1, 2 StGB auf den Vertreter überwälzt wird, wenn die Rechtshandlung, welche die Vertretungsbefugnis oder das Auftragsverhältnis begründen sollte, unwirksam ist. Daraus folge eine „faktische Betrachtungsweise", zumal diese auch im Gesellschaftsrecht gelte. Beide Argumente verfangen jedoch nicht. § 14 Abs. 3 StGB belegt gerade, dass die in § 14 Abs. 1 StGB verwendeten Begriffe „vertretungsberechtigtes Organ", „vertretungsberechtigter Gesellschafter" und „gesetzlicher Vertreter" nur die Personen umfassen, die mit rechtlicher Wirksamkeit in die entsprechende Rechts- und Pflichtenstellung eingerückt sind, denn sonst bedürfte es der ausdehnenden Regelung gar nicht. Aus § 14 Abs. 3 StGB ergibt sich die behauptete generelle faktische Betrachtungsweise nicht, weil die Anwendbarkeit des § 14 Abs. 1, 2 StGB auf Personen, die keine Organe, Vertreter oder Beauftragte sind, lediglich für den Fall angeordnet wird, dass die auf die Bestellung gerichtete Rechtshandlung unwirksam ist, z.B. wegen Nichtbeachtung einer Formvorschrift oder Geschäftsunfähigkeit des Vertretenen[42]. Erforderlich ist aber die Vornahme der auf eine wirksame Bestellung gerichteten Rechtshandlung. Die Ausdehnung auf „faktische Organe" oder „faktische Vertreter", ohne dass die zur Bestellung vorgesehene – lediglich unwirksame – Rechtshandlung vorgenommen wurde, überschreitet die Wortlautgrenze und verstößt deshalb als strafbar-

---

[40] BGH bei Holtz, MDR 1980, 453; OLG Naumburg, NZV 1998, 41 (zu § 9 Abs. 1 Nr. 1 OWiG); zur Entwicklung der Rechtsprechung *Mayr*, ZJS 2018, 212 ff.; *Schünemann*, in: LK[13], § 14 StGB Rn. 74 f. Ebenso zu § 9 OWiG: *Lemke/Mosbacher*, § 9 OWiG Rn. 34 f.; diff. *Rogall*, in: KK-OWiG, § 9 Rn. 49.

[41] *Achenbach*, in: HWSt, 1. Teil 3. Kap. Rn. 17; *Böse/Bülte*, in: NK, § 14 StGB Rn. 27 f.; *Radtke*, in: MüKo⁴, § 14 StGB Rn. 118; *Schmucker*, ZJS 2011, 30, 35 ff.; *Wittig*, § 6 Rn. 99.

[42] *Achenbach*, in: HWSt 1. Teil 3. Kap. Rn. 17; *Radtke*, in: MüKo⁴, § 14 StGB Rn. 118.

keitsbegründende Analogie gegen Art. 103 Abs. 2 GG[43]. Hierin unterscheidet sich § 14 StGB von der Insolvenzverschleppung nach § 15a Abs. 1 S. 1, Abs. 4, 5 InsO, dessen Wortlaut es zulässt, dem Begriff des Vertretungsorgans das faktische Organ und damit auch den faktischen Geschäftsführer zu subsumieren (Rn. 356).
Das zweifellos vorhandene rechtspolitische Bedürfnis nach einer Bestrafung des „faktischen Organs" wird durch die zutreffende enge Auslegung des § 14 Abs. 1, 3 StGB im Übrigen nicht konterkariert, da häufig eine Überwälzung eines besonderen persönlichen Merkmals nach Maßgabe des § 14 Abs. 2 StGB erfolgen wird[44] (dazu Rn. 1030 f.).

Da F weder durch den Gesellschaftsvertrag nach § 6 Abs. 3 S. 2 GmbHG noch durch Beschluss der Gesellschafter nach § 46 Nr. 5 GmbHG zum Geschäftsführer bestellt und er zudem nicht zur Eintragung in das Handelsregister angemeldet wurde, fehlen die erforderlichen Rechtshandlungen zur Begründung der Vertretungsbefugnis nach § 14 Abs. 1 Nr. 1 StGB, sodass eine Überwälzung der Arbeitgebereigenschaft auf ihn nach dieser Vorschrift ausscheidet. Gesetzlicher Vertreter der KG im Sinne des § 14 Abs. 1 Nr. 3 StGB ist F ebenfalls nicht.

Gesetzliche Vertreter sind Personen, deren Vertretungsmacht durch Gesetz bestimmt ist, z.B. die Eltern oder der Vormund eines Minderjährigen, Pfleger, Betreuer, Nachlassverwalter oder Testamentsvollstrecker[45].

Strittig ist, ob der **Insolvenzverwalter** gesetzlicher Vertreter ist. Ein Teil der Literatur betrachtet – unter Berufung auf die Gesetzesbegründung, die auch die „Parteien kraft Amtes", z.B. den Konkursverwalter, als gesetzliche Vertreter bezeichnete[46] – § 14 Abs. 1 Nr. 3 StGB generell und ohne Einschränkungen als einschlägige Alternative[47]. Andere nehmen den vorläufigen Insolvenzverwalter, der nicht mit Verwaltungs- und Verfügungsbefugnis ausgestattet ist, aus, stützen die Überwälzung der Schuldnereigenschaft auf den Insolvenzverwalter im Übrigen jedoch ebenfalls auf § 14 Abs. 1 Nr. 3 StGB[48]. Nach der Gegenmeinung verstößt die Einbeziehung des Insolvenzverwalters in den Anwendungsbereich des § 14 Abs. 1 Nr. 3 StGB gegen das Analogieverbot[49], sodass eine Überwälzung der Schuldnereigenschaft auf den Insolvenzverwalter deshalb nur nach Maßgabe der § 14 Abs. 2 StGB erfolgen könne. Die Behauptung, die Anwendung des § 14 Abs. 1 Nr. 3 StGB auf den Insolvenzverwalter sei mit dem Wortlaut nicht zu vereinbaren, trifft zwar nicht zu, dennoch sollte die Überwälzung aber auf § 14 Abs. 2 StGB – jedenfalls als speziellere Regelung für Unternehmen – gestützt werden, weil die verschiedenen Alternativen der Vor-

1029

---

[43] Kindhäuser/*Hilgendorf*, LPK, § 14 StGB Rn. 43 ff.
[44] OLG Karlsruhe, StV 2009, 35, 36.
[45] Kindhäuser/*Hilgendorf*, LPK, § 14 StGB Rn. 29; *Radtke*, in: MüKo⁴, § 14 StGB Rn. 88 f.
[46] Begründung des Regierungsentwurfs zum Einführungsgesetz zum Gesetz über Ordnungswidrigkeiten (EGOWiG), BT-Drs. V/1319, 63.
[47] *Böse/Bülte*, in: NK, § 14 StGB Rn. 35; *Fischer*, § 14 StGB Rn. 3; *Schröder/Bergmann*, in: M/R, § 14 StGB Rn. 49; zu § 9 OWiG: *Rogall*, in: KK-OWiG, § 9 Rn. 56.
[48] *Bosch*, in: S/S/W, § 14 StGB Rn. 9; *Heger*, in: L/K/H, § 14 StGB Rn. 2; *Perron/Eisele*, in: Sch/Sch, § 14 StGB Rn. 24.
[49] *Biermann*, Die strafrechtlichen Risiken der Tätigkeit des (vorläufigen) Insolvenzverwalters, 2008, S. 72 ff., 95 f.; *Hellmann*, in: Hellmann/Esakov/Golovnenkov, Bestimmung des Sondersubjekts bei Wirtschaftsstraftaten im russischen und deutschen Recht, 2010, S. 38 ff.; *Richter*, NZI 2002, 121, 122.

schrift die Berücksichtigung der konkreten Umstände von der Übertragung der vollständigen Leitung des Betriebs über die Beauftragung mit der teilweisen Betriebsleitung bis zur Übertragung der eigenverantwortlichen Wahrnehmung einzelner Aufgaben des Schuldners durch den Insolvenzverwalter ermöglicht.

1030 Die Arbeitgebereigenschaft der KG könnte aber nach Maßgabe des § 14 Abs. 2 StGB auf F überwälzt werden. Die Vorschrift dehnt den Kreis der Normadressaten auf bestimmte **gewillkürte Vertreter** in Betrieben und Unternehmen aus.
§ 14 Abs. 2 S. 1 Nr. 1 StGB greift ein, wenn die Person durch den Inhaber oder einen sonst dazu Befugten mit der **vollständigen oder teilweisen Leitung** eines Betriebes oder Unternehmens beauftragt wurde.
Ob – und worin – sich der Betrieb vom Unternehmen unterscheidet, ist zweifelhaft. **Betrieb** ist eine auf Dauer angelegte organisatorische, meist auch räumliche Zusammenfassung von Personen und Sachmitteln, die einer einheitlichen Leitung untersteht und dem – nicht notwendig wirtschaftlichen – Zweck dient, bestimmte Güter oder – materielle oder immaterielle – Leistungen hervorzubringen oder zur Verfügung zu stellen[50]. Der Begriff umfasst somit nicht nur Handwerks-, Landwirtschafts- und Fabrikationsbetriebe, sondern z.B. auch Verkaufsgeschäfte, Geldinstitute, Büros von Freiberuflern (Ärzten, Rechtsanwälten, Steuerberatern, Architekten usw.), Agenturen, Forschungsinstitute und karitative Einrichtungen[51]. Die Nennung des **Unternehmens** in § 14 Abs. 2 S. 2 StGB ist daneben eigentlich überflüssig[52], gemeint ist wohl der „Überbau" für mehrere Betriebe, die eine gewisse Selbstständigkeit aufweisen[53], z.B. Filialen einer Handelskette.

1031 § 14 Abs. 2 S. 1 Nr. 2 StGB dehnt den Anwendungsbereich auf Personen aus, die **ausdrücklich mit der eigenverantwortlichen Wahrnehmung einzelner** – dem Betriebs- oder Unternehmensinhaber obliegender – **Aufgaben** beauftragt sind. Aus dem Zusammenhang mit § 14 Abs. 2 S. 1 Nr. 1 StGB folgt nach zutreffender Auffassung, dass sich die Teilleitung nach dieser Vorschrift entweder auf einen räumlich und organisatorisch abgegrenzten Betriebsteil, z.B. eine Zweigstelle, oder eine sektoral abgetrennte Abteilung, z.B. Ein- oder Verkauf, Entwicklung, Werbung, Rechnungswesen, beziehen muss[54]. Fehlt es daran, so kann eine Übertragung von Einzelaufgaben nach § 14 Abs. 2 S. 1 Nr. 2 StGB vorliegen. Diese setzt jedoch voraus, dass die Pflichten in die eigenverantwortliche Entscheidungsgewalt des Beauftragten übergehen; fehlt die eigene Entscheidungsfreiheit, so handelt der Betraute nicht wie ein organschaftlicher Vertreter, sondern allenfalls als dessen Gehilfe[55].

---

[50] *Böse/Bülte*, in: NK, § 14 StGB Rn. 37; *Heger*, in: L/K/H, § 11 StGB Rn. 15.
[51] *Fischer*, § 14 StGB Rn. 8; vgl. *Perron/Eisele*, in: Sch/Sch, § 14 StGB Rn. 28/29.
[52] *Böse/Bülte*, in: NK, § 14 StGB Rn. 37.
[53] Siehe *Perron/Eisele*, in: Sch/Sch, § 14 StGB Rn. 28/29; *Radtke*, in: MüKo⁴, § 14 StGB Rn. 92, auch zu den abweichenden Deutungen.
[54] *Achenbach*, in: HWSt, 1. Teil 3. Kap. Rn. 14; *Fischer*, § 14 StGB Rn. 10; *Rogall*, in: KK-OWiG, § 9 Rn. 85. Zum Teil wird auf eine sachliche Abgrenzung des Leitungsbereichs verzichtet und die Anwendbarkeit des § 14 Abs. 2 S. 1 Nr. 1 StGB auf Obermeister, Vorarbeiter oder Wiegemeister befürwortet; vgl. OLG Stuttgart, WuW/E OLG 1742 f.; zust. *Schünemann*, in: LK¹³, § 14 StGB Rn. 64.
[55] BGH, NZWiSt 2013, 116, 118, mit Anm. *Klein*.

1032 Der eingetragene Geschäftsführer der Zadex-GmbH G beauftragte F mit der Leitung der KG. G war zwar nicht Inhaber des Unternehmens, aber aufgrund seiner Geschäftsführerstellung zur Beauftragung befugt.

Eine ausdrückliche Beauftragung setzt § 14 Abs. 2 S. 1 Nr. 1 StGB – im Gegensatz zur Übertragung einzelner Aufgaben nach § 14 Abs. 2 S. 1 Nr. 2 StGB – im Übrigen nicht voraus, sodass auch eine konkludente Einräumung der Leitungsbefugnis genügt.

Da F zudem **„aufgrund dieses Auftrages"** tätig wurde, weil der KG sein Handeln – die Verwendung der flüssigen Mittel zur Begleichung der Rechnung statt zur Abführung der Arbeitnehmerbeiträge zur Sozialversicherung – zurechenbar ist (vgl. Rn. 1024) und er dabei vorsätzlich, rechtswidrig und schuldhaft handelte, hat er sich wegen Vorenthaltens von Arbeitsentgelt nach § 266a Abs. 1 StGB strafbar gemacht.

Ergänzende Hinweise:

1033 (1) Die Überwälzung eines besonderen persönlichen Merkmals auf ein Organ, einen Vertreter oder Beauftragten beseitigt die strafrechtliche Verantwortlichkeit anderer Personen nicht[56], denn § 14 Abs. 1, 2 StGB bestimmt ausdrücklich, dass der Straftatbestand **„auch"** auf den Vertreter anwendbar ist. In unserem Fall 65 wäre G deshalb als eingetragener Geschäftsführer der Zadex-GmbH ebenfalls nach § 266a Abs. 1 StGB strafbar, wenn die Tatbestandsmerkmale bei ihm vorliegen. Da G über die Nichtzahlung der Arbeitnehmerbeiträge aber nicht informiert war, scheitert seine Strafbarkeit mangels Vorsatzes.

1034 (2) Fraglich ist, ob eine Überwälzung besonderer persönlicher Merkmale in einem **mehrstufigen Konzern** auf die beherrschende Gesellschaft möglich ist. Die Anwendung des § 14 Abs. 1 S. 1 StGB scheidet nach zutreffender Auffassung[57] bereits grundsätzlich aus, da die Vorschrift nicht den faktischen Geschäftsführer erfasst (Rn. 1028). Hinzu kommt, dass die bloße Möglichkeit, interne Weisungen zu erteilen, nicht genügt, eine faktische Geschäftsführerstellung zu begründen[58]. Die Überwälzung nach § 14 Abs. 2 Nr. 2 StGB kommt nur in Betracht, wenn ein Beherrschungsvertrag geschlossen wurde, der die beherrschende Gesellschaft berechtigt, zumindest partiell die Leitungsmacht auszuüben; die faktische Möglichkeit, aufgrund eines Weisungsrechts oder tatsächlichen Machtverhältnisses Einfluss auf die Geschäftsführung des abhängigen Unternehmens zu nehmen, genügt nicht[59].

– Zur „Konzernuntreue" siehe *Fälle zum Wirtschaftsstrafrecht*, Rn. 111 ff. –

Fall 66: – *Mehrgliedrige Geschäftsführung* –

1035 Die Geniocom-GmbH entwickelt und vertreibt Computersoftware für mittelständische Unternehmen. Gesellschafter sind die Eheleute Eva (E) und Manfred Maier (M), die auch beide in das Handelsregister als Geschäftsführer eingetragen sind. E, der kreative Kopf der Firma, ist für die Entwicklung neuer Programme zuständig, M ist eher kaufmännisch begabt und küm-

---

[56] *Fischer*, § 14 Rn. 16; *Scheidler*, ZUR 2010, 16, 18.
[57] **A.A.** BGHSt 49, 147, 157 („Bremer Vulkan"). Krit. *Lesch/Hüttemann/Reschke*, NStZ 2015, 609, 613 f.
[58] *Brand*, Der Konzern 2010, 285, 294.
[59] *Brand*, Der Konzern 2010, 285, 294 f.

Achter Abschnitt: Unternehmensstrafrecht

mert sich deshalb um die finanziellen Angelegenheiten der Gesellschaft und den Verkauf der Produkte. Um neue repräsentativere Räume für die GmbH anmieten und ausstatten zu können, entschloss sich M, die Mittel der Gesellschaft dafür einzusetzen, obwohl das dazu führen würde, dass die GmbH die Sozialversicherungsbeiträge für die acht Angestellten bei Fälligkeit nicht würde zahlen können. Er informierte E darüber, weil die Eheleute – wie immer – alle Vorgänge innerhalb der Gesellschaft miteinander besprachen. E meinte, das ginge sie nichts an, da sie nur für die Softwareentwicklung zuständig sei, und ließ M deshalb gewähren. Die Sozialversicherungsbeiträge für die Arbeitnehmer der GmbH wurden am Fälligkeitstag nicht an die Einzugsstellen abgeführt.

Strafbarkeit von M und E nach § 266a Abs. 1 StGB?

a) Strafbarkeit des M nach §§ 266a Abs. 1, 14 Abs. 1 Nr. 1 StGB

M hat als Geschäftsführer, also als Mitglied des vertretungsberechtigten Organs der Geniocom-GmbH, den Einzugsstellen die von der GmbH abzuführenden Arbeitnehmerbeiträge zur Sozialversicherung vorenthalten und sich dadurch wegen Vorenthaltens von Arbeitsentgelt nach § 266a Abs. 1 StGB i.V.m. § 14 Abs. 1 Nr. 1 StGB strafbar gemacht.

b) Strafbarkeit der E nach §§ 266a Abs. 1, 14 Abs. 1 Nr. 1 StGB

aa) Objektiver Tatbestand

1036 E wäre ebenfalls wegen Vorenthaltens von Arbeitsentgelt strafbar, wenn sie trotz der Aufteilung der Zuständigkeitsbereiche als Mitglied der Geschäftsführung der GmbH für die Entrichtung der Arbeitnehmerbeiträge verantwortlich war. Im Gesellschaftsrecht gilt der Grundsatz der **Allzuständigkeit**, nach dem – ungeachtet einer internen Aufgabenauftteilung – jedes einzelne Geschäftsführungsmitglied für alle Angelegenheiten der Gesellschaft verantwortlich ist[60]. Ob dieses Prinzip uneingeschränkt in das Strafrecht übertragen werden kann, ist strittig. Einige beschränken die Verantwortlichkeit bei einer innerbetrieblichen Zuständigkeitsverteilung auf das jeweilige Ressort[61]. Nach der Gegenmeinung haben alle Mitglieder eines mehrköpfigen Vertretungsorgans unabhängig von der internen Geschäftsverteilung für die Erfüllung der besonderen Pflichten des Vertretenen einzustehen[62]. Der BGH – in Strafsachen – hat diese Frage bisher offengelassen. Aufgrund der Allzuständigkeit seien alle Geschäftsführungsmitglieder jedenfalls dann strafrechtlich verantwortlich, wenn es sich um ein „ressortüberschreitendes" Problem handele, von dem das Unternehmen als Ganzes betroffen ist, wie dies z.B. in Krisen- und Ausnahmesituationen der Fall sei[63]. Ansonsten scheint der BGH jedoch eher der Auffassung zuzuneigen, dass die Pflichtenstellung des Geschäftsführers im Allgemeinen auf den von ihm betreuten Geschäfts- und Verantwortungsbereich beschränkt ist. Der BGH in Zivilsachen vertritt dagegen eine strengere Sicht. Zwar könne die – deliktische – Verantwortlichkeit durch interne Zuständigkeitsvereinbarungen oder Delegation auf Überwachungs-

---

[60] BGHZ 133, 370.
[61] *Schmidt-Salzer*, NJW 1988, 1937, 1940; *Schünemann*, in: LK[13], § 14 StGB Rn. 58; wohl auch *Achenbach*, in: HWSt, 1. Teil 3. Kap. Rn. 2.
[62] OLG Düsseldorf, NStZ 1981, 265, zust. *Göhler*, NStZ 1982, 11; *Bosch*, in: S/S/W, § 14 StGB Rn. 7; Kindhäuser/*Hilgendorf*, LPK, § 14 StGB Rn. 24; *Perron/Eisele*, in: Sch/Sch, § 14 StGB Rn. 19.
[63] BGHSt 37, 106, 124 ff., zur Zuständigkeit für die Veranlassung eines Produktionsstopps und einer Rückrufaktion bei lebens- oder gesundheitsgefährdenden Produkten („Lederspray").

pflichten beschränkt sein. Der aus der Allzuständigkeit folgenden umfassenden Verantwortlichkeit könne sich der Geschäftsführer aber nicht entledigen[64].

Stellungnahme:

Die Lösung muss zwei Gesichtspunkte berücksichtigen: Einerseits kann das Strafrecht die – in größeren Unternehmen – übliche und gebotene Aufgabenverteilung innerhalb der Geschäftsführung nicht außer Acht lassen, andererseits sind alle Mitglieder eines mehrköpfigen Organs bzw. Geschäftsführungsgremiums grundsätzlich für die Angelegenheiten der Gesellschaft auch strafrechtlich verantwortlich. Ein Geschäftsführungsmitglied kann deshalb nicht schon aufgrund seiner gesellschaftsrechtlichen Stellung für ein Fehlverhalten eines anderen Geschäftsführers, das dieser innerhalb seines Ressorts begangen hat, strafrechtlich zur Verantwortung gezogen werden. Jedes Geschäftsführungsmitglied darf grundsätzlich darauf vertrauen, dass ein anderer Geschäftsführer die in seinen Bereich fallenden Aufgaben und Pflichten ordnungsgemäß erfüllen wird[65]. Die Aufgabenverteilung hindert die Verantwortlichkeit jedoch dann nicht, wenn ein Gremiumsmitglied die Pflichtverletzung des anderen bzw. eines beauftragten Mitarbeiters kennt oder – für ihn erkennbar – Anhaltspunkte für ein Fehlverhalten des Kollegen vorhanden sind. Bei Kenntnis der Pflichtverletzung muss das Geschäftsführungsmitglied die rechtlich gebotene Handlung entweder selbst vornehmen oder – falls dazu eine Entscheidung des gesamten Gremiums erforderlich ist – „unter vollem Einsatz seiner Mitwirkungsrechte" das ihm Mögliche und Zumutbare tun, um einen Beschluss der Gesamtgeschäftsführung zustande zu bringen[66]. Ist der Verlust eines Gegenstandes des Gesellschaftsvermögens zu befürchten oder droht dem Gesellschaftsvermögen oder der Gesellschaft selbst ein Schaden, so steht bei Gefahr im Verzug nach einer in der Literatur vertretenen Auffassung jedem Geschäftsführungsmitglied ein Notgeschäftsführungsrecht gem. § 744 Abs. 2 BGB zu, das zur Vornahme der notwendigen Maßnahmen auch ohne die Zustimmung der anderen Gremiumsmitglieder berechtige[67]. Hat das Geschäftsführungsmitglied zwar keine positive Kenntnis von der Pflichtverletzung des anderen, ist deren Bevorstehen aber erkennbar, so besteht eine Pflicht zur Überwachung des zuständigen Geschäftsführers bzw. des beauftragten Mitarbeiters[68].

1037

Da E in unserem Fall 66 den Plan des M, die Arbeitnehmerbeiträge der Einzugsstelle vorzuenthalten, kannte, entlastet es sie nicht, dass die Zahlung nicht in ihr Ressort, sondern in das des M fiel. Die Arbeitgebereigenschaft wird deshalb nach § 14 Abs. 1 Nr. 1 StGB auf sie als Geschäftsführerin der GmbH überwälzt, sodass E den objektiven Tatbestand des § 266a Abs. 1 StGB erfüllt hat.

1038

---

[64] BGHZ 133, 370, 377.
[65] *Krekeler/Werner*, Rn. 54; *Wittig*, § 6 Rn. 120.
[66] BGHSt 37, 106, 126.
[67] *Höhfeld*, Strafrechtliche Produktverantwortung und Zivilrecht, 1999, S. 72 ff. *Kuhlen*, Aktuelle Herausforderungen des chinesischen und deutschen Strafrechts, 2015, S. 189, 212, verneint dagegen „Verpflichtungen zu *unternehmensexternen* Maßnahmen, etwa zur Warnung der Öffentlichkeit oder zu einer *Strafanzeige* gegen Mitglieder der Geschäftsleitung".
[68] BGHZ 133, 370, 378, für den Fall der Nichtzahlung der Arbeitnehmerbeiträge zur Sozialversicherung in einer finanziellen Krisensituation des Unternehmens.

bb) Subjektiver Tatbestand

1039 E handelte vorsätzlich. Ihre Annahme, die Zahlung der Arbeitnehmerbeiträge falle nicht in ihren Aufgabenbereich, hindert den Vorsatz nicht, da das Bewusstsein, selbst zum Handeln verpflichtet zu sein, kein Bestandteil des Vorsatzes ist; es genügt, dass der Täter die Umstände kennt, aus denen sich seine Handlungspflicht ergibt[69].

cc) Rechtswidrigkeit, Schuld

1039a Rechtfertigungsgründe sind nicht ersichtlich.

Die Fehlvorstellung, nicht für die Zahlung der Arbeitnehmerbeiträge verantwortlich zu sein, stellt einen vermeidbaren Verbotsirrtum, der die Schuld nicht ausschließt (§ 17 StGB), dar, da sich E durch Einholung fachkundigen Rates über ihre Handlungspflicht hätte informieren können.

III. Verantwortlichkeit der Leitungspersonen

1. Organisationsherrschaft (§ 25 Abs. 1, 2. Alt. StGB)

Fall 67: – *„Täter hinter dem Täter"* –

1040 Walter Hahn (H) betreibt mehrere Geschäfte, in denen er Autozubehör vertreibt. Seine Mitarbeiter kaufen gebrauchte Autoelektrikteile aus Schrott- und Unfallfahrzeugen, arbeiten sie auf und verkaufen sie als neuwertig zu Preisen, die erheblich über den für gebrauchtes Zubehör üblichen liegen. H kontrolliert den Einkauf und die Aufarbeitung der Ware und legt die Verkaufspreise fest. Chris Werner (W) verkaufte Anton Keidel (K) für 498,- € ein gebrauchtes Steuergerät, wobei W – den generellen Anordnungen des H folgend – vorgab, es handele sich um fabrikneue Ware. Der Marktpreis für ein gebrauchtes Gerät beträgt etwa 200,- €.

Wie haben sich W und H strafbar gemacht?

a) Strafbarkeit des W wegen Betruges, § 263 StGB

W täuschte K über eine Tatsache, nämlich darüber, dass es sich um ein fabrikneues Gerät handele. K irrte über diesen Umstand, verfügte durch den Abschluss des Kaufvertrages über sein Vermögen und erlitt einen Schaden in Höhe von 298,- €, da der Preis des Gerätes um diesen Betrag über dem Marktwert lag.

W handelte vorsätzlich und mit Drittbereicherungsabsicht sowie rechtswidrig und schuldhaft, sodass er wegen Betruges strafbar ist.

b) Strafbarkeit des H wegen in mittelbarer Täterschaft begangenen Betruges, §§ 263, 25 Abs. 1, 2. Alt. StGB

aa) Objektiver Tatbestand

1041 H hat die Täuschung nicht selbst vorgenommen, er könnte aber den Betrug **kraft seiner Organisationsherrschaft in mittelbarer Täterschaft** begangen haben. Grundsätzlich setzt § 25 Abs. 1, 2. Alt. StGB einen „Defekt" des die eigentliche Tathandlung Verwirklichenden voraus, der ihn zum Werkzeug des „Hintermannes" werden lässt[70]. Ein solcher Defekt, der die strafrechtliche Verantwortlichkeit des W ausschließen oder einschränken würde, ist in unserem Fall nicht festzustellen. Der

---

[69] BGHZ 133, 370, 381.
[70] Näher dazu z.B. *Krey/Esser*, AT, Rn. 890 ff.; *Kühl*, AT, § 20 Rn. 38 ff.

BGH[71] nimmt mit Billigung des **BVerfG**[72] und **teilweiser Zustimmung der Literatur**[73] eine Tatbegehung in mittelbarer Täterschaft zudem an, wenn der Hintermann den voll verantwortlich, unmittelbar Handelnden so in hierarchische Macht- oder Organisationsstrukturen einbindet, dass die Tat innerhalb der vorgegebenen Rahmenbedingungen regelhaft abläuft und der Hintermann dadurch die einzelnen Taten des Vordermanns, der als austauschbares Rädchen im Getriebe erscheint, nach Belieben bzw. bedingungslos lenken kann[74]. Diese ursprünglich für staatliche Machtapparate entwickelte Auffassung wendet der BGH[75] auch an, wenn die Leitung eines Unternehmens *„durch Organisationsstrukturen bestimmte Rahmenbedingungen ausnutzt, die regelhafte Abläufe auslösen, die ihrerseits zu der vom Hintermann erstrebten Tatbestandsverwirklichung führen"*. H hätte danach als „Täter hinter dem Täter" den Betrug in mittelbarer Täterschaft begangen.

Ein Teil der Literatur lehnt diese Konstruktion generell ab und befürwortet stattdessen **mittäterschaftliche Tatbegehung**[76] bzw. **Anstiftung** des Mitarbeiters[77]. Andere schließen diese Rechtsfigur für Unternehmenshierarchien aus[78] oder schränken sie für diesen Bereich erheblich ein, indem die mittelbare Täterschaft des Vorgesetzten schon dann verneint wird, wenn der Arbeitnehmer hinreichend über die ihm angesonnene Tat informiert ist[79] oder die Organisationsstrukturen durch funktionelle Differenzierung der Kompetenzen und Dezentralisierung gekennzeichnet sind[80]. 1042

Stellungnahme:

Die Charakterisierung der Schaffung einer Herrschaftsstruktur, der sich andere Personen unterordnen, als bloße Teilnahme an der Haupttat trifft nicht zu, wenn der eigene Entschluss des unmittelbar Handelnden zur Begehung der konkreten Tat von der Einbindung in einen organisatorisch vorgegebenen Ablauf überlagert wird, denn die Tatherrschaft liegt dann auch bei demjenigen, der die für die Tatbegehung notwendigen Bedingungen geschaffen hat. Der Organisator ist deshalb jedenfalls Täter[81]. Die zum Teil befürwortete Beschränkung der mittelbaren Täterschaft kraft Herrschaftsstruktur auf Organisationen, die sich „vom Recht gelöst haben", d.h. auf Staatsverbrechen und Delikte terroristischer oder sonst krimineller Organisationen, 1043

---

[71] BGHSt 40, 218, 236 ff.; 42, 65, 68; 45, 270, 296; BGH, NJW 1998, 767, 769; NStZ 2008, 89, 90.
[72] BVerfGE 95, 96, 137 ff.
[73] W/*Beulke/Satzger*, AT, Rn. 852; *Bottke*, JuS 2002, 320, 321; *Heine/Weißer*, in: Sch/Sch, § 25 StGB Rn. 27; *Murmann*, in: S/S/W, § 25 StGB Rn. 27 f.; *Stratenwerth/Kuhlen*, AT I, § 12 Rn. 65 ff. Einschränkend Baumann/Weber/Mitsch/*Eisele*, § 25 Rn. 150.
[74] *Schünemann/Greco*, in: LK[13], § 25 StGB Rn. 142 ff.
[75] BGH, NJW 1998, 767, 769.
[76] *Jakobs*, NStZ 1995, 26, 27; Joecks/*Jäger*, StK, § 25 StGB Rn. 59 f.; *Krey/Esser*, AT, Rn. 936; *Otto*, Jura 2001, 753, 759; Jescheck/*Weigend*, S. 670.
[77] *Köhler*, Strafrecht AT, 1997, S. 510; *Renzikowski*, Restriktiver Täterbegriff und fahrlässige Beteiligung, 1997, S. 91; *Wittig*, § 6 Rn. 116.
[78] *Achenbach*, in: HWSt, 1. Teil 3. Kap. Rn. 30; *Roxin*, AT II, § 25 Rn. 129 ff.; ders., in: Festschrift für Schroeder, 2006, S. 387, 396 f.; ders., GA 2012, 395, 396; *Schünemann*, ZIS 2006, 301, 307.
[79] *Kühl*, AT, § 20 Rn. 73c.
[80] *Heine*, Die strafrechtliche Verantwortlichkeit von Unternehmen, 1995, S. 95.
[81] *Roxin*, AT II, § 25 Rn. 125 ff.

weil nur ihnen „zahlreiche austauschbare Vollstrecker zur Verfügung stehen"[82], überzeugt nicht. Es dürfte häufig sogar leichter fallen, Mitarbeiter eines Unternehmens dazu zu bewegen, sich in eine ihnen vorgegebene – auf die Begehung bestimmter Straftaten gerichtete – Struktur einzufügen, weil die Delikte, zumeist Vermögensstraftaten, eine wesentlich niedrigere Hemmschwelle aufweisen als die für „rechtsgelöste" Organisationen typischen Gewaltdelikte. Fraglich ist allerdings, ob der Organisator die Tat als Mittäter oder in mittelbarer Täterschaft begeht. Die Entscheidung hängt letztlich davon ab, welche Anforderungen an den gemeinsamen Tatentschluss als Voraussetzung der Mittäterschaft gestellt werden. Wer schon die Kenntnis des Zusammenhangs des eigenen Tatbeitrages mit den Beiträgen anderer Beteiligter genügen lässt[83], kann einen gemeinsamen Tatentschluss annehmen. Es trifft zwar zu, dass der gemeinsame Tatentschluss nicht zwingend ein vorheriges „Aushandeln" der einzelnen Tatbeiträge der untereinander bekannten Beteiligten voraussetzt, sondern eine konkludente Einigung über die Rollenverteilung genügt[84]. Das bloße Wissen um den Zusammenhang bzw. das Einverständnis der Mitwirkenden ist aber noch kein gemeinsamer Tatentschluss, da es auch bei einem Teilnehmer vorliegt[85]. Errichtet der Organisator feste Strukturen mit dem Willen, dass sich die eingebundenen Personen ihnen vollständig unterordnen, so bildet er mit der Person, der zufällig die Aufgabe des Ausführenden zukommt, keinen – auf eine arbeitsteilige Ausführung gerichteten – gemeinsamen Tatentschluss, sondern sein Wille ist darauf gerichtet, das Verhalten des Ausführenden vollständig zu steuern[86].

H hat K also in mittelbarer Täterschaft durch W als vollverantwortliches „Werkzeug" getäuscht und damit den objektiven Tatbestand des § 263 StGB verwirklicht.

bb) Subjektiver Tatbestand

1044 Der Betrugsvorsatz des H scheitert nicht daran, dass er keine aktuelle Kenntnis von dem Verkauf des Gerätes an K hatte. Bei einer Tatbegehung kraft organisatorischer Herrschaft liegt der Vorsatz schon dann vor, wenn der Hintermann zumindest nach Art und Umfang weiß, welche durch die Struktur vorgegebenen Handlungen begangen werden[87]. Da H selbst den Preis für das gebrauchte Gerät festgelegt hatte, wusste er, dass der Kunde über die Neuwertigkeit der Ware getäuscht würde.

H hatte zudem Eigenbereicherungsabsicht.

Ergänzende Hinweise:

1045 (1) Der Rechtsfigur der mittelbaren Täterschaft kraft Organisationsherrschaft bedarf es nicht, wenn der unmittelbar handelnde Mitarbeiter die Tathandlung eines Sonderdelikts verwirklicht, ohne die vom Tatbestand vorausgesetzte Tätereigenschaft aufzuweisen, diese aber bei dem Unternehmensinhaber vorliegt bzw. nach Maßgabe des § 14 StGB auf ein Organ, einen Vertreter oder Beauftragten überwälzt wird. Über-

---

[82] *Roxin,* AT II, § 25 Rn. 129. Dagegen *Ambos,* GA 1998, 226, 242 ff.; *Rotsch,* ZStW 112 (2000), 518, 533 ff.
[83] So z.B. *Jakobs,* NStZ 1995, 26, 27.
[84] Siehe nur *Kühl,* AT, § 20 Rn. 104.
[85] *Stratenwerth/Kuhlen,* AT I, § 12 Rn. 83.
[86] Vgl. *Roxin,* AT II, § 25 Rn. 121.
[87] BGH, NJW 1998, 767, 769.

wiegend wird – mit unterschiedlichen Begründungen[88] – eine Tatbegehung durch den Sonderpflichtigen in mittelbarer Täterschaft durch Benutzung eines **qualifikationslosen Werkzeugs** angenommen, während die Gegenmeinung bei verhaltensgebundenen Delikten zur Straflosigkeit gelangt, wenn der sonderpflichtige Hintermann keine Herrschaft über die Ausführungshandlung besitzt. Bedrohe der Tatbestand dagegen jede Verletzung der Sonderpflicht mit Strafe, sei der Sonderpflichtige unmittelbarer Täter, wenn er einen anderen zur Vornahme der pflichtwidrigen Handlung veranlasst oder sich daran beteiligt[89].

Zustimmung verdient die Gegenmeinung jedenfalls darin, dass bei Sonderdelikten – insbesondere im Unternehmensbereich – nicht vorschnell auf die mittelbare Täterschaft zurückgegriffen werden darf, weil die einschlägigen Straftatbestände in der Regel auch dann durch den Sonderpflichtigen verwirklicht werden, wenn er sich zur Erfüllung – oder Verletzung – der Pflicht eines Mitarbeiters bedient. So liegt es z.B., wenn der Arbeitgeber oder dessen Vertreter (§ 14 StGB) den zuständigen Mitarbeiter anweist, die Arbeitnehmerbeiträge zur Sozialversicherung nicht abzuführen. Der Sonderpflichtige ist dann **unmittelbarer Täter**[90], weil er die Beiträge nicht persönlich abzuführen, sondern lediglich dafür Sorge zu tragen hat, dass sie entrichtet werden. Ebenfalls als unmittelbarer Täter begeht der Vermögensbetreuungspflichtige die Untreue, wenn er seine Pflicht dadurch verletzt, dass er einen nicht sonderpflichtigen Dritten zur Vornahme der vermögensschädigenden Handlung veranlasst oder dem Dritten Hilfe leistet[91]. Auch die Tathandlungen des Bankrotts erfordern zumeist keine eigenhändige Verwirklichung durch den Schuldner. Ein Beiseiteschaffen eines Vermögensbestandteils nach § 283 Abs. 1 Nr. 1 StGB durch den Schuldner liegt etwa vor, wenn er einen Mitarbeiter zum räumlichen Verschieben der Sache veranlasst. Wird die unmittelbare Täterschaft des Schuldners dennoch mit der – nicht völlig unvertretbaren – Begründung abgelehnt, dass dieser die Sache nicht selbst an den anderen Ort verbracht habe, so spricht nichts dagegen, Bankrott in mittelbarer Täterschaft durch Benutzung eines qualifikationslosen Werkzeugs anzunehmen.

(2) Die Schaffung einer Organisation, die eine fahrlässige Straftat des Mitarbeiters verursacht, führt zwar nicht zur Begehung der Tat in mittelbarer Täterschaft durch den Verantwortlichen, weil § 25 Abs. 1, 2. Alt. StGB auf Fahrlässigkeitsdelikte nicht anwendbar ist. Er kann aber wegen Begehung des Fahrlässigkeitsdelikts in Nebentäterschaft strafbar sein. So liegt es z.B., wenn ein Speditionsunternehmer seinen Betrieb so organisiert, dass die Fahrer regelmäßig die Lenkzeiten überschreiten, deshalb fahruntüchtig am Straßenverkehr teilnehmen und ein Fahrer übermüdet einen Verkehrsunfall mit tödlichem Ausgang verschuldet[92]. **1046**

---

[88] Die – zutreffende – h.M. betrachtet den Sonderpflichtigen immer als Täter, z.B. *Achenbach*, in: HWSt, 1. Teil 3. Kap. Rn. 28 f.; *Heine/Weißer*, in: Sch/Sch, § 25 StGB Rn. 49; Nach a.A. besitzt der Sonderpflichtige die normative Tatherrschaft, z.B. *Jescheck/Weigend*, S. 670.
[89] *Stratenwerth/Kuhlen*, AT I, § 12 Rn. 38 ff.
[90] **A.A.** *Achenbach*, in: HWSt, 1. Teil 3. Kap. Rn. 28 (mittelbare Täterschaft).
[91] *Stratenwerth/Kuhlen*, AT I, § 12 Rn. 40.
[92] LG Nürnberg-Fürth, NJW 2006, 1824 ff.

2. Garantenstellung des Geschäftsherrn (§ 13 StGB)

Fall 68: – *Strafrechtliche Produktverantwortlichkeit* –

1047 Malermeister Gerhard Müller (M) hatte die mit Holz verkleideten Decken des Hauses der Familie Opitz (O) mit einer für den Innenanstrich zugelassenen Holzschutzfarbe gestrichen. Etwa ein Jahr nach Ausführung des Auftrages erhielt M von dem Hersteller der Farbe den Warnhinweis, dass jüngste Labortests eine zuvor unerkannte gesundheitsschädliche Wirkung eines Inhaltsstoffes der Holzschutzfarbe erwiesen hätten. M informierte die Familie O nicht über die Gesundheitsgefahren, weil er fürchtete, er würde auf seine Kosten den alten Anstrich entfernen und einen neuen aufbringen müssen. Den Warnhinweis nahm er zwar ernst, er hoffte aber darauf, dass schon nichts passieren werde. Stephanie (S), die sechsjährige Tochter der Eheleute O, erlitt jedoch eine durch die Holzschutzfarbe verursachte Atemwegserkrankung. Ist M wegen Körperverletzung durch Unterlassen nach §§ 223, 13 StGB strafbar?

a) Objektiver Tatbestand

Der **Taterfolg** des § 223 StGB ist mit der Gesundheitsschädigung der S eingetreten. M hat eine ihm **physisch-real mögliche Rettungshandlung**, nämlich die Information der O, nicht vorgenommen, die den Taterfolg mit an Sicherheit grenzender Wahrscheinlichkeit hätte entfallen lassen („hypothetische Kausalität").

Gefährliche Körperverletzung durch Unterlassen mittels Beibringung von Gift oder unter Verwendung eines gefährlichen Werkzeugs (§ 224 Abs. 1 Nr. 1, 2 StGB) scheidet aus, weil das Untätigbleiben nicht dem erhöhten Unrecht des Einsatzes eines gefährlichen Mittels entspricht[93].

1048 Weitere Voraussetzung ist, dass M als Garant rechtlich für die Gesundheit der S einzustehen hatte.

In Betracht kommt eine **Überwachergarantenstellung aus Ingerenz**, weil M die gesundheitsschädliche Farbe in Verkehr gebracht hatte. Lässt man jedes gefährdende Vorverhalten genügen[94], so wäre M als Garant dafür verantwortlich, dass sich die Gefahr nicht realisiert. Die wohl h.M.[95] verlangt dagegen zu Recht ein *pflichtwidriges* Vorverhalten. Im Bereich der „strafrechtlichen Produktverantwortlichkeit" liegt danach jedenfalls eine Garantenstellung aus Ingerenz vor, wenn bereits bei dem Inverkehrbringen die von dem Produkt ausgehenden Gefahr erkennbar und die Verbreitung deshalb objektiv sorgfaltswidrig war[96]. Problematisch sind aber die Fälle, in denen sich die Gefährlichkeit des Produkts erst später herausstellt. Der BGH hat in der „*Lederspray-Entscheidung*" formal an dem Erfordernis eines pflichtwidrigen Vorverhaltens festgehalten, es materiell aber aufgegeben, indem er behauptet, die objektive Pflichtwidrigkeit folge bereits aus dem Verstoß gegen das Verbot, eine Gefahr zu schaffen, aus der sich im weiteren Verlauf der Ereignisse körperliche Schäden für Dritte entwickeln[97]. Nach anderer Auffassung soll nicht die Pflichtwid-

---

[93] Vgl. *Sternberg-Lieben*, in: Sch/Sch, § 224 StGB Rn. 9.
[94] BGHSt 3, 203, 205; 11, 353, 355 f.; *Kuhlen*, NStZ 1990, 566, 568; diff. W/*Beulke*/*Satzger*, AT, Rn. 1196; Kindhäuser/*Hilgendorf*, LPK, § 13 StGB Rn. 51.
[95] Siehe nur BGH, NStZ 1998, 93; NJW 1998, 1573; NJW 1999, 71; NStZ 2000, 414; *Fischer*, § 13 StGB Rn. 52; *Bosch*, in: Sch/Sch, § 13 StGB Rn. 35 f.
[96] BGH, NJW 1986, 1863.
[97] BGHSt 37, 106, 114; zust. W/*Beulke*/*Satzger*, AT, Rn. 1201.

rigkeit des Vorverhaltens maßgeblich sein, sondern eine Garantenstellung entstehen, wenn es ein gegenüber alltäglichem Handeln gesteigertes Risiko für Dritte mit sich bringe[98].

Zu bezweifeln ist, ob das Anknüpfen an ein Vorverhalten in unserem Zusammenhang sinnvoll ist. Dieser Ansatz versagt nämlich nach zutreffender Auffassung, wenn zwischen dem Inverkehrbringen des Produkts und dem Bekanntwerden der Gefährlichkeit ein **personeller Wechsel in der Leitung des Unternehmens** eintritt. Der BGH entgeht dieser Konsequenz durch die Annahme, der in den Betrieb Eintretende rücke regelmäßig durch Übernahme der Aufgaben in die Garantenstellung seines Vorgängers ein, während die Garantenstellung des Ausgeschiedenen fortbestehe, jedoch auf das beschränkt sei, was er als Betriebsfremder noch zur Schadensabwendung beitragen könne[99]. Es trifft zwar zu, dass der Nachfolger gesellschaftsrechtlich die Aufgaben und Pflichten des Vorgängers übernimmt, für die Garantenstellung ist aber allein das individuelle Fehlverhalten des Vorgängers maßgeblich, für das der Nachfolger strafrechtlich nicht verantwortlich ist[100]. Vorzugswürdig ist es deshalb, die Garantenstellung nicht aus dem Vorverhalten zu folgern, sondern aus der **Verantwortlichkeit für eine Gefahrenquelle**, deren Beherrschung in die Zuständigkeit des Täters fällt[101]. Zur Ausfüllung dieser Garantenstellung wird vorgeschlagen, die zivilrechtlichen Verkehrssicherungspflichten heranzuziehen[102]. Zwar „dürfen die schadensersatzorientierten Haftungsprinzipien des Zivilrechts nicht unbesehen zur Bestimmung strafrechtlicher Verantwortlichkeit benutzt werden"[103], die Verkehrssicherungspflichten eignen sich aber dennoch grundsätzlich zur Beschreibung der strafrechtlichen Verantwortlichkeit für eine Gefahrenquelle, die im Einflussbereich des Täters liegt. Die tatsächliche Einflussmöglichkeit endet nicht notwendig mit dem Verlust der faktischen Herrschaft über ein gefährliches Produkt[104], denn auch nach der Auslieferung kann der Verantwortliche durch die Information der Abnehmer, falls sie ihm bekannt sind, oder Rückrufaktionen die Gefährdung beseitigen.

Ob die Ergebnisse der Diskussion über die strafrechtliche Produktverantwortlichkeit auf M übertragen werden können, ist allerdings zweifelhaft, weil er die gefährliche

---

[98] *Arzt*, JA 1980, 712, 714; *Kuhlen*, NStZ 1990, 566, 568; *Otto*, in: Festschrift für Hirsch, 1999, S. 291, 308 ff.; *Ranft*, JZ 1987, 859, 864.
[99] BGHSt 37, 106, 120.
[100] *Brammsen*, GA 1993, 97, 111; *Höhfeld*, Strafrechtliche Produktverantwortlichkeit und Zivilrecht, 1999, S. 136 f.; *Schünemann*, wistra 1986, 235, 244.
[101] *Beulke/Bachmann*, JuS 1992, 737, 740; *Brammsen*, GA 1993, 97, 110 ff.; *Hilgendorf*, Strafrechtliche Produzentenhaftung in der „Risikogesellschaft", 1993, S. 141; *Kuhlen*, in: HWSt, 2. Teil 1. Kap. Rn. 38. Siehe auch *Ransiek*, Unternehmensstrafrecht, 1996, S. 35, der das Unternehmen als solches als Gefahrenquelle ansieht.
[102] *Deutscher/Körner*, wistra 1996, 292, 300 f.; *Höhfeld*, Strafrechtliche Produktverantwortlichkeit und Zivilrecht, 1999, S. 141 ff.; der BGH ließ die Antwort auf diese Frage in dem „Lederspray-Verfahren" offen, BGHSt 37, 106, 115. Krit. *Neudecker*, Die strafrechtliche Verantwortlichkeit der Mitglieder von Kollegialorganen, 1995, S. 115 ff.
[103] BGHSt 37, 106, 115.
[104] So aber *Schünemann*, wistra 1982, 41, 44, der bei nachträglich erworbener Kenntnis der Gefährlichkeit § 323c StGB annimmt. Dagegen zu Recht *Krekeler/Werner*, Rn. 16; *Kühl*, AT, § 18 Rn. 110.

Farbe nicht selbst herstellte. Die Beschränkung der Garantenstellung auf den Hersteller würde den Endverbraucher jedoch häufig schutzlos stellen, denn der Hersteller kennt in der Regel nur seine unmittelbaren Abnehmer und kann eine Warn- oder Rückrufaktion allein an diese richten. Der eigentliche Grund für die Garantenstellung besteht im Übrigen nicht in dem erstmaligen Inverkehrbringen des gefährlichen Produkts durch den Hersteller, sondern in der Eröffnung einer Gefahrenquelle. Deshalb spricht nichts dagegen, auch denjenigen, der das gefährliche Produkt in Kontakt mit der schutzbedürftigen Person bringt, grundsätzlich als Überwachergaranten anzusehen. Zwar trifft ihn – anders als den Hersteller – in der Regel keine Produktbeobachtungspflicht, sondern er darf sich grundsätzlich auf die Ungefährlichkeit des von einem anderen hergestellten Produkts verlassen. Kennt der Verwender jedoch die Gefahr, so ist er ebenfalls zur Schadensabwendung verpflichtet[105]. M ist somit Garant für die Gesundheit der S, sodass er den objektiven Tatbestand der §§ 223, 13 Abs. 1 StGB erfüllt hat.

Nach zutreffender Auffassung[106] ist die Zumutbarkeit normgemäßen Verhaltens bei den unechten Unterlassungsdelikten nicht schon im Tatbestand oder in der Rechtswidrigkeit, sondern erst in der Schuld zu berücksichtigen (siehe dazu Rn. 1053).

b) Subjektiver Tatbestand

1051 M handelte zudem mit dolus eventualis, der grundsätzlich auch bei Unterlassungsdelikten ausreicht[107]. M hielt den Eintritt einer Gesundheitsschädigung ernsthaft für möglich und fand sich zur Vermeidung wirtschaftlicher Nachteile damit ab. Die bloße – unbegründete – Hoffnung auf das Ausbleiben des Tatererfolgs beseitigt seinen Vorsatz nicht. M kannte darüber hinaus die tatsächlichen Umstände, die seine Garantenstellung begründen. Die Kenntnis der Garantenpflicht ist nicht erforderlich[108].

c) Rechtswidrigkeit

1052 Rechtfertigungsgründe liegen nicht vor.

d) Schuld

1053 Auch die Schuld ist gegeben. Die Vornahme der erforderlichen Rettungshandlung war M **zumutbar**, da das Interesse des Verbrauchers am Schutz seiner Gesundheit in der Regel das wirtschaftliche Interesse des Täters überwiegt; unzumutbar ist die Vornahme der Rettungshandlung nur dann, wenn dem Opfer lediglich geringfügige Nachteile drohen, die Erfolgsabwendungsmaßnahme aber schwerwiegende Folgen für das Unternehmen hätte, z.B. dessen Existenz gefährden würde[109].

Ergänzender Hinweis:

1054 Für die Bestimmung der **konkreten Pflichten des einzelnen Mitgliedes eines mehrköpfigen Geschäftsführungsgremiums** gelten die oben (Rn. 1036 f.) dargelegten Grundsätze.

---

[105] Vgl. *Sternberg-Lieben/Schuster*, in: Sch/Sch, § 15 StGB Rn. 224.
[106] Siehe nur W/*Beulke/Satzger*, AT, Rn. 1218, mit Nachweisen auch der Gegenmeinungen.
[107] BGH, NStZ 2000, 414, 415.
[108] W/*Beulke/Satzger*, AT, Rn. 1207; *Krey/Esser*, AT, Rn. 1175; *Kühl*, AT, § 18 Rn. 128 f.
[109] BGHSt 37, 106, 122.

Fall 69: – *Pflicht zur Verhinderung von Straftaten der Mitarbeiter* –
Rita Gundolf (G) ist vertretungsberechtigte Gesellschafterin der Gundolf KG, die einen Gebrauchtwagenhandel betreibt. G hörte zufällig ein Gespräch mit an, in dem Manfred Vöckler (V), einer der Verkäufer der KG, Elisabeth Körting (K) die Unfallfreiheit eines BMW 320d, für den sich K interessierte, zusicherte. G wusste jedoch ebenso wie V, dass der Pkw einen schweren Unfall erlitten hatte und der von V geforderte Preis zwar dem Wert eines vergleichbaren unfallfreien Autos entsprach, aber etwa 4.000,- € über dem Marktwert des BMW lag. G schritt nicht ein, als K den Kaufvertrag unterschrieb, weil sie sehr erfreut über die „Geschäftstüchtigkeit" des V war.
Wie haben sich V und G strafbar gemacht?

1055

a) Strafbarkeit des V wegen Betruges gem. § 263 StGB
V täuschte K über eine Tatsache, die Unfallfreiheit des BMW. K nahm daraufhin eine irrtumsbedingte Vermögensverfügung durch Abschluss des Kaufvertrages vor und erlitt dadurch einen Schaden in Höhe von 4.000,- €. V handelte vorsätzlich, mit Drittbereicherungsabsicht, rechtswidrig und schuldhaft, sodass er wegen Betruges strafbar ist.

b) Strafbarkeit der G wegen Betruges durch Unterlassen gem. §§ 263, 13 StGB
Nach heute ganz h.M.[110] kann ein Betrug auch durch Unterlassen begangen werden, indem die Entstehung bzw. Verfestigung eines Irrtums nicht verhindert oder ein bereits vorhandener Irrtum trotz Aufklärungspflicht nicht beseitigt wird. G hätte die irrtumsbedingte Schädigung der K durch die Richtigstellung der Erklärung des V verhindern können. Fraglich ist allerdings, ob G zur Aufklärung der K verpflichtet war. Eine Beschützergarantenstellung aus dem zwischen K und der KG geschlossenen Kaufvertrag scheidet aus, da sich aus einem Kaufvertrag in der Regel keine Sonderpflichten zum Schutz des Vermögens des Vertragspartners ergeben[111].

1056

G könnte jedoch als Leiterin des Unternehmens zur Verhinderung der Straftat des V verpflichtet gewesen sein. Eine solche **Überwachergarantenstellung des Geschäftsherrn** wird zwar überwiegend anerkannt[112], strittig sind allerdings die Voraussetzungen.
Die h.M.[113] befürwortet eine Überwachergarantenstellung des Inhabers oder Leiters eines Unternehmens zur **Abwendung aller betriebsbezogenen Straftaten – und auch Ordnungswidrigkeiten – der Mitarbeiter**, die diese in Erfüllung der ihnen übertragenen Aufgaben verwirklichen[114]. Danach wäre G verpflichtet gewesen, die betrügerische Schädigung der K zu verhindern.

1057

---

[110] Siehe nur *Mitsch*, BT 2, S. 265 f., m.w.N.
[111] Vgl. *Perron*, in: Sch/Sch, § 263 StGB Rn. 22.
[112] Völlig ablehnend allerdings *Heine*, Die strafrechtliche Verantwortlichkeit von Unternehmen, 1995, S. 116 ff.; *Yü-hsiu Hsü*, Garantenstellung des Betriebsinhabers zur Verhinderung strafbarer Handlungen seiner Angestellten?, 1986, S. 241 ff.
[113] BGHSt 57, 42, Rn. 13 f.; BGH, NStZ 2018, 648, mit krit. Bespr. *Wagner*, NZWiSt 2019, 365 ff.; *Bosch*, in: Sch/Sch, § 13 StGB Rn. 53a; *Heger*, in: L/K/H, § 13 StGB Rn. 14a; *Heuchemer*, in: BeckOK-StGB, § 13 Rn. 107; *Mittelsdorf*, ZIS 2011, 123, 126; *Rengier*, in: KK-OWiG, § 8 Rn. 47 ff.
[114] Nach Auffassung von *Schlösser*, wistra 2006, 446, 447 ff., kann sich eine Garantenstellung der Unternehmensleitung zudem aus einer sog. „Integritätsklausel", in der sich das Unternehmen gegenüber einem Vertragspartner zur Verhinderung von Straftaten der eigenen Mitarbeiter verpflichtet, ergeben.

1058 Die Gegenmeinung beschränkt die Verpflichtung auf **Geschäftsbetriebe, die selbst eine besondere Gefahrenquelle für die Allgemeinheit** darstellen, z.B. weil das Unternehmen gefährliche Produkte, wie Waffen, Chemikalien oder – potenziell Verbraucher schädigende – Arznei- bzw. Lebensmittel herstellt[115]. Nach dieser Auffassung wäre G nicht Garantin für das Vermögen der K, da ein Gebrauchtwagenhandel zwar Möglichkeiten zur Begehung von Betrügereien eröffnet, sich dadurch aber nicht wesentlich von anderen Geschäftszweigen unterscheidet. Anders läge es, wenn das Fahrzeug verkehrsuntüchtig gewesen wäre und deshalb eine Gefahrenquelle für Leib und Leben der K bzw. sonstiger Benutzer oder anderer Verkehrsteilnehmer bedeutet hätte.

Stellungnahme:

1059 Einerseits führt die Begründung eines Arbeitsverhältnisses nicht dazu, dass die Unternehmensleitung in jeder Hinsicht für das Verhalten des Arbeitnehmers verantwortlich wird. Eine generelle Verpflichtung zur Verhinderung aller Straftaten oder Ordnungswidrigkeiten eines Mitarbeiters, also auch solcher, die dieser in seiner Freizeit oder nur anlässlich seiner beruflichen Tätigkeit begeht, hat der „Geschäftsherr" deshalb sicher nicht. Andererseits wird der Arbeitnehmer im Interesse des Geschäftsherrn tätig und benutzt die ihm eingeräumten Handlungsmöglichkeiten, wenn er in Erfüllung der ihm übertragenen Aufgaben tätig wird. Durch die Eingliederung in die arbeitsteilig organisierten Betriebsabläufe wird der Arbeitnehmer zu einem Teil des Unternehmens. Da der Inhaber bzw. Leiter eines jeden Unternehmens, also nicht nur bei Bestehen besonderer betriebstypischer Gefahren, für dieses insgesamt verantwortlich ist, umfasst diese Verantwortlichkeit die Mitarbeiter, allerdings nur, soweit sie die ihnen im Unternehmen übertragenen Aufgaben wahrnehmen. Diesen beiden Umständen trägt die h.M. Rechnung, sodass ihr zuzustimmen ist.

1060 Fraglich ist, ob den „Geschäftsherrn" auch dann eine Garantenstellung zur Verhinderung von Straftaten eines Mitarbeiters trifft, wenn sie sich nicht gegen eine unternehmensexterne Person, sondern gegen einen Kollegen des Täters (z.B. „Mobbing" durch Beleidigung oder Körperverletzung) richtet. Zwar begeht der Täter eine solche Tat nur anlässlich seiner beruflichen Tätigkeit, sodass eine Überwachergarantenstellung ausscheidet[116]. Zutreffend erscheint es jedoch, eine Beschützergarantenstellung des Betriebsinhabers aus seiner Stellung als Arbeitgeber anzunehmen, da er nicht nur eine arbeitsrechtliche, sondern auch strafrechtlich abgesicherte Fürsorgepflicht innehat[117]. Erforderlich ist allerdings ebenfalls ein „Betriebsbezug", sodass der Arbeitgeber nur gegen Straftaten im Betrieb einschreiten muss[118].

1061 Damit ist allerdings der **Kreis der garantenpflichtigen Personen** noch nicht festgelegt. Es bietet sich an, ihn nach Maßgabe des § 14 StGB bzw. § 9 OWiG zu bestimmen, sodass nicht nur die Organe, Vertreter und Betriebsleiter zur Verhinderung betriebsbezogener Straftaten der ihnen „unterstellten" Mitarbeiter verpflichtet sind,

---

[115] *Jakobs*, Strafrecht AT, 2. Aufl. 1993, Abschn. 29 Rn. 36; *Stein*, in: SK, § 13 StGB Rn. 43.
[116] BGHSt 57, 42, Rn. 15 ff. **A.A.** *Kuhn*, wistra 2012, 297 f.
[117] *Heuchemer*, in: BeckOK-StGB, § 13 Rn. 107; *Kuhn*, wistra 2012, 297, 298 f.
[118] Näher dazu *Geneuss*, ZIS 2016, 259, 262 ff.

§ 20: Strafrechtliche Verantwortlichkeit der Unternehmensleitung

sondern – entsprechend § 14 Abs. 2 Nr. 2 StGB bzw. § 9 Abs. 2 Nr. 2 OWiG – auch die Personen, die ausdrücklich mit der Überwachung der Mitarbeiter beauftragt sind. Fehlt eine ausdrückliche Beauftragung, so kann die Garantenstellung aus tatsächlicher Übernahme folgen[119].

Es trifft deshalb grundsätzlich zu, dass der 5. Strafsenat des BGH – in einem obiter dictum – festgestellt hat, den **„Compliance Officer"** könne eine Garantenstellung zur Verhinderung von Straftaten, die von Mitarbeitern aus dem Unternehmen heraus begangen werden, treffen[120]. Gesetzlich vorgeschrieben ist die Einrichtung einer „Compliance-Funktion" für Wertpapierfirmen in Art. 22 MiFID II[121]. Die BaFin fordert zudem in den „Mindestanforderungen an das Risikomanagement" (MaRisk)[122] vom 16.08.2021 unter AT 4.4.2, dass alle Kreditinstitute und Finanzdienstleistungsunternehmen – auf der Grundlage des § 25a Abs. 1 S. 3 Nr. 3c KWG – u.a. eine Compliance-Funktion einrichten und einen Compliance-Beauftragten bestellen. Zahlreiche Großunternehmen anderer Branchen haben ohnehin – ohne ausdrückliche gesetzliche Verpflichtung – inzwischen Compliance-Abteilungen eingerichtet, die zur Überwachung der Einhaltung und Befolgung bestimmter – nicht nur strafrechtlicher, sondern auch anderer für das Unternehmen relevanter, z.B. bilanz- oder arbeitsrechtlicher – Regeln berufen sind[123].

Unter dem Begriff „Criminal Compliance" wird zum Teil die Gesamtheit der strafrechtlich relevanten Regelungen zur Sicherstellung regelkonformen Verhaltens im Unternehmen verstanden, und zwar die auf Vorbeugung und Verhinderung von Straftaten und Ordnungswidrigkeiten gerichteten Maßnahmen[124] und die nach der Begehung der Tat vorgenommenen unternehmensinternen Ermittlungen zu deren Aufklärung[125].

1062

Art und Inhalt der Pflichten des Leiters der Compliance-Abteilung, der üblicherweise als Compliance Officer bezeichnet wird, sind nach der Ausgestaltung seines Aufgabenkreises im Dienstvertrag zu bestimmen[126]. Erschöpft sich die Pflichtenstellung des Compliance Officer darin, unternehmensinterne Prozesse zu optimieren

1063

---

[119] *Achenbach*, in: HWSt, 1. Teil 3. Kap. Rn. 36.
[120] BGHSt 54, 44, Rn. 27, mit Anm. *Mosbacher*, NStZ 2010, 268 ff.
[121] Delegierte Verordnung (EU) 2017/565 zur Ergänzung der Richtlinie 2014/65/EU des Europäischen Parlaments und des Rates in Bezug auf die organisatorischen Anforderungen an Wertpapierfirmen und die Bedingungen für die Ausübung ihrer Tätigkeit sowie in Bezug auf die Definition bestimmter Begriffe für die Zwecke der genannten Richtlinie, ABl. L 87 vom 31.03.2017, 1.
[122] Rundschreiben 10/2021 der BaFin, https://www.bafin.de/SharedDocs/Veroeffentlichungen/DE/Rundschreiben/2021/rs_1021_MaRisk_BA.html?nn=9450904#doc16502162bodyText17.
[123] *Bock*, ZIS 2009, 68; ders., wistra 2011, 201, *Klindt/Pelz/Theusinger*, NJW 2010, 2385 ff.; *Runkel*, BB 2016, 1012; *Salvenmoser/Hauschka*, NJW 2010, 331, 334; *Schaefer/Baumann*, NJW 2011, 3601 ff.; *Wessing*, in: Festschrift für Volk, 2009, S. 867 ff.
[124] Darauf beschränkt offensichtlich *Bock*, wistra 2011, 201, den Begriff. Nach *Lindemann/Sommer*, JuS 2015, 1057, 1061, rückt der Begriff der Criminal Compliance „die Verhinderung von Straftaten in den Focus".
[125] Siehe dazu *Hönig*, in: Festschrift für Wolf Schiller, 2014, S. 281 ff.; *Timm*, ZIS 2013, 249 ff.
[126] BGHSt 54, 44, Rn. 27; *Deutscher*, WM 2010, 1387, 1392; *Schneider*, in: Kühl/Seher, Rom, Recht, Religion, Symposion für Udo Ebert zum siebzigsten Geburtstag, 2011, S. 349, 361 f.; *Schneider/Gottschaldt*, ZIS 2011, 573, 575; *Wolf*, BB 2011, 1353, 1356 f.

und *gegen das Unternehmen gerichtete Zuwiderhandlungen* von Mitarbeitern oder Dritten zu beanstanden und zu unterbinden, so kann eine Verletzung dieser Pflichten die Strafbarkeit wegen Untreue oder wegen eines unechten Unterlassungsdelikts aufgrund der Garantenstellung zum Schutz der Rechtsgüter des Unternehmens begründen[127]. Grundsätzliche Zustimmung verdient zudem die These des BGH, der Compliance Officer habe eine Garantenstellung zum Schutz der Rechtsgüter der betroffenen Dritten, wenn er zur Verhinderung von Rechtsverstößen, insbesondere von Straftaten, die von Mitarbeitern *aus dem Unternehmen heraus* begangen werden, verpflichtet ist[128]. Daraus folgt jedoch nicht notwendig, dass der Compliance Officer selbst die erforderlichen Maßnahmen ergreifen muss, um die Straftat zu verhindern, sondern maßgeblich ist, welche Pflichten er durch den Anstellungsvertrag übernommen hat[129]. Ist der Compliance Officer nur zur Unterrichtung der Unternehmensleitung über bevorstehende oder gerade stattfindende Straftaten der Mitarbeiter verpflichtet, so kommt eine Tatbegehung durch Unterlassen nur in Betracht, wenn der Compliance Officer den Vorfall nicht mitteilt und die Unternehmensleitung mit an Sicherheit grenzender Wahrscheinlichkeit im Falle rechtzeitiger Information eingeschritten wäre. Verfügt der Compliance Officer dagegen über eine eigene Verbots-, Weisungs- und Anordnungskompetenz, so macht er sich – bei Vorliegen der weiteren Voraussetzungen des einschlägigen Unterlassungsdelikts – als Garant wegen Tatbegehung durch Unterlassen strafbar. Möglich – in der Praxis aber zumeist nicht üblich – ist es, dass der Dienstvertrag den Compliance Officer zur Überwachung der Geschäftsführer oder des Vorstands verpflichtet[130]. Ist der Compliance Officer für den gesamten Konzern zuständig, so gelten die Pflichten auch hinsichtlich Zuwiderhandlungen in den Tochterunternehmen[131].

– Siehe dazu *Fälle zum Wirtschaftsstrafrecht*, Rn. 97; 548 ff. –

1064 Für unseren Fall 69 war G als vertretungsberechtigte Gesellschafterin der KG verpflichtet, den Betrug, den V in Erfüllung der ihm übertragenen Aufgaben beging, zu verhindern. Zu klären bleibt, ob sie wegen täterschaftlich begangenen Betruges durch Unterlassen strafbar ist oder wegen Beihilfe durch Unterlassen zu dem Betrug des V. Über die Abgrenzung von Täterschaft und Teilnahme besteht bei Unterlassendelikten bekanntlich ein heftiger Streit, wenn an dem Tatgeschehen auch ein aktiv Handelnder beteiligt ist[132]. Dieser Streit ist hier nicht im Einzelnen zu behandeln, vorzugswürdig erscheint es jedoch, den zur Verhinderung einer fremden Straftat Verpflichteten als Täter zu betrachten. Das gilt im Besonderen für den Unternehmensinhaber oder -leiter bzw. Compliance Officer[133]. Diese Personen nur als „Randfiguren" im Range eines Gehilfen einzustufen, wird der Verteilung der Verantwortungsbereiche in einem Unternehmen nicht gerecht.

G ist also Täterin des Betruges durch Unterlassen, da sie auch vorsätzlich, mit Bereicherungsabsicht, rechtswidrig und schuldhaft handelte.

---

[127] BGHSt 54, 44, Rn. 27; *Rübenstahl*, NZG 2009, 1341 f.
[128] BGHSt 54, 44, Rn. 27.
[129] *Rübenstahl*, NZG 2009, 1341, 1342 ff.; *Warneke*, NStZ 2010, 312 ff.
[130] *Schneider/Gottschaldt*, ZIS 2011, 573, 575.
[131] Zur „Compliance im Konzern" eingehend *Schneider*, NZG 2009, 1321 ff.
[132] Zum Streitstand siehe *Krey/Esser*, AT, Rn. 1177 ff.
[133] Eingehend dazu *Krüger*, ZIS 2011, 1 ff.

3. Verletzung der Aufsichtspflicht in Betrieben und Unternehmen (§ 130 OWiG)

Die dogmatischen Konstruktionen der mittelbaren Täterschaft kraft Organisationsherrschaft (Rn. 1040 ff.) und der Unterlassungsstrafbarkeit (Rn. 1047 ff.) ermöglichen es zwar, die Unternehmensleitung bzw. den Compliance Officer in bestimmten Konstellationen für das Verhalten der Mitarbeiter straf- oder bußgeldrechtlich verantwortlich zu machen. Es ist aber nicht zu verkennen, dass diese Wege in der Praxis zumeist verstellt sind. Die Schaffung einer „kriminellen Herrschaftsstruktur" wird nur ausnahmsweise vorliegen. Bei gelegentlichen Delikten von Mitarbeitern wird sich die Unternehmensleitung häufig darauf berufen können, von der konkreten Tat nichts gewusst zu haben oder diese sei nicht vorhersehbar gewesen. Dann scheitert die Unterlassungsstrafbarkeit mangels Vorsatzes bzw. Fahrlässigkeit oder jedenfalls mangels Nachweisbarkeit dieser Voraussetzungen. Die Sanktionierung der Unternehmensleitung ist dennoch nicht ausgeschlossen, da nach Maßgabe des § 130 OWiG die Verhängung eines Bußgeldes wegen Verletzung der Aufsichtspflicht in Betracht kommt. Dieser Bußgeldtatbestand[134] besitzt nicht selten die Funktion eines **Auffangtatbestandes** für die Fälle, in denen eine Beteiligung der Leitungspersonen an der Straftat bzw. Ordnungswidrigkeit des Mitarbeiters nicht beweisbar ist[135]. 1065

Fall 70: – *Zuwiderhandlung gegen Pflichten des Inhabers* –

Horst Gerber (G) ist Geschäftsführer der Rofux-Bau-GmbH. Michael Albers (A) arbeitet seit mehreren Jahren als technischer Angestellter für die Gesellschaft. Er ist unter anderem für die Kalkulation und Abgabe von Angeboten zuständig. Da A in der Vergangenheit die ihm übertragenen Aufgaben immer zur vollsten Zufriedenheit des G ausgeführt hatte, ließ dieser dem A schließlich völlig freie Hand. Als die Stadt D den Erweiterungsbau einer Schule öffentlich ausschrieb, sprach A mit Vertretern anderer Baufirmen die abzugebenden Angebote ab. A reichte am 15.02.2023 für die GmbH ein Angebot über 2.235.638,- € ein, das 246.000,- € über dem von ihm zuvor kalkulierten Betrag lag. Da die anderen an der Absprache beteiligten Firmen – wie vereinbart – höhere Angebote abgaben, erhielt die Rofux-Bau-GmbH den Zuschlag. G behauptete unwiderlegt, von der Absprache nichts gewusst und A bei dessen Anstellung auf die Strafbarkeit von Submissionsabsprachen hingewiesen zu haben. 1066

Kann G für das Verhalten des A zur Verantwortung gezogen werden?

a) Strafbarkeit des A

A ist wegen wettbewerbsbeschränkender Absprache bei Ausschreibungen gem. § 298 StGB und Betruges gem. § 263 StGB in Tateinheit (§ 52 StGB) strafbar (vgl. Rn. 608 ff.).

b) Strafbarkeit des G

aa) §§ 298, 25 Abs. 1, 2. Alt. StGB

Für die Schaffung einer hierarchischen Organisationsstruktur (Rn. 1040 ff.) in der GmbH durch G, mittels derer er das Verhalten des A gesteuert hätte, enthält der Sachverhalt keine Anhaltspunkte, sodass eine Tatbegehung des G in mittelbarer Täterschaft ausscheidet. 1067

---

[134] Es handelt sich nicht um „außerordentliche Zurechnungsform", sondern um einen selbstständigen Tatbestand *Achenbach*, Festschrift für Amelung, 2009, S. 367, 370 ff.
[135] OLG Düsseldorf, wistra 1989, 358, 359; AG Solingen, NJW 1996, 1607, 1608; *Achenbach*, in: HWSt, 1. Teil 3. Kap. Rn. 41; *Rogall*, in: KK-OWiG, § 130 Rn. 124; *Wittig*, § 6 Rn. 128.

bb) §§ 298, 13 StGB

1068 Die Strafbarkeit wegen wettbewerbswidriger Absprache durch Unterlassen scheitert mangels Vorsatzes bzw. mangels Nachweisbarkeit des Vorsatzes des G.

cc) § 130 Abs. 1 S. 1 OWiG

In Betracht kommt aber eine Ahndung wegen Verletzung der Aufsichtspflicht.

(1) Objektiver Tatbestand

1069 (a) § 130 OWiG ist ein **Sonderdelikt**, dessen Adressat der Inhaber eines Betriebes oder Unternehmens ist[136]. Inhaber des Bauunternehmens ist die Rofux-Bau-GmbH, dieses besondere persönliche Merkmal wird nach § 9 Abs. 1 Nr. 1 OWiG aber auf den Geschäftsführer G überwälzt. Er ist somit tauglicher Täter des § 130 OWiG.

1070 (b) Die **Tathandlung** besteht in dem Unterlassen der Aufsichtsmaßnahmen, die erforderlich sind, um in dem Betrieb oder Unternehmen Zuwiderhandlungen gegen Pflichten zu verhindern, die den Inhaber treffen und deren Verletzung mit Strafe oder Bußgeld bedroht ist. § 130 OWiG ist also ein **echtes Unterlassungsdelikt**[137]. Die Aufsichtspflicht endet – entgegen der h.M.[138] – grundsätzlich an den Grenzen der rechtlich selbstständigen Gesellschaft, sodass im Konzern die beherrschende Muttergesellschaft in der Regel nicht zur Aufsicht über die Tochtergesellschaften verpflichtet ist[139]. Richtet die beherrschende Gesellschaft jedoch eine für den gesamten Konzern zuständige „Compliance-Abteilung" ein (siehe Rn. 1062), so wird die Aufsichtspflicht – auch über die Mitarbeiter der Tochtergesellschaften – nach § 9 Abs. 2 Nr. 2 OWiG auf den „Compliance Officer" überwälzt, wenn ihm die Aufgabe übertragen wurde, Zuwiderhandlungen der Mitarbeiter zu verhindern (siehe *Fälle zum Wirtschaftsstrafrecht*, Rn. 550 ff.).

1071 (aa) Die Bestimmung der im konkreten Fall **erforderlichen Aufsichtsmaßnahmen** lässt sich nicht unabhängig von der tatsächlich begangenen Zuwiderhandlung vornehmen, obwohl diese selbst nicht zum Tatbestand gehört, sondern *objektive Bedingung der Ahndung* ist (Rn. 1079 ff.), denn sonst wäre der Tatbestand uferlos und immer erfüllt, wenn der Aufsichtspflichtige nicht alle erdenklichen Aufsichtsmaßnahmen gegen jegliche Zuwiderhandlungen ergriffen hat. Die erforderlichen Aufsichtsmaßnahmen dürfen zwar nicht erst nachträglich anhand der tatsächlich begangenen Zuwiderhandlung festgelegt werden. Es ist aber festzustellen, dass die Aufsichtsmaßnahmen nötig waren, um der betriebstypischen Gefahr gerade solcher Zuwiderhandlungen, wie sie der Mitarbeiter begangen hat, zu begegnen[140].

---

[136] *Achenbach*, in: HWSt, 1. Teil 3. Kap. Rn. 42.
[137] *Bock*, ZIS 2009, 68, 72.
[138] BKartA, WuW 2009, 280 f. („Tondachziegel-Fall"); OLG München, StV 2016, 35, mit zust. Bespr. *Caracas*, CCZ 2016, 44 ff.; *Lemke/Mosbacher*, § 130 OWiG Rn. 7; *Rogall*, in: KK-OWiG, § 130 Rn. 27. Zur Haftung der Muttergesellschaft für (Kartell-)Verstöße ihrer Tochtergesellschaften nach europäischem Recht siehe EuGH, EuZW 2009, 816, 822.
[139] *Gürtler/Thoma*, in: Göhler, § 130 OWiG Rn. 5a; *Vogt*, Die Verbandsgeldbuße gegen eine herrschende Konzerngesellschaft, S. 281 ff. Zur Aufsichtspflichtverletzung im Konzern *Theurer*, ZWH 2018, 59 ff.
[140] *Achenbach*, in: HWSt, 1. Teil 3. Kap. Rn. 53 f.; *Rogall*, ZStW 98 (1986), 573, 588 ff., 597 ff.

Die von A begangene Tat, d.h. die Abgabe eines abgesprochenen Angebots, müsste **1072** *der Art nach* eine **Zuwiderhandlung gegen Pflichten des Inhabers** darstellen. Die Neufassung des § 130 Abs. 1 OWiG[141] enthält nicht mehr den Zusatz, dass die Pflichten den Inhaber „als solchen" treffen müssen. Dadurch hat das Gesetz den zur Vorgängerregelung bestehenden Streit[142], ob darunter nur Sonderdelikte, deren Adressat gerade der Inhaber ist[143], bzw. – neben diesen – auch Zuwiderhandlungen gegen Garantenpflichten des Inhabers zur Überwachung bestimmter Gefahrenquellen[144] oder – wie es die h.M.[145] befürwortete – alle Zuwiderhandlungen gegen eine im Zusammenhang mit der Führung des Betriebes oder Unternehmens stehende Pflicht fallen, im Sinne der h.M. entschieden[146].

A müsste durch die Beteiligung an der Absprache also eine betriebsbezogene Pflicht **1073** verletzt haben. Das Angebot auf die Ausschreibung hat die GmbH abgegeben. Sie hat sich zwar dazu, da sie selbst im strafrechtlichen Sinne nicht handeln kann, des A bedient. Die § 298 StGB zugrundeliegende Pflicht, Angebote nur abzugeben, wenn diese nicht abgesprochen sind, trifft aber auch die GmbH. Ebenso liegt es bei dem Betrug. Die sanktionierte Wahrheitspflicht bei Abgabe eines Angebotes gilt für denjenigen, der es einreicht, und für die GmbH, in deren Namen die Erklärung abgegeben wird. Das Verhalten des A verletzte somit Pflichten, welche den Unternehmensinhaber – die GmbH – treffen und mit Strafe bedroht sind.

(bb) Welche konkreten Aufsichtsmaßnahmen erforderlich sind, hängt auch von den **1074** Gegebenheiten des Betriebes bzw. Unternehmens ab[147]. Grundsätzlich hat der Inhaber eine **Organisation mit einer klaren und weitgehend lückenlosen Zuständigkeitsverteilung** zu schaffen, die geeignet ist, der Gefahr betriebstypischer Zuwiderhandlungen entgegenzuwirken[148]. Zu den gebotenen Aufsichtsmaßnahmen gehören die **sorgfältige Auswahl** geeigneter und zuverlässiger Mitarbeiter, deren wiederholte **Unterrichtung** über das rechtlich gebotene Verhalten sowie über die Entschlossenheit der Unternehmensleitung, die Einhaltung zu gewährleisten, die **Überwachung** der Mitarbeiter, z.B. durch stichprobenartige Kontrollen und Geschäftsprüfungen, und die **Androhung arbeitsrechtlich zulässiger Sanktionen**, wenn ein konkreter Anlass dazu besteht. Häufig wird der Inhaber wegen der Größe des Betriebes bzw. Unternehmens nicht in der Lage sein, die erforderlichen Maßnahmen persönlich vorzunehmen; ist der Inhaber eine juristische Person oder eine Personengesellschaft, so bedarf es zur Ausübung der Aufsicht ohnehin der Einschaltung natürlicher Personen. § 130 Abs. 1 S. 2 OWiG stellt klar, dass auch die **Bestellung**,

---

[141] Art. 2 des 41. StRÄndG vom 7. August 2007, BGBl. I, 1786.
[142] Siehe dazu die 1. Auflage dieses Lehrbuchs, Rn. 891 f.
[143] *Rogall*, in: KK-OWiG, 3. Auflage 2006, § 130 Rn. 84 ff.; *ders.*, ZStW 98 (1986), 573, 604 f.; *Schünemann*, wistra 1982, 41, 48.
[144] *Cramer*, in: KK-OWiG, 1. Aufl. 1989, § 130 Rn. 86 ff., 92.
[145] BGHZ 125, 366, 371 f.; BayObLG, NStZ 1998, 575; OLG Zweibrücken, NStZ-RR 1998, 311, 312; ähnlich OLG Köln, wistra 1994, 315: Verstöße gegen für den Betrieb geltende Gebote und Verbote.
[146] Nach dem Willen der Entwurfsverfasser dient die Änderung diesem Ziel, BT-Drs. 16/3656, 14 f.; siehe dazu *Achenbach*, in: Festschrift für Amelung, 2009, S. 367 ff.
[147] OLG Jena, NStZ 2006, 533, 543; *Wittig*, § 6 Rn. 140.
[148] BGH, WuW/E BGH 2148, 2149; *Tiedemann*, Rn. 453; *Wittig*, § 6 Rn. 140.

sorgfältige Auswahl und Überwachung von Aufsichtspersonen zu den erforderlichen Aufsichtsmaßnahmen zählen. Die Anforderungen an die Ausgestaltung des rechtlich gebotenen „Überwachungssystems" hängen von den konkreten Umständen ab[149]. U.U. kann aus Art, Größe und Organisation des Unternehmens sowie Verdachtsfällen in der Vergangenheit die Pflicht folgen, eine Compliance-Organisation einzurichten[150].

1075 Da G dem A in dessen Aufgabenbereich völlig freie Hand ließ, unterließ er jegliche Aufsichtsmaßnahmen. Obwohl sich A in der Vergangenheit stets als zuverlässig erwiesen hatte, war es erforderlich, stichprobenartige Kontrollen durchzuführen, zumal in Bauunternehmen die betriebstypische Gefahr besteht, dass sich Mitarbeiter an Submissionsabsprachen beteiligen[151].

(2) Subjektiver Tatbestand

1076 § 130 Abs. 1 S. 1 OWiG bedroht sowohl das vorsätzliche als auch das fahrlässige Unterlassen von Aufsichtsmaßnahmen mit Geldbuße. Da die tatsächlich begangene Zuwiderhandlung des Mitarbeiters nicht zum Tatbestand gehört, müssen sich der Vorsatz des Inhabers oder dessen Vertreters bzw. die Fahrlässigkeit nicht darauf beziehen[152], sondern nur auf die Tätereigenschaft, das Unterlassen der erforderlichen Aufsicht und das Vorliegen der betriebstypischen Gefahr einer Zuwiderhandlung, wie sie der Mitarbeiter begangen hat[153].

G wusste, dass er Geschäftsführer der GmbH ist und A nicht beaufsichtigte; bei lebensnaher Betrachtung ist davon auszugehen, dass ihm die betriebstypische Gefahr von Submissionsabsprachen in Bauunternehmen bekannt war. Die Annahme einer vorsätzlichen Tat hindert es deshalb nicht, dass G auf eine ordnungsgemäße Aufgabenerledigung durch A vertraute.

(3) Rechtswidrigkeit

1077 Eine Rechtfertigung der Unterlassung erforderlicher Aufsichtsmaßnahmen kommt mangels einschlägiger Rechtfertigungsgründe generell nicht in Betracht. G hat also auch rechtswidrig gehandelt.

(4) Vorwerfbarkeit

1078 Die bei Ordnungswidrigkeiten an die Stelle der Schuld bei Straftaten tretende Verantwortlichkeit (§ 12 OWiG) liegt ebenfalls vor, da Gründe, welche die Verantwortlichkeit des G ausschließen könnten, nicht ersichtlich sind.

(5) Objektive Bedingung der Ahndung

1079 Das Unterlassen erforderlicher Aufsichtsmaßnahmen wird nur dann mit einem Bußgeld geahndet, wenn der **Mitarbeiter eine mit Strafe oder Geldbuße bedrohte Zuwiderhandlung** gegen Pflichten des Inhabers als solchen begangen hat und die

---

[149] *Blassl*, CCZ 2016, 201, 202; *Kulhanek*, ZWH 2015, 94, 97 ff.
[150] So LG München, NZWiSt 2014, 183, 187 ff., das in einem Schadensersatzprozess die Verpflichtung zur Einrichtung eines „funktionierenden Compliance-Systems" bei einer „entsprechenden Gefährdungslage" aus § 91 Abs. 2 AktG, nach dem der Vorstand einer AG geeignete Maßnahmen zu treffen, insbesondere ein Überwachungssystem einzurichten hat, damit den Fortbestand der Gesellschaft gefährdende Entwicklungen früh erkannt werden, folgert.
[151] *Achenbach*, in: HWSt, 1. Teil 3. Kap. Rn. 54.
[152] *Gürtler/Thoma*, in: Göhler, § 130 OWiG Rn. 17; *Rogall*, in: KK-OWiG, § 130 Rn. 20.
[153] *Achenbach*, in: HWSt, 1. Teil 3. Kap. Rn. 55; *Wittig*, § 6 Rn. 144.

Zuwiderhandlung **durch gehörige Aufsicht verhindert oder wesentlich erschwert** worden wäre. Es handelt sich um eine – der objektiven Bedingung der Strafbarkeit bei Straftaten vergleichbare – objektive Bedingung der Ahndung[154].

1080 (a) Die von A verwirklichten §§ 298, 263 StGB sind Zuwiderhandlungen gegen Pflichten, die den Inhaber treffen (Rn. 1072 ff.). Der Terminus *„mit Strafe oder Geldbuße bedroht"* stellt klar, dass die Tat des Mitarbeiters nicht straf- bzw. ahndbar sein muss. Daraus folgt zum einen, dass die Zuwiderhandlung des Mitarbeiters nicht notwendig die tatbestandlichen Voraussetzungen eines Straf- bzw. Bußgeldtatbestandes erfüllen muss, sondern auch Zuwiderhandlungen gegen Sonderdelikte, die sich nur an den Betriebs- oder Unternehmensinhaber richten, genügen[155], und zum anderen, dass der Mitarbeiter nicht schuldhaft bzw. vorwerfbar gehandelt haben muss. Mit Strafe oder Bußgeld bedroht ist die Zuwiderhandlung, wenn sie das in einem Straf- oder Bußgeldtatbestand beschriebene Tatbild verwirklicht, der Mitarbeiter bei Vorsatzdelikten die vom Tatbestand vorausgesetzten subjektiven Merkmale (Vorsatz und ggf. weitere subjektive Tatbestandsmerkmale, z.B. Absichten) aufweist bzw. bei Fahrlässigkeitsdelikten sorgfaltswidrig gehandelt hat und die Rechtswidrigkeit gegeben ist[156].

1081 (b) § 130 Abs. 1 S. 1 OWiG fordert zudem, dass die Zuwiderhandlung des Mitarbeiters *„durch die gehörige Aufsicht verhindert oder wesentlich erschwert worden wäre"*. Die Vorschrift setzt somit einen **Zurechnungszusammenhang** zwischen der unterlassenen Aufsichtsmaßnahme und der Zuwiderhandlung voraus. Anders als die ursprüngliche Fassung des § 130 Abs. 1 S. 1 OWiG, die verlangte, dass die Zuwiderhandlung durch die gehörige Aufsicht „hätte verhindert werden können", ist die Feststellung der hypothetischen Kausalität der Unterlassung gehöriger Aufsicht für die Begehung der Zuwiderhandlung[157] nicht mehr erforderlich. Eine wesentliche Erschwerung der Zuwiderhandlung ist anzunehmen, wenn die gehörige Aufsicht **zur Beseitigung der betriebstypischen Zuwiderhandlungsgefahr geeignet** war[158]. Bei so genannten „Exzesstaten", die durch eine hohe Entschlossenheit des Mitarbeiters und besonderes „Geschick" bei der Vornahme und Verschleierung der Zuwiderhandlung gekennzeichnet sind und deshalb auch durch die gebotene Aufsicht nicht zu verhindern gewesen wären, wird der Zurechnungszusammenhang fehlen[159].

1082 Die gebotene regelmäßige Kontrolle und wiederholte Belehrung des A darüber, dass die Geschäftsführung die Beteiligung der GmbH an Submissionsabsprachen ablehnt und nicht duldet, war durchaus geeignet, A von der Zuwiderhandlung abzuhalten. Gerade der Umstand, dass G dem A völlig freie Hand ließ, kann diesen dazu bewogen haben, sich auf Absprachen mit anderen Baufirmen einzulassen.

G hat somit eine Ordnungswidrigkeit nach § 130 OWiG begangen.

---

[154] BGH, NStZ 2004, 699, 700; *Achenbach*, in: HWSt, 1. Teil 3. Kap. Rn. 60; *Gürtler/Thoma*, in: Göhler, § 130 OWiG Rn. 17; *Rogall*, in: KK-OWiG, § 130 Rn. 20.
[155] BT-Drs. V/1269, 70; *Gürtler/Thoma*, in: Göhler, § 130 OWiG Rn. 18.
[156] BT-Drs. V/1269, 70; *Achenbach*, in: HWSt, 1. Teil 3. Kap. Rn. 46; *Wittig*, § 6 Rn. 147.
[157] So OLG Köln, wistra 1994, 315, 316, zu § 130 Abs. 1 S. 1 OWiG a.F.
[158] *Achenbach*, in: HWSt, 1. Teil 3. Kap. Rn. 62.
[159] Blassl, CCZ 2016, 201, 203 ff.

Ergänzende Hinweise:

1083 **(1)** Für **mehrköpfige Geschäftsführungsgremien** gelten die oben (Rn. 1036 f.) dargelegten Grundsätze entsprechend. Die Ausübung der Aufsicht über die Mitarbeiter gehört zwar zur Gesamtverantwortung der Geschäftsführung, eine Übertragung auf ein einzelnes Mitglied ist aber zulässig[160]. Die anderen Geschäftsführungsmitglieder dürfen in der Regel darauf vertrauen, dass der Zuständige die Aufsichtspflicht ordnungsgemäß erfüllen wird. Erkennen sie, dass dies nicht der Fall ist, so sind die nicht speziell zuständigen Geschäftsführungsmitglieder wegen vorsätzlicher Verletzung der Aufsichtspflicht verantwortlich, hätten sie es erkennen können wegen fahrlässiger Aufsichtspflichtverletzung[161].

1084 **(2)** Die **Höhe der Geldbuße** ist nach § 130 Abs. 3 OWiG von der Bezugstat des Mitarbeiters abhängig.

Handelt es sich um eine **mit Strafe bedrohte Zuwiderhandlung**, so kann die Aufsichtspflichtverletzung des Inhabers bzw. seines Vertreters mit Geldbuße bis zu einer Million € geahndet werden (§ 130 Abs. 3 S. 1 OWiG). Da § 130 Abs. 1 S. 1 OWiG vorsätzliches und fahrlässiges Verhalten des Inhabers mit Geldbuße bedroht, gilt dieser Bußgeldrahmen gem. § 17 Abs. 2 OWiG für eine vorsätzliche Aufsichtspflichtverletzung; bei Fahrlässigkeit beträgt die Höchstsumme 500.000 €. Der Verweis auf § 30 Abs. 2 S. 3 OWiG in § 130 Abs. 2 S. 3 OWiG (Verzehnfachung des Bußgeldrahmens) gilt nur für die Verbandsgeldbuße im Falle einer Verletzung der Aufsichtspflicht (dazu Rn. 1155).

Ist die Zuwiderhandlung des Mitarbeiters **mit Bußgeld bedroht**, so ist der Bußgeldrahmen des Ordnungswidrigkeitentatbestandes auf den Inhaber bzw. auf den nach § 9 OWiG Verantwortlichen anzuwenden (§ 130 Abs. 3 S. 3 OWiG). Das gilt nach § 130 Abs. 3 S. 4 OWiG zudem, wenn die Zuwiderhandlung **sowohl mit Strafe als auch mit Geldbuße bedroht** ist und der Bußgeldrahmen das nach § 130 Abs. 3 S. 1 OWiG zulässige Höchstmaß der Geldbuße übersteigt.

Diese Regelung sollte eine Privilegierung des Inhabers im Fall von Submissionsabsprachen verhindern[162]. Die nach § 81 Abs. 2 S. 1 GWB *a.F.* mögliche Geldbuße konnte bis zum dreifachen Betrag des erlangten Mehrerlöses betragen und deshalb den Bußgeldrahmen des § 130 Abs. 3 S. 1 OWiG überschreiten. Da sich die Höhe der Unternehmensgeldbuße gem. § 30 Abs. 2 S. 2 OWiG wiederum nach dem Bußgeldrahmen der „Bezugsordnungswidrigkeit" richtet, konnte das Bußgeld gegen das Unternehmen nach Maßgabe des § 81 Abs. 2 S. 1 GWB *a.F.* bemessen werden. Die Neufassung des GWB hat die Möglichkeit einer Geldbuße bis zum dreifachen Betrag des erlangten Mehrerlöses beseitigt. § 81c Abs. 1 S. 1 GWB *n.F.* sieht – für natürliche Personen – eine Geldbuße bis zu einer Million € vor; der Bußgeldrahmen entspricht somit dem, der nach § 130 Abs. 3 S. 1 OWiG gilt, wenn die Bezugstat des Mitarbeiters eine Straftat nach § 298 StGB darstellt. Nach § 81c Abs. 2 S. 2 GWB *n.F.* kann die Unternehmensgeldbuße bis zu 10 % des Vorjahresumsatzes betragen

---

[160] *Rogall*, in: KK-OWiG, § 130 Rn. 72.
[161] *Bauer/Wrage-Molkenthin*, WuW 1988, 10, 11; *Heerspink*, AO-StB 2012, 27, 29; *Rogall*, in: KK-OWiG, § 130 Rn. 72; *Wittig*, § 6 Rn. 143. Enger
[162] BT-Drs. 13/8079, 16.

(vgl. Rn. 1135, 1148), dieser Bußgeldrahmen gilt aber gem. § 81c Abs. 2 S. 1 GWB nur für Ordnungswidrigkeiten nach § 81 Abs. 1, Abs. 2 Nr. 1, 2a, 5, Abs. 3 GWB, nicht dagegen im Fall der Verletzung der Aufsichtspflichtverletzung nach § 130 Abs. 1 OWiG[163]. § 130 Abs. 3 S. 1 OWiG hat deshalb durch die Änderung des GWB seine Funktion verloren[164].

(3) Bestritten wird, dass **Bestechungsdelikte der Mitarbeiter** taugliche Anknüpfungstaten des § 130 OWiG sein können, weil das Korruptionsverbot keine betriebsbezogene Pflicht darstelle[165]. Richtig ist zwar, dass die Bestechlichkeit im geschäftlichen Verkehr gem. § 299 Abs. 1 StGB keine Pflicht verletzt, die den Inhaber trifft, da er gerade nicht Adressat des Tatbestandes ist (Rn. 789). Die – aktive – Bestechung gem. § 299 Abs. 2 StGB kann aber von Mitbewerbern oder Personen, die nach außen für diese auftreten, verwirklicht werden (Rn. 804). Da die Bestechung im geschäftlichen Verkehr bei dem Bezug von Waren oder Dienstleistungen erfolgen muss, richtet sich das Verbot – auch – an den Vertragspartner des „geschäftlichen Betriebs", für den der Bestochene tätig wird. Die Pflicht, das Angebot, das Versprechen oder die Gewährung eines Vorteils als Gegenleistung für die unlautere Bevorzugung durch den Angestellten oder Beauftragten des Vertragspartners zu unterlassen, weist deshalb den erforderlichen Betriebsbezug auf[166]. Das gilt ebenfalls für die Vorteilsgewährung und Bestechung gem. §§ 333, 334 StGB durch einen Mitarbeiter, wenn die Dienstausübung bzw. die Diensthandlung des Amtsträgers eine Beziehung zu dem Betrieb oder Unternehmen des Mitarbeiters aufweist. Die vorherige Bildung einer „schwarzen" Kasse, aus der der Mitarbeiter die Bestechungssumme zahlt (siehe dazu *Fälle zum Wirtschaftsstrafrecht*, Rn. 2 ff.), macht die Vorteilsgewährung bzw. Bestechung nicht zu einem „privaten Delikt" des Mitarbeiters[167], da er die Tathandlung in seiner Eigenschaft als Mitarbeiter des Unternehmens, für das er tätig wird, und zu dessen Gunsten vornimmt.

1085

---

[163] *Wagner*, EWS 2006, 251, 255 f.
[164] *Achenbach*, in: HWSt, 1. Teil 3. Kap. Rn. 67.
[165] *Groß/Reichling*, wistra 2013, 89, 90 ff.
[166] Siehe auch *Fruck*, Aufsichtspflichtverletzung gemäß § 130 OWiG durch Korruption und Compliance als interne Korruptionsbekämpfung, 2010, S. 44.
[167] So aber *Groß/Reichling*, wistra 2013, 89, 92 f.

§ 21 Sanktionen gegen das Unternehmen als solches

1086 Das geltende deutsche Strafrecht sieht – anders als zahlreiche ausländische Strafrechtsordnungen (z.B. Österreich[1], Dänemark, Frankreich, Niederlande, Großbritannien, Irland, Norwegen, Finnland) – **keine Kriminalstrafen gegen Unternehmen** vor. Der 2013 vom Justizministerium des Landes Nordrhein-Westfalen vorgelegte Entwurf eines „Gesetzes zur Einführung der strafrechtlichen Verantwortlichkeit von Unternehmen und sonstigen Verbänden", der als Strafen eine Unternehmensgeldstrafe, eine Verbandsverwarnung mit Strafvorbehalt und die öffentliche Bekanntmachung der Verurteilung sowie als Maßregeln den Ausschluss von Subventionen und der Vergabe öffentlicher Aufträge sowie als ultima ratio die Auflösung des Verbandes vorsah, entfachte zwar – erneut – eine heftige, kontroverse rechtspolitische Diskussion[2], wurde aber in der 18. Legislaturperiode nicht umgesetzt. Der erneute Versuch, mit der „Verbandsgeldsanktion" eine kriminalstrafrechtliche Sanktion gegen Unternehmen einzuführen[3], scheiterte in 19. Legislaturperiode[4].

1087 Unternehmen können allerdings schon nach geltendem – deutschem und europäischem – Recht Adressaten von straf- und ordnungswidrigkeitenrechtlichen Rechtsfolgen sein. In Betracht kommen die **Einziehung** im Eigentum des Unternehmens stehender Tatprodukte, Tatmittel und Tatobjekte, Maßnahmen zur **Abschöpfung eines dem Unternehmen aus einer Straftat oder Ordnungswidrigkeit zugeflossenen Gewinns** und die Verhängung einer **Geldbuße gegen das Unternehmen**.

1088 Das Gesetz zur Reform der strafrechtlichen Vermögensabschöpfung vom 13.04.2017[5] hat einige Regelungen mit Wirkung vom 01.07.2017 modifiziert, präzisiert und erweitert[6]. Geändert wurde zudem die Terminologie. Die früher schlicht als Einziehung bezeichnete Rechtsfolge wird nun „Einziehung von Tatprodukten, Tatmitteln und Tatobjekten" benannt, der frühere Verfall heißt seit der Neuregelung „Einziehung von Taterträgen".

---

[1] Zu dem Verbandsverantwortlichkeitsgesetz (VbVG) z.B. *Dietrich*, NZWiSt 2016, 186 ff.; *Hilf*, NZWiSt 2016, 189 ff.; *Schumann/Knierim*, NZWiSt 2016, 194 ff.

[2] Siehe nur *Dannecker/Dannecker*, NZWiSt 2016, 162 ff.; *Hochmayr*, ZIS 2016, 226 ff.; *Hoven*, ZIS 2014, 19 ff.; *Jäger*, in: Festschrift für Imme Roxin, 2013, S. 43 ff.; *Jahn/Pietsch*, ZIS 2015, 1 ff.; *Kubiciel*, NZWiSt 2016, 178 ff.; *Mansdörfer*, ZIS 2015, 23 ff.; *Mitsch*, NZWiSt 2014, 1 ff.; *Schmidt-Leonardy*, ZIS 2015, 11 ff.; *Schünemann*, ZIS 2014, 1 ff.; *Witte/Wagner*, BB 2014, 643 ff.

[3] Entwurf eines Gesetzes zur Sanktionierung von verbandsbezogenen Straftaten (Verbandssanktionengesetz – VerSanG), Art. 1 des Entwurfs eines Gesetzes zur Stärkung der Integrität in der Wirtschaft, BT-Drs. 19/23568.

[4] Zu dem Gesetzentwurf siehe etwa *Bittmann*, ZWH 2020, 157 ff.; *Cordes/Wagner*, NZWiSt 2020, 215 ff.; DAV, NZG 2020, 298 ff.; *Knauer*, NStZ 2020, 441 ff.; *Lawall/Weitzel*, NZWiSt 2020, 209 ff.; *Rotsch/Mutschler/Grobe*, CCZ 2020, 169 ff., *Rübenstahl*, ZWH 2019, 233 ff., 265 ff., ZWH 2020, 164 ff., 193 ff.

[5] BGBl. I 2017, 872.

[6] Siehe dazu *Barreto da Rosa*, NZWiSt 2018, 215 ff.; *Bittmann*, NStZ 2020, 517 ff., 646 ff. *Bode/Peters*, ZWH 2018, 45 ff.; *Ceffinato*, ZWH 2018, 161 ff.; *Hüls*, ZWH 2017, 242 ff.; *Köhler*, NStZ 2017, 497 ff.; *Köllner/Mück*, NZI 2017, 593 ff.; *Korte*, wistra 2018, 1 ff.; ders., NZWiSt 2018, 231 ff.; *Madauß*, NZWiSt 2018, 28 ff.; *Reh*, NZWiSt 2018, 20 ff.; *Trüg*, NJW 2017, 1913 ff.

I. Einziehung von Tatprodukten, Tatmitteln und Tatobjekten (§§ 74 ff. StGB, §§ 22 ff. OWiG)

Fall 71: – *Unternehmenseigentum als Tatmittel* –

Werner Patzke (P) war durch die geschäftsführenden Gesellschafter zum Prokuristen der Neustadt-Antiques OHG, die mit Antiquitäten handelt, bestellt worden. Sein Aufgabengebiet bestand in dem An- und Verkauf der Antiquitäten, für den er allein verantwortlich war. Weil die Geschäfte seit einiger Zeit schlecht liefen, entschloss sich P, das Internet stärker zu nutzen. Er bot auf der Internetseite der OHG Gegenstände mit unrichtigen Angaben über deren Alter an. In mehreren Fällen erzielte er dadurch Preise, die erheblich über dem Wert der Objekte lagen. Als gegen ihn ein Ermittlungsverfahren eingeleitet worden war, setzte er sich an einen unbekannten Ort im Ausland ab.

Kann der von P benutzte Firmencomputer im Wert von 2.500 € eingezogen werden?

1089

a) Einziehungsvoraussetzungen

Das Gesetz unterscheidet die **Einziehung von Tatprodukten, -mitteln und -objekten** „bei Tätern und Teilnehmern" (§ 74 StGB) und „bei anderen" (§ 74a StGB); maßgeblich ist, wem der Gegenstand im Zeitpunkt der Einziehungsentscheidung „gehört" (gemeint ist das Eigentum) oder „zusteht" (Bestehen einer quasi-dinglichen Inhaberschaft eines Rechtes)[7].

Tatprodukte („producta sceleris") sind Gegenstände, die durch eine vorsätzliche Straftat hervorgebracht wurden, **Tatmittel** („instrumenta sceleris"), die zu ihrer Begehung oder Vorbereitung gebraucht worden oder bestimmt gewesen sind. **Tatobjekte** i.S.d. § 74 Abs. 2 StGB sind Gegenstände, „auf die sich eine Straftat bezieht". Das ist der Fall, wenn der Gegenstand zwar in die Tat verstrickt, aber weder Mittel noch Produkt ist, insbesondere wenn der Täter mit der Tat eine Verbotsnorm überschreitet, die gerade den Gebrauch oder die Verwendung des Gegenstandes untersagt[8]. Tatobjekt in diesem Sinne ist z.B. das Geld bei der Geldwäsche[9] oder das Betäubungsmittel bei einem Rauschgiftdelikt[10].

1090

Die Einziehung von Tatprodukten und -mitteln **bei Tätern und Teilnehmern** ist gem. § 74 Abs. 3 S. 1 StGB bei **vorsätzlichen Taten** zulässig. Die Einziehung von Tatobjekten unterliegt gemäß § 74 Abs. 2 StGB besonderen Vorschriften, d.h., sie muss ausdrücklich vorgesehen sein, wie dies z.B. in § 261 Abs. 10 S. 1 StGB für Geldwäschegegenstände oder in § 33 S. 1 BtMG für Betäubungsmittel der Fall ist.

1091

Die Einziehung von Tatprodukten, -mitteln und -objekten **bei anderen** setzt nach § 74a StGB – grundsätzlich – voraus, dass ein Gesetz auf § 74a StGB verweist (siehe z.B. § 261 Abs. 10 S. 2 StGB, § 33 S. 2 BtMG) und der Dritte entweder mindestens leichtfertig dazu beigetragen hat, dass der Gegenstand als Tatmittel verwendet worden oder Tatobjekt gewesen ist, oder den Gegenstand in Kenntnis der Umstände,

1092

---

[7] Näher dazu *Eser/Schuster*, in: Sch/Sch, § 74 StGB Rn. 20 ff.; *Joecks/Meißner*, in: MüKo⁴, § 74 StGB Rn. 27 ff.
[8] *Saliger*, in: NK, § 74 StGB Rn. 19.
[9] BGH, NStZ-RR 2011, 338.
[10] BGH, NStZ 1991, 496.

welche die Einziehung bei dem Täter oder Teilnehmer zugelassen hätte, in verwerflicher Weise erworben hat. Die „**Sicherungseinziehung**" von Gegenständen, die nach ihrer Art und nach den Umständen die Allgemeinheit gefährden oder bei denen die Gefahr besteht, dass sie der Begehung rechtswidriger Taten dienen werden, ist gemäß § 74b Abs. 1 Nr. 2 StGB auch bei Dritten zulässig.

1093 Die Einziehung von Tatprodukten, -mitteln und -objekten steht – falls sie nicht in anderen Vorschriften für bestimmte Gegenstände zwingend vorgeschrieben ist (z.B. § 150 StGB für Falschgeld usw.) – im *pflichtgemäßen Ermessen* des Gerichts[11] (Gegenstände „können" eingezogen werden).

1094 Die Einziehung als Nebenfolge einer Ordnungswidrigkeit setzt nach § 22 Abs. 1 OWiG generell eine ausdrückliche gesetzliche Zulassung für den konkreten Bußgeldtatbestand voraus (siehe z.B. § 123 OWiG). Ansonsten stimmen die Regelungen über die Einziehung in §§ 22 bis 29a OWiG im Wesentlichen mit den strafrechtlichen Vorschriften überein.

1095 Da die Einziehung von Tatobjekten für § 263 StGB nicht vorgesehen ist, könnte der Computer nach § 74 Abs. 1 StGB nur eingezogen werden, wenn es sich um ein Tatmittel handeln würde, das zur Begehung einer vorsätzlichen Straftat gebraucht worden wäre. Das Erfordernis einer vorsätzlichen Tat ist gegeben, da P die Käufer vorsätzlich und in Drittbereicherungsabsicht über eine Tatsache, nämlich das Alter der Antiquitäten getäuscht und dadurch eine irrtumsbedingte, vermögensschädigende Verfügung hervorgerufen, also einen Betrug begangen hat.

1096 Unter welchen Voraussetzungen ein Computer zur Tatbegehung gebraucht wird, ist zweifelhaft. Die Rechtsprechung betrachtet den Computer, auf dem der Täter den beleidigenden Brief geschrieben hat, als einen Beziehungsgegenstand, der nicht der Einziehung unterliege[12]. Selbst wenn diese Auffassung zuträfe[13], wäre sie auf unseren Fall nicht zu übertragen, denn P hat den Firmencomputer nicht nur zur Abfassung der täuschenden Erklärung benutzt, sondern diese mittels des Rechners abgegeben. Der Computer ist somit ein Tatmittel i.S.d. § 74 Abs. 1 StGB.

1097 Da § 74 Abs. 3 S. 1 StGB die Einziehung grundsätzlich auf **Gegenstände, die zur Zeit der Entscheidung dem Täter oder Teilnehmer gehören oder zustehen** (Rn. 1089), beschränkt und es sich bei dem Computer nicht um einen **allgemeingefährlichen** oder **zur Begehung rechtswidriger Taten geeigneten Gegenstand** (§ 74b Abs. 1 StGB) handelt, scheint eine Einziehung des im Eigentum der OHG befindlichen Computers auszuscheiden.

1098 § 74e StGB enthält jedoch eine **Sondervorschrift** für Handlungen bestimmter zur Vertretung von juristischen Personen, nicht rechtsfähigen Vereinen oder rechtsfähigen Personengesellschaften befugter oder beauftragter Personen. Die Vorschrift ermöglicht die Einziehung eines im Eigentum des Vertretenen stehenden – an sich ungefährlichen – Gegenstandes, die sonst an § 74 Abs. 3 StGB scheitern würde, weil die juristische Person, der Verein oder die Personengesellschaft nicht selbst handeln und deshalb nicht Täter oder Teilnehmer der vorsätzlichen Straftat des Vertreters

---

[11] *Altenhain/Fleckenstein*, in: M/R, § 74 StGB Rn. 9; *Heine*, in: S/S/W, § 74 StGB Rn. 16.
[12] OLG Düsseldorf, NJW 1992, 3050 f.; NJW 1993, 1485 f.; zust. *Saliger*, in: NK, § 74 StGB Rn. 17.
[13] Krit. *Achenbach*, JR 1993, 516, 517.

sein kann¹⁴. Der Kreis der Personen, deren Verhalten dem Vertretenen zugerechnet wird, entspricht zum Teil dem in § 14 StGB genannten, § 74c Nr. 4 und 5 StGB geht aber über diese Vorschrift hinaus, indem auch Generalbevollmächtigte, in leitender Stellung als Prokuristen oder Handlungsbevollmächtigte für eine juristische Person, einen rechtsfähigen Verein oder eine rechtsfähige Personengesellschaft Tätige sowie sonstige Personen, die für die Leitung des Betriebs oder Unternehmens einer juristischen Person, eines rechtsfähigen Vereins oder einer rechtsfähigen Personengesellschaft verantwortlich handeln, wozu auch die Überwachung der Geschäftsführung oder die sonstige Ausübung von Kontrollbefugnissen in leitender Stellung gehört, erfasst sind. Der Vertreter muss im Rahmen seines allgemeinen Geschäftsbereichs und – ähnlich wie bei § 14 StGB (Rn. 365 ff.) – in einem inneren Zusammenhang mit seiner Stellung als Organ oder Vertreter gehandelt haben¹⁵.

In **leitender Stellung** tätig ist der Prokurist oder Handlungsbevollmächtigte insbesondere, wenn er die tatsächliche Geschäftsführung in der oberen Leitungsebene wahrnimmt¹⁶. **1099**

Da P für den An- und Verkauf der Antiquitäten allein – also quasi als Geschäftsführer für diesen Bereich – verantwortlich war, ist diese Voraussetzung erfüllt.

Die Einziehung steht gemäß § 74f StGB unter dem Vorbehalt der **Verhältnismäßigkeit**, wenn die Einziehung nicht zwingend vorgeschrieben ist (wie z.B. in § 150 StGB)¹⁷. Sie scheidet also aus, wenn ihre Wirkungen für den Betroffenen außer Verhältnis zum Unrechtsgehalt der Tat und der Schuld des Täters stünden¹⁸. **1100**

Unverhältnismäßig könnte die Einziehung hier z.B. sein, wenn sich auf der Festplatte des Computers für die OHG unersetzliche Datenbestände befinden würden. Diese Daten könnten jedoch auf Datenträger kopiert und der OHG auf diese Weise zur Verfügung gestellt werden, sodass die Einziehung daran nicht scheitern würde. Trotz des nicht unerheblichen Wertes des Computers erscheint die Einziehung – angesichts des Gewichts der von P begangenen Betrügereien – im Übrigen nicht unangemessen.

b) Einziehungsverfahren

Die **Wirkung der Einziehung** besteht nach § 75 Abs. 1 S. 1 StGB in dem *Übergang des Eigentums an dem Gegenstand oder des Rechts auf den Staat* durch die rechtskräftige Entscheidung des Gerichts, wenn der Gegenstand dem von der Einziehung Betroffenen gehört oder zusteht (Nr. 1) oder einem anderen gehört oder zusteht, der den Gegenstand für die Tat oder andere Zwecke in Kenntnis der Tatumstände gewährt hat (Nr. 2). In anderen Fällen erfolgt der Übergang des Eigentums oder des Rechts nach Ablauf von sechs Monaten, wenn derjenige, dem der Gegenstand gehört oder zusteht, sein Recht nicht vorher bei der Vollstreckungsbehörde anzeigt (§ 75 Abs. 1 S. 2 StGB). Rechte Dritter an dem Gegenstand bleiben nach § 75 Abs. 2 S. 1 **1101**

---

[14] *Altenhain/Fleckenstein*, in: M/R, § 74e StGB Rn. 1; *Joecks/Meißner*, in: MüKo⁴, § 74e StGB Rn. 2.
[15] BGH, NStZ 1997, 30, 31, mit Anm. *Achenbach*, JR 1997, 205 f.; *Fischer*, § 74e StGB Rn. 8; *Saliger*, in: NK, § 74e StGB Rn. 9 f.
[16] Vgl. BT-Drs. 12/192, 32, zu dem gleichlautenden § 30 Abs. 1 Nr. 4 OWiG.
[17] Es gilt dann allerdings der allgemeine Verhältnismäßigkeitsgrundsatz, *Erb*, in: MüKo⁴, § 150 StGB Rn. 4 ff.; *Maier*, in: M/R, § 150 StGB Rn. 6. **A.A.** *Puppe/Schumann*, in: NK, § 150 StGB Rn. 3.
[18] *Eser/Schuster*, in: Sch/Sch, § 74b StGB Rn. 7.

StGB unberührt, im Falle der Sicherungseinziehung (Rn. 1092) ordnet das Gericht jedoch das Erlöschen dieser Rechte an (§ 75 Abs. 2 S. 2 StGB).

Da die OHG gemäß § 74e StGB Betroffene der Einziehung ist (Rn. 1098), geht das Eigentum an dem im Eigentum der Gesellschaft stehenden Computer nach § 75 Abs. 1 S. 1 Nr. 1 StGB auf den Staat über.

1102 Die Entscheidung ergeht grundsätzlich in dem subjektiven Verfahren gegen den Tatbeteiligten der vorsätzlichen Straftat. § 76a StGB lässt jedoch die **selbständige Anordnung** der Einziehung unter den dort genannten Voraussetzungen zu, und zwar nach Maßgabe der §§ 435, 436 StPO in einem sog. **objektiven Verfahren**. Der juristischen Person steht dabei ein Schweigerecht zu, das durch den in § 74a StGB genannten Personenkreis ausgeübt wird[19].

Da P aus tatsächlichen Gründen, nämlich weil er flüchtig ist, nicht wegen der von ihm begangenen Betrügereien verfolgt und verurteilt werden kann, kann die Einziehung nach § 76a Abs. 1 StGB auf Antrag der Staatsanwaltschaft (§ 435 Abs. 1 StPO) durch das für die Strafverfolgung des P zuständige Gericht (§ 436 Abs. 1 S. 1 StPO) oder das Gericht, in dessen Bezirk der Gegenstand sichergestellt worden ist (§ 436 Abs. 1 S. 2 StPO), selbständig angeordnet werden.

II. Gewinnabschöpfung

1103 Triebfeder der meisten Wirtschaftsstraftaten und -ordnungswidrigkeiten ist das Streben nach wirtschaftlichen Vorteilen. Der Grundsatz „Verbrechen darf sich nicht lohnen" erfordert, dass der Gewinn aus rechtswidrigen Taten dem Nutznießer entzogen wird, und zwar auch dann, wenn der Vorteil einem Unternehmen zugeflossen ist. Das Straf- und Ordnungswidrigkeitenrecht hält mehrere Instrumente zur Gewinnabschöpfung vor.

1. Einziehung von Taterträgen (§§ 73 ff. StGB, § 29a OWiG)

Fall 72: – Unternehmensbezogene Einziehung –

1104 Herbert Imhoff (I) war Vorstand der Refintex-AG (R), die 1.000 Aktien der Pharmitec AG (P) hielt. Als sein Freund Sascha Fromm (F), der in leitender Stellung bei der P arbeitete, I mitteilte, dass die P die allseits erwartete Zulassung eines neuen Cholesterin senkenden Medikamentes nicht erhalten würde, verkaufte I das Aktienpaket für die R an der Börse zum Kurs von 235 € pro Aktie. Nachdem die Versagung der Zulassung des Medikamentes zwei Tage später bekannt wurde, stürzte der Kurs der P-Aktie auf 180 €. Die R hatte die Aktien vor drei Jahren zu einem Preis von 156 € pro Stück erworben.

Muss das Gericht in der Hauptverhandlung gegen I wegen Insiderhandels den von der R erlangten Erlös für das Aktienpaket „abschöpfen"?

a) Einziehungsvoraussetzungen

Das einschlägige Instrument zur Vermögensabschöpfung ist hier die – früher als Verfall bezeichnete – Einziehung von Taterträgen bei Tätern und Teilnehmern sowie ggf. bei „anderen" nach Maßgabe der §§ 73 ff. StGB. **Taterträge** sind das **aus der Tat Erlangte** (§ 73 Abs. 1 StGB), daraus gezogene **Nutzungen** (§ 73 Abs. 2 StGB)

---

[19] *Minoggio*, wistra 2003, 121 ff.

sowie Gegenstände, die durch Veräußerung des Erlangten, als Ersatz für dessen Zerstörung, Beschädigung oder Entziehung sowie auf Grund eines erlangten Rechtes erworben worden sind, sogenannte **Surrogate** (§ 73 Abs. 3 StGB). § 73a StGB dehnt die Einziehung auf Gegenstände aus, die nicht aus der Tat stammen, die Gegenstand des Strafverfahrens ist, sondern durch andere rechtswidrige Taten oder für sie erlangt worden sind (**erweiterte Einziehung von Taterträgen**). Unter den Voraussetzungen des § 73c StGB ist der **Wert des Tatertrages** einzuziehen. Aus der Tat erlangt sind die Tatvorteile, wenn sie aus einer rechtswidrigen Tat – unmittelbar, d.h. ohne weitere Zwischenschritte, zu irgendeinem Zeitpunkt, wenn auch nur für einen kurzen Zeitraum[20] – in die Verfügungsgewalt des Täters übergegangen sind[21]. Da juristische Personen über eine eigene Vermögensmasse verfügen, ist die Vermögenssphäre der Gesellschaft von derjenigen des Täters zu unterscheiden; handelt der Täter lediglich als Beauftragter, Vertreter oder Organ einer juristischen Person für eine solche Gesellschaft und tritt die Vermögensmehrung ausschließlich bei ihr ein, kann deshalb nicht ohne weiteres angenommen werden, dass der Täter – auch in Fällen einer (legalen) Zugriffsmöglichkeit – eigene Verfügungsgewalt über das Erlangte hat[22]. In einem solchen Fall ist nicht der Täter Adressat der Einziehung nach §§ 73, 73a StGB, sondern es sind die Voraussetzungen einer Dritteinziehung bei der Gesellschaft nach § 73b StGB (Rn. 1107 ff.) zu prüfen.

Der BGH dehnte den Anwendungsbereich des § 73 Abs. 1 S. 1 StGB *a.F.*, der den Verfall des Erlangten beim Täter und Teilnehmer – in inhaltlich mit § 73 Abs. 1 StGB übereinstimmender Weise – regelte, bedenklich weit aus, indem das Gericht auch Tatvorteile, die dem Täter nicht ohne weitere Zwischenschritte vom Opfer, sondern zunächst nur einem anderen Tatbeteiligten zufließen, als aus der Tat erlangt betrachtete[23]. Diese Entscheidung ist auf § 73 Abs. 1 StGB übertragbar.

Die rechtswidrige Tat liegt in dem verbotenen Insiderhandel des I nach (§ 119 Abs. 3 Nr. 1 WpHG i.V.m. Art. 14 lit. a MAR). Die Aktien der P sind Finanzinstrumente i.S.d. Art. 3 Abs. 1 Nr. 1 MAR (Rn. 42) und bei der Ablehnung der Zulassung des Medikamentes handelt es sich um eine Insiderinformation gemäß Art. 7 Abs. 1 lit. a MAR (Rn. 43). Das Insiderhandelsverbot des § 119 Abs. 2 Nr. 1 WpHG gilt für jeden, der unter Verwendung einer Insiderinformation ein Insiderpapier erwirbt oder – wie hier – veräußert (Rn. 35). I hat somit den objektiven Tatbestand vorsätzlich und rechtswidrig verwirklicht. **1105**

Eine schuldhafte Tat, die hier vorliegt, setzt die Einziehung von Taterträgen nicht voraus.

Im Gegensatz zur Einziehung von Tatprodukten, Tatmitteln und Tatobjekten, die *grundsätzlich im Ermessen des Gerichts* steht (Rn. 1093), schreibt § 73 Abs. 1, 2 StGB die Anordnung der Einziehung des Erlangten und der Nutzungen **zwingend** vor. Lediglich die Einziehung von Surrogaten steht gemäß § 73 Abs. 3 StGB im Ermessen des Gerichts. **1106**

---

[20] BGH, NStZ 2011, 83, 86, zu § 73 Abs. 1 S. 1 StGB *a.F.*
[21] BGH, NStZ-RR 2015, 310, 311.
[22] BGH, wistra 2020, 377, Rn. 15; StV 2021, 707 (Leitsatz).
[23] BGH, wistra 2012, 69, 70; das Gericht „neigt" zudem zu der Auffassung, dass es genüge, „wenn die den einzelnen Tatbeteiligten zugeflossenen Vermögenswerte aus einer in sich zwar nicht mehr differenzierbaren, aber mit ‚Gruppenwillen' für alle Tatbeteiligten ‚gesammelten' Gesamtmenge" der erlangten Vermögensvorteile entnommen werden.

1107 Nach §§ 73, 73a StGB ist der Täter oder Teilnehmer der rechtswidrigen Tat Adressat der Einziehungsanordnung. § 73b StGB dehnt die Einziehung der Taterträge auf **Tatunbeteiligte** aus, wenn

– **der Dritte durch die Tat etwas erlangt** und der **Tatbeteiligte für ihn gehandelt** hat (Abs. 1 S. 1 Nr. 1),
– dem Dritten das Erlangte **unentgeltlich** oder **ohne rechtlichen Grund** übertragen wurde (Abs. 1 S. 1 Nr. 2a),
– der Dritte **erkannt hat oder hätte erkennen müssen**, dass das Erlangte **aus einer rechtswidrigen Tat herrührt** (Abs. 1 S. 1 Nr. 2b),
– das Erlangte auf den Dritten als **Erbe** übergegangen (Abs. 1 S. 1 Nr. 3a) oder
– auf ihn als **Pflichtteilsberechtigten** oder **Vermächtnisnehmer** übertragen worden ist (Abs. 1 S. 1 Nr. 3b).

1108 Das Gesetz unterscheidet „Vertretungsfälle" (§ 73b Abs. 1 S. 1 Nr. 1 StGB), „Verschiebungsfälle" (§ 73b Abs. 1 S. 1 Nr. 2a, b StGB) und „Erbfälle" (§ 73b Abs. 1 S. 1 Nr. 3a, b StGB)[24]. In den Vertretungsfällen erlangt der Dritte die Taterträge **unmittelbar durch die Tat**, in den Verschiebungs- und Erbfällen **von dem Tatbeteiligten** oder in einer **(ununterbrochenen) Bereicherungskette ausgehend vom Täter oder Teilnehmer**[25]. Die Einziehung bei Dritten scheidet nach § 73b Abs. 1 S. 2 StGB in den Verschiebungs- und Erbfällen nur aus, wenn das aus einer rechtswidrigen Tat Erlangte von dem Tatbeteiligten auf den Dritten entgeltlich und mit rechtlichem Grund übertragen wurde und der Dritte die deliktische Herkunft nicht erkannt hat oder nicht hätte erkennen müssen. Die geltende Regelung hat die Rechtsprechung des BGH zu der Vorläufervorschrift kodifiziert und präzisiert.

1109 Für die *Vertretungsfälle* sah bereits § 73 Abs. 3 StGB *a.F.* die Anordnung des Verfalls gegen einen Dritten in entsprechender Weise vor. Nach Auffassung des BGH[26] erfasste die Vorschrift alle Fälle, in denen die rechtswidrige Tat zu einer **unmittelbaren, d.h. ohne Zwischenschaltung eines weiteren Rechtsgeschäfts erfolgten Vermögensverschiebung zum Begünstigten** führte, unabhängig davon, ob der Tatbeteiligte nach außen erkennbar oder gezielt für den Dritten gehandelt hatte. Auf das Erfordernis der Unmittelbarkeit käme es jedoch nicht an, wenn die Tat eine *gezielte Vermögensverschiebung zu einem bösgläubigen Dritten* bezweckte. Mangels Unmittelbarkeit der Vermögensverschiebung scheitere der Verfall dagegen in den sog. „Erfüllungsfällen", die dadurch gekennzeichnet seien, dass ein *gutgläubiger Dritter* die Tatbeute bzw. einen Teil davon aufgrund eines mit dem Tatbeteiligten geschlossenen entgeltlichen Rechtsgeschäfts erlangte, das weder für sich noch im Zusammenhang mit der rechtswidrigen Tat „bemakelt" war[27].

---

[24] BT-Drs. 18/9525, 66.
[25] BT-Drs. 18/9525, 66.
[26] BGHSt 45, 235, 244 ff.; BGH, wistra 2004, 465 f.; ebenso HansOLG Hamburg, wistra 2005, 157, 158 f.; siehe dazu *Rhode*, wistra 2012, 85 ff.
[27] BGHSt 45, 235, 247 ff., für die Bezahlung einer titulierten Bürgschaftsschuld mit durch Steuerhinterziehung erlangten Mitteln. Das Erfordernis der Gutgläubigkeit beziehe sich auf den Zeitpunkt des Verpflichtungsgeschäfts, BGH, wistra 2014, 219, 221, mit Anm. *Lepper*, ZWH 2014, 311 f.

Drittbegünstigter kann auch ein Unternehmen sein[28]. Eine Einziehung der Taterträge in den Vertretungsfällen gemäß § 73b Abs. 1 S. 1 Nr. 1 StGB setzt kein besonderes Vertretungs- oder Auftragsverhältnis zwischen dem Tatbeteiligten und dem Bereicherten voraus, sodass keine speziellen Anforderungen an die rechtliche Grundlage des Handelns „für einen anderen" zu stellen sind, sondern ein rein faktisches Tätigwerden – auch – in dessen Interesse genügt[29]. 1110

Die Einziehung des von einem Unternehmen Erlangten kann somit unabhängig von der gesellschaftsrechtlichen Organisationsform des Unternehmens und der Beziehung des an der rechtswidrigen Tat Beteiligten zu dem bereicherten Unternehmen angeordnet werden, sodass nicht nur Leitungspersonen, sondern grundsätzlich alle Mitarbeiter und sogar außenstehende Dritte Täter der Bezugstat sein können. 1111

Für unseren Fall folgt daraus, dass die R-AG Adressat der Einziehungsanordnung sein kann. Der Einziehung unterliegt nach § 73 Abs. 1 StGB grundsätzlich alles, was der Begünstigte aus der rechtswidrigen Tat erlangt hat, sowie Nutzungen, Surrogate und der Wert des Tatertrages (Rn. 1104). Nach der Gesetzesbegründung „unterstreicht" die Regelung „im Ausgangspunkt" die Geltung der Vermögensabschöpfung nach dem **„Bruttoprinzip"**; wie im alten Recht meine das „erlangte Etwas" im Sinne von § 73 Absatz 1 StGB „die Gesamtheit der wirtschaftlich messbaren Vorteile, die dem Täter oder Teilnehmer durch oder für die Tat zugeflossen sind"[30]. 1112

Da die R-AG durch den Verkauf der Aktien eine Gutschrift auf ihr Konto über 235.000 € erlangte, scheint der Verkaufserlös in dieser Höhe der Einziehung zu unterliegen; die Anschaffungskosten für die Aktien in Höhe von 156.000 € wären also nicht abzuziehen. In Betracht kommt die **Einziehung eines Geldbetrages in dieser Höhe nach § 73c S. 1 StGB**, da der Verkaufserlös auf das Konto der P überwiesen wurde, diese Kontogutschrift aber nicht gegenständlich eingezogen werden kann[31]. 1113

Die **Feststellung des Erlangten** auf der Grundlage einer rein gegenständlichen Betrachtungsweise, ohne dass es auf eine „unmittelbare" Kausalbeziehung zwischen Tat und Bereicherung ankommt, bezeichnet allerdings nur den *ersten Schritt*[32]. Vom Täter, Teilnehmer oder einem Dritten erbrachte Gegenleistungen oder sonstige Aufwendungen sind nach Maßgabe des § 73d Abs. 1 StGB in einem *zweiten Schritt* bei der **Bestimmung des Wertes des Erlangten** zu berücksichtigen. Daraus folgt jedoch nicht generell die Rückkehr zum Netto-Prinzip, also zur Abschöpfung nur des aus der rechtswidrigen Tat erlangten Gewinns[33]. Nach § 73d Abs. 1 S. 2 StGB bleiben nämlich die Aufwendungen außer Betracht, die für die Begehung oder Vorbe- 1114

---

[28] BT-Drs. 18/9525, 66.
[29] *Altenhain/Fleckenstein*, in: M/R, § 73b StGB Rn. 4; *Bittmann*, NZWiSt 2018, 209, 210. Zum alten Recht: BGH, NJW 1991, 367, 371; OLG Düsseldorf, NJW 1979, 992. Enger *Eser/Schuster*, in: Sch/Sch, § 73b StGB Rn. 4; *Joecks/Meißner*, in: MüKo⁴, § 73b StGB Rn. 14.
[30] BT-Drs. 18/9525, 61.
[31] Vgl. *Köhler*, NStZ 2017, 497, 507. Das gilt entsprechend, wenn Bargeld aus oder für eine Tat in einen „Bargeldsammelbestand" übergegangen ist, BGH, NZWiSt 2013, 307, 308.
[32] BT-Drs. 18/9525, 67.
[33] Z.B. *Rettke*, wistra 2018, 234 ff.; *Rübenstahl*, NZWiSt 2018, 255 ff.; *Trüg*, NJW 2017, 1913, 1914 f.; **A.A.** *Emmert*, NZWiSt 2016, 449 ff., der darin eine „Rückkehr zum Nettoprinzip" sieht. Ähnlich („weitgehende Abkehr vom Bruttoprinzip") *Barreto da Rosa*, NZWiSt 2018, 215, 217.

reitung der Tat eingesetzt worden sind, soweit es sich nicht um Leistungen zur Erfüllung einer Verbindlichkeit gegenüber dem Verletzten der Tat handelt. Dieses zweistufige Vorgehen zur Bestimmung des einzuziehenden Erlangten greift zwar einen Gedanken auf, der von der Rechtsprechung zu den Verfallsvorschriften, die keine § 73d Abs. 1 StGB vergleichbare Regelung enthielten, entwickelt, aber anders – und uneinheitlich – angewendet worden war[34].

1115 Für *unseren Fall* ergibt sich der folgende – vorläufige – Befund: Die R erlangte – wie dargelegt – durch die Vornahme des verbotenen Insidergeschäfts eine Kontogutschrift im Wert von 235.000 €; darin besteht das Erlangte i.S.d. § 73 Abs. 1 StGB (erster Schritt). Der Wert der Aktien bleibt bei der Bestimmung des Wertes des Erlangten nach § 73d Abs. 1 S. 2 StGB (zweiter Schritt) außer Betracht, da die Aktien für die Begehung der Tat eingesetzt wurden[35].

1116 Die Rechtsprechung hatte bei der Vornahme verbotener Geschäfte den Verfall ebenfalls zumeist auf den gesamten Erlös erstreckt[36]. Ob dies auch für verbotene Insidergeschäfte zu gelten habe, war jedoch umstritten. Das LG Bonn hatte in einem vergleichbaren Fall die Anwendung des Bruttoprinzips abgelehnt und nur den aus den Aktiengeschäften erzielten (Netto-) Gewinn für verfallen erklärt, weil die Angeklagten sonst mit ihrem strafrechtlich nicht belasteten Vermögen in Anspruch genommen würden, was dem Grundsatz widerspreche, dass die Verfallsanordnung keine zusätzliche Strafe, sondern bloße Abschöpfung von Vermögensvorteilen sein solle[37]. Der 5. Strafsenat des BGH[38] und ein Teil der Literatur[39] beschränkten das aus einem Insidergeschäft Erlangte dagegen auf den „realisierten Sondervorteil", von dem Wertverlust, den uninformierte Marktteilnehmer in Folge verspäteter Veröffentlichung der aktienkursrelevanten (negativen) Informationen erleiden, verschont zu bleiben. Konsequenterweise würde die „Sonderchance" im Fall des Erwerbs eines Insiderpapiers unter Verwendung einer – positiven – Insiderinformation in der Möglichkeit zur Realisierung eines erheblichen Spekulationsgewinns bestehen. Der 3. Strafsenat des BGH hatte dagegen in dem vergleichbaren Fall einer verbotenen Marktmanipulation die Anordnung des Wertersatzverfalls in Höhe des gesamten Betrages, den der Täter durch den Verkauf der Aktien erzielt hatte, befürwortet[40].

1117 Dass eine „Sonderchance" das Erlangte ausmache, hatte der 5. Senat bereits in seinem Urteil zum „Kölner Müllskandal" behauptet. Das Gericht betrachtete nicht den Werklohn in Höhe von 792 Millionen DM, den das Bauunternehmen aus einem durch Bestechung im geschäftlichen Verkehr (§ 299 Abs. 2 StGB) erlangten Bauauftrag erzielt hatte, sondern nur den Wert des Auftrages selbst als das aus der Tat – unmittelbar – Erlangte i.S.d. des § 73 Abs. 1 S. 1 StGB *a.F.*; der wirtschaftliche

---

[34] Eingehend zu der uneinheitlichen Rechtsprechung zum Verfall *Heine*, NStZ 2015, 127 ff.
[35] Vgl. BT-Drs. 18/9525, 68; *Köhler*, NStZ 2017, 497, 507; *Korte*, wistra 2018, 1, 4.
[36] Z.B. BGHSt 47, 369 ff.; BGH, NStZ-RR 2004, 214 f.; wistra 2004, 465 f. (für strafbare Embargoverstöße); BGHSt 51, 65, 66 f. (für Rauschgiftgeschäfte); BGHSt 52, 227, 247 ff. (für durch strafbare Werbung gem. § 16 UWG begünstigte Geschäfte).
[37] LG Bonn, BeckRS 2009, 25769, 17 f.
[38] BGH, NJW 2010, 882, 884; ebenso OLG Stuttgart, NStZ 2016, 28, 29, mit Anm. *Bittmann* und *Ordner*, NZWiSt 2016, 110 f.
[39] *Hohn*, wistra 2003, 321, 323; *Kudlich/Noltensmeier*, wistra 2007, 121, 123 ff.
[40] BGHSt 59, 80, Rn. 28 ff. **A.A.** BGH, wistra 2019, 152, Rn. 12, s. oben Rn. 103a.

Wert dieses Vertrages bemesse sich vorrangig nach dem zu erwartenden Gewinn[41]. Zum gleichen Ergebnis, aber mit anderer Begründung, führt die Neuregelung. Durch die Bestechung erlangt der Täter i.S.d. § 73 Abs. 1 StGB nach dem „Bruttoprinzip" den gesamten Werklohn (erster Schritt). Da die beanstandungsfreie Werkleistung zur Erfüllung einer Verbindlichkeit gegenüber dem Verletzten erbracht wird, werden die Aufwendungen (insbesondere Personal- und Materialkosten) nach § 73d Abs. 1 StGB im Wege der Konkretisierung des „Bruttoprinzips" abgezogen (zweiter Schritt). Einzuziehen sind deshalb in der Sache der Gewinn und etwaige mittelbare Vorteile, die nach § 73d Abs. 2 StGB geschätzt werden können[42].

1118 Fraglich ist jedoch, ob das Bruttoerlangte auch dann abzuschöpfen ist, wenn es einem Unternehmen zugeflossen ist. Die Anwendung des Bruttoprinzips führt nach zutreffender Auffassung in den Fällen, in denen rechtmäßig erworbenes Vermögen zur Tatbegehung eingesetzt wurde, dazu, dass die Einziehung von Taterträgen – wie zuvor der Verfall – einen gespaltenen Rechtscharakter aufweist. Hinsichtlich des Nettogewinns ist die Einziehung eine Maßnahme eigener Art, die der Gewinnabschöpfung dient. Soweit über den Tatgewinn hinaus auch das in die Tat eingeflossene Vermögen entzogen wird, handelt es sich dagegen nach zutreffender Auffassung um eine **strafähnliche Sanktion**[43]. Um dem Schuldprinzip in diesen Konstellationen Genüge zu tun, wird in der Literatur zu Recht gefordert, die Regelung im Wege einer teleologischen Reduktion verfassungskonform so auszulegen, dass der Einziehung des über den Nettogewinn hinaus gehenden Betrages nur bei einer *schuldhaften Verstrickung des Einziehungsadressaten in die Anknüpfungstat* angeordnet werden darf[44]. Das Unternehmen als solches kann zwar nicht schuldhaft handeln, ihm wird aber das schuldhafte Verhalten seiner verantwortlichen Leitungspersonen zugerechnet[45]. Es bietet sich an, den Kreis der verantwortlichen Personen auf die in § 75 StGB und § 30 Abs. 1 OWiG Genannten zu beschränken.

1119 Daraus folgt für die unternehmensbezogene Einziehung von Taterträgen eine differenzierende Lösung: Hat ein **Mitarbeiter unterhalb der Leitungsebene oder ein Dritter** eine rechtswidrige Tat begangen und das Unternehmen dadurch etwas erlangt, so ist nur der *Nettogewinn* abzuschöpfen, wenn der Tatbeteiligte rechtmäßig erworbenes Vermögen des Unternehmens zur Tatbegehung eingesetzt hat. Bei Tatbeteiligung einer **verantwortlichen Leitungsperson** unterliegt das *Bruttoerlangte* der Einziehung. Zu einem ähnlichen Ergebnis gelangte im Übrigen auch der BGH, indem er im Fall der Bereicherung des Unternehmens durch die Tat eines Mitarbei-

---

[41] BGHSt 50, 299, 310 ff.; zust. *Janssen*, Rn. 268; *Wittig*, 4. Auflage 2017, § 9 Rn. 13; anders OLG Thüringen, wistra 2005, 114, 115.
[42] BT-Drs. 18/9525, 68.
[43] LG Kaiserslautern, wistra 2018, 94, mit Anm. *Reichling*, wistra 2018, 139 f. und *Saliger/Schörner*, StV 2018, 388 ff. Zum Verfall: *Dessecker*, Gewinnabschöpfung im Strafrecht und in der Strafrechtspraxis, 1992, S. 362; *Hellmann*, GA 1997, 503, 521 f.; *Hofmann*, wistra 2008, 401, 405 f.; *Kindler*, S. 179 f. **A.A.** BVerfGE 110, 1, 15 ff.; BVerfG, wistra 2021, 193, Rn. 106 ff.; BGH, NStZ 2001, 312; NJW 2002, 2257, 2258; NStZ-RR 2004, 214 f.; BGHSt 47, 369, 373; *Altenhain/Fleckenstein*, in: M/R, § 73 StGB Rn. 2; *Joecks/Meißner*, in: MüKo⁴, Vorbem. § 73 StGB Rn. 54.
[44] *Achenbach*, in: HWSt, 1. Teil 2. Kap. Rn. 40. **A.A.** BGHSt 47, 369, 376 f.
[45] Vgl. BVerfGE 20, 323, 333, 336.

ters unterhalb der Führungsebene die Anwendung der Härteklausel des § 73c StGB *a.F.* befürwortete, wenn die Organe einer juristischen Person gutgläubig waren[46]. Dieser Weg ist nach dem ersatzlosen Wegfall der Härteklausel nicht mehr gangbar. In unserem Fall ist der „realisierte Sondervorteil" in Höhe von 55.000 € – Ersparnis des Kursverlustes aufgrund der Kenntnis der Insiderinformation – einzuziehen.

1120 Nach § 73 Abs. 1 S. 2 StGB *a.F.* unterblieb die Verfallsanordnung, soweit dem **Verletzten aus der Tat ein Anspruch erwachsen** war, dessen Erfüllung dem Tatbeteiligten – bzw. dem bereicherten Dritten – den Wert des aus der Tat Erlangten entziehen würde. In die Neuregelung wurde diese – bisweilen als „Totengräber" des Verfalls bezeichnete[47] – Vorschrift nicht aufgenommen, sondern durch eine prozessuale Lösung ersetzt. § 495h Abs. 1 S. 1, 2 StPO schreibt die Zurückübertragung eines nach §§ 73-73b, 76a Abs. 1 StGB eingezogenen Gegenstandes an den Verletzten, dem ein Anspruch auf Rückgewähr erwachsen ist, oder an dessen Rechtsnachfolger vor. Im Falle der Wertersatzeinziehung nach §§ 73c, 76a Abs. 1 S. 1 StGB wird der Erlös an den Verletzten oder seinen Rechtsnachfolger gemäß § 495h Abs. 2 StPO ausgekehrt[48].

1121 Ob zivilrechtliche Ansprüche bestimmbarer Verletzter im Fall des Insiderhandels bestehen, ist fraglich. Die Schadensersatzregelungen der §§ 97, 98 WpHG sind jedenfalls nicht einschlägig, da I bzw. die R-AG nicht Emittenten der Aktien der P sind. Nach h.M., welche die Funktionsfähigkeit des Kapitalmarktes und das Vertrauen der Anleger als überindividuelle Schutzgüter der Insidertatbestände betrachtet, würde zudem ein Schadensersatzanspruch aus § 823 Abs. 2 BGB i.V.m. § 119 Abs. 3 Nr. 1 WpHG i.V.m. Art. 14 lit. a MAR ausscheiden, da die *Insidertatbestände keine Schutzgesetze* seien. Zwar schützt das Insiderstrafrecht nach zutreffender Auffassung das Vermögen der Anleger (Rn. 32), sodass ein deliktischer Schadensersatzanspruch grundsätzlich in Betracht kommt[49]. Es fehlt aber die Kausalität des Insidergeschäfts für den Schaden, weil der Insider die Entscheidung des Anlegers für das Aktiengeschäft nicht herbeigeführt hat[50].

b) Verfahren zur Anordnung der Einziehung der Taterträge

1122 Die Wirkungen der Einziehung von Taterträgen und das Verfahren zur Anordnung der Einziehung entsprechen denen zur Anordnung der Einziehung von Tatprodukten, Tatmitteln und Tatobjekten (Rn. 1101). Soll die Einziehung in dem Verfahren gegen den Tatbeteiligten angeordnet werden, richtet sich die Einziehung jedoch gegen einen anderen als ihn, z.B. ein Unternehmen, so wird der **Einziehungsadressat** nach Maßgabe des § 424 StPO **an dem Verfahren beteiligt**. Die Einziehung der

---

[46] BGHSt 47, 369, 376; die Gutgläubigkeit des Drittempfängers stelle „einen ganz zentralen Ermessensgesichtspunkt" dar, BGH, wistra 2004, 384, 385.
[47] Z.B. *Eberbach*, NStZ 1987, 487, 491; *Hüls*, ZWH 2017, 242, 246.
[48] Eingehend zur Neuregelung der Entschädigung des Verletzten *Hüls*, ZWH 2017, 242, 246 ff.
[49] Als weitere Schutzgesetze kommen zudem § 404 AktG, § 17 UWG und § 204 StGB in Betracht, siehe dazu *Holzborn/Foelsch*, NJW 2003, 932, 938.
[50] Anders kann es liegen, wenn der Vorstand des Emittenten durch falsche Angaben über die wirtschaftlichen Verhältnisse der AG Anleger zum Erwerb der Aktien veranlasst hat, siehe dazu *Gaßmann*, wistra 2004, 41 ff.

Taterträge kann – wie die Einziehung der Tatprodukte usw. – aber auch in einem objektiven Verfahren (siehe Rn. 1102) angeordnet werden.

Da die R-AG Betroffener i.S.d. § 75 Abs. 1 S. 1 Nr. 1 StGB ist, ist die Wertersatzeinziehung in Höhe des „Sondervorteils", d.h. das entsprechende Bankguthaben der AG, entweder in dem subjektiven Verfahren gegen I oder – falls ein solches aus tatsächlichen Gründen nicht durchgeführt werden sollte – in einem objektiven Verfahren anzuordnen.

Ergänzende Hinweise:

(1) In der Praxis fließen Erlöse aus Straftaten nicht selten in den Gewinn des Unternehmens ein und unterliegen deshalb der Besteuerung. Das BVerfG hat festgestellt, dass eine **doppelte Belastung** des Betroffenen durch eine straf- oder bußgeldrechtliche Gewinnabschöpfungsmaßnahme einerseits und die Besteuerung andererseits verfassungswidrig ist[51]. Auf der Grundlage der Rechtsprechung des BGH, der der Einziehung von Taterträgen jeglichen Strafcharakter abspricht[52], gilt diese Forderung auch im Fall der Einziehungsanordnung. Trotz Geltung des Bruttoprinzips sei deshalb der auf das Erlangte entfallende Steuerbetrag abzuziehen[53]. Die Situation ist jedoch erheblich komplizierter, als es die Rechtsprechung bisher erkannt hat, da der Einziehungsbetrag seinerseits in voller Höhe steuerlich gewinnmindernd geltend gemacht werden kann. Dies führt unter Umständen dazu, dass der Betroffene unter Berücksichtigung des steuermindernden Effekts insgesamt weniger an den Staat abführen muss, als er aus der Straftat erlangt hat[54]. Dieses Problem vermeidet im Übrigen die zutreffende Gegenmeinung, die den Anteil der Einziehung, der den Nettogewinn überschreitet, als strafähnliche Sanktion betrachtet (Rn. 1118), da § 12 Nr. 4 EStG den Abzug von Geldstrafen und sonstigen Rechtsfolgen vermögensrechtlicher Art mit überwiegendem Strafcharakter untersagt. Deshalb könnte nach dieser Auffassung nur der Nettogewinn steuerlich geltend gemacht werden, sodass eine „Überkompensation" ausscheiden würde[55].

1123

(2) § 76a Abs. 4 StGB ergänzt bei dem Verdacht einer Straftat aus dem Katalog des Satz 3 das bestehende Abschöpfungsinstrumentarium, indem die Vorschrift es ermöglicht, „**Vermögen unklarer Herkunft**" unabhängig vom Nachweis einer konkreten rechtswidrigen Tat (selbständig) einzuziehen" (sogenannte non-conviction-based confiscation/forfeiture)[56]. Eine gewisse Bedeutung kann die Regelung auch im Wirtschaftsstrafrecht erlangen, weil der Katalog der Straftaten in § 76a Abs. 4 S. 3 StGB bei denen diese selbständige Einziehung zulässig ist, einige Wirtschaftsstraftaten umfasst, z.B. §§ 96 Abs. 2, 97 AufEnthG (Rn. 979), vorsätzliche Taten nach §§ 17, 18 AWG (Rn. 985 ff.) und Taten nach §§ 19 Abs. 1-3, 20 Abs. 1, 2, 20a

1124

---

[51] BVerfGE 81, 228, 236 ff.
[52] BGHSt 47, 369, 373; BGH, NJW 1995, 2235; NStZ 2001, 312; NJW 2002, 2257, 2258; NStZ-RR 2004, 214 f., zum Verfall nach altem Recht.
[53] BGHSt 47, 260, 268; 51, 65, 67; BGH, wistra 2004, 227, 228; 465, 466; wistra 2007, 222, 224, zum Verfall.
[54] *Claus*, S. 75 ff., zum Verfall.
[55] Zu den Möglichkeiten, eine „Überkompensation" auf der Grundlage der Rechtsprechung zu verhindern, siehe *Claus*, S. 135 ff.
[56] BT-Drs. 18/9525, 73; *Altenhain/Fleckenstein*, in: M/R, § 76a StGB Rn. 7.

Abs. 1-3, 22a Abs. 1-3 KrWaffKontrG (Rn. 1003 ff.). Die Nennung der Geldwäsche als Anknüpfungstat könne zudem als „Türöffner" für die Einbeziehung des „gesamten Wirtschaftsstrafrechts" dienen[57]. Die Einziehung nach § 76a Abs. 4 StGB erfordert nicht, dass der Nachweis einer konkreten rechtswidrigen Tat erbracht wird, sondern es genügt die Überzeugung des Gericht, dass der sichergestellte Gegenstand aus (irgend-)einer rechtswidrigen Tat herrührt[58]. Der eigentliche „Clou" dieser – ohnehin bedenklich weiten – Regelung findet sich in § 437 S. 1 StPO, nach dem das Gericht seine Überzeugung von dem „Herrühren" des Gegenstands aus einer rechtswidrigen Tat „insbesondere auf ein grobes Missverhältnis zwischen dem Wert des Gegenstandes und den rechtmäßigen Einkünften des Betroffenen stützen" kann. Daraus folge in „beweisrechtlicher Hinsicht" ein Verfahren, das „sich an den zivilrechtlichen Darlegungs- und Beweislastregeln orientiert"[59]. Faktisch bedeutet dies, dass der Betroffene als Einziehungsbeteiligter den „Beweis des ersten Anscheins"[60] widerlegen, d.h. die deliktische Herkunft substantiiert bestreiten und entsprechenden Beweis anbieten muss[61]. Ob die These in der Gesetzesbegründung, das Verfahren der selbständigen Einziehung nach § 76a Absatz 4 StGB sei ein Verfahren gegen die Sache („ad rem"), richte sich also nicht gegen eine Person, sodass die selbständige Einziehung keinen Strafcharakter habe und die Rechtfertigung des Eingriffs verfassungsrechtlich allein an Art. 14 GG zu messen sei[62], verfassungsgerichtlicher Überprüfung standhalten wird, bleibt abzuwarten.

1125 **(3)** Der Anordnung der zur Abschöpfung des aus einer *Ordnungswidrigkeit* Erlangten bedarf es in der Regel nicht, da die Geldbuße gem. § 17 Abs. 4 S. 1 OWiG den wirtschaftlichen Vorteil, den der Täter aus der Tat gezogen hat, übersteigen soll (zur Modifizierung des § 17 Abs. 4 S. 1 OWiG im Kartellbußgeldverfahren siehe Rn. 1135). Das gesetzliche Höchstmaß der Geldbuße darf dazu überschritten werden, § 17 Abs. 4 S. 2 OWiG. Grundsätzlich findet im Ordnungswidrigkeitenverfahren also die **Gewinnabschöpfung per Geldbuße** statt. Diese setzt sich dann aus zwei Komponenten zusammen, nämlich dem eigentlichen Bußgeldanteil, der nach Maßgabe der Geldbußdrohung des verwirklichten Ordnungswidrigkeitatbestandes zu bemessen ist, und dem Abschöpfungsanteil, der aus dem wirtschaftlichen Vorteil, den der Täter aus der Ordnungswidrigkeit gezogen hat, besteht. Strittig ist, ob darunter – wie bei § 29a Abs. 1 OWiG – das Bruttoerlangte[63] oder der Nettogewinn[64] zu verstehen ist. Zustimmung verdient die Auffassung, die das Bruttoprinzip

---

[57] *Hüls*, ZWH 2017, 242, 251; *Trüg*, NJW 2017, 1913, 1916.
[58] BT-Drs. 18/9525, 73.
[59] BT-Drs. 18/9525, 92.
[60] *Hüls*, ZWH 2017, 242, 251; *Trüg*, NJW 2017, 1913, 1916; ähnlich *Köllner/Mück*, NZI 2017, 593, 598 („verfassungswidrige Beweislastumkehr").
[61] BT-Drs. 18/9525, 92.
[62] BT-Drs. 18/9525, 92; krit. z.B. *Altenhain/Fleckenstein*, in: M/R, § 76a StGB Rn. 10 f.; *Temming*, in: BeckOK-StPO, § 437 Rn. 3.
[63] *Brenner*, NStZ 2004, 256, 257 ff.
[64] BGH, NZWiSt 2022, 410, Rn. 37 ff. mit Anm. *Meißner* und *Reichling/Borgel*, wistra 2022, 390 f.; *Achenbach*, in: FK, § 81d GWB Rn. 70; *Krumm*, wistra 2014, 424, 427; *Madauß*, NZWiSt 2016, 98, 100; *Mitsch*, in: KK-OWiG, § 17 Rn. 118 ff.; *Sackreuther*, in: BeckOK-OWiG, § 17 Rn. 120.

auch auf § 17 Abs. 4 S. 1 OWiG anwendet, denn sonst könnte dem Täter, der den Bußgeldtatbestand nicht vorwerfbar verwirklicht hat und gegen den deshalb kein Bußgeldverfahren durchgeführt werden kann, das Bruttoerlangte entzogen werden, der vorwerfbar Handelnde hätte dagegen nur die Abschöpfung des Nettogewinns zu erwarten[65]. **Ansprüche eines Geschädigten** vermindern den wirtschaftlichen Vorteil jedoch oder beseitigen ihn u.U. sogar ganz[66]. Auch die Verbandsgeldbuße gem. § 30 OWiG soll den wirtschaftlichen Vorteil „abschöpfen". Deshalb schließt § 30 Abs. 5 OWiG die Einziehungsanordnung nach §§ 73, 73c StGB, § 29a OWiG neben der Verhängung einer Verbandsgeldbuße aus[67].

Wegen der Gewinnabschöpfungsfunktion der Geldbuße sieht § 29a Abs. 1 OWiG die Anordnung der Einziehung eines Geldbetrages bis zu der Höhe, die dem Wert des Erlangten entspricht, gegen den Täter einer mit Geldbuße bedrohten Handlung nur für den Fall vor, dass gegen ihn keine Geldbuße festgesetzt wird. Dann gilt – wie für die Einziehung nach § 73 Abs. 1 StGB – das Bruttoprinzip[68]. § 29a Abs. 2 OWiG ermöglicht zudem in dem gleichen Umfang wie § 73 Abs. 3 StGB die Anordnung der Einziehung gegen den Vorteilsempfänger, wenn der Täter für ihn gehandelt und der Dritte etwas aus der Tat erlangt hat. Die Einziehung ist im Ordnungswidrigkeitenrecht allerdings nicht zwingend vorgeschrieben, sondern sie steht im *pflichtgemäßen Ermessen* der Verwaltungsbehörde bzw. des Gerichts[69].

1126

Eine ausdrückliche Regelung über die Berücksichtigung von Ansprüchen des Geschädigten enthält § 29a OWiG zwar nicht. § 99 Abs. 2 OWiG stellt aber sicher, dass der **Einziehungsadressat nicht doppelt in Anspruch genommen** wird. Eine rechtskräftige Entscheidung über das Bestehen eines dem Geschädigten aus der mit Geldbuße bedrohten Handlung erwachsenen Anspruchs bewirkt nach § 99 Abs. 2 S. 1 OWiG in Höhe des Anspruchs ein Vollstreckungshindernis für die Einziehungsanordnung. Ist der für eingezogen erklärte Geldbetrag bereits gezahlt oder beigetrieben worden, wird er dem Einziehungsadressaten in der Höhe, in der er den Anspruch des Verletzten befriedigt hat, zurückerstattet, § 99 Abs. 2 S. 2 OWiG.

1127

2. Abführung des Mehrerlöses (§§ 8 ff. WiStG)

Bei Zuwiderhandlungen gegen das Wirtschaftsstrafgesetz 1954 (WiStG) tritt gem. § 8 Abs. 4 S. 1 WiStG die Abführung des Mehrerlöses an die Stelle der Einziehung von Taterträgen[70]. Die Mehrerlösabführung wird allerdings überwiegend nicht als Maßnahme zur Entziehung rechtswidrig erlangter Vermögensvorteile betrachtet, sondern als *Abschreckungsmittel zur Sicherung eines angemessenen Preisgefüges*, weil die Differenz zwischen dem zulässigen und dem erzielten Preis höher sein

1128

---

[65] *Brenner*, NStZ 2004, 256, 257 ff.
[66] *Mitsch*, in: KK-OWiG, § 17 Rn. 129.
[67] Dazu BGH, wistra 2007, 222, 224; *Wittig*, § 12 Rn. 26.
[68] OLG Celle, NStZ-RR 2012, 151; OLG Hamburg, wistra 1997, 72, 74; OLG Zweibrücken, NStZ-RR 2010, 256, 257; *Labi*, NZWiSt 2013, 41; *Retemeyer*, wistra 2012, 56, 58, zum Verfall.
[69] *Mitsch*, in: KK-OWiG, § 29a Rn. 14.
[70] *Drahtjer*, Die Abschöpfung rechtswidrig erlangter Vorteile im Ordnungswidrigkeitenrecht, 1997, S. 143 ff.; *Wegner*, Die Systematik der Zumessung unternehmensbezogener Geldbußen, 2000, S. 49.

könne als der Gewinn des Täters[71]. In der Sache handelt es sich jedoch lediglich um eine abstrakte Berechnung des erlangten Mehrerlöses[72].

Fall 73: – *Mietpreisüberhöhung* –

1129   In der Universitätsstadt P sind Studentenwohnungen Mangelware. Werner Vogel (V) war Geschäftsführer der Studikus-Immo GmbH und vermietete ein Zimmer der GmbH an den Jurastudenten Christian Schlau (S) zu einer Warmmiete von 470 €, obwohl die – V bekannte – ortsübliche Vergleichsmiete 340 € betrug. Nach der Wirtschaftsstrafrechtsvorlesung gelangte S zu dem Schluss, der „Gewinn" der GmbH in Höhe von 130 € pro Monat, insgesamt 2.340 € müsse für die Mietdauer von 18 Monaten, „abgeschöpft" und ihm – S – rückerstattet werden. Hat S Recht?

V müsste gem. § 8 Abs. 1 S. 1 WiStG eine **Zuwiderhandlung im Sinne der §§ 1 bis 5 WiStG** begangen haben. In Betracht kommt eine Mietpreisüberhöhung nach § 5 WiStG.

Die strafbaren und ordnungswidrigen Verstöße gegen Sicherstellungsvorschriften nach §§ 1, 2 WiStG haben derzeit keine Bedeutung, da die in Bezug genommenen Sicherstellungsgesetze dem Zweck dienen, die Grundversorgung der Bevölkerung und der Streitkräfte *im Spannungs- und Verteidigungsfall* zu gewährleisten[73].

1130   Das von V geforderte und angenommene Entgelt für die Wohnung überschritt die ortsübliche Miete um fast 40 % und war deshalb gem. § 5 Abs. 2 S. 1 WiStG **unangemessen hoch**. V handelte vorsätzlich und rechtswidrig, sodass die von § 8 Abs. 1 WiStG geforderte Zuwiderhandlung gegeben ist. Schuldhaftes bzw. vorwerfbares Handeln setzt die Mehrerlösabführung nicht voraus, § 8 Abs. 1 S. 2 WiStG.

Die Grenze zum Mietwucher, § 291 Abs. 1 Nr. 1 StGB, war dagegen noch nicht überschritten, da dieser im Allgemeinen erst bei einer Überschreitung der ortsüblichen Miete um 50 % vorliegt[74].

1131   Der abzuführende Mehrerlös ist nach § 8 Abs. 1 S. 1 WiStG der Unterschiedsbetrag zwischen dem zulässigen und dem erzielten Preis. Die Mehrerlösabschöpfung ist im Übrigen – wie die Einziehung von Taterträgen – zwingend vorgeschrieben. Sie ist aber gem. § 8 Abs. 1 S. 1 WiStG ausgeschlossen, wenn der Täter den Mehrerlös bereits aufgrund einer rechtlichen Verpflichtung zurückerstattet hat.

1132   Die **Ansprüche des Geschädigten** gehen der Mehrerlösabführung an das Land vor, denn gem. § 9 Abs. 1 WiStG kann die Abführung des Mehrerlöses an den Geschädigten erfolgen, wenn er einen entsprechenden Antrag stellt. Nach § 9 Abs. 2 WiStG kann der Geschädigte seine Ansprüche auch noch nach der rechtskräftigen Anordnung der Mehrerlösabführung an das Land und sogar nach deren Vollstreckung geltend machen. Im ersten Fall ordnet die Vollstreckungsbehörde an, dass die Anordnung zur Mehrerlösabführung nicht mehr vollstreckt wird, im zweiten Fall befriedigt sie den Geschädigten aus dem bereits abgeführten Mehrerlös.

---

[71] BGHSt 15, 399, 400; *Lampe*, in: E/K, W 98, § 8 WiStG Rn. 1; *Wittig*, § 10 Rn. 1.
[72] *Hellmann*, GA 1997, 503, 524.
[73] Siehe dazu *Zieschang*, in: HWSt, 4. Teil 1. Kap. Rn. 8.
[74] BGHSt 30, 280, 281; OLG Düsseldorf, NStZ-RR 1998, 365; *Kindhäuser*, in: NK, § 291 StGB Rn. 33; *Pananis*, in: MüKo⁴, § 291 StGB Rn. 30.

Die Mehrerlösabführung kann auch **gegen den Inhaber oder Leiter eines Betriebes** oder – falls der Betriebsinhaber eine **juristische Person oder Personengesellschaft des Handelsrechts** ist – gegen diese angeordnet werden, § 10 Abs. 2 WiStG. Die Mehrerlösabführung ist somit auch eine Unternehmenssanktion[75]. 1133

Die Meinung des S, dass ihm der Mehrerlös nach Maßgabe des WiStG rückerstattet werden könne, trifft also zu. Die Abführung des Mehrerlöses ist in dem gegen V gerichteten Bußgeldbescheid auszusprechen, § 11 Abs. 2 S. 1 WiStG. Möglich ist auch ein entsprechender Bescheid im selbständigen Verfahren, § 11 Abs. 2 S. 2 WiStG. 1134

3. Gewinnabschöpfung im Kartellordnungswidrigkeitenrecht

Bei Kartellverstößen besteht die Besonderheit, dass die Gewinnabschöpfung nicht nur – wie in anderen Bußgeldverfahren – per Geldbuße erfolgen kann. Indem § 81d Abs. 3 S. 1 GWB die Anwendung des § 17 Abs. 4 OWiG „mit der Maßgabe", dass der wirtschaftliche Vorteil, der aus der Ordnungswidrigkeit gezogen wurde, durch die Geldbuße nach § 81c GWB abgeschöpft werden „kann", für anwendbar erklärt, ist die Gewinnabschöpfung per Geldbuße anders als in sonstigen Bußgeldverfahren **im Kartellordnungswidrigkeitenverfahren nicht mehr in der Regel obligatorisch**, da die Soll-Vorschrift des § 17 Abs. 4 S. 1 OWiG zu einer Kann-Vorschrift „heruntergestuft" wird. Bis zu der Grenze in Höhe von 10 % des Vorjahresumsatzes kann die (Unternehmens-)Geldbuße somit einen **rein ahndenden Charakter** haben[76], auch wenn es zu einer Bereicherung des Täters oder des Unternehmens gekommen ist. Dient die Geldbuße allein der Ahndung, ist dies bei der Zumessung gem. § 81d Abs. 3 S. 2 GWB „entsprechend zu berücksichtigen". 1135

Wird der wirtschaftliche Vorteil nicht durch eine Geldbuße – oder Schadensersatzleistungen, Einziehung von Taterträgen oder Rückerstattung – abgeschöpft, eröffnet § 34 Abs. 1 S. 1 GWB den Kartellbehörden bei vorsätzlichen oder fahrlässigen Verstößen eines Unternehmens gegen Wettbewerbsbeschränkungen nach dem GWB, gegen Art. 101, 102 AEUV oder eine Verfügung der Kartellbehörde die Möglichkeit, die Abschöpfung des wirtschaftlichen Vorteils anzuordnen und dem Unternehmen die Zahlung eines entsprechenden Geldbetrags aufzuerlegen. Trotz der Anknüpfung an das Verschuldenserfordernis handelt es sich um ein **verwaltungsrechtliches Instrument**[77]. Gem. § 34a Abs. 1 GWB können **rechtsfähige Verbände** i.S.d. § 33 Abs. 4 GWB im Falle der Schädigung einer Vielzahl von Abnehmern oder Anbietern durch eine vorsätzliche Kartellordnungswidrigkeit den Täter oder das Unternehmen zur **Herausgabe des wirtschaftlichen Vorteils an den Bundeshaushalt** in Anspruch nehmen, soweit nicht die Kartellbehörde den Gewinn – durch Geldbuße, Einziehung von Taterträgen, Rückerstattung oder nach § 34 Abs. 1 GWB – abschöpft, § 34a Abs. 1 GWB. 1136

---

[75] *Achenbach*, in: HWSt, 1. Teil 2. Kap. Rn. 43; *Wittig*, § 10 Rn. 7.
[76] BT-Drs. 15/3640, 42, 67; *Achenbach*, HWSt, 3. Teil 6. Kap. Rn. 55; ders., wistra 2006, 2, 5.
[77] BT-Drs. 15/3640, 55.

III. Verbandsgeldbuße

1137 Sowohl nach deutschem als auch nach europäischem Recht kann das Unternehmen selbst Adressat einer Geldbuße sein. Die Voraussetzungen der deutschen und der europäischen Regelungen unterscheiden sich zwar nach wie vor voneinander, in einigen Bereichen hat aber eine weitgehende Angleichung des deutschen an das europäische Bußgeldrecht stattgefunden. So enthält § 30 Abs. 2a OWiG seit 2013 z.B. eine Regelung zur Verhängung einer Geldbuße gegen den Rechtsnachfolger des betroffenen Unternehmens (Rn. 1159).

1138 Ebenfalls 2013 wurde den Bußgeldrahmen des § 30 Abs. 2 S. 1 OWiG für die Fälle verschärft, in denen die Verbandsgeldbuße an eine Straftat der Leitungsperson anknüpft; die Obergrenze beträgt zehn Millionen € (statt einer Million €) bei einer vorsätzlichen und fünf Millionen (statt 500.000 €) bei einer fahrlässigen Straftat. Die Obergrenze der Verbandsgeldbuße nach einer Ordnungswidrigkeit wurde zwar nicht generell angehoben, sondern es bleibt gem. § 30 Abs. 2 S. 2 OWiG grundsätzlich bei dem Bußgeldrahmen der Anknüpfungstat. § 30 Abs. 2 S. 3 OWiG n.F. ermöglicht aber eine Verzehnfachung der Obergrenze der Verbandsgeldbuße, wenn der Bezugsbußgeldtatbestand auf § 30 Abs. 2 S. 3 OWiG verweist. Einen solchen Verweis enthält § 130 Abs. 3 S. 2 OWiG n.F., sodass die Verbandsgeldbuße nach einer Verletzung der Aufsichtspflicht im Unternehmen (Rn. 1065 ff.) nun bis zur zehnfachen Höhe des dort angedrohten Bußgeldes betragen kann (siehe Rn. 1155).

1139 Bereits 2005 passte die 7. GWB-Novelle[78] den Rahmen der Verbandsgeldbuße bei Kartellverstößen an das europäische Recht an. Gegen den **Täter** einer schwerwiegenden Kartellordnungswidrigkeit kann nach § 81c Abs. 1 S. 1 GWB eine Geldbuße bis zu einer Million €, bei fahrlässiger Begehung bis 500.000 € (§ 17 Abs. 2 OWiG) verhängt werden; bei leichten Kartellordnungswidrigkeiten reicht der Bußgeldrahmen gem. § 81c Abs. 1 S. 2 GWB bis 100.000 € bzw. 50.000 €. Die Geldbuße gegen ein **Unternehmen oder eine Unternehmensvereinigung** kann nach § 81c Abs. 2 S. 2 GWB bis zu 10 % des in dem Geschäftsjahr vor der Behördenentscheidung erzielten Gesamtumsatzes des Unternehmens oder der Unternehmensvereinigung reichen. Bei der Ermittlung des Gesamtumsatzes ist gem. § 81c Abs. 5 S. 1 GWB der **weltweite Umsatz** aller natürlichen und juristischen Personen sowie Personenvereinigungen zugrunde zu legen, die als wirtschaftliche Einheit operieren.

1140 Die bis zum 18.01.2021 in § 81b GWB a.F. festgelegte Pflicht für juristische Personen oder Personenvereinigungen zur Erteilung von Auskünften über die Umsätze und zur Vorlage von Unterlagen auf Verlangen der Verwaltungsbehörde, gegen deren Ausgestaltung gewichtige Bedenken wegen Verstoßes gegen die Grundsätze der Selbstbelastungsfreiheit und des fairen Verfahrens geäußert wurden[79], ersetzte das GWB-Digitalisierungsgesetz[80] durch Regelungen in § 59 Abs. 4, 5 GWB, die auf die Selbstbelastungsfreiheit Rücksicht nehmen; nach § 82b Abs. 1, 2 GWB gelten sie für verwaltungsbehördliche und gerichtliche Auskunfts- und Vorlageverlangen.

---

[78] BGBl. I 2005, 1954.
[79] *Schmitz*, wistra 2016, 129, 133 f.
[80] Vom 18.01.2021, BGBl. I 2021, 2.

1. Geldbuße gegen juristische Personen und Personenvereinigungen (§ 30 OWiG)

Fall 74: – *Kumulative Verbandsgeldbuße* –

Wie Fall 37 (Rn. 561): Der von der Mixit AG aufgrund der von V und S mit anderen Zementherstellern getroffenen Preisabsprachen erzielte Mehrerlös betrug bei vorsichtiger Schätzung insgesamt mindestens acht Millionen €. Im Jahr vor der Durchführung des Bußgeldverfahrens hatte der Umsatz der Mixit AG ca. 150 Millionen € betragen.

Welche Rechtsfolgen kann das Bundeskartellamt gegen die Beteiligten verhängen?

a) Ahndung von V und S

V und S haben vorsätzlich eine Kartellordnungswidrigkeit nach § 81 Abs. 2 Nr. 1 i.V.m. § 1 GWB begangen (Rn. 561 ff.). Deshalb kann gegen sie ein Bußgeld nach dem Regelstrafrahmen des § 81c Abs. 1 S. 1 GWB, also bis zur Höhe von einer Million €, verhängt werden.

b) Verbandsgeldbuße gegen die Mixit AG

Die Verhängung einer Verbandsgeldbuße, zum Teil auch als Unternehmensgeldbuße bezeichnet, setzt nach § 30 Abs. 1 OWiG voraus, dass eine in der Vorschrift genannte **Leitungsperson** (siehe Rn. 1098 zu dem identischen Personenkreis bei § 74e StGB) eine **Straftat oder Ordnungswidrigkeit** begangen hat und dadurch entweder **Pflichten, welche die juristische Person oder Personenvereinigung treffen, verletzt** worden sind oder die **juristische Person bzw. Personenvereinigung bereichert worden ist oder bereichert werden sollte**. Auf die Verbandsgeldbuße ist §17 Abs. 4 OWiG anwendbar, sodass der dem Unternehmen zugeflossene wirtschaftliche Vorteil durch die Geldbuße abgeschöpft werden soll[81]. § 30 Abs. 1 OWiG gilt auch für Verbandsgeldbußen wegen einer Kartellordnungswidrigkeit, da § 81c Abs. 2 bis 4 GWB lediglich die allgemeinen Bußgeldrahmen des § 30 Abs. 2 OWiG ersetzt, also keine eigenständige Grundlage für die Verhängung einer „Geldbuße gegen ein Unternehmen oder eine Unternehmensvereinigung" schafft.

Daraus – und aus § 81b Abs. 1 S. 1 GWB, der auf § 30 OWiG verweist, – folgt im Übrigen, dass eine Geldbuße bis zur Höchstgrenze von 10 % des Vorjahresumsatzes nach Maßgabe des § 81c Abs. 2 S. 2 GWB nur gegen die Adressaten des § 30 Abs. 1 OWiG, also eine juristische Person, einen rechtsfähigen Verein oder eine rechtsfähige Personengesellschaft verhängt werden darf. Hat ein Einzelkaufmann die Kartellordnungswidrigkeit begangen, so bleibt es bei den Bußgeldrahmen des § 81c Abs. 1 GWB, der zur Abschöpfung des wirtschaftlichen Vorteils nach § 17 Abs. 4 OWiG, § 81d Abs. 3 GWB überschritten werden kann.

V ist als Mitglied des Vorstandes der AG eine Leitungsperson i.S.d. § 30 Abs. 1 Nr. 1 OWiG. S gehört als Leiter des Vertriebs zu dem Personenkreis des § 30 Abs. 1 Nr. 5 OWiG, denn Leitungsverantwortung tragen nicht nur die beispielhaft genannten Personen mit Überwachungs- und Kontrollbefugnissen in leitender Stellung (z.B. Mitglieder des Aufsichtsrats einer AG oder des Verwaltungsrats einer GmbH[82]), sondern auch Personen mit Leitungsverantwortung innerhalb eines bestimmten Bereichs, z.B. einer – rechtlich unselbstständigen – Nieder-

---
[81] BGH, NZWiSt 2018, 291, 293, mit Komm. *Nepomuck*.
[82] *Eidam*, wistra 2003, 447, 451.

lassung des Unternehmens⁸³. V und S handelten zudem „als" Mitglied des vertretungsberechtigten Organs bzw. „als" sonstige Leitungsperson, da sie die Ordnungswidrigkeit im Interesse der AG begingen, die Tat in einem funktionellen Zusammenhang mit ihrer Leitungsverantwortung stand und sie im Namen der AG handelten (siehe dazu Rn. 365 ff.).

Vertretungsberechtigung meint dabei die mit der Leitungsfunktion verbundene **allgemeine Vertretungsmacht**, sodass interne Beschränkungen und Modifizierungen der Vertretungsberechtigung die Anwendung des § 30 OWiG nicht hindern, selbst wenn der Täter im konkreten Fall die im Verhältnis zum Vertretenen gezogenen Grenzen überschritten hat[84]. § 30 OWiG setzt allerdings eine **wirksame Bestellung** voraus[85], da die Vorschrift keine §§ 14 Abs. 3, 74e S. 2 StGB, § 9 Abs. 3 OWiG entsprechende Regelung enthält.

1145 Die im Interesse bzw. Namen der juristischen Person oder Personengesellschaft begangene Straftat bzw. Ordnungswidrigkeit der Leitungsperson genügt jedoch nicht, um eine Geldbuße – auch – gegen das Unternehmen zu verhängen, sondern es muss zudem einer der in § 30 Abs. 1 OWiG aufgeführten **Zurechnungsgründe** vorliegen, nämlich die Verletzung einer die juristische Person oder Personengesellschaft treffenden Pflicht oder die eingetretene oder angestrebte Bereicherung des Verbandes.

1146 Für den ersten Zurechnungsgrund genügt es, dass der Täter eine unternehmensbezogene Pflicht, die sich aus dem spezifischen Wirkungsbereich des Verbandes ergibt, verletzt. Dazu gehört auch die Pflicht zur Abwehr von Gefahren für Mitarbeiter und Dritte, die sich aus dem Betrieb ergeben[86]. Gegen das eigene Unternehmen gerichtete Pflichtverletzungen sind keine tauglichen Anknüpfungstaten[87].

Kartellordnungswidrigkeiten sind unzweifelhaft Bezugstaten der Verbandsgeldbuße, da Adressaten der Ge- und Verbote des GWB Unternehmen und Unternehmensvereinigungen sind[88]. Die von V und S begangenen Zuwiderhandlungen gegen das Kartellverbot des § 1 GWB verletzten somit Pflichten der AG als Unternehmensträgerin.

1147 Auch der zweite Zurechnungsgrund, nämlich die – eingetretene oder angestrebte – **Bereicherung des Vertretenen**, liegt vor, da der Mehrerlös aus der Vereinbarung der AG zugeflossen ist.

1148 Ist die Bezugstat – wie hier – eine Ordnungswidrigkeit, so gilt grundsätzlich gem. § 30 Abs. 2 S. 2 OWiG das für die Anknüpfungstat angedrohte Höchstmaß der Geldbuße auch für die Verbandsgeldbuße. Für die Geldbuße gegen ein Unternehmen oder eine Unternehmensvereinigung wegen einer Kartellordnungswidrigkeit gilt dieser Bußgeldrahmen jedoch gem. § 81c Abs. 2 S. 2 GWB nicht, sondern die Geldbuße kann bis zu 10 % des Vorjahresumsatzes betragen (Rn. 1135), hier also maximal 15 Millionen €. Nach § 81d Abs. 3 S. 1 GWB kann der wirtschaftliche Vorteil zwar nach Maßgabe des § 17 Abs. 4 OWiG abgeschöpft werden, sodass die Geldbuße so-

---

[83] OLG Celle, NZWiSt 2013, 68, 70 f., mit krit. Anm. *Rübenstahl*; *Röske/Böhme*, NZWiSt 2013, 48 ff.
[84] *Gürtler/Thoma*, in: Göhler, § 30 OWiG Rn. 12b; *Rogall*, in: KK-OWiG, § 30 Rn. 85; *Wegner*, NJW 2001, 1979, 1980.
[85] *Eidam*, wistra 2003, 447, 452.
[86] *Eidam*, wistra 2003, 447, 453; *Wegner*, NJW 2001, 1979, 1980.
[87] *Peukert/Altenburg*, BB 2015, 2822 ff.
[88] Vgl. KG, wistra 1999, 357, 359.

gar 10 % des Vorjahresumsatzes überschreiten darf, wenn der wirtschaftliche Vorteil höher ist.

In unserem Fall beträgt der Mehrerlös aber „lediglich" acht Millionen €, sodass der erzielte Mehrerlös der Mixit AG durch eine Geldbuße bis zur Grenze des § 81c Abs. 2 S. 2 GWB entzogen werden könnte.

Die Höhe der Geldbuße hängt davon ab, ob sie einen rein ahndenden Charakter haben soll, was bei Kartellordnungswidrigkeiten möglich ist (Rn. 1135), oder auch der wirtschaftliche Vorteil abgeschöpft wird, denn § 81d Abs. 3 S. 2 GWB schreibt vor, dass es bei der Bußgeldbemessung zu berücksichtigen ist, wenn die Geldbuße allein der Ahndung dient. Die Geldbuße muss dann geringer ausfallen[89]. § 81d Abs. 1, 2 GWB enthält einen nicht abschließenden Katalog von Bußgeldzumessungsgründen. Zwingend zu berücksichtigen sind **die Schwere und die Dauer** der Zuwiderhandlung (§ 81d Abs. 1 S. 1 GWB) sowie **die wirtschaftlichen Verhältnisse** des Unternehmens oder der Unternehmensvereinigung (§ 81d Abs. 2 GWB). § 81d Abs. 1 S. 2 GWB führt weitere Zumessungsumstände auf, die „insbesondere" in Betracht kommen[90]. Zu berücksichtigen sind z.B. gem. § 81d Abs. 1 S. 2 Nr. 4, 5 GWB die von dem Unternehmen vor oder nach der Zuwiderhandlung ergriffenen Compliance-Maßnahmen[91]. Das Bundeskartellamt hat auf der Grundlage des § 81d Abs. 4 GWB Bußgeldleitlinien[92] für die Bemessung des ahndenden Teils der Verbandsgeldbuße erlassen[93]. **1149**

Verzichtet die Kartellbehörde ganz oder teilweise auf die Gewinnabschöpfung per Geldbuße, so kann sie den wirtschaftlichen Vorteil nach Maßgabe des § 34 GWB entziehen.

c) *Bußgeldverfahren*

Die Verbandsgeldbuße nach § 30 Abs. 1 OWiG wird grundsätzlich im **verbundenen Verfahren** gegen den Täter der Bezugstat festgesetzt. Handelt es sich um eine Ordnungswidrigkeit, so entscheidet die für die Bezugstat zuständige Bußgeldbehörde (§ 88 Abs. 1 S. 1 OWiG), liegt eine Straftat vor, so befindet grundsätzlich das für deren Aburteilung zuständige Gericht auch über die Verhängung der Verbandsgeldbuße (vgl. § 444 Abs. 1 StPO). **1150**

Zur Sonderregelung des § 82 Abs. 2 S. 1 Nr. 1 GWB für den Fall, dass die Anknüpfungsstraftat auch den Tatbestand des § 81 Abs. 1, Abs. 2 Nr. 1 oder Abs. 3 GWB verwirklicht, siehe Rn. 1158.

Nach § 48 Abs. 2 S. 1 GWB ist das Bundeskartellamt für die Verhängung der Bußgelder gegen V und S und der Verbandsgeldbuße gegen die Mixit AG zuständig, weil die Wirkung des wettbewerbswidrigen Verhaltens über das Gebiet eines Landes hinausreichte.

---

[89] BT-Drs. 15/3640, 42.
[90] Eingehend dazu *Achenbach*, in: FK, § 81d GWB Rn. 12 ff.
[91] *Achenbach*, in: FK, § 81d GWB Rn. 19 ff.; 25. Compliance-Maßnahmen sind auch außerhalb des Kartellordnungswidrigkeitenverfahrens für die Bemessung des Ahndungsanteils einer Verbandsgeldbuße relevant, BGH, NZWiSt 2018, 479, Rn. 118; NZWiSt 2022, 410, Rn. 30.
[92] Leitlinien für die Bußgeldzumessung im Kartellordnungswidrigkeitenverfahren vom 11.10.2021.
[93] Zur Kritik an der Ausgestaltung *Achenbach*, in: FK, § 81d GWB Rn. 119 ff.

Fall 75: – *Isolierte Verbandsgeldbuße* –

1151 Abwandlung von Fall 70 (Rn. 1066). Der technische Angestellte A, der die Submissionsabsprache verwirklicht hatte, beging nach der Einleitung des gegen ihn gerichteten Ermittlungsverfahrens Suizid. Neben G war auch Wolfgang Zweig (Z) als Geschäftsführer der Rofux-Bau-GmbH bestellt worden. Es ließ sich nicht aufklären, ob G oder Z die Aufsichtspflicht verletzt hatte. Der durch die Submissionsabsprache erzielte Mehrerlös betrug geschätzt mindestens 500.000 €.

Kann gegen die GmbH eine Verbandsgeldbuße verhängt werden? Falls dies möglich ist, wer wäre für die Verhängung zuständig?

a) Voraussetzungen der Verbandsgeldbuße

Es müsste eine Straftat oder Ordnungswidrigkeit einer Leitungsperson i.S.d. § 30 Abs. 1 OWiG vorliegen.

1152 Die von A verwirklichten §§ 298, 263 StGB wären nur dann taugliche Anknüpfungstaten für die Verbandsgeldbuße, wenn A zum Kreis der Leitungspersonen der AG gehörte. Er war aber lediglich als technischer Angestellter tätig und für die Erledigung einzelner Aufgaben unter der Aufsicht der Geschäftsführer zuständig, sodass er keine verantwortliche Leitungsfunktion ausübte.

Die von A begangenen Straftaten scheiden deshalb als Bezugstaten der Verbandsgeldbuße aus.

1153 Fraglich ist, ob die Verletzung der Aufsichtspflicht nach **§ 130 OWiG** als Bezugsordnungswidrigkeit der Verbandsgeldbuße in Betracht kommt. Grundsätzlich genügt § 130 OWiG als Anknüpfungstat, da die Aufsichtspflicht das Unternehmen trifft[94].

§ 130 OWiG bildet sogar nicht selten ein wichtiges „Bindeglied" zwischen der Ausgangsstraftat oder -ordnungswidrigkeit eines Unternehmensmitarbeiters, der nicht zum Kreis der Leitungspersonen des § 30 Abs. 1 OWiG gehört, und der Verbandsgeldbuße[95].

Nach zutreffender Auffassung handelt es sich bei den von A verwirklichten §§ 298, 263 StGB um Zuwiderhandlungen gegen Pflichten des Inhabers i.S.d. § 130 Abs. 1 S. 1 OWiG (Rn. 1072). Unternehmensinhaber ist zwar die GmbH, dieses besondere persönliche Merkmal wird aber nach § 9 Abs. 1 Nr. 1 OWiG auf die Geschäftsführer der GmbH überwälzt.

1154 Die Verhängung der Verbandsgeldbuße könnte deshalb allenfalls scheitern, weil nicht zu ermitteln ist, welcher der beiden Geschäftsführer die Aufsicht unterlassen hat. § 30 Abs. 1 OWiG lässt es jedoch genügen, dass „jemand" als verantwortliche Leitungsperson die Bezugstat begangen hat. Es ist somit nicht erforderlich, dass festgestellt wird, welche von mehreren in Betracht kommenden Leitungspersonen die Aufsichtspflicht verletzt hat, wenn nur feststeht, dass jedenfalls ein i.S.d. § 30 Abs. 1 OWiG Verantwortlicher die Zuwiderhandlung vorwerfbar begangen hat[96].

---

[94] BGH, NStZ 1994, 346; *Müller-Gugenberger*, in: M-G, Kap. 23 Rn. 35; *Többens*, NStZ 1999, 1, 7 f.; *Wittig*, § 12 Rn. 22.
[95] Eingehend dazu *Többens*, NStZ 1999, 1 ff.
[96] BGH, NStZ 1994, 346; OLG Hamm, NJW 1979, 1312; *Fridrich*, in: M-G, Kap. 30 Rn. 157.

Da in unserem Fall einer der beiden Geschäftsführer nachweislich die gebotenen Aufsichtsmaßnahmen unterlassen hatte, liegt eine taugliche Anknüpfungstat für die Verbandsgeldbuße vor.

Die **Bemessung der Verbandsgeldbuße** ist hier kompliziert. Da die Anknüpfungstat eine Ordnungswidrigkeit ist, richtet sich die Geldbuße – grundsätzlich – gem. § 30 Abs. 2 S. 2 OWiG nach deren Bußgeldandrohung. § 130 Abs. 3 S. 1 OWiG sieht eine Geldbuße bis zu einer Million € vor, wenn die Pflichtverletzung, deren Verhinderung die Aufsichtspflicht dient, mit Strafe bedroht ist. A hatte §§ 298, 263 StGB verwirklicht, sodass an sich dieser Bußgeldrahmen anwendbar ist. Da § 130 Abs. 3 S. 2 OWiG aber auf § 30 Abs. 2 S. 3 OWiG verweist, verzehnfacht sich die Obergrenze für die Verbandsgeldbuße; sie kann somit bis zu zehn Millionen € betragen. Auch die Abschöpfung des wirtschaftlichen Gewinns (500.000 €) ist daher möglich.

1155

Nach § 130 Abs. 3 S. 4 OWiG gilt bei einem Zusammentreffen der Straftat mit einer Ordnungswidrigkeit das für die Ordnungswidrigkeit angedrohte Höchstmaß, wenn es das Höchstmaß nach § 130 Abs. 3 S. 1 OWiG übersteigt. Die Ausschreibungsabsprache nach § 298 StGB erfüllt zwar auch die Voraussetzungen des § 81 Abs. 2 Nr. 1 i.V.m. § 1 GWB, § 81c Abs. 1 S. 1 GWB sieht aber „nur" eine Geldbuße bis zu einer Million € vor, die Verbandsgeldbuße kann jedoch in unserem Fall – wie dargelegt – bis zu zehn Millionen € betragen. § 81c Abs. 2 S. 2 GWB ist hier für die Verbandsgeldbuße nicht einschlägig, da die Vorschrift allein für die dort genannten Kartellordnungswidrigkeiten gilt, also nicht, wenn § 130 Abs. 1 OWiG die Anknüpfungszuwiderhandlung darstellt (siehe schon Rn. 1084).

Hinweis zur Klausurlösung:

Die Prüfung der Voraussetzungen einer isolierten Verbandsgeldbuße kann u.U. unübersichtlich werden, wenn – wie hier – die Aufsichtspflichtverletzung und deren Bezugstat im Rahmen des § 30 OWiG festzustellen sind, weil die Bestrafung bzw. Ahndung der Anknüpfungstaten an tatsächlichen Hindernissen scheitert. Aus *klausurtaktischen Gründen* kann in einem solchen Fall eine „stufenweise" Untersuchung zunächst der Ursprungstat des Mitarbeiters und danach der Aufsichtspflichtverletzung zulässig sein, obwohl ersichtlich ist, dass eine Bestrafung bzw. Ahndung scheitert (siehe *Fälle zum Wirtschaftsstrafrecht* Rn. 73 ff.).

1156

b) Bußgeldverfahren

Die Verbandsgeldbuße kann nach § 30 Abs. 4 S. 1 OWiG selbständig festgesetzt werden, wenn wegen der Bezugstat ein Straf- oder Bußgeldverfahren nicht eingeleitet oder eingestellt wird. Die Regelung gilt nur für ein Scheitern des subjektiven Verfahrens aus tatsächlichen Gründen, denn § 30 Abs. 4 Satz 3, 1. Teils. OWiG schließt die Anordnung der Verbandsgeldbuße aus, wenn die Anknüpfungstat aus rechtlichen Gründen (z.B. wegen Verjährung[97]) nicht verfolgt werden kann.

1157

Ist die Anknüpfungstat der Verbandsgeldbuße eine Ordnungswidrigkeit, so verhängt gem. § 88 Abs. 2 OWiG die für deren Verfolgung zuständige Verwaltungsbehörde

1158

---

[97] *Achenbach*, in: HWSt, 1. Teil 2. Kap. Rn. 17.

auch die Verbandsgeldbuße. Knüpft die Verbandsgeldbuße an eine Straftat an, so entscheidet grundsätzlich das Gericht, das für die Aburteilung der Bezugstat zuständig wäre, §§ 444 Abs. 3 S. 1, 435, 435 Abs. 1, 2 StPO. Örtlich zuständig ist auch das Gericht, in dessen Bezirk die juristische Person oder Personenvereinigung ihren Sitz oder eine Zweigniederlassung hat, § 444 Abs. 3 S. 2 StPO.

§ 82 Abs. 2 S. 1 GWB enthält jedoch eine spezielle Zuständigkeitsregelung für die Verhängung einer – kumulativen oder isolierten – Verbandsgeldbuße. Die Kartellbehörden bleiben danach für die Verbandsgeldbuße zum einen zuständig, wenn die Anknüpfungstat des § 30 OWiG eine Straftat ist, die auch den Tatbestand des § 81 Abs. 1, 2 Nr. 1, 3 GWB (insbesondere also in Fällen der Ausschreibungsabsprache nach § 298 StGB) erfüllt (Nr. 1), und zum anderen, wenn die Bezugstat des § 130 OWiG – auch – die Voraussetzungen des § 81 Abs. 1, 2 Nr. 1, 3 GWB verwirklicht (Nr. 2).

In casu ist das Bundeskartellamt für die Verhängung der Verbandsgeldbuße zuständig.

Ergänzende Hinweise:

1159 (1) § 30 Abs. 2a OWiG ermöglicht bei Bezugstaten, die nach dem Inkrafttreten der 8. GWB-Novelle am 01.07.2013 begangen wurden, die Verhängung einer Verbandsgeldbuße gegen den Rechtsnachfolger im Falle der Gesamtrechtsnachfolge oder einer partiellen Gesamtrechtsnachfolge durch Aufspaltung nach § 123 Abs. 1 Umwandlungsgesetz[98]. Die Regelung stellte eine Reaktion auf mehrere Entscheidungen des Kartellsenats des BGH dar, in denen das Gericht die Verhängung einer Verbandsgeldbuße gegen den Rechtsnachfolger – auf der Grundlage des früheren Rechts – nur unter der Voraussetzung gebilligt hatte, dass „zwischen der alten und der neuen Vermögensverbindung nach wirtschaftlicher Betrachtungsweise Identität oder nahezu Identität besteht"[99]. Da nach europäischem Recht nicht die juristische Person als Rechtsträger, sondern das Unternehmen als wirtschaftliche Einheit als Adressat der Geldbuße nach Artt. 101, 102, 103 Abs. 2 lit. a) AEUV, Art. 23 Abs. 2 lit. a) VO (EG) Nr. 1/2003 betrachtet wird und Verbandsgeldbußen im Falle der Rechtsnachfolge deshalb in weiterem Umfang möglich waren als nach deutschem Recht, hatte das Bundeskartellamt bisweilen Bußgeldverfahren, bei denen es nach deutschem Ordnungswidrigkeitenrecht eine „Ahndungslücke" befürchtete, an die Europäische Kommission „verwiesen"[100].

§ 81a Abs. 2, 3 GWB in der Fassung des GWB-Digitalisierungsgesetzes (Rn. 1140) geht für Kartellverbandsgeldbußen über diese Regelung hinaus. § 81a Abs. 2 GWB dehnt den Anwendungsbereich des § 30 Abs. 2a OWiG von der bloßen Rechtsnachfolge des Täter-Unternehmensträgers auf die Nachfolge bei den einen bestimmenden Einfluss auf diesen ausübenden, lenkenden Gesellschaften im gesamten Unternehmen aus[101]. Nach § 81a Abs. 3 S. 1 GWB kann die Verbandsgeldbuße auch gegen

---

[98] Dazu *Achenbach*, in: Gedächtnisschrift für Joecks, 2018, 183 ff.; *Werner*, wistra 2015, 176, 177 ff.
[99] BGH, wistra 2012, 152, 153, mit Anm. *Achenbach*, wistra 2012, 487 ff.; BGHSt 60, 121, 124 ff.; BGH, NZWiSt 2016, 245, mit Anm. *Bürger*; siehe auch *Achenbach*, wistra 2012, 413 ff.; *Heinichen*, ZIS 2012, 68 ff. Das BVerfG billigte diese Sicht, ZWH 2015, 386 f., mit Anm. *von Saucken*.
[100] Zu dieser Praxis siehe *Krohs/Timmerbeil*, BB 2012, 2447 ff.
[101] Zu der komplizierten Konstruktion *Achenbach*, in: FK, § 81a GWB Rn. 13.

die juristischen Personen oder Personenvereinigungen festgesetzt werden, die das Unternehmen in wirtschaftlicher Kontinuität fortführen (wirtschaftliche Nachfolge).

(2) Das Bundeskartellamt hatte – in weitgehender Übereinstimmung mit den auf EU-Ebene geltenden Grundsätzen der Europäischen Kommission[102] – eine **„Bonusregelung"** getroffen, die unter bestimmten Bedingungen Teilnehmern an sog. *„Hardcore-Kartellen"*, zu denen insbesondere Absprachen über die Festsetzung von Preisen oder Absatzquoten sowie über die Aufteilung von Märkten gehören, Bußgeldfreiheit oder eine Herabsetzung der Geldbuße zusagte bzw. in Aussicht stellte[103]. Das GWB-Digitalisierungsgesetzes (Rn. 1140) hat die Regelungen mit gewissen Modifizierungen als **„Kronzeugenbehandlung"** in §§ 81h bis n in das GWB überführt. 1160

Der – als zwingend vorgesehene – **Verzicht auf die Festsetzung einer Geldbuße** setzt gem. § 81k Abs. 1 i.V.m. § 81j GWB voraus, dass der Täter 1161

– als **erster Kartellbeteiligter** das Kartell dem Bundeskartellamt anzeigt, bevor dieses über ausreichende Beweismittel verfügt, um einen Durchsuchungsbeschluss zu erwirken (§ 81k Abs. 1 Nr. 2 GWB),

– seine **Kenntnis von dem Kartell und seine Beteiligung** daran in dem Antrag auf Kronzeugenbehandlung gegenüber der Kartellbehörde offenlegt oder ein Kartellbeteiligter im Fall eines zu seinen Gunsten geltenden Antrags umfassend an der Aufklärung des Sachverhalts mitwirkt (§ 81j Abs. 1 Nr. 1 GWB),

– seine **Beteiligung an dem Kartell** unmittelbar nach Stellung des Antrags auf Kronzeugenbehandlung **beendet**, soweit nicht einzelne Handlungen nach Auffassung der Kartellbehörde möglicherweise erforderlich sind, um die Integrität ihrer Untersuchung zu wahren (§ 81j Abs. 1 Nr. 2 GWB),

– ab dem Zeitpunkt der Stellung des Antrags auf Kronzeugenbehandlung bis zur Beendigung des kartellbehördlichen Verfahrens gegenüber allen Kartellbeteiligten der **Pflicht zur ernsthaften, fortgesetzten und zügigen Kooperation** genügt (§ 81j Abs. 1 Nr. 3 GWB) und

– **keine Informationen oder Beweise** vernichtet, verfälscht oder unterdrückt und **weder die beabsichtigte Stellung des Antrags auf Kronzeugenbehandlung noch dessen beabsichtigten Inhalt offengelegt** hat, nachdem er die Stellung des Antrags auf Kronzeugenbehandlung erwogen hat (§ 81j Abs. 1 Nr. 4 GWB).

Nach § 81k Abs. 2 GWB soll **in der Regel** – bei Vorliegen der Voraussetzungen des § 81j GWB – von der Verhängung einer Geldbuße gegenüber dem Kartellbeteiligten, der **als Erster Beweismittel vorlegt**, die, wenn die Kartellbehörde bereits in der Lage ist, einen Durchsuchungsbeschluss zu erwirken, erstmals den Nachweis der Tat ermöglichen und kein anderer Kartellbeteiligter bereits die Voraussetzungen für einen Erlass nach § 81k Abs. 1 GWB erfüllt hat. 1162

---

[102] Letzte Fassung: Mitteilung der Kommission über den Erlass und die Ermäßigung von Geldbußen in Kartellsachen vom 08.12 2006, ABl. Nr. C 298, 11.
[103] Bekanntmachung Nr. 9/2006 über den Erlass und die Reduktion von Geldbußen in Kartellsachen – Bonusregelung – vom 7. März 2006.

1163 Eine **Ermäßigung der Geldbuße** kann die Kartellbehörde nach § 81l Abs. 1 GWB vornehmen, wenn der Täter Beweismittel für das Kartell vorlegt, die im Hinblick auf den Nachweis der Tat gegenüber den Informationen und Beweismitteln, die der Kartellbehörde bereits vorliegen, einen erheblichen Mehrwert aufweisen. Der **Umfang der Ermäßigung** richtet sich insbesondere nach dem Nutzen der Informationen und Beweismittel sowie nach dem Zeitpunkt der Anträge auf Kronzeugenbehandlung (§ 81l Abs. 2 GWB).

1164 Die Regelung gilt gem. § 81h Abs. 1 GWB für alle an Kartellen beteiligten natürlichen Personen, Unternehmen und Unternehmensvereinigungen, also auch für die **Festsetzung einer Verbandsgeldbuße** nach § 30 OWiG.

1164a Das Bundeskartellamt hat auf der Grundlage des § 81h Abs. 3 S. 1 GWB allgemeine Verwaltungsgrundsätze über die Ausübung des Ermessens bei der Gestaltung des Verfahrens und der Anwendung des kartellrechtlichen Kronzeugenprogramms nach §§ 81h-81n GWB („**Leitlinien zum Kronzeugenprogramm**") erlassen[104].

1165 (3) An bestimmten Prozentsätzen des Vorjahresumsatzes des Unternehmens oder des Konzerns orientierte Bußgeldrahmen nach dem Vorbild des Kartellbußgeldrechts finden sich auch in anderen Gesetzen. Eine Geldbuße bis zu 15 % des Umsatzes, den das Unternehmen oder die Personenvereinigung im der Behördenentscheidung vorausgegangenen Geschäftsjahr erzielt hat, ist z.B. nach § 120 Abs. 18 S. 2 Nr. 1 WpHG zulässig[105].

2. Geldbuße nach Artt. 101, 102, 103 Abs. 2 lit. a) AEUV, Art. 23 Abs. 2 lit. a) VO (EG) Nr. 1/2003

1166 Um eine **reine Unternehmenssanktion** handelt es sich bei der europarechtlichen Geldbuße nach Art. 23 der Verordnung (EG) Nr. 1/2003[106], der am 01.05.2004 die seit 1962 geltende Vorläufervorschrift in Art. 15 der Verordnung (EWG) Nr. 17/1962 abgelöst hat (zu den tatbestandlichen Voraussetzungen siehe Rn. 577 ff.). Über die Rechtsnatur der europarechtlichen Geldbuße besteht zwar heftiger Streit, nach zutreffender Auffassung ist sie aber als ordnungswidrigkeitenrechtliche Sanktion einzuordnen[107]. Die in Art. 23 Abs. 5 VO (EG) Nr. 1/2003 getroffene Feststellung, die Bußgeldentscheidungen hätten keinen strafrechtlichen Charakter, besagt lediglich, dass sie *keine kriminalstrafrechtlichen Sanktionen* sind.

1167 **Adressaten** der Bußgelddrohung sind – und waren – **ausschließlich Unternehmen und Unternehmensvereinigungen**. Die für die Ahndung zuständige Europäische Kommission, d.h. der Wettbewerbskommissar, kann deshalb einer natürlichen Person nur als Unternehmensträger eine Geldbuße auferlegen. In der Praxis sind aber bisher ausschließlich gegen juristische Personen bzw. Personengesellschaften Bußgelder verhängt worden. Mitarbeiter oder Leitungspersonen des Unternehmens

---

[104] Bekanntmachung Nr. 14/2021 vom 23. August 2021.
[105] Eingehend dazu *Achenbach*, wistra 2018, 13 ff.; *Wegner*, in: Gedächtnisschrift für Joecks, 2018, S. 345 ff., auch zur Zumessung der Verbandsgeldbuße.
[106] ABl. Nr. L 001 vom 04.01.2003, 1.
[107] Eingehend dazu *Deutscher*, S. 139 ff.

scheiden somit als Bußgeldadressaten generell aus. Konsequenterweise knüpfen die Bußgeldrahmen an den Umsatz des Unternehmens bzw. der Unternehmensvereinigung an (bis 1 % des im vorangegangenen Geschäftsjahr erzielten Gesamtumsatzes bei Zuwiderhandlungen nach Art. 23 Abs. 1, bis 10 % bei Verstößen nach Art. 23 Abs. 2). In der Praxis bemisst die Kommission die Höhe der Geldbuße innerhalb dieser Rahmen nach der Schwere und Dauer der Zuwiderhandlung[108].

Das Europarecht geht also – im Gegensatz zum deutschen Recht – von der **Handlungs- und Schuldfähigkeit des Unternehmens selbst** aus. Als Handlung des Unternehmens wird *jede Tätigkeit einer Person im Rahmen der ihr von dem Unternehmen eingeräumten* Befugnisse angesehen[109]. §§ 9, 30, 130 OWiG entsprechenden Regelungen bedarf es deshalb nicht, sondern das Verschulden dieser Person wird unmittelbar dem Unternehmen bzw. der Unternehmensvereinigung zugerechnet[110]. **1168**

Art. 23 VO (EG) Nr. 1/2003 statuiert eine Art „**gesamtschuldnerische Haftung**" der an einer Unternehmensvereinigung beteiligten Unternehmen, soweit ihre Vertreter an der die Zuwiderhandlung begründenden Beschlussfassung beteiligt waren. Ist die mit einem Bußgeld belegte Vereinigung zahlungsunfähig, so hat sie von diesen Unternehmen Beiträge zur Deckung zu verlangen. Werden die Beträge nicht fristgemäß gezahlt, so kann die Kommission die Zahlung der Geldbuße von allen Mitgliedern der Vereinigung verlangen, die auf dem Markt tätig waren, auf dem die Zuwiderhandlung begangen wurde, es sei denn, das betroffene Unternehmen hat den die Zuwiderhandlung begründenden Beschluss nicht umgesetzt und vor Einleitung der Untersuchung durch die Kommission von dem Beschluss keine Kenntnis gehabt oder sich aktiv davon distanziert. **1169**

Die Kommission bietet – wie das Bundeskartellamt – reuigen „Hardcore-Kartell-Mitgliedern" eine „Bonusregelung" an[111], die im Wesentlichen den deutschen Richtlinien entspricht (Rn. 1160 ff.), zumal diese der Kommissionsregelung nachgebildet sind. Die europäische Regelung ist allerdings etwas differenzierter. Die Aufdeckung des Kartells durch ein Unternehmen wird mit einem vollständigen Erlass der Geldbuße honoriert[112]. Unternehmen, die Beweismittel für die mutmaßliche Zuwiderhandlung vorlegen, die gegenüber den bereits im Besitz der Kommission befindlichen Beweismitteln einen „erheblichen Mehrwert" darstellen, d.h. den Nachweis des mutmaßlichen Kartells erleichtern[113], können eine Bußgeldreduzierung erlangen. Das Bußgeld für das erste Unternehmen, das Beweismittel vorlegt, kann zwischen 30 und 50 % reduziert werden, das Bußgeld für das zweite Unternehmen zwischen 20 und 30 % und das Bußgeld für jedes weitere Unternehmen bis zu 20 %[114]. Eine weitere Ermäßigung der Geldbuße um 10% wird den Unternehmen auf der Grund- **1170**

---

[108] Dazu *Tiedemann*, Rn. 512, 529.
[109] Z.B. EuGH, WuW/E EWG 617.
[110] *Engelhart*, in: M-G, Kap. 57 Rn. 76.
[111] Mitteilung der Kommission über den Erlass und die Ermäßigung von Geldbußen in Kartellsachen, ABl. C 298 vom 08.12 2006, 11.
[112] Nr. 8 der Mitteilung.
[113] Nr. 24, 25 der Mitteilung.
[114] Nr. 26 der Mitteilung.

lage der Regelung über Vergleichsverfahren[115] gewährt, wenn sie ihre Beteiligung an dem Kartell einräumen und die Verantwortung dafür übernehmen, ohne Rechtsmittel einzulegen. Als Gegenleistung für die Verringerung des Aufklärungsaufwands der Kommission und die Ermöglichung einer zügigen Verhängung und Vollstreckung der Geldbuße erhalten die Unternehmen also einen „Bußgeldrabatt" in Höhe von 10%.

---

[115] Mitteilung der Kommission über die Durchführung von Vergleichsverfahren bei dem Erlass von Entscheidungen nach Artikel 7 und Artikel 23 der Verordnung (EG) Nr. 1/2003 des Rates in Kartellfällen, Abl. EU C 167 vom 2. Juli 2008, 1.

Aufbaumuster

Die nachstehenden Aufbaumuster einiger wichtiger Straf- und Bußgeldtatbestände wollen und können nicht mehr sein als *Empfehlungen*. Die Beispiele wurden wegen der Bedeutung der fraglichen Delikte und der nach unseren Erfahrungen bestehenden Unsicherheiten der Studierenden in Aufbaufragen ausgewählt.

Beispiel I: Verbotene Vereinbarungen, §§ 81 Abs. 2 Nr. 1 i.V.m 1 GWB

1. Tatbestand
a) Objektiver Tatbestand
(1) Tauglicher Täter: „Unternehmen"
    „Überwälzung" der Eigenschaft nach Maßgabe des § 9 OWiG erforderlich
(2) Tathandlung nach § 1 GWB: Vereinbarungen, die eine Verhinderung, Einschränkung oder Verfälschung des Wettbewerbs bezwecken oder bewirken
    – *diese subjektive Komponente ist Teil der Ausfüllungsnorm und muss daher im objektiven Tatbestand geprüft werden* –
b) Subjektiver Tatbestand
2. Rechtswidrigkeit
3. Vorwerfbarkeit

Beispiel II: Insolvenzverschleppung, § 15a Abs. 4 (Abs. 5) i.V.m. Abs. 1 InsO

Die Insolvenzverschleppung gemäß § 15a InsO kann vorsätzlich (Abs. 4) oder fahrlässig (Abs. 5) begangen werden. Zunächst wird das Prüfungsschema der vorsätzlichen, danach das der fahrlässigen Insolvenzverschleppung dargestellt.

1. Tatbestand
a) Objektiver Tatbestand:
(1) Tätereigenschaft nach § 15a Abs. 1-3 InsO
(2) Zahlungsunfähigkeit oder Überschuldung
(3) Unterlassene, verspätete oder fehlerhafte Antragstellung
b) Subjektiver Tatbestand
    Zumindest dolus eventualis hinsichtlich der Zahlungsunfähigkeit bzw. Überschuldung und der Pflicht zur Stellung des Eröffnungsantrags
2. Rechtswidrigkeit
3. Schuld

Aufbaumuster

oder

1. Tatbestandsmäßigkeit
   (1) Tätereigenschaft nach § 15a Abs. 1-3 InsO
   (2) Zahlungsunfähigkeit oder Überschuldung
   (3) Unterlassene, verspätete oder fehlerhafte Antragstellung
   (4) Objektiv sorgfaltswidriges Verkennen der Zahlungsunfähigkeit bzw. Überschuldung bei objektiver Vermeidbarkeit der Pflichtverletzung

2. Rechtswidrigkeit

3. Schuld
   Subjektive Fahrlässigkeit

1174 Beispiel III: Unternehmensbezogene Aufsichtspflichtverletzung, § 130 OWiG

§ 130 OWiG kann ebenfalls vorsätzlich und fahrlässig verwirklicht werden. Im Folgenden wird nur das Aufbauschema der vorsätzlichen Aufsichtspflichtverletzung dargestellt. Die Prüfung der fahrlässigen Aufsichtspflichtverletzung ist an den Aufbau des Fahrlässigkeitsdelikts (vgl. Rn. 1173, zweite Variante) anzupassen.

1. Tatbestand
a) Objektiver Tatbestand:
   (1) Tauglicher Täter: Inhaber eines Betriebs oder Unternehmens
       Ggf. „Überwälzung" der Inhabereigenschaft nach Maßgabe des § 9 OWiG
   (2) Tathandlung:
       (a) Unterlassen der Aufsichtsmaßnahmen,
       (b) die erforderlich sind zur Verhinderung von Zuwiderhandlungen gegen Pflichten,
       (c) die den Inhaber als solchen treffen und
       (d) deren Verletzung mit Strafe oder Geldbuße bedroht ist.
       (e) Notwendigkeit der Aufsichtsmaßnahmen, um der betriebstypischen Gefahr gerade der Zuwiderhandlungen, wie sie der Mitarbeiter begangen hat, entgegenzuwirken.
b) Subjektiver Tatbestand
   Vorsatz bzgl. des Unterlassens der erforderlichen Aufsichtsmaßnahmen und der betriebstypischen Gefahr

2. Rechtswidrigkeit

3. Vorwerfbarkeit

4. Objektive Bedingung der Ahndung
   Wesentliche Erschwerung der Begehung der Zuwiderhandlung bzw. Eignung zur Beseitigung der betriebstypischen Gefahr

Beispiel IV: (Warenterminoptions-) Betrug, § 263 Abs. 1 StGB　　1175

1. Tatbestand
a) Objektiver Tatbestand:
(1) Täuschung über Tatsachen (näher vgl. BGH, NJW 1992, 1709, 1710)
(2) Irrtum
(3) Vermögensverfügung
(4) Vermögensschaden
   Differenz zwischen vorgespiegelter und tatsächlicher Prämie, wenn sie angelegt wurde. Strittig, wenn die Option nicht an der Börse platziert wurde (nackte Optionen).
b) Subjektiver Tatbestand
(1) Vorsatz
(2) Absicht, sich oder einem Dritten einen rechtswidrigen Vermögensvorteil zu verschaffen
2. Rechtswidrigkeit
3. Schuld
Ggf.
4. Besonders schwerer Fall, Abs. 3, insbesondere Nr. 2: Herbeiführung eines Vermögensverlusts großen Ausmaßes (ab 50.000 Euro)

Beispiel V: (Geschäftsführer-) Untreue, § 266 StGB　　1176

Bei § 266 StGB ist in der Fallbearbeitung der Missbrauchstatbestand (§ 266 Abs. 1, 1. Alt. StGB) von dem Treubruchstatbestand (§ 266 Abs. 1, 2. Alt. StGB) zu unterscheiden. Wegen der Spezialität des Missbrauchstatbestandes ist mit dessen Prüfung zu beginnen, wenn er in Betracht kommt. Das ist i.d.R. der Fall, wenn das Verhalten in einem rechtsgeschäftlichen Handeln besteht. Liegt § 266 Abs. 1, 1. Alt. StGB vor, genügt der Hinweis, dass § 266 Abs. 1, 2. Alt. StGB im Wege der Gesetzeskonkurrenz (Spezialität) zurücktritt. Der Treubruchstatbestand ist nur ausführlich zu prüfen, wenn der Missbrauchstatbestand nicht erfüllt ist. Da nach zutreffender Auffassung Täter der Untreue – sowohl in der Missbrauchs- als auch der Treubruchsalternative – nur sein kann, wer eine Vermögensbetreuungspflicht innehat (Krey/*Hellmann*/Heinrich, BT 2, Rn. 793 ff.), ist dies jeweils als erstes zu prüfen:

I. Missbrauchstatbestand, § 266 Abs. 1, 1. Alt. StGB

1. Tatbestand
a) Objektiver Tatbestand
(1) GmbH-Geschäftsführer ist tauglicher Täter: Vermögensbetreuungspflicht
(2) Verfügungs- oder Verpflichtungsbefugnis über fremdes Vermögen kraft rechtlicher Bindung: durch Gesetz bzw. Rechtsgeschäft
(3) Missbrauch der Befugnis?
   (a) Fehlen eines Missbrauchs wegen Zustimmung der Gesellschafter
   (b) Missbrauch trotz Zustimmung wegen deren Unwirksamkeit

Aufbaumuster

Wird Missbrauch bejaht:

(4) Vermögensnachteil
    Schaden der GmbH bei Beeinträchtigung des Stammkapitals bzw. Existenz- oder Liquiditätsgefährdung

b) Subjektiver Tatbestand

2. Rechtswidrigkeit

3. Schuld

Ggf.

4. Besonders schwerer Fall, Abs. 2 i.V.m. § 263 Abs. 3 StGB (vgl. Rn. 1175)

Bei Ablehnung des Missbrauchs:

II. Treubruchstatbestand, § 266 Abs. 1, 2. Alt. StGB

1. Tatbestand

a) Objektiver Tatbestand

(1) Tauglicher Täter: Vorliegen einer Vermögensbetreuungspflicht
(2) Vermögensbetreuungspflicht
(3) Verletzung der Vermögensbetreuungspflicht wegen Eingriffs in das Stammkapital
(4) Vermögensnachteil

b) Subjektiver Tatbestand

2. Rechtswidrigkeit

3. Schuld

Ggf.

4. Besonders schwerer Fall, Abs. 2 i.V.m. § 263 Abs. 3 StGB (vgl. Rn. 1175)

1177 Beispiel VI: Vorenthalten von Arbeit*nehmer*beiträgen, § 266a Abs. 1 StGB

1. Tatbestand

a) Objektiver Tatbestand

(1) Täter: Arbeitgeber oder Gleichgestellter, vgl. Abs. 5
    Ggf. Merkmalsüberwälzung nach § 14 StGB.
(2) Vorenthalten der Arbeitnehmerbeiträge trotz Fälligkeit, d.h. kein rechtzeiger Eingang bei der Einzugsstelle trotz physisch-realer Möglichkeit der Zahlung

b) Subjektiver Tatbestand

2. Rechtswidrigkeit
    Evtl. Rechtfertigung der Nichtzahlung in der Drei-Wochen-Frist, § 15a Abs. 1 S. 1 InsO

3. Schuld

Ggf.

4. Besonders schwerer Fall, Abs. 4

5. Strafbefreiende Selbstanzeige, Abs. 6

Beispiel VII: Vorenthalten von Arbeit*geber*beiträgen, § 266a Abs. 2 Nr. 1 StGB 1178

1. Tatbestand
a) Objektiver Tatbestand
(1) Täter: Arbeitgeber oder Gleichgestellter, vgl. Abs. 5
 Ggf. Merkmalsüberwälzung nach § 14 StGB.
(2) Machen unrichtiger oder unvollständiger Angaben über sozialversicherungsrechtlich erhebliche Tatsachen gegenüber der Einzugsstelle
(3) Vorenthalten der Arbeitgeberbeiträge
b) Subjektiver Tatbestand
2. Rechtswidrigkeit
3. Schuld
Ggf.
4. Besonders schwerer Fall, Abs. 4
5. Strafbefreiende Selbstanzeige, Abs. 6

Beispiel VIII: Vorenthalten von Arbeit*geber*beiträgen, § 266a Abs. 2 Nr. 2 StGB 1179

1. Tatbestand
a) Objektiver Tatbestand
(1) Täter: Arbeitgeber oder Gleichgestellter, vgl. Abs. 5
 Ggf. Merkmalsüberwälzung nach § 14 StGB.
(2) Pflichtwidriges Inunkenntnislassen der Einzugsstelle über sozialversicherungsrechtlich erhebliche Tatsachen
(3) Vorenthalten der Arbeitgeberbeiträge
b) Subjektiver Tatbestand
2. Rechtswidrigkeit
3. Schuld
Ggf.
4. Besonders schwerer Fall, Abs. 4
5. Strafbefreiende Selbstanzeige, Abs. 6

Beispiel IX: Bankrott, § 283 StGB 1180

§ 283 StGB kann als »reines« *Vorsatzdelikt* (Abs. 1, 2), als »*Vorsatz-Fahrlässigkeits-Kombination*« (Abs. 4) oder als »reines« *Fahrlässigkeitsdelikt* (Abs. 5) auftreten. Dargestellt wird die Vorsatzvariante:

Aufbaumuster

1. Tatbestand
a) Objektiver Tatbestand:
(1) Tauglicher Täter: Schuldner
(2) Tathandlung:
 Abs. 1: Unwirtschaftliches Handeln bzw. Verstöße gegen Buchführungsvorschriften usw. **in der Krise** *oder*
 Abs. 2: **Herbeiführung** der Überschuldung oder Zahlungsunfähigkeit durch Handlungen nach § 283 Abs. 1 Nr. 1-8
b) Subjektiver Tatbestand
2. Rechtswidrigkeit
3. Schuld
4. Objektive Bedingung der Strafbarkeit, Abs. 6
a) Zahlungseinstellung, Eröffnung des Insolvenzverfahrens oder Abweisung mangels Masse
b) Äußerer Zusammenhang zwischen Bankrotthandlung und Zusammenbruch
Ggf.
5. Besonders schwerer Fall, § 283a StGB

1181 Beispiel X: Schuldnerbegünstigung, § 283d Abs. 1 StGB

1. Tatbestand
a) Objektiver Tatbestand:
(1) Tauglicher Täter: Jedermann, außer Schuldner selbst
(2) Beiseiteschaffen, Verheimlichen, Zerstören, Beschädigen oder Unbrauchbarmachen von Bestandteilen des Schuldnervermögens, die zur Insolvenzmasse gehören
(3) mit Einwilligung des Schuldners *(oder zu dessen Gunsten, Merkmal des subjektiven Tatbestands)*
(4) bei drohender Zahlungsunfähigkeit, nach Zahlungseinstellung oder im Insolvenzverfahren.
b) Subjektiver Tatbestand
(1) Vorsatz
Ggf. Kenntnis der drohenden Zahlungsunfähigkeit (sicheres Wissen)
Ggf. (falls keine Einwilligung des Schuldners vorliegt) „zugunsten des Schuldners", d.h. Absicht, dem Schuldner einen Vermögensvorteil auf Kosten der Gläubiger zukommen zu lassen.
2. Rechtswidrigkeit
3. Schuld
4. Objektive Bedingung der Strafbarkeit, Abs. 4 (wie Rn. 1180, unter 4.)
Ggf.
5. Besonders schwerer Fall, Abs. 3 StGB

Beispiel XI: Bestechlichkeit im geschäftlichen Verkehr, § 299 Abs. 1 StGB   1182

§ 299 Abs. 1 StGB enthält wie § 299 Abs. 2 StGB zwei Alternativen, die „Wettbewerbsvariante" (Nr. 1) und das „Geschäftsherrenmodell" (Nr. 2). Die Alternativen unterscheiden sich jeweils nur durch den Gegenstand der Unrechtsvereinbarung.

1. Tatbestand
a) Objektiver Tatbestand:
(1) Tauglicher Täter: Angestellter oder Beauftragter eines Unternehmens
(2) Fordern, Sichversprechenlassen, Annehmen eines Vorteils
(3) Handlung im geschäftlichen Verkehr
(4) **Nr. 1**: geplante Gegenleistung für eine künftige unlautere Bevorzugung bei dem Bezug von Waren oder Dienstleistungen im inländischen oder ausländischen Wettbewerb

und/oder

Nr. 2: geplante Verletzung einer Pflicht gegenüber dem Unternehmen durch die Vornahme oder Unterlassung einer Handlung bei dem Bezug von Waren oder Dienstleistungen

b) Subjektiver Tatbestand

Vorsatz

2. Rechtswidrigkeit
3. Schuld

Ggf.
4. Besonders schwerer Fall, § 300 StGB

Beispiel XII: Bestechlichkeit im Gesundheitswesen, § 299a StGB   1183

Bestechlichkeit und Bestechung im Gesundheitswesen gem. §§ 299a, 299b StGB knüpfen an die „Wettbewerbsvariante" des § 299 Abs. 1 Nr. 1, Abs. 2 Nr. 1 StGB an (Rn. 1182). Der Prüfungsaufbau entspricht deshalb im Wesentlichen dem dieses Tatbestandes.

1. Tatbestand
a) Objektiver Tatbestand:
(1) Tauglicher Täter: Angehöriger eines Heilberufs mit staatlich geregelter Ausbildung
(2) Fordern, Sichversprechenlassen, Annehmen eines Vorteils im Zusammenhang mit der Ausübung des Berufs
(3) geplante Gegenleistung für eine künftige unlautere Bevorzugung im inländischen oder ausländischen Wettbewerb,

Nr. 1: bei der Verordnung von Arznei-, Heil- oder Hilfsmitteln oder von Medizinprodukten,

Nr. 2: bei dem Bezug von Arznei- oder Hilfsmitteln oder von Medizinprodukten, die jeweils zur unmittelbaren Anwendung durch den Heilberufsangehörigen oder einen seiner Berufshelfer bestimmt sind,

Nr. 3: bei der Zuführung von Patienten oder Untersuchungsmaterial

Aufbaumuster

   b) Subjektiver Tatbestand
      Vorsatz
2. Rechtswidrigkeit
3. Schuld
Ggf.
4. *Besonders schwerer Fall, § 300 StGB*

1184 Beispiel XIII: Vorteilsannahme, § 331 StGB

1. Tatbestand
   a) Objektiver Tatbestand:
   (1) Tauglicher Täter: Amtsträger, § 11 Abs. 1 Nr. 2 StGB; Europäischer Amtsträger, § 11 Abs. 1 Nr. 2a StGB; für den öffentlichen Dienst besonders Verpflichteter
   (2) Fordern, Sichversprechenlassen, Annehmen eines Vorteils
   (3) für die Dienstausübung
   b) Subjektiver Tatbestand
      Vorsatz
2. Rechtswidrigkeit
   Genehmigung der zuständigen Behörde
3. Schuld

1185 Beispiel XIV: Unerlaubte Verwertung urheberrechtlich geschützter Werke, § 106 UrhG

1. Tatbestand
   a) Objektiver Tatbestand:
   (1) Vervielfältigung, Verbreitung oder öffentliche Wiedergabe eines Werkes
   (2) Einschränkung:
   (a) in anderen als den gesetzlich zugelassenen Fällen
      – *hier kommen die Schranken des UrhG in Betracht* –
   (b) oder ohne Einwilligung des Berechtigten
   b) Subjektiver Tatbestand
      Vorsatz
2. Rechtswidrigkeit
3. Schuld

Beispiel XV: Strafbare Werbung, § 16 Abs. 1 UWG 1186

1. Tatbestand
a) Objektiver Tatbestand:
(1) Werben mit unwahren, irreführenden Angaben
(a) Angaben
(b) unwahr
(c) irreführend
(2) in öffentlichen Bekanntmachungen oder Mitteilungen für einen größeren Personenkreis
b) Subjektiver Tatbestand
(1) Vorsatz
(2) „Absicht, den Anschein eines besonders günstigen Angebots zu erwecken"
2. Rechtswidrigkeit
3. Schuld

Beispiel XVI: Strafbares Insiderhandeln, § 119 Abs. 3 Nr. 1 WpHG 1187
i.V.m. Art. 14 lit. a MAR

1. Tatbestand
a) Objektiver Tatbestand
(1) Tauglicher Täter: „Primärinsider" und „Sekundärinsider"
(2) Tathandlung nach § 119 Abs. 3 Nr. 1 WpHG i.V.m. Art. 14 lit. a MAR: Tätigen eines Insidergeschäfts (vgl. Art. 8 Abs. 1 MAR), d.h.
(a) Erwerb oder Veräußerung (direkt oder indirekt) eines Finanzinstruments für eigene oder fremde Rechnung
(b) in Kenntnis der Insiderinformation nach Art. 7 MAR und
(c) unter Nutzung dieser Information (Mit-Ursächlichkeit der Kenntnis für die Mitteilung bzw. das Zugänglichmachen)
(d) Ausschluss „legitimer" Handlungen i.S.d. Art. 9 MAR
b) Subjektiver Tatbestand
2. Rechtswidrigkeit
3. Schuld

Beispiel XVII: Strafbare Marktmanipulation, §§ 119 Abs. 1 Nr. 1, 1188
120 Abs. 15 Nr. 2 WpHG i.V.m. Art. 15 MAR

Die Prüfung der strafbaren Marktmanipulation ist sehr „unübersichtlich", weil der Blankettstraftatbestand des § 119 Abs. 1 WpHG auf die Blankettbußgeldtatbestände des § 120 Abs. 2 Nr. 3, Abs. 15 Nr. 2 WpHG verweist und zusätzlich einen der in § 119 Abs. 1 Nr. 1-4 WpHG genannten Tatererfolge fordert. Die genannten Bußgeldtatbestände enthalten ihrerseits einen Verweis auf die „Ausfüllungsnorm" des Art. 15 MAR, der allerdings lediglich das Verbot der Marktmanipulation und des Versuchs hierzu regelt. Was unter Marktmanipulati-

Aufbaumuster

on zu verstehen ist, ist Art. 12 MAR zu entnehmen, der in Abs. 1 vier abstrakt formulierte Tathandlungen informations- oder handelsgestützter Marktmanipulationen und in Abs. 2 verbindliche Anwendungsfälle enthält. Dem Aufbauschema liegt das in Art. 12 Abs. 2 lit. d MAR geregelte Verbot des „Scalping" bei Aktien zugrunde.

1. Tatbestand
a) Objektiver Tatbestand
(1) Tathandlung (119 Abs. 1 Nr. 1 WpHG verweist auf § 120 Abs. 15 Nr. 2 WpHG und dieser auf Art. 15 MAR; das konkrete Verbot ist Art. 12 Abs. 2 lit. d MAR zu entnehmen):

(a) Ausnutzen des Zugangs eines gelegentlichen oder regelmäßigen Zugangs zu den traditionellen oder elektronischen Medien

(b) durch Abgabe einer Stellungnahme zu einem Finanzinstrument

(c) nach Eingehung einer Position bei diesem Finanzinstrument und

(d) anschließende Ziehung eines Nutzens aus den Auswirkungen der Stellungnahme auf den Kurs des Finanzinstruments.

(2) Taterfolg (§ 119 Abs. 1 Nr. 1 WpHG: Einwirkung auf den inländischen Börsen- oder Marktpreis des Finanzinstruments)

b) Subjektiver Tatbestand
2. Rechtswidrigkeit
3. Schuld

Stichwortverzeichnis

Die Zahlenangaben beziehen sich auf Randnummern des Buches; Hauptfundstellen sind durch Hervorhebung kenntlich gemacht.

ABC-Waffen 998, **1004** f.
Abführung des Mehrerlöses 1128 ff.
Abgeordnetenbestechung 866 f.
abgestimmtes Verhalten 575
Abschlussprüfer 416
Abweisung mangels Masse 267
Ad-hoc-Publizität 67, 110
Adressat der
- Anordnung der Mehrerlösabführung 1133
- Einziehungsanordnung 1107 ff., 1126
- europarechtlichen Geldbuße 1167
Aktionär 436
Amtsträger
- ausländischer 874 f.
- inländischer 856 ff.
- Mitglieder der Kommission und des Rechnungshofes der EG 858
Anbieten 635, 639, 805
- zum Verzehr nicht geeigneter Lebensmittel 768 ff.
Anerkennen erdichteter Rechte 298 ff.
anfüttern 796, 825, 850
Angaben **460**, 486, 890
Angestellter 790
Anschein
- einer besseren als der tatsächlichen Beschaffenheit 774
- eines besonders günstigen Angebots 473
Anspruch des Verletzten 1120, 1131 f.
Anteile, die eine Beteiligung an dem Ergebnis eines Unternehmens gewähren 5
Antipersonenminen 1004, **1006**
antizipierter Ermessensnichtgebrauch 1065
anvertraut 316
Apotheker 820
Arbeitgeber, Begriff 912
Arbeitgeberbeiträge 1026
Arbeitnehmerentsendegesetz 981
Arbeitnehmerüberlassung 980

Arbeitnehmerüberlassungsgesetz 980 **1189**
Arbeitsgenehmigung-EU 969
Arbeitsstrafrecht, Begriff 911
Arzneimittel 754 ff., 826, 828
- Abgrenzung zum Lebensmittel 761
Atomwaffen 1005
Aufenthaltsgesetz 969 f.
Aufenthaltstitel 978
auffälliges Missverhältnis 971
Aufsichtspflichtverletzung in Betrieben und Unternehmen 1065 ff.
Ausfuhr 985 ff.
aus Gewinnsucht handeln 312 f.
Auslandsbestechung 809 f.
Ausnutzen der Unerfahrenheit 128
ausreichende Kenntlichmachung 774
Ausschließlichkeitsrecht **628**, 634, 644
Ausschreibung 617

BAFA 985
BaFin **72 ff.**, 84, 131
Bankgeschäfte 137
Bareinlage 440 ff.
Beauftragter 791
Behinderungsmissbrauch 600
Behörde 861
Beihilfevorsatz 236
Beiseiteschaffen von Vermögensbestandteilen **259**, 284, 957
Beitragsbetrug 932
Belassung des Kredits 195
Berufssport 842v f.
Beschaffungsverwaltung 870
Beschlüsse von Unternehmensvereinbarungen 574
besonderes persönliches Merkmal 1021
- Arbeitgebereigenschaft 941, **1020 ff.**
- Benutzung des Werbeträgers 15
- Gründereigenschaft 436
- Schuldnereigenschaft **245**, 287, 306, 311
- Unternehmenseigenschaft 573
besondere Vorteile 511 ff.

433

Bestechung 785 ff., 871 ff., 815 ff.
Bestechlichkeit 871 ff., 815 ff., 836 f.
Betäubungsmittel 753
- als Arzneimittel 757 ff.
Betreiben verbotener Geschäfte
- Betreiben 136
- verbotene Geschäfte 132 ff.
Betrieb **191**, 883, 1030
Betriebsgeheimnis 452, 631
Betriebskredit 189 ff.
Betriebsspionage 540 ff.
Betroffener 1122
bewirken einer Wettbewerbsbeschränkung 568
Bezeichnung der subventionserheblichen Tatsache 894
Beziehungsgegenstände 1096
Bezug 828
Bezugsrecht 4
bezwecken einer Wettbewerbsbeschränkung 576
Bilanzeid 409
Bilanzdelikte 388
Bilanzklarheit 392, 398
Bilanzwahrheit 392, 396
biologische und chemische Waffen 1005
Blankettatbestand 29, 31, 35 f., 80, 116
Bonusregelung 1160 ff.
- Bußgeldfreiheit 1161
- europäisches Recht 1170
- Herabsetzung der Geldbuße 1162
- Unternehmensgeldbuße 1163
Bootlegs 748a
Börsenspekulationsgeschäfte 118 ff.
Boykottaufforderung 602
Boykottverbot 602
break-even-point **156**, 160
Bruttoprinzip 1112, **1122 ff.**, 1125
Bündel-Patent 624
Bundeskartellamt, Zuständigkeit 558, 588
Bußgeldleitlinien 1149
Bußgeldverfahren 1150, 1157 f.

Call-Option 120, 156
circular trading 88, 113
Codekartenmissbrauch 222
Compliance Officer **1062 ff.**, 1070
Content Scrambling Systems 730

Cornering 111, 114
„Corona-Soforthilfen" 894a
Criminal Compliance 1062 ff.

Darstellung über den Vermögensstand 7
„Deep Fakes" 748a
Derivate 42 f., 169
- nackte Optionen 182
- Warenterminoptionen 167, 169
Design 647
Designverletzung 646 ff.
Dienstausübung 850 ff.
Differenzgeschäfte 288, **291**
Directors' Dealing 110
Director einer Limited by shares 361, 383, 1023
domain grabbing 667 ff.
Doping 765
doppelte Inanspruchnahme des
- Adressaten der Mehrerlösabführung 1131
- Einziehungsadressaten 1120, 1127
Drei-Partner-System 212
Drei-Säulen-Konzept 556
drohende Zahlungsunfähigkeit 250 ff.
drohende Zwangsvollstreckung 276
Dual-Use-Güter 987 f.

Eigennutz **528**, 735
Eignungsschwindel 451
einbehalten von Teilen des Arbeitsentgelts 961
eingefrorene Gelder 1000 f.
Einlagengeschäfte 133
Einschränkung des Wettbewerbs 567
einverständliche Schädigung der Vor-GmbH 387
Einverständnis aller Gesellschafter 373 ff.
Einverständnis der Anteilseigner 790
Einwilligung des Schuldners 347
Einwirkung auf den Börsen- oder Marktpreis 103
Einzelwerbung 454
Einziehung der Taterträge 1104 ff.
- doppelte Belastung 1123
- Bruttogewinn 1112 ff.
- im OWiG 1104 ff.
- im StGB 1104 ff.
- unternehmensbezogener 1104 ff.

434

Stichwortverzeichnis

- unzulässige Sonderchance 1116 f.
- verbotene Insidergeschäfte 1113 ff.
- Verfahren zur Anordnung 1122
- Wirkung 1122

Einziehung von Tatprodukten, Tatmitteln und Tatobjekten 1089 ff.
- selbstständige Anordnung 1102
- Unternehmenseigentum als Tatmittel 1089 ff.
- Verhältnismäßigkeit 1100
- Wirkung 1101

Einziehungsverfahren 1101
Elefantenrunde 561
elektronisches Lastschriftverfahren 223
Embargoverstöße **996 ff.**
Emittentenleitfaden 30, 84
Empfehlung von Aktien 48, 51, **55 ff.**, 71, 95 ff., 98 ff.
Energiegroßhandelsprodukte 36
Erbieten zum Verrat 542
Erfindungen 626
erheblich unter Wert 296
Erheblichkeit bei
- § 264a StGB 12
- § 265b StGB 202 ff.
- § 119 Abs. 3 WpHG i.V.m. Art. 14 MAR 43, **52 ff.**

Eröffnung des Insolvenzverfahrens 267
Erschleichen der Erstattung von Barauszahlungen 238 ff.
Erschöpfungsgrundsatz 656
Erschweren der Übersicht über den Vermögensstand 334
Erzeugnispatentverletzung 631 ff.
ESMA 30, **76**, 84
EU-Einheitspatent 624
Eurex 155
Europäische Genossenschaft 1023
Europäische Gesellschaft 1023
Europa-Patent 624
European Energy Exchange 155
European Exchange 155
Existenzgründer 505 f.
Exklusivität, tatbestandliche 152
EXX 155

faktischer Geschäftsführer 355 ff., 1027 ff.
faktisches Organ 391, 437, 921

falsche Angaben bei Gründung und Anmeldung der Gesellschaft 431 ff.
Fehlen
- der marktmäßigen Gegenleistung 885
- fehlgeleitete Wirtschaftsförderung 803 ff.

Fiktion des Arbeitsverhältnisses 982
fiktive Transaktionen 113
file-sharing-System **713**, 717 ff.
Finanzdienstleistungen 137, 169 ff.
Finanzdienstleistungsinstitute 169
Finanzinstrument 42, 169
Finanztermingeschäfte 3 f., 119
fingierte Spekulationsgeschäfte
- siehe vorgetäuschte Platzierung an der Börse

Firmenbestattung 306, 362
fordern 821
Förderung der Wirtschaft 884
Fortführungswert 247 f.
Freistellungstatbestände 582
frontrunning 62
Frühstückskartell 566
Führungslosigkeit 267, 350, **362**
Funktionsarzneimittel 754, 756
Funktionstheorie 367, 369, 1024
für die Bewilligung einer Subvention zuständige Behörde 896
Fusionskontrolle 603 ff.

Garantenstellung
- aus Ingerenz 1048
- aus Verantwortlichkeit für eine Gefahrenquelle 1049
- des Compliance Officers 1062 ff.
- des Geschäftsherrn 1047 ff., 1057 ff.

Gattungsbezeichnungen 681
Gebietskartell 561 ff.
Gebrauch unrechtmäßig erworbener Bescheinigungen 902
Gebrauchsmuster 643
Gebrauchsmusterverletzung 642 ff.
Geheimhaltungsinteresse 522
Geheimhaltungsschutz 521b
Geheimnishehlerei **531a ff.**, 735 f.
Geheimnisverrat 517a ff.
Gehilfe des Abschlussprüfers 417
Geldbuße gegen juristische Personen und Personenvereinigungen 1141 ff.

435

Stichwortverzeichnis

Geltungsdauer des Dienstverhältnisses 526
Gemeinschaftsgeschmacksmuster 649
geographische Herkunftsangaben 681
geringfügige Beschäftigung 930 f.
- Ausschluss des § 370 AO 933
gesamtschuldnerische Haftung 1169
Gesamtsozialversicherungsbeitrag 918 ff., 929
geschäftliche Bezeichnung 663
geschäftliche Verhältnisse 305 f.
Geschäftsführeruntreue 372 ff.
Geschäftsführung, mehrgliedrige/mehrköpfige **1035 ff.**, 1083
Geschäftsgeheimnis 452, **518 ff.**, 631, 724
geschlossener Immobilienfonds 1 ff.
geschützte Ursprungsbezeichnungen 691a
gesetzliche Pflicht zum Führen von Handelsbüchern 320
gesetzlicher Vertreter 1029
Gestaltungshöhe 696
Gesundheitsschädlichkeit 777
Gesundheitsschutz im Lebensmittelstrafrecht 767, **776 ff.**
Gewährung des Kredits 195
Gewerbsmäßigkeit **87**, **130**, 140 f., 637, 760, 835, 837, 877, 980
Gewinnabschöpfung 1103 ff.
- doppelte Belastung 1123
- fakultative 1135
- im Kartellordnungswidrigkeitenrecht 1135 ff.
Gewinnsucht 312 f.
Girosammelverwahrung 145, 147 f.
glattstellen **119**, 155
grober Eigennutz 906
größerer Kreis von Personen 14, 469, 471
großes Ausmaß 812 f., 877, 906, 935
Großkredite, Vergabe 226
Grundsatz der Allzuständigkeit 1036 f.
Gründungsschwindel 433, 451
Gründungsvorgänge 439 f.

Hamster-Verfahren 670
Handeln
- im geschäftlichen Verkehr 503, 659
- in der Krise 283, 364
- ohne Erlaubnis 137 ff.
handelsgestützte Manipulationshandlungen 81 f., 111 ff.
Handlung des Unternehmens 1168
handlungsgestützte Manipulationshandlungen 81 f.
Handlungsverbote 525, 534
Hardcore-Kartelle **1160**, 1170
Haussammelverwahrung 145
Herabsetzung der Geldbuße 1162
Herbeiführen der Krise 270 f., 364
Heilberufsangehörige 820
Heilmittel 826
Hilfsmittel **826**, 828
Hochstufung der Anstifterhandlung 57
Höhe der Geldbuße 1084, 1135, 1138 ff., 1048 f., 1155
Horizontalvereinbarungen **562**, 577
hypothetische Kausalität 1047

illegale Beschäftigung 968 **ff.**
im geschäftlichen Verkehr 503, 659, 795
in das Subventionsverfahren eingeschaltete Stelle 896
in kaufmännischer Weise eingerichteter Geschäftsbetrieb 140, 142, 238
Indikatoren für Manipulationshandlungen 84, 101
Individualität 696
informationsgestützte Manipulationshandlungen 81 f., 95 ff.
Inkongruenz **337**, 341
Insider 33 ff.
- Primärinsider 33 **ff.**, 57, 60
- Sekundärinsider 33 ff., 39, 56 f., 60, 62
Insidergeschäft 29, **41 ff.**
- Tätigen 29, 33 ff., 55 ff., **62 f.**, 69
Insiderhandeln, verbotenes 27 ff.
Insiderinformation 29 f., **43 ff.**, 96 f.
- Bezug zu dem Emittenten oder dem Finanzinstrument **50**, 97
- Drittbezug 96
- Eignung zur erheblichen Kursbeeinflussung 43, **52 ff.**
- Empfehlungsabsicht 96 ff.
- Erheblichkeit 43, **52 ff.**
- Kursrelevanz 43, **52 ff.**
- Marktdaten 51, 97

Stichwortverzeichnis

- Marktinformationen 51
- mehrstufige Entscheidungsprozesse 46
- nicht öffentlich bekannt 49
- Offenlegung 29, 57, **64 ff.**, 71
Insidertatbestände 35 f.
Insolvenzantragspflichten
- des Directors 361
- des Geschäftsführers 352 f.
- gesetzliche Regelungen 349 ff.
Insolvenzmasse 254 ff.
Insolvenzverschleppung 349 ff.
- Sonderregelung § 55 KWG 131, 384
Insolvenzverwalter 1029
instrumenta sceleris 1090
Interessentheorie **366 ff.**, 1024
Investitionsgeschäfte 237
irreführende
- Angaben **465 ff.**, 488, 496, 665
- Bezeichnung 477 f.
Irreführungsgefahr 683 ff.

Journalist 39, **67**
juristische Person 1023

Kapitalerhaltungsgebot 376, 378, 387
Kapitalerhöhungsschwindel 433, 448 f., 451
Kapitalherabsetzungsschwindel 451
Kappungsgrenze **1140**, 1148
Kartell 562
Kartellverbot 561 ff.
Kartellgeldbuße 554 ff.
- nach europäischem Recht 577 ff., 1166 ff.
- Verhältnis des mitgliedstaatlichen und europäischen Kartellrechts 557
Kassageschäfte 122 f.
Kennzeichenverletzung 651 ff.
Kettenbriefe 503
Klimapflege 825
Kölner Müllskandal 1113 ff.
kommunaler Mandatsträger 859 ff.
kompensationslose Prämie 1012 ff.
Komplementärgenehmigung 1003
Konditionenmissbrauch 600
Konditionenspaltung 600
Konkursstraftaten 243
Kontrollerwerb 603
Konzern 407

Konzernuntreue 1034
Korruption 784 ff.
Kreditbegriff, strafrechtlicher 190
Kreditkarte, unberechtigte Weitergabe 215 ff.
Kreditvergabe, Pflichtwidrigkeit 224 ff.
- Risikoprüfung 227 ff.
Kriegswaffen 1004, 1007
Kriegswaffenkontrollgesetz 1003 ff.
Krise 246
Kronzeugenbehandlung 1160 ff.
- Reduzierung der Geldbuße 1162
- Verzicht auf die Geldbuße 1161
Kumulationsdelikt 18, 188
Kundenkarte, Benutzung 212 ff.
Kursrelevanz 43, **52 ff.**
Kursspezifität 43 ff.

Lafonta-Urteil 47
Lebensmittel 770
- Abgrenzung zum Arzneimittel 761
- nachgemachte 774
- wertgeminderte 774
Lederspray-Entscheidung 1047 ff.
Lehre von der Äquivalenz 629
leichtfertig 60, 63, 408, **905**
leichtfertige Herbeiführung der Krise 309 ff.
Limited by shares, 361, 383, 1023
Liquidationswert 247 f.
Lohnsteueranmeldung 982
long 155

Machen unrichtiger Angaben bei
- § 264 StGB 889 ff.
- § 264a StGB 8 ff.
- § 265b StGB 197
- § 16 Abs. 1 UWG 459 ff.
MaKonV 79
Manipulationshandlungen, Kategorisierung
- handelsgestützte 81 f., 111 ff.
- handlungsgestützte 81 f
- informationsgestützte 81 f., 95 ff.
Manipulation von berufssportlichen Wettbewerben 842t ff.
Mannesmann-Fall 1012 ff.
MaRisk 1062
Marke 654
- Gemeinschaftsmarke 650, 678

437

Stichwortverzeichnis

- IR-Marke 650, 654
- Unionsmarke 650, 678
Markenschutz 650 ff.
marktbeherrschende Stellung 597 f.
Marktdaten 51, 97
Marktinformationen 51
Marktmacht
- relative 601
- überlegene 601
Marktmanipulation, verbotene 77 ff.
Marktpreis 609 ff.
- hypothetischer **611**, 885
Marktsondierung 66
matched orders 113
Medizinprodukte **826**, 828
mehrgliedrige/mehrköpfige Geschäftsführung **1035 ff.**, 1083
mehrstufige Entscheidungsprozesse 46
Meistbegünstigungsklausel 591
Mengenkartell 561 ff.
Mietpreisüberhöhung 1129 ff.
Mietwucher 1130
Missbrauch der Befugnis **224 ff.**, 1013 ff.
- Einverständnis aller Gesellschafter 373
- § 266b StGB 218
Missbrauchsverbote 593 ff.
Mitglied des
- Aufsichtsrats 438
- vertretungsberechtigten Organs 391, 404
- Vertretungsorgans 352, 356
- Vorstandes 437
Mittelstandskartelle 569
Monopolstellung 833
Monopolvermutungen 599
Musiktauschbörse 713 ff.

nachgemachter Beleg 897
nachhaltige Unternehmensentwicklung 1016
Nachteil 232, **378**
nackte Option 182
naked warrents 122
Nettoprinzip 1118 f.,1125
neue psychoaktive Stoffe 766
Nichtanmelden der Arbeitnehmer bei der Einzugsstelle 915 ff., 922 ff.

Nichterfüllung der Buchführungspflichten 324 ff.
nicht in der Art zu beanspruchen 341
nicht öffentlich bekannt 49
nicht zu beanspruchen 341
nicht zu der Zeit zu beanspruchen 341
Notgeschäftsführungsrecht 1037
notwendige Teilnahme 344
Nullbasis 608

objektive
- Bedingung der Ahndung 1079 ff.
- Bedingung der Strafbarkeit 251, **265 ff.**, 272, 318, 321, 335, 345
objektives Verfahren **1102**, 1122
offenkundig 521
öffentliche
- Bekanntmachungen 469 f.
- Wiedergabe 703, 715
Oligopol 598
Oligopolvermutungen 599
omissio libera in causa 945, 949
Optionsgeschäfte 120 f.
Optionsscheine 122 ff.
ordnungsgemäße Wirtschaft 292, 297
Organhaftung 1020 ff.
Organisationsherrschaft 1040 ff.

Patent
- Arten 633
- Erlöschung 627
- Erteilung 626
- Schutzbereich 628 ff.
- Unterschied zum Gebrauchsmuster 643
- Verlängerung der Schutzwirkung 625
- Verletzung 623 ff.
Patient 830
Personengesellschaft, rechtsfähige 1022
persönlicher Strafaufhebungsgrund
- siehe tätige Reue
Pflicht zur Verhinderung von Straftaten der Mitarbeiter 1055 ff.
- Kreis der garantenpflichtigen Personen 1061
Point-of-Sale-Verfahren 223
positives Benutzungsrecht 644
Präsentationsarzneimittel 755
präzise Information 43 ff.

Stichwortverzeichnis

Preisbeeinflussungs-/ Preiseinwirkungseignung 167, 180
Preisbindung, unzulässige 589 ff.
Preiskartell **561 ff.**
Preismissbrauch 600
Preisspaltung 600
Presseklausel 67
Primärinsider
- siehe Insider
Privatkonkurs 278 ff.
producta sceleris 1090
Prognose **8**, 10, 197, 396
Progressive Kundenwerbung 502 ff., 453
Prospekt 7
Publikumsöffentlichkeit 49
Put-Option 120
Putzfrauenklausel 931
Pyramidenspiel 502 ff.

qualifizierte geographische Herkunftsangabe 689

räumlich relevanter Markt 594
rechtswidrige Absprache 617
reparatio damni 216
Risikogeschäfte 225, **237**
Rückverweisung 781
Rufausbeutung 668
Rufschädigung 668

Sacheinlage 440 ff.
Sachgründungsschwindel 451
sachlich relevanter Markt 594
Sachpatent 633
Sammelverwahrung 145
Sanktionsfälle 237
Scalping 83, **95 ff.**
Schiedsrichter 842g
Schneeballeffekt 135
Schneeballsystem 502 ff.
Schranken
- des Patentrechts 630
- des Urheberrechts 704 ff., 716, 745 ff.
Schutzgesetz i.S.d. § 823 Abs. 2 BGB
- § 399 AktG 432
- § 400 AktG 401, 428
- § 403 AktG 414
- § 331 HGB 390, 428
- § 332 HGB 414

- § 264a StGB 18
- § 266a StGB 942, 1026
- § 119 Abs. 3 WpHG i.V.m. Art. 14 MAR 32, 1121
- § 119 Abs. 1 WpHG i.V.m. Art. 15 MAR 92 f.
Schutzrechtsverletzungsstraftatbestände 622 ff.
Schutzzertifikat, ergänzendes 625
Schwarzarbeitsbekämpfungsgesetz **968**, 971 ff., 980
Sekundärinsider
- siehe Insider
Selbstanzeige 964 ff.
short 155
sich versprechen lassen 821
Sonderverwahrung von Effekten 145
sozialadäquate Zuwendungen 823
Spekulationsgeschäfte 237, 290
Spiel 293
Sport 842j
- organisierter Sport 824k
Sportler 842f
Sportwette 842n
Sportwettbetrug **842b ff.**
Spürbarkeit der Einschränkung 581
Squeeze-Out der Minderheitsaktionäre 1016
Steuer-CDs, Ankauf 539
Stillhalter **120**, 156
Stornierung eines Auftrags 69
strafähnliche Sanktion 1118
Strafbarkeit des Unternehmens **1009 ff.**, 1086, 1168
- europäisches Recht 1168
Strafbarkeitslücke **31**, 79
Strafbarkeitsoase GmbH & Co. KG 1020 ff.
strafrechtliche Produktverantwortlichkeit 1047 ff.
Streaming 721 f.
Streifbandverwahrung 145
Streumunition 1004, **1006**
Strohmann 356, 391
Strom 36, 155
subjektives Verfahren 1102
Submissionsbetrug 608 ff.
Subsidiaritätsklausel 152
Subvention
- direkte 879

439

Stichwortverzeichnis

- europarechtliche 882, **886**
- nach Bundes- oder Landesrecht 882 ff.
subventionserheblich 893

Täter hinter dem Täter 1040 ff.
Tätigen eines Insidergeschäfts 29, 33 ff., 55 ff., **62 f.**, 69
tätige Reue
- § 264 StGB 909
- § 264a Abs. 3 StGB 25 f.
- § 265b Abs. 2 StGB 210
- § 298 Abs. 3 StGB 621a
Tatsachen 486 f.
Tatsachenbehauptung bei Wertungen 486 ff.
Täuschung 459, 463, 889 ff.
Täuschungsschutz im Lebensmittelstrafrecht 767 ff.
technische Maßnahme 727
Teilleitung 1031
Tipping 33 ff., **56 f.**
Trainer 842f
Trainern gleichgestellte Personen 842f
Treibhausgasemissionszertifikate 35, 60
Treubruchsalternative 269
turbo warrents 122

Überbewertung eines Vermögensgegenstandes 389 ff.
überhöhter Prämienaufschlag 157 ff.
Überschuldung 247 ff.
Übersichten über den Vermögensstand 7
Überwälzung des besonderen persönlichen Merkmals
- Arbeitgebereigenschaft 941, **1020 ff.**
- Arbeitgebereigenschaft bei faktischer Geschäftsführung 1027 ff.
- „auch" 1033
- GmbH & Co. KG 336, 1020 ff.
- Gründereigenschaft 436
- mehrstufiger Konzern 1034
- privilegierte Drittstaatsgesellschaft 361, 1023
- Schuldnereigenschaft **245**, 287, 306, 311, 325, 336, **365 ff.**
- Unternehmenseigenschaft 564, 573
- Zusammenhang mit der Stellung des Handelnden („als") **365 ff.**, 1024
Überweisung von Patienten 818 ff.

Umgehung des Kopierschutzes 730 f., 735
unechter Erfüllungsbetrug 619
Unerfahrenheit in Börsenspekulationsgeschäften 127
Unionsmarke 650, 678
Unlauterkeit 797, 833
Unmittelbarkeit der Vermögensverschiebung 1108 f.
unrechtmäßige Offenlegung einer Insiderinformation 29, **64 ff.**
Unrechtsvereinbarung 796, 850 ff., 873, 825 ff.
unrichtige
- Angaben 10, 891
- Darstellung 388 ff.
- Wiedergabe 392, 395 ff.
Unterlassen (§ 13 StGB) bei
- § 119 Abs. 1 WpHG i.V.m. Art. 15 MAR 109 f.
Unterlassen
- der Mitteilung über subventionserhebliche Tatsachen 901
- der Unterrichtung des Arbeitnehmers 962
- von Transaktionen 57 f.
Unterlassene Mitteilung von Verschlechterungen 205 ff.
Unternehmen 191, 563, 792, 883, 1030
Unternehmensgeheimnis 631
- Verrat durch Organe 537
Unternehmenskennzeichen 663
Unternehmenssanktion **1086 ff.**, 1133, 1166
Unternehmensvereinigungen 563
Untersuchungsmaterialien 831
Unvermögen, Nichterfüllung der Buchführungspflichten 324 ff.
unvollständige Angaben 891
unwirtschaftliche Ausgaben 293
unzulässige Sonderchance 1116 f.

Veränderung der Bedingungen des Kredits 195
Verbandsgeldbuße **1137 ff.**
- deutsches Recht 1141 ff.
- europäisches Recht 1166 ff.
- isolierte 1151 ff.
- kumulative 1141 ff.
- Rechtsnachfolger 1137, 1159

Stichwortverzeichnis

Verbietungsrecht 644
verbotene Marktmanipulation 77 ff.
verbotenes Insiderhandeln 27 ff.
Verbraucher 505 f.
Verbraucherinsolvenz 274 ff.
- Anwendbarkeit der Insolvenzdelikte 278 ff.
Verbrauchsmaterialien 828
verdeckte Sacheinlage 431 ff., **441 ff.**, 451
verfälschter Beleg 897
Verfahren zur
- Abführung des Mehrerlöses 1134
- Anordnung der Einziehung der Taterträge 1122
Verfahrenspatent 633
Verfahrenspatentverletzung 639
Verhältnisse der Kapitalgesellschaft 393
verheimlichen
- eines zur Insolvenzmasse gehörenden Vermögensgegenstandes 258, **260 f.**
- der aufbewahrungspflichtigen Handelsbücher 331
- der geschäftlichen Verhältnisse 305 f.
Verhinderung des Wettbewerbs 567
Verjährung
- § 81 GWB 621b
- § 298 StGB 621b
Verkehrsgeltung 654
Verkehrsverbot für Lebensmittel, relatives 774
Verleiten
- zu Börsenspekulationsgeschäften 125
- zum Tätigen eines Insidergeschäfts 55 f.
- zum Verrat von Geschäftsgeheimnissen 542
Verletzung
- der Berichtspflicht 413 ff.
- der Vermögensbetreuungspflicht bei Einverständnis aller Gesellschafter 374 ff
- von Buchführungs- und Bilanzvorschriften 302
verlorener Zuschuss 885
Verlustgeschäfte 289
Vermögen unklarer Herkunft 1124

Vermögensbetreuungspflicht
- von Aufsichtsratsmitgliedern einer AG 1013 ff.
- von Gesellschafter einer GmbH 382
- von Vorstandsmitgliedern einer AG 1018
Vermögensschaden 373
- Empfehlung von Aktien 105 f.
- Herstellung von Vervielfältigungen 742
- Indizien für den Submissionsbetrug 612
- Nachweisbarkeit 610 ff.
- ohne Marktwert 610 ff.
- Submissionsbetrug 609 ff.
- überhöhter Prämienaufschlag 163 f.
- vorgetäuschte Platzierung an der Börse 173 ff.
Verordnung 827
verschleiern 334, 392, **398**
- der wirklichen geschäftlichen Verhältnisse 305 f.
Verschweigensalternative des § 264a StGB 8, **20 ff.**
vertikale Absprache 617
Vertikalvereinbarungen 562, **589 ff.**
Vertreterhaftung 1020 ff.
Veruntreuen von Arbeitsentgelt 914, **959 ff.**
Vervielfältigung **706 f.**, 709 ff., 745 ff.
Verwendung von Reinheitsangaben 775
Vorenthalten von Arbeitsentgelt 914 ff.
Vorlagenfreibeuterei 541
Vorleistungsgeschäft 225, **237**
vorgetäuschte Platzierung an der Börse 173 ff.
Vorrang der Arbeitnehmerbeiträge 944 ff.
Vorspiegelung falscher Tatsachen 100 f.
Vorstandsvergütung 1012 ff.
Vorteil 793 f., 822, 846 ff.
Vorteilsannahme 843 ff.
Vorteilsgewährung 843 f., **868**

Waffenembargo 996 f.
Warenterminbörsen 155
Warenterminkontrakt 155
Warenterminoptionen 166 ff.
Warenterminoptionsbetrug 155 ff.

441

Warenterminoptionsgeschäfte 156
Warenverschleuderung 294
wash sales 89, **113**
Werbung 480
Werbungsstraftatbestände 453
Werk 695 ff.
Werksparkassen 133
Werktitel 663
Wertpapier 2 f.
Wertpapiersammelbank 145
Wertpapierverschleuderung 294
Wettbewerb 797, 833, 839
wettbewerbsbeschränkende Absprachen bei Ausschreibungen 559 f., 617 f., 621
Wettbewerbsbeschränkungen 567
- horizontale 562, 577 ff.
- vertikale 562, **589 ff.**, 592
Wettbewerbszusammenhang 509 f.
Wette 293
Whistleblowing 526a
Wirtschaft 884
wirtschaftliche
- Not 317
- Verhältnisse 200
Wirtschaftsförderungszweck 884

Zahlungseinstellung 266
Zahlungsunfähigkeit **249**, 285
- Vorrang der Arbeitnehmerbeiträge 944 ff.
Zahlungsstockung 249
Zahlungsverbot des § 64 GmbHG 951 f.
Zerschlagungswert 247
Zerstören 262
Zuführung 818 ff., **830 ff.**, 837
Zumutbarkeit normgemäßen Verhaltens 1050, 1053
Zurechnungsgründe 1145 ff.
Zurechnungsmodell 368 f.
- bei Unterlassen 1024
Zurechnungszusammenhang 1081
Zusammenbruch 265 ff., 272, 318, 321 ff.
Zusammenhang
- mit dem Angebot einer Kapitalerhöhung 13
- mit dem Vertrieb 13
- mit der Stellung des Handelnden („als") **365 ff.**, 1024

- mit einem Antrag auf Gewährung, Belassung oder Veränderung der Bedingung 195
- von Bankrotthandlung und Zusammenbruch 265, 272
- von unterlassener Aufsichtsmaßnahme und Zuwiderhandlung 1081
- von unterlassener Buchführung und Zusammenbruch 319 ff.
Zusammenschluss 603 ff.
Zuständigkeit für die Verhängung der Unternehmensgeldbuße 1158
Zuwiderhandlung gegen Pflichten des Inhabers 1066 ff., **1072 ff.**
Zuzugsstaat 1023
zu Zwecken des Wettbewerbs 528, 806
Zweck der Wettbewerbsbeschränkung 576
Zwecksparunternehmen 134
Zweckverfehlungslehre 495, 614, 898
zweckwidrige Verwendung eines subventionierten Gegenstandes 900
Zwei-Partner-System 212
Zweitvereinbarung 590
Zwischenstaatlichkeitsklausel 580

Kombiniertes Gesetzes- und Sachregister

AEUV
Art. 101 AEUV
Deliktscharakter
- Gefährdungsdelikt 579
Freistellungstatbestände 582
Horizontalvereinbarungen 577
Ordnungswidrigkeit nach § 81 GWB 557
Sonderdelikt 578
Spürbarkeit der Einschränkung 581
Unterschied zu § 1 GWB 577 ff.
Vertikalvereinbarungen 590
Zwischenstaatlichkeitsklausel 580

Art. 102 AEUV
beherrschende Stellung 594 f.
Formen des Missbrauchs 596
räumlich relevanter Markt 594
sachlich relevanter Markt 594

AktG
§ 131 AktG
Befugnis zur Weitergabe einer Insiderinformation 67

§ 399 AktG
Aktionär 436
Bareinlage 440 ff.
Deliktscharakter
- abstraktes Vermögensgefährdungsdelikt 432
faktisches Organ 437
falsche Angaben 431 ff.
geschütztes Rechtsgut 432
Gründer 436
Gründungsschwindel 433
Gründungsvorgänge 439 f.
Kapitalerhöhungsschwindel 433, 447 f.
Merkmalsüberwälzung
- Gründereigenschaft 436
Mitglied
- des Aufsichtsrats 437
- des Vorstandes 437
Sacheinlage 440 ff.
Schutzgesetz i.S.d. § 823 Abs. 2 BGB 432

Sonderdelikt 435
Tathandlungen 433
verdeckte Sacheinlage 431 ff., **441 ff.**
vergleichbare Tatbestände 451

§ 400 AktG
Anwendungsbereich 427
Deliktscharakter
- abstraktes Vermögensgefährdungsdelikt 428
entsprechende Strafvorschriften 412
geschütztes Rechtsgut 401, 428
Schutzgesetz i.S.d. § 823 Abs. 2 BGB 401, 428
Verhältnis zu § 331 HGB **402**, 405

§ 403 AktG
Deliktscharakter
- abstraktes Vermögensgefährdungsdelikt 414
geschütztes Rechtsgut 414
Schutzgesetz i.S.d. § 823 Abs. 2 BGB 414
Sonderdelikt 413
Verhältnis zu § 332 HGB 425
Verletzung der Berichtspflicht 413 ff.

AMG
§ 2 AMG
Funktionsarzneimittel 754, 756
Präsentationsarzneimittel 755

§ 5 AMG
bedenklich 763
Bestimmtheitsgebot 763
bestimmungsgemäßer Gebrauch 763
Inverkehrbringen 762
Verdacht schädlicher Wirkungen 763
vertretbares Maß 763

§ 13 AMG
Gewerbsmäßigkeit 760

§ 95 AMG
Blankettatbestand 752

1190

443

§ 96 AMG
Arzneimittel 754 ff.
- Abgrenzung zum Lebensmittel 761
Blankettatbestand 752
Konkurrenzen 760

§ 97 AMG
Blanketttatbestand 752

AO
§ 370 AO
Abgabe einer unvollständigen Lohnsteueranmeldung 982
Ausschluss bei geringfügiger Beschäftigung 933

AÜG
§ 10 AÜG
Fiktion des Arbeitsverhältnisses 982

§ 15 AÜG
Verleih unter erschwerten Umständen 980a

§ 15a AÜG
Parallelvorschrift zu §§ 10, 11 SchwarzArbG 980c

§ 16 AÜG
Bußgeldtatbestände illegale Arbeitnehmerüberlassung 980, 980b

AufenthG
§ 95 AufenthG
formelle Wirksamkeit des Aufenthaltstitels 978

§ 96 AufenthG
Einschleusen von Ausländern 979
Qualifikation 979

AWG
§ 17 AWG
Blanketttatbestand 984
Waffenembargo 996 f.

§ 18 AWG
Ausfuhr 985 ff.
BAFA 985
Blanketttatbestand 984

Dual-Use-Güter 987 f.
eingefrorene Gelder 1000 f.
Fahrlässigkeit 995
ohne Genehmigung 989
Ordnungswidrigkeit 991
Qualifikation 994
Sonderdelikt 992
sonstige Embargos 998 ff.
Strafausschließungsgrund 999
tätige Reue 999

§ 19 AWG
Blanketttatbestand 984

BörsG
§ 49 i.V.m. § 26 BörsG
Ausnutzen der Unerfahrenheit 128
Blanketttatbestand 116
Call-Option 120
Börsenspekulationsgeschäfte 118 ff.
Finanztermingeschäfte 119
geschütztes Rechtsgut 125
Gewerbsmäßigkeit 130
Kassageschäfte 122 f.
Optionsgeschäfte 120 f.
Optionsscheine 122 ff.
Put-Option 120
Stillhalter 120
Unerfahrenheit 127
Verleitung 125

§ 88 BörsG a.F.
praktische Relevanz 77 f.

BtMG
§ 29 BtMG
Betäubungsmittel 753
Konkurrenzen 760

DepotG
§ 34 DepotG
Exklusivität, tatbestandliche 152
geschütztes Rechtsgut 144, 148
Subsidiaritätsklausel 152
Verfügung **146** f.
Verringerung 147
Verwahrarten von Wertpapieren
- Girosammelverwahrung 145, 147 f.
- Haussammelverwahrung 145

- Sammelverwahrung 145
- Sonderverwahrung von Effekten 145
- Streifbandverwahrung 145
Wertpapiersammelbank 145

§ 35 DepotG
geschütztes Rechtsgut 153
Gutglaubensregelung 153

§ 37 DepotG
Insolvenzdelikt eigener Art 154, **386**
objektive Strafbarkeitsbedingungen 386

DesignG
§ 51 i.V.m. § 38 Abs. 1 S. 1 DesignG
Anwendungsbereich 647
Design 647
Eigenart 648
Neuheit 648
Rechtsinhaber 646
geschütztes Rechtsgut 647
Verhältnis zum Urheberrecht 647

§ 65 DesignG
Gemeinschaftsgeschmacksmuster 649

EnWG
§ 95a EnWG
Energiegroßhandelsprodukte 36
Insiderhandel 35 f.
Leichtfertigkeit 60
Marktmanipulation 94

EG-VO
Art. 23 Abs. 2 lit. a EG-VO Nr. 1/2003
Bonusregelung 1170
gesamtschuldnerische Haftung 1169
Handlung des Unternehmens 1168
Kartellgeldbuße nach europäischem Recht 577 ff., 1166 ff.
Rechtsnatur 1166
Strafbarkeit des Unternehmens 1168
Unternehmenssanktion 1166

GebrMG
§ 11 GebrMG
Ausschließlichkeitsrecht 644

positives Benutzungsrecht 644
Verbietungsrecht 644

§ 25 GebrMG
Ausschließlichkeitsrecht 644
Gebrauchsmuster 643
Löschungsanspruch 645
positives Benutzungsrecht 644
Unterschied Gebrauchsmuster/Patent 643
Verbietungsrecht 644

GeschGehG
§ 2 Nr. 1 GeschGehG
Geschäftsgeheimnis
- Nichtoffenkundigkeit 521
- wirtschaftlicher Wert 521a
- Geheimhaltungsschutz 521b
- berechtigtes Interesse an der Geheimhaltung 522

§ 3 GeschGehG
tatbestandsausschließende „erlaubte" Handlungen 526b

§ 4 GeschGehG
Handlungsverbote
- Offenlegung 525, 534
- Nutzung 534

§ 5 GeschGehG
tatbestandsausschließende Handlungen 526a
- „Whistleblowing" 526a

§ 23 GeschGehG
Betriebsspionage 540 ff.
- Tathandlung 540b
- Tatobjekt 540a
Geheimnishehlerei 531a ff.
- Ankauf von „Steuer-CDs" 539
Geheimnisverrat 517a ff.
- Tathandlung 525 ff
- Tatobjekt 518
- taugliche Täter 517a
subjektiver Tatbestand 528
Verleiten und Erbieten zum Verrat 542
Vorlagenfreibeuterei 541

GmbHG
§ 82 GmbHG
Eignungsschwindel 451
faktischer Geschäftsführer 360
Gründungsschwindel 451
Kapitalerhöhungsschwindel 451
Kapitalherabsetzungsschwindel 451
Sachgründungsschwindel 451
verdeckte Sacheinlage 451

GWB
§ 1 GWB
abgestimmte Verhaltensweisen 575
Anwendungsbereich 562
Ausnahmen 562, 569, 590
Beschlüsse von Unternehmensvereinbarungen 574
bewirken einer Wettbewerbsbeschränkung 568
bezwecken einer Wettbewerbsbeschränkung 576
Horizontalvereinbarungen 562
Kartellverbot 561 ff.
Meistbegünstigungsklausel 591
Unternehmen 563
Unternehmensvereinigungen 563
Unterschied zu Art. 101 AEUV 577 ff.
Vereinbarung 566
Vertikalvereinbarungen 562, **589 ff.**
Wettbewerbsbeschränkung 567
Zweitvereinbarung 590

§ 19 GWB
Behinderungsmissbrauch 600
Konditionenmissbrauch 600
Konditionenspaltung 600
marktbeherrschende Stellung 597 f
Monopolvermutungen 599
Oligopolvermutungen 599
Preismissbrauch 600
Preisspaltung 600

§ 20 GWB
Behinderungsverbot 601
Diskriminierungsverbote 601
relative Marktmacht 601
überlegener Marktmacht 601

§ 21 GWB
Boykott 602
Boykottaufforderung 602

§ 34 GWB
verwaltungsrechtliches Instrument 1136

§ 41 GWB
Zusammenschluss 603

§ 81 GWB
ahnender Charakter 1135, 1149
Blankettordnungswidrigkeitentatbestände 555
Boykottverbot 602
europäisches Kartellrecht 557 f.
Fahrlässigkeit 571, 1136
fakultative Gewinnabschöpfung 1135
Fusionskontrolle 603 ff.
Kappungsgrenze **1140**, 1148
Konkurrenzen 586
Kronzeugenregelung 1165
- Voraussetzungen 1161
marktbeherrschende Stellung 597
Sonderdelikt 564
Täter 592
unrichtige oder unvollständige Angaben auf Auskunftsverlangen 607
Verjährung 621b
Verstöße
- gegen Anmelde- und Anzeigepflichten 607
- gegen Art. 102 AEUV 593
Zuwiderhandlungen
- gegen Art. 101, 102 AEUV 557
- gegen vollziehbare Anordnungen oder Auflagen 606

§ 81a GWB
Geldbuße gegen Rechtsnachfolger 1159

§ 81c GWB
Höhe der Geldbuße 1084, **1135, 1148 f.**
- Einzelkaufmann 1143

§ 81h GWB
Kronzeugenbehandlung **1161 ff.**
- Reduzierung der Geldbuße 1162
- Verzicht auf die Geldbuße 1161

HGB
§ 331 HGB
Anwendungsbereich 393, 427
Bilanzklarheit 392, 398
Bilanzwahrheit 392, 396

Deliktscharakter
- abstraktes Vermögensgefährdungsdelikt 390, 428
faktisches Organ 391
geschütztes Rechtsgut **390**, 393, 428
Konzern 407
Leichtfertigkeit 408
Mitglied des vertretungsberechtigten Organs 391, 404
Schutzgesetz i.S.d. § 823 Abs. 2 BGB 390, 428
Sonderdelikt 391
Straftatbestände
- § 331 Abs. 1 Nr. 1 HGB 391 ff.
- § 331 Abs. 1 Nr. 1a HGB 406
- § 331 Abs. 1 Nr. 2 HGB 407
- § 331 Abs. 1 Nr. 3 HGB 408
- § 331 Abs. 1 Nr. 4 HGB 409
Strohmann 391
Tatmittel 394
taugliche Täter 391, 404, 408
Überbewertung eines Vermögensgegenstandes 389 ff.
unrichtige Wiedergabe 392, 395 ff.
Verhältnis zu
- § 400 AktG **402**, 405
- § 283b StGB 334
Verhältnisse der Kapitalgesellschaft 393
verschleiern 392, **398**
Vorsatz 400

§ 331a HGB
falscher „Bilanzeid" 388, 410

§ 332 HGB
Abschlussprüfer 416
Deliktscharakter
- abstraktes Vermögensgefährdungsdelikt 414
Gehilfe des Abschlussprüfers 417
geschütztes Rechtsgut 414
inhaltlich unrichtiger Prüfungsvermerk 422
Qualifikationen 426a
Schutzgesetz i.S.d. § 823 Abs. 2 BGB 414
Sonderdelikt 413
Tathandlungen 419
unrichtiger Bericht 420
Verhältnis zu § 403 AktG 425

Verletzung der Berichtspflicht 413 ff.
Verschweigen erheblicher Umstände 419

InsO
§ 15a InsO
Antragspflicht 349 ff., 352 f., 361
Fahrlässigkeitsdelikt 350, 354
faktischer Geschäftsführer 355 ff.
Firmenbestattung 362
Führungslosigkeit 267, 350, **362**
Mitglieder des Vertretungsorgans 352, 356
Sonderdelikt 356
sorgfaltswidrig 354
Strohmann 356

§ 15b InsO
Zahlungsverbot 951 f.

§ 17 InsO
Zahlungsunfähigkeit 249

§ 18 InsO
drohende Zahlungsunfähigkeit 250 ff.

§ 19 InsO
Überschuldung 247 ff.

KrWaffKontrG
§ 1 KrWaffKontrG
Kriegswaffen 1004

§ 19 KrWaffKontrG
Atomwaffen 1005

§ 20 KrWaffKontrG
biologische und chemische Waffen 1005

§ 20a KrWaffKontrG
Antipersonenminen 1004, **1006**
Streumunition 1004, **1006**

§ 22a KrWaffKontrG
sonstige Kriegswaffen 1007

447

KWG

§ 3 KWG
Verbot von Einlagengeschäften
- Einlagengeschäfte 133
- Werksparkassen 133
Verbot von Kredit- oder Einlagengeschäften unter Ausschluss von Barabhebung 135
Verbot von Zwecksparunternehmen 134

§ 18 KWG
Offenlegung der wirtschaftlichen Verhältnisse 229

§ 32 KWG
Bankgeschäfte 137
Finanzdienstleistungen 137, 169 ff.
Gewerbsmäßigkeit 140
in kaufmännischer Weise eingerichteter Geschäftsbetrieb 140

§ 54 KWG
Auffangtatbestand 170
BaFin 131, 170
Bankgeschäfte 137
Betreiben verbotener Geschäfte
- Betreiben 136
- Einlagengeschäfte 133
- Kredit- oder Einlagengeschäft unter Ausschluss der Barabhebung 135
- Werksparkassen 133
- Zwecksparunternehmen 120
Derivate 169
Erschleichen der Erstattung von Barauszahlungen 238
Finanzdienstleistungen 137, 169 ff.
Finanzdienstleistungsinstitute 169
Finanzinstrumente 169
geschütztes Rechtsgut 131
Gewerbsmäßigkeit 140 f.
Handeln ohne Erlaubnis 137 ff.
in kaufmännischer Weise eingerichteter Geschäftsbetrieb 140, 142, 238
Irrtum über Genehmigungspflicht 143a
nackte Option 182
Schneeballeffekt 135

§ 54a KWG
Strafvorschrift 131, 1062

§ 55 KWG
BaFin 384
strafbare Insolvenzverschleppung 131, 384
Verstoß gegen die Anzeigepflicht 384

§ 55a KWG
Antragsdelikt 552
Sonderdelikt 550
verwerten 548 f.

§ 55b KWG
Antragsdelikt 552
offenbaren 551
Qualifikation 551

§ 56 KWG
Ordnungswidrigkeit 229, 234
Verhältnis zu § 266 StGB 234

LFGB

§ 5 LFGB
Gesundheitsschutz 767, **776 ff.**
mit Lebensmitteln verwechselbare Produkte 780
Stoffe, die keine Lebensmittel sind 780

§ 11 LFGB
Verkehrsverbot für Lebensmittel 774
Verwendung von Reinheitsangaben 775

§ 58 Abs. 1 Nr. 1-3, Abs. 2 Nr. 1 LFGB i.V.m Art. 14 Abs. 2 lit. a) BasisVO
geschütztes Rechtsgut 776
in den Verkehr bringen 778
Konkurrenzen 779

§ 58 Abs. 1 Nr. 1-3, Abs. 2 Nr. 1 i.V.m. § 5 LFGB
behandeln 778
Blanketttatbestand 767
geschütztes Rechtsgut 776
Gesundheitsschädlichkeit 777
herstellen 778
Konkurrenzen 779

§ 58 Abs. 1 Nr. 18, 59 Abs. 1 Nr. 21 LFGB
Rückverweisung 781
Verstoß gegen Rechtsverordnungen 781

§ 59 Abs. 1 Nr. 7 i.V.m. § 11 Abs. 1 Nr. 1 LFGB
allgemeine Werbung 480
Inverkehrbringen 480
irreführende Bezeichnung 477 f.
strafbare Werbung 475, 767
tauglicher Täter 476
Unterschied zu § 16 Abs. 1 UWG 478
Verhältnis zu § 16 Abs. 1 UWG **478**, 489

§ 59 Abs. 1 Nr. 8 i.V.m. § 11 Abs. 2 Nr. 1 LFGB
Inverkehrbringen 773
Lebensmittelbegriff 770
- Abgrenzung zum Arzneimittel 761
Veränderung der stofflichen Zusammensetzung 771
Verbot des Art. 14 Abs. 2 lit. b BasisVO 771
Verzehrungeeignetheit 771 f.

§ 59 Abs. 1 Nr. 9 i.V.m. § 11 Abs. 2 Nr. 2 LFGB
Anschein einer besseren als der tatsächlichen Beschaffenheit 774
ausreichende Kenntlichmachung 774
nachgemachte Lebensmittel 774
relative Verkehrsverbote 774
wertgeminderte Lebensmittel 774

§ 62 Abs. 1 LFGB
verfassungsrechtliche Bedenken 782

MAR
Art. 17 MAR
Ad-hoc-Publizität 110

Art. 19 MAR
Directors' Dealing 110

MarkenG
§ 143 MarkenG
benutzen 670 ff.
Blankettstraftatbestände 651
domain grabbing 667 ff.
Entstehen des Markenschutzes 654 f.
Erschöpfungsgrundsatz 656
geschäftliche Bezeichnung 663

geschütztes Rechtsgut 651
Handeln im geschäftlichen Verkehr 659
Konkurrenzen 666
Marke 654
- Gemeinschaftsmarke 650
- IR-Marke 650, 654
- Unionsmarke 650
Qualifikation 660
Rufausbeutung 668
Rufschädigung 668
Schranken des Markenrechts 656 f.
Tatbestandsausschluss 656 f.
Unternehmenskennzeichen 663
Verfall der Marke 656
Verkehrsgeltung 654
Verwirkung des Markenschutzes 656
Verwässerungsgefahr 668
Werktitel 663
widerrechtlich 661

§ 143a MarkenG
Schutz der Unionsmarke 678

§ 144 MarkenG
Gattungsbezeichnungen 681
geographische Herkunftsangaben 681
geschützte Ursprungsbezeichnungen 691a
geschütztes Rechtsgut 679, 684
Irreführungsgefahr 683 ff.
qualifizierte geographische Herkunftsangaben 689
Tathandlung 682
Verhältnis zu § 16 Abs. 1 UWG 688
widerrechtlich 682

NpSG
§ 4 NpSG
Tathandlungen 766

OWiG
§ 9 OWiG
besonderes persönliches Merkmal 564 f., 573
Compliance Officer 1070

§§ 22 ff. OWiG
Adressat der Einziehungsanordnung 1107

449

Anspruch des Verletzten 1120
doppelte Inanspruchnahme des Einziehungsadressaten 1127
Einziehung
- von Tatprodukten, Tatmitteln und Tatobjekten 1089 ff.
- von Taterträgen 1104 ff.
- Verhältnis zu § 30 OWiG 1125
Vollstreckungshindernis 1127

§ 30 OWiG
Anknüpfungstat 1152 f.
Bezugsordnungswidrigkeit 1084
Bonusregelung 1163
Bußgeldverfahren 1150, 1157 f.
Höhe der Geldbuße 1148, 1155
jemand 1154
Pflicht des Vertretenen 1146
Unternehmensgeldbuße
- isolierte 1151 ff.
- kumulative 1141 ff.
- Rechtsnachfolger 1137, **1159**
Verhältnis zu
- § 29a OWiG 1125
- § 73 StGB 1125
- § 73a StGB 1125
Vertretungsberechtigung 1144
Zurechnungsgründe 1145 ff.
Zuständigkeit für die Verhängung der Unternehmensgeldbuße 1158

§ 130 OWiG
Anknüpfungstat 1153
- Bestechungsdelikte der Mitarbeiter 1085
Auffangtatbestand 1065
Aufsichtspflicht 1070 ff.
Compliance Officer 1070
erforderliche Aufsichtsmaßnahmen 1071 ff.
Fehlen einer Zuwiderhandlung 565
Höhe der Geldbuße 1084
- beim Zusammentreffen von Straftat und Ordnungswidrigkeit 1155
mehrköpfige Geschäftsführungsgremien 1083
mit Strafe oder Geldbuße bedroht 1080
objektive Bedingung der Ahndung 1079 ff.
Sonderdelikt 1069

subjektiver Tatbestand 1076
Tathandlung 1070 ff.
Unterlassungsdelikt, echtes 1070
Zurechnungszusammenhang von unterlassener Aufsichtsmaßnahme und Zuwiderhandlung 1081
Zuwiderhandlung gegen Pflichten des Inhabers 1066 ff., **1072 ff.**

PatG
§ 142 PatG
Ausschließlichkeitsrecht **628**, 634
Blanketttatbestand 623
Bündel-Patent 624
Erzeugnispatent 633
Erzeugnispatentverletzung 631 ff.
EU-Einheitspatent 624
Europa-Patent 624
geschütztes Rechtsgut 624
Gewerbsmäßigkeit 637
Konkurrenzen 636
Lehre von der Äquivalenz 629
Patenterlöschung 627
Patenterteilung 626
Qualifikation 637
Sachpatent 633
Schranken des Patentrechts 630
Schutzbereich des Patents 628 ff.
Schutzzertifikat, ergänzendes 625
Tathandlungen 635, 639
Unterschied Gebrauchsmuster/ Patent 643
Verfahrenspatent 633, 639
Verlängerung der Schutzwirkung des Patents 625

SchwarzArbG
§ 9 SchwarzArbG
Verhältnis zum „Beitragsbetrug" 932

§ 10 SchwarzArbG
auffälliges Missverhältnis 971
Parallelvorschrift zu § 15a AÜG 980

§ 10a SchwarzArbG
Tauglicher Täter 972
Verhältnis zu
- § 232a StGB 972
- § 232b StGB 972

§ 11 SchwarzArbG
beharrlich 870
Minderjährige 976
Parallelvorschrift zu § 15a AÜG 980

SGB III
§ 404 SGB III
Ausländer ohne Arbeitsgenehmigung 970

SGB IV
§ 111 SGB IV
Haushaltsscheck 931

StGB
§ 11 StGB
Amtsträger bei §§ 331 ff. StGB 856 ff.
- Aufgaben der öffentlichen Verwaltung 863
- Behörde 861
- kommunaler Mandatsträger **859 ff.**
- Personen, die für die Verwaltung Dienstmaterial beschaffen 870
- sonstige Stelle 862
- Vertragsarzt 815

§ 13 StGB
Garantenstellung
- aus Ingerenz 1048
- aus Verantwortlichkeit für eine Gefahrenquelle 1049
- des Compliance Officers 1062 ff.
- des Geschäftsherrn 1047 ff., 1057 ff.
Pflicht zur Verhinderung von Straftaten der Mitarbeiter 1055 ff.
- Kreis der garantenpflichtigen Personen 1061
strafrechtliche Produktverantwortlichkeit 1047 ff.
Zumutbarkeit normgemäßen Verhaltens 1050, 1053

§ 14 StGB
Anwendbarkeit 1021
- beim faktischen Geschäftsführer 1027 ff.
Anwendungsbereich 1030 f.

besonderes persönliches Merkmal 1021
- Arbeitgebereigenschaft 941, **1020 ff.**
- Benutzung des Werbeträgers 15
- Gründereigenschaft 436
- Schuldnereigenschaft **245**, 287, 306, 311
Betrieb 1030
Director einer Limited by shares 1023
faktischer Geschäftsführer 1027 ff.
Funktionstheorie **367, 369**, 1024
gesetzlicher Vertreter 1029
Insolvenzverwalter 1029
Interessentheorie **366 ff.**, 1024
juristische Person 1023
mehrgliedrige Geschäftsführung 1035 ff.
mehrstufiger Konzern 1034
Personengesellschaft, rechtsfähige 1022
privilegierte Drittstaatsgesellschaft 361, 1023
Teilleitung 1031
Überwälzung des besonderen persönlichen Merkmals
- Arbeitgebereigenschaft 941, **1020 ff.**
- Arbeitgebereigenschaft bei faktischer Geschäftsführung 1027 ff.
- „auch" 1033
- GmbH & Co. KG 336, 1020 ff.
- Gründereigenschaft 436
- Schuldnereigenschaft **245**, 287, 306, 311, 325, 336, 365
Unternehmen 1030
Zurechnungsmodell **368 f.**, 1024
Zusammenhang mit der Stellung des Handelnden („als") **365 ff.**, 1024
Zuzugsstaat 1023

§ 25 StGB
fahrlässige Nebentäterschaft 1046
Organisationsherrschaft 1040 ff.
Täter hinter dem Täter 1040 ff.
Unterlassungsdelikte
- Abgrenzung von Täterschaft und Teilnahme 1064

§ 28 StGB
bandenmäßige Begehung 88
Beihilfe zu
- § 283 StGB 287
- § 288 StGB 287
besonderes persönliches Merkmal

451

- Heilberufsangehöriger 820
- Schuldnerstellung 287
Gewerbsmäßigkeit 87
in Ausübung seiner Tätigkeit 89

§§ 73 ff. StGB
Adressat der Einziehungsanordnung 1107 ff.
Anspruch des Verletzten 1120
Betroffener 1122
Beziehungsgegenstände 1096
Bruttoprinzip 1112, 1122 ff.
doppelte Belastung 1123
doppelte Inanspruchnahme des Einziehungsadressaten 1127
Dritter 1098
Einziehung 1089 ff.
Einziehungsverfahren 1101
Embargoverstoß 1116
Entschädigung 1120
Erfüllungsfälle 1109
für einen anderen 1110
Härtevorschrift 1119
in leitender Stellung 1099
instrumenta sceleris 1090
Nettoprinzip 1118 f., 1125
objektives Verfahren **1102**, 1122
producta sceleris 1090
selbstständige Anordnung 1102
Sondervorschrift für Organe und Vertreter 1098
strafähnliche Sanktion 1118
subjektives Verfahren 1102
Unmittelbarkeit der Vermögensverschiebung 1108 f.
Unternehmenseigentum als Tatmittel 1089 ff.
Verfahren zur Anordnung der Einziehung der Taterträge 1122
Verhältnismäßigkeit 1100
Verhältnis zu § 30 OWiG 1125
Vermögen unklarer Herkunft 1124
Wirkung der Einziehung 1101, 1122
zur Tatbegehung gebraucht 1096
Zusammenhang mit der Stellung des Handelnden („als") 1098

§ 108e StGB
konkrete Unrechtsvereinbarung 867
tauglicher Täter 866

§ 202a StGB
Umgehung des Kopierschutzes 726, 731, 737

§ 232a StGB
Verhältnis zu § 10a SchwarzArbG 972

§ 232b StGB
Verhältnis zu § 10a SchwarzArbG 972

§ 263 StGB
Beitragsbetrug 932
Empfehlung von Aktien
- Täuschung 98, 104
- Vermögensschaden 105 f.
Erschleichen der Erstattung von Barauszahlungen 238 ff.
geschütztes Rechtsgut 618
Kreditkarte, unberechtigte Weitergabe 216, 219
Kundenkarte, Benutzung 214
Marktpreis 609 ff.
- hypothetischer 611
reparatio damni 216
Stoffgleichheit 108
Submissionsbetrug 608 ff.
überhöhter Prämienaufschlag
- Aufklärung über Risiken des Geschäfts 157 ff.
- Vermögensschaden 163 f.
- Verschweigen des Aufschlags 160 ff.
unechter Erfüllungsbetrug 619
Unterlassen 1055
Verhältnis zu
- §§ 263, 27 StGB 221
- § 264 StGB 899
- § 264a StGB **17 f.**, 24
- § 265b StGB 204, **209**, 235 f.
- § 266a StGB 932, 982
- § 266b StGB 242
- § 298 StGB 618
- § 16 UWG 457
Vermögensschaden 494 f.
- Empfehlung von Aktien 105 f.
- Herstellung von Vervielfältigungen 742
- Indizien für den Submissionsbetrug 612
- Nachweisbarkeit 610 ff.
- ohne Marktwert 610 ff.
- Submissionsbetrug 609 ff.

- Warenterminoptionsbetrug 163 f., 175 ff., 184 f.
vorgetäuschte Platzierung an der Börse
- Kausalität 174
- Vermögensschaden 175 ff.
Warenterminbörsen 155
Warenterminkontrakt 155
Warenterminoptionsgeschäfte 156
Zweckverfehlungslehre 495, 614, 898

§ 263a StGB
Herstellung von Vervielfältigungen 749 ff.
Vermögensschaden 742

§ 264 StGB
Äußerungsdelikt 890
besonders schwere Fälle 897, **906**
Betrieb 883
Bezeichnung der subventionserheblichen Tatsache 894
„Corona-Soforthilfen" 894a
Deliktscharakter
- abstraktes Gefährdungsdelikt 881
- Sonderdelikt 888, 901
- Unterlassungsdelikt 901
Fehlen einer marktmäßigen Gegenleistung 885
Förderung der Wirtschaft 884
für die Bewilligung einer Subvention zuständige Behörde 896
Gebrauch unrechtmäßig erworbener Bescheinigungen 902
geschütztes Rechtsgut 880
grober Eigennutz 906
großes Ausmaß 906
in das Subventionsverfahren eingeschaltete Stelle 896
Konkurrenzen 899, 903 f.
Leichtfertigkeit 905
Machen unrichtiger Angaben 889 ff.
Marktpreis, hypothetischer 885
nachgemachter Beleg **897**, 906
persönlicher Strafaufhebungsgrund
- siehe tätige Reue
Qualifikation 908
Regelbeispiele 897, **906**
Sonderdelikt 888, 901
Subvention
- direkte 879

- europarechtliche 882, **886**
- nach Bundes- oder Landesrecht 882 ff.
subventionserheblich 893
tätige Reue 909
Täuschung 889 ff.
Unterlassen der Mitteilung über subventionserhebliche Tatsachen 901
Unternehmen 883
verfälschter Beleg 897
Verhältnis zu § 263 StGB 899, 903
Verjährungsbeginn 910
verlorener Zuschuss 885
Versuch 900a
vorteilhaft 892
Wirtschaft 884
Wirtschaftsförderungszweck 884
Zweck 879
zweckwidrige Verwendung eines subventionierten Gegenstandes 900

§ 264a StGB
Deliktscharakter
- abstraktes Gefährdungsdelikt 1
- Verschweigensalternative 21 ff.
Erheblichkeit 12
geschützte Kapitalanlageobjekte
- Anteile, die eine Beteiligung an dem Ergebnis eines Unternehmens gewähren 5
- Bezugsrecht 4
- Warenterminoptionen 166
- Wertpapier 2 f.
geschütztes Rechtsgut 17 f.
größerer Kreis von Personen 14
Machen unrichtiger Angaben 8 ff.
nachteilig 20
persönlicher Strafaufhebungsgrund
- siehe tätige Reue
Prognose **8**, 10
Schutzgesetz i.S.d. § 823 Abs. 2 BGB 18
tätige Reue 25 ff
Tatmittel
- Darstellungen über den Vermögensstand 7
- Prospekt 7
- Übersichten über den Vermögensstand 7
Tauglicher Täter 2

Unterlassen 20 ff.
Verhältnis zu § 263 StGB **17 ff.**, 24
Verschweigensalternative 8, **20 ff.**
Vollendung 9
Vorfeldtatbestand 1
vorteilhaft 11
Wertpapierbegriff 2 f.
Zusammenhang
- mit dem Angebot einer Kapitalerhöhung 13
- mit dem Vertrieb 13
Zweck 18

§ 265b StGB
Abgrenzung von
- § 265b Abs. 1 Nr. 1a und 1b StGB 197 f.
- § 265b Abs. 1 Nr. 1 und 2 StGB 206
Belassen des Kredits 195
Betrieb 191
Betriebskredit 189 ff.
Deliktscharakter
- abstraktes Gefährdungsdelikt 188
- Unterlassungstatbestand 205
Entscheidungserheblichkeit 202 ff.
geschütztes Rechtsgut **187**, 200
Gewährung des Kredits 195
Kreditbegriff, strafrechtlicher 190 f.
Machen unrichtiger oder unvollständiger Angaben 197
schriftlich 199
Täter 195
Tathandlungen
- aktive Täuschung 196 **ff.**, 206
- Unterlassungsalternative 196, **205 f.**
tätige Reue 210
Unterlassungsalternative
- siehe Tathandlungen
Unternehmen 191
Veränderung der Bedingungen des Kredits 195
Verhältnis zu § 263 StGB 204, **209**, 235 f.
Vorfeldtatbestand 186
vorteilhaft 201
wirtschaftliche Verhältnisse 200
Zusammenhang mit einem Antrag auf Gewährung, Belassung oder Veränderung der Bedingungen 195

§ 265c StGB
Auslandstaten 842r
Deliktscharakter 842d, 824f
Konkurrenzen 842q, 842x
Rechtsgüter
- Integrität des Sports 842c
- Vermögen 824c
Schiedsrichter 842g
Sport 842j
- organisierter Sport 824k
Sportler 842f
Sportwette 842n
Tathandlungen 842g
Trainer 842f
Trainern gleichgestellte Personen 842f
Unrechtsvereinbarung 824j ff.
Wettbewerb 824l
- Beeinflussung 824m

§ 265d StGB
Berufssport 842v f.
Schutzrichtung 842n
Verhältnis zu § 265c StGB 842x

§ 265e StGB
großes Ausmaß 842s
gewerbs- oder bandenmäßige Begehung 824s

§ 266 StGB
Compliance Officer 1062 ff.
Director einer Limited by shares 383
eigenes Vermögen der GmbH 372, 378
einverständliche Schädigung der Vor-GmbH 387
Einverständnis aller Gesellschafter 373 ff.
Geschäftsführeruntreue 372 ff.
gravierende Pflichtverletzung 1015
kompensationslose Prämie 1012 ff.
- aktienrechtliche Zulässigkeit 1014 ff.
Konzernuntreue 1034
Kreditvergabe, Pflichtwidrigkeit 224 ff.
- Risikoprüfung 227 ff.
Mannesmann-Fall 1012 ff.
Missbrauch der Befugnis **224 ff.**, 1012 ff.
- Einverständnis aller Gesellschafter 373
Nachteil 232, **378**

Pflichtverletzung durch Aufsichtsgremien 1012 ff.
Risikogeschäfte 225, **237**
Treubruchsalternative 269
Verhältnis zu
- § 56 KWG 234
- § 283 StGB 381
- § 299 StGB 801
Verletzung der Vermögensbetreuungspflicht
- bei Einverständnis aller Gesellschafter 374 ff.
- Kapitalerhaltungsgebot 376, 378
Vermögensbetreuungspflicht
- von Aufsichtsratsmitgliedern einer AG 1013 ff.
- von Gesellschafter einer GmbH 382
- von Vorstandsmitgliedern einer AG 1018
Verstoß gegen ein gesetzliches Verbot 269
Vorsatz 233, 1017
Vorstandsvergütung 1012 ff.

§ 266a StGB
Abführungspflicht 960
Arbeitgeber, Begriff 912
Arbeitgeberbeiträge 1026
Aufbau 914
Auszahlung des Arbeitsentgeltes 943
Beitragsnachweis 923
besonders schwere Fälle 934 ff.
Dauernachweis 923
Deliktscharakter 920, 944
einbehalten 961
geringfügige Beschäftigung 930 f.
Gesamtsozialversicherungsbeitrag 918 ff.
geschütztes Rechtsgut 942, 959
illegaler Verleih 982
Irrtum über Arbeitgebermerkmal 920a
Konkurrenzen 921, 929, 958, 963
mehrgliedrige Geschäftsführung 1035 ff.
Meldepflicht des Arbeitgebers 923
Nichtanmelden des Arbeitnehmers bei der Einzugsstelle 915, **922 ff.**
omissio libera in causa 945, 949
pflichtwidriges Inunkenntnislassen der Einzugsstelle 924

physisch-reale Handlungsmöglichkeit 920, **944 ff.**
Putzfrauenklausel 931
Regelbeispiele 934 ff.
Schutzgesetz i.S.d. § 823 Abs. 2 BGB 942, 1026
Selbstanzeige 964 ff.
Sonderdelikt 916, 922, **1020**
sozialrechtliche Regelung der Arbeigeberstellung 982
Täter 916, 960, 982, **1020 ff.**
Tatobjekt 922, 943
Täuschung 923
Überwälzung der Arbeitgebereigenschaft 941, **1020 ff.**
- beim faktischen Geschäftsführer 1027 ff.
- GmbH & Co. KG 1020 ff.
Unterlassen der Unterrichtung 922, 962
Untreueähnlichkeit 943, 959
Verhältnis
- von Abs. 1 zu Abs. 2 929
- zu § 263 StGB **932**, 982
Verjährungsbeginn 940
Veruntreuen von Arbeitsentgelt 959 ff.
Vorenthalten **917**, 925
- der Arbeitgeberbeiträge 926
- der Arbeitnehmerbeiträge 941 ff.
- Zeitpunkt 925 f.
Vorrang der Arbeitnehmerbeiträge 944 ff.
Zahlungsunfähigkeit 944 ff.
Zahlungsverbot des § 64 GmbHG 951 f.
Zusammenhang
- mit der Stellung des Handelnden („als") 1024
- zwischen Tathandlung und Vorenthalten 925

§ 266b StGB
Codekartenmissbrauch 222
Drei-Partner-System 212
Erschleichen der Erstattung von Barauszahlungen 240
Fernabsatz 223a
geschütztes Rechtsgut 211
Kreditkarte, unberechtigte Weitergabe 215
Kundenkarte, Benutzung 212 f.
Missbrauch 218

Point-of-Sale-Verfahren 223
Sonderdelikt 215
Verhältnis zu § 263 StGB 242
Vier-Partner-System 212
Zwei-Partner-System 212

§ 283 StGB
Abweisung mangels Masse 267
Anerkennen erdichteter Rechte 298 ff.
Anwendungsbereich 246
Beihilfe 286 f.
beiseite schaffen **259**, 957
beschädigen 262
beschaffen 295
Bilanzdelikte im weiteren Sinne 388
Deliktscharakter
- abstraktes Gefährdungsdelikt 244a
Differenzgeschäfte 288, **291**
drohende Zahlungsunfähigkeit 250 ff.
erheblich unter Wert 296
Eröffnung des Insolvenzverfahrens 267
Fahrlässigkeitsdelikt 308
Firmenbestattung 306
Fortführungswert 247 f.
geschäftliche Verhältnisse 305 f.
geschütztes Rechtsgut 244
Handeln in der Krise 283, 364
Herbeiführen der Krise 270 f., 364
Insolvenzmasse 254 ff.
Interessentheorie 366 ff.
Kausalzusammenhang von
- Bankrotthandlung und Krise 271
- Bankrotthandlung und Zusammenbruch 265, 272
Krise 246
leichtfertige Herbeiführung der Krise 309 ff.
Liquidationswert 247 f.
objektive Strafbarkeitsbedingung 251, **265 ff.**, 272
ordnungsgemäße Wirtschaft 292, 297
Sonderdelikt 245
sonst abgeben 295
Spekulationsgeschäfte 290
Spiel 293
Strafe des Teilnehmers 287
Täter 245
- bei einer OHG 311
Tathandlungen 258 ff., 288 ff.
taugliche Tatobjekt 254 ff.

übermäßiger Betrag 293
Überschuldung 247 f.
Überwälzung der Schuldnereigenschaft 245, 287, 306, 311, **365 ff.**
unbrauchbar machen 262
Unterschied zwischen
- § 283 Abs. 1 Nr. 6 StGB und § 283b Abs. 1 Nr. 2 StGB 330
unwirtschaftliche Ausgaben 293
veräußern 295
Verbraucherinsolvenz 274 ff., **278 ff.**
Verhältnis zu
- § 266 StGB 381
- § 283b StGB 318
- § 283d StGB 286
verheimlichen 260 f.
- der wirklichen geschäftlichen Verhältnisse 305 f.
Verletzung von Buchführungs- und Bilanzvorschriften 302
Verlustgeschäfte 289
verschleiern 305 f.
Vorsatz-Fahrlässigkeitskombination 308 f.
Vortäuschen von Rechten 298
Warenverschleuderung 294
Wertpapierverschleuderung 294
Wette 293
Zahlungseinstellung 266
Zahlungsunfähigkeit 249
Zerschlagungswert 247
zerstören 262
Zusammenbruch **265 ff.**, 272
Zusammenhang
- mit der Stellung des Handelnden („als") 365 ff.
- von Bankrotthandlung und Zusammenbruch 265, 272

§ 283a StGB
anvertraut 316
Gewinnsucht 312 f.
viele Personen 315
wirtschaftliche Not 317
wissentlich 314

§ 283b StGB
Auffangtatbestand 318
Bilanzdelikte im weiteren Sinne 388
Deliktscharakter

- abstraktes Vermögensgefährdungsdelikt 318
- echtes Unterlassungsdelikt 326
Erschweren der Übersicht über den Vermögensstand 334
gesetzliche Pflicht zum Führen von Handelsbüchern 320
objektive Strafbarkeitsbedingung 318, 321
Sonderdelikt 325
Tathandlungen 320, 329 ff.
Überwälzung der Schuldnereigenschaft 325
Unterschied von
- § 283b Abs. 1 Nr. 2 StGB und § 283 Abs. 1 Nr. 6 StGB 330
Unvermögen 324 ff.
Verhältnis zu
- § 331 HGB 334
- § 283 StGB 318
Vorfeldtatbestand 318
Zusammenbruch 318, 321 ff.
Zusammenhang zwischen unterlassener Buchführung und Zusammenbruch 319 ff.

§ 283c StGB
Befriedigung 339
Gläubiger 338
Inkongruenz **337**, 341
nicht in der Art zu beanspruchen 341
nicht zu beanspruchen 341
nicht zu der Zeit zu beanspruchen 341
objektive Strafbarkeitsbedingung 335
Sicherheit 340
Sonderdelikt 335
subjektiver Tatbestand 342
Teilnahme, notwendige 344
Überwälzung der Schuldnereigenschaft 336

§ 283d StGB
Allgemeindelikt 345
Anwendungsbereich 345
beiseite schaffen 284
besonders schwere Fälle 345
Deliktscharakter
- abstrakt-konkretes Gefährdungsdelikt 345
Einwilligung des Schuldners 347

geschütztes Rechtsgut 345
objektive Strafbarkeitsbedingung 345
Strafe des Teilnehmers 287
Verhältnis zu
- §§ 283, 27 StGB 286
- §§ 288, 27 StGB 286
Zahlungsunfähigkeit 285
zugunsten des Schuldners 348

§ 288 StGB
drohende Zwangsvollstreckung 276
Strafe des Teilnehmers 287
Täter 286
Verhältnis zu § 283d StGB 286

§ 291 StGB
Mietwucher 1130

§ 298 StGB
Ausschreibung 617
Deliktscharakter 569
geschütztes Rechtsgut **559 f.**, 618
Hochstufung zu einer Straftat 555
rechtswidrige Absprache 617
tätige Reue 621a
Verjährung 621b
Verhältnis zu § 263 StGB 618
vertikale Absprache 617

§ 299 StGB
anfüttern 796
Angestellter 790
anbieten 805
annehmen 793
Antragsdelikt, relatives 814
Auslandsbestechung 809 f.
Beauftragter 791, **815**
besonders schwerer Fall 812 f.
Bestechung
- aktive 803 ff.
- passive 789 ff.
Betriebsinhaber 790
Deliktscharakter
- abstraktes Gefährdungsdelikt 786 f.
- Verletzungsdelikt 786
Einverständnis der Anteilseigner 790
Einwilligung des Unternehmens 799
fordern 793
Gegenleistung 796
Geschäftsherrenvariante 785, 787, 799, 807

457

geschütztes Rechtsgut 786 f.
gewähren 805
im geschäftlichen Verkehr 795
Konkurrenzen 799, 801 f., 808, 842
Pflichtverletzung gegenüber dem Unternehmen 800
Regelbeispiele 812 f.
sich versprechen lassen 793
Sonderdelikt 789, 804
Tatende 811
Tathandlungen 793, 805
Teilnahmestrafbarkeit 810
Unlauterkeit 797
Unrechtsvereinbarung 796, 799
Unternehmen 792
Verhältnis zu
- § 266 StGB 801
- §§ 299a, 299b StGB 842
versprechen 805
Vorteil 793 f.
Wettbewerb 797
Wettbewerbsvariante 785 f., 788 ff., 803 ff., 809
Zusammenhang zwischen Tathandlung und erwarteter Bevorzugung 796, 800
zu Zwecken des Wettbewerbs 806

§ 299a StGB
anfüttern 825
annehmen 821
Anwendungsbeobachtungen 840
Apotheker 820
Arzneimittel **826**, 828
Beraterverträge 840
besonderes persönliches Merkmal 820
besonders schwerer Fall 835
Bestechung
- aktive 817 ff., 838
- passive 817, 836 f.
Beteiligung an Unternehmen 840
Bevorzugung im Wettbewerb 825, 833
Bezug 828
Blutzuckermessgeräte 840
Bonuszahlungen 840
Deliktscharakter
- abstraktes Gefährdungsdelikt 817
- Verletzungsdelikt 817
Drittmitteleinwerbung 840
Entlassmanagement 840
Entstehungsgeschichte 815

Fallgruppen in der Praxis 840
finanzielle Unterstützung von Feiern 840
fordern 821
Fortbildungsveranstaltungen 840
Gegenleistung 825
Geräteüberlassung 840
Geschenke 840
geschütztes Rechtsgut 816
Gewerbsmäßigkeit 835
heilberufliche Entscheidungen (§ 299a Nr. 1-3 StGB) 827 ff.
Heilberufsangehörige 820
Heilmittel 826
Hilfsmittel **826**, 828
Homecare 840
Klimapflege 825
Konkurrenzen 829, 835, 838, **841** f.
Medizinprodukte **826**, 828
Monopolstellung 833
Musterabgaben 840
Offizialdelikt 817
Patient 830
Rabatte 840
Referentenverträge 840
Regelbeispiele 835
sich versprechen lassen 821
Sonderdelikt 819
sozialadäquate Zuwendungen 823
Spenden 840
Spiegelbild zu § 299b StGB 817, 836
Sponsoring 840
Tathandlungen 821
Teilnahmestrafbarkeit 838
Überweisung von Patienten 818 ff.
Unlauterkeit 833
unmittelbare Anwendung der Arznei- und Hilfsmittel sowie Medizinprodukte 828
Unrechtsvereinbarung 825 ff.
Untersuchungsmaterialien 831
Verbrauchsmaterialien 828
Verordnung 827
Vollendung 821
Vorteil 822
Werbeabgaben 840
Wettbewerb 833, 839
Zuführung 818 ff., **830** ff., 837
Zusammenhang zwischen Tathandlung
- und Ausübung des Heilberufs 824

- und Bevorzugung 825
Zuweisungspauschale 840

§ 299b StGB
Allgemeindelikt 836
besonders schwerer Fall 837
Entstehungsgeschichte 815
Fallgruppen in der Praxis 840
geschütztes Rechtsgut 816
Konkurrenzen 829, 838, **841 f.**
Offizialdelikt 817
passive Bestechung 817, 836 f.
Spiegelbild zu § 299a StGB 817, 836
Tathandlungen 837
Teilnahmecharakter des § 299b StGB 838
Zuführung 837

§ 300 StGB
Besonders schwerer Fall 812 f., 835

§ 331 StGB
Amtsträger
- siehe § 11 StGB
anfüttern 850
Bestechung kommunaler Amtsträger 845 ff.
Dienstausübung 850 ff.
Genehmigung 853
Korruption 784
Schutzgut 844
Sonderdelikt 856 ff.
Sozialadäquanz 847, 851
Täter **856 ff.**, 870
Tathandlungen 845
Unrechtsvereinbarung 850 ff.
Verhältnis
- zu § 299 StGB 870
- §§ 299a, 299b StGB 842
Vorteil 846 ff.

§ 332 StGB
Amtsträger
- ausländischer 874 f.
- inländischer siehe § 11 StGB
- Mitglieder der Kommission und des Rechnungshofes der EU 858
Beendigung 878
besonders schwere Fälle 877
Genehmigung 853

pflichtwidrige Diensthandlung 872 f.
Regelbeispiele 877
Tathandlung 871
Unrechtsvereinbarung 873
Verhältnis zu §§ 299a, 299b StGB 842

§ 333 StGB
Spiegelbild zu § 331 StGB 863
Tathandlungen 868
Verhältnis zu §§ 299a, 299b StGB 842

§ 334 StGB
Beendigung 878
besonders schwere Fälle 877
Regelbeispiele 877
Spiegelbild zu § 332 StGB 876
Verhältnis zu §§ 299a, 299b StGB 842

§ 335a StGB
ausländische Bedienstete 874
inländische Bedienstete 874

§ 336 StGB
Unterlassen einer Diensthandlung 871

UrhG
§ 52 UrhG
Schranke 716

§ 53 UrhG
file-sharing **713**, 717 ff.
öffentliches Zugänglichmachen 718 f.
offensichtlich rechtswidrig 719
privater Gebrauch 706 f., 717
Schranken 705
Schrankenschranken 707
Vervielfältigung 706
- einer rechtswidrig hergestellten Vorlage 709 ff.

§ 69d UrhG
Schranken 745 ff.

§ 106 UrhG
Geltungsbereich 697
in anderen als den gesetzlich zugelassenen Fällen 704 f.
ohne Einwilligung des Berechtigten 699 **f.**
Schranken 704 ff.

459

Streaming 721 f.
Tathandlung **699 ff.**, 714 ff.
Tatobjekte 695 ff.
Vervielfältigung von Software zur bestimmungsgemäßen Benutzung 723 ff.
Vorsatz 708

§ 107 UrhG
Anwendungsbereich 749
geschütztes Rechtsgut 749
Tatobjekt 750

§ 108 UrhG
Bootlegs 748a
Computerspiele 748a
„Deep Fakes" 748a

§ 108b UrhG
Umgehung des Kopierschutzes 730 f., 735
- Anbieten eines Tools 735

UWG
§ 5 UWG
Einzelwerbung 454
werben 464

§ 16 Abs. 1 UWG
Angaben, unwahre 460 ff., 456, 488, 496, 665, 687 f.
geschütztes Rechtsgut **455 f.**, 684
größerer Kreis von Personen 469, 471
irreführend **465 ff.**, 488, 496, 665
öffentliche Bekanntmachungen 469 f.
Privatklagedelikt 501
subjektiver Tatbestand 473
Tatsachen 486 f.
Tathandlung 459
Täuschung 459, 463
Unterschied zu § 59 Abs. 1 Nr. 7 i.V.m. § 11 Abs. 1 Nr. 1 LFGB 478
Vergleich mit § 5 UWG 454
Verhältnis zu
- § 59 Abs. 1 Nr. 7 i.V.m. § 11 Abs. 1 Nr. 1 LFGB 478
- § 144 MarkenG 688, 685
- § 263 StGB 457
Vorfeldtatbestand des Betruges 457
werben 464

Zusammenhang zwischen unwahrer Angabe und beworbener Leistung **497 f.**

§ 16 Abs. 2 UWG
Anwendungsbereich 509 f.
besondere Vorteile 511 ff.
Deliktscharakter
- abstraktes Gefährdungsdelikt 506
Existenzgründer 505 f.
im geschäftlichen Verkehr 503
Kettenbriefe 503
Privatklagedelikt 516
Pyramidenspiel 502 ff.
Rechte 508
Tathandlung 504
unmittelbarer Zusammenhang 504
Unternehmensdelikt 507
veranlassen 504
Verbraucher 505 f.
Wettbewerbszusammenhang 509 f.

WiStG
§§ 8 ff. WiStG
Abführung des Mehrerlöses 1131 ff.
Adressat der Anordnung der Mehrerlösabführung 1133
Anspruch des Verletzten 1131 f.
Mietpreisüberhöhung 1129 ff.
Unternehmenssanktion 1133
Verfahren zur Abführung des Mehrerlöses 1134
Zuwiderhandlung 1129

WpHG
§ 119 Abs. 3 WpHG i.V.m. Art. 14 MAR
Allgemeines 27 ff.
BaFin 72 ff.
Blanketttatbestand 29, 31, 35 f.
Derivate 42 f.
Einziehung der Taterträge 1113 ff.
Emittentenleitfaden 30, 84
Empfehlung von Aktien 48, 51, **55 ff.**, 71, 95 ff.
Erwerb 41 ff., 69, 71
ESMA 30, **76**
Finanzinstrument 42
frontrunning 62

geschütztes Rechtsgut **32**, 1121
Historie 27 f.
Insider 33 ff.
- Primärinsider **33 ff.**, 57, 60
- Sekundärinsider 33 ff., 39, 56 f., 60, 62
Insidergeschäft 29, **41 ff.**
Insiderinformation 29 f., **43 ff.**, 96 f.
- Bezug zu dem Emittenten oder dem Finanzinstrument **50**, 97
- Drittbezug 96
- Eignung zur erheblichen Kursbeeinflussung 43, **52 ff.**
- Empfehlungsabsicht 96 ff.
- Erheblichkeit 43, **52 ff.**
- Kursrelevanz 43, **52 ff.**
- Marktdaten 51, 97
- Marktinformationen 51
- mehrstufige Entscheidungsprozesse 46
- nicht öffentlich bekannt 49
- Offenlegung 29, 57, **64 ff.**, 71
Journalist 39, **67**
Kursrelevanz 43, **52 ff.**
Kursspezifität 43 ff.
Lafonta-Urteil 47
Leichtfertigkeit 60, 63
Marktinformationen 51
Marktsondierung 66
Mitursächlichkeit 62 f.
Offenlegung 29, 57, **64 ff.**, 71
präzise Information 43 ff.
Primärinsider
- siehe Insider
Publikumsöffentlichkeit 49
Scalping 83, **95 ff.**
Schutzgesetz i.S.d. § 823 Abs. 2 BGB 32, 1121
Sekundärinsider
- siehe Insider
Stornierung eines Auftrags 69
Strafbarkeitslücke 31
Straftatbestände 35 f.
Tätigen eines Insidergeschäfts 29, 33 ff., 55 ff., **62 f.**, 69
Tipping 33 ff., **56 f.**
Treibhausgasemissionszertifikate 35, 60
Unrechtmäßig 29, 64 ff.
Unterlassen von Transaktionen 57 f.

unter Nutzung einer Insiderinformation 62, 96
Veräußerung 69
Verhältnis zur Anstiftung 71
verleiten 55 f.
Versuch 29
Vorsatz 59

§ 119 Abs. 1 WpHG i.V.m. Art. 15 MAR

Allgemeines 77 ff.
BaFin 84
bandenmäßige Begehung 88
Blanketttatbestand 80
circular trading 88, 113
Cornering 111, 114
Einwirkung auf den Börsen- oder Marktpreis 103
Empfehlung von Aktien 98 ff.
ESMA 84
fiktive Transaktionen 113
Finanzinstrument 42
geschütztes Rechtsgut 92 f.
gewerbsmäßig 87
handelsgestützte Manipulationshandlungen 81 f., 111 ff.
handlungsgestützte Manipulationshandlungen 81 f.
Historie 77 ff.
in Ausübung seiner Tätigkeit 89
informationsgestützte Manipulationshandlungen 81 f., 95 ff.
Indikatoren für Manipulationshandlungen 84, 101
MaKonV 79
Manipulationshandlungen, Kategorisierung
- informationsgestützte 81 f., 95 ff.
- handelsgestützte 81 f., 111 ff.
- handlungsgestützte 81 ff.
Manipulationstechniken 113
matched orders 113
minder schwere Fälle 90
Preisbeeinflussungseignung und Preiseinwirkungseignung 167, 180
Presseklausel 67
Qualifikation 79, **86 ff.**
Scalping 83, **95 ff.**
Schutzgesetz i.S.d. § 823 Abs. 2 BGB 92 f.

461

Sonderdelikt 89
sonstige Täuschungshandlungen 100 ff.
Strafbarkeitslücke 79
Straftatbestände 94
Struktur des Straftatbestandes 82 ff.
Taterfolg 103
Täuschung
- konkludente 167
- über Tatsachen 101
Unterlassungsdelikt 109 f.
verbindliche Anwendungsfälle 83, 99
verfassungsrechtliche Bedenken 80
Versuch 79 f., **85 f.**
Vorspiegelung falscher Tatsachen 100 **f.**
Warenterminoptionen 167, 180
wash sales 89, **113**

§ 119 Abs. 2 WpHG
Insiderverstöße Treibhausgasemissionszertifikate 35

§ 119a WpHG
falscher „Bilanzeid"

§ 120 WpHG
Blanketttatbestand 80
§ 120 Abs. 5 Nr. 1 WpHG 35, 60
§ 120 Abs. 9 Nr. 18 WpHG 73
§ 120 Abs. 14 WpHG 60, 63
§ 120 Abs. 15 Nr. 2 WpHG 80

ZKDSG
§ 4 ZKDSG
Umgehung des Kopierschutzes 734